AF534365

 MARCO POLO HIGHLIGHTS – 5

EUROPE MAP 1 : 4 500 000 6 – 21

Europe • Europa • Evropa • Európa

ROAD MAP 1 : 300 000 22 – 200

España/Portugal · Espanha/Portugal · Spanien/Portugal · Spain/Portugal
Spagna/Portogallo · Espagne/Portugal · Spanje/Portugal · Hiszpania/Portugalia
Španělsko /Portugalsko · Španielsko/Portugalsko · Španija/Portugal

DISTANCES 201

Distancias · Distâncias · Entfernungen · Distances
Distanzé · Distances · Afstanden · Odległości Vzdálenosti
Vzdialenosti · Afstande · Udaljenosti

TRANSIT MAPS 1 : 150 000 202 – 215

Barcelona, Bilbao, A Coruña, Granada, Lisboa, Madrid, Málaga, Oviedo - Gijón, Sevilla, Valencia

CITY MAPS 1 : 20 000 216 – 248

Alicante (Alacant), Almería, Ávila, Badajoz, Barcelona, Bilbao, Burgos, Cáceres, Cádiz, Ceuta, Córdoba, A Coruña, Cuenca, Donostia-San Sebastián, Gijón, Girona, Granada, León, Lisboa, Lleida, Logroño, Lugo, Madrid, Málaga, Melilla, Mérida, Murcia, Ourense (Orense), Oviedo, Palma, Las Palmas de Gran Canaria, Pamplona (Iruña), Pontevedra, Porto, Salamanca, Santa Cruz de Tenerife, Santander, Santiago de Compostela, Segovia, Sevilla, Soria, Tarragona, Teruel, Toledo, Valencia, Valladolid, Vigo, Vitoria-Gasteiz, Zamora, Zaragoza

i 249 – 252

Información turística · Informações de viagem · Reiseinformationen · Travel information
Informazioni utili per il viaggio · Informations voyageurs · Reisinformatie · Informacje dla podróżujących
Cestovní informace · Cestovné informácie · Rejseinformation · Informacije za putnike

A-Z 253 – 351

Índice de topónimos · Índice dos toponímicos · Ortsnamenverzeichnis · Index of place names
Indice dei luoghi · Index des localités · Register van plaatsnamen · Skorowidz miejscowości
Rejstřík sídel · Register sídiel · Navnefortegnelse · Rječnik gradski imena

★ MARCO POLO Highlights

1 SANTIAGO DE COMPOSTELA

(UK) For centuries, pilgrims have journeyed to this famous apostle's tomb in the Galician city of Santiago.

(D) Seit Jahrhunderten strömen Pilger zum berühmten Apostelgrab in der galizischen Stadt Santiago.

(F) Depuis des siècles, les pèlerins se rendent sur la tombe de ce célèbre apôtre dans la ville galicienne de Santiago.

(I) Da secoli i pellegrini si recano alla tomba di questo famoso apostolo nella città galiziana di Santiago.

2 PARQUE NACIONAL DE PICOS DE EUROPA

(UK) Mighty mountain giants near the coast: take the cable car to the "peaks of Europe".

(D) Mächtige Bergriesen in Küstennähe: Mit der Seilbahn schwebt man zu den "Gipfeln Europas".

(F) Des montagnes imposantes à proximité de la côte : le téléphérique permet de s'envoler vers les "sommets d'Europe".

(I) Possenti giganti di montagna vicino alla costa: la funivia vi porta sulle "vette d'Europa".

3 BILBAO • BILBO

(UK) Bilbao attracts visitors with Guggenheim Museum and its mix of traditional and modern architecture.

(D) Bilbao lockt mit dem avantgardistischen Guggenheim-Museum und einem Architekturmix aus Alt und Neu.

(F) Bilbao séduit par son musée d'avant-garde Guggenheim et son mélange d'architecture ancienne et moderne.

(I) Bilbao attrae i visitatori con il suo Museo Guggenheim all'avanguardia e un mix di architettura antica e nuova.

4 DONOSTIA - SAN SEBASTIÁN

(UK) Magnificent promenade around the Shell Bay, enjoy tapas in the old town.

(D) Prachtpromenade rund um die Muschelbucht, Tapas in der Altstadt genießen.

(F) Promenade magnifique autour de la Baie des coquillages, déguster des tapas dans la vieille ville.

(I) Magnifica passeggiata intorno alla baia delle conchiglie, gustare le tapas nel centro storico.

5 PARQUE NACIONAL ORDESA Y MONTE PERDIDO

(UK) Around the "Lost Mountain" in the Pyrenees lies a wild natural jewel and hiking paradise.

(D) Rund um den "Verlorenen Berg" in den Pyrenäen liegt ein wildes Naturjuwel und Wanderparadies.

(F) Autour de la "montagne perdue" dans les Pyrénées se trouve un joyau naturel sauvage et un paradis pour les randonneurs.

(I) Intorno alla "Montagna perduta" nei Pirenei si trova un gioiello naturale selvaggio e un paradiso escursionistico.

6 ANDORRA

(UK) Mountain villages and endless shopping provide variety in the hiking and winter sports paradise.

(D) Bergdörfer und Shopping ohne Ende sorgen für Abwechslung im Wander- und Wintersportdorado.

(F) Les villages de montagne et le shopping sans fin permettent de varier les plaisirs dans cet eldorado de la randonnée et des sports d'hiver.

(I) I villaggi di montagna e lo shopping infinito offrono una varietà nel paradiso dell'escursionismo e degli sport invernali.

7 CAP DE BEGUR

(UK) Rocks and pine trees line perhaps the most beautiful bathing bays on the Costa Brava.

(D) Felsen und Pinien säumen die vielleicht schönsten Badebuchten der Costa Brava.

(F) Des rochers et des pins bordent ce qui est peut-être les plus belles baies de la Costa Brava.

(I) Rocce e pini costeggiano le baie balneari forse più belle della Costa Brava.

8 PARQUE NACIONAL DA PENEDA-GERÊS

(UK) Unspoilt mountain scenery on the border between Spain and Portugal.

(D) Unberührte Gebirgslandschaft im spanisch-portugiesischen Grenzgebiet.

(F) Paysage montagneux intact dans la région frontalière entre l'Espagne et le Portugal.

(I) Paesaggio montano incontaminato nella regione di confine tra Spagna e Portogallo.

9 CATEDRAL DE SANTA MARÍA, BURGOS

(UK) Monumental church architecture in Burgos, now a UNESCO World Heritage Site.

(D) Monumentale Kirchenarchitektur in Burgos, von der UNESCO zum Weltkulturerbe erklärt.

(F) Architecture monumentale de l'église de Burgos, classée au patrimoine mondial de l'UNESCO.

(I) Architettura monumentale della chiesa di Burgos, dichiarata Patrimonio dell'Umanità dall' UNESCO.

10 ZARAGOZA

(UK) Roman and Moorish monuments and a baroque basilica span 2000 years of history.

(D) Römische und maurische Monumente sowie eine barocke Basilika spiegeln 2000 Jahre Geschichte wider.

(F) Des monuments romains et mauresques et une basilique baroque couvrent 2000 ans d'histoire.

(I) Monumenti romani e moreschi e una basilica barocca ripercorrono 2000 anni di storia.

11 TARRAGONA

(UK) It is rare to find so many and so interesting Roman remains on the Iberian Peninsula than here in Tarragona.

(D) Auf der Iberischen Halbinsel findet man selten so viele interessante römische Überreste wie hier.

(F) Il est rare de trouver dans la péninsule ibérique des vestiges romains aussi nombreux et aussi intéressants qu'ici à Tarragone.

(I) Nella penisola iberica raramente si trovano così tanti resti romani interessanti come qui.

12 BARCELONA

(UK) Whether Gothic or Art Nouveau - the fascinating capital of Catalonia has always been a trendsetter.

(D) Ob Gotik oder Jugendstil - die faszinierende Hauptstadt Kataloniens ist seit jeher Trendsetter.

(F) Gothique ou Art nouveau, la fascinante capitale de la Catalogne a toujours été un créateur de tendances.

(I) Che sia gotica o Art Nouveau, l'affascinante capitale della Catalogna è sempre stata un trendsetter.

13 PORTO

(UK) A harbour town with flair on the banks of the Douro, plus the port wine cellars...

(D) Hafenstadt mit Flair am Ufer des Douro, dazu die Portweinkellereien...

(F) Ville portuaire de caractère sur les rives du Douro, avec en plus les caves de porto...

(I) Una città portuale con fascino sulle rive del Douro, oltre alle cantine del vino Porto...

14 COIMBRA

🇬🇧 Vibrant student life in the alleyways of the university city.

Ⓓ Pulsierendes Studentenleben in den Gassen der Universitätsstadt.

Ⓕ Une vie étudiante trépidante dans les ruelles de la ville universitaire.

Ⓘ Vivace vita studentesca nei vicoli della città universitaria.

15 VALE DO CÔA

🇬🇧 20,000-year-old rock carvings, first discovered in the 1990s and now a World Heritage Site.

Ⓓ 20.000 Jahre alte Felszeichnungen, die erst in den 1990er Jahren entdeckt wurden und heute zum Weltkulturerbe gehören.

Ⓕ Des gravures rupestres vieilles de 20.000 ans, découvertes seulement dans les années 1990 et aujourd'hui inscrites au patrimoine mondial de l'humanité.

Ⓘ Petroglifi di 20.000 anni fa che sono stati scoperti solo negli anni '90 e sono ora Patrimonio dell'Umanità.

16 SEGOVIA

🇬🇧 The castle, cathedral and Roman aqueduct combine to create unforgettable views.

Ⓓ Burg, Kathedrale und römisches Aquädukt setzen sich zu unvergesslichen Ansichten zusammen.

Ⓕ Le château, la cathédrale et l'aqueduc romain s'assemblent pour former des vues inoubliables.

Ⓘ Il castello, la cattedrale e l'ac-

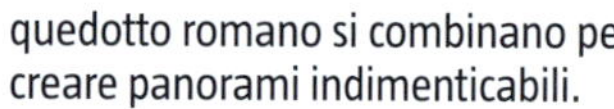

quedotto romano si combinano per creare panorami indimenticabili.

17 EL ESCORIAL

🇬🇧 Huge monastery castle with immeasurable art treasures.

Ⓓ Riesiges Klosterschloss mit unermesslichen Kunstschätzen.

Ⓕ Immense château monastique avec des trésors artistiques incommensurables.

Ⓘ Enorme castello monastico con incommensurabili tesori d'arte.

18 MADRID

🇬🇧 In Spain, everything comes together in the capital city in the heart of the kingdom.

Ⓓ In Spanien laufen alle Fäden in der Landeshauptstadt im Herzen des Königreichs zusammen.

Ⓕ En Espagne, tous les fils convergent vers la capitale nationale, au cœur du royaume.

Ⓘ In Spagna, tutti i fili si uniscono nella capitale del paese, nel cuore del regno.

19 VALÈNCIA

🇬🇧 Museums, architecture, beaches, and parks - the vibrant

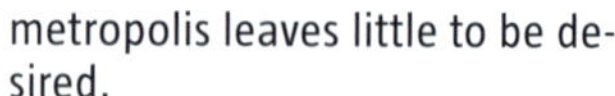

metropolis leaves little to be desired.

Ⓓ Museen, Architektur, Strände und Parks - die pulsierende Metropole lässt kaum Wünsche offen.

Ⓕ Musées, architecture, plages et parcs - cette métropole vibrante ne laisse rien à désirer.

Ⓘ Musei, architettura, spiagge e parchi: la vibrante metropoli non lascia nulla a desiderare.

20 ÓBIDOS

🇬🇧 The small town with its labyrinthine alleyways is one of the most beautiful in Portugal.

Ⓓ Das Städtchen mit seinen labyrinthartigen Gassen ist eines der schönsten in ganz Portugal.

Ⓕ Cette petite ville aux ruelles labyrinthiques est l'une des plus belles du Portugal.

Ⓘ La città con i suoi vicoli labirintici è una delle più belle di tutto il Portogallo.

21 LISBOA

🇬🇧 One of Europe's most beautiful capitals with fashionable seaside resorts and Sintra nearby.

Ⓓ Eine der schönsten Hauptstädte Europas mit mondänen Badeorten und Sintra in der Nähe.

Ⓕ Une des plus belles capitales d'Europe avec des stations balnéaires mondaines et Sintra à proximité.

Ⓘ Una delle capitali più belle d'Europa, con località balneari alla moda e Sintra nelle vicinanze.

22 MÉRIDA

🇬🇧 The fascinating city of Mérida surprises visitors with its many impressive Roman ruins.

Ⓓ Das faszinierende Mérida überrascht mit einer Vielzahl imposanter römischer Ruinen.

Ⓕ La fascinante Mérida surprend par ses nombreuses ruines romaines imposantes.

Ⓘ L'affascinante città di Mérida sorprende con una moltitudine di imponenti rovine romane.

23 FUENTES DEL ALGAR

(UK) Welcome to a natural paradise with rushing waterfalls, crystal-clear water and prickly cacti.

(D) Willkommen in einem Naturparadies mit rauschenden Wasserfällen, glasklarem Wasser und stechenden Kakteen.

(F) Des chutes d'eau bruyantes, une eau cristalline et des cactus piquants - bienvenue dans un paradis naturel.

(I) Benvenuti in un paradiso naturale con cascate impetuose, acqua cristallina e cactus urticanti.

24 CATEDRAL DE MURCIA

(UK) The Glaubensburg is a mixture of different architectural styles from the Renaissance to neoclassicism.

(D) Die Glaubensburg ist eine Mischung verschiedener Baustile von der Renaissance bis zum Neoklassizismus.

(F) Le château de la foi est un mélange de différents styles architecturaux allant de la Renaissance au néoclassicisme.

(I) La "Glaubensburg" è una miscela di diversi stili architettonici, dal Rinascimento al neoclassicismo.

25 PRAIAS DO ALGARVE

(UK) Kilometres of golden beaches, cliffs, tiny bays...

(D) Kilometerlange goldene Strände, dazu Klippen, winzige Buchten...

(F) Des kilomètres de plages dorées, plus des falaises, des criques minuscules...

(I) Chilometri di spiagge dorate, scogliere, piccole calette...

26 SEVILLA

(UK) Pure Andalusia! The graceful capital of the south delights with its cathedral, old town and way of life.

(D) Andalusien pur! Die anmutige Hauptstadt des Südens begeistert mit Kathedrale, Altstadt und Lebensart.

(F) L'Andalousie à l'état pur ! La gracieuse capitale du Sud séduit par sa cathédrale, sa vieille ville et son art de vivre.

(I) Andalusia allo stato puro! La graziosa capitale del sud ispira con la sua cattedrale, il centro storico e lo stile di vita.

27 CÓRDOBA

(UK) In Córdoba you can find traces of great ancient civilisations everywhere: for example in the Mezquita Cathedral.

(D) In Córdoba stößt man überall auf die Spuren großer alter Kulturen: zum Beispiel in der Mezquita-Catedral.

(F) À Cordoue, on trouve partout des traces de grandes civilisations anciennes : par exemple dans la Mezquita-Catedral.

(I) A Cordoba si possono trovare ovunque tracce di grandi culture an-
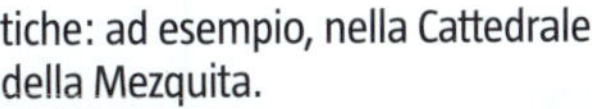
tiche: ad esempio, nella Cattedrale della Mezquita.

28 GRANADA

(UK) The Moorish jewel of Andalusia is also world-famous for its almost magical Alhambra.

(D) Das maurische Juwel Andalusiens ist auch wegen der fast magisch anmutenden Alhambra weltberühmt.

(F) Le joyau mauresque de l'Andalousie est également célèbre dans le monde entier pour son Alhambra à l'aspect presque magique.

(I) Il gioiello moresco dell'Andalusia è famoso in tutto il mondo anche per la sua Alhambra, quasi magica.

29 MÁLAGA

(UK) Picasso's birthplace is not short on charms: picturesque coastlines, museums and beach life beckon.

(D) Picassos Geburtsort geizt nicht mit Reizen: malerische Küsten, Museen und Strandleben locken.

(F) Le lieu de naissance de Picasso n'est pas avare de charmes : côtes pittoresques, musées et vie balnéaire attirent.

(I) La città natale di Picasso non è avara di fascino: coste pittoresche, musei e vita da spiaggia invitano.

30 PARQUE NACIONAL DE SIERRA NEVADA

(UK) This natural paradise is ideal for hiking, fishing and cycling in summer and skiing in winter.

(D) Dieses Naturparadies lädt im Sommer zum Wandern, Angeln und Radfahren und im Winter zum Skifahren ein.

(F) Ce paradis naturel invite à la randonnée, à la pêche et au vélo en été et au ski en hiver.

(I) Questo paradiso naturale è ideale per l'escursionismo, la pesca e il ciclismo in estate e lo sci in inverno.

1 : 4 500 000

MAPA ÍNDICE
QUADRO D'UNIONE
KLAD MAPOVÝCH LISTŮ
ÍNDICE DE MAPA
CARTE D'ASSEMBLAGE
KLAD MAPOVÝCH LISTOV
BLATTÜBERSICHT
OVERZICHTSKAART
OVERSIGTSKORT
KEY MAP
SKOROWIDZ ARKUSZY
PREGLED LIST

1 : 4 500 000

Signos convencionales · **Sinais convencionais** · **Zeichenerklärung** · **Legend** · **Segni convenzionali** · **Légende**

Legenda · **Objaśnienia znaków** · **Vysvětlivky** · **Legenda** · **Tegnforklaring** · **Tumač znakova**

E	P	D		UK	I	F
Autopista y autovía con enlace	Auto-estrada e via rápida de faixas separadas com ramal de acesso	Autobahn und autobahnähnliche Schnellstraße mit Anschlussstelle		Motorway and dual carriageway with motorway characteristics	Autostrada e doppio carreggiata di tipo autostradale con stazione	Autoroute et chaussée double de typeautoroutier avec point de jonction
Ruta de larga distancia	Estrada nacional principal	Fernverkehrsstraße		Trunk road	Strada di grande comunicazione	Route à grande circulation
Carretera de tránsito	Estrada de trânsito	Durchgangsstraße		Thoroughfare	Strada di attraversamento	Route de transit
Carretera principal	Estrada principal	Hauptstraße		Main road	Strada principale	Route principale
Carretera de enlace	Estrada de ligação	Verbindungsstraße		Connecting road	Strada di collegamento	Route de communication
Número de carretera europea	Número de estrada europeia	Europastraßennummer	E20	European road number	Numero di strada europea	Numéro de route européenne
Ferry	Balsa para viaturas	Autofähre		Car ferry	Traghetto per automobili	Bac pour automobiles
Ruta marítima	Linha de navegação	Schifffahrtslinie		Shipping route	Linea marittima	Ligne de navigation
Aeroporto	Aeroporto	Verkehrsflughafen		Airport	Aeroporto	Aéroport
Capital	Capital	Hauptstadt	MADRID	Capital	Capitale di Stato	Capitale
Frontera de Estado, Control	Fronteira nacional, Posto de controlo	Staatsgrenze, Grenzkontrollstelle		National boundary, Check-point	Confine di Stato, Punto di controllo	Frontière d'État, Point de contrôle
Frontera estatal discutida	Fronteira nacional disputável	Umstrittene Staatsgrenze		Disputed international boundary	Confine di stato contestato	Frontière d'État contestée

NL	PL	CZ		SK	DK	HR
Autosnelweg en autoweg met gescheiden rijbanen met aansluiting	Autostrada i autostradopodobna droga szybkiego ruchu z rozjazdami	Dálnice a dvouproudá silnice dálnicového typu se čtyřmi jízdními pruhy s nájezdem		Dial'nica a čtvorprúdová cesta pre motorové vozidlá s prípojkou	Motorvej og motortrafikvej med to vejbaner med tilkørsel	Autocesta a Četverotračna brza cesta sa prilazom
Weg voor interlokaal verkeer	Droga dalekobieżna	Dálková komunikace		Hlavná dial'ková cesta	Fjerntrafikvej	Glavna tranzitna cesta
Weg voor doorgaand verkeer	Droga przelotowa	Průjezdní silnice		Priechodná cesta	Gennemfartsvej	Glavna cesta s imena
Hoofdweg	Droga główna	Hlavní silnice		Hlavná cesta	Hovedvej	Glavna cesta
Verbindingsweg	Droga łącząca	Spojovací silnice		Spájacia cesta	Forbindelsesvej	Glavna veza cesta s imena
Europees wegnummer	Numer drogi europejskiej	Číslo evropské silnice	E20	Číslo európskej cesty	Europavejnummer	Broj europske ceste
Autoveer	Prom samochodowy	Trajekt pro auta		Trajekt pre automobily	Bilfærge	Trajekt za automobile
Scheepvaartroute	Linia żeglugowa	Lodní linka		Lodná linka	Skibsrute	Brodska pruga
Luchthaven	Port lotniczy	Dopravní letiště		Dopravné letisko	Lufthavn	Zračna luka
Hoofdstad	Stolica	Hlavní město	MADRID	Hlavné mesto	Hovedstad	Glavni Grad
Rijksgrens, Grenspost	Granica państwa, Placówka celna	Státní hranice, Celnice		Štátna hranica s hraničnom priechodom	Statsgrænse, Grænsekontrol	Državna granica, Granični prijelaz
Betwiste staatsgrens	Sporna granica państw	Sporná statní hranice		Kontroverzné štátne hranice	Kontroversiel statsgrænse	Kontroverzna državna granica

ÍSLAND
Grimsey
Hornbjarg
Látrar
Bolungarvík
Hnífsdalur
Furufjörður
Flateyri
Ísafjörður
Þingeyri
Patreksfjörður
Bíldudalur
Bjargtangar
Melgraseyri
Árngerðareyri
Gjögur
Brjánslækur
Skálmarnesmúli
Hólmavík
Húnaflói
Breiðafjörður
Flatey
Króksfjarðarnes
Staðarhólskirkja
Dagverðarnes
Ólafsvík
Stykkishólmur
Búðardalur
Búðir
Hvammstangi
Blönduós
Borðeyri
Kálfshamarsvík
Hólðakaupstaður
Hofsós
Sauðárkrókur
Siglufjörður
Ólafsfjörður
Dalvík
Flatey
Grenivík
Akureyri
Húsavík
Kópasker
Raufarhöfn
Rifstangi
Ásbyrgi
Þórshöfn
Fontur
Varmahlíð
Goðdalir
Efrinúpur
Kolbeinsstaðir
Faxaflói
Borgarnes
Akranes
Arvher
Fitjaá
Miðsandur
REYKJAVÍK
Garðskagi
Garður
Keflavík
Hafnir
Hafnarfjörður
Reykjanestá
Grindavík
Hveragerði
Þorlákshöfn
Eyrarbakki
Selfoss
Þingvellir
Miðdalur
Gullfoss
Geysir
Tungufell
Stóraborg
Storinúpur
Skarð
Hella
Hekla
Hvolsvöllur
Þykkvibær
Bakki
Vestmannaeyjar
Surtsey
Heimaey
Skógafoss
Dyrhólaey
Vík í Mýrdal
Mýrdals-jökull
Kirkjubæjarklaustur
Langholt
Kálfafell
Öræfajökull
Hof
Kálfafells staður
Höfn
Stokksnes
Ingólfshöfði
Vatnajökull
Langjökull
Hofsjökull
Sprengisandur
Ódáðahraun
Skjálfandafljót
Mývatn
Askja
Bárðarbunga
Grímsvötn
Snæfell
Eiriksstaðir
Valþjófsstaður
Egilsstaðir
Seyðisfjörður
Neskaupstaður
Eskifjörður
Reyðarfjörður
Búðir
Stöðvarfjörður
Djúpivogur
Dettifoss
Reykjahlíð
Goðafoss
Einarsstaðir
Saurbær
Lundarbrekka
Möðrudalur
Vopnafjörður
Bakkafjörður
Bakkagerði
Tjörnes
Torshavn, Hirtshals
NORSKEHAVET
NORWEGIAN
SEA
Arctic circle
Ringvassøy
Kvaløya
Tromsø
Hillesøy
Senja
Finnsnes
Andøy
Andenes
Gryllefjord
Andfjorden
Senjehesten
Moen
Bardu
Risøyhamn
Hinnøy
Harstad
Salangen
Sortland
Langøya
Stokmarknes
Melbo
Trollfjord
Lødingen
Narvik
Abisko
Torneträsk
Austvågøy
Vestvågøy
Svolvær
Lofoten
Vesterålen
Ramberg
Ballstad
Stamsund
Moskenes
Sørvågen
Moskenesøy
Værøy
Røst
Vestfjorden
Nordfold
Skutvik
Forså
Bognes
Tysfjord
Kebnekaise
Nikkaluokta
Mørsvikbotn
Sarektjåkkå
Stora Sjöfallet
Vietas
Røsvik
Bodø
Saltfjorden
Fauske
Sulitjelma
Kvikkjokk
Sund
Ørnes
Glomfjord
Storjord
Junkerdal
Svartisen
Træna
Krokstrand
Mo i Rana
Jäckvik
Hornavan
Arjeplog
Nesna
Ranafjord
Korgen
Stabbfossen
Røssvassbukt
Umbukta
Storuman
Sandnessjøen
Mosjøen
Rosvatnet
Storavan
Ammarnäs
Sandnessjøen
Tjøtta
Vegа
Hom
Brønnøysund
Trofors
Hattfjelldal
Västansjö
Sorsele
Slagnäs
Brenna
Kroken
Fättjaur
Vennesund
Majavatn
Vikna
Foldereid
Brekkvasselv
Saxnäs
Sutme
Limingen
Tunnsjøen
Risbäck
Vilhelmina
Folda
Namsos
Grong
Gäddede
Dorotea
Åsele
Råsele
Eidet
Jule
Namdalseid
Jorstad
Snåsavatn
Steinkjer
Hoting
Lövberga
Backe
Hälla
Frohavet
Frøya
Afjord
Vangshylla
Levanger
Kallsedet
Strömsund
Hitra
Brekstad
Trondheimsfjorden
Rørvik
Stjørdal
Sandvika
Lillholmsjön
Hammerdal
Junsele
Ramsele
Näsåker
Kristiansund
Hemne
Orkanger
TRONDHEIM
Meråker
Enafors
Duved
Järpen
Krokom
Östersund
Storsjön
Sollefteå
Stugun
Kramfors
Bispfors
Dödafallet
Hustadvika
Ørjavik
Bud
Halsa
Storås
Kvisvik
Gjemnes
Kvanne
Selbu
Støren
Ljungdalen
Molde
Åfarnes
Åndalsnes
Sunndalsøra
Berkåk
Ulsberg
Oppdal
Røros
Brekken
Fjällnäs
Bräcke
Åsarna
Borgsjö
Ånge
Östavall
Stöde
Sundsvall
Ålesund
Runde
Vestkapp
Hareid
Vatne
Sykkylven
Trollstig
Stranda
Valldal
Ørsta
Volda
Geiranger
Måløy
Nordfjordeid
Stryn
Grotli
Lom
Vågåmo
Dombås
Hjerkinn
Rondane
Otta
Alvdal
Tynset
Femund
Sørvika
Elga
Tännäs
Hedeviken
Funäsdalen
Rätansbyn
Sånfjället
Sörvattnet
Ytterhogdal
Sveg
Kårböle
Ljusdal
Hudiksvall
Florø
Sandane
Skei
Jostedalsbreen
Jotunheimen
Galdhøpiggen
Glittertind
Bessheim
Førde
Dale
Høyanger
Skjolden
Skagastølstind
Øvre Årdal
Kaupanger
Bygdin
Ringebu
Atnmoen
Drevsjø
Flötningen
Idre
Särna
Koppang
Jordet
Nybergsund
Fulunäs
Älvdalen
Los
Voxna
Alfta
Bollnäs
Söderhamn
Leirvik
Balestrand
Oppedal
Sognefjorden
Vangsnes
Revsnes
Stalheimsfossen
Borlaug
Borgund
Lærdalstunnelen
Aurlandsvangen
Gudvangen
Nærøyfj.
Fagernes
Fåberg
Lillehammer
Rena
Hamar
Dalarna
Mora
Orsa
Furudal
Rättvik
Ockelbo
Langflon
Bergen
Oslo
Borlänge
Stockholm
0 25 50 100 150 km
0 25 50 100 miles

BARENTS SEA
BARENCEVO MORE
BELOE MORE
Kandalakšskaja guba
Onežskaja guba
Ladožskoe ozero
FINSKIJ ZALIV
BOTTENVIKEN
PERÄMERI
BOTTENHAVET
SELKÄMERI
SUOMI
FINLAND
ROSSIJA
Suomenselkä
Nordkapp
Magerøya
Honningsvåg
Hammerfest
Kvaløy
Sørøya
Varangerhalvøya
Vadsø
Vardø
Kirkenes
Pečenga
Poljarnyj
Severomorsk
MURMANSK
Kola
Murmaši
Olenegorsk
Lovozero
Revda
Mončegorsk
Kirovsk
Apatity
Poljarnye Zori
Kandalakša
Kovdor
Zelenoborskij
Kovda
Louhi
Kem'
Belomorsk
Kostomukša
Segeža
Medvež'egorsk
Kondopoga
PETROZAVODSK
Sortavala
Pitkjaranta
Olonec
Lodejnoe Pole
Priozersk
Svetogorsk
Vyborg
Zelenogorsk
Kronštadt
SANKT-PETERBURG
KOLPINO
Puškin
Petrodvorec
Sosnovyj Bor
Kiriši
Volhov
Nazija
Inari
Ivalo
Sodankylä
Kittilä
Rovaniemi
Kemijärvi
Kuusamo
Kemi
Tornio
Haparanda
Oulu (Uleåborg)
Raahe (Brahestad)
Kajaani
Nurmes
Joensuu
KUOPIO
Varkaus
Savonlinna
Mikkeli
Jyväskylä
Seinäjoki
Vaasa Vasa
Kokkola Karleby
Pietarsaari Jakobstad
Kristiinankaupunki Kristinestad
Pori
Rauma
TAMPERE TAMMERFORS
Hämeenlinna
Lahti
Kouvola
Kotka
Hamina
Lappeenranta
Imatra
Porvoo Borgå
HELSINKI/HELSINGFORS
Turku/Åbo
Kiruna
Gällivare
Malmberget
Jokkmokk
Boden
Luleå
Piteå
Arvidsjaur
Skellefteå
Umeå
Örnsköldsvik
Härnösand
Sundsvall
Karesuando
Kautokeino
Karasjok
Alta
Tana
Lakselv
Skibotn
Tallinn
Arhangel'sk
Vologda
12

ATLANTIC
OCEAN
Rockall (U.K.)
Føroyar
Færøerne
(Danmark)
Streymoy
Vestmanna
Eiði
Fuglafjørður
Klaksvík
Eysturoy
Vágar
Tórshavn
Thorshavn
Sandoy
Tvøroyri
Suðuroy
Hirtshals
Tórshavn
Shetland Islands
Norwick
Unst
North Roe
Yell
Foula
Mainland
Lerwick
Grutness
Fair Isle
Westray
Sanday
Mainland
Skara Brae
Stromness
Hoy
Kirkwall
Orkney Islands
John o'Groat's
Thurso
Wick
St. Kilda
Outer Hebrides
Nah - Eileanan Siar
Port of Ness
Port Nis
Lewis
Leodhais
Stornoway
Steornabhagh
Harris
Na Hearadh
Tarbert
Tairbeart
Rodel/Roghadal
North Uist
Uibhist a Tuath
Lochmaddy
Loch Na Madadh
South Uist
Uibhist a Deas
Lochboisdale
Loch Baghasdail
Castlebay
Bagh a Chaisteil
Dunvegan
Portree
Skye
Rum
Rhum
Sea of the Hebrides
Inner Hebrides
Scarinish
Tiree
Mull
Oban
Colonsay
Scalasaig
Jura
Islay
Port Askaig
Port Ellen
Cape Wrath
Durness
Scourie
Tongue
Ullapool
Bonar Br.
Helmsdale
Dornoch
Tain
Invergordon
Dingwall
Inverness
Nairn
Elgin
Moray Firth
Banff
Fraserburgh
Peterhead
Huntly
ABERDEEN
North West Highlands
Fort Augustus
Kingussie
Ben Macdhui 1309
Ballater
Balmoral Castle
Banchory
Stonehaven
Mallaig
Fort William
Ben Nevis 1343
Grampian Mountains
Rannoch Station
Blair
Pitlochry
Brechin
Montrose
Arbroath
DUNDEE
Glamis
Perth
Killin
Tyndrum
Dalmally
Inveraray
Lochgilphead
Dunblane
Stirling
Kirkcaldy
Crail
Firth of Forth
North Berwick
EDINBURGH
Greenock
Rothesay
GLASGOW
Brodick
Arran
Campbeltown
Ayr
Kilmarnock
Cumnock
Abington
Galashiels
Kelso
Melrose
Berwick
Hawick
Jedburgh
Alnwick
Warkworth
Moffat
Dumfries
Merrick 842
Cairnryan
Stranraer
Kirkcudbright
New Abbey
Carlisle
Otterburn
Brampton
Hadrian's Wall
NEWCASTLE UPON TYNE
SOUTH SHIELDS
SUNDERLAND
Durham
Hartlepool
UNITED KINGDOM
Workington
Penrith
Keswick
Lake District
Kendal
Barnard Castle
Darlington
Northallerton
Stockton-on-Tees
MIDDLESBROUGH
Whitby
Scarborough
Thirsk
YORK
Bridlington
Beverley
KINGSTON UPON HULL
Lancaster
BLACKPOOL
PRESTON
Southport
Burnley
BRADFORD
LEEDS
HUDDERSFIELD
MANCHESTER
BOLTON
Selby
Scunthorpe
Grimsby
Doncaster
SHEFFIELD
STOCKPORT
Chesterfield
LIVERPOOL
Chester
Crewe
STOKE-ON-TRENT
Lincoln
NOTTINGHAM
DERBY
Newark-on-Trent
Boston
Skegness
Great Britain
Isle of Man
Peel
Douglas
Barrow-in-Furness
IRISH SEA
Anglesey
Holyhead
Bangor
Caernarfon
Snowdon 1085
Colwyn Bay
Corwen
Harlech
Aberdaron
Dolgellau
Shrewsbury
Telford
WOLVERHAMPTON
WALSALL
BIRMINGHAM
LEICESTER
COVENTRY
Stamford
Peterborough
King's Lynn
Wells-next-the-Sea
Cromer
Kettering
NORTHAMPTON
Aberystwyth
Aberaeron
Newtown
Builth Wells
Hereford
Worcester
Cardigan Bay
St. George's Channel
Fishguard
St. David's
Haverfordwest
Carmarthen
Pembroke Dock
Brecon
Merthyr Tydfil
SWANSEA
Neath
Port Talbot
Bristol Channel
CARDIFF
NEWPORT
Gloucester
Cheltenham
Stratford-upon-Avon
OXFORD
SWINDON
LUTON
St. Albans
Bedford
CAMBRIDGE
Newmarket
Thetford
IPSWICH
Felixstowe
Harwich
COLCHESTER
Bishop's Stortford
LONDON
SOUTHEND-ON-SEA
Rochester
Ramsgate
Canterbury
Dover
Folkestone
Ashford
Maidstone
Hastings
Eastbourne
BRIGHTON
Worthing
Chichester
PORTSMOUTH
SOUTHAMPTON
Winchester
Guildford
READING
Windsor
Newbury
Stonehenge
Salisbury
Bath
BRISTOL
Wells
Taunton
Yeovil
Dorchester
Weymouth
POOLE
BOURNEMOUTH
Isle of Wight
Exeter
Torquay
PLYMOUTH
Okehampton
Barnstaple
Ilfracombe
Bodmin
Truro
Falmouth
Penzance
Land's End
Lizard
Isles of Scilly
Hugh Town
King Arthur's Castle
English Channel
La Manche
Boulogne-sur-Mer
Calais
le Touquet-Paris-Plage
Dieppe
Le Havre
Caen
Cherbourg
St.Malo
Santander
Bilbao
Roscoff
Cherbourg-en-Cot.
0° Greenwich
Paris
FRANCE
CELTIC SEA
Ireland
Éire
IRELAND
ÉIRE
Malin Head
Malin
Giant's Causeway
North Channel
Portrush
Coleraine
Londonderry
Derry
Letterkenny
Gaoth Dobhair
An Charraigh
Donegal
Ballyshannon
Béal an Mhuirthead
Bangor
Achill Island
Ballina
Nephin 807
Sligo
Sligeach
Enniskillen
Omagh
Maghera
Ballymena
Larne
Lough Neagh
Northern Ireland
Bangor
BELFAST
Lisburn
Armagh
Monaghan
Newcastle
Cavan
Westport
Castlebar
Boyle
Carrick-on-Shannon
Claremorris
Clifden
Cong
Roscommon
Longford
Kells
Dundalk
Dún Dealgan
Drogheda
Droichead Átha
Mullingar
Athlone
Galway
Gaillimh
Aran Islands
Oileáin Árainn
Loughrea
Tullamore
Kinnegad
BAILE ÁTHA CLIATH
DUBLIN
Dún Laoghaire
Naas
Glendalough
Wicklow
Arklow
Kilkee
Loop Head
Ennis
Nenagh
Roscrea
Portlaoise
Carlow
Kilkenny
Cill Chainnigh
Limerick
Luimneach
Rock of Cashel
Cashel
Tralee
Trá Lí
Dingle
An Daingean
Cahirciveen
Killarney
Cill Airne
Mallow
Cahir
Clonmel
Cluain Meala
Thomastown
Enniscorthy
Wexford
Loch Garman
New Ross
Rosslare Harbour
Waterford
Port Láirge
Fermoy
Dungarvan
Kenmare
Rathmore
CORK
CORCAIGH
Bantry
Skibbereen
Kinsale
Mizen Head
In Great Britain and Northern Ireland distances in miles
15°
10°
7.5°
5°
55°
50°
14
0 25 50 100 150 km
0 25 50 100 miles

0° Greenwich
Ålesund
8
Trondheim
NORGE
BERGEN
OSLO
Drammen
Kongsberg
Haugesund
Stavanger
Sandnes
Egersund
Flekkefjord
Kristiansand
Arendal
Skien
Porsgrunn
Larvik
Tønsberg
Horten
Moss
Sarpsborg
Fredrikstad
Halden
Hamar
Lillehammer
Gjøvik
Elverum
Kongsvinger
Hønefoss
Sognefjorden
Hardangerfjorden
Telemark
Agder
Skagerrak
SVERIGE
Karlstad
ÖREBRO
Karlskoga
Falun
Borlänge
Mora
Rättvik
Ludvika
Vänern
Vättern
Trollhättan
Uddevalla
Vänersborg
Lidköping
Skövde
Jönköping
Borås
GÖTEBORG
Kungsbacka
Varberg
Falkenberg
Halmstad
Ängelholm
Helsingborg
Landskrona
Lund
MALMÖ
Trelleborg
Ystad
Kristianstad
Karlshamn
Växjö
Ljungby
Värnamo
Vetlanda
Linköping
Motala
Kattegat
DANMARK
Skagen
Frederikshavn
Hjørring
Hirtshals
AALBORG
Thisted
Randers
Viborg
Skive
Holstebro
Herning
Silkeborg
AARHUS
Horsens
Vejle
Kolding
Fredericia
Esbjerg
Ribe
ODENSE
Svendborg
Nyborg
Slagelse
Holbæk
Roskilde
KØBENHAVN
Helsingør
Hillerød
Næstved
Sjælland
Bornholm
Rønne
NORTH SEA
NORDSEE
OSTSEE
Deutsche Bucht
Nordfriesische Inseln
Ostfriesische Inseln
Waddeneilanden
Sylt
Helgoland
Flensburg
Schleswig
KIEL
Husum
Rendsburg
Neumünster
LÜBECK
HAMBURG
Cuxhaven
Wilhelmshaven
BREMERHAVEN
BREMEN
OLDENBURG
Emden
Rügen
Stralsund
ROSTOCK
Wismar
Schwerin
Greifswald
Neubrandenburg
SZCZECIN
BERLIN
POTSDAM
Lüneburg
Celle
HANNOVER
WOLFSBG.
BRAUNSCHWEIG
MAGDEBURG
SALZGITTER
HILDESHEIM
OSNABRÜCK
MÜNSTER
BIELEFELD
PADERBORN
DORTMUND
ESSEN
DUISBG.
KREFELD
WUPPERTAL
DÜSSELDORF
KÖLN
BONN
AACHEN
KASSEL
GÖTTINGEN
HALLE (SAALE)
LEIPZIG
DRESDEN
CHEMNITZ
ERFURT
JENA
Gera
Cottbus
Frankfurt (Oder)
DEUTSCHLAND
NEDERLAND
GRONINGEN
Leeuwarden
Den Helder
Alkmaar
HAARLEM
AMSTERDAM
UTRECHT
DEN HAAG
'S-GRAVENHAGE
ROTTERDAM
BREDA
TILBURG
EINDHOVEN
NIJMEGEN
ARNHEM
APELDOORN
ENSCHEDE
Zwolle
Lelystad
Assen
Emmen
BELGIË
BELGIQUE
ANTWERPEN
GENT
BRUGGE
Oostende
BRUSSEL
BRUXELLES
LILLE
Roubaix
Tournai
Siegen
Marburg
15
Würzburg
Nürnberg
POLSKA
ČESKO
Göteborg
Stockholm

Sundsvall
Pori
9
Tampere
Jyväskylä, Mikkeli
Lappeenranta
Vyborg
Sortavala
BOTTENHAVET
SELKÄMERI
SUOMI
FINLAND
Rauma
Turku
Åbo
Salo
Helsinki
Helsingfors
Kotka
Hamina
Kouvola
Lahti
Hämeenlinna
Åland
Ahvenanmaa
Mariehamn
Maarianhamina
FINSKIJ ZALIV
SUOMENLAHTI
Kronštadt
SANKT-PETERBURG
Gävle
Uppsala
Västerås
Stockholm
Södertälje
Nynäshamn
Norrköping
Linköping
Nyköping
SVERIGE
ÖSTERSJÖN
BALTIC SEA
Gotland
Visby
Öland
Kalmar
Karlskrona
Tallinn
Paldiski
Narva
Kohtla-Järve
Rakvere
Hiiumaa
Saaremaa
EESTI
Tartu
Pärnu
Viljandi
Valga
Liivi laht
Rigas līcis
Rīga
Ventspils
Liepāja
Jelgava
LATVIJA
Daugavpils
Rēzekne
Pskov
Luga
Velikij Novgorod
LIETUVA
Šiauliai
Panevėžys
Klaipėda
Kaunas
Vilnius
ROSSIJA
Kaliningrad
Sovetsk
MORZE BAŁTYCKIE
Gdynia
Gdańsk
Elbląg
Koszalin
Słupsk
Olsztyn
Suwałki
Białystok
Hrodna
Lida
Minsk
Maladzečna
Baranavičy
Bydgoszcz
Toruń
Włocławek
Płock
Warszawa
Siedlce
Brest
Pinsk
Poznań
Gorzów Wlkp.
Zielona Góra
Łódź
Radom
Lublin
Kielce
Częstochowa
Wrocław
Opole
Wałbrzych
POLSKA
BELARUS
UKRAÏNA
Kovel
Luc'k
Rivne
Chełm
Zamość
Stalowa Wola
Ternopil'
L'viv
Rzeszów
16
Praha
Katowice
Gliwice
Kraków

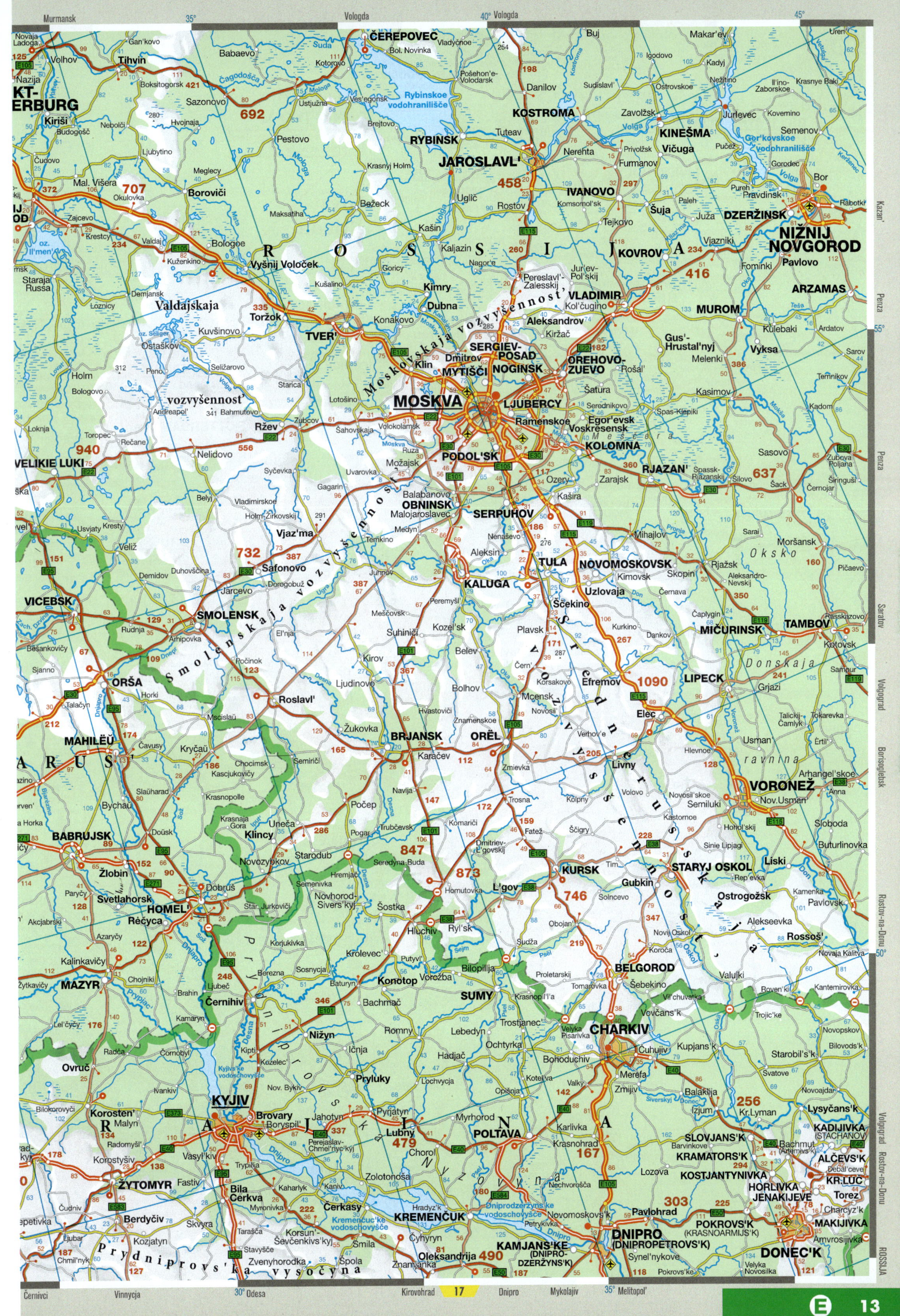

Murmansk
Vologda
Vologda
ČEREPOVEC
Rybinskoe vodohranilišče
RYBINSK
JAROSLAVL'
KOSTROMA
KINEŠMA
Vičuga
Gor'kovskoe vodohranilišče
IVANOVO
DZERŽINSK
NIŽNIJ NOVGOROD
Pavlovo
ARZAMAS
Kazan'
Penza
Penza
Saratov
Volgograd
Borisoglebsk
Rostov-na-Donu
Volgograd
Rostov-na-Donu
ROSSIJA
Tihvin
Kiriši
Boroviči
Valdajskaja
Vyšnij Voloček
Toržok
TVER'
Rostov
Pereslavl'-Zalesskij
VLADIMIR
KOVROV
MUROM
Aleksandrov
Dubna
Kimry
SERGIEV-POSAD
MYTIŠČI
NOGINSK
OREHOVO-ZUEVO
Klin
MOSKVA
LJUBERCY
Ramenskoe
Egor'evsk
Voskresensk
KOLOMNA
PODOL'SK
RJAZAN'
Moskovskaja vozvyšennost'
OBNINSK
SERPUHOV
Velikie Luki
Rževs
Vjaz'ma
Safonovo
SMOLENSK
Smolenskaja vozvyšennost'
VICEBSK
ORŠA
MAHILËŬ
BABRUJSK
Žlobin
Svetlahorsk
HOMEL'
Rečyca
MAZYR
KALUGA
TULA
NOVOMOSKOVSK
Uzlovaja
Ščekino
MIČURINSK
TAMBOV
LIPECK
Elec
Efremov
Srednerusskaja vozvyšennost'
Roslavl'
BRJANSK
OREL
Livny
VORONEŽ
Liski
STARYJ OSKOL
KURSK
Klincy
Novozybkov
Šostka
Hluchiv
Konotop
SUMY
BELGOROD
CHARKIV
Černihiv
Nižyn
Pryluky
KYJIV
Brovary
Boryspil'
Prydniprovs'ka nyzovyna
Lubny
POLTAVA
Krasnohrad
KREMENČUK
Kremenčuc'ke vodoschovyšče
Dniprodzeržyns'ke vodoschovyšče
KAMJANS'KE (DNIPRODZERŽYNS'K)
DNIPRO (DNIPROPETROVS'K)
Pavlohrad
Oleksandrija
Bila Cerkva
ŽYTOMYR
Berdyčiv
Korosten'
Ovruč
Prydniprovs'ka vysočyna
Izjum
SLOVJANS'K
KRAMATORS'K
KOSTJANTYNIVKA
HORLIVKA
JENAKIJEVE
POKROVS'K (KRASNOARMIJS'K)
MAKIJIVKA
DONEC'K
Lysyčans'k
Alčevs'k
Černivci
Vinnycja
Odesa
Kirovohrad
Dnipro
Mykolajiv
Melitopol'
17

UNITED KINGDOM
NORTH SEA
NORDSEE
In Great Britain and Northern Ireland distances in miles
Great Britain
IRISH SEA
ÉIRE
IRELAND
BAILE ÁTHA CLIATH
DUBLIN
Dún Laoghaire
St. George's Channel
Bristol Channel
English Channel
La Manche
Channel Islands
ATLANTIC
OCEAN
Golfe de Gascogne
Golfo de Vizcaya
SUNDERLAND
MIDDLESBROUGH
LEEDS
YORK
BRADFORD
MANCHESTER
LIVERPOOL
SHEFFIELD
NOTTINGHAM
LEICESTER
BIRMINGHAM
COVENTRY
NORTHAMPTON
CAMBRIDGE
NORWICH
IPSWICH
COLCHESTER
OXFORD
LONDON
BRISTOL
CARDIFF
SWANSEA
NEWPORT
SOUTHAMPTON
PORTSMOUTH
BRIGHTON
PLYMOUTH
Exeter
BOURNEMOUTH
POOLE
AMSTERDAM
HAARLEM
DEN HAAG
'S-GRAVENHAGE
ROTTERDAM
UTRECHT
NEDERLAND
BRUGGE
GENT
ANTWERPEN
BRUSSEL
BRUXELLES
LIÈGE
NAMUR
CHARLEROI
LILLE
Calais
AMIENS
ROUEN
LE HAVRE
CAEN
Cherbourg-en-Cot.
BREST
RENNES
NANTES
ANGERS
TOURS
LE MANS
ORLÉANS
PARIS
Versailles
REIMS
METZ
NANCY
Luxembourg
DIJON
BESANÇON
LAUSANNE
GENÈVE
LYON
GRENOBLE
ST-ÉTIENNE
CLERMONT-FERRAND
LIMOGES
Poitiers
La Rochelle
Rochefort
BORDEAUX
Angoulême
Agen
Valence
Montélimar

MORZE BAŁTYCKIE
OSTSEE
Deutsche Bucht
Mecklenburger Bucht
Pommersche Bucht
DANMARK
POLSKA
ČESKO
SLOVENSKO
MAGYARORSZÁG (HUNGARY)
SLOVENIJA
HRVATSKA (CROATIA)
BOSNA I HERCEGOVINA
SCHWEIZ
ÖSTERREICH
ITALIA
MARE ADRIATICO
JADRANSKO MORE
Sjælland
Bornholm
Rügen
Ostfriesische Inseln
Nordfriesische Inseln
ODENSE
KIEL
HAMBURG
BREMEN
BREMERHAVEN
LÜBECK
ROSTOCK
SZCZECIN
KOSZALIN
GDYNIA
GDAŃSK
ELBLĄG
BYDGOSZCZ
TORUŃ
WŁOCŁAWEK
PŁOCK
BERLIN
POTSDAM
HANNOVER
BRAUNSCHWEIG
WOLFSBURG
MAGDEBURG
POZNAŃ
ŁÓDŹ
ZIELONA GÓRA
LEIPZIG
DRESDEN
HALLE (SAALE)
WROCŁAW
CZĘSTOCHOWA
OPOLE
KATOWICE
GLIWICE
BYTOM
ZABRZE
BIELSKO-BIAŁA
OSTRAVA
OLOMOUC
BRNO
PRAHA
PLZEŇ
DORTMUND
ESSEN
WUPPERTAL
SOLINGEN
KÖLN
BONN
KOBLENZ
WIESBADEN
MAINZ
FRANKFURT A.M.
DARMSTADT
MANNHEIM
HEIDELBERG
KARLSRUHE
HEILBRONN
STUTTGART
WÜRZBURG
NÜRNBERG
ERLANGEN
FÜRTH
REGENSBURG
INGOLSTADT
AUGSBURG
MÜNCHEN
SALZBURG
LINZ
WIEN
BRATISLAVA
GRAZ
GYŐR
MARIBOR
LJUBLJANA
ZAGREB
PÉCS
INNSBRUCK
ZÜRICH
BERN
BASEL
FREIBURG
STRASBOURG
MILANO
TORINO
BERGAMO
BRESCIA
VERONA
VICENZA
PADOVA
VENEZIA
TRIESTE
RIJEKA
BANJA LUKA
FERRARA
BOLOGNA
MODENA
PARMA
REGGIO NELL'EMILIA

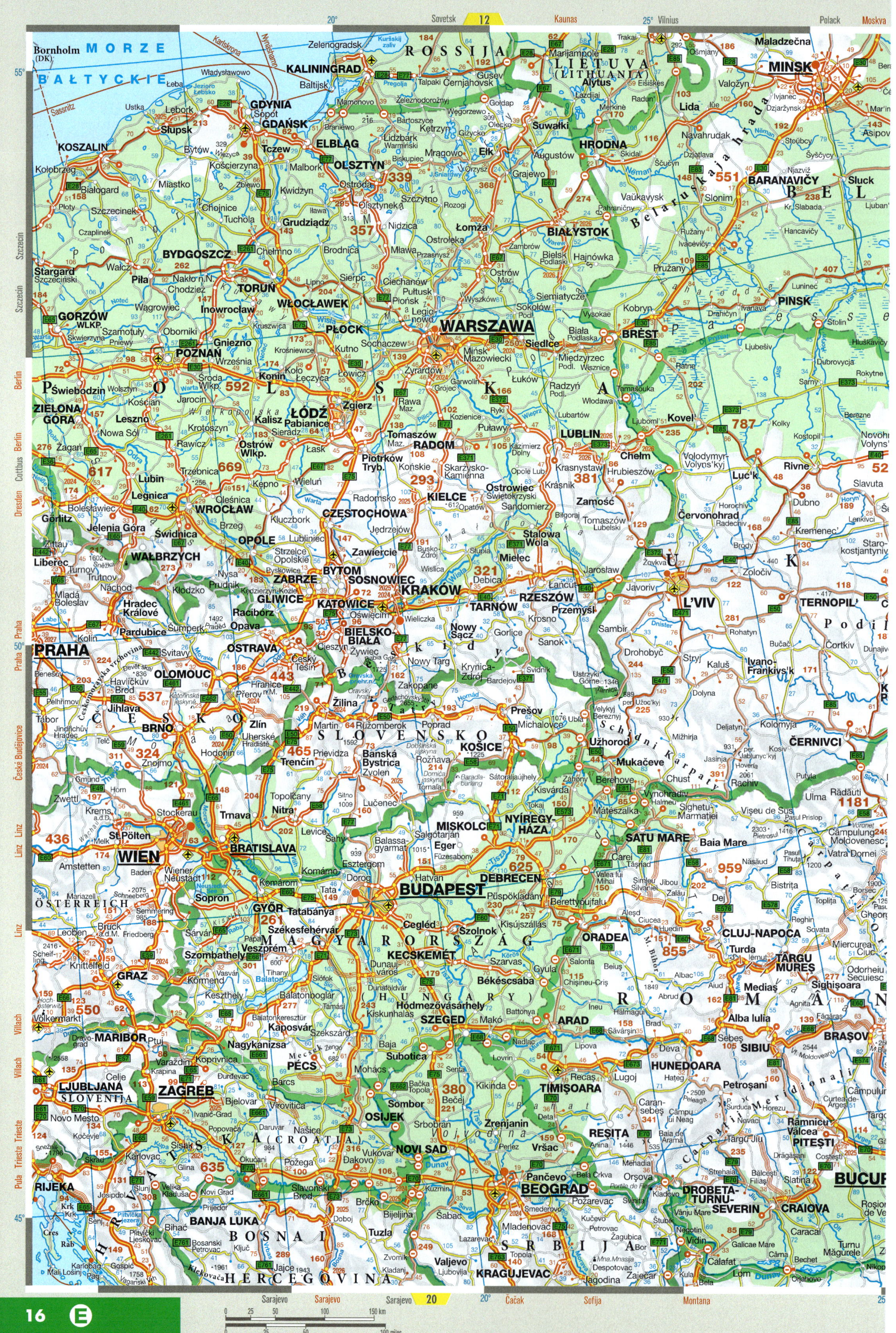

MORZE BAŁTYCKIE
ROSSIJA
LIETUVA (LITHUANIA)
BELARUS'
P O L S K A
ČESKO
SLOVENSKO
MAGYARORSZÁG (HUNGARY)
ÖSTERREICH
SLOVENIJA
HRVATSKA (CROATIA)
BOSNA I HERCEGOVINA
SRBIJA
ROMANIA
UKRAJINA
KALININGRAD
GDAŃSK
GDYNIA
ELBLĄG
OLSZTYN
KOSZALIN
BYDGOSZCZ
TORUŃ
WŁOCŁAWEK
PŁOCK
WARSZAWA
BIAŁYSTOK
HRODNA
MINSK
BARANAVIČY
BREST
PINSK
POZNAŃ
GORZÓW WLKP.
ZIELONA GÓRA
ŁÓDŹ
RADOM
LUBLIN
KIELCE
CZĘSTOCHOWA
WROCŁAW
OPOLE
KATOWICE
KRAKÓW
TARNÓW
RZESZÓW
L'VIV
TERNOPIL'
PRAHA
OLOMOUC
BRNO
OSTRAVA
BRATISLAVA
WIEN
GRAZ
KOŠICE
MISKOLC
NYÍREGYHÁZA
DEBRECEN
BUDAPEST
GYŐR
KECSKEMÉT
SZEGED
PÉCS
ORADEA
CLUJ-NAPOCA
ARAD
TIMIŞOARA
SIBIU
BRAŞOV
LJUBLJANA
MARIBOR
ZAGREB
OSIJEK
NOVI SAD
BEOGRAD
KRAGUJEVAC
RIJEKA
BANJA LUKA
CRAIOVA
PITEŞTI

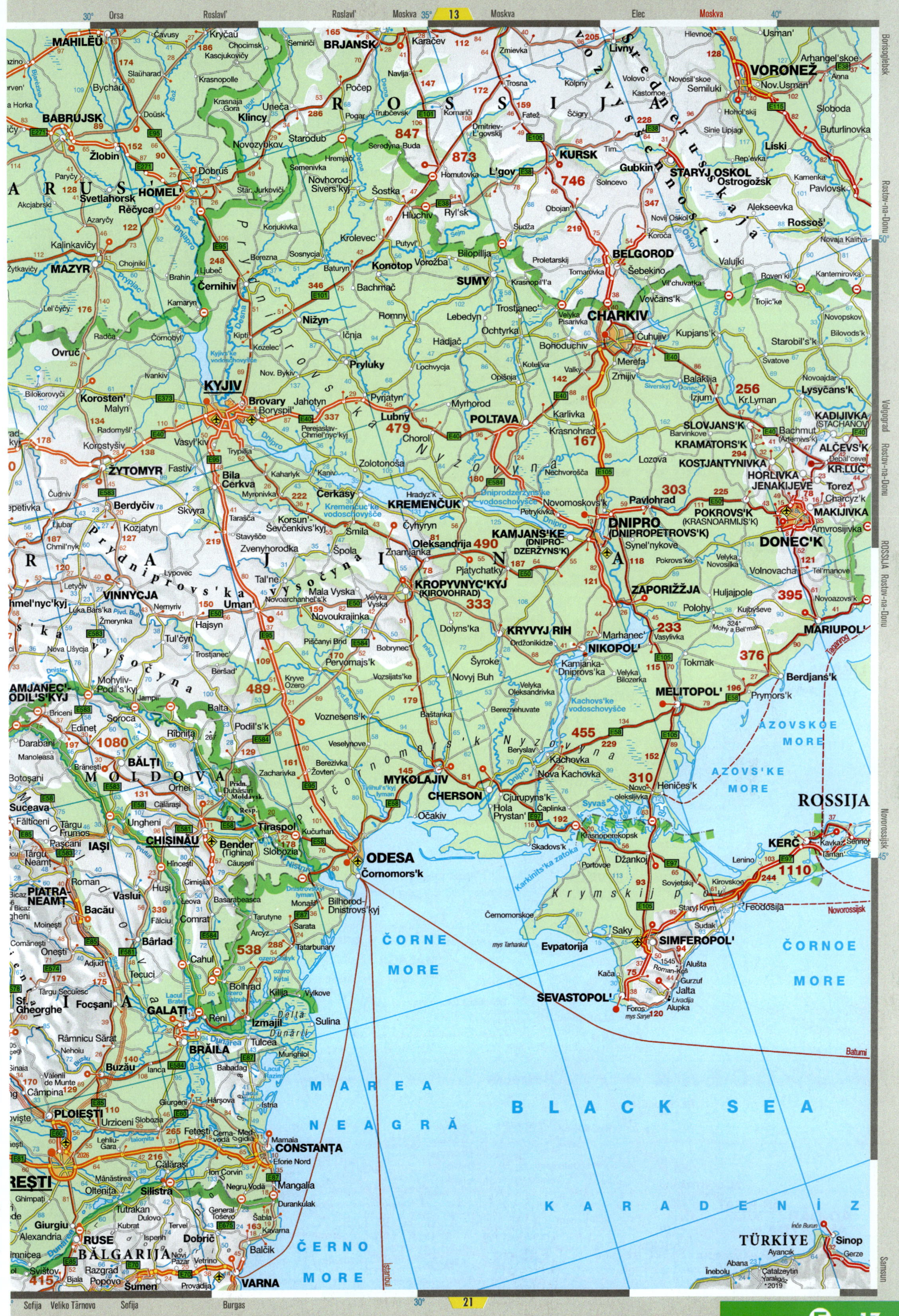
MAHILËU
BRJANSK
VORONEŽ
BABRUJSK
Žlobin
HOMEL'
Rečyca
Svetlahorsk
KURSK
STARYJ OSKOL
R O S S I J A
Sredne-russkaja vozvyšennost'
MAZYR
Černihiv
Konotop
SUMY
BELGOROD
CHARKIV
Nižyn
Pryluky
Ovruč
KYJIV
Brovary
Korosten'
ŽYTOMYR
Bila Cerkva
Lubny
POLTAVA
Kremenčuc'ke vodoschovyšče
KREMENČUK
Čerkasy
Berdyčiv
VINNYCJA
Uman'
KROPYVNYC'KYJ (KIROVOHRAD)
Oleksandrija
KAMJANS'KE (DNIPRODZERŽYNS'K)
DNIPRO (DNIPROPETROVS'K)
SLOVJANS'K
KRAMATORS'K
KOSTJANTYNIVKA
HORLIVKA
JENAKIJEVE
POKROVS'K (KRASNOARMIJS'K)
DONEC'K
MAKIJIVKA
KR.LUČ
ALČEVS'K
Lysyčans'k
KADIJIVKA (STACHANOV)
ZAPORIŽŽJA
KRYVYJ RIH
NIKOPOL'
MELITOPOL'
Berdjans'k
MARIUPOL'
Prydniprovs'ka vysočyna
Prydniprovs'ka nyzovyna
U K R A J I N A
MOLDOVA
BĂLȚI
CHIŞINĂU
Bender (Tighina)
Tiraspol
IAȘI
ODESA
Čornomors'k
MYKOLAJIV
CHERSON
Nova Kachovka
Kachovka
Prychornomors'ka nyzovyna
AZOVS'KE MORE
AZOVSKOE MORE
ROSSIJA
KERČ
Feodosija
Krymskij poluostrov
Džankoj
Evpatorija
SIMFEROPOL'
SEVASTOPOL'
Jalta
Alupka
ČORNE MORE
ČORNOE MORE
MAREA NEAGRĂ
BLACK SEA
KARADENİZ
ČERNO MORE
GALAȚI
BRĂILA
Izmajil
Tulcea
CONSTANȚA
Mangalia
Silistra
PLOIEȘTI
BUCUREȘTI
RUSE
VARNA
Dobrič
BĂLGARIJA
TÜRKİYE
Sinop
Bacău
Focșani
Buzău
Bârlad
Vaslui
PIATRA NEAMȚ

ATLANTIC OCEAN
Golfe de Gascogne
Golfo de Vizcaya
Côte Basque
A CORUÑA
Ferrol
Cabo Ortegal
Ortigueira
SANTIAGO D.C.
Lugo
OVIEDO
GIJÓN
Avilés
SANTANDER
BILBAO
DONOSTIA SAN SEBASTIÁN
Biarritz
Bayonne
BORDEAUX
VIGO
Pontevedra
OURENSE
Ponferrada
LEÓN
Burgos
BURGOS
VITORIA-GASTEIZ
PAMPLONA IRUÑEA
LOGROÑO
BRAGA
PORTO
Aveiro
Viseu
COIMBRA
Guarda
Zamora
Vila Real
Bragança
Palencia
VALLADOLID
SALAMANCA
Soria
ZARAGOZA
Tudela
Segovia
Ávila
MADRID
ALCALÁ D.H.
Guadalajara
Aranjuez
Toledo
Talavera de la Reina
Cuenca
Teruel
Plasencia
Cáceres
Castelo Branco
Santarém
LISBOA
Almada
Setúbal
Évora
Elvas
BADAJOZ
Mérida
Ciudad Real
ALBACETE
Valdepeñas
Puertollano
Linares
Jaén
CÓRDOBA
SEVILLA
HUELVA
Faro
Lagos
Sagres
Portimão
Beja
Sines
JEREZ DE LA FRONTERA
CÁDIZ
San Fernando
ALGECIRAS
MÁLAGA
MARBELLA
GRANADA
ALMERÍA
MURCIA
CARTAGENA
Lorca
Orihuela
ELX
ALICANTE
Alcoi
Costa Blanca
Costa Cálida
Costa del Sol
Golfo de Cádiz
La Línea d.l.C.
Gibraltar (UK)
Europa Point
Estrecho de Gibraltar
Ceuta (Esp.)
TANJA (TANGER)
TÉTOUAN
Isla del Alborán (Esp.)
EL-'ARÂICH (LARACHE)
Chefchaouen
Al-Hoceima
NADOR
Melilla (Esp.)
Islas Chafarinas (Esp.)
Berkane
UJDA (OUJDA)
TLEMCEN
SIDI-BEL-ABBES
WAHRÂN (ORAN)
Mostaganem
Ouazzane
Souk-el-Arba-du-Rharb
AL-Q'NITRA (KÉNITRA)
AR-RIBÂT (RABAT)
AD-DÂR-AL-BAYDÂ (CASABLANCA)
MOHAMMEDIA
KHEMIS-SET
MEKNÈS
FÂS (FÈS)
TAZA
Taourirt
Guercif
AL MAGHRIB (MAROC)
OCEAN
ATLANTIC
Santa Cruz de Tenerife
Las Palmas de Gran Canaria
Santa Cruz de la Palma
Arrecife
Plymouth
Portsmouth
ESPAÑA
PORTUGAL
Cordillera Cantábrica
Sierra Morena
Sierra Nevada
Mulhacén 3478
10°
5°
40°
35°
0° Greenwich
Azrou
Bouârfa
Aïn Sefra
Béchar
El-Jadida
0 25 50 100 150 km
0 25 50 100 miles

F R A N C E
CLERMONT-FERRAND
LYON
ST-ÉTIENNE
GRENOBLE
Valence
Annecy
Chambéry
TOULOUSE
MONTPELLIER
NÎMES
Avignon
AIX-EN-PROV.
MARSEILLE
TOULON
NICE
Cannes
Monaco
Perpignan
Béziers
Carcassonne
Narbonne
Golfe du Lion
Côte d'Azur
TORINO
MILANO
GENOVA
ITALIA
LA SPEZIA
Savona
Cuneo
Alessandria
Bergamo
Novara
Pavia
Cremona
Piacenza
Asti
Lecco
Como
Varese
Biella
Aosta
MARE LIGURE
Riviera di Ponente
Corse (France)
Bastia
Ajaccio
Calvi
Corte
Porto-Vecchio
Bonifacio
Sardegna (Italia)
SASSARI
Olbia
Nuoro
Oristano
CAGLIARI
Alghero
Porto Torres
La Maddalena
Iglesias
Carbonia
P y r i n e o s
Andorra la Vella
ANDORRA
Huesca
LLEIDA
Girona
Figueres
Costa Brava
Costa Daurada
BARCELONA
MATARÓ
SABADELL
TERRASSA
Manresa
TARRAGONA
REUS
Vilanova i la Geltrú
Tortosa
CASTELLÓ DE LA PLANA
VALÈNCIA
Golf de València
Mallorca
PALMA
Manacor
Menorca
Maó
Ciutadella
Eivissa Ibiza
Formentera
Cabrera
Illes Balears
MAR MEDITERRÁNEO
MEDITERRANEAN SEA
AL-JAZĀ'IR (ALGER)
El-Harrach
Tizi-Ouzou
Bejaïa
Sétif
QACENTINA (CONSTANTINE)
SKIKDA
ANNABA
GUELMA
SOUK AHRAS
AÏN-BEÏDA
TÉBESSA
KENCHELA
Batna
CHLEF
Blida
Médéa
AL-JAZĀ'IR
TŪNIS
TUNIS
Bizerte
KAIROUAN
Béja
El-Kef
26-200

Edolo
Bolzano/Bozen
Belluno
Villach
Ljubljana
Graz
Budapest
Szeged
ZAGREB
SLOVENIJA
TRIESTE
RIJEKA
OSIJEK
NOVI SAD
BRESCIA
VERONA
VICENZA
PADOVA
VENEZIA
PARMA
MODENA
FERRARA
REGGIO NELL'EMILIA
BOLOGNA
RAVENNA
FORLÌ
RIMINI
LA SPEZIA
FIRENZE
PISA
LIVORNO
BANJA LUKA
SARAJEVO
ANCONA
PESCARA
PERUGIA
TERNI
ROMA
LATINA
FOGGIA
BARI
NAPOLI
SALERNO
TARANTO
Brindisi
Lecce
SPLIT
PODGORICA
DURRËS
ITALIA
Corse
Sardegna
MARE TIRRENO
MARE ADRIATICO
MARE IONIO
Golfo di Taranto
PALERMO
TRAPANI
MESSINA
REGGIO DI CALABRIA
CATANIA
SIRACUSA
Sicilia
MALTA
Malta
Valletta
TUNIS
SOUSSE
KAIROUAN
TŪNIS
MARE MEDITERRA
MEDI

Timişoara
Petroşani
Sibiu
Braşov
Buzău
17
MAREA NEAGRĂ
ČERNO MORE
BLACK SEA
KARADENİZ
ROMÂNIA
BUCUREŞTI
PLOIEŞTI
PITEŞTI
CONSTANŢA
CRAIOVA
DROBETA-TURNU-SEVERIN
RUSE
VARNA
BURGAS
BĂLGARIJA
SOFIJA
PLOVDIV
STARA ZAGORA
PLEVEN
SRBIJA
NIŠ
PRISHTINË
PRIŠTINA
KOSOVO
SKOPJE
SEVERNA MAKEDONIJA
THESSALONÍKI
LÁRISA
Vólos
PÁTRA
PIREÁS
ATHÍNA
Zákinthos
Kefallonía
Kríti
IRÁKLIO
Haniá
Réthimno
Ródos
Thíra (Santoríni)
Náxos
Mílos
Lésvos
Límnos
Thássos
Évvia
Híos
Sámos
Kárpathos
Kíthira
Andikíthira
Gávdos
ISTANBUL
EDİRNE
İZMİT
ADAPAZARI
BURSA
BALIKESİR
MANİSA
İZMİR
AYDIN
DENİZLİ
UŞAK
KÜTAHYA
BODRUM
TÜRKİYE
Marmara Denizi
Kuşadası
Çanakkale
Fethiye
Muğla
Aigaío Pélagos
Vóries Sporádes
Kikládes
Dodekánissa
Mirtóo Pélagos
Kritikón Pélagos
Karpáthio Pélagos
Thrakikó Pélagos
Kólpos Thermaikós
MEDITERRANEAN SEA
Ankara
Eskişehir
Afyon
Antalya

1 : 300 000

MAPA ÍNDICE
QUADRO D'UNIONE
KLAD MAPOVÝCH LISTŮ

ÍNDICE DE MAPA
CARTE D'ASSEMBLAGE
KLAD MAPOVÝCH LISTOV

BLATTÜBERSICHT
OVERZICHTSKAART
OVERSIGTSKORT

KEY MAP
SKOROWIDZ ARKUSZY
PREGLED LIST

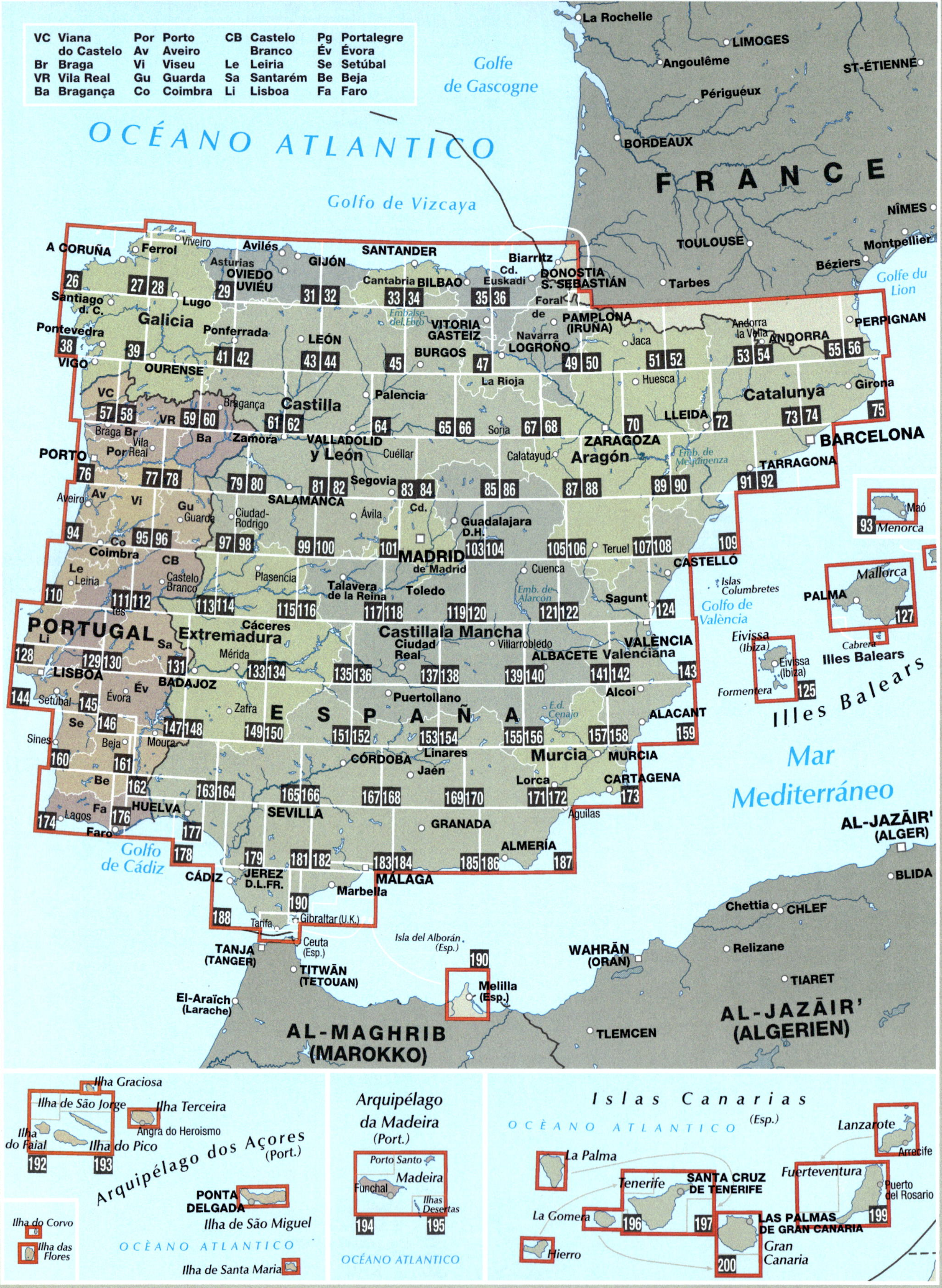

1 : 300 000

Signos convencionales / Sinais convencionais

Zeichenerklärung / Legend

TRÁFICO (E) / TRÂNSITO (P) — (D) VERKEHR / (UK) TRAFFIC

E / P	D / UK
Autopista con acceso · Número de acceso · Peaje Auto-estrada com ramal de acesso · Número de acesso · Portagem	Autobahn mit Anschlussstelle · Anschlussnummer · Gebührenstelle Motorway with junction · Junction number · Toll station
Hotel, motel · Restaurante · Bar · Aparcamiento con retrete · Truck seguridad parking Hotel, motel · Restaurante · Snack-bar · Parque de estacionamento com retrete · Truck Parqueamento Segurança	Rasthaus mit Übernachtung · Raststätte · Kleinraststätte · Parkplatz mit WC · LKW-Sicherheitsparkplatz Hotel, motel · Restaurant · Snackbar · Parking area with WC · Truck secure parking
Estación de servicio · GNC · Área de servicio y descanso · GNC Posto de abastecimento · GNC · Área de serviço para camiãos · GNC	Tankstelle · mit Erdgas CNG · Autohof · mit Erdgas CNG Filling-station · CNG · Truckstop · CNG
Autopista en construcción con fecha de apertura al tráfico · Autopista en proyecto Auto-estrada em construção com data de conclusão · Auto-estrada projectada	Autobahn in Bau mit voraussichtlichem Fertigstellungsdatum · Autobahn in Planung Motorway under construction with expected date of opening · Motorway projected
Autovía · en construcción · en proyecto Vía rápida de faixas separadas · em construção · projectada	Autobahnähnliche Schnellstraße · in Bau · in Planung Dual carriageway with motorway characteristics · under construction · projected
Carretera de tránsito · con acceso Itinerário principal · com ramal de acesso	Fernverkehrsstraße · mit Anschlussstelle Trunk road · with junction
Carretera principal importante · Carretera principal Estrada de ligação principal · Estrada regional	Wichtige Hauptstraße · Hauptstraße Important main road · Main road
Carreteras en construcción · en proyecto Estradas em construção · projectadas	Straßen in Bau · geplant Roads under construction · projected
Carretera secundaria · Camino Estrada secundária · Caminho	Nebenstraße · Fahrweg Secondary road · Carriageway
Camino, tránsito restringido · Sendas Caminho a trânsito limitado · Trilho	Fahrweg, nur bedingt befahrbar · Fußwege Carriageway, use restricted · Footpathes
Túneles de carreteras Túnels de estrada	Straßentunnel Road tunnels
Número de carretera europea · Número de autopista · Número de carretera Número de estrada europeia · Número de auto-estrada · Número de estrada	Europastraßennummer · Autobahnnummer · Straßennummer European road number · Motorway number · Road number
Pendiente · Puerto · Cerrado en invierno Subida · Passagem · Estrada fechada ao trânsito no inverno	Steigung · Pass · Wintersperre Gradient · Pass · Closure in winter
Carretera no recomendada · Cerrada para caravanas Estrada não aconselhável · interdita a autocaravanas	Straße für Wohnanhänger nicht empfehlenswert · gesperrt Road not recommended · closed for caravans
Carretera de peaje · Carretera cerrada para automóviles Estrada com portagem · Estrada fechada ao trânsito	Gebührenpflichtige Straße · Straße für Kfz gesperrt Toll road · Road closed for motor vehicles
Ruta pintoresca · Ruta turística Itinerário pitoresco · Rota turística	Landschaftlich schöne Strecke · Touristenstraße Route with beautiful scenery · Tourist route
Transbordador para automóviles · Paso de automóviles en barca · Línea marítima Barca para viaturas · Batelãos para viaturas nos rios · Linha de navegação	Autofähre · Autofähre an Flüssen · Schifffahrtslinie Car ferry · Car ferry on river · Shipping route
Línea principal de ferrocarril con estación · Línea secundaria con apeadero Linha ferroviária principal com estação · Linha secundária com apeadeiro	Hauptbahn mit Bahnhof · Nebenbahn mit Haltepunkt Main line railway with station · Secondary line railway with stop
Terminal autoexpreso · Tren turístico Estação com carregação de viaturas · Comboio turístico	AutoZug-Terminal · Museumseisenbahn Car-loading terminal · Tourist train
Ferrocarril de cremallera, funicular · Teleférico · Telesilla Via férrea de cremalheira, funicular · Teleférico · Telecadeira	Zahnradbahn, Standseilbahn · Kabinenseilbahn · Sessellift Rack-railway, funicular · Aerial cableway · Chair-lift
Aeropuerto · Aeropuerto regional · Aeródromo · Campo de aviación sin motor Aeroporto · Aeroporto regional · Aeródromo · Aeródromo para planadores	Verkehrsflughafen · Regionalflughafen · Flugplatz · Segelflugplatz Airport · Regional airport · Airfield · Gliding site
Distancias en km en la autopista Distâncias em quilómetros na auto-estrada	Entfernungen in km an Autobahnen Distances in km along the motorway
Distancias en km en carreteras Distâncias em quilómetros na estrada	Entfernungen in km an Straßen Distances in km along the other roads

PUNTOS DE INTERÉS / PONTOS DE INTERESSE — SEHENSWÜRDIGKEITEN / PLACES OF INTEREST

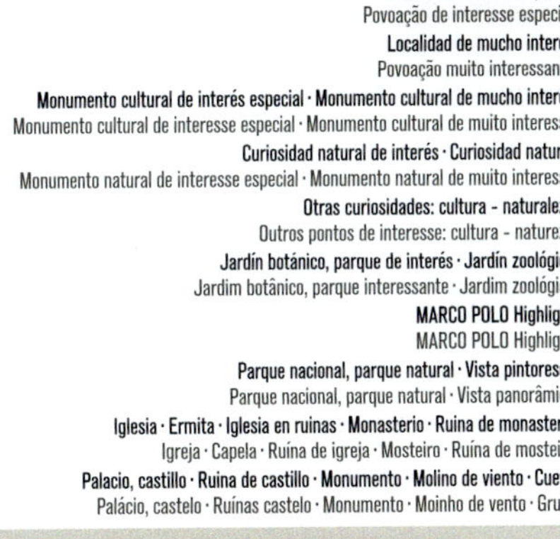

E / P	D / UK
Población de interés especial Povoação de interesse especial	Besonders sehenswerter Ort Place of particular interest
Localidad de mucho interés Povoação muito interessante	Sehr sehenswerter Ort Very interesting city
Monumento cultural de interés especial · Monumento cultural de mucho interés Monumento cultural de interesse especial · Monumento cultural de muito interesse	Besonders sehenswertes kulturelles Objekt · Sehr sehenswertes kulturelles Objekt Cultural monument of particular interest · Very interesting cultural monument
Curiosidad natural de interés · Curiosidad natural Monumento natural de interesse especial · Monumento natural de muito interesse	Besondere Natursehenswürdigkeit · Natursehenswürdigkeit Natural object of particular interest · Very interesting natural monument
Otras curiosidades: cultura - naturaleza Outros pontos de interesse: cultura - natureza	Sonstige Sehenswürdigkeiten: Kultur - Natur Other objects of interest: culture - nature
Jardín botánico, parque de interés · Jardín zoológico Jardim botânico, parque interessante · Jardim zoológico	Botanischer Garten, sehenswerter Park · Zoologischer Garten Botanical gardens, interesting park · Zoological gardens
MARCO POLO Highlight MARCO POLO Highlight	MARCO POLO Highlight MARCO POLO Highlight
Parque nacional, parque natural · Vista pintoresca Parque nacional, parque natural · Vista panorâmica	Nationalpark, Naturpark · Aussichtspunkt National park, nature park · Scenic view
Iglesia · Ermita · Iglesia en ruinas · Monasterio · Ruina de monasterio Igreja · Capela · Ruína de igreja · Mosteiro · Ruína de mosteiro	Kirche · Kapelle · Kirchenruine · Kloster · Klosterruine Church · Chapel · Church ruin · Monastery · Monastery ruin
Palacio, castillo · Ruina de castillo · Monumento · Molino de viento · Cueva Palácio, castelo · Ruínas castelo · Monumento · Moinho de vento · Gruta	Schloss, Burg · Burgruine · Denkmal · Windmühle · Höhle Palace, castle · Castle ruin · Monument · Windmill · Cave

OTROS DATOS / DIVERSOS — SONSTIGES / OTHER INFORMATION

E / P	D / UK
Camping todo el año · estacionales · Albergue juvenil · Hotel, motel, restaurante, refugio, aldea de vacaciones Parque de campismo durante todo o ano · sazonal · Pousada da juventude · Hotel, motel, restaurante, abrigo de montanha, aldeia turística	Campingplatz ganzjährig · saisonal · Jugendherberge · Hotel, Motel, Gasthaus, Berghütte, Feriendorf Camping site permanent · seasonal · Youth hostel · Hotel, motel, inn, refuge, tourist colony
Campo de golf · Puerto deportivo · Cascada Área de golfe · Porto de abrigo · Cascata	Golfplatz · Jachthafen · Wasserfall Golf-course · Marina · Waterfall
Piscina · Baño medicinal · Playa recomendable Piscina · Termas · Praia recomendável	Schwimmbad · Heilbad · Empfehlenswerter Badestrand Swimming pool · Spa · Recommended beach
Torre · Torre de radio o televisión · Faro · Edificio aislado Torre · Torre de telecomunicação · Farol · Edifício isolado	Turm · Funk-, Fernsehturm · Leuchtturm · Einzelgebäude Tower · Radio or TV tower · Lighthouse · Isolated building
Mezquita · Antigua mezquita · Iglesia rusa-ortodoxa · Cementerio militar Mesquita · Mesquita antiga · Igreja russa ortodoxa · Cemitério militar	Moschee · Ehemalige Moschee · Russisch-orthodoxe Kirche · Soldatenfriedhof Mosque · Former mosque · Russian orthodox church · Military cemetery
Frontera nacional · Control internacional · Control con restricciones Fronteira nacional · Posto de controlo internacional · Posto de controlo com restrição	Staatsgrenze · Internationale Grenzkontrollstelle · Grenzkontrollstelle mit Beschränkung National boundary · International check-point · Check-point with restrictions
Frontera administrativa · Zona prohibida Limite administrativo · Área proibida	Verwaltungsgrenze · Sperrgebiet Administrative boundary · Prohibited area
Bosque · Landa Floresta · Charneca	Wald · Heide Forest · Heath
Arena y dunas · Aguas bajas Areia e dunas · Baixio	Sand und Dünen · Wattenmeer Sand and dunes · Tidal flat

1 : 300 000

Segni convenzionali Légende		Legenda Objaśnienie znaków

COMUNICAZIONI (I) CIRCULATION (F)		(NL) VERKEER (PL) KOMUNIKACJA
Autostrada con svincolo · Svincolo numerato · Barriera Autoroute avec point de jonction · Numéro de point de jonction · Gare de péage	Ayamonte 16	**Autosnelweg met aansluiting · Aansluiting met nummer · Tolkantoor** Autostrada z węzłem · Węzeł z numerem · Płatna rogatka
Hotel, motel · Ristorante · Bar · Parcheggio con WC · Truck parcheggio di sicurezza Hôtel, motel · Restaurant · Snack-bar · Parc avec WC · Parking sécurisé poids lourds	La Plana P	**Motel · Restaurant · Snackbar · Parkeerplaats met WC · Beveiligde parkeerplaats voor vrachtwagens** Motel · Restauracja · Bufet · Parking i WC · Bezpieczeństwo parkowanie ciężarówka
Area di servizio · GNC · Parco autombilistico · GNC Poste d'essence · GNC · Relais routier · GNC		**Tankstation · CNG · Truckstop · CNG** Stacja benzynowa · CNG · Postój ciężarówek i noclegi dla kierowców · CNG
Autostrada in costruzione con data d'apertura prevista · Autostrada in progetto Autoroute en construction avec date prévue de mise en service · Autoroute en projet	Data Datum Date Data	**Autosnelweg in aanleg met geplande openingsdatum · Autosnelweg in ontwerp** Autostrada w budowie z datą oddania do użytku · Autostrada projektowana
Doppia carreggiata di tipo autostradale · in costruzione · in progetto Double chaussée de type autoroutier · en construction · en projet		**Autoweg met gescheiden rijbanen · in aanleg · in ontwerp** Droga szybkiego ruchu · w budowie · projektowana
Strada di grande comunicazione · con svincolo Route de grand trafic · avec point de jonction		**Weg voor doorgaand verkeer · met aansluiting** Droga przelotowa · z węzłem
Strada principale importante · Strada principale Route principale importante · Route principale		**Belangrijke hoofdweg · Hoofdweg** Ważna droga główna · Droga główna
Strade in costruzione · in progetto Routes en construction · en projet		**Wegen in aanleg · in ontwerp** Drogi w budowie · Drogi projektowane
Strada secondaria · Sentiero carrabile Route secondaire · Chemin carrossable		**Secundaire weg · Rijweg** Droga drugorzędna · Droga bita
Sentiero carrabile, traffico ristretto · Sentieri Chemin carrossable, praticabilité non assurée · Sentiers		**Rijweg, beperkt berijdbaar · Voetpaden** Droga bita (o ograniczonej przejezdności) · Drogi dla pieszych
Gallerie stradali Tunnels routiers		**Wegtunnels** Tunele drogowe
Numero di strada europea · Numero di autostrada · Numero di strada Numéro de route européenne · Numéro d'autoroute · Numéro de route	E45 A49 437 1410 1410 358	**Europees wegnummer · Nummer van autosnelweg · Wegnummer** Numer drogi europejskiej · Numer autostrady · Numer drogi
Pendenza · Passo · Chiusura invernale Montée · Col · Fermeture en hiver	10-15% >15% (1328) IX-II	**Stijging · Bergpas · Winterafsluiting** Stromy podjazd · Przełęcz · Zamknięte zimą
Strada non consigliata · vietata al transito di caravan Route non recommandée · interdite aux caravanes		**Voor caravans niet aan te bevelen · verboden** Wjazd z przyczepą kempingową niezalecany · zakazany
Strada a pedaggio · Strada vietata ai veicoli a motore Route à péage · Route interdite aux véhicules à moteur		**Tolweg · Gesloten voor motorvoertuigen** Droga płatna · Droga zamknięta dla ruchu samochodowego
Percorso pittoresco · Strada turistica Parcours pittoresque · Route touristique	Ruta de al-Idrisi	**Landschappelijk mooie route · Toeristische route** Piękna droga widokowa · Droga turystyczna
Traghetto auto · Trasporto auto fluviale · Linea di navigazione Bac pour automobiles · Bac fluvial pour automobiles · Ligne de navigation		**Autoveer · Autoveer over rivieren · Scheepvaartroute** Prom samochodowy · Prom rzeczny samochodowy · Linia okrętowa
Ferrovia principale con stazione · Ferrovia secondaria con fermata Chemin de fer principal avec gare · Chemin de fer secondaire avec halte		**Hoofdspoorlijn met station · Spoorlijn met halte** Kolej główna z dworcem · Kolej drugorzędna z przystankiem
Terminal auto al seguito · Treno turistico Gare auto-train · Chemin de fer touristique		**Autotrein-terminal · Toeristische stoomtrein** Stacja przeładunkowa dla samochodu · Kolej zabytkowa
Ferrovia a cremagliera, funicolare · Funivia · Seggiovia Chemin de fer à crémaillère, funiculaire · Téléférique · Télésiège		**Tandradbaan, kabelspoorweg · Kabelbaan · Stoeltjeslift** Kolej zębata, kolej linowa szynowa · Kolej linowa napowietrzna · Wyciąg krzesełkowy
Aeroporto · Aeroporto regionale · Aerodromo · Campo per alianti Aéroport · Aéroport régional · Aérodrome · Terrain de vol à voile	MAD	**Luchthaven · Regionaal vliegveld · Vliegveld · Zweefvliegveld** Port lotniczy · Lotnisko regionalne · Lotnisko · Teren dla szybowców
Distanze autostradali in km Distances en km sur autoroutes	75 30 45	**Afstanden in km aan autosnelwegen** Odległości w kilometrach na autostradach
Distanze stradali in km Distances en km sur routes	35 25 10	**Afstanden in km aan wegen** Odległości w kilometrach na innych drogach

INTERESSE TURISTICO CURIOSITÉS		BEZIENSWAARDIGHEDEN INTERESUJĄCE OBIEKTY
Località di particolare interesse Localité particulièrement intéressante	MADRID	**Bijzonder bezienswaardige plaats** Szczególnie interesująca miejscowość
Località molto interessante Ville très recommandée	SINES	**Zeer bezienswaardige plaats** Bardzo interesująca miejscowość
Monumento di particolare interesse · Monumento molto interessante Monument culturel particulièrement intéressant · Monument culturel très recommandé	Alhambra Catedral	**Bijzonder bezienswaardig cultuurmonument · Zeer bezienswaardig cultuurmonument** Szczególnie Interesujący zabytek · Bardzo interesujący zabytek
Monumento naturale di particolare interesse · Monumento naturale molto interessante Monument naturel particulièrement intéressant · Monument naturel très recommandé	Cueva Cascada	**Bijzonder bezienswaardig natuurmonument · Zeer bezienswaardig natuurmonument** Szczególnie interesujący pomnik przyrody · Bardzo interesujący pomnik przyrody
Altre curiosità: cultura - natura Autres curiosités: culture - nature	★ Dolmen ★ Fonte	**Overige bezienswaardigheden: cultuur - natuur** Inne interesujące obiekty: kulturlny - przyrodniczy
Giardino botanico, parco interessante · Giardino zoologico Jardin botanique, parc intéressant · Jardin zoologique		**Botanische tuin, bezienswaardig park · Dierentuin** Ogród botaniczny, interesujący park · Ogród zoologiczny
MARCO POLO Highlight MARCO POLO Highlight	1	**MARCO POLO Highlight** MARCO POLO Highlight
Parco nazionale, parco naturale · Punto panoramico Parc national, parc naturel · Point de vue		**Nationaal park, natuurpark · Mooi uitzicht** Park narodowy, park krajobrazowy · Punkt widokowy
Chiesa · Cappella · Rovine di chiesa · Monastero · Rovine di monastero Église · Chapelle · Église en ruines · Monastère · Monastère en ruines		**Kerk · Kapel · Kerkruïne · Klooster · Kloosterruïne** Kościół · Kaplica · Ruiny kościoła · Klasztor · Ruiny klasztoru
Castello, fortezza · Rovine di fortezza · Monumento · Mulino a vento · Grotta Château, château fort · Château fort en ruines · Monument · Moulin à vent · Grotte		**Kasteel, burcht · Burchtruïne · Monument · Windmolen · Grot** Pałac, zamek · Ruiny zamku · Pomnik · Wiatrak · Jaskinia

ALTRI SEGNI AUTRES INDICATIONS		OVERIGE INFORMATIE INNE INFORMACJE
Campeggio tutto l'anno · stagionale · Ostello della gioventù · Hotel, motel, albergo, rifugio, villaggio turistico Terrain de camping permanent · saisonniers · Auberge de jeunesse · Hôtel, motel, auberge, refuge, village touristique		**Kampeerterrein het gehele jaar · seizoensgebonden · Jeugdherberg · Hotel, motel, restaurant, berghut, vakantiekolonie** Kemping przez cały rok · sezonowy · Schronisko młodzieżowe · Hotel, motel, restauracja, schronisko górskie, wieś letniskowa
Campo da golf · Porto turistico · Cascata Terrain de golf · Marina · Cascade		**Golfterrein · Jachthaven · Waterval** Pole golfowe · Port jachtowy · Wodospad
Piscina · Terme · Spiaggia raccomandabile Piscine · Station balnéaire · Plage recommandée		**Zwembad · Badplaats · Mooi badstrand** Pływalnia · Uzdrowisko · Plaża rekomendowana
Torre · Torre radio o televisiva · Faro · Edificio isolato Tour · Tour radio, tour de télévision · Phare · Bâtiment isolé		**Toren · Radio of T.V. mast · Vuurtoren · Geïsoleerd gebouw** Wieża · Wieża stacji radiowej, telewizyjnej · Latarnia morska · Budynek odosobniony
Moschea · Antica moschea · Chiesa ortodossa russa · Cimitero militare Mosquée · Ancienne mosquée · Église russe orthodoxe · Cimetière militaire		**Moskee · Voormalig moskee · Russisch orthodox kerk · Militaire begraafplaats** Meczet · Dawny meczet · Cerkiew prawosławna · Cmentarz wojskowy
Confine di Stato · Punto di controllo internazionale · Punto di controllo con restrizioni Frontière d'État · Point de contrôle international · Point de contrôle avec restrictions		**Rijksgrens · Internationaal grenspost · Grenspost met restrictie** Granica państwa · Międzynarodowe przejście graniczne · z ograniczeniami
Confine amministrativo · Zona vietata Limite administrative · Zone interdite		**Administratieve grens · Afgesloten gebied** Granica administracyjna · Obszar zamknięty
Foresta · Landa Forêt · Lande		**Bos · Heide** Las · Wrzosowisko
Sabbia e dune · Barena Sable et dunes · Mer recouvrant les hauts-fonds		**Zand en duinen · Bij eb droogvallende gronden** Piasek i wydmy · Watty

1 : 300 000

Vysvětlivky
Legenda

Tegnforklaring
Tumač znakova

DOPRAVA · DOPRAVA  |  TRAFIK · PROMETNICE

CZ / SK		DK / HR
Dálnice s přípojkou · Přípojka s číslem · Místo výběru poplatků Diaľnica s pripojkami · Pripojkami · Miesto výberu poplatkov	Ayamonte 16	Motorvej med tilslutning · Tilslutning med nummer · Afgift Autocesta sa prilazom · Izlaz-broj · Pristojba
Motel · Motorest · Občerstvení · Parkoviště s WC · Truck parkování bezpečnosti Motel · Raststätte · Občerstvenie · Parkovisko s WC · Truck Parkovisko zabezpečenia	La Plana	Rasteplads med overnatning · Rasteplads · Cafeteria · Parkeringplads med WC · Lastbilparkering sikkerhed Odmorište s prenočištem · Restoran · Bife · Parkiralište sa WC-om · Kamion parking sigurnost
Čerpací stanice · CNG · Parkoviště pro TIR · CNG Čerpacia stanica · CNG · Parkovisko pre nákladné autá · CNG		Tankanlæg · CNG · Motorvejsstation · CNG Benzinska crpka · SPP · Benzinska crpka, restoran za kamione · SPP
Dálnice ve stavbě s termínem uvedení do provozu · Dálnice plánovaná Diaľnica vo výstavbe s termínom uvedenia do prevádzky · Diaľnica plánovaná	Datum Dato Dátum Datum	Motorvej under opførelse med dato for indvielse · Motorvej under planlægning Autocesta u gradnji sa datumom otvoranja · Autocesta u planu
Dvouproudá silnice dálnicového typu se čtyřmi jízdními pruhy · ve stavbě · plánovaná Čtvorprúdová cesta pre motorové vozidlá · vo výstavbe · plánovaná		Motortrafikvej med to vejbaner · under opførelse · under planlægning Četverotračna brza cesta · u gradnji · u planu
Dálková silnice · s přípojkou Hlavná diaľková cesta · s pripojkou		Fjerntrafikvej Glavna tranzitna cesta · sa prilazom
Důležitá hlavní silnice · Hlavní silnice Dôležité hlavné cesty · Hlavné cesty		Vigtig hovedvej · Hovedvej Regionalna cesta · Glavna cesta
Silnice ve stavbě · plánované Cesty vo výstavbe · plánovaná		Veje under opførelse · under planlægning Ceste u gradnji · u planu
Vedlejší silnice · Zpevněná cesta Vedľajšia cesta · Spevnená cesta		Biveje Lokalna cesta · Provozni put
Zpevněná cesta, sjízdná podmíněně · Stezky Spevnená cesta, zjazdné podmienene · Chodníky		Mindre vej · Gangsti Provozni put, uslovno prohodan · Staze
Silniční tunely Cestný tunel		Vejtunneler Ulični tuneli
Číslo evropské silnice · Číslo dálnice · Číslo silnice Číslo európskej cesty · Číslom dia nica · Číslo cesty	E45 A49 437 1410 1410 358	Europavejnummer · Motorvejnummer · Vejnummer Broj europske ceste · Broj autoceste · Broj ceste
Stoupání · Průsmyk · Silnice uzavřená v zimě Stúpanie · Pries · Terén pre vetrone	10-15% > 15% (1328) IX-II	Stigninger · Pas · Vinterlukning Uspon · Prijevoj · Zabrana prometa zimi
Silnice nedoporučena · uzavřená pro přívěsy Cesta uzavretá pre karavany · neodporúčana		Vej ikke anbefalet · forbudt for campingvogne Ne preporuča se za kamp prikolice · zabranjeno
Silnice s placením mýtného · Silnice uzavřená pro motorová vozidla Cesta s povinným poplatkom · Cesta uzavretá pre motorové vozidlá		Afgiftsrute · Vej spærret for motortrafik Cesta s plačanjem pristojbe · Cesta zabranjena
Úsek silnice s pěknou scenérií · Turistická silnice Cesta s malebnou krajinou · Turistická cesta	Ruta de al-Idrisi	Landskabelig smuk vejstrækning · Turistrute Cesta u lijepom krajoliku · Turistička cesta
Prám pro auta · Říční přívoz pro auta · Trasa lodní dopravy Trajekt pre automobily · Riečny prievoz pre automobily · Lodná linka		Bilfærge · Bilfærge på flod · Skibsrute Trajekt za automobile · Riječna trajektna pruga · Brodska pruga
Hlavní železniční trať se stanicí · Místní železniční trať se zastávkou Hlavná železnica so stanicou · Vedľajšia železnica so zastávkou		Hovedbane med station · Sidebane med trinbræt Glavna željeznička pruga sa kolodvorom · Lokalna željeznička pruga s postajom
Terminál autovlaků · Historická železnice Železničný terminál · Historická železnica		Autotog-terminal · Veteranjernbane Utovar automobila na vlak · Istorijska željeznica
Ozubnicová lanovka, kabinová lanovka · Kabinová visutá lanovka · Sedačková lanovka Ozubnicová dráha, Pozemní lanovka · Kabínková visutá lanovka · Sedačková lanovka		Tandhjulsbane, tovbane · Svævebane med kabine · Stolelift Zupčana željeznica, žičara bez sjedišta · Žičara · Uspinjača
Dopravní letiště · Regionální letiště · Přistávací plocha · Terén pro větroně Dopravné letisko · Regionálne letisko · Pristávacia plocha · Terén pre vetrone	MAD	Lufthavn · Regional lufthavn · Flyveplads · Svæveflyveplads Zračna luka · Regionalna zračna luka · Uzletište · Površina za jedriličarenje
Vzdálenosti v kilometrech na dálnici Vzdialenosti na diaľniciach v kilometroch	75 30 45	Afstænder i km på motorvej Udaljenosti u kilometrima na autocesti
Vzdálenosti v kilometrech na silnici Vzdialenosti na cestách v kilometroch	35 25 10	Afstænder i km på andre vejen Udaljenosti u kilometrima na cestama

ZAJÍMAVOSTI · ZAUJÍMAVOST | SEVÆRDIGHEDER · ZANIMLJIVOSTI

CZ / SK		DK / HR
Turisticky pozoruhodná lokalita Mimoriadne pozoruhodné miesto	MADRID	Særlig seværdig by Vrlo znamenito naselje
Velmi zajímavé místo Veľmi pozoruhodnév miesto	SINES	Meget seværdig by Znamenito naselje
Turistická pozoruhodná kulturní památka · Velmi zajímavý kulturní památka Mimoriadne pozoruhodné kultúra objekt · Veľmi pozoruhodnév kultúra objekt	Alhambra · Catedral	Særlig seværdig kulturmindesmærke · Meget Seværdig kulturmindesmærke Vrlo zanimljiva građevina · Zanimljiva građevina
Turistická pozoruhodná přírodní památka · Velmi zajímavý přírodní památka Mimoriadna prírodná zaujímavosť · Zaujímavosť	Cueva · Cascada	Særlig seværdig naturmindesmærke · Meget seværdig naturmindesmærke Posebna prirodna znamenitost · Prirodna znamenitost
Jiné zajímavosti: kultura - příroda Iná pozoruhodnosťi: kultúra - príroda	Dolmen · Fonte	Andre seværdigheder: kultur - natur Ostale znamenitosti: kultura - priroda
Botanická zahrada, pozoruhodný park · Zoologická zahrada Botanická záhrada, Pozoruhodný park · Zoologická záhrada		Botanisk have, seværdig park · Zoologisk have Botanički vrt, znamenit perivoj · Zoološki vrt
MARCO POLO Highlight MARCO POLO Highlight	1	MARCO POLO Highlight MARCO POLO Highlight
Národní park, přírodní park · Krásný výhled Národný park, Prírodný park · Vyhliadka		Nationalpark, naturpark · Udsigtspunkt Nacionalni park, prirodni park · Vidikovac
Kostel · Kaple · Zřícenina kostela · Klášter · Zřícenina kláštera Kostol · Kaplnka ·Zrúcanina kostola · Kláštor · Zrúcanina kláštora		Kirke · Kapel · Kirkeruin · Kloster · Klosterruin Crkva · Kapela · Crkvena ruševina · Samostan · Samostanska ruševina
Zámek, hrad · Zřícenina hradu · Pomník · Větrný mlýn · Jeskyně Zámok, Hrad · Zrúcanina hradu · Pomník · Veterný mlyn · Jaskyňa		Slot, borg · Borgruin · Mindesmærke · Vejrmølle · Hule Utvrda, grad · Gradina · Spomenik · Vjetrenjača · Spilja

JINÉ ZNAČKY · INÉ ZNAČKY | ANDET · OSTALE OZNAKE

CZ / SK		DK / HR
Kempink s celoročním provozem · sezónní · Ubytovna mládeže · Hotel, motel, hostinec, horská bouda, rekreační středisko Kemping celoročný · sezónne · Mládežnícká ubytovňa · Hotel, motel, hostinec, horská chata, rekreačné stredisko		Campingplads hele året · sæsonbestemte · Vandrerhjem · Hotel, motel, restaurant, bjerghytte, ferieby Kamp cijele godine · sezonski · Omladinski hotel · Hotel, motel, gostionica, planinarska kuća, ferijalna kolonija
Golfové hřiště · Jachtařský přístav · Vodopád Golfové ihrisko · Prístav pre plachetnice · Vodopád		Golfbane · Lystbådehavn · Vandfald Igralište golfa · Marina · Vodopad
Plovárna · Lázně · Doporučená pláž Kúpalisko · Kúpele · Pláž vhodná na kúpanie		Svømmebad · Kurbad · God badestrand Bazen · Toplice · Obala pogodna za kupanje
Věž · Rozhlasová, televizní věž · Maják · Jednotlivá budova Veža · Rozhlasový, televízny stožiar · Maják · Osamote stojacá budova		Tårn · Telemast · Fyrtårn · Isoleret bygning Toranj · Radio-, televizijski toranj · Svjetionik · Pojedinačna zgrada
Mešita · Dřívější mešita · Ruský ortodoxní kostel · Vojenský hřbitov Mešita · Ehemalige Moschee · Ruský ortodoxný kostol · Vojenský cintorín		Moské · Fordums moské · Russisk ortodoks kirke · Militærisk kirkegård Džamija · Prijasnja džamija · Rusko-ortodoksna crkva · vojnivojničko groblje
Státní hranice · Hraniční přechod · Hraniční přechod se zvláštními předpisy Štátna hranica · Medzinárodný hraničný priechod · Hraničný priechod s obmedzením		Rigsgrænse · International grænsekontrol · Grænsekontrol med indskrænkning Državna granica · Međunarodni granični prijelaz · Međudržavni granični prijelaz
Správní hranice · Zakázaný prostor Administratívna hranica · Zakázaná oblasť		Regionsgrænse · Spærret område Upravna granica · Zabranjeno područje
Les · Vřesoviště Les · Pustatina		Skov · Hede Šuma · Pustara
Písek a duny · Mělké moře Piesok a duny · Plytčina		Sand og klitter · Vadehav Pijesak i prudi · Plitko more

Rf
Sa
Sb
Sc
Sd
86
87
88
89
90
91
Rias Altas
Punta da Estaca de Bares
Porto de Bares
Vila de Bares
Punta do Limo
Cabo Ortegal
Punta Maeda
Illa Coelleira
Punta Robaliceira
Limo
Cariño
Praia do Castro
Praia Sarridal
Picón
Porto do Barqueiro
Praia Xilloy
San Román de Valle
O Vicedo
Garavide
Punta Roncadoira
Illa do Sarón
Punta Candieira
Ens. de San Andrés
San Andrés de Teixido
Pedra
Figueroa
Porto de Espasante
Espasante
Loiba
San Fiz
Praia Area Grande
Vilachá
Morás
Praia de Lago
Os Farallóns
Punta Ardilosa
Chimparra
Golmar
Landoi
Sismundi
Ladrido
Ribeiras do Sor
Negradas
San Cristovo
Complejo Industrial
Faro
Balsa de Decantación
Folgueiro
Lieiro
San Cibrao
Cervo
Serra da Capelada
Feás
Couce do Penido
570
Ortigueira
Braelle
Mosende
Celeiro
Xove
Ponte Mera
Cuíña
S. Salvador
Rio Barba
Covas
Santa María do Campo
Viveiro
A Rigueira
Encoro de Río Covo
Cervo
Sargadelos
Cedeira
Montoxo
O Campo do Hospital
Couzadoiro
Corbelle
Freires
Caión (Mañón)
521
Vieiro
Fonterova
Belén
Vilaestrofe
Esteiro
Provincia de La Coruña
Provincia de Lugo
Pol
Vilarrube
Mera (Sta. María)
Devesos
Igrexa
O Monte
Pazo
Encoro das Forcadas
Vila da Igrexa (Cerdido)
Castros
Escola
Chavín
Valcarria
Montes do Buio
Montes de Cabaleiros
Rúa
Seixas
Felgosas
Ermo
Cabanas
Penedo Gordo
527
Bravos
Merille
Avenida do Marqués de Figueiral
Vilalba
Ferrol
Qe
Qf
Ra
Rb
Costa da Morte
Illas Sisargas
Sisarga Grande
Illa Malante
Sisarga Chica
Ermida de San Adrián
Praia de Seaia
Pazo de Allora
Ens. e Porto de Barizo
Punta Nariga
Malpica (Malpica de Bergantiños)
Barizo
Beo
Praia de Baldaio
Praia dos Riás
Leira
Imende
Noicela
Mens
Vilanova
As Torres de Mens
Enseada da Barda
Filgueira
Cambre
Lema
Razo da Costa
Cores
Cerqueda
Leiloio
Punta Roncudo
195
Brantoas
Nemeño
Balarés
Pazos
Buño
Feira Nova
Corme-Porto
Cospindo
Tella
Xornes
Cances Grande
Oza
Carballo-E
Ría de Corme e Laxe
Praia de Laxe
Langueirón
Ponteceso
Campo
O Bosco
Anllóns
Corcoesto
Cances
Bergantiños
Laxe
San Pedro
Cabana de Bergantiños
Carballo-N
Sisamo
CARBALLO
Grelas
Cereo
Vilaverde
San Xusto
313
Cundíns
San Roque (Costarinco)
Artes
Cabo Veo
Ens. do Trece
Ens. de Arou
Praia de Traba
Boaño
Srantes
248
Carballal
440
Coristanco
Arou
Coens
Dolmen Dombate
A Silvarredonda
Ermida de Santa Margarita
Castro
Cabo Tosto
Camelle
Traba
Briño
Campo
Praia Beira
Santa Mariña
San Pedro de Allo
Anós
Riobó
Ardaña
Nande
Fornelos
Seavia
Rus
Serra de Pena Forcada
Cabo Vilán
Pasarela
Agualada
Erbecedo
Baio Grande
Sisto
Xaviña
Ponte do Porto
Ermida de Santa Elena
Ermida de Santa Ana
Entrecruces
Camariñas
Carantoña
Calo
Couso
Meixonfrío
Ría de Camariñas
Cereixo
Tuñones
Lamas
Carreira
Pico de Meda
561
Salgueiras
Punta da Barca
A Pedra dos Cadrís
Leis
Carnes
Montes do Castelo
Ermida de Nosa Sra. da Barca
Muxía
Nosa Sra. da Quintáns
Vimianzo
Tines
Estemande
Merexo
Ermida de San Bartolomé
Ogas
Zas
Montes Santa Bárbara
Brandoñas de Arriba
Pardiñas
Castriz
Muiños
568
Moraime
313
Quintáns
225
Suxo
Piñeiros
Areosa
Loroño
Santa Sabiña
Abelenda
Enseada do Cuño
Castelo
Ermida de San Bartolomé
Cabo Touriñán
Vilarseco
Serrami
Meáns
O Busto
Bazar
Morpeguite
Berdoias
Santa Sía de Roma
Vilamaior
Viseo
Couceiro
Val de Vimianzo
Cícere
Vilar de Céltigos
Sta. Catalina de Armada
Mourelle
Touriñán
Bardullas
Berdeogas
Rial
Serra de Santiago
Grixoa
Santa Comba
Niveiro
Talon
Caberta
539
Baiñas
Esmorode
Bembibre (Val do Dubra)
Praia de Nemiña
Frixe
Dumbría
Regoelle
Brandoñas
Brandomil
Couto
O Couto
480
Lires
Freixeiro
Ría de Lires
Camariñas
Alón
Canosa
Morancelle
Nosa Señora das Neves
Olveira
Antes
A Pereira
Ser
Marcelle
Páramos
Praia do Rostro
302
Ermida de San Pedro Mártir
Buxantes
Sta. Lucía
Alborés
Val do Dubra
Punta das Pardas
Olveiroa
Encoro da Fervenza
Abelleiras
Barbeira
Fontecada
Santa Mariña
527
Sardiñeiro
Carboal
Brasal
As Maroñas
San Román
Denle
Sardiñeiro de Abaixo
Cée
Jestoso
556
Corneira
San Vicenzo (A Baña)
Troitosende
Corcubión
Castrelo
A Picota (Mazaricos)
Eirón
Cuiña
Pesadoira
Ordoeste
Vilar de Suso
A Ameixenda
O Pindo
Santiago de Compostela
0 1 2 4 6 8 10 km
0 1 2 4 6 miles
38

Rc
Rd
Re
Rf
Sa
87
88
89
90
91
Rías Altas
207
A CORUÑA
FERROL
GÁNDARA (NARÓN)
ARTEIXO
TARRÍO (CULLEREDO)
OLEIROS
Betanzos
Pontedeume
Cedeira
Ordes
Curtis-Estación
Sobrado
Punta Ardilosa
Ría de Cedeira
Cervo
Couce do Penido
Praia de Arealonga
Montoxo
O Campo do Hospital
Punta Corbeira
Pantín
Esteiro
Vilarrube
Lagares
Vila da Igrexa (Cerdido)
Seixas
Felgosas
Punta Frouxeira
Praia de Frouxeira
Atios
Taraza
Valdoviño
Praia de Casal
Montefaro
Aviño
Pena
Agudo
Monte
San Xiao
Praia de Ponxo
Abade
Canteiros
Santa Mariña do Monte
San Ramón
Moeche
Retorno
Cabo Prior
Praia de Cobas
Lagoa
O Val
Sedes
Pereiro
A Pedreira
Raxón
Trasancos
Narón
Avenida do Marqués de Figueiral
(San Sadurniño)
A Igrexa (As Somozas)
Praia de San Xurxo
Sobecos
Ponte de Xubia
Ferreira
Illa Herbosa
Vila de Area
Esmelle
San Xurxo da Mariña
Serantes
Illa Gabeiras
Praia de Doniños
Doniños
Valón
Neda
Castelo de Narahio
Penavidreira
Igrexafeita
Recemel
Lagoa de Doniños
A Graña
Serra do Fragoselo
Vilar de Mouros
Penadeiriz
Pieiro
Castelo de San Felipe
Ría de Ferrol
Fene
Cabo Prioriño Chico
Castelo da Palma
Mugardos
Xuncedo
San Marcos
Filgueiras
Punta Coitelada
Cervás
Ens. de Areosa
Ares
Redes
Laraxe
Lavandeira
Goente
Iris
As Neves (A Capela)
Mosteiro de Caaveiro
Fontardión
Cabanas
Central do Eume
Eume
Faeira
Praia de Raso
Ría de Ares
Parque Natural das Fragas do Eume
Punta Torrella
Dexo
Lorbé
Praia de Ber
Boebre
Campo longo
Torre de Andrade
Taboada
Añadre
Torre de Hércules
Punta Herminia
Ría do Burgo
Serantes
Ría de Betanzos
Perbes
Miño
Castelo de San Antón
Maianca
Veigue
Carnoedo
Grandal
Curbeiras
Serra de Queixeiro
Meirás
Sada
Vilamaior
Montelongo
Nostián
Santa Cruz
Leiro
Ens. de Besha
Suevos
Perillo
Soñeiro
Ouces
Vilamateo
Rebordelo (Monfero)
Castro
Oseiro
San Pedro de Nos
Iñás
Carrio (Bergondo)
Santaia de Pena
Monfero
Caneda
Caión
Campo
Uxes
Fontaiña
O Burgo
Guísamo
Paço de Mariñán
Tercio
Ambroa
Xestal
Lagoa
Foxo
Sigras
Cambre
Bergondo
Viña
Ascabanas
Lenda
Lañas
Canzobre
Brexo
Cortiñán
Consistorio (Paderne)
Vigo
Outeiro de Cela
Pazos de Irixoa (Irixoa)
Cambás
Riloil
Bregua
Ledoño
Anceis
Bribes
Orto
Churío
Veris
Lousa
Larach
Paiosaco
Montes de Santa Leocadia
Celas
Andeiro
Limiñón
Laracha
Castelo
Tabeaio
San Vicente de Vigo
Mabegondo
Cos
Vivente
Callobre
Coirós
Parada
Feás
Muniferral
Cordal de Montouto
Ponte Aranga (Aranga)
San Paio
Ermida de Santa Marta
Amboade
Soutullo
Monte do Xalo
Carral
Paleo
Abegondo
Cines
Salto
Oza
Golmar
A Piña
Serra de Montemaior
Paradela
Meirama
Quembre
Montouto
Torre de San Tirso
Fervenzas
Monte Salgueiro
Montemaior
Cerceda
As Encrobas
Sumio
Herbes
Presedo
Mandaíl
Burricios
Rodeiro
Torrelavandeira
Castellana
Aranga
A Cedeira
Paderne
A Queimada
Paradela
Central Termica de Mewama
Asartravesas
Vilacoba
Cesuras
Trasanquelos
Santa Mariña de Lagostelle
Estación de Cerceda
Encoro de Vilasenín
Vizoño
Castelo
Filgueira de Barranca
Os Couceiros
A Silva
Queixas
Mesón de Vento
Filgueira de Traba
Teixeiro
Brixeira
Rodis
Xesteda
Pepín
Visantoña
Montes da Tieira
Provincia de La Coruña
Provincia de Lugo
Vilar de Cima
Lesta
Bascoi
San Xorxe
Leira
Cabrui
A Baiuca
Curtis
Foxados
Tordoia
Mesía
Fisteus
Encoro de Vilagudín
Vilabade
Ameixeira
Abellá
Albixoi
Cumbraos
Cidadela
Pontepedra
Gorgullos
Ordes
Xanceda
Vilasantar
As Cruces
Sabugueira
Casais
Portocíños
Lanzá
Mezonzo
Penela
Parada
A Calle
Carballal
Gosende
Arceo
Santarandel
Foro
Présaras
Vilariño
Cumbraos
Monzo
Restande
Leobalde
San Amaro Galegos
Ermida da Madalena
Sobrado dos Monxes
Roade
Montaos
Campoduro
Andabao
Viaño Pequeno
Trasmonte
Marzoa
Reiris
Gafoi
Boimil
As Corredoiras
Carelle
Nogueira
Benza
Castelo
Beán
Ponte Carreira
Moar
Garabanxa
Ledoira
Pazo
Brañas
Viaño Pequeno (Trazo)
Oroso
Vilarromariz
Lardeiros
Pastor
Boimorto
Rodeiros
Montes do Bocelo
Xavestre
Anxeles
Dormeá
Campo
Corneda
Paradela
Portomeiro
Vilouchada
Estación de Oroso Villacid
Berreo
Medín
Pilar
S. Xoán
Chaián
Sigüeiro
Cardama
Orxal
Calvos de Sobrecamiño
Xubial
Souto (Toques)
Figueiras
Ordes
Piñeiros
Golán
Tomouro
Budiño
Gonzar
Sesar
Viladavil
Zas de Rei
Berdía
Ruatraviesa
Tarroeira
Oins
O Pino
Dodro
A Portela
Oleiros
Santiago de Compostela
Santiago Norte/ Aeropuerto
39
Cabo Burela
Burela
Eixo
Ribadeo
Ortigueira
Vilalba
Lugo
Betanzos

Sa
Sb
Sc
Sd
O Campo do Hospital
Ortigueira
Viveiro
87
88
89
90
91
Ferrol
As Neves
Betanzos
Teixeiro
Montoxo
Campo do Hospital
Couzadoiro
Corbelle
Caión (Mañón)
Vieiro
A Rigueira
Fonterova
Belén
Burela
Vilaestrofe
Pazo
Cangas
Foz
Nois
Mera (Sta. María)
Pol
Freires
Devesos
Castros
Escola
Igrexa
Penedo Gordo
O Monte
Chavín
Valcarria
Montes do Buio
Montes de Cabaleiros
Rúa
Eixo
Felgosas
Ermo
Cabanas
Bravos
Merille
Central Eléctrica
Lobeiras
Moucide
Trasmonte
Mondoñedo
Insua
San Xiao
Ermida
Grañas
Serra da Faladoira
Monte Couteiro
Ourol
Minotos
Vilacampa
Budián
Santa Cruz
Retorno
As Enchousas
Penamoura
A Maciñeira
Ambosores
Belsar
Loureiro
Ferreira (O Valadouro)
Bacoi
Vilatuxe
Seixas
Deveso
Vilabuin
Valadouro
O Sisto
Penabad
O Castro de Ouro
A Igrexa (As Somozas)
Caxado
Freixo
Puerto da Gañidoira
Silán
Frexulfe
A Seara (Alfoz)
Adelán
Oirán
Uceira
Rioseco
Beloi
Recemel
Monte Pena dos Ladros
San Mames das Pontes de García Rodríguez
O Viveiró
O Cadramón
As Oiras
Penadeiriz
Espiñaredo
Muras
Serra do Xistral
Folgueiras
Figueiras
Lago As Pontes
Encoro da Ribeira
Paleira
As Pontes de García Rodríguez
Irixoa
Aborbó
Os Agros
Serra da Toxiza
Goente
Serra da Carba
Balsa
San Salvador
San Xurxo de Lourenzá
Ribadeume
Aparral
Roupar
Lousada
Montouto
Cordal
Estelo
Pacios de Arriba
Mondoñedo
Lindín
Faeira
Touza
Chao
Pazo
Vilapedre
Pico Monseiván
Romariz
Porto da Xesta
Sasdónigas
Argomoso
Curros
Parque Natural das Fragas do Eume
Bermui
Cerveira
Piñeiro
Cabreiros
Candiá
Fanoi
A Costa
Serra de Queixeiro
Xestoso (Sta. María)
Bordelle
Ferreira
Abadín
Gontán
Cadavedo
Santa Marta de Meilán
Candieira
Xermade
Candamil
San Martiño de Lanzós
Ermida de S. Adriano
Corvelle
Cándia
Cordal de Neda
Castro
Campo da Feira
Santaballa
Cendán
Martiñán
Aldixe
Carballo
Breto
Canedo
Cazás
Tardade
Vilate
Goiriz
Carballido
Serra da Loba
Distriz
Vilalba
Parador
Román
Vián
Labrada
Cartemil
Terra Chá
Zoñan
Montecelo
A Pastoriza
Xestoselo
Aldea
Belesar
Corvelle
Reigosa
Cambas
Vilariño
O Buriz
Montes de Ramalleira
Alba
Noche
Rioaveso
Santo Estevo
Lousa
Bostelo
Requeixo
Lagoa de Cospeito
Muimenta
Pacios
Crecente
Cordal de Montouto
Ferreiros
Rego Pequeno
Rebordaos
Sistallo
Feira do Monte
Gospeito
Outeiro
Reboira
Reboredo
Mato
Pino
Casablanca
Bazar
Xesto
Pousada
Castelo de Caldaloba
Terra de Castro de Rei
Momán
Paraxes
Meira
Cezar
Trasparga
Parga (Sta. Cruz)
Xermar
Quintela
Castro de Rei
Azúmara
Guitiriz
Baamonde
Gaibor
Trobo
Denune
Xustás
Goberno
Torneiros
Aranga
Santa Mariña de Lagostelle
Puebla de Parga
Balneario de Guitiriz
Pacios
Sisoi
Reguntille
Paradela
Rio Parga
Castro
Begonte
Mos
Vila Grande
Ribeiras de Lea
Mosteiro (Pol)
Serra da Cova da Serpe
Mariz
Negradas
Pedrafita
Viris
Santalla de Pena
Donalbai
Castro
Loentia
Mosteiro (Luaces)
Provincia de La Coruña
Cordal de Ousá
Seixón
Miraz
Uriz
Rábade
Outeiro de Rei
Sobrada
Cornide de Abaixo
Anxeriz
Trasmonte
Bonxe
Mondriz
Lea
Cirio
Anafreita
Cova da Serpe
Rosende
Candai
Aspai
Ermida de Santa Isabel
Mosteiro
Golpilleiras
Suegos
Montecubeiro
Sabugueira
Cabana
Ousá
Vicinte
Robra
Serra do Outeiro Maior
Teixeiro
Serra de Monciro
Nodar
Narla
Parada
Tirimol
Rubiás
Meda
Pena
Roade
Roimil
A Cima de Vila
Lea
Cotá
Vilalvite
Labio
San Xoán
Seres
Madeloso
Devesa
Ombreiro
Albeiras
S. Andrés
Bolaño
Castroverde
Montes Corno de Boi
Silvela
Carballo
Prado
Friol
Meilán
LUGO
Gondar
Vilariño
Vilalle
Brañas
Xiá
As Pardellas
Santa Marta
Serén
Carballido
Arcos
A Fraira
Torre de Sampaio
Vilachá de Mera
Romeán
Monte
Souto (Toques)
Paradela
San Martiño das Condes
Guimarei
Buratai
Vilacha
Cellán de Mosteiro
Provincia de Lugo
Aprégación
Bóveda
Burgo
Conturiz
Adai
Gol
A Pumarega
Serra de Careón
San Xoán do Alto
Nadela
Coeo
Arxemil
Queizán
Miranda
Ferreira
A Retorta
San Pedro de Mera
Poutomillos
Vilavite
Campelo
Agustín
Vilouriz
Vilamaior de Negral
Monte de Meda
Coeses
Chamoso
O Corgo
Manán
Folgosa
Oleiros
Moredo
Saa
Palas se Rei
Sarria
Becerrea
Ponferrada
40
0 1 2 4 6 8 10 km
0 1 2 4 6 miles

Se
Sf
Ta
Tb
Tc
Costa Verde
Area Longa
Golfo da Masma
Praia de Sarrido
Ría de Foz
Praia de Arealonga
Praia de Moledo
Playa de Peñarronda
Playa del Sarello
Playa de la Paloma
Tapia de Casariego
Playa de Ortiguera
Playa de la Vega
Foz
San Cosme (Barreiros)
Benquerencia
Rinlo
Piñeira
Santagadea
Viavélez
La Caridad (El Franco)
Loza
Ortiguera
Soirana
Vigo
Puerto de Vega
Vilaronte
Espiñeira
Carretera
San Miguel de Reinante
A Devesa
Ribadeo
Figueras
Villadún
Tol
El Franco
Jarrio
Navia
Andés
Piñera
Villaoclán
Otur
Boronas
Noceda
Mondigo
Insua
Vilela
Covelas
Castropol
La Roda
Acevedo
Sueiro
Godella
Arancedo
Coaña
Sante
Vidural
Ermida de Santo Estevo de Ermo
Cova Tixol
Poblado Céltico
Arante
Vilamar
Vilaosende
Vilavedelle Seares
Jarias
La Braña
Llosoiro
Lebredo
Trelles
Ordobaga
Brañuas
Vilanova (Lourenzá)
A Fórnea
Vidal
Currada
Porto de Abaixo
Porzún
Piantón
Santa Colomba
Lagar
Villartorey
Abaira
Trabada
Ermida de San Fernando
Vilafernando
Vegadeo
Samagán
Serandinas
Miñagón
Villayón
Embalse de Arbón
La Montaña
Herías
Val de Lourenzá
Santadrao
Ermida de San Román
Ría de Abres
Fuente de Louteiro
Meredo
Balmonte
Rozadas
Penoutaaballón Abalón
Boal
Carrio
Illaso
Parlero
Coldobrero
El Llano
Guiar
Ouría
Folgueiras
Penzol
Villarín
Villar de San Pedro
Prelo
Villanueva
Castrillón
Trabada
Vilaformán
Chao Grande
Aguaxosa
Espina
Leirio
Brañavara
Froseira
Doiras
Rellanos
Saldoira
Arredondas
Freije
Sierra de la Bobia
Pojos
Recencende
Filgueirua
Bres
Taramundi
Gio
Embalse de Doiras
As Rodrigas (Riotorto)
Bouloso
Conforto
A Pontenova
La Garganta
Puerto La Garganta
Morlongo
Cimadevilla
Illano
Lantero
Castanedo
Bustantigo
Ermita de San Juan
Aldeguer
Lamacide
Xudán
Ermida
Ferreiravella
Vilarxuane
Teixedáis
Villanueva
Villanueva de Oscos
Navedo
El Rebollo
Sierra de Muriellos
Sierra de Rañadoiro
Sierra de Ablaniego
Vilargondurfe
Vilaboa
Labiarón
San Esteban
Bendón
Porciles
La Reigada
Cancelas
Logares
Vilarmide
Porto de Marco
Galegos
Alvare
Pelorde
Puerto del Palo
Pola de Allande (Allande)
Corondeño
Peña de Cabras
Ventoso
Santa Eulalia de Oscos
San Martín de Oscos
San Pelayo
Pesoz
Sanzo
Buslavín
Lago
Prada
Louseira
Acebo
A Veiga de Logares
Berducedo
La Figuerina
El Valle
Vilaxuso
Seixosmil
Carballido
Vilardiaz
A Trapa
Grandas (Grandas de Salime)
Piquín
Vilafrarnil
Vilarchao
Sierra de Los Lagos
Sierra Cazarnosa
O Chao de Pousadoiro
Vilarxubín
O Trobo
Padraira
Orrua
A Allonca
Vilar de Mouros
Os Vaos
Vilamaior
Cornollo
Besullo
Penamazada
Moieiras
Silvacha
Vilarmeán
Frontal
Lúa
Barbeitos
Peñafuente
San Salvador
Braña de Carbaldetoso
San Pedro de las Montañas
Rixoán
Outariz
San Pedro
Alto de Acebo
Ernes
Encoro de Salime
Barangón
Pacios
A Proba de Burón
Fonfría
Nogueira de Muñiz
Barcela
Milleirós
O Real
A Fonsagrada
Serra de Liñares
Serra de Uría
Braña del Candal
Agüera del Coto
Vega de Hórreo
Piñeira
Vilardongo
O Padrón
Suarna
Monteseiro
Monasterio del Coto
Muiña
Bruicedo
Alto de Cerredo
Aldomán
Ouviaño
Valvaler
Parque Natural de las Fuentes del Narcea, Degaña e Ibias
A Braña
Paradavella
Vieiro
Fumaior
Vilabol de Suarna
Marentes
Fonteo
Cubilledo
Degolada
Cereixido
Lamas de Moreira
Loma de Argasada
Sierra de Peña Ventana o de Berdueda
Ventanueva
Serra do Mirador
A Lastra
Seoane
Castañedo
Coca
Sierra de Busto
Dou
Folgoso
San Antolín de Ibias (Ibias)
Alto da Fontaneira
A Fontaneira
Barcias
O Cádavo (Baleira)
Vilar dos Adros
Valdeferreiro
Puerto de Connio
Moncó
Pico de las Varas
Centenales
Río
Provincia de Asturias
Cecos
Sierra de Rañadoiro
Gedrez
Puerto del Rañadoiro
Liñares
Mosteiro
A Ribeira
Queizán
Santa Comba
Cadanosa
Serra de Puñago
Riomol
Restelo
Envernallas
Larón
A Quintá
Albaredo
Córneas
Paradela
Barcia
Muñís
Provincia de Lugo
Sisterna
Furis
Pedrafita de Camporredondo
Trucende
Puebla (Navia de Suarna)
Larxentes
Rao
Fondos de Vegas
Penamil
Guimarei
Tormaleo
Peliceira
Río Navia
Río Eo
Río Porcia
Río Ibias
87
88
89
90
91
41

42
0 1 2 4 6 8 10 km
0 1 2 4 6 miles

Ua
Ub
Uc
Ud
Ue
213
87
88
89
90
91
Cabo Peñas
Luanco/
Luanco
Candás
(Carreño)
Perlora
AVILÉS
GIJÓN/
XIXÓN
Cabo Torres
Ensenada
de España
Ría
de
Villaviciosa
Cabo Lastres
Tazones
Villaviciosa
Amandi
OVIEDO
POLA
DE SIERO
(SIERO)
Noreña
Lugones
Nava
Infiesto
(Piloña)
LLANGRÉU/
LANGREO
Sotondrio
(San Martín del
Rey Aurelio)
MIERES
Pola
de Laviana
(Laviana)
Pola
(Lena)
Cabañaquinta
(Aller)
Campo de Caso
(Caso)
Sierra de Ques
Sierra Grandasllanas
Sierra de Giblaniella
Sierra de Navaliego
Peña Mea
Sierra de Carroceda
Cordal de Murias y Santibáñez
Serranía de las Fuentes de Invierno
Sierra de Casomera
Sierra de Sentiles
Sierra de Mangayo
Sierra de Corteguero
Parque Natural de Redes
Parque Regional de los Picos de Europa
Provincia de Asturias
Provincia de León
Cordillera Cantábrica
Las Mesa
de Babia y Luna
Sierra de los Grajos
Puerto de Pajares
Puerto de San Isidro
Puerto de Vegarada
Puerto de Piedrafita
Túnel de Pajares
Embalse de Tanes
Embalse del Porma
Barrios de Luna
León
La Pola de Gordón
43

Ue
Uf
Va
Vb
87
88
89
90
91
Mar
Cabo Lastres
La Busta
Luces
Ermita de San Roque
Lastres
Playa de Lastres
Playa de la Griega
Villaviciosa
Lue
Sales
Colunga
La Isla
Playa de La Isla
Playa de Vega
Berbes
La Vega
Tereñes
San Pedro
Playa de Ribadesella
Ribadesella
Ermita de la Virgen de la Guía
Pernús
La Riera
Carrandi
Gobiendes
Santiago de Gobiendes
Prado (Caravia)
Leces
Ucio
Cueva de Tito Bustillo
Alea
Linares
Llovio
Fano
Libardón
Sierra del Sueve
Sueve
Tresmonte
Junco
Toriello
Llames
Garaña
Playa de Villanueva
San Antonio
Playa de Cuevas del Mar
Cueva
Villanueva
Hontoria
Santa Eulalia
San Antolín de Bedón
Playa de Barro
Monasterio de San Salvador
Playa de Celorio
Ermita de San Agustín
Nueva
Naves
Niembro
Barro
Celorio
Póo
Llanes
Bricia
Balmori
Pancar
Playas de Llanes
Cué
Andrín
Mirador del Fito
La Vita
Calabrez
Santianes
Cofiño
Villar
Fíos
Margolles
Collía
Mofrecho
Riensena
Los Carriles
Rales
Posada
Cueva de Lledias (Pinturas Rupestres)
Porrúa
Parres
Vidiago
Puertas
Pendueles
Borines
Robledo
El Llano
Peruyes
Triongo
Igena
Mestas
Los Callejos
Rioseco
Mediavilla
La Pereda
Acebal
Purón
Menhir Peña Tú
Vallobal
Cuadroveña
Arriondas (Parres)
Parador
Río Zardón
Zardón
Ardisana
Calduello
El Mazuco
Valles
Miyares
Cereceda
Cueva del Buxu (Pinturas Rupestres)
Tresano
Mere
Cueva El Fresno
Peña Blanca
Santa Eulalia
Sorribas
Arobes
Cangas de Onís
Labra
Llenín
Hibeo
Bolbolle
Mones
Severes
Villar de Huergo
Llaviano
Puente Romano
Cardes
Grazanes
Pedroso
Desfiladero
Sierra de Cuera
Turbina
Lino
Priede
Caldevilla
Vallobil
Corao
Mestas de Con
Bernia de Onís (Onís)
Avín
Escobal
Robellada
Alles (Peñamellera Alta)
Pesquerín
Ruinas Ibéricas
Nieda
Abania
Con
San Roque
Llano de Con
Bobia de Abajo
Ermita de Castro
Salce
Puertas
Asiego
Ruenes
Llonín
Tobes
Fresnidiello
Tospe
Lago
Teleña
La Riera
Llerices
Villarcazo
Montes de Sebares
Ermita de San Antonio
Llerandi
Caño
Torrín
Següenco
Santuario de Covadonga
Cueva Santa
Demués
Canales
Carreña
Arangas
Rozagás
Trescares
Puente Romano
Mier
Para
El Pico
Covadonga
Mirador de la Reina
La Molina
Inguenzo
Las Arenas
Desfiladero del Río Cares
Oceño
Rodr
Puente Romano
Sierra de Covadonga
Pervis
Vis
Calzada Romana de Caoro
Cuñaba
Aves
Ambingue
Cazo
Santillan
Sames (Amieva)
Restaurante
Lago de la Ercina
Lago Enol
Cabeza de Llorosos
Camarmena
Peña Crimienda
Tielve
Horcadura del Canto
San Esteban
Priesca
Pen
Sebarga
Carbes
Villaverde
Mián
Argolibio
Casa Municipal de Pastores
Desfiladero
Peña de Main
Balcón de Pilatos
Tresviso
Rozapanera
Valle del Moro
Cien
Amieva
Parque
Refugio Vega Redonda
El Murallón de Amuesa
Bulnes
Sotres
Sierra de Gibianiella
Parque
Gargantas
Carangas
Balneario de Mestas
San Ignacio
Veyos (Vidosa)
Sierra de Beza
Macizo de Covadonga
Provincia de Asturias
Picos de Cornión
Caín de Valdeón
Garganta
Nacional
Invernales de Cabao
Las Vegas
Picos de Mancodiu
Peña Bermeja
Sotos
Taranes
Natural
Cadenaba
Abiegos
Beleño (Ponga)
Viego
Cándamo
Desfiladero de Los Beyos
Santa Peña
Refugio de Vega Huerta
El Chorco de los Lobos
Corona
Macizo de Bulnes o Central
Cabaña Verónica
Refugio de Collado Jermoso
Naranjo de Bulnes
Refugio de Vega Urriello
Peña Vieja
Lambrión
Picos de Europa
Contés
Tabla de Lechugales
Argüébanes
Viñón
Orlé
Parque
Natural
de Ponga
Cordal de Ponga
Cueva de la Peña (Pinturas Rupestres)
Viboli Alto
Yano
Sobrefoz
Tolivia
Soto de Sajambre
Ermita de San Pedro
Posada de Valdeón
Cordiñanes de Valdeón
Europa
Prov. de León
Mirador del Cable
Refugio de Áliva
Ermita de la Virgen de las Nieves
Macizo de Andara u Oriental
San Pelayo
Turieno
Camaleño
Santo Toribio de Liébana
Soto
Belerda
La Foz
Pendones
Sobrecastiello
Sierra de Pintacanales
Redes
Monte de Peloño
Ribota de Sajambre
Oseja de Sajambre
Mirador de Piedrafitas
Soto de Valdeón
Prada de Valdeón
Fuente Dé
Pembes
Bárcena
Mieses
Tarna
Caldevilla de Valdeón
Santa Marina de Valdeón
Parador
Pido
Espinama
Enterría
Sierra Collain
Campollo
Cueva de Valdevezón (Prehistórico)
Caserío de Ventaniella
La Vegadona
Provincia de León
Vierdes
Pio de Sajambre
Puerto de Panderruedas
Puerto de Pandetrave
Los Llces
Areños
Cosgaya
Enterrías
Sierra de Mangayo
Puerto de Tarna
Cordillera Cantábrica
Caserío del Pontón
Puerto del Pontón
Sierra Cebolleda
Sierra Mediana
Coriscao
Mirador de Llesba
Vejo
Vada
Puerto de Las Señales
Picos de Mampodre
La Uña
Retuerto
Cuénabres
Casasuertes
Cristo
Peña Corrolla
Llánaves de la Reina
Puerto de San Glorio
Barrio
Ledantes
Dobres
Cucayo
Maraña
Polvoredo
El Butrero
Portilla de la Reina
Desfiladero
Sierra de Orpiñas
Peña Prieta
Peña Bistruey
Provincia de Cantabria
Coñiñal
Mampodre
Acebedo
Lario
Grullas (Candamo)
Sierra de Riaño
Fuente Carrionas
Liegos
Provincia de León
Provincia de Palencia
Puebla de Lillo
Redipollos
Sierra de Murias
Pico Yordas
Los Espejos de la Reina
Barniedo de la Reina
de Fuentes
Susarón
Camposolillo
Lois
Villafrea de la Reina
Sierra de Alba
Rucayo
San Cibrián
Solle
Orones
Parque Regional de los
Picos de Europa
Riaño
Boca de Huérgano
La Rasa
Pico Murcia
Cardaño de Arriba
Embalse del Porma
Pallide
Reyero
Ciguera
Pedrosa del Rey
Loma del Águila
Alto Prieto
Carrionas
Las La
Peñaruelo
Viego
Salamón
Las Salas
Huelde
Horcadas
Carande
Embalse de Riaño
Siero de la Reina
Espiguete
Peña del Tejo
Vidrieros
Cistierna
44
0 1 2 4 6 8 10 km
0 1 2 4 6 miles

Vc
Vd
Ve
Vf
Wa
Cantábrico
87
88
89
90
91
Punta de Somocueva
Parque Natural de las Dunas de Liencres
Isla de Conejera
Faro de Suances
Punta Bailota
Playa de Santa Justa
Tagle
Suances
Cuchía
Miengo
Mogro
Liencres
Mortera
Playa de Mogró
Ubiarco
Hinojedo
Bárcena de Cudón
Cudón
Oruña
Arce
Arroyo
Viallan
Puente-Avíos
Camplengo
Santillana del Mar
Cuevas de Altamira
Viveda
Barreda
Requejada
Vioño
Quijano
Barcenilla
Bumoroso
San Miguel
Torres
Campuzano
TORRELAVEGA
Zurita
Renedo de Piélagos
Las Presillas
Palacio de Viveda
Parque Natural de Oyambre
Cabo de Oyambre
Playa de Merón
Playa de la Jerra
Trasvía
Treceño
La Revilla
San Vicente de la Barquera
Santillán
Pesues
Pechón
Ría de Tina Mayor
Ría de Tina Menor
Cueva del Pindal
Playa de Buelna
Playa de la Franca
Buelna
La Franca
Pimiango
San Emeterio
El Bustio
Unquera
Tresgrandas
Las Conchas
Colombres
Molleda
Boquerizo
Noriega
Villanueva
Helgueras
Muñorrodero
Abanillas
Estrada
Hortigal
Abaño
Gandarilla
El Barcenal
Roiz (Valdáliga)
Labarces
Liandres
Trasierra
Toñanes
Comillas
Casasola
Cóbreces
La Iglesia (Ruiloba)
Cotalvio
Novales
Rioturbio
Ruiseñada
Canales
Pumalverde
Cavíedes
La Ayuela
Duña
Bustablado
Rudaguera
San Esteban
Quijas
Cerrazo
Casar
Cueva de la Clotilde
Veguilla
Reocín
Cartes
Mercadal
Santa María de Yermo
Yermo
Riocorvo
Las Caldas de Besaya
Viérnoles
La Montaña
Cueva de La Pasiega
Puente Viesgo
Vargas
Villafáñez
Las Chimeneas
Las Monedas
Sopenilla
Barros
Rivero
Mata
Tarriba
Hijas
Aes
Corvera
Iruz
Villasevil
San Mateo
Horno de la Peña
Los Corrales de Buelna
Somahoz
Sierra Quintana
Santiuste de Toranzo
Quintana de Toranzo
Castillo Martín
Prases
Villasuso
Bostronizo
Pedroso
San Vicente de Toranzo (Corvera de Toranzo)
Cotillo (Anievas)
San Juan de Raicedo
Arenas de Iguña
Santa Cruz
Silió
Molledo
Cobejo
Bárcena de Pie de Concha
Sierra de Escudo
Pujayo
Montabliz
Pesquera
Rioseco
Ventorrillo
Santa Olalla de Aguayo
Hoces de Bárcena
San Miguel de Aguayo
Embalse del Ebro
Embalse de Torina (Alsa)
Santiurde de Reinosa
Lantueno
Somballe
Lanchares
La Costana (Campoo de Yuso)
Villapaderne
Monegro
Orzales
Bustamante
La Población
La Riva
Arija (Fábrica)
Cañeda
Reinosa
Bolmir
Horna de Ebro
Juliobriga
Retortillo
Arroyo
La Aguilera
Las Rozas de Valdearroyo
Llano
Renedo
Cervatos
Soberón
Celada-Marlantes
Fombellida
Bustasur
Santa Gadea (Alfonz de Santa Gadea)
Olea
Mata de Hoz
Salcedillo
Villaescusa
Matamorosa (Enmedio)
Nestares
Suano
Izara
Villacantid
Paracuelles
Nacimiento del Río Ebro
Fontibre
Argüeso
Camino
Aradillos
Fresno del Río
Espinilla
Villar
Proaño
Soto
Naveda
Barrio
Mazandrero
La Lomba
Abiada
Hermandad de Campoo de Suso
Refugio de la Hoz de Abiada
Refugio C.A. Tresmares
Estación invernal Alto de Campoo
Brañavieja
Tres Mares
Cornón
Cotamaniños
Sierra de Peña Labra
Valdecebollas
Braňosera
Celada de Roblecedo
Verdeña
Tremaya
Santa María de Redondo
Los Llazos
Camasobres
Piedrasluengas
Puerto de Piedrasluengas
Casavegas
Sierras Albas
Caloca
Vendejo
Pesaguero-Lapartе
Valdeprado
Barreda-Dos Amantes
Lomeña Baseda
Bárago
Lerones
Los Cos
Perrozo
San Andrés
Lamedo
Buyezo
Torices
Piasca
Tudes
Cabezón de Liébana
Frama
Potes
Cambarco
Aniezo
Cahecho
Lósiezo
Puente Hojedo
Tama (Cillórigo de Liébana)
Esanos
Pumareña
Castro
Cabañes
Lebeña
Santa María de Lebeña
Cicera
Piñeres
Sobrelapeña
Cires
Lafuente
Quintanilla
Linares (Peñarrubia)
Gamonal
Provincia de Asturias
Provincia de Cantabria
Desfiladero de La Hermida
Suarías
Panes
Merodio
Casamaría
Cabanzón
Camijanes
Bielba (Herrerías)
Cades
Arenas
Celis
Trespeñas
Sierra del Escudo de Cabuérniga
La Florida
Bustriguado
Gándara
Puentenansa (Rionansa)
Obeso
Carmona
Palacio de Mier
Cosío
Rozadío
San Sebastián de Garabandal
Sarceda
Santotís (Tudanca)
Tudanca
La Lastra
Castillo de La Casona
Peña Sagra
Sierra de Peña Sagra
Sierra de las Cuerres
San Mamés
Belmonte
Santa Eulalia
Puente-Pumar
Lombraña (Polaciones)
Uznayo
Tresabuela
Salceda
Cueto de la Concilla
Sierra del Cordel
Cueto de la Horcada
Mirador de la Fuente
Valle de Cabuérniga
Terán
Selores
Renedo
Fresneda
Viaña
Correpoco
El Tojo
Colsa
Los Tojos
Saja
Campucas
Molino de la Mina de Lápiz
Venta
Puerto de Tajahierro
Puerto de Palombera
Parque Natural de Saja-Besaya
Valle de Cabuérniga
Bárcena Mayor
Ermita del Carmen
Sierra de Bárcena Mayor
Alto Abedules
Obios
Roperø
Pico Tordías
Ermita del Moral
Alto de la Piedra-Hiesta
Nogaleda
Sopeña
San Fructuoso
Barcenilla
Ruente
Ucieda
Montes de Ucieda
Pico de Mozagro
Santibáñez
San Vicente del Monte
Carrejo
Cos
Santa Águeda
Cabezón de la Sal
Mazcuerras
Ontoria
Villanueva de la Peña
Herrera de Ibio
Sierra de Ibio
Ibio
San Miguel
Cóo
Lobado
Collado
Villasuso
Villayuso (Cieza)
Los Llares
Pedredo
Las Fraguas
San Vicente de León
Estela Romana
Santo Mauro
Parque Natural Fuente Cobre-Montaña Palentina
Horca de Lores
Lores
Areños
El Campo
Lebanza
San Salvador de la Cantamuda (La Pernía)
Polentinos

Wa
Wb
Wc
Wd
87
88
89
90
91
Mar
SANTANDER
CITY MAP
Plymouth, Poole, Portsmouth
Cabo de Ajo
Parque Natural de las Marismas de Santoña, Victoria y Joyel
Parque Natural de las Dunas de Liencres
Playa de Ajo
Playa de Galizano
Playa de Ris
Playa de Nueva Berría
Playa de Laredo
Playa de San Julián
Playa de Oriñón
Faro del Pescador
Faro del Caballo
Quejo
Isla
Tregandín
Santoña
Laredo
Colindres
Limpias
Ampuero
Oriñón
Muriedas (Camargo)
Maliaño
El Astillero
Pedreña
Somo
Loredo
Suesa
Cubas
Galizano
Ajo (Bareyo)
Güemes
Carriazo
Castanedo
Omoño
Ribamontán al Monte
Hoz de Anero
Beranga
Praves
Hazas de Cesto
Solórzano
Riolastras
Cicero
Adal
Treto
Bárcena de Cicero
Argoños
Escalante
Gama
Noja
Nueva Berría
Dueso
Isla de Pedrosa
Gajano
Orejo
Rubayo
Heras
Solares
Sobremazas
Medio Cudeyo
Hoznayo
Ceceñas
Valdecilla
Entrambasaguas
Hornedo
La Cavada
Navajeda
Hermosa
Riotuerto
El Mercadillo (Liérganes)
Rubalcaba
Camposdelante
Puerto Fuente de la Varas
Carmargo
Revilla
Escobedo
Oruña
Barcenilla
Monte Severón
Quijano
Vioño
Parbayón
Villanueva
La Concha (Villaescusa)
Cabárceno
Obregón
Sobarzo
Pámanes
Penagos
Arenal
Llanos
Parque de Peña Cabarga
Renedo de Piélagos
Las Presillas
Vargas
Villabáñez
Puente Viesgo
Pomaluengo (Castañeda)
San Román
Argomilla
La Penilla
Sarón
Santa María de Cayón
Las Porquerizas
Mortesante
Sierra de Somo
Lloreda
Esles
Eguinza
La Vega
La Cárcoba (Miera)
Linto
Ajanedo
Calseca
Saro
Llerana
Vega
Abionzo
Villacarriedo
Selaya
Bustantegua
Campillo
Pisueña
Valle de Carriedo
Valle de Toranzo
Santiago de Toranzo
Alceda
Ontaneda
San Vicente de Toranzo
Vejorís
Iruz
Villafufre
Escobedo
San Martín
Rasillo
Villasevil
Prases
Corvera
Hijas
Aes
Pando
Castillo Pedroso
Quintana de Toranzo
Aloños
Tezanos
Pedroso
Soto
Berana
Entrambasmestas
La Gurueba
Vega de Pas
Sel de la Peña
Sel de la Carrera
Vozpornoche
Bustasur
Los Pandos
San Miguel de Luena
La Puente
Bollacín
Resconorio
Hornedillo
Yera
Vegalosvados
Pandillo
San Pedro del Romeral
Bustiyerro
Vegaloscorrales
Provincia de Burgos
Provincia de Cantabria
Pico de la Churra
Alto Cotero
Puerto de la Magdalena
Alto del Cabezón
Puerto del Escudo
Sierra de Escudo
Lanchares
Corconte
La Población
Embalse del Ebro
La Riva
Balneario de Corconte
Cabañas de Virtus
Arija (Fábrica)
Arija
San Vicente de Villamezán
Arnedo
Herbosa
Quintanilla de San Román
Santa Gadea (Alfonz de Santa Gadea)
Higón
Montejo de Bricia
Parque Natural Hoces del Alto Ebro y Rudrón
Soncillo
Torres de Arriba
Bezana
Cilleruelo de Bezana
Castrillo de Bezana
Riaño
Quintanaentello
Argomedo
Torre de Abajo (Valle de Vadebezana)
Villabáscones de Bezana
Leva
Cubillos del Rojo
Haedo de las Puebas
Busnela
Estación de Soncillo
Ciudad de Valdeporres
Santelices
Pedrosa (Merindad de Valdeporres)
Rozas
Villamartín de Sotoscueva
Entrambosríos
Villabáscones
Quintanilla de Rebollar
Quisicedo
Cueva
Cueva de Ojo Guareña
Cornejo (Merindad de Sotoscueva)
Hornillalastra
Hornillayuso
Barcenilla de Cerezos
Cuestaedo
San Martín de las Ollas
Quintanilla-Valdebodres
Quintanabaldo
Haedo de Linares
Villanueva la Blanca
Salazar
Sobrepeña
Puentedey
Brizuela
Escaño
Tubilla
Villarcayo (Villarcayo de la Merindad de Castilla la Vieja)
Torme
Mozares
Casillas
La Quintana de Rueda
Quintanilla de los Adrianos
Medina de Pomar
Miñón
Torres
Pomar
Rosales
Fresnedo
Bocos
Barriosuso
Céspedes
Villatomil
Gayangos
Bárcena de Pienza
La Riba
Santurde
La Cerca
Salinas de Rosío
Rosío
Villamor
Momediano
Villate
Gobantes
Pérez
Paresotas
Oteo
Cubillos de Losa
Tabliega
Villalacre
Villaventín
Castresana
Colina
Revilla de Pienza
El Ribero
Villasante
Baranda
Bedón
Pereda
Loma de Montija
Villalázara
Quintana de los Prados
Espinosa de los Monteros
Bárcenas
Las Machorras
Río de la Sía
Río de Trueba
Río de Rioseco
Puerto de las Estacas de Trueba
Fefugio del C.D. de Bilbao
Collado del Polvo
Portillo de la Sía
Portillo de la Sóa
Cañoneras
Montes de Ordunte
Los Tornos
Agüera
Noceco
Bercedo
San Pelayo
Lecinana de Mena
Cadagua
Sopeñano
Vivanco de Mena
Villasuso de Mena
Irús
Campillo de Mena
Taranco
Barrasa
Burceña
Horriles
Lastras de las Eras
Castrobarto
Montes la Peña
Peñalba
Río de Lunada
Puerto de Lunada
Gandara
Carnedo
Quintana
Valcaba
Villar
Rehoyos
Veguilla (Soba)
Hazas
San Martín
Astrana
San Pedro
Rozas
Incedo
San Juan
Pilas
Fresnedo
La Revilla
Herada
Valnera
La Calera
Parque Natural de los Collados del Asón
Nacimiento del Gándara
Puerto del Asón
Asón
Sierra del Hornijo
Mortillano
Arredondo
Val de Asón
Socueva
La Roza
La Iglesia
Tabladillo
Puerto de Alisas
Alisas
Monte
San Roque de Riomiera
Valdicio
La Concha
Matienzo
Riva
Ogarrio
Puerto Cruz de Unzano
Valle
Mentera-Barruelo
Helguero
Los Valles
Ramales de la Victoria
Cuevas Cullavera, Covalanas y La Haza (Pinturas Rupestres)
La Pared
Treto
Lanestosa
Molinar
Soscaño
El Callejo
La Concha
San Cipriano
Sierra
Presa
Aldeacueva
Bernales
Lanzas Agudas
Pando
Ranero
Rioseco
Pauiles
Herboso
Santecilla
Cueva de Pozalagua (Pinturas Rupestres)
Armañón
P.N. de Armañón
Prov. de Cantabria
Provincia de Vizcaya
Bárcena
Pondra
Santa Ana
Cueva Venta de la Perra (Pinturas Rupestres)
Rasines
Ojedar
Casavieja
Bulco
Santa Cruz
Rocillo
La Edilla
Lombera
Nieves
Embalse del Juncal
Udalla
Bárcena de Udalla
San Bartolomé de los Montes
Buerias
Bádames
La Colina
Alto Guriezo
Francos
Rioseco
Balbacienta
El Puente
Angostina
Trebuerta
Landeral
Puerto Hoyomenor
Rascón
Nocina
Villaviad
Seña
San Roque
Isequilla
Sonabia
Hazas
Cristo de Limpias
Fresnedo
Caserío Secadura
San Pantaleón de Aras
San Miguel de Aras
Caserío Llueva
La Calzada
Riaño
Caserío El Portillo
Caserío Garzón
Moncalián
Caserío Natés
Carasa
Santuario de San Bernabé
Monasterio de la Bien Aparecida
Ermita de Santa Isabel
San Sebastián
Punta de Somocueva
Cueto
San Román
Soto de la Marina
Peña Castillo
Liencres
Mogro
Boo
Santa Cruz de Bezana
Cacicedo
Igollo
Herrera
Arce
Bahía de Santander
Aeropuerto Santander
Palacio de la Magdalena
Ermita de la Virgen del Mar
Cueva de Santián
Cueva El Pendo
Santa Rosa
San Miguel de Meruelo
San Bartolomé de Meruelo
San Mamés de Meruelo
Castillo
Moros
Ambuero
Villaverde de Pontones
Puente-Agüero
Pontones
Estrada
Liermo
Convento de Monte Hano
Santa María
Desfiladero
Colegiata de Castañeda
Castillo de Elsedo
Palacio de Soñanes
Ermita de San Vicente
Ermita del Ángel
Cueva del Salitre
Merilla
Na.Sa. de los Remedios de Luena
Ermita del Rosario
Salto del Oso
Vinigo
34
46
Ruerrero
Burgos
Oña
Medina de Pomar
Trespaderne
0 1 2 4 6 8 10 km
0 1 2 4 6 miles
Torrelavega
Los Corrales de Buelna
Reinosa

We
Wf
Xa
Xb
Xc
Cantábrico
Portsmouth
87
88
89
90
91
206
CASTRO-URDIALES
Playa de Castro
Cueva Peñ del Cuco (Pinturas Rupestres)
Cerdigo
Allendelagua
Mioño
Ontón
Samano
Helguera
Santullán
Setares
Otañes
Lusa
Campo de Ventoso
Puerto de las Muñecas
Las Muñecas
Agüera
Trucios-Turtzioz
Barrietas
San Miguel de Linares
Traslaviña
Regomedo
Herbosa
Balmaseda
Pandozales
La Herrera
Gijano
Orrantia
Santa Coloma
Artziniega
Menamayor
Medianas
Montiano
Villasana de Mena
(Valle de Mena)
Santiago de Tudela
Santa Maria del Llano de Tudela
Sierra de Carbonilla
Ciella
Santa Olaja
Relloso
Barruso
Encima Angulo
Aro
Quincoces de Yuso
Lastras de la Torre
Cabañes de Oteo
Robredo de Losa
Calzada
San Llorente
Lastras de Teza (Valle de Losa)
Teza de Lodosa
San Martín de Losa
Villacián
Villalambrús
Fresno de Losa
Barriga
Villaño
Zaballa
Aostri de Losa
Mijala
Villaba de Losa (Junta de Villalba de Losa)
Sierra Salvada
Prov. de Vizcaya
Orduña
Tertanga
Délica
Puerto de Orduña
Llorengoz
Lendoño de Abajo
Belandia
Aguiñiga
Salmantón
Mendeika
Maroño
Menoyo
Oceca
Erbi
Beotegui
Respaldiza (Ayala/Aiara)
Izoria
Amurrio
Murga
Luiaondo
Zuaza
Llanteno
Menagaray
Retes Llanteno
Gordeliz
Abiega
Jandiola
Okondo
Llodio
Gardea
Pagolarra
Artekona
El Pontón
Sandamendi (Gordexola)
Zubieta
San Juan de Berbikiz
Sollano-Llantada
Güeñes
Sodupe
Mimetiz (Zalla)
Avellaneda
San Martín de Carral
San Esteban de Galdames
Soquerta
Garape
Arenao
Abanto y Ciérvana-Abanto Zierbena
San Pedro
Chavarri
Humarán
Zaramillo
Sarasho
Alonsotegui
SAN VICENTE DE BARAKALDO (BARAKALDO)
Triano
La Arboleda
La Reineta
Gallarta
Las Carreras
Ortuella
San Juan de Muskiz (Muskiz)
Pobeña
La Rigada
Zierbena
San Pedro de Abanto
SANTURTZI
PORTUGALETE
Ugaldebieta
Playa de Azkorri
Santa María de Getxo
Sopelana
Larrabasterra
Berango
ALGORTA
ELEXALDE (LEIOA)
Egusquiza
Plentzia
Gorliz
Elejalde (Barrica)
Playa de Plentzia
Fano-Uresaranses
Armintza
Playa de Armintza
Arteta
Urizar (Lemoiz)
Andraka
Billabaso
Erguien
La Campa
Urduliz
Butron
Garai
Gatika
Elizalde
Unbe
Mungia
Basozabal
Zabaloetxe (Loiu)
Lauro
Sondika
Erandio
Basozabal
Elotxelerri
Arteaga (Derio)
San Mames
Arteaga-San Martin (Zamudio)
Goitiolza
Lezama
Garaiolza
BILBAO
Arizgoiti
Basauri
Erbera o San Andres (Etxebarri)
Aguirre
LA CRUZ (GALDAKAO)
Zaratamo
Arrigorriaga
Gutiolo
Ganekogorta
Autopista Solución Sur
Zollo
Aguirre
Arrankudiaga
Ugao-Miraballes
Zudibiarte-Ugalde
Aresandiaga
Arrigorriaga
Aracaldo
Untzeta
Zubialde (Zeberio)
Gezala
Ariltza-Olazar
Amezola
Murueta
Orozko
Ibarra
San Martin
Gallartu
Urigoiti
Parque Natural del Gorbeia
Provincia de Vizcaya
Provincia de Álava
Sierra de Peña Gorbea
Arbaiza
Barambio
Aretxalde (Lezama)
Sarachó
Arbieto
Inoso
Uzquiano
Oyardo
Artomaña
Unza
Gujuli
Altube
Autopista Vasco-Aragonesa
Sarria
Markina-Xemein
Zatrate
Belunza
Izarra
Urkabustaiz
Abecia
Vitoriano
Murgia
Jugo
Oketa
Echagüen
Murua
Cestafe
Elosu
Manurga
Zaitegui
Gopegui (Zigoitia)
Nafarrate
Buruaga
Berricano
Urrunaga
Betolaza
Ullibarri-Gamboa
Urbina
Legutiano
Ollerias
San Juan (Ubidea)
Otxandio
Mekoleta
Olaeta
Anteparaluzeta
Sierra de Arangio
Puerto de Barazar
Ipiñaburu
Undurraga
Uribe
Zeanuri
Alto
Areatza
Villaro
Vildosolo (Castillo y Elejabeitia)
Zelaia (Arantzazu)
Elexalde (Igorre)
Ugarana (Dima)
Indusi
Bikarregi
Oba
Urtemondo
Parque Natural de Urkiola
Puerto de Urkiola
Alluitz
Mendiola
Irazola
Axpe
Abadiño-Zelaieta
DURANGO
Orozgueta
Bernagoitia
Euba
San Antonio
Elorriaga
Garay
San Miguel
San Marcos
Garai
Magunas
Urrutxua
Amorebieta
Amorebieta-Etxano
Larrabetzu
Astorecas
Gorocica
Elixaldea
Ibarruri
Astelarra
Mendata
Albiz
Arbacegui y Gerrikaiz
Berreño
Marmiz
Olabe
Loiola (Arratzu)
Zelaieta
Gabika (Gautegiz Arteaga)
Elexalde-Zeeta (Ereño)
Mendieta (Ajangiz)
Gernika-Lumo
Metxika
Ugarte (Muxika)
Errigoiti
Flores
Andra-Mari (Morga)
Meaka
Fruiz
Fika
Ergoien (Gamiz-Fika)
Alday (Fruiz)
Meñaka
Líbano (Arrieta)
San Lorenzo de Mesterica
Sta. Elena de Emerando
Emerando Arrondo
Zubiaur
Basigo (Bakio)
Playa de Bakio
San Pelaio
Arana
Bermeo
Isla de Izaro
San Miguel
Alto del Sollube
Arrona-tegui
Albonija
Artigas
La Iglesia (Sukarrieta)
Axpe de Busturi (Busturia)
San Kristobal
Murueta
Arteaga
Kanala
Gamecho
Akorda
Ibarrangelu Elejalde (Ibarrangelu)
Elantxobe
Natxitua
Basechetas
Playa de Laga
Playa de Laida
14
15
16
13
21
23
33
37
48
49
83
26
Markina-Xemein
Elorrio
Arrasate-Mondragón
Berberana
47
Miranda de Ebro
Vitoria Gasteiz

Yd
Ye
Yf
Za
Xf
FRANCE
SPAIN
Saint-Jean-Pied-de-Port
Ossès
90
91
87
Banca
Adarza
Erratchuenea
Pekotxeta
Arnéguy
Luizalde/Valcarlos
Ondarolle
Hountto
Mendive
Béhorléguy
Hauskoa
Estérencuby
Bassaburua
Estérenguibel
Phagalcette
Col d'Aphanize
Ahusquy
Forêt des Arbailles
Pic de Vautours
Saint-Sauveur
Gainekoleta
Pignon
Beherobie
Chalet
Pic des Escaliers
Sommet d'Occabe
Iraty
Pedro
Penin
Larrau
Ortzanzurieta
Mendilaz
Puerto de Ibañeta
Silo de Carlomagno
Monumento a la Batalla de Orreaga
Orreaga/Roncesvalles
Fábrica de Orbaitzeta
Bosque del Irati
Embalse de Irabia
Pantano
Irati
Pic de Bizkarzé
Col d'Erroymendi
Pic d'Orhy
Akerrena
Aurizberri Espinal
Auritz/Burguete
Orbara
Orbaitzeta
de Irabia
Arrequia
Aribe
Arive
Hiriberri/Villanueva de Aezkoa
Sierra de Abodi
Villanueva
Arrieta
Corona
Garralda
Garaioa
El Castillo
Portillo de Lazar
Ochagavía
Burgui/Burgi
Golfo de Viscaya
Xc
Xd
Xe
Costa Vasca
88
89
Elantxobe
Ibarrangelu Elejalde
Playa de Ea
Natxitua
Bedarona
Playa de Ogella
Ea
Basechetas
Etxatxegi
Lekeitio
Playa de Carraspio
Ispaster-Elejalde
Arteaga
Elexalde-Zeeta
Gabika
Ondarroa
Saturraran
Mendieta
Loiola
Olabe
Marmiz
Markina-Xemein
Mutriku
Deba
Playa de Deba
Itziar
Playa de Itzurun
Zumaia
Playa de Santiago
San Prudencio
Punta Isarria
Getaria
Zarautz
Monte Mendizorrotz
Igeldo
Aritzeta
DONOSTIA SAN SEBASTIAN
CITY MAP
Orio
Aginaga
Usurbil
Lasarte
Hernani
Oria
Urnieta
Andoain
Azpilgoeta
Elgoibar
Lasturbea
Arrona
Endoia
Parque Natural de Pagoeta
Monte Pagoeta
Zestoa
Aizarna
Monte Estenaga
Ermua
EIBAR
Eibar/Bergara
Soraluce-Placencia de las Armas
Azkoitia
Azpeitia
Loiola
Villabona
Tolosa
Durango
DURANGO
Abadiño-Zelaieta
Elorrio
Bergara
Monte Irimo
Zumarraga
Legazpi
Arrasate-Mondragón
Oñati
Ordizia
Beasain
Lazkao
Berastegi
Parque Natural de Urkiola
Parque Natural de Aizkorri-Aratz
Sierra de Aralar
Parque Natural de Aralar
Provincia de Gipuzkoa
Provincia de Álava
Provincia de Navarra
Sierra de Elgea
Sierra de Urkilla
Arantzazu
Zegama
Altsasu/Alsasua
Echarri-Aranaz
48

Saint Vincent-de-Tyrosse
Capbreton
St-Geours-de-Maremne
Golfe de Gascogne
Côte Basque
Capbreton
Angresse
Saint Vincent-de-Tyrosse
Bénesse-Maremne
Saint Jean-de-Marsacq
Labenne
Orx
Saubrigues
Labenne-Océan
Ondres-Plage
Beyres
Labenne
St-André-de-Seignanx
Biarrotte
Ondres
Tarnos
St-Martin-de-Seignanx
Biaudos
Saint Laurent-de-Gosse
Quartier-Neuf
la Barre
Chiberta
Boucau
Saint Barthélemy
Plage Miramar
BAYONNE
Grand Plage
ANGLET
Urcuit
Urt
BIARRITZ
Plage de la Côte des Basques
Lahonce
Asserol
St-Pierre-d'Irube
Mouguerre
Briscous
Bassussarry
Villefranque
Bidart
Guéthary
Arbonne
Arcangues
Hérauritz
Abbaye des Bénédictins
Labastide-Clarence
Saint-Jean-de-Luz
Ahetze
Ustaritz
Jatxou
Hasparren
Cabo Higer
Socoa
Ciboure
Hendaye-Plage
Hondarribia
Hendaye
Urrugne
Chantaco
Larressore
Halsou
Bonloc
IRUN
Behobie
Jaizkibel
Ascain
Ibarron
Saint-Pée-sur-Nivelle
Chemin de St-Jacques
Espelette
Cambo-les-Bains
Urcuray
Gréciette
ERRENTERIA
Pasai
Biriatou
Olhette
Col de Saint-Ignace
Amotz
Souraïde
Mendionde
Macaye
Pays Basque
Olaberria
Cherchebruit
Sare
Ainhoa
Itxassou
Louhossoa
Oiartzun
Elizalde
la Rhune
Col d'Ibardin
Endarlatsa
Dancharia
Dantxarinea
Mont Atchuléguy
Laxia
Mont Baygoura
Astigarraga
Ergobia
Bera/Vera de Bidasoa
Alcayaga
Zalain
Urdazubi/Urdax
Zugarramurdi
Artzamendi
Bidarray
Parque Natural Aiako Harria
Bianditz
Puerto de Lizarrete
Etxalar
Saint-Martin-d'Arrossa
Ossès
Lesaka
Yanci
Berrizaun
Alcurrunz
Gora makil
Gorramendi
Pagoaga
Gastaroz
Irisarri
Arantza
Monte Azcua
Amaiur/Maya
Irouléguy
Arano
Goizueta
Parque Natural del Señorío de Bertiz
Sumbilla
Legate
Azpilikueta
Arizkun
Erratzu
Saint-Etienne-de-Baïgorry
Sorhueta
Monte Mandoegi
Ekaitza
Oronoz
Mardea de Arrayoz
Huarte
Lekaroz
Elbete
Elizondo
Autza
Oylarandoy
Lasse
Munhoa
Iturren
Zubieta
Santesteban
Oiz
Nabarte (Bertizarana)
Bentas (Donamaria)
Arraioz
Ziga
Aniz
Irurita
Abraku
Banca
Adarza
Pekotxeta
Arneguy
Luizalde/Valcarlos
Monte Eracurri
Arquisquil
Urrutiña
Almandoz
Berroeta
Abartán
Peña de Alba
Esnazu
Aldudes
Vallée des Aldudes
Urepel
Leitza
Ezkurra
Eratsun
Saldias
Urrotz
Beintza-Labaien
Puchotecogañe
Sayoa
Suriain
Gainekoleta
Arraras
Igoa
Puerto de Belate
Collado Urkiaga
Ortzanzurieta
Uitzi
Azpiroz
Berute
Valle de Ulzama
Orokieta
Elzaburu
Alkotz
Arraitz
Lantz
Orreaga/Roncesvalles
Lekunberri
Etxarri
Aldatz
Arruitz
Jaunsarats
Gartzaron
Suarbe
Auza
Iraitzotz
Zubiri
Eugi
Zilbeti
Aurizberri Espinal
Auritz/Burguete
Mugiro
Ihaben
Beramendi
Larraintzar
Eltso
Urrizola-Galain
Goitean
Iragi
Viscarret
Linzoáin
Mezkiritz
Arreguia
Sierra de San Miguel
Irumugarrieta
Oderitz
Goldáraz
Udabe
Latasa
Etxaleku
Beunza
Oskotz
Lizaso
Olagüe
Egozkue
Urtasun
Agorreta
Erro
Valle de Arce
Aribe
Garralda
Eraso
Zarrautz
Erice
Gascue
Ripa
Etulain
Saigots
Puerto de Erro
Olondriz
Esnotz
Arive
Pamplona, Vitoria-Gasteiz
Pamplona
87
88
89
90
91
FRANCE
SPAIN

Qe
Carballo
Qf
26
Ra
Fontecada
Rb
Punta das Pardas
Denle
Sardiñeiro
Sardiñeiro de Abaixo
Corcubión
Cée
Cabo da la Nave
Veladoiro
Praia de Langosteira
Praia do Mar de Fóra
Fisterra
Cabo Fisterra
Ría de Corcubión
Carboal
Jestoso
Brasal
Castrelo
A Ameixenda
Arcos
Ézaro
Praia de Ézaro
Montes da Ruña
Xinzo
O Pindo
Monte do Pindo
Adraño
Illa Lobeira Grande
Illa Lobeira Chica
Quilmas
Caldebarcos
Panchés
Vilar
Punta de Caldebarcos
Torea
Silvosa
San Xulián
Tremuzo
Pedrafigueira
Praia de Carnota
Carnota
Mallou
Sestaio
Punta dos Remedios
Lira
Abelleira
Solleiros
Tal de Arriba
Serres
Lariño
Punta da Insua
Muros
Louro
Faro de Rebordiño
Praia de Lariño
Punta de Lens
Lagoa das Xa fas
Praia de Louro
Praia de San Francisco
Punta Queixal
Ría de Muros e Noia
Illa da Creba
Punta Caaveiro
Porto do Son
Noal
Nebra
Castro de Baroña
Baroña
Calvelle
Praia de Castro
Praia de Queiroga
Pouscarro
Praia Xudemil
Tarrio
Serra do Barbanza
Ermida da Madalena
Xufres
Caamaño
Praia de Basoñas
Xuño
Os Forcados
Cabo Teira
Punta Gorgo Estalluns
Seráns
Dolmen de Axeitos
Teira
Praia Portiñnas
Bretal
Oleiros
Gándara
Capela de Moldes
Cabo Corrubedo
Porto Corrubedo
Ermida de San Alberto
Parque Natural Complexo Dunar de Corrubedo e Lagoas de Carregal e Vixán
Praia Ladeira
Praia do Castro
Praia da Lagoa
Vixán
Palmeira
SANTA UXÍA DE RIBEIRA (RIBEIRA)
Praia do Couso
Punta Falcoeiro
Aguiño
Castiñeiras
Illas de Sagres
Illa de Sálvora
Rías Baixas
As Maroñas
A Picota (Mazaricos)
Eirón
Cuiña
Pesadoira
Campolongo
Alvite
Gorgal
Beba
Asenso
Pino de Val
Coiro
Chacín
Sta Leocadia
Cabanamoura
Xallas
Valadares
Lantarou
Loios
Entins
Arzón
Outes
A Serra de Outes (Outes)
Ponte Nafonso
Serantes
Praia do Testal
A Barquiña
Boa
Noia
Argalo
Miñortos
Goiáns
Portosín
Camboño
Tállara
Macenda
Moimenta
Cures
Acuncheira
Mosquete
Beluso
Cespón
Vilariño
Boiro
Escarabote
Praia de Barraña
Rebordelo
Pesqueira
Aldeavella
A Pobra do Caramiñal
Punta de Cabio
Punta Cabalo
Corneira
Ordoeste
A Pena
Aro
Gonte
Linaio
Viceso
Cornanda
Mosteiro de Toxosoutos
Toxosoutos
Roo
Portobravo (Lousame)
Vilacova
Chave
Minas de San Fix
Aldaris
Monte Freito
Vía de Quintáns
Fruíme
Mallón
Landeiras
Ourille
O Araño
Taragoña
Asados
Pazo
Raño
Rianxo
Abanqueiro
Illa de Cortegada
Santa Mariña
San Vicenzo (A Baña)
Vilar de Suso
San Cibrán de Barcala
Negreira
Ons
Urdilde
Ermedelo
Aguasantas
Os Dices
Buxán
Laíño
Tallós (Dodro)
Bexo
Vilar
Burés
Catoira
Ponte-Maceira
Augapesada
Pedrouzos (Brión)
Bertamiráns
Os Anxeles
Bastavales
Montes de Olerón
Pazo
A Escravitude
Padrón
Infesta
Valga
Magariños
Tarrio
Coaxe
Portomouro
Troitosende
Ameixenda
Fiopáns
Lens
Tapia
Reborido
SANTIAGO DE COMPOSTELA
Roxos
Bugallido (Ames)
San Salvador de Bastavales
Casalonga
Picaraña de Arriba
Os Dices (Rois)
Raxoi
Carracedo
Cesar
Valga/Catoira/Ribeira
Monte Xiabre
Casal
Carril
Castro Agudín
Caldas de Reis
VILAGARCÍA (VILAGARCIA DE AROUSA)
Praia de Concha
Vilaxoán
Vilanova de Arousa
Arousa (A Illa de Arousa)
Coron
András
Mirador de Lobeira
Vilanoviña
Curras (Portas)
Briallos
Salnés
Pineiro
Coruto
San Antoniño (Barro)
Déiro
Gomara
Lois
Mosteiro (Meis)
Curro
Ría de Arousa
Illa de Arousa
Praia de Riasón
Torre San Sadurniño
Cambados
Illa da Toxa
Ribadumia
Sisán
San Salvador de Meis
San Martiño de Meis
Castrove
Escusa
Reiris
Alba
O Grove
Praia de Menchiluera
Punta San Vicenzo
Carreiro
Ardia
Balea
San Vicente do Grove
Areal da Lanzada
Punta Abelleira
Padrenda
Couto de Abaixo
Xil
Monte de Castrove
Armenteira
Meaño
Simes
Fianteira
Dena
Gondar
Na. Sa. da Lanzada
Noalla
Aios
Nantes de Reis
Mourelos
Punta Faxilda
Adina
Sanxenxo
Bordóns
Combarro
Pontevedra Norte
O Convento (Poio)
PONTEVEDRA
Lourizán
A Carballa
Illa de Tambo
Raxó
MARÍN
A Laxe
Praia de Pocinas
Portonovo
Praia de Sanxenxo
Praia de Montalvo
Illa de Ons
Ría de Pontevedra
Mogor
Seixo
Loira
Praia de Loira
Fixón
Pineiro
O Toural (Vilaboa)
Balteiro
Tomeza
Praia de Lapamán
Cabo de Udra
Miñán
Sabarigo
Illa de Onza
Parque Nacional das Islas Atlánticas de Galicia
Beluso
Bueu
Cela
San Simón
Santa Cristina de Cobres
Illa de S.Simón
Cobres
Península do Morrazo
Punta Couso
Ría de Aldán
Menduíña
Portela
Fraga
Vilanova
Domaio
Aldán
Donón
Moaña
Palmás
Redondela
Chapela
Rande
O Coto
Cangas
Teis
Negros
CANGAS
VIGO
Cabo Home
Praia Limens
Nerga
Balea
Punta Subrido
Illas Cíes
Illa de Monteagudo ou do Norte
57
Vigo
Puxeiros
Peinador
0 1 2 4 6 8 10 km
0 1 2 4 6 miles

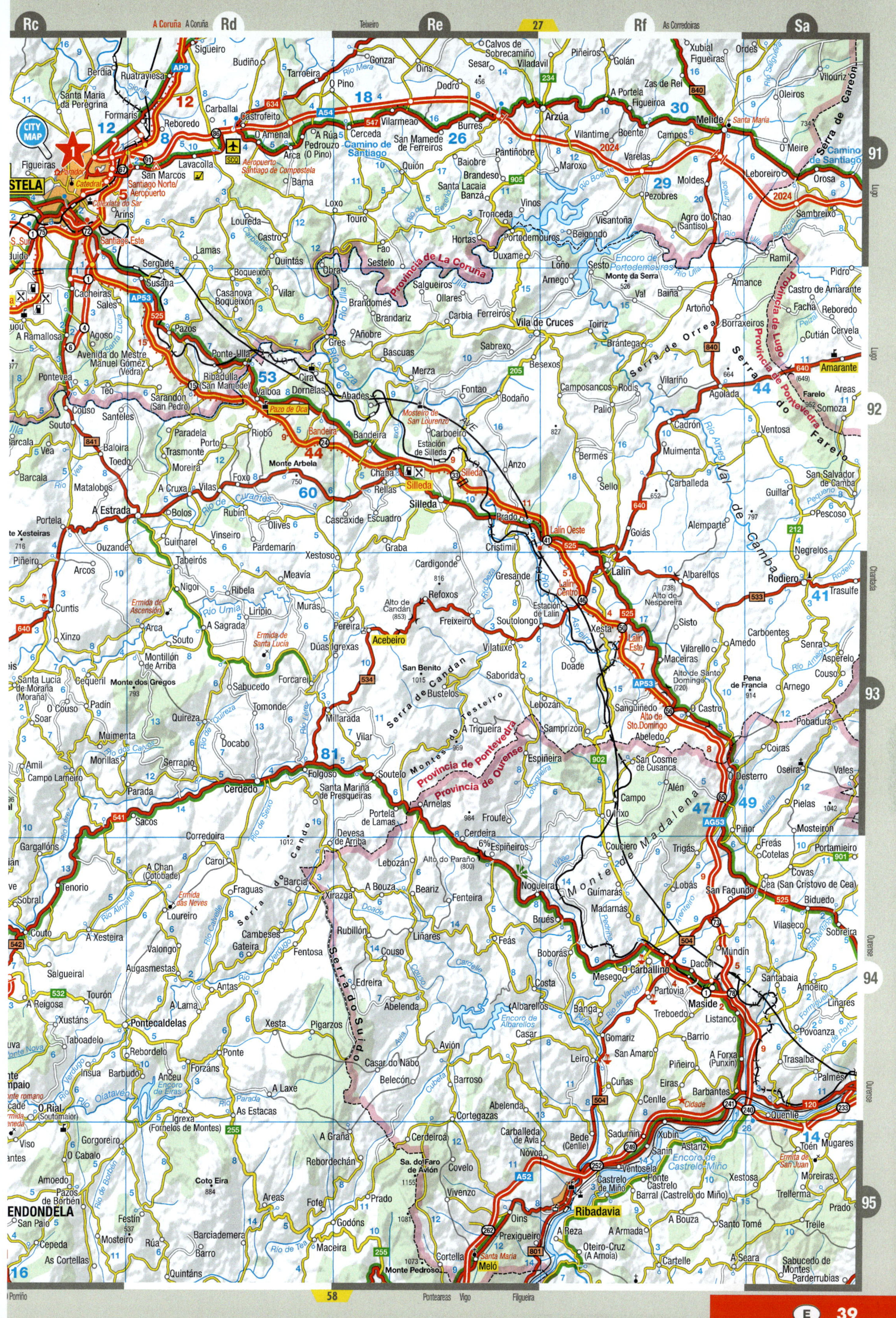

Rc
Rd
Re
Rf
Sa
27
A Coruña
Teixeiro
As Corredoiras
91
92
93
94
95
Lugo
Chantada
Ourense
58
Porriño
Ponteareas
Vigo
Filgueira
CITY MAP
Sigueiro
Budiño
Tarroeira
Gonzar
Oins
Calvos de Sobrecamiño
Sesar
Viladavil
Piñeiros
Golán
Xubial
Figueiras
Ordes
Vilouriz
Berdía
Ruatraviesa
Santa María da Peregrina
Formarís
Carballal
Castrofeito
Pino
Dodro
A Portela
Figueiroa
Zas de Rei
Oleiros
Serra de Gareón
O Amenal
A Rúa
Pedrouzo
Arca (O Pino)
Cerceda
Camino de Santiago
Vilarmeao
Burres
San Mamede de Ferreiros
Arzúa
Vilantime
Boente
Campos
Melide
Santa María
O Meire
Reboredo
Lavacolla
Aeropuerto Santiago de Compostela
Figueiras
Parador
Catedral
STELA
San Marcos
Santiago Norte/Aeropuerto
Colexiata do Sar
Bama
Quión
Baiobre
Brandeso
Santa Lacaia
Banza
Pantiñobre
Maroxo
Varelas
Moldes
Leboreiro
Orosa
Arins
Santiago Este
Loxo
Touro
Tronceda
Vinos
Pezobres
Agro do Chao (Santiso)
Sambreixo
Loureda
Castro
Lamas
Quintás
Fao
Sestelo
Hortas
Portodemouros
Beigondo
Visantoña
Duxame
Ramil
Sergude
Susana
Boqueixón
Casanova Boqueixón
Vilar
Obra
Provincia de La Coruña
Salgueiros
Ollares
Loño
Arnego
Sesto
Encoro de Portodemouros
Monte da Serra
Val
Baiña
Amance
Pidre
Cacheiras
Sales
Brandomés
Brandariz
Carbia
Ferreirós
Vila de Cruces
Toiriz
Artoño
Castro de Amarante
Facha
Reboredo
Provincia de Lugo
A Ramallosa
Agoso
Pazos
Añobre
Bascuas
Sabrexo
Brántega
Borraxeiros
Cutián
Cervela
Avenida do Mestre Manuel Gómez (Vedra)
Ponte-Ulla
Gres
Besexos
Serra de Orrea
Amarante
Pontevea
Ribadulla (San Mamede)
Cira
Dorneias
Merza
Camposancos
Rodís
Vilariño
Serra do Farelo
Teo
Sarandón (San Pedro)
Valboa
Abades
Fontao
Bodaño
Palio
Agolada
Areas
Farelo
Somoza
Couso
Santeles
Pazo de Oca
Monasterio de San Lorenzo
Carboeiro
Estación de Silleda
Cadrón
Muimenta
Provincia de Pontevedra
Souto
Paradela
Riobó
Bandeira
Bermés
Ventosa
Baloira
Trasmonte
Porto
Anzo
Vea
Toedo
Moreira
Monte Arbela
Chapa
Silleda
Val de Camba
Carballeda
San Salvador de Camba
Barcala
Matalobos
A Cruxa
Vilas
Foxo
Rellas
Sello
Guillar
A Estrada
Bolos
Rubín
Olives
Cascaxide
Escuadro
Prado
Alemparte
Pescoso
Portela
Vinseiro
Pardemarín
Xestoso
Graba
Cristimil
Lalín Oeste
Goiás
Negrelos
Ouzande
Guimarel
Piñeiro
Tabeirós
Meavía
Cardigonde
Gresande
Lalín
Albarellos
Rodeiro
Trasulfe
Arcos
Nigoi
Ribela
Liripio
Murás
Alto de Candán
Refoxos
Lalín Centro
Estación de Lalín
Alto de Nespereira
Cuntis
Ermida de Ascensión
A Sagrada
Arca
Pereira
Freixeiro
Soutolongo
Xesta
Sisto
Carboentes
Senra
Xinzo
Souto
Ermida de Santa Lucía
Dúas Igrexas
Acebeiro
Vilatuxe
Lalín Este
Amedo
Vilarello
Maceiras
Asperelo
Montillón de Arriba
San Benito
Serra de Candán
Saborida
Doade
Alto de Santo Domingo
Pena de Francia
Couso
Santa Lucía de Moraña (Moraña)
Cequeril
Monte dos Gregos
Sabucedo
Forcarei
Bustelos
Lebozán
Arnego
O Couso
Padín
Soar
Tomonde
Quireza
Millarada
Monte do Testeiro
A Trigueira
Sanguiñedo
Alto de Sto. Domingo
O Castro
Pobadura
Muimenta
Morillas
Docabo
Vilar
Samprizón
Abeledo
Coiras
Amil
Campo Lameiro
Serrapio
Cerdedo
Folgoso
Soutelo
Provincia de Pontevedra
Provincia de Ourense
Espiñeira
San Cosme de Cusanca
Alén
Desterro
Oseira
Vales
Parada
Santa Mariña de Presqueiras
Portela de Lamas
Arnelas
Campo
Olixo
Pielas
Sacos
Froufe
Piñor
Mosteirón
Gargallóns
Corredoira
Devesa de Arriba
Cerdeira
Espiñeiros
Coucieiro
Monte de Madalena
Trigás
Freás
Cotelas
Portamieiro
Serra do Cando
A Chan (Cotobade)
Caroi
Lebozán
Alto do Paraño
Lobás
San Fagundo
Covas
Cea (San Cristovo de Cea)
Biduedo
Tenorio
Fraguas
Barcia
Xirazga
A Bouza
Beariz
Fenteira
Nogueira
Guimarás
Madarnás
Sobral
Ermida das Neves
Loureiro
Serra do Suido
Brués
Vilaseco
Sobreira
Couto
A Xesteira
Cambeses
Gateira
Rubillón
Liñares
Feás
Boborás
Mundín
Valongo
Fentosa
Couso
O Carballino
Dacón
Salgueiral
Augasmestas
Mesego
Partovia
Santabaia
Amoeiro
Tourón
Antas
Edreira
Costa
Maside
Liñares
A Reigosa
A Lama
Abelenda
Albarellos
Treboedo
Listanco
Xustáns
Pontecaldelas
Xesta
Pigarzos
Encoro de Albarellos
Banga
Casar
Barrio
Povoanza
Taboadelo
Rebordelo
Ponte
Avión
Gomariz
San Amaro
A Forxa (Punxín)
Trasalba
Insua
Barbudo
Forzáns
Casar do Nabo
Leiro
Piñeiro
Palmés
Anceu
Encoro de Eiras
Belecón
Barroso
Cuñas
Eiras
Barbantes
O Rial (Soutomaior)
A Laxe
As Estacas
Abelenda
Cenlle
Cidade
Quenlle
Igrexa (Fornelos de Montes)
Cortegazas
Viso
Gorgoreiro
O Cabalo
A Graña
Cerdeiroá
Carballeda de Avia
Bede (Cenlle)
Sadurnín
Xubín
Toén
Mugares
Novoa
Astariz
Sanín
Ermita de San Juan
Rebordechán
Sa. do Faro de Avión
Covelo
Ventosela
Encoro de Castrelo-Miño
Xestosa
Amoedo
Pazos de Borbén
Coto Eira
Castrelo de Miño
Ponte Castrelo
Moreiras
Vivenzo
Barral (Castrelo do Miño)
Trellerma
REDONDELA
Areas
Fofe
Prado
Ribadavia
Prado
San Paio
Festín
Godóns
Oins
A Reza
A Armada
A Bouza
Santo Tomé
Treile
Cepeda
Mosteiro
Rúa
Barciademera
Barro
Maceira
Prexigueiro
Oteiro-Cruz (A Arnoia)
As Cortellas
Quintáns
Cortella
Santa María
Cartelle
A Seara
Sabucedo de Montes
Parderrubias
Monte Pedroso
Meló
AP9
AP53
AP53
AG53
A54
A52
2024

Sa
Sb
28
Sc
Sd
Lugo
91
92
93
94
95
Santiago de Compostela
Lalín
Ribadavia
Prov. de La Coruña
Serra de Careón
Vilouriz
Moredo
Ferreira
A Retorta
Vilamaior de Negral
San Pedro de Mera
Poutomillos
Vilavite
Nadela
Chamoso
O Corgo
Manán
Campelo
Miranda
Agustín
Furis
Guimar
Folgosa
Sobrado
Gomeán
Alto
Marei
Ulloa
Puxeda
Mamede
Mosteiro de San Salvador
Carteire
Sirvián
Monte de Meda
Saa
Fontao
O Picato
Belesar
Coeses
Campo
Entrambasaugas
Pradeda
Castelo
San Román
Farnadeiros
Toirán
Ferreiros
Pousada
Riba de Neira
Aranza
Filgueira
Moreira
Vilar de Donas
Camino de Santiago
Orosa
Mouromorto
Meixaboi
Guntín
Grolos
Ferroi
Laxes
Vilaleo
Neira
Láncara
Covas
Palas de Rei
Sambreixo
Albá
Tarrío
Ligonde
Montecelo
Vilaxuste
Santa Euxea
Mougán
San Andrés da Ribeira
Cela
Pobra de San Xulián
Berlai
Vilarmosteiro
Oleiros
Coence
Salgueiros
Nespereira
Alto do Hospital
Caborrecelle
Cortapezas
Reascos
Vilapedre
Céltigos
Xusaos
Pidro
Pedraza
Castro de Amarante
Reboredo
Alvidrón
Vilanova
Narón
Gonzar
Ermida de San Xoán
Portomarín
Gondrame
Trebolle (O Páramo)
Páramo
Goián
Veiga de Sarria
Armeá
Saá
Manán
Corvelle
Río
Cumbraos
Penas
Castro de Soengas
Ribas de Miño
Vileiriz
Vilanova
Labrada
Arxemil
Betote
Ferreiros
Seteventos
Sucarral
Cervela
Monterroso
Sambreixo
San Miguel
Bagude
Maside
Sarria
Pintín
Montes
Amarante
Antas de Ulla
Sirgal
Frameán
Meixonfrío
Sabadelle
Castro
A Adega
Biville
Fontao
Verín
Peibás
Areas
Sucastro
Pacios (Paradela)
Barbadelo
Paradela
Lousada
Triacastela
Camino de Santiago
Somoza
Provincia de Pontevedra
Rial
San Martín
Xián
Aldosende
Mte. Acebedo
Lendorrío
Bembibre
Santa Eulalia
Encoro de Belesar
Follais
Teivilide
Renche
Samos
Freixo
Olveda
Ramil
Taboada
Teibel
Foilebar
Vilamaior
Oural
Mato
Froián
San Salvador de Camba
Pescoso
Vilafrío
Piñeira
Friamonde
Castelo
Lamas
Vilacaiz
Castro de Rei
Cervela
Vilalba
Veitureira
Pacios
Mao
Serra
Mato
Porto do Faro
Monte
Esperante
Vilela
Segán
Forcados
Currelos
Barbain
Reboiro
Foilebar
Rendar
Monte do Pico
Cruz de Incio (O Incio)
Hospital
Argozón
Arcos
Sepulturas Célticas
Pedrafita
Ribas de Miño
Santiago Rubián
Souto
Vilasouto
Trasulfe
Muradelle
Sabadella
Veiga
Xuvencos
Vilarello
Tuimil
Ferrería
Incio
Faro
Laxe
O Outeiro
San Fiz de Asma
Martín
Bóveda
Telo
Senra
Asperelo
Serra do Faro
Chantada
San Salvador
Santo Estevo
Piñeiro
Abuíme
Ousende
Ver
Cima de Pias
Busto
Couso
Requeixo
Provincia de Lugo
Galegos
Ponte romana
Camporramiro
Freán
Morgade
Fiolleda
Pallares
Rei
Ferreiros
Pousa
Agrade
Furco
Asma
Pereira
Riba
Mourelos
Encoro dos Peares
Escairón (O Saviñao)
Toiriz
Tor
Baamorto
Aspera
Forneias
Pobra do Brollón
Pobadura
Cartelos
Vilaúxe
Fión
Nogueira de Miño
Arxuá
Castro
Pena
27
Ribasaltas
Cereixa
Salcedo
A Estación
Serra da
Vales
Buciños
A Barrela
Erbedeiro
Encoro de los Peares
Sto. Estevo de Ribas de Miño
San Vicente de Castillón
Castelo de Lemos
Carballedo
Castro
Chouzán
Santa Mariña
Marce
Ermida da Virxen de Referendes
A Vide
Monforte de Lemos
Aguada
San Mamede
Vilaquinte
O Castro de Ferreira (Pantón)
Mañente
Monte
Xestoso
Barxa de Lor
Toldaviá
Santabaia
Atán
Piñeira
Liñarán
Portamieiro
O Río
Cova
Oleiros
Arribada
Vilamelle
Penela
Parteme
Quiroga
Vilasusa
As Casarizas
Piuca
Canabal
Gunt́ín
Vilamarín
Vilamarín
Seragude
Vilaescura
Neiras
Morade
Vilachá
Augasantas
Ribas de Sil
Sobreira
Vilarrubín
Torrón
Sober
Val de Lemos
Pereira
Vilariño
A Ría
A Peroxa
Cuiteiro
Pombeiro
Frontón
Proendos
Gundivós
Torbeo
Guerral
Graices
Ferreirúa
Hortás
Brosmos
Vilar de Mouros
Provincia
Piñeira
Tamallancos
Cambeo
Vilarchao (Coles)
Casaxeto
Luintra (Nogueira de Ramuín)
Santo Estevo de Ribas de Sil
Encoro de Santo Estevo
Doade
Tronceda
Castiñeiro
Cereng
Liñares
Boveda de Amoeiro
Melias
Mosteiro de Sto. Estevo de Ribas de Sil
Parador
Loureiros
Santiorxo
Sanmil
A Teixeira
Paradela
Medos
Ourense
Gustei
Belesar
Ribela
Requeixo
Rubiacós
Castro
Cristosende
Pola
Beiro
City Map
Paradela
Sobral
Campo
Vilatuxe
Parada do Sil
Castro Caldelas
Sas de Penelas
San Xoan (O Campo)
OURENSE
Verdefondo
Casasoa
149
Reza
Velle
Pereiro de Aguiar
Sabadelle
Vilouriz
Cernada
Pardeconde
Meda
Fios
Forcas
Celeirós
Sistín
San Xulián
San Martiño
Cerdeira
Peña Folenche
Cabeza de Vaca
Prexigueiros
Encoro de Cachamuiña
Mosterio de San Pedro de Rocas
Paradellas
Lama
Encoro de Hedrada
Alto de Cerdeira
Encoro de Guistolas
Paraisás
A Pob
Mugares
A Derrasa
Esgos
Xunqueira de Espadanedo
Vilariño Frío
Seoane
Vello
Fitoiro
A Parada
O Pinto
Alto de Couso
Caseta
Alto do Rodicio
Abeledos
Serra do Burgo
Cova
Moreiras
Barbadás
Rairo
Pazos
Bustavale
Baldrei
Encoro de Leboreiro
Sas do Monte
Chandrexa de Queixa
Peña Petade
Prado
San Cibrao das Viñas
Rante
Castroverde
Paderne de Allariz
Vilarellos
Vidalén
Marrubio
Cadeliña
Parada Seca
Loiro
Piúca ou Araúxo
Maceda
Montederramo
Casteloais
Soutopenedo
Abeledo
Sta. Mariña de Augasantas
O Barrio
Tioira
Fontedoso
Paredes
Candedo
Encoro de Chandrexa de Queixa
Celeiros (Chandrexa de Queixa)
Santa Locaia
Taboadela
Guede
Baños de Molgas
Vilardecás
Xinzo da Costa
Queixa
Vilar
Cabeza de Manzaneda
Parderrubias
59
0 1 2 4 6 8 10 km
0 1 2 4 6 miles

Parque Natural de las Fuentes del Narcea, Degaña e Ibias
Provincia de Asturias
Provincia de León
Provincia de Lugo
Sierra de Ancares
Becerrea
Pedrafita do Cebreiro
Vega de Valcarce
Villafranca del Bierzo
Cacabelos
PONFERRADA
Parque Natural Serra da Enciña da Lastra
O Barco
A Rúa
Las Médulas
Sierra do Eixe
Altos de Campanario
Provincia de Ourense
Serra do Courel
Serra dos Cabalos

Tc
Td
30
Te
Tf
Cangas de Narcea
Fondos de Vegas
Parque Natural de las Fuentes del Narcea, Degaña e Ibias
Cerredo
Degaña
Provincia de Asturias
Provincia de León
Puerto de Valdeprado
Puerto del Trayecto
Puerto Cerredo
Caboalles de Arriba
Caboalles de Abajo
Villablino
Sosas de Laciana
Villaseca de Laciana
Rioscuro
El Villar de Santiago
Embalse de Las Rozas
Embalse de El Villar de Santiago
Tejedo del Sil
Villarino del Sil
Cuevas del Sil
Piedrafita de Babia
Quintanilla de Babia
Cabrillanes
Peñalba de Cilleros
Huergas de Babia
Riolago
Truébano
Villafeliz de Babia
Sena de Luna
Natural de Babia y Luna
Parque
Santa Eulalia de las Manzanas
Abelgas de Luna
Sierra de Villabandín
Peña Correa
Sierra de la Filera
Sierra Bla
Valdeprado
Sierra del Coto
Palacios del Sil
Los Bayos
Ermita de la Magdalena
Puerto de la Magdalena (1434)
Murias de Paredes
Villabandín
Senra
Rocidol
Salientes
Anllares del Sil
Anllarinos del Sil
Susañe del Sil
Valseco
Embalse de Matalavilla
Villanueva de Omaña
Sosas del Cumbral
Salce
Curueña
Páramo del Sil
Salentinos
Sorbeda
Fasgar
Catoute 2117
Omañón
Garueña
La Urz
Villarín de Riello
Arienza
Santa Cruz del Sil
Ermita de Santa Ana
Barrio de la Puente
Cirujales
Vegarienza
Guisatecha
Lillo del Bierzo
Urdiales de Colinas
Colinas del Campo de Martín Moro
Suspirón 1838
Rosales
Castro de la Lomba
Riello
Inicio
La Veli
Villamartín del Sil
Cueta Alta 1225
Primout
Sierra de Gistreo
Andarraso
Trascastro de Luna
Langre
Librán
Berlanga del Bierzo
Tombrio de Abajo
Villar de las Traviesas
Noceda
Igüeña
Tremor de Arriba
Espina de Tremor
Embalse de Valdesamario
Ponjos
Murias de Ponjos
Valdesamario
Toreno
Ermita de Virgen de la Vega
Quintana de Fuseros
Cabanillas de San Justo
Los Barrios de Nistoso
Pobladuras de la Regueras
San Feliz de las Lavanderas
Escuredo
Ermita de Santo Domingo
Fresnedo
Valdelaloba
Boeza
Villarmeriel
Almagarinas
Palaciosmil
Emb. de Villameca
San Bartolo 1316
Castro de Cepeda
Losada
Arlanza
Santa Marina del Sil
El Valle
Finolledo
Cabañas de la Dornilla
Cubillos del Sil
Rodanillo
Folgoso de la Ribeira
Tremor de Abajo
Brañuelas (Villagatón)
Villagatón
Culebros
Quintana del Castillo
Abano
Villameca
Morriondo
La Veguellina
Ferreras
Santibáñez del Toral
Embalse de Bárcena
Congosto
Bembibre
Albares de la Ribera
Río Porcos
Sueros de Cepeda
Riofrío
Lugo
San Andrés de Montejos
Almázcara
San Miguel de las Dueñas
Castropodame
San Pedro Castañero
Torre del Bierzo
Santa Marina de Torre
Santa Cruz de Montes
La Garanja de San Vicente
Manzanal del Puerto
Puerto de Manzanal (1230)
Ucedo
Porqueros
Castrillo de Cepeda
Calamocos
Turienzo Castañero
Onamio
Carracedelo
Santibañez de Montes
Zacos
Embalse de Benamarias
Villamejil
Rodrigatos de la Obispalía
Chana Rasa
San Facundo
Redondal 1569
Castillo Templario
PONFERRADA
(rom. Interamnium Flavium)
Molinaseca
Paradasolana
Fonfría
1572
Veldedo
Vanidodes
Magaz de Cepeda
Cogorderos
Quintana de Fon
Antoñán del Valle
San Lorenzo
Villar de Los Barrios
Riego de Ambrós
Matavenero y Poibueno
Quintanilla de Cambarros
Combarros
Fontoria de Cepeda
Otero de Escarpizo
Vega de Antoñán
Quintanilla del Valle
San Esteban de Valdueza
Acebo
Folgoso del Monte
Viforcos
Villaobispo de Otero
La Carrera de Otero
Villanueva de Valdueza
Espinoso de Compludo
Foncebadón
La Maluenga
Río Argañoso
Brazuelo
Pradorrey
Sopeña de Carneros
Compludo
Camino de Santiago
Manjarín
Rabanal del Camino
La Maragatería
Brimeda
San Román de la Vega
Moral de Órbigo
San Clemente de Valdueza
San Cristóbal de Valdueza
Palacios de Compludo
El Ganso
Castrillo de los Polvazares
Astorga
Villar de Órbi
Montes de Valdueza
Andiñuela
Santa Marina de Somoza
Santa Catalina
San Justo de la Vega
Santibáñez de Valdeiglesias
Bouzas
Prada de la Sierra
Santa Colomba de Somoza
San Martín de Agostedo
Val de San Lorenzo
Celada
Estébanez de la Calzada
Santuario Peñalbe de Santiago
Pobladura de la Sierra
Villar de Ciervos
Tabladillo
Murias de Pedredo
Val de San Román
Morales de Arcediano
Nistal
Barrientos
La Meseta
Montes Aquilanos
Busnadiego
Valdespino de Somoza
Valderrey
Riego de la Vega
Posadilla de la Vega
2016
2135
1787
Molinaferrera
Chana de Somoza
Lucillo de Somoza (Lucillo)
Luyego de Somoza (Luyego)
Matanza
Villarnera
Toralino
Sierra del Teleno
Filiel
Quintanilla de Somoza
Santiago Millas
Curillas
Tejadinos
Tejados
Bustos
Toral de Fondo
Morredero
Boisán
Lagunas de Somoza
Odollo
Teleno 2183
La Barrera
Vilar de Golfer
Fresno de la Valduerna
896
Castrotierra de la Valduerna
Castrillo de Cabrera
Saceda
Río de los Peces
Priaranza de la Valduerna
Destriana
Robledino
Robledo de la Valduerna
Posada y Torre
Palacios de la Valduerna
Miñambres
Chao de la Meseta
Castrillo de la Valduerna
Villalís
Villamontán de la Valduerna
Santiago de la Valduerna
Nogar
Corporales
Tabuyo del Monte
Río Duerna
Las Chanas
1722
Baillo
Trabazos
Encinedo
Pozos
Torneros de Jamuz
Tabuyuelo de Jamuz
Quintanilla da Losada
Iruela
Truchas
La Cuesta
1325
Manzaneda
Val de la Mula
Quintana y Congosto
Palacios de Jamuz
Herreros de Jamuz
Villarino
Cunas
Valdavido
Río Eria
Quintanilla de Yuso
Morla de la Valdería
1216
Quintanilla de Flórez
Jim de J
91
92
93
94
95
61
0 1 2 4 6 8 10 km
0 1 2 4 6 miles

Ua
Ub
Uc
Ud
Ue
Oviedo
31
91
92
93
94
95
Cistierna
Sahagún
Benavente
62
Mayorga
Parque Regional de los Picos de Europa
Embalse del Porma
Sierra del Rozo
Sierra del Gato
Caldas de Luna
Peñas del Prado
Túnel de Negrón
Túnel de Pajares
Villamanín de la Tercia (Villamanín)
Villamanín
Busdongo
Rodiezmo de la Tercia
Ventosilla
Golpejar de la Tercia
Collada de Cármenes
Cármenes
Los Pontedos
Almuzara
Lavandera
Genicera
Rodón
Tolibia de Abajo
Arintero
Valdehuesa
Peñaruelo
Valverde de Curueño
Valdeteja
Getino
Rodillazo
Machacao
Gete
Felmín
Valporquero de Torío
Cueva de Valporquero
Villar del Puerto
Vegacervera
Villalfeide
Correcillas
Nocedo de Curueño
Montuerto
Cerecedo
Adrados
Oblanca
Cubillas de Arbás
Casares de Arbás
San Martín de la Tercia
Villasimpliz
Buiza
Folledo
Geras
Paradilla de Gordón
Aralla de Luna
Puerto Aralla
Villablino
Embalse de los Barrios de Luna
Mirantes de Luna
Mallo de Luna
Cabornera
Nuestra Señora del Valle
La Vid
Ciñera
Santa Lucía
Valle de Vegacervera
Matallana de Torío
Valdepiélago
Aviados
Renedo de Curueño
Boñar
Vozmuevo
La Vega de Boñar
Grandoso
Colle
Las Bodas
La Losilla y San Adrián
Amargones
Beberino
La Pola de Gordón
Los Barrios de Gordón
Llombera
Orzónaga
Palazuelo de la Valcueva
La Valcueva
Campohermoso
La Vecilla de Curueño (La Vecilla)
La Mata de la Riba
Llamera
Palazuelo de Boñar
Veneros
Barrillos de las Arrimadas
Los Barrios de Luna
Portilla de Luna
Mora de Luna
Ruta de la Plata
Huergas de Gordón
Peredilla
Puente de Alba
Robledo de Fenar
Robles de la Valcueva (Matallana de Torío)
Solana de Fenar
Rabanal de Fenar
Naredo de Fenar
Candanedo de Fenar
La Cándana de Curueño
Vegaquemada
Santa Colombia
Candanedo de Boñar
Piedrasecha
Sorribos de Alba
Llanos de Alba
La Robla
Pardavé
Garaño
Carrocera
Otero de las Dueñas
Olleros de Alba
Brugos de Fenar
Pedrún de Torío
Pardesivil
Villayuste
Soto y Amío
Quintanilla
Canales
Magdalena
Negrones
Benllera
Cascantes
Matueca de Torío
Fontanos de Torío
Sesteadero
La Mata de Curueño
Lugán
Formigones
Villapodambre
Selga de Ordás
Tapia de la Ribera
Carrizal
Adrados de Ordás
La Seca
Manzaneda de Torío
Santa Colomba de Curueño
Valle de Curueño
Valle de Boñar
Valporquero de Rueda
Campo y Sagrado
Valsemana
Cabanillas
Garrafe de Torío
Ruiforco de Torío
Gallegos de Curueño
Barrillos
Barrio de Nuestra Señora
Cerezales del Condado
Devesa de Curueño
Santa María de Ordás
Paladín
La Utrera
Villarrodrigo de Ordás
Rioseco de Tapia
San Martín de la Falamosa
Espinosa de la Ribera
Las Omañas
Cuadros
Palazuelo de Torío
Palacio de Torío
Riosequino de Torío
Villaverde de Arriba
Villaverde de Abajo
Campo y Santibáñes
San Feliz de Torío
Santa María del Monte del Condado
Vegas del Condado
Garfín
Pedregal
Villarroquel
Venta de la Cruz
Lorenzana
Carbajal de la Legua
Villasinta de Torío
Canaleja
Santovenia del Monte
Villamayor del Condado
Villanueva del Condado
San Vicente del Condado
Valdealcón
Villaviciosa de la Ribera
Santiago del Molinillo
Secarejo
San Román de los Caballeros
Vallín del Rubio
Pobladura de Bernesga
Sariegos del Bernesga (Sariegos)
Villaquilambre
Villanueva del Árbol
Villafeliz de la Sobarriba
Represa del Condado
San Cipriano del Condado
Valdealiso
Foseta
Llamas de la Ribera
Azadinos
Villarrodrigo de las Regueras
Carbajosa
Solanilla
Moral del Condado
Canizal de Rueda
Valduvieco
Nava de los Caballeros
Cifuentes de Rueda
Casa del Convento
Quintanilla de Sollamas
Cimanes del Tejar
Ferral del Bernesga
Villabalter
Navatejera
Villaobispo de las Regueras
Villavente
Villacil
Secos de Porma
Castrillo de Porma
Villarratel
San Andrés del Rabanedo
León
City Map
Navafría
Santa Olaja de Porma
Casasola de Rueda
Quintana de Rueda
Villamondrín de Rueda
Villanueva de Carrizo
Carrizo de la Ribera
Ermita de Villar
Velilla
Montejos del Camino
La Virgen del Camino
Trobajo del Camino
Valdefresno
Corvillos
Villaseca de la Sobarriba
Santibáñez de Porma
Paradilla de la Sobarriba
Palazuelo de Eslonza
Villimer
Villamuñío
Santa Olaja de Eslonza
Mellanzos de Rueda
Recostino
Villanueva de la Virgen
Oteruelo de la Valdoncina
Arcahueja
Sanfelismo
Valdelafuente
Monasterio S. Miguel de E.
Armellada
La Milla del Río
Velilla de la Reina
San Miguel del Camino
Fresno del Camino
Trobajo del Cerecedo
Puente Castro
Sta. Olaja d.l. Rib.
Castrillo de la Ribera
Toldanos
Villafañe
Villaturbula
San Miguel de Escalada
Vega de los Árboles
La Aldea del Puente
Camino de Santiago
La Aldea de la Valdoncina
Oncina de la Valdoncina
Villacedré
Alcoba de la Ribera
Sardonedo
Turcia
Raneros
Santovenia de la Valdoncina
Torneros de Bernesga
Villacete
Marne
Valdesogo de Abajo
Villamoros de Mansilla
Villasabanego
Valle de Mansilla
Villacontilde
Villalquite
Saelices del Payuelo
Celadilla del Páramo
Villadangos del Páramo
Robledo de la Valdoncina
Villanueva del Carnero
Onzonilla
Mancilleros
Villaturiel
Mansilla Mayor
Villafalé
La Cenia
Gavilanes
Santa Marina del Rey
Ruta de la Plata
Chozas de Arriba
Antimio de Arriba
Grulleros
San Justo de las Regueras
Villaverde de Sandoval
Mansilla de las Mulas
Villomar
Caserío de la Mata Moral
San Martín del Camino
Fojedo
Chozas de Abajo
Antimio de Abajo
Ardoncino
Cembranos
Roderos
Villarroañe
Villacelama
Villamor de Órbigo
Villar de Mazarife
Banuncias
Vega de Infanzones
Villanueva de las Manzanas
Reliegos
Estación de Santas Martas
Apartadero de Villamarco
San Feliz de Órbigo
Hospital de Órbigo
La Milla del Páramo
Villabante
Cillanueva
Mozóndiga
Meizara
San Cibrián de Ardón
Palanquinos
Campo de Villavidel
Riego del Monte
Luengos
Valdearcos
Villamarco
Veguellina de Órbigo
Bustillo del Páramo
Acebes del Páramo
Fontecha
La Mata del Páramo
Fresnellino del Monte
Ardón
Villavidel
Malillos
Santas Martas
Castrillo de San Pelayo
Matalobos del Páramo
Pobladura de Fontecha
Valdevimbre
Jabares de los Oteros
Rebollar de los Oteros
Grajalejo de las Matas
Villoria de Órbigo
San Pelayo
Grisuela del Páramo
Palacios de Fontecha
Benazolve
Cabreros del Río
San Justo de los Oteros
Corbillos de los Oteros
Villamoratiel de las Matas
San Cristóbal de la Polantera
Antoñanes del Páramo
San Pedro Bercianos
Villagallegos
Villalobar
Gigosos de los Oteros
Nava de los Oteros
Gusendos de los Oteros
San Román de los Oteros
San Román el Antiguo
Huerga de Frailes
Mansilla del Páramo
Villarrín del Páramo
Bercianos del Páramo
Villibañe
Granja de San Antolín
Valdesanjoar
Cubillas de los Oteros
Pobladura de los Oteros
Fontanil de los Oteros
Matallana de Valmadrigal
Castrotierra de Valmadrigal
Santa Marinica
Urdiales del Páramo
San Esteban de Villacalbiel
Villacalbiel
Benamariel
San Pedro de los Oteros
Santa María de los Oteros
Santa Cristina de Valmadrigal
Matilla de la Vega
Veguellina de Fondo
Santa María del Páramo
Villar del Yermo
Valdesandinas
Villacé
Fresno de la Vega
Barrio Estación
Morilla de los Oteros
Fuentes de los Oteros
Matadeón de los Oteros
La Veguellina
Soto de la Vega
Laguna Dalga
Ermita de San Pedro
Villamañán
El Cervigal
Pajares de los Oteros
Valdesaz de los Oteros
Castrovega del Valmadrigal
Santa Colomba de la Vega
La Bañeza
Valdefuentes del Páramo
Soguillo del Páramo
Santa Cristina del Páramo
Zuares del Páramo
Cabañas
Laguna de Villasinda
Laguna de los Adobes
Valverde Enrique
Regueras de Arriba
San Pedro de las Dueñas
Zambroncinos
Pobladura de Pelayo García
Isla y Sotico
Valencia de Don Juan
Quintanilla de los Oteros
Laguna Cifuentes
Laguna Grande
Azares del Páramo
San Martín de Torres
Zotes del Páramo
Laguna Naya
San Millán de los Caballeros
Villademor de la Vega
Monte Pequeño
Alcuetas
Valdespino Cerón
San Llorente
Prov. de Valladolid
Albires
Cebrones del Río
Moscas del Páramo
Villaestrigo
Laguna de Negrillos
Toral de los Guzmanes
Ermita de San Antonio
Bracas
Fáfilas
Villabraz
Zalamillas
Matanza de los Oteros (Matanza)
Santa Elena de Jamuz
San Juan de Torres
El Páramo Leonés
Cavernas (Habitadas)

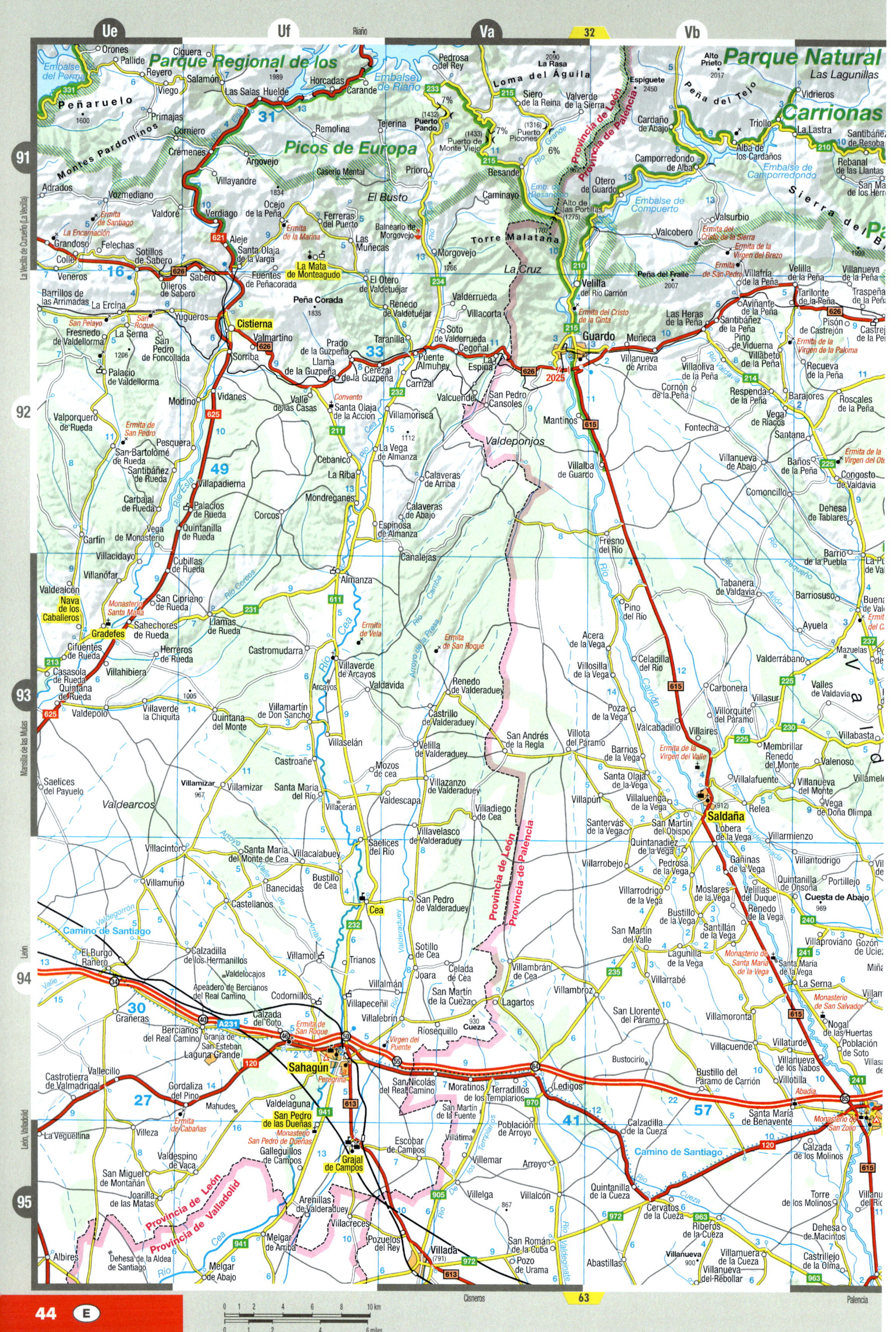
Ue
Uf
Riaño
Va
32
Vb
91
92
93
94
95
La Vecilla de Curueño (La Vecilla)
Mansilla de las Mulas
León
León, Valladolid
Parque Regional de los
Picos de Europa
Parque Natural
Las Lagunillas
Carrionas
Embalse del Porma
Embalse de Riaño
Embalse de Camporredondo
Embalse de Compuerto
Orones
Pallide
Ciguera
Reyero
Salamón
1989
Horcadas
Carande
Pedrosa del Rey
2090
La Rasa
Loma del Águila
Espigueste
2450
Alto Prieto
2017
Peña del Tejo
Vidrieros
Peñaruelo
1600
Viego
Las Salas
Huelde
Primajas
Corniero
Crémenes
Argovejo
Remolina
Tejerina
Puerto Pando
Puerto de Monte Viejo
Puerto Picones
Siero de la Reina
Valverde de la Sierra
Cardaño de Abajo
Triollo
La Lastra
Alba de los Cardaños
Camporredondo de Alba
Rebanal de las Llantas
Montes Pardominos
Caserío Mental
Prioro
Besande
Río Grande
Provincia de León
Provincia de Palencia
Otero de Guardo
Sierra del Brezo
Adrados
Vozmediano
Villayandre
Ocejo de la Peña
El Busto
Caminayo
Emb. de Besandino
Alto de las Portillas
Ermita de Santiago
Valdoré
Verdiago
Ferreras del Puerto
Balneario de Morgovejo
Valsurbio
La Encarnación
Grandoso
Felechas
Aleje
Santa Olaja de la Varga
Ermita de la Marina
Las Muñecas
Torre Malatana
Valcobero
Ermita del Cristo de la Sierra
Ermita de la Virgen del Brezo
Colle
Sotillos de Sabero
Morgovejo
1266
La Cruz
Veneros
Sabero
La Mata de Monteaugudo
El Otero de Valdetuéjar
Peña del Fraile
2007
Velilla del Río Carrión
Villafría de la Peña
Velilla de la Peña
Villanueva de la Peña
Tarilonte de la Peña
Traspeña de la Peña
Barrillos de las Arrimadas
La Ercina
Olleros de Sabero
Fuentes de Peñacorada
Peña Corada
1835
Renedo de Valdetuéjar
Valderrueda
Villacorta
Ermita del Cristo de la Cinta
Las Heras de la Peña
Aviñante de la Peña
Santibáñez de la Peña
Pisón de Castrejón
San Pelayo
San Roque
Yugueros
Cistierna
Soto de Valderrueda
Guardo
Muñeca
Pino de Viduerna
Ermita de la Virgen de la Paloma
Fresnedo de Valdellorma
La Serna
San Pedro de Foncollada
Valmartino
Prado de la Guzpeña
Taranilla
Cegoñal
Villalbeto de la Peña
1206
Sorriba
Llama de la Guzpeña
Cerezal de la Guzpeña
Puente Almuhey
Espina
2025
Villanueva de Arriba
Villaoliva de la Peña
Recueva de la Peña
Palacio de Valdellorma
Carrizal
Valcuende
San Pedro Cansoles
Cornón de la Peña
Respenda de la Peña
Barajores
Roscales de la Peña
Modino
Vidanes
Valle de las Casas
Convento
Santa Olaja de la Acción
Villamorisca
Mantinos
Vega de Riacos
Fontecha
Valporquero de Rueda
Ermita de San Pedro
1112
Valdeponjos
Santana
Pesquera
La Vega de Almanza
Villalba de Guardo
Villanueva de Abajo
Baños de la Peña
Ermita de la Virgen del Otero
San Bartolomé de Rueda
Cebanico
Congosto de Valdavia
Santibáñez de Rueda
Villapadierna
La Riba
Calaveras de Arriba
Comoncillo
Carbajal de Rueda
Palacios de Rueda
Mondreganes
Calaveras de Abajo
Dehesa de Tablares
Corcos
Vega de Monasterio
Quintanilla de Rueda
Espinosa de Almanza
Garfín
Fresno del Río
Villacidayo
Cubillas de Rueda
Canalejas
Barrio de la Puebla
Villanófar
Almanza
Valdealcón
Río Cea
Tabanera de Valdavia
Barriosuso
Nava de los Caballeros
San Cipriano de Rueda
Río Coreos
Monasterio Santa María
Llamas de Rueda
Ermita de Vela
Pino del Río
Sahechores de Rueda
Ayuela
Gradefes
Ermita de San Roque
Acera de la Vega
Cifuentes de Rueda
Herreros de Rueda
Castromudarra
Villaverde de Arcayos
Celadilla del Río
Valderrábano
Mazuelas
Casasola de Rueda
Villahibiera
Arcayos
Valdavida
Renedo de Valderaduey
Villosilla de la Vega
Carbonera
Quintana de Rueda
1005
Valles de Valdavia
Villasur
Valdepolo
Villaverde la Chiquita
Quintana del Monte
Villamartín de Don Sancho
Castrillo de Valderaduey
Poza de la Vega
Villorquite del Páramo
Valcabadillo
Villaires
Villabasta
San Andrés de la Regla
Villota del Páramo
Villaselán
Velilla de Valderaduey
Barrios de la Vega
Membrillar
Ermita de la Virgen del Valle
Renedo del Monte
Valenoso
Castroañe
Mozos de cea
Santa Olaja de la Vega
Villalafuente
Villanueva del Monte
Saelices del Payuelo
Villamizar
967
Santa María del Río
Villazanzo de Valderaduey
Villaluenga de la Vega
Valdescapa
Villapún
Relea
Valdearcos
Villacerán
Villadiego de Cea
Santervás de la Vega
San Martín del Obispo
Saldaña
Vega de Doña Olimpa
Villavelasco de Valderaduey
Lobera de la Vega
Villarmienzo
Villacintor
Santa María del Monte de Cea
Villacalabuey
Saelices del Río
Quintanadiez de la Vega
Villarrobejo
Pedrosa de la Vega
Gañinas de la Vega
Villantodrigo
Villamuñío
Bustillo de Cea
Quintanilla de Onsoña
Portillejo
Banecidas
Villarrodrigo de la Vega
Moslares de la Vega
Velillas del Duque
Cuesta de Abajo
969
Cea
San Pedro de Valderaduey
Castellanos
Bustillo de la Vega
Renedo de la Vega
Camino de Santiago
San Martín del Valle
Santillán de la Vega
Villaproviano
Gozón de Ucieza
El Burgo Ranero
Calzadilla de los Hermanillos
Villamol
Trianos
Sotillo de Cea
Lagunilla de la Vega
Monasterio de Santa María de la Vega
Santa María de la Vega
Valdelocajos
Celada de Cea
Villambrán de Cea
Villarrabé
Villambroz
Joara
Villalmán
La Serna
Apeadero de Bercianos del Real Camino
Codornillos
San Martín de la Cueza
Lagartos
Monasterio de San Salvador
Villapecenil
Villamoronta
Calzada del Coto
San Llorente del Páramo
Graneras
Villalebrín
Nogal de las Huertas
Bercianos del Real Camino
Ermita de San Roque
Riosequillo
930
Cueza
Población de Soto
Granja de San Esteban
Virgen del Puente
Villacuende
Villaturde
Laguna Grande
Sahagún
Bustocirio
Villanueva de los Nabos
Vallecillo
Peregrina
San Nicolás del Real Camino
Moratinos
Terradillos de los Templarios
Ledigos
Bustillo del Páramo de Carrión
Villotilla
Castrotierra de Valmadrigal
Gordaliza del Pino
Abadía
Mahudes
Valdelaguna
San Martín de la Fuente
Población de Arroyo
Santa María de Benavente
Monasterio de San Zoilo
La Vegullina
Villeza
Ermita de Cabañas
San Pedro de las Dueñas
Monasterio San Pedro de Dueñas
Calzadilla de la Cueza
Calzada de los Molinos
Escobar de Campos
Villátima
Galleguillos de Campos
Grajal de Campos
Valdespino de Vaca
Villemar
Arroyo
San Miguel de Montañán
Joarilla de las Matas
Quintanilla de la Cueza
Torre de los Molinos
Villanueva del Río
Provincia de León
Provincia de Valladolid
Arenillas de Valderaduey
Villelga
867
Villalcón
Cervatos de la Cueza
Riberos de la Cueza
Dehesa de Macintos
Villacreces
Melgar de Arriba
Pozuelos del Rey
San Román de la Cuba
Villanueva
900
Villamuera de la Cueza
Villanueva del Rebollar
Castrillejo de la Olma
Albires
Dehesa de la Aldea de Santiago
Melgar de Abajo
Villada
(791)
Pozo de Urama
Abastillas
Río Valdeginate
Río Templarios
Río Valderaduey
Río Esla
Río Carrión
Río Cueza
Valle
Valdegorrón
Cisneros
63
Palencia
0 1 2 4 6 8 10 km
0 1 2 4 6 miles

Palencia 64 Burgos

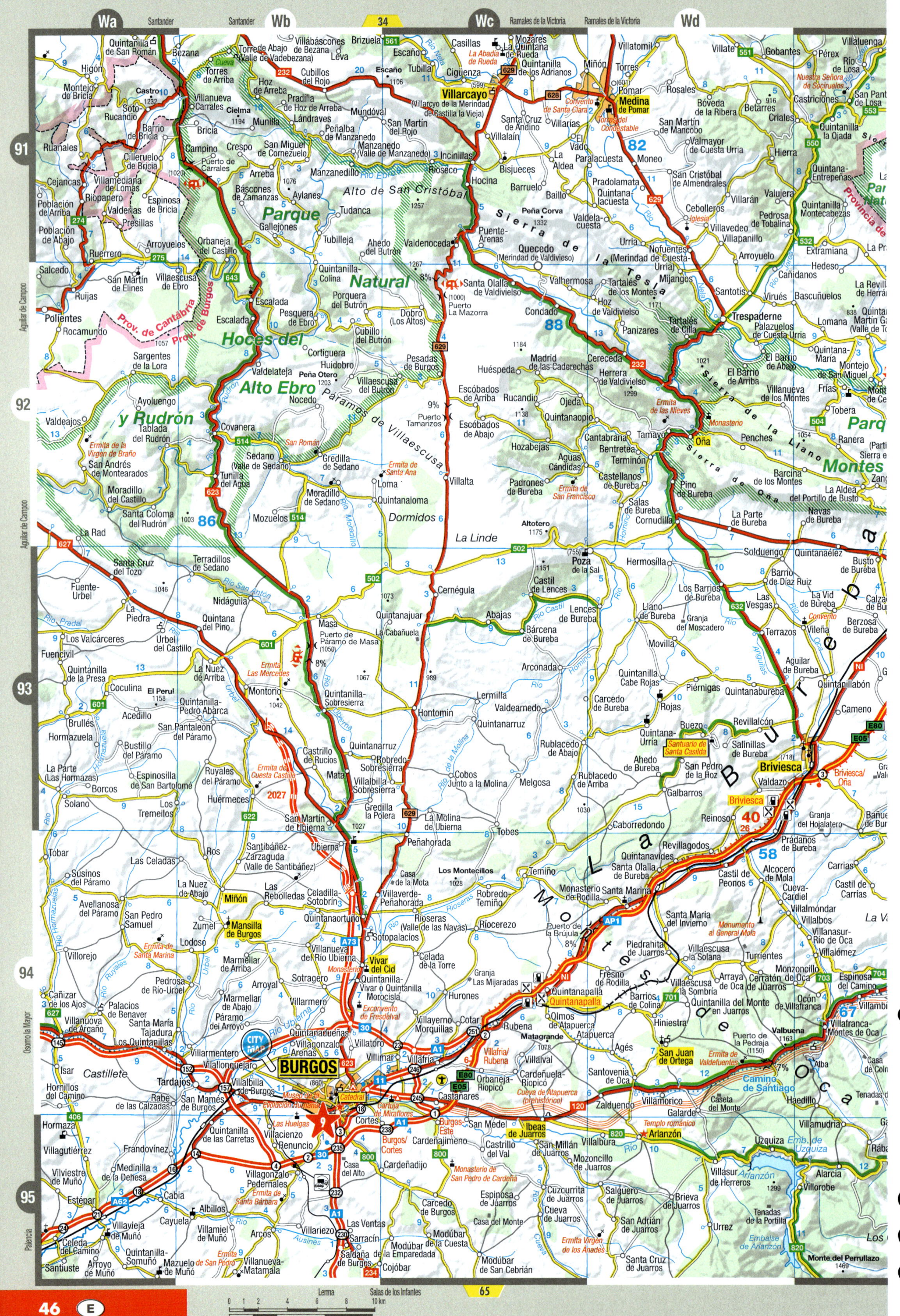
Santander
Santander
Ramales de la Victoria
Ramales de la Victoria
91
92
93
94
95
Aguilar de Campoo
Aguilar de Campoo
Osorno la Mayor
Palencia
Villarcayo
Medina de Pomar
Trespaderne
Oña
Poza de la Sal
Briviesca
BURGOS
Parque Natural Hoces del Alto Ebro y Rudrón
Páramos de Villaescusa
Dormidos
La Linde
Alto de San Cristóbal
Sierra de la Tesla
Sierra de la Llana
Sierra de Oña
Montes Obarenes
La Bureba
Montes de Oca
Prov. de Cantabria
Prov. de Burgos
Castillete
Lerma
Salas de los Infantes
65

VITORIA GASTEIZ
MIRANDA DE EBRO
Haro
Santo Domingo de la Calzada
Nájera
Belorado
Ezcaray
Anguiano
Laguardia
Cenicero
Murgía
Sierra de Arkamu
Montes de Vitoria
Condado de Treviño
Sierra de Toloño
Sierra de la Demanda
Peñas de Oro
Rioja Alta
San Zadornil
Prov. de Burgos
Provincia de Álava
Provincia de La Rioja
Prov. de Álava
Desfiladero
Pancorbo
Fuente Clara
Valle de la Paúl
La Granja
Peña del Cuervo
Sierra de San Antonio
Castillejos
Majada de Campillos
Los Hoyos
La Nava
Torrecilla en Cameros
Valdezcaray
San Millán de la Cogolla
Casalarreina
Anguciana
Cuzcurrita-Río Tirón
Briones
San Vicente de la Sonsierra
San Asensio
Labastida
Treviño
Armentia
Argandoña
Villanueva de Valdegovia
Tuesta
Fonteca
Espejo
Salinas de Añana
Nanclares de la Oca (Iruña Oka/Iruña de Oka)
Mendoza
Trespuentes
Sierra de Santa Cruz
Provincia de La Rioja
Estella-Lizarra
Logroño
Pamplona
91
92
93
94
95

Arrasate-Mondragón
Xc
Xd
36
Xe
Ordizia
Xf
91
92
93
94
95
Vitoria-Gasteiz
Treviño
Haro
Miranda de Ebro
Nájera
Torrecilla en Cameros
Parque Natural Aizkorri
Sierra de Elgea
Provincia de Álava
Sierra de Urkilla
Parque Natural de Aizkorri-Aratz
Provincia de Gipuzkoa
Parque Natural de Aralar
Sierra de la Burunda
Sierra de Andía
Ullibarri Gamboa
Nanclares de Gamboa
Concha de Alava
Salvatierra/Agurain
Alsasua/Altsasu
Lacunza
Echarri-Aranaz
Arbizu
Uharte-Arakil
Irañeta
Sierra de Urbasa
Parque Natural de Urbasa y Andía
Argandoña
Montes de Iturrieta
Parque Natural de Izki
Sierra de Lóquiz
Sierra de Valdelirín
Santa Cruz De Campezo (Campezo/Kanpezu)
Estella/Lizarra
Abárzuza
Ayegui
Villatuerta
Sierra de Toloño
Prov. de Burgos
Prov. de Álava
Laguardia
Los Arcos
Camino de Santiago
Allo
Dicastillo
Torres del Río
Viana
Rioja Alavesa
Oyón-Oion
LOGROÑO
CITY MAP
Fuenmayor
Navarrete
Lardero
Villamediana de Iregua
Mendavia
Sesma
Lerín
Lodosa
La Yasa
Alto Juanes
Rioja Baja
Alcanadre
Ausejo
Sartaguda
Pradejón
El Villar de Arnedo
Provincia de Navarra
Provincia de La Rioja
Tudelilla
CALAHORRA
Calahorra
San Adrián
Albelda de Iregua
Alberite
Entrena
Clavijo
Ribafrecha
Nalda
Islallana
Sierra de Camero Viejo
Autopista Vasco Aragonesa
Cabi Monteros
Arnedo
67
48
E
0 1 2 4 6 8 10 km
0 1 2 4 6 miles

PAMPLONA
IRUÑA
Tafalla
Olite
Artajona
Puente La Reina
Sangüesa/Zangoza
Aoiz
Caparroso
Carcastillo
Marcilla
Peralta
Villafranca
Sádaba
Mélida
San Martín de Unx
Ujué
Falces
Sierra de Alaiz
Sierra de Izco
Las Bardenas Reales
Parque Natural de las Bardenas Reales
Embalse de Itoiz
Valle del Irati
Valle de Arce
Provincia de Navarra
Provincia de Zaragoza

Ye
Yf
Za
Zb
FRANCE
Oloron-Sainte-Marie
91
92
93
94
95
Sierra de Abodi
Parque Natural
de los Valles
Occidentales
Resera
Natural de Larra
Pic d'Anie
Lescun
le Billare
Linza Maz
Mesa de los Tres Reyes
Pic Lariste
Prov. de Navarra
Prov. de Huesca
Zuriza
Peña Ezkaurre
Alano
La Mina
Forca
Selva de Oza
Bisaurín
Sierra de Maito
La Cuta
Sierra de la Estiba
Ochagavía
El Castillo
Izalzu/Itzaltzu
Portillo de Lazar
Uztárroz/Uztarroze
Foz de Minchate
Isaba
Escároz/Eskaroze
Monterria
Jaurrieta
Abaurrea Alta
Abaurrea Baja
Garaioa
Garralda
Aribe
Arive
Hiriberri/ Villanueva de Aezkoa
Puerto de Abaurrea
Santuario de Nuestra Señora de Muskilda
Sierra de Uztarroz
Azparren
Baigura
Erremendia
Ermita de Santa Águeda
Oronz
Esparza
Sarriés/Sartze
Monte Remendia
Elcóaz
Ibilcieta
Santa Bárbara
Urzainqui
Roncal
Mausoleo
Vidángoz/ Bidankoze
Argíble
Garde
Sierra de San Miguel
Ermita de la Virgen de Zuberoa
Ansó
Siresa
Hecho (Valle de Hecho)
Urdués
Aragüés del Puerto
Jasa
Aísa
Sierra de Lues
Arizkuren
Arangozqui
Ayechu
Aldasur
Santa Cruz
Izal
Güesa/Gotza
Igal
Saseta
Zariquieta
Ongoz
Sastoya
Santa Fe
Adoáin
Gallués/Galoce
Olagato
Iciz
Uscarrés
Eparoz
Iruruzki (Urraul Alto)
Aizcurgui
Guindano
Zabalza
Ozcoidi
Ustés
Puerto de Las Coronas
Valle de Salazar
Sierra de Idocorry
Muru
Imirizaldu
Navascués
Aspurz
Nardués-Andurra
Murillo-Berroya
Napal
Cuevas de Bigüezal
Sierra de Illón
Burgui/Burgi
Virgen de la Peña
Algaraleta
Fago
Loma de Ansó
Valle de Hecho
Sierra de los Dos Ríos
Valle de Ansó
Orradre
Puente de Bigüezal
Bigüezal
Castillo-nuevo
Arboniés
Domeño (Romanzado)
Usún
Foz de Arbayún
Salvatierra de Escá
Lorbés
Adansa
Arangoiti
Sierra de Leire
Monasterio de Leyre
Prov. de Navarra
Provincia de Zaragoza
Camino de Santiago
Sierra de Orba
Majones
Villarreal de la Canal
Sigüés
Asso Veral
Biniés
Embún
Sinués
Esposa
Lastiesas Bajas
Canias
Liédena
Yesa
Arringo
Tiermas
Escó
Berdún (Canal de Berdún)
Santa Engracia
Javierregay
Somanés
Novés
La Granja
Javier
Santuario
Castillo
Embalse de Yesa
Ruesta
Mianos
Artieda
Peña Musera
Sierra Nobla
Bagüés
Martés
Ermita de San Pelaez
La Canal de Berdún
Puente la Reina de Jaca
Santa Cilia
Binacua
Ascara
Abay
Atarés
Iglesia de Santa María
Sangüesa/ Zangoza
Ermita de Socorro
Undués de Lerda
Santa Quiteria
Casa Coyo
El Boyerla
Campo Real
Puerto de Cuatro Caminos
Undués Pintano (Los Pintanos)
Pintano
Casa Miranda Alta
Pardina Pueyo
Pardina de Lardiés
Alastuey
Santa Cruz de la Serós
Monasterio de San Juan de la Peña
Navardún
Urriés
Ermita de Santa María Magdalena
Larués
Bailo
Arbués
Cerro de las Colladas
Gordués
Valle de Onsella
Sierra de San Juan de la Peña
Botaya
Parador
Sos del Rey Católico
Palacio de Sada
Gordún
Isuerre
Santa Bárbara
Puerto de Santa Bárbara
Casa Pequera
Lobera de Onsella
Río Onsella
Longás
Castillo de Roita
Nuestra Señora de la Cerrada
Venta del Zapato
Puerto de Sos
Petilla de Aragón
Prov. de Navarra
Sierra de Santo Domingo
Paternoy
Ena
Osia
Mamillas
Barués
Ermita de Santa Quiteria
Santo Domingo
Casa del Chas
Villalangua
Virgen del Camino
Casa Lagé
Novellaco
Prov. de Navarra
Castillo Barués
Bastanés
Corral de la Fraila
Pueblo Nuevo de Salinas
Salinas de Jaca
Santa Isabel
Sierra de Santa Isabel
Anzánigo
Casa de
Las Cinco Villas
Puy Monte
Santa María
Triste
Yeste
Castiliscar
Ermita de la Virgen de Gabardilla
Sierra de Luesia
Biel
Ermita de San Miguel
Sierra de Salinas
San Felices
Embalse de la Peña
Estación de Santa María y La Peña
Río Gállego
Uncastillo
Ruinas Romanas
Luesia
Corral del Judío
Santa Quitena
Santiago
Agüero
Los Mallos
Murillo de Gállego
Riglos (Las Peñas de Riglos)
Fuencalderas
Corral de Meleras
Sierra de Loarre
Necrópolis
Linás de Marcuello
Santa Engracia
Loarre
Embalse de Valdelafuén
Castillo de Clerina
Corral de Cervantón
Corral de Charles
Provincia de Zaragoza
Provincia de Huesca
Concilio
Sarsamarcuello
Río Arba de Luesia
Layana
Castillo de Bañales
Malpica de Arba
La Mingota
Morán
Embalse de la Nava
Castillo de Liso
Sádaba
Mausoleo Romano
La Sinagoga
Alto de Biota
Asin
Orés
El Frago
Santa Eulalia de Gállego
Ayerbe
Jabarrillo
Biota
Puisón
Fragal
Lacasta
Sierra Estronad
Losanglis
Erés
Fontellas
Loscorrales
Castillo de Navas
SPAIN
Ejea de los Caballeros
Huesca
Sos del Rey Católico
Carcastillo
Sádaba
Tafalla
Pamplona
Aurtiz/Burguete
69
0 1 2 4 6 8 10 km
0 1 2 4 6 miles

Zc
Zd
Ze
Zf
Aa
FRANCE
SPAIN
91
92
93
94
95
Laruns
Lourdes
Huesca
Aínsa
Pic de Bergon
Chemin de St-Jacques
Cette-Eygun
Etsaut
Borce
Urdos
Larry
Tunnel du Somport
Pic de Sesques
Gorges du Pont d' Enfer
Chemin de la Mâture
Gorges du Bitet
Cascade du Valentin
Les Eaux-Chaudes
Pic de Ger
Gourette
Col du Soulor
Arrens
Marsous
Chapelle de Pouey-Laün
Grand Gabizos
Pic de Goupey
Pic de la Sagette
Gabas
Artouste
Chemin de fer touristique
Lac de Fabrèges
Lacs de Bious-Artigues
Lacs d' Ayous
Pic du Midi d' Ossau
le Lurien
Lac d' Artouste
Lac de Migouélou
Lac de Suyen
Larribet
Balaïtous
Parc
National
des
Pyrénées
Occidentales
Labat de Bun
Esplaus
Pic du Midi d' Arrens
Vallée d' Arrens
le Tech
Aste
Miaous
Vielettes
les Colonies
Pic de Cabaliros
Chapelle de Piétat
Pierrefitte-Nestalas
Villelongue
Gave de Cauterets
Gorge de Luz
Pic de Viscos
Viscos
Moun Né
Cauterets
Cascade de Lutour
Val de Jéret
Pont d' Espagne
Lac de Gaube
la Fruitière
Lac d' Ilhéou
Cascades
Marcadau
Russel-Culaous
Pic Chabarrou
les Oulettes
Baysselance
Soum d' Aspé
Vignemale
Chèze
Saligos
Vizos
Sazos
Sassis
Saint-Sauveur
Luz-St-Sauveur
Pont Napoléon
Vieу
Betpouey
Barèges
Soum Arrouy
Pène Taillade
Lac d' Isaby
Lac Bleu
Sia
Packe
Pragnères
Trimbareilles
Pic Long
Gèdre
Granges-de-Campbieil
Bué
Ayrues
Saussa
Chaos de Coumély
Notre Dame de Héas
Héas
Piméné
Bareilles
Gavarnie
Cirque de Gavarnie
Port de Gavarnie
Pic de Tantes
Sarradets
Lago Lucarroya
Tuquerouye
Marboré
la Taillon
Brecha de Rolando
Monte Perdido
Parque Nacional de Ordesa y Monte Perdido
Goriz
Circo de Cotatuero
Santa Custodia
Las Tres Marias
Garganta de Añisclo
Vasones
La Estiva
Cuello Arenas (Fanlo)
Fanlo
Nerín
Sercué
Ceresuela
Vio
Buerba
Yeba
Puerto de Bujaruelo
Bujaruelo
Hotel Ordesa
Casas Bergés
Monumento a Briet
Sierra de las Cutas
Mondiciero
Torla
Broto
Valle de Broto
Oto
Buesa
Sarvisé
Caserío de Viñes
Pueyo
Linás de Broto
Fragén
Viu
Puerto de Cotefablo
Gavín
Biescas
Ermita de San Bartolomé
Monte Sarase
Tendeñera
Hoz de Jaca
Embalse de Búbal
Búbal
Polituara
Valle de Tena
Piedrafita de Jaca
Tramacastilla de Tena
El Pueyo de Jaca
Panticosa
Garganta del Escalar
Balneario de Panticosa
Picos del Infierno
Embalse de Bachimaña
Refugio de Alfonso XIII
Embalse de Respumoso
Ibones del Brazato
Pic de Lourdes
Pico de Ferreras
Escarrilla
Sallent de Gállego
El Formigal
El Portalet
Puerto de Somport
Candanchú
Pico de Anayet
Fortaleza Col de Ladrones
Pico de la Garganta
Canfranc-Estación
Camino de Santiago
Pico Sayerri
Canfranc
Valle de Canfranc
Collarada
Pico de Escarra
Embalse de Escarra
Ibón de Ip
Peña Telera
Villanúa
Ermita de San Adrián
Aratorés
Cenarbe
Castiello de Jaca
Ermita de la Virgen de Iguacel
Cerro de las Canales
Sierra Limes
Larrosa
Acín
Betés de Sobremonte
Aso de Sobremonte
Yosa de Sobremonte
Acumuer
Asún
Bescós de Garcipollera
Villanovilla
Casas de Bolás
Bergosa
Alharín
Ipás
Badaguás
Larrés
Bolás
Isín
Escuer
Casas Bajas de Escuer
Güe
Orós Alto
Orós Bajo
Oliván
Barbenuta
Espierre
Erata
Otal
Yosa
Ainielle
Berbusa
Manchoya
Escartín
Ayerbe de Broto
Asín de Broto
Sierra de la Corona
Cajol
Sierra Bolave
Ermita de San Mamés
Castellar
Burgasé
Ermita de San Miguel
Giral
Geré
Morillo de San Pietro
Guasillo
Asieso
Catedral
Jaca
Baraguás
Guasa
Gracionépel
Espuéndolas
Casa de Bescansa
Borrés
Sorripas
Valle Ancha
Orante
Martillué
Museo
Santa Cruz
Barós
San Salvador
Ulle
Navasa
Frauca
Jarlata
Cartirana
Larrede
Javierre del Obispo
Senegüé
Latas
Aurín
Oturia
Satué
Santuario de Santa Orosia
Cortillas
Basarán
Cillas
Bergua
Ermita de San Blas
Isún de Basa
Sardás
San Román de Basa
Osán
Yebra de Basa
Sobás
Sasa
Berroy
Cardiés
Fiscal
Arresa
Ermita de San Miguel
Sasé
Ginuábel
Muro
Tricás
Puyuelo
Sanfelices de Solana
Ligüerre de Ara
Ermita de Santiago
Albella
Planillo
Jánovas
Silves
Boltaña
Puente Romano
Espierlo
Caserío Aguilar
Sieste
Campodarbe
La Valle
San Vellián
Latorrecilla
Morcat
Ermita de la Virgen de la Sierra
Gabardilla
Sanlluís
Urriales
Peña Oroel
Oroel
Navasilla
Punte de la Selva
Sasal
Sabiñánigo
Rapún
Abena
Binué
Ermita de la Virgen de la Gloria
Puerto de Oroel
San Bartolomé
Caserío Fatás
Ara
Ibort
Puente de Sabiñánigo
Allué
Sierra de Portiello
San Julián de Basa
Orús
Fanlillo
Sierra de Picardiello
Fablo
Canciás
Sierra del Galardón
Bernués
Orna de Gállego
Arto
Latras
Ipiés
Oruén
Sieso de Jaca
Jabarrella
Lasieso
Castillo de Lerés
Lerés
Latre
Hostal de Ipiés
Lanave
Sandiás
Artosilla
Ceresola
Fenillosa
Villacampa
Gillué
Bescós de Guarga
Laguarta
Cañardo
Casa Tuarlas
Javierrelatre
Emb. de Javierrelatre
Estallo
Abenilla
Castillo de Guarga
Ordovés
Villobas
Valle de Serrablo
Aineto
Secorún
Matidero
La Virgen
Puerto de Serrablo
El Pueyo
Aquilué
San Vicente
Serué
Alavés
Belarra
Arraso
Grasa
Gésera
Lasaosa
Solanilla
Sierra de Aineto
Binueste
Bibán
Alastrue
Torruéllola de la Plana
Las Bellostas
Rasal
Xirola
La Trinidad
Sierra de Javierre
Sierra de Belarre
Yésera
Puerto de Monrepós
Pardina de Ubieto
Ibirque
Abellada
Ermita de San Úrbez
Bentué de Nocito
Azpe
Miz
Letosa
Bagüeste
Castellazo
Bentué de Rasal
Ermita de Santa Magdalena
Nocito
Used
Bara
Caserío Nasarre
Otín
Santa Marina
Arcusa
Sarsa de Surta
El Coscollar
Paúles de Vero
Arguis
Belsué
Sierra Caballera
Sierra de Gratal
Ermita de la Virgen de la Peña
Aniés
Nuestra Señora de Ordás
Embalse de Santa María de Belsué
Lúsera
Pardina de Orlato
Sierra de la Gabardiella
Parque Natural de la Sierra y Cañones de Guara
Sierra de Guara
Guara
El Cabezo
Sierra Arangol
Sierra Balcés
Rodellar
Santa María de la Nuez
Asba
Puerto de Eripol
Betorz
Almazorre
Hospitaled
Bolea
Ermita de San Julián
Nueno
Casas del-Embalse
Sierra de Sta. Eulalia
Santa Eulalia de la Peña
Ermita de San Martín
Santuario de San Cosme
Ermita de la Virgen de Arraro
Emb. de Vadiello
Pedruel
Las Almunias
Puerto Sierra de Rufas
San Saturnino
Bárcabo
Arascués
Lierta
Sabayés
Puibolea
Quinzano
70

Aa
Ab
Ac
Ad
FRANCE
Lannemezan
Montréjeau
91
92
93
94
95
H A U T E S - P
P I R I N E O S C E
Pic du Midi de Bigorre
Soum Arrouy
Pène Taillade
Barèges
Col du Tourmalet
Pic des 4 Termes
La Mongie
Massif de Néouvielle
Pic de Néouvielle
l'Arbizon
Arreau
Cadéac
Ancizan
Guchen
Vielle Aure
Bourisp
Saint-Lary-Soulan
Soum de Matte
Pic Mèchant
Pig Long
Aragnouet
Fabian
Tramezaigues
Parque Nacional des Pyrénées Occidentales
Cirque de Troumouse
Pic d'Aret
Pic d'Arrouyette
Pic de Lustou
Pic de Batoua
Pic Schrader
Tunnel de Bielsa
Hospital de Parzán
Pic d'Arrouère
Refugio de Trigoniero
Hospice de Rioumajou
Montagne d'Areng
Mont Né
Bordères-Louron
Loudenvielle
Val Louron
Genos
Bagnères-de-Luchon
Superbagnères
Pic de Céciré
Saint-Béat
Marignac
Cierp-Gaud
Fronsac
Chaum
Arlos
Bossòst
Les
Pic de Bacanère
Bausen
Route des Pyrénées
Montauban-de-Luchon
Saint Mamet
Hospice de France
Gouffre Richard
Parzán
Parque Natural Posets-Maladeta
Macizo de la Maladeta
Provincia de Lleida
Provincia de Huesca
Pico de Aneto
Pico de la Maladeta
Baños de Benasque
Benasque
Eriste
Anciles
Cerler
Pico de Cerler
Sahún
Punta Suelza
Hospital de Gistaín
Valle de Gistain
Sierra Marqués
Valle de Xistau
Bielsa
Javierre
Salinas
Sierra de las Sucas
Sierra de Ordesa y Monte Perdido
Garganta de Añisclo
Las Tres Marías
La Estiveta
Escuaín
Revilla
Lamiana
Gistain
San Juan de Plan
Plan
Saravillo
Desfiladero de las Devotas
Lafortunada
Badain
Hospital
Puértolas
Bestué
Santa María
Monte de Plan
Sierra de Chía
Chía
Castejón de Sos
Sesué
Villanova
El Run
Bisaurri
Sierra Sardanera
Sierra Ferrera
Cotiella
Barbaruens
Peña Madrid
Seira
Congosto de Ventamillo
Gabás
Laspaúles
Espés
Castanesa
Denúy
Pico de Cornadelo
Boltaña
Aínsa
Labuerda
San Vicente de Labuerda
Escalona
Laspuña
Puyarruego
Ceresa
Torreisa
Araguás
San Juan
Fosado
Lacort
Fuendecampo
Arro
El Pocino
Foradada del Toscar
Campo
Navarri
Sierra de Campanué
Embalse de Mediano
Coscojuela de Sobrarbe
La Lecina
Mediano
El Turbón
Aguascaldas
Biescas
Espluga
Egea (Valle de Lierp)
Merli
Serrate
Vilas de Turbón
Ballabriga
Obarra
Calvera
Beranúy (Veracruz)
Pardinella
Sierra de Sis
Soperún
Roda de Isábena
La Puebla de Roda
Esdolomada
Torruella de Aragón
Santa Liestra y San Quílez
La Puebla de Fantova
Güel
Nogueró
Cajigar
Sobrecastell
Arén
Tresserra
Claravalls
Samitier
Desfiladero del Entremón
Trillo
Palo
Formigales
Troncedo
Caballera
Besians
Perarrúa
Panillo
Abizanda
Escanilla
Clamosa
Bárcabo
Hospitaled
Olsón
Javierre
Mondot
La Pardina
Castejón de Sobrarbe
Arcusa
Lamata
Graus
Benabarre
El Grado
71

Ae
Af
FRANCE
Ba
Bb
Bc
91
92
93
94
95
Razecueillé
Coue-du-Casse
Laubague
Pic de Cagire
Pic de Paloumère
Portet-d'Aspet
Couledoux
le Puech
Tuc de l'Étang
Tuc de Graué
Saint-Jean-du-Castillonnais
Buzan
Balaguères
Moulis
Luzenac
Pile Romaine
Audressein
Villeneuve
Engomer
Cescau
Castillon-en-Couserans
Orgibet
Augirein
Aucazein
Argein
Salsein
Pic de Sérau
Les Bordes-sur-Lez
Uchentein
Tuc de Castéra
Bethmale
Arrien
Alos
la Souleille
Sentenac-d'Oust
Pic de la Calabasse
Sentein
Antras
Bonac-Irazein
Balacet
Lascoux
Pic du Midi de Bordes
Tuc de Quer Ner
Canejan
Cap de la Pique
St. Joan de Toran
Serra de Guarbes
Serra deth Montlude
Serra de Pica Palomera
Pic de Mauberme
Mail de Bulard
Pic de Barlonguère
Mont Valier
Col de Pause
Pic de Montaud
Couflens
Salau
Pic de Soubirou
Cap de Ruhos
Mont Rouch
Pic de Certascan
Pic Rouge de Bassiès
Soueix
Oust
Seix
Massat
Biert
Castet-d'Aleu
Soulan
Rivèrenert
Lacourt
Ercé
Aulus-les-Bains
Sérac
Ustou
Saint Lizier
Parque
Natural
de l'Alt
Pirineu
Pica d'Estats
Montgarri
Bonabé
Pic de Moredo
Pic de la Conca
Alòs d'Isil
Isil
Monestir de Sant Joan d'Isil
Serra de Pilàs
Tuc de Samont
Tuc d' Arenyo
Tuc de Costarjàs
Cabana de Parros
Pla de Beret
Era Peira Roja
Bagergue
Salardú (Naut Aran)
Gessa
Tredòs
Baqueira
Arties
Garòs
Escunhau
Casarilh
Vielha (Vielha e Mijaran)
Betlan
Vilac
Arròs
Vila
Montcorbau
Gausac
Casau
Mall d'Vives
Túnel de Vielha
Port de la Bonaigua
Era Restanca
Montardo
Banhs de Tredòs
Sorpe
Borén
Isavarre
Unarre
València d'Àneu (Alt Àneu)
Esterri d'Àneu
Escalarre
la Guingueta d'Àneu
Jou
Son
Dorve
Montcaubo
Berrós Sobirà
Berrós Jussà
Espot
Espot Esquí
Escaló
Escart
Cap Major
Baiasca
Arestui
Llavorsí
Tavascan
Montarenyo
Lladorre
Serra de Costuix
Serra del Tudello
Tudela
Esterri de Cardós
Ribera de Cardós (Vall de Cardós)
Norís
Tor
Serra de Monteixo
Monteixo
Alins
Ainet de Besan
Tírvia
Burg
Farrera
Serra de Màniga
Pic de Salòria
Mallolís
Bordes de Conflent
Pic d' Urdossa
Ras de Conques
Rodés
Roní
Montenartró
Serra de Tumeneia
Ventosa i Calvell
Besiberri del Sud
Caldes de Boí
Pic Monyido
Pic de Subenuix
Parc Nacional d'Aigüestortes i Estany de Sant Maurici
Pic de Mainera
Tuc des Carants
Taüll
Boí
Erill-la-vall
Barruera (la Vall de Boí)
Pic de la Gelada
Pic del Pessó
Durro
Montsen
Pic de Filià
Cabdella
Central de Cabdella
Camplong
Boi-Taüll Resort
Llarg
Serra de Sant Martí
Serra de Pernera
Espui
Caregue
Surp
Sorre
Altron
Llessui
Sauri
Rialp
Sort
Tuc de la Cometa
la Torre de Cabdella
Castellou d'Avellanos
Molinos
Astell
Manyanet
Peranera
Malpàs
el Pont de Suert
Benés
Sentís
Avellanos
Gotarta
Erta
Llarvén
Enviny
Montardit
Estac
Mencui
Olp
la Torreta de l'Orri
Santa Creu de Castellbò
Solanell
Roc de la Guàrdia
Castellbò
Sant Andreu de Castellbò
Coll del Cantó
Rubió
Vilamur
Soriguera
Tornafort
les Llacunes
Sant Quir
Freixe
la Torre
Biscarbó
Vila-rubla
Guils del Cantó
Pallerols del Cantó
Avellanet
Aravell
Saulet
la Parròquia d'Hortó
Arfa
Adrall
Arcalís
Balestui
el Comte
Gerri de la Sal
Baén
Enseu
Sant Sebastià de Buseu
Useu
Buseu
Castells
Castellàs
Junyent
Taús
Espaén
Malgrat de Noves
Noves de Segre (les Valls d'Aguilar)
el Pla de Sant Tirs
Ribera d'Urgellet
els Hostalets de Tost
Tora de Tost
Tost
Castellar de Tost
Colidarnat
Gorja d'Organyà
Serra de Prada
la Guàrdia d'Ares
el Cogulló
Ares
Pic de Matella
Hortoneda de la Conca
Congost de Collegats
Claverol
Pont de Claverol (Conca de Dalt)
La Pobla de Segur
Torallola
Rivert
Serradell
Erinyà
Toralla
Senterada
Puigcerver
Reguard
Montsor
Peracalç
Pujol
Canals
Cortscastell
la Pobleta de Bellveí
Naens
Mentui
Montcortès
Bretui
Envall
Sellui
Beranui
la Plana de Mont-ros
la Bastida de Bellera
Estavill
Sarroca de Bellera
Erdo
Larén
Buira
d'Erdo
Xerallo
Alt de Perves
Viu de Llevata
Alt de Viu
Massivert
la Faiada de Malpàs
Santa Maria de Lavaix
Abella d'Adons
Beguda
Adons
Corroncui
Cadolla
Pinyana
la Bastideta de Corroncui
Sant Gervàs
Llastarri
Sopeira
la Torre de Tamúrcia
Espluga de Serra
els Masos de Tamúrcia
Aulàs
Castellet
Sapeira
Orrit
Esplugafreda
Solduga
Sossís
Bresca
Tremp
72
F
E
53
FRANCE
La Seu d'Urgell

Bc
Bd
Be
Bf
FRANCE
Saint-Lizier
Pamiers
91
92
93
94
95
Foix
Col des Marrous
Sahuc
Burret
Col de Jouels
Le Bosc
Brègne
Massif de l'Arize
Tour Laffon
Col de Port
Jacoy
Liers
Pic d'Estibat
Bougarelt
Le Port
Arac
le Carol
Prat-Communal
Rocher de Batail
Saint-Pierre-de-Rivière
Benac
Ganac
Cazals
Brassac
Bèze
Prayols
Montoulieu
le Pont du Diable
Amplang
Tour Montorgueil
Saurat
Bédeilhac
Arignac
Musée des Calmes-Château
Grotte Soudour
Rabat-les-Trois-Seigneurs
Surba
Parc Préhistorique
Tarascon-sur-Ariège
Gourbit
Banat
Ussat
Pic des 3 Seigneurs
Peyre-Auselère
Pic de Boucarle
Grotte de Niaux (Gravures Préhistoriques)
Niaux
Grotte de Lombrives
Ornolac
Ussat-les-Bains
Courtal-de-Lers
Étang de Lers
Cascades
Illier et-Laramade
Capoulet Junac
Suc-et-Sentenac
Salingres
Saleix
Auzat
Val-de-Sos
Vicdessos
Sem
Lercoul
Gestiès
Goulier
Étangs de Bassiès
Étang du Garbet
Pic Rouge de Bassiès
Artiès
Centraux
Sarradeil
Ranet
Marc
Pique d'Endron
Bouychet
Pradières
Pic de Baljésou
l'Artigue
Montcalm
Étang de Gnioure
Étang d'Izourt
Barrage de Pla de Soulcem
Pica d'Esta
Pic de Malcaras
Peyregrand
Pica d'Estats
Orrhys de Carla
Pic du Port
Pic du Thoumasset
Parque Natural
Vall Ferrera
Pic des Bareytes
El Serrat
Parque Nat. de la Vall de Sorteny
Pic de l'Estanyó
de l'Alt Pirineu
Parque Natural del Comapedrosa
Serra de Monteixo
Llorts
Pics de Casamanya
Arinsal
la Cortinada
Erts
Sornas
Pal
Ordino
La Massana
Sant-Romà
Anyos
Les Bons
Sispony
Encamp
Vila
Andorra La Vella
Santa Coloma
Bixessarri
les Escaldes-Engordany
Sant Miquel d'Engolasters
Aixovall
Vall del Madriu-Perafita-Claror
sant Julià de Lòria
Nagol
Naturlandia
Aixirivall
Auvinya
Els Plans
Juberri
Pic Negre
Pic de Monturull
Canillo
Santuari de Meritxell
Soldeu
Ransol
l'Aldosa
els Cortals
Pic dels Pessons
Túnel d'Envalira
Pas de la Casa
Port d'Envalira
Pics Orientaux de Font Nègre
Péage
Pic de la Cabaneta
Tute de l'Ours
Mérens-les-Vals
l'Hospitalet-près-l'Andorre
Tunnel de Puymorens
Col de Puymorens
Porté-Puymorens
Porta
Serrat des Loups
Font-Romeu
Targasonne
Egat
Latour-de-Carol
Route des Pyrénées
Quès
Béna
Fanès
Dorres
Angoustrine-Villeneuve-des-Escaldes
Enveitg
Llívia
Estavar
Caldégas
Saillagouse
Err
Bourg-Madame
Puigcerdà
Sant Martí d'Aravo
Guils de Cerdanya
Guils i Fontanera
Provincia de Girona
Meranges
Sant Josep
la Carabassa
Folch
Bolvir
Ger
Age
Nahuja
Osséja
Palau-de-Cerdagne
Valcebollère
Vilallobent
Queixans
el Vilar d'Urtx (Fontanals de Cerdanya)
Isòvol
All
Olopte
Talltendre
Orden
Éller
Prullans
Ardòvol
Lles de Cerdanya
Aristot
Musser
Aràns
Puig Punçó
Bescaran
Castellinou de Carcolze
Estamariu
la Rabassa
Arcavell
Civis
Asnurri
Argolell
Fontaneda
la Farga de Moles
Sant Joan Fumat
Roc de la Guàrdia
Anserall (les Vails de Valira)
La Seu d'Urgell
Castellciutat
Aravell
Alàs (Alàs i Cerc)
Cerc
Artedó
Arsèguel
Toloriu
Martinet (Montellà i Martinet)
Montellà de Cadí
Bellver de Cerdanya
Riu
Prats i Sansor
Sansor
Das
Urus
Area del Cadí
la Masella
Alp
la Molina
Super-Molina
Castell de Riu
Túnel del Cadí (5km)
Cerdanya
Santa Magdalena
Coborriu de Bellver
Ermita de Sant Grau d'Urús
Tossal de la Pia
Toses
la Pleta Roja
Puigllançada
Castellar de N'Hug
Gréixer
Gavarrós
el Clot del Moro
Rus
Bagà
La Pobla de Lillet
Parc Natural del Cadí-Moixeró
Serra del Cadí
Provincia de Lleida
Provincia de Barcelona
Pic de Comabona
Puig de la Canal Baridana
Cadí
Josep de Cadí
Cornellana
Fornols
Sisquer
Adrahén
Ansovell (Cava)
Cava
el Querforadat
Estana
Bastanist
Lletó
Vilanova de Banat
Montferrer (Montferrer i Castellbò)
Adrall
Arfa
la Freita
la Bastida d'Hortons
Nabiners
la Coma de Nabiners
el Pla de Sant Tirs (Ribera d'Urgellet)
Casas de las Minas
Fontelles
Saubanya
Tost
Torà de Tost
Colldarnat
la Barceloneta
Laroque-d'Olmes
la Bastide-sur-l'Hers
Lavelanet
Bélesta
Rivel
Sainte-Colombe-sur-l'Hers
Puivert
Montségur
Fougax-et-Barrineuf
Bénaix
Villeneuve-d'Olmes
Montferrier
Freychenet
Nalzen
Celles
Roquefixade
Leychert
Soula
Saint-Paulet
Montgaillard
Saint-Paul-de-Jarrat
Mercus
Garrabet
Arnave
Cazenave
Mont Fourcat
Montagne de la Frau
Pic de Saint Barthélemy
Les Monts d'Olmes
Comus
Camurac
Belcaire
Roquefeuil
Espezel
Plateau de Sault
Gorges du Rebenty
Niort-de-Sault
Mazuby
Prades
Montaillou
Pic Fourcat
Verdun
Caychax
Appy
Axiat
Lordat
Bestiac
Caussou
Signal de Chioula
Les Cabannes
Château-Verdun
Aston
Lassur
Luzenac
Unac
Vernaux
Perles
Vaychis
Sorgeat
Ascou
Savignac-les-Ormeaux
Ax-Les-Thermes
Orgeix
Orlu
Dent d'Orlu
Pic de Tarbezou
Mijanès
Picaucel
Campagna-de-Sault
la Fajolle
Prat Moll
Pic du Col de Gos
Station de Beille
Pic de Riet
Garsan
Pic de Ruille
Pics de Roque Rouge
Pic de l'Homme
Pic de Beys
Pic d'Auriol
Pic Pédrous
Étang de Lanous
Pic Carlit
Le Roc Blanc
Pyrénées
Bolquère
Fontrabiouse
Provincia de Lleida
Berga
73
0 1 2 4 6 8 10 km
0 1 2 4 6 miles

FRANCE
Carcassonne
Corbières
Fenouillèdes
Conflent
Pyrénées-Orientales
Massif du Canigou
Haut Vallespir
Serra Cavallera
Parc Natural de les Capçaleres del Ter i del Freser
11 Aude
66 Pyrénées-Orientales
Perpignan
Le Boulou
Quillan
Couiza
Espéraza
Axat
Saint Paul de-Fenouillet
Estagel
Millas
Ille sur-Têt
Prades
Villefranche-de-Conflent
Vernet-les-Bains
Olette
Mont-Louis
Céret
Amélie-les-Bains-Palalda
Arles-sur-Tech
Prats-de-Mollo
Saint Laurent de-Cerdans
Camprodon
Ribes de Freser
Quérigut
Mosset
Sournia
Maury
Tuchan
Thuir
Castelnou
Vinça
Fenouillet
Caudiès-de-Fenouillèdes
Lapradelle
Puilaurens
Belcaire
Roc Fourcat
Pic de Bugarach
Pic Dourmidou
Mont Coronat
Pic du Canigou
Puig des Très Vents
Roc Colom
Pic de la Dona
Puigmal
Roc de France
Château de Peyrepertuse
Château de Quéribus
Château de Puilaurens
Abbaye St-Martin du Canigou
Abbaye Saint Michel de Cuxa
Forca Réal
Route des Pyrénées
Tautavel
Centre Européen de Recherches Préhistoriques
Espinavell
Setcases
Mollo
Llanars
Sant Pau de Segúries
Olot
Ripoll
91
92
93
94
95

Ce
Cf
Da
Db
Dc
Narbonne Sud
Narbonne
FRANCE
91
92
93
94
95
La Palme
Leucate
Caves
la Franqui
Leucate-Plage
Feuilla
Treilles
Fitou
Embres-et-Castelmaure
Notre-Dame de l'Olive
Nouvelles
Tuchan
Château d'Aguilar
Chapelle Saint Aubin
Périllos
la Vall Oriole
Tour
Opoul-Périllos
La Cataiane
Paziols
la Serre
Vingrau
Pas de l'Escale
Château Fort de Salses
Salses-le-Château
Port-Fitou
Centre d'Ostréiculture
Port-Leucate
Aquamagic
Paquebot Lydia
Port-Barcarès
Port du Grau
St Ange
le Barcarès
Centre Européen de Recherches Préhistoriques
Tautavel
Serre del Clot
Camp de Rivesaltes
Cases-de-Pène
Espira-de-l'Agly
Saint-Hippolyte
Saint Laurent-de-la-Salanque
Calce
Notre-Dame de Pène
Sainte Catherine
Rivesaltes
Claira
Pia
Torreilles
Baixas
Peyrestortes
Aéroport Perpignan
Bompas
Villelongue-de-la-Salanque
Sainte-Marie-Plage
Sainte-Marie
Saint-Estève
Château-Roussillon
Canet-en-Roussillon
Corneilla-la-Rivière
Pézilla-la-Rivière
Villeneuve-la-Rivière
Baho
Eglise romane
le Soler
Cathédrale Palais des Rois de Majorque
PERPIGNAN
Cabestany
Canet-Plage
Saint-Féliu-d'Amont
Saint-Féliu-d'Avall
Toulouges
Saint-Nazaire
Etang de Canet et de St Nazaire
Perpignan-Sud
Canohès
Mas-Palégry
Saleilles
Plaine du Roussillon
Thuir
Pollestres
Théza
Alénya
Ponteilla
Nyls
Villeneuve-de-la-Raho
Corneilla-del-Vercol
Saint Cyprien
Saint Cyprien-Plage
Parc Aquatique
Sainte-Colombe-la-Commanderie
Llupia
Terrats
Trouillas
Bages
Montescot
Elne
Cathédrale (romane)
(Illiberis Ibèr.)
Latour-Bas-Elne
les Capellans
Village Catalan
Villemolaque
Monestir del Camp (Ancien Prieuré)
Saint-Jean-Lasseille
Côte Vermeille
Montauriol
Fourques
Passa
Llauro
Tordères
Banyuls-dels-Aspres
Ortaffa
Palau-del-Vidre
Taxo-d'Amont
Brouilla
Château Pujols
Tresserre
Argelès-Plage
Argelès-sur-Mer
Eglise romane
la Grange
Saint-Génis-des-Fontaines
Aigouillous
Saint-André
Fort Miradou
Collioure
Port-Vendres
Cap Béar
Fort Béar
Vivès
le Boulou
Villelongue-dels-Monts
Laroque-des-Albères
Sorède
Musée Olivette
Valmy
Fort Saint Elm
Aubiry
Le Boulou
Montesquieu-des-Albères
la Pave
Château d'Ultrera
la Vallée
Heureuse
Lavall
Gorges de Lavall
Notre-Dame de Consolation
Saint-Jean-Pla-de-Corts
Tunel d. Perthus
Tour de la Massane
Abbaye de Valbonne
Banyuls-sur-Mer
Céret
Musée d'Art moderne
Remparts
Pont
Maureillas-las-Illas
Chaîne des Albères
l'Albère
P. Neulos
le Perthus
Château des Maures
Saint-Martin
Pic des 3 Thermes
Pic des 4 Termes
la Ville-Amont
Mas Atxer
Cap Rederis
Riunoguès
Pic de Fontfrède
Fort de Bellegarde
els Límits
Serra de l'Albera
Castell de Requesens
Cerbère
Super-las-Illas
Castell de Rocaberti
Grotte de Pouade
Portbou
Roc de France
las Illas
Ermita de Santa Llúcia
Sant Genis d'Esplac
El Pils
Aduana
Cantallops
Mas Corbera
Serra Gisbert
Convent de Sant Quirze de Colera
Colera
Santa Eugènia
Ermita de les Salines
Castell de Cabrera
La Jonquera
la Vajol
Agullana
Molinàs
Garbet
Platja de Garbet
Cap Ras
Grifeu
Platja de Grifeu
Autopista del Mediterràneo
Bell-lloc
Vilartoli
Espolla
Menhirs i dolmens
Maçanet de Cabrenys
Ermita de Sant Esteve
Sant Climent Sescebes
Rabós
Vilamaniscle
Llançà
el Port de Llançà
Capmany
zona de monuments megalítics
Darnius
Castell de Mont-roig
Masarac
Mollet de Peralada
Delfia
Monestir de el Camp
Valleta
Far de s'Arnella
Cap Gros
Pantà de Boadella
Vilarnadal
Garriguella
Pujolà
el Port de la Selva
Golfet
Carbonills
Boadella d'Empordà
Biure
les Costes
Castell de Quermançó
Sant Pere de Rodes
Far de Creus
Sant Llorenç de la Muga
Murallas
Cueva
la Salut
Pont de Molins
Caseta
Vilajuïga
Sant Onofre
la Selva de Mar
Parc Natural del Cap de Creus
Cap de Creus
la Penya
les Escaules
Castell de Rocabertí
Peralada
Marzà (Pedret i Marzà)
Palau-saverdera
Castell de Sant Salvador
Castell de Bufalaranya
Illa de Portlligat
el Pení
Cadaqués
Museu
Illa Massina
Punta Oliguera
Albanyà
Sant Baldiri
Terrades
la Guardia de la Muga
Palau-surroca
la Vall
Figueres Nord
Cabanes
Pedret
Vilaür
les Torroelles
Església romànica de Sant Joan
l'Estela
Vilarig
Llers
Vilabertran
el Puig
Vilanova de la Muga
Aquabrava
Ciudadella
Castro visigotic
Església pre-romànica de Sant Tomàs
Sant Sebastià
Far de Cala Nans
Cistella
FIGUERES
Castell de Sant Ferran
Santa Maria
Vilatenim
Castelló d'Empúries
Santa Margarida
Roses
Dolmen
Montjoi
Sant Martí Sesserres
Pujol
Vilanant
Avinyonet de Puigventós
Museu Dalí
Villa-sacra
Sant Martí
Canyelles
Cala Jóncols
Segueró
Santa Maria
Lladó
Llavanera
Taravaus
Vilafant
Santa d'Alguema
el Far d'Empordà
Fortià
Castell de la Trinitat
L'Almadrava
Cap de Norfeu
Santa Llúcia
Vilademires
Cabanelles
Figueres-Sud Roses
Parc Natural dels Aiguamolls de l'Empordà
Riumors
Empuriabrava
Cala Canyelles
Punta Falconera
MER MÉDITERRANÉE
Quillan
Prades
Amélie-les-Bains-Palalda
Olot
Vilamalla
Girona
Torroella de Montgri
75
10 km
6 miles

Ra
Rb
Rc
Rd
38
Pontevedra Norte
39
Bueu
Pontevedra
95
96
97
98
99
Ourense
Melgaço
Chaves
CANGAS
VIGO
Illas Cíes
Parque Nacional das Illas Atlánticas de Galicia
Ría de Vigo
Punta Subrido
Cabo Home
Cabo Estai
Baiona
Ría de Baiona
Cabo Silleiro
Nigrán
Gondomar
Mondariz
Ponteareas
O Porriño
Salvaterra do Miño
Monção
TUI
Valença
Parque Natural do Monte Aloia
Arrabal (Oia)
A Guarda
Caminha
Vila Nova de Cerveira
Serra de Arga
Sa. de Arga
Parque Nacional Peneda-Gerês
Arcos de Valdevez
Ponte da Barca
Ponte de Lima
Viana do Castelo
Barcelos
BRAGA
Vila Verde
Distrito de Viana do Castelo
Distrito de Braga
Parque Natural do Litoral Norte
Costa Verde
Minho
Porto
76

Parque
Nacional
da Peneda-
Gerês
Serra da Peneda
Serra do Xurés
Serra do Gerês
Serra Amarela
Serra de Laboreiro
Serra de Santa Eufemia
Serra de Pisco
Serra da Cabreira
Serra do Barroso
Parque Natural da Baixa Limia
Melgaço
Celanova
Allariz
Xunqueira de Ambía
Bande
Lindoso
Montalegre
Terras do Bouro
Vieira do Minho
Póvoa de Lanhoso
Carvalhelhos
Distrito de Viana do Castelo
Distrito de Braga
Distrito de Vila Real
SPAIN
PORTUGAL

Serra de San Mamede
Serra de Queixa
Serra do Fial das Corzas
Serra Entrinos
Serra do Canizo
Parque Natural do Invernadeiro
Montes do Invernadeiro
Parque Natural de Montesinho
Serra de Leiranco
Serra da Padrela
Lagoa de Antela
Vilar de Perdizes e Meixide
Montederramo
Maceda
Baños de Molgas
Santa Eufemia
Xinzo de Limia
Cabeza de Manzaneda
Altos de Samión
Pico da Ortiga
Encoro das Portas
Encoro de Chandrexa de Queixa
Viana do Bolo
A Gudiña
Laza
Castrelo
Verín
Vilaza
Trasmirás
Feces de Abaixo
Vila Verde da Raia
Chaves
Montalegre
Boticas
Sapiãos
Vidago
São Julião de Montenegro
Valpaços
Pensalvos
Bornes de Aguiar
Vila Real
Mirandela
Bragança
Distrito de Vila Real
Distrito de Bragança
Vinhais
Pedras Salgadas
Carrazedo de Montenegro
Torre de Dona Chama
SPAIN
PORTUGAL
95
96
97
98
99

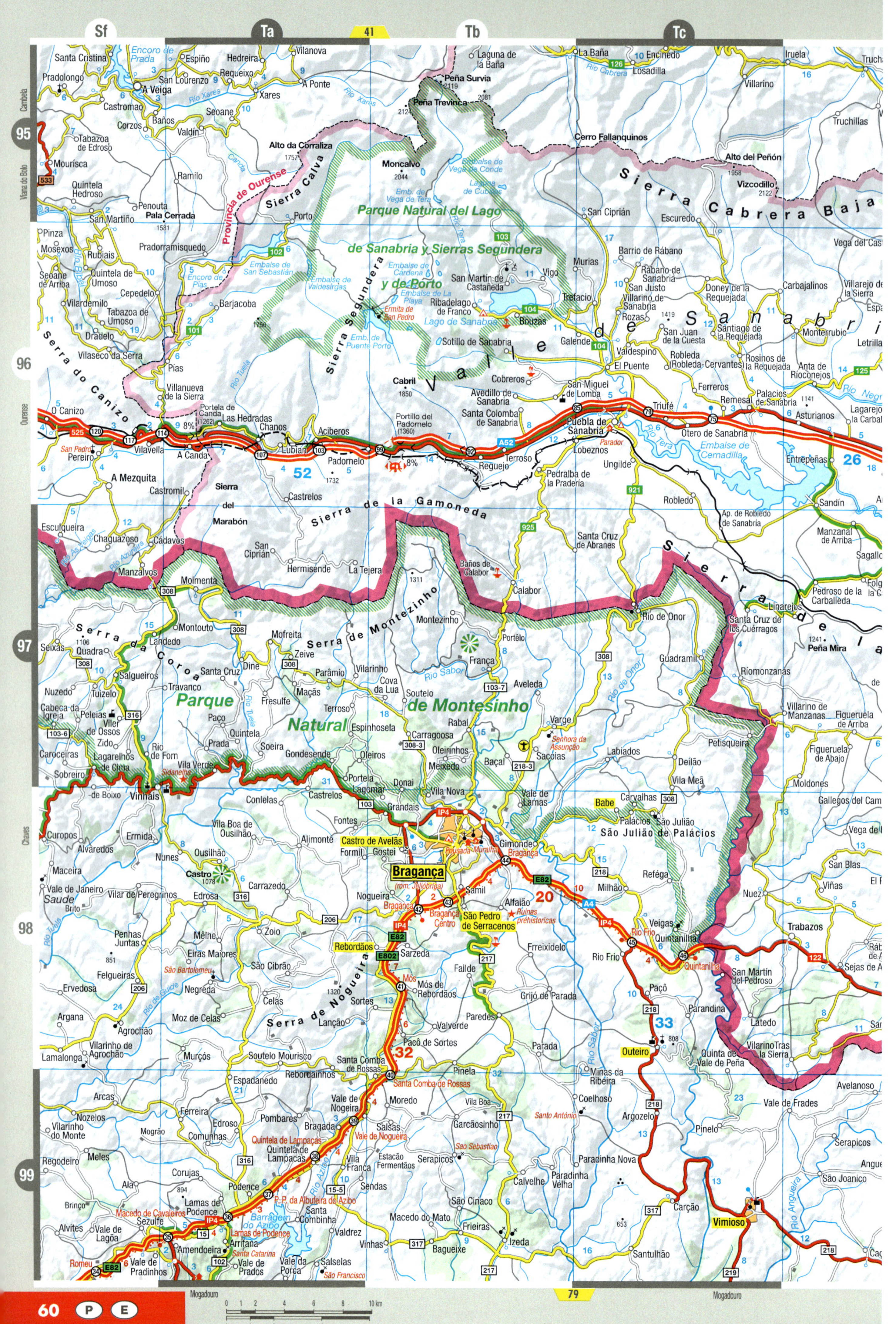
Sf
Ta
41
Tb
Tc
95
96
97
98
99
Santa Cristina
Encoro de Prada
Espiño
Hedreira
Vilanova
Laguna de la Baña
La Baña
Encinedo
Iruela
Pradolongo
A Veiga
San Lorenzo
Requeixo
A Ponte
Peña Survia
Peña Trevinca
Losadilla
Villarino
Castromao
Xares
Rio Xares
Seoane
Baños
Corzos
Valdín
Truchillas
Tabazoa de Edroso
Mourisca
Alto da Corraliza
Cerro Fallanquinos
Alto del Peñón
Moncalvo
Embalse de Vega de Conde
Vizcodillo
Quintela Hedroso
Ramilo
Provincia de Ourense
Sierra Calva
Sierra Cabrera Baja
Penouta
Pala Cerrada
Porto
Parque Natural del Lago
de Sanabria y Sierras Segundera
y de Porto
San Ciprián
Escuredo
San Martiño
Pinza
Mosexos
Rubiais
Pradorramisquedo
Barrio de Rábano
Vega del Castillo
Seoane de Arriba
Quintela de Umoso
Cepedelo
Embalse de San Sebastián
Embalse de Valdesirgas
Embalse de Cárdena
San Martín de Castañeda
Murias
Vigo
Rábano de Sanabria
San Justo
Doney de la Requejada
Carbajalinos
Villarejo de la Sierra
Vilardemilo
Tabazoa de Umoso
Barjacoba
Ribadelago
Ribadelago de Franco
Lago de Sanabria
Ermita de San Pedro
Bouzas
Trefacio
Villarino de Sanabria
Rozas
San Juan de la Cuesta
Santiago de la Requejada
Monterrubio
Dradelo
Vilaseco da Serra
Serra do Canizo
Sierra Segundera
Emb. de Puente Porto
Sotillo de Sanabria
Valle de Sanabria
Galende
Valdespino
El Puente
Robleda
Robleda-Cervantes
Rosinos de la Requejada
Anta de Rioconejos
Letrillas
Pias
Villanueva de la Sierra
Cabril
Cobreros
San Miguel de Lomba
Ferreros
Palacios de Sanabria
Remesal
Avedillo de Sanabria
O Canizo
Portela de Canda
Las Hedradas
Chanos
Aciberos
Portillo del Padornelo
Santa Colomba de Sanabria
Puebla de Sanabria
Triufé
Asturianos
Otero de Sanabria
Lagarejos de la Carballeda
San Pedro
Pereiro
Vilavella
A Canda
Lubián
Padornelo
Requejo
Terroso
Lobeznos
Parador
Ungilde
Embalse de Cernadilla
Entrepeñas
A Mezquita
Castromil
Sierra del Marabón
Castrelos
Pedralba de la Pradería
Robledo
Sandín
Sierra de la Gamoneda
Ap. de Robledo de Sanabria
Escuqueira
Chaguazoso
Cádavos
San Ciprián
Hermisende
La Tejera
Santa Cruz de Abranes
Manzanal de Arriba
Manzalvos
Moimenta
Baños de Calabor
Calabor
Sierra de la Culebra
Linarejos
Pedroso de la Carballeda
Santa Cruz de los Cuérragos
Serra de Montezinho
Montezinho
Rio de Onor
Montouto
Serra da Coroa
Landedo
Mofreita
Zeive
Portelo
Guadramil
Peña Mira
Seixas
Quadra
Dine
Parâmio
Vilarinho
França
Riomonzanas
Salgueiros
Santa Cruz
Rio Sabor
Nuzedo
Tuizelo
Travanco
Parque Natural de Montesinho
Fresulfe
Maçãs
Cova da Lua
Soutelo
Aveleda
Cabeça da Igreja
Peleias
Terroso
Rabal
Varge
Villarino de Manzanas
Figueruela de Arriba
Paço
Espinhosela
Viler de Ossos
Quintela
Carragoosa
Senhora da Assunção
Petisqueira
Zido
Prada
Soeira
Oleirinhos
Sacóias
Labiados
Figueruela de Abajo
Caroceiras
Lagarelhos
Rio de Forn
Gondesende
Oleiros
Baçal
Deilão
Sobreiro
de Cima
Vila Verde
Portela
Meixedo
Vila Meã
Moldones
Vinhais
Sidanelha
de Boixo
Conlelas
Castrelos
Lagomar
Donai
Vila Nova
Vale de Lamas
Babe
Carvalhas
Gallegos del Campo
Grandais
Fontes
Palácios
São Julião
São Julião de Palácios
Curopos
Ermida
Vila Boa de Ousilhão
Alimonte
Castro de Avelãs
Formil
Gostei
Pousada Muralha
Gimonde
Vega de Tera
Alvaredos
Nunes
Ousilhão
Bragança
Maceira
Castro
Carrazedo
Refega
San Blas
Vale de Janeiro
Saude
Vilar de Peregrinos
Edrosa
Nogueira
Samil
Milhão
Viñas
Brito
Alfaião
Ruínas préhistoricas
Nuez
Bragança Centro
São Pedro de Serracenos
Veigas
Quintanilha
Trabazos
Penhas Juntas
Mêlhe
Zoio
Rebordãos
Sarzeda
Freixiedo
Rio Frio
San Martín del Pedroso
Eiras Maiores
São Cibrão
Failde
São Bartolomeu
Felgueiras
Erveda
Negreda
Serra de Nogueira
Mós de Rebordãos
Grijó de Parada
Paço
Parandina
Celas
Sortes
Argana
Moz de Celas
Lanção
Valverde
Paredes
Latedo
Agrochão
Vilarinho de Agrochão
Paço de Sortes
Parada
Outeiro
Lamalonga
Murços
Soutelo Mourisco
Santa Comba de Rossas
Quinta de Vale de Peña
Villarino Tras la Sierra
Minas da Ribeira
Rebordainhos
Pinela
Avelanoso
Espadanedo
Santa Comba de Rossas
Arcas
Vale de Nogueira
Moredo
Vila Boa
Coelhoso
Vale de Frades
Nozelos
Ferreira
Edroso
Pombares
Bragada
Salsas
Garcãosinho
Santo António
Argozelo
Pinelo
Vilarinho do Monte
Mogrão
Comunhas
Quintela de Lampaças
Vale de Nogueira
São Sebastião
Serapicos
Regodeiro
Meles
Vila Franca
Estação Fermentãos
Paradinha Nova
Ala
Corujas
Sendas
Calvelhe
Paradinha Velha
São Joanico
Podence
Brinço
Lamas de Podence
P.-P. da Albufeira do Azibo
São Cinaco
Carção
Alvites
Vale de Lagoa
Macedo de Cavaleiros
Sezulfe
Barragem do Azibo
Santa Combinha
Macedo do Mato
Frieiras
Vimioso
Amendoeira
Arrifana
Lamas de Podence
Valdrez
Vinhas
Izeda
Bagueixe
Santa Catarina
Romeu
Vale de Prados
Vale da Porca
Salselas
Santulhão
Vale de Pradinhos
São Francisco
Mogadouro
79
0 1 2 4 6 8 10 km
0 1 2 4 6 miles

Td
Te
42
Tf
Ua
La Bañeza
Ub
La Cuesta
Cunas
Manzaneda
Val de la Mula
Quintanilla de Yuso
Valdavido
Villar del Monte
Morla de la Valdería
Los Comenares
Quintanilla de Flórez
Palacios de Jamuz
Quintana y Congosto
La Laguna
Herreros de Jamuz
Jiménez de Jamuz
Santa Elena de Jamuz
San Juan de Torres
Cebrones del Río
Moscas del Páramo
Roperuelos del Páramo
Valcabado del Páramo
Villanueva de Jamuz
La Portilla
Casas Viejas
Quintana del Marco
(Villas romanas)
Provincia de León
Provincia de Zamora
Torneros de la Valdería
Nogarejas
San Félix de la Valdería
Castrocalbón
Pinilla de la Valdería
Felechares de la Valdería
Calzada de la Valdería
Genestacio de la Vega
Navianos de la Vega
Pozuelo del Páramo
Castrocontrigo
Río Eria
Bécares
La Nora del Río
Altobar de la Encomienda
Saludes de Castroponce
San Esteban de Nogales
Alija del Infantado
Castillo de Infantado
Quintanilla
Justel
Villalverde
Ayóo de Vidriales
Congosta
Ermita de San Manuel
Alcubilla de Nogales
Coomonte
Donado
Muelas de los Caballeros
Cubo de Benavente
Fuente Encalada
Carracedo
Arrabalde
Villaferrueña
Matilla de Castroponce
Fresno de la Polvorosa
San Pedro de la Viña
Rosinos de Vidriales
La Sierra
Santa María de la Vega
Dornillas
Donadillo
Molezuelas de la Carballeda
Uña de Quintana
Villaobispo
Santibáñez de Vidriales
Tardemézar
Moratones
Peque
Arroyo del Regato
Lanseros
Sejas de Sanabria
Manzanal de los Infantes
El Castro
Ortero de los Centenos
Santa Eulalia del Río Negro
Brime de Sog
San Pedro de Ceque
Grijalba de Vidriales
Granucillo
Brime de Urz
Quintanilla de Urz
Vecilla de la Polvorosa
Morales de Rey
Pozuelo de Vidriales
Cunquilla de Vidriales
El Raso
Manganeses de la Polvorosa
Tierra del Pan
Mombuey
Valleluengo
San Juanico el Nuevo
Cabañas de Tera
Quiruelas de Vidriales
Colinas de Trasmonte
Cernadilla
Milla de Tera
Sitrama de Tera
Fresno de la Carballeda
Rionegro del Puente
Junquera de Tera
Santuario de Gabanzal
Vega de Tera
Calzada de Tera
Camarzana de Tera
Santa Marta de Tera
Santibáñez de Tera
Abraveses de Tera
Micereces de Tera
Aguilar de Tera
Vecilla de Trasmonte
Ermita de Virgen de la Veya
Valparaíso
Villar de Farfón
Olleros de Tera
Calzadilla de Tera
Pumarejo de Tera
Santa Croya de Tera
Ermita de la Virgen de las Encinas
Villanázar
Emb. de Valparaíso
Manzanal de Abajo
Codesal
Val de Santa María
Emb. Ntra. Sra. de Agavanzal
Melgar de Tera
Casa del Monte
San Pedro de Zamudia
Navianos de Valverde
Mozar
Cional
Villanueva de Valrojo
Otero de Bodas
Morales de Valverde
Villaveza de Valverde
Villardeciervos
Villanueva de las Peras
Casas de la Dehesa
Santa María de Valverde
Bercianos de Valverde
Burganes de Valverde
Boya
Litos
Pueblica de Valverde
Friera de Valverde
Olmillos de Valverde
San Pedro de las Herrerías
Culebra
Miño Cuevo
Ferreras de Arriba
Ferreras de Abajo
Sierra de las Cavernas
Las Patas
Bretocino
Estación de las Torres de Aliste
Mujer Muerte
Casa de Valmasedo
Casa Dehesa de Quintos
Mahide
Cabañas de Aliste
Casa de las Mangas
Pobladura de Aliste
Las Torres de Aliste
Serracín de Aliste
Santuario de San Mamés
San Lorenzo
Tábara
Monasterio
Faramontanos de Tábara
Palazuelo de las Cuevas
Campogrande de Aliste
Campanario
Santa Eulalia de Tábara
Riofrío de Aliste
Abejera
Ermita de la Vera Cruz
Sesnández
Moreruela de Tábara
San Cristóbal de Aliste
Villariño de Cebal
San Vicente de la Cabeza
Bercianos de Aliste
Escober
Pozuelo de Tábara
El Pedrón
San Vitero
Tierra de Aliste
Ferreruela de Tábara (Ferreruela)
Sierra de las Carbas
San Martín de Tábara
Riego del Camino
Grisuela
Fradellos
Valer
Puercas
Casa de la Dehesa
Tola
San Juan del Rebollar
Rabanales
Flores
Apeadero de Losacio-San Martín
Olmillos de Castro
Navianos de Alba
Fontanillas de Castro
Teso del Rey
Ufones
Tolilla
Gallegos del Río
Sierra Roldana
Matellanes
Lober
Perilla de Castro
Alcorcillo
Mellanes
Dómez
Losacio
Marquiz de Alba
San Pedro de las Cuevas
Puente de la Estrella
Castrotorafe
San Cebrián de Castro
Alcañices
Arcillera
Vegalatrave
Losilla
Vivinera
Ceadea
Samir de los Caños
Vide de Alba
Estación de Carbajales de Alba
Santa Eufemia del Barco
Embalse de Ricobayo
Losacino
Tardesillas
Moveros
Fornillos de Aliste
Muga de Alba
Apeadero de Manzanal del Barco
Viaducto de Martín Gil
São Martinho de Angueira
Cicouro
El Castillo de Alba
Carbajales de Alba
Sierro
Montamarta
Apeadero de Andavías
Ruta de la Plata
Parque Natural de los Arribes del Duero
Constantim
Senhora das Dores
Fonfría
Manzanal del Barco
Ermita de Nuestra Señora del Carmen
Brandilanes
Bermillo de Alba
Videmala
Palacios del Pan
Parque Natural do Douro Internacional
Castro de Alcañices
Villanueva de los Corchos
Almendra
San Pedro de la Nave-Almendra
Andavías
Especiosa
Ifanes
Salto de Castro
Pino del Oro
(San Pedro de la Nave-Almendra)
Cerezal de Aliste
Villaflor
Campillo
Valdeperdices
Sao Roque
Paradela
Emb. de Castro
Póvoa
Río Fresno
Río Duero
Embalse de Ricobayo
Víboras
Casa de Palomares
Casa de Penadillo
Carrelhos
Genísio
Villadepera
La Hiniesta
Roales
Valcabado
Miranda do Douro
80
Zamora
Zamora
Zamora
95
96
97
98
99
Benavente
León
Villanueva del Campo
Zamora
NVI
A6
A52
A66
E82
631
525
P E

Ub
44
León
Uc
Valencia de Don Juan
Ud
Ue
95
96
97
98
99
La Bañeza
Rionegro del Puente
Zamora
Tábara
Moscas del Páramo
Roperuelos del Páramo
Valcabado del Páramo
Villaestrigo
Laguna de Negrillos
San Salvador de Negrillos
Conforcos
Cabañeros
Villamor de Laguna o Villamorico
Ribera de Grajal o de la Polvorosa
Grajal de Ribera
Cazanuecos
Pozuelo del Páramo
La Antigua
Audanzas del Valle
Saludes de Castroponce
Villamandos
Villaquejida
Villademor de la Vega
Toral de los Guzmanes
Ermita de San Antonio
Bracas
Algadefe
Villarrabines
Castrofuerte
Monte Grande
Fáfilas
Alcuetas
Zalamillas
Valdespino Cerón
Villabraz
Matanza de los Oteros (Matanza)
Prov. de Valladolid
San Llorente
Albires
Dehesa de la Aldea de Santiago
Valdemorilla
Izagre
Monasterio de Vega
Saelices de Mayorga
Castilfalé
Valdemora
Casa del Monte
Monte Grande y San Martín
Las Cumbreras
Villaornate
Carbajal de Fuentes (Villaornate y Castro)
Fuentes de Carbajal
Provincia de León
Provincia de Valladolid
Mayorga
Villalba de la Loma
Cabezón de Valderaduey
Villagómez la Nueva
Caserío Castilleja
Castrobol
Castroponce
Campazas
Gordoncillo
Las Huelgas
Vega de Toral
Maire de Castroponce
San Adrián del Valle
Pobladura del Valle
Fresno de la Polvorosa
San Román del Valle
Vecilla de la Polvorosa
Morales de Rey
Villabrázaro
Matilla de Arzón
Ermita de la Cruz
Cimanes de la Vega
Villafer
Barriones de la Vega
Belvís
Lordemanos
San Miguel del Esla
Santa Colomba de las Carabias
San Cristóbal de Entreviñas
Valderas
Los Amorosos
Valdefuentes
La Unión de Campos
Urones de Castroponce
Becilla de Valderaduey
Puente Romano
Villavicencio de los Caballeros
Valdunquillo
Manganeses de la Polvorosa
Santa Cristina de la Polvorosa
Benavente
Parador
Castillo de los Pimentel
Río Órbigo
Río Esla
Río Cea
San Miguel del Valle
Valdescorriel
Roales de Campos
Prov. de Valladolid
San Vicente
Fuentes de Ropel
Castrogonzalo
Quintanilla del Molar
Villanueva del Campo
Castroverde de Campos
Bolaños de Campos
Villalán de Campos
Convento de San Francisco
Aguilar de Campos
Vecilla de Trasmonte
El Bosque
Villanueva de Azoague
El Portazgo
Castropepe
Mesón de las Palomas
La Mozarra
Vega de Villalobos
Ermita de Valdehunco
Trasdeáguillas
Casa de las Rozas
Barcial de la Loma
Villamuriel de Campos
Zalengas
Villanázar
Casas de Cejinas
Santa Colomba de las Monjas
Mozar
Arcos de la Polvorosa
Burganés de Valverde
Barcial del Barco
Villaveza del Agua
Milles de la Polvorosa
Casa del Maragato
San Esteban del Molar
Los Tintales
Villalobos
Ermita de la Velilla
Prado
Quintanilla del Olmo
Villardefallaves
Santa Eufemia del Arroyo
Palazuelo de Vedija
Olmillos de Valverde
Vidayanes
El Calero
San Agustín del Pozo
Revellinos
Cerecinos de Campos
Villamayor de Campos
Quintanilla del Monte
Villafrechós
Villalumbrós
Casa Pedriquín
Villa Eulalia
Bretocino
Bretó
Santovenia
Casa de la Dehesa
Casas de Ramos
Casa Dehesa de Quintos
Villafáfila
Laguna de Barillos
La Rosa
Casa de Eusebio
Tapioles
Villalpando
Río Valderaduey
Cabreros del Monte
Morales de Campos
Virgen de Arenales
La Tabla
Casa Cerrel
Casa de Farreras
Laguna Salina Grande
Otero de Sariegos
Laguna de las Salinas
Teso del Berro
San Martín de Valderaduey
Villárdiga
Casas del Raso
Cotanes
Pozuelo de la Orden
Tordehumos
Ermita de San Blas
Ermita de la Vega
Granja de Moreruela
Villarín de Campos
El Pedrón
El Pozerón
Casa de Casares
Teso del Equilán
Obispados
Casa del Monte Reoyo
Buenamadera
Casa Cotanilla
Provincia de Zamora
Provincia de Valladolid
Casa del Carrascal
Casa de Rodé
El Escobar
Villagarcía de Campos
Riego del Camino
Manganeses de la Lampreana
Villalba de la Lampreana
Teso del Crucero
Cañizo
Las Rasposeras
Villanueva de los Caballeros
Casa del Monte del Conde
Fontanillas de Castro
Teso del Rey
Pajares de la Lampreana
Castronuevo
Belver de los Montes
Río Sequillo
San Pedro de Latarce
Villardefrades
Urueña
Casa del Huesco
Ermita de la Anunciada
Almaraz de la Mota
Casa del Páramo
Casa del Monte de San Miguel
Tierra del Vino
Tierra de Campos
San Cebrián de Castro
Arquillinos
Los Terronales
Pobladura de Valderaduey
Casa de Portillo
Fardetes
Villavellid
Casa Carbajosa
Valdefuentes o Griegos
Piedrahita de Castro
Cerecinos del Carrizal
Aspariegos
Casas de Fradejos
Bustillo del Oro
Castromembibre
Ermita de Nuestra Señora de Tiedra
Tordesillas
Raposera
Vieja de Canillas
Malva
Ermita de Nuestra Señora del Tovar
Vezdemarbán
Pobladura de Sotiedra
Tiedra
Mota del Marqués
Adalia
Moreruela de los Infanzones
Salamedia
Dehesa del Lenguar
Pinilla de Toro
Ruta de la Plata
Torres del Carrizal
Benegiles
Fuentesecas
Ermita del Cristo
Abezames
Ermita de Sebastián
Benafarces
Casa de Cirajas
Las Ratonas
Villalube
Pozoantiguo
Villalonso
Villalbarba
Gallegos del Pan
Molacillos
Matilla la Seca
Casa Barzolema
Villardondiego
Villavendimio
Ermita de Gracia
Casasola de Arión
Marzales
Cubillos
Casa de Herendeses
Casa del Monitor
Monfarracinos
Algodre
Villa María Luisa
La Hiniesta
Roales
Valcabado
Coreses
Río Bajoz
Pedrosa del Rey
81
0 1 2 4 6 8 10 km
0 1 2 4 6 miles

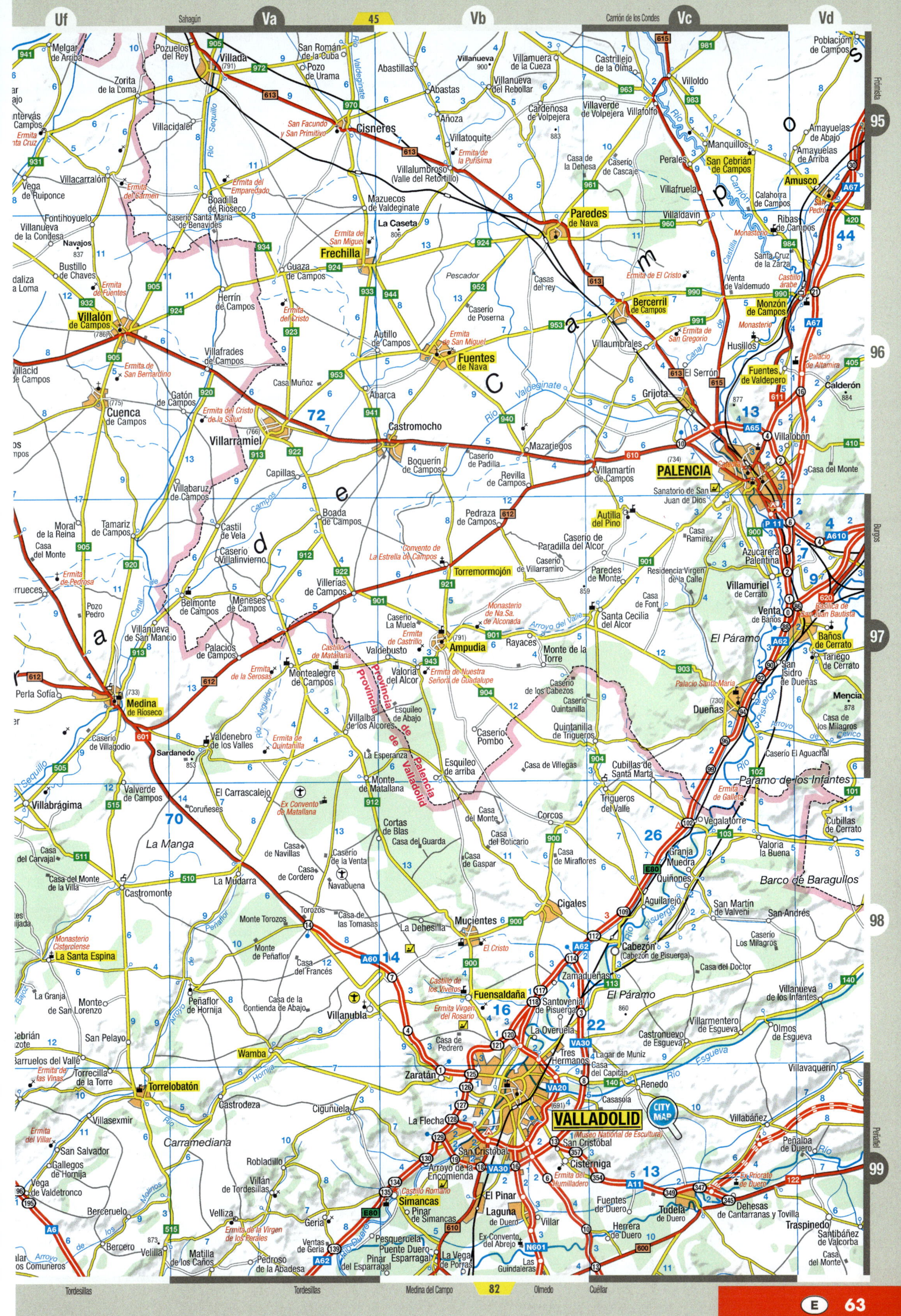

Melgar de Arriba
Pozuelos del Rey
Villada
San Román de la Cuba
Pozo de Urama
Abastillas
Abastas
Villanueva
Villamuera de la Cueza
Castrillejo de la Olma
Población de Campos
Zorita de la Loma
Villanueva del Rebollar
Villoldo
Frómista
Cardeñosa de Volpejera
Villaverde de Volpejera
Villafolfo
Añoza
Cisneros
San Facundo y San Primitivo
Villacidaler
Villatoquite
Ermita de la Purísima
Amayuelas de Abajo
Amayuelas de Arriba
Manquillos
Casa de la Dehesa
Caserío de Cascaje
Perales
San Cebrián de Campos
Amusco
Villalumbroso (Valle del Retortillo)
Villacarralón
Vega de Ruipónce
Ermita del Carmen
Ermita del Emparedado
Boadilla de Rioseco
Villafruela
Calahorra de Campos
Mazuecos de Valdeginate
Fontihoyuelo
Villanueva de la Condesa
Caserío Santa María de Benavides
La Caseta
Paredes de Nava
Villaldavín
Ribas de Campos
Navajos
Ermita de San Miguel
Frechilla
Monasterio
Santa Cruz de la Zarza
Bustillo de Chaves
Guaza de Campos
Pescador
Casas del rey
Ermita de El Cristo
Venta de Valdemudo
Castillo árabe
Ermita de Fuentes
Herrín de Campos
Caserío de Poserna
Bercerril de Campos
Monzón de Campos
Villalón de Campos
Ermita del Cristo
Autillo de Campos
Ermita de San Miguel
Fuentes de Nava
Villaumbrales
Ermita de San Gregorio
Husillos
Villafrades de Campos
Ermita de San Bernardino
Villacid de Campos
Casa Muñoz
Abarca
El Serrón
Fuentes de Valdepero
Palacio de Altamira
Calderón
Gatón de Campos
Cuenca de Campos
Ermita del Cristo de la Salud
Grijota
Castromocho
Mazariegos
Villalobón
Villarramiel
Boquerín de Campos
Caserío de Padilla
Revilla de Campos
Villamartín de Campos
PALENCIA
Casa del Monte
Capillas
Villabaruz de Campos
Sanatorio de San Juan de Dios
Pedraza de Campos
Autilla del Pino
Moral de la Reina
Tamariz de Campos
Castil de Vela
Boada de Campos
Caserío de Paradilla del Alcor
Casa Ramírez
Burgos
Casa del Monte
Caserío Villalinvierno
Convento de La Estrella de Campos
Torremormojón
Caserío de Villarramiro
Paredes de Monte
Azucarera Palentina
Ermita de Pedrosa
Residencia Virgen de la Calle
Villamuriel de Cerrato
Villerías de Campos
Belmonte de Campos
Meneses de Campos
Casa de Font
Pozo Pedro
Caserío La Muela
Monasterio de Na.Sa. de Alconada
Santa Cecilia del Alcor
Venta de Baños
Basílica de San Juan Bautista
Villanueva de San Mancio
Ermita de Castrillo
Ampudia
Rayaces
Monte de la Torre
El Páramo
Baños de Cerrato
Palacios de Campos
Castillo de Matallana
Valdebusto
Tariego de Cerrato
Ermita de la Serosas
Montealegre de Campos
Provincia de Palencia
Provincia de Valladolid
Valoria del Alcor
Ermita de Nuestra Señora de Guadalupe
Caserío de los Cabezos
Palacio Santa María
San Isidro de Dueñas
Perla Sofía
Medina de Rioseco
Esquileo de Abajo
Caserío Quintanilla
Dueñas
Mencía
Villalba de los Alcores
Caserío Pombo
Quintanilla de Trigueros
Casa de los Milagros
Caserío de Villagodio
Valdenebro de los Valles
Ermita de Quintanilla
Sardanedo
La Esperanza
Esquileo de arriba
Casa de Villegas
Cubillas de Santa Marta
Caserío El Aguachal
Páramo de los Infantes
Villabrágima
Valverde de Campos
El Carrascalejo
Monte de Matallana
Ex Convento de Matallana
Trigueros del Valle
Ermita de Galleta
Coruñeses
Casa del Monte
Corcos
Vegalatorre
Cubillas de Cerrato
La Manga
Cortas de Blas
Casa del Guarda
Casa del Boticario
Valoria la Buena
Casa del Carvajal
Casa de Navillas
Caserío de la Venta
Casa de Gaspar
Casa de Miraflores
Granja Muedra
Casa del Monte de la Villa
Castromonte
La Mudarra
Casa de Cordero
Navabuena
Quiñones
Barco de Baragullos
Cigales
Aguilarejo
San Martín de Valveni
San Andrés
Monte Torozos
Torozos
Casa de las Tomasas
La Dehesilla
Mucientes
Caserío Los Milagros
Monasterio Cisterciense
La Santa Espina
Monte de Peñaflor
Casa del Francés
El Cristo
Cabezón (Cabezón de Pisuerga)
Zamadueñas
Casa del Doctor
La Granja
Monte de San Lorenzo
Peñaflor de Hornija
Casa de la Contienda de Abajo
Villanubla
Castillo de los Viveros
Fuensaldaña
Santovenia de Pisuerga
El Páramo
Villanueva de los Infantes
Ermita Virgen del Rosario
Villarmentero de Esgueva
Olmos de Esgueva
San Pelayo
Casa de Pedrero
La Overuela
Castronuevo de Esgueva
Barruelos del Valle
Wamba
Tres Hermanos
Lagar de Muniz
Ermita de las Viñas
Torrecilla de la Torre
Zaratán
Casa del Capitán
Renedo
Villavaquerín
Torrelobatón
Castrodeza
Ciguñuela
Casasola
Villasexmir
La Flecha
VALLADOLID
Museo Nacional de Escultura
CITY MAP
Villabáñez
Ermita del Villar
Carramediana
San Cristóbal
Peñalba de Duero
San Salvador
Gallegos de Hornija
Robladillo
Arroyo de la Encomienda
Cistérniga
Ermita del Humilladero
Peñafiel
Vega de Valdetronco
Villán de Tordesillas
Simancas
Castillo Romano
El Pinar
Ex Priorato de Duero
Fuentes de Duero
Tudela de Duero
Dehesas de Cantarranas y Tovilla
Berceruelo
Velliza
Geria
Pinar de Simancas
Laguna de Duero
Villar
Herrera de Duero
Traspinedo
Ermita de la Virgen de los Perales
Ventas de Geria
Pesqueruela
Puente Duero-Esparragal
Ex Convento del Abrojo
Santibáñez de Valcorba
Bercero
Velilla
Matilla de los Caños
Pedroso de la Abadesa
Pinar del Esparragal
La Vega de Porras
Las Guindaleras
Casa del Monte
Arroyo de los Comuneros
Río Valdeginate
Río Sequillo
Río Pisuerga
Río Carrión
Canal de Castilla
Río Esgueva
Río Duero
Río Hornija

Vd
Osorno la Mayor
Ve
45
Vf
Wa
Burgos
95
96
97
98
99
Frómista
Población de Campos
Boadilla del Camino
Melgar de Yuso
Pedrosa del Príncipe
Vallunquera
Santa Bárbara
Villaldemiro
Tamarón
Santa Juliana
Celeda del Camino
Villavieja de Muño
Quintanilla-Somuño
Santiuste
Arroyo de Muño
Torrepadierne
Quintanilla
Arenillas de Muño
Mazuela
Amayuelas de Abajo
Amayuelas de Arriba
Piña de Campos
Santoyo
Santiago del Val
Támara de Campos
Villodre
El Páramo
Peña Rumiada
La Casetona
Los Balbases
San Esteban
Villazopeque
Villaquirán de los Infantes
Villanueva de las Carretas
Pampliega
Olmillos de Muño
Palazuelos de Muño
Presencio
Amusco
Astudillo
Convento de Santa Clara
Palacios del Alcor
Valbonilla
Vallegera
Santa Rosalía
Vizmalo
Barrio de Muño
Belbimbre
Ciadoncha
Revenga
San Cebrián de Buena Madre
Villalaco
Valbuena de Pisuerga
Villamedianilla
Revilla Vallejera
Prov. de Palencia
Villodrigo
Villaverde-Mogina
San Mamés
Santa María del Campo
Ermita de Vascones
Provincia de Burgos
Provincia de Palencia
Casa de Pasiego
Caserío de la Dehesa
Vegapajar
Casa del Monte
Valdespina
Monzón de Campos
Casa Monte Rey
Casa del Guarda
San Salvador del Moral
Colonia Militar Infantil General Varela
Quintana del Puente
Palenzuela
Valles de Palenzuela
Mahamud
Prado Romero
Villahizán
La Mancha
Fuentes de Valdepero
Palacio de Altamira
Villajimena
Cordovilla la Real
Dehesa de Villandrando
Pinilla de Arlanza
Escuderos
Villahoz
Calderón
Casa del Monte
Ermita de Valdesalce
Villamediana
Caserío de Negredo
Peral de Arlanza
Retortillo
Hontoria de Riofranco
Concejera
Villalobón
Valdeolmillos
Torquemada
Herrera de Valdecañas
Santa Cecilia
Villahán
Pocias
Tabanera de Cerrato
Caserío de San Juan de Castellanos
Cobos de Cerrato
Torrepadre
Páramo de Talamanca
Tordómar
Casa del Monte
Casas de Valdecañas
Granja de Olmos de Cerrato
Veguecilla
Pinedillo
Páules del Agua
Granja de la Encomienda
Hornillos de Cerrato
Valdecañas de Cerrato
Casa de Villamiro
Caserío de Hoyales
Royuela de Río-Franco
Torrecitores
Magaz de Pisuerga
Reinoso de Cerrato
Caserío de Tablada
El Cañuelo
Espinosa de Cerrato
Iglesiarrubia
Valdeburgo
Ermita de Nuestra Señora de Garón
Caserío de Pajareros
Soto de Cerrato
Villaviudas
Casa de Monte Reinosa
Caserío de la Dehesa de Valverde
Antigüedad
La Carbonera
Tres Enebros
Basílica de San Juan Bautista
Casa del Monte
Casa de la Aldea
Baltanás
Tabla de Valverde
Valle de Cerrato
Caserío Dehesa de Rebollar
Hontoria de Cerrato
Baños de Cerrato
Páramo Santa Cecilia
El Endrinal
Villafruela
Valle Fray
Tariego de Cerrato
Páramo de Sardón
Los Alfoces
Casa de Marianilla
Casa del Tuerto
Greda
Caserío de Nieto
Caserío de los Salares
Provincia de Palencia
Provincia de Burgos
Mojón de la Paz
Mencía
Casa de los Milagros
Villaconancio
Convento de San Pelayo
Casa del Guarda
Casa de los Caserones
La Quintanilla
Cevico de la Torre
Castrillo de Onielo
Cevico Navero
Los Candeleros
La Cruz del Aceitero
Convento de los Valles
Caserío El Aguachal
Páramo de los Infantes
Vertavillo
Ermita de Virgen de Hontoria
Hérmedes de Cerrato
Tórtoles de Esgueva
Torresandino
Terradillos de Esgueva
Valles de Cerrato
Cubillas de Cerrato
Alba de Cerrato
La Tiñosa
Villovela de Esgueva
Villatuelda
Población de Cerrato
Castrillo de Don Juan
Buenavista
Barco de Baragullos
San Cristóbal
El Portillo
Torre de Esgueva
Fombellida
Embalse de Encinas
Olmedillo de Roa
Ermita de Basardilla
Piña
Esguevillas de Esgueva
Amusquillo
Castroverde de Cerrato
Canillas de Esgueva
Encinas de Esgueva
Guzmán
Anguix
Casa del Monte de Villalobón
Piña de Esgueva
Villaco
Villafuerte
La Atalaya
Quintanamanvirgo
Manvirgo
La Horra
Villaescusa de Roa
Boada de Roa
Castrillo-Tejeriego
Casas de Quintanilla
Jaramiel de Arriba
Jaramiel de Abajo
Monte Alto
Piñel de Arriba
Provincia de Valladolid
Pedrosa de Duero
Villanueva de los Infantes
La Sinova
Casa de Epifanio
Casas del Monte
San Llorente
Valcavado de Roa
Roa
Berlangas de Roa
Villavaquerín
Piñel de Abajo
Roturas
Corrales de Duero
Mambrilla de Castrejón
La Cueva de Roa
Ermita de la Virgen de la Vega
Hoyales de Roa
Caserío de Bonilla
Casa de la Quemada
Valbuena de Duero
Monasterio Cisterciense
Olivares de Duero
Pesquera de Duero
Curiel de Duero
Valdearcos de la Vega
San Martín de Rubiales
Peñalba de Duero
Sardoncillo o la Granja
Vega Sicilia
Convento
Casa de Mazariegos
Quintanilla de Arriba
Bocos de Duero
Fuentelisendo
Fuentecén
Retuerta
Quintanilla de Onésimo
San Bernardo
Padilla de Duero
La Pilar y Fuensanta
Nava de Roa
Fuentemolinos
Sardón de Duero
Casa del Granizo
Manzanillo
Peñafiel
Valdezate
La Planta
Mélida
Castrillo de Duero
Traspinedo
Santibáñez de Valcorba
Casa del Pozo
Langayo
Olmos de Peñafiel
Provincia de Burgos
Provincia de Segovia
Casa del Monte
Casa de Valimón
Granja de San Mamés
Aldeyuso
Molpeceres
Cuchillejo
Redondillo
Monte Bayón
Palencia
Valladolid
83
0 1 2 4 6 8 10 km
0 1 2 4 6 miles

Wb
Wc
46
Wd
We
Burgos
95
96
97
98
99
84
Canatalejo
Madrid
Nájera
Duruelo de la Sierra
San Leonardo de Yagüe
El Burgo de Osma
Villariezo
Las Ventas
Sarracín
Saldaña de Burgos
Modúbar de la Emparedada
Modúbar de la Cuesta
Cojóbar
Olmosalbos
Modúbar de San Cebrián
Ermita Virgen de los Ánades
Santa Cruz de Juarros
Urrez
Embalse de Arlanzón
Los Castillejos
Sierra de San Antonio
Monte del Perrullazo
Majada de Campillos
San Millán
Sierra de Mencilla
Villamiel de Muñó
Arcos
Villanueva-Matamala
Pedrosa de Muñó
Quintanilleja
Villangómez
Revillarruz
Humienta
San Juan
Bugedo
Monasterio
Matalindo
Cabañas
Tenada de Fresnada
Revilla del Campo
Palazuelos de la Sierra
Salguero del Sauce
Villamiel de la Sierra
Tenada Quiñones
Pineda de la Sierra
Valle del Sol
Tenada Becedo
Puerto de El Manquillo
Cogollos
Hontoria de la Cantera
San Quirce
Cubillo del Campo
Quintanalara
Mazuelo
Quintanilla-Cabrera
Tinieblas de la Sierra
Cerro Muerto
Valdorros
Montuenga
Villaverde del Monte
Tornadijo
Torrelara
Páules de Lara
Villorúedo
Tañabueyes
Iglesiapinta
Riocavado de la Sierra
Desfiladero de Pedroso
Barbadillo de Herreros
Encinillas
Madrigal del Monte
Madrigalejo del Monte
Rozas
Cubillo del César
Cubillejo
Cuevas de San Clemente
Nuestra Señora de las Viñas
Vega de Lara
Aceña
San Millán de Lara
Ermita de Santa Juliana
Bezares
Vallejimeno
Tenadas de la Pasadera
Zael
Tenadas del Monte
Quintanilla de las Viñas
Lara de los Infantes (Jurisdicción de Lara)
Campolara
Rupelo
Ermita de Valpeñoso
Jaramillo de la Fuente
Barbadillo del Pez
Quintanilla de Urilla
Huerta de Abajo (Valle de Valdelaguna)
Villamayor de los Montes
Venta del Alto
Otero
Torrecilla del Monte
Mazariegos
Mecerreyes
Sierra de las Mamblas
Muela
Mambrillas de Lara
Villaespasa
Jaramillo Quemado
Vizcaínos
Sierra de Neila
Cruz del Administrante
Tenadas de la Renovilla
Tenadas de la Rasa
Hortigüela
Piedrahita de Muñó
Hoyuelos de la Sierra
Tenada de Peñalengua
Arroyo de Salas
Pinilla de los Moros
Santa Cecilia
Villalmanzo
Santa Inés
Covarrubias
Tenadas del Monte
Cascajares de la Sierra
Terrazas
Monasterio de la Sierra
Palacio Ducal
Lerma
Parador
Santillán
Quintanilla del Agua
Puentedura
San Pedro de Arlanza
Barbadillo del Mercado
Castrovido
Salas de los Infantes
Básconas del Agua
(quintanilla-Tordueles)
Retuerta
Emb. de Retuerta (en constr.)
Tordueles
Ura
Fuentelsoto
Contreras
La Revilla
Quintanilla de la Mata
Revilla Cabriada
Castroceniza
Parque Natural Sabinares de Arlanza-La Yecla
Haedo
Villanueva de Carazo
Castrillo de la Reina
Villoviado
Quintanilla del Coco
Santibáñez del Val
Hacinas
Rabé de los Escuderos
Castrillo de Solarana
Solarana
Nebreda
Cebrecos
Convento
Santo Domingo de Silos
Carazo
Peñas de Cervera
Barriosuso
Valdosa
Moncalvillo
Tejada
Hinojar de Cervera
Peñacoba
Gete
Fontioso
Esteparón
Tresmojones
Hortezuelos
Mamolar
Pinilla de los Barruecos
Ermita de San Miguel
Cabezón de la Sierra
Briongos
Pico Castro
Las Tenadillas
Guimara
Pineda-Trasmonte
Cilleruelo de Arriba
Ermita de Cobos
Ciruelos de Cervera
Espinosa de Cervera
Doña Santos
Plumarejos
La Gallega
Rabanera del Pinar
Aldea del Pinar
Cilleruelo de Abajo
Ermita de la Aynosa
Estación de Bahabón de Esgueva
Valdesajo
Pinilla-Trasmonte
Bahabón de Esgueva
Coto de Pinilla
Santa María de Mercadillo
Arauzo de Miel
Ermita de Arandilla
Ermita de Nuestra Señora de Brezales
Ermita Virgen de las Nieves
Hontoria del Pinar
Navas del Pinar
Ermita de San Pelayo
Cabañes de Esgueva
Oquillas
Valdeande
Huerta del Rey
Parque Natural del Cañón del Río Lobos
Santibáñez de Esgueva
San Lorenzo
Villalbilla de Gumiel
Ermita del Santísimo Cristo
Caleruega
Arauzo de Salce
Espejón
San Asenjo
Tubilla del Lago
Arauzo de Torre
Peñalba de Castro
La Hinojosa
Espeja de San Marcelino
Clunia Sulpicia (Ciudad romana)
Quintanarraya
Orillares
Sotillo de la Ribera
Ermita de Mouzón
Gumiel de Hizán
Ermita de San Antonio
Baños de Valdearados
Castillo (Restos históricos)
Coruña del Conde
Hinojar del Rey
Convento San Jerónimo
Muñecas
Quintana del Pidio
Gumiel de Mercado
Ermita de Santa María Magdalena
Quintanilla de Ricuerda
Quintanilla de Nuño Pedro
Guijosa
Fuencaliente del Burgo
Caserío de Revilla de Gumiel
Villanueva de Gumiel
Hontoria de Valdearados
Arnadilla
Alcubilla de Avellaneda
Ermita de San Juan de Canicera
La Aguilera
Montes Valmayo
Ventosilla
Coto Valverde
Brazacorta
Alcoba de la Torre
Fuentearmegil
Santervás del Burgo
Sinovas
Quemada
Zazuar
Peñaranda de Duero
Cuzcurrita de Aranda
Zayas de Báscones
Zayuelas
Villalba de Duero
ARANDA DE DUERO
San Juan del Monte
Convento del Carmen
Casanova
Zayas de Torre
Ermita de la Laguna
Colonia la Enhebrada
Bocigas de Perales
Villálvaro
Berzosa
Ermita de San Isidro
Castrillo de la Vega
Fresnillo de las Dueñas
Fuentespina
Vadocondes
Gumá
Provincia de Burgos
Castildediez
Matanza de Soria
Zuzones
La Vid (La Vid y Barrios)
El Bianco
Campillo de Aranda
La Venta
Convento
Langa de Duero
Alcozar
Rejas de San Esteban
Quintanilla de Tres Barrios
Ermita de la Virgen de la Nava
Santa Cruz de la Salceda
Provincia de Soria
Ermita de la Virgende Paúl
Torregalindo
Fuentelcésped
Vellilla de San Esteban
Soto de San Esteban
San Esteban de Gormaz
Hontangas
Milagros
Prov. de Segovia
Las Alforjas
Castillejo de Robledo
Parque Natural de las Hoces del Río Riaza
Moradillo de Roa
Pardilla
Montejo de la Vega de la Serrezuela
Maluque
Castillo de los Templarios
Valdanzo
Aldea de San Esteban

We
Wf
Xa
47
Nájera
Xb
Logroño
Xc
95
96
97
98
99
Salas de los Infantes
Salas
Aranda de Duero
Ayllón
Peña del Cuervo
Majada de Campillos
San Millán
Sierra de la Demanda
San Antón
Azarrulla
Ayabarrena
Posadas
Valdezcaray
San Lorenzo
Altuzarra
Collado del Gitano
Puerto de la Demanda
Tenada Becedo
Peñas de Oro
Ermita de San Quirico
Anguiano
Ermita de la Magdalena
Monasterio de Valvanera
Hospital del Duque
Sierra de San Lorenzo
Sierra de Camero Nuevo
Nestares
Torrecilla en Cameros
Ermita de Nuestra Señora de Tomalés
Ribabellosa
Nieva de Cameros
Ermita de San Julián
San Cristóbal
El Rasillo de Cameros
Ortigosa de Cameros
Almarza de Cameros
Pinillos
Pradillo
Gallinero de Cameros
Peñaloscintos
Villanueva de Cameros
Brieva de Cameros
Puerto Hiricado
Riocavado de la Sierra
Barbadillo de Herreros
Desfiladero de Pedroso
Monterrubio de Demanda
Canales de la Sierra
Mansilla de la Sierra
Embalse de Mansilla
Viniegra de Abajo
Ventrosa
Sierra de Castejón
Tierra de Cameros
Mojón Alto
Aldeanueva de Cameros
Ermita de Santo Domingo
El Horcajo
Villoslada de Cameros
Laguna La Nava
Lumbreras
San Andrés
Bezares
Vallejimeno
Quintanilla de Urilla
Huerta de Abajo (Valle de Valdelaguna)
Huerta de Arriba
Ermita de Nuestra Señora de la Vega
Tolbaños de Abajo
Tolbaños de Arriba
Villavelayo
Ermita de San Juan
Provincia de La Rioja
Provincia de Burgos
Puente Esboa
Las Gabias
Peña Tejada
Viniegra de Arriba
Ermita de San Millán
Montenegro de Cameros
Pajares
Pantano Pajares
Tejadillo
Ermita de Piqueras
Puerto de Piqueras
Parque Natural de Sierra Cebollera
Sierra de Neila
Monasterio de la Sierra
Monasterio
Parque Natural Lagunas Glaciares de Neila
Laguna Larga
Campiña
Neila
Puerto El Collado
Navilla
Sierra de Urbión
Puerto de Santa Inés
Ermita de la Virgen de Lomos de Orios
Callahornos
La Mesa
Las Tabladas
Puerto Rico
Santa Inés
Fuentes del Duero
Sierra de la Umbría
Prov. de Burgos
Prov. de Soria
Cebollera
Sierra Cebollera
Negra
Quintanar de la Sierra
Necrópolis
Dehesilla
Palacios de la Sierra
Vilviestre del Pinar
Regumiel de la Sierra
Duruelo de la Sierra
Sierra de Duruelo
Quintanar El Quintanarejo
Sierra del Portillo de Pinochos
Molinos de Razón
Glaciar
Valdeavellano de Tera
Moncalvillo
Ermita de Revenga
Canicosa de la Sierra
Covaleda
Sotillo del Rincón
Villar del Ala
Aldehuela del Rincón
Cabezas Altas
Sierra de Resomo
Ermita San Pedro
Vinuesa
Ermita Nuestra Señora del Castillo
El Royo
Azapiedra
Puente Romano
Casa del Rincón
Derroñadas
Langosto
Sierra de la
Rabanera del Pinar
Aldea del Pinar
Cabeza Gorda
Salduero
Molinos de Duero
Vilviestre de los Nabos
Hinojosa de la Sierra
Palacio renacentista
Santervás de la Sierra
Dombellas
Hontoria del Pinar
Casa del Guarda Montes
Caserío del Amogable
Los Rincones
Embalse de la Cuerda del Pozo
Pinar Grande
Caserío Mallumembre
Oteruelos
Pedrajas
Parque Natural del Cañón del Río Lobos
Arganza
San Leonardo de Yagüe
Navaleno
Puerto Mojón Pardo
Herreros
Cidones
Abejar
Villaverde del Monte
Ocenilla
Toledillo
Orillares
Casarejos
Vadillo
Talveila
Muriel Viejo
Cabrejas del Pinar
Sierra de Cabrejas
Sierra Llana
Fuentetoba
Santa María de las Hoyas
Ardal
Herrera de Soria
El Estopar
Villaciervos
Golmayo
Muñecas
Ermita de San Bartolomé
Los Casares
Villaciervitos
Altos de Villaciervos
Fuencaliente del Burgo
Sierra de Nafria
Cantalucía
Cubilla
La Cuenca
Montes Valmayo
Nafria de Ucero
Aylagas
Muriel de la Fuente
Ermita de San Miguel
Fuentearmegil
Santervás del Burgo
Rejas de Ucero
Ucero
Fuentecantales
Aldehuela de Calatañazor
Santa Ana
La Mallona
Ermita de Hinodejo
Villabuena
Camparañón
Valdeavellano de Ucero
Abioncillo
Calatañazor
Sierra de
Valdelinares
El Monte
Blacos
Nódalo
Las Fraguas
Hinodejo
Valdealbín
Torreblacos
Ermita de San Lorenzo
Majadas de la Cuesta
Las Cuevas de Soria
Izana
Valdemaluque
Nafria la Llana
Berzosa
Sotos del Burgo
La Mercadera
Monasterio
Valdegrulla
Valdelubiel
Barcebal
Valdealvillo
Fuentelaldea
La Revilla de Calatañazor
Quintana Redonda
Los Llamosos
Matanza de Soria
Barcebalejo
Rioseco de Soria
Torralba del Burgo
La Barbolla
La Muela
Ventosa de Fuentepinilla
La Quebrada
Ermita de San Roque
Santiuste
El Burgo de Osma (Burgo de Osma-Ciudad de Osma)
Valdecastilla
Velasco
Boós
Fuentelárbol
Osonilla
Tardelcuende
San Esteban de Gormaz
Quintanilla de Tres Barrios
Catedral
Escobosa de Calatañazor
La Seca
Osma
Valdenarros
Ermita de Almacedo
Puerta románica
Torreandaluz
Cascajosa
Ermita de la Magdalena
Ermita de San Julián
Valdenebro
Uxama-Argelae (Ruinas romanas)
Alcubilla del Marqués
Osona
Lodares de Osma
Valderrodilla
Fuentepinilla
Pedraja de San Esteban
La Rasa
La Olmeda
Bayubas de Arriba
Valverde de los Ajos
Valderrueda
El Santero
Almazán
85

Montalbo en Cameros
Terroba
Santa María en Cameros
Treguajantes
Torre en Cameros
San Román de Cameros
Velilla
Valdeosera
Hornillos de Cameros
Jalón de Cameros
Torremuña
Vadillos
Rabanera
Avellaneda
Ajamil
Sierra de Camero Viejo
El Collado
Buzarra
La Monjía
Santa Marina
Ribalmaguillo
Oliván
La Santa
San Vicente
Zarzosa
Larriba
Munilla
Valdevigas
Las Escurquilla
San Vicente de Robres
Valtrujal
Cabi Monteros
Antoñanzas
Santa Eulalia-Somera
Santa Eulalia-Bajera
Arnedillo
Peroblasco
Caserío Las Bargas
Bergasa
Bergasillas Bajera
Bergasillas Somera
Arnedo
Casa Cantó
Majeco
Quel
Herce
Ermita de Santa Marina
Monasterio de Vico
Préjano
Ermita de San Marcos
Casa de la Fiscala
Ermita de San Juan
Autol
Casa de Rivandía
Corral de la Cañada
Casa de Turrax
Rincón de Soto
Aldeanueva de Ebro
Ermita de San Esteban
Lombarín
Planas Altas
Casa de Lobera
Sierra de Préjano
Corral de las Romerales
Turruncún
Enciso
Provincia de La Rioja
Provincia de Soria
Leria
Las Ruedas de Enciso
El Villar
Garranzo
Poyales
Navalsaz
La Vega
Mura de Aguas
Ambas Aguas o Entrambas Aguas
Villarroya
Yerga
Caserío de la Arboleda
Valverde
Grávalos
Las Cañadillas
Camporredondo
Diustes
Villar de Maya
Vellosillo
Yanguas
Aldealcardo
Sierra de la Bellanera
Armejún
Vilarijo
Balenario La Pazana
Cornago
El Yesal
Parque
Natural
de la
Laguna
Santa Cecilia
Bretún
Ayedo
Villar del Río
Buimanco
Peñazcurna
Valdeperillo
Igea
Ventas del Baño
Fitero
Santa Cruz de Yanguas
La Laguna
Villartoso
Verguizas
Valduérteles
Villaseca Somera
Villaseca Bajera
La Cuesta
Vea
Culebrillas
Ermita de la Virgen del Pilar
Ermita de la Virgen del Villar
Rincón de Olivedo o Las Casas
Casa de Cuerno Solano
Balenario La Albotea
Sierra Urguilla
Vizmanos
Ledrado
Taniñe
Palacio de San Pedro
San Pedro Manrique
Acrijos
Fuentebella
Galiago
Casetas de Barnueva
Cervera del Río Alham
Hoya Rasa
Cabretón
Valvarde
Huérteles
Ventosa de San Pedro
Montaves
Sarnago
Sierra de Alcarama
Póveda de Soria
Barriomartín
Sierra de Montes Claros
Valloria
Las Aldehuelas
Los Campos
Cayo
El Collado
Matasejún
El Vallejo
Valdelavilla
Valdenegrillos
Valdemadera
Tozo
Inestrillas
Valdegutur
Apartadero de Cervera de Río Alhama
Sierra y los Circos
Arguijo
Urbión
Torrearévalo
Gallinero
Almarza
Oncala
San Andrés de San Pedro
Torretarrancho
Castillejo de San Pedro
Las Fuesas
Navajún
Aguilar del Río Alhama
San Andrés de Soria
Arévalo de la Sierra
Puerto de Oncala
Sierra de El Rodadero
Valdeprado
Cigudosa
San Felices
Monegro
Gutur
Prov. de La Rioja
Prov. de Soria
Rollamienta
Estepa de Tera
Cubo de la Sierra
Ventosa de la Sierra
Segoviela
Estepa de San Juan
Valtajeros
Fuentes de Magaña
Cerbón
Valverde
Rebollar
Tera
Matute de la Sierra
Fuentelfresno
Castilfrío de la Sierra
Aldealices
Carrascosa de la Sierra
Magaña
Sierra de Pégado
Pégado
Dévanos
Espejo de Tera
Sepúlveda de la Sierra
Portelárbol
Cuéllar de la Sierra
Ausejo de la Sierra
Palacio renacentista
Pobar
Villarraso
Valadelagua del Cerro
Añavieja
Mata
Portelrubio
La Rubia
Pedraza
Pinilla de Caraduena
Aldealseñor
Fuentestrún
Castilruiz
Tierra de Agreda
Canredondo de la Sierra
Ayllonc illo
Cirujales del Río
La Losilla
El Alto
Trebago
San Blas
Ágreda
Castillo árabe
Castillo de la Muela
Carboneras
Fuentelsaz de Soria
Chavaler
Almajano
Suellacabras
Montenegro de Ágreda
Matalebreras
Fuentecantos
Buitrago
Narros
Sierra del Almuerzo
El Espino
Sierra del Madero
Conejares
Muro de Ágreda
Augustobriga (Restos romanos)
Aldehuela de Ágreda
Canos
Matute
Ermita de San Román
Valdejeña
Puerto del Madero
Tardesillas
Garray
Velilla de la Sierra
Renieblas
Aldehuela de Periáñez
Cortos
Nieva de Calderuela
Ermita de San Marcos
Fuentes de Ágreda
Numancia (Ciudad romana)
Ventosilla de San Juan
Torretartajo
Arancón
Calderuela
Las Casas
Apeadero de Velilla de la Sierra
Santo Cristo de los Olmedillos
Aldealpozo
Villar del Campo
Pozalmuro
Ólvega
Cueva de Ágreda
Soria
Fuensaúco
Sierra del Costado
Masegoso
Ermita
Ermita de San Roque
Ermita de San Bartolomé
Parador
Catedral
Ontalvilla de Valcorba
Fuentetecha
Omeñaca
Tozalmoro
Cascarrera
Casa del Soto
City Map
Ermita de San Saturio
Martialay
Duañez
Tajahuerce
Hinojosa del Campo
San Marcos
Embalse Los Rábanos
Granja La Salma
Cubo de Hogueras
Carazuelo
Ojuel
Esteras de Lubia
Pinilla del Campo
Matalasilla
Ermita de Na Sa de los Remedios
Los Rábanos
Alconaba
Mazalvete
Peroniel del Campo
Noviercas
Sierra de Toranzo
Mina
Casa Granja de Blasco Nuño
Candilichera
Castejón del Campo
Los Cerros
Ermita de la Virgen de los Santos
Navalcaballo
Cabrejas del Campo
Almenar de Soria
Jaray
El Espartal
Laguna de Valdehalcones
Borobia
Tardajos de Duero
Aldealafuente
Aliud
Gómara
Cardejón
El Cortado
El Rebollar
Miranda de Duero
Albocabe
Lubia
Rabanera del Campo
Ribarroya
Paredesroyas
Campo de Gómara
Buberos
Portillo de Soria
Tordesalas
Ermita de la Virgen de la Sierra
Ituero
Tapiela
Torralba de Arciel
Villaseca de Arciel
Torrubia de Soria
Ciria
Zamajón
Ermita de San Pablo
Sauquillo de Alcázar
Reznos
Puerto de la Bigornia
Altos de Lubia
Cubo de la Solana
Villanueva de Zamajón
Tejado
Ledesma de Soria
Sierra de Miñana
Sierra Corija
Tomillares
Torrelapaja
Ermita de la Virgen de la Solana
Riorruerto
Almazul
La Quiñonería
Berdejo
Malanquilla
La Paloma
Valdespina
Aimarail
Sauquillo de Boñices
Boñices
Abión
Castil de Tierra
Valdemarcas
Borjabad
Nomparedes
Zárabes
Peñalcázar
Las Casas
Alfaro
Zaragoza
Tudela
Cintruénigo
Tarazona

Calahorra
Ya
Calahorra
Yb
Villafranca
Pamplona
Caparroso
Yc
49
Yd
Sádaba
Ye
95
96
97
98
99
Autol
Gravalos
Cervera del Río Alhama
Soria
Ólvega
Ermita de San Esteban
Rincón de Soto
Aldeanueva de Ebro
Dehesa de San Juan
Granjafrío
Milagro
Provincia de Navarra
Provincia de La Rioja
Cadreita
Alto de Masadas (440)
Valtierra
Parque
Castillo de Tierra
Natural
Ermita de Nuestra Señora del Yugo
Arguedas
Ruinas Romanas
Planas Altas
Casa de Lobera
Alfaro
Castejón
Valtierra/Castejón/Alfaro
Tudela
Casas de Castejón
Apartadero de Arguedas
Caserío de la Arboleda
Alfaro/Corella
Corella
Valverde
Convento del Villar
Pamplona (A15)
Murillo de las Limas
Monte Olivete
de las Bardenas
Corral de Curro
Provincia de Navarra
Provincia de Zaragoza
Casa del Iranzo
Cabañas del Ahalojero
Pinsoro
Casas de los Cascajos
Estanca de Cabanes
Caserío Partida Ba
Partida Casilla
El Lagunazo
El Bay
Valareña
Corral de Gova
El Portillo de Santa Margarita
Corral del Pachín
Casa de la Pola
Casas de Franca
Casa de los Tetones
Reales
Loma Negra 647
Plana de la Negra
Cabañas de Jerónimo
Casas de Farrique
El Yesal
Ventas del Baño
Cintruénigo
Casa Ligués
Fitero
Estación de Fitero
Río Alhama
TUDELA
Cabanillas
Fustiñana
Torre de Monreal
Palacio de Carlos (El Real del Rey)
Murchante
Urzante
Fontellas
Tudela/Tarazona
Tudela
Basílica de la Virgen del Romero
Casetas de Barnueva
Cabretón
Casa del Cura
Cascante
Laguna de Lor
Monasterio
Tulebras
Ablitas
Ribaforada
El Ginestar
Fraile Alto 554
Ermita de Na.Sra. de Sancho Abarca
Sancho Abarca
Socarrada
Valverde
Apartadero de Cervera de Río Alhama
Valdegutur
Alto de la Muga 863
Monteagudo
Monasterio de la Virgen del Camino
Barillas
Novallas
Malón
Cardelina
Buñuel
Torre de Leoz
Estado de Mora
Venta de la Virgen
Novillas
Las Norias
Santa Engracia
Prov. de Soria
Prov. de Zaragoza
Valverde
Apeadero de La Nava Tarazona
Vierlas
Tórtoles
San Vicente
Cunchillos
Barrabás
Cortes
Mallén
Santa Ana
Catedral
Torrellas
Tarazona
El Buste
Los Fayos
Río Queiles
Santa Cruz de Moncayo
Grisel
Muralla
Nuestra Señora de las Mercedes
P.to de Lanzas Agudas
Fréscano
Huerta Alta
Gallur
El Batán
Pradilla de Ebro
Castillo árabe
Ágreda (941)
Castillo de la Muela
Gallopar
Carboneras
Vozmediano
Castillo
San Martín de la Virgen de Moncayo
Santuario de Misericordia
Borja
Castillo
Restos romanos
Agón
Bisimbre
Gañarul
Barrio del Beato Agno
Magallón
Lituénigo
Sanatorio de Agramonte
Aldehuela de Agreda
Fuentes de Agreda
Litago
Trasmoz
Vera de Moncayo
Veruela
Monasterio de Veruela
Maleján
Bulbuente
Ainzón
Albeta
Bureta
Aberite de San Juan
El Carrizal
Ermita de San Sebastián
La Loteta
Autopista Vasco Aragonesa
San Sebastián
La Aparecida
Nuestra Señora de Moncayo
Moncayo 2316
San Gerudioso
Añón de Mocayo
Alcalá de Moncayo
Río Huecha
Ambel
Llano de Plasencia
La Nava
Caña las Peñas
Ermita de la Fuempudia
Nuestra Señora del Pilar
Atalaya 372
Casa de Cavero
Cueva de Agreda
2226
El Plano
Pozuelo de Aragón
Fuendejalón
Barranco de Juan Gast
Sierra del Moncayo
Parque Natural
del Moncayo
Barranco de la Peñuela
Huechaseca
Casa del Soto
Talamantes
Beratón
Bollón 1038
Parideras Cerro Pellar
1498
Las Azubias
Altos de la Reclisa
del Morin
del Cos
Mina
Ermita de la Virgen de los Santos
1747
Sierra de Tablado
Purujosa
Tabuenca
Corral de los Vedaos
Paridera Huerta del Sastre
Dehesa de Caulor
Borobia
Corral de Minganares
1131
Puerto de la Chavola (902)
Sotillo
Plasen
La Serreta
1504
Corral de la Virgen
Calcena
Trasobares
Sierra de Nava Alta
1054
Caserío del Orchi
Lumpiaque
Rueda de Jalón
Castillo de la Rota
Pomer
Cabezarredonda 1340
1325
Loma de los Congostos
Ermita de San Cristóbal
Río Isuela
Tierga
Rodanas
Lado de Rodanas
Fábrica Azucarera
Épila
Balsa La Hoya
Oseja
San Roque
Emb. de Maidevera
La Manesa
928
Casa de los Bilbainos
Río Jalón
Salillas de Jalón
Malanquilla
Aranda de Moncayo
Río Aranda
Las Minas
Jarque
Gotor
San Sebastián
Mesones de Isuela
Casa del Monte
Berbedel
87
La Almunia de Doña Godina
Calatorao
0 1 2 4 6 8 10 km
0 1 2 4 6 miles

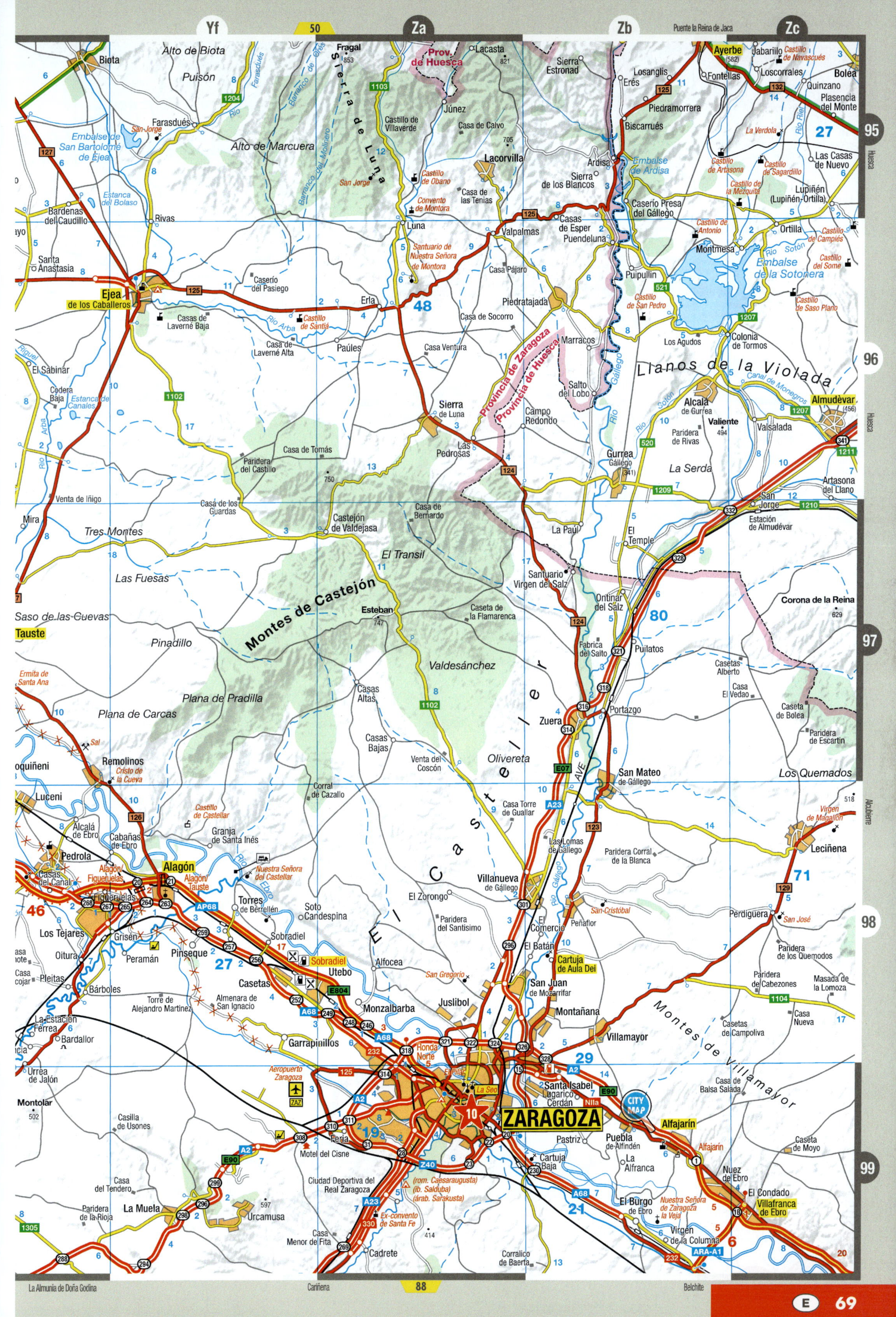
Yf
50
Za
Zb
Puente la Reina de Jaca
Zc
Biota
Alto de Biota
Puisón
Fragal
Sierra de Luna
Prov. de Huesca
Lacasta
Sierra Estronad
Ayerbe
Jabarillo
Castillo de Navascués
Bolea
Losanglis
Eres
Fontellas
Loscorrales
Quinzano
Plasencia del Monte
Farasdués
San Jorge
Embalse de San Bartolomé de Ejea
Alto de Marcuera
Castillo de Villaverde
Júnez
Casa de Calvo
Piedramorrera
Biscarrués
La Verdola
Lacorvilla
Ardisa
Embalse de Ardisa
Castillo de Artasona
Castillo de Sagardillo
Las Casas de Nuevo
Sierra de los Blancos
Castillo de la Mezquita
Lupiñén (Lupiñén-Ortilla)
Castillo de Obano
Convento de Montora
Casa de las Tenias
Caserío Presa del Gállego
Estanca del Bolaso
Bardenas del Caudillo
Rivas
Luna
Valpalmas
Casas de Esper
Puendeluna
Castillo de Antonio
Ortilla
Castillo de Campiés
Montmesa
Santa Anastasia
Santuario de Nuestra Señora de Montora
Casa Pájaro
Pulpullín
Embalse de la Sotonera
Castillo del Some
Ejea de los Caballeros
Caserío del Pasiego
Erla
Piedratajada
Castillo de San Pedro
Castillo de Saso Plano
Casas de Laverné Baja
Castillo de Santiá
Casa de Socorro
Los Agudos
Colonia de Tormos
Casa de Laverné Alta
Paúles
Casa Ventura
Marracos
El Sabinar
Provincia de Zaragoza
Provincia de Huesca
Llanos de la Violada
Codera Baja
Estanca de Canales
Salto del Lobo
Alcalá de Gurrea
Canal de Monegros
Almudévar
Sierra de Luna
Campo Redondo
Valiente
Paridera de Rivas
Valsalada
Casa de Tomás
Las Pedrosas
Paridera del Castillo
Gurrea de Gállego
La Serda
Artasona del Llano
Venta de Iñigo
Casa de los Guardas
Casa de Bernardo
San Jorge
Estación de Almudévar
Mira
Castejón de Valdejasa
La Paúl
El Temple
Tres Montes
El Transil
Santuario Virgen del Salz
Las Fuesas
Ontinar del Salz
Corona de la Reina
Saso de las Cuevas
Montes de Castejón
Esteban
Caseta de la Flamarenca
Tauste
Pinadillo
Fabrica del Salto
Pulatos
Ermita de Santa Ana
Valdesánchez
Casetas Alberto
Casas Altas
Casa El Vedao
Plana de Pradilla
Plana de Carcas
Zuera
Portazgo
Caseta de Bolea
Casas Bajas
Paridera de Escartín
Sal
Remolinos
Cristo de la Cueva
Venta del Coscón
Olivereta
San Mateo de Gállego
Los Quemados
Luceni
Corral de Cazallo
Casa Torre de Guallar
Castillo de Castellar
Virgen de Magallón
Alcalá de Ebro
Cabañas de Ebro
Granja de Santa Inés
Las Lomas de Gállego
Paridera Corral de la Blanca
Leciñena
Pedrola
Alagón
Nuestra Señora del Castellar
Villanueva de Gállego
Casas del Canal
Figueruelas
Torres de Berrellén
El Zorongo
Soto Candespina
Paridera del Santísimo
El Comercio
San Cristóbal
Peñaflor
Perdiguera
San José
Los Tejares
Grisén
Sobradiel
El Batán
Paridera de los Quemodos
Oitura
Peramán
Pinseque
Sobradiel
Utebo
Alfocea
Cartuja de Aula Dei
Casa cojar
Pleitas
Casetas
San Gregorio
San Juan de Mozarrifar
Paridera de Cabezones
Masada de la Lomoza
Bárboles
Torre de Alejandro Martínez
Almenara de San Ignacio
Monzalbarba
Juslibol
Montañana
Montes de Villamayor
Casa Nueva
La Estación Ferrea
Bardallor
Garrapinillos
Villamayor
Casetas de Campoliva
Urrea de Jalón
Aeropuerto Zaragoza
Ronda Norte
Santa Isabel
Lugarico Cerdán
Casa de Balsa Salada
Montolar
La Seo
CITY MAP
Casilla de Usones
ZARAGOZA
Alfajarín
Feria
Pastriz
Puebla de Alfindén
Caseta de Moyo
Motel del Cisne
La Alfranca
Cartuja Baja
Nuez de Ebro
Casa del Tendero
Ciudad Deportiva del Real Zaragoza
(rom. Caesaraugusta) (ib. Salduba) (árab. Sarakusta)
El Condado
Villafranca de Ebro
Paridera de la Rioja
La Muela
Urcamusa
Ex-convento de Santa Fe
El Burgo de Ebro
Nuestra Señora de Zaragoza la Vieja
Casa Menor de Fita
Virgen de la Columna
Cadrete
Corralico de Baerta
Huesca
Alcubierre
95
96
97
98
99
La Almunia de Doña Godina
Cariñena
88
Belchite

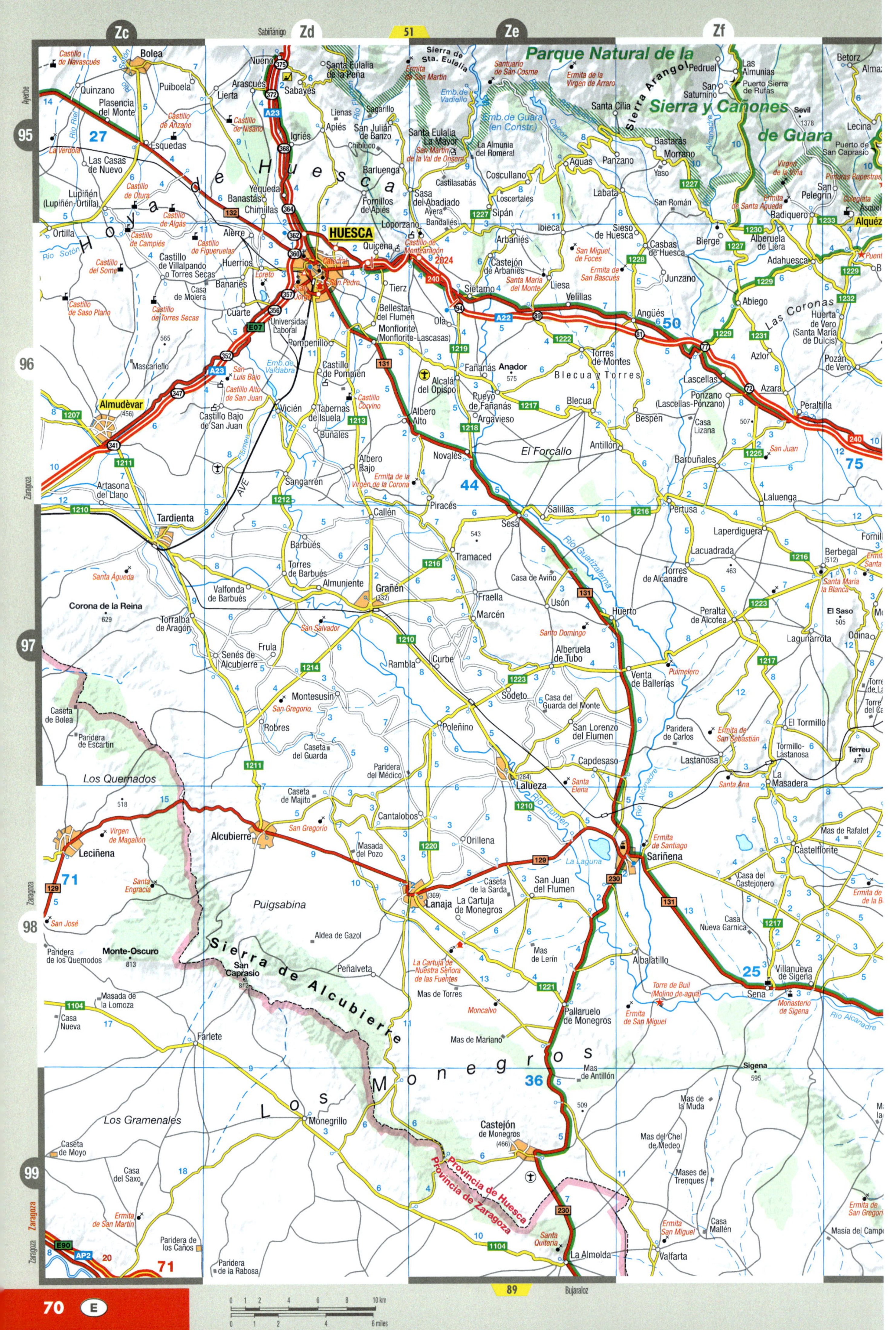
Parque Natural de la Sierra y Cañones de Guara
Sierra Arangol
HUESCA
Hoya de Huesca
Sierra de Alcubierre
Los Monegros
Provincia de Huesca
Provincia de Zaragoza
Bolea
Puibolea
Quinzano
Plasencia del Monte
Esquedas
Las Casas de Nuevo
Lupiñén (Lupiñén-Ortilla)
Ortilla
Almudèvar
Artasona del Llano
Tardienta
Corona de la Reina
Torralba de Aragón
Senés de Alcubierre
Frula
Montesusín
Robres
Alcubierre
Leciñena
Puigsabina
Monte-Oscuro
San Caprasio
Farlete
Monegrillo
Los Gramenales
Los Quemados
Nueno
Arascués
Lierta
Sabayés
Igriés
Yéqueda
Banastás
Chimillas
Alerre
Huerrios
Banariés
Cuarte
Castillo de Villalpando
Santa Eulalia de la Peña
Apiés
Lienas
Sagarillo
San Julián de Banzo
Chibluco
Barluenga
Fornillos de Apiés
Loporzano
Quicena
Tierz
Bellestar del Flumen
Monflorite (Monflorite-Lascasas)
Pompenillo
Castillo de Pompién
Tabernas de Isuela
Vicién
Buñales
Albero Bajo
Albero Alto
Alcalá del Obispo
Sangarrén
Callén
Piracés
Barbués
Torres de Barbués
Valfonda de Barbués
Almuniente
Grañén
Tramaced
Fraella
Marcén
Curbe
Rambla
Poleñino
Sodeto
Lalueza
Cantalobos
Orillena
Lanaja
La Cartuja de Monegros
San Juan del Flumen
Peñalveta
Aldea de Gazol
Pallaruelo de Monegros
Castejón de Monegros
La Almolda
Valfarta
Sasa del Abadiado
Castilsabás
Coscullano
Loscertales
Sipán
Arbaniés
Castejón de Arbaniés
Siétamo
Liesa
Ibieca
Velillas
Fañanás
Anador
Pueyo de Fañanás
Argavieso
Novales
Blecua y Torres
Blecua
Torres de Montes
El Forcallo
Antillón
Sesa
Salillas
Usón
Huerto
Alberuela de Tubo
Venta de Ballerías
Capdesaso
San Lorenzo del Flumen
Sariñena
Albalatillo
Sena
Sigena
Villanueva de Sigena
Castelflorite
Lastanosa
La Masadera
Laperdiguera
Lacuadrada
Torres de Alcanadre
Peralta de Alcofea
Lagunarrota
Berbegal
Pertusa
Laluenga
Barbuñales
Peraltilla
Azara
Azlor
Lascellas
Ponzano (Lascellas-Ponzano)
Bespén
Angüés
Casbas de Huesca
Junzano
Bierge
Abiego
Alberuela de Liena
Adahuesca
Las Coronas
Huerta de Vero (Santa María de Dulcis)
Pozán de Vero
Aguas
Panzano
Labata
Santa Cilia
Bastarás
Morrano
Yaso
San Román
Pedruel
Las Almunias
Puerto Sierra de Rufas
San Saturnino
Radiquero
Lecina
Betorz
San Pelegrín
Alquézar
Santa Eulalia la Mayor
La Almunia del Romeral
Emb. de Guara (en Constr.)
Emb. de Vadiello
Río Guatizalema
Río Flumen
Río Alcanadre
Río Sotón
La Laguna
Mas de Rafalet
Casa Nueva Garnica
El Tormillo
Tormillo-Lastanosa
Odina
El Saso
Terreu
HUESCA
A23
A22
E07
AP2
E90
1104
1210
1214
1211
1212
1213
1216
1217
1218
1219
1222
1223
1225
1227
1228
1229
1230
1231
1232
1233
240
129
131
230
27
44
50
75
71
25
36
95
96
97
98
99
Zaragoza
Ayerbe
Bujaraloz

Aa
Ab
Ac
Ad
Ae
Aínsa
Navarri
52
El Pont de Suert
95
96
97
98
99
Balaguer
Térmens
Tàrrega
Les Borges Blanques
90
Fraga
Zaragoza
Sierra de Olsón
Sierra de Salinas
Sierra del Castillo de Laguarres
Sierra de Carrodilla
La Litera
Olsón
Hospitaled
Frontiñán
Bárcabo
Barrio de la Morera
Suelves
Naval
La Sierra
Montaruedo
Rosico
Colungo
Salinas de Hoz
Coscojuela de Fantova
El Grado
Hoz de Barbastro (Hoz y Costeán)
Salas Altas
Salas Bajas
Guardia
Burceat
Costeán
Cregenzán
Castillazuelo
San Marcos
Los Alcanetos
Barbastro
Monasterio de El Pueyo
El Llano
Escanilla
Clamosa
Bediello
Ermita de la Virgen del Monte
Abizanda
Lapenilla
Aldea de Puy de Cinca
Puy de Cinca
Puerto del Pino
Paúl
Mipanas
Embalse de El Grado
Santuario de Torreciudad
Secastilla
Bolturina
Ubiergo
Embalse de Barasona
Santuario de Torreciudad
Artasona
La Puebla de Castro
Ermita de Castro
Olvena
Caserío del Embalse de Barasona
Desfiladero
Enate
Estada
Estadilla
Buñero
Ermita de la Carrodilla
Caserío Las Cremadas
Fonz
Canal de Aragón
Río Cinca
Arués
Perarrúa
Pano
Ejep
Panillo
Torre de Obato
Santa Lucía
Grustán
Torre de Esera
Santuario Nuestra Señora de la Peña
Graus
La Puebla del Mon
Pueyo de Marquillén
Castarlenas
Torres del Obispo
Aler
Aguinalín
Juseu
Ermita de San Cristóbal
Purroy de la Solana
Mas de Chías
Calasanz
Alins del Monte
Castillo del Pla
Gabasa
Peralta de la Sal (Peralta de Calasanz)
Zurita
Castillo de La Mora
Ermita de la Virgen de la Mora
La Mora
Azanúy (Azanúy-Alins)
Torre del Chiribas
Cuatrocorz
Alcana
Baells
La Puebla de Fantova
Mariñosa
Ermita de Santa Eulalia
Ermita de San Gregorio
Santa Creu
Güel
La Mazana
El Rincón
Virgen de Casiñurtos
Bellestar
Benavente de Aragón
Torrelabad
La Collada
El Soler
La Ribera
El Pueyo
Mont de Roda
Ermita de San Pedro
La Mora
Capella
Laguarres
Lascuarre
Calvera
Ermita de Santa Magdalena
Ermita de Nuestra Señora de las Ventosas
Sagarras Altas
Sagarras Bajas
Luzás
Tolva
Benabarre
Ermita de San Salvador
Caladrones
Ciscar
Antenza
Pilzán
Ermita de San Gregorio
Estaña
Caserras del Castillo
Soriana
Estopiñán (Estopiñán del Castillo)
Saganta
Nachá
Camporrells
Ermita de los Mártires
Baldellou
Embalse de Santa Ana
Ermita de San Bartolomé
Cajigar
Suerri
Sobrecastell
Arén
Berganuy
Treserra
Claravalls
Noguero
Ermita de San José
Colachoa
Casas de Perico
Soliva
Puigfel
Esdarrà
Monesma y Cajigar
Castillo de Monesma
Castigaleu
La Mora de Montañana
Chiró
Caserío Cosolla
Tercui
San Lorenzo
Almunia de San Lorenzo
Torre de Baro
Montañana
Puente de Montañana
Litera
Viacamp (Viacamp y Litera)
Castissent
Chiriveta
Castillo de Chiriveta
Ermita de San Antonio
Mongay
la Clua
Estall
Alsamora
Montfalcó
Santa Quitèria
Sant Llorenç de la Roca
Pertusa
Fet
Pantano de Canelles
Corçà
Finestras
Aguiló
Millà
Pantà de Canelles
Pantà de Canelles
els Masos de Sant Roma
Caçà de Canelles
Mas de Miquel
Tragó de Noguera
Alberola
Tartareu
Ermita de Sant Salvador
Pantà de Santa Anna
Ermita de Santa Ana
Boix
Ermita Cérvoles
Os de Balaguer
Bellpuig de les Avellanes
Castillonroy
San Salvador
Ivars de Noguera
Sant Blai
la Figuera
Alfarràs
Pont romànic
Algerri
Església gòtica
Castelló de Farfanya
Almenar
Torre de Miranda
Sant Roc
Albesa
la Mata de Pinyana
Alguaire
Monestir de Jerusalem
Torre de les Comas
la Portella
Vilanova de Segrià
Corregó
Benavent de Segrià
Corbins (resta romana)
Torrelameu
el Canís
Rosselló
la Tossa
Torrefarrera
Torre-serona
Llívia
Marimon
Granyena
Alcoletge
les Basses
les Torres de Sanui
Sant Rufi de Gàrdeny
Castell de Gardeny
Castell Antigues muralles de Gardeny
Mangraners
Torre Ribera
Butsènit
Albatàrrec
Montoliu de Lleida
Casa de Vinya Nou
Artesa de Lleida
LLEIDA
CITY MAP
Alcarràs
Sudanell
Permisán
Torre de Gardiel
La Boquera
Cofita
Ariéstolas
Torre de la Venau
Castejón del Puente
Ilche
Selgua
Monesma
La Estación Selgua
Almunia de San Juan
Ermita de la Pietat
Monzón
San Esteban de Litera
Torre de la Menudilla
Torre de Corvinos
Conchel
Pueyo de Santa Cruz
Pomar de Cinca (San Miguel de Cinca)
Casa de la Oresa
Estiche de Cinca
Alfántega
Nuestra Señora del Romeral
Valcarca
Binéfar
Binaced
Alfages
Esplús
Las Puebla
Rocafort
Ermita de Santa Ana
Alcampell
Tamarite de Litera
Albelda
Ermita de San Roque
Algayón
Caserío de Miporqué
La Melusa
San Bartolomé
Altorricón
Caserío Centro Agrario Tamarite-Altorricón
Torregrosa
Provincia de Huesca
Provincia de Lleida
Embalse de San Salvador
Santalecina
Ráfales
Casa de los Peras
Peña-Roa
Ventafarinas
Almacelles
Antiga muralla romana
Mas del Mingo
Mas del Lleó
Almacelles
Albalate de Cinca
Alcolea de Cinca
Valonga
Embalse del Pas
El Pas
Granja de San José
Vencillón
Suquets
Sucs
Malpartit
Alpicat
Belver
Virgen de Chalamera
Chalamera
Osso de Cinca
San Miguel
Embalse de Santa Rita
el Pla de la Font
Castell de Gimenells
Raimat
Ontiñena
Almudáfar
Gimenells (Gimenells i el Pla de la Font)
Masia la Vaquería
Montagut
Ballobar
Zaidín
Vallmanya
Masia de Caramba
Mas de Ibaris
Caserío de Monreal
Velilla de Cinca
San Valero
Miralsot de Arriba
Miralsot de Abajo
Ermita de San Roque
El Coll de Vinganya
Lleida
Canal de Aragón y Cataluña
Río Cinca
Río Segre
Río Noguera Ribagorzana

Les Borges Blanques 0 1 2 4 6 8 10 km 0 1 2 4 6 miles
91
Reus

Adrall
Bc
Bd
54
Be
Puigcerdà
Bf
Parc Natural
del Cadí-Moixeró
Bagà
Guardiola de Berguedà
La Pobla de Lillet
Castellar de Tost
Cornellana
Josa de Cadí
Tuixén (Josa i Tuixén)
Cloterons
Gósol
Saldes
Molers
Maçaners
Sant Julià de Cerdanyola
Sorribes (la Vansa i Fórnols)
Fórnols
Tossa Pelada
Guitses
Figols (Figols i Alinyà)
Alinyà
Llobera
l'Alzina d'Alinyà
la Gespera
la Coma (la Coma i la Pedra)
Vilacireres
Serrat del Voltor
Fumanya
Figols de les Mines
Prov. de Girona
Provincia de Lleida
Provincia de Barcelona
Serra d'Odèn
Serra del Port del Comte
Port del Comte
Sant Llorenç de Morunys
Odèn
Llinars
Cambrils (Odèn)
la Pedra
la Corriu
Valls (Guixers)
Peguera
Rasos de Peguera
St. Jordi de Cers
la Garriga
Cercs
la Nou de Berguedà
Vilada
Borredà
Serra d'Oliana
Serra dels Tossals
Berga
Guardiola
la Selva
Capolat
Sants Metges
l'Espunyola
Avià
Gironella
Casserres
Olius
Solsona
Navès
Gargallò
Puig-Reig
Viver
Llobera
Cardona
Serra de les Garrigues
Serra de Vivanes
Navàs
Balsareny
Sallent
Artés
Súria
Serra de Castelltallat
Pinós
Castellfollit de Riubregós
Calaf
Santpedor
MANRESA
Sant Fruitós
Navarcles
Talamanca
Grevalosa
Castellfollit del Boix
Serra de Solé
Parc Natural de Sant Llorenç del Munt i la Serra de l'Obac
Montserrat
Parque Nat. de la Muntanya de Montserrat
Monistrol
Vacarisses
Olesa de Montserrat
TERRASSA
IGUALADA
Jorba
Copons
Rubió
Montfalcó
Sant Martí de Tous
Autopista de Montserrat
204-205
95
96
97
98
99
Ripoll
Vic
Terrassa
Barcelona
Valls
92
la Torre de Claramunt
Martorell

Bf
Ca
Puigcerdà
Cb
55
Perpignan
Cc
Cd
95
96
97
98
99
Berga
Manresa
Parc Natural del Cadí-Moixeró
La Pobla de Lillet
el Pedró de Tubau
Gombrèn
Campdevànol
Ripoll
Sant Joan de les Abadesses
Serra de Puig Estela
Camprodon
Olot
Castellfollit de la Roca
Santa Pau
Parc Natural de la Zona Volcànica de la Garrotxa
Serra de Santa Magdalena
Serra del Corb
Sant Quirze de Besora
Alpens
Prats de Lluçanès
Torelló
Sant Vicenç de Torelló
Manlleu
Roda de Ter
Sant Hipòlit de Voltregà
Rupit
Serra de Vielles
Serra de Vivanes
Gurb
Vic
Taradell
Tona
Moià
Artés
Centelles
Aiguafreda
Parc Natural del Montseny
Montseny
Turó de l'Home
Arbúcies
Sant Hilari Sacalm
Breda
Castellterçol
Granera
Gallifa
Sant Llorenç Savall
Parc Natural de Sant Llorenç del Munt i la Serra de l'Obac
Castellar del Vallès
Caldes de Montbui
La Garriga
Cardedeu
Llinars del Vallès
Sant Celoni
Granollers
Montseny
Parc de la Serralada Litoral
Montnegre
Terrassa
Sabadell
Mollet del Vallès
Mataró
Arenys de Mar
Canet de Mar
Argentona
el Port del Balís
Barcelona
Martorell
204-205
C17
C25
C-60
AP7
E15
74
E

FIGUERES
GIRONA
SALT
Banyoles
Empordà
Parc Natural dels Aiguamolls de l'Empordà
Golf de Roses
Roses
Parc Natural d. Cap de Creus
Cadaqués
Cap de Norfeu
Punta Falconera
Castelló d'Empúries
Empuriabrava
Sant Pere Pescador
L'Escala
Empúries
Parque natural del Montgrí, les Illes Medes i el Baix Ter
Estartit
Les Illes Medes
Torroella de Montgrí
Pals
Begur
Palafrugell
Far de Sant Sebastià
Llafranc
Calella de Palafrugell
Palamós
Sant Antoni de Calonge
Calonge
Platja d'Aro
S'Agaró
Sant Feliu de Guíxols
Tossa de Mar
LLORET DE MAR
BLANES
Malgrat de Mar
PINEDA DE MAR
Calella
Sant Pol de Mar
Costa Brava
les Gavarres
La Bisbal d'Empordà
Cassà de la Selva
Llagostera
Caldes de Malavella
Santa Coloma de Farners
Hostalric
Vidreres
Anglès
Besalú
Sant Sadurní de l'Heura
Madremanya
Púbol
Ullastret
Verges
Bellcaire d'Empordà
Sant Jordi Desvalls
Cervià de Ter
Bàscara
Vilajuïga
Llançà
Autopista del Mediterrani
Torre Valentina
Cap Roig
Cova del Bisbe
Aiguablava
Sa Riera
Sa Tuna
Tamariu
Fornells
Sant Joan de Mollet
Sarrià de Ter
Celrà
Quart
Llambilles
Santa Cristina d'Aro
Castell d'Aro
Romanyà de la Selva
Rosamar
Giverola
Canyet de Mar
Sils
Maçanet de la Selva
Riudarenes
Massanes
Tordera
Palafolls
Santa Susanna
Sant Genís de Palafolls
Vallcanera
Bescanó
Vilablareix
Aiguaviva
Fornells de la Selva
Estanyol
Sant Gregori
Porqueres
Camós
Cornellà del Terri
Medinyà
Orriols
Vilademuls
Navata
Cistella
Vilafant
Vilamacolum
Riumors
Siurana
Santa Margarida
Sant Martí d'Empúries
Cinclaus
Albons
Sobrestany
Ullà
Fontanilles
Gualta
Serra de Daró
Parlavà
Rupià
Foixà
Corçà
Cruïlles
Monells
Vulpellac
Peratallada
Regencós
Esclanyà
Mont-ras
Vall-llobrega
Sant Joan de Palamós
La Fosca
Mas Nou

Parque Natural do Litoral Norte
BRAGA
GUIMARÃES
Barcelos
PÓVOA DE VARZIM
VILA DO CONDE
Santo Tirso
MAIA
ERMESINDE
ÁGUAS SANTAS
SÃO MAMEDE DE INFESTA
SENHORA DA HORA
RIO TINTO
FÂNZERES
MATOSINHOS
Leça da Palmeira
PORTO
CITY MAP
CANIDELO
VILA NOVA DE GAIA
GONDOMAR
OLIVEIRA DO DOURO
Valongo
Penafiel
Paredes
Lousada
Espinho
Esmoriz
Sta Maria da Feira
São João da Madeira
Ovar
Vale de Cambra
Costa Verde
Douro Litoral
Distrito de Braga
Distrito do Porto
Distrito de Aveiro

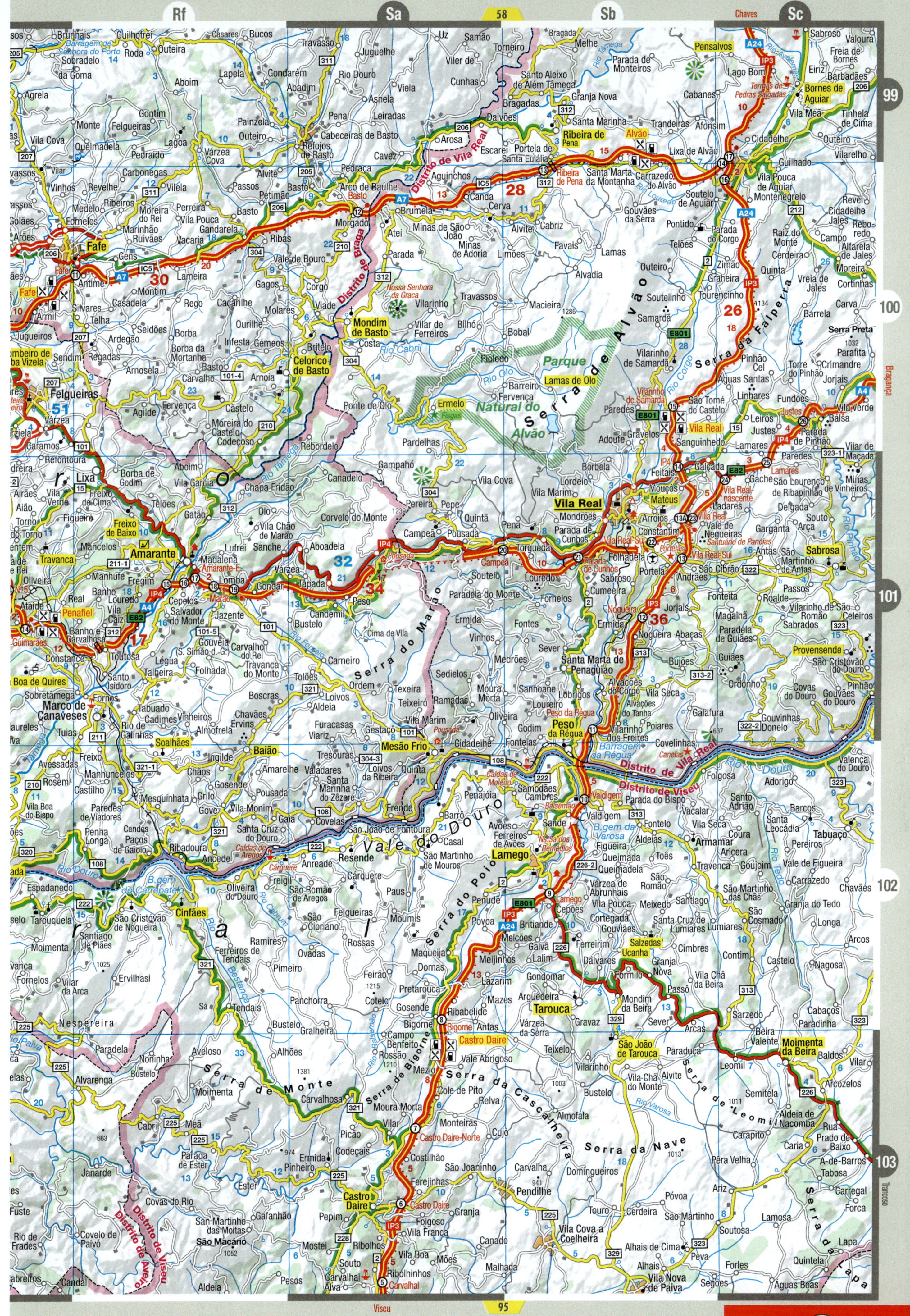
99
100
101
102
103
Fafe
Felgueiras
Lixa
Amarante
Penafiel
Marco de Canaveses
Baião
Mesão Frio
Cinfães
Resende
Lamego
Peso da Régua
Vila Real
Mondim de Basto
Celorico de Basto
Cabeceiras de Basto
Ribeira de Pena
Vila Pouca de Aguiar
Sabrosa
Santa Marta de Penaguião
Tarouca
Moimenta da Beira
Castro Daire
Vila Nova de Paiva
Armamar
Tabuaço
Parque Natural do Alvão
Serra do Alvão
Serra do Marão
Serra da Falperra
Serra de Montemuro
Serra da Cascalheira
Serra da Nave
Serra de Leomil
Serra da Lapa
Vale do Douro
Rio Douro
Distrito de Vila Real
Distrito de Viseu
Distrito de Braga
Bragança
Trancoso
A4
A7
A24
IP3
IP4
E801
E82

99
100
101
102
103
Vila Real
Moimenta da Beira
Serra da Padrela
Bornes de Aguiar
Sabroso
Valoura
Padrela
Rio Bom
Carrazedo de Montenegro
Silva
Midões
Castro
Rio Torto
Mirandeses
Cabanelas
Abambres
Poços
Mascarenhas
Alvites
Vale de Lagôa
Sezulfe
Amendoeira
Macedo de Cavaleiros
Tresminas
Murça
Mirandela
Serra de Santa Comba
Serra de Garraia
Palheiros
Noura
Sobredo
Codaval
Vila Flor
Carrazeda de Ansiães
Freixo
Alijó
Sabrosa
Provesende
Pinhão
Favaios
Sanfins do Douro
Parque Natural Regional do Vale do Tua
Vale do Tua
Torre de Moncorvo
Mata Nacional do Reboredo
Serra do Reboredo
Valverde
Santa Justa
Alfândega da Fé
Sambade
Macedinho
Trindade
Benlhevai
Santa Comba de Vilariça
Junqueira
Larinho
Felgar
Carvalhal
Barragem do Baixo Sabor
Rio Sabor
Distrito de Vila Real
Distrito de Viseu
Distrito de Bragança
Distrito da Guarda
São João da Pesqueira
Barragem de Valeira
Numão
Vila Nova de Foz Côa
Parque Arqueológico do Vale do Côa
Rio Douro
Barragem do Pocinho
Pocinho
Freixo de Numão
Sebadelhe
Muxagata
Castelo Melhor
Almendra
Vale do Côa
Rio Côa
Penedono
Meda
Longroiva
Marialva
Ourozinho
Sernancelhe
Serra do Pereiro
Serra da Lapa
Serra da Marofa
Marofa
Figueira de Castelo Rodrigo
Castelo Rodrigo
Algodres
Freixeda do Torrão
Paredes da Beira
Serra do Sampaio
Barragem de Vilar
Beira
Trás-os-Montes
IP4
IP2
A4
E82
E802
IC5
Guarda
Ciudad-Rodrigo
96
0 1 2 4 6 8 10 km
0 1 2 4 6 miles

Ta
Tb
60
Tc
Bragança
Td
Te
99
100
101
102
103
Zamora
Salamanca
97
Miranda do Douro
Mogadouro
Fermoselle
Vitigudino
Lumbrales
Aldeadávila de la Ribera
Freixo de Espada à Cinta
San Felices de los Gallegos
Parque Natural do Douro Internacional
Parque Natural de las Arribes del Duero
Serra do Mogadouro
Provincia de Zamora
Provincia de Salamanca
Embalse de Almendra
Barragem de Bemposta
Barragem de Aldeadávila
Barragem de Saucelle
Rio Douro
Rio Duero
Rio Sabor
Rio Huebra
Rio Águeda

Parque Natural do Douro Internacional
Parque Natural de los Arribes del Duero
Miranda do Douro
ZAMORA
Ledesma
Bermillo de Sayago
Villar del Buey
Almeida de Savago
Tierras de Sayago
Embalse de Almendra
Provincia de Zamora
Provincia de Salamanca
El Camparrón
Carbonero
Ruta de la Plata
Villar de Peralonso
Vitigudino
Villamayor
Salto de Castro
Pino del Oro
Villaflor
Víboras
Ricobayo
Muelas del Pan
Moralina
Moral de Sayago
Fermoselle
Torregamones
Gamones
Villardiegua de la Ribera
Fariza
Zafara
Muga de Sayago
Fornillos de Fermoselle
Cibanal
Salcé
Roelos
Carbellino
Monleras
Sardón de los Frailes
Villarejo
Almendra
Torrocillo
El Manzano
Iruelos
Berganciano
Manceras
Gejuelo del Monte
Puertas
Villargordo
Espadaña
Gomeciego
Peralejos de Arriba
Huelmo
Grandes
Cipérez
San Cristóbal de los Mochuelos
San Cristobalejo
La Moralita
Castillejo de Evans
El Cubo de Don Sancho
Pelarrodríguez
Aldeavilla de Revilla
Buenamadre
Ardonsillero
Castro Enríquez
Robliza de Cojos
San Fernando
El Tejado
El Vecino
Gejo
Valmucina
Alquería Continos
Aldeagallega
Miranda de Azán
Vistahermosa
Aldeatejada
Carrascal de Barregas
Doñinos de Salamanca
Santibáñez del Río
Cabrasmalas
Pericalvo
Galindo y Perahuy
Barbadillo
Calzada de Don Diego
Castrejón
La Estación
Carnero
Rodillo
Fraguas
La R.A.D.
Torrecilla de Miranda
Cojos de Rollán
Santo Tomé de Colledo
Rollán
Porqueriza
Garcigrande
Sagos
Canillejas
Canillas de Abajo
Tabera de Abajo
Carreros
Navas de Quejigal
Taberuela
Tellosancho
Casa del Taberrero
Villar de los Álamos
Moral de Castro
Garcirrey
Cabeza de Diego Gómez
Sando
Santa María de Sando
Encina de San Silvestre
Villasdardo
Sahelicejos
Zafrón
Doñinos de Ledesma
La Mata de Ledesma
Gejo de Diego Gómez
San Román
Berrocal de los Espinera
Pozos de Mondar
Golpejas
Villarmayor
Espino de los Doctores
Muchachos
Tirados de la Vega
Vega de Tirados
Carrascalina
San Pedro del Valle
Zarapicos
Zaratán
Florida de Liébana
Villaselva
Puerto de la Anunciación
Barregas
Parada de Arriba
Porteros
Mozodiel de Sanchiñigo
Aldeaseca de Armuña
Castellanos de Villiquera
Valcuevo
Zorita
Valverdón
El Pino de Tormes
Carrascal de Velambélez
La Narra
Torrecilla del Río
Baños de Ledesma
Juzbado
Almenara de Tormes
Calzada de Valdunciel
Forfoleda
Torresmenudas
Aldearodrigo
El Arco
San Pelayo de Guareña
Moreras
Santo Domingo
Cuadrilleros
Aldehuelas
Frades Viejo
El Cerezo
Peñamecer
Olmillos
Carrascal
Zafroncino
Baños de Calzadilla del Campo
Villaseco de los Gamitos
Calzadilla del Campo
Espeja
La Huérfana
Gejuelo del Barro
Sardón de los Álamos
Pedernal
Becerril
Tremedal de Tormes
Cerezal de Puertas
El Groo
Peñalbo
Villosino
Campo de Ledesma
Trabadillo
Gejo de los Reyes
Mazán
Moscosa y Gusende
Mozodiel
La Samasita
La Samasa
Santa Marina
La Sagrada
La Vadima
Zorita
Aldeagutiérrez
Espayos
Cuadrilleros de Gusanos
Villaseco de los Reyes
Pelilla
Moraleja de Sayago
Santarén de los Peces
Palacinos
Añover de Tormes
Palacios del Arzobispo
Dehesa de Armesnal
Santiz
Teso Santo
Viñuela de Sayago
Escuadro
Alfaraz (Alfaraz de Sayago)
Villardiegua del Nalso
Villamor de Cadozos
Fresno de Sayago
Figueruela de Sayago
Peñausende
Mayalde
Villardiegua del Sierro
Casa de la Dehesita
Izcala
La Izcalina
Valdelosa
Zamocino
Zamayón
Valencia de la Encomienda
Huelmos de San Joaquín
Santibáñez del Cañedo
El Cubo de Tierra del Vino
Cuelgamures
Fuente el Carnero
Santa Clara de Avedillo
Corrales
Peleas de Arriba
Peleas de Abajo
Cabañas de Sayago
Villanueva de Campeán
Tamame
Mogátar
Los Maniles
Piñuel
Torrefrades
Carrascal II
Pasariegos
Formariz
San Roque
Cernecina
Sobradillo de Palomares
La Tuda
Amor
Casaseca de Campeán
Cueto
Perdigón
San Marcial
Las Enillas
Pereruela
Pueblica de Campeán
Entrala
Tardobispo
Morales del Vino
Pontejos
Cazurra
Arcillo
Malillos
Sogo
Fadón
Gáname
Fresnadillo
Villamor de la Ladre
Luelmo
Monumenta
Argañín
Tudera
Badilla
Cozcurrita
Mámoles
Palazuelo de Sayago
Abelón
Casa del Guarda
Villaseco
Almaraz de Duero
San Román de los Infantes
Valdelaloba
Carrascal
Casa La Aldea
Guimaré
Valderrey
Roales
La Hiniesta
Monfarracinos
Cubillos
Valcabado
Villa Antonia
el Puerto
Casa de Penadillo
Casa de Palomares
Villadepera
Carbajosa
Villalcampo
Salto de Villalcampo
Salto del Esla
Embalse de Ricobayo
Embalse de Villalcampo
Río Duero
Río Tormes
Rivera de Cañedo
Povoa
Malhadas
Pena Branca
Aldeia Nova
Vale de Aguia
Vale de Mira
Cércio
Santa Catarina
Barragem de Miranda
Ermita de la Encarnación
Ermita de San Esteban
Ermita de San Pelayo
Ermita del Humilladero
Ermita de Nuestra Señora de Gracia
Ermita del Humilladero
Ermita de la Trinidad
Ermita de Cristo
Ermita de San Blas
Ermita de Santa Lucía
Ermita de Nuestra Señora de Cueto
Palacio de la Aldehuela
Castillo Tejares
Castillo de Fonseca
Catedral
Parador
CITY MAP
99
100
101
102
103
67
38
37
Ciudad-Rodrigo
Vecinos
10 km
6 miles

99 100 101 102 103

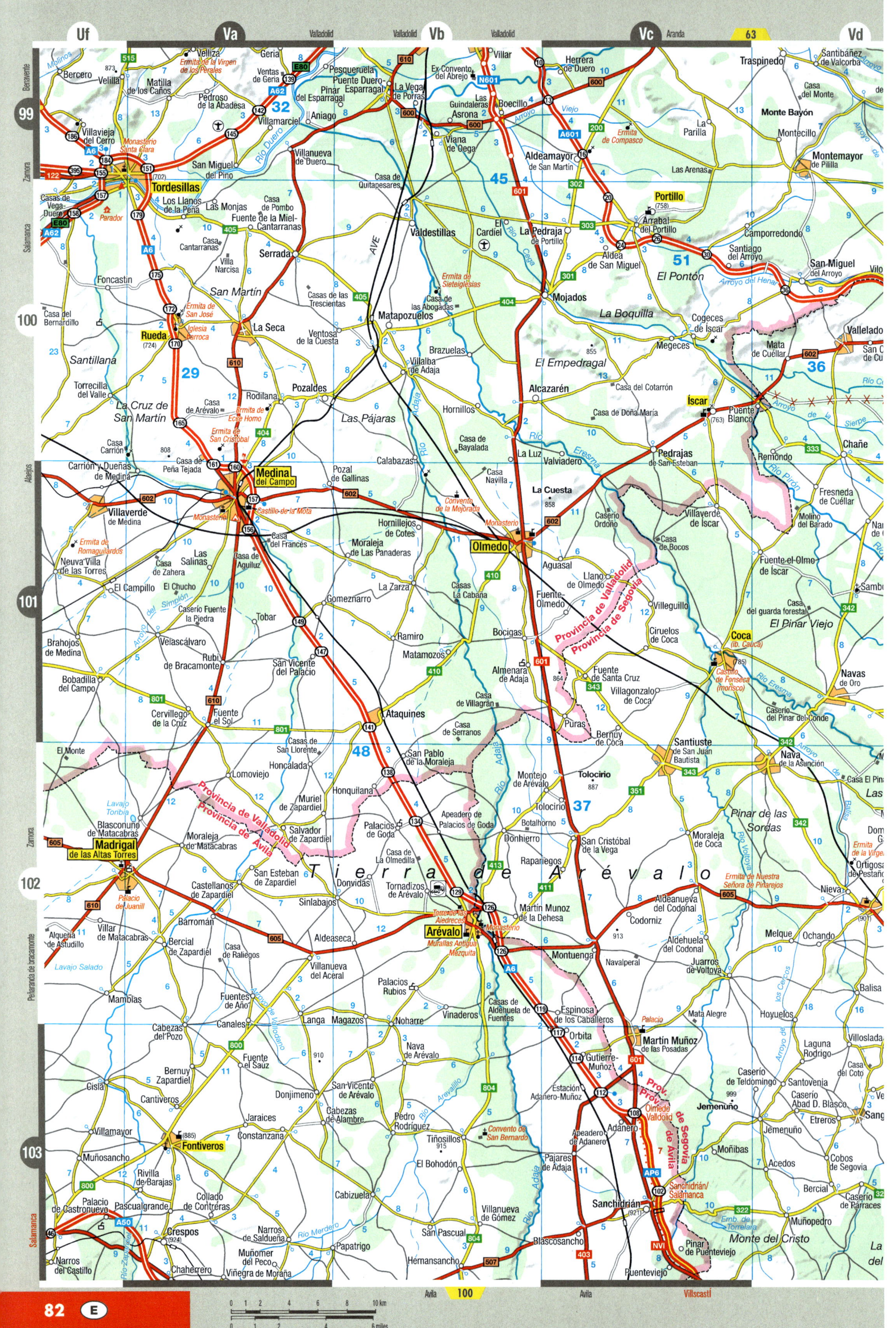
Benavente
99
Zamora
Salamanca
100
Alaejos
101
Zamora
102
Peñaranda de bracamonte
103
Salamanca
Bercero
Velilla
Vellíza
Geria
Matilla de los Caños
Ermita de la Virgen de los Perales
Ventas de Geria
Pesqueruela
Puente Duero-Esparragal
Pinar del Esparragal
La Vega de Porras
Ex Convento del Abrejo
Villar
Herrera de Duero
Traspinedo
Santibáñez de Valcorba
Pedroso de la Abadesa
Villamarciel
Aniago
Asrona
Las Guindaleras
Boecillo
Casa del Monte
Monte Bayón
Montecillo
Villavieja del Cerro
Monasterio Santa Clara
Villanueva de Duero
Viana de Cega
Aldeamayor de San Martín
Ermita de Compasco
La Parilla
Montemayor de Pililla
Tordesillas
San Miguel del Pino
Casa de Quitapesares
Las Arenas
Casas de Vega-Duero
Parador
Los Llanos de la Peña
Las Monjas
Casa de Pombo
Fuente de la Miel-Cantarranas
Portillo
Arrabal del Portillo
Camporredondo
Valdestillas
El Cardiel
La Pedraja de Portillo
Santiago del Arroyo
Casa Cantarranas
Serrada
Villa Narcisa
Aldea de San Miguel
El Pontón
San Miguel del Arroyo
Foncastin
San Martín
Ermita de Sieteiglesias
Casas de las Trescientas
Casa de las Abogadas
Mojados
Casa del Bernardillo
Ermita de San José
Rueda
Iglesia barroca
La Seca
Ventosa de la Cuesta
Matapozuelos
La Boquilla
Cogeces de Íscar
Valleldo
Santillana
Brazuelas
Villalba de Adaja
El Empedragal
Megeces
Mata de Cuéllar
Torrecilla del Valle
Rodilana
Pozaldes
Alcazarén
Casa del Cotarrón
La Cruz de San Martín
Casa de Arévalo
Ermita de Ecce Homo
Las Pájaras
Hornillos
Casa de Doña María
Íscar
Puente Blanco
Ermita de San Cristóbal
Casa Carrión
Casa de Peña Tejada
Casa de Bayalada
La Luz
Valviadero
Pedrajas de San Esteban
Chañe
Remondo
Carrión y Dueñas de Medina
Medina del Campo
Pozal de Gallinas
Calabazas
Casa Navilla
La Cuesta
Fresneda de Cuéllar
Villaverde de Medina
Monasterio
Castillo de la Mota
Convento de la Mejorada
Caserío Ordoño
Villaverde de Íscar
Molino del Barado
Ermita de Romaguillardos
Casa del Francés
Hornillejos de Cotes
Moraleja de Las Panaderas
Olmedo
Casa de Bocos
Neuva Villa de las Torres
Casa de Zahera
Las Salinas
Casa de Aguiluz
Aguasal
Fuente-el-Olmo de Íscar
El Campillo
El Chucho
La Zarza
Casas La Cabaña
Llano de Olmedo
Fuente-Olmedo
Provincia de Valladolid
Provincia de Segovia
Villeguillo
Arroyo del Simplón
Caserío Fuente la Piedra
Gomeznarro
Tobar
Casa del guarda forestal
El Pinar Viejo
Brahojos de Medina
Velascálvaro
Ramiro
Bocigas
Ciruelos de Coca
Coca
Rubí de Bracamonte
San Vicente del Palacio
Matamozos
Almenara de Adaja
Fuente de Santa Cruz
Castillo de Fonseca
Bobadilla del Campo
Villagonzalo de Coca
Navas de Oro
Cervillego de la Cruz
Fuente el Sol
Ataquines
Casa de Villagrán
Casa de Serranos
Puras
Bernuy de Coca
Caserío del Pinar del Conde
El Monte
Casas de San Llorente
Honcalada
San Pablo de la Moraleja
Santiuste de San Juan Bautista
Nava de la Asunción
Lomoviejo
Honquilana
Montejo de Arévalo
Tolocirio
Lavajo Tonbia
Muriel de Zapardiel
Apeadero de Palacios de Goda
Botalhorno
Pinar de las Sordas
Blasconuño de Matacabras
Moraleja de Matacabras
Provincia de Ávila
Salvador de Zapardiel
Palacios de Goda
Donhierro
San Cristóbal de la Vega
Moraleja de Coca
Madrigal de las Altas Torres
Casa de la Olmedilla
Rapariegos
Ermita de la Virgen
Ortigosa de Pestaño
San Esteban de Zapardiel
Tierra de Arévalo
Ermita de Nuestra Señora de Pinarejos
Castellanos de Zapardiel
Donvidas
Tornadizos de Arévalo
Nieva
Palacio del Juanill
Sinlabajos
Martín Munoz de la Dehesa
Aldeanueva del Codonal
Codorniz
Alquería de Astudillo
Villar de Matacabras
Barromán
Torre de los Aledreces
Monasterio
Arévalo
Murallas Antiguas
Mezquita
Aldeaseca
Melque
Ochando
Bercial de Zapardiel
Casa de Raliegos
Villanueva del Aceral
Montuenga
Navalperal
Aldehuela del Codonal
Juarros de Voltoya
Lavajo Salado
Mamblas
Palacios Rubios
Balisa
Fuentes de Año
Casas de Aldehuela de Fuentes
Espinosa de los Caballeros
Mata Alegre
Hoyuelos
Canales
Langa
Magazos
Noharre
Vinaderos
Orbita
Palacio
Martín Muñoz de las Posadas
Villoslada
Cabezas del Pozo
Fuente el Sauz
Nava de Arévalo
Gutierre-Muñoz
Laguna Rodrigo
Bernuy Zapardiel
Cisla
Donjimeno
San Vicente de Arévalo
Estación Adanero-Muñoz
Caserío de Teldomingo
Santovenia
Casa del Coto
Cantiveros
Cabezas de Alambre
Adanero
Olmedo Valladolid
Provincia de Segovia
Provincia de Ávila
Jemenuño
Caserío Abad D. Blasco
Etreros
Jaraices
Pedro Rodríguez
Convento de San Bernardo
Apeadero de Adanero
Villamayor
Constanzana
Fontiveros
Tiñosillos
Moñibas
Muñosancho
El Bohodón
Pajares de Adaja
Acedos
Cobos de Segovia
Rivilla de Barajas
Collado de Contreras
Cabizuela
Sanchidrián
Sanchidrián/Salamanca
Bercial
Caserío de Parraces
Palacio de Castronuevo
Pascualgrande
Villanueva de Gómez
Emb. de Torrelara
Muñopedro
Crespos
Narros de Salduena
Río Merdero
San Pascual
Monte del Cristo
Blascosancho
Pinar de Puenteviejo
Narros del Castillo
Muñomer del Peco
Chaherrero
Papatrigo
Viñegra de Moraña
Hernansancho
Puenteviejo
Ávila 100 Ávila Villacastín
0 2 4 6 8 10 km
0 1 2 4 6 miles

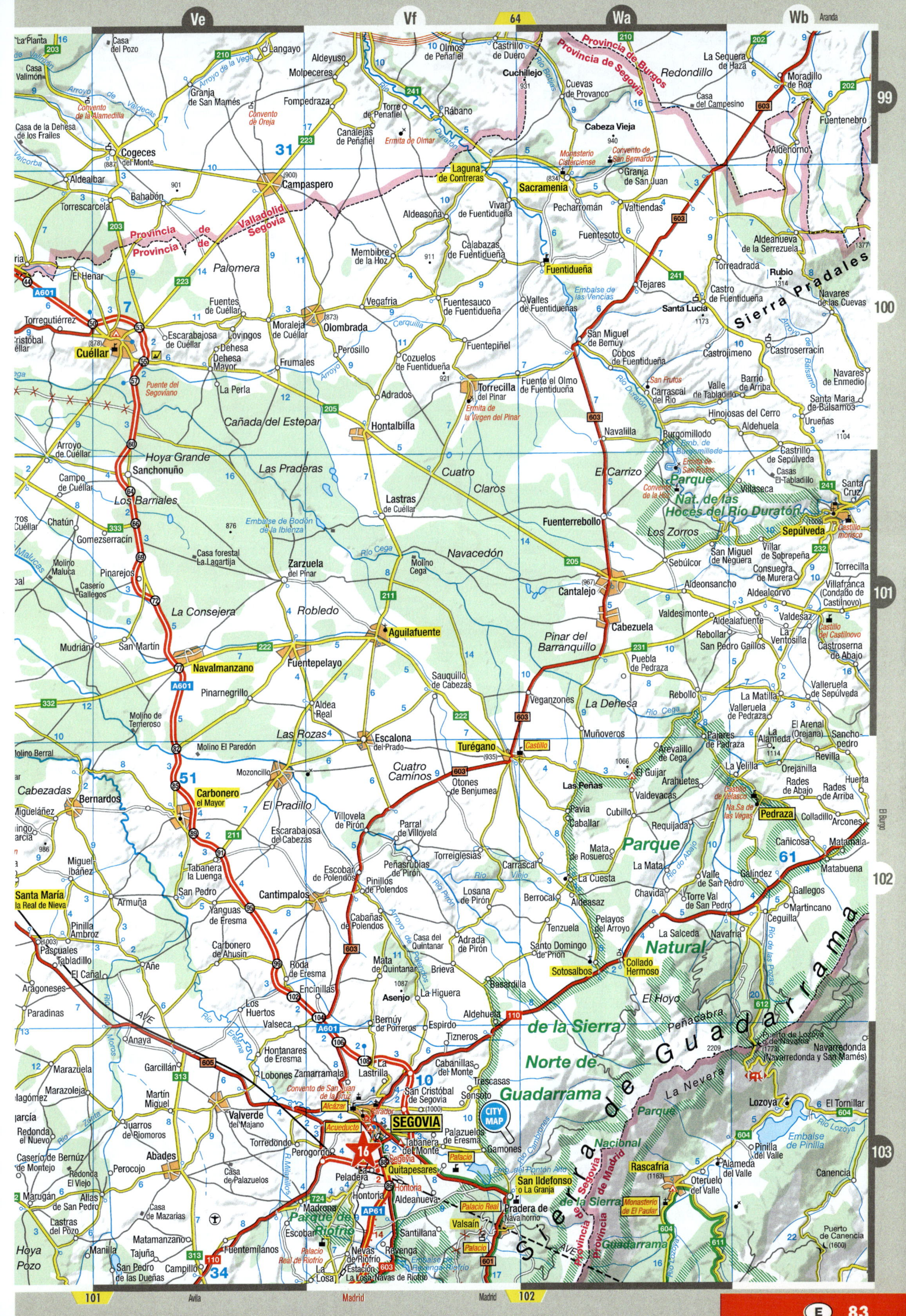
Provincia de Burgos
Provincia de Segovia
Provincia de Valladolid
Provincia de Segovia
Provincia de Madrid
Provincia de Segovia
La Planta
Casa del Pozo
Langayo
Aldeyuso
Molpeceres
Olmos de Peñafiel
Castrillo de Duero
Cuchillejo
La Sequera de Haza
Redondillo
Moradillo de Roa
Casa Valimón
Granja de San Mamés
Convento de Oreja
Fompedraza
Torre de Peñafiel
Rábano
Cuevas de Provanco
Casa del Campesino
Convento de la Alamedilla
Canalejas de Peñafiel
Ermita de Olmar
Cabeza Vieja
Fuentenebro
Casa de la Dehesa de los Frailes
Cogeces del Monte
Monasterio Cisterciense
Convento de San Bernardo
Aldehorno
Laguna de Contreras
Sacramenia
Granja de San Juan
Aldealbar
Campaspero
Bahabón
Torrescarcela
Aldeasoña
Vivar de Fuentidueña
Pecharromán
Valtiendas
Fuentesoto
Aldeanueva de la Serrezuela
Palomera
Membibre de la Hoz
Calabazas de Fuentidueña
Fuentidueña
Torreadrada
Rubio
Sierra Pradales
El Henar
Tejares
Castro de Fuentidueña
Santa Lucía
Navares de las Cuevas
Embalse de las Vencias
Fuentes de Cuéllar
Vegafría
Fuentesaúco de Fuentidueña
Valles de Fuentidueñas
Torreguetiérrez
Moraleja de Cuéllar
Olombrada
Cerquilla
Lovingos
Escarabajosa de Cuéllar
San Miguel de Bernuy
Cobos de Fuentidueña
Castrojimeno
Castroserracín
Cuéllar
Dehesa Mayor
Frumales
Perosillo
Cozuelos de Fuentidueña
Fuentepiñel
Torrecilla del Pinar
Fuente el Olmo de Fuentidueña
Ermita de la Virgen del Pinar
San Frutos
Carrascal del Río
Valle de Tabladillo
Barrio de Arriba
Navares de Enmedio
Puente del Segoviano
La Perla
Adrados
Santa María de Bálsamos
Urueñas
Hinojosas del Cerro
Aldehuela
Cañada del Estepar
Hontalbilla
Navalilla
Burgomillodo
Emb. de Burgomillodo
Castrillo de Sepúlveda
Arroyo de Cuéllar
Hoya Grande
Sanchonuño
Las Praderas
Cuatro Claros
El Carrizo
Ermita de San Frutos
Casas El Tabladillo
Campo de Cuéllar
Los Barriales
Villaseca
Convento de la Hoz
Parque Nat. de las Hoces del Río Duratón
Santa Cruz
Lastras de Cuéllar
Chatún
Embalse de Bodón de la Ibienza
Fuenterrebollo
Los Zorros
Sepúlveda
Castillo morisco
Gomezserracín
Casa forestal La Lagartija
Navacedón
Villar de Sobrepeña
San Miguel de Neguera
Sebúlcor
Molino Maluca
Zarzuela del Pinar
Río Cega
Molino Cega
Consuegra de Murera
Torrecilla
Pinarejos
Caserío Gallegos
Cantalejo
Aldeonsancho
Aldealcorvo
Villafranca (Condado de Castilnovo)
La Consejera
Robledo
Cabezuela
Valdesimonte
Aldealafuente
Valdesaz
Castillo del Castilnovo
Aguilafuente
Pinar del Barranquillo
Rebollar
La Ventosilla
Mudrián
San Martín
Navalmanzano
Fuentepelayo
Puebla de Pedraza
San Pedro Gaillos
Castroserna de Abajo
Sauquillo de Cabezas
Pinarnegrillo
Veganzones
Rebollo
La Matilla
Valleruela de Sepúlveda
Aldea Real
La Dehesa
Valleruela de Pedraza
Molino de Temeroso
Las Rozas
Escalona del Prado
Turégano
Castillo
Muñoveros
Arevalillo de Cega
Pajares de Pedraza
La Alameda
El Arenal (Orejana)
Sancho-pedro
Molino Berral
Molino El Paredón
Revilla
Cuatro Caminos
Orejanilla
La Velilla
Mozoncillo
Otones de Benjumea
El Guijar
Las Peñas
Arahuetes
Rades de Abajo
Rades de Arriba
Huerta
Cabezadas
Bernardos
Carbonero el Mayor
Valdevacas
Castillo de Velasco
Pedraza
Na.Sa de las Vegas
Miguelañez
El Pradillo
Villovela de Pirón
Parral de Villovela
Pavía
Cubillo
Requijada
Colladillo
Arcones
Escarabajosa de Cabezas
Caballar
Parque
Cañicosa
Matamala
Miguel Ibáñez
Tabanera la Luenga
Escobar de Polendos
Peñarrubias de Pirón
Torreiglesias
Carrascal
Mata de Rosueros
La Mata
Galíndez
Matabuena
Santa María la Real de Nieva
Pinillos de Polendos
La Cuesta
Valle de San Pedro
Gallegos
Armuña
San Pedro
Cantimpalos
Losana de Pirón
Berrocal
Aldeasaz
Chavida
Torre Val de San Pedro
Martincano
Pinilla Ambroz
Yanguas de Eresma
Cabañas de Polendos
Tenzuela
Pelayos del Arroyo
Ceguilla
Pascuales
Tabladillo
Carbonero de Ahusín
Casa del Quintanar
Adrada de Pirón
Santo Domingo de Pirón
La Salceda
Navafría
Natural
El Cañal
Añe
Roda de Eresma
Mata de Quintanar
Brieva
Sotosalbos
Collado Hermoso
Aragoneses
Encinillas
La Higuera
Basardilla
El Hoyo
Paradinas
Los Huertos
Asenjo
Aldehuela
Peñacabra
Valseca
Bernúy de Porreros
Espirdo
de la Sierra
Puerto de Lozoya o de Navafría
Navarredonda (Navarredonda y San Mamés)
Anaya
Tizneros
Norte de Guadarrama
Sierra de Guadarrama
Marazuela
Garcillán
Hontanares de Eresma
La Lastrilla
Cabanillas del Monte
La Nevera
Marazoleja
Lobones
Zamarramala
Trescasas
Convento de San Juan de la Cruz
San Cristóbal de Segovia
Sonsoto
Martín Miguel
Alcázar
Parador
Lozoya
El Tornillar
Valverde del Majano
Segovia
City Map
Acueducto
Palazuelos de Eresma
Juarros de Riomoros
Tabanera del Monte
Gamones
Embalse de Pinilla
Torredondo
Perogordo
Pinilla del Valle
Caserío de Bernúy de Montejo
Abades
Quitapesares
Palacio
Rascafría
Alameda del Valle
Perocojo
Redonda El Viejo
Casa de Palazuelos
Peladera
San Ildefonso o La Granja
Oteruelo del Valle
Canencia
Marugán
Allas de San Pedro
Madrona
Hontoria
Aldeanueva
Palacio Real
Pradera de Navalhorno
Monasterio de El Paular
Casa de Mazarías
Parque de Riofrío
Valsaín
Lastras del Pozo
Escobar
Santillana
Puerto de Canencia
Matamanzano
Palacio
Hoya Pozo
Manilla
Tajuña
Fuentemilanos
Nevas de Riofrío
Revenga
Embalse del Revenga
San Pedro de las Dueñas
Campillo
Palacio Real de Riofrío
Estación
La Losa
Navas de Riofrío
Ávila
Madrid
Madrid
El Burgo
Aranda

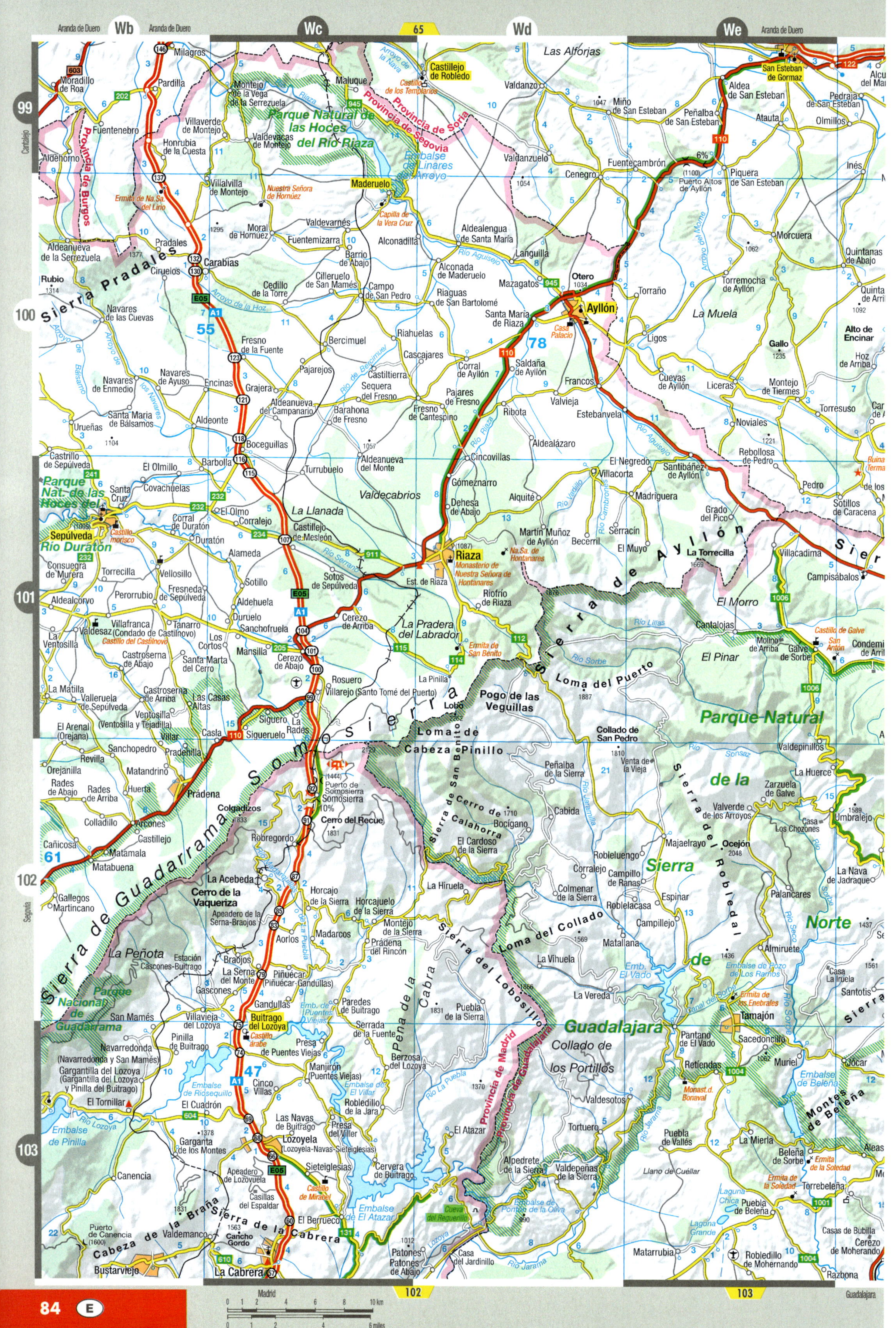

0 1 2 4 6 8 10 km
0 1 2 4 6 miles

Osma
Uxama Argelae (Ruinas romanas)
Valdenebro
Lodares de Osma
La Olmeda
La Rasa
El Enebral
Casa del Dornajo
Necrópolis
Quintanas de Gormaz
Gormaz
Vildé
Bayubas de Arriba
Valverde de los Ajos
Tajueco
Bayubas de Abajo
Valderrodilla
Fuentepinilla
Osona
Valderrueda
El Santero
Anjaluz
Iglesia románica
Ermita de El Bosque
Centenera de Andaluz
La Concepción
Apeadero de Matamala
Matamala de Almazán
Fuentelcarro
Tejerizas
Valdemarcas
Viana de Duero
Baniel
Requijada
La Paloma
Almazán
Palacio de los Condes de Altamira
Murallas
La Malina
Perdices
Villalba
Hortezuela
Recuerda
Morales
Aguilera
Berlanga de Duero
Castillo
Palacio Marqueses
Fuente-Tovar
Los Naranjos
Velamazán
Rebollo de Duero
Santa María del Prado
Ciadueña
Matute de Almazán
Ermita de Nuestra Señora de Cinares
Barca
Covarrubias
Almantiga
La Miñosa
Frechilla de Almazán
Bordeje
Coscurita
Villanueva de Gormaz
Fresno de Caracena
Marquesado de Berlanga
Valdepozuelos
Ciruela
Casillas de Berlanga
Ermita de San Baudilio
Paones
Rubias
Carrascosa de Abajo
Mosarejos
Galapagares
La Perera
Pozuelo
Nograles
Brias
Caltojar
Valdelatorre
Cobertelada
Lodares del Monte
Ballunca
Centenera del Campo
Torremediana
Sauquillo del Campo
Hoz de Abajo
Caracena
Madruédano
San Cristóbal
Abanco
Sauquillo de Paredes
Modamio
Alaló
Cabreriza
Bordecorex
Fuentegelmes
Altos de Baraona
Hontalbilla
Valderromán
Cañicera
Tarancueña
Torrevicente
Lumías
Arenillas
La Riba de Escalote
Nava de la Torre
Villasayas
Ontalbilla de Almazán
Adradas
Jodra de Cardos
Rebollosa
Escuderos
Manzanares
Losana
Ermita de Santa María
Valvenedizo
Castro
Peralejo de los Escuderos
Cabeza Alta
Retortillo de Soria
Rello
Murallas
Ermita de la Soledad
Pinilla del Olmo
Sierra del Bulejo
Bañuelos
Barcones
Barcencitos
Marazovel
Baraona
Santo Cristo de la Vega
Puerto de Radona
Sierra de Pela
Miedes de Atienza
Romanillos de Atienza
Provincia de Soria
Provincia de Guadalajara
Casillas
Bochones
Alpanseque
Romanillos de Medinaceli
Mezquetillas
Alcubilla de las Peñas
Somolinos
Ujados
Hijes
Alpedroches
Madrigal
Paredes de Sigüenza
Beltejar
Albendiego
Condemios de Abajo
Nuestra Señora del Puente
Cañamares
Tordelloso
Tordelrábano
Rienda
Valdelcubo
Torrecilla del Ducado
Conquezuela
Yelo
Río Bornova
Molina de Mochinga
Recinto monumental
Castillo
Atienza
Cincovillas
Alcolea de las Peñas
Riba de Santiuste
Sienes
Tobes
Querencia
La Santa Cruz
Laguna de Conquezuela
Miño de Medinaceli
Sierra de Alto Rey
Ermita del Alto Rey
Prádena de Atienza
La Miñosa
Murallas
Ermita de Santa Lucía
Naharros
Bodera
Cercadillo
Imón
La Barbolla
Villacorza
Olmedillas
La Ventosa del Ducado
Ambrona
Museo Paleontológico
Torre de Valdealmendras
Gascueña de Bornova
Riofrío del Llano
Valdealmendras
Alboreca
Mojares
Horna
Torralba del Moral
El Ordial
Bustares
La Bodera
Robledo de Corpes
Cardeñosa
La Olmeda de Jadraque
Riotovi del Valle
Bujalcayado
Matas
Santamera
Embalse de Atance
Pozancos
Alcuneza
Cubillas del Pinar
Ministra
Casas de la Quebrada
Casas de Villuengo
Navas de Jadraque
Arroyo de las Fraguas
Villares de Jadraque
Ermita de la Magdalena
Rebollosa de Jadraque
Santiuste
Cirueches
Carabias
Ures
Palazuelos
Guijosa
Bujarrabal
Hiendelaencina
Zarzuela de Jadraque
Las Cabezadas
Embalse de Pálmaces
Angón
El Atance
Recinto monumental
Sigüenza
Parador
Ermita de Nuestra Señora de la Salud
Barbatona
Estriégana
Alcolea del Pinar
Emb. de Arcorio
Pálmaces de Jadraque
Congostrina
Huérmeces del Cerro
Sierra de la Muela
Moratilla de Henares
Jodra del Pinar
Saúca
Robledarcas
Torremocha de Jadraque
Negredo
Viana de Jadraque
Parque Natural del Barranco del Río Dulce
Gorda
Pinilla de Jadraque
Sierrezuela
Pelegrina
La Cabrera
Fraguas
La Toba
Cendejas del Padrastro
Baides
Villaverde del Ducado
San Andrés del Congosto
Veguillas
Monasterio
Medranda
Cendejas de la Torre
Torremocha del Campo
La Torresaviñán
Castillo de La Torresaviñán
Tortonda
Arbancón
Palacio de Medinaceli
Cendajas de en Medio
Villaseca de Henares
Aragosa
Algora
La Fuensaviñán
Castilblanco de Henares
Jirueque
Río Dulce
Mandayona
Mirabueno
Cogolludo
Membrillera
Bujalaro
Castejón de Henares
Laranueva
Cortes de Tajuña
Navalpotro
Cruz Alta
Fuencemillán
Jadraque
Castillo del Cid
Ermita de San Miguel
Renales
Carrascosa de Henares
Almadrones
Alto del Manzano
Cabecilla del Rey
Abánades
Espinosa de Henares
Villanueva de Argecilla
Torrecuadrada de los Valles
Apeadero de El Henares
Miralrio
Argecilla
La Cabrilla
El Sotillo
La Alcarria
Casas de San Galindo
Valfermoso de las Monjas
Las Inviernas
Embalse de La Tajera
Valdeancheta
Copernal
Padilla de Hita
Ledanca
Monasterio
Hontanares
Alaminos
Torrecuadradilla
Río Henares
Río Tajuña
AVE
Soria
Tarazona
Calatayud
Guadalajara
Cifuentes
99
100
101
102
103
42
40
53
33

Xc
Xd
Ágreda
Xe
67
Xf
Soria
Ya
99
100
101
102
103
Valdemarcas
Borjabad
Nomparedes
Castil de Tierra
Abión
Zarabes
Almazul
La Quiñonería
Berdejo
Viana de Duero
Baniel
Requijada
Nepas
Nolay
San Cristóbal
Azagradero
Bliecos
La Cruz
Navazo
Mazaterón
Peñalcázar
Las Casas
Bijuesca
Moñux
Serón de Nágima
Miñana
Alto Cruz
La Alameda
Sierra de Miñana
Sierra de Almazán
Casa de la Veguilla
Ermita de los Santos
La Malina
Almazán
Murallas
Perdices
Escobosa de Almazán
Velilla de los Ajos
Ermita de la Virgen de la Vega
Soliedra
Maján
El Llano de la Muela
Los Visos
Deza
Villalba
Neguillas
Ermita de San Roque
Bordejé
La Miñosa
Frechilla de Almazán
Borchicayada
Momblona
Las Mollas
Arroyo del Arenal
Cañamaque
Torlengua
Campo Alavés
Casa del Yelo
Coscurita
Alentisque
Fuentelmonge
Las Pasade
Centenera del Campo
Morón de Almazán
Valtueña
Embalse de Monteagudo
Provincia de Soria
Provincia de Zaragoza
Bordalba
Cihuela
Torremediana
Sauquillo del Campo
Cabanillas
El Monte
Hontalbilla
Señuela
Chércoles
Monteagudo de las Vicarias
Embid de Ariza
Casa de la Vega
Los Cabezos
Ontalbilla de Almazán
Adradas
Taroda
Puebla de Eca
Las Dehesillas
Pozuel de Ariza
El Carbonero
Nuestra Señora de la Torre
Santa Quiteria
Sierra del Muedo
El Corralejo
Bajera
Ariza
Castillo
Muela
Contamina
Aguaviva de la Vega
Utrilla
Almaluez
Granja de San Pedro
Monreal de Ariza
Termas Pallarés
Cetina
Alhama de Aragón
Puerto de Radona
Radona
Sierra de la Mata
Santa María de Huerta
Monasterio Cisterciense
Loma de Eslopar
Godojos
Alcubilla de las Peñas
Blocona
Valladares
Torrehermosa
AVE
Loma del Camarero
Beltejar
Castillo árabe
Montuenga de Soria
Cabolafuente
Yelo
Corvesún
Yuba
Jubera
Arcos de Jalón
Aguilar de Montuenga
Alconchel de Ariza
Jaraba
Lodares
Jalón
Somaén
Castillo Almedeque
Pajares de Calmarza
Miño de Medinaceli
Medinaceli
Ruinas romanas
Ambrona
Museo Paleontológico
Murallas Palacio ducal
Lomeda
Velilla de Medinaceli
Arenales
Sisamón
Torralba del Moral
Fuencaliente de Medina
Salinas de Medinaceli
Sagides
Chaorna
Provincia de Zaragoza
Provincia de Guadalajara
Calmarza
Sierra Ministra
Azcamellas
Arbujuelo
Ures de Medina
Casa de Alcondrón
Villel de Mesa
Algar de Mesa
Esteras de Medina
Judes
Iruecha
Los Pelados
Benamira
Layna
Llano del Palomar
Bujarrabal
Puerto Cuestas de Esteras
Villaseca de Arciel
Mochales
Milmarcos
Codes
El Medio
Amayas
Estriégana
Alto de San Sebastián
Garbajosa
La Soledad
Balbacil
Labros
Alcolea del Pinar
Maranchón
Ermita
Clares
Anchuela del Campo
Cabazuela Blanca
Hinojosa
Saúca
Aguilar de Anguita
Puerto de Alcolea del Pinar
Anguita
Río Tajuña
Luzón
Puerto de Maranchón
Ciruelos del Pinar
Turmiel
Establés
Concha
Mazarete
La Cerrada
Tartanedo
Villaverde del Ducado
Iniéstola
Santa María del Espino
Tobillos
Anquela del Ducado
Cueva de la Hoz (prehistórica)
Ermita de la Virgen de la Cañada
Parque
Cueva de los Casares (prehistórica)
Ermita de San Juan
Los Villares
Tortonda
Luzaga
Padilla del Ducado
Casas de la Saceda
Torrubia
Las Cabezas
Casa de Solanillo
Selas
Aragoncillo
Pardos
Alto de Ardal
La Hortezuela de Océn
Villarejo de Medina
Cortes de Tajuña
Dehesa de la Matilla
Sotodosos
Ermita de la Virgen del Buenlabrado
Ermita de Santa Cecilia
Renales
Cabecilla del Rey
Riba de Saelices
Saelices de la Sal
Ablanque
Ermita de San Bernardo
Canales de Molina
Natural del
Torremocha del Pinar
Herrería
Abánades
Ermita de Santa Catalina
Molino de Abajo
Molino de En Medio
Ermita de la Virgen de Montesinos
Casas de la Dehesilla
Ribarredonda
La Loma
Casa del Pote
Alto del Paredazo
Esplegares
Alto Tajo
Olmeda de Cobeta
Cobeta
Monasterio
Rillo de Gallo
Molina de Aragón
104
105
0 1 2 4 6 8 10 km
0 1 2 4 6 miles

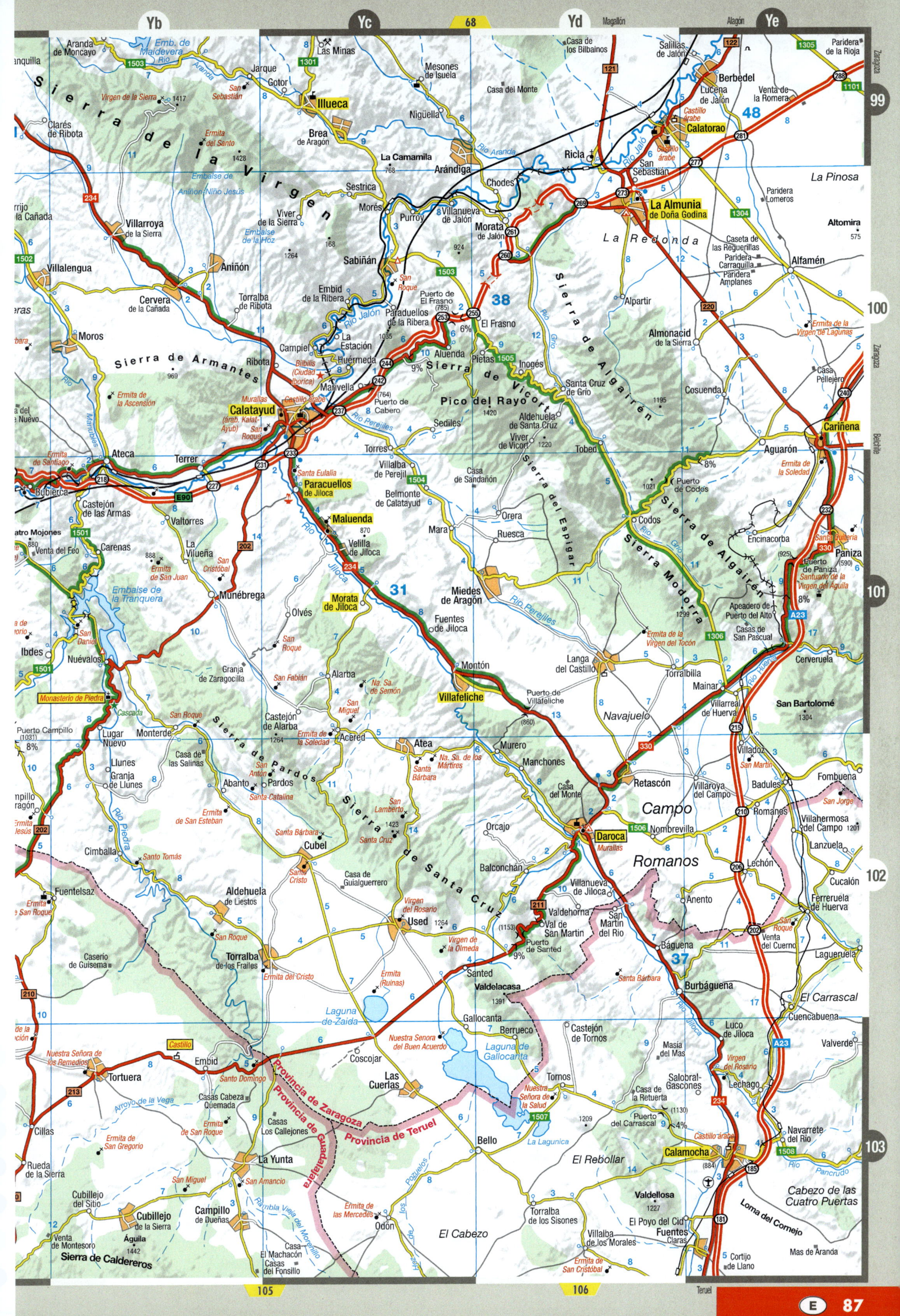
Yb
Yc
68
Yd
Ye
Magallón
Alagón
Zaragoza
99
100
101
102
103
105
106
Teruel
Belchite
Aranda de Moncayo
Emb. de Maidevera
Las Minas
Mesones de Isuela
Casa de los Bilbainos
Salillas de Jalón
Paridera de la Rioja
Jarque
Gotor
Illueca
Brea de Aragón
Nigüella
Casa del Monte
Berbedel
Lucena de Jalón
Venta de la Romera
Sierra de la Virgen
Virgen de la Sierra
Clarés de Ribota
Ermita del Santo
San Sebastián
Calatorao
Castillo árabe
48
La Camamila
Arándiga
Río Aranda
Ricla
Embalse de Aniñón-Niño Jesús
Sestrica
Chodes
San Sebastián
La Pinosa
La Almunia de Doña Godina
Paridera Lomeros
Villarroya de la Sierra
Viver de la Sierra
Morés
Purroy
Villanueva de Jalón
Morata de Jalón
La Redonda
Altomira
Embalse de la Hoz
Caseta de las Reguerillas
Paridera Carraquilla
Paridera Amplanes
Alfamén
Villalengua
Aniñón
Sabiñán
San Roque
Puerto de El Frasno
Cervera de la Cañada
Torralba de Ribota
Embid de la Ribera
Paraduellos de la Ribera
El Frasno
38
Sierra de Algairén
Alpartir
Almonacid de la Sierra
Ermita de la Virgen de Lagunas
Moros
Sierra de Armantes
Campiel
La Estación
Huérmeda
Bílbilis (Ciudad Ibérica)
Aluenda
Pietas
Inogés
Sierra de Vicort
Santa Cruz de Grío
Cosuenda
Casa Pellejero
Ribota
Ermita de la Ascensión
Murallas
Castillo árabe
Calatayud
Maluvella
Puerto de Cabero
Pico del Rayo
Aldehuela de Santa Cruz
Viver de Vicort
Sediles
Cariñena
Tobed
Aguarón
Ateca
Terrer
Torres
Villalba de Perejil
Belmonte de Calatayud
Casa de Sandañón
Sierra del Espigar
Puerto de Codos
Ermita de la Soledad
Bubierca
Castejón de las Armas
Santa Eulalia
Paracuellos de Jiloca
Maluenda
Velilla de Jiloca
Orera
Ruesca
Mara
Codos
Sierra de Algairén
Encinacorba
Paniza
Valtorres
La Vilueña
Puerto de Paniza
Santuario de la Virgen del Águila
Venta del Feo
Carenas
Ermita de San Juan
San Cristóbal
Munébrega
Río Jiloca
31
Morata de Jiloca
Miedes de Aragón
Río Perejiles
Sierra Modorra
Apeadero de Puerto del Alto
Casas de San Pascual
Embalse de la Tranquera
Olvés
San Roque
Fuentes de Jiloca
Ermita de la Virgen del Tocón
Ibdes
Nuévalos
San Daniel
Granja de Zaragocilla
San Fabián
Alarba
Na. Sa. de Semón
Montón
Langa del Castillo
Torralbilla
Cerveruela
Monasterio de Piedra
Cascada
Villafeliche
San Miguel
Puerto de Villafeliche
Navajuelo
Mainar
Villarreal de Huerva
San Bartolomé
Puerto Campillo
Lugar Nuevo
Monterde
San Roque
Castejón de Alarba
Sierra de Pardos
Ermita de la Soledad
Acered
Atea
Na. Sa. de los Mártires
Santa Bárbara
Murero
Manchones
Retascón
Villadoz
San Martín
Fombuena
Llunes
Granja de Llunes
Casa de las Salinas
San Antón
Pardos
Abanto
Santa Catalina
Casa del Monte
Villaroya del Campo
Badules
Campo Romanos
Romanos
Ermita de San Esteban
Sierra de Santa Cruz
San Lamberto
Santa Cruz
Santa Bárbara
Orcajo
Daroca
Murallas
Nombrevilla
Villahermosa del Campo
San Jorge
Lanzuela
Cimballa
Santo Tomás
Río Piedra
Cubel
Santo Cristo
Casa de Guialguerrero
Balconchán
Lechón
Cucalón
Fuentelsaz
Ermita de San Roque
Aldehuela de Liestos
Virgen del Rosario
Used
Villanueva de Jiloca
Valdehorna
Val de San Martín
San Martín del Río
Anento
Ferreruela de Huerva
San Roque
Venta del Cuerno
Casería de Guisema
San Roque
Torralba de los Frailes
Ermita del Cristo
Virgen de la Olmeda
Puerto de Santed
Báguena
Lagueruela
Santed
Santa Bárbara
37
Burbáguena
Valdelacasa
Ermita (Ruinas)
El Carrascal
Laguna de Zaida
Gallocanta
Berrueco
Castejón de Tornos
Cuencabuena
Luco de Jiloca
Valverde
Nuestra Señora de los Remedios
Tortuera
Castillo
Embid
Santo Domingo
Coscojar
Nuestra Señora del Buen Acuerdo
Laguna de Gallocanta
Masía del Mas
Virgen del Rosario
Lechago
Arroyo de la Vega
Casas Cabeza Quemada
Provincia de Zaragoza
Provincia de Guadalajara
Provincia de Teruel
Las Cuerlas
Tornos
Nuestra Señora de la Salud
Casa de la Retuerta
Salobral-Gascones
Cillas
Ermita de San Gregorio
Ermita de San Roque
Casas Los Callejones
Bello
La Lagunica
Puerto del Carrascal
Castillo árabe
Navarrete del Río
Rueda de la Sierra
La Yunta
San Amancio
El Rebollar
Calamocha
Río Pancrudo
Cubillejo del Sitio
San Miguel
Valdellosa
Cabezo de las Cuatro Puertas
Cubillejo de la Sierra
Campillo de Dueñas
Rambla Vieja del Morenillo
Ermita de las Mercedes
Odón
Torralba de los Sisones
El Poyo del Cid
Loma del Cornejo
Águila
Venta de Montesoro
Sierra de Caldereros
Casa El Machacón
Casas del Fonsillo
El Cabezo
Villalba de los Morales
Fuentes Claras
Ermita de San Cristóbal
Cortijo de Llano
Mas de Aranda

Sierra de la Muela
Campo de Cariñena
Llanos de la Plana
Cariñena
Belchite
Azuara
Lécera
Muniesa
Moyuela
Segura de los Baños
Sierra de Herrera
Sierra de Oriche
Sierra de Cucalón
Fuentes de Ebro
El Burgo de Ebro
Mediana de Aragón
Villanueva del Huerva
Herrera de los Navarros
Prov. de Zaragoza
Prov. de Teruel
Oliete
Alacón
Vivel del Río Martín

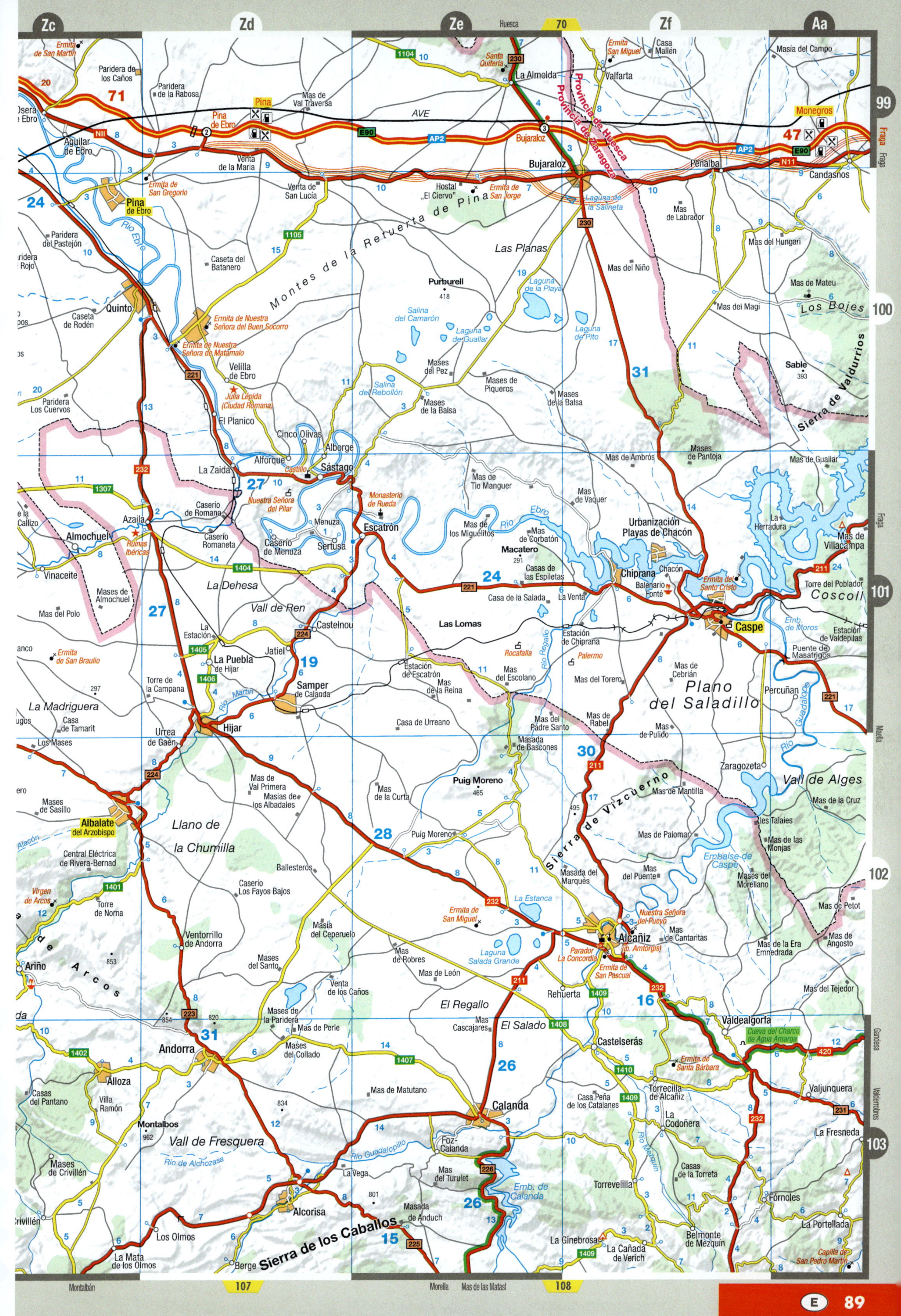

Zc
Zd
Ze
Zf
Aa
Huesca
70
99
100
101
102
103
Fraga
Maella
Gandesa
Valderrobres
Montalbán
107
Morella
Mas de las Matas
108
Ermita de San Martín
Paridera de los Caños
Paridera de la Rabosa
Pina
Pina de Ebro
Mas de Val Traversa
AVE
E90
AP2
NII
N11
Osera de Ebro
Aguilar de Ebro
Venta de la Maria
Venta de San Lucía
Ermita de San Gregorio
Pina de Ebro
Paridera del Pastejón
Río Ebro
Caseta del Batanero
Montes de la Retuerta de Pina
Quinto
Caseta de Rodén
Ermita de Nuestra Señora del Buen Socorro
Ermita de Nuestra Señora de Matamalo
Velilla de Ebro
Julia Lépida (Ciudad Romana)
Paridera Los Cuervos
El Planico
Cinco Olivas
Alborge
Alforque
La Zaida
Sástago
Castillo
Nuestra Señora del Pilar
Caserío de Romana
Caserío Romaneta
Azaila
Ruinas Ibéricas
Almochuel
Vinaceite
Mases de Almochuel
Mas del Polo
Menuza
Sertusa
Caserío de Menuza
Escatrón
Monasterio de Rueda
La Dehesa
Vall de Ren
Castelnou
La Estación
La Puebla de Híjar
Jatiel
Samper de Calanda
Torre de la Campana
Ermita de San Braulio
La Madriguera
Casa de Tamarit
Los Mases
Urrea de Gaén
Híjar
Río Martín
Mases de Sasillo
Albalate del Arzobispo
Central Eléctrica de Rivera-Bernad
Llano de la Chumilla
Mas de Val Primera
Masías de los Albadales
Caserío Los Fayos Bajos
Ballesteros
Virgen de Arcos
Torre de Norna
Ventorrillo de Andorra
Ariño
Sierra de Arcos
Mases del Santo
Masía del Ceperuelo
Venta de los Caños
Mases de la Paridera
Mas de Perle
Mases del Collado
Andorra
Alloza
Casas del Pantano
Villa Ramón
Montalbos
Vall de Fresquera
Río de Alchozasa
Mases de Crivillén
Crivillén
Los Olmos
La Mata de los Olmos
Alcorisa
Berge
Sierra de los Caballos
La Vega
Masada de Anduch
Mas del Turulet
Foz-Calanda
Río Guadalopillo
Emb. de Calanda
Calanda
Mas de Matutano
Santa Quiteria
La Almolda
Casa Mallén
Ermita San Miguel
Valfarta
Provincia de Huesca
Provincia de Zaragoza
Bujaraloz
Hostal "El Ciervo"
Ermita de San Jorge
Laguna de la Salineta
Las Planas
Purburell
Salina del Camarón
Laguna de Guallar
Laguna de la Playa
Laguna de Pito
Mases del Pez
Salina del Rebollón
Mases de la Balsa
Mases de Piqueros
Mas del Niño
Mas de Labrador
Peñalba
Monegros
Candasnos
Masía del Campo
Mas del Hungari
Mas de Mateu
Los Bojes
Mas dei Magi
Sable
Sierra de Valdurrios
Mases de Pantoja
Mas de Ambrós
Mas de Guallar
Mas de Tío Manguer
Mas de Vaquer
Mas de los Miguelitos
Mas de Corbatón
Río Ebro
Macatero
Casas de las Espiletas
Urbanización Playas de Chacón
Chiprana
Chacón
Balneario Fonte
Ermita del Santo Cristo
La Herradura
Mas de Villacampa
Torre del Poblador
Coscoll
Casa de la Salada
La Venta
Las Lomas
Estación de Chiprana
Caspe
Emb. de Moros
Estación de Valdepilas
Puente de Masatrigos
Rocafalla
Río Regallo
Palermo
Estación de Escatrón
Mas de la Reina
Mas del Escolano
Mas del Torero
Mas de Cebrián
Plano del Saladillo
Percuñan
Río Guadalope
Casa de Urreano
Mas del Padre Santo
Masada de Bascones
Mas de Rabel
Mas de Pulido
Zaragozeta
Vall de Alges
Puig Moreno
Mas de la Curta
Sierra de Vizcuerno
Mas de Mantilla
Mas de la Cruz
les Talaies
Mas de Palomar
Mas de las Monjas
Embalse de Caspe
Mases del Morellano
Masada del Marqués
Mas del Puente
Mas de Petot
La Estanca
Ermita de San Miguel
Nuestra Señora del Pueyo
Alcañiz
(ib. Amtorgis)
Mas de Cantarites
Mas de la Era Emnedrada
Mas de Angosto
Laguna Salada Grande
Mas de Robres
Mas de León
Parador La Concordia
Ermita de San Pascual
Rehuerta
Mas del Tejedor
El Regallo
Mas Cascajares
El Salado
Valdealgorfa
Cueva del Charco de Agua Amarga
Castelserás
Ermita de Santa Bárbara
Torrecilla de Alcañiz
Casa Peña de los Catalanes
Valjunquera
La Codoñera
Río Mezquín
La Fresneda
Casas de la Torreta
Torrevelilla
Fórnoles
La Ginebrosa
La Cañada de Verich
Belmonte de Mezquín
La Portellada
Capilla de San Pedro Mártir

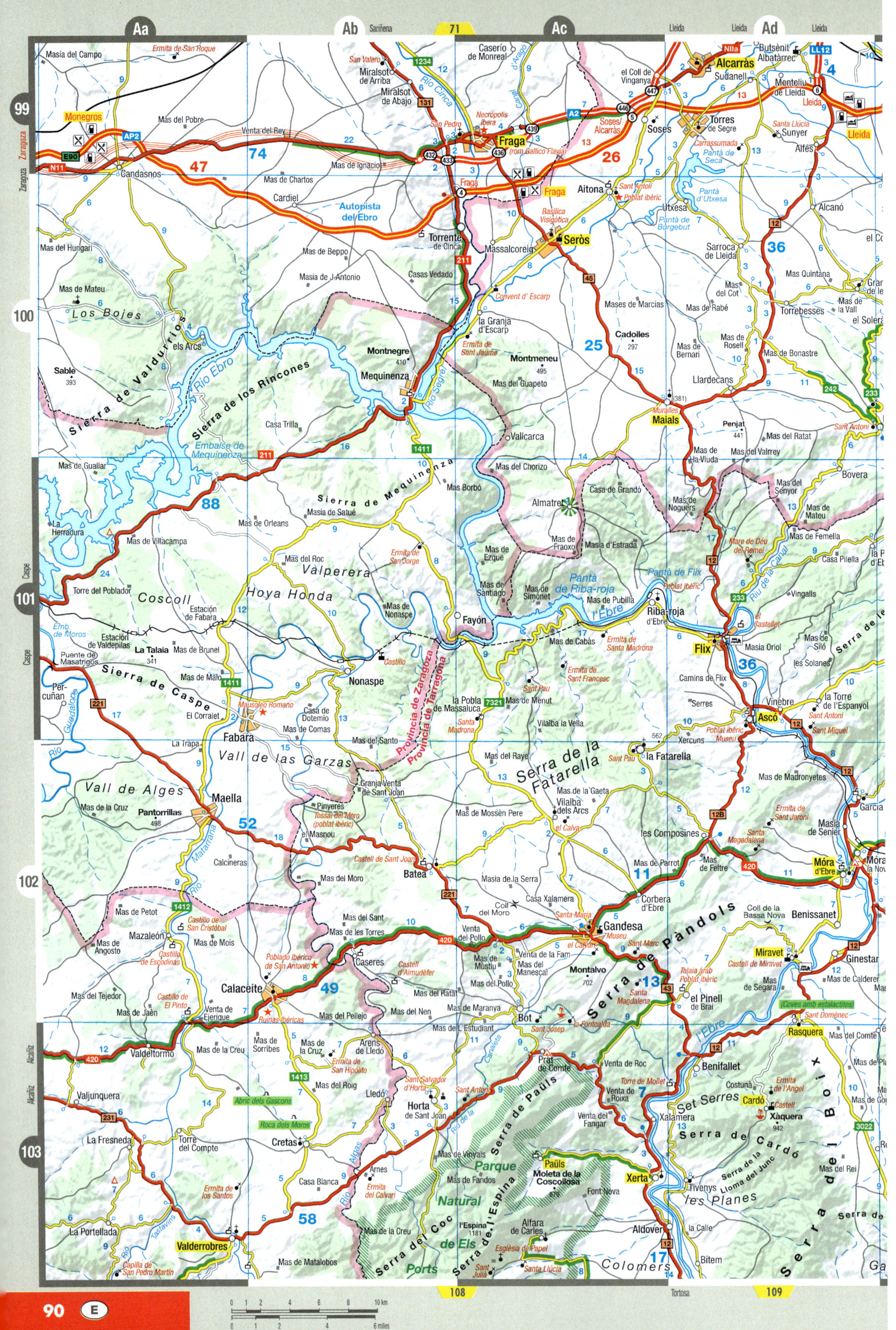

0 1 2 4 6 8 10 km
0 1 2 4 6 miles

Lleida
Ae
Af
72
Ba
Tàrrega
Bb
Juneda
Les Borges Blanques
Arbeca
Castelldans
Les Garrigues
l'Albagés
Cervià de les Garrigues
l'Albi
Vinaixa
Tarrés
Fulleda
Rocafort de Vallbona
Vallbona de les Monges
Sant Martí de Maldà (Sant Martí de Riucorb)
Maldà
Belianes
Nalec
Ciutadilla
Guimerà
Vallfogona de Riucorb
Llorac
Savalla del Comtat
Conesa
Forès
Rocafort de Queralt
Sarral
Solivella
Blancafort
Serra del Tallat
Senan
Barberà de la Conca
Pira
Montblanc
l'Espluga de Francolí
Vimbodí
Vallclara
Prenafeta
Figuerola del Camp
Rojals
Vilaverd
la Riba
Serra la Llena
Juncosa
la Granadella
Ulldemolins
Parc Natural Serra del Montsant
Cornudella de Montsant
la Morera de Montsant
Prades
Capafonts
Farena
Mont-ral
Muntanyes de Prades
Serra de la Mussara
Alcover
Picamoixons
Valls
Alió
Puigpelat
Bràfim
Vilabella
Nulles
Vallmoll
la Masó
el Milà
Vilallonga del Camp
el Rourell
els Garidells
la Selva del Camp
Almoster
l'Aleixar
Maspujols
Castellvell del Camp
les Borges del Camp
Alforja
Riudecols
Poboleda
Torroja del Priorat
Gratallops
la Vilella Baixa
Cabacés
la Figuera
el Lloar
el Molar
Falset
Bellmunt del Priorat
Porrera
Serra de Puigcerver
Serra de Montsant
Pradell de la Teixeta
Duesaigües
l'Argentera
Puig Mari
Botarell
Riudoms
REUS
Vinyols i els Arcs
Montbrió del Camp
Mont-roig del Camp
Riudecanyes
Vilanova d'Escornalbou
Colldejou
Mola de Llaberia
Llaberia
Marçà
el Masroig
Capçanes
els Guiamets
Darmós
la Serra d'Almos
Serra de Montalt
Serra de la Pedrera
Pratdip
Tivissa
Fatxes
Remullá
Masboquera
Masriudoms
Vandellòs i l'Hospitalet de l'Infant
Castelló
Gavadà
el Puntaire
l'Hospitalet de l'Infant
Serra de la Creu
Serra de Estevet
Serra de la Barra
Mas de Renegac
l'Almadrava
Calafat
Sant Jordi d'Alfama
Punta de Cala Mosques
l'Ametlla de Mar
les Roques Daurades
el Perelló
Cambrils
Vilafortuny
SALOU
Cap de Salou
Vila-Seca
la Pineda
la Canonja
Constantí
el Morell
Perafort
els Pallaresos
el Catllar
Tarragona
TARRAGONA
la Secuita
l'Argilaga
Renau
Bellavista
l'Arrabassada
Platja dels Penyals
Platja de Miami
Costa Daurada
CITY MAP
Amposta
Tortosa l'Aldea
109
99
100
101
102
103
E 91

Bb
Bc
73
Bd
Manresa
Be
Tàrrega
Manresa
Bf
99
100
101
102
103
Montblanc
Tarragona
Reus
IGUALADA
Santa Coloma de Queralt
Serra de Queralt
Capellades
la Pobla de Claramunt
Piera
MARTORELL
Esparreguera
Olesa de Montserrat
Collbató
Sant Sadurní d'Anoia
Gelida
VILAFRANCA DEL PENEDÈS
Sant Quintí de Mediona
Sant Joan de Mediona (Mediona)
la Llacuna
Serra de Brufaganya
Serra d'Ancosa
Provincia de Barcelona
Provincia de Tarragona
Torrelles de Foix
Pontons
Santa Perpètua de Gaià
Pontils
Querol
Aiguaviva
Marmellar
els Monjos
Sant Martí Sarroca
Vila-rodona
Alt Camp
Penedès
Autopista de l'Ebre
el Pla de Santa Maria
El Pla de Sta. M./ El Pont d'Armentera
el Pont d'Armentera
Valls
Alió
Puigpelat
Vilardida
Rodonyà
Masllorenç
La Bisbal del Penedès
Llorenç del Penedès
Banyeres
l'Arboç
EL VENDRELL
CALAFELL
Santa Oliva
Cunit
Cubelles
VILANOVA I LA GELTRÚ
SITGES
Garraf
Massís de Garraf
Parque Natural del Garraf
SANT PERE DE RIBES
Canyelles
Sant Pere de Ribes
Olivella
Avinyonet del Penedès
Sant Cugat Sesgarrigues
la Granada
Cabanyes
Pacs del Penedès
Castellet i la Gornal
Roda de Berà
Creixell
Torredembarra
Altafulla
Tamarit
Tarragona
la Riera de Gaià
la Nou de Gaià
la Pobla de Montornès
Salomó
Bonastre
Vespella
Nulles
Vilabella
la Secuita
Renau
l'Argilaga
Mèdol
Comarruga
Coma-ruga
Sant Salvador
Segur de Calafell
Costa de Ponent
Costa Daurada
Costes de Garraf
Platja de la Ribera
Platja de Port Alegre
Tanger Med.
Santes Creus
Monestir
Aqüeducte romà
Arc romà de Berà
Montmell
AP7
AP2
E15
E90
C-32
A2
N-340
340
31
40
53
36
20
19
26
58
16
12
14
Ordal
Vallirana
Corbera de Llobregat
Begues
Castelldefels
la Morella
Cervelló
Torrelles de Llobregat
Montau
Subirats
els Casots
Sant Llorenç d'Hortons
Masquefa
Sant Esteve Sesrovires
Abrera
0 1 2 4 6 8 10 km
0 1 2 4 6 miles

Manresa
Terrassa
Ca
Caldes de Montbui
Cb
La Garriga
Girona
74
Granollers
Cc
Pineda de Mar
Cd
99
100
101
108
109
110
TERRASSA
SABADELL
MOLLET DEL VALLÈS
BARBERÀ DEL VALLÈS
RIPOLLET
MONTCADA I REIXAC
CERDANYOLA DEL VALLÈS
SANT CUGAT DEL VALLÈS
RUBÍ
MATARÓ
PREMIÀ DE MAR
El Masnou
SANTA COLOMA DE GRAMENET
BADALONA
SANT ADRIÀ DE BESÒS
BARCELONA
L'HOSPITALET DE LLOBREGAT
ESPLUGUES DE LLOBREGAT
SANT JOAN DESPÍ
CORNELLÀ DE LLOBREGAT
SANT BOI DE LLOBREGAT
VILADECANS
GAVÀ
EL PRAT DE LLOBREGAT
SANT VICENÇ DELS HORTS
SANT FELIU DE LLOBREGAT
Vilassar de Mar
Argentona
Caldes d'Estrac
Sant Andreu de Llavaneres
Parque Natural de la Serra de Collserola
Tibidabo
Sagrada Família
204-205
Garraf
Genova
Civitavecchia
Porto Torres
Tanger Med.
Sant Antoni de Portmany
Eivissa
Palma
Port d'Alcúdia
Ciutadella
Maó (Menorca)
De
Df
Ea
Eb
Barcelona
Menorca
CIUTADELLA DE MENORCA
MAÓ MAHÓN
Cap de Cavalleria
Fornells
Es Mercadal
El Toro
Ferreries
Es Migjorn Gran
Alaior
Sant Lluís
Es Castell
Sant Climent
Cala en Porter
Cala Galdana
Cala Santa Galdana
Son Bou
Punta Prima
Parque Natural de s'Albufera des Grau
Illa d'En Colom
Cap d'Artrutx
Cala en Blanes
Cala Morell
Port d'Addaia
Es Grau
Cala Turqueta
Binibèquer Vell
Palma de Mallorca
Alcúdia
Cala Rajada

Ra
Rb
Rc
Rd
76
103
104
105
106
107
Costa Verde
Beira
Riserva Natural das Dunas de São Jacinto
Praia de São Jacinto
Furadouro
Praia de Furadouro
Ovar
Torreira
Praia de Torreira
Murtosa
Estarreja
Oliveira de Azeméis
Vale de Cambra
Vila Chã
Sever do Vouga
Albergaria-a-Velha
Angeja
São Jacinto
AVEIRO
Gafanha da Nazaré
Barra
Praia da Barra
Gafanha da Encarnação
Costa Nova do Prado
Ílhavo
Vista Alegre
Gafanha da Vagueira
Praia da Vagueira
Vagos
Gafanha da Boa Hora
Gafanha do Areão
Águeda
Oliveira do Bairro
Sangalhos
Barra de Mira
Poço da Cruz
Praia de Mira
Mira
Anadia
Mealhada
Luso
Buçaco
Serra do Buçaco
Pampilhosa
Cantanhede
Palheiros da Tocha
Tocha
Cadima
Pedros do Poço Frio
Bom Sucesso
Palheiros de Quiaios
Quiaios
Cabo Mondego
Buarcos
Figueira da Foz
Montemor-o-Velho
Coimbra
COIMBRA
Universidade
Condeixa-a-Nova
Rio Mondego
Rio Vouga
Porto
110
Figueira da Foz
Leiria
Torres Novas
Almalaguês
0 1 2 4 6 8 10 km
0 1 2 4 6 miles

Serra da Arada
Distrito de Aveiro
Distrito de Viseu
Rio de Frades
Covelo de Paivó
São Macário
Mostei
Ribolhos
Vila Franca
Canado
Vila Cova a Coelheira
Alhais de Cima
Peva
Alhais
Forles
Vila Nova de Paiva
Segões
Covelo de Cima
Cabreiros
Gestoso
Candal
Fujaco
Aldeia
Pesos
Alva
Carvalhal
Mamouros
Moita
Malhada
Rio Paiva
Fráguas
Felgueira
Lomba
Sul
Figueiredo de Alva
Fermontelos
Lamas
Pindelo dos Milagres
Moledo
Casais do Monte
Zonho
Covelo de Paiva
Pereira
Aldeia Nova
Cabrum
Manhouce
Coelheira
Aveloso
Castelo
Pindelo dos Milagres
Rio de Mel
Coura
Água de Alte
Vila de Um Santo
Cota
Queiriga
Casfreiras
Corujeira
Carvalhal
Duas Igrejas
Ferreira de Aves
Ervedoso
Arões
Sernadinha
Landeira
Santa
Sá
Vila Maior
Lamas de Ferreira
Souto Mau
São João da Serra
Preguinho
Santa Cruz da Trapa
Carvalhais
São Félix
Pinho
Vilar do Monte
Calde
Nogueira
Santa Bárbara
Vila Boa
Covelo
São Cristóvão de Lafões
Figueirosa
São Pedro do Sul
Sobral
Almargem
Várzea
Fontainhas
Forjelo
Valadares
Baiões
Serrazes
Ribafeita
Paraduça
Rio Vouga
Barreiros
Aveal
Rãs
Decermilo
Arcozelo das Maias
Sejães
Oliveira de Frades
Souto de Lafões
Várzea
Gumiei
Lustosa
Galifonge
Sanguinhedo
Lordosa
Nelas
Cepões
Mioma
Sátão
Romãs
Pinheiro
Vouzela
Fataunços
Figueiredo das Donas
Paço
Bertelhe
Silvã de Cima
Antelas
Roda
São Miguel do Mato
Viseu Norte
São Pedro de France
Rio de Moinhos
Soutinho
Vilarinho
São Vicente de Lafões
Ventosa
Silgueiros
Bodiosa
Campo
Cavernães
Paredes do Gravo
Pontes
Paços de Vilharigues
Quintela
Queirela
Carvalhal
São Miguel de Vila Boa
Lusinde
Reigoso
Campia
Cambra
Vouzela Nascente
Queirã
Igarei
Mozelos
Mundão
Penalva do Castelo
Esmolfe
Carcosa
Cambarinho
Vasconha
Portela
Couto de Cima
Abraveses
Roriz
Campia
Cova de Lobishomem
Covas
Salgueiral
Viseu
Povolide
Castelo de Penalva
Rebordinho
Vil de Souto
Figueiró
Orgens
Travassos de Cima
Viseu Poente
Santos Evos
Barragem de Fagilde
Trancozelos
Boa Aldeia Poente
Vila Chã do Monte
Couto de Baixo
São Salvador
Cacador
Germil
Real
Oestriz
Carvalhal de Vermilhas
Routar
São Cipriano
Ranhados
Fagilde
Souto Bom
Fornelo do Monte
Boa Aldeia
Torredeita
Várzea
Viseu
Fragosela
Quintela de Azurara
Alcofra
Viseu Oeste
Farminhão
Mangualde
Silvares
Caparrosa
Teivas
São João de Lourosa
Fornos de Maceira Dão
Pinhel
Maceira de Alcoba
Covelo
Coval
Fial
Viseu Sul
Freixiosa
Arca
Medorro
Fail
Vila Chão de Sá
Oliveira de Barreiros
Tibaldinho
Cunha Alta
Caramulo
Muna
São Miguel do Outeiro
Alcafache
Mangualde
São João do Monte
Pousada
Mosteiro de Fráguas
Parada de Gonta
Lobelhe do Mato
Mesquitela
Abrunhosa-a-Velha
Varzielas
Museu
Santiago de Besteiros
Passos
Moimenta de Maceira Dão
Caramulo
Vilar de Besteiros
Fráguas
Sabugosa
Pindelo
Cunha Baixa
Santiago de Cacurrães
Guardão
Santar
Vilar Seco
Castelo
Teixo
Campo de Besteiros
Canas de Santa Maria
Loureiro de Silgueiros
Espinho
Abrunhosa do Mato
Contenças de Baixo
Póvoa de Cervães
Castelões
Nandufe
Moreira
Carvalhal Redondo
Senhorim
Mosteirinho
Jue
Múceres
Corticada
Vila Ruiva
Póvoa da Rainha
Malhapão
Molelos
Botulho
Lajeosa
Pardieiros
Aguieira
Nelas
Cativelos
Barreiro de Besteiros
Tondela
Vinhal
Lobão da Beira
São Gemil
Girabolhos
Vila Nova de Tazém
Rio Torto
Corveira
Carvalhal
Canas de Senhorim
Folhadal
Tonda
Beijós
Alagoa
Paredes
Tourigo
Póvoa da Pegada
Caldas da Felgueira
Carvalhal da Loiça
Mortazel
Borralhal
Mouraz
Cabanas de Viriato
Lajes
Lagarinhos
Vale de Carneiro
Eirigo
Vale
Dardavaz
Ferreirós do Dão
Lapa do Lobo
Vale de Madeiros
Paranhos
Tourais
Pinhanços
Ortigosa
Felgueira
Vila Nova da Rainha
Oliveirinha
Seixo da Beira
Vila Verde
Lapa
Paços da Serra
Rio Milheiro
Sobral de Papízios
Oliveira do Conde
Fiais da Telha
Santa Comba
Santa Marinha
São Joaninho
Nagosela
Pinheiro
Seixas
Sobreda
Pereiro
Quinta do Rio
São Martinho
Cristina
Sobral
Pedraizes
Vila Pouca
Oliveira do Conde
Aldeia Formosa
Folgosa do Salvador
Chão Miúdo
Carregal do Sal
Póvoa de São Cosme
Travancinha
Sameice
Seia
Póvoa Nova
Vila Boa
Pala
Vila Meã
Vila de Barba
Treixedo
Papízios
Carregal do Sal
Fiais da Beira
Vila Franca
Erveda
Carragozela
Santiago
Vila No
Gestosa
Castelejo
Currelos
Santa Eulália
Vale de Remígio
Santa Comba Dão
Póvoa de Santo Amaro
Vila do Mato
Várzea de Meruge
Parque
São Romão
Sabugueiro
Mortágua
Parada
Lagares
Meruge
Torrozelo
Cortegaça
Cancela
São João de Areias
Distrito de Coimbra
Travanca de Lagos
Folhadosa
Vila Cova à Coelheira
Lapa dos Dinheiros
Freixo
Rojão Grande
Sevilha
Santa Amara
Lajeosa
Lagos da Beira
Cagido
Ovoa
Póvoa de Midões
Midões
Esporão
Gavinhos de Baixo
Alcordal
Marmeleira
Chamadouro
Pinheiro de Azere
Póvoa de Mosqueiros
Seixos Alvos
Torre
Vila Nova de Oliveirinha
Bobadela
Oliveira do Hospital
Chamusca
Sandomil
Serra da
Lagoa Comprida
Valezim
Almaça
Espadanal
Tábua
Várzea
Candosa
Covas
São Paio de Gramaços
Corga
Sazes da Beira
Cercosa
Azere
Remouço
Barras
Lameiras
Nogueira do Cravo
Penalva de Alva
São Gião
Malho Pão
Travanca do Mondego
Barragem da Aguieira
São João Boa Vista
Venda da Esperança
Cabeça
Loriga
Oliveira do Mondego
Sobral
Sinde
Venda de Galizes
São Sebastião da Feira
Estrela
Alvoco da Serra
Silveirinho
São Paio de Farinha Podre
Espariz
Louriosa
Santa Ovaia
Alvoco das Várzeas
Fontão
Paulo
Gandelim
Raiva
Laborinho
São Pedro de Alva
Atouguia
Corvelo
Outeiro
Pereira
Pinheiro Coja
Vila Pouca da Beira
Pousada
Aldeia das Dez
Rio Alvoco
Vide
Barroca
Miro
Sanguinhedo
Carapinha
Meda de Mouros
Barril de Alva
Avô
Avelar
de Baixo
Vasco Esteves de Cima
Hombres
Frumes
Serra da Atalhada
Paradela
Mouronho
Vila Cova de Alva
Anceriz
Senhora das Preces
Chão Sobral
Ponte da Mucela
São Martinho da Cortiça
Moita da Serra
Alvoeira
Pousadouros
Coja
Pomares
Gramaça
Teixeira
Gondufo
Distrito da Guarda
Distrito de Castelo Branco
Felgar
Lavegadas
Sail
Urgueira
Vinhó
Vale do Torno
Magro
Ervideira
Barragem de Fronhas
Covais
Sarzedo
Pisão
Cerdeira
Dreia
Sobral
Foz de Égua
Vila Nova de Poiares
Alveite Grande
Murganheira
Pombeiro da Beira
Sarnadela
Arganil
Secarias
Benfeita
Moura da Serra
Chãs de Égua
Piódão
Fonte Espinho
Erada
Relva Velha
Mourisia
Má Velha
Casal do Frade
Folques
Senhora do Monte Alto
Sobral de Casegas
Casal de São José
Serra de Açor
Telhada
Vila Chã
Alve Peq
Nogueira
Torrozelas
Teixeira
Castanheira
Casegas
Vila Nova do Ceira
Bordeira
Celavisa
Carnão
Relvas
Ponte Velha
Piães
Serpins
Foz de Arouce
Candosa
Cepos
Mata Cartomil
Camba
São Jorge da Beira
Panasqueira
Barroca Grande
Relvas
Castelo Branco
103
104
105
106
107
111
112

Sb
Sc
Sd
Se
Sf
103
104
105
106
107
Viseu
Seia
Serra do Pereiro
Serra da Lapa
Vila Nova de Paiva
Aguiar da Beira
Trancoso
Pinhel
Penalva do Castelo
Castelo de Penalva
Celorico da Beira
Fornos de Algodres
Souro Pires
Açores
Vila Franca das Naves
Freixedas
GUARDA
Guarda-Gare
Pinhel
Linhares
Prados
Melo
Folgosinho
Gouveia
Santa Marinha
Manteigas
Trinta
Belmonte
Sortelha
Sabugal
Covilhã
Loriga
Fundão
Capinha
Benquerença
Penamacor
Serra da Estrela
Parque Natural da Serra da Estrela
A l t a
Lagoa Comprida
Distrito de Guarda
Distrito de Castelo Branco
Barragem do Sabugal
Barragem da Meimoa
Caria
Teixoso
Tortosendo
Unhais da Serra
Penhas da Saúde
Valhelhas
Gonçalo
Benespera
Vila Fernando
Vale da Senhora da Póvoa
Santo Estêvão
Meimoa
Vale de Estrela
Sequeira
Guarda-Sul
Alvendre
Celorico da Beira-Oeste
Celorico da Beira-Este
Mizarela
Vila Soeiro
Videmonte
Famalicão
Orjais
Verdelhos
Sameiro
Sabugueiro
São Romão
Vila Cortês da Serra
Carrapichana
Nabais
Freixo da Serra
Figueiró da Serra
Cabeça Alta
Vila Ruiva
Ribamondego
Juncais
Lajeosa do Mondego
Ratoeira
Aldeia Rica
Maçal do Chão
Baraçal
Minhocal
Fiães
Freches
Carnicães
Torres
Tamanhos
Feital
Moimentinha
Ervas Tenras
Malta
Lameiras
Manigoto
Codesseiro
Carvalhal
Penhaforte
Argomil
Ribeira dos Carinhos
Almeidinha
Montes
Menoita
Rapoula
Arrifana
Pousafoles do Bispo
Pena Lobo
Bendada
Quarta-Feira
Aldeia de Santo António
Castelo
Ferreira
Santa Marta
Salgueiro
Escarigo
Peraboa
Monte do Bispo
Baiúca
Boidobra
Ferro
Pêro Viseu
Alcaria
Peso
Barco
Coutada
Dominguizo
Paul
Erada
Telhado
Casegas
Relvas
Fatela
Fundão-Norte
Covilhã-Sul
Covilhã-Norte
Vale de Prazeres
Aldeia do Souto
Vale Formoso
Colmeal da Torre
Gaia
Inguias
Carvalhal
Castelejo
Moita
Maimão
Sorval
Pala
Valbom
Bogalhal
Juizo
Azevo
Quinta de Pêro Martins
Erverdosa
Madalena
Vieiro
Cótimos
Cogula
Freixial
Santa Eufémia
Póvoa d' El-Rei
Reigadinho
Vila Garcia
Vale de Seixo
São Martinho
Póvoa do Concelho
Granja
Golfar
Souto Maior
Reboleiro
Rio de Mel
Palhais
Benvende
Vila Novinha
Rio de Moinhos
Pisco
Venda do Cepo
Courelas
Carapito
Queiriz
Sobral Pichorro
Aldeia Nova
Fuinhas
Forno Telheiro
Muxagata
Maceira
Matança
Cortiço
Vila Chã
Casal Vasco
Algodres
Figueiró da Granja
São João da Fresta
Mareco
Antas
Matela
Esmolfe
Sezures
Fornihos
Dornelas
Pena Verde
Gravaca
Corticada
Valverde
Caldas da Cavaca
Pinheiro
Coja
Coruche
Nossa Sra. de Fátima
Souto de Aguiar da Beira
Eirado
Fonte Arcadinha
Sequeiros
Gradiz
Quintela
Lapa
Mosteiro
Tabosa
Ponte do Abade
Arnas
Sebadelhe da Serra
Castanheira
Cunha
Mendo Gordo
Terrenho
Casteição
Carvalhal
A-do-Cavaio
Moreirinhas
Rabaçal
Esporões
Valduio
Moreira de Rei
Casas de Moreira
A-dos-Ferreiros
Alhais de Cima
Alhais
Peva
Forles
Segões
Águas Boas
Covelo de Cima
Casfreiras
Carvalhal
Corujeira
Pereira
Aldeia Nova
Duas Igrejas
Lamas de Ferreira
Ferreira de Aves
Vila Boa
Santa Bárbara
Fontainhas
Avelal
Rãs
Quinta da Deguedinha
Decermilo
Romãs
Vila Longa
Mioma
Silvã de Cima
Rio de Moinhos
Lusinde
Trancozelos
Germil
Real
Tavanca de Tavares
Chãs de Tavares
Quintela de Azurara
Freixiosa
Cunha Alta
Várzea de Tavares
Vila Mendo de Tavares
Abrunhosa-a-Velha
Santiago de Cacurrães
Contenças
Póvoa de Cervães
Arcozelo
Póvoa da Rainha
Cativelos
Rio Torto
Vila Nova de Tazém
Nespereira
São Paio
Vinhó
Lajes
Lagarinhos
Moimenta da Serra
Pinhanços
Paços da Serra
Mangualde da Serra
Aldeias
Santa Comba
Quinta do Rio
São Martinho
Póvoa Nova
Santiago
Lapa dos Dinheiros
Valezim
Malho Pão
Estrela Torre
Fontão
Alvoco da Serra
Vasco Esteves
Cortes de Meio
Tortosendo
Má Velha
Fonte Espinho
Taliscas
Poio de Oliveira
Sarzedo
Cerro do Gato
Senhora de Assedasse
Meios
Fernão Joanes
Aldeia do Bispo
Seixo Amarelo
Vela
Corujeira
Macainhas de Baixo
Barracão
Panóias de Cima
Vila Mendo
Santana da Azinha
Aldeia de Santa Madalena
João Antão
Monte Vasco
Lameiras
Monte Novo
Adão
Marmoleiro
Monte Margarida
Albardo
Rochoso
Vila Garcia
Criado
Pessolta
Casal da Cinza
Pausade
Monteiros
Gonçalo Bocas
Donfins
Gagos
Granja
Miragaia
Pínzio
Toito
Cheiras
Vendada
Roque
Espedrada
Lamegal
Salgueirais
Velosa
Vila Franca do Deão
Rocamondo
Guilhafonso
Avelãs de Ambom
Pêra do Moço
Porto da Carne
Sobral da Serra
Cavadoude
Vila Cortês do Mondego
Rapa
Aldeia Viçosa
Faia
Cadafaz
Vale de Azares
Vide entre Vinhas
Cortiço da Serra
Vila Boa do Mondego
Mesquitela
Vila Franca da Serra
Salgueirais
Pêro Soares
Chãos
Prado
Pega
Carvalhal Meão
Abitureira
Vila do Touro
Lomba
Vale Mourisco
Baraçal
Quintas de São Bartolomeu
Espinhal
Águas Belas
Dirão da Rua
Alagoas
Sobreira
Trigais
Macainhas
Colmeal
Quinta de Santo Amaro
Terreiro das Bruxas
Anascer
Três Povos
Quintas
Caria
Belmonte Manteigas
Lançãos
Teixoso
Castanheira de Cima
Terlamonte
Aldeia do Carvalho
Bouça
Insuas da Ponte
Vale de Freixo
Leitoa
Quelhinha
Vale de Pêro Viseu
B.gem da Capinha
B.gem Cova do Viriato
Ribeira da Meimoa
Rio Zêzere
Rio Mondego
Rio Dão
Ribeira de Massueime
Serra
Muralha
Centum Cellas (Rom.)
Caldas de Manteigas
Poço do Inferno
Pousada
Serra da Vale Mourão
Ribeira do Castelo
Ribeira de Vale de Loba
1 2 4 6 8 10 km
0 1 2 4 6 miles

Parque Natural do Douro Internacional
Parque Natural de los Arribes del Duero
Santa Maria
Castelo Rodrigo
Nava Redona
Almofala
Barragem de Santa Maria
Escarigo
Penha de Águia
Marofa
Colmeal
Milheiro
Vilar Torpim
Vermiosa
Reigada
Barragem de Vermiosa
Rio Côa
Cinco Vilas
Senhora do Pranto
Vale de Madeira
Quinta dos Bernardos
Malpartida
Rio Seco
Gamelas
Mangide
Pereiro
Pausada
Almeida
Vale de Coelha
Vale da Mula
Vale Verde
Carvalhal
Azinhal
Aldeia Nova
Junça
São Pedro de Rio Seco
Peva
Ansul
Naves
Atalaia
Chavelhas
Senouras
Safurdão
Leomil
Castelo Bom
Freixo
Mido
Vilar Formoso
Sabugal
Leomil
Pínzio
Amoreira
Castelo Mendo
Est. de Freinada
Aldeia de São Sebastião
Freineda
Rabaça
Mesquitela
Paraisal
Cabreira
Monte da Velha
Ade
Monte Perebolso
Jardo
Ap. de Malhada Sorda
Rio Noéme
Parada
Ap. de Noémi
Santo Antão
Malhada Sorda
Poço Velho
Porto de Ovelha
Miuzela
Nave de Haver
Arrifana
Pêro Ficós
Badamalos
Penedo da Sé
Vilar Maior
Vale Longo
Carvalhal
Aldeia da Ribeira
Batocas
La Alamedilla
Seixo do Côa
Bismula
Martim da Pega
Escabralhado
Vale das Éguas
Ruivos
Rebolosa
Aldeia da Ponte
Ruivina
Aldeia da Dona
Nave
Alfaiates
Sacaparte
Rendo
Vila Boa
Cardeal
Souto
Torre
Forcalhos
Aldeia Velha
Lajeosa
Colónia Agrícola de Martim Rei
Quadrazais
Aldeia do Bispo
Vale de Espinho
Navasfrías
Serra da Malcata
Foios
Mezas
Quinta do Passarinho
Reserva Natural da Serra da Malcata
Sierra de la Malvana
Valverde del Fresno
Eljas
San Martín de Trevejo
El Soto
Villamiel
Nogueira
Casas de Casimiro Martín
Rio Eljas
Rio Torto
Valle de Venta
Trevejo
Hoyos
Acebo
La Fatela
Ahigal de los Aceiteros
San Felices de los Gallegos
La Bouza
Puerto Seguro
Arevalillo
Olmedo de Camaces
Fuenteliante
Villavieja de Yeltes
La Peralona
Villares de Yeltes
Bañobárez
Ermita del Humilladero
Atalaya
Caserío Centorrillo
Centenares
Balneario de Retortillo
Laguna de la Cervera
Vista-Hermosa
Caserío Villar del Rey
Fuenterroble de Abajo
Cañada Carbonera
Fuenterroble de Arriba
Paradinas
Sancti-Spíritus
Río Águeda
Villar de Ciervo
Villar de la Yegua
Aldeanueva de Portanovis
Fuerte Concepción
Aldea del Obispo
Serranillo
Castillejo de Martín Viejo
Campanero
Barquilla
Martillán
Siega Verde
Castillejo de Dos Casas
El Gordón
Villar de Argañán
Sexmiro
Saelices el Chico
Aliseda
Monsagreño
Valdepiñuela
Tesos Miradores
Valdecarpinteros
Apeadero de El Salto
La Alameda de Gardón
Valdecarros
Gallegos de Argañán
Cuéllar
Berrocal del Río
Puenticilla
Marialba
Palacios
Ciudad-Rodrigo
La Mimbre
Colonia de la Estación
Carpio de Azaba
Manzanillo
Ivanrey
Catedral
Parador
Alcazar
Pedrotoro
Valhondo y Brocheros
Fuentes de Oñoro
Aldehuela de los Gallegos
Ap. de Carpio de Azaba
Conejera
Cantarinas
Hincapié
Fonseca
Huerto de Pedrotello
Sanjuanejo
Cantarranas
Espeja
Aldeanueva
Águeda del Caudillo
El Manzano
Pascualarina
Robliza
Valdespino
Dehesa de Cuadrados
Martihernando
Tejadillo
Melimbrazo
Pastores
Zamarra
Embalse de Águeda
Rivera de Azaba
La Concha
Campillo de Azaba
Aldeadalba de Hortaces
La Atalaya
Las Perchas
Dueña de Abajo
Valquemada
La Encina
Río Agadón
Ituero de Azaba
El Bodón
Villarejo
La Horquera
Guinaldo
Colaldo de Malvarín
Herguijuela de Ciudad-Rodrigo
Martiago
Agallas
Castillejo de Azaba
Puebla de Azaba
Fuenteguinaldo
Aldeanueva del Arenal
Casas del Montaraz
La Alberguería de Argañán
El Risco
Urueña
Molino Sobrao
El Sahugo
Cespedosa de Agadones
Casa de Saetoros
Casillas de Flores
Casas del Rolloso
Robleda
Puente del Granadero
Provincia de Salamanca
Provincia de Cáceres
Puerto Viejo (1100)
Puerto Nuevo (912)
Collado de la Zambrana
Casas de la Berzosa
Casas de Felipe
Villar de Flores
Villasrubias
Peñaparda
Sierra de Villasrubias
El Jaque
Robledillo de Gata
Ovejuela
Descargamaría
Cabeza Calva
El Payo
Dehesa de Perosín
Cruz del Rayo
Carbajales
Puerto de Perales
Valdío de Robleda
Jañona
Sierra de Gata
La Atalaya
Gata
Rio de los Ángeles
Torrecilla de los Ángeles
Sierra de los Ángeles
Cadalso
Torre de Don Miguel
San Juan
Hernán-Pérez
Villasbuenas de Gata
Santibáñez el Alto
Embalse de Borbollón
Coria
113
114

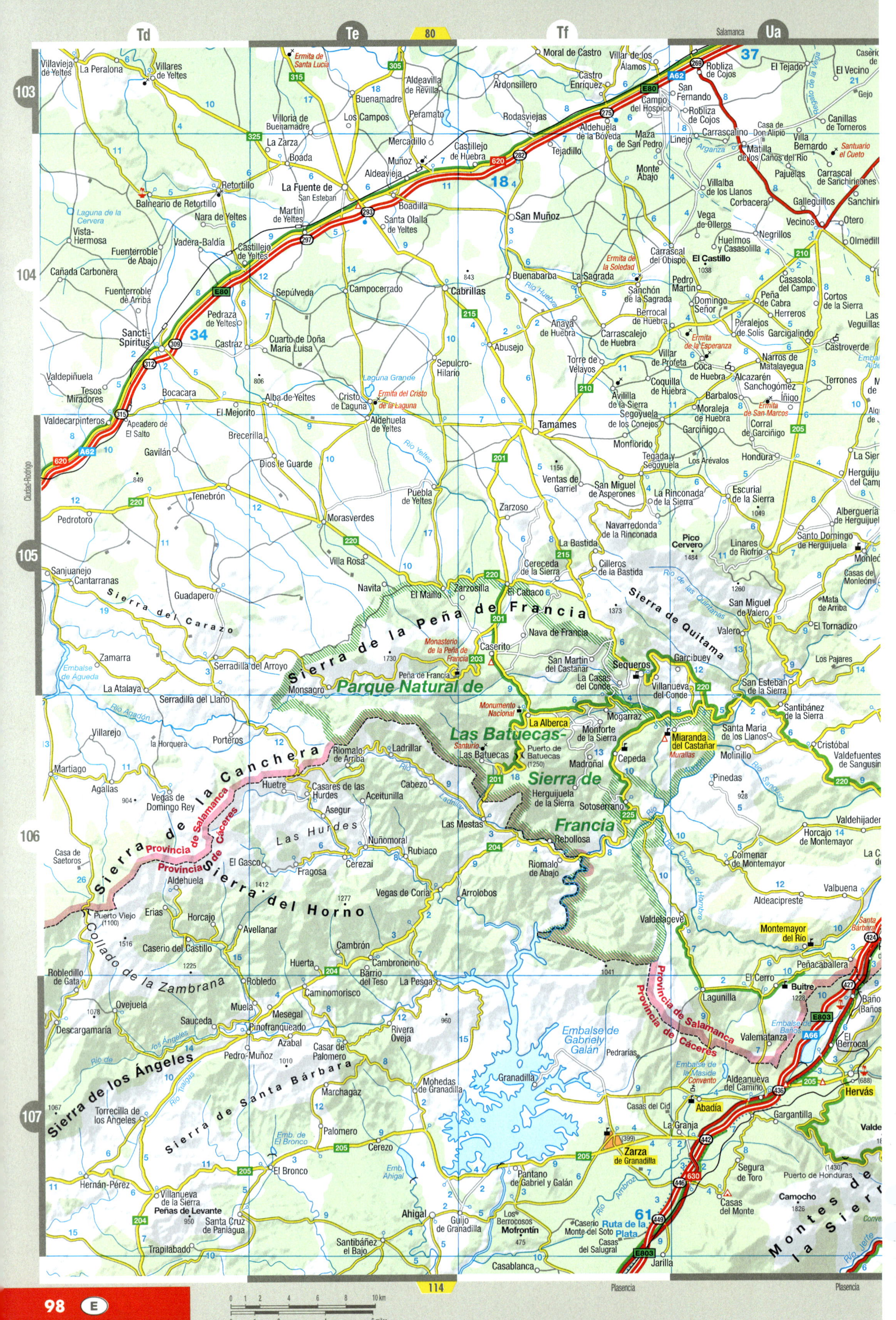

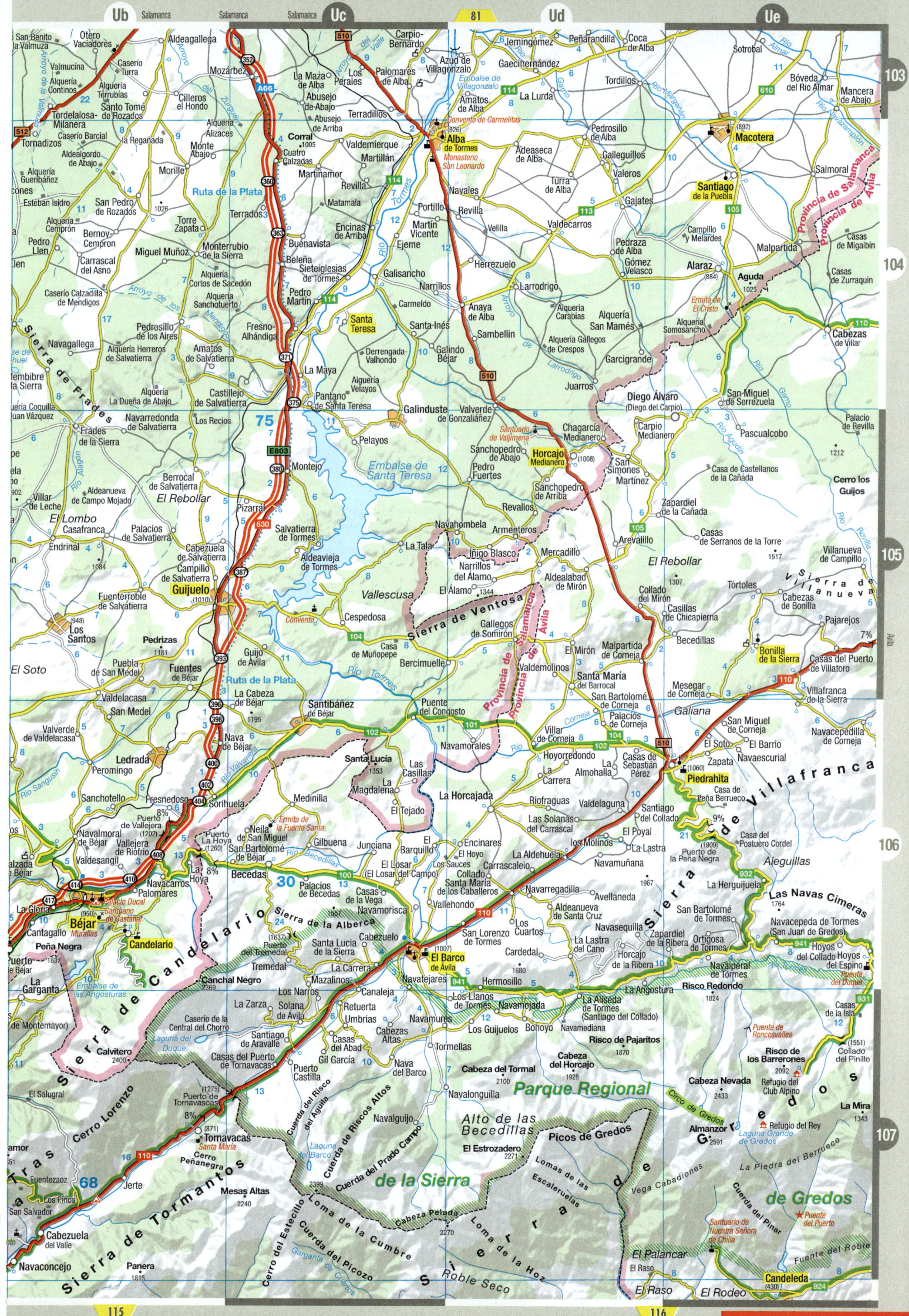

103 104 105 106 107 115 116

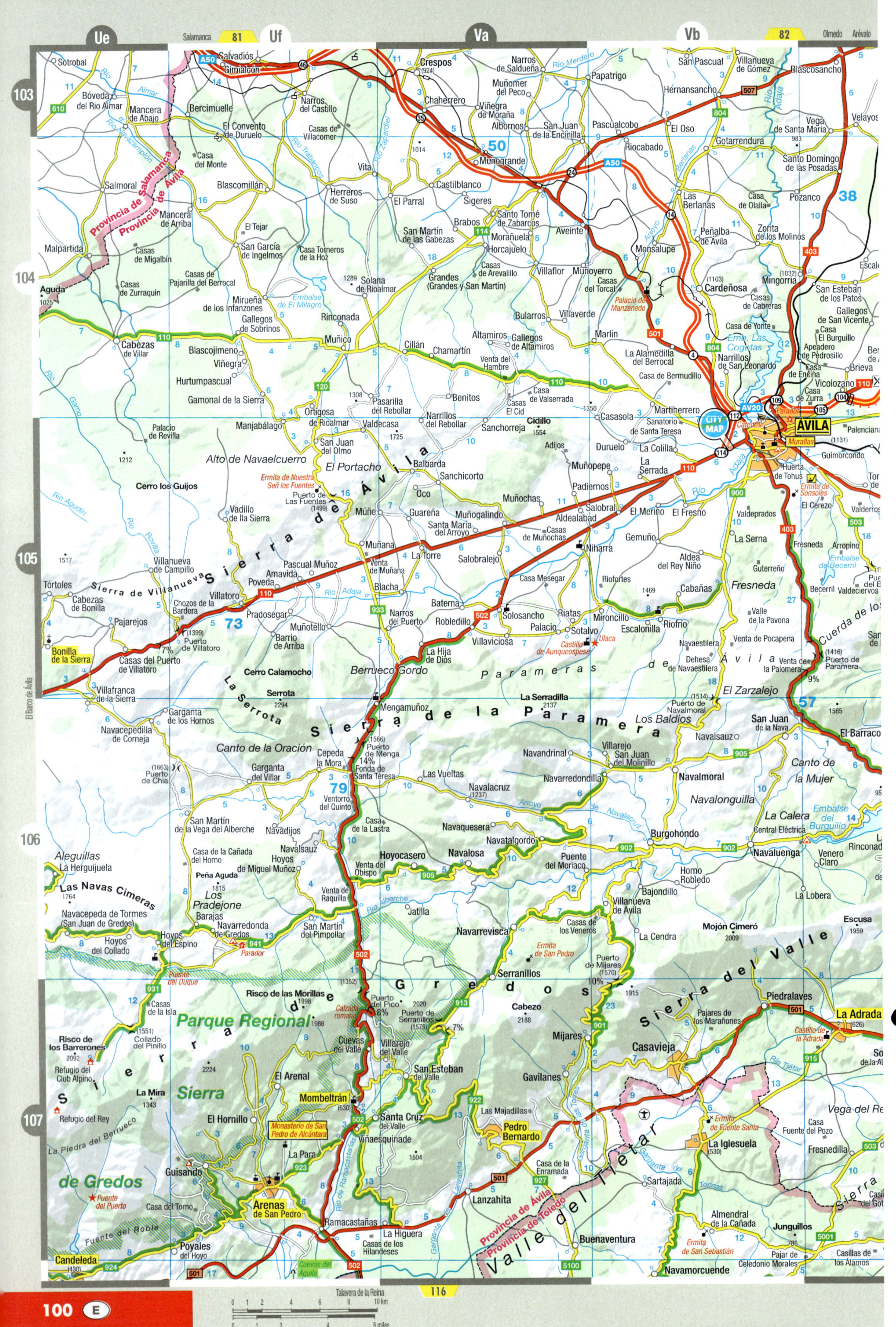

Ue
Uf
Va
Vb
Salamanca
81
82
Olmedo
Arévalo
103
104
105
106
107
Sotobral
Bóveda del Río Almar
Mancera de Abajo
Bercimuelle
Salvadiós
Gimialcón
Narros del Castillo
El Convento de Duruelo
Casas de Villacomer
Crespos
Chaherrero
Narros de Saldueña
Muñomer del Peco
Viñegra de Moraña
Albornos
Papatrigo
San Juan de la Encinilla
Pascualcobo
San Pascual
Villanueva de Gómez
Blascosancho
Hernansancho
El Oso
Gotarrendura
Vega de Santa María
Velayos
Riocabado
Santo Domingo de las Posadas
Muñogrande
Castilblanco
Vita
Casa del Monte
Salmoral
Blascomillán
Herreros de Suso
El Parral
Sigeres
Provincia de Salamanca
Provincia de Ávila
Mancera de Arriba
El Tejar
San García de Ingelmos
Casas Torneros de la Hoz
San Martín de las Cabezas
Brabos
Santo Tomé de Zabarcos
Moraňuela
Horcajuelo
Aveinte
Las Berlanas
Casa de Olalla
Pozanco
Peñalba de Ávila
Zorita de los Molinos
Monsalupe
Malpartida
Casas de Migalbín
Casas de Pajarilla del Berrocal
Casas de Zurraquín
Aguda
Solana de Rioalmar
Grandes (Grandes y San Martín)
Casas de Arevalillo
Villaflor
Muñoyerro
Casas del Torcal
Palacio de Manzanedo
Cardeñosa
Mingorría
San Esteban de los Patos
Casas de Cabreras
Gallegos de San Vicente
Miruеña de los Infanzones
Embalse de El Milagro
Gallegos de Sobrinos
Rinconada
Bularros
Villaverde
Casa de Yonte
Emb. Las Cogotas
El Burguillo
Apeadero de Pedrosillo
Cabezas de Villar
Blascojimeno
Viñegra
Hurtumpascual
Gamonal de la Sierra
Muñico
Cillán
Chamartín
Altamiros
Gallegos de Altamiros
Venta del Hambre
Marlín
La Alamedilla del Berrocal
Narrillos de San Leonardo
Casa de Enebra
Brieva
Casa de Bermudillo
Vicolozano
Casa de Zurra
Pasarilla del Rebollar
Benitos
Casa de Valserrada
Casas El Cid
Ortigosa de Rioalmar
Valdecasa
Narrillos del Rebollar
Sanchorreja
Cidillo
Casasola
Martiherrero
Sanatorio de Santa Teresa
CITY MAP
ÁVILA
Murallas
Palenciana
Guimorcondo
Palacio de Revilla
Manjabálago
San Juan del Olmo
Adijos
Duruelo
La Colilla
Alto de Navaelcuerro
El Portacho
Balbarda
Muñopepe
La Serrada
Padiernos
Huerta de Tohus
Ermita de Sonsoles
Ermita de Nuestra Señ los Fuentes
Cerro los Guijos
Puerto de Las Fuentes
Sanchicorto
Oco
Muñochas
Salobral
El Merino
El Fresno
Valdeprados
El Cerezo
Valderros
Vadillo de la Sierra
Múñez
Guareña
Muñogalindo
Santa María del Arroyo
Aldealabad
Casas de Muñochas
Gemuño
La Serna
Sierra de Ávila
Muñana
La Torre
Salobralejo
Niharra
Aldea del Rey Niño
Fresneda
Arropino
Embalse de Becerril
Villanueva de Campillo
Pascual Muñoz
Venta de Muñana
Gutierreño
Tórtoles
Sierra de Villanueva
Amavida
Poveda
Blacha
Casa Mesegar
Riofortes
Cabañas
Fresneda
Becerril
Valdeciervos
Cabezas de Bonilla
Villatoro
Chozos de la Bardera
Pradosegar
Narros del Puerto
Baterna
Robledillo
Solosancho
Riatas
Mironcillo
Riofrío
Valle de la Pavona
Pajarejos
Muñotello
Puerto de Villatoro
Barrio de Arriba
Palacio
Sotalvo
Escalonilla
Navaestilera
Venta de Pocapena
Cuerda de los
Bonilla de la Sierra
Casas del Puerto de Villatoro
La Hija de Dios
Villaviciosa
Castillo de Aunqueospese
Ulaca
Dehesa de Navaestilera
Venta de la Palomera
Puerto de Paramera
Cerro Calamocho
Berrueco Gordo
Parameras de Ávila
Villafranca de la Sierra
La Serrota
Serrota
Mengamuñoz
La Serradilla
Puerto de Navalmoral
El Zarzalejo
Garganta de los Hornos
Sierra de la Paramera
Los Baldíos
San Juan de la Nava
El Barraco
Navacepedilla de Corneja
Canto de la Oración
Cepeda la Mora
Puerto de Menga
Navandrinal
Villarejo
San Juan del Molinillo
Navalsauz
Puerto de Chía
Garganta del Villar
Fonda de Santa Teresa
Las Vueltas
Navarredondilla
Navalmoral
Canto de la Mujer
Ventorro del Quinto
Navalacruz
Navalonguilla
La Calera
Embalse del Burguillo
Central Eléctrica
San Martín de la Vega del Alberche
Navadijos
Casa de la Lastra
Navaquesera
Navatalgordo
Burgohondo
Aleguillas
La Herguijuela
Casa de la Cañada del Horno
Navalsauz
Hoyos de Miguel Muñoz
Hoyocasero
Navalosa
Puente del Moriaco
Navaluenga
Venero Claro
Rinconada
Peña Aguda
Venta del Obispo
Horno Robledo
Las Navas Cimeras
Los Pradejone
Venta de Raquilla
Bajondillo
La Lobera
Navacepeda de Tormes (San Juan de Gredos)
Barajas
Jatilla
Villanueva de Ávila
Navarredonda de Gredos
San Martín del Pimpollar
Casas de los Veneros
Mojón Cimeró
Escusa
Hoyos del Collado
Hoyos del Espino
Parador
Navarrevisca
La Cendra
Ermita de San Pedro
Puerto del Duque
Serranillos
Puerto de Mijares
Sierra del Valle
Piedralaves
La Adrada
Risco de las Morillas
Casas de la Isla
Parque Regional
Calzada romana
Puerto del Pico
Puerto de Serranillos
Cabezo
Pajares de los Marañones
Castillo de la Adrada
Risco de los Barrerones
Collado del Pinillo
Sierra de Gredos
Cuevas del Valle
Villarejo del Valle
Mijares
Casavieja
Refugio del Club Alpino
El Arenal
San Esteban del Valle
Gavilanes
Río Tiétar
La Mira
Mombeltrán
Las Majadillas
Vega del Re
Refugio del Rey
El Hornillo
Monasterio de San Pedro de Alcántara
Santa Cruz del Valle
Pedro Bernardo
Ermita de Fuente Santa
Casa Fuente del Pozo
La Iglesuela
Fresnedilla
La Piedra del Berrueco
Viñaesquinade
La Parra
Guisando
Los
Casa de la Enramada
Valle del Tiétar
Sartajada
de Gredos
Puente del Puerto
Casa del Tornо
Arenas de San Pedro
Lanzahita
Provincia de Ávila
Provincia de Toledo
Almendral de la Cañada
Junguillos
Fuente del Roble
Ramacastañas
La Higuera
Casas de los Hilandeses
Buenaventura
Ermita de San Sebastián
Pajar de Celedonio Morales
Casillas de los Álamos
Candeleda
Poyales del Hoyo
Cuevas del Águila
Navamorcuende
116
Talavera de la Reina
El Barco de Ávila

Vc
Arévalo
Vd
Ve
83
Segovia
Vf
Wa
103
104
105
106
107
210-211
Monte del Cristo
Pinar de Puenteviejo
Puenteviejo
Labajos
Caballero
La Hoya del Pozo
Lastras del Pozo
Manilla
Matamanzano
Tajuña
San Pedro
Campillo
Monterrubio de las Dueñas
Colina
Aldealiana
Fuentemilanos
Escobar
Parque de Riofrío
Palacio Real de Riofrío
Nevas de Riofrío
Revenga
Santillana
Valsaín
Parque Natural
Provincia de Madrid
La Losa
Ortigosa del Monte
Rivera de los Molinos
Otero de Herreros
Parque Nacional de la Sierra de Guadarrama
Lagunas de Peñalara
Circo
de la Cumbre
Zarzuela del Monte
Lastras de Lama
Casa de los Blases
Guijasalbas
Valdeprados
Vegas de Matute
Itueiro y Lama
Maello
Villacastín
Iglesia de San Sebastián
Navas de San Antonio
Los Ángeles de San Rafael
Estación de Otero de Herreros
Sierra de la Sierra
Alto de Montesinos
Puerto de Fuenfría
Dos Castillas
Puerto de Navacerrada
Parque Regional de la Cuenca Alta del Manzanares
Camorritos
Cercedilla
Navacerrada
Becerril de la Sierra
Mataelpino
La Ponderosa
Blascoeles
Tabladillo
Aldeavieja (Santa María del Cubillo)
Ermita de la Virgen del Cubillo
Hotel Don Juan
Autopista del Noroeste
Prados
Norte de
El Espinar
San Rafael
Gudillos
Tablada
Puerto de Guadarrama
Los Molinos
Collado-Mediano
Cerro Grande
Guadarrama
Moralzarzal
Colonia de Mataespesa
Alpedrete
Cabezuelos
Collado-Villalba
Villalba
Los Negrales
San Ignacio
Las Zorreras
El Campillo
Las Suertes de Villalba
La Navata
Berzosa
Las Marías
Torrelodones
Puerto de la Cruz de Hierro
Caserío de Las Erijuelas
Caserío de Valiestuertos
Cortos
Venta de San Vicente
Mediana de Voltoya
Ojos Albos
Berrocalejo
Urraca-Miguel
Emb. de Serones
El Altillo
Batanejos
Guardarrama
Prov. de Madrid
Casa Nueva de la Cepeda
Las Damas
Santa Cruz del Valle de los Caídos
El Escorial
Casa de la Lancha
Casa del Sapo
Casa de Ciervos
Casasola
Valdihuelo
Puerto de la Lancha
Valdelavía
Sierra de Malagón
San Vicente de Arévalo
Peguerinos
Las Herreras
Abantos
Caseruelas
Navalperal de Pinares
Castillo de Magalla
Las Navas del Marqués
Santa María de la Alameda
Navalquejigo
El Encinar y San Alberto
Navalgrande o Canto del Pico
Uposa
La Cañada
Puerto del Boquerón
Sonsoles
Ciudad Ducal
Naviespino
Robledondo
San Lorenzo de El Escorial
Monasterio de El Escorial
El Escorial
Ermita de San Juan
El Encinar de los Reyes
GALAPAGAR
Colmenarejo
El Herradón
El Pimpollar
La Hoya
Las Juntas
La Paradilla
Ermita de la Virgen de Gracia
Zarzalejo
Pinosol
La Pizarrera
Los Ranchos
San Bartolomé de Pinares
El Quintanar
Sta. Catalina
Pajares
Peralejo
Valmayor
El Paraíso
Embalse de Valmayor
Parque Regional
Madroñal
Bosquecillo
Valdegarcía
Casa del Prado
Valdemaqueda
Río Cofio
Pino Alto
El Hoyo de Pinares
Robledo de Chavela
Valdemorillo
Puente la Sierra
Mirador del Romero
Villanueva del Pardillo
Villafranca del Castillo
Palacio de Ballesteros
Risco de la Yedra
El Visillo
Puerto de Arrebatacapas
Cebreros
Provincia de Ávila
Provincia de Madrid
El Quexigal
Almenara
Navahonda
Fresnedillas
Navalagamella
Ermita del Cristo de la Encarnación
Cerro Alarcón
Aquópolis
Villanueva de la Cañada
Los Rosales
La Pizarra
Nuestra Señora de Valsordo
Santa Leonor
Quijorna
Guadamonte
Las Cruceras
El Tiembro
Costa de Madrid
Virgen de la Nueva
Embalse de San Juan
Colmenar del Arroyo
Perales de Milla
Brunete
Casas Majasalegas
Cabeza de la Parra
La Atalaya
Venta de Tablada
Llano de Cuatro Manos
Guisando
Club Motonáutico
Club Madrileño
Ciudad de San Ramón
Pelayos de la Presa
Ermita de la Salud
La Sangre
Convento de Guisando
Toros de Guisando
Alto del Mirlo
San Martín de Valdeiglesias
San Juan
El Morro
Navas del Rey
Chapinería
Palacio de los Molinillos
Emb. de Navalagamella
Palacio de Milla
Villanueva de Perales
Los Cortijos
Sevilla la Nueva
del Curso
Medio
Casa de Esquerdo
del Río
Villamantilla
Casillas
Navahondilla
Emb. de los Morales
Santa María del Tiétar
Rozas de Puerto Real
Peña de Cadalso
Cadalso de los Vidrios
Emb. de Cenicientos
Peña de Cenicientos
Cenicientos
Villa del Prado
Las Picadas
El Santo
El Rincón Coto Zoológico
El Rincón
Palacio de las Hoyas
Aldea del Fresno
Las Mercedes
Navayuncosa
El Socorro
Villamanta
Navalcarnero
Palacio del Rincón
Ermita
La Poveda
Prov. de Madrid
Prov. de Toledo
San Roque
Guadarrama
Los Vegones
Casa Vieja del Monte
Encinar de Alberche
Calalberche
Calypo II
Fado
El Álamo
y su entorno
Casa del Juncal
Higuera de las Dueñas
de la Higuera
El Pinar de Almorox
Almorox
La Blanca
Alamín
Méntrida
Casa de las Higueras
Montes de Alamín
Paredes de Escalona
Valcarrillo de Alberche
Castillo de Alamín
Montruequillo
Valmojado
Casarrubios del Monte
Aldea en Cabo
Escalona
Murallas
Almorojuelo
Santiago Apóstol
El Espejo
Cruz Verde
La Torre de Esteban Hambrán
San Roque
Las Ventas de Retamosa
Pelahustán
Nombela
117
Torrijos
Talavera de la Reina
118

Vf
Segovia
Wa
83
Wb
Aranda de Duero
Wc
84
Wd
103
104
105
106
107
Valsaín
Pradera de Navalhorno
Parque Natural de la Cumbre, Circo y Lagunas de Peñalara
Prov. de Segovia
Provincia de Madrid
Nacional
Sierra de la Cuerda Larga
Sierra de la Morcuera
Sierra de la Cabrera
Sierra de los Porrones
Puerto de Canencia
Cabeza de la Braña
Valdemanco
Cancho Gordo
El Berrueco
Patones
Patones de Abajo
Casa del Jardinillo
Río Jarama
Casa de Uceda
Uceda
El Cubillo de Uceda
Torremocha de Jarama
Torrelaguna
Provincia de Guadalajara
Provincia de Madrid
La Cabrera
Bustarviejo
Navalafuente
El Tomillar
Redueña
El Chaparral
Cabanillas de la Sierra
Guadalix de la Sierra
Venturada
Cotos de Monterrey
Casa de la Aldehuela
Puerto de la Morcuera
Miraflores de la Sierra
Puerto del Paular
Vaquerizas
Hierro
Dos Castillas
Parque
Regional
Guadarrama
La Pedriza de Manzanares
Peña del Diezmo
Puerto de Navacerrada
Siete Picos
Ventorrillo
Navacerrada
Becerril de la Sierra
Mataelpino
Manzanares el Real
Soto del Real
Apeadero Soto del Real
Los Endrinales
Embalse de El Vellón
Alalaya Real
El Vellón
El Espartal
Valdepiélagos
Mesones
Talamanca de Jarama
Pedrezuela
El Molar
El Rebollar
Cerro de San Pedro
San Pedro
Los Rancajales
Estación de Manzanares Soto del Real
Ermita de los Remedios
El Boalo
La Ponderosa
Embalse de Santillana
de la Cuenca
Collado Mediano
Cerro Grande
Cerceda
Hotel de Torrelaguna
Moralzarzal
Alta
del Manzanares
Alpedrete
COLMENAR VIEJO
Canal Nuevo del Lozoya
Casa de Sima
Valdetorres de Jarama
El Casar de Talamanca
Monte Calderón
San Agustín de Guadalix
Sililos
El Balcón de Madrid
Ribatejada
210-211
Fontenebro
Estepar
Campamento de Navallera
Embalse de Navallera
Navalsol
Valdelagua
Santo Domingo
Fuente el Saz de Jarama
Puntal de Horcamachos
Valdeolmos (Valdeolmos-Alalpardo)
Alalpardo
Serracines
COLLADO-VILLALBA
Casa la Atalaya
Hoyo de Manzanares
Alto de los Morales
Castillo de Viñuelas
Soto de Viñuelas
Ciudalcampo
Soto Mozaraque
Retamar
Las Suertes de Villalba
La Navata
El Encinar y San Alberto
Berzosa
Palacio Canto del Pico
Torrelodones
Las Rozuelas
Casa de la Atalaya
Casas Viejas
Embalse de El Pardo
Los Chotos
TRES CANTOS
Valdemasa
Circuito del Jarama
Fuente del Fresno
Algete
Fresno de Torote
Ermita de la Soledad
El Encinar de los Reyes
Las Marías
Colmenarejo
Los Ranchos
Los Peñascales
Las Matas
Monte de El Pardo
SAN SEBASTIÁN DE LOS REYES
Villanueva
Belvis de Jarama
Cobeña
Daganzo de Arriba
Valdehomos
Camarma de Esteruelas
GALAPAGAR
Parque
Regional
Madroñal
El Goloso
Universidad Autónoma de Madrid
El Pardo
Convento de El Pardo
Valdelatas
ALCOBENDAS
La Moraleja
El Soto
Paracuellos
Ajalvir
Alcalá-H.
La Galiana
Villanueva del Pardillo
LAS ROZAS DE MADRID
Villafranca del Castillo
El Tejar
Palacio de Ballesteros
MAJADAHONDA
El Plantío
Casa Quemada
La Florida
La Quinta
Mirasierra
Fuencarral
Hortaleza
Barajas
Aeropuerto
Aeropuerto Adolfo Suárez Madrid-Barajas
Paracuellos de Jarama
I.N.T.A.
Villanueva de la Cañada
Aquópolis
Bonanza
Valdecabañas
Las Lomas
El Cortijo
Olivar de Miraval
Prado Largo
Monte Claro
Aravaca
POZUELO DE ALARCÓN
Tetuán
Canillas
Alameda de Osuna
Canillejas
SAN FERNANDO DE HENARES
TORREJÓN DE ARDOZ
Esquinillos
Soto de Aldovea
Baezuela
Los Rosales
Guadamonte
BOADILLA DEL MONTE
Monte de las Enchas
La Cabaña
Palacio
Monte Príncipe
Prado de Somosaguas
Húmera
Somosaguas
Casa de Campo
Centro
Buena Vista
El Retiro
MADRID
Latina
Los Ángeles
Moratalaz
COSLADA
Los Viveros
Mejorada del Campo
Brunete
El Bosque
Campamento
Carabanchel
Puente de Vallecas
Vicálvaro
Balneario de la Margarita
Loeches
Venta de la Rubia
Cuatro Vientos
Rivas de Jarama
del Curso
Medio
del Río
VILLAVICIOSA DE ODÓN
Campodón
El Castillo de Villaviciosa
La Fortuna
Villaverde
Villa de Vallecas
Mercamadrid
Pablo Iglesias
RIVAS VACIAMADRID
El Piul
Velilla de San Antonio
Tambora
Campo Real
Casa de Esquerdo
ALCORCÓN
Pinares Llanos
Polvoranca
LEGANÉS
GETAFE
Cerro de los Ángeles
Perales del Río
Canal del Manzanares
Casa Eulogio
La Poveda
RIVAS-VACIAMADRID
Parque Coimbra
Navalcarnero
MÓSTOLES
FUENLABRADA
Parque
ARGANDA DEL REY
Los Almendros
Guadarrama
Los Vegones
Valdefuentes
Loranca
Moraleja de Enmedio
La Marañosa
Soto de Pajares
Regional
Arroyomolinos
Humanes de Madrid
Poblado Nuevo
La Boyeriza
El Campillo
Ermita de San Isidro
Casa Vieja del Monte
Cotorredondo
Casa del Champiñón
Fuenlabrada Móstoles
Pinto/Parla
PINTO
Castillo de Duques de Frías
Gózquez de Arriba
del Sureste
Gózquez de Abajo
Morata de Tajuña
El Álamo
y su entorno
Seranillos
Provincia de Madrid
Provincia de Toledo
Griñón
Torrejón de la Calzada
PARLA
Polígono Industrial Valdemoro
Warner Bros. Park
Cueva de la Jirana
Casa de las Niñas
Río Tajuña
Batres
Castillo Palacio
Serranillos del Valle
Cubas de la Sagra
Nuestra Señora de la Cruz
Torrejón de Velasco
Castillo
VALDEMORO
San Martín de la Vega
Villas
Fabricá
Carranque
Casarrubuelos
Ugena
Torrejón de V. Ciempozuelos/ Valdemoro
Ciempozuelos
San Galindo
Molino de Ruas
Castillo de Casasola
Villaverde
Valdelaguna
Ávila
El Escorial
San Martín de Valdeiglesias
Talavera de la Reina
Toledo
118
Aranjuez
Valdemoro
10 km
6 miles

Laguna Grande
Matarrubia
Robledillo de Mohernando
Casas de Bubilla
Cerezo de Mohernando
Valdeancheta
Copernal
Padilla de Hita
Casas de San Galindo
Valfermoso de las Monjas
Argecilla
Ledanca
Alaminos
Hontanares
Cogollor
Razbona
Casa del Guarda
Alarilla
Utande
Gajanejos
Monasterio
La Enebrada
Casa Cazadora
Malaguilla
Humanes
Ermita de Nuestra Señora de Valdelagua
Taragudo
Hita
Muduex
Yela
Villaseca de Uceda
Convento de Sopetrán
Recinto monumental
Valdearenas
Civica
Valderrebollo
Fuentelahiguera de Albatages
Málaga del Fresno
Mohernando
Palacio de Heras
Río Badiel
Torre del Burgo
Heras
Casa de Arriba
Villaviciosa de Tajuña
Barriopedro
Casa del Cura
Trijueque
Palacio de Don Luis
Palacio de Ibarra
Castillo de la Peña
Arroyo de la Olmeda
Casas de la Puebla de Mendoza
El Fresno
Yunquera de Henares
Cañizar
Rebollosa de Hita
Brihuega
Murallas
Malacuera
Olmeda del Extremo
Ermita de la Virgen
Ciruelas
Fuentes de la Alcarria
Casa Monte Fontanar
Fontanar
Torija
Castillo de los Templarios
Valdesaz
Pajares
La Alcarria
Santa Clara
Henche
Usanos
Tórtola de Henares
Valdegrudas
Castilmimbre
Picazo
Casa El Canal
Colonia
Caspueñas
Archilla
Romancos
Caserío Monte Redondo
Casa del Monte
Aldeanueva de Guadalajara
Valdelagua
Guadalajara N.
Taracena
Valdenoches
Atanzón
Valdeavellano
Marchamalo
Torrejón del Rey
Valdeaveruelo
Cabanillas del Campo
Centenera
Tomellosa
Yélamos de Arriba
Balconete
Yélamos de Abajo
San Andrés del Rey
Budia
Durón
Ermita de la Esperanza
Valdeavero
Iriepel
GUADALAJARA
(mor. Guad-al-Natsschara)
(rom. Arriaca)
Cabanillas
Valfermoso de Tajuña
Lupiana
Casa de la Pinilla
Irueste
El Olivar
Quer
Alovera
Villaflores
Monasterio de San Bartolomé
Berninches
Camarma del Caño
Villanueva de la Torre
AZUQUECA DE HENARES
Sanatorio de Alchoete
Río San Andrés
Peñalver
Alocén
Meco
Albolleque
Chiloeches
Horche
Romanones
Convento de la Salceda
Virgen del Collado
Embalse de Entrepeñas
Casa Rueda
Casa Romerosa
Tendilla
Mula Hermosa
Yebes
Armuña de Tajuña
Alhóndiga
Auñón
Ermita
Peñalagos
Caserío de Piedras Menares
Fuentelviejo
Ermita de San Agustín
Fuentelencina
Las Brisas
El Encín
Ermita de la Soledad
La Canalejo
Los Santos de la Humosa
Valdarachas
Pozo de Guadalajara
Aranzueque
Renera
Moratilla de los Meleros
Virgen del Val
Ermita de la Virgen de La Soledad
ALCALÁ DE HENARES
(rom. Complutum)
(arab. al-Kala an-Nahr)
Virgen de la Oliva
Virgen de Hortales
Santorcaz
Casa Mingo Lozano
Ermita de la Virgen de los Llanos
Hueva
Sacedón
Ermita del Socorro
Anchuelo
Pioz
Hontoba
Casas Monte Chaparral
Valdeconcha
Los Hueros
Valdeláguila
Loranca de Tajuña
Río Tajuña
Casa del Manco
Anguix
Mar de Castilla
Villalbilla
Corpa
Casa de la Olmedilla
Sierra de San Cristóbal
Valverde de Alcalá
Pezuela de las Torres
Escariche
Escopete
Pastrana
Iglesia Gótica
Palacio Ducal
Castillo de Anguix
Torres de la Alameda
Ventorro del Cojo
Convento del Carmen
Pantano de Buendía
Monte Acebedo
Casa de Monte de las Escaleras
Casa de los Socios
Arroyo de Torrejón
Casa del Tío Genaro
Caserío del Monte Nuevo
Embalse de Bolarque
Sayatón
Muela de Enmedio
Nuevo Baztán
Olmeda de la Fuentes
Fuentenovilla
Sierra de Santa Bárbara
Yebra
Casa de la Pangía
Buendía
Pozuelo del Rey
San Juan (ruinas)
Pozo de Almoguera
Casa del Marqués del Saco
Central Nuclear
Salto de Bolarque
Ermita de Nuestra Señora de los Desamparados
Embalse de Buendía
Villar del Olmo
Ermita del Cristo
Iglesia Románica
Castillo morisco
Ermita de San Antón
Almonacid de Zorita
Ambite
San Antonio
Mondéjar
Ermita de Aradóñiga
Zorita de los Canes
Nueva Sierra de Madrid
Piedra
El Monte de Orusco
Albares
Ermita de Santa Bárbara
Albalate de Zorita
Jabalera
Ermita de Santiago
Valdilecha
Almoguera
Barca de Almoguera
Río Tajo
Ermita de Santa Cruz (ruinas)
Orusco
Casas de Valdeolmeña
Casa de la Vega
Embalse de Almoguera
Casa del Cerro
Casa del Monte
Central de Almoguera
Carabaña
Ermita de Santa Bárbara
Ermita de Santa Lucía
Monte Robledal
Mazuecos
Casa de los Velascos
Casa de la Canaleja
Emb. de La Bujeda
El Moralejo
Cerros de la Mudarra
Tielmes
Ermita de los Mártires
Ermita de San Isidro
Driebes
Casas de San Isidro
Casa de las Cofrades
Río de la Vega
Garcinarro (Puebla de Don Francisco)
Brea de Tajo
Ermita de Vállega
Ermita de la Virgen de la Peña
Casa de la Puebla
Valdaracete
Casa de Jaraices
Corral de Manuel Mondéjar
Casa de Cumbre Hermosa
Prov. de Cuenca
Prov. de Guadalajara
Ermita de Altomira
Cuevas de Santiago
Mazarulleque
Puente de la Higuerilla
Estremera
Illana
Villarejo de Salvanés
Algarga
Leganiel
Saceda-Trasierra
AVE
Cifuentes
Cuenca

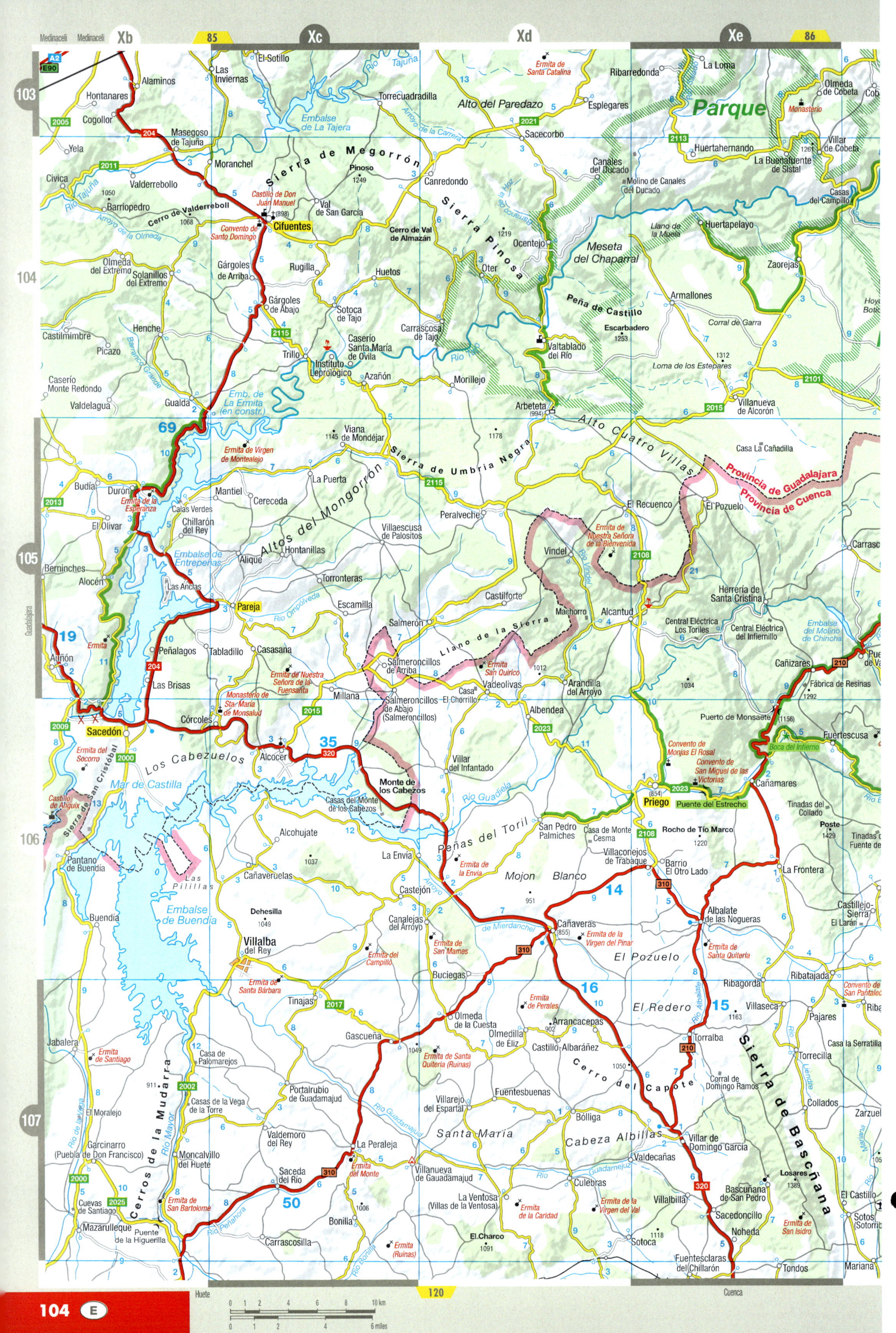
Medinaceli
Medinaceli
Xb
85
Xc
Xd
Xe
86
103
104
105
106
107
A2
E90
Alaminos
Hontanares
Cogollor
2005
204
Masegoso de Tajuña
Yela
2011
Moranchel
Civica
Valderrebollo
Río Tajuña
1050
Barriopedro
Arroyo de la Olmeda
Cerro de Valderreboll
1068
Olmeda del Extremo
Solanillos del Extremo
Castilmimbre
Henche
Picazo
Barranco Grande
Caserío Monte Redondo
Valdelagua
Gualda
Las Inviernas
El Sotillo
Río Tajuña
Embalse de La Tajera
Torrecuadradilla
Arroyo de la Carrera
Ermita de Santa Catalina
Alto del Paredazo
2021
Sacecorbo
Esplegares
Ribarredonda
La Loma
Parque
Monasterio
Olmeda de Cobeta
Villar de Cobeta
2113
Huertahernando
La Buenafuente de Sistal
1261
Casas del Campillo
Sierra de Megorrón
Pinoso
1249
Canredondo
Sierra Pinosa
Castillo de Don Juan Manuel
(898)
Val de San García
Convento de Santo Domingo
Cifuentes
Cerro de Val de Almazán
1219
Ocentejo
Canales del Ducado
Molino de Canales del Ducado
Llano de la Muela
Huertapelayo
Meseta del Chaparral
Zaorejas
Gárgoles de Arriba
Rugilla
Huetos
Oter
Gárgoles de Abajo
Sotoca de Tajo
Carrascosa de Tajo
Peña de Castillo
Escarbadero
1253
Armallones
Corral de Garra
2115
Trillo
Caserío Santa María de Ovila
Instituto Leprológico
Río Tajo
Valtablado del Río
1312
Loma de los Estepares
Azañón
Morillejo
Emb. de La Ermita (en constr.)
Arbeteta
(994)
2101
2015
Villanueva de Alcorón
69
Ermita de Virgen de Montealejo
Viana de Mondéjar
1145
1178
Alto Cuatro Villas
Casa La Cañadilla
Provincia de Guadalajara
Provincia de Cuenca
Sierra de Umbría Negra
Budia
Durón
Ermita de la Esperanza
2013
Mantiel
Cereceda
La Puerta
2115
Calas Verdes
Chillarón del Rey
El Olivar
Altos del Mongorrón
Peralveche
El Recuenco
El Pozuelo
Villaescusa de Palositos
Ermita de Nuestra Señora de la Bienvenida
Vindel
Río Vindel
2108
Carrasc
Berninches
Embalse de Entrepeñas
Alique
Hontanillas
Alocén
Torronteras
Las Anclas
Herrería de Santa Cristina
Castilforte
Pareja
Escamilla
Río Ompolveda
Machorro
Alcantud
Central Eléctrica Los Toriles
Central Eléctrica del Infiernillo
Embalse del Molino de Chincha
Guadalajara
19
Ermita
Salmerón
Llano de la Sierra
Peñalagos
Tabladillo
Casasana
Salmeroncillos de Arriba
Ermita San Quirico
1012
Cañizares
210
Auñón
204
Ermita de Nuestra Señora de la Fuensanta
Casa El Chorrillo
Vadeolivas
Arandilla del Arroyo
1034
Fábrica de Resinas
1292
Las Brisas
Monasterio de Sta. María de Monsalud
Millana
Salmeroncillos de Abajo (Salmeroncillos)
Albendea
2015
Puerto de Monsaete
(1156)
Córcoles
2009
Sacedón
2023
Fuertescusa
Ermita del Socorro
2000
35
Convento de Monjas El Rosal
Convento de San Miguel de las Victorias
Boca del Infierno
Los Cabezuelos
Alcocer
320
Villar del Infantado
Sierra de San Cristóbal
Castillo de Anguix
Mar de Castilla
13
Monte de los Cabezos
Casas del Monte de los Cabezos
Río Guadiela
(854)
Priego
Puente del Estrecho
Cañamares
Tinadas del Collado
Alcohujate
12
Peñas del Toril
San Pedro Palmiches
Casa de Monte Cesma
2108
Rocho de Tío Marco
1220
Poste
1429
Pantano de Buendía
La Envia
1037
Ermita de la Envia
Villaconejos de Trabaque
Barrio El Otro Lado
La Frontera
Cañaveruelas
Las Pilillas
Mojon Blanco
951
14
310
Castejón
Arroyo
Embalse de Buendía
Buendía
Dehesilla
1049
Canalejas del Arroyo
Río Mierdanchel
Cañaveras
(855)
Ermita de la Virgen del Pinar
Albalate de las Nogueras
Castillejo-Sierra
El Larán
Villalba del Rey
Ermita del Campillo
Ermita de San Mames
310
El Pozuelo
Ermita de Santa Quiteria
Ermita de Santa Bárbara
Buciegas
Ribagorda
Ribatajada
Convento de San Pantaleón
16
Tinajas
2017
Ermita de Perales
El Redero
15
Villaseca
Pajares
Jabalera
Ermita de Santiago
Gascueña
Olmeda de la Cuesta
Olmedilla de Éliz
Arrancacepas
902
1163
Torralba
210
Río Albaladejo
Sierra de Bascuñana
Casa de Palomarejos
1049
Ermita de Santa Quiteria (Ruinas)
Castillo-Albaráñez
Cerro del Capote
1050
Casa la Serratilla
Torrecilla
911
2002
Cerros de la Mudarra
Corral de Domingo Ramos
El Moralejo
Casas de la Vega de la Torre
Portalrubio de Guadamajud
Río Guadamajud
Villarejo del Espartal
Fuentesbuenas
Bólliga
Collados
Zarzuel
Garcinarro (Puebla de Don Francisco)
Río Mayor
Valdemoro del Rey
La Peraleja
Santa María
Cabeza Albillas
Villar de Domingo García
Moncalvillo del Huete
Ermita del Monte
Villanueva de Guadamajud
Valdecañas
Losares
1389
2000
Saceda del Río
310
Río Guadamejud
Culebras
Bascuñana de San Pedro
El Castillo
Cuevas de Santiago
2025
Ermita de San Bartolomé
50
1006
La Ventosa (Villas de la Ventosa)
Ermita de la Caridad
Ermita de la Virgen del Val
Villalbilla
320
Sacedoncillo
Ermita de San Isidro
Sotos (Sotorrib
Mazarulleque
Puente de la Higuerilla
Río Peñahora
Bonilla
El Charco
1091
1118
Noheda
Carrascosilla
Ermita (Ruinas)
Río Bonilla
Sotoca
Fuentesclaras del Chillarón
Tondos
Mariana
Huete
120
Cuenca
0 1 2 4 6 8 10 km
0 1 2 4 6 miles

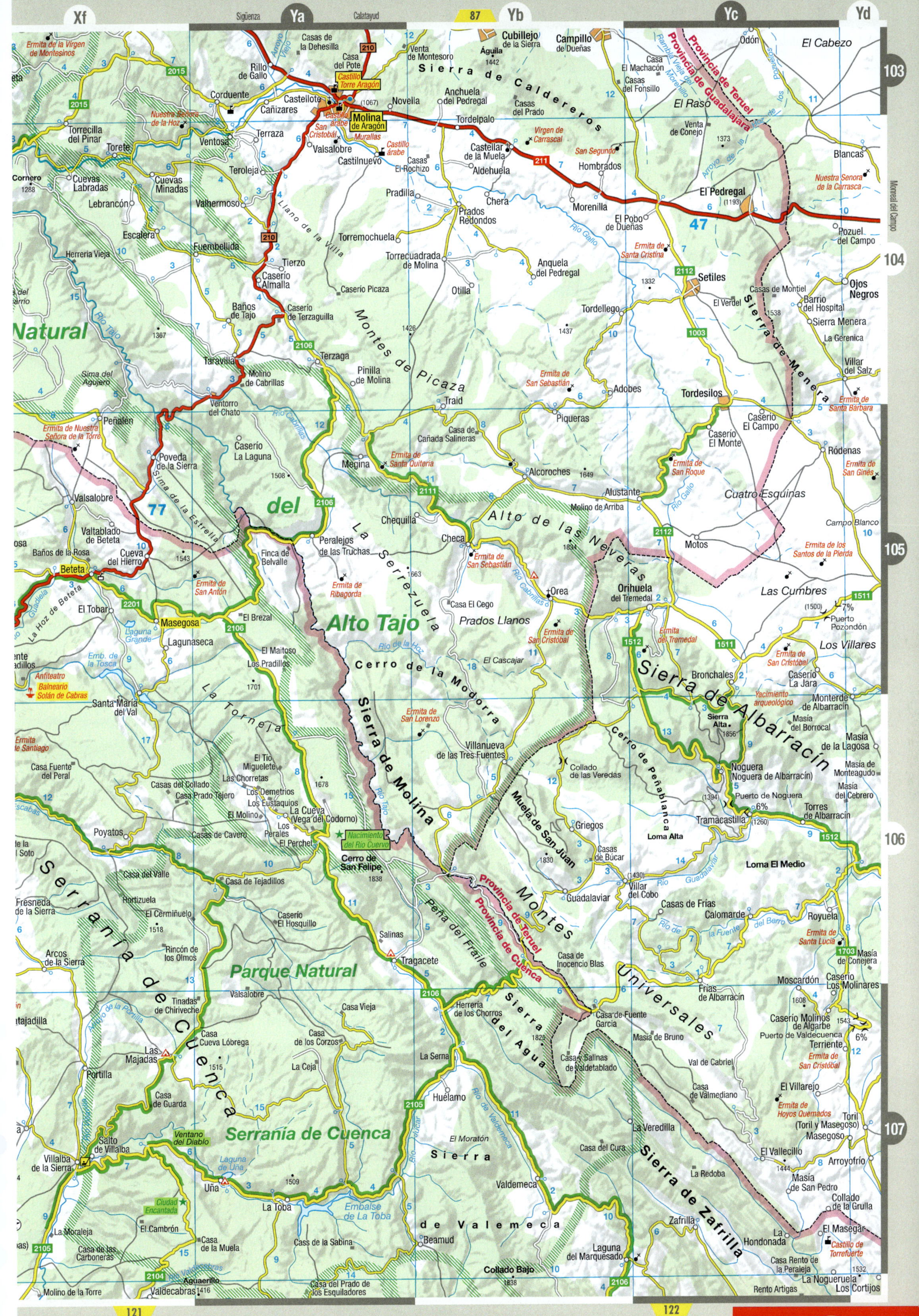

Yc
87
Yd
Zaragoza
Ye
Yf
88
Za
103
104
105
106
107
El Cabezo
Villalba de los Morales
El Poyo del Cid
Fuentes Claras
Cortijo de Llano
Caminreal
Mas de Aranda
El Villarejo de los Olmos
Torre de los Negros
Fuenferrada
Vivel del Río Martín
Ermita de San Jorge
Ermita de San Cristóbal
Torrijo del Campo
Masía de Val
Bañón
Puerto del Bañón
Cosa
Puerto Minguez
Portalrubio
Cuevas del Portalrubio
La Rambla de Martín
Blancas
Nuestra Señora de la Carrasca
El Pedregal
La Ballesta
Monreal del Campo
Ermita de San Lorenzo
Alpeñes
Pozuel del Campo
Ermita de San Gregorio
Masía de Ruecas
Sierra de Lidón
Rubielos de la Cérida
San Cristóbal
Corbatón
Cervera del Rincón
Pancrudo
Son del Puerto
Rambla Villarrubia
Masía del Colorado
Masía de Villarrubio
Ojos Negros
Casas de Montiel
Barrio del Hospital
Sierra Menera
La Gerenica
Venta del Ojo de Mierla
La Rinconada
El Matorral
Masía de Cabezo Pardo
Bueña
El Mas
Puerto de Argente
Masía del Recuenco
Lidón
Masía de la Cañada
Rillo
Santa Bárbara
Fuentes Calientes
Puerto del Esquinazo
Cañada Vellida
San Juan
Sierra de Menera
Provincia de Teruel
Provincia de Guadalajara
Villar del Salz
Ermita de Santa Bárbara
Masía de Morata
Villafranca del Campo
Cerro del Boquerón
Virgen del Campo
Santa Ana
Argente
Visiedo
Caserío El Campo
Masía de Saletas
Masía de Cenalafuente
Santa Quiteria
Aguatón
Singra
Puerto Singra
Los Abejeres
Sierra de Camañas
Sierra Palomera
Ermita del Poch
Camañas
Pedrizas
Masía del Alfambra
Ródenas
Peracense
Ermita de San Ginés
Casas Blancas
Sierra de Almohaja
Alba
El Plano
Ermita de la Virgen del Castillo
Pedro Pardo
Perales del Alfambra
Los Pozos
Villalba Alta
Cuatro Esquinas
Almohaja
Campo Blanco
San Cristóbal (Ruinas)
Torrelacárcel
Torremocha de Jiloca
Palomera
Masía de la Ermita
Masía del Hoyo
Cerro de la Mina
Ermita de la Santa Cruz
Orrios
Ermita de los Santos de la Pierda
La Tejería
Santa Eulalia
Templo renacentista
Ermita de la Virgen del Molino
Ermita de Santa Ana
Ermita de San Miguel
Las Cumbres
Pozondón
Puerto Pozondón
Ermita de la Virgen de los Ángeles
El Llano
La Castellana
Rambla de Villarrosano
Alfambra
Escorihuela
Los Villares
Ermita de San Cristóbal
Rubielos
Las Lomas
Masías El Bao
Rebolloso
Ermita de Santo Domingo
Ermita de San Juan
Sierra de El Pobo
Caserío La Jara
Venta de Mal Abrigo
Las Granjas
Villarquemado
La Muela Alta
Masía de la Rana
Cerro del Imperio
Masía de los Gatos
Masía del Palomo
Río Jiloca
Ermita de Santa Bárbara
Masía de Cardo
Masía de Valdomingo
Masía de Portachuelo
Masía del Borrocal
Monterde de Albarracín
Masía de la Lagosa
Masía de la Toyuela
Masía Alta
Masía de Monteagudo
Polígono industrial
Ermita de San Pedro
Celadas
Monte Celadas
Peralejos
Caserío de Tarín
Masía del Cebrero
Cella
Acueducto romano
Puerto Cella
Los Planos
El Peirón
Cuevas Labradas
Caserío de Castil Cabra
Torres de Albarracín
Cerro Gordo
Villalba Baja
Ermita de Santa Bárbara
Puerto de Cabigordo
Venta del Ratón
Caudé-Tablares
Venta de Follante
Castillo Árabe
Santa Bárbara
Albarracín
Catedral
El Callejón de Plou
Cueva Navazo
Cuevas con Pinturas Rupestres
Loma El Medio
Gea de Albarracín
Río Guadalaviar
Caudé
Venta del Lino
Tortajada
Corbalán
Casa de los Pajares
Masía Cardencia
Casa El Torreón
Venta del Barranco Hondo
Masada del Valle
Casa Grande de Escriche
Royuela
Casa Molina
Masía de Roclos
Carbonera
Concud
Masía de la Casa Baja
Venta del Bobo
Valdecebro
Masía de la Hita
Ermita de Santa Lucía
Masía de Conejera
Cruz de Montoyo
Casa de Zaragoza
Embalse del Arquillo de San Blas
San Blas
Ermita de San Blas
Los Molinos
La Guea
Torre del Salvador
Torre de San Martín
TERUEL
Plaza de Toros
Caparrates
Moscardón
Caserío Los Molinares
Saldón
Bezas
Los Aguanes
La Hoz
Carrascalejo
El-Campillo
La Lebrera
Puerto de Donarque
Caserío Molinos de Algarbe
Puerto de Valdecuenca
Las Trillas
Masía Nueva del Cerrito
Villaespesa
Castralvo
Venta del Puente
Sierra de Camarena
Terriente
Ermita de San Cristóbal
Casa de Miería
Puerto de Terriente
Valdecuenca
Caseta del Sapo
El Villarejo
Ermita de Hoyos Quemados
Sierra de Jabalón
Cabezo
Ligros
Rubiales
Loma Gorda
Villastar
Coronillas
Aldehuela
Puerto Escandón
Masía de la Balsa
Ermita de Santa Bárbara
Masegoso
Casa del Zarzoso
Toril (Toril y Masegoso)
Caserío los Alemanes
El Vallecillo
Arroyofrío
Jabaloyas
Jabalón
La Fuensanta
Villel
Los Pinajeros
Mas de Jacinto
Río Camarena
La Puebla de Valverde
Masía de San Pedro
Abrigo de los Toros (Pinturas Rupestres)
Loma Rodrigo
Río Turia
Sierra de
Collado de la Grulla
El Cañigral
Tormón
La Tejería
La Lastra
Tramacastiel
El Campo
Cascante del Río
Cubla
Valacloche
Ermita de San Cristóbal
Masía de los Enebrales
Mas de la Parra
Mas del Manazno
El Masegar
Castillo de Torrefuerte
La Hondonada
Casa Rento de la Peraleja
Alobras
Provincia de Valencia
Los Alcores
Mas de Navarrete
La Nogueruela
Rento Artigas
Los Cortijos
Libros
Masía del Villarejo
Casas de la Parra
Casa del Zurdo
122
Landete
0 1 2 4 6 8 10 km
0 1 2 4 6 miles

Zb
Zc
89
Zd
Ze
Lécera
Alcorisa
Alcañiz
Morella
Castellón de la Plana
103
104
105
106
107
Salinas
Peñarroyas
Venta de Cadurro
Crivillén
Los Olmos
Masada de Anduch
Martín del Río
Montalbán
Torre de las Arcas
Mas del Rubio
Estercuel
La Mata de los Olmos
Berge
Sierra de los Caballos
Mas de las Matas
Lavaderos
Utrillas
Casa de la Rabosa
Ermita de San Juan
Gargallo
Cañizar del Olivar
Masada de Azcón
Molinos
Ermita de la Virgen de la Peña
Seno
Barriada Obrera del Sur
Castel de Cabra
Puerto de las Traviesas
La Zoma
Masía de Valdecascallo
Castellote
Puerto de San Just
Escucha
Palomar de Arroyos
Ejulve
Mas de Ricarda
Mas de Mele
Mas de Ferrer
Mas de Juncal
Dos Torres de Mercader
Jaganta
Las Parras de Castellote
Valdeconejos
Sierra de San Just
La Mezquita
Mas de Tateiras
Ermita de Santa Ana
Cuevas de Cañart
Crespol
Santolea
Masía de Ricoll
San Just
Masada de Torre Caro
Cirugeda
Puerto de Majalinos
Masada de la Monja
Masada de Valredonda
Ermita del Pilar
Ladruñán
El Latenar
La Algecira
Embalse de Santolea
Las Planas
Mas de la Chita
Campos
Mas de la Chita
Puerto de Aldehuela
Masada del Cerro
Masada de la Solana
El Higueral
Puente Fonseca
Los Alagones
Mezquita de Jarque
Cuevas de Almudén
Jarque de la Val
Caserío Molino
Casas Hoya Vidales
Luco de Bordón
Altos del Zancado
Hinojosa de Jarque
Aldehuela
Caserío La Tosea
Montoro de Mezquita
Mas del Rajo
Casa de Baños
Masía de Asensio
Caserío Los Batanes
Bordón
Serrerías
Cobatillas
Aliaga
Embalse de Aliaga
Casa de Pitarque
Las Fábricas
Puerto de Villarluengo
Galve
Mas Valenciano
Ermita de San Cristóbal
Villarluengo
Olocau del Rey
Todolella
Masía de la Solana
Masía de Millán
Masía de Cañizarejo
Ermita de la Peña
Tronchón
la Mata de Morella
Ermita de la Virgen del Campo
Sierra de la Lastra
Sierra de la Cañada
Masía de Abeja
Cuevas
Camarillas
Casa Palomitas
La Cuba
Ermita de la Virgen de la Peña
Las Tarayuelas
Muela Monchén
Mirambel
del Pozuelo
Aguilar de Alfambra
Muela
Miravete de la Sierra
La Granja
Masía de Cañadas
Cañada de Benatanduz
Sierra Palomita
Masía del Collado
Mas de Santolla
Masía del Padre Santo
Puerto del Curato Pelado
Mas de Blanco
Mas de les Monges
Ababuj
Ermita de San Juan
Casa de los Morcos
Castillo del Cid
Cantavieja
Les Alberedes de Portell
Portell de Morella
La Corredera
Jorcas
Masía de la Serna
Villarroya de los Pinares
Molino Harinero
Umbría
Puerto de las Cabrillas
Masía de Bernat Caudé
Las Lomas
Puerto de Villarroya
Tarayuela
El Pobo
Masía de las Pupilas
Masía El Cañamillo
Fortanete
Sierra de las Dehesas
La Iglesuela del Cid
Masía de Santa Ana
El Rabosero
Allepuz
Ermita de San Bartolomé
Sierra de Sollavientos
Caserío de Ballestera
Ermita de San Benito
Puerto de Sollavientos
Masía de la Sonana
Masía de Marta
Carrascón
la Pobla del Bellestar
Mare de Déu del Llosar
Casa Folios
Monteagudo del Castillo
Masía del Prado
Masía de Zoticos
el Llosar
Cedrillas
Sierra de Gúdar
Gúdar
Sollavientos
Ermita de Santa Isabel
Mas de Boras
Sierra del Rayo
Casa la Torre Nova
Villafranca del Cid
Ermita de Santa Quiteria
Ermita de San José
Masico de Albardero
Castell de Corbons
Masía de Atalaya
Masía del Portero
Puerto de Gúdar
Peñarroya
Valdelinares
Masico de Bertoldo
Loma del Milano
Puerto de Mosqueruela
Masía del Altico
Las Majadas
Alcalá de la Selva
Masico de la Bireta
El Castellar
Masía de Agua Blanca
La Virgen de la Vega
Mas de Torre Colás
Mina Antonia
Ermita de San Lamberto
Mosqueruela
Ermita de San Antonio
Sierra Mayabona
Mas de Pesetes
Masía La Cañada
Ermita del Pilar
Masía del Carrascalejo
Masía de Ontejas Altas
Puerto de San Rafael
Mina Porvenir
Mas de las Barracas
Mas de Domenech
Prov. de Teruel
Prov. de Castellón
Masía de Toni
Masía de Salvador
Masía de la Olmedilla
Linares de Mora
Puerto de Linares
Ermita de San Bernabé
Cabra de Mora
Masía del Río
Alto de la Roya
Los Campillos
Casas de los Raimundos
Mas de Aliaga
Vistabella del Maestrazgo
Moli Azor
Sierra de Noguervelas
Mas del Cerrito
Port del Vidre
Casa de las Golondrinas
Formiche Bajo
Castelvispal
Serra de la Batalla
l'Albagés
Masía de Manzanares
Las Barrachinas
Mas de la Cervera
Puertomingalvo
Monte Bovalar
Masía de les Pomeres
Mas de la Lloma
La Cumbre
Cruces
Sant Joan de Penyagolosa
Xodos
Embalse de Valbona
Mora de Rubielos
Lomas de Vivas
El Carbó
Penyagolosa
Masía de Gargán
Mas de Gabito
Valbona
Noguerelas
Caserío Las Umbrías
Parque Natural de Penyagolosa
Ermita de San Cristóbal
Masía del Hocico
Embalse de Balagueras
Masía de Igual
La Laguna
Villahermosa del Río
Bibioj
Masía de la Lloma
Masía de las Incosas
Caserío La Masada
Mas Quemado
Plano de Bolsón
Mas del Molinete
El Bosque
Casa Negra
Serra de Montordi
Masía de la Rinconada
La Solana
Rubielos de Mora
Cortes de Arenoso
Caserío San Bartolomé
Masía d'Agustina
Casa Vena
Azafranares
Caserío Benagés
Puerto Sarrión
Fuentes de Rubielos
Masía el Camino
Segorbe
123
124

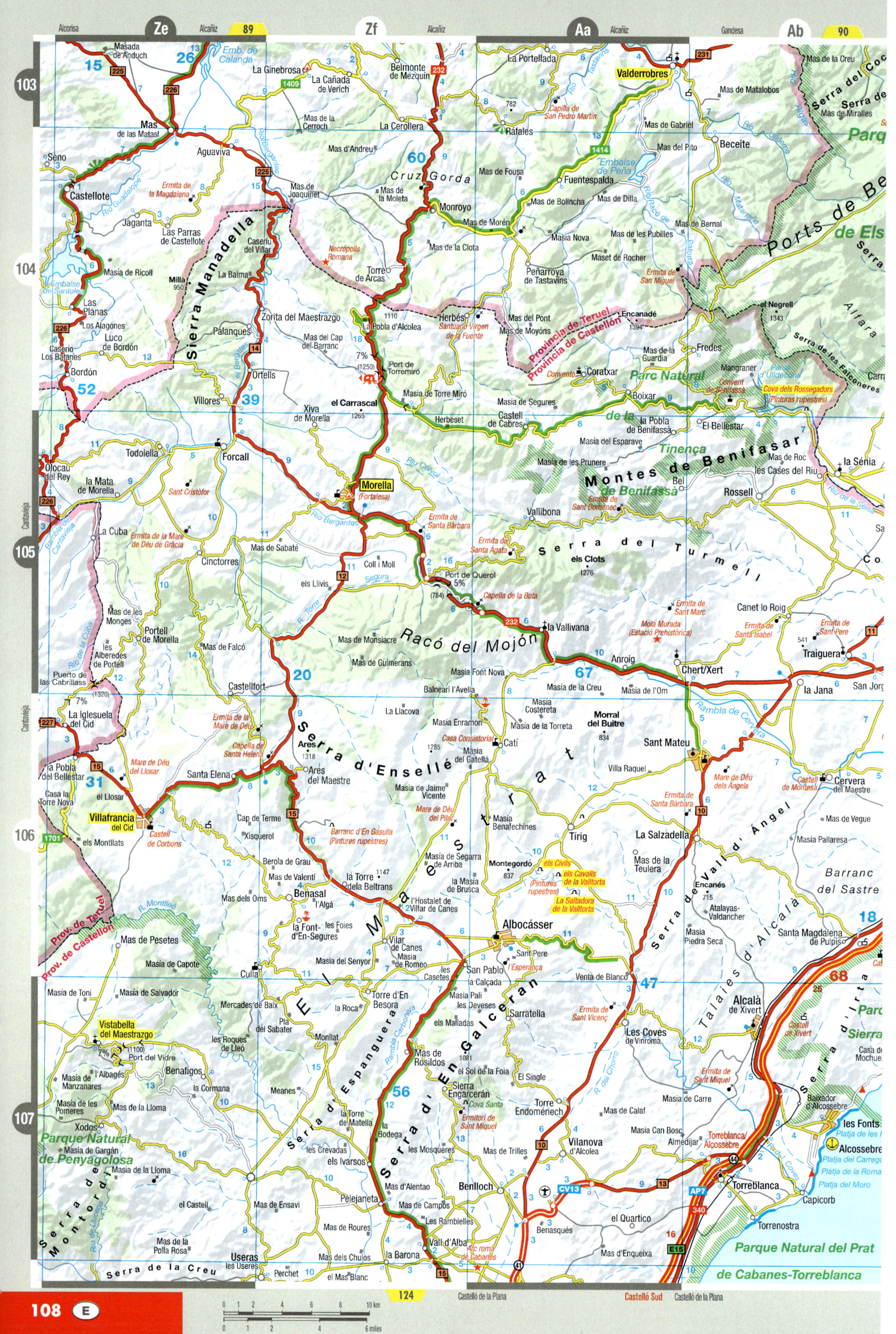

Alcorisa
Ze
Alcañiz
89
Zf
Alcañiz
Aa
Alcañiz
Gandesa
Ab
90
103
104
105
106
107
Cantavieja
Masada de Anduch
Emb. de Calanda
La Ginebrosa
La Cañada de Verich
Belmonte de Mezquín
La Portellada
Valderrobres
Mas de la Creu
Serra del Coc
Serra de
Mas de Matalobos
Mas de Miralles
Mas de las Matas
Aguaviva
Mas de la Cerroch
La Cerollera
Ráfales
Capilla de San Pedro Martín
Mas de Gabriel
Beceite
Parq
Seno
Mas d'Andreu
Cruz Gorda
Mas de Fousa
Fuentespalda
Embalse de Peña
Mas del Pito
Castellote
Ermita de la Magdalena
Mas de Joaquinet
Mas de la Moleta
Monroyo
Mas de Bolincha
Mas de Dilla
Ports de Be
Jaganta
Las Parras de Castellote
Sierra Manadella
Caseríu del Villar
Mas de Morén
Masía Nova
Mas de les Pubilles
Mas de Bernal
de Els
Necrópolis Romana
Mas de la Clota
Maset de Rocher
Serra
Masía de Ricoll
La Balma
Torre de Arcas
Peñarroya de Tastavins
Ermita de San Miguel
Embalse de Santolea
Las Planas
Los Alagones
Luco de Bordón
Zorita del Maestrazgo
Palanques
La Pobla d'Alcolea
Herbés
Santuario Virgen de la Fuente
Mas del Pont
Mas de Moyóns
Encanadé
el Negrell
Alfara
Caserío Los Batanes
Mas del Cap del-Barranc
Provincia de Teruel
Provincia de Castellón
Mas de la Guardia
Fredes
Serra de les Falconeres
Bordón
Ortells
Port de Torremiró
Convento
Coratxar
Parc Natural
Mangraner
Convent de Benifassà
Cova dels Rossegadors (Pinturas rupestres)
Villores
Xiva de Morella
el Carrascal
Masía de Torre Miró
Masía de Segures
Boixar
Herbeset
Castell de Cabres
de la
La Pobla de Benifassà
El Bellestar
Todolella
Forcall
Masía del Esparave
Tinença
Olocau del Rey
la Mata de Morella
Sant Cristòfor
Morella (Fortalesa)
Masía de les Prunere
Montes de Benifasar
de Benifassà
Mas de Roc
les Cases del Riu
la Sénia
Bel
Rossell
Ermita de Sant Domènec
Vallibona
La Cuba
Ermita de la Mare de Déu de Gràcia
Ermita de Santa Bàrbara
Ermita de Santa Àgata
Serra del Turmell
Mas de Sabaté
Cinctorres
Coll i Moll
els Llivis
Port de Querol
els Clots
Mas de les Monges
Portell de Morella
Capella de la Bota
Ermita de Sant Marc
Canet lo Roig
les Alberedes de Portell
Mas de Falcó
Mas de Monsiacre
Racó del Mojón
la Vallivana
Mola Murada (Estació Prehistòrica)
Ermita de Santa Isabel
Ermita de Sant Pere
Traiguera
Puerto de las Cabrillass
Mas de Guimerans
Masía Font Nova
Anroig
Chert/Xert
Castellfort
Balneari l'Avella
Masía de la Creu
Masía de l'Om
la Jana
San Jorg
La Iglesuela del Cid
La Llacova
Masía Costereta
Masía de la Torreta
Morral del Buitre
Rambla de Cervera
Ermita de la Mare de Déu
Masía Enramon
Casa Consistorial
Catí
Sant Mateu
Capella de Santa Helena
Ares
Serra d'Ensellé
Masía del Gatella
La Pobla del Bellestar
Mare de Déu del Llosar
Santa Elena
Ares del Maestre
Villa Raquel
Mare de Déu dels Àngels
Castell de Montesa
Cervera del Maestre
el Llosar
Masía de Jaime Vicente
Mare de Déu del Pilar
Ermita de Santa Bàrbara
Casa la Torre Nova
Villafranca del Cid
Cap de Terme
Xisquerol
Barranc d'En Gasulla (Pinturas rupestres)
Masía Benafechines
Tirig
La Salzadella
Mas de Vegue
Castell de Corbons
els Montllats
Berola de Grau
Masía de Segarra de Arriba
Montegordó
els Cívils
els Cavalls de la Valltorta
Mas de la Teulera
Masía Pallaresa
Mas de Valentí
la Torre d'En Besora
la Masía de Brusca
Barranc del Sastre
Mas dels Oms
Benasal
l'Algà
l'Hostalet de Villar de Canes
La Saltadora de la Valltorta
Encanés
Atalayas-Valdancher
Prov. de Teruel
Prov. de Castellón
la Font d'En-Segures
les Foies
El Maestrat
Albocàsser
Serra de Vall d'Àngel
Santa Magdalena de Pulpis
Mas de Pesetes
Vilar de Canes
Masia de Romeo
Sant Pere
Masia Piedra Seca
Masía de Capote
Masía del Senyor
Culla
les Casetes
San Pablo
l'Esperança
Venta de Blanco
Talaies d'Alcalà
Masía de Toni
Masía de Salvador
Mercades de Baix
Torre d'En Besora
la Calçada
Masía Pali
les Deveses
Alcalà de Xivert
Vistabella del Maestrazgo
la Roca
Sarratella
Ermita de Sant Vicenç
Pla del Sabater
els Mallades
Castell de Xivert
Sierra
les Roques de Lleó
Monllat
Mas de Rosildos
Les Coves de Vinromà
Port del Vidre
el Sol de la Foia
Casa de Mochue
Masía de Manzanares
l'Albagés
Benafigos
Serra d'Espanguera
Serra d'En Galceran
Rambla Carbonera
El Single
Ermita de Sant Miquel
Masía de les Pomeres
Mas de la Lloma
la Cormana
Meanes
Sierra Engarcerán
Cova Santa
Torre Endoménech
Mas de Calaf
Masía de Carre
Baixador d'Alcossebre
Serra d'Irta
Xodos
la Torre de Matella
Ermitori de Sant Miquel
Masía Can Bosc
Almedíjar
Torreblanca/Alcossebre
les Fonts
Parque Natural de Penyagolosa
Masía de Gargán
la Bodega
les Crevadas
les Mosqueres
Mas de Trilles
Vilanova d'Alcolea
Alcossebre
Platja del Carregador
Platja de la Romana
Platja del Moro
Masia de la Lloma
els Ivarsos
Serra de Montord
Mas d'Alentao
Benlloch
Torreblanca
el Castell
Mas de Ensavi
Pelejaneta
Mas de Campos
Capicorb
les Ramblelles
el Quartico
Torrenostra
Mas de la Polla Rosa
Mas de Roures
Benasqués
Parque Natural del Prat
Usseras
les Useres
Mas dels Chulos
la Barona
Vall d'Alba
Mas d'Enqueixa
de Cabanes-Torreblanca
Serra de la Creu
Perchet
el Mas Blanc
Arc romà de Cabanes
124
Castelló de la Plana
Castelló Sud
Castelló de la Plana
0 1 2 4 6 8 10 km
0 1 2 4 6 miles

Ac
Ad
Ae
Af
91
Gandesa
Tarragona
103
104
105
106
107
TORTOSA
Amposta
Deltebre
Sant Carles de la Ràpita
Ulldecona
Alcanar
VINARÒS
Benicarló
Peñíscola
Golf de Sant Jordi
Parque Natural del Delta de l'Ebre
Costa del Azahar
Reserva de Fauna de la Punta de la Banya
Port dels Alfacs
Serra de Montsià
Aldover
Roquetes
l'Ampolla
l'Ametlla de Mar
Camarles
l'Aldea
Santa Bàrbara
Godall
la Galera
Masdenverge
Freginals
Mas de Barberans
Càlig
Sant Jaume d'Enveja
Illa de Buda
Cap de Tortosa
Autopista del Mediterráneo
Baix Ebre
Costa de Fora
Platja del Trabucador

Qe
Qf
94
Ra
Albergaria
Rb
Coimbra Norte
Rc
107
108
109
110
111
112
Cabo Mondego
Serra da Boa Viagem
Tavarede
Buarcos
Figueira da Foz
São Pedro
Cova
Costa de Lavos
Lavos
Leirosa
Marinha das Ondas
Osso da Baleia
Alhadas
Maiorca
Montemor-o-Velho
Santo Varão
Formoselha
Granja
Figueiró do Campo
Alfarelos
Verride
Vila Nova da Barca
Brunhos
Vila Nova de Anços
Samuel
Gesteira
Soure
Paleão
Alqueidão
Amieira
Calvete
Paião
Carvalhais
Outeiro
Matos
Distrito de Coimbra
Distrito de Leiria
Mata Mourisca
Carrascos
Sobral de Baixo
Netos
Simões
Pombal
Louriçal
Almagreira
Redondos
Boavista
Charneca
Pelariga
Silveirinha
Vieirinhos
Carriço
Guarda do Norte
Antões
Castelhanas
Biqueiras
Guia
Seixo
Grou
Barraco
Malhos
Granja
Pombal
Charneca
Costa de Prata
Duna Litoral
Pinhal do Urso
Praia Pedrógão
Pedrógão
Ervedeira
Monte Redondo
Coimbrão
Sismaria
Lameiras
Feiteira
Mendes
Travasso
Carnide
Arroteia
Ponte de Assamassa
Praia de Vieira
Passagem
Praia
Vieira de Leiria
Carreira
Carvide
Várzeas
Coucho
Vale da Bajouca
Casal Novo
Marinha da Carpalhosa
Ranha de Baixo
Ranha de S. João
Souro
Vermoil
Pedras Negras
Moinhos
Monte Real
São Miguel
Souto da Carpalhosa
Pêga
Canto
Meirinhas
Serra do Porto de Urso
Ortigosa
Moita da Roda
Porcejal
São Simão de Litém
Pilado
Amor
Riba d' Ave
Regueira de Pontes
Milagres
Agodim
Colmeias
Gracieira
Ruge Água
Albergaria dos Doze
Memória
Praia Velha
Coucinheira
Garcia
Barreiros
Casalito
Boa Vista
Janardo
Valongo
Raposeira
Praia Velha
São Pedro de Muel
Água de Madeiros
Amieira
Figueiras
Trutas
Pêro-Neto
Gândara dos Olivais
Barosa
Chãs
Pinheiros
Marrazes
Santa Eufémia
Cawieira
Palmeira
Espite
Pedernaira
Vesparia
MARINHA GRANDE
Parceiros
LEIRIA
Pousos
Boucinhas
Opeia
Caldelas
Olivais
Urqueira
Senhora da Vitória
Pinhal de Leiria
Burinhosa
Moita
Telheiro
Maceira
Azoia
Vidigal
Cortes
Freixial
Cercal
Olival
Vale Furado
Vale de Paredes
Martingança
Vale do Horto
Barreira
Soutocico
Arrabal
Soutaria
Pataias
Ferraria
A-dos-Barbas
Vale Salgueiro
Fontes
Santa Catarina da Serra
Gondemaria
Chainça
Pataias-Gare
Pisões
Maceirinha
Batalha
Torre
Loureira
Jorja
Atouguia
Calvaria de Cima
Porto Carro
Arengões
Reguengo do Fetal
Moita
Ourém
Fanhais
Andam
Alpedriz
Chão Pardo
São Jorge
São Mamede
Fátima
Nazaré
Montez
Juncal
Tremoceira
Alqueidão da Serra
Moita do Martinho
Fátima
Casa Velha
Boleiros
Povoa
Coz
Alqueidão
Cumeira de Cima
Porto de Mós
Livramento
Bouceiros
Giesteira
Praia de Nazaré
Valado dos Frades
Maiorga
Pedreiras
Alcaria
Lagoa Ruiva
Casalinho Farto
Serra da Pescaria
Barrio
Alijubarrota
Casais de Santa Teresa
Boavista
Vestiaria
Alcobaça
Serro Ventoso
Parque Natural das Serras de Aire e Candeeiros
Famalicão
Serra dos Mangues
Cela
Mosteiro de S. Maria
Chiqueda de Cima
Casais do Chão da Mendiga
Alvados
Mira d' Aire
Vale Alto
Aire
Alqueidão
São Martinho do Porto
Macarea
Facho
Marques
Lagoa do Cão
Alqueidão de Arrimal
São Bento
Telha dos Grandes
Covão do Coelho
Minde
Pedrógão
Salir do Porto
Rebelos
Arcipreste
Évora de Alcobaça
Termo de Évora
Cabeça das Pombas
Serra de Santo António
Casais Robustos
Cima do Freixo
Casais Martanes
Alfeizeirão
Pardo
Gaio
Carris
Casais da Charneca
Pia Carneira
Covão do Feto
Moitas Venda
Boavista
Vale de Maceira
Casal Velho
Ardido
Arrimal
Mendiga
Cabeça Veada
Vale Florido
Zibreira
Ribeira
Chão da Parada
Peso
Vimeiro
Carvalhal
Vale de Ventos
Cortiçal
Vila Moreira
Torres Novas
Cidade
Est. Bouro
Valado de Santa Quitéria
Cumeira
Turquel
Valverde
Liteiros
Arnóia
128
Rio Maior
Santarém
129
Santarém
0 1 2 4 6 8 10 km
0 1 2 4 6 miles

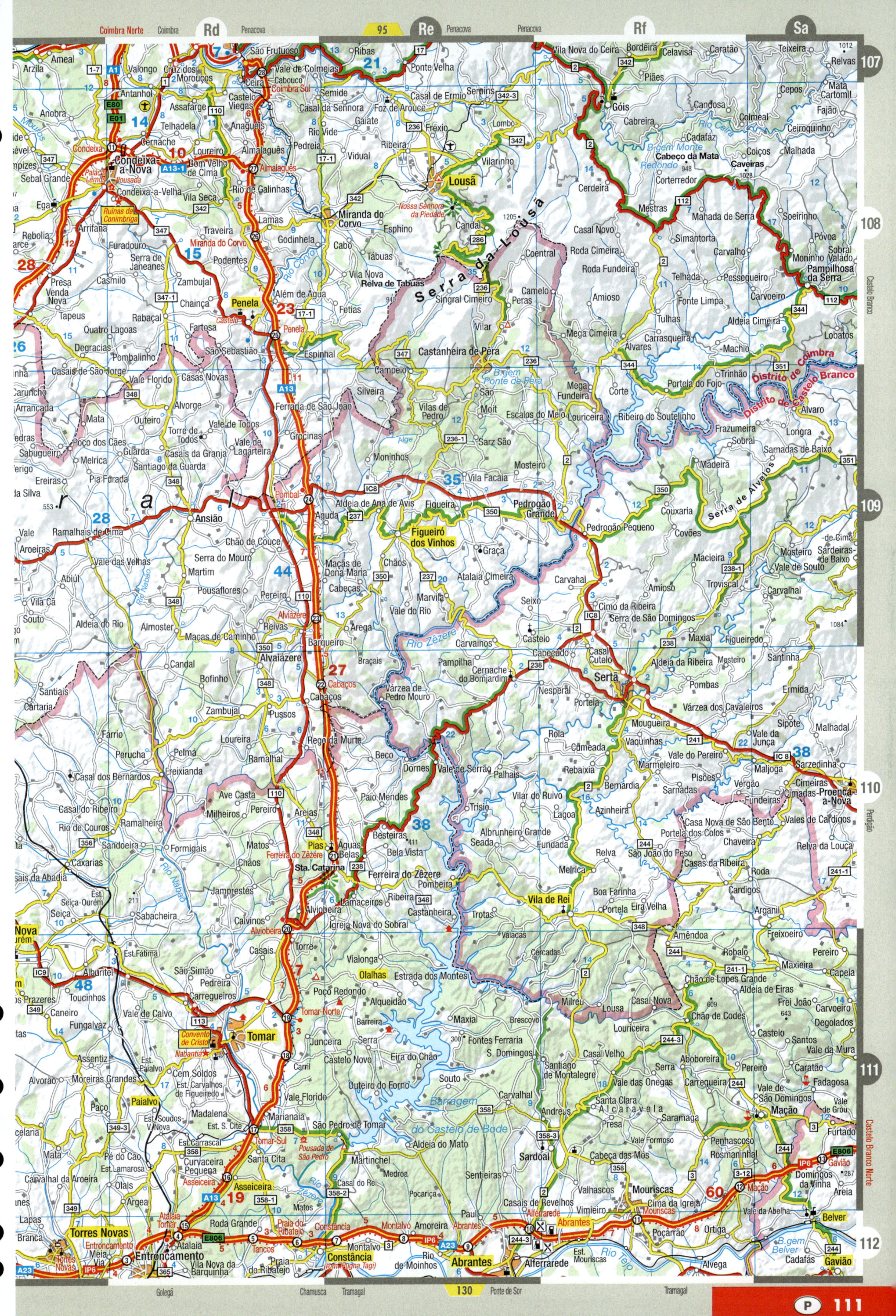
Ameal
Arzila
Valongo
Cruz dos Morouços
São Frutuoso
Vale de Colmeias
Ribas
Ponte Velha
Vila Nova do Ceira
Bordeira
Celavisa
Caratão
Teixeira
Relvas
Antanhol
Assafarge
Castelo Viegas
Ceira
Coimbra Sul
Semide
Casal da Sennora
Foz de Arouce
Casal de Ermio
Serpins
Lombo
Góis
Cabreira
Candosa
Colmeal
Cepos
Mata Cartomil
Fajão
Ceiroquinho
Anobra
Telhadela
Anaguéis
Rio Vide
Gaiate
Frexio
Cernache
Condeixa
Condeixa-a-Nova
Loureiro
Almalaguês
Pedreia
Ribeira
Vidual
Vilarinho
Lousã
Cabeço da Mata
Caveiras
Corterredor
Cadafaz
Coiços
Malhada
Sebal Grande
Bom Velho de Cima
Condeixa-a-Velha
Rio de Galinhas
Vila Seca
Ruínas de Conimbriga
Miranda do Corvo
Nossa Senhora da Piedade
Cerdeira
Mestras
Mahada de Serra
Soeirinho
Ega
Rebolia
Arrifana
Traveira
Lamas
Esphino
Candal
Casal Novo
Simantorta
Póvoa
Sobral
Furadouro
Godinhela
Cabo
Tábuas
Serra da Lousã
Coentral
Roda Cimeira
Roda Fundeira
Carvalho
Moninho
Valado
Pampilhosa da Serra
Casmilo
Serra de Janeanes
Podentes
Vila Nova
Relva de Tabuas
Singral Cimeiro
Camelo
Peras
Amioso
Telhada
Pessegueiro
Carvoeiro
Fonte Limpa
Presa
Venda Nova
Zambujal
Penela
Além de Agua
Fetias
Chainça
Tapeus
Rabaçal
Fartosa
Quatro Lagoas
Vilar
Mega Cimeira
Tulhas
Aldeia Cimeira
Lobatos
Degracias
Pombalinho
São Sebastião
Espinhal
Castanheira de Pêra
Carrasqueira
Alvares
Machio
Casais de São Jorge
Vale Florido
Casas Novas
Campelo
B.gem Ponte de Pêra
Mega Fundeira
Corte
Portela do Fojo
Trinhão
Distrito de Coimbra
Distrito de Castelo Branco
Alvaro
Silveira
Alvorge
Ferraria de São João
São Moit
Vilas de Pedro
Escalos do Meio
Louriceira
Ribeiro do Soutelinho
Frazumeira
Sobral
Longra
Mata
Outeiro
Torre de Todos
Vale de Todos
Vale de Lagarteira
Grocinas
Poço dos Cães
Guarda
Casais da Granja
Sarz São
Moninhos
Mosteiro
Sarnadas de Baixo
Melrica
Santiago da Guarda
Madeira
Ereiras
Pia Furada
Aldeia de Ana de Avis
Vila Facaia
Serra de Alvelos
Figueira
Pedrogão Grande
Couxaria
Ansião
Aguda
Pombal
Figueiró dos Vinhos
Pedrogão Pequeno
Covões
Vale
Ramalhais de Cima
Aroeiras
Chão de Couce
Serra do Mouro
Martim
Maças de Dona Maria
Chãos
Graça
Atalaia Cimeira
Carvalhal
Macieira
Trovisçal
Mosteiro
Sardeiras de Baixo
Vale de Souto
Vale das Velhas
Abiúl
Pousaflores
Pereiro
Cabeças
Marvila
Vale do Rio
Seixo
Cimo da Ribeira
Serra de São Domingos
Amioso
Vila Cã
Souto
Aldeia do Rio
Almoster
Maças de Caminho
Alvaiázere
Arega
Castelo
Maxial
Figueiredo
Rio Zêzere
Barqueiro
Carvalhos
Cabeçudo
Casal Cutelo
Sertã
Candal
Bofinho
Pampilhosa
Cernache do Bomjardim
Aldeia da Ribeira
Santinha
Pombas
Ermida
Santiais
Cartaria
Zambujal
Cabaços
Várzea de Pedro Mouro
Nesperal
Portela
Várzea dos Cavaleiros
Farrio
Pussos
Rego da Murta
Mougueira
Sipote
Malhadal
Perucha
Pelmá
Loureira
Beco
Rola
Vaquinhas
Comeada
Vale da Junça
Sarzedinha
Casal dos Bernardos
Freixianda
Ramalhal
Dornes
Vale de Serrão
Palhais
Rebaixia
Marmeleiro
Vale do Pereiro
Maljoga
Cimeiras
Proença-a-Nova
Ave Casta
Paio Mendes
Vilar do Ruivo
Bernardia
Sarnadas
Pisões
Vergão
Fundeiras
Casal do Ribeiro
Milheiros
Areias
Trísio
Lagoa
Azinheira
Casa Nova de São Bento
Vales de Cardigos
Rio de Couros
Ramalheira
Besteiras
Albrunheiro Grande
Portela dos Colos
Chaveira
Matos
Pias
Águas Belas
Seada
Fundada
Relva
São João do Peso
Relva da Louça
Sandoeira
Formigais
Ferreira do Zêzere
Bela Vista
Caxarias
Chãos
Sta. Catarina
Ferreira do Zêzere
Melriça
Casas da Ribeira
Roda
Pombeira
Seiça
Jamprestes
Ribeira
Lamaceiros
Castanheira
Vila de Rei
Boa Farinha
Portela
Eira Velha
Cardigos
Arganil
Sabacheira
Alviobeira
Calvinos
Igreja Nova do Sobral
Trotas
Amêndoa
Freixoeiro
Pereiro
Casais
Torre
Vialonga
Valadas
Cercadas
Robalo
Maxieira
Capela
Alburitel
São Simão
Pedreira
Olalhas
Estrada dos Montes
Chão de Lopes Grande
Aldeia de Eiras
Toucinhos
Carregueiros
Poço Redondo
Alqueidão
Milreu
Lousa
Casal Nova
Frei João
Carvoeiro
Caneiro
Vale de Calvo
Tomar
Tomar-Norte
Maxial
Chão de Codes
Degolados
Fungalvaz
Convento de Cristo
Barreira
Serra
Junceira
Fontes Ferraria
S. Domingos
Louriceira
Castelo
Santos
Vale da Mura
Assentiz
Castelo Novo
Eira do Chão
Casal Velho
Aboboreira
Pereiro
Caratão
Alvorão
Moreiras Grandes
Cem Soldos
Carril
Outeiro do Forno
Souto
Santiago de Montalegre
Vale das Onegas
Carregueira
Vale de São Domingos
Fadagosa
Paço
Paialvo
Vale Florido
Barragem do Castelo de Bode
Carvalhal
Andreus
Santa Clara
Alcaravela
Saramaga
Mação
Madalena
Marianaia
São Pedro de Tomar
Presa
Vale Formoso
Penhascoso
Furtado
Aldeia do Mato
Mata
Pé do Cão
Curvaceira
Pequena
Tomar-Sul
Santa Cita
Martinchel
Medroa
Sentieiras
Sardoal
Cabeça das Mós
Rosmaninhal
Gavião
Carvalhal da Aroeira
Olais
Asseiceira
Casal do Rei
Pocariça
Valhascos
Mouriscas
Domingos da Vinha
Argea
Matos
Casais de Revelhos
Vimieiro
Cima da Igreja
Areia
Lapas
Torres Novas
Atalaia
Roda Grande
Praia do Ribatejo
Constância
Montalvo
Amoreira
Paul
Alferrarede
Abrantes
Pocarrão
Ortiga
Vale da Abelha
Belver
Branca
Entroncamento
Meia Via
Tancos
Rio
Rio de Moinhos
Est. Mouriscas
B.gem Belver
Cadafais
Gavião
Vila Nova da Barquinha
Praia do Ribatejo
Alvega
Castelo Branco
Pedrógão
Castelo Branco Norte
Golegã
Chamusca
Tramagal
130
Ponte de Sor
Tramagal
107
108
109
110
111
112

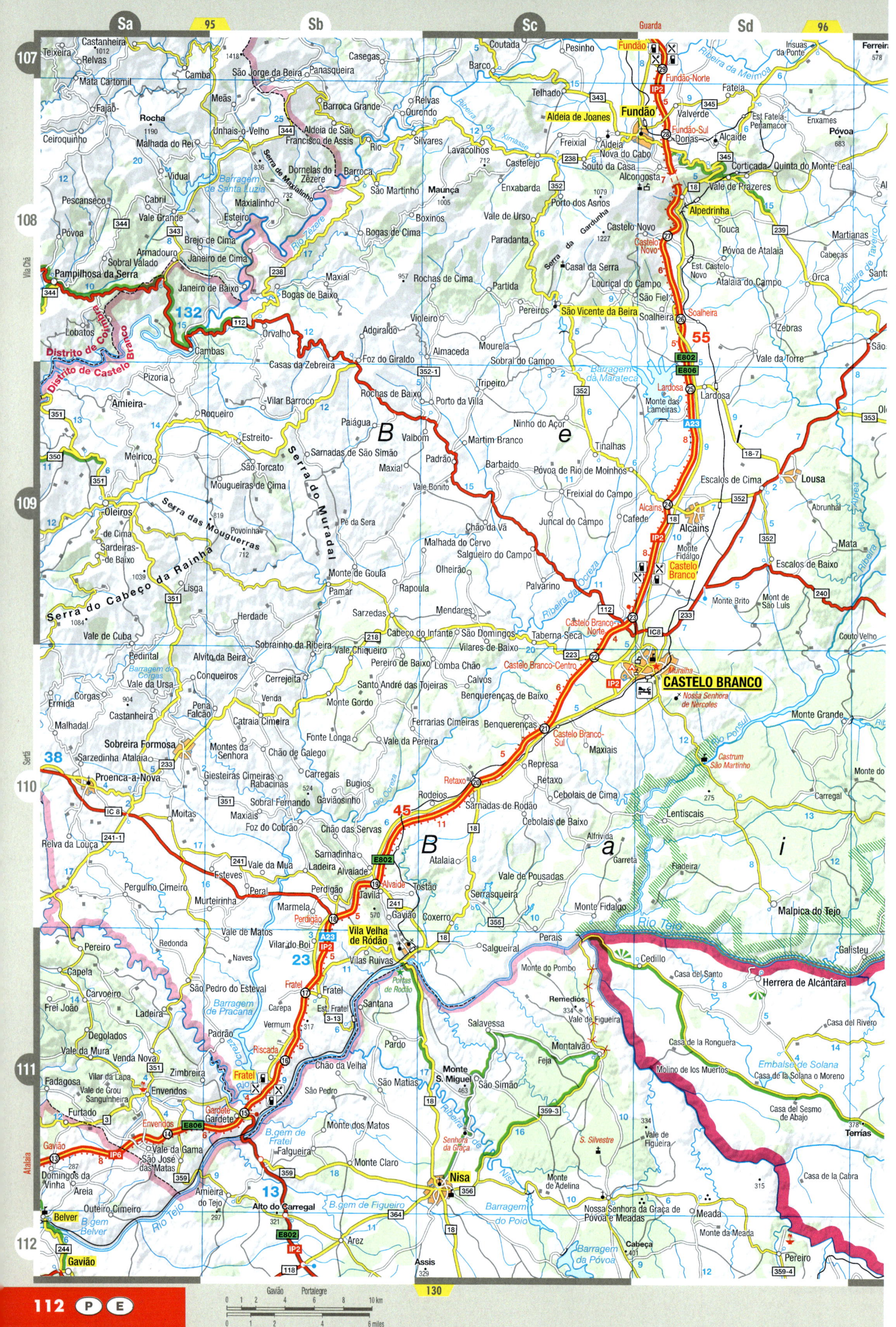

Pampilhosa da Serra
Fundão
Alpedrinha
Castelo Novo
São Vicente da Beira
Oleiros
Sobreira Formosa
Proença-a-Nova
CASTELO BRANCO
Alcains
Vila Velha de Ródão
Nisa
Gavião
Belver
Malpica do Tejo
Herrera de Alcántara
Serra da Gardunha
Serra do Muradal
Serra das Mougueiras
Serra do Cabeço da Rainha
Rio Tejo
Distrito de Coimbra
Distrito de Castelo Branco

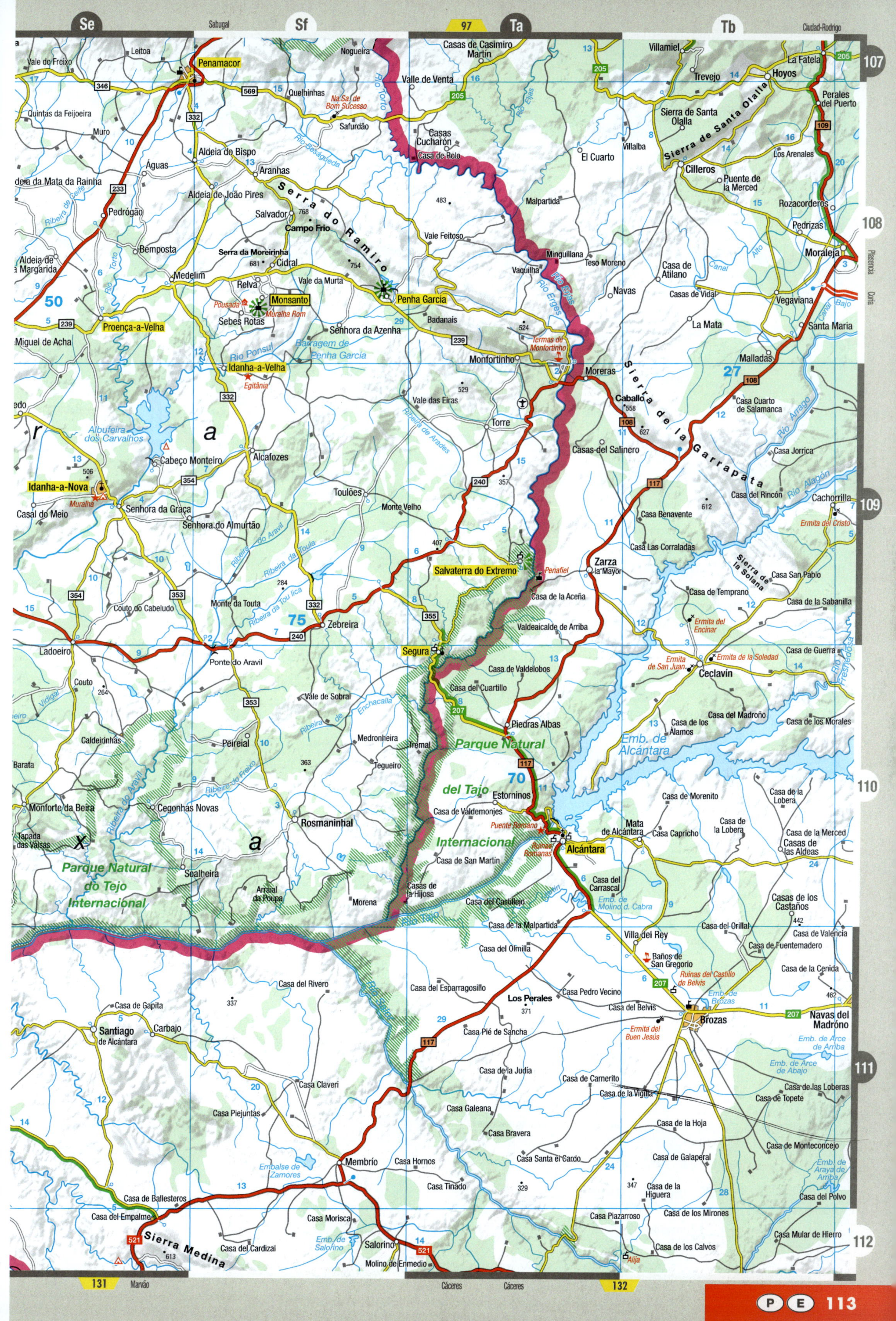

Se
Sabugal
Sf
97
Ta
Tb
Ciudad-Rodrigo
107
108
Plasencia
Coria
109
110
111
112
131
Marvão
Cáceres
Cáceres
132
Vale de Freixo
Leitoa
Penamacor
Nogueira
Rio Torto
Casas de Casimiro Martín
Villamiel
Trevejo
Hoyos
La Fatela
Perales del Puerto
Quintas da Feijoeira
Quelhinhas
Na Sa de Bom Sucesso
Sarfurdão
Valle de Venta
Sierra de Santa Olalla
Sierra de Santa Olalla
Villalba
Muro
Aldeia do Bispo
Casas Cucharón
Casa de Rolo
El Cuarto
Cilleros
Puente de la Merced
Los Arenales
Águas
Aranhas
Rio Bazágueda
Aldeia da Mata da Rainha
Pedrógão
Aldeia de João Pires
Serra do Ramiro
Salvador
Campo Frio
Malpartida
Rozacorderos
Pedrizas
Moraleja
Bemposta
Serra da Moreirinha
Cidral
Vale Feitoso
Minguillana
Teso Moreno
Casa de Atilano
Aldeia de Santa Margarida
Medelim
Relva
Vale da Murta
Penha Garcia
Vaquilha
Rio Erjas
Navas
Casas de Vidal
Vegaviana
Santa María
Pousada
Monsanto
Muralha Rom
Sebes Rotas
Senhora da Azenha
Badanais
La Mata
Proença-a-Velha
Miguel de Acha
Rio Ponsul
Barragem de Penha Garcia
Monfortinho
Termas de Monfortinho
Malladas
Idanha-a-Velha
Egitânia
Moreras
Sierra de la Garrapata
Vale das Eiras
Caballo
Torre
Casa Cuarto de Salamanca
Albufeira dos Carvalhos
Ribeira de Arades
Casas del Salinero
Rio Arrago
Casa Jorrica
Cabeço Monteiro
Alcafozes
Idanha-a-Nova
Muralha
Casal do Meio
Senhora da Graça
Senhora do Almurtão
Toulões
Monte Velho
Casa del Rincón
Rio Alagón
Cachorrilla
Ermita del Cristo
Casa Benavente
Casa Las Corraladas
Ribeira do Aravil
Ribeira da Toula
Salvaterra do Extremo
Penafiel
Zarza la Mayor
Sierra de la Solana
Casa San Pablo
Casa de Temprano
Casa de la Sabanilla
Couto do Cabeludo
Monte da Touta
Ribeira da Tou lica
Casa de la Aceña
Zebreira
Valdeaicalde de Arriba
Ermita del Encinar
Ermita de San Juan
Ermita de la Soledad
Ceclavín
Casa de Guerra
Rio Fresnedosa
Ladoeiro
Ponte do Aravil
Segura
Casa de Valdelobos
Casa del Cuartillo
Couto
Vale de Sobral
Enchacalla
Piedras Albas
Casa de los Álamos
Casa del Madroño
Casa de los Morales
Caldeirinhas
Peireial
Medronheira
Tremal
Parque Natural del Tajo Internacional
Emb. de Alcántara
Barata
Tegueiro
Ribeiro do Freixo
Estorninos
Casa de Morenito
Casa de la Lobera
Monforte da Beira
Tapada das Valsas
Cegonhas Novas
Rosmaninhal
Casa de Valdemonjes
Puente Romano
Mata de Alcántara
Casa Capricho
Casa de la Merced
Casas de las Aldeas
Ribeira do Aravil
Ruinas Romanas
Alcántara
Parque Natural do Tejo Internacional
Sealheira
Arraial da Poupa
Morena
Casa de San Martín
Casas de la Hijosa
Casa del Carrascal
Emb. de Molino d. Cabra
Casas de los Castaños
Casa del Castillejo
Rio Tajo
Casa de la Malpartida
Casa del Orillal
Villa del Rey
Casa de Valencia
Casa del Olmilla
Baños de San Gregorio
Casa de Fuentemadero
Casa del Rivero
Ruinas del Castillo de Belvís
Casa de la Cenida
Casa de Gapita
Casa del Esparragosillo
Los Perales
Casa Pedro Vicino
Emb. de Brozas
Casa del Belvis
Brozas
Navas del Madroño
Santiago de Alcántara
Carbajo
Casa Pié de Sancha
Ermita del Buen Jesús
Emb. de Arce de Arriba
Emb. de Arce de Abajo
Casa de la Judía
Casa de Carnerito
Casa Claveri
Casa de las Loberas
Casa de la Vigilia
Casa de Topete
Casa Galeana
Casa Piejuntas
Casa de la Hoja
Casa Bravera
Casa de Monteconcejo
Embalse de Zamores
Membrío
Casa Hornos
Casa Santa el Cardo
Casa de Galaperal
Emb. de Araya de Arriba
Casa Tinado
Casa de la Higuera
Casa de Ballesteros
Casa del Polvo
Casa del Empalme
Casa Morisca
Casa Piazarroso
Casa de los Mirones
Sierra Medina
Emb. de Salorino
Salorino
Casa del Cardizal
Molino de Enmedio
Casa Mular de Hierro
Casa de los Calvos
Aljija

Tb
Tc
Td
Te
Tf
97
107
108
109
110
111
112
132
Ciudad-Rodrigo
Castelo Branco
Mérida
Trujillo
Villasbuenas de Gata
La Fatela
Santibáñez el Alto
Santa Cruz de Paniagua
Peñas de Levante
Trapilabado
Ahigal
Guijo de Granadilla
Los Berrocosos
Mofrontín
Caserío Monte del Soto
Perales del Puerto
Emb. de Rivera de Gata
Embalse de Borbollón
Villa del Campo
Pozuelo de Zarzón
Aceituna
Santibáñez el Bajo
Casablanca
Ruta de la Plata
Casa Venta Quemada
Venta Quemada
Castillo de Caparra
Embalse de Valdeobispo
Valverdejo
El Fresno
Parra Grande
La Moheda
Rozacorderos
Guijo de Coria
Embalse de Montehermoso
Oliva de Plasencia
Valtravieso
Guajardo y Malhincada
Pedrizas
Guijo de Galisteo
Montehermoso
Represa
Casas de Valverde
Balneario Valdelanas
Moraleja
Emb. de Arrago
Calzadilla
Huerta de Gorronoso
Valdeobispo
Valderraosas
Vado de las Palomas
Caserío Navalonguillo de Arriba
Huélaga
Cañada
San Pedrillo de Abajo
Rio Jerte
Ermita de Na.Sa. del Puerto
Carcaboso
Santa María
Canal
Rio Arrago
Marifranca
San Bernardo
Zarzozo
Casas del Manco
Catedral
Parador
Sierra de Coria
Rubiño
Los Chozones
Morcillo
Sartalejo
Aldehuela del Jerte
Los Pajares de San Pedrillo el Raso
Aldeasnuevas
PLASENCIA
Casas de Don Gómez
Zangajito
Valrio
Atalaya
Pradochano
Muralla Acueducto romano
Coria
(rom. Caurium)
Puente rom.
Viñuelas
Cortijo Pradochano
Caserío Umbría de Matasanos
Puebla de Argeme
Ermita de Argeme
EX-A1
Galisteo
Casillas de Coria
Rincón del Obispo
El Batán
Alagón del Caudillo
San Gil
Caserío Fuente-Dueñas
Caserío San Esteban
Sancti-Spíritus de Abajo
Palazuelo-Empalme
Cozuelo
Venta de Paco
Caserío Vega de la Torrecilla
Rio Alagón
Fuente del Sapo
Casa Zamaril
Caserío los Capillones
Casas de Marcos
Ruta de la Plata
Cachorrilla
Pescueza
Portaje
Valdencín
Pajares de la Rivera
Riolobos
Ermita del Cristo
Ermita Na.Sa. del Casar
Emb. de Portaje
Holguera
Casa del Porquero
Torrejancillo
Casas de los Gavilanes
Caserío Los Corrales
Cortijo Perdiguerilla
Casas y Tinado
Casa de Tejada de Abajo
Casa de la Sabanilla
Casa del Guarda
Rio Fresnedosa
Dehesilla
Ermita de Santa Ana
Ruta de la Plata
Mirabel
Casas de las Navezuelas
Casa Mirabel
Grimaldo
Sierra de Santa Catalina
Ermita de Santa Catalina
Serradilla
Casa de Guerra
Pedroso de Acim
La Esperanza
Monasterio del Palancar
Casas de Millán
Casa de los Petos
Casas Secadero
Portezuelo
Silleta
Casa del Arenalejo
Acehúche
Arco
Cañaveral
La Estación
Casas de Gómez de Arriba
Casa del Colmenar
Caserío Taheña
Emb. de Alcántara
Embalse de Alcántara
Casa de los Morales
Casa del Tío Miguel
Casa del Tresmal
Cortijo Casares de Saliente
Cortijo Rodesnera del Poniente
Casa de Valdecañas
Casas de la Cortilla
Cortijo de San Valentín
Cortijo de las Mesas
Casa de San Cristóbal
Casa de Vinojales
Casa de las Minas
Casa del Pizarroso
Rio Tajo
Embalse de Covachas
Casa del Rincón
Casa del Parrucho
Cortijo de Cuarterón de Chiste
Casa de Nava
Casa de los Cuartos
Caserío Mesa
Casa de la Merced
Casa de Martos
Garrovillas
Estación de Río Tajo
Talaván
Casa Ramón
Cortijo Hondo del Cura
Casa del Cancho
Hinojal
Casa del Lobato
Cortijo del Sotillo
Cortijo del Cardoso
Casa de Morgado
Casa del Cura
Casa de las Pedrizas
Casa de la Grande
Cortijo de Siete Carrascos
Casa de los Pedregak
Casa del Posio
Casa de la Jara
Embalse de Talaván
Casa de la Dehesa
Casa del Avutardo
Cortijo El Matón
Casa de Valencia
Casa de Bonilla
Casa de la Higuera
Prescribanillos
Ermita de S.Marcos
Casa de la Lucia
Cortijo de Parapuños
Monroy
Casa de la Cenida
Casa de la Lobata
Cortijo de Téjareo
Navas del Madroño
Estación de Casar de Cáceres
Embalse de Alcántara
Santiago del Campo
Ermita de Santo Domingo
Sierra de Santo Domingo
Casa de Pericaco
Casa de Ron
Rio Almonte
Cortijo de la Ventosilla
Cortijo Solana de Los Lobos
Emb. de Arce de Arriba
Cabeza Araya
Casa de Florentino
Casa del Aguijón
Cortijo Casilla-Grande
Rio Tozo
Ermita de San Blas
Marquinilla
Emb. de Arce de Abajo
Cabeza Araya
Casa de las Loberas
Casa de la Calera
Casa de Ramos
Molino de Gabriel
Valdegamas
Cortijo Valgrande
Cortijo Umbría
Las Perillas
Casa del Vicario
Casa de Gil Téllez
Cortijo de Guadalperalón
Casas del Baldío
Casa de Salado
Embalse de Petit I
Casar de Cáceres
Cortijo Valdecebuches
Cortijo Serrezuelo
Casa de Guirau
Cortijo Mohedas
Ermita de Na.Sa. de la Luz
Santa Marta de Magasca
Cortijo las Suertes
Emb. de Araya de Arriba
Embalse de Molano
Casa de Gil Sánchez
Casa Perodesma de Arriba
Cortijo Pie Moro
Casa del Polvo
Casa de Canals
CITY MAP
Laguna Grande del Pueblo
Cáceres el Viejo
Emb. de Guadiloba
Casa Palacio Blanco
Arroyo de la Luz
Emb. de la Charca del Lugar
CÁCERES
(rom. Norba Caesania)
Caserío Pedraza del Agua
Estación Arroyo-Malpartida
Caserío Los Arenales
Casa Escobero
Casa Los Arrogatos
Casa de Carrasca
A66
A58
E803
630
10 km
6 miles

Béjar
98
Ua
El Barco de Ávila
Ub
Uc
99
Ud
107
108
109
110
111
112
Arenas de San Pedro
Madrid
Guadalupe
133
Cáceres
Don Benito
134
Montes de Tras la Sierra
Sierra de Tormantos
Sierra de San Bernabé
Valle de Plasencia
Cuerda del Picozo
Sierra de Martinejos
Cerro del Estecillo
Loma de la Hoz
Roble Seco
La Vera
Parque Nacional de Monfragüe
Sierra de las Corchuelas
Sierra de Serrejón
Sierra de Miravete
Sierra de Rocacastaño
Sierra de la Villuerca
Sierra de Ortijuera
Navaconcejo
Jarilla
Rebollar
Villar de Plasencia
Pitolero 1356
El Torno
Canezabellosa
Valdastillas
La Tartajosa 1364
Panera 1815
Piornal
Puerto del Piornal (1269)
Casas del Castañar
Cabrero
Cerro Bullón 1115
Barrado
Casa del Ventorro de Sangamello
Monasterio de Yuste
Aldeanueva de la Vera
Castillejo 760
Cuacos de Yuste
Garganta la Olla
Casa de Robledo
Ermita de la Soledad
Guijo de Santa Bárbara
Jarandilla de la Vera
Parador
Losar de la Vera
Viandar de la Vera
Talaveruela de la Vera
Valverde de la Vera
Villanueva de la Vera
Embalse de Minchones
Los Parrales
Robledillo de la Vera
Emb. de Navalmoral de la Mata
El Robledo
Los Montes
Río Tiétar
Casa de los Potros
Barquilla de Pinares
Jaraíz de la Vera
Casa de la Magdalena
Collado
Boguillas
Granja
Caserío de Torreseca
Caserío del Chincho
Loma del Saliente
Lomas del Medio
Lomas del Poniente
Caserío Cuaternos
Tiétar del Caudillo
Cerro de las Matas 301
Gargüera
Arroyomolinos de la Vera
Pasarón de la Vera
Capilla de Santa María
Torremenga
Secadero del Sauce
Los Tejares
Caserío Navas
Alquería La Campita
Casa de Cuadrilleros
Emb. de Valdeinfierno
El Melinchón
Caserío Vallejera
Tejeda de Tiétar
Las Mesas
Vega de Mesillas
Casas del Guarda
Santa María de las Lomas
Malpartida de Plasencia
Baldío
Talayuela
Rosalejo
Embalse de Gargüera
Casa de Fresnedoso
Palacio Nuevo de Fresnedoso
Valdeíñigos
Pantano de Navabuena
Maulique
Río Tiétar
Sexta Suerte Tiro Barra
Majadas
Arroyo de Casas
Los Millares
Egido Grande
San Marcos
Las Carboneras
Haza de la Concepción
La Bazagona
Casa de Cerrocolchón
Casa de Galochas
Casa Vaqueriza
Torviscoso
Cortijo de Ventaquemada
Arroyo Porquerizos
Toril
Palacio de las Cabezas
Espadañal
Navalmoral de la Mata
Cortijo Guijo de los Frailes
Puerto de la Serrana (387)
La Herguijuela
Urdimalas
Caserío Los Calles
Macarra
Casatejada
Saucedilla
Casa de Cerro Alto
Millanes
Peraleda de la Mata
Valdehúncar
Guadalperal
Cortijo Las Cansinas
Poblado de Embalse
Castillo de Monfragüe
Embalse de Torrejón-Tajo
Embalse Arrocampo-Almaraz
Casa de la Canala
Castillo Monroy
Casas de Belvís
Belvís de Monroy
Embalse de Valdecañas
Corchuela
Casa del Médico
Serrejón
Almaraz
Las Corchuelas de Arriba
Caserío Oreganal
Cortijo Las Corchuelas del Saliente
Bohonal de Ibor
Torrejoón el Rubio
Casa Morisco
Valdecañas de Tajo
Caserío Berzalejo
Casa de las Corralizas
Embalse de La Vid I
Baldío de Mora
Mesas de Ibor
Cortijo Santo Tomás
Caserío Valero
Casas de Miravete
Romangordo
Casa del Rincón
Cortijo Don Gil
Higuera
Garganta de Descuernacabras
Casa de Gonzalo
Caserío Cuartillo
Puerto de Miravete (624)
Casas de la Dehesa Frontal
Campillo de Deleitosa
Casa Los Linos
Caserío San Blas de Arriba
Caserío Coto
Caserío Moheda
Fresnedoso de Ibor
La Avellaneda
Caserío La Burra
Jaraicejo
Caserío de Juan Collado
Deleitosa
Las Colmenillas
Castañar de Ibor (689)
Venta la Barquilla
Cortijo Jarrín Grande
Río Almonte
El Descansadero
Cortijo de Corral
Cortijo Palanco
Cortijo de la Mangada Poniente
Cortijo Mamparilla
Cortijo de la Casilla
Cortijo de Marisancho
Robledollano
Cortijo del Barranquillo
Cortijo Cabezuelas
Granja del Campazo
Palacio Burdallo Grande
Labradillo y Pradillo
Embalse del Tozo
Navalvillar de Ibor
Palacio de Doña Catalina
Aldea de Trujillo (La Aldea del Obispo)
Cortijo de las Puertas
Cortijo del Raso
Palacio Real
Cortijo El Borril
Cortijo del Carrascal
El Águila
Señora
Torrecillas de la Tiesa
Cortijo de Valderuela
Retamosa
Cabañas del Castillo
Roturas
Castillo árabe de Espejel
Cortijo Millaroncillo
Cortijo Galocha
Cortijo Las Canteras
Cortijo de los Vallespedros
Carmonilla
Aldeacentenera
Palacio de Casillas
Embalse del Arroyo Casillas
Río Magasca
Cortijo La Covacha
Cortijo de la Gironda
Las Marchanas
Atalaya
Alcornocal
Navezuelas
Cortijo Ronjilón
Cortijo de las Mesas
Casa de Mingalozano
Cortijo El Toledillo
Caserío Aldeanueva
Cortijo de Cañada
Casa de la Breñilla
Huertas de la Magdalena
Castillo árabe
Parador
Belén
Trujillo (564)
Caserío de Cañadafría
Casa del Campillo
Solana
Las Villuercas 1595
Cortijo de Torromarcos
Río Gargáligas

Parque Natural de la Sierra de Gredos
Candeleda
Madrigal de la Vera
Embalse de Rosarito
Tablailla
Los Tomillares
Valle del Tiétar
Provincia de Ávila
Provincia de Toledo
Navalcán
Parrilla
Embalse de Navalcán
Cerquilla
Velada
Mejorada
Segurilla
Buenaventura
Navalloso
Montesclaros
Los Barrancos
Gamonal
TALAVERA DE LA REINA
Talavera la Nueva
Alberche del Caidillo
Calera y Chozas
Oropesa
Lagartera
La Calzada de Oropesa
Herreruela de Oropesa
Alcañizo
Torralba de Oropesa
Corchuela
Corrochana
Provincia de Cáceres
Embalse de Valdecañas
El Gordo
Puebla de Naciados
Berrocalejo
Valdeverdeja
Torrico
El Puente del Arzobispo
Alcolea de Tajo
Azután
El Bercial
Aldeanueva de Barbarroya
Belvís de la Jara
Alcaudete de la Jara
Valdelacasa de Tajo
Villar del Pedroso
Navalmoralejo
La Estrella
Sierra Ancha
Sierra de Altamira
La Jara
Mohedas de la Jara
El Campillo de la Jara
Aldeanueva de San Bartolomé
Carrascalejo
Navatrasierra
Castañar de Ibor
Navalvillar de Ibor
Sierra de la Palomera
Puerto de San Vicente
Sevilleja de la Jara
Sierra de Sevilleja
Sierra de la Hiruela
Provincia de Ciudad Real
Las Villuercas
Anchuras
Encinacaída
Navaltoril
Buenasbodas
La Nava de Ricomalillo
Robledo del Mazo
Las Hunfrías
Fuentes
Gargantilla
Casas de Madrero
Cervales
La Calera
Garvín
Peraleda de San Román
Pueblonuevo de Miramontes
Barquilla de Pinares
San Marcos
Berruguillas
Matoso de Castilla
Las Ventas de San Julián
El Membrillo
Carrasco
Las Herencias
Hontanares
Empedrado
Aldea de Arango
La Higuera
Ramacastañas
Poyales del Hoyo
El Rodeo
El Raso
El Palancar
Guadalupe 134 Miajadas Herrera del Duque 135
0 1 2 4 6 8 10 km
0 1 2 4 6 miles

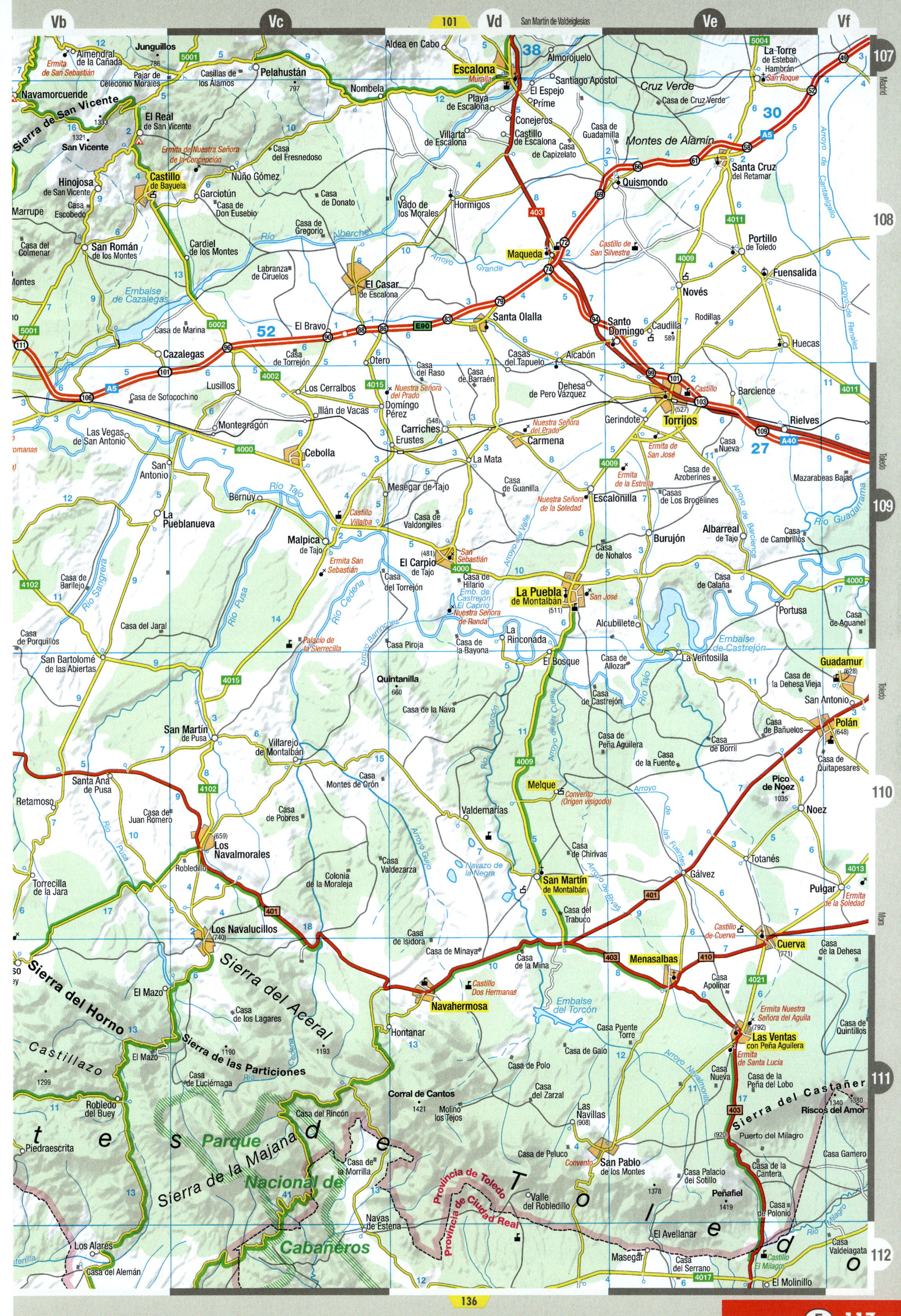

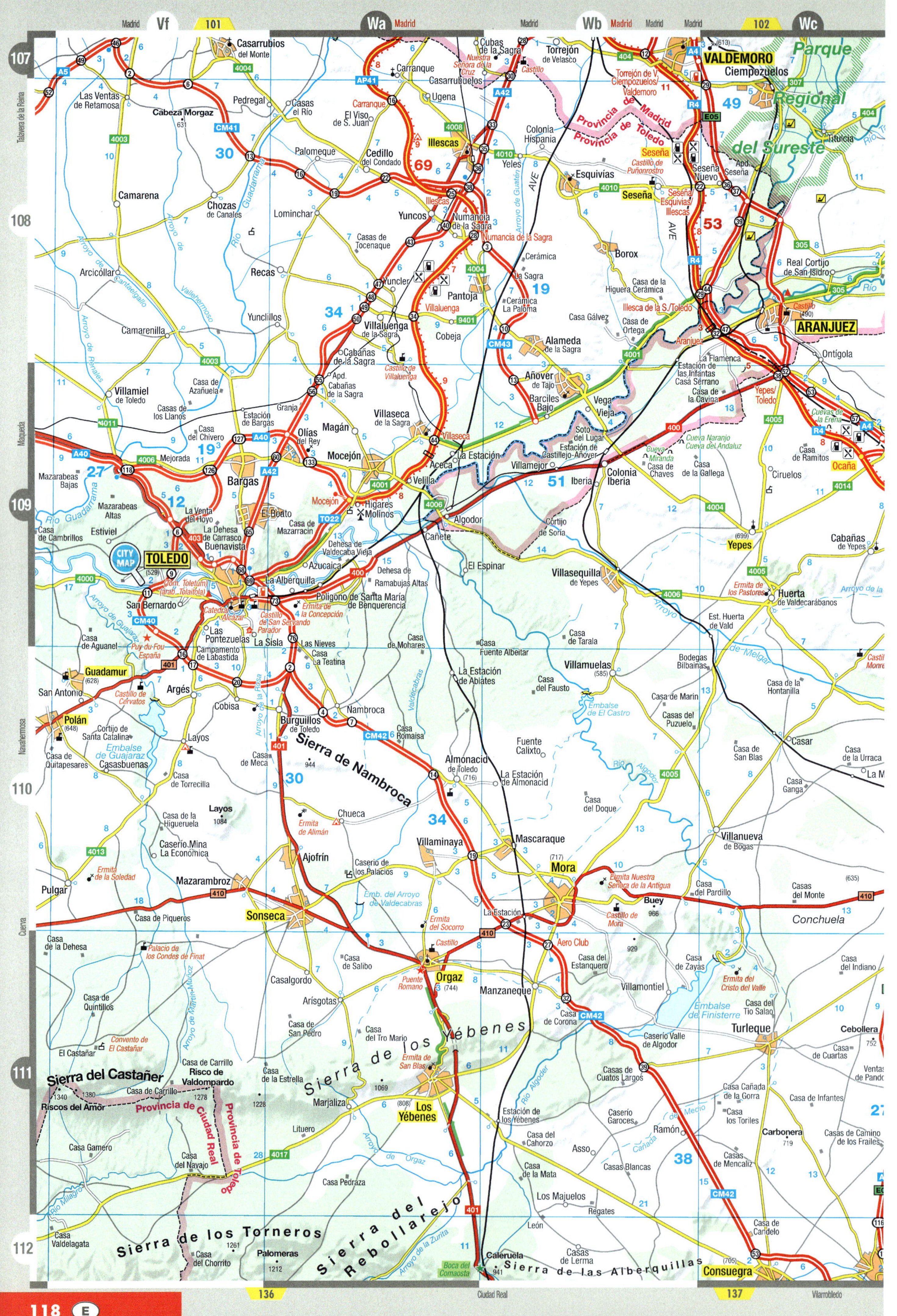
Vf
101
Wa
Wb
102
Wc
Madrid
107
108
109
110
111
112
Casarrubios del Monte
Las Ventas de Retamosa
Cabeza Morgaz
Pedregal
Casas el Río
Carranque
Casarrubuelos
Ugena
El Viso de S. Juan
Torrejón de Velasco
Cubas de la Sagra
Nuestra Señora de la Cruz
Castillo
VALDEMORO
Ciempozuelos
Parque Regional del Sureste
Titulcia
Torrejón de V. Ciempozuelos/ Valdemoro
Provincia de Madrid
Provincia de Toledo
Illescas
Colonia Hispania
Seseña
Castillo de Puñonrostro
Seseña Nuevo
Apd. Seseña
Esquivias
Yeles
Camarena
Chozas de Canales
Palomeque
Cedillo del Condado
Lominchar
Yuncos
Numancia de la Sagra
Seseña/ Esquivias/ Illescas
Borox
Arcicóllar
Recas
Casas de Tocenaque
Yuncler
Pantoja
Cerámica
La Sagra
Cerámica La Paloma
Casa de la Higuera Cerámica
Illescas de la S./Toledo
Real Cortijo de San Isidro
ARANJUEZ
Castillo
Camarenilla
Yunclillos
Villaluenga de la Sagra
Villaluenga
Cobeja
Casa Gálvez
Casa de Ortega
Alameda de la Sagra
Aranjuez
Ontígola
Cabañas de la Sagra
Castillo de Villaluenga
Apd. Cabañas de la Sagra
Villamiel de Toledo
Casa de Azañuela
Casas de los Llanos
Granja
Estación de Bargas
Añover de Tajo
Barciles Bajo
Vega Vieja
La Flamenca
Estación de las Infantas
Casa Serrano
Casa de la Cavina
Yepes/ Toledo
Magán
Villaseca de la Sagra
Villaseca
Casa del Chivero
Olías del Rey
Mejorada
Bargas
Mocejón
La Estación
Aceca
Villamejor
Soto del Lugar
Estación de Castillejo-Añover
Cueva Naranjo
Cueva del Andaluz
Cueva Miranda
Casa de Chaves
Casa de la Gallega
Casa de Ramitos
Ocaña
Cuevas de la Ereña
Mazarabeas Bajas
Mazarabeas Altas
Velilla
Iberia
Colonia Iberia
Ciruelos
La Venta del Hoyo
El Beato
Higares
Molinos
Algodor
Cortijo de Soria
Casa de Cambrillos
Estiviel
La Dehesa de Carrasco
Buenavista
Casa de Mazarracín
Cañete
Yepes
Cabañas de Yepes
TOLEDO
CITY MAP
Dehesa de Valdecaba Vieja
Azucaica
El Espinar
Dehesa de Ramabujas Altas
Villasequilla de Yepes
La Alberquilla
San Bernardo
Polígono de Santa María de Benquerencia
Ermita de la Concepción
Ermita de los Pastores
Huerta de Valdecarábanos
Catedral
Alcázar
Castillo de San Servando
Parador
Est. Huerta de Vald
Casa de Aguanel
Puy-du-Fou España
Las Pontezuelas
La Sisla
Campamento de Labastida
Las Nieves
Casa La Teatina
Casa de Mohares
Casa Fuente Albeitar
Casa de Tarala
Bodegas Bilbaínas
Guadamur
San Antonio
Castillo de Cervatos
Argés
Cobisa
La Estación de Abiates
Villamuelas
Casa del Fausto
Embalse de El Castro
Casa de Marín
Casa de la Hontanilla
Casas del Puzuelo
Polán
Cortijo de Santa Catalina
Layos
Burguillos de Toledo
Nambroca
Casa Romaisa
Casar
Casa de la Urraca
Casa de Quitapesares
Embalse de Guajaraz
Casasbuenas
Casa de Meca
Sierra de Nambroca
Fuente Calixto
Casa de San Blas
Casa de Torrecilla
Almonacid de Toledo
La Estación de Almonacid
Casa Ganga
Layos
Casa de la Higueruela
Chueca
Ermita de Alimán
Casa del Doque
Villanueva de Bogas
Caserío Mina La Económica
Villaminaya
Mascaraque
Ajofrín
Caserío de los Palacios
Mora
Ermita Nuestra Señora de la Antigua
Ermita de la Soledad
Pulgar
Mazarambroz
Emb. del Arroyo de Valdecabras
Casa del Pardillo
Casas del Monte
Buey
Castillo de Mora
Casa de Piqueros
Sonseca
La Estación
Ermita del Socorro
Conchuela
Casa de la Dehesa
Palacio de los Condes de Finat
Castillo
Aero Club
Casa del Estanquero
Casa de Zayas
Casa del Indiano
Casa de Salibo
Casalgordo
Orgaz
Puente Romano
Manzaneque
Villamontiel
Ermita del Cristo del Valle
Casa de Quintillos
Arísgotas
Casa de Corona
Embalse de Finisterre
Casa del Tío Salao
Turleque
Cebollera
Casa de San Pedro
Casa del Tío Mario
Sierra de los Yébenes
Caserío Valle de Algodor
Casa de Cuartas
Convento de El Castañar
El Castañar
Ermita de San Blas
Casas de Cuatos Largos
Sierra del Castañer
Casa de Carrillo Risco de Valdompardo
Casa de la Estrella
Casa de Carrillo
Riscos del Amor
Provincia de Ciudad Real
Provincia de Toledo
Marjaliza
Los Yébenes
Estación de los Yébenes
Caserío Garoces
Casa Cañada de la Gorra
Casa de Infantes
Casa los Toriles
Lituero
Casa del Cahorzo
Ramón
Carbonera
Casas de Camino de los Frailes
Casa Gamero
Casa del Navajo
Asso
Casas Blancas
Casas de Mencaliz
Casa de la Mata
Casa Pedraza
Los Majuelos
Regates
Sierra del Rebollarejo
Casa de Candelo
Casa Valdelagata
Sierra de los Torneros
Casa del Chorrito
Palomeras
León
Casas de Lerma
Calerueña
Boca del Comasota
Sierra de las Alberquillas
Consuegra
136
137
Ciudad Real
Villarrobledo

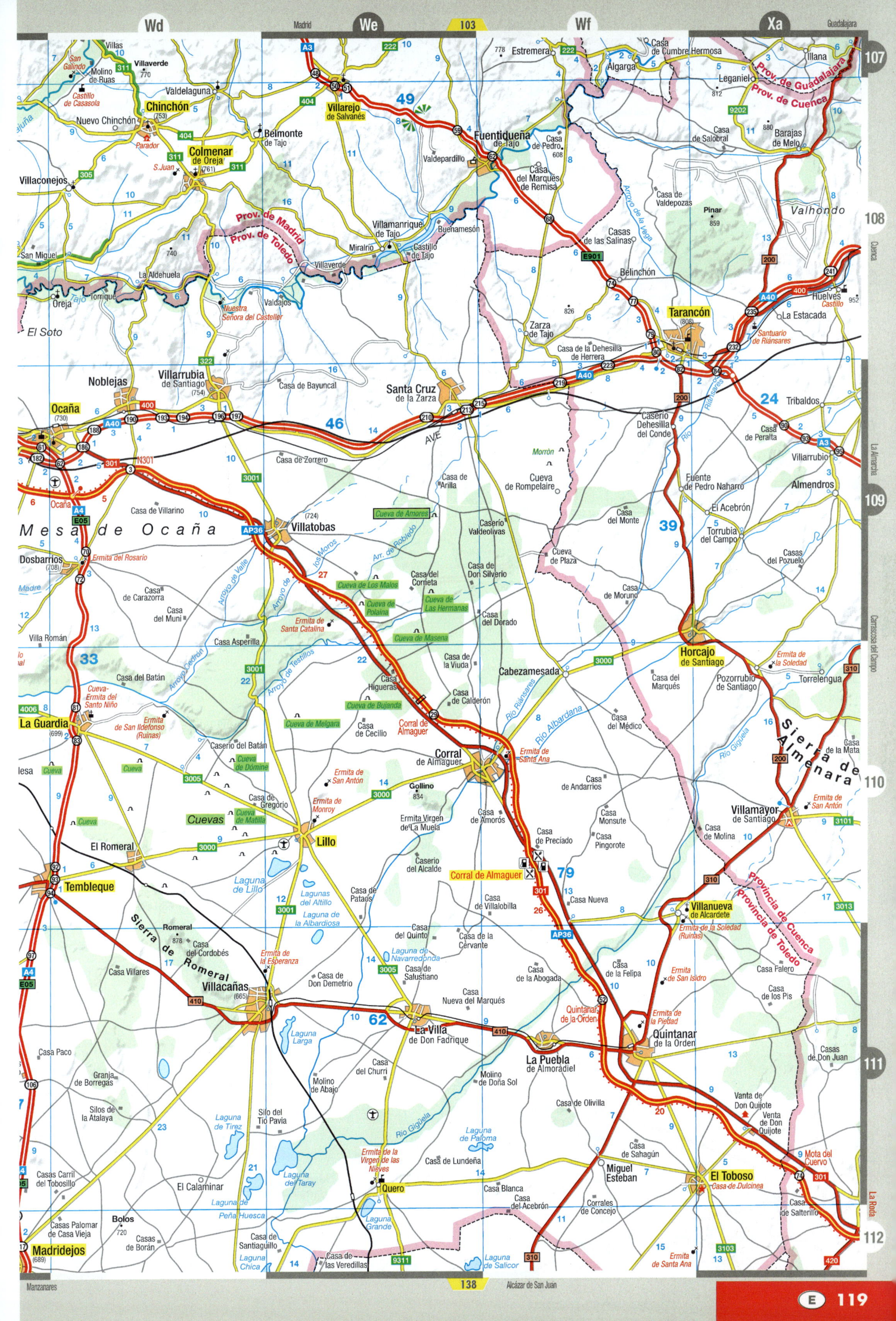

Wd
Madrid
We
103
Wf
Xa
Guadalajara
107
108
Cuenca
109
La Almarcha
Carrascosa del Campo
110
111
La Roda
112
Manzanares
138
Alcázar de San Juan
Chinchón
Colmenar de Oreja
Villarejo de Salvanés
Belmonte de Tajo
Valdelaguna
Villaconejos
Nuevo Chinchón
Fuentidueña de Tajo
Estremera
Algarga
Casa de Cumbre Hermosa
Leganiel
Illana
Prov. de Guadalajara
Prov. de Cuenca
Barajas de Melo
Casa de Salobral
Valdepardillo
Casa del Marqués de Remisa
Casa de Valdepozas
Pinar
Valhondo
Villamanrique de Tajo
Buenamesón
Miralrio
Castillo de Tajo
Prov. de Madrid
Prov. de Toledo
Villaverde
Casas de las Salinas
Arroyo de la Vega
Belinchón
Tarancón
Huelves
La Estacada
Santuario de Riánsares
Oreja
El Soto
La Aldehuela
San Miguel
Torrique
Valdajos
Nuestra Señora del Castellar
Zarza de Tajo
Casa de la Dehesilla de Herrera
Noblejas
Villarrubia de Santiago
Ocaña
Casa de Bayuncal
Santa Cruz de la Zarza
Tribaldos
Caserío Dehesilla del Conde
Casa de Peralta
Villarrubio
Almendros
Fuente de Pedro Naharro
El Acebrón
Torrubia del Campo
Casas del Pozuelo
Casa de Zorrero
AVE
Morrón
Cueva de Rompelaire
Casa de Arilla
Casa de Villarino
Mesa de Ocaña
Villatobas
Cueva de Amores
Caserío Valdeolivas
Casa del Monte
Cueva de Plaza
Dosbarrios
Ermita del Rosario
Casa de Carazorra
Casa del Muni
Cueva de Los Malos
Cueva de Polaina
Casa del Cornicta
Cueva de Las Hermanas
Casa de Don Silverio
Casa de Moruno
Casa del Dorado
Villa Román
Ermita de Santa Catalina
Cueva de Masena
Casa Asperilla
Casa de la Viuda
Cabezamesada
Horcajo de Santiago
Ermita de la Soledad
Torrelengua
Casa del Batán
Cueva-Ermita del Santo Niño
Casa Higueras
Cueva de Bujanda
Casa de Calderón
Río Riánsares
Río Albardana
Casa del Marqués
Pozorrubio de Santiago
La Guardia
Ermita de San Ildefonso (Ruinas)
Cueva de Melgara
Casa de Cecilio
Corral de Almaguer
Casa del Médico
Sierra de Almenara
Casa de la Mata
Caserío del Batán
Cueva de Dómine
Ermita de San Antón
Gollino
Ermita de Santa Ana
Casa de Andarrios
Casa de Gregorio
Ermita de Monroy
Ermita Virgen de La Muela
Casa de Amorós
Casa Monsute
Villamayor de Santiago
Cuevas
Cueva de Matilla
Lillo
El Romeral
Casa de Preciado
Casa Pingorote
Casa de Molina
Caserío del Alcalde
Tembleque
Laguna de Lillo
Lagunas del Altillo
Laguna de la Albardiosa
Casa de Pataos
Casa de Villalobilla
Casa Nueva
Villanueva de Alcardete
Ermita de la Soledad (Ruinas)
Provincia de Cuenca
Provincia de Toledo
Sierra de Romeral
Romeral
Casa del Cordobés
Casa del Quinto
Casa de la Cervante
Laguna de Navarredonda
Casa Villares
Ermita de la Esperanza
Villacañas
Casa de Don Demetrio
Casa de Salustiano
Casa de la Abogada
Casa de la Felipa
Ermita de San Isidro
Casa Falero
Casa de los Pis
Casa Nueva del Marqués
Quintanar de la Orden
Ermita de la Piedad
Casa Paco
Laguna Larga
La Villa de Don Fadrique
La Puebla de Almoradiel
Casas de Don Juan
Granja de Borregas
Casa del Churri
Molino de Abajo
Molino de Doña Sol
Casa de Olivilla
Vanta de Don Quijote
Venta de Don Quijote
Silos de la Atalaya
Laguna de Tirez
Silo del Tío Pavia
Río Gigüela
Laguna de Paloma
Casa de Sahagún
Ermita de la Virgen de las Nieves
Casa de Lundeña
Mota del Cuervo
Casas Carril del Tobosillo
El Calaminar
Laguna del Taray
Quero
Casa Blanca
Miguel Esteban
El Toboso
Casa de Dulcinea
Laguna de Peña Huesca
Casa del Acebrón
Corrales de Concejo
Casa de Salterillo
Casas Palomar de Casa Vieja
Bolos
Casas de Borán
Casa de Santiaguillo
Laguna Grande
Madridejos
Laguna Chica
Casa de las Veredillas
Laguna de Salicor
Ermita de Santa Ana

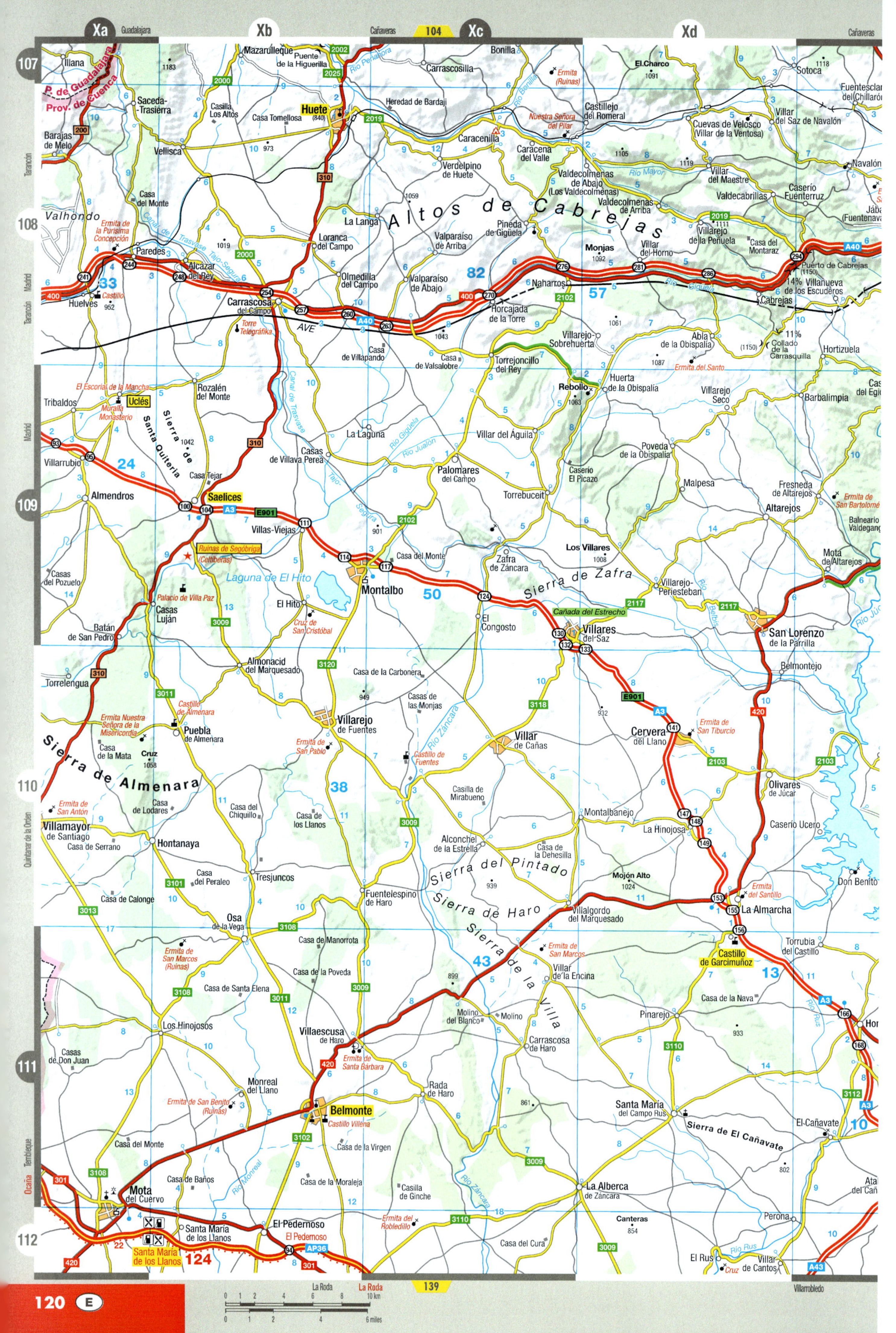
Altos de Cabrejas
Sierra de Santa Quiteria
Sierra de Zafra
Sierra de Almenara
Sierra del Pintado
Sierra de Haro
Sierra de la Villa
Sierra de El Cañavate
Huete
Saelices
Uclés
Montalbo
Villarejo de Fuentes
Villar de Cañas
Villares del Saz
Cervera del Llano
San Lorenzo de la Parrilla
La Almarcha
Castillo de Garcimuñoz
Belmonte
Mota del Cuervo
Santa María de los Llanos
El Pedernoso
Carrascosa del Campo
Laguna de El Hito
Ruinas de Segóbriga (Celtíberas)
Tarancón
Madrid
Quintanar de la Orden
Ocaña
Tembleque
Villarrobledo
La Roda

CUENCA
Cañete
Campillo de Altobuey
Motilla del Palancar
Carboneras de Guadazaón
Valeria
Almodóvar del Pinar
Cerro del Rey
Cerro Calderón
Sierra del Monte
Sierra de las Cuerdas
Embalse de Alarcón
Alarcón
Las Torcas
Cerrillo de los Pinos
El Frontón
Hoya de Cócera
Collado del Tejadal
El Tornajuelo
Bolengue
Matarrosa
El Cubillo
Lavajo de la Losa
El Abacón
Balsa Colorado
El Carrascal
Cabeza Gorda
El Castellar
Monogrillo
Poco Pan
Villalpardo
Teruel
Landete
Minglanilla
Requena
La Roda
Villanueva de la Jara

Yc
Yd
106
Ye
Yf
107
108
109
110
111
112
Teruel
El Rincón de Ademuz
Provincia de Valencia
Provincia de Teruel
Sierra del Escornadero
Sierra de las Cuerdas
Sierra Tortajada
Parque Natural de la Puebla de San Miguel
Sierra de Mira
Sierra de Aliaguilla
Sierra de Utiel
Sierra del Negrete
Sierra de Juan Navarro
Sierra La Ceja
Sierra de Rubial
Parque Natural de las Hoces del Cabriel
Embalse de Contreras
Emb. de Benagéber
Cañete
Landete
Ademuz
Talayuelas
Utiel
Requena
Minglanilla
Camarena de la Sierra
Javalambre
Tuéjar
Mira
Camporrobles
Sinarcas
Villargordo del Gabriel
Contreras
Fuenterrobles
Caudete de las Fuentes
Moya
Salvacañete
Casas Altas
Casas Bajas
Santa Cruz de Moya
Titaguas
Aras de Alpuente
141
Casas-Ibáñez
Ayora
Cuenca
Almodóvar del Pinar
Motilla del Palancar

107 108 109 110 111 112

Villarreal Vila-Real Sagunto València

Zd
Ze
108
Zf
Morella
La Jana
Aa
Peñíscola/Benicarló
Ab
107
108
109
110
111
112
Teruel
Segorbe
Requena
Llíria
Serra de Montordi
Masia d'Agustina
Caserío Benagés
Cedramán
Port del Remolcador
El Colladillo
Castillo de Villamalefa
Masia de Fabra Lloma
Castell Duc d'Híjar
Llucena del Cid
Serra de la Creu
La Trallanta
Masia Traguanta
Mas de la Polla Rosa
Useras les Useres
Mas de Roures
Mas dels Chulos
la Barona
Vall d'Alba
Perchet
el Mas Blanc
la Baseta
el Pou d'En Calbo
l'Umbria
el Mas d'Avall
Costur
Figueroles
Masia de Guadamar de Dalt
Mas de la Mina
Las Baboseras
L'Alcora
Giraba de Arriba
Giraba de Abajo
Mas de Vicenta
Ludiente
Rambla de David
Castell la Muela
Torrechiva
Argelita
Toga
Vallat
Espadilla
Fanzara
Ribesalbes
Araia
Masia Bachero de Araia
Mas de Gil i Vidua
Pantà de Sitjar
Pantà de María Cristina
el Mas de Flors
Sant Joan de Moró
la Correntilla
Benadresa
Borriol
Vilafamés
la Pobla Tornesa
Parque Natural del Desert de les Palmes/ Desierto de las Palmas
Serra de les Santes
Cabanes
els Corrals
Arc romà de Cabanes
Casa de Beneito
Ferradura
el Tancal
La Ribera
Parque Natural del Prat de Cabanes-Torreblanca
Benasqués
el Quartico
Mas d'Enquerxa
l'Estació de Cabanes
Torre La Sal
la Ribera de Cabanes
Platja de les Amplàries
Orpesa/ Benicàssim
Oropesa de Mar
Orpesa
Platja d' Orpesa
Castell de Miravet
Desert de las Palmes
Castell de Montornès
les Villes
Benicàssim
Benicàsim
Platjetes de Bellver
Platja de les Villes
Torre de Sant Vincent
Sol i Mar
Tiro de Pichón
Platja del Pinar
Baixador de Las Palmas
Coscollosa-Zafra
Santuari de la Magdalena
Castelló Nord
Ayódar
Collado de Ayódar
Ermita de El Salvador
CASTELLÓN DE LA PLANA
CASTELLÓ DE LA PLANA
Castelló-Sud
Onda
Artesa d'Onda
Villamalur
Suera
Tales
Santa Bàrbara
Monestir del Carmen
Sant Francesc
la Verge de Gràcia
Gràcia
Villa Lola
San Isidre
San Josep
Sant Jaume
el Grau de Castelló
Platja del Serrallo
Platja Ben Afeli
Almazora Almassora
Platja del Pla de la Torre
la Torre d' Almassora
Santa Bàrbara
Parque Natural de la Sierra de Espadà/ Espadán
Serra de l' Espada
Pantà de Benitandús
Alcudia de Veo
Veo
Benitandús
Pic d' Espadà
Aín
Eslida
Betxí
VILLARREAL VILA-REAL
Restes ibèrics
Sant Antoni
Alquerías del Niño Perdido
Borriana
BURRIANA
Sant Gregori
el Grau de Borriana
el Port de Borriana
Ecce Homo
Artana
Nules
Mascarell
La Plana
Villavieja
Chóvar
Ermita dels Sants de Pedra
Alfondeguilla
LA VALL D'UIXÓ
Azuébar
Cova de San Josep
la Vall d'Uixó
Platja de Nules
Moncofa
Platja de Moncófa
el Grau de Moncófa
Embalse de Algar de Palancia
Algar de Palancia
Chilches
la Llosa
la Platja
Molinos
Platja de Xilxes
Alfara de Algimia
Algimia de Alfara
Torres-Torres
Quart de les Valls
Quartell
Almenara
Casablanca
Ruines del Temple de Venus
Platja de Casablanca
Benifairó de les Valls
Faura
Estivella
Albalat dels Tarongers
Sagunto Norte
Parque Natural de la Sierra Calderona
Segart
Cascada
Petrés
Ciutat històrica
SAGUNTO (SAGUNT)
Canet d'En Berenguer
Platja de Canet
Gilet
Monestir de Sancti-Spiritu
Sagunto Oeste
Teatre romà
Sagunto
el Port de Sagunt
Los Monasterios
Monte Picayo
Convent
Alfinach
Puçol
Planta Siderúrgica
Platja de Puçol
Rafelbunyol (Rafelbuñol)
Monestir
Tres Colinas
Platja de Puig
la Pobla de Farnals
Puig
la Torre de Puig
Massamagrell
Museros
Emperador
Moncada
Massarrojos
Vinalesa
Massalfassar
Platja de la Pobla de Farnals
Platja de Albuixech
Albalat dels Sorells
Albuixech
Foios
Bonrepòs i Mirambel
Meliana
Platja d' Alboraia
BURJASSOT
Almàssera
Plataja de la Malvarrosa
ALBORAYA
Platja de les Arenes
MISLATA
XIRIVELLA
VALÈNCIA
Costa del Azahar
Golf de València
143
0 1 2 4 6 8 10 km
0 1 2 4 6 miles

Ba
Bb
Bc
Bd
Be
113
114
115
116
117
Eivissa
(Ibiza)
Formentera
Parque Natural de
Ses Salines d'Eivissa
i Formentera
Reserva Natural
de Cala d'Hort
EIVISSA
SANTA EULÀRIA
DES RIU
Sant Antoni
de Portmany
Sant Carles
de Peralta
Sant Miquel
de Balansat
Sant Joan
de Labritja
Sant Vicenç
de sa Cala
Santa Agnès
de Corona
Sant Mateu
d'Aubarca
Santa Gertrudis
de Fruitera
Sant Rafel
Sant Josep
de sa Talaia
St. Agustí
des Vedrà
Sant Jordi
St. Francesc
de ses Salines
Sant Francesc
de Formentera
El Pilar
de la Mola
Portinatx
Punta des
Moscarter
Punta
Mares
Cala d'en Sardina
S'Escullet
Cova d'es Cuilleram
Cala de St. Vicenç
Platja des
Figueral
Illa
Tagomago
Cabo Roig
Club Cala Llenya
Cala Llenya
Es Canyar
S'Argamassa
I. de Sta. Eulària
Cala Blanca
Cala Llonga
Sa Roca Llisa
Punta de Sa Cals
Illa Grossa
Platja Talamanca
Jesús
Can Fornet
Can Serra
Puig d'En
Valls
Cap Negret
Cala Gració
Cap Cavall
Illa de
Sa Conillera
Badia de
Portmany
Islas
Bledas
Illa de
S'Espartar
Cala Bassa
Port
d'es Torrent
Cala Corral
Cala Tarida
Cala Moli
Cala Vadella
Sa Talaiassa
Ses Cases
Noves
Cala Carbó
Cala
d'Hort
Es Cubells
Es Vedrà
Es Vedranell
Cap Llentrica
Vista
Alegre
Porroig
Punta
de Porroig
Sa
Caleta
Es
Codolar
Platja
des Codolar
Aeroport
d'Eivissa
IBZ
Sa Canal
Punta de
sa Rama
Punta de
ses Portes
I. de Penjats
Far d'en Pou
I. des Porcs
S'Espardell
I. S'Espalmador
Racó de
Ses Ampolles
Port de sa Savina
Punta de sa Pedrera
Torre Gavina
Sa Savina
Platja des
Pujols
Punta Prima
Es Pujols
Punta Gavina
Can
Rampuixa
Cala Sahona
Punta Rosa
Can
Ferrera
Torre des Pi
des Català
Mestre
Punta de
sa Palmera
Can
Micalet
La Xindri
Mariland
Sa
Mola
Punta de
sa Ruda
S'Estufador
Can Plate
Recodel Alga
Cap de Berberia
Andravel
Cova Santa
Cabo Nonó
Cova de les
Fontanelles
Cala Salada
Cap des
Mossons
Es Castellar
Punta de
Sa Creu
Na Xemena
Es Port
Cap
Blanc
Forneu
Es Figueral
Dénia
València
Barcelona
Palma de Mallorca
16
31
733
731

Cb
Cc
Cd
Ce
109
110
111
112
113
114
MAR MEDITERRÀNIA
Mallorca
PALMA
CALVIÀ
SA CABANETA
Sóller
Valldemossa
Port de Sóller
Fornalutx
Biniaraix
Deià
Llucalcari
Banyalbufar
Estellencs
Esporles
Puigpunyent
Establiments
Andratx
Port d'Andratx
Sant Elm
S'Arracó
Peguera
Santa Ponça
Palma Nova
Magaluf
Portals Nous
Cala Major
Gènova
Bunyola
Alaró
Santa Maria del Camí
Consell
Binissalem
Marratxí
S'Arenal
Cala Blava
Ses Meravelles
Can Pastilla
Son Ferriol
Sant Jordi
Badia de Palma
I. Sa Dragonera
Parque Natural Sa Dragonera
Cap Blanc
Cap Enderrocat
Puig Major
Cala Tuent
Sa Calobra
Barcelona
València
Dénia
Eivissa
I. de Cabrera
I. Conillera
Parque Nacional de l'Archipiélago de Cabrera
Cap de ses Salines
Colònia de Sant Jordi
Cf
Da

Cf
Da
Db
Dc
Dd
109
110
111
112
113
Cap de Formentor
Cap de Catalunya
Les Fonts Salades
Fumat
Cases de Cala Murta
Formentor
Hotel Formentor
Coll de Vela
Punta de la Galera
Punta de la Nau
Mirador
Barcelona
Toulon
Punta Beca
Cala Solleric
Cala Sant Vicenç
Port de Pollença
Es Vilar
S'Horta
La Cella
Rafal d'Ariant
Badia de Pollença
Cap des Pinar
Ciutadella de Menorca
Pollença
Can Escandell
La Gola
Cullerossa
Ermita N.S. del Puig
Ca'n Ribas
Albergo
Crucero Baleares
Sas Pasteras
Sa Talaia d'Alcúdia
Bon Aire
Cap de Menorca
Manresa
Muralles
Alcudia
Sa Bassa Blanca
Teatro rom.
Aucanada
Port d'Alcúdia
Platja d'Alcúdia
Las Gaviotas
Platjes de Mallorca
Badia d'Alcúdia
Parque Natural de S'Albufera de Mallorca
Can Picafort
Puig Tomir
Montanya
El Rafalet
El Rafal
Can Roig
Can Melia
Can Burgues
Son Bruy
Ca Na Siona
Es Murtera
Can Pol
Binifaldó
Manut
Hort de Biniatro
Rafal de Casellas
Coll de sa Bataia
Ancanella
Fangar
Crestaix
Coves de Campanet
Campanet
Biniboba
Caimari
Moscari
Selva
Búger
Sa Pobla
Marjals de la Pobla
Masanella
Vin Roma
Son San Martí
Son Serra
Son Parera
Son Morro
Biniseti Nou
Muro
INCA
Santuari Sta Magdalena
Inca-Sineu
Inca-Polígon
Hostal des Bovo
Foro de Mallorca
Torre de Canyamel
Lloseta
Llubí
Sa Cieda
Son Suan
Son Bisbal
Sta Margalida
Sa Teulada
Sa Cabaneta
Coral Serra
Son Mari
Monument Megalític
Son Serra Nou
Son Serra de Marina
Illa Ravena
Colònia de Sant Pere
Son Mascaro
Ermita de Betlem
Es Plà d'es Caló
Es Cap de Ferrutx
Parque Natural de la Península de Llevant
Sa Cova
Coll de Sant Joan
Sa Mesquida
Cap del Freu
Cala Rajada
Punta de Capdepera
Castell de Capdepera
Capdepera
Sa Font de la Cala
Son Besso
Es Carregador
Artà
Sa Devesa
Sa Canova de Morell
Sa Pastores
Ses Eretes
Es Cabanells Vell
Pou Colomer Vell
Sa Jordana
Torre de Canyamel (Restaurante)
Coves d'Artà
Canyamel
Cala Canyamel
Cap Vermell
Costa de Canyamel
Costa des Pinos
Cap d'es Pinar
Es Rafalet
Can Sopa
Son Servera
Playa des Ribell
Cala Bona
Cala Millor
Son Moro
Es Cubells
Castell de n'Amer
Platja de sa Coma
S'Illot
Cala Morlanda
Caserio Biniagual
So N'Horrac
Son Rossinyol
Montblanch
Can Refila
Can Canyella
Son Guillot
Ariany
Maria de la Salut
Sencelles
Costitx
Sineu
Es Pla
Sa Torre
Petra
Son Ribot
Es Rafalet Drac
Belver
Son Mesquida Vell
Sa Valleta
S'Hort d'en Oleza
St. Llorenç des Cardassar
Sa Punta
Son Palou Nou
Ruberts
Lloret de Vistalegre
Son Xotano
Pina
Son Cervera
Peixeri
Sant Joan
Can Calicant
Son Santandreu
Ermita de Bonany
Santuari de la Consolació
Son Calderer
Vilafranca de Bonany
Hort d'En Mosson
Tejar de sa Moleta
Son Pou Nou
Es Pon Nou
MANACOR
Can Bulla
Son Negre
Son Campanario
Santa Sirga
Son Carrio
Sa Gruta
Can Coca
Son Llubi
Son Mesquida
Can Xiu
Montuïri
Ermita de Sant Miquel
CanPolit
Algaida
Son Coll Vell
Es Pagos
Ca S'Hostal
Es Rafalot
Sa Franquesa
Dolores de N.S.
Ermita
Santa Ponça
Es Rafael Pudent
Son Amoixa
Coves dels Hams
Portocristo
Coves del Drac
Portocristo Novo
Cala Estany
S'Estany d'En Mas
S'Estacar
Santuari de Cura
Randa
Santuari de N.S. de Gracia
Polo
Son Sastre Vell
Banyeres
Son Valls de Satre
Porreres
Son Valent
Son Doctor
Valls de Pac
M. de D. de la Consolació
Son Joan Jaume
So N'Amer
Can Veny
Son Gall Vell
Son Macia
Galdent
Son Sampoli
Miner
Son Sastre
Santuari de Montission
Bellvíure
Son Gornals
LLUCMAJOR
Pon Nou des Frares
Son Mesquida
Sa Mola
Felanitx
Es Realeng
S'Espinegar Vell
Cala Magraner
Cales de Mallorca
Cala Antena
Cala Romaguera
Sa Plana Vella
Can Gelat
Cala Murada
Ses Penas Mortes
Son Sart
Son Garauet
Can Gabriela
Es Campot
Ses Puntes
So's Besons
Son Nicolan
Cas Porrerenc
Es Gameles
Son Mesquida
Son Marranet
Campos
Son Negre
Son Ramonet
Santuari de Sant Salvador
Castell de Santueri
El Carritxo
Ca Na Curta
Can N'Alou Vell
Portocolom
Sa Punta
S'Alqueria Rotja
Can Barret
Son Xorc
Son N'Elegant
Ca's Concos
Es Rosells
Son Moro
Can Espina
S'Horta
Nova
Ca N'Esteve
Cala Marçal
Son Boscana
Es Llobets
Sa Vinyoleta
Son Virgili
Can Vent
Son Toni Amer
Sa Galera Nova
S'Alqueria Blanca
Calonge
Calla sa Nau
Son Bielo
Son Pau
Son Busquerét
Ca N'Escriva
So N'Alegre
Son Danuset
Can Jordi
Son Sestri
Can Sabater
Cala d'Or
Cala Ferrera
Marina de Cala d'Or
Vallgornera
Sa Ràpita
Marina
Es Xabarlinar
Sant Andreu Apòstol
Santanyí
Portopetro
Punta de Sa Torre
S'Estanyol de Migjorn
Punta Plana
Platja des Trenc
Ses Covetes
Banys de Sant Joan
Ses Salines
Es Llombards
Botanicactus
Cala Mondragó
Cala Mondragó
Son Corne Pons
Parque Natural de Mondragó
Cap d'es Moro
Torre d'En Bèu
Cala Santanyí
Cala Figuera
Cala Liombarts
Cala de S'Almonia
Parque Natural Marítimo terrestre es Trenc-Salobrar de Campos
Colònia de Sant Jordi
Els Antigors
Es Rafal des Porcs
Torre de s'Almonia
Can Bassa
Sa Vall
Sa Vallet
Platja de ses Roquetes
Cala En Tugores
Can Curt
Cala Marmols
Cap de ses Salines
Isola di Cabrera
Parque Nacional de l'Archipiélago de Cabrera
Maó

Qc
Qd
110
Qe
Leiria
Qf
Batalha
Ra
Reserva Natural
Farilhões
Forcadas
das Berlengas
Oceano
Estelas
Berlenga
112
113
114
115
116
Remédios
Cabo Carvoeiro
Peniche
Praia do Baleal
Baleal
Ferrel
Fortaleza
Afonguia da Baleia
Praia do Medão
Consolação
Praia da Consolação
Praia de São Bernardino
Forte de Pai Mogo
Praia da Areia Branca
Areia Branca
Atalaia
Lourinhã
Casal Nova
Santa Bárbara
Ribamar
Praia de Porto Novo
Praia de Santa Rita
Santa Cruz
Praia de Santa Cruz
Azenha Velha
Cambelas
Areia
Barril
Casais de São Lourenço
Ribamar
Fonte Boa dos Nabos
Praia São Sebastião
Ericeira
Praia do Sul
Praia de Foz de Lizandro
Assafora
Praia da Samarra
Magoito
Praia de Magoito
Azenhas do Mar
Praia das Maçãs
Praia Pequena
Praia Grande
Praia da Adraga
Cabo da Roca
Ponto mais Ocidental do Continente Europeu
Azoia
Salir do Porto
Boavista
Cidade
Serra do Bouro
Foz do Arelho
Praia d. Foz do Arelho
Lagoa de Óbidos
Nadadouro
Caldas da Rainha (Zona Industrial)
Caldas da Rainha
CALDAS DA RAINHA
Tornada
Óbidos
Gaeiras
Amoreira
Sobral da Lagoa
Mestre Mendo
Serra d'El-Rei
Bombarral
Delgada
Cadaval
Vermelha
Torres Vedras
TORRES VEDRAS
Ramalhal
Campelos
Vimeiro
A-dos-Cunhados
Silveira
Mafra
Malveira
Sobral de Monte Agraço
Arruda dos Vinhos
Alenquer
Carregado
Vila Franca de Xira
Alhandra
ALVERCA DO RIBATEJO
PÓVOA DE SANTA IRIA
LOURES
Sacavém
Moscavide Olivais
ODIVELAS
CACÉM
ALGUEIRÃO
SINTRA
Serra de Sintra
Parque Natural de Sintra-Cascais
Reserva Natural do Estuário do Tejo
Rio Tejo
Serra de Montejunto
Distrito de Leiria
Distrito de Lisboa
Rio Maior
Alcoentre
Aveiras
209

Cascais
Lisboa
Est.Nac.
Belem
Lisboa
144
Montijo
0 2 4 6 8 10 km
0 1 2 4 6 miles

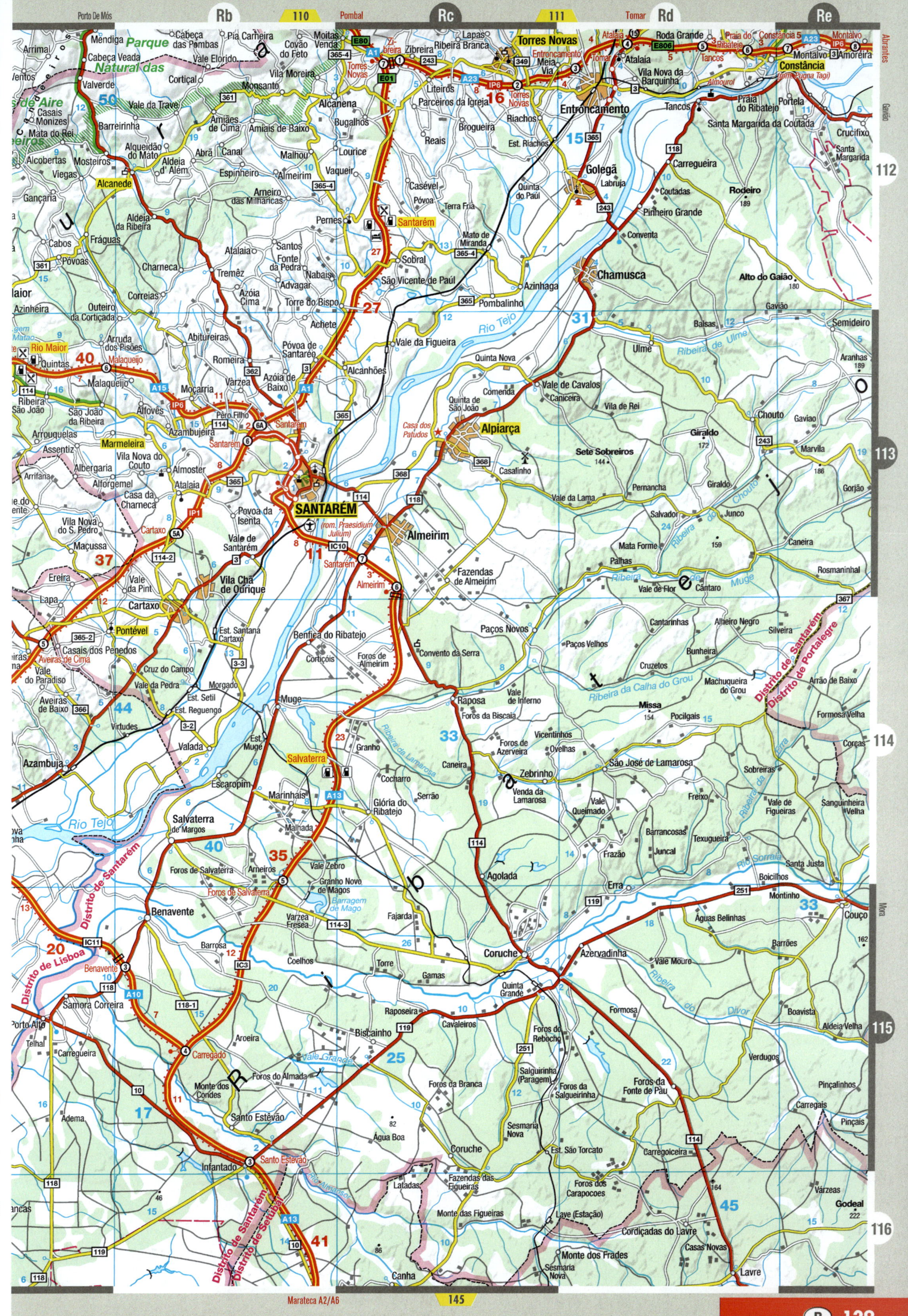
Mendiga
Parque Natural das Serras de Aire
Cabeça das Pombas
Pia Carneira
Moitas Venda
Covão do Feto
Lapas
Ribeira Branca
Torres Novas
Atalaia
Roda Grande
Praia do Ribatejo
Constância
Montalvo
Amoreira
Abrantes
Cabeça Veada
Vale Florido
Vila Moreira
Zibreira
Entroncamento
Meia Via
Tancos
Vila Nova da Barquinha
Almourol
Valverde
Cortiçal
Monsanto
Liteiros
Parceiros da Igreja
Riachos
Praia do Ribatejo
Tancos
Portela
Vale da Trave
Alcanena
Casais Monizes
Mata do Rei
Barreirinha
Amiães de Cima
Amiais de Baixo
Bugalhos
Brogueira
Santa Margarida da Coutada
Crucifixo
Gavião
Alqueidão do Mato
Abrã
Canal
Malhou
Louricе
Reais
Est. Riachos
Alcobertas
Mosteiros
Aldeia d'Além
Viegas
Espinheiro
Almeirim
Vaqueiro
Golegã
Carregueira
Santa Margarida
Alcanede
Arneiro das Milhariças
Casével
Póvoa
Quinta do Paúl
Labruja
Coutadas
Rodeiro
Gançaria
Terra Fria
Pinheiro Grande
Aldeia da Ribeira
Pernes
Santarém
Frágua
Mato de Miranda
Conventa
Cabos
Póvoas
Atalaia
Santos
Fonte da Pedra
Sobral
Charneca
Tremêz
Nabais
São Vicente de Paúl
Chamusca
Advagar
Azinhaga
Alto do Gaião
Correias
Azóia Cima
Torre do Bispo
Pombalinho
Gavião
Azinheira
Outeiro da Cortiçada
Achete
Rio Tejo
Semideiro
Arruda dos Pisões
Abitureiras
Balsas
Rio Maior
Póvoa de Santarém
Vale da Figueira
Ulme
Ribeira de Ulme
Quintas
Malaqueijo
Romeira
Alcanhões
Quinta Nova
Aranhas
Várzea
Azóia de Baixo
Vale de Cavalos
Ribeira São João
Moçarria
Comenda
Caniceira
Vila de Rei
São João da Ribeira
Alfoves
Pêro Filho
Quinta de São João
Chouto
Gaviao
Arrouquelas
Azambujeira
Casa dos Patudos
Alpiarça
Giraldo
Marmeleira
Vila Nova do Couto
Sete Sobreiros
Marvila
Assentiz
Albergaria
Almoster
Casalinho
Arrifana
Alforgemel
Atalaia
Pernancha
Giraldo
Gorjão
Casa da Charneca
SANTARÉM
(rom. Praesidium Julium)
Vale da Lama
Salvador
Junco
Vila Nova do S. Pedro
Póvoa da Isenta
Cartaxo
Almeirim
Mata Forme
Caneira
Maçussa
Vale de Santarém
Palhas
Rosmaninhal
Ereira
Vale da Pinta
Vila Chã de Ourique
Fazendas de Almeirim
Vale de Flor
Cântaro
Muge
Lapa
Cartaxo
Paços Novos
Cantarinhas
Alteiro Negro
Silveira
Pontével
Est. Santana Cartaxo
Benfica do Ribatejo
Paços Velhos
Casais dos Penedos
Aveiras de Cima
Corticóis
Foros de Almeirim
Convento da Serra
Bunheira
Distrito de Santarém
Distrito de Portalegre
Vale do Paraíso
Cruz do Campo
Cruzetos
Vale da Pedra
Morgado
Raposa
Vale de Inferno
Ribeira da Calha do Grou
Machuqueira do Grou
Arrão de Baixo
Aveiras de Baixo
Est. Setil
Muge
Foros da Biscaia
Missa
Pocilgais
Formosa Velha
Virtudes
Est. Reguengo
Valada
Est. Muge
Granho
Vicentinhos
Ovelhas
Foros de Azerveira
Corças
Azambuja
Salvaterra
Caneira
São José de Lamarosa
Sobreiras
Escaropim
Cocharro
Zebrinho
Venda da Lamarosa
Freixo
Vale de Figueiras
Sanguinheira Velha
Marinhais
Serrão
Glória do Ribatejo
Vale Queimado
Rio Tejo
Salvaterra de Magos
Malhada
Barrancosas
Texugueira
Juncal
Frazão
Santa Justa
Foros de Salvaterra
Arneiros
Vale Zebro
Granho Novo de Magos
Agolada
Boicilhos
Erra
Montinho
Benavente
Barragem de Magos
Fajarda
Águas Belinhas
Couço
Distrito de Santarém
Várzea Fresca
Barrões
Distrito de Lisboa
Barrosa
Coruche
Azervadinha
Vale Mouro
Coelhos
Torre
Gamas
Quinta Grande
Samora Correia
Formosa
Boavista
Porto Alto
Raposeira
Cavaleiros
Foros do Rebocho
Aldeia Velha
Telhal
Biscainho
Carregueira
Arneiro
Carregado
Salgueirinha (Paragem)
Foros da Salgueirinha
Verdugos
Foros da Fonte de Pau
Foros do Almada
Foros da Branca
Pinçalinhos
Monte dos Condes
Carregais
Adema
Santo Estêvão
Sesmaria Nova
Pinçais
Água Boa
Coruche
Est. São Torcato
Carregoiceira
Infantado
Santo Estevão
Latadas
Fazendas das Figueiras
Foros dos Carapoces
Várzeas
Godeal
Monte das Figueiras
Lave (Estação)
Cordiçadas do Lavre
Distrito de Santarém
Distrito de Setúbal
Casas Novas
Monte dos Frades
Sesmaria Nova
Canha
Lavre
Marateca A2/A6
112
113
114
115
116
145

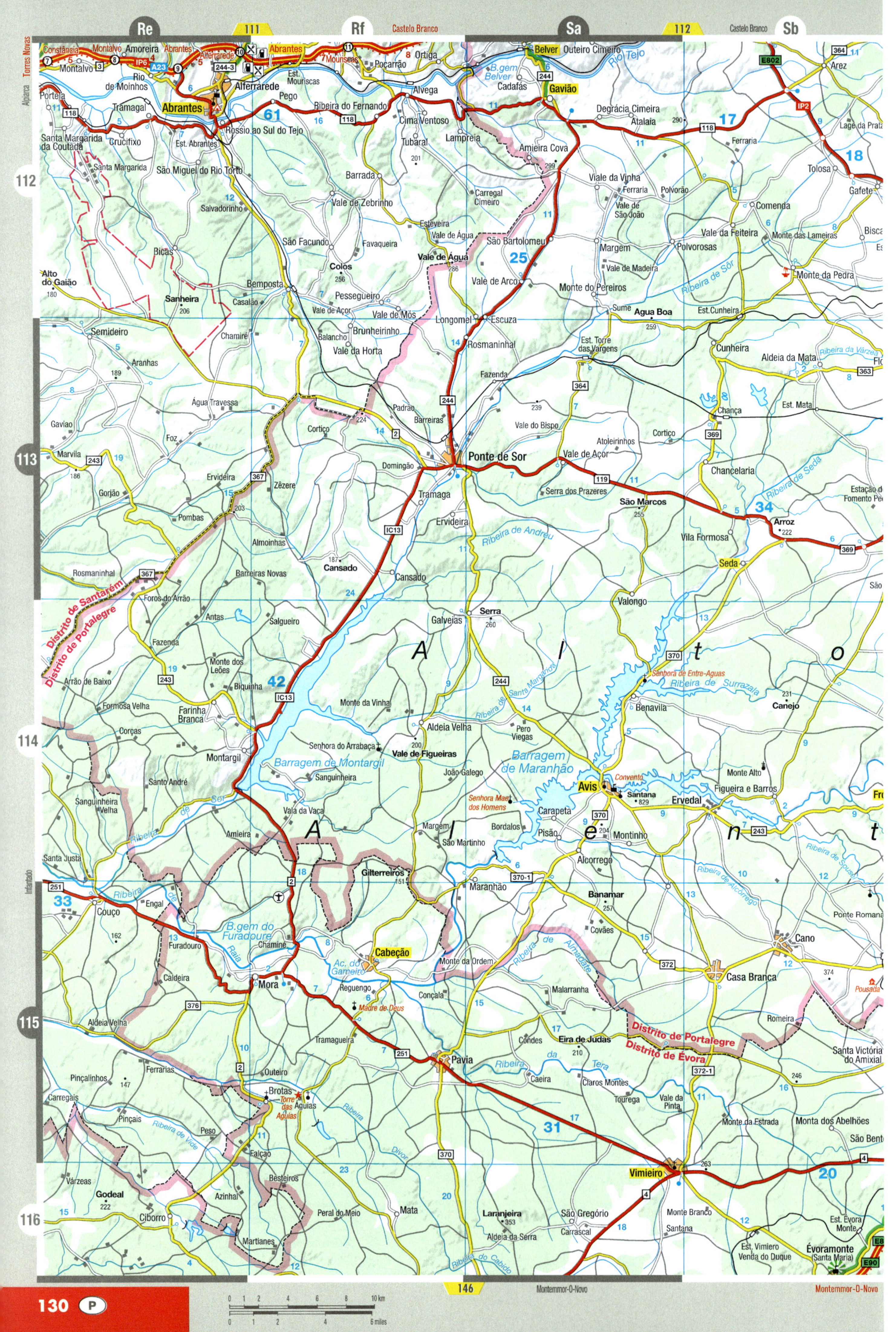
Re
111
Rf
Castelo Branco
Sa
112
Castelo Branco
Sb
Constância
Montalvo
Amoreira
Abrantes
Alferrarede
Mouriscas
Ortiga
Poçarrão
Belver
Outeiro Cimeiro
Rio Tejo
Arez
E802
B.gem Belver
Cadafás
Gavião
Est. Mouriscas
Rio de Moinhos
Alferrarede
Pego
Alvega
Portela
Tramagal
Abrantes
Ribeira do Fernando
Degrácia Cimeira
Atalaia
IP2
Lage da Prata
Rossio ao Sul do Tejo
Cima Ventoso
Santa Margarida da Coutada
Crucifixo
Est. Abrantes
Tubaral
Lampreia
Ferraria
Amieira Cova
Santa Margarida
São Miguel do Rio Torto
Tolosa
112
Barrada
Viale da Vinha
Ferraria
Polvorão
Gafete
Carregal Cimeiro
Vale de Zebrinho
Vale de São João
Comenda
Salvadorinho
Esteveira
Vale de Água
Bisca
São Facundo
Favaqueira
São Bartolomeu
Vale da Feiteira
Monte das Lameiras
Bicas
Vale de Água
Margem
Polvorosas
Colos
Vale de Madeira
Ribeira de Sôr
Monte da Pedra
Alto do Gaião
Vale de Arco
Bemposta
Monte do Pereiros
Sanheira
Casalão
Pesegueiro
Sume
Agua Boa
Est. Cunheira
Vale de Açor
Vale de Mós
Longomel
Escuza
Semideiro
Brunheirinho
Chamiré
Balancho
Vale da Horta
Rosmaninhal
Est. Torre das Vargens
Cunheira
Aldeia da Mata
Ribeira da Várzea
Aranhas
Fazenda
Padrão
Chança
Est. Mata
Água Travessa
Barreiras
Gavião
Corticó
Vale do Bispo
Foz
Corticó
Ateleirinhos
113
Marvila
Domingão
Ponte de Sor
Vale de Açor
Chancelaria
Gorjão
Ervideira
Zêzere
Tramaga
Serra dos Prazeres
Ribeira de Seda
Estação de Fomento Pec
São Marcos
Pombas
Ervideira
Arroz
Almoinhas
Ribeira de Andreu
Vila Formosa
Cansado
Seda
Rosmaninhal
Barreiras Novas
Cansado
Foros do Arrão
Distrito de Santarém
Distrito de Portalegre
Antas
Salgueiro
Serra
Galveias
Valongo
Fazenda
A l t o
Monte dos Leões
Senhora de Entre-Águas
Ribeira de Surrazala
Arrão de Baixo
Biquinha
Ribeira de Santa Margarida
Canejo
Formosa Velha
Farinha Branca
Monte da Vinha
Benavila
Aldeia Velha
Pero Viegas
114
Corças
Senhora do Arrabaça
Vale de Figueiras
Montargil
Barragem de Montargil
Barragem de Maranhão
Monte Alto
João Galego
Sanguinheira
Avis
Convento
Santana
Figueira e Barros
Santo André
Senhora Mãe dos Homens
Erdeval
Sanguinheira Velha
Carapeta
Vala da Vaca
Margem
Bordalos
Pisão
Montinho
Amieira
A l e n t
São Martinho
Santa Justa
Alcórrego
Ribeira de Sousa
Gilterreiros
Ribeira de Alcórrego
Ribeira
Maranhão
Engal
Banamar
Ponte Romana
Couço
Covões
B.gem do Furadouro
Furadouro
Chaminé
Cabeção
Cano
Raia
Monte da Ordem
Ribeira de Almadafe
Caldeira
Ac. do Gameiro
Casa Branca
Mora
Reguengo
Malarranha
Pousada
Madre de Deus
Conçala
115
Aldeia Velha
Romeira
Tramagueira
Distrito de Portalegre
Eira de Judas
Distrito de Évora
Condes
Santa Vitória do Amixial
Pavia
Ribeira da Tera
Ferrarias
Pinçalinhos
Outeiro
Caeira
Claros Montes
Brotas
Tourega
Vale da Pinta
Carregais
Torre das Águias
Águias
Monte da Estrada
Monte dos Abelhões
Pinçais
Ribeira de Vide
Peso
São Bento
Ribeira Divor
Falcão
Vimieiro
Várzeas
Besteiros
Godeal
Azinhal
Peral do Meio
Mata
116
Ciborro
Laranjeira
São Gregório
Monte Branco
Est. Évora Monte
Aldeia da Serra
Carrascal
Santana
Martianes
Est. Vimieiro
Venda do Duque
Évoramonte (Santa Maria)
Ribeira do Cabido
146
Montemmor-O-Novo
Montemmor-O-Novo
0 1 2 4 6 8 10 km
0 1 2 4 6 miles

Castelo de Vide
Marvão
Valencia de Alcántara
San Vicente de Alcántara
Portalegre
Parque Natural da Serra de São Mamede
Sierra Medina
Sierra del Maranjal
Crato
Alter do Chão
Arronches
Monforte
Campo Maior
Sousel
Veiros
Estremoz
Borba
Vila Viçosa
Elvas
Santo Aleixo
Vila Fernando
Terrugem
Vila Boim
Santa Eulália
Alpalhão
Barragem do Caia
Badajoz
Albuquerque

Valencia de Alcántara
Casa Morisca
Emb. de Salorino
Salorino
Molino de Enmedio
Herreruela
Casa Piazarroso
Casa de los Calvos
Aljja
Casa Mular de Hierro
Casa Palacio Blanco
Laguna Grande del Pueblo
Arroyo de la Luz
Emb. de la Charca del Lugar
Estación Arroyo-Malpartida
Malparida de Cáceres
Sierra del Colorado
Emb. de Rivera de Mula
Casa de la Naves
Casa de Calvache
Casa de del Corcho
Casa de Chozones
Casa Santa Catalina
Casa del Hornillo
Casa de Cantillana la Nueva
Aliseda
Torrico de San Pedro
Estación de Herreruela
Cabañas de Puerto Llano
Puerto Elice
Ermita del Hito
Casa Pedregosa
Río Salor
Emb. de Barruecos de Abajo
Emb. de Barruecos de Arriba
Casa de las Encinas
Casa de la Galana
Casa de la Mula
Casa de Boyero
Casas de Pajonales
Sierra de Pajonales
Casa de Barquera Baja
Casa de la Aceituna
Casa del Realejo
Casa de Covacha
Casa de las Grulleras
Casa de la India
Hatoqueo
Casa del Becerro
Casa de la Torre
Casa del Macho
Casa de Valdesauce
Sierra de San Pedro
Castillo de Piedrabuena
Sierra de las Perdoces
Dehesa
Casa de Santa María
Puerto del Clabín
El Campillo
Casa del Tarro
Cortijo de Zajanón Bajo
Santa Leocadia
Jaramediana
Cortijo de la Huerta del
Casa del Sesmo
Cortijo Rufino Liebre
Casa de las Santas
Cortijo de la Manca
Casa del Puerco
Venta de Calleja
Sierra de la Caraba
Alburquerque
Santa María del Mercado
Los Santiagos
Castillo de Azalaga
Azalaga
Río Zapatón
Barrantes
Casa Blanca
Calabazas
Sierra del Puerto del Centinela
Embalse de Peña del Águila
Rivera del Sansustre o del Saltillo
Provincia de Cáceres
Provincia de Badajoz
Cortijo de Moheda
Estena
Ermita de Carrión
Puebla de Obando
Puerto de la Cobacha
Sierra del Vidrio
Cortijo del Cabila
La Dehesilla
Cortijo Cubillo
Cortijo de León
Puerto de Zángano
Emb. de Horno Tejero
Puerto de los Conejeros
El Carnero
El Machal
Cortijo Nuevo
Cordobilla de Lácara
Cortijo de la Barrosa
San Miguel
Casa de la Naterona
Bodonal
Villar del Rey
Sierra del Machal
Pozo Cortijo
Cortijo de las Valencianas
La Roca de la Sierra
Valdeherreros
Ribeiro de Abrilongo
Río Xévora
Cortijo del Zangallón
Cortijo de Bernardo
Ouguela
Nossa Senhora da Enxara
Cortijo de los Almorchones
Cortijo de Charco Frío
Loma de la Limonera
Ermita de San Pedro
Cortijo de la Llave
La Gallina
Bótoa
Cortijo de Valdesquera
Morante
La Nava de Santiago
Cortijo del Rincón de Gila
Cortijo de la Peralta
Cortijo del Arroyo del Ciervo
Castro
Campo Maior
Muralha
Ermita de Bótoa y Colonia Escolar
Las Carboneras
Arroyo Lorianilla
Las Tiendas
Cortijo de las Monjas
Cortijo de Madroño
Río Guerrero
Cortijo Quintana
Cortijo de Capote
Emb. de Los Canchales
Cortijo de Liviana
Valdebótoa
Río Alcazaba
Cortijo de Márquez
Casa de Carabineros
Río Gévora
Novelda del Guadiana
Alcazaba
Canal de Montijo
Guadiana del Caudillo
Casarente
Esparragalejo
Posto Fiscal do Retiro
Lácara
Estación de Talavera
Pueblonuevo del Guadiana
La Colonia
Los Hornos
La Garrovilla
Gévora del Caudillo
Sagrajas
Montijo
Botafogo
Santa Engracia
Los Fresnos
Los Cercados
Torremayor
Caia
Balboa
Cubillana
Alcazaba
Catedral San Juan
Villafranco del Guadiana
Valdelacalzada
Puebla de la Calzada
Barbaño
Río Guadiana
Posto Fiscal do Caia
BADAJOZ
(röm. Colonia Pacensis)
Talavera la Real
Cortijo del Rincón
CITY MAP
Casa Senuista
Guadajira
Lobón
Castillo y Cortijo Casa Colorada
Casa del Encinar
Casería de la Castellana
La Corchuela
La Risca
Alvarado
La Honrada
Cortijo de los Granadinos
Arroyo de Rivillas
Casería del Ronquillo
Cortijo de la Cascajosa
Cortijo del Portugués
Cortijo de la Calderona
Casería La Carrona
Cortijo de Mazas
Casas de la Cora
Rivera de los Limonetes
Cortijo del Barbudo
Cortijo del Olivar
Casa de Guadarjira
Casería de los Frailes de Arrib
Casería de Guijarra
Caserío de la Mora
Cortijo de Palomarejo
Cortijo de Doña Teresa
Casa de la Carrascala
Estremoz
Zafra
0 1 2 4 6 8 10 km
0 1 2 4 6 miles

Cáceres el Viejo
CÁCERES
(rom. Norba Caesaria)
CITY MAP
Virgen de la Montaña
Portanchito
Parador
Emb. de Guadiloba
Casa Escobero
Casa Los Arrogatos
Casas Hinojosas
Caserío Pedraza del Agua
Casa de Pascualete
Caserío Aldeanueva
Cortijo de Cañada
Casa de la Breñilla
Casas de Mingalozano
Belén
Trujillo
(rom. Turris Julia)
Muralla (Turgalium)
Castillo árabe
Palacio
Huertas de la Magdalena
Cortijo de Torromarcos
Casa de Carrascalejo
Casa de la Matilla de Royal
Sierra de Fuentes
La Enjarada
Casas Don Vidal de Arriba
Casas Aguas de Verano
Caserío de Palacio Barriga
Casa de la Matilla de los Almendros
Casas Caballerías del Rejón
Palacio de Magasquilla
Cortijo de la Viña
Cortijo de los Quintos de San Pedro
Los Carboneras
Ruta de la Plata
Casas de la Mengosa
Casa Matilla Vieja
La Cumbre
Plasenzuela
Est. de Valdueras
Valdesalor
Torreorgaz
Casas Mingajila de Ventosa
Las Golondrinas
Casa del Borril
Cortijo Palazuelo de Marqués
Casa Trovico
Torrequemada
Casa de Valhondo
Cortijo Contreras
Casa El Campillo
Casa Palomino
Embalse del Salor
Torremocha
Botija
Cortijo Villarejo
Hirguijuelas de Abajo
Ermita del Salor
Casa de la Pizarra
Ermita de Torrealba
Casa de Paletos
Casa de Pesqueros
Casa de la Banda
Casa de las Grangas
Ruanes
Ibahernando
Santa Cruz de la Sierra
San Gregorio
Casa del Guarda
La Zafra
Benquerencia
Casa del Gallinero
Casa del Cerrodo
La Collada Salvatierra de Santiago
Santa Ana
Casa de Santa María
Olivar
Mimbrera
Puerto de Santa Cruz
Castillo árabe
Sierra de Santa Cruz
de los Frailes
Estación de Aldea del Cano
Casa del Cerro
Aldea del Cano
Valdefuentes
Robledillo de Trujillo
Casa de la Cablería
Ruta de la Plata
El Guijarro
Albalá del Caudillo
Casa del Acebuche
Zarza de Montánchez
Casa del Chaparral
Ermita de Santa Ana
Casa Herrumbroso
Nogales
Casas de Don Antonio
Torre de Santa María
Sierra de Montánchez
Villamesías
Abertura
Emb. de Ayuela
Emb. de Alcuéscar
Casa del Canchal Blanquillo
Castillo árabe
Montánchez
Casilla de las Peñas
Casa de la Jirondilla
Embalse de Navarredonda
Casa de Busne
Casa de Regaña
Casas del Canchal Blanquillo
Casa de las Tarazonas
Casa de los Alcornoques
Casa de las Calamochas
Ermita del Santo
Casa de Bote
Las Romas
Valdemorales
Casa Chamorro
Casa del Roble
Arroyomolinos de Montánchez
Almoharín
Casa de la Pared
Sierra del Centinela
Alcuéscar
Casas del Trampal
Casa de la Cañada de la Pita
Dehesa Las Reinas
Escurial
Carmonita
Ermita de Santa Lucía
Miajadas
Emb. de El Boquerón
Valdezaque
Casa Donoso
Ermita de San Bartolomé
Ermita de Sopetrán
Casa Antigua
Casar de Miajadas
Pajonal de Abajo
Casa Mengacha de Abajo
Sierra del Saltillo
Casa de la Encomienda
Casa del Notario
Alonso de Ojeda
Casa del Coto Presa
Cortijo Matarratas
Casa Nueva de las Mezquitas
Prov. de Cáceres
Prov. de Badajoz
Villar de Rena
Casa de la Rana
Cortijo de Raposeros de Arriba
Casa de Gálvez
Casas de Senador
Conquista del Guadiana
Vivares
Sierra del Villar
Parque Natural de Cornalvo
Casas Bajas de Valdelayegüas
Cortijo del Castillejo
Casa de Cañalazarza de Abajo
Los Chaparrales
Casas Atlas de Valdelayeguas
Casa Nueva de la Mezquita
Valdehornillo
Rena
Estación del Carrascalejo
Aljucén
Casa el Huelva
Casa de la Sierrecilla
Lomo de Liebre
Hernán Cortés
Ruecas
El Carrasclejo
Coto Capitán
Bermeja
Casa El Mentidero
Ermita de San Isidro
Santa Amalia
La Aliseda
Casa de Gavilanes
Cancho-Gordo
Mirandilla
Emb. de Cornalvo
Casa de Cerro Pelao
Casas del Guadalperal
Casa del Ramblazo
Casa de la Isla de Remondo
Don Llorente
Casa Herrerilla
Campomanes
Casa de Cerros Verdes
Torrefresneda
Chinas Blancas
Yelbes
Casa de La Veguilla
VILLANUEVA DE LA SERENA
Emb. de Proserpina
Casa de los Pilares
Casa Cazales
Presa Romana
Trujillanos
La Cortegana
San Pedro de Mérida
Casa de la Dehesa de las Yeguas
Sierra de Yelves
Medellín
(rom. Metellinum)
DON BENITO
Estación de Aljucén
Acueducto Romano
Rio Guadiana
Mengabril
Casa de Plantonada
Emb. de Montijo
Matadero Provincial
Parador
Alcazaba
Circo Romano
Anfiteatro Romano
MÉRIDA
CITY MAP
Murallas Romanas
(rom. Augusta Emerita)
Valverde de Mérida
Casa del Guijo
Valdetorres
Apt. Medellín
Casa del Casquero
Huerta de Granda
Casa de Calderonas
La Haba
La China
La Estación Guareña
Casa del Tejar
Casa de Medina
Las Gamitas
Cruces
Calamonte
Ermita de San Servan
Casa de Rodriguillo
Sierra de la Ortiga
Casa Las Rozas
Casa de Valdeprado
Casa de Pastores
Casa de Cabeza Redonda
Guareña
Villagonzalo
Arroyo San Serván
Sierra de San Serván
Don Alvaro
Don Tello
Cristina
Casa del Toconal
Estación Zarza de Alange
Valdearenales
La Lapa
Ruta de la Plata
Puerto de Sevilla
La Zarza
La Zapatera
Manchita
Casa de Catalina
Casa de la Bóveda
Sierra de la Lapa
Los Carneriles
Casa de las Lomas
Casa de la Vega de los Maderos
Ruinas Romanas
Emb. Alange
Oliva de Mérida
Sierra de Utrera
Cortijo de Chaves
Torremejía
Obando
La Culebra
Alange
Casas de Valdelapeña
Casa de Guerechal
Embalse del Golondrón
Almendralejo
Almendralejo
149
112
113
114
115
116
Logrosán
Navalvillar de Pela
Campanario

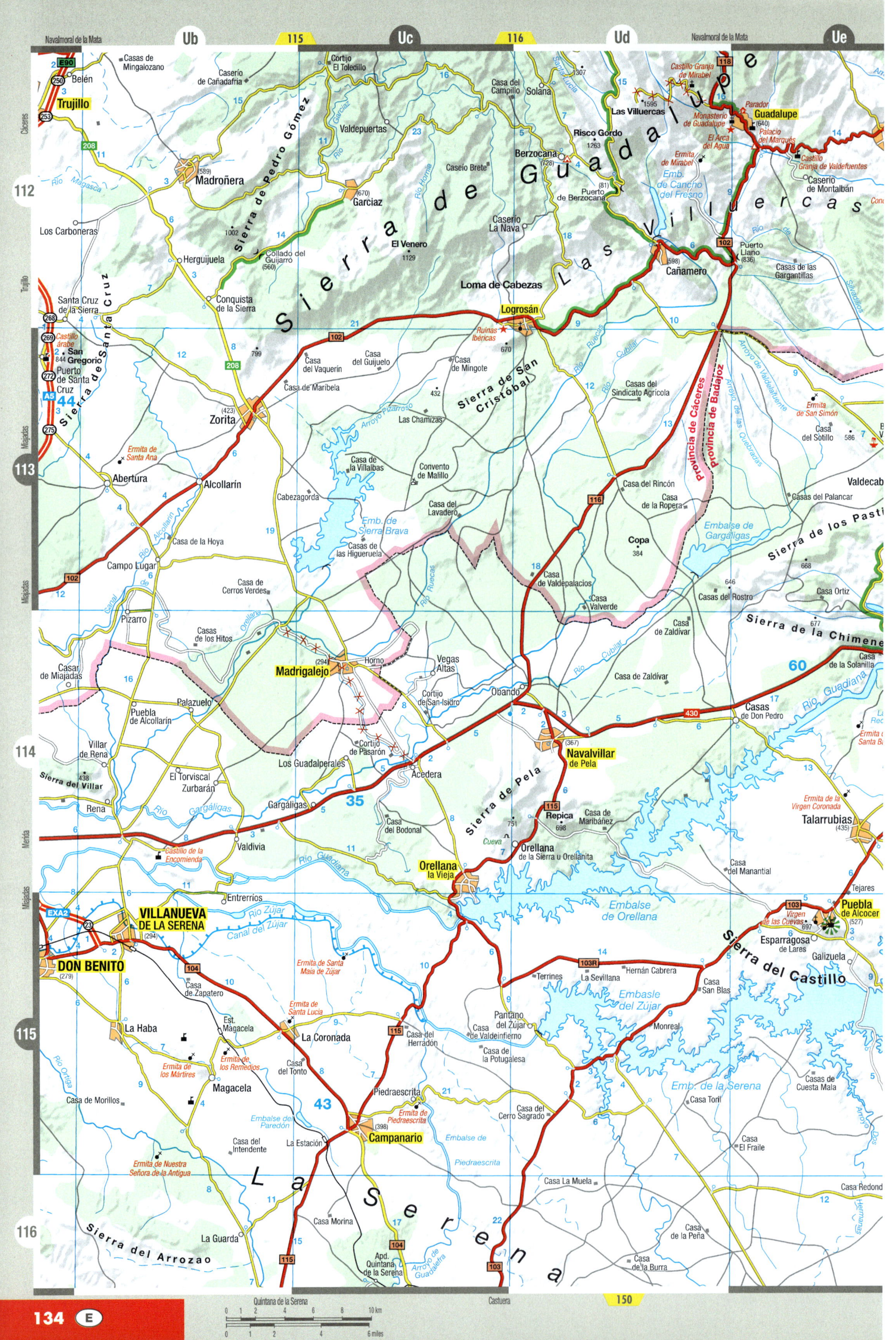
Sierra de Guadalupe
Las Villuercas
Guadalupe
Trujillo
Madroñera
Garciaz
Logrosán
Cañamero
Zorita
Madrigalejo
Navalvillar de Pela
Orellana la Vieja
Embalse de Orellana
VILLANUEVA DE LA SERENA
DON BENITO
Campanario
Embalse del Zújar
Puebla de Alcocer
Talarrubias
Sierra del Castillo
La Serena
Sierra del Arrozao

Puerto Rey
Minas de Santa Quiteria
Provincia de Toledo
Provincia de Ciudad Real
Sierra de la Mimbrera
Guadisa
Pantano de Cijara
Sierra del Aljibe
Encinacaída
Anchuras
Los Alares
Valdeazores
Avellanar
Parque Nacional de Cabañeros
Reserva Nacional de Cijara
Bohonal
Horcajo de los Montes
Sierra de la Dehesilla
Helechosa de los Montes
Castilblanco
Sierra de la Lobera
Sierra de la Rinconada
Embalse de Cijara
Embalse de García de Sola
Villarta de los Montes
Navalpino
Sierra de la Umbría
Peloche
Cantos Negros
Raso de la Majada
Herrera del Duque
Fuenlabrada de los Montes
Morro de la Colmenilla
Sierra de Enmedio
Sierra de los Ancares
Puebla de Don Rodrigo
Sierra de Saceruela
Sierra de los Villares
Garbayuela
Tamurejo
Agudo
Siruela
Sierra de Siruela
Baterno
Valdemanco del Esteras
Saceruela
Sierra de la Osa
Sierra del Prior
Sierra de los Canalizos
Garlitos
Peñalsordo
Capilla
Zarza Capilla
Sierra del Torozo
Sierra de la Moraleja
Chillón
Almadén
Gargantiel
Duranes
Prov. de Badajoz
Prov. de Ciudad Real
112
113
114
115
116
Ciudad Real
151
Santa Eufemia

Vc
117
Vd
118
Ve
Las ventas con peña Aguilera
Vf
Provincia de Toledo
Navas de Estena
Retuerta del Bullaque
El Avellanar
Masegar
Casa Valdelagata
Sierra de los Torn
Casa de Valderuelo
Casa del Serrano
El Molinillo
Castillo El Milagro
Becerra
Casa del Chorrito
Palom
Embalse del Arroyo Carrizal
Casa del Garbanzuelo
Caserío Navalices
Casa de Orgaz
Embalse del Huerto de los Monjes
Casa del Quinto
Río Bullaque
Embalse de El Sueño
Casa de Vallepuercos
Boquerón de Estena
Río Estena
Río de las Navas
Casa de la Salceda
Montes de Mora
Casa de Mora
Sierra
Castillo de Prim
Embalse de Torre de Abraham
Torre de Abraham
Parque
Casa de Cabañeros
Casa del Robledo
Sierra del Chorito
Nacional de
Cabañeros
Sierra de la Higuera
Casa de las Navas
Sierra del Pocito
La Parra
Casa Valle del Rubial
Casa de Canaleas
Machero
Valdelagua
Caracuel
Casas del Camino
Sierra de la Celada o del Gavilán
Casa Los Rasos
Casa Madroñal
Casa del Rostro
Cortijos de Abajo
Cortijos de Arriba (Los Cortijos)
Caserío Boca del Cortijo
Pueblonuevo del Bullaque
Sierra del Gallego
Casa del Goro
Casas de la Toledana
Arroyo del Pocito
El Cepero
Arroyo del Tamujar
Sierra de Cubas
Piedralá
Las Povedillas
Sierra de la
Valdehierro
Casa Baños Termales
Casas de Povedas
Santa Quiteria
Alcoba
El Bonal
El Torno
Las Tablillas
Río Bullaque
Arroyo de Piedralá
Sierra del Trinchecho
Casa de Aniceto
Fuentes de Piedralá
Sierra de la
Navalpino
Fontanarejo
Casas de Navajarra
Navalrincón
El Robledo
El Trincheto
Casa del Castillejo
El Alcornocal
Río Alcobilla
Las Islas
Las Rabinadas
Castillo
Cristo del Espíritu Santo
Fuencaliente
Río de San Marcos
Solanazo
Arroyo del Guijo
Caserío de las Cabezadas
El Citolero
Casa Martín
Casa de la Huerta
Las Tiñosillas
Las Casas del Río
Las Peralosas
El Sotillo
Arroba de los Montes
Sierra de los Guindos
Casa de Saceruela
Collado de los Farraldos
El Río
Porzuna
Sierra de las Tierras Buenas
Cruz de Mayo
Puerto de los Majales
Peralosilla
Sierra del Sotillo
Casas de Pinos Altos
Las Arripas
Casa del Casarejo
Castillejo
Río Frío
Casas El Gargantón
Casas de Valcorchete
Puerto de Quejigares
Sierra de Casal
Garganta de Retama
Puebla de Don Rodrigo
Sierra de Río Frío
Arroyo del Puerto de las Tablas
Casa de la Golondrina
Casa de los Medranos
Sierra Larga
El Gargantón
Río Bullaque
Sierra de Saceruela
Casa de Santa María
Emb. de Santa María
Castillo de Miraflores
Castillo de Mortara
Hornias Bajas
Picón
Piedrabuena
Casa de los Viveros
Castilnegro
Lagunillas
Valronquillo
Casas del Chozo Chavo
Laguna de la Camache
Casa de Santa María
Casa de Sedano
El Chiquero
Casa de Retama
Sierra de los Canalizos
Ermita de San Antón
Sierra de la Cruz
Casas del Jara
Castillo de Benavente
Casas de Romeral
Luciana
Sierra de las Majadas
Caserío de Sancho Rey
Casas de Riseda
Embalse del Arroyo Valhondo
Río Guadiana
Sierra de Valpérez
Alcolea de Calatrava
Sierra de los Santiagos
Valverde
Cortijo de Santa Clara
Laguna de Michos
Casas Castillejo
Castillo de Alarc
Saceruela
Castillo de Ojalora
Casa del Chaparal
Molino de Alarcos
Casa de los Santiagos
Laguna de Alcolea
Laguna de Fuentillejo
Poblete
Casa de Navalmoro
Castillo de Calabazas
Central eléctrica de El Martinete
Casas de San Benito
Sierra de los Canalizos
Casa de Doña Inés
Castillo de Herrera
Torrecilla
Casas de los Charos
Casa de la Morena
Casa de la Patuda
Coto
Los Pozuelos de Calatrava
Casa de los Pilones
Abenójar
Embalse de Quejigo Gordo
Corral de Calatrava
Cañada de Calatrava
Navalmedio de Morales
Casa Jaca
Cabezarados
Caracuel de Calatrava
Casa Metalloso
San Quintín
Lag. de Caracuel
Mina Victoria
Castillo El Tesoro
Navacerrada
Villamayor de Calatrava
Río Tirteafuera
Casa del Hoyo
Aljibe
Casa Blanca
Tirteafuera
Laguna de los Almeros
Herrera del Duque
Almadén
Puertollano
152
112
113
114
115
116
0 1 2 4 6 8 10 km
0 1 2 4 6 miles

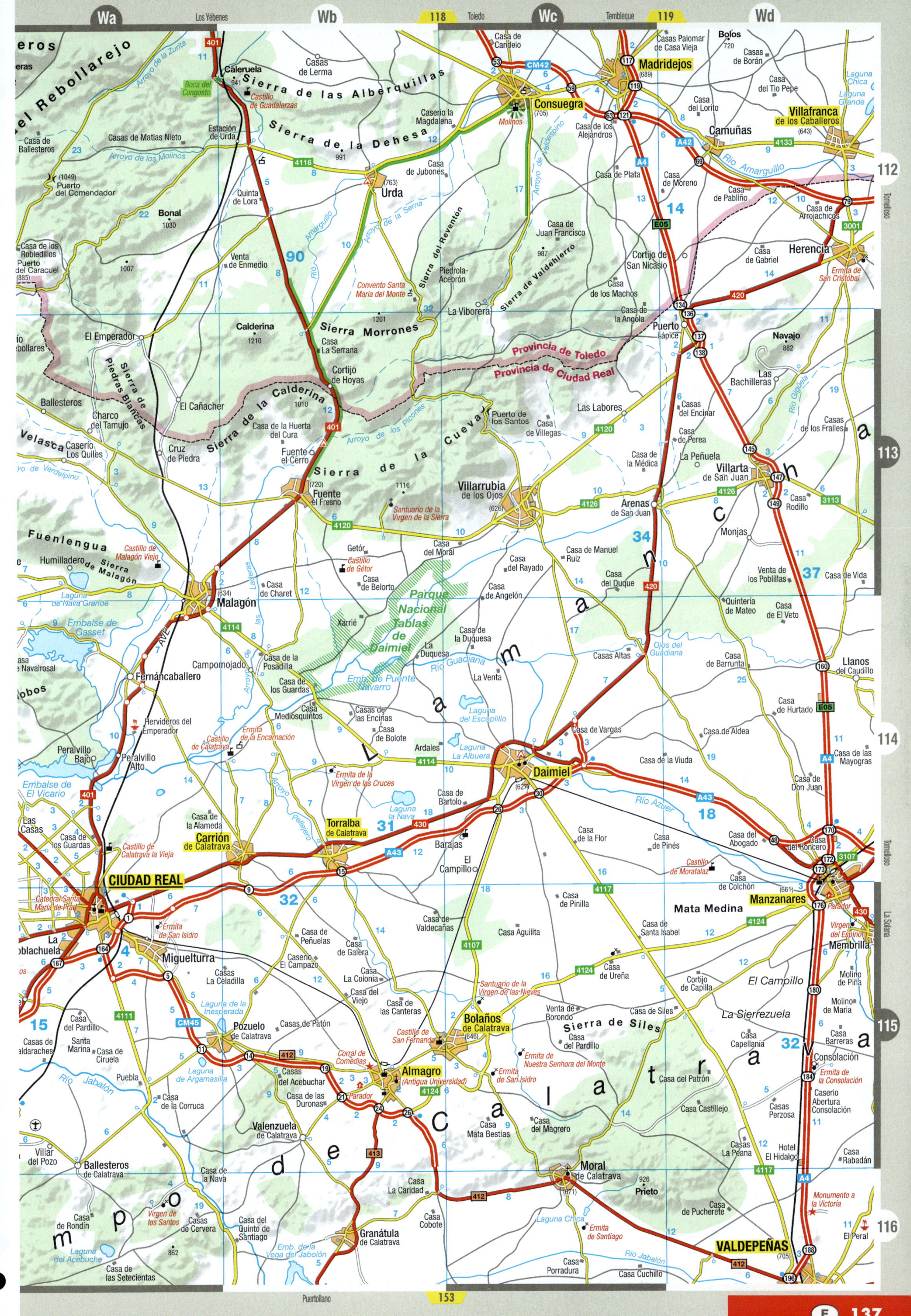

112 113 114 115 116 Tomelloso La Solana Puertollano 153

Wd
We
119
Quintanar
Wf
120
Quintanar
Xa
Quintanar
Belmonte
112
113
114
115
116
Consuegra
Daimiel
Madridejos
Daimiel
Santa Cruz de Mudela
Casa de Santiaguillo
Laguna Grande
Laguna Chica
Laguna Grande
Villafranca de los Caballeros
(643)
Casa de las Veredillas
Colonia de Caprera
Castillo de Piédrola
Laguna de las Yeguas
Laguna del Camino de Villafranca
Laguna de Salicor
Ermita de Cristo de Villajos
Campo de Criptana
Ermita Virgen de Criptana
Ermita de Santa Ana
Mota del Cuervo
Santa María de los Llanos
Laguna de la Celadilla
Laguna de Sancho Gómez
Laguna de Manjavacas
Laguna Navazuel
Laguna del Pueblo
Laguna del Retamar
Pedro Muñoz
Laguna de Melgarejo
Laguna de Alcahozo
Laguna de Navaluenga
Casa del Monte
Pantano de los Muleteros
Río Amarguillo
Casa de Arrojachicos
ALCÁZAR DE SAN JUAN
(celt.ib. Alces) (643)
Muralla
Herencia
Ermita de San Cristóbal
Casa de Frailito
Casa de la Paz
Casa de Silvino
Casa del Beato
Casa de Palomo
Caserío La Cubeta
San Miguel
Castillo Becejate
Caseta El Polvorín
Casa de Moreno
Casa de Nieva
Estación de Río Záncara
Casa de Espinosa
Navajo
882
Laguna del Cerro Mesado
Río Záncara
Casa del Condesillo
Casa de Baillo
Arenales de San Gregorio
Acequia de Socuéllamos
Balneario de la Hijosa
Socuéllamos
(675)
Casa del Mesón del Espejo
Huerta de Peñalva
Casa de Treviño
Casa de las Velas
Casa Rajá
La Habana
Casa de los Árboles
El Bernardo
Río Gigüela
Casa del Herrador
Casas de los Frailes
Párraga
Alameda de Cervera
Casa del Vagón
Casa La Romana
Casa de Peinado
Casa La Blanca
Casa del Médico
Marañón
Casas de Guerra
Casa Nueva
Casa del Minguillo
Casa de Marta
Casa de Cepeda
Casa de Medina
Casa Rodillo
Ruizgarcía
Los Tintoreros
Casa del Cantivano
Casa de las Delicias
Casa del Jabonero
La Cañada
Las Perdigueras
Casa del Duende
Casa del Cirujano
Canal del Guadiana
Ermita de Pinilla Virgen de las Viñas
Casa del Cosme
Casa de Arenoso
Provincia de Ciudad Real
Provincia de Albacete
Las Paquines
Casas de Párraga
Casa de San Pablo
Casa de Nicolás
Venta de los Poblillas
Casa de Vida
Cinco Casas
Nava
TOMELLOSO
(662)
Casa de los Cicateros
Casa La Torrecilla
Casa de Maricana
Casa El Cornejo
Casa de Alarones
Casa del Letrado
Museo de los Carros
El Cuarto Alto
Hermosura
Brocheros
Argamasilla de Alba
Casa de Franco
Casa de Don Diego
Casa de Hervías
Llanos del Caudillo
La Media Luna
Casa de Santa Rita
Casa del Cuadrado
Navaloscuentos
Casa de Camacho
Casa de Berruga
Casas de las Moralas
Apt. Herrera de la Mancha
Casa del Abuelito
Casa de Hita
Casa Grande
Casa del Miño
Vega de Santa María
Casa de Galiana
Casa de las Mayogras
Casa de Candilejo
Casa de Don Juan
Casa de Guerrita
Castillo de Peñarroya
Las Pacheças
Casa de Fortuno
Casa de Cosme
Casa de Buen Retiro
Cortijo Los Llanillos
Casa del Cabalgador
Casa del Roncero
Casa de Caballero
Casa de los Guijos
Casa de Hierro
Casa de la Ventilla
El Sotillo
Embalse de Peñarroya
Casa de Puerta Partida
Casa de Perchuelo
Casa de Tercero
Casa del Maral
Manzanares
(661)
Casa de San Marcos
Casa de las Chimeneas
Renúñoz Grande
Casa de la Gata
La Magdalena
Parador
Membrilla
Virgen del Espino
El Lobillo
Parque Natural de las Lagunas de Ruidera
Caserío Los Navazos
Ruidera
Ossa de Montiel
Ermita de San Antón
Casa de Pepa Rosa
Caserío del Allonzo
Laguna de la Colgada
Lagunas de Ruidera
Cueva de Montesinos
Castillo de Rochafría
Molino de Piña
Los Albardinales
La Solana
(770)
La Calera
Laguna de San Pedro
Molino de María
Molino del Comendador
Casa de Traviesa
Los Almendros
Casa Balbino
Casa del Llano
Casa de Doña María
El Ossero
Casa Barreras
La Olivilla
Casa de Don Julián
Arroyo de Alhambra
(806)
Alhambra
Casas Blancas
Loma del Calderón
Cortijo de Cerro Espesillo
Loma del Almendro
Consolación
Ermita de la Consolación
Molino de los Álamos
Molino de los Moros
Caserío Abertura Consolación
Casa de la Mata
Molino del Blanquillo
Río Azuer
Sierra de Alhambra
Bolos
1088
Laguna Blanca
Cortijo de la Gloria
Autovía del Sur
Casa de Fuente Vieja
Emb. del Puerto Vallehermoso
Cortijo del Olmo
Ermita de Nuestra Señora de la Carrasca
Casa Rabadán
(754)
San Carlos del Valle
Carrizosa
Río Cañamares
Cortijo de los de las Nogueras
Hotel El Hidalgo
910
940
Sierra del Peral
Sierra del Cristo
Cortijo de los Palacios
810
Cortijo del Melagarejo
Cortijo de Caballeros
Cortijo Nuevo
Monumento a la Victoria
Casas de la Nava
Casa de Cañada
Casa Laviña
Río Azuer
El Peral
Casa de Santa María
Casa de Matías
Casa de Guerrero
Casa de la Lóbrega
Cortijo del Curilla
Río del Tortillo
VALDEPEÑAS
(705)
Pozo de la Serna
La Mancha
Campo
154
Villanueva de los Infantes
0 1 2 4 6 8 10 km
0 1 2 4 6 miles

Xb
Xc
120
Xd
Tarancón
Xe
Xf
112
113
114
115
116
155
Villahermosa
Villacarrillo
El Pedernoso
Las Pedroñeras
Cerro de los Quemadas
Laguna del Paso de la Muela
Laguna del Huevero
Laguna Grande
Laguna del Taray
Las Mesas
El Provencio
Cerro de la Camarilla
Santiago de la Torre
Casa de Jiménez
Casa del Cura
Ermita del Robledillo
Canteras
Casa de la Granja
Casa de Don Diego de Haro
San Clemente
Arco romano
Casa de la Pluma
San Clemente Norte
San Clemente Sur
El Rus
Cruz
Río Rus
Villar de Cantos
Perona
Vara de Rey
Meneses
Sisante
Santa Quiteria
Uclés
El Simarro
Pozoamargo
Casas de Benítez
Casas de Fernando Alonso
Los Galindos
Las Torres
Casas de los Pinos
Los Luises
Los Estesos
Casa de las Almenas
Barrio de Abajo
Casas de la Loma
Caserío Monte Viejo
Casas de Haro
Casas de Guijarro
Casa Buedo
Prov. de Cuenca
Prov. de Albacete
El Calaverón
Casa de Ortiz
Casa de las Madres
Casas del Pino
VILLARROBLEDO
Casas del Gordo
Ventas de Alcolea
Casas de Roldán
Monte Orenes
Minaya
Estación de Minaya
Villalpardillo
Casa de las Monjas
Casa de Prietos
Casa Villena
Casas de Merendaderos
Venta de Gómez
Castellanos
Casa de Piqueras
El Blanco
Casas del Cuartón
Casa de Camacho
Casa de Eugenio
Molino del Tinte
Casa Carrión
Casa de la Cartagena
Casa de Don Miguel
Casa de la Viña
Casas de la Peña
Los Montoyas
Casas de las Beatas
Casa de los Herrericos
Casa de los Mateos
Casa Quemada
Santa Marta
Casas de la Carrasquilla
La Roda
Casa de Ortega
Casa de los Pinos
Casa del Cura
Casas Las Terceras
Casa del Almendro
Venta de las Madres
Moharras
Casa La Lobera
Casas de Don Pedro
Urbina
Munera
Casas del Cerrojo
Casa de Juan José
Casa Granera
Carro
Casa del Capitán
Casa de Marchante
Casa Cuarto
Casa Nueva
Casas del Sisonar
Río Córcoles
Los Morcillos
Don Juan
Casa Berruga
Casa El Verduzal
Casa de Monte
Casa de Purga
Casa de Arriede
Canal de Trasvase Tajo-Segura
Casa de Mullera
Cortijo de Felipe
Los Chospes
La Mancha
Casa Nova
Casa de Monteagudo
Luna
Casa de la Campana
Blancares
Casa de Eufemia
Casa de Cañada Arada
Río de Sotuélamos
La Atalaya
Casa del Obispo
San Antonio
Casa de Romeral
Casas de Abril
Barrax
Cuarto del Bolo
Casas del Rincón
Gimeno
Ermita de Sotuélamos
Sotuélamos
Munera
Casa de Silverio
Casa de Léchina
Casas de Mariguitiérrez
Cuarto de Maribáñez
Carreteras de Abajo
La Quintanilla
Los Morales
Casas las Villas Nuevas
Casa Los Puercos
Casa de las Cauques
Ermita de San Telmo
Casa de Navamarín
Casa de Montoya
Maripérez
Casa La Ruiza
Los Paredazos
Casa de Mitra
Casa de Mora
Casa de Abel
EL Lituero
Casas de Cuerva
Casa de Cabeza Morena
Casa de Sabadillas
Casa del Pozo del Conde
Casa Cacharro
Casa de los Pardales
Campo de Montiel
Ermita de Santa Ana
El Bonillo
Casa de Herrera
Lezuza
Vandelaras de Abajo
La Herrera
El Espinillo
Casa Alberica
Laguna de Navalcudia
Río Lezuza
Vandelaras de Arriba
Cortijo de Infierno
Casa de la Sabina
Casa de Cadete
Casa del Robie
La Yunquera
Casa de las Ideas
Río de Bazalote
Casa de Sages
Casa de las Aguas
Casa de la Quejigosa
Cañada de la Losilla
Tiriez
Balazote
Sabinares
El Guijoso
Casa del Tonto
Arroyo Alarconcillos
El Mingote
Pradorredondo
Venta de San Miguel
Casa de Juan León
Río del Jardín
Casa de Elez
Casa de Ricardo
Venta de Segovia
Venta de Marta
Salinas de Pinilla
El Ballestero
Casa de Pontezuelas
San Pedro
Río El Mirón
Río Pinilla
Casa del Gallo
Pinilla
Cortijo de Chindarga
El Jardín
Casa de Turra
Villaverde
Caserío de las Mitras
Casa de Quevedo
Bernabé
Casa de los Teatinos
La Monja
Los Chospes
Arroyo del Rollo
Casas de Abajo
El Cepillo
Milano
Viveros
Venta de Pepés o Colonia
El Cubillo
Cortijo de la Cueva
Casas de Lázaro
Cañada Juncosa
Albacete
Hellín
Utiel

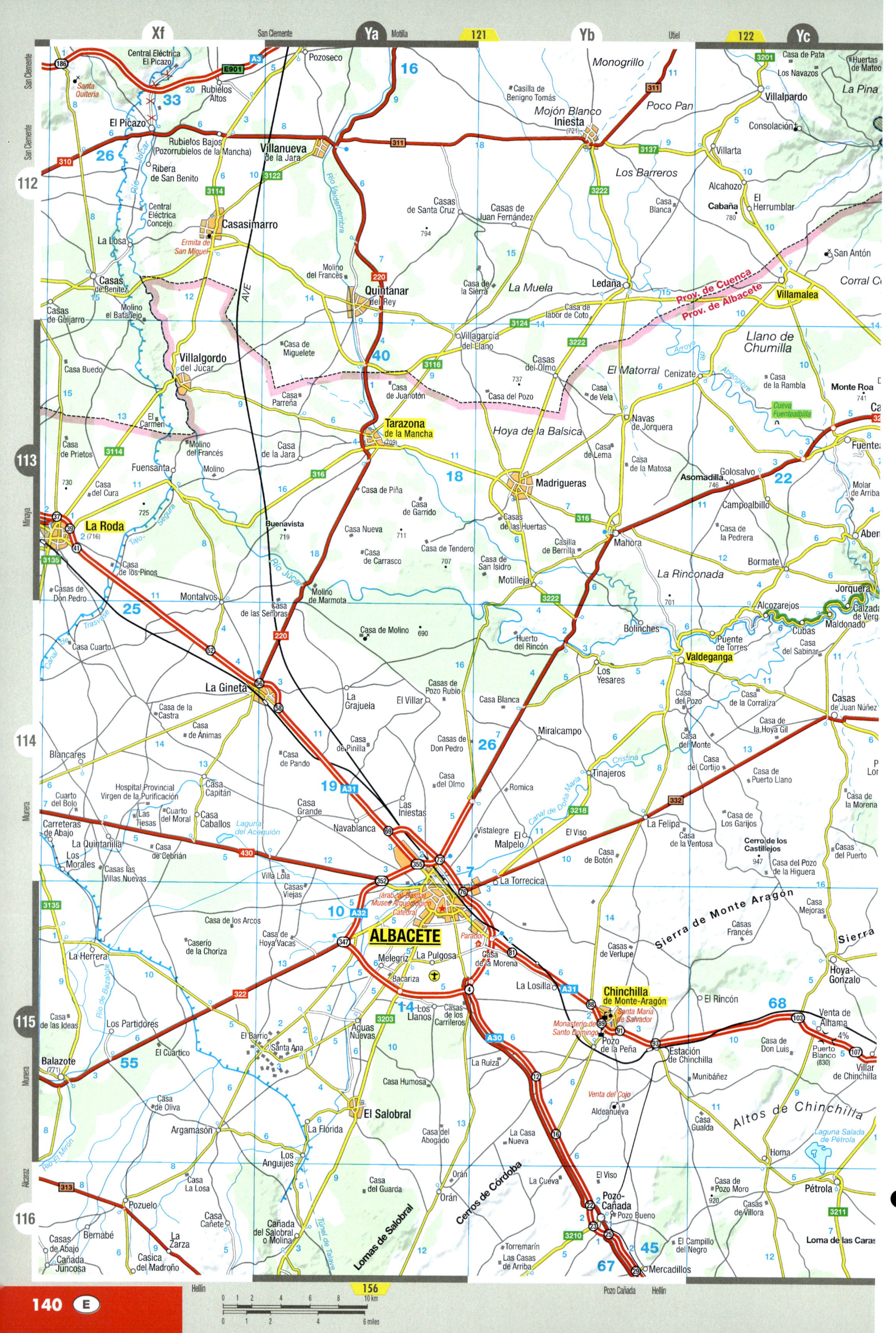

Xf
Ya
Yb
Yc
San Clemente
Motilla
121
Utiel
122
112
113
114
115
116
Minaya
Munera
Alcaraz
Central Eléctrica El Picazo
Santa Quiteria
El Picazo
Rubielos Altos
Rubielos Bajos (Pozorrubielos de la Mancha)
Villanueva de la Jara
Pozoseco
Ribera de San Benito
Río Júcar
Central Eléctrica Concejo
Casasimarro
Ermita de San Miguel
La Losa
Casas de Benítez
Molino el Batanejo
Casas de Guijarro
Río Valdemembra
Molino del Francés
Quintanar del Rey
Casas de Santa Cruz
Casas de Juan Fernández
Casilla de Benigno Tomás
Mojón Blanco
Iniesta
Monogrillo
Poco Pan
Los Barreros
Casa Blanca
Casa de la Sierra
La Muela
Ledaña
Casa de labor de Coto
Villagarcía del Llano
Casa de Miguelete
Casas del Olmo
Casa de Juanotón
Casa del Pozo
El Matorral
Cenizate
Casa de Vela
Navas de Jorquera
Casa de Pata
Huertas de Mateo
Los Navazos
La Pina
Villalpardo
Consolación
Villarta
Alcahozo
Cabaña
El Herrumblar
San Antón
Corral
Villamalea
Prov. de Cuenca
Prov. de Albacete
Llano de Chumilla
Arroyo de Abengibre
Casa de la Rambla
Monte Roa
Cueva Fuentealbilla
Fuente
AVE
Villalgordo del Júcar
Casa Buedo
El Carmen
Casa de Prietos
Molino del Francés
Molino
Fuensanta
Casa del Cura
Casa Parreña
Casa de la Jara
Tarazona de la Mancha
Hoya de la Balsica
Casa de Lema
Casa de la Matosa
Madrigueras
Asomadilla
Golosalvo
Campoalbillo
Molar de Arriba
La Roda
Buenavista
Casa de Piña
Casa de Garrido
Casa Nueva
Casa de Tendero
Casas de las Huertas
Casilla de Berrilla
Mahora
Casa de la Pedrera
Bormate
Aben
Casa de los Pinos
Casa de Carrasco
Casa de San Isidro
Motilleja
La Rinconada
Jorquera
Casas de Don Pedro
Montalvos
Casa de las Señoras
Molino de Marmota
Río Júcar
Trasvase
Casa Cuarto
Canal de
Casa de Molino
Huerto del Rincón
Bolinches
Alcozarejos
Cubas
Calzada de Vergel
Maldonado
Puente de Torres
Casa del Sabinar
Valdeganga
Los Yesares
La Gineta
Casa de la Castra
Casa de Ánimas
La Grajuela
El Villar
Casas de Pozo Rubio
Casa Blanca
Casa del Pozo
Casa de la Corraliza
Casas de Juan Núñez
Casa de la Hoya Gil
Casa del Monte
Blancares
Casa de Pando
Casa de Pinilla
Casas de Don Pedro
Miralcampo
Cristina
Tinajeros
Casa del Cortijo
Casa de Puerto Llano
Hospital Provincial Virgen de la Purificación
Casa Capitán
Cuarto del Bolo
Las Tiesas
Cuarto del Moral
Casa Caballos
Laguna del Acequión
Casa Grande
Navablanca
Las Iniestas
Casa del Olmo
Romica
Canal de Doña María
Vistalegre
El Malpelo
El Viso
La Felipa
Casa de la Ventosa
Casa de Los Garijos
Cerro de los Castillejos
Casa del Pozo de la Higuera
Casa de la Morena
Casas del Puerto
Carreteras de Abajo
La Quintanilla
Los Morales
Casas las Villas Nuevas
Casa de Cebrián
Villa Lola
Casas Viejas
La Torrecica
Casa de Botón
Sierra de Monte Aragón
Casas Mejoras
Casas Francés
Sierra
Casa de los Arcos
Caserío de la Choriza
Casa de Hoya Vacas
Museo Arqueológico
Catedral
ALBACETE
Parador
Melegriz
La Pulgosa
Casa de la Morena
Bacariza
Casas de Verlupe
La Losilla
Chinchilla de Monte-Aragón
Santa María de Salvador
Monasterio de Santo Domingo
Pozo de la Peña
El Rincón
Hoya-Gonzalo
Venta de Alhama
La Herrera
Casa de las Ideas
Los Partidores
El Cuártico
Río de Bazalote
El Barrio
Santa Ana
Aguas Nuevas
Los Llanos
Casas de los Carrileros
La Ruiza
Estación de Chinchilla
Munibáñez
Casa de Don Luis
Puerto Blanco
Villar de Chinchilla
Balazote
Casa de Oliva
Argamasón
Casa Humosa
El Salobral
La Florida
Casa del Abogado
La Casa Nueva
Venta del Cojo
Aldeanueva
Altos de Chinchilla
Casa Gualda
Laguna Salada de Pétrola
Horna
Río El Mirón
Los Anguijes
Casa La Losa
Casa del Guarda
Orán
Cerros de Córdoba
La Cueva
El Viso
Pozo-Cañada
Pozo Bueno
Casa de Pozo Moro
Casas de Villora
Pétrola
Loma de las Caras
Pozuelo
Casa Cañete
Cañada del Salobral o Molina
Lomas de Salobral
Túnel de Talave
Torremarín
Las Casas de Arriba
El Campillo del Negro
Mercadillos
Casas de Abajo
Bernabé
Cañada Juncosa
La Zarza
Casica del Madroño
Hellín
156
Pozo Cañada
10 km
6 miles

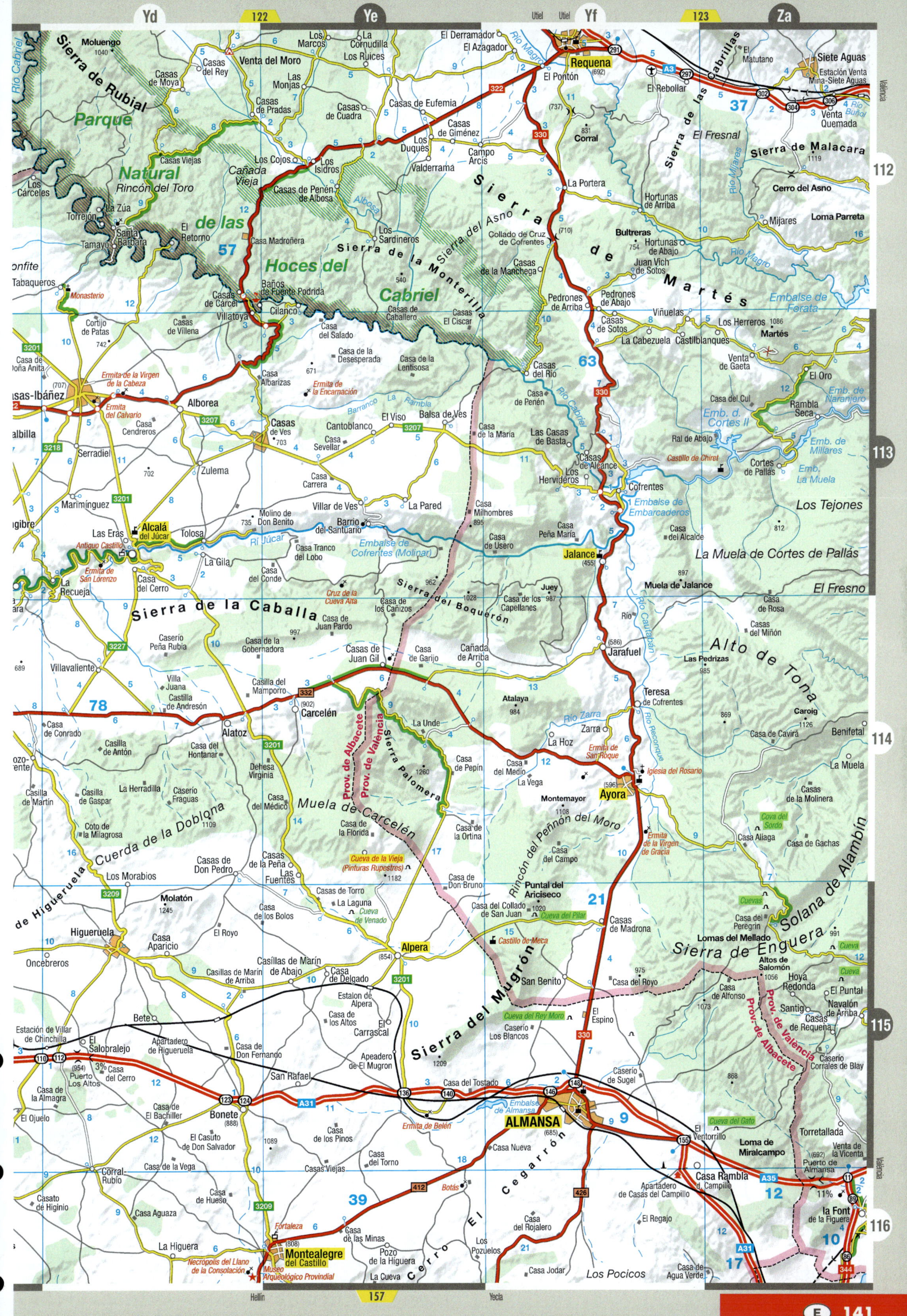
Sierra de Rubial
Parque Natural de las Hoces del Cabriel
Moluengo
Casas de Moya
Casas del Rey
Venta del Moro
Los Marcos
La Cornudilla
Los Ruices
El Derramador
El Azagador
Requena
El Pontón
Siete Aguas
Estación Venta Mina-Siete Aguas
El Matutano
Sierra de las Cabrillas
El Rebollar
Venta Quemada
El Fresnal
Sierra de Malacara
Cerro del Asno
Mijares
Loma Parreta
Las Monjas
Casas de Pradas
Casas de Cuadra
Casas de Eufemia
Casas de Giménez
Los Duques
Campo Arcos
Valderrama
Corral
La Portera
Casas Viejas
Cañada Vieja
Los Cojos
Los Isidros
Casas de Penén de Albosa
Rincón del Toro
Los Cárceles
Torrejón
La Zúa
Santa Bárbara
Tamayo
El Retorno
Casa Madroñera
Los Sardineros
Sierra de la Monterilla
Sierra del Asno
Collado de Cruz de Cofrentes
Sierra de Martés
Hortunas de Arriba
Hortunas de Abajo
Bultreras
Juan Vich de Sotos
Casas de la Manchega
Tabaqueros
Monasterio
Casas de Carcel
Baños de Fuente Podrida
Villatoya
Cilanco
Casas de Caballero
Casas El Ciscar
Pedrones de Arriba
Pedrones de Abajo
Viñuelas
Los Herreros
Martés
Embalse de Forata
Cortijo de Patas
Casas de Villena
Casa del Salado
Casa de la Desesperada
Casa de la Lentisosa
Casas de Sotos
La Cabezuela
Castilblanques
Venta de Gaeta
El Oro
Emb. de Naranjero
Casa de Doña Anita
Ermita de la Virgen de la Cabeza
Ermita del Calvario
Casas-Ibáñez
Casas Albarizas
Ermita de la Encarnación
Alborea
Casas del Río
Casa de Penén
Casa del Cul
Emb. d. Cortes II
Rambla Seca
Casa Cendreros
Casas de Ves
Cantoblanco
El Viso
Balsa de Ves
Casa de la María
Las Casas de Basta
Ral de Abajo
Castillo de Chirel
Emb. de Millares
Casa Sevellar
Serradiel
Zulema
Carrera
Casas de Alcance
Los Hervideros
Cofrentes
Cortes de Pallás
Emb. La Muela
Los Tejones
Marimínguez
Alcalá del Júcar
Las Eras
Tolosa
Antiguo Castillo
Molino de Don Benito
Villar de Ves
La Pared
Barrio del Santuario
Casa Milhombres
Embalse de Embarcaderos
Casa Peña María
Casa del Alcalde
Río Júcar
Embalse de Cofrentes (Molinar)
Casa Tranco del Lobo
Casa de Usero
Jalance
La Muela de Cortes de Pallás
La Gila
Ermita de San Lorenzo
La Recueja
Casa del Cerro
Casa del Conde
Cruz de la Cueva Alta
Casa de los Cañizos
Sierra del Boquerón
Casa de los Capellanes
Juey
Muela de Jalance
El Fresno
Sierra de la Caballa
Casa de Juan Pardo
Río
Casa de Rosa
Casas del Miñón
Caserío Peña Rubia
Casa de la Gobernadora
Casas de Juan Gil
Casa de Garijo
Cañada de Arriba
Jarafuel
Alto de Tona
Las Pedrizas
Villavaliente
Villa Juana
Castilla de Andresón
Casilla del Mamporro
Carcelén
Atalaya
Teresa de Cofrentes
Caroig
Benifetal
Casa de Conrado
Alatoz
Prov. de Albacete
Prov. de Valencia
Sierra Palomera
La Unde
Zarra
Río Zarra
La Hoz
Casa de Caviré
Casilla de Antón
Casa del Hontanar
Dehesa Virginia
Ermita de San Roque
Iglesia del Rosario
La Muela
Casilla de Martín
Casilla de Gaspar
La Herradilla
Caserío Fraguas
Casa del Médico
Muela de Carcelén
Casa de Pepín
Casa del Medio
La Vega
Ayora
Casas de la Molinera
Coto de la Milagrosa
Cuerda de la Doblona
Casa de la Florida
Casa de la Ortina
Montemayor
Rincón del Peñón del Moro
Ermita de la Virgen de Gracia
Cova del Sordo
Casa Aliaga
Casa de Gachas
Los Morabios
Casas de Don Pedro
Casas de la Peña
Las Fuentes
Cueva de la Vieja (Pinturas Rupestres)
Casa del Campo
Casa de Don Bruno
Solana de Alambín
Sierra de Higueruela
Molatón
Casa de los Bolos
El Royo
Casas de Torro
La Laguna
Cueva de Venado
Casa del Collado de San Juan
Puntal del Ariciseco
Cueva del Pilar
Casas de Madrona
Casa del Peregrín
Lomas del Mellado
Sierra de Enguera
Higueruela
Casa Aparicio
Oncebreros
Casillas de Marín de Arriba
Casillas de Marín de Abajo
Casa de Delgado
Alpera
Castillo de Meca
Sierra del Mugrón
San Benito
Casa del Royo
Altos de Salomón
Hoya Redonda
El Puntal
Navalón de Arriba
Santiago
Casas de Requena
Casa de Alfonso
Prov. de Valencia
Prov. de Albacete
Estación de Alpera
Casa de los Altos
El Carrascal
Bete
Estación de Villar de Chinchilla
El Salobralejo
Apartadero de Higueruela
Casa de Don Fernando
Cueva del Rey Moro
Caserío Los Blancos
El Espino
Caserío Corrales de Blay
Puerto Los Altos
Casa del Cerro
San Rafael
Apeadero de El Mugrón
Casa de la Almagra
Casa de El Bachiller
Bonete
Casa del Tostado
Embalse de Almansa
Caserío de Sugel
Almansa
Cueva del Gato
El Ventorrillo
Torretallada
El Ojuelo
El Casuto de Don Salvador
Casa de los Pinos
Ermita de Belén
Casa Nueva
Cegarrón
Loma de Miralcampo
Venta de la Vicenta
Puerto de Almansa
Casa de la Vega
Casas Viejas
Casa del Torno
Casa Rambla d. Campillo
Apartadero de Casas del Campillo
Corral-Rubio
Casa de Hueso
Botas
Casato de Higinio
Casa Aguaza
Casa del Rojalero
El Regajo
La Font de la Figuera
Fortaleza
La Higuera
Casa de las Minas
Pozo de la Higuera
Los Pozuelos
Cerro El
Necrópolis del Llano de la Consolación
Museo Arqueológico Provincial
Montealegre del Castillo
La Cueva
Casa Jodar
Los Pocicos
Casa de Agua Verde
Valencia
Hellín
157
Yecla

Sierra de la Cabrera
Sierra de Malacara
Chiva
Buñol
Cheste
Godelleta
Toris
Montroi
Llombai
Alfarb
Catadau
Picassent
Alginet
Carlet
L'Alcúdia
ALGEMESÍ
ALZIRA
Carcaixent
Alberic
XÀTIVA
Canals
ONTINYENT
Enguera
Serra del Cavalló
Sierra de Enguera
Solana de Alambín
Serra Grossa
Parque Natural de la Albufera
L'Albufera
VALENCIA
TORRENT
PAIPORTA
CATARROJA
MANISES
PATERNA
BURJASSOT
ALBORAYA
QUART DE POBLET
MISLATA
ALDAIA
XIRIVELLA
ALAQUÀS
Benifaió
Almussafes
Sueca
Prov. de València
Prov. d'Alacant
Parque Natural de la Sierra de Mariola
Serra de Gandia
Serra de les Agulles
Serra del Buixcarró
Serra de la Creu
Serra de Benicadell
Embalse de Forata
Emb. de Escalona
Pantà de Tous
Emb. de Bellús
Montesa
Vallada
Mogente Moixent
Albaida
Alcoy (Alcoi)
Villena

Golf de València
Palma
Eivissa
Palma de Mallorca
Sant Antoni de Portmany
Sa Savina
Platja del Recatí
Porta del Sol
el Perelló
Platja de les Palmeres
les Palmeres
Platja de Mareny
el Mareny de les Barraquetes
la Bega del Mar
el Mareny Blau
el Mareny de Vilxes
Far de Cullera
la Torre del Cap
CULLERA
Favara
el Brosquil
la Goleta
Platja de Tavernes
Casa del Alcalde
Platja de Xeraco
Platja de Xeresa
La Safor
Xeraco
Xeresa
Platja de el Grau de Gandia
Colonia Ducal
Mondúber
el Grau de Gandia
Platja de Venècia
Beniopa
Daimús
GANDIA
Miramar
la Platja de la Torre de Piles
Autopista del Mediterráneo
la Marxuquera
Almoines
Bellreguard
Piles
Platja d' Oliva
Alqueria de la Condesa (l'Alqueria de la Comtessa)
Castell dels Ducs de Gandia
la Platja d'Oliva
Beniarjó
Rótova
Palma de Gandia
Rafelcofer
OLIVA
Alfauir
Ador
Potríes
Castellonet de la Conquesta
la Font d'En Carròs
Casa Vidal
Los Llanos
Villalonga
Elca
la Rosada de Sant Jaume
Molinell
Forna
Parque Natural de la Marjal de Pego-Oliva
Platja de Vergel
El Rincón
Punta dels Molins
les Bovetes
Setla
El Poblets
Miraflor
Vergel
Adsubia
Pego
Serra de Segària
DÉNIA
les Rotes
Parque Natural El Montgó
Cap de Sant Antoni
la Duana
Beniali (Vall de Gallinera)
Alpatró
Benirrama
Benitaia
Benimeli
Beniarbeig
Ondara
la Xara
Ràfol de Almunia
Sanet y Negrals
Sagra
Tormos
Vall de Ebo
Benidoleig
Pedreguer
Jesús Pobre
JÁVEA XÀBIA
Vall-de-Ros
Parador
Platja de l' Arena
Cala Blanca
Alcalá de la Jovada (la Vall d'Alcalà)
Beniaia
Fleix (Vall de Laguar)
Campell
Benimaurell
Fontilles
Orba
la Llosa de Camatxo
Gata de Gorgos
San Antonio
Benidorm
Serra de l'Almirall
Serra de Mustalla

Qc
Qd
128
Qe
Caldas da Rainha
Qf
Santarém
Ra
114
115
116
117
118
119
Casais de São Lourenço
Encarnação
Pincanceira
Ribamar
Lagoa
Santa Isidoro
Monte Bom
Fonte Boa dos Nabos
Praia São Sebastião
Ericeira
Archada
Sobreiro
Praia do Sul
Fonte Boa da Brincosa
Mafra
Palácio Nacional
Carvoeira
Praia de Foz de Lizandro
Valverde
Seixal
Igreja Nova
Assafora
Praia da Samarra
Catribana
Parque
Natural
de Sintra-
Cascais
São João das Lampas
Magoito
Bolembre
Praia de Magoito
Azenhas do Mar
Fontanelas
Gouveia
Terrugem
Praia das Maçãs
Janas
Praia Pequena
Praia Grande
Colares
SINTRA
Praia da Adraga
Cabo da Roca
Ponto mais Ocidental do Continente Europeu
Azóia
Castelo dos Mouros
Malveira da Serra
Areeiro
Praia do Guincho
ALCABIDECHE
Murches
Birre
Cabo Raso
Torre
Estoril
CASCAIS
Boca do Inferno
Costa do Estoril
SÃO DOMINGOS DE RANA
Parede
Carcavelos
São Julião
PAÇO DE ARCOS
OEIRAS
Bugio
Cova do Vapor
Quinta de Santo António
Costa da Caparica
Trafaria
Caparica
Porto Brandão
Belém
Mosteiro dos Jerónimos
Ponte do 25 de Abril
Cacilhas
ALMADA
BARREIRO
Cova da Piedade
CORROIOS
AMORA
Seixal
ARRENTELA
Fogueteiro
CHARNECA da Caparica
209
Costa Azul
Fonte da Telha
Lagoa de Albufeira
Casa do Infantado
Aldeia do Meco
Praia da Tramagueira
Praia dos Lagosteiros
Serra do Cabo
Nossa Senhora do Cabo
Cabo Espichel
Porto da Baleeira
Alfarim
Almoinha
Zambujal
Santana
SESIMBRA
Cabo de Aires
Costa Azul
Baia de Setúbal
Fernão Ferro
Quinta do Conde
Coina
Palmela
Vila Nogueira de Azeitão
Serra da Arrábida
Natural da Arrábida
Portinho da Arrábida
Outão
Praia de Alpertuche
SETÚBAL
Parque
Pinhal Novo
PINHAL
MONTIJO
Alcochete
Samouco
Reserva Natural do Estuário do Tejo
Rio Tejo
Sacavém
Moscavide Olivais
Poço do Bispo
LISBOA
Alfama
Castelo
Campo Grande
AMADORA
ODIVELAS
LOURES
CARNAXIDE
QUELUZ
CACÉM
RIO DE MOURO
ALGUEIRÃO
Mem Martins
Sintra
Serra de Sintra
Malveira
Vila Franca do Rosário
Loures
Bucelas
Fanhões
Vialonga
ALVERCA DO RIBATEJO
PÓVOA DE SANTA IRIA
Santa Iria de Azóia
Vila Franca de Xira
Alhandra
Sobralinho
Arruda dos Vinhos
Carregado
Castanheira do Ribatejo
Cachoeiras
Sobral
Dois Portos
Carnota
Freixofeira
Sapataria
Milharado
Arranhó
Póvoa da Galega
Bemposta
Portas do Capitão Mor
Portas do Mouchão da Cabra
Portas do Mar de Caes
São João da Talha
Unhos
Camarate
Prior Velho
Benfica
Monsanto
Linda-a-Velha
Oeiras
Alcochete
Sarilhos Pequenos
Sarilhos Grande
Lavradio
Baixa da Banheira
Alhos Vedros
Moita
Penteado
Brejos de Azeitão
Aldeia dos Pinheiros

Salvaterra de Magos
Benavente
Samora Correia
Santo Estêvão
Infantado
Coruche
Azervadinha
Ribatejo
Biscainho
Canha
Montijo
Pegões
Vendas Novas
Lavre
Cabrela
Palmela
Setúbal
Marateca
Águas de Moura
Alcácer do Sal
Reserva Natural do Estuário do Sado
Rio Sado
Comporta
Tróia
Costa da Galé
Distrito de Santarém
Distrito de Setúbal
Distrito de Lisboa
Distrito de Évora
Montemor-O-Novo
Couço
Santa Justa
Sines
Grândola

Re
Rf
130
Sa
Estremoz
Sb
116
117
118
119
120
Santarém
Lisboa
Sines
Alentejo
Baixo
Montemor-O-Novo
Arraiolos
ÉVORA
Montemor
Nossa Senhora da Torega
Alcáçovas
Viana do Alentejo
Água de Peixe
Alvito
Oriola
Portel
Vidigueira
Santana
Torre de Coelheiros
Azaruja
Évoramonte
Cuba
Vila Nova da Baronia
São Vicente
Peral do Meio
Martianes
São Geraldo
Sabugueiro
Santana do Campo
Larangeira
Aldeia da Serra
São Gregório
Carrascal
Est. Évora Monte
Est. Vimiero
Venda do Duque
Comenda Grande
Parracha
Santa Justa
Vale do Pereiro
Cabido Grande
Oleirita
Rabasqueira
Quinta dos Lóios
São Pedro da Gafanhoeira
Pedrógão
Foros de Vale de Figueira
Rabaçal
Represa
Pastaneira
Pousada
Oliveiras
Carias
Barragem do Divor
Igrejinha
Est. Azaruja
São Bento do Mato
Courelas da Azaruja
Courelas da Toura
Castelo Ventoso
Lajes
Vidigal
Ribeira de Canha
Montemor-Oeste
Montemor-Este
Foros de Adua
Barragem dos Minutos
Pedras Alvas
Sempre Noiva
Abegoaria
Nossa Senhora da Graça do Divor
Nascente de Évora
Vale de El-Rei de Baixo
Valeira
Cuncos
Santa Sofia
Alcalva
Couvela de São Mateus
Safira
Paião
Vale-Maria
Bairro do Louredo
Bairro dos Canaviais
São Bento de Castris
Bairro do Degebe
Fuzeira
Pau
Seixo
Faia
São Miguel de Machede
Ribeira de Pardiela
Torre da Gadanha
São Romão
Serra de Monfurado
Castelos
Corticadas
Giesteira
Freixial
Almendres
Ponte de Évora
São Bento
Templo Romano
Muralha
(rom. Liberalitas Julia)
Nossa Senhora de Machede
Monte do Bussalfão
Rio Degebe
Machede
Est. Paço Saraiva
Capela
Vale de Mós
Gruta (com pinturas)
Freguises
Nossa Senhora da Boa Fé
Bandeiras
Herdade da Mitra (Escola Agrícola)
Olheiro
Gato
Est. Escoural
Santiago do Escoural
Nogueirinha
São Brissos
Monte das Flores
Pomarinho
Quinta de Valverde
Barrocal
Ruínas romanas
Barragem do Torres
Vale da Moura
Barragem do Monte Novo
Ruta de Washington Irving
São Cristóvão
Barbosa
Casa Branca
Est. Tojal
Tojal
Zambujal do Conde
São Jordão
Ribeira da Azambuja
Foros do Pinheiro
Defesa Grande
Carrascal
Álamo
Taboleiros de Baixo
Espinheira
São Manços
São Marcos da Abóbada
Viçosa
Monsarves
Água Doce
Caldeira
São Brás da Regedoura
Ribeira das Alcáçovas
Convento da Esperança
Barragem do Pego do Altar
Alcáçovas-Est.
Rio Xarrama
Aguiar
Monte dos Hospitais
Canelas
Seixo da Oliveira
Tojais Novos
Termas da Ganhofeira
Sobral das Minas
Formiga
Nossa Senhora de Aires
São Bartolomeu do Outeiro
Horta da Quinta
Zambujeiro
Distrito de Évora
Distrito de Setúbal
São Soeiro
São Brissos
Quinta do Duque
São Pedro
Senhora da Assunção
São João Baptista
Barragem do Alvito
Monte de Algalé
Torrão
Senhora da Graça
Albergaria dos Fusos
Santa Águeda
Cortes Grandes
Vale Bom
Carrascais
Barragem de Vale de Gaio
Rio Seco
Serra de Mendro
Vila Alva
Vila Ruiva
Est. Alvito
Vila de Frades
Panasqueira
Faias
Rio Seco da Estrada
Cevada
Chouriço
Barragem de Odivelas
Alcaria da Serra
Est. Cuba
Altura do Monte Nova
Trolho
Rio Sado
Odivelas
Esperança
Cortes de Cima
Selmes
Mina
Caneiras Grandes
Fonte Boa
Cerro da Mina
Sesmarias
Faro do Alentejo
Cortes de Baixo
Grandão
Alfundão
Cacapeira
Monte da Pa
Andreza
Ribeira de Odearce
Torre do Pinto
São Matias
São Luís
Figueira dos Cavaleiros
Boavista
Aparica
Peroguarda
Trigaches
São Pedro
Lameira
São Brissos
Distrito
161
Ferreira do Alentejo
Beja
10 km
6 miles

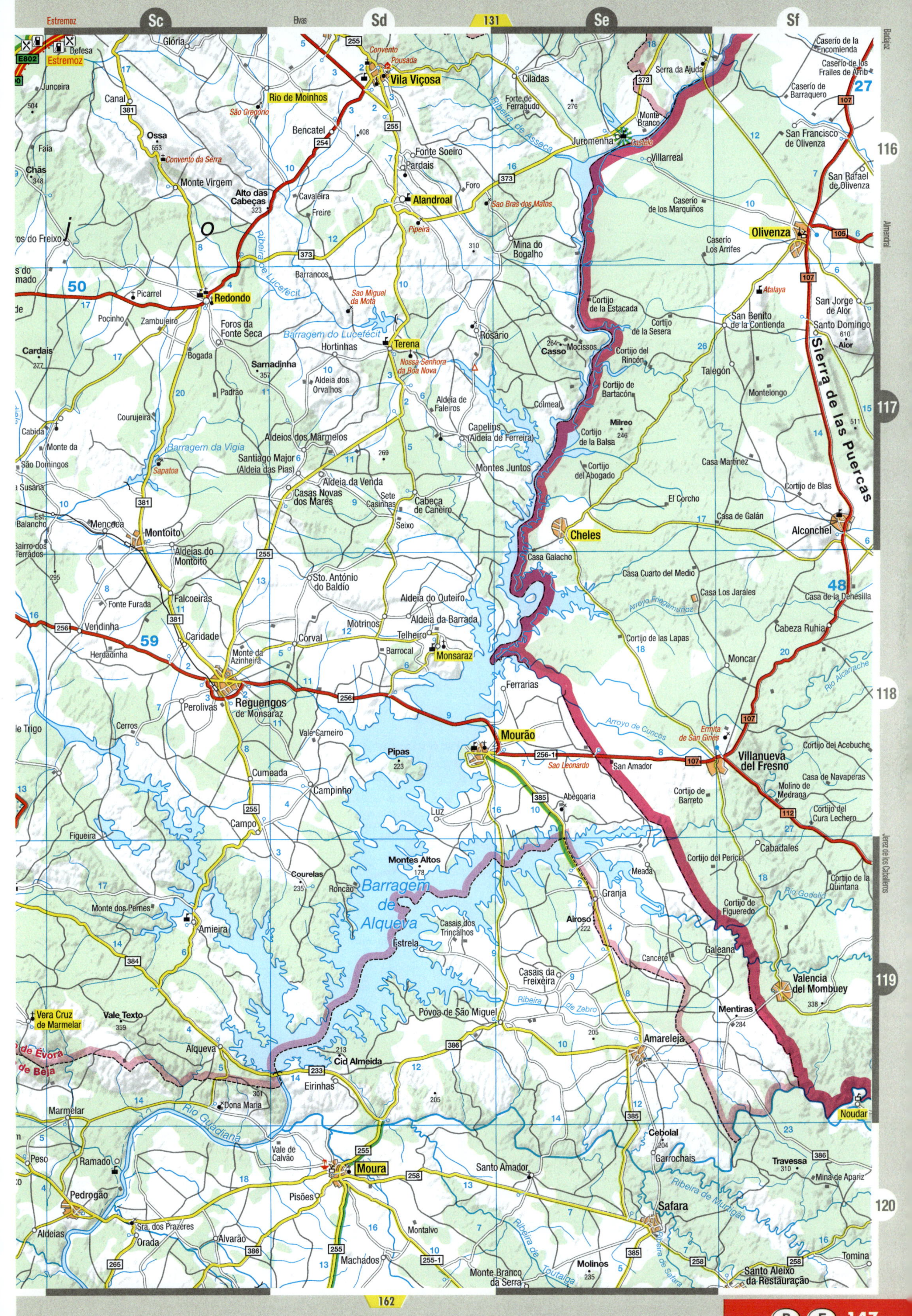
Estremoz
Elvas
Badajoz
Defesa
Glória
Vila Viçosa
Convento
Pousada
Ciladas
Serra da Ajuda
Caserío de la Encomienda
Caserío de los Frailes de Arib
Caserío de Barraquero
Junceira
Canal
Rio de Moinhos
São Gregório
Forte de Ferragudo
Ribeira de Asseca
Monte Branco
Juromenha
Castelo
Villarreal
San Francisco de Olivenza
San Rafael de Olivenza
Faia
Ossa
Convento da Serra
Bencatel
Fonte Soeiro
Pardais
Foro
Chãs
Monte Virgem
Alto das Cabeças
Cavaleira
Freire
Alandroal
Pipeira
São Brás dos Matos
Caserío de los Marquiños
Almendral
Olivenza
Caserío Los Arrifes
Mina do Bogalho
Barrancos
Ribeira de Lucefécit
Picarrel
Redondo
São Miguel da Mota
Atalaya
San Jorge de Alor
Santo Domingo
Alor
San Benito de la Contienda
Cortijo de la Estacada
Cortijo de la Sesera
Pocinho
Zambujeiro
Foros da Fonte Seca
Barragem do Lucefécit
Terena
Rosário
Casso
Mocissos
Cortijo del Rincón
Talegón
Sierra de las Puercas
Cardais
Bogada
Hortinhas
Sarnadinha
Nossa Senhora da Boa Nova
Aldeia dos Orvalhos
Padrão
Courujeira
Aldeia de Faleiros
Colmeal
Cortijo de Bartacón
Montelongo
Cabida
Monte da
São Domingos
Barragem da Vigia
Aldeios dos Marmelos
Capelins
Aldeia de Ferreira
Milreo
Cortijo de la Balsa
Santiago Major (Aldeia das Pias)
Sapatoa
Aldeia da Venda
Montes Juntos
Cortijo del Abogado
Casa Martínez
Susana
Casas Novas dos Mares
Sete Casinhas
Cabeça de Caneiro
El Corcho
Cortijo de Blas
Est. Balancho
Mencoca
Montoito
Seixo
Cheles
Casa de Galán
Alconchel
Bairro dos Terrados
Aldeias do Montoito
Casa Galacho
Casa Cuarto del Medio
Sto. António do Baldio
Fonte Furada
Falcoeiras
Aldeia do Outeiro
Aldeia da Barrada
Arroyo Friegamuñoz
Casa Los Jarales
Casa de la Dehesilla
Vendinha
Motrinos
Caridade
Corval
Telheiro
Cortijo de las Lapas
Cabeza Ruiha
Herdadinha
Monte da Azinheira
Barrocal
Monsaraz
Moncar
Ferrarias
Río Alcarrache
Perolivas
Reguengos de Monsaraz
Mourão
Arroyo de Cuncos
Ermita de San Ginés
Villanueva del Fresno
Cortijo del Acebuche
Cerros
Vale Carneiro
Pipas
São Leonardo
San Amador
Casa de Navaperas
Molino de Medrana
Cortijo de Barreto
Cortijo del Cura Lechero
Cumeada
Campinho
Abegoaria
Luz
Campo
Figueira
Cabadales
Cortijo del Pericia
Jerez de los Caballeros
Montes Altos
Courelas
Roncão
Barragem de Alqueva
Meada
Granja
Cortijo de la Quintana
Río Godolid
Cortijo de Figueredo
Monte dos Pernes
Amieira
Casais dos Trincalhos
Airoso
Estrela
Cancere
Galeana
Casais da Freixeira
Valencia del Mombuey
Ribeira de Zebro
Póvoa de São Miguel
Mentiras
Vera Cruz de Marmelar
Vale Texto
Amareleja
Alqueva
Cid Almeida
Distrito de Évora
Distrito de Beja
Eirinhas
Dona Maria
Noudar
Marmelar
Rio Guadiana
Cebolal
Garrochais
Travessa
Mina de Apariz
Peso
Ramado
Vale de Calvão
Moura
Santo Amador
Ribeira de Murtigão
Pedrogão
Pisões
Safara
Aldeias
Sra. dos Prazeres
Orada
Alvarão
Montalvo
Ribeira de Toutalga
Machados
Monte Branco da Serra
Molinos
Ribeira de Safara
Tomina
Santo Aleixo da Restauração

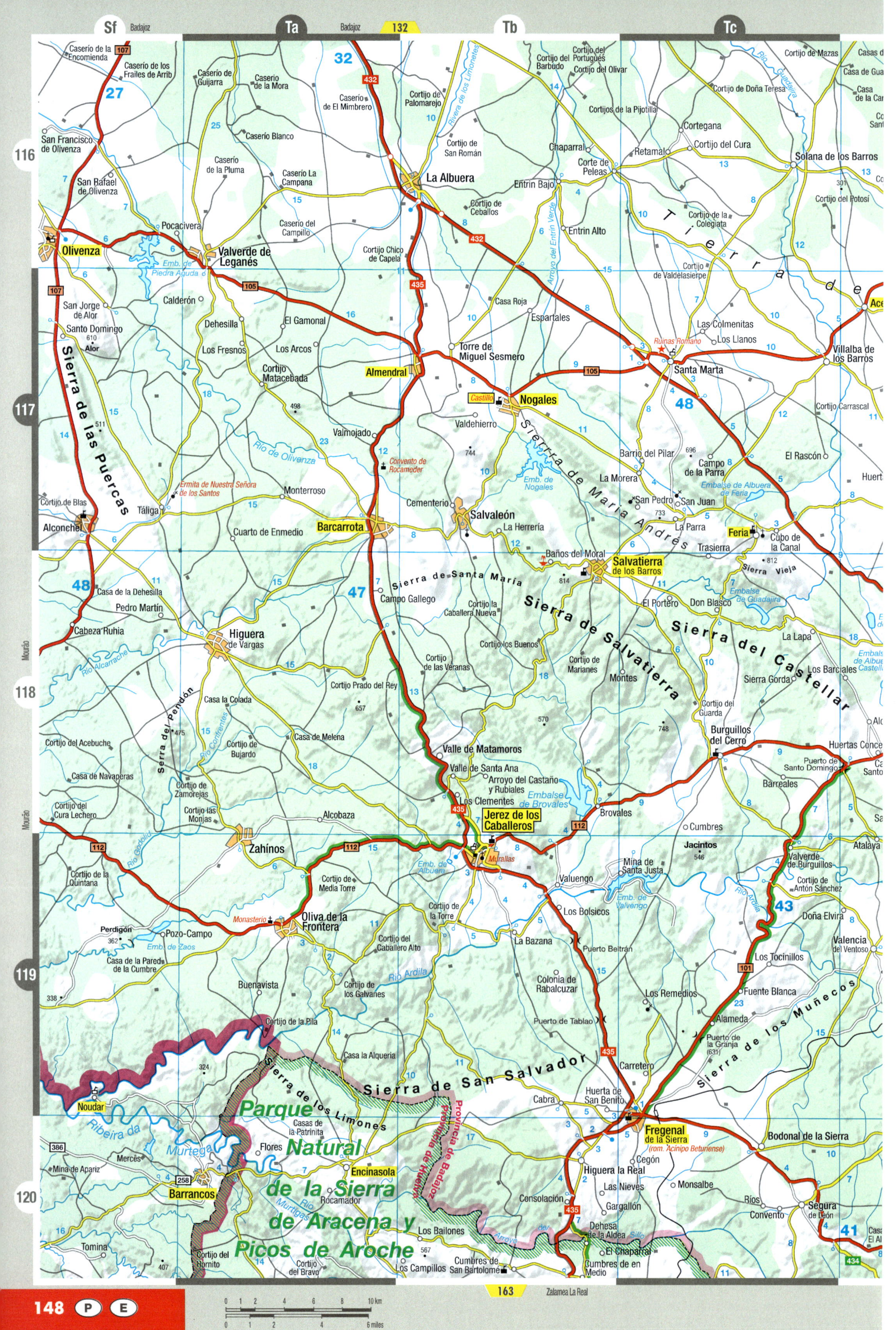

Sf
Ta
Tb
Tc
Badajoz
132
116
117
118
119
120
Caserío de la Encomienda
Caserío de los Frailes de Arrib
Caserío de Guijarra
Caserío de la Mora
Caserío de El Mimbrero
Cortijo de Palomarejo
Rivera de los Limonetes
Cortijo del Portugués
Cortijo del Barbudo
Cortijo del Olivar
Cortijo de Mazas
Casa de Gua
Cortijo de Doña Teresa
Río Guadajira
Cortijos de la Pijotilla
Cortegana
Cortijo del Cura
Solana de los Barros
Cortijo del Potosí
San Francisco de Olivenza
Caserío Blanco
Caserío de la Pluma
Caserío La Campana
Cortijo de San Román
Chaparral
Retamal
Corte de Peleas
La Albuera
Entrín Bajo
San Rafael de Olivenza
Caserío del Campillo
Cortijo de Ceballos
Entrín Alto
Arroyo del Entrín Verde
Cortijo de la Colegiata
Tierra de Barros
Pocacivera
Olivenza
Valverde de Leganés
Emb. de Piedra Aguda
Cortijo Chico de Capela
Cortijo de Valdelasierpe
Calderón
San Jorge de Alor
Santo Domingo
Alor
Dehesilla
El Gamonal
Casa Roja
Espartales
Las Colmenitas
Los Llanos
Ruinas Romano
Villalba de los Barros
Los Fresnos
Los Arcos
Cortijo Matacebada
Almendral
Torre de Miguel Sesmero
Santa Marta
Castillo
Nogales
Cortijo Carrascal
Sierra de las Puercas
Valdehierro
Valmojado
Río de Olivenza
Convento de Rocamador
Sierra de María Andrés
Barrio del Pilar
Campo de la Parra
El Rascón
Emb. de Nogales
La Morera
Embalse de Albuera de Feria
Ermita de Nuestra Señora de los Santos
Monterroso
Cortijo de Blas
Táliga
Cementerio
Salvaleón
San Pedro
San Juan
La Parra
Alconchel
Barcarrota
Cuarto de Enmedio
La Herrería
Feria
Cubo de la Canal
Trasierra
Baños del Moral
Salvatierra de los Barros
Sierra Vieja
Casa de la Dehesilla
Sierra de Santa María
Campo Gallego
Cortijo la Caballera Nueva
El Portero
Don Blasco
Embalse de Guadajira
Pedro Martín
Sierra de Salvatierra
Sierra del Castellar
Cabeza Ruiha
Higuera de Vargas
Cortijo los Buenos
La Lapa
Río Alcarrache
Cortijo de las Veranas
Cortijo de Marianes
Montes
Los Barciales
Sierra Gorda
Cortijo Prado del Rey
Casa la Colada
Serra del Pendón
Cortijo del Guarda
Burguillos del Cerro
Cortijo del Acebuche
Río Confrentes
Cortijo de Bujardo
Casa de Melena
Valle de Matamoros
Huertas Conce
Puerto de Santo Domingo
Casa de Navaperas
Cortijo de Zamorejas
Valle de Santa Ana
Arroyo del Castaño y Rubiales
Barreales
Embalse de Brovales
Cortijo del Cura Lechero
Cortijo las Monjas
Los Clementes
Alcobaza
Jerez de los Caballeros
Brovales
Cumbres
Zahínos
Jacintos
Atalaya
Murallas
Emb. de Albuera
Mina de Santa Justa
Valverde de Burguillos
Cortijo de la Quintana
Cortijo de Media Torre
Valuengo
Cortijo de Antón Sánchez
Emb. de Valvengo
Los Bolsicos
Río Ardila
Cortijo de la Torre
Doña Elvira
Monasterio
Oliva de la Frontera
Perdigón
Pozo-Campo
Cortijo del Caballero Alto
La Bazana
Puerto Beltrán
Valencia del Ventoso
Emb. de Zaos
Casa de la Pared de la Cumbre
Los Tocinillos
Colonia de Rabalcuzar
Buenavista
Cortijo de los Galvanes
Los Remedios
Fuente Blanca
Sierra de los Muñecos
Alameda
Puerto de Tablao
Cortijo de la Pila
Puerto de la Granja
Casa la Alquería
Carretero
Sierra de San Salvador
Sierra de los Limones
Noudar
Parque Natural de la Sierra de Aracena y Picos de Aroche
Cabra
Huerta de San Benito
Casas de la Patrinita
Provincia de Badajoz
Provincia de Huelva
Fregenal de la Sierra
(rom. Acinipo Beturiense)
Bodonal de la Sierra
Ribeira da Murtega
Flores
Mercês
Mina de Apariz
Encinasola
Cegón
Higuera la Real
Barrancos
Rocamador
Río Murtiga
Las Nieves
Monsalbe
Consolación
Gargallón
Ríos
Convento
Segura de León
Los Bailones
Dehesa de la Aldea
El Chaparral
Tomina
Cortijo del Hornito
Cortijo del Bravo
Los Campillos
Cumbres de San Bartolomé
Cumbres de en Medio
Mourão
163
Zalamea La Real
10 km
6 miles

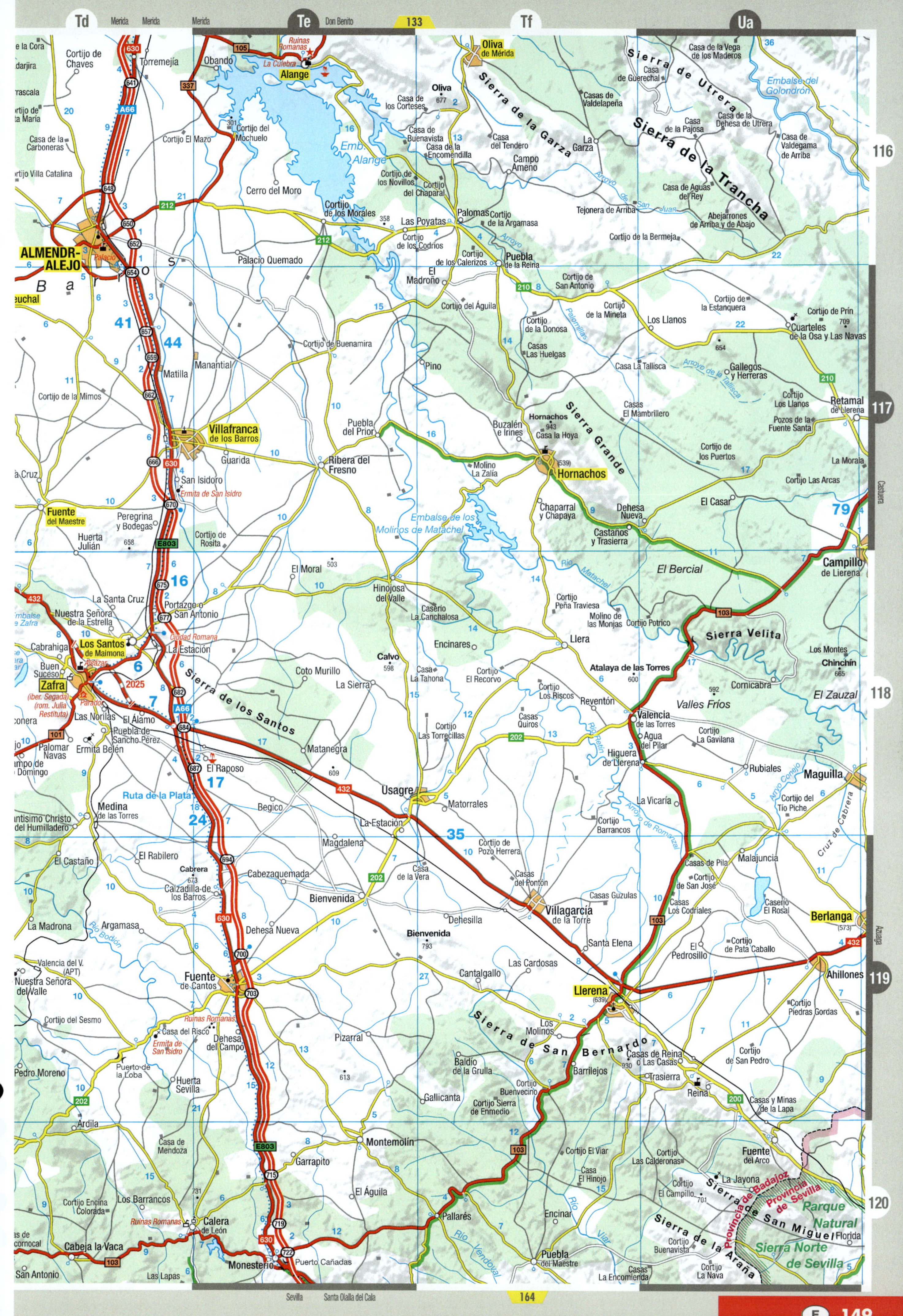

Merida
Merida
Merida
Don Benito
Ruinas Romanas
Obando
La Culebra
Alange
Oliva de Mérida
Oliva
Sierra de la Garza
Sierra de Utrera
Sierra de la Trancha
Casa de la Vega de los Maderos
Embalse del Golondrón
Cortijo de Chaves
Torremejía
Casa de los Corteses
Casas de Valdelapeña
La Garza
Casa de la Pajosa
Casa de la Dehesa de Utrera
Casa de Valdegama de Arriba
Cortijo del Mochuelo
Cortijo El Mazo
Emb. de Alange
Casa de Buenavista
Casa de la Encomendilla
Casa del Tendero
Campo Ameno
Casa de la Carboneras
Cortijo Villa Catalina
Cortijo de los Novillos
Cortijo del Chaparral
Casa de Aguas del Rey
Cerro del Moro
Cortijo de los Morales
Las Poyatas
Palomas
Cortijo de la Argamasa
Tejonera de Arriba
Abejarrones de Arriba y de Abajo
ALMENDRALEJO
Palacio
Palacio Quemado
Cortijo de los Codrios
Cortijo de los Calerizos
Puebla de la Reina
Cortijo de la Bermeja
El Madroño
Cortijo de San Antonio
Cortijo de la Estanquera
Cortijo de Prín
Cuarteles de la Osa y Las Navas
Barros
Cortijo del Águila
Cortijo de la Mineta
Los Llanos
Cortijo de la Donosa
Casas Las Huelgas
Cortijo de Buenamira
Pino
Casa La Tallisca
Gallegos y Herreras
Matilla
Manantial
Cortijo de la Mimos
Cortijo Los Llanos
Retamal de Llerena
Casas El Mambrillero
Pozos de la Fuente Santa
Villafranca de los Barros
Puebla del Prior
Buzalén e Irines
Hornachos
Casa la Hoya
Sierra Grande
Guarida
Ribera del Fresno
Molino La Zalia
Cortijo de los Puertos
La Morala
Cortijo Las Arcas
San Isidoro
Ermita de San Isidro
Castuera
Fuente del Maestre
Peregrina y Bodegas
Embalse de los Molinos de Matachel
Chaparral y Chapaya
Dehesa Nueva
El Casar
Huerta Julián
Cortijo de Rosita
Castaños y Trasierra
El Bercial
Campillo de Llerena
El Moral
Hinojosa del Valle
Caserío La Canchalosa
Cortijo Peña Traviesa
Molino de las Monjas
Cortijo Potrico
La Santa Cruz
Portazgo
San Antonio
Nuestra Señora de la Estrella
Encinares
Llera
Sierra Velita
Los Santos de Maimona
Cabrahiga
Ciudad Romana
La Estación
Calvo
Los Montes
Chinchín
Buen Suceso
Coto Murillo
Casa La Tahona
Cortijo El Recorvo
Atalaya de las Torres
Cornicabra
El Zauzal
Zafra
Alcazar
La Sierra
Cortijo Los Riscos
Reventón
Valles Fríos
Sierra de los Santos
Parador
Las Norilas
El Álamo
Puebla de Sancho Pérez
Casas Quiros
Valencia de las Torres
Agua del Pilar
Cortijo La Gavilana
Palomar Navas
Ermita Belén
Cortijo Las Torrecillas
Matanegra
Higuera de Llerena
Rubiales
Maguilla
El Raposo
Usagre
Matorrales
La Vicaría
Cortijo del Tío Piche
Ruta de la Plata
Begico
Medina de las Torres
La Estación
Cortijo Barrancos
Magdalena
Cortijo de Pozo Herrera
Casas de Pila
Malajuncia
El Rabilero
Cabrera
Calzadilla de los Barros
Cabezaquemada
Casa de la Vera
Casas del Pontón
Cortijo de San José
Casas Los Codriales
Caserío El Rosal
El Castaño
Bienvenida
Villagarcía de la Torre
Casas Guzulas
Berlanga
La Madrona
Argamasa
Dehesa Nueva
Dehesilla
El Pedrosillo
Cortijo de Pata Caballo
Santa Elena
Ahillones
Valencia del V. (APT)
Nuestra Señora del Valle
Fuente de Cantos
Las Cardosas
Cantalgallo
Llerena
Cortijo del Sesmo
Ruinas Romanas
Casa del Risco
Dehesa del Campo
Ermita de San Isidro
Sierra de San Bernardo
Los Molinos
Cortijo Piedras Gordas
Pizarral
Cortijo de San Pedro
Baldío de la Grulla
Casas de Reina o Las Casas
Trasierra
Reina
Pedro Moreno
Puerto de la Loba
Huerta Sevilla
Barrilejos
Gallicanta
Cortijo Buenvecino
Cortijo Sierra de Enmedio
Casas y Minas de la Lapa
Ardila
Casa de Mendoza
Montemolín
Garrapito
Cortijo El Viar
Casa El Hinojo
Cortijo Las Calderonas
Fuente del Arco
La Jayona
Cortijo El Campillo
El Águila
Cortijo Encina Colorada
Los Barrancos
Ruinas Romanas
Calera de León
Pallarés
Encinar
Sierra de San Miguel
Provincia de Badajoz
Provincia de Sevilla
Parque Natural Sierra Norte de Sevilla
Florida
Sierra de la Araña
Cortijo Buenavista
Cabeja la Vaca
Monesterio
Puerto Cañadas
Río Viar
Río Vendoval
Puebla del Maestre
Casas La Encomienda
Cortijo La Nava
San Antonio
Las Lapas
Sevilla
Santa Olalla del Cala
164
116
117
118
119
120

Ua
Ub
134
Campanario
Uc
Puebla de Alcocer
Ud
Ue
La Serena
Sierra del Arrozao
La Guarda
Embalse del Golondrón
Sierra Agalla
Ermita de San José
Tamujoso
Apd. Quintana de la Serena
Arroyo de Guadalefra
Casa de la Peña
Casa de la Burra
Quintana de la Serena
Castuera
Huerta
Valle de la Serena
Casa de la Dehesilla
Las Matas
San Isidro
Sierra de Castuera
Ermita de San José
Benquerencia de la Serena
Belén
Almorchón
Sierra de Tiros
Tiros
La Nava
Malpartida de la Serena
Helechal
Sierra de Guadamez
Higuera de la Serena
Emb. de Zalamea
Zalamea de la Serena
Esparragosa de la Serena
Puerto Hurraco
Mangurriano
Cañada Honda
Luján
El Quintillo
Cortijo de Prín
Bulera
El Esparragal
El Encinalejo
Sierra del Oro
Vallehermosa
Arroyo de Benquerencia
Río Zújar
Cortijo Los Llanos
Pozos de la Fuente Santa
Retamal de Llerena
Cortijo La Solana
Majada de la Burra
Monterrubio de la Serena
El Tallar
Cachiporro
Sierra de Argallanes
Cortijo Argallenes
Casas de las Navazuelas
Navajunde
Sijuela
Cañuelo
La Morala
Cortijo Las Arcas
Llanos de las Corchas
Arroyo de Santa María
Los Pollos
Pozo Porquero
Cortijo Santa María
Santa Inés
Puerto de Castuera
Cortijo de Casablanca
Cortijo del Postuero
Mataborrachas
Sierra del Conde
Dehesa de Santa Inés
Estación de Mármol
Campillo de Llerena
Cortijo Canta el Gallo
El Torozo
Sierra de la Mesegara
La Barquera
Virgen de Fátima
Sierra del Torozo
Peraleda de Zaucejo
Provincia de Badajoz
Provincia de Córdoba
Sierra del Coscojo
Casa La Bóveda
El Valluno
Sierra Trapera
Angosturías
Los Montes
Chinchín
Cortijo de las Desgracias
Puerto Llano
Sierra del Cambrón
Los Jarales
Cortijo de las Provincias
Cortijo Arriba
El Zauzal
El Madroño
La Navarra
Los Blázquez
Valsequillo
El Morconcillo
El Raposo
Casa de la Mata
Sierra del Ducado
Las Casas
Sierra Noria
Arroyo Conejo
Dehesa de Palomero
La Granjuela
Maguilla
Cortijo de las Cruzadas
Casa de Orihuela
Sierra El Perú
La Barranca
Sierra de la Herrera
Cruz de Cabrera
Cortijo La Merchana
El Coto
La Capitana
Cuenca
Sierra de la Grana
Porvenir de la Industria
La Parrilla
Jarero
Nava Fría
Cortijo de la Pipa
Granja de Torrehermosa
San Sebastián
Emb. de San Pedro
Las Capellanías
Cortijo de Tarilla
Casa de la Majadilla
Sierra de las Cabras
Embalse del Guadiato
Berlanga
Tarilla
La Charca
Cortijo del Arrendamiento
Emb. de Sierra Boyera
Ahillones
Azuaga
Fuente Obejuna
La Coronada
Sierra de los Santos
El Hoyo
Castillo de Ricamonte
Río Bembézar
La Cardenchosa
Sierra de Gata
Las Canteras
La Serrana
El Morro
Calaveruela
Los Doñoros
La Casa del Rincón
Obatón
Doña Rama
Valverde de Llerena
Los Rubios
Cerro de San Ildefonso
La Casa Alta
Cañada del Gamo
Navalcuervo
Casa Vieja
Argallón
Ojuelos Bajos
Los Pánchez
Posadilla
La Mesilla
Sierra del Recuero
Cerro Serrano
Ojuelos Altos
El Alcornocal
Provincia de Badajoz
Río Sotillos
Provincia de Sevilla
Lomas de Encinar
Piconcillo
El Castillejo
San Pedro
Los Mártires
Cerro del Ayudadero
Guadiloca
Los Morenos
La Cardenchosa
Valdeinfierno
El Madroño
Sierra de la Patuda
Parque Natural de la Sierra Norte
Malcocinado
Matamoros
Los Cañojales
Sierra de la Albarrana
Florida
Guadalcanal
Prov. de Córdoba
Prov. de Sevilla
Caserío de la Urbana
Río Bembézar
Cerro del Castillo
Loma de la Vaquera
El Cabril
de Sevilla
Llerena
Zafra
116
117
118
119
120
165
166
0 1 2 4 6 8 10 km
0 1 2 4 6 miles

Uf
135
Va
Herrera del Duque
Vb
Vc
Zarza Capilla
Sierra del Torozo
Sierra de la Moraleja
Prov. de Badajoz
Prov. de Ciudad Real
Quinto Las Yuntas
Navas
Chillón
Almadén
Castillo árabe
Parque Minero
Virgen del Castillo
Casa del Vivero
Embalse de Castilseras
Casa de las Navas
Embalse del Entredicho
116
Casa la Racha
San Blas
Cabeza del Buey
Puerto de la Nava
Estación de Belalcázar
Gualdalmez
Castillo Aznarón
Vega San Ildefonso
Apd. Chillón
Apd. Alamillo
Almadenejos
Castillo Manzaire
Estación de El Madroñal-Fontanosas
Sierra de la Cerrata
Parque Natural Valle de Alcudia y Sierra Madrona
Estación de Los Pedroches
Prov. de Ciudad Real
Prov. de Córdoba
Alamillo
Alto de las Lagunas
Tiesa
Cantos Blancos
Casa del Puerto (Albergue)
Castillo del Vioque
Cerro de las Monterías
Sierra del Pajonal
Sierra de Alcudia
Zaragatal
Caserío Minas Dificultades
Valtravieso
Bonal
Conejeras
Solana Cabras
Casa de Espina
Horcón
879
Sierra de los Bonales
Trapero
Santa Eufemia
San Ginés
955
Castillo de Mochuelo
Puerto del Mochuelo (795)
117
Belalcázar
Santa Clara
Las Campiñuelas
Dehesa de Santa Eufemia
Arenales
Nuestra Señora de Atocha
Cerro Capilla
San Benito
Nuestra Señora de la Consolación
Casa de la Torretejeda
Cortijo de la Ventosa
Casa de la Cabra
Casas del Robledillo
Lomas Coronadas
Ermita Cristo de las Injurias
Ermita de Santo Domingo
Pedroche
Cerro Blanco
Cerro del Ochavillo
Cortijo de Mano Soberbia
Casa de la Coneja
88
Cerrejuelo
La Jarilla
Hinojosa del Duque
Iglesia gótica
El Guijo
El Viso
Casa Huerta de la Mayorazga
Cortijo del Berrocal
Cortijo El Coto
Cortijo de Cerro García
Torrecampo
Cerro Cohete
643
San Bartolomé
Ermita de San Bartolomé
Casa de Alfonso Cano
Villaralto
Casa Huerta del Botero
Cortijo de los Llanos
Casa de Don Fernando Luna
Dos-Torres
Casa de los Reventones
Pedroche (arab. Fahs al-Ballut)
Casa de Buenavista
Fuente la Lancha
Añora
Casa del Pozo Linares
Casa del Chabacano
Cortijo de Valera
118
Embalse de Arroyo Cascajoso
Casa de Cayetano Torres
Casa de Calandilla
Villanueva del Duque
Alcaracejos
Pozoblanco
Santa Catalina
Casa del Fontanar
Casa de la Cueva de la Loba
Casa de los Mocosos
Casa de los Mesoneros
Cortijo del Cuartanero
La Romana
La Jara
Rozuela
Barranco Palomo
Virgen de Luna
Villanueva de Córdoba
Casa de Cerro Gordo
El Alicante
Cámaras Altas
Cerro de la Romera
Loma de la Era Grande
Casa de las Víborillas
Peñarroya-Pueblonuevo
Peñaladrones
Casa del Águila
Puerto Calatraveño
Casa de Cantalobillo
Bélmez
Sordo
933
935
Cuerda de Martinaza
Piedra de la Atalaya
Casa de los Acebuchares
Peña de la Osa
Cerro de la Mina
Gordo
Vega del Fresno
Apartadero de Cabeza de Vaca
El Bujadillo
Dos Hermanas
Cortijo de Maestro
Loma de Buenavista
Venta de la Jara
Las Muleras
Colorado
119
Chimorra
959
Loma del Mercader
Cuerda de la Palanca
El Entredicho
30
Villanueva del Rey
Puerto Espiel
Espiel
La Canaleja
El Rosalejo
Cerro del Pajilejo
Sierra del Castaño
Cerro de Doña Loba
Estación de Espiel
Sierra del Castillo
La Ballesta
Convento
La Marianta
Cerro de Alcántara
881
Erillas
898
Cerro de la Grajera
832
Estación de Alhondiguilla
Villaharta
Castillo árabe
Obejo
775
Cuerda del Cerero
721
Peña del Águila
Central Térmica de Puente Nuevo
Peñas Blancas
Corcovado
120
Sierra de Casas Rubias
Cerro del Indiano
Embalse de Puente Nuevo
Cerro de Calderón
Embalse de Guadalmellato
Villaviciosa de Córdoba
El Vacar
771
Campo Alto
Casa de Valsequillo
166
Córdoba
167

Vc Vd 136 Ve Vf Ciudad Real

167 Montoro

0 1 2 4 6 8 10 km
0 1 2 4 6 miles

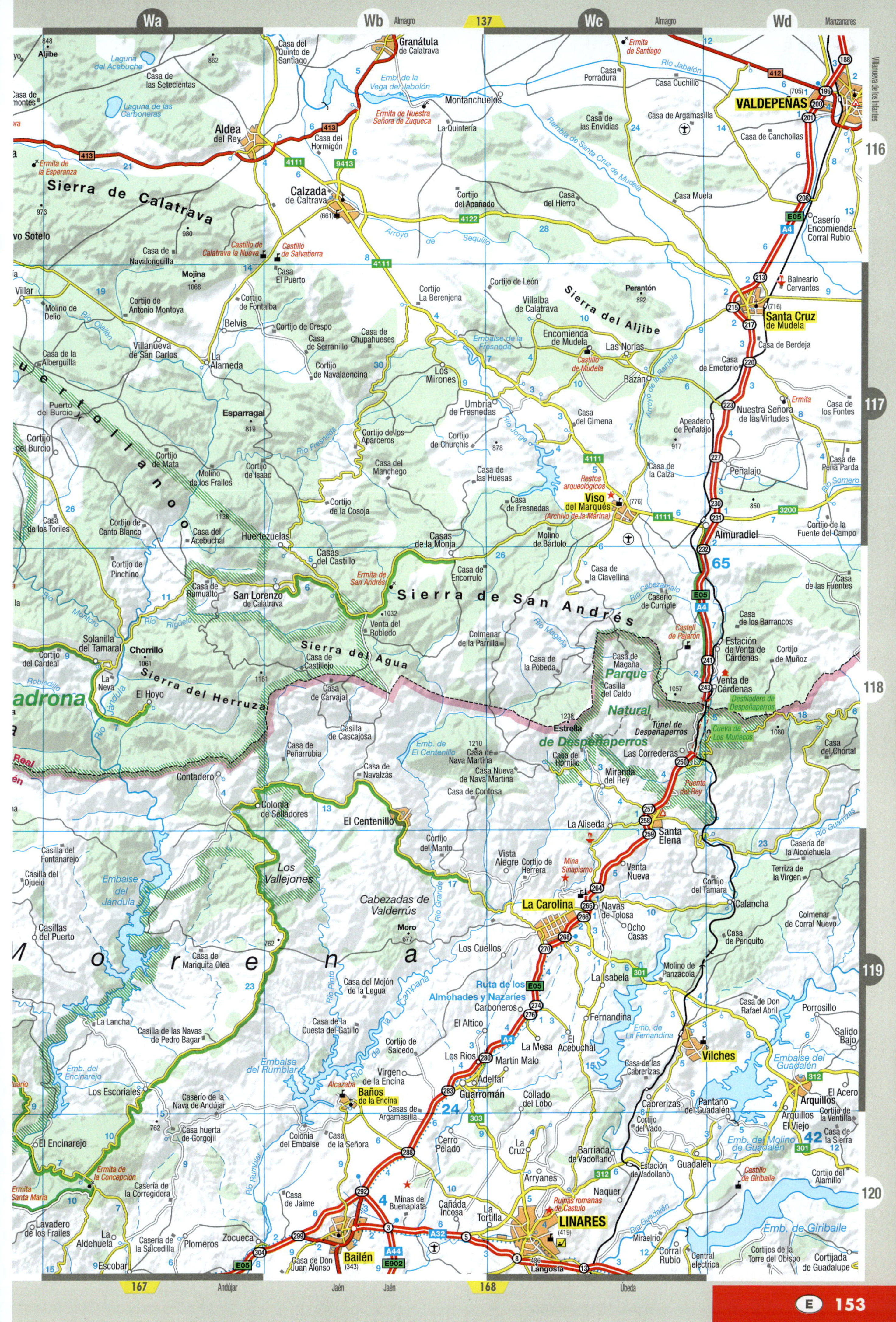

Wa
Wb
Almagro
137
Wc
Almagro
Wd
Manzanares
Villanueva de los Infantes
116
117
118
119
120
167
Andújar
Jaén
Jaén
168
Úbeda
Aljibe
Laguna del Acebuche
Casa de las Setecientas
Laguna de las Carboneras
Aldea del Rey
Casa del Quinto de Santiago
Granátula de Calatrava
Emb. de la Vega del Jabalón
Ermita de Nuestra Señora de Zuqueca
Montanchuelos
La Quintería
Casa del Hormigón
Ermita de Santiago
Casa Porradura
Río Jabalón
Casa Cuchillo
Casa de las Envidias
Casa de Argamasilla
VALDEPEÑAS
Casa de Canchollas
Rambla de Santa Cruz de Mudela
Ermita de la Esperanza
Sierra de Calatrava
Calzada de Caltrava
Cortijo del Apañado
Casa del Hierro
Casa Muela
Caserío Encomienda-Corral Rubio
Arroyo de Sequillo
Casa de Navalonguilla
Castillo de Calatrava la Nueva
Castillo de Salvatierra
Mojina
Casa El Puerto
Cortijo La Berenjena
Cortijo de León
Villalba de Calatrava
Sierra del Aljibe
Perantón
Balneario Cervantes
Santa Cruz de Mudela
Casa de Berdeja
Villar
Molino de Delio
Río Ojailén
Cortijo de Antonio Montoya
Cortijo de Fontalba
Belvis
Cortijo de Crespo
Casa de Serranillo
Casa de Chupahueses
Embalse de la Fresneda
Encomienda de Mudela
Las Norias
Castillo de Mudela
Bazán
Casa de Emeterio
Casa de la Alberguilla
Villanueva de San Carlos
La Alameda
Cortijo de Navalaencina
Los Mirones
Umbría de Fresnedas
Ermita
Nuestra Señora de las Virtudes
Casa de los Fontes
Puerto del Burcio
Puertollano
Esparragal
Cortijo de los Aparceros
Río Fresneda
Cortijo de Churchis
Casa del Gimena
Apeadero de Peñalajo
Cortijo del Burcio
Cortijo de Mata
Cortijo de Isaac
Molino de los Frailes
Casa del Manchego
Casa de las Huesas
Río Jorge
Restos arqueológicos
Casa de la Calza
Peñalajo
Casa de Peña Parda
Río Somero
Cortijo de la Cosoja
Casa de Fresnedas
Viso del Marqués
(Archivo de la Marina)
Almuradiel
Cortijo de la Fuente del Campo
Casa de los Toriles
Cortijo de Canto Blanco
Casa del Acebuchal
Huertezuelas
Casas de la Monja
Molino de Bartolo
Casas del Castillo
Cortijo de Pinchino
Casa de Encorrulo
Casa de la Clavellina
Casa de las Fuentes
Ermita de San Andrés
Sierra de San Andrés
Río Cabezamalo
Caserío de Curriple
Casa de Rumualto
San Lorenzo de Calatrava
Venta del Robledo
Río Montoro
Río Riguelo
Río Magaña
Colmenar de la Parrilla
Castell de Pajarón
Casa de los Barrancos
Estación de Venta de Cárdenas
Cortijo de Muñoz
Solanilla del Tamaral
Chorrillo
Cortijo del Cardeal
Sierra del Agua
Casa de Castillejo
Casa de la Póbeda
Casa de Magaña
Parque Natural de Despeñaperros
Casilla del Caldo
Venta de Cárdenas
La Neva
Sierra del Herruzo
El Hoyo
Río Jándula
Cardeña
Casa de Carvajal
Estrella
Túnel de Despeñaperros
Desfiladero de Despeñaperros
Cueva de Los Muñecos
Casa del Chortal
Casilla de Cascajosa
Casa de Peñarrubia
Emb. de El Centenillo
Casa de Nava Martina
Casa del Hornillo
Las Correderas
Miranda del Rey
Casa de Navalzás
Casa Nueva de Nava Martina
Casa de Contosa
Contadero
Puente del Rey
Colonia de Selladores
El Centenillo
La Aliseda
Santa Elena
Río Guarrizas
Casilla del Fontanarejo
Casilla del Ojuelo
Embalse del Jándula
Los Vallejones
Cortijo del Manto
Vista Alegre
Cortijo de Herrera
Mina Sinapismo
Venta Nueva
Cortijo del Tamara
Caseria de la Alcoiehuela
Terriza de la Virgen
Calancha
Cabezadas de Valderrús
Río Grande
La Carolina
Navas de Tolosa
Ocho Casas
Colmenar de Corral Nuevo
Casillas del Puerto
Moro
Los Cuellos
Casa de Periquito
Sierra Morena
Casa de Mariquita Olea
La Isabela
Molino de Panzacola
Casa del Mojón de la Legua
Río Pinto
Río de la Campana
Ruta de los Almohades y Nazaríes
Carboneros
Fernandina
Casa de Don Rafael Abril
Porrosillo
La Lancha
Casilla de las Navas de Pedro Bagar
Casa de la Cuesta del Gatillo
El Altico
La Mesa
El Acebuchal
Emb. de La Fernandina
Vilches
Salido Bajo
Emb. del Encinarejo
Cortijo de Salcedo
Embalse del Rumblar
Los Ríos
Martín Malo
Casa de las Cabrerizas
Embalse del Guadalén
Los Escoriales
Caserío de la Nava de Andújar
Alcazaba
Baños de la Encina
Virgen de la Encina
Adelfar
Guarromán
Collado del Lobo
Cabrerizas
Pantano del Guadalén
Arquillos
El Acero
Casas de Argamasilla
Cortijo del Vado
Arquillos El Viejo
Cortijo de la Ventilla
El Encinarejo
Casa huerta de Gorgojil
Colonia del Embalse
Casa de la Señora
Cerro Pelado
La Cruz
Barriada de Vadollano
Estación de Vadollano
Guadalén
Emb. del Molino de Guadalén
Casa de la Sierra
Cortijo del Alamillo
Castillo de Giribaile
Ermita de la Concepción
Caseria de la Corregidora
Río Rumblar
Arryanes
Naquer
Ermita Santa María
Casa de Jaime
Minas de Buenaplata
Cañada Incosa
La Tortilla
Ruinas romanas de Cástulo
LINARES
Río Guadalén
Emb. de Giribaile
Lavadero de los Frailes
La Aldehuela
Casería de la Salcedilla
Plomeros
Zocueca
Bailén
Casa de Don Juan Alonso
Miraelrio
Corral Rubio
Central eléctrica
Cortijos de la Torre del Obispo
Cortijada de Guadalupe
Escobar
Langosta

Manzanares
Wd
We
138
Wf
Xa
116
117
118
119
120
Ciudad Real
Santa Cruz de Mudela
VALDEPEÑAS
Museo Gregorio Prieto
Casa de Santa María
Pozo de la Serna
Casas Blancas
Casa de Cancholla
Casa de Boquilla
Casa del Mesonero
Caserío Alamillo-Campo Santiago
Emb. de la Cabezuela
Casas de los Franceses
Caserío Encomienda-Corral Rubio
Casa de la Granja
Casa de Becerril
Alcubillas
Cerillo de San Antón
Casa de Matías
Casa de Guerrero
Emb. de La Jarilla
Casa Yegüeros
Casa de Cañas
Casa del Viudo
Río Jabalón
Ermita de San Antón
Ermita de San Miguel
Villanueva de los Infantes
Castillo Peñaflor
Ermita de Nuestra Señora de la Antigua
Casa de Camarilla
Fuenllana
Cortijo de Acuña
Villahermosa
Castillo La Estrella
Ermita del Santo Cristo
Castillo San Polo
Montiel
Virgen de los Mártires
Cortijo de Los Hoyuelos
Río Azuer
Río del Tortillo
Santuario Virgen de la Cabeza
Balneario Cervantes
Torrenueva
Cortijo del Carraquillo
Casa de la Trinidad
Casa de los Morones
Casa del Palomar
El Campillo
Cózar
Casa del Monte
Dehesillas
Almedina
Baños de Brochales
Santa Cruz de los Cáñamos
Castellanos
Terrinches
Caseta del Hoyo
Chirivi
Cortijo de Chirivi
Restos arqueológicos
Cabeza de Buey
Casa de los Socios
Casa Nueva del Jarón
Casa de Lizana
Pizorro del Cañete
Casa de Moreno
Cortijos de las Muñozas
Casa de los Fontes
Ermita Nuestra Señora de las Virtudes
Cortijo de Asensio
Casa de las Tejoneras
Casa de la Borreguilla
Ermita de la Virgen de la Vega
Torre de Juan Abad
Cortijo de la Vega
Puebla del Príncipe
Ermita de Santo Cristo
Sierra Lóbrega
Rambla de Castellar
Casa de Peña Parda
Casa del Cerillo de la Era
Río Somero
Castellar de Santiago
Casas de María
Cortijo de la Guadineja
Villamanrique
San Cristóbal
Cortijo de Las Loberas
Cortijo de los Carboneros
Casa de Sendallana
Cortijo de la Fuente del Campo
Rambla de la Peralosa
Casa de Medina
Cortijo de los Barrenas
Casa de los Alcores
Castillo de Montizón
Cortijo de las Huebras
Casa de Zahora
Molino de Macayo
Casa de las Fuentes
Casa de Parrilla
Colmenar de Troyano
Cortijo de la Higueruela
Cortijo de Barranquillos
Colmenar de Don Reyes Frías
Sierra del Cambrón
Casas de los Ardosos
Cortijo de Granadilla
Casa del Guarda de Sierra del Loro
Cortijo de las Águilas
Cortijo de Culote
Prov. de Ciudad Real
Prov. de Jaén
Cortijo de las Cañadas
Río Dañador
La Marañosa
Embalse Guadalmena
Aldeaquemada
Casa Nueva del Guarda
Embalse del Dañador
Venta Nueva
Venta del Aire
El Parralejo
Casa Nueva de la Torrecilla
Casa de guarda de la Alameda
Cortijo de la Tabilla
Casa del Chortal
Casa de la Parrilla
Casa de las Juntas
Cortijo de Arroyo Hondillo
Cortijo del Leopoldo
Venta de los Santos
Cortijo de Lorente
Minas de plomo los Engarbos o del Roblear
Nuestra Señora de la Cabeza
Los Pascuales
Torre Alver
Río Guarrizas
Río Guadalén
Río Dañador
La Central
Vacarizo
Casas de la Yedra
Las Sacedillas
Montizón
Los Mochuelos
El Pipe (Baños ferruginosos)
Cortijo del Palomo
Haza Alta
Casa Blanca
Cortijo Nuevos
San Pablo
Casería de la Alcolehuela
Caserío de Don Bernardo
Casa huerta de las Herrerías
Réculo
Aldeahermosa
Chiclana de Segura
Muela de Chiclana
Arroyo del Ojanco
Cortijo de Don Tristán
Cortijo Cañada Arada
Cortijo El Álamo
Terriza de la Virgen
Majada de los Caballeros
Casa de Cristalinas
Cortijo de Pedro Manjón
Cortijo de Monsalvez
Cortijo Nuevo de Hierracaballos
Cortijo de la Capilla
Cortijo la Teja
Venta Cabrera
Chozas
Prados de Armijo
Colmenar de Corral Nuevo
Casa de Baldomero
Loma de Guzmán
Río Montizón
Fábrica de Jabón
Cuevas del Biche
Venta de San Andrés
El Campillo
Camporredondo
Cortijo de Aceite
Cuevas de Ambrosio
Venta
Castellar de Santisteban
Santisteban del Puerto
Sorihuela de Guadalimar
Venta de Beas
Beas de Segura
Las Peralejas
Cortijo del Culebrón
Porrosillo
Chaparral
Cortijo de La Parrilla
Cortijo los Barrancos
Cortijo de Lucas
Guadahornillos
El Conde
Ermita de Santa Quiteria
Llano de la Mata
Hoya
Ermita de Nuestra Señora de la Consolación
Fuente de la Torre
Campiña
Gutar
Barbero
Embalse del Guadalén
Salido Bajo
Poyato
Cortijo de Almorchón
Minillas
Capitán
El Calvario
Arquillos
El Acero
Cortijo del Arcayán
Navas de San Juan
Fuente del Turco
Cortijo de Lero
Cortijo Bajo de los Robledos
Mogino
Benatae
Villanueva del Arzobispo
Iznatoraf
Albercones
Chincolla
Garganta
Casa de Martínez
Arquillos El Viejo
Casa de la Sierra
Cortijo de la Ventilla
Santa Marina
Casa de Pradorredondo
Caserío de Santa Rita
Santuario de la Fuensanta
Ermita del Cercado
Casa del Raso de la Esalera
Ermita de la Estrella
Cetrina
Cortijo del Juncal
Emb. de la Olivera
Herrera-Puente del Condado
Casa de los Angostones
Segura y
Cortijo del Alamillo
Casa de Ariza
Río Guadalimar
Venta del Puente
Los Calares
Cañada de la Madera
Barranco Montesina
Río Guadalquivir
Casa de Venanaji
Avinazas
Villacarrillo
La Cabañuela
Casa de Hojuelo de Parra
Emb. de Giribaile
Cortijo del Escribano
Sillero
Bardazoso
Cortijada de Guadalupe
Casa del Cura
Casa de la Herradura
Sabiote
Hueco del Pico
Loma de Úbeda
Cortijo Nuevo
Mogón
Baños de Saladillo
Blanquillo
Úbeda
169
0 1 2 4 6 8 10 km
0 1 2 4 6 miles

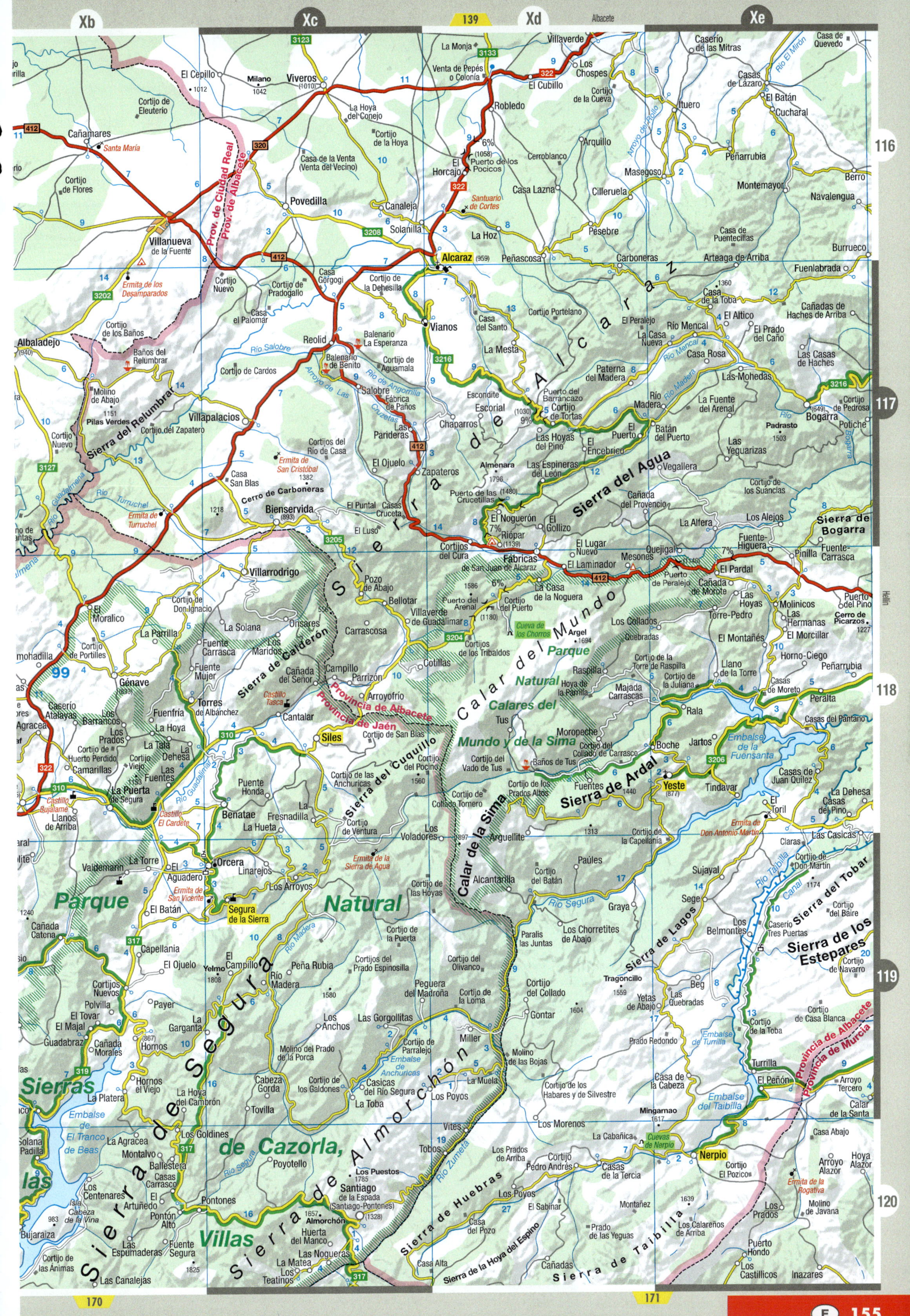

Villaverde
La Monja
Venta de Pepés o Colonia
Los Chopes
Caserío de las Mitras
Casa de Quevedo
El Cepillo
Milano
Viveros
El Cubillo
Casas de Lázaro
Río El Mirón
Cortijo de Eleuterio
La Hoya del Conejo
Robledo
Cortijo de la Cueva
El Batán
Cucharal
Cañamares
Santa María
Cortijo de la Hoya
Casa de la Venta (Venta del Vecino)
El Horcajo
Puerto de los Pocicos
Cerroblanco
Arquillo
Itüero
Peñarrubia
Berro
Cortijo de Flores
Prov. de Ciudad Real
Prov. de Albacete
Povedilla
Canaleja
Santuario de Cortes
Casa Lazna
Cilleruela
Masegoso
Montemayor
Navalengua
Villanueva de la Fuente
Solanilla
La Hoz
Pesebre
Casa de Puentecillas
Burrueco
Alcaraz
Peñascosa
Carboneras
Arteaga de Arriba
Fuenlabrada
Ermita de los Desamparados
Cortijo Nuevo
Cortijo de Pradogallo
Casa Gorgogí
Cortijo de la Dehesilla
Casa de la Toba
Cañadas de Haches de Arriba
Casa el Palomar
Cortijo Portelano
El Peralejo
El Altico
El Prado del Caño
Cortijo de los Baños
Reolid
Vianos
Casa del Santo
La Casa Nueva
Río Mencal
Albaladejo
Balenario La Esperanza
La Mesta
Casa Rosa
Las Casas de Haches
Baños del Relumbrar
Río Salobre
Balenario de Benito
Cortijo de Aguamala
Paterna del Madera
Las Mohedas
Cortijo de Cardos
Salobre
Fábrica de Paños
Escondite
Puerto del Barrancazo
Cortijo de Tortas
Río Madera
La Fuente del Arenal
Cortijo de Pedrosa
Molino de Abajo
Sierra del Relumbrar
Villapalacios
Escorial
Bogarra
Pilas Verdes
Cortijo del Zapatero
Parideras
Chaparros
Las Hoyas del Pino
El Puerto
Batán del Puerto
Padrasto
Potiche
Cortijo Nuevo
Cortijos del Río de Casa
El Encebrico
Las Yeguarizas
El Ojuelo
Zapateros
Almenara
Las Espineras del León
Vegallera
Ermita de San Cristóbal
Casa San Blas
Sierra de Alcaraz
Sierra del Agua
Río Turruchel
Ermita de Turruchel
Cerro de Carboneras
Cortijo de los Suancias
Bienservida
El Puntal
Casas Cruceta
Puerto de las Crucetillas
El Noguerón
Cañada del Provencio
El Luso
Riópar
El Gollizo
La Alfera
Los Alejos
Sierra de Bogarra
El Lugar Nuevo
Quejigal
Fuente-Higuera
Fuente-Carrasca
Cortijos del Cura
Fábricas
El Laminador
Mesones
Pinilla
Villarrodrigo
San Juan de Alcaraz
Puerto de Peralejo
El Pardal
Pozo de Abajo
La Casa de la Noguera
Cañada de Morote
Las Hoyas
Molinicos
Puerto del Pino
El Moralico
Cortijo de Don Ignacio
Bellotar
Puerto del Arenal
Cortijo del Puerto
Torre-Pedro
Las Hermanas
Cerro de Picarzos
La Solana
Onsares
Villaverde de Guadalimar
Cueva de los Chorros
Argel
Los Collados
Quebradas
El Montañés
El Morcillar
La Parrilla
Cortijo de Portilles
Carrascosa
Cortijos de los Tribaldos
Parque
Horno-Ciego
Fuente Carrasca
Los Maridos
Sierra de Calderón
Cotillas
Calar del Mundo
Raspilla
Cortijo de la Torre de Raspilla
Llano de la Torre
Peñarrubia
Fuente Mujer
Cañada del Señor
Campillo
Parrizón
Natural
Hoya de la Parrilla
Cortijo de la Juliana
Casas de Moreto
Génave
Arroyofrío
Majada Carrascas
Peralta
Caserío Atalayas
Torres de Albanchez
Castillo Tasca
Provincia de Albacete
Provincia de Jaén
Calares del
Rala
Casas del Pantano
Los Barrancos
Fuenfría
Cantalar
Tus
Moropeche
Boche
Jartos
Embalse de la Fuensanta
La Hoya
Los Prados
Siles
Cortijo de San Blas
Mundo y de la Sima
Cortijo del Collado de Carrasco
Cortijo de Huerto Perdido
La Tala
La Dehesa
Baños de Tus
Camarillas
Cortijo Viejo
Las Fuentes
Sierra del Cuquillo
Cortijo del Vado de Tus
Cortijo de las Anchuricas
Cortijo del Pocino
Cortijo de los Prados Altos
Fuentes
Sierra de Ardal
Yeste
Tindavar
Casas de Juan Quílez
La Puerta de Segura
Puente Honda
Cortijo de Collado Tornero
La Dehesa
Casas del Pino
El Toril
Castillo Bujalamé
Llanos de Arriba
Castillo El Cardete
Benatae
Fresnadilla
La Hueta
Cortijo de Ventura
Los Voladores
Arguellite
Cortijo de la Capellanía
Ermita de Don Antonio Martín
Las Casicas
Claras
Cortijo de Don Martín
Valdemarín
La Torre
El Aguadero
Orcera
Linarejos
Ermita de la Sierra de Agua
Calar de la Sima
Alcantarilla
Cortijo del Batán
Paúles
Sujayal
Canal
Sierra del Tobar
Parque
Ermita de San Vicente
El Batán
Segura de la Sierra
Los Arroyos
Natural
Cortijo de las Hoyas
Río Segura
Graya
Sege
Cortijo del Baire
Cañada Catena
Capellania
Cortijo de la Puerta
Paralis las Juntas
Los Chorretites de Abajo
Sierra de Lagos
Los Belmontes
Caserío Tres Puertas
Sierra de los Estepares
El Ojuelo
Yelmo
El Campillo
Peña Rubia
Cortijos del Prado Espinosilla
Cortijo del Olivanco
Tragoncillo
Cortijo de Navarro
Cortijos Nuevos
Polvilla
Río Madera
Peguera del Madroño
Cortijo de la Loma
Cortijo del Collado
Yetas de Abajo
Las Quebradas
Beg
El Tovar
El Majal
Payer
La Garganta
Los Anchos
Las Gorgollitas
Gontar
Cortijo de la Toba
Cortijo de Casa Blanca
Guadabraz
Cañada Morales
Hornos
Molino del Prado de la Porca
Cortijo de Parralejo
Miller
Molino de las Bojas
Prado Redondo
Embalse de Turrilla
Turrilla
Sierras
Hornos el Viejo
Cabeza Gorda
Cortijo de los Galdones
Casicas del Río Segura
Embalse de Anchuricas
La Muela
Los Poyos
Cortijo de los Habares y de Silvestre
Casa de la Cabeza
El Peñón
Provincia de Albacete
Provincia de Murcia
Arroyo Tercero
La Platera
La Hoya del Cambrón
Tovilla
La Toba
Embalse del Taibilla
Calar de la Santa
Embalse de El Tranco de Beas
Los Goldines
Sierra de Almorchón
Vites
Los Morenos
Mingarnao
La Agracea
Montalvo
Ballestera
de Cazorla,
Tobos
Los Prados de Arriba
Cortijo Pedro Andrés
La Cabañica
Cuevas de Nerpio
Nerpio
Casa Abajo
Arroyo Alazor
Hoya Alazor
Casas Carrasco
Poyotello
Los Puestos
Casas de la Tercia
Cortijo El Pozico
Ermita de la Rogativa
Los Centenares
Isla Cabeza de la Viña
El Artuñedo
Pontones
Santiago de la Espada (Santiago-Pontones)
Sierra de Huebras
Los Poyos
El Sabinar
Montañez
Molino de Javana
Los Prados
Pontón Alto
Almorchón
Casa del Pozo
Prado de las Yeguas
Los Calarenos de Arriba
Bujaraiza
Las Espumaderas
Fuente Segura
Villas
Huerta del Manco
Las Nogueras
Sierra de Taibilla
Puerto Hondo
Cortijo de las Ánimas
Sierra de Segura
Las Canalejas
La Matea
Los Teatinos
Casa Alta
Sierra de la Hoya del Espino
Cañadas
Los Castillicos
Inazares
Hellín
116
117
118
119
120

Xe
Munera
Xf
140
Ya
Yb
Albacete
116
117
118
119
120
Casa de Quevedo
Bernabé
La Zarza
Casa Cañete
Cañada del Salobral o Molina
Lomas de Salobral
Túnel de Talave
Pozo-Cañada
El Campillo del Negro
Casas de Abajo
Cañada Juncosa
Casica del Madroño
313
Campillo de las Doblas
Torremarín
Las Casas de Arriba
Mercadillos
Casa Nuevo
El Madroño
La Solana
Los Pocicos
Campillo de la Virgen
3210
El Barrio Nuevo
Abuzaderas
Sierra de Enmedio
Mizquitillas
El Colmenar
La Rambla
El Robre
El Fontanar de Alarcón
Peñas de San Pedro
Pozohondo
Cerro Lobo
Sierra de Ontalafia
Ontalafia
Laguna de Ontalafia
Casas del Conde
Casa Blanco de los Rioteros
Casa de las Monjas de Pozo-Cañada
El Sahuco
Berro
Montemayor
Navalengua
Sierra del Sahúco
El Valero
La Fuensanta
Casa del Nordal
Casa del Puerto
Casa de El Apedreado
El Puerto
Santa Ana
La Molata
El Royo
El Molinar
Fontanar de las Viñas
Nava de Arriba
Nava de Abajo
Judarra
Balsaín
Burrueco
Fuenlabrada
Alcadozo
Casa de El Rinconcito
Sierra de los Búhos
Los Charcos
Sierra de los Navajuelos
Los Puertos
3214
Casasola
Cañadas de Haches de Arriba
Caserío La Jara
Casa de la Quebrada
3203
Mulllidar
Cercado de Catera
Casas de la Higuera
Cañadas de Haches de Abajo
La Navazuela
La Herrería
Casablanca
Moriscote
Fuente Albilla
Raso
3215
Las Casas de Haches
3216
El Griego
La Noguera
Villarejo
Casas de Alcadozo
Cañada de Tobarra
Rincón del Moro
Balneario de la Péstosa
Abenuj
Aljube
Cortijo de Pedrosa
Bogarra
La Dehesa
Heruela
Casas de la Rambla
Casa de Tedón
Cortijo de Trifillas
Sierra de la Umbría del Rincón
Tobarra
Polope
Alborajico
Cordovilla
Potiche
Cortijo de la Sarguilla
3213
Royo-Odrea
Cortijo de Los Luisos
Ayna
Alcadima
Híjar
Castillarejo
Cortijo del Collado del Rayo
Losa
Casa de Pinos Altos
Sierra
Torre de Castellar
Sierra del Pino
A30
Casas del Ginete
Río Mundo
Cruces
Liétor
Casilla de Altamira
Sierra de las Quebradas
Casa de la Zarzuela
Embalse de Boquerón
HELLÍN
Pozuelo
Sierra Seca
Ermita de Santa Bárbara
Ruiz Sánchez
Embalse de Talave
Talave
Sierra de Bogarra
Fuente-Carrasca
Agua Salada
Cortijo de Rodríguez
Casa de la Luz
El Ginete
Casa de Andrés
Cortijo de la Loma
Uchea
301
Fuente del Taif
Cortijo de Don Pedro
Cuerda da Santa María
Isso
Méndez
Navba de Campana
Cuevas de Minateda
Riopar
Puerto del Pino
Cerro de Picarzos
Cortijo de las Ramblas
Derramadero
Gaspares
Porrón
Cañada de Agra
Minateda
Elche de la Sierra
Casa Mina
El Grao
Casas del Río
Mingogil
Casa de los Niños
La Horca
Picarzos
El Entredicho
Cortijo del Campillo
La Matanza
Cobatillas
37
Sierra de Cabeza Llana
Horno-Ciego
Arenalejo
Cortijo de la Lobera
Casa de los Grajos
Agra
Peñarrubia
Villares
Vicorto
Casa de Pinoverde
Casa de los Peruelos
Agramón
Peralta
Casas Hoya-Nevada
3257
Gallego
Cortijo de las Ramblas
Tobillas
Embalse del Cenajo
Sierra del Baladre
Sierra de los Donceles
Río Mundo
Casas del Pantano
Embalse de la Fuensanta
Almazarán
Río Segura
Cortijo de Híjar
Sierra Seca
Cortijo del Collado Alto
Caserío La Nogueruela
Cenajo
Río Segura
Cortijo de Torrearenas
Embalse de Camarillas
Casas de Juan Quílez
Cortijo de Macalones
Letur
Abejuela
Canal de Taibilla
Férez
La Rada
Casa de El Tesorico
La Dehesa
Casas del Pino
3217
Sierra Seca
El Cañar
Almirez
Cortijo del Collado
Moharque
Casa de Maeso
Loma de la Cañada
Las Casicas
Claras
Casa de la Herrada
Socovos
Arroyo
Cañada Buendía
Las Minas
Ermita de San Felipe
El Algaidón
Salmerón
Sierra del Tobar
Casa de la Cueva
Sierra de los Estepares
Cortijo de Reolid
50
Tazona
Los Olmos
Las Covatillas
El Chopillo
Puerto Errado
Cortijo del Baire
Caserío de Agustín Tomás
Calar de la Peña del Águila
La Alberquilla
Cortijo de la Dehesa
Estación de Calasparra
Sierra
Casa del Cano
Mazuza
Otos
La Tercia
715
Las Murtas
Casa de Cañadaberosa
Cortijo de Huertecica
Cortijo de Navarro
Charán
Muela de Moratalla
El Campanero
Arrayán
Nuestra Señora de Esperanza
Olivarejo
Ventorrillo de Hondón
Sierra del Cerezo
Las Torrentas
510
El Campillo
La Granja
Casas de la Pelota
Macaneo
Provincia de Albacete
Provincia de Murcia
La Fuensanta
Lorigas
Zaén de Arriba
Caserío de Vista Alegre
Los Granadicos
Casa del Roble
San Miguel
Calasparra
Molino
Cortijo de Casa Blanca
Los Cantos
Zaén de Abajo
Caserío de Somoguil
714
Santuario del Santísimo Ecce Homo
El Sabinas
Fotuya
Río Benamor
Molino de las Ánimas
Las Reposaderas
Los Marines
Embalse de Alfonso
La Risca
Sierra de los Álamos
Ermita San José
Cortijo del Leonés
552
Arroyo Tercero
Pinturas Rupestres
Caserío de las Nogueras
Ermita de San Juan
Casa de Eras
Cortijo de los Álamos
Moratalla
El Cobo
835
Los Charcos
Los Milicianos
Cortijo Alto
Valentín
Baños de Gilico
Calar de la Santa
Cortijo de La Loma
La Pava
Caserío del Rincón
Sierra de la Puerta
Embalse de los Argos
Casa Abajo
Casa Balneario
Caserío del Puerto
Caserío de la Bastida
Benamor de Abajo
415
24
Cortijos de la Pilara
Gilico
Cortijo de los Panes
Casas del Hoyo
Arroyo Alazor
Hoya Alazor
Sierra de Villafuerte
Sierra de las Muelas
Buitre
Cortijo Altarejo
Miñano
Campillo de los Jiménez
Cambrones
Cagitán
Casa de Moya
Caserío de Pajarejo de Abajo
Peña-Rubia
Cañara
Casa de Quinito
Cortijo del Paletón
Carrasquilla
Cortijo de Parriel
Cortijo del Rey
Cortijo de Lairón
Pinar Negro
Casas Cueva de Valero
Agua Salada
Río Argos
Cañada de Canara
Ermita de los Villares
Casa de Zambrana
Casa de Navarro
Río Quípar
Cortijo de la Fuenseca
CARAVACA DE LA CRUZ
Castillo moro
Cehegín
Ribazo
Chaparral
Inazares
Casa del Roblecillo de Arriba
Archivel
Río Argos
Cortijo de la Vereda
Casa de Flores
RM15
Escobar
Cortijo de la Hoya
La Copa
171
Huéscar
Murcia
172
10 km
6 miles

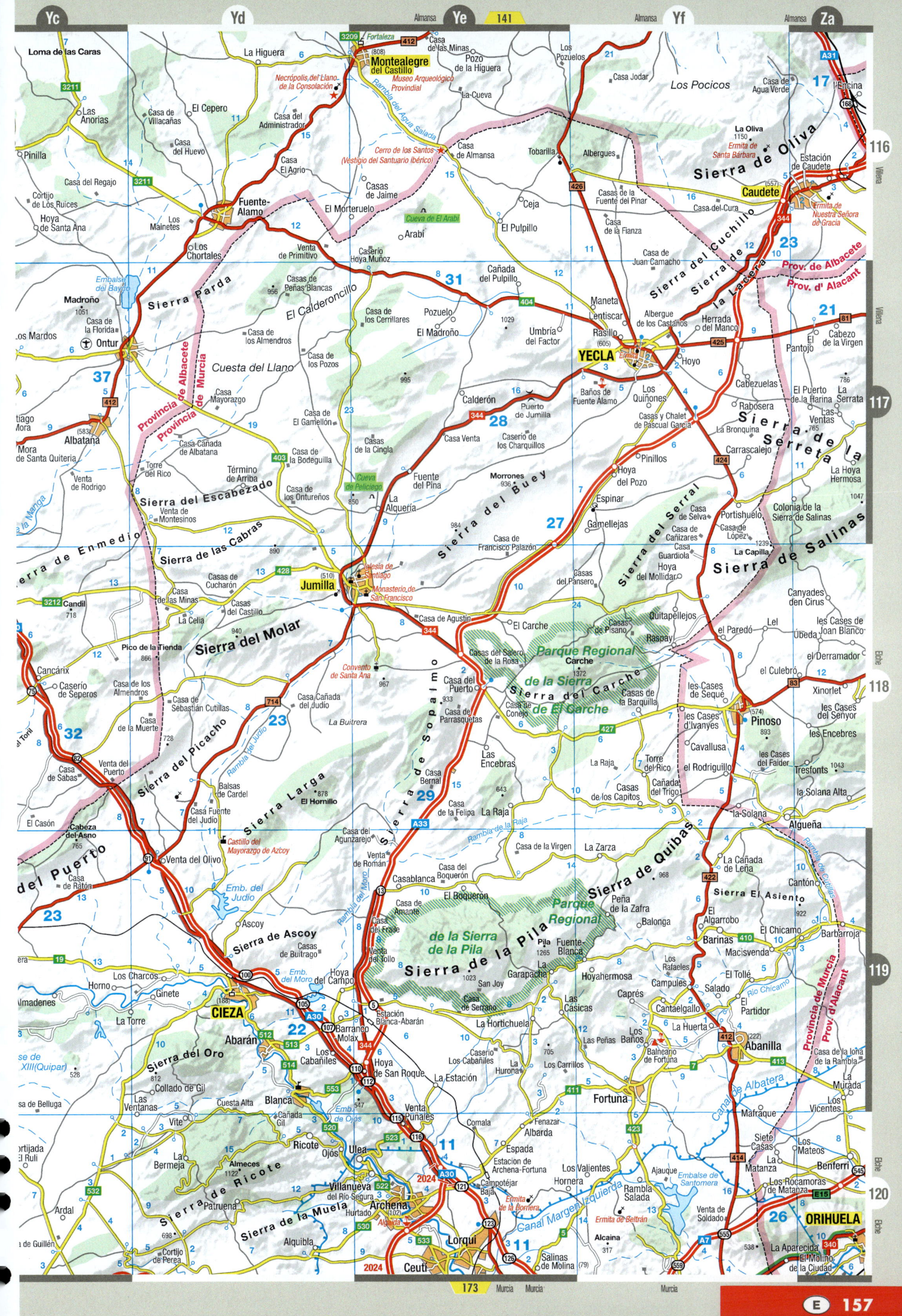

Yc
Yd
Almansa
Ye
141
Almansa
Yf
Almansa
Za
Loma de las Caras
La Higuera
Fortaleza
Montealegre del Castillo
Casa de las Minas
Pozo de la Higuera
Los Pozuelos
Casa Jodar
Los Pocicos
Casa de Agua Verde
L'Encina
Necrópolis del Llano de la Consolación
Museo Arqueológico Provindial
La Cueva
Las Anorias
Casa de Villacañas
El Cepero
Casa del Administrador
Rambla del Agua Salada
La Oliva
Ermita de Santa Bárbara
116
Pinilla
Casa del Huevo
Casa El Agrio
Cerro de los Santos (Vestigio del Santuario ibérico)
Casa de Almansa
Tobarilla
Albergues
Sierra de Oliva
Estación de Caudete
Casa del Regajo
Casas de Jaime
Casas de la Fuente del Pinar
Caudete
Cortijo de Los Ruices
Hoya de Santa Ana
Los Mainetes
Fuente-Álamo
El Morteruelo
Cueva de El Arabí
Ceja
Casa del Cura
Ermita de Nuestra Señora de Gracia
Los Chortales
Venta de Primitivo
Arabí
El Pulpillo
Casa de la Fianza
Sierra del Cuchillo
Caserío Hoya Muñoz
Casa de Juan Camacho
Prov. de Albacete
Prov. d' Alacant
Embalse del Bayco
Casas de Peñas Blancas
Cañada del Pulpillo
Madroño
Sierra Parda
El Calderoncillo
Maneta
Lentiscar
Sierra de la Lacera
Casa de la Florida
Casa de los Cerrillares
Pozuelo
El Madroño
Albergue de los Castaños
Herrada del Manco
Los Mardos
Ontur
Casa de los Almendros
Umbría del Factor
Rasillo
Cabezo de la Virgen
Pantojo
Casa de los Pozos
YECLA
Ermita
Hoyo
Cuesta del Llano
Provincia de Albacete
Provincia de Murcia
Baños de Fuente Álamo
Cabezuelas
Casa Mayorazgo
Calderón
Puerto de Jumilla
Los Quiñones
Rabosera
El Puerto de la Harina
La Serrata
117
Casa de El Gamellón
Casas y Chalet de Pascual García
La Bronquina
Las Ventas
Albatana
Casa-Cañada de Albatana
Casa Venta
Caserío de los Charquillos
Sierra de la Serreta
Mora de Santa Quiteria
Casas de la Cingla
Casa de la Bodeguilla
Pinillos
Carrascalejo
Torre del Rico
Término de Arriba
Fuente del Pina
Morrones
Hoya del Pozo
La Hoya Hermosa
Venta de Rodrigo
Cueva de Peliciego
Casa de los Ontureños
Sierra del Escabezado
La Alquería
Sierra del Buey
Espinar
Colonia de la Sierra de Salinas
Venta de Montesinos
Gamellejas
Casa de Selva
Portishuelo
Sierra de Enmedio
Sierra de las Cabras
Casa de Francisco Palazón
Sierra del Serral
Casas de Cañizares
Casa de López
La Capilla
Casa Guardiola
Sierra de Salinas
Casas de Cucharón
Iglesia de Santiago
Hoya del Mollidar
Jumilla
Monasterio de San Francisco
Casas del Pansero
Canyades den Cirus
Candil
Casa de las Minas
Casas del Castillo
La Celia
Casa de Agustín
El Carche
Casas de Pisano
Quitapellejos
Raspay
les Cases de Joan Blanco
el Paredó
Lel
Úbeda
Sierra del Molar
Pico de la Tienda
Convento de Santa Ana
Casas del Salero de la Rosa
Parque Regional de la Sierra de El Carche
Carche
el Derramador
Cancárix
Caserío de Seperos
Casa de los Almendros
Casa del Puerto
Sierra del Carche
les Cases de Sequé
el Culebró
Xinorlet
118
Casa de Sebastián Cutillas
Casa Cañada del Judío
Casa de Conejo
Casas de la Barquilla
Pinoso
les Cases del Senyor
Casa de la Muerte
La Buitrera
Casa de Parrasquetas
les Cases d'Ivanyes
les Encebres
Sierra del Picacho
Rambla del Judío
Sierra de Sopalmo
Las Encebras
La Raja
Torre del Rico
Cavallusa
les Cases del Faider
Venta del Puerto
Casa de Sabas
Balsas de Cardel
Sierra Larga
El Hornillo
Casa Bernal
el Rodriguillo
Trefonts
Casa Fuente del Judío
Casa de la Felipa
La Raja
Casas de los Capitos
Cañada del Trigo
la Solana Alta
El Casón
Cabeza del Asno
Castillo del Mayorazgo de Azcoy
Casa del Agunzarejo
Rambla de la Raja
la Solana
Algueña
Sierra del Puerto
Venta del Olivo
Venta de Román
Casa de la Virgen
La Zarza
Sierra de Quibas
La Cañada de Leña
Casa de Ratón
Casablanca
Casa del Boquerón
Sierra El Asiento
Cantón
Emb. del Judío
El Boquerón
Peña de la Zafra
Balonga
El Algarrobo
Rambla del Moro
Casa de Amante
Casa del Fraile
Parque Regional de la Sierra de la Pila
Barinas
El Chicamo
Barbarroja
Ascoy
Sierra de Ascoy
Casas de Buitrago
Pila
Fuente-Blanca
Macisvenda
Los Charcos
Emb. del Moro
Hoya del Campo
Venta del Tollo
Sierra de la Pila
La Garapacha
Los Rafaeles
El Tollé
119
Horno
Ginete
Almadenes
Hoyahermosa
Campules
Salado
Rio Chicamo
El Partidor
CIEZA
Estación Blanca-Abarán
Casa de Serrano
San Joy
Las Casicas
Caprés
Cantalegallo
La Torre
Abarán
Barranco Molax
La Horticuela
La Huerta
Sierra del Oro
Los Cabañiles
Hoya de San Roque
Caserío Los Cabañiles
Los Baños
Balneario de Fortuna
Abanilla
Provincia de Murcia
Prov. d'Alacant
Casa de la loma de la Rambla
XIII(Quipar)
Collado de Gil
La Estación
La Hurona
Los Carrillos
Las Peñas
Murada
Blanca
Cuesta Alta
Las Ventanas
Fortuna
Canal de Albatera
Vicentes
Cañada Gil
Emb. de Ojós
Venta Puñales
Mafráque
Vite
Comala
Fenazar
Albarda
Siete Casas
Los Mateos
Ricote
Ojós
Ulea
Espada
Estación de Archena-Fortuna
Los Valientes
Ajauque
Embalse de Santomera
Benferri
La Matanza
Bermeja
Almeces
Sierra de Ricote
Villanueva del Río Segura
Campotéjar Baja
Hornera
Rambla Salada
Los Rocamoras de Matanza
120
Ardal
Patruena
Hurtado
Archena
Algaida
Ermita de la Borrera
Canal Margen Izquierda
Ermita de Beltrán
Venta de Soldado
ORIHUELA
Sierra de la Muela
Alquibla
Lorquí
Alcaina
La Aparecida
El Molino de la Ciudad
Cortijo de Perea
Ceutí
Salinas de Molina
173
Murcia
Murcia
Murcia
Villena
Elche
E 157

Almansa
Za
València
Zb
142
Zc
Zd
116
117
118
119
120
Yecla
Jumilla
Murcia
San Javier
Caudete
Estación de Caudete
Prov. de Albacete
Prov. d' Alacant
VILLENA
Serra de la Solana
Loma dels Caragols
Pla de Raplana
Beneixama
Bocairent
Banyeres de Mariola
Parque Natural de la Sierra de Mariola
Prov. de València
Prov. d' Alacant
ALCOY
(ALCOI)
Cocentaina
Muro de Alcoy
Agres
Alfafara
Parque Natural del Carrascal de la Font Roja
Biar
Onil
Castalla
Ibi
Serra de l' Arguenya
Serra de Maigmó
Serra de la Penya Roja
Jijona
(Xixona)
Sierra de la Serreta
Sax
ELDA
PETRER
Sierra de la Umbria
Monóvar
Monover
Sierra de las Pedrizas
Novelda
Monforte del Cid
Aspe
Agost
SAN VICENTE
DEL RASPEIG
Mutxamel
Sant Joan d'Alacant
EL CAM
ALICANTE
(ALACANT)
Cap de les Hort
Serra d'Algaiat
Hondón de las Nieves
CREVILLENT
ELCHE
(ELX)
Autopista del Mediterráneo
El Altet
Aeropuerto Alicante
Santa Pola de l'Est
Cap de Santa Pola
SANTA POLA
Parque Natural de les Salines de Santa Pola
Parque Natural El Fondó/ El Hondo
Illa Plana o de Nova Tabarca
Canal de Albatera
Provincia de Murcia
Prov. d'Alacant
Albatera
Catral
Callosa de Segura
ORIHUELA
Almoradí
Dolores
la Marina
Guardamar del Segura
Dunas de Guardamar
Rojales
Benijófar
Wahrán (Orán)
Cartagena
173
Torrevieja
0 1 2 4 6 8 10 km
0 1 2 4 6 miles

116
117
118
119
120
JÁVEA
XÀBIA
Parque Natural
El Montgó
Parador
Platja de l' Arena
Cala Blanca
Cap de Sant Martí
Jesús Pobre
Vall-de-Ros
Tarraula
Capsadas
Costa Nova
Cova dels Orguens
Cap de la Nau
Platja de Granaella
la Granadella
Benitachell
(el Poble Nou de Benitatxell)
Gata de Gorgos
La Gorja
Pedreguer
San Antonio
Cova de les Calaveres
Benidoleig
Orba
Castell d'Orba
Tormos
Pantà d'Isbert
Fleix
Campell
(Vall de Laguar)
Fontilles
Benimaurell
Murla
Alcalalí
Jalón
Xaló
la Llosa de Camatxo
Llíber
Senija
Canor
Berdica
Teulada
Paratella
Benissa
San Antonio
Benissa Catedral de la Marina
Moraira
Platja de Portet
Punta de Morara
Platja del Castell
Bonavista
Pedramala
la Cometa
Platja de Llevant
CALPE
(CALP)
Ruïnes de Calpea
(Penyal d'Ifac)
Parque Natural
del Penyal d'Ifac/
Peñón de Ifac
Platja del Port
la Canuta
Mascarat
Margarida
Alcalá de la Jovada
(la Vall d'Alcalà)
Planes
Catamarruc
Beniaia
Benialfaquí
Tollos
Ermita del St dels Socors
Benimassot
Serra d' Alfaro
Balones
Facheca
Famorca
Serra del Carrascar de Parcent
Castell de Castells
Benigembla
Parcent
Coll de Rates
Serra del Ferrer
Gorga
Quatretondeta
Serra de Serrella
Serra de Xortà
Castell de Bolòlla
Castell dela Moros
Tàrbena
Port d' Ares
Abdet
Benasau
Ares del Bosc
Alcoleja
Palau d'Alcoleja
Confrides
Beniarda
Pantà de Guadalest
Castell de Guadalest
Guadalest
Benifato
Bolulla
Callosa d'En Sarrià
Marnes
Pinos
Bernia
Ermita del Vicari
Serra d' Aitana
Ermita de Seguró
Aitana
Sierra de Bernia
Ermita de Sant Llorenç
Altea la Vella
Port del Tudons
Seguró
Casa Palanquetas
Cases de l'Arc
la Solana
Xirles
Polop
Llano del Castillo
la Nucia
Altea
l'Olla
Sella
Casa Charquer
Masia del Oficial
Casa Margoch
els Captivadors
Carbonera
Montaud
Altea
Parque Natural de la
Serra Gelada i el seu
entorn litoral
Caseriu Surcas
Caseriu Figuerete
Relleu
Serra d' Orxeta
Puig Campana
Mushara
l'Alfàs del Pi
Finestrat
Terra Mítica
Benidorm (Levante)
Almarra
Panorama
Punta Bombarda
Far d' Altea
Pantà de Relleu
Orxeta
Benienso
Benidorm (Poniente)/ Terra Mítica
Ermita de Sanz
Ruïnes
la Casa del Coll
La Marina
la Foiamanera
el Racó de l'Oix
Casa Cortes
Pantà de Sella
La Villajoiosa
Sant Antoni
Mediases
l'Ermita
La Cala
Platja de la Cala
Ponent
Llevant
Punta de l'Escaleta
BENIDORM
Illot de Benidorm
Casas Salomóns
Torres
Ruïnes romanes
VILLAJOYOSA
(LA VILA JOIOSA)
Platja del Paradís
Venta Lanuza
la Coveta Fumada
PELLO
Joan
Costa Blanca
Al-Jazā'ir (Alger)

Costa Dourada
Costa da Galé
Costa Vicentina
Reserva Natural das Lagoas de Santo André e da Sancha
Parque Natural do Sudoeste Alentejano e Costa Vicentina
Serra de Grândola
Serra do Cercal
Grândola
Santiago do Cacém
Sines
Cabo de Sines
Porto de Sines
Alvalade
Cercal
São Luís
Vila Nova de Milfontes
Porto Covo da Bandeira
Distrito de Setúbal
Distrito de Beja
Ermidas-Sado
Melides
Carvalhal
Torroal
Outeirão
Bicas
Colónia Penal
Pinheiro da Cruz
Martim Afonso
Brejos do Fetal
Foros de Albergaria
Pedrogão
Ameiras de Baixo
Cilha do Pascoal
Fresta
Fontaínhas
Ervideira
Água de Porco
Palhotas
Atalaia
Cavêira
Penha
Canal Caveira
Mina da Caveira
Nicolau
Santa Margarida da Serra
Mosqueirão
Cruz de João Mendes
São Francisco da Serra
Deixa-o-Resto
Roncão
Tanganhal
Santa Cruz
Relvinhas
Pomar Grande
Cabeço
Bejinhos
Bebeda
Relvas Verdes
Ortiga
Chãos
Abela
Quinta da Corona
Cerro da Corte
Vale Miguel
São Domingos
Muda
Vale de Água
Sonega
Vale Manhãs
Cercal
Malhadinha
Brunheiras
Ferraria
Caldeira
Nascedios
Almograve
Medo Tojeiro
São Salvador
Gavião
Colos
Vale de Lobos
Santa Luzia
Garvão
Amoreiras
Chaissa Madriz
S. Martinho das Amoreiras
Vigia
Torre Vã
Aldeia dos E
Vale Longo
Fornalhas
Água Branca
Bicos
Vales
Caeiros
Monte Velho
Carapeleiro
Mina do Lousal
Azinheira dos Barros
Porto Mouro
Santa Margarida do Sado
Outeiro do Negro
Vale Santiago
Maceira
Arouca
Vale de Guizo
Porches
Casa Branca
Monte de Algale
São Romão do Sadão
Rio de Moinhos
Sesmarias das Moças
Mascarenhas
São Mamede do Sádão
Ruínas Rom.
Caeiros

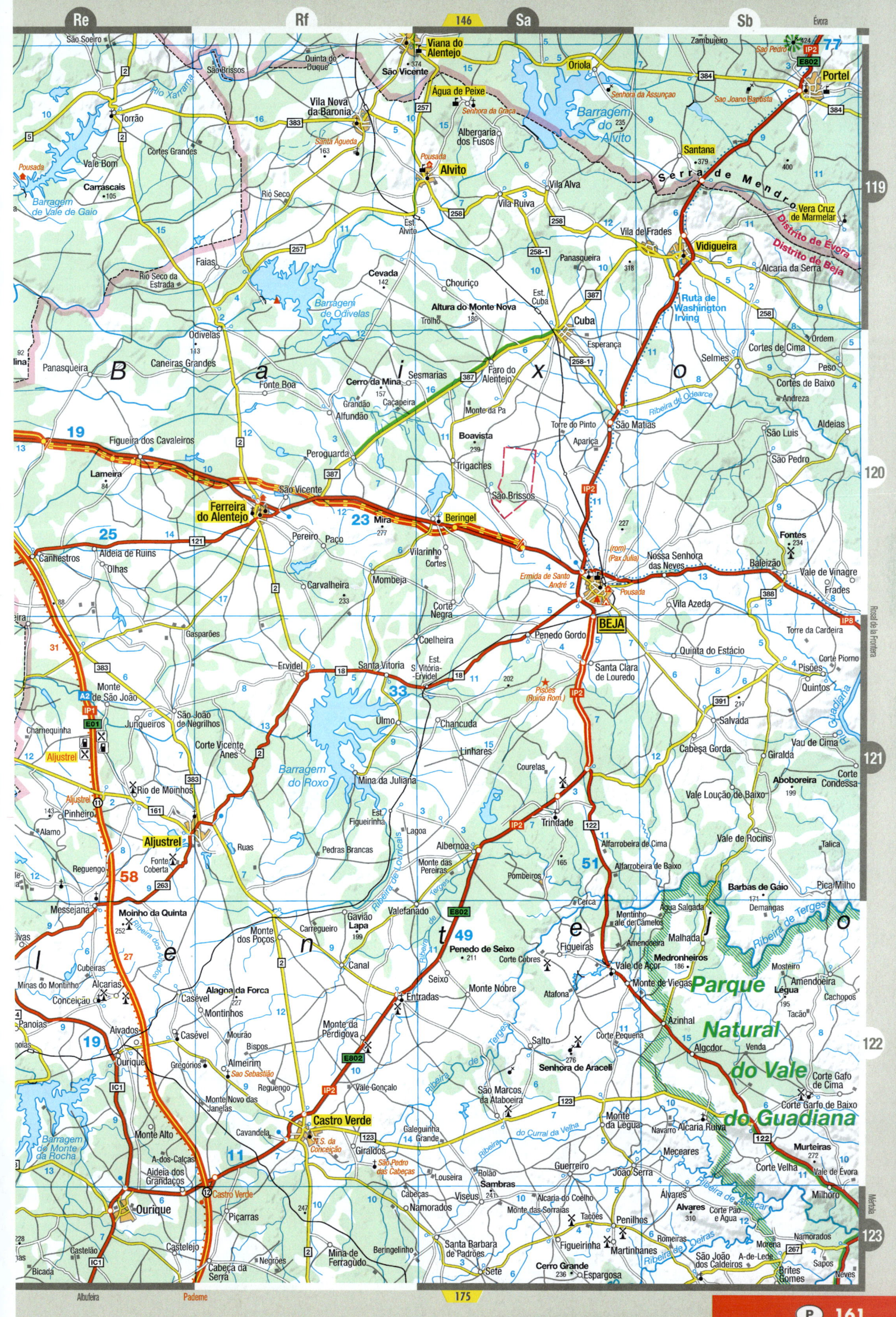
Re
Rf
146
Sa
Sb
Évora
Viana do Alentejo
São Vicente
Oriola
Portel
Zambujeiro
São Pedro
São Soeiro
São Brissos
Quinta do Duque
Torrão
Vila Nova da Baronia
Água de Peixe
Senhora da Graça
Albergaria dos Fusos
Barragem do Alvito
Senhora da Assunção
São João Baptista
Santa Águeda
Alvito
Pousada
Santana
Serra de Mendro
Vale Bom
Cortes Grandes
Carrascais
Barragem de Vale de Gaio
Rio Seco
Vila Alva
Vila Ruiva
Vera Cruz de Marmelar
Distrito de Évora
Distrito de Beja
Vila de Frades
Vidigueira
Alcaria da Serra
Est. Alvito
Faias
Rio Seco da Estrada
Cevada
Chouriço
Panasqueira
Barragem de Odivelas
Altura do Monte Nova
Est. Cuba
Ruta de Washington Irving
Trolho
Cuba
Esperança
Odivelas
Ordem
Cortes de Cima
Peso
Cortes de Baixo
Andreza
Panasqueira
Caneiras Grandes
Fonte Boa
Cerro da Mina
Sesmarias
Faro do Alentejo
Selmes
Grandão
Alfundão
Caçapeira
Monte da Pa
Ribeira de Odearce
São Matias
Torre do Pinto
Aparica
São Luis
São Pedro
Aldeias
Figueira dos Cavaleiros
Boavista
Peroguarda
Trigaches
Lameira
São Brissos
São Vicente
Ferreira do Alentejo
Mira
Beringel
Pereiro
Paço
Canhestros
Aldeia de Ruins
Olhas
Vilarinho
Cortes
Fontes
Nossa Senhora das Neves
Baleizão
Vale de Vinagre
Frades
Ermida de Santo André
Pousada
Carvalheira
Mombeja
Corte Negra
Vila Azeda
BEJA
Torre da Cardeira
Gasparões
Coelheira
Penedo Gordo
Quinta do Estácio
Corte Piorno
Pisões
Quintos
Ervidel
Santa Vitória
Est. S. Vitória-Ervidel
Santa Clara de Louredo
Pisões (Ruína Rom.)
Monte de São João
Chamequinha
Junqueiros
São João de Negrilhos
Ulmo
Chancuda
Salvada
Rio Guadiana
Aljustrel
Corte Vicente Anes
Linhares
Cabeça Gorda
Vau de Cima
Giralda
Rio de Moinhos
Barragem do Roxo
Courelas
Aboboreira
Corte Condessa
Pinheiro
Mina da Juliana
Vale Loução de Baixo
Alamo
Est. Figueirinha
Lagoa
Trindade
Aljustrel
Ruas
Pedras Brancas
Ribeira de Lobricais
Alfarrobeira de Cima
Vale de Rocins
Talica
Fonte Coberta
Albernoa
Reguengo
Monte das Pereiras
Pombeiros
Alfarrobeira de Baixo
Barbas de Gaio
Pica Milho
Messejana
Moinho da Quinta
Gavião
Lapa
Valefanado
Cerca
Demangas
Água Salgada
Montinho
Vale de Camelos
Carregueiro
Monte dos Poços
Penedo de Seixo
Figueiras
Amendoeira
Malhada
Ribeira de Terges
Corte Cobres
Medronheiros
Mosteiro
Amendoeira
Cubeiras
Canal
Vale de Açor
Monte de Viegas
Parque Natural do Vale do Guadiana
Légua
Cachopos
Minas do Montinho
Alcarias
Conceição
Alagoa da Forca
Seixo
Monte Nobre
Tacão
Casével
Montinhos
Entradas
Atafona
Azinhal
Panoias
Aivados
Casével
Mourão
Monte da Perdigona
Corte Pequena
Algodor
Venda
Ourique
Bispos
Salto
Gregórios
Almeirim
Senhora de Araceli
São Sebastião
Reguengo
Vale Gonçalo
São Marcos da Ataboeira
Corte Gafo de Cima
Corte Garfo de Baixo
Monte Novo das Janelas
Castro Verde
Monte da Légua
Navarro
Alcaria Ruiva
Cavandela
Galeguinha Grande
do Curral da Velha
Barragem de Monte da Rocha
Monte Alto
N.S. da Conceição
Giraldos
A-dos-Calças
São Pedro das Cabeças
Meceares
Murteiras
Aldeia dos Grandaços
Guerreiro
João Serra
Corte Velha
Vale de Évora
Louseira
Rolão
Sambras
Ourique
Castro Verde
Cabeças
Viseus
Namorados
Alcaria do Coelho
Álvares
Milhoro
Piçarras
Monte das Sorraias
Tacões
Penilhos
Alvares
Corte Pão e Água
Ribeira de Carreiras
Castelão
Castelejo
Mina de Ferragudo
Beringelinho
Santa Barbara de Padrões
Figueirinha
Martinhanes
Romeiras
Namorados
Morena
Bicada
Cabeça da Serra
Negrões
Sete
Cerro Grande
Espargosa
São João dos Caldeiros
A-de-Lede
Sapos
Brites Gomes
Neves
Albufeira
Paderne
175
Rosal de la Frontera
Mértola
119
120
121
122
123
77
Baixo Alentejo

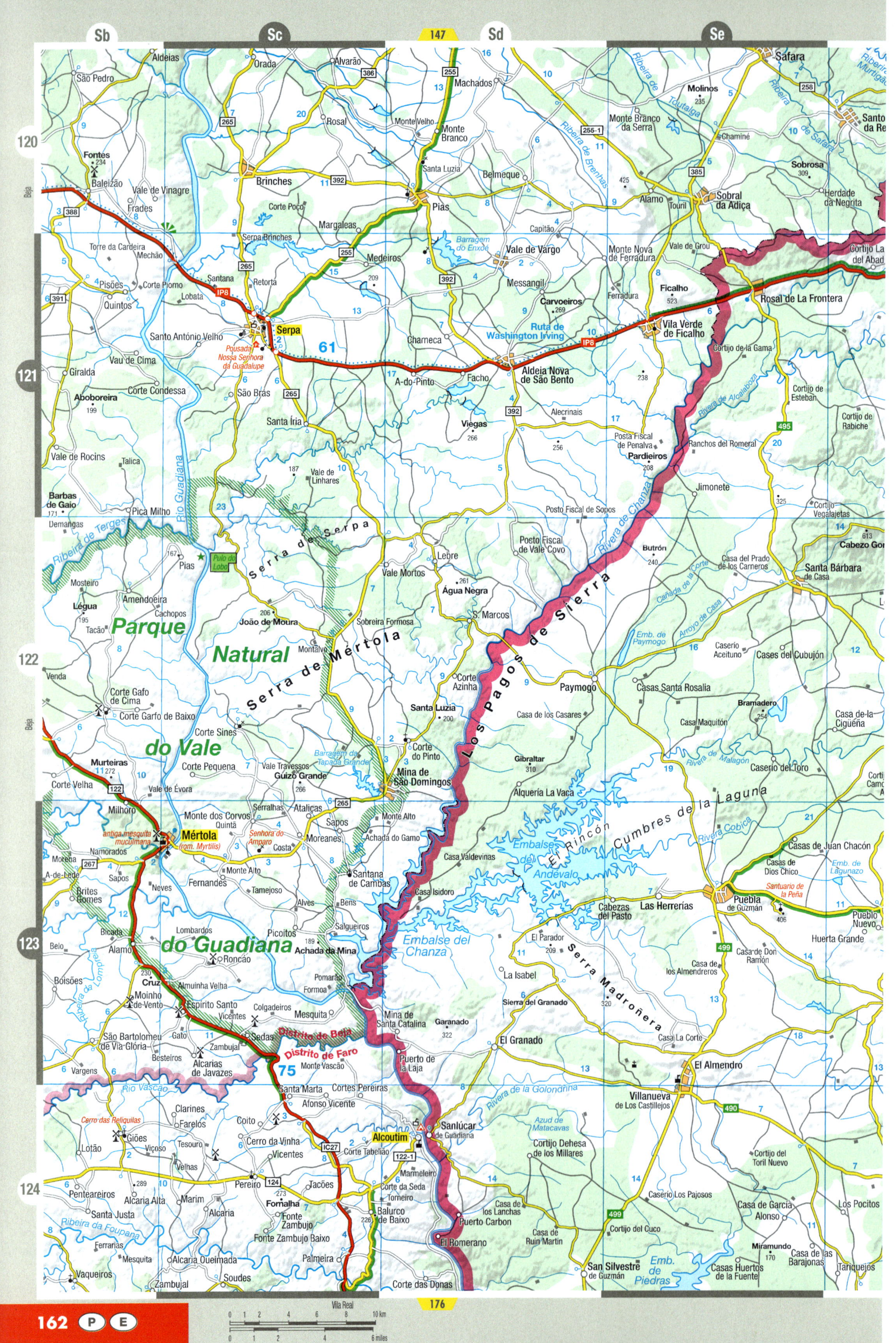

Serpa
Mértola
Alcoutim
Sanlúcar de Guadiana
Parque Natural do Vale do Guadiana
Serra de Serpa
Serra de Mértola
Los Pagos de Sierra
Sierra Madroñera
Cumbres de la Laguna
Embalse del Andévalo
Embalse del Chanza
Rosal de La Frontera
Vila Verde de Ficalho
Aldeia Nova de São Bento
Mina de São Domingos
Paymogo
Santa Bárbara de Casa
Puebla de Guzmán
El Almendro
Villanueva de los Castillejos
El Granado
San Silvestre de Guzmán
Distrito de Beja
Distrito de Faro

Parque Natural
de la Sierra
de Aracena y
Picos de Aroche
Sierra Morena
Sierra de las Contiendas
Sierra del Alamo
Sierra del Viento
Sierra Hinojoles
Sierra de Aracena
Sierra Pelada
Sierra Grijona
Provincia de Badajoz
Provincia de Huelva
Tomina
Aleixo
Convento de Tomina
Cortijo del Hornito
Cortijo Chaparrita
Cortijo del Bravo
Los Bailones
Los Campillos
Cumbres de San Bartolomé
Dehesa de la Aldea
El Chaparral
Cumbres de en Medio
Cumbres Mayores
La Lancha
La Estación
La Ortigosa
Fuentes de León
Cortijo de la Dehesa de la Higuera
Prior
Rincón
Hinojales
Canaveral de León
La Contienda
Arroche
Cortijo de Aguzaderas Viejas
Valles de Carrasco
Cortijada Riofrío
Pasada de Arriba
Emb. de Aroche
Cortijo de Cabra Higuera
Est. de la Nava
La Parrilla
Cortijo El Helechoso
El Puerto
Los Andreses
Las Cefiñas
Los Bravos
Los Viejos
Puerto-Lucía
La Nava
Cortijo Carretero
Cortijo La Parrita
Cortijo Tapia
Aroche
(rom. Aruci Vetus)
Cortijo de Santa Clara
Cortijo Maladua
Cortijo del Majadal
Valconejo
La Corte
Valdelacanal
El Repilado
Las Chinas
Galaroza
Valdelarco
Las Huelvas
Corterrangel
Castañuelo
Navahermosa
Cortelazor
Carboneras
Embalse de Aracena
Est. Jabugo Galaroza
Jabugo
Cortegana
(rom. Corticata)
El Quejigo
Fuenteheridos
Nava Balbono
Corteconcepción
Grutas de las Maravillas
Casa del Lote
El Hurón
Veredas
Arroyo
Canaleja
Los Romeros
Castaño del Robledo
Los Marines
Aracenilla
Aracena
Puerto Gil
Cortijo Peña Sierpes
Acebuche
Molares
Fuente del Oro
Aguafría
El Calabacino
Alájar
Jerónimo
Linares de la Sierra
Monte San Miguel
Valdezufre
Almonaster la Real
Calabazares
Santa Ana la Real
La Presa
El Cabezuelo
Los Madroñeros
Jabuguillo
La Corte
El Mustio
Gil Márquez
Escalada
Casas de Palacios
Ermita de Santa Eulalia
La Mamola
Serpos
Patrás
Sta Eulalia
Cortijo de los Majalejos
Caserío Monte Castilla
Cortijo de la Concepción
Cañada del Conejo
El Carpio
Lomero
San Telmo
La Juliana
Dehesa
Valdelamusa
La Victoriana
Emb. del Torl
Emb. de S. Miguel
Emb. de Perejil-Odiel
Casas del Toconal
Embalse de Cueva de la Mora
Cueva de la Mora
Concepción
San Platón
La Granada de Riotinto
Los Pajeros
Ventas de Arriba
Huerta de la Pila
La Joya
Cortijo de la Perrona
San Miguel
La Majada
Campofrío
Emb. de la Joya
Casas del Coto de la Mora
Emb. d. Campofrío
Emb. del Cobre
Caserío Los Hermitaños
El Cerro de Andévalo
Cortijo de los Madroñuelos
Apd. El Tamujoso
Emb. de Puerto León
Emb. de Olivargas
Padre Curo
Cabezas Rubias
Jaroso
El Perrunal
Silos de Calañas
Emb. d. Gossan
Mina
La Dehesa
Est. de El Cerro de Andévalo
Traslasierra
Nerva
Casa Perete
El Villar
Casas de don Gabriel
El Campillo
Vista Alegre
Minas de Riotinto
Montes de San Benito
Casas del Coto
Zalamea la Real
Casas del Tejarejo
Monte Sorromero
La Naya
Santuario de San Benito
Cortijo de Dona Juana
Casa de Domingo Medén
Calañas
Casa de la Rinconada
Las Delgadas
Membrillo Alto
El Madroño
El Buitrón
Mina de Guadiana
Membrillo Bajo
Palanco
Villanueva de las Cruces
Casa de los Collados
Marigenta
Embalse del Calabazal
El Pozuelo
Berrocal
Embalse Grande
Tharsis
La Torerera
Sotiel Coronada
Est. de los Milanos
Valverde del Camino
Alosno
Apeadero La Encarnación
Casa Los Calamorros
La Tiesa
Mascote
Campanario
Embalse de Campanario
Casa de Conal Quemado
Apeadero El Cobujón
Los Pinos
Venta de Eligio
Navahermosa
Casa del Vinagre
Cortijo del Matiloso
Casa de la Mata
Los Marcos de Alcolea
Raboconejo
Caballón
Los Caños
El Tumbalejo
Emb. de El Sancho
Apeadero de Belmonte
Fuente de la Corcha
Embalse de Beas
Alcornocosa
La Cumbre
El Guijo
San Bartolomé de la Torre
Casas de las Mesas
Sierra
El Campillo
Beas
El Zapillo
Embalse de Curumbel Bajo
Mesas de en Medio
El Guijillo
La Peñuela
Campo de Abajo
Casa del Cebollar de Santa Ana
Villarrasa
La Palma del Condado
Trigueros
Candón
Río Odiel
Río Tinto
Monesterio
Sevilla

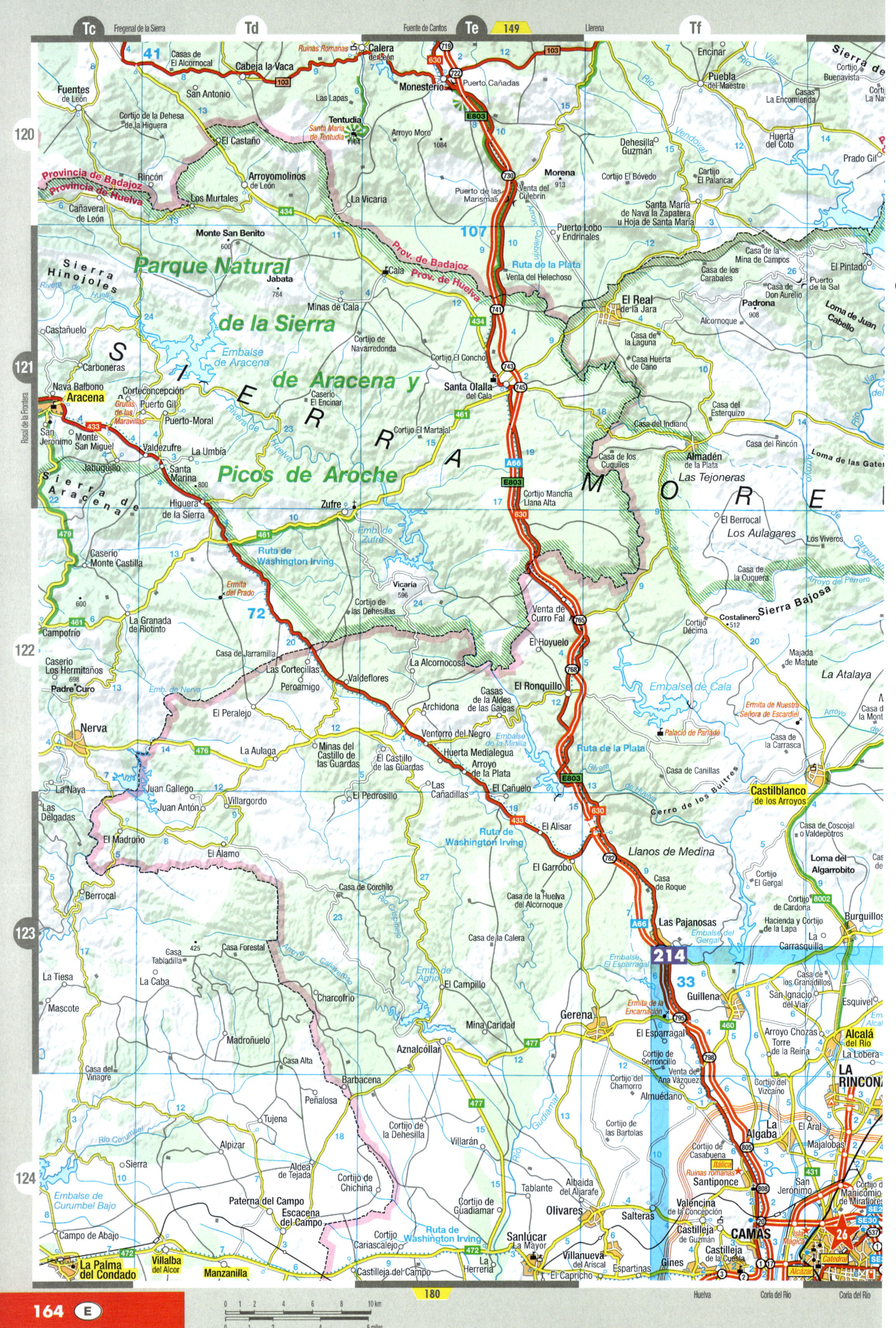

Tc
Fregenal de la Sierra
Td
Fuente de Cantos
Te
149
Llerena
Tf
120
121
122
123
124
Rosal de la Frontera
Casas de El Alcornocal
Cabeja la Vaca
Ruinas Romanas
Calera de León
Monesterio
Puerto Cañadas
Encinar
Puebla del Maestre
Sierra de
Cortijo Buenavista
Casas La Encomienda
Fuentes de León
San Antonio
Las Lapas
Cortijo de la Dehesa de la Higuera
Tentudía
Santa María de Tentudía
Arroyo Moro
El Castaño
Dehesilla Guzmán
Huerta del Coto
Prado Gil
Provincia de Badajoz
Provincia de Huelva
Rincón
Arroyomolinos de León
Morena
Cortijo El Bóvedo
Cortijo El Palancar
Los Murtales
La Vicaria
Puerto de las Marismas
Venta del Culebrín
Cañaveral de León
Santa María de Nava la Zapatera u Hoja de Santa María
Monte San Benito
107
Puerto Lobo y Endrinales
Sierra Hinojoles
Parque Natural
Jabata
Cala
Prov. de Badajoz
Prov. de Huelva
Ruta de la Plata
Venta del Helechoso
Casa de la Mina de Campos
Casa de los Carabales
El Pintado
Puerto de la Sal
Casa de Don Aurelio
Padrona
El Real de la Jara
Minas de Cala
Loma de Juan Cabello
de la Sierra
Alcornoque
Castañuelo
Embalse de Aracena
Cortijo de Navarredonda
Casa de la Laguna
Cortijo El Concho
Casa Huerta de Cano
Carboneras
de Aracena y
Santa Olalla del Cala
Nava Balbono
Corteconcepción
Caserío El Encinar
Aracena
Grutas de las Maravillas
Puerto Gil
Casa del Esterquizo
San Jerónimo
Puerto-Moral
Cortijo El Martajal
Casa del Indiano
Monte San Miguel
Valdezufre
La Umbía
Casa del Rincón
Jabuguillo
Santa Marina
Almadén de la Plata
Casa de los Cuquiles
Loma de las Gater
Sierra de Aracena
Picos de Aroche
Las Tejoneras
Cortijo Mancha Llana Alta
Higuera de la Sierra
Zufre
SIERRA MORENA
El Berrocal
Los Aulagares
Ruta de Washington Irving
Emb. de Zufre
Los Viveros
Caserío Monte Castilla
Casa de la Cuquera
Ermita del Prado
Vicaría
Venta de Curro Fal
Costalinero
Sierra Bajosa
Cortijo de las Dehesillas
Cortijo Décima
72
La Granada de Riotinto
El Hoyuelo
Campofrío
Majada de Matute
Casa de Jarramilla
La Atalaya
Caserío Los Hermitaños
Las Cortecillas
La Alcornocosa
Padre Curo
Peroamigo
Valdeflores
El Ronquillo
Embalse de Cala
Emb. de Nerva
Casas de la Aldea de las Gaigas
Ermita de Nuestra Señora de Escardiel
El Peralejo
Archidona
Nerva
Ventorro del Negro
Palacio de Parlade
Embalse de la Minilla
Casa de la Carrasca
Minas del Castillo de las Guardas
Huerta Medialegua
La Aulaga
El Castillo de las Guardas
Arroyo de la Plata
Casa de Canillas
La Naya
Juan Gallego
Las Cañadillas
El Cañuelo
Cerro de los Buitres
Castilblanco de los Arroyos
Juan Antón
Villargordo
El Pedrosillo
Las Delgadas
El Alisar
Casa de Coscojal o Valdepotros
El Madroño
Llanos de Medina
El Álamo
El Garrobo
Loma del Algarrobito
Casa de Roque
Cortijo El Gergal
Berrocal
Casa de Corchilo
Cortijo de Cardona
Casa de la Huelva del Alcornoque
Hacienda y Cortijo de la Lapa
Burguillos
Las Pajanosas
Casa de la Calera
Embalse del Gergal
La Carrasquilla
Casa Tabiadilla
Casa Forestal
Embalse El Esparragal
214
33
Casa de los Granadillos
La Tiesa
La Caba
San Ignacio del Viar
Charcofrío
Emb. de Agrio
El Campillo
Guillena
Esquivel
Mascote
Ermita de la Encarnación
Gerena
Mina Caridad
Arroyo Chozas
Alcalá del Río
Madroñuelo
Torre de la Reina
El Esparragal
Aznalcóllar
La Lobera
Casa del Vinagre
Casa Alta
Cortijo de Serroncillo
Barbacena
Cortijo del Chamorro
Venta de Ana Vázquez
La Rinconada
Peñalosa
Almuédano
Cortijo del Vizcaíno
Tujena
Cortijo de la Dehesa
Cortijo de las Bartolas
La Algaba
El Aral
Río Corumbel
Villarán
Majalobas
Alpízar
Cortijo de Casabuena
Itálica
Ruinas romanas
Sierra
Aldea de Tejada
Cortijo de Chichina
Santiponce
San Jerónimo
Embalse de Corumbel Bajo
Tablante
Albaida del Aljarafe
Cortijo de Manicomio de Miraflores
Paterna del Campo
Cortijo de Guadiamar
Valencina de la Concepción
Escacena del Campo
Olivares
Salteras
Campo de Abajo
Cortijo Cariascalejo
Ruta de Washington Irving
Sanlúcar la Mayor
Castilleja de Guzmán
Camas
Isla Mágica
26
Castilleja de la Cuesta
Catedral
La Palma del Condado
Villalba del Alcor
Manzanilla
Castilleja del Campo
La Herrería
Villanueva del Ariscal
Espartinas
Gines
El Capricho
Alcázar
180
Huelva
Coria del Río
Coria del Río
0 1 2 4 6 8 10 km
0 1 2 4 6 miles

Ua
Ub
150
Uc
Ud
Ue
Florida
Guadalcanal
Caserío de la Urbana
Sierra del Agua
Loma de Humorada
Humapega
Cortijo de Guadiloca
Alanís
Loma del Aire
Loma de la Quiruela
Río Onza
Prov. de Córdoba
Prov. de Sevilla
Sierra del Águila
Sierra de la Albarrana
Cerro del Castillo
El Cabril
Casa de la Citolera
La Adelfilla
120
Provincia de Badajoz
Provincia de Sevilla
Sierra de Guadalcanal
Cuevas de Santiagos
Parque
Rivera de Benalija
Dehesa
Loma del Canario
Loma de Pingano
El Encinar
Parque
Embalse de Bembézar
La Baia
Embalse del El Pintado
Cortijo de Dos Hermanas
Cortijo de Hornillo Viejo
Estación de Alanís
Natural
San Nicolás del Puerto
Casa de la Viñuela
Sierra del Lorito
Sierra Alta
Natural
Solanas del Valle
Lagar del Santísimo
Casas de las Minas
Cortijo de las Campanillas
Tiesa
Río Retortillo
Sierra de la Grana
Casas de la Cartuja
Cortijo de las Barracas
El Cerro del Hierro
Casa de la Huerta de Abajo
Cortijo Mosquera
San Calixto
Estación de Cazalla y Constantina
Castillo de la Armada
Monasterio
La Ganchosa
Lagar del Puerto
Molino de los Agustinos
Cazalla de la Sierra
Ermita del Monte
Huesna
Venta de los Ángeles
Cortijo de las Cárdenas
Casa del Ochavo
Las Navas de la Concepción
de la Sierra de
Casas del Escorial
121
de la
Contraemb. Pintado
Casa del Rincón de la Higuera
Molino del Monte
Rivera de
Cortijo de Campoallá
Fuente Reina
Virgen de Robledo
Casilla del Romero
Molino de Manuel García
Cortijo de los Nogalillos
Casa de Matarromán
Cortijo de los Cardales
Casa de las Minas
Sierra Norte
Constantina
Cortijo de Candelario Centeno
Hornachuelos
Casa de Torralba
Loma de Gallinero
Sierra de El Pedroso
Las Baltrotas
Castillo de la Armada
Casa de Don Rafael Caro
El Águila
Embalse de Retortillo
Navahonda
Fábrica de El Pedroso
Fuente el Negro
Cuerda de Vallehondo
Lagar Grande
Ermita de la Virgen del Espino
El Pedroso
Casa de Tinajones
Casa de Gibla
Cortijo del Saucejo
Cortijo de la Jarosa
de Sevilla
Los Cerrillares
Casa de Cordero
Cortijo de Molgado
Casa de la Mesa
Cortijo de la Fuente de la Mujer
Casa de la Paloma
Casa de Navahorquín
Cortijo del Travieso
Cortijo del Esparragal
Lagar Gallego
Las Jarillas
Cañadas del Romero
Casa del Saladillo
La Puebla de los Infantes
Cortijo de la Parrilla
Embalse de Huesna
Casa de los Logios
Casa de la Dehesa del Conde
Caserío de las Mesas del Carril
Embalse de José Torán
Ermita de San Cristóbal
Casa de San Luis
Ermita de San Benito
Venta de Majalimar
Casa de Traspón
Castillo de Almenara
122
Ermita de Nuestra Señora de Setefilla
Mazueco
Cortijo del Cuervo
Vegas de Almenara
Milaneras
Castillo de la Mulva (Ruinas romanas)
Casa Herrero
Setefilla
Cortijo de la Junquilla
Peñaflor
AVE
Sardinero
Casa de Idroga
El Priorato
23
Hacienda de los Melonares
La Cantera
Arenillas
Caserío de la huerta de las Viñas
Casa del Majuelo
Casa de Mirabel
Casa de Montón de Trigo
Castillo árabe
Estación de El Priorato
Casa del Canal
Cortijo de la Verduga
Casa de Fuente Lengua
Guadalquivir
El Sevillano
El Calonge
Cebrón
Villanueva del Río y Minas
Lora del Río
La Boyal
El Acebuchal
Cortijo Santa Rosa
Alcornocalejo
Majadales
Piedra de la Sal
La Rambla
Cortijo de Mochales
Provincia de Córdoba
Provincia de Sevilla
Cortijo de Somonte
Casa de Serralla
Alcolea del Río
Villanueva del Río y Minas
El Álamo
Cortijo de Algarín
Cortijo de Miravalles
66
Cantillana
Tocina
Peña de la Sal (Arra)
Alcolea del Río
Cortijo de los Gallos
Cortijo del Prato
El Zapillo
Ermita de Agua Santa
Embalse de Cantillana
Los Rosales
Cortijo de Mejía
Cortijo de Valero
Cortijo de las Yeguas
Cortijo del Cuarto de la Casa
Villaverde del Río
Mudapelos
Cortijo de Monge
San Cayetano
Casilla de la Cascajosa
Cortijo de Mamé
Cortijo de la Alegría
123
El Viar
La Estación
El Alcachofar
Guadajoz
Villasparra
Casa Blanca
La Campana
Brenes
Hacienda El Pino
Casilla San Germán
Cortijo de Campaniche
Casa de la Higuera
Cortijo del Toril
La Atalaya
Albatán
El Cerro
Hacienda El Oidor
26
Cortijo La Navarra
Laguna Braña
Hacienda del Bodegón
Casilla de San Antón
Cortijo Santa Catalina
Casa Santa Ana
Cortijo Harinera
Cortijo Nuevo
Casa de las Dos Vigas
Casablanquilla
Hacienda Alabarra
Cortijo La Nava
Cortijo Salinera
Casa del Calerón
Molino de los Frailes
52
La Monclova
Sanjosé de la Rinconada
Hacienda del Rosal
Los Jinetes
Cortijo de Murillo
Molino del Puente
Santa Juliana
Venta del Cobre
Cortijo de la Suerte
La Jarilla
Hacienda de la Florida
Casilla del Fiscal
Zahariche
Buitrago
Hacienda del Corzo
Virgen del Rocío
Alcázar
Parador (rom. Carmo, árab. Karmuna)
Murallas romanas
La Aljabara
SEVILLA
(lb. Hispalis, rom. Colonia Iulia Romula, árab. Ichbilija)
Cortijos La Nava
Vía Augusta (Necrópolis romana)
CARMONA
Fuentes de Andalucía
Cortijo de la Herradura
124
Hacienda del Córdoba
19
Hacienda de la Sillera
Cortijo Torre del Viejo
Valdezorras
Entrearroyos
Cortijo de Santa Marina
Arroyo de las Havaras
Cortijo de Nuestra Señora del Socorro
27
Río Corbones
Aeropuerto Sevilla-San Pablo
Tarazona
Venta de Alcaudete
Cortijo El Acebuchal
Cortijo del Chiste
Adalid
Ermita de Alcaudete
Ermita de San Bartolomé del Monte
La Cierva
Cortijo de Santo Domingo
Parque Alcosa
San Pablo
Torreblanca de los Caños
Ermita de Belén
Clavinque
El Balcón de Alcores
El Viso del Alcor
Cortijo y Molino de las Albaidas
Cortijo del Grullo
181
Alcalá de Guadaira
Sevilla
Alcalá de Guadaira

120
121
122
123
124
Cerro del Castillo
Loma de la Vaquera
Cerro del Indiano
Sierra de Casas Rubias
Castillo de Névalo
Villaviciosa de Córdoba
Embalse de Puente Nuevo
Cerro de Cal
Campo Alto
El Vacar
Loma del Caballón de Valfrío
Ronquillo
Casa de la Citolera
La Adelfilla
Cerro de Don Felipe
Puerto de Peñas Rubias
Sierra del Esparragal
Sierra de las Tonadas
Puerto del Aire
Cruces
Cerro de la Calera
Estación de Obejo
Parque Natural de la Sierra de Hornachuelos
Casa de Tiemble
Caserío del Pajarón
Casa de las Lastras
Casa Colmenar
Casas de la Campana
Casa de José Cantador
Casas del Palomar
Ermita Nuestra Señora del Pilar
Las Jaras
Tiesa
Loma del Tabaco
Loma del Vellón
Caseta de Fuente Vieja
Castaño
Casa del Molino
Casa Los Borres
Embalse de Encantada
Santuario de Santo Domingo
Cortijo Mosquera
San Calixto
Casas del Escorial
Casa de Mojón Blanco
Casa de Navamuelas
Caserío El Puerto
El Rosal
Casa de Matarromán
Las Aljabaras
Embalse de Bembézar
Casa de Casarejos
Casa del Prado
Santa María de Trasierra
Santuario Las Ermitas
Castillo de la Albaida
Parador
Casa Luchena
Dehesa de Santa María
Los Ortegas
Mesas Altas
Real Monasterio de San Jerónimo
Medina Azahara (Ruinas históricas)
CÓRDOBA
Mezquita Catedral
Alcázar
Puente romano
Casa de Torralba
Casa del Rincón
Casa Nueva de la Plata
Casa de la Plata
Cabeza Pedro
Casas de Villalobillos
Alamina (Ruinas históricas)
El Aguila
Embalse de Retortillo
La Sevillana
Convento de los Ángeles
Casa de San Bernardo
Torilejo Bajo
Calamón Alto
Cobatillas
Cuevas Bajas
El Higuerón
Alameda del Obispo
Villarrubia
Embalse de la Breña
Lagar Alto
Lagar Los Hermanos
Serrezuela de Posadas
Emparedada
Verédón
Majaneque
Hornachuelos
Los Cerrillares
Mesas de Guadalora
Casa Noblos
Alvarizas
Almodóvar del Río
Castillo
Fuenreal
Casa de los Frailes
Los Mochos
Cortijo de la Reina
Valchillón
Alaminya (Almanzor)
La Puebla de los Infantes
Lagar Gallego
Casa Las Cruces
La Almarja
Paterna
Posadas
Casa de Mingaobez
Cortijo de los Trances
El Temple
Los Estepas
Redondo Bajo
El Chaparral
Montealto
Escalonias
Las Moratalla
Rivero de Posadas
Estación de Hornachuelos
Cortijo de Villaseca
Cortijo de la Haza de la Caridad
Casa de San Luis
Céspedes
Ochavillo del Río
Arroyo de Guadalmazán
Ermita de Villafranquilla
Guadalcázar
Vegas de Almenara
Cortijo de la Parrilla
Los Sesmos
La Herrería
Santa Rosa
Cortijo de Sierrezuel
Casa de la Higuera
Villalón
Peñalosa
Arroyo de la Marota
Peñaflor (rom. Ilipa)
Cortijada Molino Bajo
Cortijo del Bramadero Bajo
Cortijuelo del Remolino
La Ventilla
Reinilla y Ladrillos
La Fuencubierta
Aldea Quintana
Torre de Don Lucas
Caserío Las Higueruelas
Palma del Río
La Barqueta
Fuente Palmera
Molino de Pareja
Las Pinedas
La Chica Carlota
Arrecife
La Victoria
Casa del Canal
Pedro Díaz
Arriel
Silillos
Molino del Notario
Monte Alto
La Calleja
Mirasivienes
Cortijo de la Verduga
El Garabato
La Carlota
San Sebastián de los Ballesteros
El Calonge
Canal del Genil Izquierda
La Graja
Aldea de Fuente Carretero
Cañada del Rabadán
Molino del Cordobés
Molino del Corregidor
El Rinconcillo
La Paz
Cortijo Santa Rosa
Cortijo de la Palmosa
Cortijo de la Suerte
Casa de Laguna
Villar
Monte Alto
Casa del Cero
Molino Dos Vigas
Caserío de los Alamillos
Cortijo de Somonte
Provincia de Córdoba
Provincia de Sevilla
Los Algarbes
Molina de Valderrama
La Guijarrosa
Cortijo de Miravalles
Cortijo del Mochalejo
Cortijo de la Estrella
Cortijo de Culebrilla
Cortijo de las Ventas
Cortijo de la Foncubierta
Cortijo de la Vega
Cortijo de las Yeguas
Cortijo del Cuarto de la Casa
La Plátosa (Cortijo de la Palmosa)
Cerro Perea
Cortijo de Turullote
El Toril
Casa del Pozo del Villar
Cortijo de la Alegría
Cortijo de la Picadilla
Cañada Rosal
Cortijo del Cucarón
Cortijo del Segador
Quinta de Nuestra Señora de las Mercedes
Santaella
Montalbán de Córdoba
Cortijo de Marifernández
Cortijo de la Dehesa Nueva
Cortijo Prensa Vega
Cortijo de la Saladilla
El Polretal
El Fontanar
Las Casillas
Laguna Braña
El Campillo
Autovía del Sur
ÉCIJA (rom. Astigi) Murallas
Cortijo de Reina
Cortijo del Montecillo
Cortijo del Prado
Cortijo de la Mohedana
Cortijo del Acebuchal
Molino de la Cañada
Casa de las Dos Vigas
La Luisiana
Villanueva del Rey
La Montiela
Cortijo del Calerón Bajo
Cortijo de las Uvadas
La Monclova
Pernia
San Antón
Casa del Soto del Moro
Bocas del Salado
Cortijo del Serrano
Venta del Cobre
Molino de Valdecañas
Molino de la Sargenta
Cortijo de Alcorrín
Cortijo de Casasalbillas
Cortijo de Cabezos del Obispo
Cortijo de la Suerte
Lagunas
Fuentes de Andalucía
Cortijo de Casablanca
Cortijo del Borreguero
Fuente de los Santos
Río Cabra
Palomarejo
Loma del Pozo de Osuna
Cortijo de Montero
La Aceñuela
Isla Redonda
Huertas del Ingeniero
Pata de Mulo
Los Arenales
Cortijo Los Algarbes
Cortijo de Santo Siervo
Castillo de Aljonoz
Aljonoz
Tiscar
Molino de Pavía
Arroyo Salado de Gilena
Arroyo Parpa
Cortijo del Villar
El Rabanal
Puerto Alegre
Adalid
El Remolino
La Platosa
Arroyo Salado de Jarda
Laguna la Ballestera
El Término
Cortijo de la Turquilla
Cortijo de la Nava
Carrizosa
Ribera Baja
Huertas Nuevas
Palma
AVE
A.V.E.
Sevilla

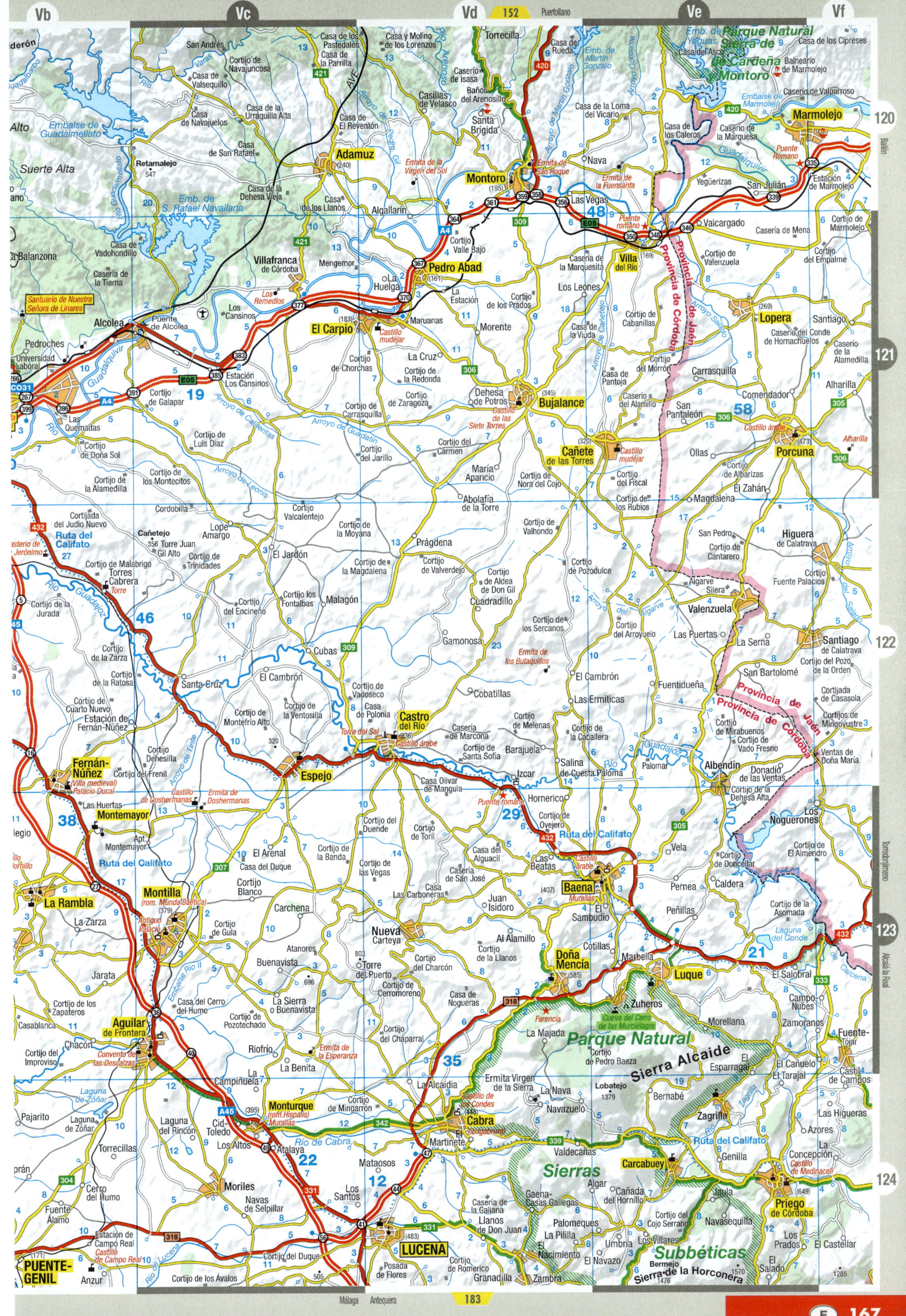

Vb
Vc
Vd
152
Puertollano
Ve
Vf
120
121
122
123
124
Baílén
Torredonjimeno
Alcalá la Real
183
Málaga
Antequera
Parque Natural Sierra de Cardeña y Montoro
Embalse de Guadalmellato
Emb. de S. Rafael Navallana
Embalse de Marmolejo
Marmolejo
Adamuz
Montoro
Pedro Abad
Villafranca de Córdoba
El Carpio
Alcolea
Bujalance
Cañete de las Torres
Villa del Río
Lopera
Porcuna
Provincia de Jaén
Provincia de Córdoba
Santuario de Nuestra Señora de Linares
Castillo mudéjar
Guadalquivir
Rio Guadajoz
Valenzuela
Santiago de Calatrava
Higuera de Calatrava
Castro del Río
Espejo
Fernán-Núñez
Montemayor
Ruta del Califato
Montilla
La Rambla
Aguilar de Frontera
Monturque
Moriles
Nueva Carteya
Baena
Doña Mencía
Luque
Zuheros
Albendín
Cabra
Carcabuey
Priego de Córdoba
LUCENA
PUENTE-GENIL
Parque Natural Sierra Alcaide
Sierras Subbéticas
Sierra de la Horconera
Zagrilla
Fuente-Tójar
Puente romano
Castillo árabe
Torre del Sal

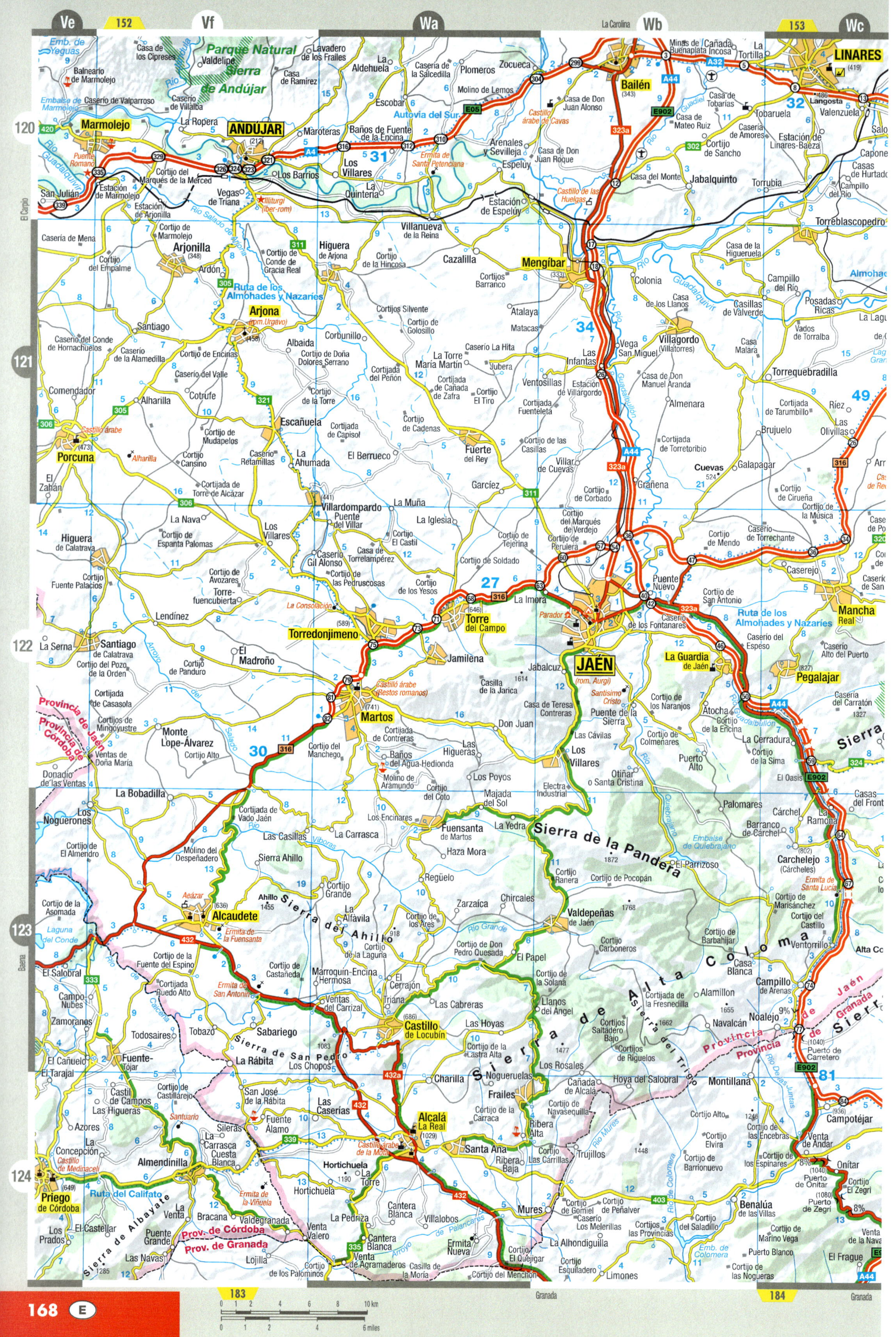
Parque Natural Sierra de Andújar
Marmolejo
ANDÚJAR
Los Villares
Baños de Fuente de la Encina
Bailén
LINARES
Autovía del Sur
Jabalquinto
Torreblascopedro
Villanueva de la Reina
Mengíbar
Arjonilla
Arjona
Ruta de los Almohades y Nazaríes
Higuera de Arjona
Cazalilla
Villargordo
Torrequebradilla
Porcuna
Escañuela
Fuerte del Rey
Villardompardo
Torredonjimeno
Torre del Campo
Jamilena
JAÉN
La Guardia de Jaén
Mancha Real
Pegalajar
Santiago de Calatrava
Higuera de Calatrava
Lendínez
Martos
Monte Lope-Álvarez
Provincia de Jaén
Provincia de Córdoba
La Bobadilla
Los Noguerones
Alcaudete
Sierra de la Pandera
Valdepeñas de Jaén
Fuensanta de Martos
Los Villares
Castillo de Locubín
Sierra de Alta Coloma
Campillo de Arenas
Noalejo
Carchelejo
Cárcel
Alcalá la Real
Frailes
Fuente-Tójar
Priego de Córdoba
Almedinilla
Ruta del Califato
Sierra de Albayate
Prov. de Córdoba
Prov. de Granada
Montillana
Benalúa de las Villas
Campotéjar
Sierra de San Pedro
Sierra del Ahillo
Granada

Emb. de Giribaile
Miraelrío
Corral Rubio
Central eléctrica
Cortijos de la Torre del Obispo
Cortijada de Guadalupe
Cortijo de la Calatrava
Santa Eulalia
Recinto amurallado
Sabiote
Hueco del Pico
Cortijo del Escribano
Fuente Diago
Villacarrillo
Loma de Úbeda
Sillero
Casa del Cura
Cortijo Nuevo
Mogón
Baños de Saladillo
Canena
El Mármol
Rus
Ermita del Santo Cristo de la Vedra
Casa de Torremochuelo
Cortijo de los Elementos
Cortijo de la Olivilla Alta
Cortijo de Narvaez
Los Teatinos
La Caleruela
Parque
Embalse de Aguascebas
Ibros
Palacio de Jabalquinto
Catedral
Baeza
ÚBEDA
Parador
Murallas de origen morisco
San Bartolomé
Torreperogil
Cortijo de la Imagen
Cortijo de la Campanilla
Cortijo de Barriga
Cortijo de las Irijuelas
Veracruz
Cortijo de Torralba
Santo Tomé
Cañada de la Cierva
Rincón
Cortijo de Roblado
Natural
El Quintanar
Chilluévar
Cortijo de los Hoyos de Plaza
Lupión
Begíjar
(Visig. Beatia, árab. Biesa)
Murallas
Cortijo de Don Gil
Cortijo de Armíndez
Cortijo de los Vadillos
Solana de Torralba
Emb. d. Puente de la Cerrada
El Molar
Valdecazorla
Cortijo de las Laderas
Almansas
Caserío Dehesa Alta
Ruta de los Califas y Nazaríes
El Boticario
Estación de Begíjar
Cortijo de Marimingo
Cortijo del Tesorero
Embalse de Doña Aldonza
San Miguel
Ermita de Santiago
Cortijo del Desillo
Arroyo Salado
Cortijo de Judas
Casas de Estepa
San Martín
Estrella
Puerto de las Palomas
El Palomar
Burunchel
Cortijo de la Salobreja
La Vega Santa María
Puente del Obispo
Villapardillo
Cortijo de Casabaja
Donadío
La Almedina
Ermita de los Desamparados
Garcíez-Jimena
Emb. de Pedro Marín
Casa de la Dehesa
Estación de Jódar
Venta de la Chata
Cortijo de Cobatillas
Cortijada de Guadiana
Peal de Becerro
La Iruela
Castillo
Cazorla
Castillo Cinco Esquinas
Parador
Los Peralejos
Castillo de la Yedra
Ermita de Monte Sión
Cortijo de los Montoros
Torreón de Fique
Cortijo de Pelotoso
Estación Los Propios-Cazorla
Río Guadiana
Río Jandulilla
Hornos
Castillo Toya
Cortijo de Porcel
Cortijo de Barba
Toya
Perea
Bruñel Bajo
Bruñel Alto
El Chorro
de las Sierras
Jarafe
Las Escuelas
Garcíez
Cortijo del Santo
Cortijo de la Dehesa
Casa de la Loma
Cortijo de los Propios
Sierra del Toya
Caserío Henear
Caserío de Badulla
Cortijo de Salmerón
Cortijo de Casablanca
Nando
Casas de Cerro Hernando
Cortijo del Coronel
Cortijo del Álamo
Arco de los Santos
Quesada
Castillo Mauleja
Heredamiento
Castillo de Recena
Canales
Bedmar y Garcíez
Jimena
Cueva de la Graja
Ermita de Cánava
Serrezuela de Bedmar
Jódar
Casa del Canónigo
Casa de la Fuente Vieja
Cortijo de Don Manuel Bedoya
Cortijo del Lagar
Casa de Trista
Bedmar
Casas del Colmenareo
Cortijo de los Frailes
Cortijo del Capellán
Cortijo del Pilón
Acra
de Cazorla,
Cortijo de las Fuentes
Hútar
Cortijo de los Cornetales
Cortijo de Pablo
Cortijo Salón
Higueral
Cortijo del Águila
Cabañas
Torres
Albánchez de Mágina
Castillo árabe
Caserío de Santa Inés
Ermita y Torreón de Cuadros
Cortijos El Valle
Cortijo de los Fierrales
Los Pozos
El Cortijuelo
Collejares
Los Rosales
Fique
Puerto de Tíscar
Segura
Casa de los Charcones
Parque Natural
Sierra de la Cruz
Cortijo del Atanor
Los Jarosas
Rambla de la Teja
Cortijillos
Rincones
Castillo Tíscar
Tíscar
Cueva del Agua
Central Eléctrica de Fuenmayor
Bélmez
Horno del Vidrio
Cortijo de Rincón Blanco
San Pedro
Larva
Cortijo Chillón
Dondoncilla
Huesa
Belerdas
y las
El Almadén
de la Sierra
Mágina
Cortijo de los Collados
Cortijo del Vizco
Picos de Guadiana
Arroyo Molinos
Ermita de Nicho
Cortijo de la Urraca
Vega de la Higuera
Cuenca
Atalayuela
Villas
Almadén
Cortijo de los Prados
Bélmez de la Moraleda
Los Aljibes
Sierra Mágina
Aguadux
La Viñuela
El Chantre
Estación de Huesa
Hinojares
Cortijo de Rompedizo
Aulabar
Cabra del Santo Cristo
Cortijo de Fuente Amores
Peña Cambrón
Cortijo del Rubiel
Pozo Alcón
Cortijuelo
Cano
Molino de Solera
Solera
Cortijo de Béjar
Arroyo Santo
Cortijo de Ríos
Cortijo de Soto Lorenzo
Sancho Gómez
Mata Bejid
Cabrita
Cortijo del Jaral
Cueva Cuarta
Cortijo Cerro Miguel
Cortijo de Chillar
Loma de la Mesa
Cambil
Ermita de la Fuensanta
Cortijo de Cañaveras
Fontanar
Santa María
Huelma
Los Nacimientos
Ayozo
Estación de Cabra
Cortijo de Pejares
Rambla de Juan Manchego
Cuevecillas
Cortijo Salinas de Don Marcos
Casa Cueva de la Menda
Cortijo de Montalvo
Cortijo de la Umbría
Cortijo de la Navazuela
Cortijo del Manzanares
Cortijo del Val
Rambla de los Lobos
Cortijo de Almazara
Charrín
Cortijo Nuevo
Prov. de Jaén
Prov. de Granada
Arbuniel
Cañadilla
Cortijo de los Ciervos
Ruiz Cerezo
Villacampo del Moral
Estación
Alicún de Ortega
Las Cañadas
Cuesta Los Gallardos
Zamora
Cortijo de las Ánimas
Los Oqueales
El Peñón
Tarahal
Valdemanzanos
La Umbría
Cortijo de las Vacas
Cortijo de Lomana
Cortijo Zamarrón
El Hacho
Estación de Alamedilla-Guadahortuna
Alamedilla
Dehesas de Guadix
Tamojares
de Lucena
Camargo
Cortijo de Melerillas
Rambla de la Matanza
Montejícar
Cortijo de Charcones de Abajo
Cortijo Nuevo
Cortijo del Marmel
Guadahortuna
Puerto de Torrecardela
Cortijo Pastelero
Fuente Caldera
Cortijo Nuevo
Cortijo del Parador
Villanueva de las Torres
Cortijo del Negratín
Manzanillo
Casa Los Menchones
Cortijo Fresneda
Cortijo del Paulejo
Cortijo de la Fuente de los Potros
Cortijada Doña Marina
Vertientes Altas
Cortijo de Charcones de Arriba
Caregüela
Serreta
Cortijo de Barches Alto
Bácor Olivar
Cortijo del Burgalés
Cortijo de Cotilfar Alta
Cortijo Pierre
Cortijo de los Olivares
Alicún de las Torres
Cuerda del Pocico
Domingo Pérez
Cortijo del Fistel
Torre-Cardela
Estación de Pedro-Martínez
Cortijo de Valle Bajo
Pedro Martínez
Mencal
Cortijo de Soto Cruz
Cortijo de Hondo de la Vega
Cañadatalhora
Cortijo de Aguas Morales Alto
Cortijo Aguas de los Sauces
Cortijo de la Girana
Casilla del Cocón
Gorafe
Rambla del Baúl
Dehesas Viejas
Cortijo Cañada de la Iglesia
Gobernador
La Campana
Cortijo de la Alegría
Cortijo la Zorrera
Cortijo La Nora
Delgadillo
Almidar
Cueva del Pepín
Terre
Río Piñar
Cortijo la Goleta
Moreda
Laborcillas
Ruta de los Montalbanes Almohades y Nazaríes
El Moralejo
Piñar
Estación de Moreda
Venta del Amparo
Arroyo de Huelago
Cortijo de Onrrubia
Cortijo de Muros
Cortijo de Becerra
Cuevas del Algibe
Rambla de Balata
Caserío Bular Bajo
Cortijo del Chopo
Atascadero
Estación de Huélago-Darro y Diezma
Cortijo del Conejo
Cortijo de Belijaca
Cenascuras
Cortijo de Penate
Cortijo de la Cañada
Bogarre
Venta del Puntal
Huélago
Fonelas
Rambla de Fardes
Cortijo del Conejo
Las Viñas
Castillo árabe
Iznalloz
Venta Valentina
Estación de Piñar
Puntal de Bogarre
Cortijo de Romalique
Cortijo de La Cantera
Cortijo de Mecina
Ruta del Ibn al-Jatib
Ermita de San Torcuato
El Alambique
Faucena
Guadix
Reolid
Vélez

120
121
122
123
124
Parque Natural
de las Sierras
de Cazorla,
Segura y las
Villas
Sierra de Almorchón
Sierra de Cazorla
Sierra del Pozo
Sierra de La Cabrilla
Sierra Seca
Sierra de Castril
Sierra de Duda
Parque
Natural
de la Sierra
de Castril
Sierra de la Sagra
Sierra de Moncayo
Sierra de Montilla
Sierra Jurena
Sierra de Guillimona
Sierra de la Hoya del Espino
Sierra de Marmolance
Sierra de O
Parque Natural
de la Sierra
de Baza
Embalse de El Tranco de Beas
Embalse de Aguascebas
Embalse de Bolera
Embalse de Negratín
Emb. de S. Clemente
Provincia de Jaén
Provincia Granada
Prov. de Jaén
Prov. de Granada
Provincia de Granada
Provincia de Almería
Bardazoso
Silleró
Casa del Cura
Casa de la Herradura
Blanquillo
Baños de Saladillo
La Fresnedilla
Rincón
Cortijo de Robledo
Cortijo Zarzalar
Cortijo de la Hortizuela
Casa de las Tablas
Cortijo de las Animas
Las Espumaderas
Fuente Segura
Los Architos
Las Canalejas
Cortijo del Recado
Cortijo de la Camoana
El Cerezo
El Patronato
Caserío Don Domingo
Huerta del Manco
Las Nogueras
La Matea
Los Teatinos
Cortijo de Prado Puerco
Cortijo de Pinar la Vidriera
Casa Alta
Cañadas
Cortijo de la Hoya del Espino de Arriba
La Hoya del Espino
Cortijo Tovilla
Venta del Puerto
Cortijo de la Canaleja
Cortijo del Collado Serrano
Porcuna
Cortijo de los Hoyos de Plaza
Cortijo de las Bonas
Caserío Dehesa Alta
San Martín
Estrella
Puerto de las Palomas
El Palomar
Burunchel
Cortijo del Cantalar
Cortijo Sierra
Cortijo de la Caída
Calarilla
Nava de Pablo
El Valle
La Iruela
Castillo
Cazorla
Castillo Cinca
Parador de la Yedra
Ermita de los Desamparados
Esquinas Castillo
Ermita de Monte Sión
Cortijo del Vadillo de Castril
Puente de las Herrerías
Nava de San Pedro
Cortijo de José Lucio
Cortijo de Peñuelas
Cortijo del Poyo
El Chorro
Cortijo de las Acebadillas
Cortijo de la Canalilla
Torcas de Cueva Humosa
Cortijo de Sebastián
Cortijo del Nacimiento
Cortijo de la Saludada
Cortijo de las Canalejas
Moro
Cortijo de la Hoya Alta
Cortijo de las Hazadillas
Cortijo del Moro
Cortijo de las Tabernillas
Cortijo del Corralón
Cortijo del Batán
Cortijo de la Pacos
Cortijos Cayetana
Puente Duda
Cortijo del Escribano
Cortijo de los Rayones
Sagra
Cortijos de la Laguna
Doña Ana
Cortijo de la Memoria
Moncayo
Cortijos del Rincón
Cortijo Molina
Cortijo de Zabar
Cortijo de los Cánovas
Cuevas del Canal
Cortijo del Girón
Cortijo de Carranza
Cortijo de Malaño
Cortijo de Masegosa
Cerrón
Cortijo del Condado
Cortijo de la Losa
Cortijos Nuevos de la Sierra
Cortijo de los Mirabetes
Cortijo de la Cueva de la Cadena
Venta del Perdido
Central Eléctrica
Ermita de la Soledad
Puebla de Don Fadrique
Lobos
Cortijo de Jerquera
Venta del Manco
Lóbrega
Cortijo El Peral
Cortijo del Cunca
Cuenca Cerrada
Ermita de la Virgen de la Cabeza
Fábrica de Harinas de San Fernando
Casas de Don Juan
Cortijos Mes
Cortijo de Don Faustino
Alcazaba
Huéscar
Cortijo de Botardo
Cortijo de Astot
Cueva de Chalá
Cueva de los Atochares
Cabañas
Cortijo de los Blaquillos
El Almicerán
Cortijo del Talancar
Cebas
Castril
Fátima
Cubo
Los Cortijos
Cortijo de la Cueva de los Ruices
Cortijo de Valentín
Cortijo de Torralba
Cortijo Ferrer
Cortijo de Cerro Negro
Fuente Amarga
Cortijo del Romo
Castillo Tíscar
Tíscar
Cortijos de Fuentesnuevas
Cortijo de Escribano
Cortijo de los Garandinos
Cortijo de las Peñuelas
Las Almontarás
Cortijo de Chacón
La Sacristía
Cortijo de Cejo
Cortijo del Rey
Ermita de Santa Catalina
El Cura
Galera
Necrópolis de Tutugi
Río Galera
Arroyo de la Cañada del Solar
Río Orce
Orce
Fuente Nueva
Molino de la Alquería
La Alquería
Cortijo de Don Segundo
Játar
Cortijo de las Hoyas
La Ermita
Cortijillos de Campocámara
Caserío Fuente Vera
Cortijo de Giménez
Cortijo Trillo
Cardiles
Cortijo del Horno
Castilléjar
Olivar
Cueva de los Granadinos
Casa Cueva del Coto
Los Carriones
Cortijo de Genovés
Cortijo de los Llanos
Cortijo del Pozo
Venta de Rosa
Venta del Cura
Cortijo de La Tejera
Cuenca
Atalayuela
Hinojares
Casas de Peralta
Cortijo del Rubiel
Cortijo de Soto Lorenzo
Pozo Alcón
Sancho Gómez
Cortijo de Chillar
Loma de la Mesa
Fontanar
Chaparral
Río Guadalentín
Cortijo del Moreno
Teja
Cortijos del Río
Casa Cuevas de Campoy
Cortijo de Alacranes
Cortes de Baza
Cortijo de Onofre
Cortijo de Cañahonda
Perea
Sierra de O
Cortijo del Bosque
Cuevecillas
Casa Cueva de la Menda
Cortijo Salinas de Don Marcos
Cortijo Nuevo
Cortijo de Montalvo
Casa Cuevas Cañada del Paso
Colonia Iturraldi
Casa Río Guadalentín
Carramaiza
Cuevas de las Cucharetas
Cortijo de los Términos
Casa Cueva del Cerezo
Molino de Lanas
Benamaurel
Casa Cueva del Tío Tarra
Margen de Arriba
Cortijo El Toril
Venta del Grullo
Cuevas del Soriano
Cortijo La Venta
Cortijo de Orgalla
Cortijo de Pizarro
Cuevas del Campo
Valdemanzanos
Tamojares
Rambla de la Matanza
Cortijo del Negratín
Cortijo de Barches Alto
Cortijo Azún
Cortijo Seco
Baños de Zújar
Jabalcón
Santuario de Na.sa. de la Cabeza
Cuevas de Puente Abajo
Cuevas Barranco de Las Yeseras
Cuevas de Luna
Cortijo de Malagón
Río de Baza
Río de Cúllar
Cuevas de Lavaderas
Casa Tarquina
Cuevas de Mures
Cúllar
Ruta de Ibn al-Jatib
Barrio-nuevo
Cortijo de Pedrosa
Tarifa
Las Vertientes
Venta Quemada
Pulpite
La Amarguilla
Venta del Camacho
Cortijos Bautista
Venta del Peral
Cortijo del Gatal
Cortijo del Gallinero
Cortijo de Malagón
Llano del Abad
Matián
Cortijos de la Bermeja
Cortijo de la Cuesta de las Piedras
Cabañuela
Venta de Mateo
Jabalcón
Ermita de la Virgen del Rosario
Cortijo de Mazarra
Charcón Alto
Majada de Masegosa
Bácor Olivar
Freila
Casa Joay
Zújar
Casa Cortijillo
La Colonia
Cortijo El Olivarillo
Venta de Pepearo
Cortijo del Sillero
Cortijo del Madroñal
Cuerda del Pocico
Servalillo
Molino Rasma
Cortijo Nuevo
Cortijo de las Casicas
El Saúco
Cortijo de las Monjas
Cortijo del Túnel
Ibros
Alcazaba
Plaza de Toros
Baza
Ermita del Ángel
Arom. Basti
Palacio de los Enríquez
Curcar
Las Canteras
La Jámula
Pozo Iglesias
Azores
El Chaparral Alto
Cortijo del los Puntales
Cortijo Valenciano
Venta Quemada
Casa de la Viuda
Cortijo El Manes
Estación de Caniles
El Francés
Las Chozas
Lúcar
Cortijo de las Chirlatas
Cortijo de Bas
Los Pinos
Los Mesas
Caniles
Cortijo del Capricho
Los Gallardos
Cortijada El Pertiguero
Pozo del Lobo
Cortijada del Chaparral
Rambla de Balata
Balcones
Genascuras
Las Viñas
El Baúl
Cortijo de la Molinera
Cortijo de Santaolalla
Casa de Medina
Cortijo Churrón
Cortijo del Puente
La Jauca
Jauca Alta
Los Charcones
Quintana
La Venta
Cortijo de la Canaleja Baja
Cortijo de Varea
Las Molineras
Balax
Los Manzanos
Rambla de Valcabra
Rambla de Baúl
Río Gallego
El Hijate
Las Zanjas
Higueral
Lúcar
Cela
Somontín
El Alambique
Cortijo de Piedras Rodadas
Bodurria
Guadix
A92N
47
28
70
319
326
315
330
317
334

Calasparra
CARAVACA DE LA CRUZ
Cehegín
Castillo moro
Escobar
Murcia
120
Sierra de Quípar
Sierra Seca
Puerto Hondo
Los Castillicos
Inazares
Revolcadores
Cañada de la Cruz
Los Odres
Hornico
El Moral
Entredicho
85
Almaciles
Moralejo
Pedrarias
Sierra de la Zarza
Provincia de Murcia
La Junquera
Capellanía
Mancheño
Sierra Áspera
Las Cobatillas
La Casa de Mula
Bugéjar
Topares
Archivel
Río Argos
Benablón
Arrabal de Benablón
Barranda
Navares
Los Prados
Singla
Ermita de Singla
Pinilla
Almudema
Arrabal de La Encarnación
Ermita de la Encarnación
Sierra de Mojantes
Casas de Tornajuelo
Tarragoya
Ermita de las Peñicas
Royos
Retamalejo
Sierra de Ceperos
121
El Campillo
Doña Inés
Ermita Colonia de Santa Teresa
62
Don Gonzalo
La Paca
Aviles
El Pardo
La Canaleja
Coy
Ermita del Calvario
Montes de la Pinosa
Cerro del Sordo
El Rincón
Zarcilla de Ramos
Las Lomas de Lastón
Cazorla
Venta del Estrecho
Las Terreras
Sierra Pericay
Embalse de Valdeinfierno
Luchena
Río Luchena
Morro del Cocón
Casas de Panes
Lorca
Provincia de Granada
Provincia de Almería
Santonge
Ermita de Leria
Las Cañadas de Lizarán
La Alquería de Abajo
La Cueva de Ambrosio
La Solana de Pontes
Alcaide
Derde
El Bizmay
Las Juntas
Gabar
Los Gázquez
Parque Natural
Sierra del Gigante
Gigante
El Gigante
Los Juanetes
Pantano de Puentes
Embalse de Puentes
Fuensanta
Aljezas
122
Losetares
La Cañada de Cañepla
Canteras
Meseta del Pelado
Venta de Micena
María
Puerto de María
La Alfahuara
Casablanca
Pozo de la Rueda
Ermita de la Virgen de la Cabeza
de Sierra
Castillo de los Fajardos
Vélez Blanco
Montalviche
Cueva de Los Letreros
Vélez Rubio
Fontanares
Tirieza
La Merced
Xiquena
Cambrón
Berruecos
Los Cautivos
Sierra de María - Los Vélez
Sierra de María
El Cabezo
El Mojonar
Los Gatos
Los Quebrados
Los Asensios
El Río Fuente de Mula de Gato
Las Casas
Los Guiraos
El Charche Alto
El Charvhe Bajo
Los Gandias
El Piar de Abajo
Ermita del Piar
Sierra de la Torrecilla
Ruta de Ibn al-Jatib
Henares
24
La Zoya
Puerto de El Contador
El Contador
Chirivel
Cañada Granada
Rambla Chirivel
La Mata de Bolaimi
La Oliverica
Los Tonosas
Sierra de las Estancias
Puerto Lumbreras
Los Pallareses
Espartal Mirones
Casa del Cura
Cañada del Alba
123
Los Gázquez de Arriba
Los Cayuelas
Puerto de Santa María de Nieva
Cueva de las Estalactitas
Prov. de Murcia
Ruta de Münzer
Los Carrascos
Las Pocicas
Sierra de Enmedio
La Tala
La Tortosa
La Aspilla
Róquez
Los Álamos
El Cantal
La Yegua Alta
El Campillo
Los Cerricos
Nuestra Señora del Saliente
Sierra del Saliente
Saliente Alto
El Villar
El Margen
Calabuche
El Bancalejo
La Parra
Las Cumbres
Los Cabreras
Los Castellones
Ermita de Los Torrentes
Fernández
Los Pardos
El Puertecico
La Fuensanta
Abejuela
Cabezo Jara
Las Casitas Viledas y Cinco Oliveras
La Umbría de Arriba
La Huerta
Oria
La Fuente del Negro
El Puntal
La Ermita
Los Chacones
El Peñón Bajo
El Cortijo Blanco
El Campillo
El Serval
El Jaral
El Llano del Espino
Los Rodríguez
Galeras
Las Pocicas
Taberno
Los Lozanos
Los Teones
Los Camachos
Los Marcelinos
Los Llanos
Los Mundos
La Hoya
Santopétar
La Perulera
Santa María de Nieva
Urcal
42
Las Norias
Goñar
Medro
Parador
El Rincón
Almendricos
Las Casicas
124
Los Solares
Los Pinares
Vizcaíno
San Francisco
García
Benzal
La Rambla Grande
La Parata
El Saltador
Huércal-Overa
Cerro Limaria
Los Higuerales
Almajalejo
Fuente Márquez
La Aljambra
Albox
Locaiba
El Cerrogordo
Partaloa
Cerro de los Corzos
Talavera
Urrácal
Campo Bajo
El Prado
Purchena
Almería

Calasparra
156
Yb
Yc
157
Yd
Hellín
Ye
Cehegín
Caravaca de la Cruz
Ribazo
Chaparral
Ardal
Casa de Guillén
Sierra de la Muela
Alquibla
Archena
Lorquí
Campillo y Suertes
Escobar
Carrascalejo
Cortijo de la Hoya
La Copa
Pidal
El Cabezo
Cortijo de Perea
Véchar
Casa de Gracia
Cortijo de Mortereta
Ceutí
Las Pullas
Sierra de Quipar
Bullas
Castillo árabe
El Prado
Canal de Taibilla
El Niño
Embalse de la Cierva
Mula
La Puebla de Mula
Las Casas de Abajo
Los Baños
Campos del Río
Rodeo de los Tenderos
Rodeo de Enmedio
Alguazas
Ermita de Burete
Burete
Casa de la Gloria
Venta del Pino
Ucenda
Río Mula
Albudeite
Venta Seca
Caserío Lo Cortado
Las Torres de Cotillas
El Taraiz
Pinar Hermoso
Emb. de Doña Ana
Pliego
Casa de Candal
Cabezo del Anaón
Collado Los Guillermos
Javalí Nuevo
Alcantarilla
Peña de Viento
Sierra de Ceperos
Sierra de Lavia
Sierra de Ponce o Cambrón
Herreña
Casa de Gómez
Calderones
Caserío del Minglanillo
La Zarza
Las Salinas
Ermita del Calvario
Coy
Casas de los Bernabeles
Casa de la Posadilla
Casa y Corral del Mariscal
Casa del Barbol
Venta de Ledesma
Aljibe del Andaluz
Barqueros
Sierra del Cura
Sangonera la Verde
Doña Inés
Casa de la Hoya del Conejo
Selva
Las Lagunas
Casas Nuevas
Parque Regional de la Sierra Espuña
Caserío Los Ojos
Fuente-Librilla
Las Lentiscosas
Belén
Torre Guil
El Palmar
Canaleja
Avilés
El Pardo
Peñarrubia
Sierra de Espuña
Malvariche
Casa-Porche
El Berro
Gebas
Emb. de Algeciras
Desfiladero
Ruta de Münzer
Librilla
Los Palacios
Cuevas del Norte
Sangonera la Seca
Cañarico
La Paca
Sierra del Madroño
Zarzadilla de Totana
Burras
Casa de la Cantina
Morrón
Sanatorio
Hotel Albergue
Zancarrones
Alhama de Murcia
Casa del Manco
Sierra de Carrascoy
Casa La Naveta
Casa Los So
Casa de los Guardas Forestales
Espuña
Moratalla
Casas de Barranco de la Murta
Las Lomas de Lastón
Las Terreras
Casa de la Marsilla
El Purgatorio
Las Alquerías
Casas de la Fuente de las Zorras
Los Pavos
Azaraque
Los Ventorrillos
Carrascoy
Las Casicas
Alhagüeces
Casas Nuevas
Venta del Estrecho
Santa Leocadia
Los Alboncoqueros
Fábrica de Cerámica
Gañuelas
Casas del Escribano
Cabezo Negro
Zúñiga y La Juncosa
Ermita Santa Eulalia
Los Jaboneros
Las Flotas de Butrón
Casas de Guirao
Torralba
Cortijo de la Juncosa
Las Canales
Aledo
La Charca
Los Milanos
Casas de Panes
Los Tiemblos y Las Cañadas
Nonihay
Yéchar
Los Salares
Los Raspajos
Ermita de las Huertas
Totana
La Molata
Los Paganes
Embalse de Puentes
Cortijo del Dorado de Arriba
Los Allozos
La Anchurica
La Manilla
La Norica
Los Muñoces
Almagros
Los Juanetes
Calderones y el Collado
Torrealvilla
Sierra de la Tercia
Casas del Algibe
Morenos
Los Cegarras
Pantano de Puentes
Venta Chicharra
El Hornico
Torremocha
Maldonados
Los Díaz
Aljezas
Fábrica de Azufre
Ermita de la Virgen de la Salud
Casa de José Sánchez
Ermita de San Antonio
Cánovas
Cuevas del Reyllo
Llano de Serreta
El Comino
Casas de Peña
El Paretón
Los Andreos
Romero
Casas del Rincón
Canal de Taibilla
Cueva de Pagán
Campillo de Abajo
Los Canales
Berruecos
Los Cautivos
La Hoya
Los Tuelas
Los López
Los Cantareros
Aljibe de los Juncos
Campillo de Arriba
San Julián
Raiguero
Casas de Corral Rubio
Raiguero Bajo
Casa del Cara de Lobo
Cuesta de la Pinilla
La Pinilla
Pantaleón
Ruta de Ibn-al Jatib
Baldazos
Cambrón
Lorca
Villaespesa
Hinojar
Los Ruices
Loma de Aguaderas
Los Santos
Río Guadalentín
La Condomina
Malverde y Las Carrascas de Soto
Peña Rubia
Alberquilla
Santa Gertrudis
Puntarrón
Corvillones
Gañuelas
Sierra del Algarrobo
Los Vivancos
El Magajón
La Jorosa
El Cocón y Los Clementes
Apiche
Casa Palacio
Alporchones
Sierra de la Almenara
Algarrobo
Mingrano
Las Provincias y La Jarosa
El Cementerio
Pasico
Cañarejo
La Torre y Charco
Solana
Alquerías y Cermeño
La Majada
Viña de Raja
El Aljibe y las Brencas de Sicilia
Casa del Capador
Los Serranos
Los Rincones
Barranco de los Hilarios
El Vainazo
Casa Castillo y El Vado
Mesillo
Los Loberos
Los Lardines
Leiva
Las Balsicas
Los Molares
Cuesta Los del Mellado
Los Asensios
Los Convento
Orilla y Piñero
Madroñeras y el Llano
La Atalaya
Mazarrón
Ermita del Niño
Salobrares
Altobordo
Feli
Campico de los López
Las Cuadras
Fuente de Meca
Las Pedreras
Los Lorentes
Los Pallareses
Esparragalico
Espartal Mirones
Estación Lumbreras
Mina La Positiva
Barranco de Seca
Moreras
Alamillo
Casa del Cura y Cañada del Alba
Esparragal
Purias
Carrasquilla
Sierra de las Moreras
Ciudad Encantada
Bolnuevo
Bahía
Isla Plana
Puerto Lumbreras
Plata
Los Palanquines
Alcántara y Los Bucanos
Viquejos
Casas del Calar
Pastrana
Cañada de Gallego
Puerto de Mazarrón
Las Casitas Vilerda y Cinco Oliveras
Pelile y El Jurado
Villarreal
Sierra de la Carrasquilla
Ermita del Ramonete
Playa de Bolnuevo
Playa de las Covaticas
Isla del Cabezo
Turbinto
La Galera y Los Jopos
Campico de los Lirias
Casas de Peña
Los Curas
Playa de Percheles
Palya de la Roya
Golfo de Mazarrón
Las Pocicas
El Aljibe
Yegua Blanca
Humbrías
Sierra de Enmedio
Redón y Venta de Ceterino
Tébar
Sierra del Cantal
Puntas de Calnegre
Ruta de Münzer
Perdiz
El Cantar
La Escarihuela
Parque Regional de Cabo Cope-Puntas de Calnegre
Medro
El Rincón
Parador
Cruceticas
Barranco del Baladre
Calabardina
Garrobillo
Cala Blanca
Almendricos
Collado de Lirón
El Cabildo y La Campana
Los Arejos
Majada del Moro
Rincón de la Casa Grande
Los Estrechos
Las Casicas
Colorado
Las Casicas
Rincón y Las Ramblicas
Los Soleres
Pozo de la Higuera
Los Melenchones
Las Zurraderas
El Labradorcico
Cope
Punta Cerro de la Cruz
Calabardina
Costa
Vizcaíno
Los Pinares
El Molino
Huerta del Abad
Aguilas/Lorca
Castillo de San Juan
Playa de Calabardina
Cabo Cope
Isla del Fraile
Peña de la Aguilica
Benzal
Pulpí
Prov. de Murcia
El Cocón
El Convoy
Los Campos
La Fuente
Pilar de Jaravía
Los Caparroses
Matalentisco
Águilas
Vélez
Almería
120
121
122
123
124

ORIHUELA
Almoradí
Rafal
Formentera del Segura
Rojales
Guardamar del Segura
Dunas de Guardamar
Playa de Guardamar
Playa de la Pinada
Benijófar
Benejúzar
Bigastro
Jacarilla
Hurchillo
Arneva
Molins
La Campaneta
Las Bovedas
Algorfa
Montesinos
Los Montesinos
Embalse de La Pedrera
Sierra del Cristo
Salinas de la Mata
Nueva Playa
Dos Mares
Lomas del Mar
Salinas de Torrevieja
Parque Natural de las Lagunas de la Mata y Torrevieja
Complejo Turístico El Torrejón
TORREVIEJA
Punta Prima
Playa Flamenca
Torremendo
San Miguel de Salinas
Casas Las Alcachofas
Sierra de Escalona
Rebate
Río Nacimiento
Casa Alcachofeta
El Pinar de Campoverde
La Zenia
Cabo Roig
Playas de Orihuela
Dehesa de Campoamor
Pilar de la Horadada
la Torre de la Horadada
Playa de la Horadada
San Pedro del Pinatar Norte
SAN PEDRO DEL PINATAR
Parque Regional Salinas y Arenales de San Pedro del Pinatar
Salinas de Cotorillo
Playa de Algas
Molino La Calcetera
Punta de Algas
Encañizada
Punta del Pudrider
Playa del Pudrider
Faro del Estacio
Playa del Estacio
Isla Grosa
Playa del Pedrucho
El Pedrucho
Euromanga
La Manga del Mar Menor
Isla del Sujeto
Isla Redonda
Isla del Ciervo
Hacienda 2 Mares
Playa del Iarchamalo
Islas Hormigas
Cabo de Palos
Playa del Descargador
Punta Espada
Playa de Negrete
Playa Larga
Playa Parreño
Parque Regional de Calblanque, Monte de Las Cenizas y Peña del Águila
Cabo Negrete
Punta Negra
Playa del Gorguel
Portmán
La Unión
Llano de Beal
Algar
Los Belones
Mar de Cristal
Playa Honda
Mar Menor
Isla Perdiguera
Isla Mayor
Los Urrutias
Los Nietos
Playa de los Nietos
Los Alcázares
Torre del Rame
Punta Brava
SAN JAVIER
Aeropuerto de Murcia-San Javier
Santiago de la Ribera
Playa de Palo
San Blas
Los Narejos
Lo Pagán
El Mirador
Los Tárragas
Pozo Aledo
Roda
Dolores
Balsicas
Avileses
Sucina
Los Jerónimos
Los Infiernos
TORRE-PACHECO
Canal del Campo de Cartagena
Jimenado
Roldán
Lobosillo
Los Urreas
Los Rabales
El Estrecho
Fuente Álamo de Murcia
La Pinilla
Balsapintada
Valladolises
Los Martínez
Corvera
Torre Mochuela
Los Ruices
Los Cachimanes
La Rambla
Pozo Estrecho
La Palma
Miranda
La Aljorra
El Albujón
Los Camachos
Sierra de los Villares
Columbares
Sucina
Gea y Truyols
El Mojón
Zeneta
Beniel
Alquerías
Los Ramos
Torreagüera
Beniaján
Tiñosa Alta
El Bojar
Casas Los Martínez
Los Garres
Algezares
Santo Ángel
Santuario de la Fuensanta
El Palmar
La Alberca
Castillo de la Luz
MURCIA
Santomera
Esparragal
El Raal
Las Cuevas
Santa Cruz
Llano de Brujas
Monteagudo
Cabezo de Torres
El Puntal
Churra
Espinardo
MOLINA DE SEGURA
Alcaina
Embalse de Santomera
Venta de Soldado
La Aparecida
El Molino de la Ciudad
Desamparados
Puebla de Soto
Aljucer
Era Alta
La Paloma
Naveta de Baños y Mendigo
Venta de la Virgen
El Caracolero
Lo Mendigo
Los Briones
Los Baños
Torre Mochuela
Casas del Civil
Casas del Cura
Casa Escobar
La Murta
Lo León
Los Arcos
Los Nicolases
Corvera
Casa Manresa
Valderas
Casas Villa María
Los Garcías
Chacón
Cuesta Blanca
Campo de Cartagena
Magdalena
Pozo de los Palos
La Guía
Santa Ana
Los Dolores
Barrio de Peral
San Antonio Abad
Roche Bajo
Borricén
Castillo de la Concepción
Museo Arqueológico
CARTAGENA
Alumbres
Escombreras
Valle de Escombreras
Isla de Escombreras
Cabo del Agua
Castillo de las Galeras
Parque de Tallante
Los Roses
Canteras
Galifa
Los Díaz
Fuente Vieja
Sierra de la Muela
Portús
Playa de Fatares
Isla de las Palomas
Campillo de Adentro
Los Madriles
La Azohía
Playa de San Ginés
Cabo Tiñoso
Rincón de Tallante
Perín
El Cañar
Marfagones
La Corona
Las Grillas
Casas de Tallante
Los Pérez
Simonetes
Los Mayordomos
La Manchica
El Realengo
Los Crisantos
Torre del Ángel
Madriles
El Espinar
Los Vidales
Casas Nuevas
Mazarrón
Cálida

Qf
Ra
160
Rb
São Luís
Rc
Aljustrel
123
124
125
126
127
Parque Natural do Sudoeste Alentejano e Costa Vicentina
Costa Vicentina
Praias
Praia de Almograve
Almograve
Medo Tojeiro
Cabo Sardão
Cavaleiro
Valas
Touril
Porto das Barcas
Zambujeira do Mar
Praia da Zambujeira
Cabeça Gorda
Praia do Carvalhal
Troviscais
Monte Novo de Troviscais
Reguengo Pequeno
São Salvador
Odemira
Algoceira
Fataca
Marofanha
Malavado
Daroeiras
Tagarigas
Boavista dos Pinheiros
Aldeia da Bemposta
e Santa Maria
Rio Mira
Gavião
Vale de Figueiras
Montinho
Zambujeira
Cerro das Pedras
Nascedios
Estacas
Luzianes
Azinheira
Giz
Carrascal
Camachos
Boieira
Totenique
Queimado
Padrona
Cortes P
Santa Clara-a-Velha
Pousada de Santa Clara
São Teotónio
Vale de Figueira
Vale de Moinhos
Pederneiras
Asseiceira
Brejão
Cabeço de Arvéloa
Vale Juncalinho
Delfeira
Santa Bárbara
Sabóia
Rosal
Serra da Brejeira
Algares
Barranco de Vale de São Mouros
Craveiras
Pereiras
Praia de Odeceixe
Odeceixe
Baiona
São Miguel
Moitinhas
Nave Redonda
Distrito de Beja
Distrito de Faro
Monte Nova
Samouqueira
Praia da Samouqueira
Fonte Ferrenha
Azenha
Maria Vinagre
Zambujeira
Gale de Baixo
Galé de Cima
Foz do Besteiro
Foz do Arroio
Mesquita
Ladeira de Cima
Carvalho
Foz do Carvalhoso
Chã da Casinha
Foz do Farelo
Cimalhas
Causino
Bunheira
Rogil
Azia
Saiceira
Fonte Santa
Moinho do Sogro
Serominheiro
Giraldo
Carrascalinho
Besteiro
Serra de Monchique
Pedras Juntas
Peso
Pomba
Barranco dos Pisões
Garganta
Alferce
Praia da Carriagem
Praia de Monte Clérigo
Pêro Negro
Moinho do Bispo
Pacil
Chilrão
Boucinhos
Aljezur
Castelo mourisco
Igreja Nova
Cerca dos Pomares
Vale da Nora das Árvores
Portela
Marmelete
Pé do Frio
Foia
Monchique
Picota
Palmeirinha
Picos
Gralhos
Abutareira
Relém
Meia Viana
Fornalha
Vales
Monte Novo
Vale Formoso
Rua Nova
Maçarotal
Ladeira
Nave
Barranco do Barracão
Praia da Arrifana
Arrifana
Zebro
Vale de Água
Caseis
Gil Bordalo
Caldas de Monchique
Canal
Barranco da Vaca
Serra de Espinhaço de Cão
Romeiras
Malhão
Embarradoiro
Barranco do Carriçal
Ribeira das Canas
Barracão
Cavaca
Chiqueiro
Praia da Pinedo
Três Figos
Tojeira
Praia de Vale de Figueira
Chabouço
Monte Novo
Vale da Horta
Moinho da Rocha
Corsino
Guena
Barranco do Milho
Montes de Cima
Ribeira de Odelouca
Mesquita
Monte Ruivo
Espinhaço de Cão
Cabeça Branca
Praia da Bordeira
Pincho
Barragem da Bravura
Pereira
Casas da Senhora do Verde
Odelouca
Túmulos de Alcalar (Necrópole megalítica)
Alcalá
Reguengo
Porto de Lagos
Almarjão
Silves
Pontal
Bordeira
Carrapateira
Monte Ruivo
Mexilhoeira Grande
Arão
Poio
Rolhão
Palácio
Alvor
Portimão
Arrochela
Praia do Amado
Cotifo
Ruivo
Chão das Donas
Fontes
Praia da Murração
Vilarinha
Bensafrim
Lagos
Odiáxere
Mexilhoeira Grande
Abicada (Vila Romana)
Montes de Alvor
Grutas de Ibne Ammar
Estombar
Lagoa
Praia do Mouranitos
Pedralva
Barão de São João
Colégio
Sargaçal
Odiáxere
Pirra
Torralta
PORTIMÃO
Praia da Barriga
Pardieiro
Pêro Queimado
Louzeira
Maretecas
Portelas
Torre
Meia Praia
Ferragudo
Sesmarias
Praia da Cordama
Barão de São Miguel
Monte Judeu
Alto da Cerca
Ferrel
Alvor
Praia de Três Irmãos
Praia da Rocha
Praia do Castelejo
Almadena
Espiche
Meia Praia
Baía de Lagos
Praia da Alvor
Praia da João de Arens
Praia de Ferragudo
Ponta do Altar
Carvoeiro
Algar Seco
Alfanzina
Vicentina
Torre de Aspa
Raposeira
Na. Sa. de Guadalupe
Budens
Cerro das Ferrarias
Lagos
Praia do Canavial
Praia do Camilo
Praia da Dona Ana
Ponta da Piedade
Praia do Caneiros
Praia do Vale da Lapa
Praia do Carvalho
Praia do Carvoeiro
Praia da Benagil
Vila do Bispo
Montinhos da Luz
Luz
Porto de Mós
Praia da Luz
Praia do Porto de Mós
Praia do Ponta Ruiva
Burgau
Figueira
Salema
Barranção
Praia da Dona Maria
Praia do Burgau
Praia de Almadena
Ponta de Almadena
Santo António
Hortas do Tabual
Zavial
Praia da Salema
Praia da Boca do Rio
Praia da Figueira
Praia do Telheiro
Grutas do Monte Francês
Praia da Ingrina
Praia do João Vaz
Praia do Barranco
São Vicente
Beliche
Cabo de São Vicente
Pousada
Praia do Beliche
Ponta da Torre
Praia dos Rebolinhos
Sagres
Praia da Martinhal
Ponta da Atalaia
Praia do Tonel
Praia da Mareta
Ponta de Sagres
0 1 2 4 6 8 10 km
0 1 2 4 6 miles

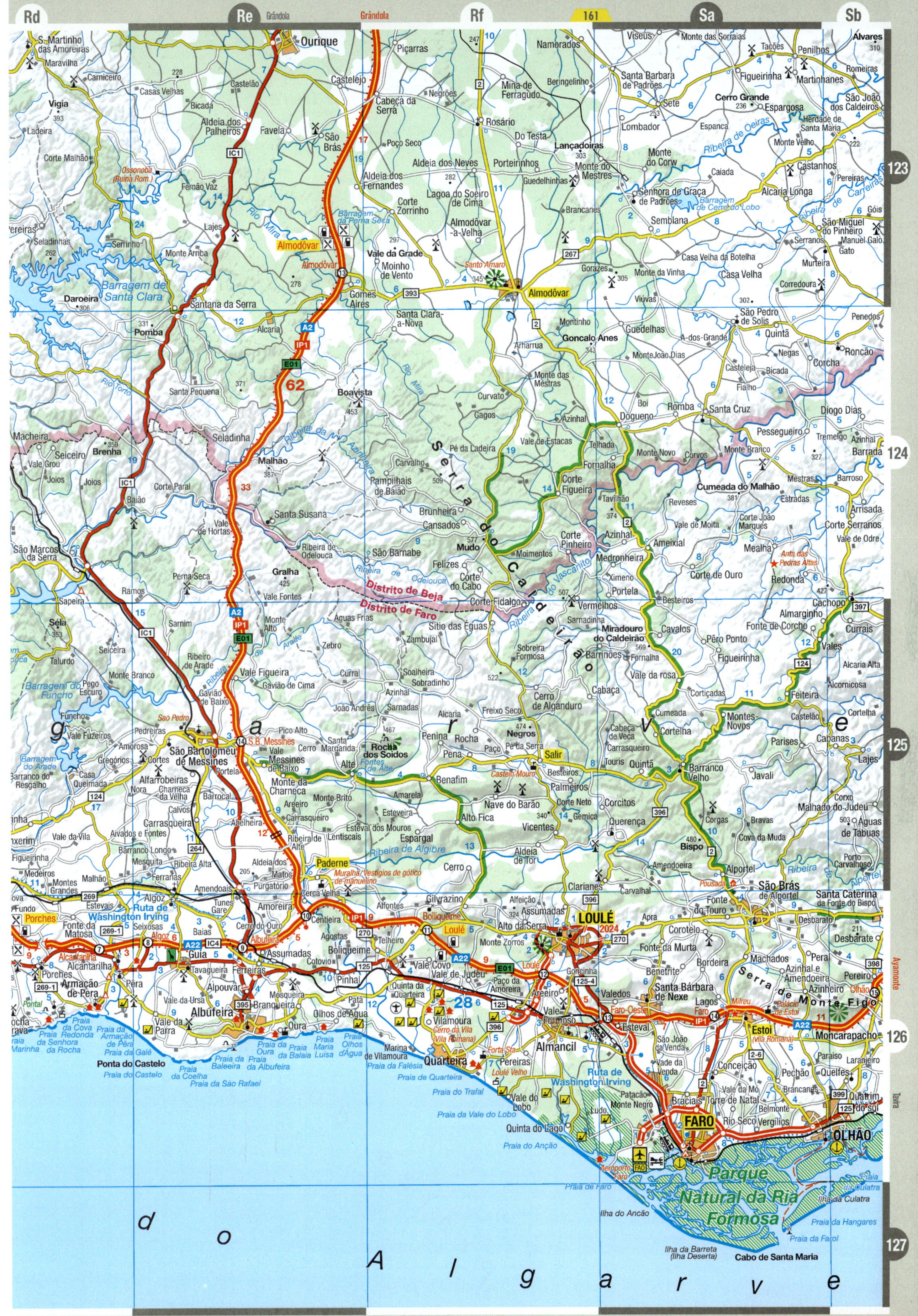
Grândola
Ourique
S. Martinho das Amoreiras
Vigia
Castelejo
Cabeça da Serra
Piçarras
Namorados
Mina de Ferragudo
Rosário
Santa Barbara de Padrões
Sete
Cerro Grande
Espargosa
São João dos Caldeiros
Aldeia dos Palheiros
São Brás
Aldeia dos Neves
Lançadoiras
Monte do Mestres
Monte do Corw
Castanhos
Alcaria Longa
Aldeia dos Fernandes
Corte Zorrinho
Lagoa do Soeiro de Cima
Senhora de Graça de Padrões
Semblana
São Miguel do Pinheiro
Almodôvar
Vale da Grade
Moinho de Vento
Almodôvar
Casa Velha
Barragem de Santa Clara
Daroeira
Santana da Serra
Gomes Aires
Santa Clara-a-Nova
Pomba
Alcaria
Goncalo Anes
Guedelhas
São Pedro de Solis
Quintã
Roncão
Corcha
Santa Pequena
Boavista
Curvato
Gagos
Romba
Santa Cruz
Dogueno
Diogo Dias
Pesseguerio
Barrada
Macheira
Seiceiro
Brenha
Seladinha
Malhão
Serra do Caldeirão
Telhada
Fornalha
Corte Figueira
Cumeada do Malhão
Pampilhais de Baião
Brunheira
Cansados
Santa Susana
Mudo
São Barnabe
Tavilhão
Azinhal
Ameixial
Vale de Odre
Mealha
Corte Serranos
São Marcos da Serra
Gralha
Felizes
Corte do Cabo
Medronheira
Corte de Ouro
Redonda
Distrito de Beja
Distrito de Faro
Corte Fidalgo
Vermelhos
Cachopo
Almarginho
Fonte de Corcho
Sapeira
Sela
Sarnim
Monte Alto
Águas Frias
Sítio das Éguas
Miradouro do Caldeirão
Cavalos
Pêro Ponto
Currais
Vales
Figueirinha
Talurdo
Vale Figueira
Zambujal
Sobreira Formosa
Barrinões
Vale da rosa
Monte Branco
Ribeiro de Arade
Gavião de Cima
Soalheira
Sobradinho
Cabaça
Corticadas
Feiteira
Alcaria Alta
Barragem do Funcho
Cerro de Alganduro
Montes Novos
Castelão
Cortelha
Algarve
S. B. Messines
São Bartolomeu de Messines
Vale Messines de Baixo
Pico Alto
Rocha dos Soidos
Penina
Rocha
Negros
Salir
Cumeada
Cortelha
Parises
Cabanas
Lajes
Barranco Velho
Javali
Alte
Benafim
Castelo Mouro
Besteiros
Palmeiros
Quintã
Monte da Charneca
Alfarrobeiras
Nave do Barão
Corte Neto
Corcitos
Querença
Malhão do Judeu
Águas de Tabuas
Alto Fica
Vicentes
Corgas
Bravas
Cova da Muda
Bispo
Paderne
Espargal
Aldeia de Tôr
Cerro
Alportel
Porto Carvalhoso
Amendoeira
São Brás de Alportel
Santa Catarina da Fonte do Bispo
Clarianes
Carvalhal
Mesquita
Ferrarias
Amendoais
Purgatório
Amoreira
Cerca Velha
Gilvrazino
Alfontes
Bolliqueime
Alto da Serra
Assumadas
LOULÉ
Apra
Corotelo
Desbarato
Fonte do Touro
Porches
Washington Irving
Algoz
Fonte da Matosa
Guia
Tunes
Cerro do Ouro
Centieira
Agostos
Boliqueime
Monte Zorros
Fonte da Murta
Machados
Alcantarilha
Porches
Armação de Pera
Pera
Alpouvar
Albufeira
Branqueira
Ferreiras
Vale Covo
Vale de Judeu
Paço da Amoreira
Goncinha
Benafrite
Bordeira
Santa Bárbara de Nexe
Serra de Monte Figo
Ayamonte
Pereiro
Olhão
Azinheiro
Lagos
Estoi
Moncarapacho
Vale da Parra
Ponta do Castelo
Oura
Olhos de Água
Pinhal
Quinta da Quarteira
Vilamoura
Cerro da Vila (Vila Romana)
Marina de Vilamoura
Quarteira
Almancil
Valeds
Esteval
Vale Formoso
Faro-Oeste
São João da Venda
Vale da Venda
Conceição
Pechão
Quelfes
Laranjeiro
Tavira
Praia da Falésia
Praia de Quarteira
Praia do Trafal
Praia da Vale do Lobo
Vale do Lobo
Quinta do Lago
Praia do Ancão
Ruta de Washington Irving
Patacão
Monte Negro
Bracials
Torre de Natal
Rio Seco
Vergilios
FARO
OLHÃO
Quatrim do Sul
Belmonte
Aeroporto Faro
Praia de Faro
Ilha do Ancão
Parque Natural da Ria Formosa
Ilha da Culatra
Praia dos Hangares
Praia da Farol
Ilha da Barreta (Ilha Deserta)
Cabo de Santa Maria
Praia da Galé
Praia da Coelha
Praia da São Rafael
Praia da Oura
Praia da Balaia
Praia Maria Luisa
Praia Olhos d'Agua
Praia da Albufeira
Praia da Baleeira
d o A l g a r v e
123
124
125
126
127

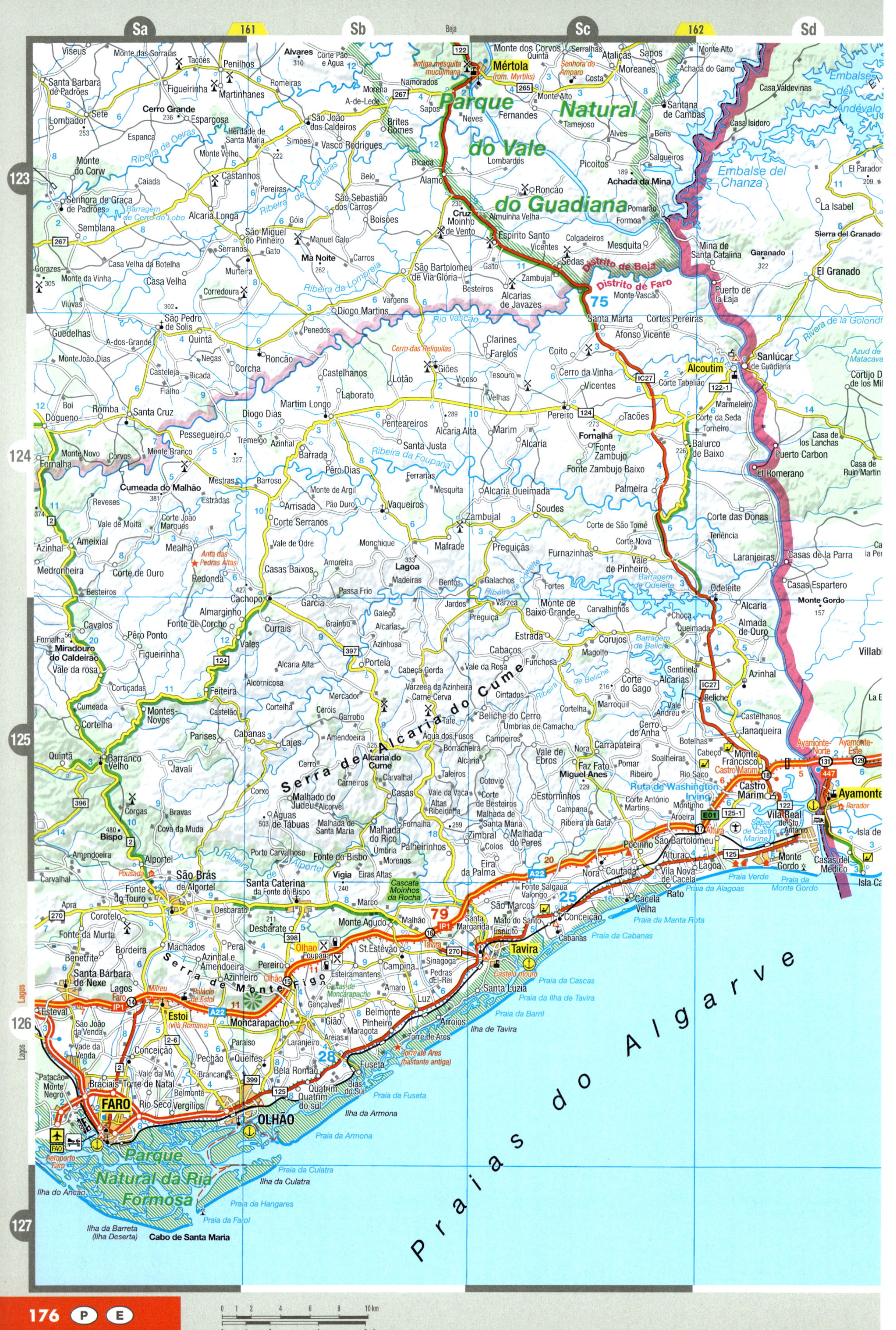

Sa
161
Sb
Beja
Sc
162
Sd
123
124
125
126
127
Mértola
(rom. Myrtilis)
antiga mesquita muçulmana
Parque Natural do Vale do Guadiana
Monte dos Corvos
Serralhas
Ataliças
Sapos
Moreanes
Monte Alto
Achada do Gamo
Namorados
Mòreña
A-de-Lede
Sapos
Neves
Fernandes
Monte Alto
Tamejoso
Alves
Bens
Santana de Cambas
Casa Valdevinas
Casa Isidoro
Embalse del Andévalo
Embalse del Chanza
El Parador
La Isabel
Sierra del Granado
El Granado
Garanado
Mina de Santa Catalina
Puerto de la Laja
Rivera de la Golondrina
Lombardos
Picoitos
Salgueiros
Achada da Mina
Roncão
Pomarão
Formoa
Almuinha Velha
Cruz Moinho de Vento
Espírito Santo
Colgadeiros
Mesquita
Vicentes
Sedas
Distrito de Beja
Distrito de Faro
Monte Vascão
Zambujal
Alcarias de Javazes
Besteiros
Gato
São Bartolomeu de Via Glória
Carros
Ma Noite
Manuel Galo
São Miguel do Pinheiro
Serranos
Gato
Murteira
Corredoura
Ribeira da Lomeira
Diogo Martins
Vargens
Alamo
Bicada
Beio
São Sebastião dos Carros
Boisões
Góis
Pereiras
Alcaria Longa
Castanhos
Brites Gomes
Vasco Rodrigues
Simões
São João dos Caldeiros
Alvares
Corte Pão e Água
Romeiras
Penilhos
Tacões
Monte das Sorraias
Viseus
Santa Bárbara de Padrões
Figueirinha
Martinhanes
Lombador
Sete
Cerro Grande
Espargosa
Herdade de Santa Maria
Espanca
Monte Velho
Ribeira de Oeiras
Monte do Corw
Caiada
Senhora de Graça de Padrões
Barragem de Cerro do Lobo
Semblana
Casa Velha da Botelha
Monte da Vinha
Casa Velha
Gorazes
Viúvas
São Pedro de Solis
Guedelhas
Penedos
Rio Vascão
Cerro das Relíquias
Clarines
Farelos
Coito
Santa Marta
Cortes Pereiras
Afonso Vicente
Alcoutim
Sanlúcar de Guadiana
Azud de Matacavas
Cortijo de los Mil
Corte Tabelião
Marmeleiro
Corte da Seda
Torneiro
Balurco de Baixo
Casa de los Lanchas
Puerto Carbon
Casa de Ruin Martin
El Romerano
Cerro da Vinha
Vicentes
Tesouro
Velhas
Viçoso
Giões
Lotão
Laborato
Castelhanos
Corcha
Roncão
Negas
Quintã
A-dos-Grandes
Monte João Dias
Casteleja
Bicada
Fialho
Boi
Dogueno
Romba
Santa Cruz
Martim Longo
Diogo Dias
Pentearéiros
Alcaria Alta
Marim
Pereiro
Tacões
Fornalha
Fonte Zambujo
Fonte Zambujo Baixo
Alcaria
Santa Justa
Ribeira da Foupana
Pesegueiro
Tremelgo
Azinhal
Barrada
Pêro Dias
Ferrarias
Mesquita
Alcaria Queimada
Palmeira
Soudes
Monte Novo
Corvos
Fornalha
Monte Branco
Cumeada do Malhão
Mestras
Barroso
Monte de Argil
Pão Duro
Arrisada
Vaqueiros
Zambujal
Corte de São Tomé
Corte Nova
Reveses
Estradas
Vale de Moita
Corte João Marques
Corte Serranos
Corte das Donas
Tenência
Laranjeiras
Casas de la Parra
Ameixial
Azinhal
Mealha
Anta das Pedras Altas
Vale de Odre
Monchique
Mafrade
Preguiças
Furnazinhas
Vale de Pinheiro
Medronheira
Corte de Ouro
Redonda
Casas Baixos
Amoreira
Lagoa
Madeiras
Bentos
Galachos
Ribeira de Odeleite
Barragem de Odeleite
Fortes
Odeleite
Casas Espartero
Monte Gordo
Alcaria
Almada de Ouro
Besteiros
Cachopo
Passa Frio
Jardos
Várzea
Monte de Baixo Grande
Carvalhinhos
Choça
Queimada
Almarginho
Fonte de Corcho
Garcia
Grainho
Galego
Alcarias
Preguiça
Cavalos
Pêro Ponto
Currais
Estrada
Corujos
Barragem de Beliche
Miradouro do Caldeirão
Fornalha
Figueirinha
Vales
Azinhosa
Cabaços
Magoito
Vale da rosa
Alcaria Alta
Portela
Cabeça Gorda
Vale da Rosa
Funchosa
Corte do Gago
Sentinela
Alcarias
Azinhal
Villablanca
Corticadas
Feiteira
Alcornicosa
Várzea da Azinheira
Carne Cerva
Cintados
Ribeira de Beliche
Marroquil
Vale Andreu
Beliche
Castelhanos
Cumeada
Montes-Novos
Castelão
Cortelha
Mercador
Cerôis
Garrobo
Serra de Alcaria do Cume
Beliche do Cerro
Úmbrias de Camacho
Cortelha
Cerro do Anha
Janaqueira
Corelha
Parises
Cabanas
Lajes
Amendoeira
Água dos Fusos
Borracheira
Campeiros
Vale de Ebros
Nora
Carrapateira
Botelhas
Cabeço
Monte Francisco
Castro Marim
Ayamonte-Norte
Ayamonte-Este
Quintã
Barranco Velho
Javali
Cerro
Alcaria do Cume
Alcaria
Taleiros
Faz Fato
Miguel Anes
Pomar
Ribeiro
Soalheiras
Rio Saco
Ruta de Washington Irving
Castro Marim
Ayamonte
Parador
Corgas
Bravas
Corxo
Malhado do Judeu
Alcorvel
Carneiros
Carvalhal
Casas
Vale da Vaca
Altas Ribeirinha
Cotovio
Corte de Besteiros
Estorninhos
Corte António Martins
Montinho
Arroeira
Vila Real de Sto. António
Sapal de Castro Marim
Isla de
Bispo
Cova da Muda
Águas de Tábuas
Malhada de Santa Maria
Malhada do Rico
Fornalha
Malhada de Santa Maria
Zimbral
Malhada de Peres
Campana
Ribeira da Gata
Pocinho
São Bartolomeu
Altura
Lagoa
Monte Gordo
Casas del Médico
Isla Cristina
Amendoeira
Alportel
Porto Carvalhoso
Ribeira do Alportel
Fonte do Bisbo
Úmbria
Palheirinhos
Morenos
Colos
Eira da Palma
Nora
Coutada
Vila Nova de Cacela
Praia Verde
Praia da Monte Gordo
Carvalhal
Pousada
São Brás de Alportel
Santa Caterina da Fonte do Bispo
Vigia
Eiras Altas
Cascata Moinhos da Rocha
Fonte Salgaua
Valongo
Rato
Praia da Alagoas
Fonte do Touro
Apra
Corotelo
Desbarato
Marco
São Marcos
Cacela Velha
Fonte da Murta
Desbarate
Monte Agudo
Malhão
Santa Margarida
Mato de Santo Espírito
Conceição
Praia da Manta Rota
Machados
Peral
Benefrite
Bordeira
Azinhal e Amendoeira
Olhão
Foupana
St.Estêvão
Campina
Tavira
Cabanas
Praia da Cabanas
Santa Bárbara de Nexe
Serra de Monte Figo
Pereiro
Azinheiro
Esteiramantens
Sinagoga
Pedras del-Rei
Castelo mouro
Praia da Cascas
Lagos
Faro
Milreu
Palácio de Estoi
Gonçalves
Grutas de Moncarapacho
Amaro
Luz
Santa Luzia
Praia da Ilha de Tavira
Esteval
Estoi
(vila Romana)
Moncarapacho
Belmonte
Pinheiro
Arroios
Praia da Barril
São João da Venda
Giaõ
Maragota
Ilha de Tavira
Vale da Venda
Conceição
Paraiso
Laranjeiro
Areias
Torre de Ares
Torre de Ares (bastante antiga)
Pechão
Quelfes
Bela Romão
Fuseta
Patacão
Vale da Mó
Brancanes
Monte Negro
Bracias
Torre de Natal
Belmonte
Quatrim
Quatrim do sul
Bias do Sul
Praia da Fuseta
FARO
Rio Seco
Vergílios
OLHÃO
Ilha da Armona
Praia da Armona
Aeroporto Faro
Parque Natural da Ria Formosa
Praia da Culatra
Ilha da Culatra
Ilha do Ancão
Praia da Hangares
Praia da Farol
Ilha da Barreta
(Ilha Deserta)
Cabo de Santa Maria
Praias do Algarve
176
P
E
0 1 2 4 6 8 10 km
0 1 2 4 6 miles

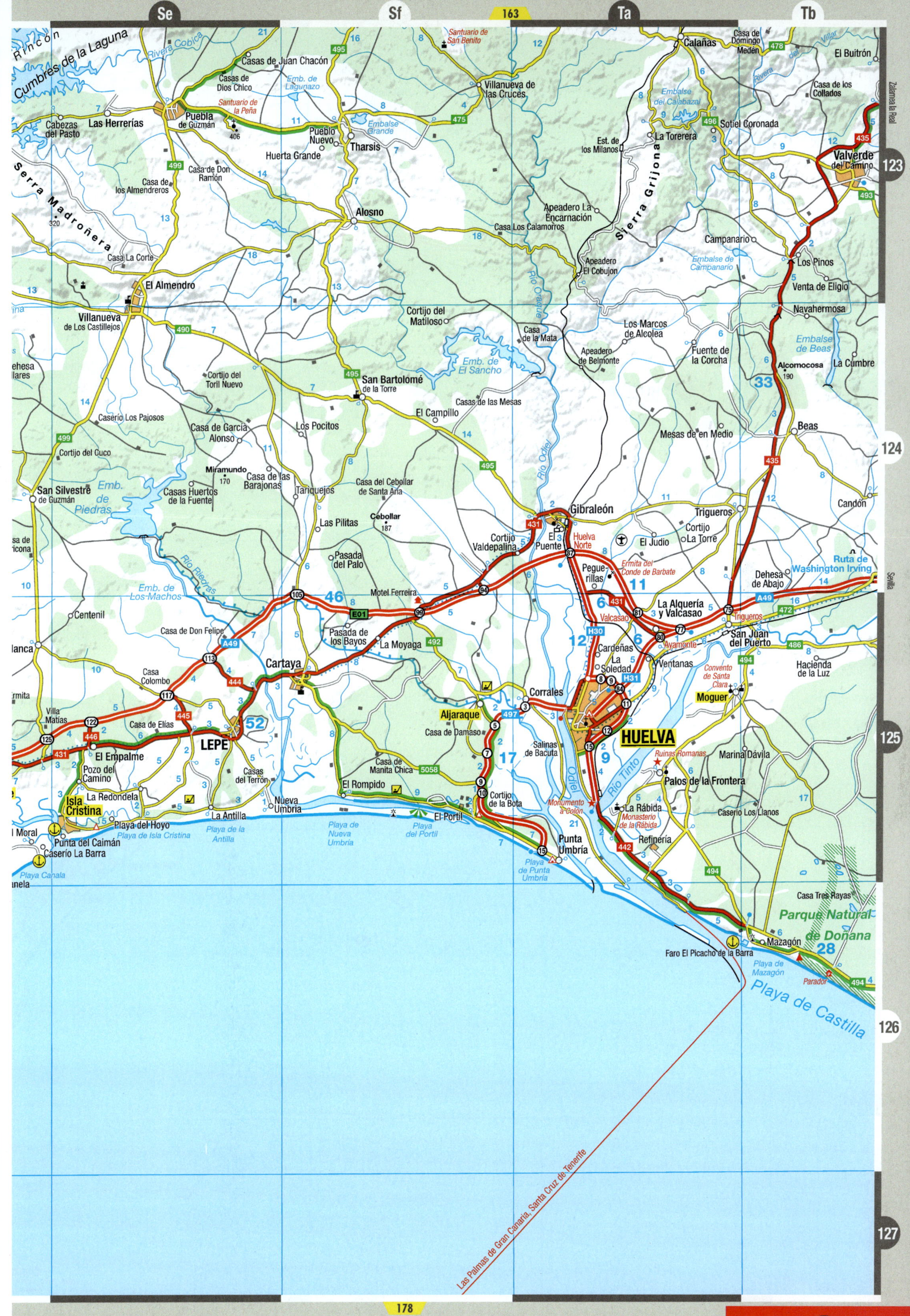

123 124 125 126 127 178

Sf
Ta
163
Zalamea La Real
Tb
Tc
124
125
126
127
128
HUELVA
Gibraleón
Aljaraque
Corrales
Punta Umbría
El Portil
Moguer
Palos de la Frontera
La Rábida
Mazagón
San Juan del Puerto
Trigueros
Beas
Niebla
La Palma del Condado
Villalba del Alcor
Bollullos Par del Condado
Rociana del Condado
Bonares
Lucena del Puerto
Almonte
El Rocío
Matalascañas
Villarrasa
Parque Natural de Doñana
Las Marismas
Playa de Castilla
Costa de la Luz
Chipiona
Las Palmas de Gran Canaria, Santa Cruz de Tenerife

Td
Te
164
Tf
Zafra
Alcalá
Ua
124
125
126
127
128
Carmona
El Arahal
Utrera
Bornos
SEVILLA
ALCALÁ DE GUADAIRA
DOS HERMANAS
CORIA DEL RIO
MAIRENA DEL ALJARAFE
CAMAS
LOS PALACIOS Y VILLAFRANCA
LEBRIJA
Las Cabezas de San Juan
Trebujena
SANLÚCAR DE BARRAMEDA
El Cuervo
La Puebla del Río
Santiponce
La Algaba
San Jerónimo
Valencina de la Concepción
Castilleja de Guzmán
Castilleja de la Cuesta
Gines
Espartinas
Bormujos
San Juan de Aznalfarache
Tomares
Gelves
Palomares del Río
Almensilla
Bollullos de la Mitación
Umbrete
Benacazón
Sanlúcar La Mayor
Olivares
Salteras
Villanueva del Ariscal
Albaida del Aljarafe
Huévar del Aljarafe
Carrión de los Céspedes
Castilleja del Campo
Pilas
Aznalcázar
Villamanrique de la Condesa
Hinojos
Chucena
Paterna del Campo
Escacena del Campo
Manzanilla
Isla Menor
Isla Mínima
Isla Mayor
Punta de la Margazuela
Punta de los Hatos Altos
Punta de la Mata
Marisma de Aznalcázar
Marisma Gallega
Isla Mayor
Parque Natural de Doñana
Nacional de Doñana
Marisma de Hinojos
Marisma del Chapatal
Río Guadalquivir
Provincia de Sevilla
Provincia de Huelva
Provincia de Cádiz
Sierra de Gibalbín
Autopista del Sur
Ruta de Washington Irving
Aeropuerto Sevilla-San Pablo
Aeropuerto Jerez de la Frontera
Bonanza
La Algaida
El Teléfono
Trajano
Vetaherrado
Sacramento
Marismillas
Cerro del Fantasma
El Trobal
Las Alcantarillas
Maribáñez
Jerez de la Frontera
188
San Fernando

Td
Te
164
Tf
Ua
Zafra
Carmona
124
125
126
127
128
Huelva
Chipiona
Escacena del Campo
Cortijo Cariascalejo
Ruta de Washington Irving
Olivares
Castilleja de Guzmán
CAMAS
Castilleja de la Cuesta
Isla Mágica
Catedral
Alcázar
Aeropuerto Sevilla-San Pablo
San Pablo
Torreblanca de los Caños
Ermita de San Bartolomé del Monte
Ermita de Belén
Clavele
Las Encinas
Villanueva del Ariscal
Herrería
Castilleja del Campo
Sanlúcar La Mayor
El Capricho
Espartinas
Gines
Tomares
Bormujos
San Juan de Aznalfarache
SEVILLA
Carrión de los Céspedes
Chucena
Hacienda de Genís
La Carraca
Huévar del Aljarafe
Umbrete
Benacazón
Bollullos de la Mitación
Los Rosales
MAIRENA DEL ALJARAFE
Gelves
Parcelas de Porsiver
Universidad
Hacienda de la Soledad
Acebuchal
Casa del Infante
ALCALÁ DE GUADAÍRA
Marchenilla
Necrópolis
Lerena
Torrecuadros
Pilas
Castilleja de Talhara
Casa de Torrequemada
Palomares del Río
Cortijo El Copero
Fuente del Rey
Bella Vista
Quinto
Hacienda de las Andradas
Cortijo del Estanquero
Trujillo
Hinojos
Aznalcázar
Gelo
Almensilla
Casa de Carrera
Santa Eufemia
CORIA DEL RÍO
La Vega
Lugar Nuevo
DOS HERMANAS
Cortijo de Llamas
Cortijo de los Valles
Chilla
Carchena
La Puebla del Río
Bastero
La Corchuela
Hacienda de Maestre
Cortijo de Sanabria
Villamanrique de la Condesa
Cortijo de Quema
Cortijo de Cartuja
Cortijo Rubiales
Dos Hermanas
La Florida
El Arenoso
Hacienda de Bujalmoro
Venta del Cruce
214
La Compañía
Cortijo de Hornillo
Estación de Don Rodrigo
Los Labrados
Cortijo de la Marmolejo
Cortijo de los Sartenejales
Cortijo de los Olivillos
Isla Menor
Adriano
Casa de los Cerros
Hacienda de Orán
Parque Natural
Partido de Resina
Casa de los Pobres
Cortijo de Salgar
Hacienda de la Capitana
LOS PALACIOS Y VILLAFRANCA
Los Palacios
Rancho de la Asomadilla
Palacio del Rey
de Doñana
Colonia de Alfonso XIII
Isla Menor
Los Chapatales
Rancho de la Romana
Isla Mínima
Paso de Barca
Isla Mayor
Punta de la Margazuela
Maribáñez
Juan Gómez
Casa del Pajarito
Marisma de Aznalcázar
Isla Mínima
Casa del Conejo
Cortijo de la Margazuela
Pinzón
El Trobal
Cortijo Nuevo
Playas de San Isidro
Las Alcantarillas
Cortijo de Jaime Pérez
Colonia Queipo de Llano
Cortijo de los Leones
Cortijo de Fuente Lozana
Punta de los Hatos Altos
Trajano
Cortijo de las Peñuelas
El Palmar de Troya
Rincón del Prado
Cortijo de Torres
Cortijo del Torviscal
Guadalema de los Quinteros
Nuevo Rocío
Vetaherrado
Cortijo de Montera
Marisma Gallega
Provincia de Sevilla
Provincia de Huelva
Lucio de Mari López
Reina Victoria
San Leandro
Sacramento
Laguna de Zarracatín
Cortijo de Zarracatín
Rancho de Lila
Las Cabezas
Apt.
Parque
Marisma de Hinojos
Casa del Guarda
Parque Natural
Punta de la Mata
Marismillas
Cerro del Fantasma
Cortijo de la Mercadeña
Cortijo de Pinilla
Hacienda del Mosquito
El Cuervo
Nacional
Isla Mayor
Cortijo Merlina
Las Cabezas de San Juan
Venta de San Antonio
Cortijo de Melendo
Lucio de los Ánsares
de Doñana
Laguna Val del Ojo
Cepija
Casilla de los Montecillos
Lucio Real
Río Guadalquivir
El Horcajo
Cortijo de Monterroja
Venta
San Rafael
La Harinosa
de Doñana
Choza de las Nuevas
LEBRIJA
Casas Huerta del Ramo
Rancho de los Rosillos
Cortijo del Labrador
Molino del Salado
San Bernardino
Casa de Belalengua
Pago Dulce
Majadavieja
Venta de Santa Lucía
El Algarrobillo
Casa del Cerro del Trigo
El Teléfono
Trigo
Parque
Casa de Granaderos
Natural de Doñana
Cortijo del Ventu
Casa de la Sevillana
Cortijo Los Prados
Cortijo de Abajo
Cortijo de Micones
Las Arenas
Rancho de Ibáñez
Castillo
Espera
Marisma del Chapatal
Cortijo Las Vetas
Provincia de Sevilla
Provincia de Cádiz
Cortijo de la Alberquilla
El Cuervo
Las Navas
Cortijo de la Zorrilla
Casa de las Salinas
Cortijo Marisma del Guadalquivir
Trebujena
Cortijo Algarve
Apt. El Cuervo
Laguna del Tollón
Sierra de Gibalbín
Gibalbín
Cortijo de las Peñas
La Marismilla
La Algaida
Caserío El Casarejo
Cortijo del Bujón
Casablanca
Romanina Alta
Cortijo La Blanquita
Cortijo de los Olivos
El Yugo
Ruta de los Pueblos Blancos
Torre de San Jacinto
Venta de la Serrana
Faro de Malandar
Bonanza
Castillo de San Salvador
Cabeza Gorda
Cortijo Burujena
Mesas de Asta
Laguna Grande
Cortijo La Compañía
Viña de Dios
El Cuadrejón
Cabezas de Cautina
Autopista del Sur
Cortijo de la Plata
San Rafael
Casa de Algarbejo
Cortijo de la Zorrilla
SANLÚCAR DE BARRAMEDA
Castillo del Espíritu Santo
Casa de San Juan de Dios
Pastrana
Cortijo Castelo
Tabajete
Cortijo de la Zarpa
Cortijo de Romanito
Casa La Pavena
Ducha
La Parra
Nueva Jarilla
La Jara
Mesas de Santiago
Toronjil
Embalse de Arcos
La Jara
Casa del Barón
Aeropuerto Jerez de la Frontera
XRY
Paradores
Alijar
Machamudo Alto
El Carrascal
La Norieta
Castillo de Melgarejo
Ruta de los Almorávides
Jédula
El Guijo
Miraflores
Casas de la Polanca
Cortijo de Casablanca
Casa de Tablellina
Las Brevas
Casas del Pollero
Añina
JEREZ DE LA FRONTERA
Circuito de Jerez
Jerez-Norte/Arcos
Cortijo de Vico
Cortijo de Atalaya
Caserío
Las Abiertas
Alcántara
El Drago
Casa de San Lorenzo
188
San Fernando
0 1 2 4 6 8 10 km
0 1 2 4 6 miles

Venta de Alcaudete
Ermita de Alcaudete
El Balcón de Alcores
El Viso del Alcor
Mairena del Alcor
Fuente Luz
Bencarrón
Cortijo de Santo Domingo
Cortijo y Molino de las Albaidas
Cortijo de Torroj
Caserío Montillas
Cortijo Los Corrales
Cortijo de Santa Paula
El Palomar
Cortijo de Montenegro
Las Dueñas
Cortijo del Grullo
Santa Iglesia
Los Olivos
Adalid
La Platosa
Cortijo Peñón de la Batata
Molino de Recacha
Laguna la Ballestera
Laguna Verde de Sal
Arroyo Salado de Jarda
Cortijo del Villar
La Lantejuela
Los Palmares
Convento de San Agustín
Palacio Ducal (Recinto amurallado almohade)
Marchena
Cortijo del Tortolero
Los Ojuelos
Caserios Los Veneros
Cantalejos
Casablanca
Rancho de Manuel Girardo
Cortijo de Torrelengua
Cortijo del Caracolillo
Cortijo de Cuatro Casas
Cortijo de Malajuncia
Cortijo de San Pablo
Paradas
Cortijo de Santa Eulalia
Cortijo del Ángel
Montemolín
Cortijo del Morisco
Cortijo de la Saladilla
Cortijo del Charco
Cortijo de la Romera
Arenoso
Cortijo de la Coronela
Maestre 236
Rancho de Gamarra
Río Guadaira
Cortijo de Matallana
Castillo del Cincho
Cortijo de Menjillán
El Arahal
Cortijo de Venamalillo
El Calvario
Cortijo del Soto
Arroyo del Gavilán
Las Monjas
Cortijo Viuda
Cortijo Marchamorón
Cortijo de Torre Abad
Cabeza del Sordo
Cortijo de Cabeza de Lobo
Rancho Cazolita
Rancho de Vargas
Río Corbones
Ruta de Washington Irving
Arroyo de La Alameda
Hacienda de la Mata
Hacienda de los Locos
Bilbao
La Puebla de Cazalla
Cortijo la Adelfa
Cortijo de la Dueña Alta
Rancho de San Antonio
Cortijo de Rafael Chacón
Cortijo de la Montera
Cortijo de Martinazo
Cortijo de Perafrán
Casa del Redondón
Las Matas
Cortijo de Castellar
Cortijo Nuevo
Cortijo de Obra Pía
Cortijo de Corchuelos
Cortijo de Castillejo
UTRERA
Hacienda de Pajarero
Casa de la Grulla
La Trinidad
Estación de Empalme de Morón
Arroyo de Barros
Cortijo Maria Sala
Cortijo del Ojuelo
Arroyo de la Amarguilla
Cortijo de la Rana
San Antonio del Fontanar
Los Molares
Hacienda del Ángel
Cortijo de Fuentes
Casa Bermeja
Casilla del Portillo
Cortijo del Barro
Hacienda de la Alcoba
Rancho de Malagón
Cortijo Morcillo
Rancho de Pozo Santo
Cortijo Pardales
Cortijo de la Casa de Coria
Arroyo del Cuervo
Casa de la California
Casa de las Semillas
Cortijo de Pozo del Rosal
Río de la Peña
Cortijo de la Gita
El Madroñal
Puerto de la Encina
Ratera Nueva
El Casar 169
Casa La Dehesa
Castillo árabe
Casa de la Huerta
MORÓN DE LA FRONTERA
Rancho de Coto Ruiz
Cortijo de Chaparrete
Rancho de Terrones
Cortijo de Valcargado
Rancho de las Mulas
La Gironda
Cortijo de Nava Grande
Esparteros 586
Rancho de la Reina
Rancho de las Salinas
Albina
Cortijo de la Ventosilla
El Coronil
Montegil
Caserío de la Cuerva
Cortijo La Victoria
Cortijo del Alcornoquillo
Las Monjas
La Verbena
Pantano de la Torre del Águila
Cortijo de Majalquivir
Cortijo del Corcovado
Castillo de Aguzadera
Aguzaderas
Rancho de la Ballestera
Cortijo la Sucilla Alta
Rancho de Roceros
Las Rosas
Ermita de la Encarnación
Las Encarnaciones
Los Gramadales
Villanueva de San Juan
Pilares
Cortijo de la Carrascosa
Galindo
Cortijo la Alcabala Alta
Cortijo del Risquillo
Ermita de San Juan
Rancho la Rosa Alta
Molino Raya
Hacienda de las Cañas
Embalse Torre del Águila
Arroyo Salado
Balneario de Pozo Amargo
Caserío de la Morena
Sierra de San Juan
Sierra del Tablón
La Encinilla
El Rubio
Cortijo de las Reyertas
Montellano
El Bosque
La Romera
El Alcornoquillo
Guadamanil
Sierra de las Harinas
Rancho del Navazo
Valle Hermoso Alto
Valle Hermoso Bajo
Cortijo Higueralejo
Castillo de Cote
Zamarra
Coripe
Cortijo de Zaframagón
Cortijo de la Catalana
Pruna
Cortijo de los Guaciles Altos
Arroyo de Santiago
Hacienda de Morejón
Casa de Coria
Cortijo de las Jaretas
Cortijo de la Chirigota
Cortijo de Ruchena
Provincia de Sevilla
Provincia de Cádiz
Prov. de Sevilla
Prov. de Cádiz
Palancar
Ermita de la Gloria
La Muela
Olvera
Castillo árabe
Torre-Alháquime
Loma de la Cordillera
Alcalá del Valle
Cortijo de Munición
El Mármol
Puerto Serrano
Sierra de la Nava
Juncales
Lijar 1051
Sierra de Líjar
Ruta de los Pueblos Blancos
Cortijo de San Lázaro
La Cierva
Cortijo de las Gateras
La Nava y Lapa
Campo-Huerta
Cortijo de los Zapateros
Cortijo de Llanos
Cortijo de Puertollano
Río Guadalete
Cortijo del Novillero
Casa del Cerillar
Algodonales
Cabañas
Rancho de Tenorio
Cortijo de Carija
Cortijo de la Laguna
Villamartín
Molino de Serracín
Santa Lucía
Casa de Arenal
Era de Casa la Viña
Campiña
Setenil de las Bodegas
Cortijo de Boniches
Coto de Bornos
Sierra de Santa Lucía
El Jaral
El Gastor
Villalones
Venta Leches
Cortijo de Marcegoso
Cortijo de Alperchite
Ruta de los Pueblos Blancos
Castillo árabe
Zahara
Emb. de Zahara
La Sierra
Ronda la Vieja Ruinas de Acinipo (teatro romano)
Cortijo de Charco Lucero
Bornos
Alberite
Ermita de Las Montañas
Parque
Arroyomolinos
Montecorto
Embalse de Bornos
Las Montañas
Las Lomas
Cerro Prieto 1175
Puerto de las Palomas
Sierra de las Salinas
Prado del Rey
Sierra de Zafalgar
Natural
Gaidovar
Acequia de los Frailes
Los Barrancos
Ermita de la Fuensanta
Benamahoma
Puerto del Boyar
Mediodía
Los Arenosos
Fuente de la Higuera
Sanguijuela
El Santiscal
Cortijo de la Fuensanta
Ruta del los Almorávides
Castillejos
Cueva del Hundidero
Los Morales-Santa María
RONDA
El Bosque
El Boyar
Grazalema
Campobuche
Huerta Nueva-Sancho Jaén
Montejaque
Cortijo de Castaños
Parador
Tajo de Ronda
Alcazaba
La Canturrona
ARCOS DE LA FRONTERA
Parque
Tavizna
Sierra del Endrinal
Hondón
Provincia de Cádiz
Provincia de Málaga
Los Molinos-Sijuela
Cortijo de Robledillo
Casa de Morla
Cortijo de Vista Hermosa
Natural
Castillo de Tavizna
Sierra del Caillo
Casa de Fardela
Sierra de Grazalema
Benaoján
Rosalejo
Cortijo de Garapiño
Abrajanejo
de los
Benaocaz
Casa de Canillas
Aznar
Casa de la Dehesa de Atrera
Alcornocales
Pico de Adrión
Villaluenga del Rosario
Los Riscos
Embalse Guadalcacín
Vallejas
Casa de la Perdiz
Cortijo Arrayanosa
Embalse de los Hurones
Fátima-Juncal
124
125
126
127
128
Osuna

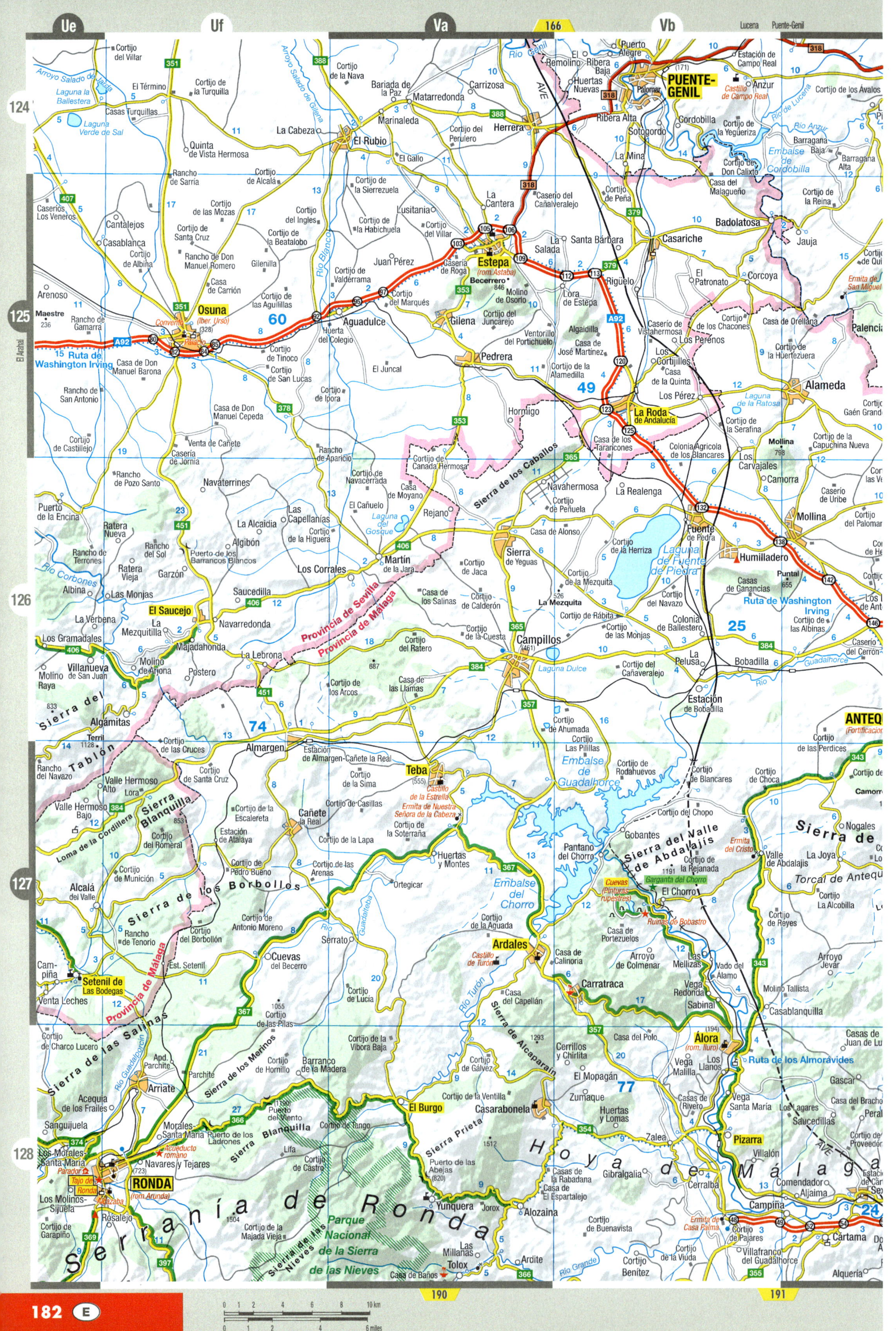

Ue
Uf
Va
166
Vb
Lucena
Puente-Genil
124
125
126
127
128
El Arahal
Cortijo del Villar
Arroyo Salado de Jauja
Laguna la Ballestera
Laguna Verde de Sal
El Término
Casas Turquillas
Cortijo de la Turquilla
Quinta de Vista Hermosa
Arroyo Salado de Gilena
Cortijo de la Nava
Bariada de la Paz
Matarredonda
Marinaleda
Carrizosa
La Cabeza
El Rubio
El Gallo
Cortijo del Perulero
Herrera
Río Genil
AVE
El Remolino
Ribera Baja
Huertas Nuevas
Puerto Alegre
Palomar
PUENTE-GENIL
Estación de Campo Real
Anzur
Castillo de Campo Real
Cortijo de los Ávalos
Ribera Alta
Sotogordo
Cordobilla
Cortijo de la Yegueriza
Río Anzur
Río de Lucena
Barragana Baja
Barragana Alta
Embalse de Cordobilla
Cortijo de Don Calixto
La Mina
Casa del Malagueño
Rancho de Sarria
Cortijo de Alcalá
Cortijo de la Sierrezuela
La Cantera
Caserío del Cañaveralejo
Cortijo de Peña
Cortijo de la Reina
Caseríos Los Veneros
Cantalejos
Casablanca
Cortijo de Albina
Cortijo de las Mozas
Cortijo de Santa Cruz
Rancho de Don Manuel Romero
Casa de Carrión
Gilenilla
Cortijo del Inglés
Cortijo de la Beatalobo
Río Blanco
Cortijo de la Habichuela
Lusitania
Cortijo del Villar
Juan Pérez
Casería de Roga
Estepa
(rom. Astaba)
Becerrero
846
Molino de Osorio
La Salada
Santa Bárbara
Casariche
Badolatosa
Jauja
Arenoso
Maestre 236
Rancho de Gamarra
Osuna
(iber. Urso)
Convento
Palacio
(328)
Cortijo de Valderrama
Cortijo de las Aguilillas
Aguadulce
Cortijo del Marqués
Gilena
Cortijo del Juncarejo
Lora de Estepa
Riguelo
El Patronato
Corcoya
Ermita de San Miguel
15 Ruta de Washington Irving
Casa de Don Manuel Barona
Cortijo de Tinoco
Cortijo de San Lucas
Huerta del Colegio
Ventorillo del Portichuelo
Algaidilla
Casa de José Martínez
Caserío de Vistahermosa
Cortijo de los Chacones
Casa de Orellana
Palencia
Los Perenos
Cortijo de la Huertezuela
Pedrera
El Juncal
Cortijo de la Alamedilla
Los Cortijilles
Casa de la Quinta
Los Pérez
Alameda
Laguna de la Ratosa
Rancho de San Antonio
Casa de Don Manuel Cepeda
Cortijo de Ipora
Hormigo
La Roda de Andalucía
Cortijo de la Serafina
Mollina 798
Cortijo de la Capuchina Nueva
Cortijo de Castillejo
Venta de Cañete
Casería de Jornia
Rancho de Aparicio
Cortijo de Cañada Hermosa
Sierra de los Caballos
Casa de los Tarancones
Colonia Agrícola de los Blancares
Los Carvajales
Camorra
Rancho de Pozo Santo
Navaterrines
Cortijo de Navacerrada
Casa de Moyano
Navahermosa
La Realenga
Caserío de Uribe
Puerto de la Encina
Ratera Nueva
La Alcaidia
Las Capellanías
El Cañuelo
Rejano
Laguna del Gosque
Cortijo de Peñuela
Fuente de Piedra
Mollina
Cortijo del Palomar
Rancho de Terrones
Rancho del Sol
Algibón
Puerto de los Barrancos Blancos
Cortijo de la Higuera
Martín de la Jara
Casa de Alonso
Sierra de Yeguas
Cortijo de la Herriza
Laguna de Fuente de Piedra
Humilladero
Río Corbones
Ratera Vieja
Garzón
Los Corrales
Cortijo de Jaca
Cortijo de la Mezquita
Casas de Ganancias
Puntal 655
Albina
Las Monjas
Saucedilla
Casa de los Salinas
Cortijo de Calderón
526
La Mezquita
Cortijo del Navazo
Ruta de Washington Irving
La Verbena
El Saucejo
La Mezquitilla
Navarredonda
Provincia de Sevilla
Provincia de Málaga
Cortijo de la Cuesta
Cortijo de Rábita
Colonia de Ballestero
Cortijo de las Monjas
Cortijo de las Albinas
Los Gramadales
Majadahonda
La Lebrona
Cortijo del Ratero
Campillos
(461)
La Pelusa
Bobadilla
Caserío del Cerrón
Guadalhorce
Villanueva de San Juan
Molino de Arjona
Postero
687
Cortijo de los Arcos
Casa de las Llamas
Laguna Dulce
Cortijo del Cañaveralejo
Río
Molino Raya
833
Sierra del Tablón
Algámitas
74
Estación de Bobadilla
ANTEQUERA
(Fortificación)
Terril 1128
Cortijo de las Cruces
Almargen
Estación de Almargen-Cañete la Real
Cortijo de Ahumada
Cortijo Las Pilillas
Cortijo de las Perdices
Rancho del Navazo
Valle Hermoso Alto
Lora
Cortijo de Santa Cruz
Teba
(555)
Castillo de la Estrella
Cortijo de la Sima
Embalse de Guadalhorce
Cortijo de Rodahuevos
Cortijo de Blancares
Cortijo de Choca
Valle Hermoso Bajo
Sierra Blanquilla
853
Cortijo de la Escalereta
Cañete la Real
Cortijo de Casillas
Ermita de Nuestra Señora de la Cabeza
Cortijo del Chopo
Loma de la Cordillera
Cortijo del Romeral
Estación de Atalaya
Cortijo de la Soterraña
Cortijo de la Lapa
Gobantes
Sierra del Valle de Abdalajís
Ermita del Cristo
Valle de Abdalajís
Sierra de
Nogales
Cortijo de Munición
Cortijo de Pedro Bueno
Cortijo de las Arenas
Huertas y Montes
Pantano del Chorro
1191
Cortijo de la Rejanada
La Joya
Torcal de Antequera
Alcalá del Valle
Sierra de los Borbollos
Ortegicar
Embalse del Chorro
Cuevas (Pinturas rupestres)
Garganta del Chorro
El Chorro
Cortijo La Alcobilla
Rancho de Tenorio
Cortijo del Borbollón
Cortijo de Antonio Moreno
Serrato
Guadalteba
Cortijo de la Aguada
Ardales
Castillo de Turón
Ruinas de Bobastro
Casa de Portezuelos
Cortijo de Reyes
Campiña
Setenil de Las Bodegas
Est. Setenil
Cuevas del Becerro
Casa de Calinoria
Arroyo de Colmenar
Las Mellizas
Vado del Alamo
Arroyo Jevar
Venta Leches
Provincia de Málaga
Sierra de las Salinas
1055
Cortijo de las Pilas
Cortijo de Lucía
Río Turón
Casa del Capellán
Carratraca
Vega Redonda
Sabinal
Molino Tallista
Casablanquilla
Cortijo de Charco Lucero
Apd. Parchite
Parchite
Cortijo de Hornillo
Barranco de la Madera
Cortijo de la Víbora Baja
Sierra de Alcaparaín
1293
Cerrillos y Chirlita
Casa del Polo
(194)
Álora
(rom. Iluro)
Casas de Juan de Luna
Acequia de los Frailes
Arriate
Sierra de los Merinos
Cortijo de Gálvez
El Mopagán
77
Vega Malilla
Los Llanos
Ruta de los Almorávides
Gascar
Sanguijuela
Río Guadalporcún
Puerto del Viento
(1190)
Cortijo de Tango
El Burgo
Cortijo de la Ventilla
Casarabonela
Zumaque
Huertas y Lomas
Casas de Rivero
Vega Santa María
Los Lagares
Saucedillas
Casa del Bracho
Peral
Morales-Santa María
Puerto de los Ladrones
Sierra Blanquilla
Acueducto romano
Lifa
Sierra Prieta
1512
Zalea
Pizarra
Cortijo de Proveedor
Los Morales-Santa María
Parador
Tajo de Ronda
Alcazaba
Navares y Tejares
RONDA
(rom. Arunda)
(723)
Cortijo de Castro
Puerto de las Abejas
(820)
Hoya de Málaga
Casas de la Rabadana
Casa de El Espartalejo
Gibralgalia
Cerralba
Villalón
Comendador
Aljaima
Los Molinos-Sijuela
Rosalejo
Serranía de Ronda
1504
Cortijo de la Majada Vieja
Sierra de las Nieves
Parque Nacional de la Sierra de las Nieves
Yunquera
Jorox
Alozaina
Cortijo de Buenavista
Ermita de Casa Palma
Cortijo de Pajares
Campiña
Cártama
24
Cortijo de Garapiño
Las Millanas
Tolox
Casa de Baños
Ardite
Río Grande
Cortijo Benítez
Cortijo de la Viuda
Villafranco del Guadalhorce
Alquería
190
191
0 1 2 4 6 8 10 km
0 1 2 4 6 miles

LUCENA
Cortijo del Duque
Posada de Flores
Cortijo de Romerico
Nuestra Señora de Araceli
Llanos de Don Juan
Palomeques
La Pililla
Nacimiento
Zambra
Umbría
El Navazo
Los Villares
Cortijo del Cojo Serrano
Parque Natural
Bermejo
Sierra de la Horconera
Sierras Subbéticas
Sierra de Rute
Las Piedras
Las Lagunillas
Cortijo de la Presa
Los Prados
El Salado
El Castellar
Sierra de Albayate
Puente Grande
Las Navas
La Sierra
Los Villares
Poyata
Valdegranada
Venta Valero
Lojilla
Venta de Agramaderos
Cortijo de los Palominos
Cortijo del Jubero
Cortijo de las Grañanas
Serval
Lomas de Marcos
La Cazuela
Granadilla
Erillas
Cortijo de Villegas
Cortijo de los Castillas
Cortijo de la Argamasilla
Cañadillas
Cortijo del Pleito
Cortijo del Corchado
Casa la Granja
Rute
El Vadillo
La Hoz
Lorite
El Higueral
Embalse de Iznájar
Hacienda de los López
La Celada
Arroyo de Priego
Prov. de Córdoba
Prov. de Granada
Algarinejo
Palancar
Rincón de Turca
Cortijo de la Orozca
Montefrío
Ermita de Monte Santo
Molinos
Cortijo Zurreón
Cortijo de Herrera
Benamejí
Virgen de Gracia
Ventas del Río Anzur
Vadofresno
Río Genil
Encinas Reales
Cortijo del Soto
Cortijo del Fraile
Cuevas de San Marcos
Iznájar
Fuentes de Cesna
Zagra
Puerto de Ventorros de Zagra
Ventorros de San José
Arroyo-Pinares
Cortijada Barrandillas
Cortijada el Almendro
Cortijo de Escalona
Caserío Valcázar
Milanos
Cerro del Moro
Arrozuelas
El Tejar
Cuevas Bajas
El Pilar
Cortijo de la Chorrera
El Adelantado
Montes-Claros
Corona Algaida y Gata
Ventorros de Balerma
Arroyo del Cerezo
Casa de la Alcudilla
La Parrilla
Torre Agricampo
Ventorros de la Laguna
Los Arenales
Caserío el Carcamo
Villanueva de Mesía
Estación Huétor-Tájar
Huétor-Tájar
Torre Agicampe
Hacho
Venta Nueva
Dehesa
Cortijo del Realengo
La Atalaya
Barrio de Enmedio
El Barranco del Agua
Villanueva de Algaidas
Cortijo Pantoja
Villanueva de Tapia
Cortijo de la Afalaya
Dehesa de los Montes
Venta Santa Bárbara
Loja
La Esperanza
Los Infiernos
Alcazaba
Las Huertas
Salar
Moraleda de Zafayona
Sierra del Pedroso
Sierra de Arcas
La Higuera
Cortijo San Juan
Estación de Archidona
Cortijo de Mola
Ruta de Washington Irving
Riofrío
Ruta de los Almorávides
Los Plácidos
Estación de Salinas
Cortijo de Quijada
Cañada del Junco
Los Llanos
Arroyo de Salar
Cartaojal
Caserío de la Vega
Archidona
Cortijo del Pecho de la Mata
Sierra de Gibalto
Sierra de Loja
Cortijo del Ranchuelo
Cortijo del Cardador
Llanos de Buenavista
Ventorillo Nuevo
Seco de Lucena
Cortijo Moreno
Santa Cruz de Alhama
o del Comercio
Peña de los Enamorados
Ermita de San Isidro
Huertas del Río
Cortijo de Calasana
Fuente del Fresno
Mariandana
La Calera
Sierra Gorda
Filete de las Hoyas
Cortijo de Santa Ana
Cortijo de Camacho
Pillas Dedil
Bosque
Caserío Muriel
El Álamo
Los Alazores
Puerto de los Alazores
Cortijo del Chato
Cortijo Rincón
Cortijo Rozuela
Cortijo de la Vera
Torresolana
Los Baños
Dolmen de El Romeral
Dolmen de Menga
Palacio Nájera
Castillo árabe
Cortijo de Curiel
Cortijo El Romeral
La Tosquilla
Casillas de Vacas
Villanueva del Trabuco
Milanos
Alhama de Granada
Castillo árabe
Cortijo de las Lomas
Los Peláez
Cortijo Alto
Villanueva del Rosario
Alfarnate
Alfarnatejo
El Almendral
Játiga
Zafarraya
Puerto de Zafarraya
Venta de Martín
Sierra de las Cabras
Sierra de Camorolos
Cortijo de Chambado
Sierra de Alhama
Marchamona
Ventas de Zafarraya
Cortijada Castillejo
Cortijos de Alcacería
Ruta de Ibn Batuta
Cortijo Ventilla
Arevalillo
Cortijo de los Navazos
Chimenea
Puerto de las Pedrizas
Villanueva del Cauche
Caserío Majada del Moro
Baños de Vilo
El Cañuelo
Espino
Cortijo de la Huerta de Hoyas
Venta de Palma
Villanueva de la Concepción
Cortijo Cadenas
Cortijo Enebro
Moriscos
Mondrón
El Cortijo Blanco
Los Marines
Periana
Riogordo
Parque Natural Sierras de Tejeda, Almijara y Alhama
Sierra de Tejeda
Prov. de Granada
Provincia de Málaga
Los Cortijillos
Alcaucín
Venta Baja
El Cerro
Canillas de Aceituno
Sedella
Canillas de Albaida
Salares
Venta de Cadenas
o Barrio de la Hornilla
Arroyo del Coche
Casabermeja
Jaral
Colmenar
Moheda
Casa la Paloma
Catalán
Emb. de la Viñuela
Cortijo Grande
Los Cortijuelos
Puente de Salina
Río Bermuza
Viñuela
Portugalejo
Rubite
Los Valverde
Venta de Cadenas
Cortijo Pacheco
El Chaparral
Las Trujillas
Venta de Pinoda
Portales
Caserío Jaldarín
Ermita del Cerro del Moro
Ermita de Jotrón
Solano
Río
Las Cuevas-Romo
Las Casillas
Los Romanes
Salto del Negro
Las Umbrías
Benamargosa
Archez
Cómpeta
Venta de San Antonio
o de la Leche
Casa de Fuentearroyo
Parque Natural
Montes de Málaga
Puerto del León
Arroyo Luis
Caserío Santo Pitar
Santopitar
Comares
Alquería
Cútar
Triana
Los Vados
Daimalos
Arenas
Corumbela
Almogía
Fuentes
Caserío Humaina
El Borge
Almáchar
Las Zorrillas
Trapiche
Sayalonga
Rábita de Sayalonga
Torre Fenicia
Verdiales
Jaboneros
Suizo
Guadalmedina
Casa de la Tormenta
Olías
Moclinejo
Totalán
Vallejo
Valdés
Macharaviaya
Benaque
Iznate
Cajis
Benamocarra
Vélez-Málaga
Algarrobo
Algarrobo-Costa
Manzano
Caleta
Almendrales
Santa Catalina
Zarzo
Benagalbón
Chilches
Cajisillo
Benajarafe Alto
Almayate Alto
El Capitán
Almayate Bajo
Torre del Mar
Faro de Torre del Mar
Playa de Torre del Mar
Lagos
Morche
Santa Rosalía
Puerto de la Torre
Colonia de Santa Inés
Campanillas
Los Remedios
Apt. Campanillas
Los Prados
Teatro Romano
Museo Picasso
Paradors Gibralfaro
Palacio de Misericordia
El Palo
El Candado
Cala del Moral
Cueva del Tesoro
Cueva del Higuerón
MÁLAGA
RINCÓN DE LA VICTORIA
Torre de Benagalbón
Torre Moya
Benajarafe
Playa de Torrox
212

Vf
Wa
Baena
Wb
168
Wc
Jaén
Wd
124
125
126
127
128
La Pedriza
Villalobos
Valdegranada
Venta Valero
Cantera Blanca
Venta de Agramaderos
Ermita Nueva
Cortijo El Quejigar
La Alhondiguilla
Cortijos las Provincias
Cortijo de Marino Vega
Puerto Blanco
Cortijo de las Nogueras
Venta de la Nava
El Fraque
Cortijo de Peñate
Cortijo de la Cañada
Venta Valentina
Faucena
Lojilla
Cortijo del Jubero
Cortijo de los Palominos
Casilla de la Moria
Cortijo del Menchón
Puerto Lope
Cortijo Esquiladero
Limones
Tózar
Colomera
Pozuelo
Mitagalán
Cortijo de las Encinillas
Iznalloz
Cortijo de los Diablos
Barcinas
Cortijo Prinque
La Cazuela
Cortijo de las Navas
Cortijo de Villaquemado
Moclín
Berbe Bajo
Cortijo del Escúzar
Cortijo de las Mercedes
Sierra de Pozuelo
Casa de la Pedriza
Cortijo de los Gitanos
Cortijo Los Cierzos
Caserío la Rosa
Puerto Lope
208
Tiena la Baja
Los Olivares
Cortijada Las Torres
Arenales
Deifontes
Orduña
Sierra
Prado Negro
La Ermita
Montefrío
Parapanda
Cortijo Fuente de Madrid
Ruta del Califato
Caserío Cortijo Nuevo
Caserío la Rata
Caserío la Mojaiva
Caserío Los Asperones
Sierra de Cogollos
El Molinillo
Molinos
Íllora
Cortijada el Nevazo
Cortijada Barrandillas
Cozcojar
Caserío Búcor
Complejo Polideportivo
Calicasas
Cogollos Vega
Caserío Garatachi
Sierra de la Yedra
Arroyo-Pinares
Alomartes
Cortijo Los Alcachofares
Zujaira
Caparacena
Pinos-Puente
Chaparral de Cartuja
El Chaparral
Güevéjar
Nívar
Canterías
Casa Forestal
Puerto de la Mora
Huétor
Ermita de Nuestra Señora del Espino
Caserío Valcázar
Tocón
Loma de Tabora
Escóznar
Casa Nueva
Valderrubio
Buenavista
Baños de Sierra Elvira
Alfacar
Peligros
Víznar
El Colmenar
Brácana
Villanueva de Mesía
Fuente Vaqueros
El Martinete
Romilla
Chauchina
El Jau
Atarfe
Albolote
Maracena
Pulianas
Jun
Pulianillas
Huétor-Santillán
Beas de Granada
Huétor-Tájar
Trasmulas
Láchar
Cijuela
Fuensanta
Puerto del Lobo
Fargue
Cortijo Castillejo
Venta Nueva
Dehesa
Loreto
El Chaparral
Peñuelas
Santa Fe
Purchil
Vegas del Genil
GRANADA
Catedral
Alhambra
Jesús del Valle
Dúdar
Quéntar
Loja
Moraleda de Zafayona
Belicena
Ambroz
Churriana de la Vega
Barranco del Oro
Huétor-Vega
Cenes de la Vega
Pinos Genil
Canales
Güéjar-Sierra
Canal del Cacín
Cúllar Vega
Gabia Grande (las Gabias)
Monachil
El Charcón
Los Llanos
Las Chozas
Cortijo las Villas
Chimeneas
Cortijada de Santa Catalina
Armilla
Cájar
La Zubia
El Turro
Tajarja
Gabia la Chica
Alhendín
Ogíjares
Gójar
Balzain
Diechar
Convento de San Jerónimo
Hotel Sierra Nevada
Llanos de Buenavista
Cortijo el Romeral
Montevives
La Malahá
Cortijo de Noniles
Cortijada Arboliar
Ruta de las Alpujarras
Caserío Huenes
Cortijo del Lobo
Cortijo de los Llanos
La Zahora
Acula
Molinos de la Torrecilla
Otura
Puerto del Suspiro del Moro
Dílar
La Cortichuela
Ventorrillo Nuevo
Seco de Lucena
Santa Cruz de Alhama del Comercio
Ventas de Huelma
Escúzar
Suspiro del Moro
Central Eléctrica
Cortijo Moreno
Pedrizas
Cacín
Ochíchar
Ruta de León el Africano
Sierra del Manar
Ermita de las Nieves
Sierra Nevada
Cortijo Piñonero
Cortijo la Escribana
Loma Charcapiedra
Cortijada de la Sierra
Torresolana
Los Baños
Agrón
La Pera
Ruta de al-Idrisi
Albergue
Refugio de Peñón Colorado
Cortijo de la Vera
98
Pantano de los Bermejales
Hacienda de Don Juan
Padul
Aguadero
Refugio de Lanjarón
Alhama de Granada
Castillo árabe
Venta de Martín
Los Morales
La Tórtola
Los Corrales
Venta del Fraile
Valle de Lecrín
Cozvíjar (Villamena)
Central Eléctrica
Dúrcal
Refugio de Ventura
Cortijo de las Animas
Arenas del Rey
Embalse de los Bermejales
Retamales de la Colonia
Nigüelas
Acequias
Ruta de Ibn Batuta
Puerto de Zafarraya
Casa Baja
Fornes
Jayena
Cortijo de San José
Cortijo de Fuente Piedra
Herrero
Cortijo del Barranco del Agua
Conchar
Mondújar
Murchas
Talará (Lecrín)
Cortijo de la Huerta de Hoyas
Venta de Palma
Játar
Venta de la Mañana
La Resinera
Cortijo de Pincho
Cortijo de Recaide
Barrio de Fernán-Núñez
Albuñuelas
Saleres
Melegís
Chite
Béznar
Tablete
Cáñar
Parque
Natural
de las Sierras
de Alhama,
Tejeda y Almijara
Venta de Marina
Restábal (El Valle)
Barrio Bajo
Embalse de Béznar
Pinos del Valle
Lanjarón
Secano
Provincia de Granada
Provincia de Málaga
Venta de López
Venta del Vicario
Cortijo del Duro
Cortijo de Prados de Lopera
Sierra de las Guájaras
Cortijo de Tajo
Izbor (El Pinar)
Pago y Benisalte
Sierra de Almijara
Cortijo de Cabañeros
Cortijo de San Nicolás
Venta de la Cebeda
Sedella
Salares
Canillas de Albaida
Cortijo del Daire
Navachica
Sierra del Chaparral
Guájar-Alto
Guájar-Faragüit (Los Guájares)
Caserío de la Fábrica
Archez
Cómpeta
Venta de Cabramontes
Lentegí
Guájar-Fondón
Guindalera
Vélez de Benaudalla
Daimalos
Corumbela
Cázulas
Otívar
La Bernadilla
Sierra de Lújar
Molino de Blas
Casas de Viñas
Caserío Rioseco Alto
Cortijo del Alcaide
Ítrabo
Molino de Pepe
Lagos
Sayalonga
Rábita de Sayalonga
Tumba Fenicia
Benamayor
Frigiliana
Caserío Colmenarejo
Majadillas
La Gelibra
Jete
Molvízar
La Gorgoracha
Almachares
El Rescate
Cortijo Bañuelos
Cortijos del Saucillo
Cortijada Pataura
Los Tablones
Venta de las Monjas
Manzano
Torrox
Cuevas de Nerja
Cortijada Cantarriján
El Cervall
Cortijada Barranco
Acueducto romano
Lobres
MOTRIL
Huit
Morche
Caserío Calaceite
Maro
Parador
Playa de Burriana
Traba
Velilla-Taramay
La Caleta-Guardia
La Garnatilla
Lagos
El Playazo
Balcón de Europa
Nerja
Ruta de al-Idrisi
Las Palomas
La Herradura
Taramay
El Capricho
Playa de Velilla
Salobreña
El Varadero
Punta de Torrox
Torrox-Costa
Punta de la Mona
Murallas
ALMUÑÉCAR
Playa de Granada
Puntalón
Playa de Motril
Carchuna
Torrenueva
Melilla
Cabo Sacratif
Málaga
Costa del Sol
0 1 2 4 6 8 10 km
0 1 2 4 6 miles

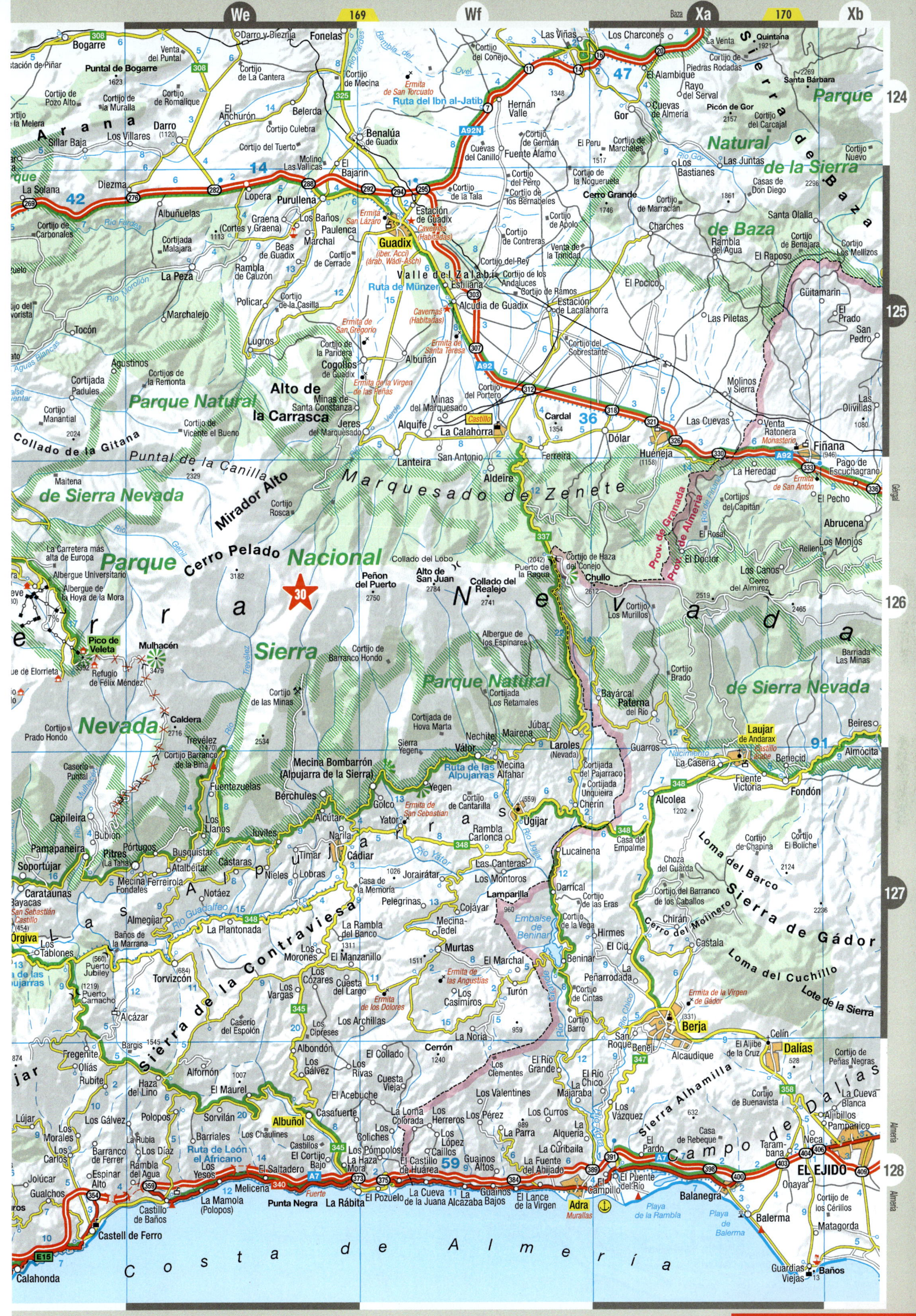
We
169
Wf
Baza
Xa
170
Xb
124
125
126
127
128
Bogarre
Puntal de Bogarre
Fonelas
Darro y Diezma
Las Viñas
Los Charcones
La Venta
Quintana
Sierra de Baza
Santa Bárbara
Parque Natural de la Sierra de Baza
Ruta del Ibn al-Jatib
Hernán Valle
El Alambique
Rayo del Serval
Gor
Cuevas de Almería
Picón de Gor
Benalúa de Guadix
Arana
Darro
Los Villares
Sillar Baja
Diezma
La Solana
Purullena
Lopera
Bajarín
Cuevas del Campillo
Fuente Álamo
El Peru
Los Bastianes
Las Juntas
Casas de Don Diego
Cerro Grande
Estación de Guadix
Guadix
Cavernas (Habitadas)
Albuñuelas
Graena
Los Baños
Paulenca
Marchal
Beas de Guadix
Rambla de Cauzón
La Peza
Marchalejo
Policar
Valle del Zalabí
Esfiliana
Ruta de Münzer
Alcudia de Guadix
Estación de Lacalahorra
El Pocico
Charches
Santa Olalla
Rambla del Agua
El Raposo
Güitamarín
El Prado
San Pedro
Las Piletas
Tocón
Lugros
Cogollos de Guadix
Albuñán
Agustinos
Parque Natural
Alto de la Carrasca
Minas de Santa Constanza
Jeres del Marquesado
Minas del Marquesado
Alquife
La Calahorra
Castillo
Cardal
Dólar
Huéneja
Las Cuevas
Molinos y Sierra
Venta Ratonera
Fiñana
Pago de Escuchagrano
Las Olivillas
Collado de la Gitana
Puntal de la Canilla
Mirador Alto
Lanteira
San Antonio
Aldeire
Ferreira
Marquesado de Zenete
La Heredad
El Pecho
Abrucena
de Sierra Nevada
Parque Nacional
Cerro Pelado
Collado del Lobo
Alto de San Juan
Peñón del Puerto
Collado del Realejo
Puerto de la Ragua
Chullo
Prov. de Granada
Prov. de Almería
El Rosal
El Doctor
Los Monjos
Los Canos
Sierra Nevada
Pico de Veleta
Mulhacén
Refugio de Félix Méndez
Albergue Universitario
Caldera
Trevélez
Albergue de los Espinares
Parque Natural de Sierra Nevada
Cortijada Los Retamales
Bayárcal
Paterna del Río
Laujar de Andarax
Beires
Almócita
Mecina Bombarrón (Alpujarra de la Sierra)
Fuentezuelas
Bérchules
Válor
Nechite
Mairena
Júbar
Laroles
Yegen
Ruta de las Alpujarras
Mecina Alfahar
Cherín
Ugíjar
Guarros
La Canería
Benecid
Fuente Victoria
Alcolea
Fondón
Capileira
Bubión
Pampaneira
Pitres
Pórtugos
Busquístar
Juviles
Alcútar
Golco
Yátor
Narila
Cádiar
Rambla Carlonca
Lucainena
Loma del Barco
Sierra de Gádor
Soportújar
Carataunas
Mecina Fondales
Ferreirola
Atalbéitar
Castaras
Notáez
Timar
Lobras
Nieles
Jorairátar
Las Canteras
Los Montoros
Lamparilla
Darrical
Hirmes
Chirán
Castala
Órgiva
Almegíjar
La Plantonada
Pelegrinas
Cojáyar
Mecina-Tedel
Embalse de Benínar
Benínar
El Cid
Cerro del Molinero
Loma del Cuchillo
Lote de la Sierra
Sierra de la Contraviesa
Torvizcón
Los Tablones
Puerto Jubiley
Baños de la Marrana
Murtas
El Manzanillo
El Marchal
Turón
Peñarrodada
Berja
Celín
Dalías
Alcázar
Los Vargas
Cuesta del Largo
Los Cipreses
Los Archillas
Los Casimiros
La Noria
San Roque
Benejí
Alcaudique
Sierra Alhamilla
Campo de Dalías
Fregenite
Olías
Rubite
Albondón
El Collado
Cerrón
Los Gálvez
Los Rivas
Cuesta Vieja
Los Clementes
El Río Grande
El Río Chico
Majarába
Haza del Lino
El Maurel
Alforrón
El Acebuche
Casafuerte
La Loma Colorada
Los Herreros
Los Pérez
Los Valentines
Los Curros
Alquería
Los Vázquez
La Cueva Blanca
Aljibillos
Pampanico
Lújar
Polopos
Sorvilán
Albuñol
Los Morales
Los Carlos
Barranco de Ferrer
La Rubia
Los Díaz
Rambla del Agua
Ruta de León el Africano
El Cortijo Bajo
Los Castillos
Los Pómpolos
La Haza Mora
Los Gualchos
El Castillo de Huárea
Guainos Altos
La Parra
La Fuente del Ahijado
Alquería
El Pardo
Tarambana
Neca
EL EJIDO
Onayar
Jolúcar
Gualchos
Espinar Alto
Castillo de Baños
Melicena
El Saltadero
La Mamola (Polopos)
Punta Negra
La Rábita
El Pozuelo
La Cueva de la Juana
La Alcazaba
Guainos Bajos
El Lance de la Virgen
Adra
El Puente del Río
El Campillo
Balanegra
Playa de la Rambla
Playa de Balerma
Balerma
Matagorda
Castell de Ferro
Calahonda
Costa de Almería
Guardias Viejas
Baños
Almería
Gergal

124
125
126
127
128
Parque Natural
de la Sierra
de Baza
Sierra de Baza
Santa Bárbara
Cortijo de Varea
Boduria
Las Molineras
Balax
Los Manzanos
Balsillas
Cortijada Pocopán
Cortijo Nuevo
Los Mancebos
Rejano
Los Olmos
El Cerrón
Santa Olalla
Cortijo de Benajara
Cortijo Los Mellizos
Tablas
Padilla
San Nicolás del Moro
Carboneras
El Tesorero
Guitamarín
El Prado
San Pedro
Dos Picos
El Haza del Riego
Las Olivillas
La Fuente Mendoza
Las Adelfas
Escúllar
Gilma
Los Rojas
Los Sanchos
Monasterio
Fiñana
Ermita de San Antón
Pago de Escuchagrano
El Camino Real
Las Torrecillas
Las Juntas
Los Lázaros
Los Piletas
El Pecho
Abla
Abrucena
Romera
Ocaña
Doña María (Las Tres Villas)
Parque
Natural
Los Monjos
La Rambla
Encina
Nacimiento
Relleno
Los Canos
Parque Nacional de Sierra Nevada
Santillana
Montenegro
Barriada Las Minas
Tices
de Sierra
Ohanes
Cortijo de los Trazas
Nevada
Beires
Canjáyar
Las Ramblas
Benecid
Almócita
Padules
La Solaneta
Instinción
Rágol
Fondón
La Barriada de Alcora
La Fuente de los Morales
Cortijo El Boliche
Lomas de la Zarza
Cerro del Albaricoque
Cortijo de La Chanata
Casas del Calabrial
Sierra de Gádor
Cerro de la Atalaya
Lote de la Sierra
Cortijo de Los Amates
Carcauz
La Balsilla de Taray
El Cañuelo
Vícar
Cortijo de Peñas Negras
Campo de Dalías
Cortijo Tajillo Blanco
Cortijo del Aguila
Casa Blanca
La Cueva Blanca
Aljibillos
Santa María del Aguila
Pampanico
Tarambana
Neca
El Ejido
Onayar
Cortijo de los Cerilios
Cortijo Puesto de los Pérez
Matagorda
Cortijada Las Chozas de Redondo
Cortijo Puesto de la Mueba
Urbanización Oasis de Costa del Sol
Baños
Guardias Viejas
Almerimar
Las Entinas
Cortijo de Villalobos
Punta Entinas
Punta del Sabinar
Salinas de Cerrillos
San Agustín
Salinas Viejas
La Mujer
Galiana
Las Norias
Ruta de León el Africano
Mojonera
Campohermoso
El Algarrobal
Puebla de Vícar
Cortijos de Marín
La Loma del Viento
Las Salinas
Las Marinas
Urbanización Roquetas de Mar
Playa Serena
Playa de Cerrillos
El Puerto
ROQUETAS DE MAR
Playa de Roquetas
Salinas de S. Rafael
La Ribera de la Algaida
Aguadulce
Playa de Aguadulce
El Parador de las Hortichuelas
Las Hortichuelas
La Garrota
Playa del Palmer
Playa de La Garrofa
ALMERÍA
(rom. Portus Magnus) (árab. Al Mariyya)
CITY MAP
La Alcazaba
Golfo de Almería
Melilla, Nador
Ghazaouet
Oran (Algerien)
Felix
Enix
Venta de la Menea
Aljibe Alto
Cortijo de la Campita
Loma de los Yegüeros
El Marchal de Antón López
Ruta de las Alpujarras
Alhama de Almería
Cortijo Gatuna
Huécija
Alicún
Bentarique
Terque
Illar
Los Llanetes
Alhabia
Santa Cruz de Marchena
Alboloduy
Alsodux
Rambla de Gérgal
Gádor
Los Millares
Santa Fe de Mondújar
Yacimiento arqueológico
Galáchar
Moscolux
Abriojal
Rioja
El Ruini
Benahadux
El Chuche
Pechina
Marraque
Las Minas
Cortijo de Ochotorena
Cortijo del Pocico
La Cuesta del Gato
Huércal de Almería
Viator
El Mami
Campamento Álvarez de Sotomayor
Cortijos de Los Cecilios
Las Viudas
El Alquián
Aeropuerto Almería
Venta de Retamar
Retamar
La Cañada de San Urbano
Costacabana
El Bobar
Punta del Río
Cortijo del Cuco
Cortijo de Los Andújares
Las Cuevas de los Medinas
Cuevas de los Juanorros
Cortijo Rodríguez
Cortijo del Maltés
Las Cuevas de los Úbedas
Cortijo de Gindalba
Cortijos del Marchal de Fuentes
Sierra de Alhamilla
Baños de Sa. Alhamilla
El Chorrillo
Colativí
Cortijo El Corral
Las Matanzas
Mazarulleque
Ermita de Torre García
El Cabo de Gata
Salinas del Cabo de Gata
Ruta de Münzer
Fuente Santa
Gebera
Estación de Fuente Santa
Yesón Alto
Venta de Cañicas
Mini Hollywood
Tabernas
Sartenilla
Joluque
Los Góngoras
Espeliz
Marchante
Tinadas
Los Pichiricos
Los Retacos
Las Vega
Turrillas
Cañada de Miralles
Los Yesos
Plataforma Solar
Pago Aguilar Bajo
Arroyo de Valdelecho
Gérgal
La Estación
Las Alcubillas
Venta del Almirez
Los Navarros
Las Tablas
Las Aneas
El Almendral
Luis Espinar
El Tallón Bajo
El Tallón Alto
Olula de Castro
Castro de Filabres
Cortijada de Febeire
Velefique
Casas de los Pachuecas
Casas de Las Hoyas
Portocarrero
Cortijo de los Jarales
Aulago
Cortijo del Cura Morales
Observatorio Astronómico
Calar Alto
Sierra de los Filabres
Olapra
El Barrancón de Bacares
Bacares
Loma de Meneses
Tetica
Casas de Las Carmonas
Casas del Vulgo
Senés
Zarzales
Rambla del Marqués
Collado García
Noria
Cocón del Peral
Cortijo Los Llanos de Lucas
La Fuente de la Higuera
Tahal de Monteagud
Alcudia
Benitorafe
Chercos (Chercos Nuevo)
Ermita de la Cabeza
El Soto
Casas de las Arenas
El Reul Bajo y Marchalico
El Reul Alto
Las Huertecicas Altas
La Boquera
Cortijada El Alami
Laroya
La Corraliza
Sierro
Suflí
Macael
Purchena
Olula del Río
Fines
Almanzora
Cortijada Campo Bajo
Urrácal
Talavera
Partaloa
El Prado
Cortijo de la Palma
Somontín
Lúcar
Cela
Higueral
Los Porteros
Los Zoilas
Manolones
Tíjola
Armuña de Almanzora
Bayarque
Casas Las Corinas
La Mojonera
Serón
El Chanco
Jórvila
Fargali Bajo
Fargali Alto
El Cántaro Bajo
El Cántaro Alto
Las Menas
Los Sapos
Los Morillas de Albánchez
La Carrasca de Albánchez
El Cortijuelo
Los Santos
Las Casillas
Blánquez del Saúco
Tres Morales
Nijar
Saúco
Aldeire
Checas
Marchal del Anogado
La Loma Alta
El Castellón
El Valle
Amarguilla
Angosto de Arriba
Pechina
Alcóntar
Domenes
Los Hernández
Fuencaliente y Calera
Cortija de la Polvareda
Los Pérez
Las Zanjas
El Hijate
Provincia de Granada
Provincia de Almería
Gradix
Adra

Huércal-Overa
Sierra de Almagro
Cuevas del Almanzora
Vera
Garrucha
Mojácar
Turre
Sorbas
Carboneras
NÍJAR
Pulpí
Albox
Cantoria
Almanzora
Zurgena
Lubrín
Bédar
Los Gallardos
Ruta de Münzer
Sierra Cabrera
Sierra de los Pinos
Sierra Almagrera
Prov. de Murcia
Emb. de Cuevas del Almanzora
Río Almanzora
Villaricos
Cala Concha
Cala de la Cuera
Playa de Puerto Rey
Puerto del Rey
Club Marítimo
Playa del Descargador
Mojácar Playa
Parador Nacional de los Reyes Católicos
Castillo Macenas
Torre del Peñón
Playa del Algarrobico
Playa de Carboneras
Autovía del Mediterráneo
Parque Natural Cabo de Gata-Níjar
Sierra del Cabo de Gata
Agua Amarga
Punta de la Media Naranja
Playa de Agua Amarga
Playa de Torre Vieja
Punta de los Muertos
Punta Javana
Las Negras
Playa de Las Negras
Castillo San Ramón
El Playazo
Rodalquilar
Punta de la Polacra
La Isleta
Los Escullos
Castillo San Felipe
San José
Playa de Los Genoveses
Cabo de Gata
Punta Negra
Playa de Mónsul
Campohermoso
San Isidro de Níjar
Pueblo Blanco
Fernán Pérez
Los Nietos
Atochares
Albaricoques
El Barranquete
Ruecas
C.E.M.A.
El Pozo de los Frailes
Santa Bárbara
Los Alemanes Nuevos
El Romeral
Revancha
Lucainena de las Torres
Uleila del Campo
Tabernas
Albánchez
Cóbdar
Puerto de la Virgen
Cavernas (Habitadas)
Mayordomo
El Tesoro
Los Giles
La Huelga
Antas
Los Lanos del Mayor
Palomares
Las Cunas
Las Bambardas
Burjulú
Barriada Nueva
Los Lobos
El Largo
Grima
San Juan de los Terreros
Isla de los Terreros
Pozo del Esparto
Los Jurados
Pilar de Jaravia
Los Caparroses
El Cocón
Matalentisco
Costa de Almería

0 1 2 4 6 8 10 km
0 1 2 4 6 miles

Ub
Uc
181
Ud
Ue
128
129
130
131
132
ARCOS DE LA FRONTERA
Casa de Morla
El Concejo
Cortijo de Vista Hermosa
Cortijo de Robledillo
Abrajanejo
Hortales
Tavizna
Sierra del Endrinal
Hondón
Campobuche
Huerta Nueva-Sancho Jaén
Montejaque
Benaoján
Casa de Tablellina
Casa de Canillas
Aznar
Casa de la Perdiz
Casa de la Dehesa de Atrera
Cortijo Arrayanosa
Pico de Adrión
Fátima-Juncal
Castillo de Tavizna
Castillo de Fátima
Benaocaz
Villaluenga del Rosario
Parque
Natural
Sierra de Grazalema
Sierra del Caíllo
Casa de Fardela
Vallejas
El Drago
Casa de la Atalaya
Ubrique
Sierra de Ubrique
Sierra de Líbar
Provincia de Cádiz
Provincia de Málaga
Cueva de la Pileta (Pinturas rupestres)
Ruta de los Almorávides
Los Riscos
Cortijo de Alcornocalejo
Embalse de Guadalcacín
El Mimbral
Algar
Cortijo de Rotijón
Embalse de los Hurones
Mulera Bujeos
La Alcaria
Charco de los Hurones
Jimera de Líbar
Atajate
Casa de Millán
Casa Palmetín
El Tempul
Sierra de la Sal
Sierra de las Cabras
San José del Valle
El Romero
Garcisobaco
Parque
La Jarda
Cerro del Jabato
Cortes de la Frontera
Huerta del Americano
La Sierra
Benadalid
Salinillas
Estación de Cortes de la Frontera
Cañada del Real Tesoro
Sierra
Benalauría
Opayar
Algatocín
Rancho del Puerto de Picao
La Parrilla
Cortijo de Pajarrete
Puerto de Galis
Venta Nueva de Galiz
Loma del Castillo
Rancho de la Casilla
La Angostura del Guadiaro
Puerto de las Eras
Benarrabá
Genalguacil
Casa Gamí
Venta de los Arrieros
Est. Gaucín
El Colmenar
Gaucín
La Majada Higuera
La Alharia
Cortijo de Tamayo
Casa La Paloma
El Esparragal
Cortijo de Palmitoso
Puerto del Algarrobo
La Sauceda
Cortijo de Nobles
Rancho del Pino
Cortijo del Médico
Fraja
Aljibe
Ventorrillo Las Canillas
Canuto Largo
Loma de Lapa
Majada del Lobo
Cortijo de la Potrica
Majada Madrid
Sierra del Aljibe
Pico del Montero
Cortijo de las Arenas
Porquerizas
Cortijo del Brecial
Castillo árabe de Luna
Alcalá de los Gazules
Patrite
Molino Castro
San Pablo de Buceite
La Mesa
Guadiana
Sierra Crestellina
Casares
Ferrete
Ermita de los Santos
Cortijo Pradillo Alto
Cortijo la Palmosa
Piedra de la Alcoba
Corzo de los Lobos
El Polvorín
Castillo Jimena
Jimena de la Frontera
Los Ángeles
Ermita del Rosario
Cortijo Nuevo
Las Cobatillas
Natural
Hoyos de Guadarranque o Buenas Noches
Cortijo La Sangre
Marchenilla
Cortijo El Sancho
Cortijo Sambana
Cortesín
La Hedionda
Manilva Casares
Manilva
Estepona
Cortijo de Pedregosillo
Cortijo La Maestranza
Embalse de Barbate
Lomas del Padrón
Casa de Labor de las Torres
Papudo-Acebuchal
Soto Colorado
La Rondana
Cortijo de los Poyales
Palacio de Jautor
Jautor
Cortijo del Cermeño
Cortijo de Macote
Rancho de Montaño
Benalup
Casas Viejas
Castillo de Benalup
Cortijo El Marqués
San Martín o El Tesorillo
Alcorin
Cortijo Matillas
Embalse de Guadarranque
Castillo de Castellar
Castillo Fortaleza
Cortijo El Espadañal
Los Castillejos
Cortijo Montenegral Alto
Playa del Negro
Playa de Arenas
Punta Europa
San Enrique
San Diego
Guadiaro
Nuevo Guadiaro
Torreguadiaro
Sotogrande/Torreguadiaro
Sotogrande del Guadiaro
Casa del Tío Alozaina
Cueva del Tajo de las Figuras
Las Algámitas
Casa del Castaño
Cortijo de Rehuelga
Cortijo de los Charcones
Embalse de Celemín
Sierra de Montecoche
Almoraima
Palacio y Jardines de Almoraima
Pueblo Nuevo
Castellar de la Frontera
Safari
La Polvorilla
Sierra Blanquilla
Embalse de Charco Redondo
Sierra del Arca
Puerto del Higuerón
Ruta-de-al-Idrisi
Cortijo de Borondo
Punta Mala
Torre Carbonera
Cortijo de las Aguzaderas
Cortijo de la Mediana
Cortijo de Arroyo Diego
Los Alcornocales
Antigua laguna de la Janda
Cortijo de China
Venta del Cojo
Casa de Valdespera
Puerto de Valdespera
Casa de Alcaria
Zanona
Sierra Sequilla
Cortijo de Ahojiz
Casa de la Huerta del Capullar
Cortijo del Pino
SAN ROQUE
Estación de San Roque
Taraguilla
Torre Nueva
Santa Margarita
Carboneras
Río Almodóvar
Venta de Retín
Sierra de Retín
Ruta de los Almorávides
Cortijo de las Habas
Cortijada del Aciscar
Casa de los Hoyos de Zanona
Sierra del Niño
Los Barrios
Guadacorte
Estación Ferrea
Guadarranque
Ruinas Romanas de Carteya
Puente Mayorga
La Atunara
LA LÍNEA DE LA CONCEPCIÓN
Tahivilla
Zarzuela
Cortijo de la Dehesilla
Caserío Iruelas
Caserío Gasma
Rancho de Carbones
El Tiradero
El Rinconcillo
Palmones
Campamento
Bahía de Algeciras
ALGECIRAS
San Bernabé
Gibraltar Airport
Playa de los Catalanes
Mezquita, hoy iglesia
El Almarchal
El Acebuchal
Facinas
Molino de Saladavieja
Ojén
Sierra de Ojén
Ensenada del Saladillo
St. Michael's Cave
Gorham's Cave
Gibraltar (GBZ)
(ib. Calpe, árab. Djebel Al Tarik)
Europa Point
Molino del Moro
El Alamillo
Puerto de Facinas
Sierra de la Plata
Cortijada de las Cumbres
Cortijada de la Lapa
Luna
Las Caheruelas
Sierra de Bujeo
Ermita de Murillo
Los Pastores
El Rodeo
Atlanterra
Ensenada de Zahara
Torre de Gracia
Ruinas Romanas de Baelo
Las Piñas
Sierra de Fates
Santuario Nuestra Señora de la Luz
Molinos
Ensenada de Getares
Camarinal
Punta Camarinal
El Lentiscal
El Chaparral
Ensenada de Bolonia
Caserío de las Palomas
Casas de Porros
La Peña
Torre
Sierra del Cabrito
Mesón Sancho
Algamasilla
El Pelayo
Cortijo de Marchenilla
Punta del Carnero
Punta Palomas
Ensenada de Valdevaqueros
Molino de Mastral
Pedro Valiente
Puerto del Cabrito
El Bujeo
Cortijo de la Joya
El Cuartón
Castillo de Tolmo
Ensenada del Torno
Punta del Fraile
Parque Natural
Del Estrecho
La Costa
Casas de Matatoros
Tanger
Melilla
Ceuta
Estrecho de Gibraltar
Tarifa
(rom. Julia Traducta)
Castillo de Guzmán el Bueno
Punta Marroquí o de Tarifa

128
129
130
131
132
Benamahoma
Puerto del Boyar
Mediodía
Fuente de la Higuera
Sanguijuela
Morales
Santa María
Puerto de los Ladrones
Sierra Blanquilla
Cortijo de Tango
Sierra Prieta
Parque
El Boyar
Grazalema
(rom. Lacidula)
Campobuche
Natural
Huerta Nueva-Sancho Jaén
Montejaque
Cueva del Hundidero
Los Morales-Santa María
Cortijo de Castaños
Parador
Tajo de Ronda
RONDA
(rom. Arunda)
Acueducto romano
Navares y Tejares
Lifa
Cortijo de Castro
Puerto de las Abejas
Tavizna
Sierra del Endrinal
Hondón
Sierra
Sierra del Caíllo
Castillo de Tavizna
Casa de Fardela
Benaocaz
de Grazalema
Villaluenga del Rosario
Benaoján
Los Riscos
Los Molinos-Sijuela
Cortijo de Garapiño
Rosalejo
Serranía de Ronda
Cortijo de la Majada Vieja
Yunquera
Jorox
Las Millanas
Tolox
Casa de Baños
Parque
Nacional
de la Sierra
de las Nieves
Sierra de las Nieves
Torrecilla
Ubrique
Sierra de Ubrique
Sierra de Líbar
Cueva de la Pileta
(Pinturas rupestres)
Provincia de Cádiz
Provincia de Málaga
Mulera Bujeos
El Quejigal
Cortijo de Navazo
Cortijo de Navarro
Sierra del Oreganal
Jimera de Líbar
Ruta de los Almorávides
Parauta
Cartajima
Casa del Pozuelo
Cortijo de los Blanquizales
Cerro del Hinojar
Casa de la Sepultura
Cortes de la Frontera
Huerta del Americano
Atajate
Alpandeire
Igualeja
Puerto de la Refriega
Sierra Real
Armas
Faraján
Júzcar
Pujerra
Casa de Viña
Parque
Cortijo del Moro
La Sierra
Benadalid
Benalauría
Casas del Marqués de Santiago
Sierra Palmitera
Casas de Guardas del Corchadillo
Istán
Sierra Blanca
Refugio del Juanar
Estación de Cortes de la Frontera
Cañada del Real Tesoro
Sierra
Loma del Castillo
Natural
Opayar
Algatocín
Molino de Enmedio
Solana
Río Guadiaro
La Angostura del Guadiaro
Puerto de las Eras
Benarrabá
Jubrique
Genalguacil
Sierra Bermeja
El Madroñal
Embalse de la Concepción
Rancho de la Casilla
Venta de los Arrieros
Est. Gaucín
El Colmenar
La Majada Higuera
La Alharia
Puerto de Aljar
Casa de Tramoteres
Benahavís
Alcuzcuz
Istán/Nagüeles
Marbella/Ojén
Canuto Largo
Gaucín
Loma de Lapa
Venta de Candelas
Castillo árabe
Alquería
Concepción
Nueva Andalucía
Las Lomas
Majada del Lobo
Los
Majada Madrid
Reales
Puerto de Peñas Blancas
San Pedro de Alcántara
Ruinas Romanas
Cortijo Blanco
Puerto Banús
MARBELLA
Playa de Marbella
Ensenada de Marbella
El Rodeo
San Pedro de Alcántara
Guadalmina
San Pablo de Buceite
Provincia de Málaga
Provincia de Cádiz
Sierra Crestellina
Río Castor
Cancelada
Saladillo
Guadalmansa
Atalaya-Isdabe
El Polvorín
La Mesa
Guadiana
Ferrete
Casares
Cortijo de Argüelles
Estepona-Oeste/N340
Estepona
Cala Padrón
Castor
Playa Bella
Castillo Aguile
Jimena de la Frontera
Los Angeles
Ermita del Rosario
Cortijo Nuevo
Río Guadiaro
Guadalobón
El Velerín
Playa de Estepona
ESTEPONA
Castillo árabe
Acueducto Romano de Salduba
Saladavieja
Costa de
Casa de Labor de las Torres
Marchenilla
Cortijo El Sancho
Cortijo Sambana
Alcornocales
Manilva/Casares
Cortesín
La Hedionda
Buenas Noches
Papudo-Acebuchal
Soto Colorado
Manilva
Torre de la Sal
La Rondana
San Luis de Sabinillas
Puerto Duquesa
Embalse de Guadarranque
Cortijo El Marqués
San Martín o El Tesorillo
Alcorín
Castillo de Sabinillas
Manilva
Martagina
Playa del Negro
Castillo Fortaleza
Castillo de Castellar
Cortijo Matillas
Cortijo Montenegral Alto
Punta Europa
Playa de Arenas
Los Castillejos
Cortijo El Espadañal
San Enrique
San Diego
Guadiaro
Nuevo Guadiaro
Torreguadiaro
Almoraima
Palacio
Jardines de Almoraima
Pueblo Nuevo
Castellar de la Frontera
Sotogrande/Torreguadiaro
Sotogrande del Guadiaro
Safari
Sierra del Arca
Cortijo
Ruta de al-Idrisi
Cortijo de Borondo
Punta Mala
Torre Carbonera
Cortijo de las Aguzaderas
Casa de Alcaria
Puerto del Higuerón
Cortijo del Pino
SAN ROQUE
Estación de San Roque
Torre Nueva
Taraguilla
Carboneras
Santa Margarita
Guadacorte
Estación Férrea
Guadarranque
Ruinas Romanas de Carteya
Puente Mayorga
La Atunara
LA LÍNEA DE LA CONCEPCIÓN
Palmones
Campamento
Rinconcillo
Bahía de Algeciras
San Bernabé
ALGECIRAS
Gibraltar Airport
Playa de los Catalanes
Mezquita, hoy iglesia
Gorham's Cave
St. Michael's Cave
Gibraltar (GBZ)
(lb. Calpe, árab. Djebel Al Tarik)
Europa Point
Ensenada del Saladillo
Los Pastores
El Rodeo
Ensenada de Getares
Parque
Natural
Del Estrecho
Cortijo de Marchenilla
Punta del Carnero
Torre
Punta del Fraile
Tanger
Melilla
Ceuta
Jerez de la Frontera
Tarifa
A7
AP7
E15
A48
E05
CA34
Málaga
Motril
Almería
Sète
Cap des Trois Fourches
Charrana
CITY MAP
Medina Sidonia
Melilla
(Melilla)
Melilla
(ESP.)
Beni-Enzar
Pointe Negri (Ras-Negri)
Sidi Messaoud
Farkhana
Had-Beni-Chekir
Azanèn
Boughafar
NADOR
Atalayon
Sebkha Bou Areg
Segangane
Beni-Bouyafrour
Restigna
Taouima
Kariet-Arkmane
Dar-Kebdani
Jbel Harcha
Kandoussi
Selouane
Oued Kert
El-Batel
Mont-Aroui
Souk
Muley-Rechid
Tiztoutine
Zaïo
N16
N19
N2
R610
189
0 2 4 6 8 10 km
0 2 4 6 miles

Vb
181
Vc
Vd
Ve
Lucena
Granada
Hoya de Málaga
Parque Natural Montes de Málaga
Pizarra
Villalón
Zalea
Huertas y Lomas
Gibralgalia
Cerralba
Comendador
Aljaima
Campiña
Estación de Cártama
Sexmo
Cártama
Doña Ana
Alozaina
Casas de la Rabadana
Casa de El Espartalejo
Cortijo de Buenavista
Cortijo de Pajares
Villafranco del Guadalhorce
Ardite
Cortijo Benítez
Cortijo de la Viuda
Río Grande
Alquería
Romeral
Santa Amalia
Fuensanta
Churriana
Campanillas
Puerto de la Torre
Colonia de Santa Inés
Guadalmedina
Casa de la Tormenta
Almendrales
Olías
Moclinejo
Totalán
Zarzo
Benagalbón
Santa Catalina
El Palo
El Candado
Cala del Moral
Cueva del Tesoro
Cueva del Higuerón
RINCÓN DE LA VICTORIA
MÁLAGA
Museo Picasso
Teatro Romano
Parador Gibralfaro
Palacio de Misericordia
Aeropuerto Málaga
Los Prados
San Julián
Parador del Golf
Ruta de al-Idrisi
Guaro
Nuestra Señora de Fuensanta
Coín
Monda
Alhaurín el Grande
ALHAURÍN DE LA TORRE
Sierra de Mijas
Sierra Llana
Torremolinos Pal.d.Congresos
Arroyo de la Miel
Los Álamos
Benyamina
La Carihuela
TORREMOLINOS
Montemar
Fuente de la Salud
Torremuelle
212
Sierra Alpujata
Puerto de los Pescadores
BENALMÁDENA
Benalmádena/Arroyo
Mijas/Benalmádena
Arroyo de la Miel
Teleférico Benalmádena
Benalmádena Costa
Colonia de la Verdad
Puerto de Ojén
Sierra de Ojén
Ojén
MIJAS
Arroyo de las Palmas
Mijas/Fuengirola
Carvajal
Torrequebrada
Torreblanca del Sol
Los Boliches
Campo-Mijas
Playas de Fuengirola
FUENGIROLA
Casa del Toril
Cortijo Holgado
Linarejos
Río de Ojén
Cortijo de Naela
Altos de Marbella
Casa de Puerto Llano
Mijas Costa
El Chaparral
Castillo de Fuengirola
Calahonda
Faro y Torre de Calaburras
Sitio de Calahonda
La Cala del Moral
Ensenada de Cala del Moral
Elviria
Los Monteros
Costa Bella
Ciudad Sindical
Bellamar
Riviera del Sol
Torrenueva
Playa de Calahonda
Mesilla
128
129
130
M a r   M e d i t e r r á n e o
Vejer de la Frontera
San Fernando
San Roque
Estepona
Ub
Uc
Ud
Ue
Tahivilla
Ruta de los Almorávides
Cortijada del Aciscar
Sierra del Niño
Rancho de Carbones
El Tiradero
La Zarzuela
Cortijo de la Dehesilla
Caserío Iruelas
El Almarchal
El Acebuchal
Facinas
Molino de Saladavieja
Parque Natural Los Alcornocales
Sierra de Ojén
Sierra de Fates
Sierra del Bujeo
Sierra del Cabrito
Molino del Moro
El Alamillo
Puerto de Facinas
Cortijada de las Cumbres
Cortijada de la Capa
Atlanterra
Sierra de la Plata
Ruinas Romanas de Bolonia
Torre de Gracia
Camarinal
El Lentiscal
El Chaparral
Punta Camarinal
Ensenada de Bolonia
Caserío de las Palomas
Punta Paloma
Ensenada de Valdevaqueros
Las Caheruelas
Santuario Nuestra Señora de la Luz
Molinos
Las Piñas
Casas de Porros
La Peña
Torre
Molino de Mastral
Pedro Valiente
Puerto del Cabrito
El Cuartón
Casas de Matatoros
La Costa
Castillo de Tolmo
Parque Natural Del Estrecho
Lances de Tarifa
Tarifa
(rom. Julia Traducta)
Castillo de Guzmán el Bueno
Punta Marroquí o de Tarifa
Los Barrios
Guadacorte
Estación Ferrea
Palmones
El Rinconcillo
Ruinas Romanas de Carteya
El Campamento
Puente Mayorga
La Atunara
LA LÍNEA DE LA CONCEPCIÓN
Bahía de Algeciras
ALGECIRAS
San Bernabé
Ensenada del Saladillo
Los Pastores
El Rodeo
Ensenada de Getares
El Pelayo
Algamasilla
Cortijo de Marchenilla
Punta del Carnero
Punta del Fraile
Ensenada del Tomo
Gibraltar Airport
Playa de los Catalanes
Mezquita, hoy iglesia
St. Michael's Cave
Gorham's Cave
Gibraltar (GBZ)
(ib. Calpe, árab. Djebel Al Tarik)
Europa Point
132
133
Estrecho de Gibraltar
Tarifa
Algeciras, Gibraltar
Ras del Ahmiar
Punta Leona
I. del Perejil (Esp.)
Bahía de Benzú
Benzú
Punta Blanca
Punta Cires
Port Tanger Mediterranée
Ibel Musa
Beliunez
Playa Benítez
Parador
I.de Sta. Catalina
Punta Almina
Monte Hacho
San Antonio
Jadú
Príncipe Alfonso
Santuario de Na. Sa. de África
CEUTA (SEBTA)
CITY MAP
Hayar El Kaluli
Uad Er-Remel
El Hauma
Acn Dechicha
El Biutz
Tanger
AL-MAGHRIB (MAROC)
Fnideq

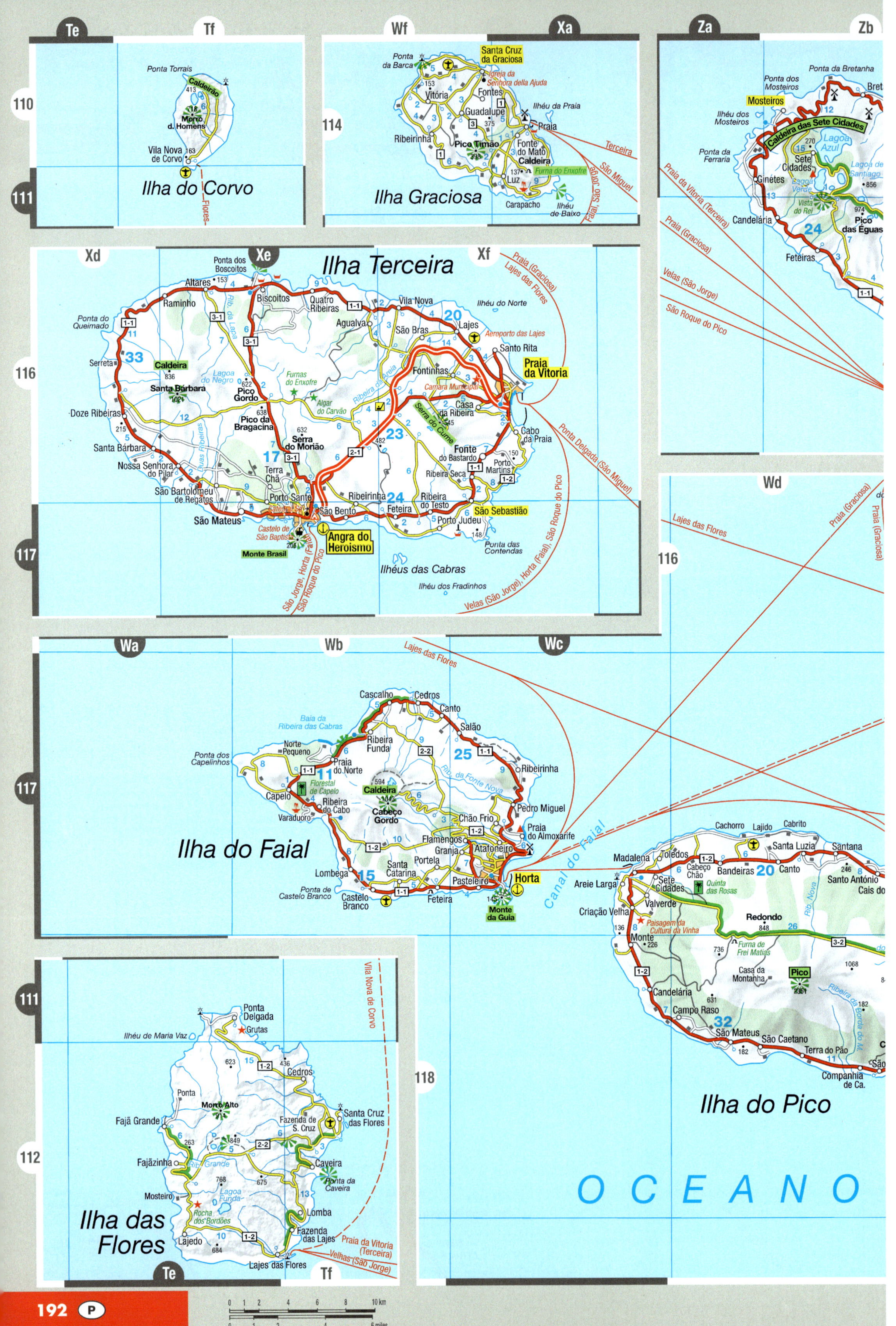

Ilha do Corvo
Ilha Graciosa
Ilha Terceira
Ilha do Faial
Ilha das Flores
Ilha do Pico
OCEANO
Angra do Heroísmo
Praia da Vitória
Horta
Santa Cruz da Graciosa
Vila Nova de Corvo
Santa Cruz das Flores
Lajes das Flores
Madalena
Mosteiros
Caldeira das Sete Cidades
Canal do Faial

Zc
Zd
Ze
Zf
Ilha de São Miguel
Remédios
Santo António
Capelas
Fenais da Luz
Calhetas
Ribeira Grande
Ribeirinha
Porto Formoso
Maia
Lomba da Maia
Fenais da Ajuda
Ponta da Ajuda
Achadinha
Achada
Santana
Algarvia
Nordestinho
Lomba da Fazenda
Nordeste
Ponta do Arnel
Lomba da Pedraira
Ponta do Cintrão
São Vicente Ferreira
Rabo de Peixe
Ribeira Seca
Caldeiras
Lombadas
Santa Bárbara
Pico da Pedra
Pico Queimado
Cabouço
Covoada
Arrifes
Fajã de Cima
Fajã de Baixo
Relva
Livramento
São Roque
Lagoa
Aeroporto Ponta Delgada-João Paulo II
Igreja de S. Sebastião
Ponta Delgada
Vila do Porto (Santa Maria)
Serra de Água de Pau
Lagoa do Fogo
Vila Franca do Campo
Água de Pau
Ribeira Chã
Água do Alto
Ribeira das Tainhas
Ilhéu de Vila Franca
Lagoa do Congro
Pico do Ferro
Furnas
Lagoa das Furnas
Ribeira Quente
Ponta Garça
Salga
Salto de Cavalo
Planalto dos Graminhais
Pico da Vara
Pico Verde
Nossa Senhora dos Remédios
Povoação
Faial da Terra
Água Retorta
Ponta da Madrugada
121
122
We
Wf
Xa
Xb
Ilha de São Jorge
Ponta dos Rosais
Sete Fontes
Fajã do João Dias
Rosais
Praia (Graciosa)
Figueiras
Beira
Baía de Entre Moros
Velas
Morro Grande
Toledo
Santo Amaro
Queimada
Santo Antonio
Norte Grande
Fajã do Ouvidor
Ribeira do Nabo
Fajã de Santo Amaro
Pico das Caldeirinhas
Ribeira da Areia
Urzelina
Terreiros
Pico da Esperança
Norte Pequeno
Fajã dos Cubres
Igreja da Santa Bárbara
Manadas
Biscoitos
Fajã da Caldeira de Santo Cristo
Fajã Grande
Calheta
Ribeira Seca
Fajã dos Vimes
Fajã Entre Ribeiras
Barreiras
Fajã de São João
São Tomé
Santo Antão
Topo
Ilhéu do Topo
Canal de São Jorge
Angro do Heroísmo (Terceira)
Praia da Vitoria (Terceira)
Ponta Delgada (São Miguel)
116
117
Pico
São Roque do Pico
Ponta do Mistério
Baía de Canas
Lagoa Capitão
Sra da Piedade
Prainha
Santo Amaro
Lagoa do Caiado
Caveiro
Lagoa Paul
Lagoa da Rosada
Ribeirinha
Calhau
Piedade
Cabeço do Fogo
Silveira
Ribeira do Meio
Lajes do Pico
Ribeiras
Santa Bárbara
Arrife Terras
Calheta de Nesquim
Fetais
Ponta da Ilha
Manhenha
118
ATLÂNTICO
Ze
Zf
Ilhéu das Lagoinhas
Ponta dos Frades
Feteiras
Anjos
Capela dos Anjos
São Pedro
Santa Bárbara
Baía de São Lourenço
Pico Alto
Almagreira
Sto Espírito
Vila do Porto
Praia Formosa
Baía da Praia
Malbusca
Maia
Ilhéu da Vila
São Miguel
Ponta do Castelo
Ilha de Santa Maria
126
127

0 1 2 4 6 8 10 km
0 1 2 4 6 miles

Kc
Kd
Ke
Kf
150
151
152
153
154
Baixa dos Barbeiros
Ilhéu das Cenouras
Fonte da Areia
Ponta do Varadouro
Bárbara Gomes
Pico do Facho
517
Serra de Dentro
Camacha
Capela da Graça
324
Pico do Concelho
Porto Santo
227
Tanque
Serra de Fora
Eiras
176
Vila Baleira
Lapeiras
Boqueirão de Cima
Ilhéu de Cima
Pico de Ana Ferreira
283
Pedras Pretas
Ilhéu de Ferro
Ponta
Campo de Baixo
Boqueirão de Baixo
Ilhéu de Baixo ou da Cal
OCEANO ATLÂNTICO
S. Lourenço
Baía d' Abra
Ilhéu de Agostinho
Ilhéu do Farol
Prego do Mar
98
Ilhéu Chão
479
Deserta Grande
Ilhas Desertas
Ilha do Bugio
388
OCÉANO ATLÁNTICO
ESPAÑA
Porto
PORTUGAL
LISBOA
280 km
Açores (Port.)
Corvo
Flores
São Jorge
Graciosa
Terceira
Pico
São Miguel
Ponta Delgada
Santa Maria
520 km
New York 4100 km
1400 km
960 km
980 km
950 km
AR-RIBĀT
Porto Santo
Madeira (Port.)
Funchal
Ilhas Desertas
Ilhas Selvagens (Madeira, Port.)
AL-MAGHRIB
Islas Canarias (España)
Santa Cruz de Tenerife
Las Palmas de Gran Canaria
550 km
Rio de Janeiro 6800 km
AL JAZĀ'IR
MAWRĪTĀNIYAH
30°
25°
20°
15°
10°
40°
35°

Gf
Ha
Ic
Ia
Ib
182
183
177
178
179
180
181
El Hierro
Tenerife
Santa Cruz de la Palma
Los Cristianos (Tenerife)
San Sebastián de la Gomera
Puerto de la Estaca (El Hierro)
Punta Norte
Bahía de las Calcosas
Casas Pozo de las Calcosas
Baja del Negro
Punta de Amacas
Playa de Adentro
Echedo
Playa de Agache
Roque Salmor
Tesbabo
Hoyo del Barrio
Tamaduste
Playa del Salto
Mirador El Golfo
Guarazoca
Mocanal
Erese
Valverde
Playas Largas
Playa del Cantadal
La Caleta
Jarales
Las Montañetas
Puerto de la Estaca
Cueva de la Polvera
Embarcadero de Punta Grande
Las Puntas
Risco de Tibataje
Tiñor
San Andrés
Playas del Mulato
Punta de la Sal
Punta Arenas Blancas
Mirador de El Rincón
Bahía de la Hoya
Bahía de los Pozos
Casas
Los Mocanes
Izique
La Cuesta
Los Llanos
Playa de Tijeretas
Punta de Tijimiraque
Punta de Verodal
Bahía de los Reyes
Pozo de la Salud
Sabinosa
Los Llanillos
Tigaday
La Frontera
Las Rosas
La Torre
Tajace de Abajo
Las Playecitas
Monumento al General Serrador
Santuario de Na Sa de los Reyes
Los Palos Blancos
Gasas
Las Toscas
Bermeja
Punta de Ajones
Ventejea
Malpaso
Tenerife
Mirador de las Playas
Playa de Fraile
Punta del Barbudo
Montaña Colorada
Tembárgena
Quemada
Parque Rural de Frontera
Las Casas
Playa de las Almorranas
Playa de la Arena
Playa de los Cardones
Faro de Orchilla
El Julán
Los Números
Los Letreros
Montaña
La Empalizada
Hoya del Morcillo
El Pinar
Parador
Playa de los Calcosas
Punta de Miguel
Playa de Miguel
Playa Brava
Playa de las Coloradas
Playa de los Mozos
Playa de Tejeda
Playa del Cuervito
Playa de Linés
Cueva del Diablo
El Río
Las Lapillas
Playa del Pozo
Playa del Cantadal
Restinga
Roque de Naos
La Restinga
Punta de la Restinga
Playa de la Herradura
Punta del Puerto
La Matanza de Acentejo
El Caletón
La Victoria
Punta del Sol
Autopista del Norte
Santa Úrsula
PUERTO DE LA CRUZ
Playa Goyuyo
Lomo Román
Cuesta
Loro Parque
Punta Brava
Lago Martiánez
Santa Úrsula
La Corujera
San Vicente
La Romántica
San Antonio
P.C. Martiánez
Mirador Humboldt
LA OROTAVA
La Orotava/P.D.T.
La Hacienda Perdida
Punta del Casado
Playa del Puerto
Playa de la Caleta
Playa de las Aguas
San Marcos
Punta de Juan Centellas
San Juan de la Rambla
Las Aguas
La Rambla
Buen Paso
Tierra de Costa
Icod el Alto
Los Realejos
Punta Negra
Buenavista del Norte
La Caleta
Garachico
Icod de los Vinos
Santa Bárbara
La Guancha
LOS REALEJOS
Realejo Alto
Cruz Santa
La Perdoma
Las Casas
Punta del Ancón
Mirador de Don Pompeyo
Los Silos
Tanque
Cruz Grande
San Juan del Reparo
Drago Milenario
Iglesia de San José
El Camino de Chasna
Brezal
Valle de Orotava
Los Órganos
Teno
El Palmar
La Vega
Montañeta
Ermita de San Bernabé
El Amparo
Hoya de Redonda
Barranco del Agua
Las Portelas
Erjos
Ruigómez
Puerto de Izaña
Carretera Dorsal
Parque Rural de Teno
Playa del Carrizal
Puntilla Piedra de las Viejas
Ermita de San José
Las Hiedras
Parque Natural
Los Castillos
Degollada del Cedro
Corral del Niño
Observatorio Meteorológico de Izaña
Masca
Santiago del Teide
La Vista del Cedro
Abejera Grande
Centro de Visitantes
Abreo
Baja del Bizcocho
El Molledo
El Retamar
Las Manchas
Laderas del Teide
Chiqueros
Volcán de Fasnia
Volcán de la Botija
Teide
Los Huevos del Teide
Acantilado de los Gigantes
Tamaimo
Arguayo
Cueva del Hielo
Panorama
Montaña Blanca
de
La Canalita
Pico Viejo
Cueva del Hielo
Teleférico
del Teide
La Asomada del Gato
Cuevas Negras
Parque Nacional
Cueva del Barranco de Herque
Los Gigantes
Los Pinos Altos
Los Hoyas
Los Roques
Corona
La Zarza
Puerto de Santiago
Playa de la Arena
Chío
Chiguergue
Cañada de los Azulejos
Parador
Centro de Servicios del Parque Nacional
Hoya Honda
Acevedo
Chirche
Boca de Tauce
Sombrera
Punta de Alcalá
Guía de Isora
El Jaral
Forestal
Lomo Oliva
Alcalá
Virgen de la Cruz
Zapata de la Reina (roca)
El Bueno
Playa de la Barrera
Las Animas
Las Lajas
Lomo Largo
Villa de Arico
Playa Rosalía
San Juan
Tejina
Vera de Erque
Tijoce de Arriba
El Grillo
La Sabinita
Carretera del Sur
Lomo de Arico
Abades
Tijoco Bajo
Casas La Concepción
Taucho
Ermita de San Roque
Vilaflor
El Río
Casas San Juan
Puerto de los Mozos
Casas Los Menores
Casa La Quinta
Armeñime
Barranco del Infierno
GRANADILLA DE ABONA
Las Vegas
Autopista del Sur
Playa Paraíso
Santa Úrsula
ADEJE
Escalona
Chimiche
P.I.R.S. Tajao
Casa de Pegueras
El Becerro
Casas El Puerto
Fañabé
Los Blanquitos
Las Palomas
El Desierto
Punta de las Gaviotas
La Caleta
Torviscas/Playa Fañabe
ARONA
Valle de San Lorenzo
El Roque
San Miguel
Charco del Pino
El Salto
Chimiche/El Río
Punta San Miguel de Tajao
Playa de la Enramada
S.Eug./Parque las Águilas
Sabinita
Chuchurumbache
P.I. de Granadilla/Parque Eólico
Playa del Bobo
La Caldera
Playa de las Américas
Cabo Blanco
Buzanada
Mirador de la Centinela
Aldea Blanca del Llano
Aeropuerto Reina Sofía
San Isidro
Casas el Guirre
Ensenada del Camello
Punta del Camello
Playa del Medio
Playa de las Américas
Playa de Torvía
Arona/Los Cristianos
TF-1
Parque de la Reina
San Miguel/Las Galletas
Aeropuerto Tenerife Sur
Granadilla/El Médano/San Isidro
Punta del Tanque del Vidrio
Los Cristianos
Valle S.Lorenzo/Guaxa/Los Cristianos
Los Abrigos
TFS
El Médano
Charco del Lino
Guaza
Cañada Blanca
Guincho
Playa del Médano
El Palm-Mar
Costa del Silencio
Los Abrigos
Urbanización El Guincho
Playa Colmenares
Playa de la Tejita
Punta Roja
Barriada de Entre-canales
Las Galletas
Punta El Callao
Piedra Mena
Punta Salema
0 1 2 4 6 8 10 km
0 1 2 4 6 miles

Id
Ie
If
Ka
OCÉANO
ATLÁNTICO
Punta del Hidalgo
Parque Rural
de Anaga
Anaga
Taganana
Chinobre
Benijo
Roque de Fuera
Roque de Tierra
Playa del Junquillo
Faro de Anaga
Playa de Anosma
Punta de Anaga
Playa de Ijuana
Punta de Antequera
Playa de Antequera
El Roquete
Playa del Burro
Playa de las Gaviotas
San Andrés
Bajamar
Caleta del Arco
Punta del Fraile
Tejina
Valle de Guerra
Tegueste
Pedro Álvarez
Vega
Las Mercedes
Taborno
Bufadero
Valleseco
SAN CRISTÓBAL
DE LA LAGUNA
(LA LAGUNA)
Tacoronte
Guamasa
La Higuerita
Aeropuerto Tenerife Norte
El Ortigal
La Esperanza
La Matanza
de Acentejo
El Rosario
Las Rosas
El Tablero
Barranco Hondo
SANTA CRUZ
DE TENERIFE
CITY MAP
Barrio de Chamberí
Barranco Grande
Santa María del Mar
Radazul
Tabaiba
Igueste
Araya
Las Cuevecitas
Malpaís
CANDELARIA
Arafo
Güímar
El Socorro
Puerto de Güímar
Playa de la Entrada
Punta de la Cruz
Playa de Arriba o Las Bajas
Playa de Abajo
Punta Prieta/La Caleta
Playa Bco Arriba
Playa de la Margallera
Fasnia
El Tablado
Fondeadero de Fasnia
Playa de las Ceras
Poris de Abona
Playa Grande
Autopista del Sur
Agaete (Gran Canaria)
Las Palmas de Gran Canaria
Morro Jable
Arrecife
La Palma
Gf
Ha
Hb
Punta de Rabisca
Caleta de la Furna
Punta Gaviota
Punta del Corcho
Faro de Punta Cumplida
Santo Domingo de Garafía
Don Pedro
El Tablado
Franceses
Gallegos
Barlovento
La Cuesta
Los Sauces
La Verada
San Andrés
Punta El Guincho
La Galga
Playa de Nogales
El Granel
Puntallana
Punta Salinas
Santa Lucía
Tenagua
Llano Negro
Roque del Faro
Hoya Grande
Matos
Las Tricias
Puntagorda
Don Pancho
Tinizara
Tijarafe
El Pinar
El Jesús
La Punta
Caldera de Taburiente
Parque Nacional de la Caldera de Taburiente
Roque de los Muchachos
Pico de la Cruz
Pico de las Nieves
Parque Natural de las Nieves
Pico Bejenado
Los Llanos de Aridane
Puerto de Tazacorte
Tazacorte
Santa Cruz de la Palma
Buenavista de Arriba
San Pedro
Breña Alta
El Paso
Montaña de Enrique
San José
Breña Baja
Los Cancajos
Aeropuerto Santa Cruz de la Palma
Playa del Noyo
Tajuya
Volcán de Tajogaite
El Pueblo
Malpaíses
Las Manchas
San Nicolás
Puerto Naos
Jedey
Playa del Pozo
Parque Natural de Cumbre Vieja
Tigalate
Playa del Burro
Playa Arenas Blancas
Playa del Azufre
Punta del Cabestro
Las Indias
Los Quemados
Los Canarios
Fuencaliente de la Palma
Volcán de Teneguía
Punta Larga
Caleta del Ancón
Faro de Fuencaliente
Punta de Fuencaliente
Las Caletas
Monte de Luna
177
178
175
176
179
180
181

OCÉANO ATLÁNTICO
Lanzarote
Graciosa
Montaña Clara
Alegranza
Parque Natural del Archipiélago Chinijo
Parque Nacional de Timanfaya
Parque Natural de Los Volcanes
Teguise
Arrecife
Puerto del Carmen
Tinajo
Haría
Yaiza
Playa Blanca
Costa Teguise
San Bartolomé
Tías
Órzola
Mala
Guatiza
Tahiche
Mozaga
Femés
Punta del Papagayo
Punta Pechiguera
1 : 4.8 Mio.
OCÉANO ATLÁNTICO
Islas Canarias (Esp.)
Islas Canarias
La Palma
La Gomera
El Hierro
Tenerife
Gran Canaria
Fuerteventura
Lanzarote
S. CRISTÓBAL DE LA LAGUNA
SANTA CRUZ DE TENERIFE
LAS PALMAS DE GRAN CANARIA
Greenwich Time
Península de Jandía
Parque Natural de Jandía
Morro Jable

176
177
178
179
180
Fuerteventura
OCÉANO ATLÁNTICO
Playa del Bajo de la Burra
Punta de la Tiñosa
Playa Blanca
Faro de Lobos
Punta Martiño
Playa de la Arena
Parque Natural del Islote de Lobos
Lobos
Islote de Lobos
Casas
El Puertito
Roques del Puertito
Caleta del Barco
Bajo de los Picachos
Montaña de la Mancha
Corralejo
El Río
Playas de Corralejo
Casas de Majanicho
El Jablito
Cortijo de la Costilla
Caleta de Beatriz
Punta Aguda
Punta de Tostón O de la Ballena
Faro de Tostón
Playa del Médano
Baýuyo
Montaña del Cuervo
Playa Bajo Negro
Coto de María Díaz
Montaña Colorada
Parque Natural de Corralejo
Urbanización Los Lagos
Punta La Barra
Playa del Moro
Cotillo
Roque
Lajares
Rosa de Combrillo
Montaña La Lengua
Playita del Poris
Playa del Algibe de la Cueva
Casas de Los Apartaderos
Playa del Águila
Montañas de la Blanca
Casas de Taca
Montaña Negra
Caleta la Bonanza
Playa de Esquinzo
Bco de Esquinzo
Arena
Villaverde
Roja
Aljibe
Montaña de Escanfraga
Playa de la Cazuela
Punta Paso Chico
Montaña Alta
LA OLIVA
Cortijo de Fimapaire
Bco Azul
Punta Uña de Gato
Casa de los Coroneles
Playa del Chinchorro
Montaña Tindaya
Paso Viejo
Morro de los Rincones
Caldereta
Playa de Tebeto
Tindaya
Playa del Perchel
Playa de la Mujer
Playa del Jarubio
Montañeta de Darubio
Monumento a D. Miguel de Unamuno
Muda
Vallebrón
Playa de los Valdivias
Los Morros
La Matilla
El Time
Punta del Salvaje
Montaña Blanca
Guisgey
Punta de la Tiñosa
Casas Los Molinos
Temejereque
Ermita de las Mercedes
Playita del Charquito
Casa del Cordobés
Playa de Lajas
Tetir
Puerto Lajas
Bahía de las Gaviotas
Colonia García Escámez
Tefía
Ermita de San Augustín
Urbanización Rosa de la Monja
Salinas
Cortijo de la Sargenta
Casas de los Majadas
La Juanita
Parque Natural de Betancuria
Chuchillos
Montaña de Tesjuates
La Asomada
Punta del Gavioto
Arrecife (Lanzarote)
Caleta del Barro
Casas Montañeta de Tao
PUERTO DEL ROSARIO
Tao
Casillas del Ángel
Tesjuates
Playa del Valle
Urbanización Los Pozos
Llanos de la Concepción
La Montaña del Barranco
La Vega de Abajo
Playa de Santa Inés
Casas El Almácigo
Playa Blanca
Emb. del Río Cabras
Punta del Junquillo
San Pedro Alcántara
Urbanización Llano del Sol
Morro Alto
Valle de Santa Inés
La Ampuyenta
Rosa del Taro
Aeropuerto Fuerteventura
Ensenada de Agua Amarga
Degollada del Valle
Punta Gonzalo
Morro Negro
Casas del Hospital
Llano Negro
El Matorral
Punta del Tarajalito
Catedral Santa María
Betancuria
Triquivijate
Playa de las Caletillas
Caleta de la Peña Vieja
Museo Arqueológico
Antigua
Bco de la Boca del Risco
Ruinas de Convento
Caleta de la Camella
Puerto de la Peña
Ajuy
Alto de la Potranca
Morro Janana
Casas de Escaque
Casa del Frontón
Montaña Blanca de Abajo
Caleta Corcha
Ermita de Na Sa de la Peña
Las Pozetas
Castillo de Fustes
Playa de los Muertos
Cuevas de la Peña
Vega de Río Palmas
Valles de Ortega
Ermita de San Francisco
Los Corrales de la Torre
Mézquez
Gran Montaña
Casas de Majada Blanca
Casas de la Guirra
Ermita de San Roque
Calilla del Espino
Playa de la Solapa
Central Termoeléctrica
Fenduca
Agua de Bueyes
Casillas de Morales
Casas de El Cortijo
Finca del Vicario
Mezquez
Toto
Agudo
Ruinas Guanches
Playa de Garcey
Virgen de la Regla
Tiscamanita
Pájara
Malpaís Chico
Caleta de la Ballena
Casas de Abaise
Carbón
Punta del Peñón Blanco
La Matanza
Casa de Machín
Tuineje
Cortijada de Tegueréyle
Morro de Leandro
Playa de Leandro
Ruinas Guanches
Cortijo de Adeje
Casas del Saladillo
Casas de Pozo Negro
Vigocho
Degollada de Adeje
Malpaís Grande
Playa de los Chopos
Las Casitas
Toricosquey
Playa del Guincho
Bco del Pozo
Degollada del Viento
Casas de la Florida
Casilla Blanca
Rosa de Catalina García
Casas de Ezquén
Playa Amanay
Degollada Cha Cabrera
Punta Gorda
Tesejerague
Cortijo de Diego Alonso
Cortijada Cañada de la Mata
Casas de Jacomar
Ensenada de Puerto Rico
Chilegua
Montaña Hendida Cardón
Montaña Tirba
Tequital
Bco de Gran Valle
Las Moretas
Casas de la Cañada de Teguital
Montaña Aregua
Rosa de los James
Fuente de Bartolo
Ensenada de Gran Valle
Vigán
Playa de Ugán
Bco de
Casas de Tamaretilla
Casas de Violante
Playa de los James
Puerto Nuevo
Corrales de las Hermosas
El Charco
Las Playas
La Entallada
Laja Blanca
Carga del Camello
Morro Negro
Peñón del Roque
Caracol
Gran Tarajal
Playa del Pajarito
La Pared
Giniginamar
Piedras Caídas
Playa de Giniginamar
Playa de Agando
Granillo
Agua Tres Piedras
Tarajalejo
La Lajita
Playa Laja del Corral
Punta Paloma
Urbanización Costa Calma
Casas de Matas Blancas
Playa Puerto Rico
El Jable
Punta de los Molinillos
Urbanización Calma Bahía
Jandía
Playa de Sotavento de Jandía
Esmeralda Jandía
Degollada Entre Montañas
Boca de Mal Nombre
Playa de Butihondo
Las Palmas de Gran Canaria

Kb
Kc
Kd
179
180
181
182
Gran Canaria
Punta de Sardina
Punta de Gáldar
Caleta de Abajo
Punta de Guanarteme
La Atalaya
Playa de San Felipe
El Pagador
San Andrés
Punta del Camello
Bañaderos
Bahía de Confital
Punta Morro de la Vieja
La Isleta
Casas de las Coloradas
Roque Negro
Santa Cruz de Tenerife
Santa Cruz de la Palma
Cádiz
Arrecife
Morro Jable
Puerto del Rosario (Fuerteventura)
Gáldar
Sardina
Montaña Almagro
Sta María de Guía de Gran Canaria
Cenobio de Valerón
Casa Blanca
Llano Blanco
Cardones
Caserío Tinocas
Castillo de la Luz
Casa de Turismo
PUERTO DE LA LUZ
Las Torres
Parque Doramas
LAS PALMAS DE GRAN CANARIA
Casa de Colón
Catedral
VEGUETA
Castillo de S. Cristóbal
San José
Valle de San José
Punta del Palo
Jinámar/Marzagán
CITY MAP
ARUCAS
Firgas
Moya
Santidad
Tenoya
Costa Tamaraceite
Almatriche
San Lorenzo
Tafira
Monte Coello
Bandama
Marzagán
Valle de Jinámar
Malpaso
Playa de Malpaso
La Estrella
La Garita
Playa
Playa del Hombre
Melenara
TELDE
Caracol
Playa de Melenara
Playa de la Salineta
Playa de Silva
Playa de Tufia
Ojos de Garza
Lazareto de Gando
Aeropuerto Gran Canaria
Punta de Gando
Bahía de Gondo
Carrizal
AGÜIMES
Playa del Burrero
Las Rosas
Playa de las Cruces
Casas de Lanos Prietos
Punta de la Sal
Playa del Cabrón
Roque de Arinaga
Arinaga
INGENIO
Teror
Valleseco
Santa Brígida
Atalaya
Vega de San Mateo
Valsequillo de Gran Canaria
Tenteniguada
Parque Rural de Nublo
Artenara
Tejeda
Roque Nublo
Pico de las Nieves
Ayacata
Las Cañadas
SAN BARTOLOMÉ DE TIRAJANA
SANTA LUCÍA
Temisas
Fataga
Amurga
Barranco de Tirajana
Sardina
Aldea Blanca
Vecindario
Doctoral
Bahía de Formas
Bahía de Pozo Izquierdo
Juan Grande
Punta de Tenefé
Playa de los Tártagos
Playa de las Casillas
Playa Corral de Espino
Playa del Cardón
San Agustín
Playa de San Agustín
Playa del Inglés
Bahía del Inglés
Maspalomas
Punta de Maspalomas
Dunas de Maspalomas
Playa de Maspalomas
Costa Canaria
Oasis de Maspalomas
Pasito Blanco
Bahía de Santa Águeda
Playa de las Meloneras
Arguineguín
Punta del Parchel
Cornisa
Patalavaca
Puerto Rico
Playa de los Amadores
La Playa de Tauro
Tauro
Playa del Diablillo
La Playa de Mogán
Mogán
Los Navarros
Las Burrillas
La Playa de Veneguera
Playa de Tasarte
Playa de las Áneas
Playa del Asno
Mogarenes
Tasarte
Playa de Güigüí
Los Canalizos
Cebuche
Inagua
Parque Rural de Doramas
Tocodomán
Los Molinos
La Aldea de San Nicolás
Artejévez
Amurga
Baja del Trabajo
Albercón
Las Marciegas
Punta de la Aldea
Puerto de la Aldea
Playa de la Aldea
Carrizo
Los Hoyetes
Parque Natural de Tamadaba
Montaña Altavista
Acusa
Punta de Góngora
Playa del Risco
La Laja del Risco
Playa Segura
Playa de Guayedra
Agaete
Puerto de la Nieves
Punta del Cardonal
Risco
Tamadaba
Caldera de Bandama
San Juan Bautista
Ingenio
Parque Natural de Pilancones
Ayagaures
Santidad
Montaña La Data
Mojón de Fuego
Tabaibas
La Florida
Costa Canaria
Hd
He
Hf
Ia
La Gomera
El Roquillo
Punta de los Órganos
Baja de los Roques
Playa de Santa Catalina
Punta del Peligro
Caserío Playa de Vallehermoso
Gomero
Laja del Infierno
Agulo
Playa de Negrín
Baja del Picacho
Tazo
Tamargada
Vallehermoso
Playa del Trigo
Caserío Playa de Alojera
Epina
La Palmita
Hermigua
Playa Molino
Punta Majona
Playa Majona
Punta Gaviota
Parque Natural de Majona
Playa de Guarinén
Alojera
Taguluche
Acardece
Arure
Parque Nacional de Garajonay
Cerro Quemado
Playa de Heredia
Parque Rural del Valle de Gran Rey
Chejelipes
Punta Llana
Playa del Cangrejo
Punta de Avalo
Playa de Avalo
San Sebastián de la Gomera
Torre del Conde
Valle Gran Rey
Playa del Inglés
La Calera
Playa de Valle Gran Rey
Vueltas
Playa de Iguala
Arguayoda
La Dama
Rajita
Playa de la Negra
Punta de la Nariz
Caleta de Cala Cantera
Punta Falcones
Punta de Becerro
Playa de la Salvajita
Playa de Santiago
Barranco de Santiago
Playa de Tapahuga
Punta Gaviota
Playa de Suárez
Playa de la Roja
Punta Gorda
Playa de El Cabrito
Playa de la Guancha
Playa de Machal
Los Cristianos (Tenerife)
Aeropuerto de la Gomera
Alajeró
Imada
Chipude
Las Hayas
Igualero
Roque de Agando
Degollada de Peraza
Jerduñe
El Cedro
0 1 2 4 6 8 10 km
0 1 2 4 6 miles

Distancias en kilómetros · Distâncias em kilómetros · Entfernungen in Kilometer · Distances in kilometres
Distanze in chilometri · Distances en kilomètres · Afstanden in kilometer · Odległości w kilometrach
Vzdálenosti v kilometrech · Kilométertávolság · Afstænder i kilometer · Kilometerangivelse

(E) ESPAÑA

	Zaragoza	Zamora	Vitoria	Valldolid	Valencia	Toledo	Teruel	Tarragona	Soria	Sevilla	Segovia	Santander	San Sebastián	Salamanca	Pontevedra	Pamplona	Palencia	Oviedo	Ourense	Murcia	Málaga	Madrid	Lugo	Logroño	Lérida	León	Jaén	Huelva	Guadaljara	Granada	Girona	Cuenca	Córdoba	Ciudad Real	Castellón	Cádiz	Cáceres	Burgos	Bilbao	Barcelona	Badajoz	Ávila	Almeria	Alicante	Albacete	A Coruña
A Coruña	781	395	599	438	948	665	895	1014	619	922	527	454	641	460	133	692	440	286	173	994	1119	591	98	614	928	315	921	943	654	1009	1166	759	987	794	1014	1042	662	487	546	1088	654	518	1140	1015	852	
Albacete	391	512	596	449	187	246	220	419	448	503	350	665	692	473	872	569	498	705	759	146	504	253	757	548	473	596	306	596	282	362	603	141	372	200	235	625	506	485	638	510	504	367	356	168		
Alicante	484	679	744	616	166	413	318	432	551	595	517	832	748	639	1027	662	665	871	926	82	472	419	940	654	558	762	407	692	448	351	617	308	555	383	283	642	672	652	787	524	688	534	291			
Almeria	756	803	901	739	438	499	591	704	769	413	640	984	996	763	1150	934	789	995	1049	218	206	552	1048	888	758	886	225	509	602	168	889	496	366	390	555	443	676	789	942	796	622	658				
Ávila	424	179	357	119	465	131	414	657	253	498	68	364	452	109	528	450	169	373	427	511	636	108	426	372	657	264	438	580	171	526	889	276	504	251	565	618	238	245	398	731	328					
Badajoz	718	358	650	414	661	367	708	952	632	210	392	657	745	292	558	743	462	607	566	670	421	404	659	665	951	498	376	292	465	464	1104	547	264	310	761	330	92	538	691	1026						
Barcelona	313	825	567	728	351	692	428	100	467	996	663	708	571	845	1109	485	691	896	1057	589	997	624	994	477	170	784	799	1090	564	888	102	541	865	693	282	1118	920	606	610							
Bilbao	302	377	62	280	611	468	475	536	230	861	352	100	101	397	614	155	243	286	609	783	921	402	481	136	450	336	723	943	401	811	688	552	789	596	554	981	601	158								
Burgos	300	225	118	127	589	315	380	533	142	709	200	181	213	244	508	211	90	296	456	631	768	249	410	134	533	183	570	790	248	659	685	399	636	443	552	828	449									
Cáceres	611	268	559	323	629	260	602	845	525	267	302	567	655	201	627	652	372	516	526	651	478	297	569	575	844	408	433	349	358	521	997	440	321	271	729	387										
Cádiz	965	649	940	704	776	614	785	1025	878	124	683	948	1035	582	899	1033	752	897	907	568	236	650	950	956	1151	788	332	213	712	294	1210	686	263	449	876											
Castellón	309	676	569	612	74	433	144	187	376	719	513	710	573	636	1035	487	555	868	922	311	720	419	920	479	241	759	522	812	383	610	372	263	588	416												
Ciudad Real	510	458	555	394	352	117	361	601	423	326	295	639	651	351	817	585	444	650	704	361	344	206	702	523	657	541	170	419	256	259	786	267	195													
Córdoba	700	582	745	584	521	344	530	770	770	613	485	829	841	515	796	775	634	840	841	476	159	397	892	713	847	731	120	234	447	202	955	431														
Cuenca	289	422	510	358	199	179	147	448	270	564	259	578	517	382	781	432	400	614	668	286	565	165	667	369	441	585	367	657	135	455	633															
Girona	390	903	645	805	443	769	520	192	544	1088	740	785	638	922	1247	563	768	974	1134	680	1089	701	1072	555	231	861	891	1181	641	979																
Granada	722	671	768	607	498	366	553	793	636	248	508	852	864	631	1030	798	657	863	917	277	125	419	915	736	870	754	92	344	469																	
Guadaljara	257	313	358	249	333	130	245	490	170	591	150	426	418	273	672	332	248	505	559	426	580	62	557	270	404	396	382	673																		
Huelva	928	611	903	667	749	576	758	998	841	96	646	911	998	545	812	996	715	860	855	621	303	613	912	918	1075	751	348																			
Jaén	636	584	682	520	457	280	466	706	550	250	421	765	777	544	943	712	570	776	830	335	203	333	829	649	783	667																				
León	478	142	296	136	695	411	552	711	316	669	273	270	392	206	409	389	138	125	296	741	865	337	222	312	625																					
Lérida	152	664	406	567	313	531	323	103	306	992	502	547	410	684	1009	324	138	735	896	550	982	463	833	316																						
Logroño	171	351	83	254	479	397	341	404	101	835	326	234	167	371	686	85	530	422	583	717	848	329	520																							
Lugo	688	303	506	345	856	572	802	921	526	830	434	395	602	367	195	599	217	227	95	902	1026	498																								
Madrid	314	254	356	191	357	72	302	547	227	534	92	424	452	214	613	389	348	446	501	400	529																									
Málaga	834	733	880	719	620	478	665	905	748	206	620	964	976	666	947	910	768	975	991	400																										
Murcia	546	658	742	594	228	391	382	495	593	523	495	810	838	618	1017	725	644	850	904																											
Ourense	750	260	568	346	856	573	803	983	550	787	435	542	664	324	117	661	344	327																												
Oviedo	591	251	345	255	804	521	665	824	429	778	383	193	381	316	384	438	250																													
Palencia	385	149	203	51	591	333	419	618	204	633	165	201	299	168	458	296																														
Pamplona	177	430	99	332	486	459	348	411	178	914	405	253	83	449	774																															
Pontevedra	864	374	682	460	970	687	917	1098	664	745	549	550	738	438																																
Salamanca	538	66	356	120	571	237	518	771	323	462	174	363	451																																	
San Sebastián	263	433	101	335	571	523	433	496	263	917	407	196																																		
Santander	401	344	161	247	710	529	572	634	329	828	360																																			
Segovia	358	190	315	116	448	165	395	592	192	559																																				
Sevilla	845	529	820	584	654	477	663	903	759																																					
Soria	159	305	187	208	377	299	239	392																																						
Tarragona	239	751	493	654	259	618	336																																							
Teruel	171	558	431	422	144	326																																								
Toledo	384	321	428	258	373																																									
Valencia	309	612	569	548																																										
Valldolid	420	101	238																																											
Vitoria	261	337																																												
Zamora	519																																													
Zaragoza																																														

|←→| km
10 km = 6.2 miles

(P) PORTUGAL

	Viseu	Vilar Formoso	Vila Verde de Raia	V. Verde de Ficalho	Vila R. de S. Antonio	Vila Real	Viana do Castelo	Valença do Minho	Setúbal	Segura	Santarém	São Leonardo	São Gregório	Quintanilha	Porto	Portalegre	Lisboa	Leiria	Guarda	Galegos/Marvão	Fátima	Faro	Évora	Coimbra	Castelo Branco	Caia e São Pedro	Bragança	Braga	Beja	Aveiro
Aveiro																														
Beja																														377
Braga																													498	127
Bragança																												223	541	274
Caia e São Pedro																											423	404	170	294
Castelo Branco																										151	423	309	274	199
Coimbra																									135	228	287	172	339	62
Évora																								300	194	94	462	457	81	346
Faro																							227	444	460	373	335	600	147	490
Fátima																						363	217	89	145	209	368	246	262	136
Galegos/Marvão																					162	402	123	181	103	79	371	352	202	242
Guarda																				196	241	553	289	167	98	244	178	251	367	159
Leiria																			225	183	31	385	239	80	167	230	358	235	284	117
Lisboa																		147	318	238	127	278	132	206	223	219	485	363	177	253
Portalegre																	227	174	189	22	153	382	103	173	94	59	362	344	182	234
Porto																292	312	186	199	300	195	549	403	122	256	348	213	57	448	76
Quintanilha															228	378	500	374	193	386	383	737	479	303	288	434	22	239	557	290
São Gregório														464	340	89	136	243	275	108	223	291	34	219	180	84	448	390	114	280
São Leonardo													99	521	470	146	197	304	332	165	284	249	65	363	237	120	505	520	103	410
Santarém												218	164	436	248	164	81	82	253	173	62	306	160	141	157	247	420	298	205	188
Segura											216	163	201	331	319	114	283	228	142	94	208	520	232	198	60	133	316	369	311	259
Setúbal										320	117	579	102	537	349	194	48	180	354	213	163	244	99	242	258	185	521	399	143	289
Valençax do Minho									460	429	357	540	518	306	117	404	424	298	354	412	307	661	515	234	368	460	290	74	560	188
Viana do Castelo								66	421	390	318	534	480	296	74	365	385	259	273	374	268	622	476	195	329	421	280	62	521	149
Vila Real							172	183	415	306	312	791	473	134	98	352	379	253	168	361	262	616	470	182	263	409	118	117	515	162
Vila Real de Santó Antonio						669	671	712	293	473	356	172	230	754	600	299	327	434	605	319	414	63	197	493	509	290	772	650	118	540
Vila Verde de Ficalho					131	571	573	614	195	263	258	54	149	593	502	217	229	337	404	237	316	202	115	395	308	142	577	552	54	442
Vila Verde de Raia				634	733	76	189	180	482	373	379	602	541	133	160	419	446	320	235	428	329	683	537	249	330	476	123	133	582	232
Vilar Formoso			267	436	636	203	304	344	386	147	283	364	307	226	233	221	350	270	42	230	274	587	322	199	132	277	210	282	401	191
Viseu		107	161	477	575	97	199	240	325	213	222	444	346	215	128	260	289	163	75	268	172	526	380	92	169	316	200	178	425	87

1 : 150 000

MAPA ÍNDICE | ÍNDICE DE MAPA | BLATTÜBERSICHT | KEY MAP
QUADRO D'UNIONE | CARTE D'ASSEMBLAGE | OVERZICHTSKAART | SKOROWIDZ ARKUSZY
KLAD MAPOVÝCH LISTŮ | KLAD MAPOVÝCH LISTOV | OVERSIGTSKORT | PREGLED LIST

1 : 150 000

Signos convencionales (E)	Sinais convencionais (P)	Zeichenerklärung (D)		Legend (UK)	Segni convenzionali (I)	Légende (F)
Autopista con acceso y número de acceso	Auto-estrada com ramal e número de acesso	Autobahn mit Anschlussstelle und Anschlussnummer	Trento 4	Motorway with junction and junction number	Autostrada con svincolo e svincolo numerato	Autoroute avec point de jonction et numéro de point de jonction
Autopista en construcción, Autopista en proyecto	Auto-estrada em construção, Auto-estrada em projecto	Autobahn in Bau, Autobahn in Planung		Motorway under construction, Motorway projected	Autostrada in costruzione, Autostrada in progetto	Autoroute en construction, Autoroute en projet
Autovía, Autovía en construcción	Via rápida de faixas separadas, Via rápida em construção	Schnellstraße, Schnellstraße in Bau		Dual carriageway, Dual carriageway under construction	Superstrada, Superstrada in costruzione	Chaussée double, Chaussée double en construction
Carretera federal	Estrada federal	Bundesstraße	44	Federal road	Strada statale	Route nationale
Carretera principal con nombres de calles, Carretera de tránsito con nombres de calles	Estrada principal com os nomes das ruas, Estrada de trânsito com os nomes das ruas	Hauptverbindungsstr. mit Str.-Namen, Durchgangsstr. mit Str.-Namen		Main road with street names, Thoroughfare with street names	Strada principale con i nomi delle strade, Strada di attraversamento con i nomi delle strade	Route principale avec des noms des rues, Route de transit avec des noms des rues
Número de autopista, Número de carretera europea	Número de auto-estrada, Número de estrada europeia	Autobahnnummern, Europastraßennummern	A 22 E50	Motorway numbers, European road numbers	Numero di autostrada, Numero di strada europea	Numéro d'autoroute, Organismes européens
Transbordador para automóviles, Transbordador para pasajeros	Balsa para viaturas, Barca de passageiros	Autofähre, Personenfähre		Car ferry, Passenger ferry	Traghetto per auto, Traghetto passeggeri	Bac pour automobiles, Bac pour piétons
Ferrocarril, Tráfico de larga distancia con estación	Linha ferroviária, Tráfego de longa distância com estação	Eisenbahn, Fernverkehr mit Bahnhof		Railway, Long-distance traffic with station	Ferrovia, Traffico a lunga percorrenza con stazione	Chemin de fer, Le trafic grandes lignes avec gare ferroviaire
Área de servicio	Area de serviço	Autobahnraststätte	„Sillaro"	Service area	Area di servizio	Station service
Estación de servicio	Estação de serviço da estrada	Autobahntankstelle		Service station	Stazione di servizio	Station d'essence d'autoroute
Auto-estrada aparcamiento	Auto-estrada Parque de estacionamento	Autobahnparkplatz	P	Motorway parking place	Autostrada Parcheggio	Autoroute Parking
Aeropuerto	Aeroporto	Verkehrsflughafen	NAP	Airport	Aeroporto	Aéroport
Puntos de interés	Locais de interesse	Sehenswürdigkeiten	Villa Reale	Tourist attractions	Interesse turistico	Curiosités
Zona edificada	Área urbana	Bebauung		Built-up area	Caseggiato	Zone bâtie
Aguas	Águas	Gewässer		Waters	Acque	Eaux
Frontera nacional	Fronteira nacional	Staatsgrenze		National boundary	Confine di Stato	Frontière d'État
MARCO POLO Highlight	MARCO POLO Highlight	MARCO POLO Highlight	1	MARCO POLO Highlight	MARCO POLO Highlight	MARCO POLO Highlight

Legenda (NL)	Objaśnienia znaków (PL)	Vysvětlivky (CZ)		Legenda (SK)	Tegnforklaring (DK)	Tumač znakova (HR)
Autosnelweg met aansluiting en aansluitingnummer	Autostrada z węzłem i numerem węzła	Dálnice přípojkou a přípojka s číslem	Trento 4	Diaľnica s prípojka s prípojka čislo	Motorvej med tilkørsel og tilkørsel med nummer	Autocesta sa prilazom, a Izlaz-broj
Autosnelweg in aanleg, Autosnelweg in ontwerp	Autostrada w budowie, Autostrada projektowana	Dálnice ve stavbe, Dálnice plánovaná		Diaľnica vo výstavbe, Diaľnica plánovaná	Motorvej under opførelse under planlægning	Autocesta u izgradnji, Autocesta u planu
Autoweg met gescheiden rijbanen, Autoweg in anleeg	Droga, Droga ekspresowa w budowie	Rychlostní komunikace, Rychlostní komunikace ve stavbe		Diaľnice, Diaľnice vo výstavbe	Motortrafikvej, Motortrafikvej under anlæg	Brza cesta, Brza u izgradnji
Rijksweg	Droga państwowa	Státní silnice	44	Hlavná diaľ ková cesta	Primærvej	Glavna tranzitna cesta
Hoofdweg, Weg voor doorgaand verkeer	Droga główna, Droga przelotowa	Hlavní silnice, Průjezdní silnice		Hlavná cesta, Priechodná cesta	Hovedvej med gadenavne Gennemfartsvej med gadenavne	Glavna veza, Glavna cesta
Motorvejnummer, Europees wegnummer	Numer autostrady, Numer drogi europejskiejs	Číslo dálnice, Číslo evropské silnice	A 22 E50	Číslo diaľ nice, Číslo európskej cesty	Motorvejnummer, Europavejnummer	Broj autoceste, Broj europske ceste
Autoveer, Personenveer	Prom samochodowy, Prom pasażerski	Trajekt pro auta, Osobní přívoz		Trajekt pre automobily, Prievoz	Bilfærge, Passagerfærge	Trajekt za automobile, Osobe trajekt
Spoorweg, Langeafstandsverkeer met station	Kolej, ruchu dalekobieżnego z stacją	Dálková dopravní se stanicí		Železnica, Draha pre diaľ kovú dopravu so stanicou	Jernbanelinie, Fjerntrafik med banegård	Željeznica, Glavna tranzitna s stanica
Verzorgingsplaats	Miejsce obsługi podróżnych	Odpočívka	„Sillaro"	Motorest	Motorvejsrasteplads	Restoran
Autosnelwegbenzinestation	Stacja benzynowa przy autostradzie	Čerpací stanice na dálnici		Diaľnica benzinová pumpa	Motorvej tankstation	Benzinska crpka
Parkeerplaats	Autostrada parking	Významné zajímavosti	P	Parkovisko	Motorvej Parkeringsplads	Parkiralište
Luchthaven	Port lotniczy	Dopravní letiště	NAP	Dobravné letisko	Lufthavn	Zračna luka
Bezienswaardigheden	Interesujące obiekty	Významné zajímavosti	Villa Reale	Zaujímavosti	Seværdigheder	Znamenitosti
Bebouwing	Obszar zabudowany	Zastavěna plochna		Zastavená plocha	Bebyggelse	Zgrada
Wateren	Wody	Vodstvo		Vodstvo	Vande	Vode
Rijksgrens	Granica państwa	Státní hranice		Štátna hranica	Statsgrænse	Državna granica
MARCO POLO Highlight	MARCO POLO Highlight	MARCO POLO Highlight	1	MARCO POLO Highlight	MARCO POLO Highlight	MARCO POLO Highlight

TERRASSA
Esparreguera
Olesa de Montserrat
Martorell
St Andreu de la Barca
Sant Sadurní d'Anoia
Gelida
Piera
Capellades
Abrera
Palleja
St. Vicenç dels Horts
Vallirana
VILAFRANCA DEL PENEDÈS
Sant Pere de Ribes
Castelldefels
GAVA
VILADECA
Torreles de Llobregat
Parc Natural Garraf
Massif de Garraf
Muntanya de Montserrat
Monistrol de Montserrat
Collbató
Vacarisses
Viladecavalls
Masquefa
Sant Esteve Sesrovires
Sant Llorenç d'Hortons
Corbera de Llobregat
Cervelló
Begues
Olivella
Sant Cugat Sesgarrigues
Avinyonet del Penedès
Olesa de Bonesvalls
Sant Pau d'Ordal
Puigdàlber
La Granada
Les Cabanyes
Sant Miquel d'Olèrdola
Canyelles
Sant Pere de Riudebitlles
Vallbona d'Anoia
La Pobla de Claramunt
Castellolí
Els Hostalets de Pierola
Santa Fe del Penedès
El Pla del Penedès
Sant Climent de Llobregat
Manresa
Tarragona
Sitges

Caldes de Montbui
Vic
Cardedeu
Castellar del Vallès
Sentmenat
Els Fruiters
Castell de Sentmenat
Torre Marimon
Can Valls
Can Costa
Canovelles
GRANOLLERS
LA TORRETA
Lliçà d'Amunt
Lliçà de Vall
Palaudalba
Can Falguera
Can Rouse
Palau de Plegamans
Parets del Vallès
El Pla de la Bruguera
Pedra Santa
Sant Vicenç de Vergers
LA GRÍPIA
LA PLANA DEL PINTOR
Santa Magdalena
El Carrer de Baix
Gallecs
L'Eixample
Circuit de Catalunya
Granollers
La Roca del Vallès
Les Roquetes
Vilanova del Vallès
Montmeló
Montornès del Vallès
Can Jornet
Vallromanes
TORRE-SANA CASTELLANAU
SABADELL
CAN RULL
TORRE-ROMEU
EL POBLENOU
Polinyà
Sta. Perpètua de Mogoda
Santiga
MOLLET DEL VALLÈS
Martorelles
Castell de Sant Miquel
Santa Maria de Martorelles
Sant Fost de Campsentelles
Alella Parc
Teià
Alella
Vista Alegre
Tiana
CAN PARELLADA
Sant Quirze del Vallès
Les Fonts
Aeropuerto regional Sabadell
CIUTAT BADIA
Barberà del Vallès
La Llagosta
RIPOLLET
Sant Cebrià de Cabanyes
Montcada
La Conreria
Turó de Galzeran
Mare de Déu de l'Alegria
Cartoixa de Montalegre
Reixac
La Vallensana
El Mas Ram
Montgat
El Masnou
Sant Muç
RUBÍ
Sabadell
Sant Joan
Bellaterra
Castell de Sant Marçal
CERDANYOLA DEL VALLÈS
Torre dels Frares
Sant Crist
SINGUERLÍN
STA. COLOMA DE GRAMENET
Sant Jerónimo
Els Avets
Ibisbal
Sant Cugat del Vallès
VALLDOREIX
Monasterio de Sant Cugat
St. Cugat del Valles
CIUTAT MERIDIANA
LA TRINITAT
Calvo Sotelo
BADALONA
La Salut
El Papiol
LA FLORESTA
La Floresta/ Les Planes
LES PLANES
Sant Medir
Serra de Collserola
La Rierada
ST. ANDREU
HORTA
MONTBAU
DE PALOMAR
Avda. Alfonso XII
SANT ADRIÀ DE BESÒS
Molins de Rei
Tibidabo
EL CARMEL
Hospital de Sant Pau
Parc Güell
Sagrada Família
St. Adrià de Besòs
Besòs
POBLENOU
SANT FELIU DE LLOBREGAT
Santa Creu d'Olorda
Sant Just Desvern
Monestir
GRÀCIA
Casa Milà
Palau de la Música
Zoològic
Parc
Plaça de Catalunya
Palau Güell
Camp Nou
Sta. Maria del Mar
Maremagnum
Torre San Sebastián
Savona, Genova, Sète
Sant Roc
ST. JOAN DESPÍ
ESPLUGUES de Llobregat
CITY MAP
Poble Espanyol
Palau Nacional
Castell de Montjuïc
Montjuïc
Ciutat Vella
Port Mercaderies
BARCELONA
Santa Coloma de Cervelló
SANT BOI de Llobregat
CORNELLÀ de Llobregat
L'HOSPITALET DE LLOBREGAT
Civitavecchia
Porto Torres
Sant Ramon
EL FONOLLAR
Bellvitge
Zona Franca
Ronda de Dalt
Port de Barcelona
Sant Boi Sud
EL PRAT DE LLOBREGAT
Mar Mediterrània
Viladecans
Aeropuerto de Barcelona
Estany de la Rocarda
Castelldefels
Estany del Remolar
Castelldefels Olímpic
Torre Gavà
Sitges
Tanger Mediterranée
Nador
Ibiza
Palma (Mallorca)
Alcúdia (Mallorca)
Ciutadella (Menorca)
Maó (Menorca)
Girona
Mataró
Premià de Mar

Mar Cantábrico
Portsmouth
Isla Billano
Playa de Armintza
Playa de Bakio
Punta Bakio
Basigo (Bakio)
Zubiaur
Cabo Billano
Castillo
Monte Ermua 272
Armintza
Arteta
Punta Matxilando
Playa de Plentzia
Elejade (Barrica)
Plentzia
Elexalde Auzoa (Gorliz)
Urizar (Lemoiz)
Andraka
Jata 599
Billabaso
Goierri
Moreaga (Sopelana)
Playa de Atxibiribil
La Campa (Ursuliz)
Butron Harana
Palados
Arrondo
Playa de Arrietara
Playa de Azkorri
Ergoien (Maruri-Jatabe)
Larrauri-Markaida
Punta Galea
Ria de Plentzia
Ervera
Castillo de Butron
Elorza
Billela
Santa Maria de Getxo
Berango
Mendiondo
Butron
BI-634
Gatika
Punta Lucero
Egusquiza
BI-631
Playa de Arrigunaga
Garai (Gatika)
Bermeo
La Arena
N-639
Algorta (Getxo)
Elizalde (Laukiz)
Playa de Ereaga
Mungia
La Cuesta
Palacio de Billela
Zierbena
Serantes 450
Abra de Bilbao
Larrañazubi
Unbe
Basozabal
136
E70
A8
Santurtzi
Castillo de Muñatoiz
Ugaldebieta
Santurtzi
Las Arenas
Elexalde (Leioa)
Goierri
Maurolas
Ergoien (Gamiz-Fika)
San Pedro de Abanto
132
Portugalete
Lamiako
Zabaloetxe (Loiu)
Lauro
Santander
Castro-Urdiales
Las Carreras
130
N-634
Portugalete
Erandio
Aeropuerto de Bilbao
Basozabal (Sondika)
Derio
BI-631
Ermita de San Miguel
Fika
Ortuella
Sestao
Axpe
Gallarta (Abanto Zierbena)
Altzaga (Erandio)
BIO
San Vicente de Barakaldo (Barakaldo)
126
11
San Mames
Goitiolza
La Florida
Trapagaran (Valle de Trápaga)
BI-637
12
Sondika
Las Cortes
Sestao
124
Galindo
Armintza
14
Zamudio
Garaiolza
La Reineta
123
Elorrieta
9
Arteaga-San-Martin (Zamudio)
La Arboleda
Barakaldo
Zorrotza
BILBAO
Aranoltza
San Antolin
18
17
Cueva de Arenaza
7
Emb. de Regato
Enekuri
Lezama
Las Barrietas
6
Basurto
CITY MAP
Erbera o San Andres (Etxebarri)
22
N-637
Emb. Oiola
Graneran
Emb. de Gorostiza
El Regato
5
119
3
Arizgoiti (Basauri)
Larrabetzu
San Pedro (Galdames)
823
A8
Catedral
La Cruz (Galdakao)
Chavarri
Alonsotegui
Kadagua
119
Bilbao
222
San Adrian
Rio Ibaizabal
Saracho
Rio Galindo
116
Iturrigorri
115
Larraskitu
Amorebieta
Larrea 631
Humarán
7
AP8
E70
E05
E70
Zaramillo
10
113
109
AP8
Monte Eretza 873
418
110
E80
105
Ibarra
21
Los Nimbres
AP68
Abusu
Peña
Basauri
Galdakao
Donostia-San Sebastián
Lujar 540
Rio Kadagua
La Cuadra
Embalse de Nocedal
Refugio Alpino de Pagasarri
N-240
Aranguren
BI-636
Embalse de Artibe
E05
E80
Zaratamo
Güeñes
Arroyo
Eroso
Vitoria-Gasteiz
Sodupe
Emb. de Kurzeta
Aguirre
Arrigorriaga
15
20
Elubarri
Ganekogorta 998
Ventacoerrota
Elexalde-Zeeta (Ereño)
Balmaseda
19
16
Embalse de Zollo
Zollo
Nerbioi
1
Arrigorriaga
Zubileta
Azkarai
Okondo Harana
Lekubaso
Carobo 566
Santa Maria de Isasi
Ugao-Miraballes
Arrigorriaga
Maurequi
Zeberio Harana
Ermita de San Martin
El Ponton
Sandamendi (Gordeloxa)
Zaldua
Palacio de Zuricalday
Zudibiarte
Arene (Arrakudiaga)
BI-2604
Ugalde
13
Aresandiaga
Amezola
Artekona
Jandiola
Santa Agueda
Ermita
Santa Maria del Yermo
Rio Zeberio
Altamira
San Cristobal
Alpisu 499
Areta
Arculanda
Zubialde (Zeberio)
Casa Isari
2
Aracaldo
Arilza-Olazar
Idubaltza 692
Zudiviarte (Okondo)
Mendiguna Mendilerroa
Llodio
Untzeta 773
Llodio
Gezala
Berrataguren
Laudio Harana
Puente Romano Sobre el Nervión
3
Rio Altube
Monte Semelarro 614
Rio Izalde
Rio Izalde Herrerías
Ermita de la Concepción
Arroyo de Olabarri
Artziniega
Llanteno
Arrola Mendiatea
Murueta
E804
Pagazandu
A-625
Zubiakur (Orozko)
Ermita de Cristo
AP68
Menagaray
Zuaza
Santa Marina 666
San Martin
Rio Arnauri
A-2604
Luyando
Ibarra
Gallartu
Amurrio
Miranda de Ebro
km
miles

Océano Atlántico
Illa Herbosa
Punta Lavandeira
Illa Gabeiras
Vila de Area
Esmelle
Castiñeira
San Xurxo da Mariña
Serantes
Bustelo
Igrexafeita
AG64
Leixa
Gándara (Narón)
Catabois
Trasancos (Santa Cecilia)
Neda
Praia de Doniños
Lagoa de Doniños
Doniños
Valón
Pilneiros
Punta Penencia
Brión
A Graña
Ferrol
N651
Fene
Pieiro
San Felipe
Praia S. Cristovo
Parador
Cabo Prioriño Grande
Cabo Prioriño Chico
Castelo de San Felipe
Castelo da Palma
Ría de Ferrol
Ameneiral
Meá
A Ribeira
Mugardos
Maniños
Magalofes
A Torre
Punta do Segaño
Bailadora 266
Xuncedo
Cervás
Casas
Pedros
Piñeiro
VG1.2
Punta Coitelada
Erm. de Chanteiro
Ens. de Areosa
Piedrachá
Santa Eulalia
Lubre
Limodre
Laraxe
Cabanas
Punta Miranda
Ares
Praia de Raso
Redes
Caamouco
Ría de Ares
Pontedeume
I. Miranda
I.A. Marola
Punta Torrella
Praia de Ber
Breamo 309
Torre de Andrade
Punta Seixo Branco
Dexo
Lorbé
Boebre
Campolongo
Ría de Coruña
Ría de Betanzos
Punta Herminia
Praia S.Amaro
Mera
Serantes
Punta Pereiros
Vilanova
Castelo de Andrade
Andrade
I. de S. Pedro
Torre de Hércules
Castelo de Praderas
Carnoedo
Praia Perbes
N651
Labañón
Los Rosales
CITY MAP
Castelo de San Antón
Praia Mera
Malanca
Veigue
Perbes
Carantoña
Bens
A CORUÑA
Puerto de A Coruña
Breixo
Pazo de Meirás
Mondego
Bañobre
Leiro
Río Vilariño
Dorneda
Castelo de Sta Cruz
Meirás
Sada
12F
225
Praia Sta. Cruz
Mosteiro
Miño
Praia do Pedrido
AP9
Sombreo
Chao
A Grela
AG55
Santa Cruz
Oleiros
Samoedo
N-VI
Liáns
VG 1.3
Osedo
Ouces
Moruxo
Insua
Viñas
Perillo
Montrove
Lubre
Callobre
Carballo
Carrío (Bergondo)
Santala de Pena
Río Lambre
Elviña
Pte Pasaje
Castro
Soñeiro
Feáns
O Burgo
Vilar
Río da Gándara
O'temple
Gándar
Armuño
Pazo de Mariñán
Vilouz
Urbanización Breogán
Rutis
AP9
Babío
Souto
AC14
Aeroporto da Coruña
Vigovidín
Cambre
Lendoiro
Guísamo
Pontellas
Rois
Tiobre
Consistorio (Paderne)
Uxes
Alvedro
Pravio
Guisamo
Obre
Freán
Orro
Río Castro
Tarrío
LCG
Culleredo
Cela
Cecebre
Ferrol
Cortiñán
Viñas
N651
Betanzos
Armea
Quintás
589
A6
Sigras
Orto
Ponte rom.
Canzobre
Meixigo
Bribes
Encoro de Cecebre
Piadela
Colantres
Bregua
586
Sésamo
583
Brexo
A Infesta
N-VI
Coirós de Arriba (Coirós)
Montes de Santa Leocadia
Ledoño
N550
Anceis
A6
Crendes
568
567
Sueiro
Río Mandeo
23
Vigo (Sta. María)
Macenda
Reguián
Mondoi
565
A6
AC523
Veiga
Andeiro
E70
Celas
Sergude
573
Limiñón
Sta. Eulalia
Peiro de Arriba
Castelo de Celas de Peiro
Tabeaio
San Vicente de Vigo
Porzomillos
560
Mantiñán
Castelo
Mabegondo
Vivente
Lesa
Río Mendo
Montes do Xalo
Torre San Tirso
Cañás
Callobre
Cos
Carraceda
Carral
AC840
Anxeles 527
Sarandóns
Abegondo
Meangos
Oza (Oza dos Ríos)
Picandel
Figueiroa
Cerneda
Salto
Meirama
Paleo
Montouto
Cines
Parada
Quembre
Cabanas
Cullergondo
Reboredo
Regueira
Herbes
As Mariñas
As Encrobas
Presedo
Mandair
Folgoso
Cutián
Burricios
Alga
Sumio
Beira
Viós
Carrés
Río Barcés
E01
Leiro
Requeira
Groeda
Montevello 357
AC542
AP9
Río Mero
Paderne
Dordaño
Lale
Argonte
Cabra
Vilar
Vilacoba
AC523
Lousa
Pousada
N550
Figueiredo
Canedo
As Travesas
Vizoño
Probaos
Cesuras
Trasanquelos
Carballo
Porto Exterior
Arteixo
Santiago de Compostela
A Coruña
Sant. de Comp.
A Coruña
Santiago de Compostela
Ordes
Santiago de Compostela
Lugo Guitiriz
0 0,5 1 2 3 4 5 km
0 0,5 1 2 3 miles

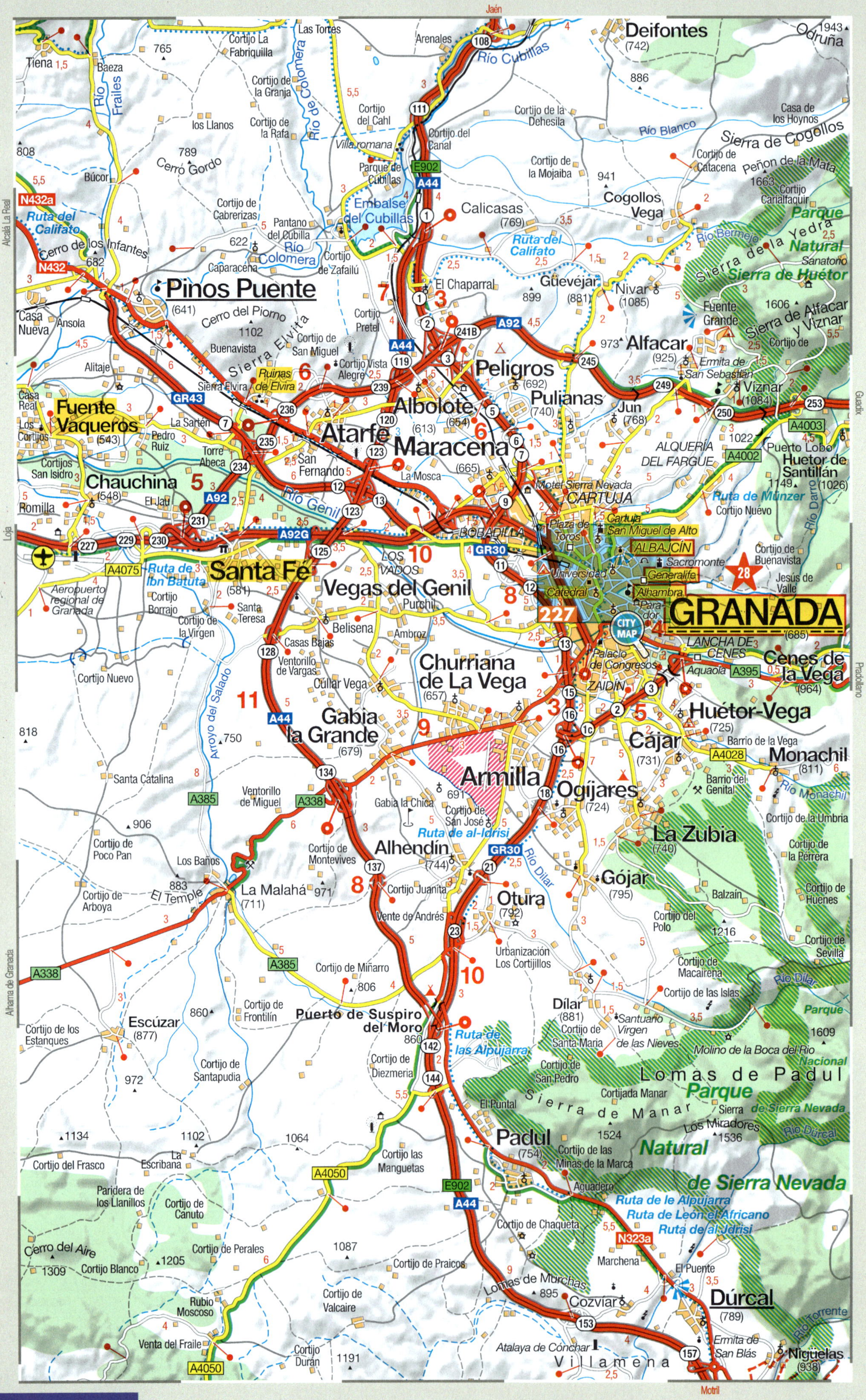
Deifontes
Pinos Puente
Fuente Vaqueros
Chauchina
Santa Fe
Atarfe
Albolote
Maracena
Peligros
Pulianas
Alfacar
Víznar
Huetor de Santillán
GRANADA
Cenes de la Vega
Huétor-Vega
Monachil
Cájar
La Zubia
Ogíjares
Gójar
Armilla
Churriana de La Vega
Vegas del Genil
Gabia la Grande
Alhendín
La Malahá
Otura
Escúzar
Dílar
Puerto de Suspiro del Moro
Padul
Dúrcal
Nigüelas
Cozvíar
Villamena
Sierra de Cogollos
Parque Natural Sierra de Huétor
Sierra de Alfacar y Víznar
Lomas de Padul
Sierra de Manar
Parque Natural de Sierra Nevada
Ruta de las Alpujarras
Ruta de al-Idrisi
Ruta del Califato
Ruta de Ibn Batuta
Ruta de Münzer
Jaén
Motril
Guadix
Loja
Alhama de Granada
Alcalá la Real

Torres Vedras
Carregado
Santarém Vila Franca de Xira
Ericeira
Sintra
Cascais
Setúbal
Montijo
Palmela
Quinta do Conde
Malveira
Venda do Pinheiro
Bucelas
Alhandra
Sobralinho
Alverca do Ribatejo
Forte da Casa
Póvoa de Santa Iria
Vialonga
São Julião do Tojal
Santa Iria de Azóia
São João da Talha
Reserva Natural do Estuário do Tejo
Bobadela
Sacavém
Loures
Apelação
Camarate
Caneças
Santo António dos Cavaleiros
Ramada
Póvoa de Santo Adrião
ODIVELAS
Prior Velho
Portela
Moscavide
Pontinha
AMADORA
QUELUZ
Carnaxide
Queijas
Linda-a-Velha
Cruz
Algés
Quebrada-Dafundo
LISBOA
230-231
Almada
Cacilhas
Pragal
Trafaria
Caparica
Cova da Piedade
BARREIRO
Laranjeiro
Moita
Vale de Amoreira
Costa da Caparica
Sobreda
Corroios
AMORA
Seixal
Aldeia de Paio Pires
Arrentela
Charneca
Rio Tejo
Ponte Vasco da Gama
Ponte 25 de Abril
Samouco
Alcochete
Porto da Praia

Arévalo
Segovia
Manzanares el Real
El Escorial
M-527
Casa del Jaral
AP6
Monasterio Antiguo
Guadarrama
Los Negrales
Alpedrete
Villalba
M-608
Fontenebro
Collado Villalba
Parque Regional de la
Basílica de la Santa Cruz del Valle de los Caídos
M-600
Campillo
Mirasierra
Cerrulén
1038
Cerro Lechuza
Campamento de Navallera
Casa del Cerrulén
Picazo
Hoyo de Manzanares
Abantos
1753
El Jaral de la Asunción
Las Zorreras
San Ignacio
Las Suertes de Villalba
Embalse de las Nieves
La Navata
La Navatal
La Berzosa
Casa la Atalaya
La Solana
1002
Arroyo de Manina
San Lorenzo de El Escorial
17
Navalquejigo
Lagunas de las Radas
El Escorial
Arroyo Ladrón
Los Arroyos
Casa Congosto
M-528
Parquelagos
Palacio Canto del Pico
Los Robles
M-618
Río Aulencia
Casita del Príncipe
Monasterio de El Escorial
Radas del Tercio
M-510
Carranza
Las Higueras
Los Jarales
Torrelodones
Las Rozuelas
El Encinar
M-519
Río Guadarrama
Ávila
M-505
Ermita de San Juan
Galapagar
Las Marías
Los Peñascales
Silla de Felipe II.
Las Palomas
Estanque Alto
885
Casa de Gamonal
Colmenarejo
La Dehesa Nueva
Varela
Cuesta Blanca
El Enebral
El Chaparral
Puerto de Galapagar
Pinosol
El Alcor
Embalse de Valmayor
941
Los Ranchos
Embalse de Molino de la Hoz
Las Matas
Pajares
Peralejo
24
Parque Residencial del Nuevo Club de Golf de Madrid
El Gorzo
M-533
Ermita de Valmayor
Casa de Don Pedro Barbería
Casas de Julián Pobiera
Los Mojadillas
Cerro de la Osera
Parque Empresarial Las Rozas
Casa de las Ceudas
909
Entrepinos
Fuente la Vieja
922
Paraíso
Río Aulencia
Venta del Retamar
Estación de Pinar de las Rozas
19
Pino Alto
Madroñal
846
Las Velillas
La Chopera
Los Barrancos
Las Cuestas
Los Pinos
La Marazuela
Casa de Escalante
Valdemorillo
Sta. Ana
Parque Regional
Llano de Cervera
Barrio de Estación
Casa de Tomás Miguel
Puente la Sierra
Villanueva del Pardillo
Río Perales
Casa de Falco
M-509
Casa del Marqués de Berna
Fresnedillas
Casa de Escalante Alto
Jarabeltrán
Gamica
Villafranca del Castillo
Las Rozas de Madrid
Mirador del Romero
M-503
del
Navalagamella
Emb. Cerro Alarcón
Ermita del Cristo de la Encarnación
Cerro Alarcón
Villanueva de la Cañada
Aquópolis
Palacio de Ballesteros
Venta Vieja de San Antón
Majadahonda
M50
Estación Espacial de Fresnedillas
Cerro del Lobo
Curso Medio
Bonanza
Pajar de Melitón
Los Llanos
746
M-521
Cuestas
Casa de los Llanos
Santo Blanco
Castillo de Aulencia
Romanillos
Valdecabañas
M-510
Casa del Molino
Los Rosales
697
Las Lomas
El Monte de las Encinas
Arroyo
Casa la Constancia
Quijorna
Casa del Olivar
La Raya del Palancar
El Cortijo
El Olivar de Miraval
El Salobral
Arroyo de Aujiorna
Morales
Guadamonte
M-513
Yunta
Perales
del
Palacio Boadilla del Monte
Los Barranquillos
Perales de Milla
Brunete
La Retamosa
Mosquito
702
M-511
Hotel de la Cepilla
636
Venta de Cuatro Caminos
Palacio de los Molinillos
Arroyo Palomero
Las Encrucijadas
Estrecha de Palomero
Mesa
674
18
Casa de Maprtida
Emb. de Navalagamella
M-501
15
El Bosque
Carretera de San M
San Martín de Valdeiglesias
Villacobo
Casa de Valdetablas
Casa del Bosque
Villaviciosa de Odón
713
El Castillo de Villaviciosa
El Molinillo
Palacio de Milla
M-600
Bacares
La Garrida
Castillo Campodón
Los Cortijos
Río Guadarrama
M-524
Los Manantiales
Monreal
Ermita de San Alberto
Villanueva de Perales
M-506
Casa Monte
Sevilla la Nueva
Pinares Llanos
Villamantilla
Las Fronteras
M-523
Residencial Sevilla la Nueva
Casa de Caboste
Casa de Antonio Pérez
Casas de Peñaca
Casa de San Juan
M-530
Valdecervos
E90
Las Mercadas
El Pinarillo
Móstoles
Parque Coimbra
A5
Valdemanto
Finca Valdespino
Barrio del Pimiento
Polígono Industrial Arroyomolinos
La Mapuesta
Granja Los Bancales
Pibra
Villamanta
M-507
Casa del Vivero
Los Combo
Navalcarnero
Talavera de la Reina
Toledo
0 0,5 1 2 3 4 5 km
0 0,5 1 2 3 miles

Cerceda
El Molar
Colmenar Viejo
Monte de El Pardo
Cuenca Alta
del Manzanares
Tres Cantos
San Sebastián de los Reyes
Alcobendas
El Pardo
MADRID
Barajas
Aeropuerto Adolfo Suárez Madrid-Barajas
San Fernando de Henares
Coslada
Pozuelo de Alarcón
Aravaca
Alcorcón
Leganés
Getafe
Fuenlabrada
Vicálvaro
Parque Regional del Sureste
234-235
CITY MAP
Toledo
Aranjuez

Antequera
Villanueva de la Concepción
Cortijo Juárez
Cortijo de Cauche
Cortijo de la Venta
Cerro del León
Barrio Seco
Cortijo Zorreras Bajas
Cortijo de Casa de Arias
Casabermeja
Riogordo
Colmenar
Cerro de los Peñones
Río Guadalmedina
Gonzalo
Cortijo de los Alcaidejos
Arroyo de Coche
Arroyo del Coche
Barria de la Hornilla
Zambra
Cementerio árabe
Caravaca
Granados
Cortijo de Los Menores
Cortijo del Almendro
Cortijo El Chaparral
La Dehesa
Río de Gauche
Camino Real
Portales
Casa El Palmar
Solano
Salano
Chopera-Madroñal
Cortilo Los Prados
Alto de Jotrón
Ermita Vieja de Jotrón
Ermita de Jotrón
Parque Natural Montes de Málaga
Cerro del Moro
Ermita del Cerro del Moro
Lagar de Martínez
San Pascual
Venta de Morales
Viento
Almogía
Cerro Bermejo
Los Jurados
Embalse Casasol
Casa de Otero
Puerto del León
Montes de Málaga
Santo-pitar
Los López
San Lázaro
Ermita de Verdiales
Casas de Los Cuencas
Los Pérez
Hacienda Los Casarones
Arroyo de los Olivos
Cortijo Matagatos
Cerro Negreta
Los Gámez
Embalse del Agujero
Guadalmedina
Cortijo Victoria
Las Cruces
Las Romeros
Río de Campanillas
Santa Catalina
Finca de la Concepción
Embalse de Limonero
Venta Bellavista
Olías
Totalán
La Perla
La Fresneda
Celmo
Cortijo del Pino
Pedregales
Los Gázquez
Los Almendros
Puerto de la Torre
La Palmilla
La Granja Suárez
Los Granadinos
Cerro de San Antón
Cerrado de Calderón
Pinares de San Antón
Los Cardos
Zarzo
Cortijuelo
Cerro Torre
El Tomillar
Ciudad Santa Inés
Estadio
Nuestra Señora de la Victoria
Catedral
Alcazaba
Casty Parador Gibralfaro
La Caleta
Torre de San Telmo
Miraflores del Palo
Playa de la Caleta
El Palo
El Candado
Torre Paloma
Cueva del Higuerón
Cueva del Tesoro
Torre de Cantales
Rincón de la Victoria
La Cala del Moral
Campanillas
Pilar del Prado
Teatinos
Tiro Pichón
Santa Agueda
Interhorce
Los Prados
Martinete
City Map 232
MÁLAGA
Río Guadalhorce
Los Chopos
Zapata
Santa Amalia
Mestanza
Cortijo del Peñón
Palacio de Misericordia
Barrio de Huelín
Cortijada de San Isidro
Playa de San Andrés
Ensenada de Málaga
La Fuensanta
La Noria
Churriana
Aeropuerto de Málaga
AGP
Ruta de al-Idrisi
Parador
San Julián
Alhaurín de la Torre
Los Manantiales
Molino de la Capellanía
Cortijo del Sol
Urbanización El Olivar
Parador del Golf
Los Chochales
El Carrascal
Torremolinos Pal.d.Congresos
Costa del Sol
Mar Mediterráneo
Benyamina
Parque Acuático
TORREMOLINOS
Cerro Guerrero
Arroyo de la Miel
Benal./Arroyo d.l.Miel
Playa de Torremolinos
La Carihuela
Veracruz
Tivoli World
Sea Life
Puerto Deportivo
Montemar
Playa de Montemar
Playa de Benalmádena
Benalmádena-Costa
Melilla
Vélez-Málaga
Cártama
Marbella

Mar Cantábrico
Cabo de Peñas
Agudo de Peñas
Punta del Arpón
Monte Coneo
Playa de Llumere
Ferrero
Playa de Ferrero
Cabo de la Narvata
El Monte
El Pueblo
Punta La Campana
La Quintana
Punta Llampero
Playa de Tenrero
Verdicio
Cueva
Cerín
Heres
Gelaz
La Corona
Playa de la Rivera
Cabo Negro
Granda
Fiame
Lluanco/Luanco
(Gozón)
Lloreda
Villa Nueva
Ermita de San Juan
Nembro
Ermita del Carmen
Playa de Xagó
Manzaneda
Playa de S.Pedro
Ermita de San Pedro
Punta Forcada
Arroyo de Viono
La Pedrera
Busto
Punta de San Antonio
Nieva
Ferrera
Ermita de Busto
Candás
(Carreño)
Ermita de San Antonio
San Juan de Nieva
Laviana
Barredo
Perlora
Reguero
Raíces Nuevo
Endasa
Perdones
Playa de Carranques
Tabladas
Romadonga
Arroyo Granda
Las Arenas
Río de Aboño
Piedeloro
Carrió
Cabo Torres
Embalse de la Granda
Arroyo Naval
Entreviñas
Tetuán
Ría de Avilés
Calabrina
Avilés
Ferrián
GIJÓN
XIXÓN
Aceralia
Rebollada
Valgranda
Zanzabornín
Caicorrida
Canto de Coyanca
Llantero
Musel-Arnao
Castiello
Rubín
Piqueros
Marzaniella
Villalegre
Embalse de Trasona
Cimadevilla
Tabaza
Cespedera
La Calzada
Rinconín
Valle
La Carriona
Santa Eulalia
Pavierna
Las Cabañas
La Luz
Cascayo
Río Pervera
Poago
Ceares
Molleda
Los Campos
Hierro
Ambas
Monte Areo
Parque Nacional
Molino Viejo
Nubledo
(Corvera de Asturias)
Maripollín
Huerno
Tremañes
Pontón
Monteana
Contrueces
El Montico
Melendrera
Gijón Oeste
La Torre
Caolín
Arroyo Villa Teixeira
La Cruciada
Villar de Arriba
Santianes
La Iglesia
Canciénes
Serín
Gerca de Abajo
Venero
Porceyo
Bango
La Perdiz
Llanos
Carbayal
Embalse de San Andrés de Tacones
Mareo de Arriba
Granda de Arriba
La Sota
Pinzales
Campañones
Capilla de San Justo
Arroyo
Lavares
Veranes
Salcedo
La Pedrera
Arlós
Río Alvares
Río Aboño
Piñera
Santa Cruz de Llanera
Gallinal
Fontaciera
La Camocha
Ferroñes
Villardeveyo
Carbainos
Huerces
Las Arenes
Capilla de Guadalupe
La Vega
Ruedes
El Fresno
Monteagudo
Río Pinzales
Anduerga
Capilla del Fresno
Veyo
Villabona
Peñaferruz
Madera
San Martín
San Tirso
Santofirme
Robledo
Pruvia
Ermita de Pinuco
Varé
Bonielles
Cogollá
Castiello
Rioseco
Palacio de Valdés
Rondiella
Posada (Llanera)
La Campana
Huergo
La Calabaza
Muñó
Carbajal
La Carril
Fombona
La Felguera
Guyame
La Granda
Biedes
Casa de Quintana
Tuernes el Grande
Llanera
Ables
Lugo de Llanera
Polígono Industrial
Ruta de la Plata
Río Noreña
Peña
Lineres
Pañeda Nueva
La Braña
Munció
Codago
Orviz
Casa Quemada
Celles
Lavandera
Lugones
Branes
Marinas
La Espinera
Pola de Siero
(Siero)
La Pedrera
Ladines
Otero
La Fresnada
Noreña
Casas de Grindalono
Sierra del Naranco
Palacio de Roces
Castañedo
Erm. de Santa Bárbara
Viella
Sta. Bárbara
Gallegos
Paisano
Santa María del Naranco
Pontón
El Berrón
Loriana
Naranco
Granda
Colloto
San Miguel de Lillo
Río Nora
Tiñana
Hevia
Leceñes
Valdesoto
Ponteo
OVIEDO
Bárzana
Santa Apolonia
Pumarín
San Roque
San Julián de los Prados
Gijún
Landia
San Claudio
La Zurquera
Catedral
San Lázaro
Monterrey
Fozana de Abajo
Palacios
Molledo
Tablado
Pladanal
Carbayín
Los Carballinos
Mieres
Solad
Sendín
Latores
Las Cruces
La Paranza
Moñeca
Cueva Prehistórica
Tudela-Veguín
La Cueva
Frieres
Los Campones
Castillo de San Juan de Priorio
Las Caldas
Los Barredos
Naves
Riaño
Corrípos
Cortina
La Acebal
Tudela de Agüeria
El Caleyo
El Viso
Cotorraso
La Felguera
Bueño
Soto de Ribera
(Ribera de Arriba)
Manzaneda
Llangréu/Langreo
Puerto
Río Nolón
Santianes
Piedras Blancas
Soto
Cornellana
Sorrio
Villaviciosa
Nava
Argame
Mieres
Pola de Laviana
km
miles

Villafranca de los Barros
Cantillana

La Gregoria
Embalse de Gergal
Hato Verde
El Aguila
Cortijo del Caballero
El Vivar del Caudillo
Cortijo de Pedro Espiga
Cortijo de Volante
Brenes
(18)
Ruta de Washington Irving
Valdeplatilla
San Ignacio del Viar
Esquivel
El Vivero
Stillo Volante
El Cerro
Casilla de la Gloria
Ermita de la Encarnación
Guillena
(22)
Cortijo La Reunion
El Gamonal
Las Chozas
Atalaya
Cortijo de Reverte
Cortijo del Vado
Cortijo de Toruño
Vegas del Guadalquivir
Rivera de Huelva
Cortijo del Esparragal
La Colonia
Alcalá del Río
(25)
Pradollano
Torre de la Reina
Cortijo de las Torres
Arroyo Molinos
Cortijo de Seroncillo
Rancho de San Isidro
Los Chapatales
Casa de las Arenas
Casa El Encinar
Cortijo San José
Cartuja
A.V.E.
Los Colegios
Cortijo El Polvillo
Cortijo El Castellón
Casavacas
La Rinconada
(16)
San José de la Rinconada
La Jarilla
Nueva Jarilla
Canal del Bajo Guadalquivir
Buitrago
El Aral
Cortijo del Aceite
La Algaba
(10)
Hacienda Almendrilla Baja
Cortijo del Arriero
Majaloba
La Cabaña
Cortijo de Villadiego
Cortijo Majarabique El Chico
Cortijo de Tercia
URBANIZACIÓN EL GORDILLO
Cortijo de Nuestra Señora de la Luz
Hacienda de Santa Cruz
Ruinas Romanas de Itálica
San Isidro del Campo
Camino de las Indias
Ruta de Washington Irving
La Encina
Cortijo de San Nicolás de Bari
Santiponce
(16)
Cortijo Espinosa
SEVILLA
Salteras
(152)
SAN JERÓNIMO
PINO MONTANO
VALDEZORRAS
Aeropuerto de Sevilla
Club Deportivo
Tarazona
Valencina de la Concepción
(147)
La Ponderosa
Castilleja de Guzmán
CAMAS
(13)
CITY MAP
PARQUE ALCOSA
San Pablo
San Fermín
Castilleja de la Cuesta
Plaza de Toros
Isla Mágica
Iglesia de San Luis
Palacio de Congresos
Ermita de San Bartolomé del Monte
El Retiro
Las Pilas
(104)
Mus. de Bellas Artes
POLÍGONO DE SAN PABLO
Guadalpark
(12)
TORREBLANCA DE LOS CAÑOS
Hacienda del Hoyo
Gines
(212)
TRIANA
La Maestranza
Torre del Oro
Catedral
Alcázar
Estadio
NERVIÓN
Santa Genoveva
Archivo General de Indias
Plaza de España
PADRE PÍO
POLÍGONO INDUSTRIAL LA RED
Bormujos
(95)
Tomares
(78)
San Juan de Aznalfarache
(53)
BARRIADA DE PALMETE
POLÍGONO SUR
Universidad
Piesolo
Los Panaderos
LAS PALMERAS DE CONDEQUINTO
El Acebuchal
Venta la Liebre
Entrecaminos
Barriada de Lepanto
Ciudad Simon Verde
URBANIZACIÓN MONTEQUINTOS
Río Guadaira
Castillo
Mairena del Aljarafe
El Almendral
Gelves
(33)
BELLAVISTA
URBANIZACIÓN TORREQUINTO
(63)
Valle Blanco
CORTIJO DE TORRECUELLA
BELLAVISTA
LOS CERROS
ALCALÁ DE GUADAIRA
Las Tinajas
Palomares del Río
(35)
La Laguna
CORTIJO EL CUARTO
LOS MERINALES
EL COLMENAR
(48)
ECHAJUY
LA JABONERA
OROMANA
LA JUNCOSA
Hacienda de Regia
FUENTE DEL REY
La Alegría
DOS HERMANAS
(46)
HUERTO DE SAN ANTONIO
Casa del Rincón
Casa de Miro
Hacienda La Estrella
Coria del Río
(10)
Sanatorio El Tomillar
Casa Vicente
EL CAMPAMENTO
LA GALVANA
Cortijo Lugar Nuevo
URBANIZACIÓN LA MOTILLA
EL EUCALIPTAL
Casa de Barragán
Cerro Gordo
CORTIJO DEL COPETUELO
La Puebla del Río
(31)
Tobalina
Cortijo del Sequero
URBANIZACIÓN LA HACIENDA
Ruana
Matachica
Granja Asumena
Hacienda de Mateo Pablo
Casa Fantasia
Casas Los Cortijilos
Cortijo del Tixe
NUEVA ANDALUCÍA
La Pilarica
Tixe
La Hermandad
El Nevero
Vista Sol
Cortijo de la Rumba
La Cortichuela
Cauce del Nuevo Río Guadaira
Canal del Bajo Guadalquivir
Río Guadalquivir
Hacienda del Italiano
Hacienda el Rosario
Hacienda de la Chaparra
Hacienda de la Mentañosa
Cortijo Nuevo
Cortijo La Atalaya
Cortijo Chamorro
Dos Hermanas
Hacienda de Jesús María
Don Rodrigo
Cortijo de Adalid
Cortijo de Jaraquemada
Hacienda de Bujalmoro
Hacienda Pié de Gallo
Hacienda de Seiza y Clarabo
El Granadillo
Cortijo de Borrego
Los Palacios y Villafranca
Jerez de la Frontera
Carmona
El Arahal
Utrera
Manzanilla
Huelva

0 0,5 1 2 3 4 5 km
0 0,5 1 2 3 miles

Llíria
Castellón de la Plana
Castellón de la Plana
la Pobla de Vallbona
Bétera
Puig
Platja de Puçol
Platja de Puig
La Torre
Rafelbunyol
Rafelbuñol
La Pobla de Farnals
Massamagrell
Platja de la Pobla de Farnals
L'Eliana
La Almacereta
San Antonio de Benagéber
Cumbres San Antonio
Virgen de la Estrella
Torre Enconil
Camino Paterna
El Baro
La Providencia
Moncada
Masías
Santa Bárbara
La Magdalena
San Isidro de Benagéber
Museros
Alfara del Patriarca
Emperador
Rafalell
Vistabella
Massalfassar
Apartadero
Albuixech
Gola de Palos
Platja de Albuixec
Vinalesa
Foios
Albalat dels Sorells
Tauladella
Meliana
Rocafort
Campo Olivar
Benifaraig
Entre Pinos
La Vallesa
Vallesa de Mandor
Monte Canyada
La Canyada
Riu Túria
Godella
Carpesa
Almàssera
La Presa
Paterna
Burjassot
El Collade
Cerro 236
Mirasoles
Barrio San Francisco
El Poble Nou
Port Saplaya
Ermita del Milagro
Quart de Poblet
Aeroport de València
Borbotó
Benicalap
Sant Francesc
Tavernes Blanques
Alboraya
Instituto Poliecrico
La Malvarrosa
Pla de Quart
Manises
Mislata
Jard. Botànic
Lonja
Museo de Bellas Artes
El Grau
Plaça de Toros
València
Aldaia
San José Artesano
Barri de Porta
Xirivella
Alaquàs
Masía del Rey
Alquerías de Pollastre
Favara
Sedaví
Fuente de San Luis
Nazaret
Torrent
Casas del Pantano
Picanya
Benetússer
Alfafar
Castellar Oliveral
Palma (Mallorca)
Maó (Menorca)
Eivissa (Ibiza)
Mostagenem
Paiporta
Lugar Nuevo de la Corona
El Tremolar
Pinedo
Masía del Juez
Campo de Tiro
Monte Vedat
Santa Apolonia
Monte Hermoso
Massanassa
Morredondo
Masía de las Palmas
Els Racons
Casilla de la Mare de Deu
Santa Ana
Catarroja
Revisancho
Puerto de Catarroja
Apeadero del Realón
Albal
Beniparrell
El Saler
Platja del Saler
Golf de València
Altero de Mompoy
Barrio San Ramón
L'Alter
Alcàsser
Parc
La Marchal
Delicias del Realón
Picassent
Mas del Devadillo
Pinar
Omet
Silla
Pan Blanco
Dehesa de la Albufera
Gola del Perellonet
Casas de Puchol
l'Albufera
Casa Mata Fang
El Vedaet
Casa de Gualeta
Huerto del Francés
La Coma
Parador
Platja de la Devesa
Natural
Venta de Ferrier
Eiguetetes
Molino Romani
Espioca
Corral de Gadea
Riu del Xúquer
Canal Júcar-Túria
Baldovi
El Palmar
Puntal de Besori 361
Casa Rollo
Les Bases
El Perellonet
Gola del Perelló
Platja del Recatí
Almussafes
Casa Borrás
Casa del Rey
Casa Escribà
Fuente Almaguer
Sollana
Casas de Gómez
Casilla de Cachimines
Benifaió
Estany de la Plana
El Perelló
San Patricio
Casa del Resco
Casas Pechuán
La Flota
Alginet
Casa de Muñoz
Acequia de la Llosa
Platja del Perelló
Les Palmeres
Ermita de Sant José
Huberto Isaura
Venta Quinquiller
de la Albufera
Riu Magre
L'Alcúdia
Gandia
Cullera
City Map
0 0,5 1 2 3 4 5 km
0 0,5 1 2 3 miles

1 : 20 000

MAPA ÍNDICE · ÍNDICE DE MAPA · BLATTÜBERSICHT · KEY MAP
QUADRO D'UNIONE · CARTE D'ASSEMBLAGE · OVERZICHTSKAART · SKOROWIDZ ARKUSZY
KLAD MAPOVÝCH LISTŮ · KLAD MAPOVÝCH LISTOV · OVERSIGTSKORT · PREGLED LIST

1 : 20 000

Signos convencionales Legenda	Sinais convencionais Objaśnienia znaków	Zeichenerklärung Vysvětlivky	Legend Legenda	Segni convenzionali Tegnforklaring	Légende Tumač znakova
E	P	D	UK	I	F
Autopista	Auto-estrada	Autobahn	Motorway	Autostrada	Autoroute
Carretera de cuatro carriles	Estrada com quatro faixas	Vierspurige Straße	Road with four lanes	Strada a quattro corsie	Route à quatre voies
Carretera de tránsito	Estrada de trânsito	Durchgangsstraße	Thoroughfare	Strada di attraversamento	Route de transit
Carretera principal	Estrada principal	Hauptstraße	Main road	Strada principale	Route principale
Otras carreteras	Outras estradas	Sonstige Straßen	Other roads	Altre strade	Autres routes
Calle de dirección única - Zona peatonal	Rua de sentido único - Zona de peões	Einbahnstraße - Fußgängerzone	One-way street - Pedestrian zone	Via a senso unico - Zona pedonale	Rue à sens unique - Zone piétonne
Información - Aparcamiento	Informação - Parque de estacionamento	Information - Parkplatz	Information - Parking place	Informazioni - Parcheggio	Information - Parking
Ferrocarril principal con estación	Linha principal feroviária com estação	Hauptbahn mit Bahnhof	Main railway with station	Ferrovia principale con stazione	Chemin de fer principal avec gare
Otro ferrocarril	Linha ramal feroviária	Sonstige Bahn	Other railway	Altra ferrovia	Autre ligne
Metro	Metro	U-Bahn	Underground	Metropolitana	Métro
Tranvía	Eléctrico	Straßenbahn	Tramway	Tram	Tramway
Autobús al aeropuerto	Autocarro c. serviço aeroporto	Flughafenbus	Airport bus	Autobus per l'aeroporto	Bus d'aéroport
Comisaría de policia - Correos	Esquadra da polícia - Correios	Polizeistation - Postamt	Police station - Post office	Posto di polizia - Ufficio postale	Poste de police - Bureau de poste
Hospital - Albergue juvenil	Hospital - Pousada da juventude	Krankenhaus - Jugendherberge	Hospital - Youth hostel	Ospedale - Ostello della gioventù	Hôpital - Auberge de jeunesse
Iglesia - Iglesia de interés	Igreja - Igreja interessante	Kirche - Sehenswerte Kirche	Church - Church of interest	Chiesa - Chiesa interessante	Église - Église remarquable
Sinagoga - Mezquita	Sinagoga - Mesquita	Synagoge - Moschee	Synagogue - Mosque	Sinagoga - Moschea	Synagogue - Mosquée
Monumento - Torre	Monumento - Torre	Denkmal - Turm	Monument - Tower	Monumento - Torre	Monument - Tour
Zona edificada, edificio público	Área urbana, edifício público	Bebaute Fläche, öffentliches Gebäude	Built-up area, public building	Caseggiato, edificio pubblico	Zone bâtie, bâtiment public
Zona industrial	Zona industrial	Industriegelände	Industrial area	Zona industriale	Zone industrielle
Parque, bosque	Parque, floresta	Park, Wald	Park, forest	Parco, bosco	Parc, bois

NL	PL	CZ	SK	DK	HR
Autosnelweg	Autostrada	Dálnice	Diaľnica	Motorvej	Autocesta
Weg met vier rijstroken	Droga o czterech pasach ruchu	Čtyřstopá silnice	Štvorprúdová cesta	Firesporet vej	Cesta sa četiri traka
Weg voor doorgaand verkeer	Droga przelotowa	Průjezdní silnice	Prejazdná cesta	Genemmfartsvej	Tranzitna cesta
Hoofdweg	Droga główna	Hlavní silnice	Hlavná cesta	Hovedvej	Glavna cesta
Overige wegen	Drogi inne	Ostatní silnice	Ostatné cesty	Andre mindre vejen	Ostale ceste
Straat met eenrichtingsverkeer - Voetgangerszone	Ulica jednokierunkowa - Strefa ruchu pieszego	Jednosměrná ulice - Pěší zóna	Jednosmerná cesta - Pešia zóna	Gade med ensrettet kørsel - Gågade	Jednosmjerna ulica - Pješačka zona
Informatie - Parkeerplaats	Informacja - Parking	Informace - Parkoviště	Informácie - Parkovisko	Information - Parkeringplads	Informacije - Parkiralište
Belangrijke spoorweg met station	Kolej główna z dworcami	Hlavní železnice s stanice	Hlavná železnica so stanicou	Hovedjernbanelinie med station	Glavna željeznička pruga sa kolodvorom
Overige spoorweg	Kolej drugorzędna	Ostatní železnice	Ostatné železnice	Anden jernbanelinie	Ostala željeznička traka
Ondergrondse spoorweg	Metro	Metro	Podzemná dráha	Underjordisk bane	Podzemna željeznica
Tram	Linia tramwajowa	Tramvaj	Električka	Sporvej	Tramvaj
Vliegveldbus	Autobus dojazdowy na lotnisko	Letištní autobus	Letiskový autobus	Park+Ride	Autobus zračnog pristaništa
Politiebureau - Postkantoor	Komisariat - Poczta	Policie - Poštovní úřad	Polícia Poštový úrad	Politistation - Posthus	Policijska postaja - Pošta
Ziekenhuis - Jeugdherberg	Szpital - Schronisko młodzieżowe	Nemocnice - Ubytovna mládeže	Nemocnica - Mládežnícká ubytovňa	Sygehus - Vandrerhjem	Bolnica - Omladinski hotel
Kerk - Bezienswaardige kerk	Kościół - Kościół zabytkowy	Kostel - Zajímavý kostel	Kostol - Pozoruhodný kostol	Kirke	Crkva - Znamenita crkva
Synagoge - Moskee	Synagoga - Meczet	Synagoga - Mešita	Synagóga - Mešita	Telemast - Fyrtårn	Sinagoga - Džamija
Monument - Toren	Pomnik - Wieża	Pomník - Věž	Pomník - Veža	Mindesmærke - Tårn	Spomenik - Toranj
Bebouwing, openbaar gebouw	Obszar zabudowany, budynek użyteczności publicznej	Zastavěná plocha, veřejná budova	Zastavaná plocha, verejná budova	Bebyggelse, offentlig bygning	Izgradnja, javna zgradna
Industrieterrein	Obszar przemysłowy	Průmyslová plocha	Priemyselná plocha	Industriområde	Industrijska zona
Park, bos	Park, las	Park, les	Park, les	Park, skov	Park, šuma

Alicante (Alacant)

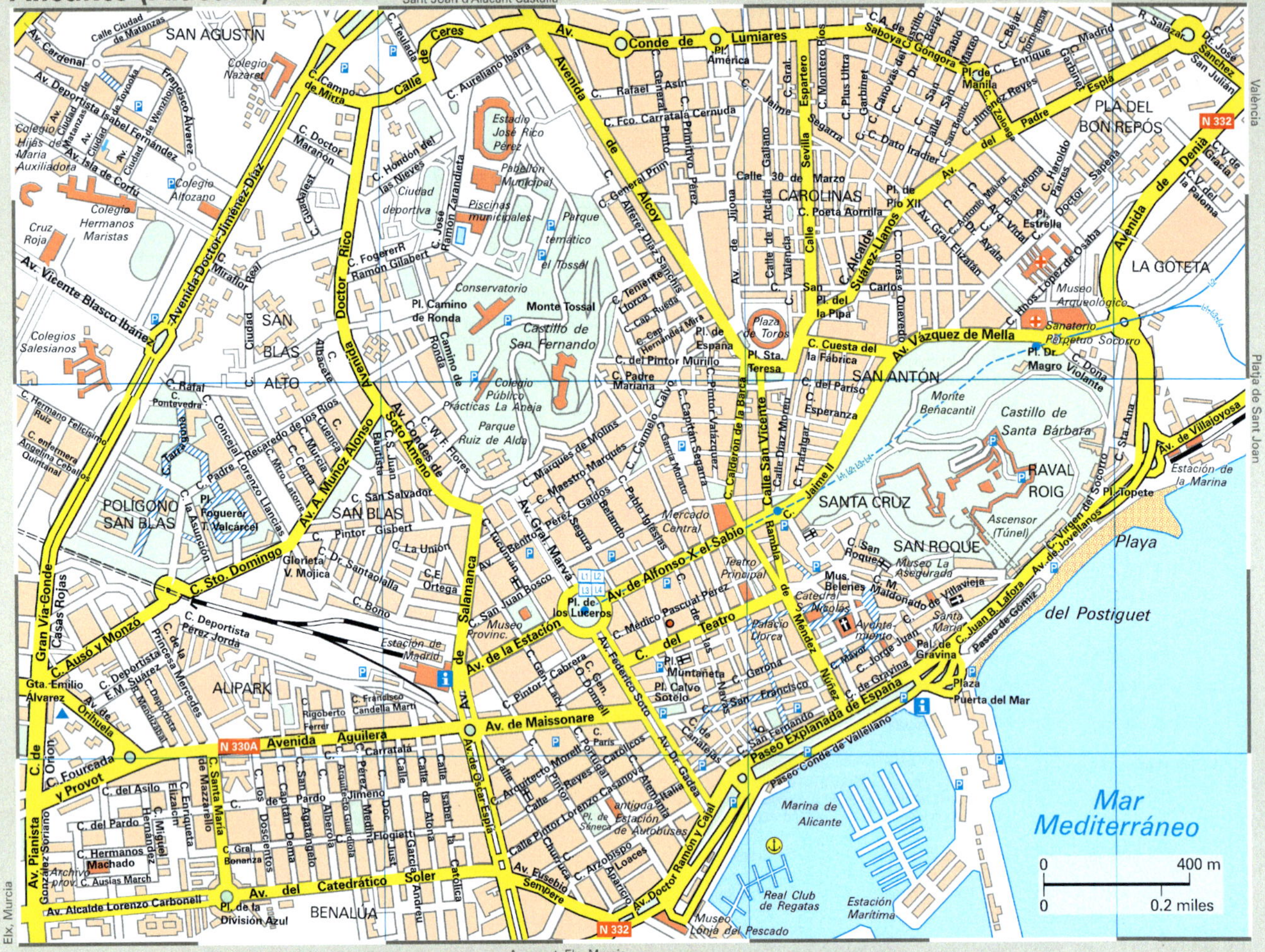

Sant Joan d'Alacant Castalla

Valencia

Platja de Sant Joan

Elx, Murcia

Aeroport, Elx, Murcia

SAN AGUSTÍN

PLA DEL BON REPÓS

LA GOTETA

CAROLINAS

SAN BLAS

SAN ANTÓN

SANTA CRUZ

SAN ROQUE

RAVAL ROIG

POLÍGONO SAN BLAS

ALIPARK

BENALÚA

Castillo de Santa Bárbara

Castillo de San Fernando

Playa del Postiguet

Mar Mediterráneo

Marina de Alicante

0 400 m

0 0.2 miles

Almería

Granada, Murcia

Aeropuerto, Níjar

Motril, Málaga

BARRIO DE LOS ÁNGELES

BARRIO SAN LUIS

LOS MOLINOS

BARRIO ALTO

BARRIO DEL LA ESPERANZA

FUENTECICA

NUEVA ANDALUCÍA

POLÍGONO INDUSTRIAL LA CELULOSA

LA CHANCA

LA ALMEDINA

500 VIVIENDAS

TAGARETE

CIUDAD JARDÍN

ZAPILLO

Muralla Árabe

Alcazaba

Puerto comercial

Puerto Deportivo

Mar Mediterráneo

0 400 m

0 0.2 miles

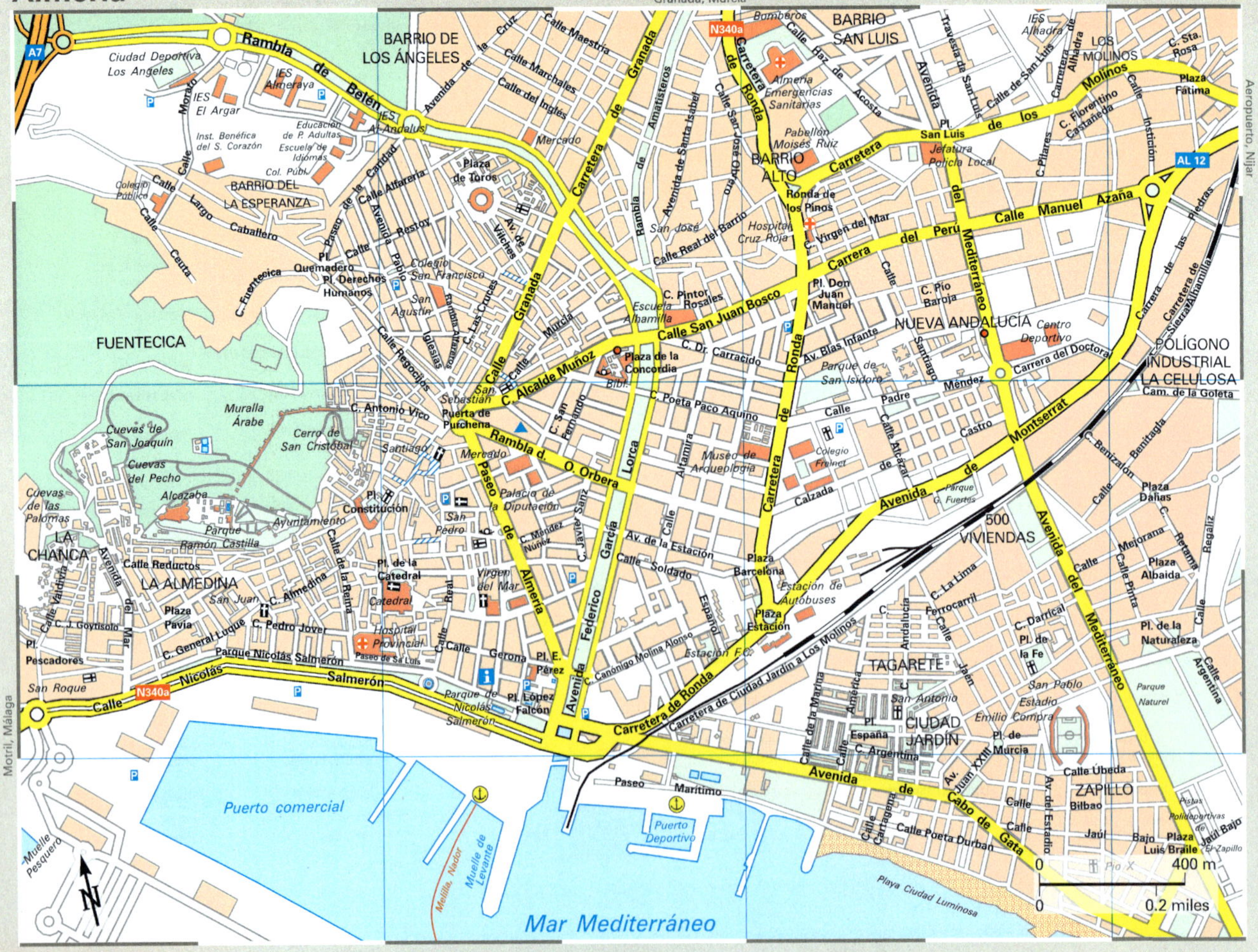

Ávila

Cáceres, Salamanca

Villacastín, Madrid

0 300 m

0 0.1 miles

El Tiemblo, Toledo

El Barraco, Tornadizos de Ávila

Badajoz

Cáceres

Lisboa

Mérida

0 400 m

0 0.2 miles

Córdoba, Sevilla

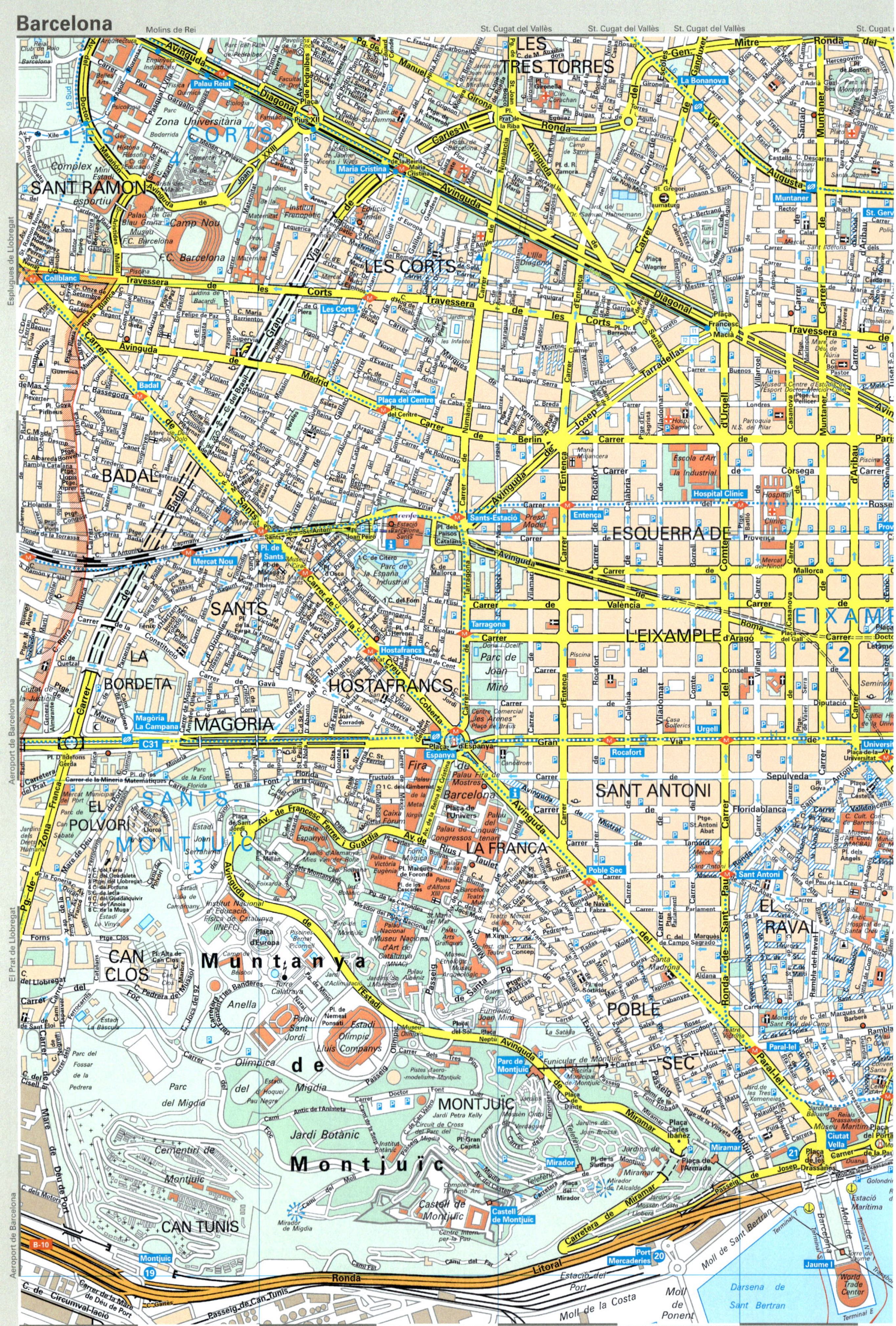
Molins de Rei
St. Cugat del Vallès
St. Cugat del Vallès
St. Cugat del Vallès
Esplugues de Llobregat
Aeroport de Barcelona
El Prat de Llobregat
Aeroport de Barcelona
LES TRES TORRES
LES CORTS
SANT RAMON
Camp Nou
F.C. Barcelona
Zona Universitària
Palau Reial
Maria Cristina
La Bonanova
Muntaner
Les Corts
Collblanc
Badal
Plaça del Centre
BADAL
Sants-Estació
Entença
Hospital Clínic
ESQUERRA DE
L'EIXAMPLE
EIXAMPLE
Mercat Nou
Pl. de Sants
SANTS
Tarragona
Hostafrancs
HOSTAFRANCS
LA BORDETA
MAGORIA
Magòria La Campana
Espanya
Rocafort
Urgell
Universitat
SANT ANTONI
EL POLVORÍ
SANTS-MONTJUÏC
LA FRANÇA
Poble Sec
Sant Antoni
EL RAVAL
CAN CLOS
Muntanya
POBLE
SEC
Paral·lel
Parc de Montjuïc
MONTJUÏC
Jardí Botànic
Montjuïc
Miramar
Drassanes
Castell de Montjuïc
CAN TUNIS
Montjuïc
Mercaderies
Jaume I
World Trade Center
Ronda
Litoral
Moll de la Costa
Moll de Ponent
Darsena de Sant Bertran
Moll de Sant Bertran

del Vallès
Cerdanyola del Vallès
Cerdanyola del Vallès
Mollet del Vallès
Mollet del Vallès
Badalona
Mataró
Mollet del Vallès
LA SALUT
GRÀCIA
EL GUINARDÓ
GRÀCIA
NAVAS
EL CAMP
SAGRADA
DE L'ARPA
DRETA DE
FAMÍLIA
EL CLOT
L'EIXAMPLE
EL FORT PIENC
SANT MARTÍ
BARRI
CASC
ANTIC
GÒTIC
CIUTAT VELLA
RIBERA
POBLENOU
LA BARCELONETA
Parc de la Ciutadella
Parc Zoològic
Port Olímpic
Port Vell
Platja Nova Icària
Platja del Bogatell
Platja de la Barceloneta
Platja Somorrostro
Gran Via de les Corts Catalanes
Avinguda Diagonal
Passeig de Gràcia
Passeig de Sant Joan
Carrer de Sardenya
Carrer de la Marina
Hospital de la Santa Creu i Sant Pau
Museu d'Història de Catalunya
Vila Olímpica
Torre Mapfre
Hotel Arts
Aquàrium
Centre Municipal de Vela
400 m
0.2 miles

Bilbao

Barakaldo, N-637

Santander, Torrelavega

Santander

Donostia-San Sebastián

0 400 m

0 0.2 miles

Donostia-San Sebastián, Vitoria-Gasteiz, Zaragoza

Burgos

Aguilar del Campo, Santander

León, Valladolid

Bilbao, Logroño, Vitoria-Gasteiz

Madrid

0 400 m

0 0.2 miles

Aranda de Duero, Madrid

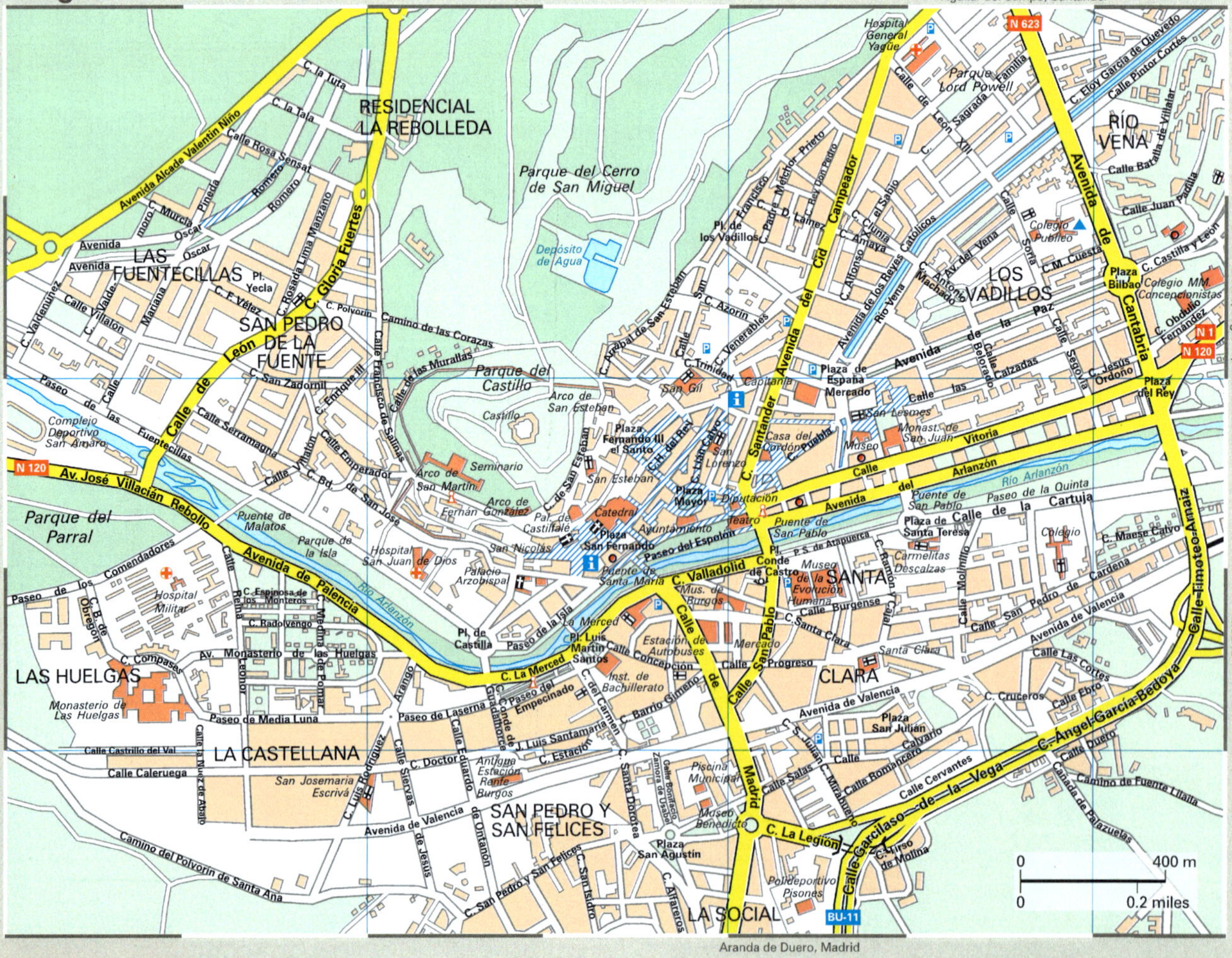

Cáceres

Plasencia, Salamanca

Plasencia, Salamanca

Mérida, Salamanca

Trujillo

Mérida

Majadas

0 400 m

0 0.2 miles

Cádiz

Jerez de la Frontera, Sevilla

Jerez de la Frontera, Sevilla

OCÉANO ATLÁNTICO

Golfo de Cádiz

0 400 m

0 0.2 miles

Ceuta

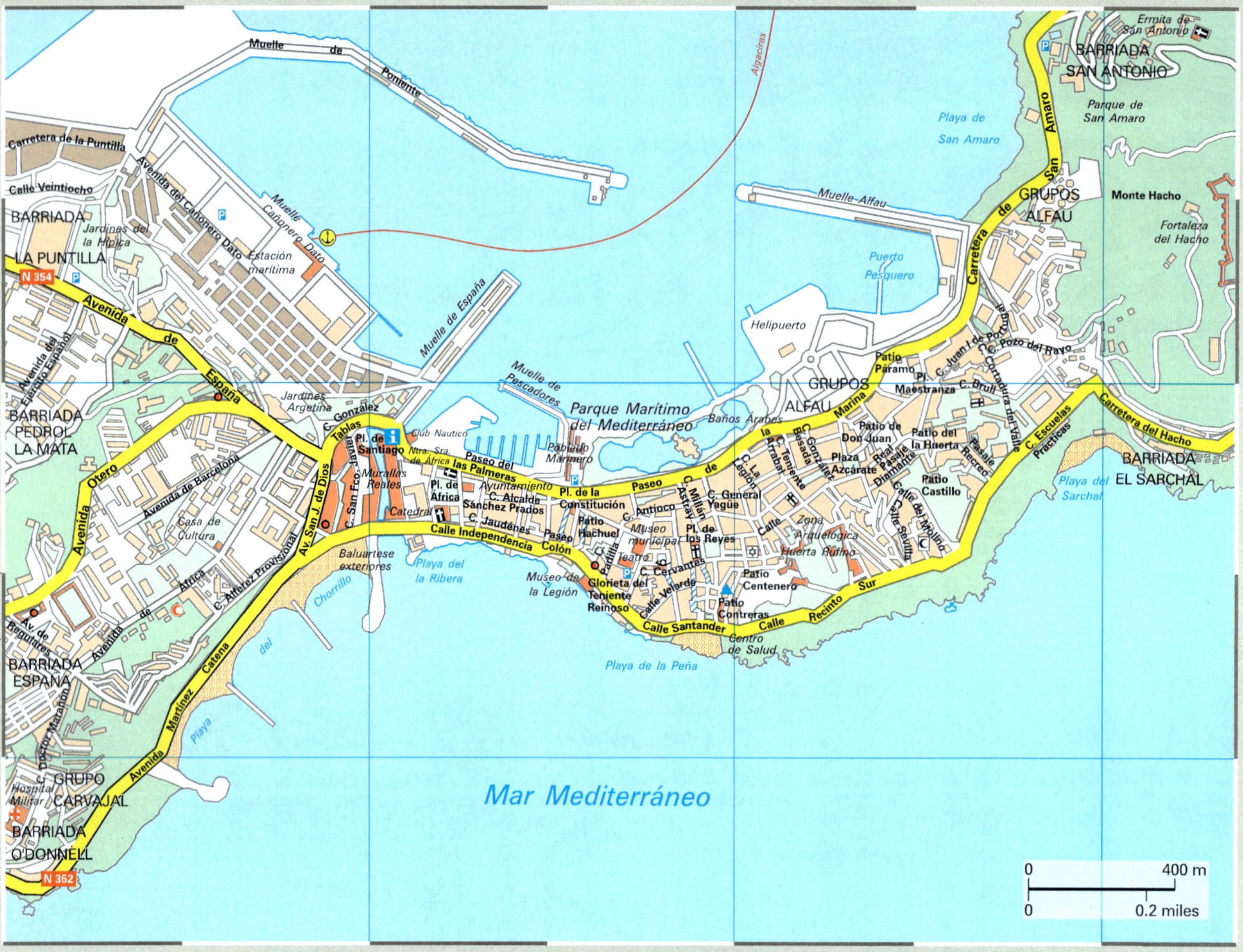

Muelle de Poniente
Carretera de la Puntilla
Calle Veintiocho
BARRIADA LA PUNTILLA
Benzú
N 354
Avenida del Cañonero Dato
Muelle Cañonero Dato
Estación marítima
Jardines de la Hípica
Avenida de España
Muelle de España
Muelle de Pescadores
Parque Marítimo del Mediterráneo
Muelle Alfau
Puerto Pesquero
Helipuerto
Playa de San Amaro
Ermita de San Antonio
BARRIADA SAN ANTONIO
Parque de San Amaro
Carretera de San Amaro
Monte Hacho
Fortaleza del Hacho
GRUPOS ALFAU
GRUPOS ALFAU
Carretera del Hacho
BARRIADA EL SARCHAL
Playa del Sarchal
BARRIADA PEDRO LA MATA
Avenida Otero
Avenida de Barcelona
Casa de Cultura
Jardines Argentina
Pl. de Santiago
Club Náutico
Murallas Reales
Paseo de las Palmeras
Pl. de África
Catedral
Ayuntamiento
Pl. de la Constitución
Calle Independencia
Colón
Baluartes exteriores
Playa de la Ribera
Museo de la Legión
Glorieta del Teniente Reinoso
Calle Santander
Calle Recinto Sur
Centro de Salud
Playa de la Peña
Playa del Chorrillo
BARRIADA ESPAÑA
Avenida Martínez Catena
GRUPO CARVAJAL
Hospital Militar
BARRIADA O'DONNELL
N 352
Tetouan (Marruecos)
Mar Mediterráneo

0 400 m
0 0.2 miles

Córdoba

Madrid
Carretera de Santa María Trassierra
Avenida de América
Estación de Autobuses
Estación F.C.
Parque del Cruz Conde
CIUDAD JARDÍN
Av. de los Mozárabes
Avenida Ronda de los Tejares
Plaza de Colón
Calle de Alfaros
Pl. Santa Marina
Santa Marina Aguas Santas
San Agustín
Calle de Montero
San Rafael
Plaza Beatillas
Plaza Corazón de María
Av. de Jesús Rescatado
Avenida de Libia
Cementerio de San Rafael
Glorieta Santa Emilia de Rodat
Avenida de Barcelona
Casa Fde Córdoba
Plaza Manzano
Campo San Antón
POLÍGONO LA FUENSANTA
Calle Virgen Milagrosa
Sevilla
A 431
Av. de Medina Azahara
Plaza Tendillas
San Nicolás
La Compañía
Plaza Corredera
Plaza Almagra
Plaza San Pedro
Campo Madre de Dios
Avenida Nuestra Señora de la Fuensanta
Pl. Santuario de la Fuensanta
Pl. Escultor García Rueda
Jardines de la Victoria
Paseo de la Victoria
Avenida de la República Argentina
BARRIO DEL LA JUDERÍA
Plaza Benavente
Museo de Bellas Artes
Ronda de los Mártires
Paseo de Ribera
Guadalquivir
Palacio Episcopal
Mezquita-Catedral
Palacio Congresos
Puerta del Puente
Puente Romano
Puente de Miraflores
Campo de la Verdad - Miraflores
BARRIO DE MIRAFLORES
Ronda de Isasa
POLÍGONO DEL SANTUARIO
Madrid
A-4
E-5
VISTA ALEGRE
Avenida del Conde Vallellano
Avenida del Aeropuerto
Gran Vía Parque
Alcázar
Jardines del Alcázar
Avenida del Alcázar
Museo Vivo de al-Andalus
Plaza Rastro
Centro de Arte Contemporáneo
Centro Náutico Municipal
Parque Balcón del Guadalquivir
Compositor Rafael Castro
Avenida Campo de la Verdad
Ronda de Córdoba
Teatro de la Axerquía
Parque Cruz Conde
Av. del Corregidor
Puente de San Rafael
Avenida de la Confederación
Avenida de Cádiz
Estadio San Eulogio
Recinto Ferial
Estadio del Arcángel

0 400 m
0 0.2 miles

Sevilla, Granada, Malaga
Sevilla

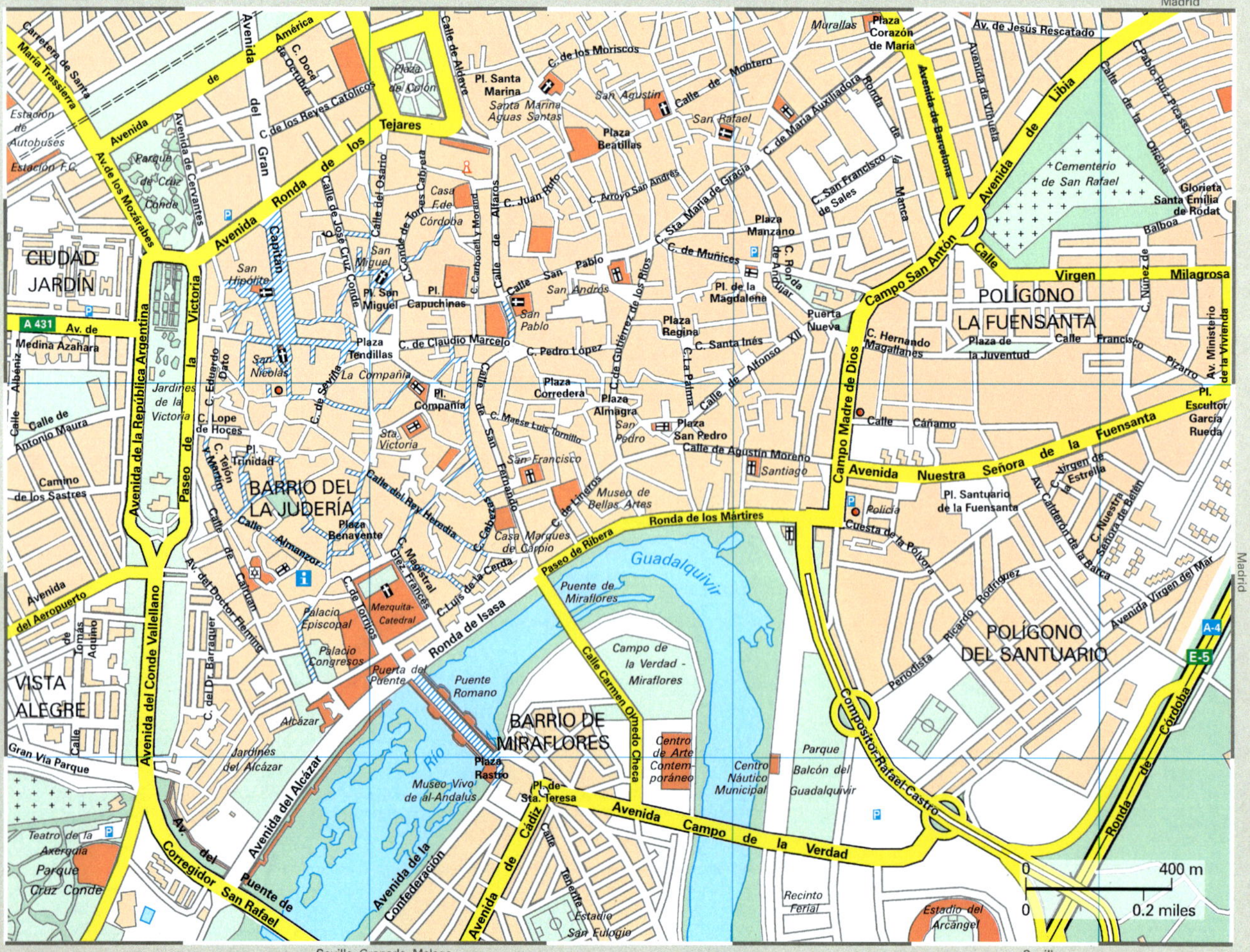

Cuenca

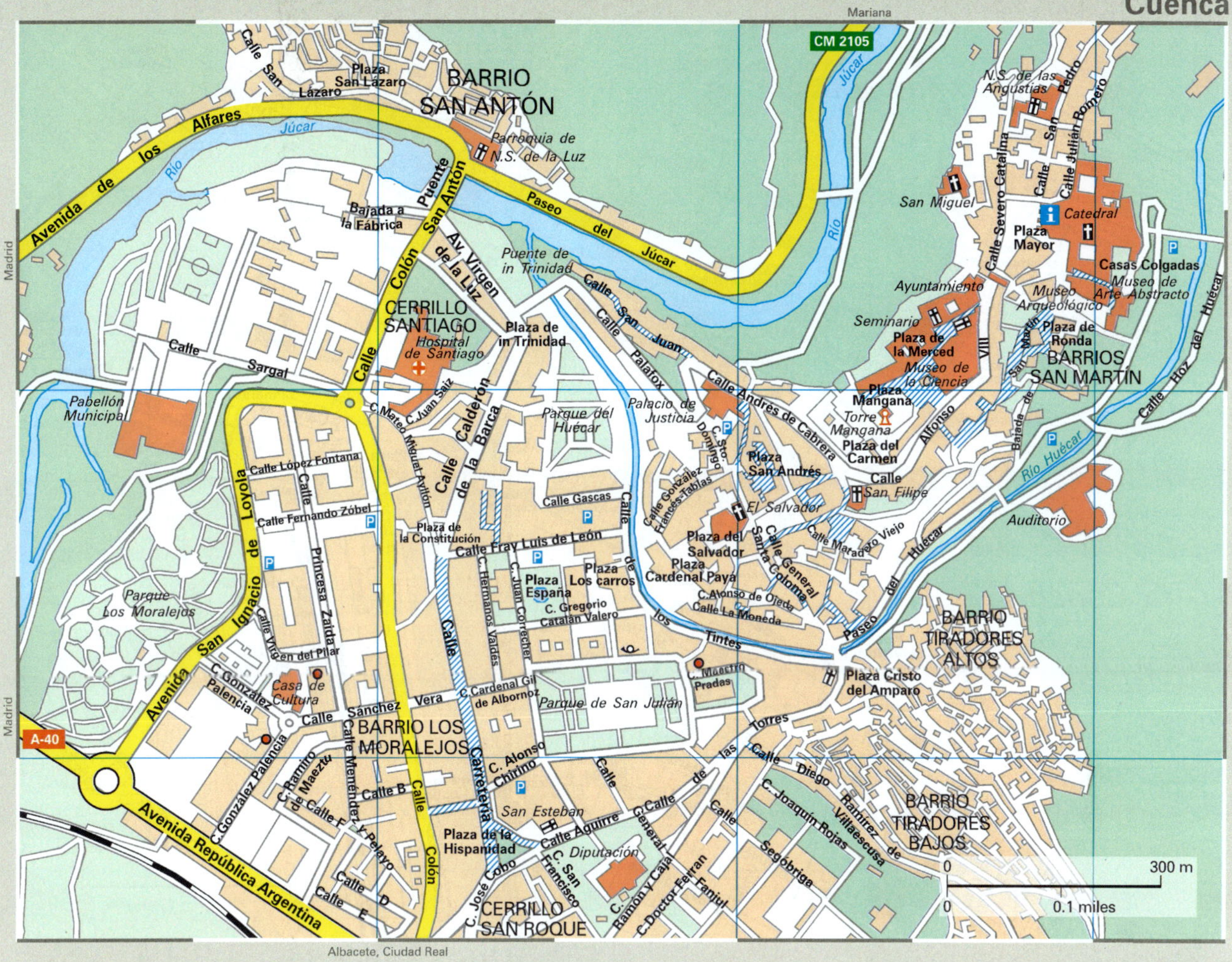

Mariana

Madrid

Albacete, Ciudad Real

0 — 300 m

0 — 0.1 miles

A Coruña

Visma

Santiago de Compostela

Artexio, Fisterra

Lugo, Ferrol

0 — 400 m

0 — 0.2 miles

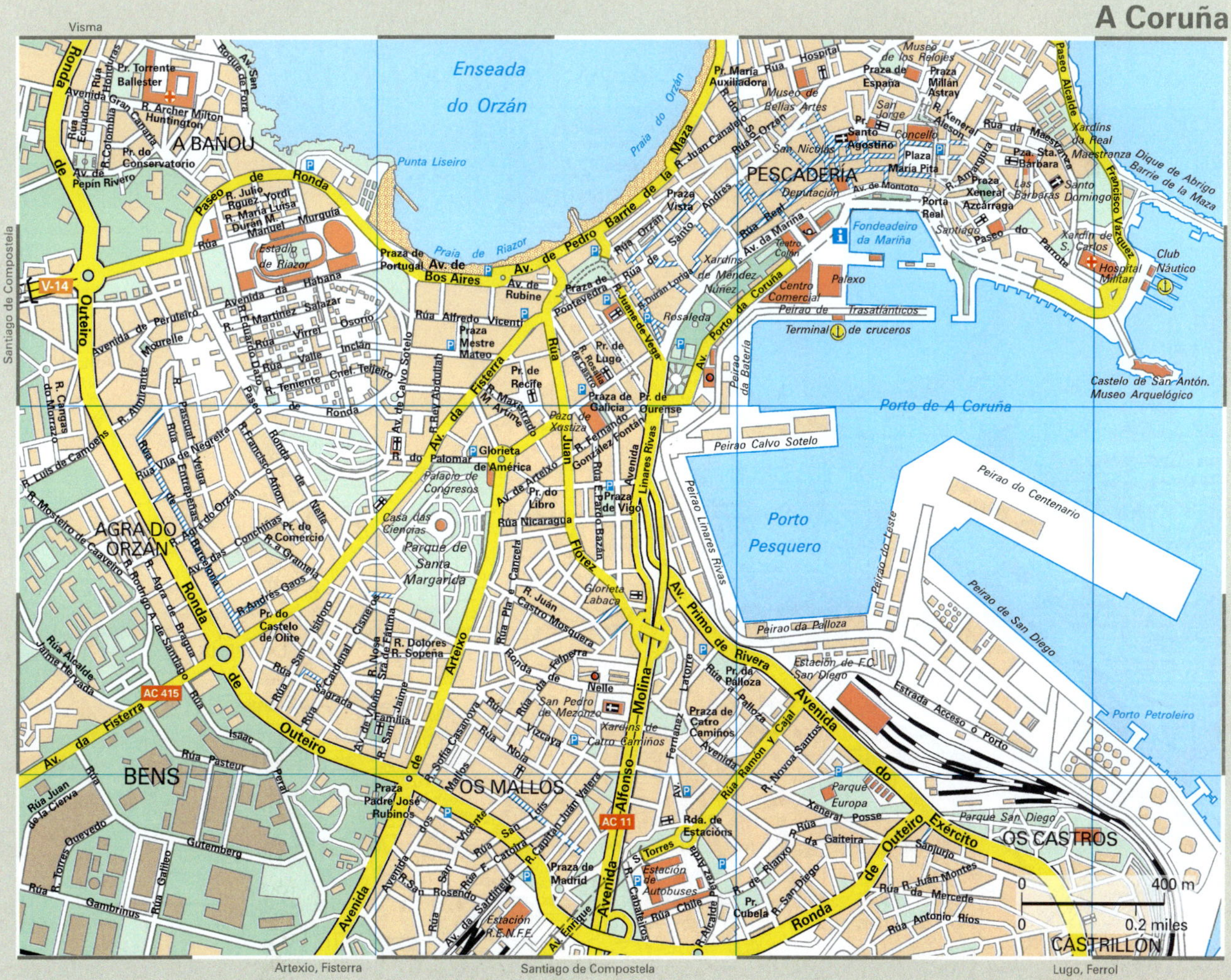

Donostia-San Sebastián

Gijón

Girona

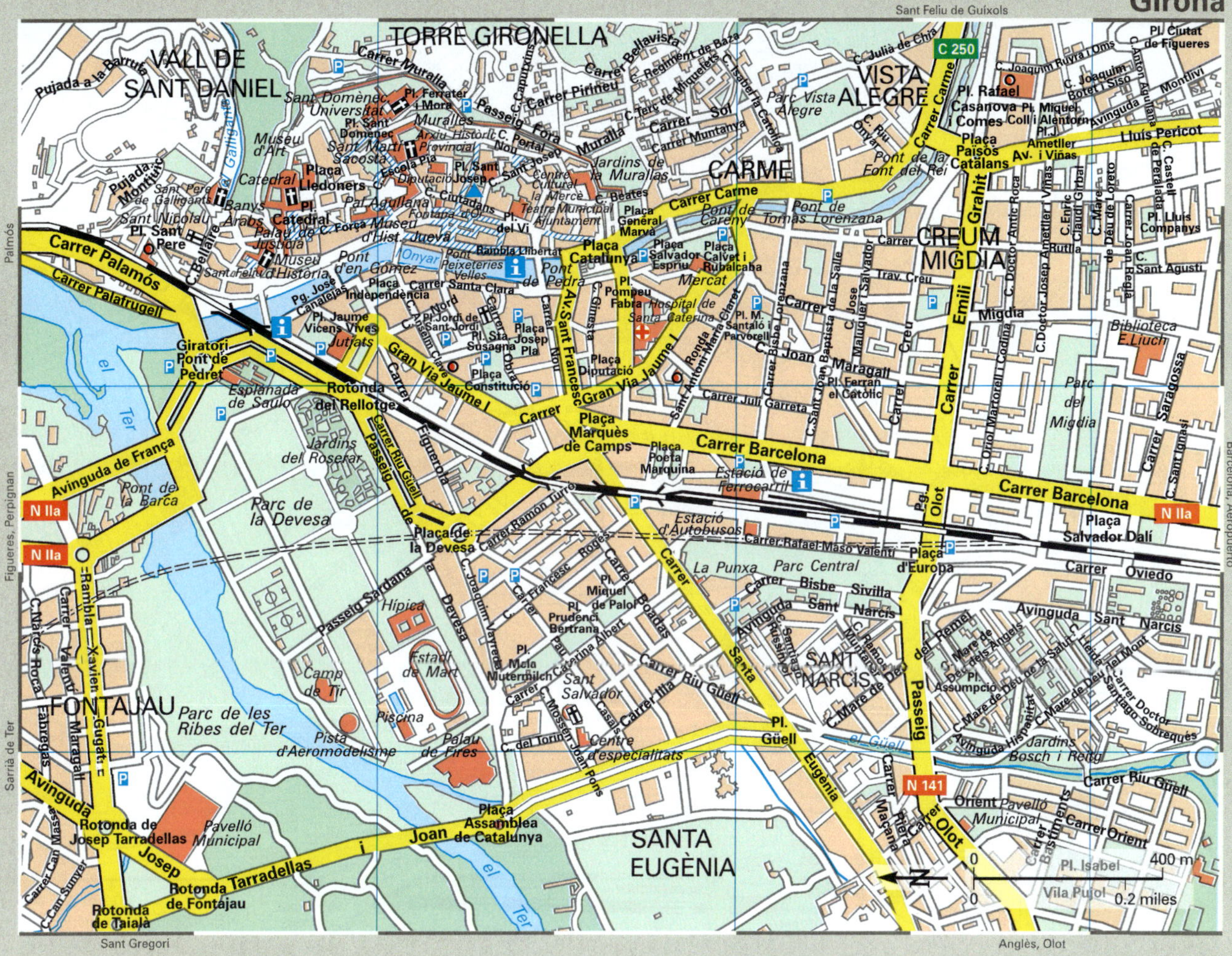

Granada

León

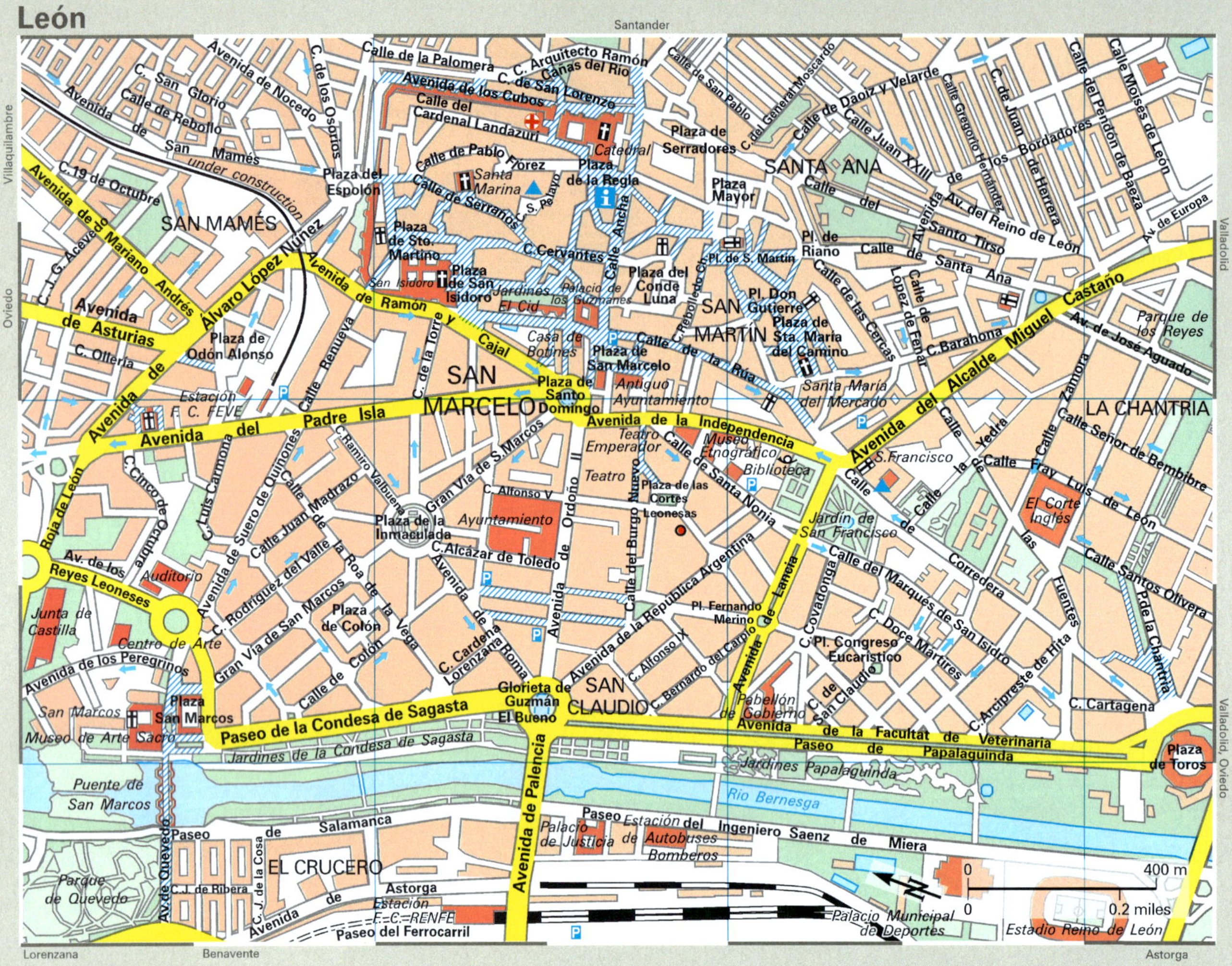

Santander

Villaquilambre

Oviedo

Valladolid

Valladolid, Oviedo

Lorenzana

Benavente

Astorga

Logroño

Pamplona, Donostia-San Sebastián

Nájera, Burgos

Bilbao, Burgos

Viana

Pamplona, Zaragoza

Madrid

Soria

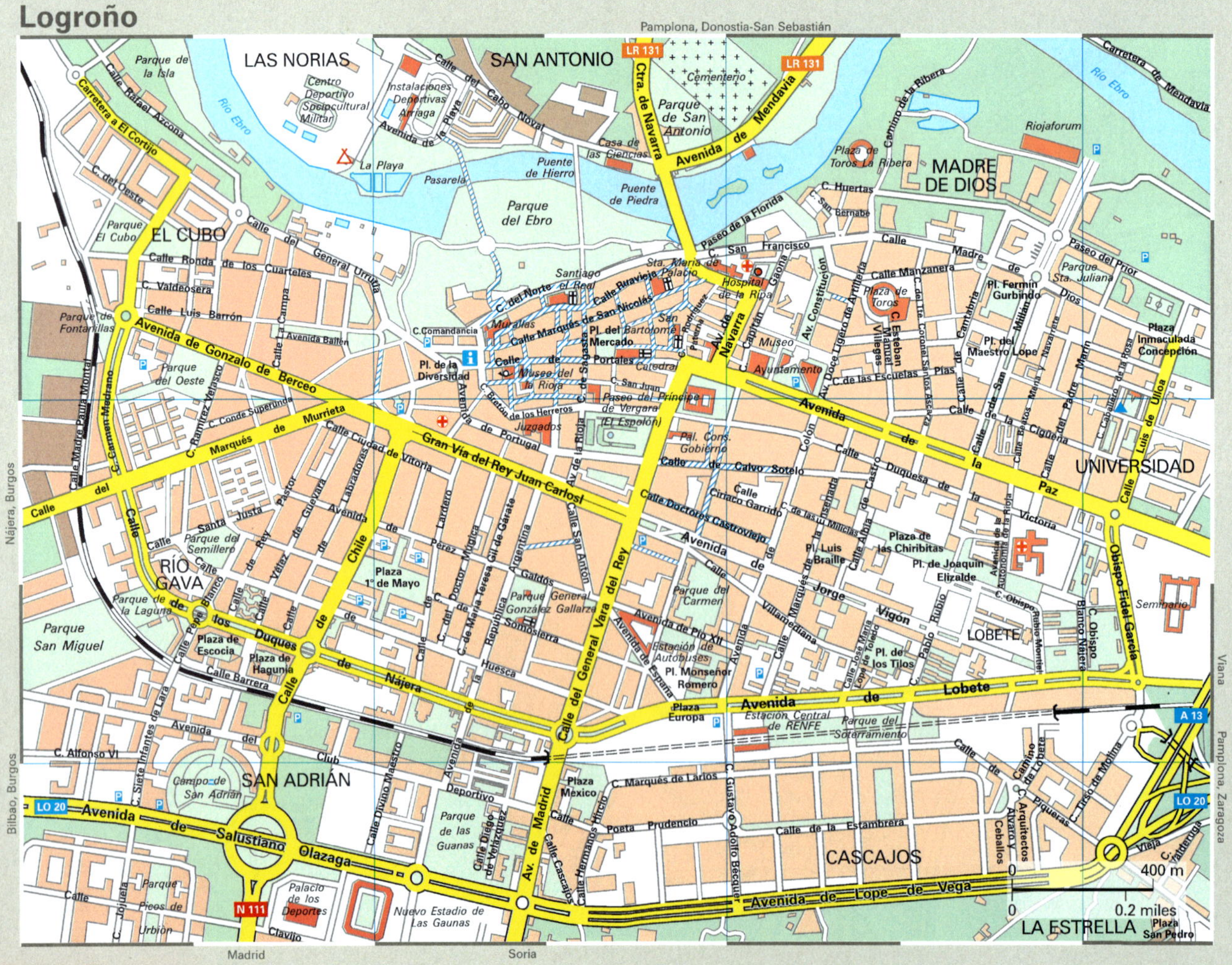

Lleida

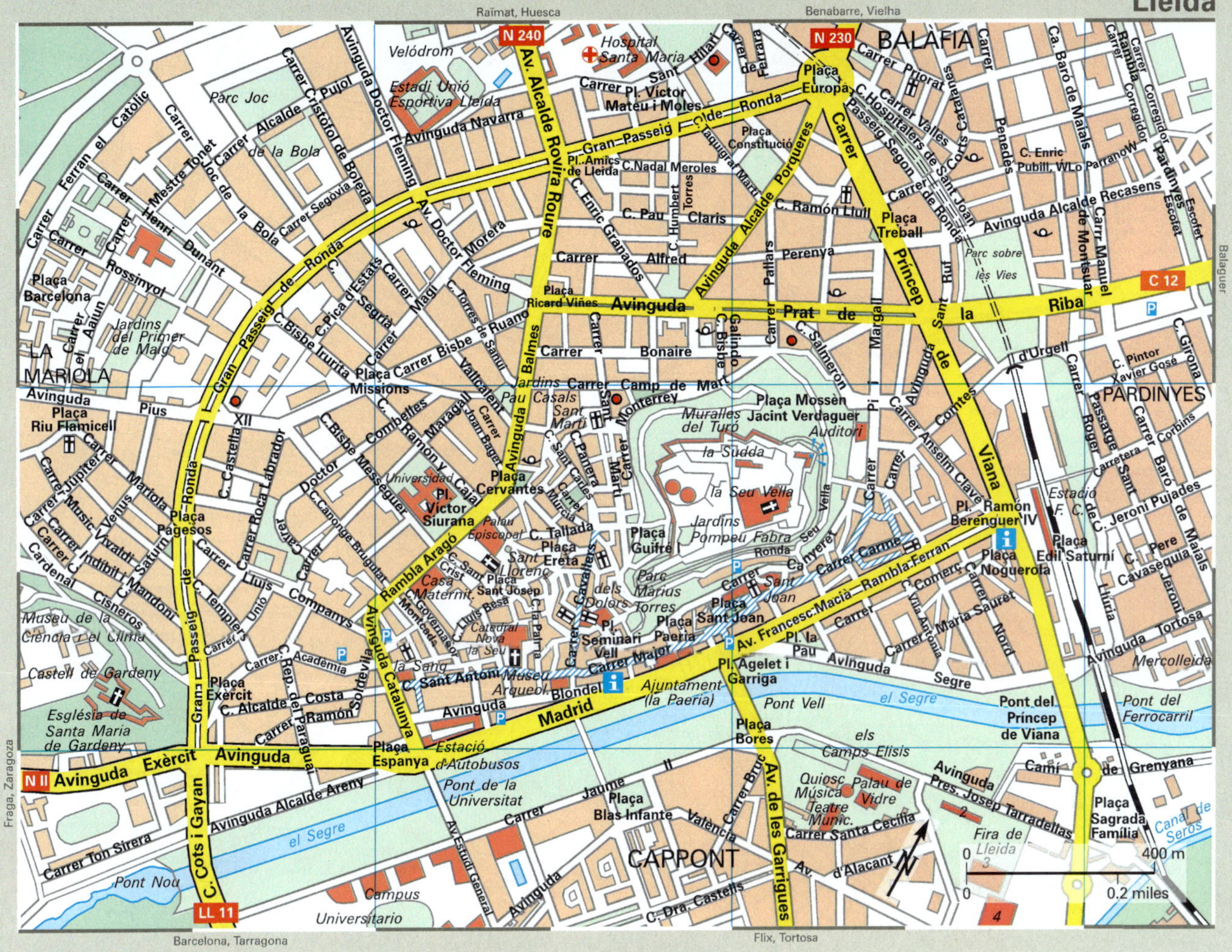

Raïmat, Huesca

Benabarre, Vielha

Balaguer

Fraga, Zaragoza

Barcelona, Tarragona

Flix, Tortosa

0 400 m

0 0.2 miles

Lugo

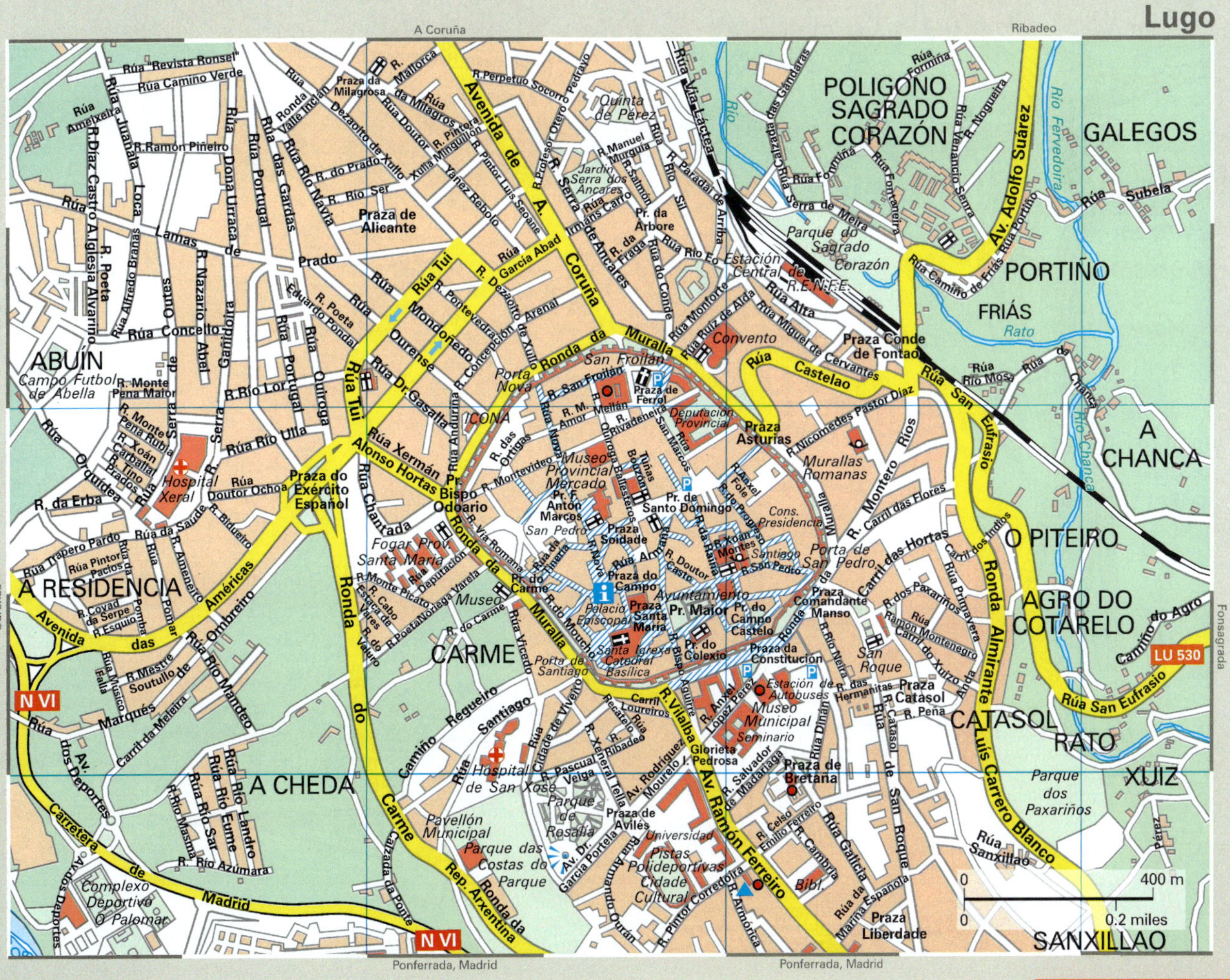

A Coruña

Ribadeo

Fonsagrada

Ourense

Ponferrada, Madrid

Ponferrada, Madrid

0 400 m

0 0.2 miles

Loures
Campo Grande
Quinta do Lambert
Sintra Benfica
Cascais
Setúbal
Belém
Laranjeiras
Hospital dos Lusíadas
Universidade Católica
Centro Hospitalar Lisboa Norte
Entre Campos
Roma
ENTRE CAMPOS
Avenida das Forças Armadas
Hospital Cruz Vermelha
Jardim Zoológico
SETE RIOS
Jard. Zoológico
FURNAS
Palácio Marquês de Fronteira
R. Conde de Almoster
General Correia Barreto
Rua Francisco Gentil Martins
Av. Columbano Bordalo Pinheiro
Pr.de Espanha
Praça de Espanha
Campo Pequeno
CAMPO PEQUENO
Museu Calouste Gulbenkian
Parque de Palhavã
Centro de Arte Moderna
Twin Towers
Parque do Calhau
BAIRRO DAS FURNAS
Quinta Urbana João Pinto
Parque da Alto da Serafina
S. Sebastião
Saldanha
SALDANHA
Universidade Nova de Lisboa
Palácio da Justiça
Penitenciária
Campolide
ALTO DA SERAFINA
Picoas
ESTEFÂNIA
Parque Eduardo VII
SÃO SEBASTIÃO
Parque
CALÇADA DOS MESTRES
CAMPOLIDE
V.D.-Pacheco
IC15
A5
IP7
Viaduto Duarte-Pacheco
Avenida Engenheiro Duarte Pacheco
Amoreiras Centro Com.
AMOREIRAS
R. Joaquim A. d. Aguiar
Praça Marquês de Pombal
Marquês de Pombal
Hospital Miguel Bombarda
Hospital de Sto. António dos Capuchos
ANJOS
Avenida
Rato
RATO
Parque Florestal de Monsanto
CAMPO DE OURIQUE
Jardim Botânico
Museu Nac. de História Natural e da Ciência
Restauradores
ROSSIO
BAIRRO DO ALVITO
Cemitério dos Prazeres
Jardim da Estrela
ESTRELA
BAIRRO ALTO
Baixa-Chiado
CHIADO
MADRAGOA
LAPA
Tapada das Necessidades
QUINTA DO JACINTO
Alcântara
Avenida da Índia
Avenida Vinte e Quatro de Julho
Museu Nac. de Arte Antiga
Museu do Oriente
C. do Sodré
Cais do Sodré
Estação Fluvial Cais do Sodré
E01
E90

Aeroporto, Santarem
Aeroporto, Santarem
Sacavém
Parque das Nações
Parque da Bela Vista
AREEIRO
ARMADOR
CHELAS
ANTÓNIO DA FONSECA
OLAIAS
MARVILA
POÇO DO BISPO
BISPO
PICHELEIRA
BEATO
ARCO DO CEGO
ALTO DO PINA
XABREGAS
MADRE DE DEUS
PENHA DE FRANÇA
BAIRRO LOPES
Cemitério do Alto de São João
GRAÇA
CAMINHOS DE FERRO
MOURARIA
ALFAMA
SOCORRO
BAIXA
Rio Tejo
Areeiro
Bela Vista
Olaias
Chelas
Alameda
Arroios
Anjos
Intendente
Martim Moniz
Rossio
Santa Apolónia
Terreiro do Paço
Estação Fluvial Terreiro do Paço
Novo Terminal de Cruzeiros
Museu Nacional do Azulejo
Museu de Água
Convento do Beato
Doca do Poço do Bispo
Doca da Marinha
Praça do Comércio
Cais das Colunas
Barreiro
1 Pátio das Commandadeiras de Santos
0 400 m
0 0.2 miles

Málaga

Mortil
Antequera
Colmenar
Marbella, Aeropuerto
Mortil
Cártama
Marbella

MIRAFLORES DE LOS ÁNGELES
CAPUCHINOS
LAGUNILLAS
LA TRINIDAD
CIUDAD NUEVA MÁLAGA
MONTE DE GIBRALFARO
Castillo de Gibralfaro
Parador Nacional
CARRANQUE
EL PERCHEL
CRUZ DEL HUMILLADERO
EL BULTO
La Noria Málaga
Hospital Materno-Infantil
Hospital Civil
Bomberos
Conservatorio de Música
Capilla Calvario
Plaza de Capuchinos
Plaza de Egido
Plaza de la Victoria
Plaza Montaña
Teatro Romano
Museo Picasso
Catedral
Pal. de Villalcázar
Mercado
Ayuntamiento
Pl. de la Constitución
Pl. del General Torrijos
Plaza de Toros
Plaza de la Marina
Plaza Pío XII
Plaza Solidaridad
Plaza Bailén
Plaza Montes
Jardines de Picasso
Junta de Andalucía
Tesorería Seguridad Social
Mezquita de Málaga
Antigua Prisión Provincial
Estación de Autobuses
Estación Central de R.E.N.F.E.
Estación Marítima
Real Club Mediterráneo
Puerto
Antepuerto
Puerto Pesquero
Muelle de Guadiario
Muelle n°1
Muelle de Heredia
Muelle de Romero Robledo
Morro de Levante
Playa de la Malagueta
Paseo de España
Paseo de los Curas
Paseo del Parque
Alameda Principal
Avenida de Andalucía
Avenida de Carlos Haya
Calle Martínez Maldonado
Calle Mármoles
Avenida Manuel Agustín Heredia
Paseo de Antonio Machado
Calle Héroes de Sostoa
Calle La Victoria
C. Cristo de la Epidemia
Paseo de Reding
Río Guadalmedina
MA-22
0 — 400 m
0 — 0.2 miles

Melilla

Farhana
Aeropuerto
Nador
Málaga, Motril
Almería

BATERÍA JOTA
ATAQUE SECO
PRÍNCIPE DE ASTURIAS
MEDINA SIDONIA
CALVO SOTELO
VIRGEN DE LA VICTORIA
INDUSTRIAL
BARRIO DEL REAL
MAR MEDITERRÁNEO
Puerto de Melilla
Dique del Nordeste
Muelle Nordeste
Estación Marítima
Dársena de Santa Bárbara
Dársena embarcaciones Menores
Club Marítimo
Ayuntamiento
Deleg. del Gobierno
Plaza de España
Pl. de Estopiñán
Pl. Cte. Benítez
Mercado Central
Parque Lobera
Auditorium Carvajal
La Purísima Concepción
Parque Hernández
Palacio Congresos
Plaza de Toros
Pabellón Deportivo
Explanada de San Lorenzo
Playa de San Lorenzo
Playa de los Carabos
Playa del Hipódromo
Hospital Comarcal
Hospital Universitario de Melilla
Estadio Álvarez Claro
Campus Universitario
Parque Forestal Juan Carlos I Rey
Av. de la Democracia
Av. de la Marina Española
C. Duquesa de la Victoria
Carretera a Farkhana
Calle General Polavieja
Calle General Astilleros
Av. Donantes de Sangre
Av. Juan Carlos I Rey
Ciudad de Málaga
Paseo Marítimo
Cra. de Hadú

MEDINA SIDONIA
Torreón de la Alafia
Baluarte de la Concepción
Foso de Los Carneros
Calabozos
Plaza de Armas
Foso de Santiago
Iglesia de la Purísima Concepción
Puerta de los carros
Batería de la Muralla Real
Capilla de Santiago
Puerta de Santiago
La Purísima
Museo Municipal
Pl. de la Maestranza
Hospital del Rey
Plaza de la Parada
Puerta de la Marina
Batería de San Juan
Túnel de Florentina
Pl. de los Carros
Cala de los Galápagos
Carretera de la Alcazaba
Avenida del General Macías
Museo Amazigh
0 — 400 m
0 — 0.2 miles

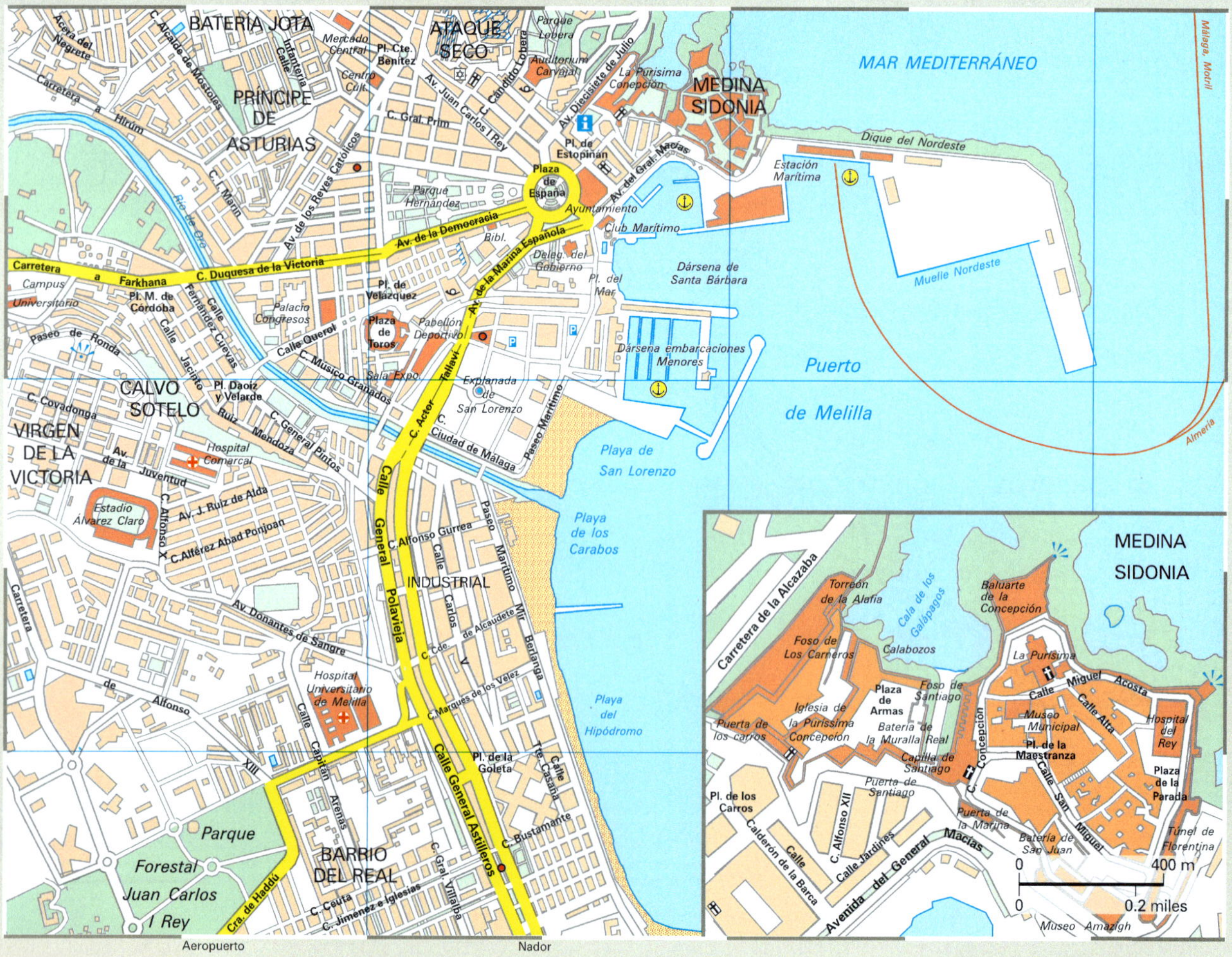

Mérida

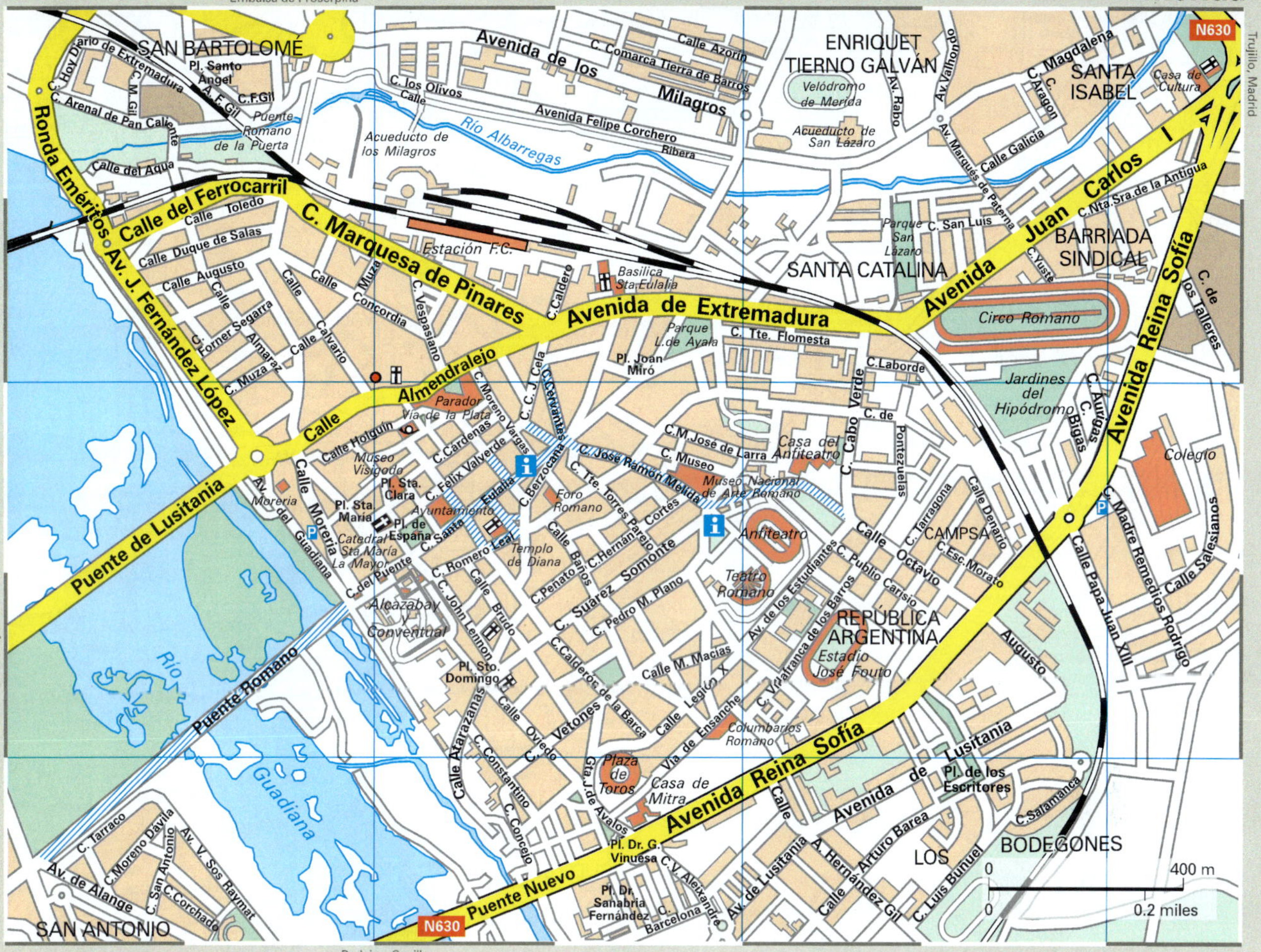

Embalsa de Proserpina

N630

Trujillo, Madrid

Badajoz

Badajoz, Sevilla

0 400 m

0 0.2 miles

Murcia

Molina de Segura

N340

Madrid, Valencia

A30

Beniaján

Almería, Granada

Cartagena

A30

0 400 m

0 0.2 miles

Tordesillas
Peñagrande
Alcobendas
El Pardo
Aravaca
Badajoz, Cáceres
Toledo
Ciudad Universitaria
VALLEHERMOSO
RÍOS ROSA
CHAMBERÍ
ARAPILES
GAZTAMBIDE
TRAFALGAR
Parque del Oeste
ARGÜELLES
UNIVERSIDAD
Casa de Campo
Parque de la Montaña
Lago Casa de Campo
CAMPO
PALACIO
SOL
CENTRO 1
Recinto Ferial Casa del Campo
Madrid Arena
PUERTA DEL ANGEL
IMPERIAL
EMBAJADORES
LATINA 10
Parque de Santander
Templo de Debod
Palacio Real de Oriente
Plaza de la Armeria
Viveros
M-30
A-5
A-6
M500
E90

Colmenar Viejo
Burgos
Burgos
Aeropuerto Internacional de Madrid-Barajas, Zaragoza
San Sebastián de los Reyes
Coslada
Coslada
Vicálvaro
Vicálvaro
Valencia
Córdoba
Puente de Vallecas
Atocha
Vallecas
Atocha
Córdoba
CUATRO CAMINOS
CIUDAD JARDÍN
EL VISO
PROSPERIDAD
SAN PASCUAL
GUINDALERA
ALMAGRO
CASTELLANA
LISTA
SALAMANCA
GOYA
RECOLETOS
FUENTE DEL BERRO
IBIZA
RETIRO
NIÑO JESÚS
JERÓNIMOS
ESTRELLA
MEDIA LEGUA
PACÍFICO
PALOS DE MOGUER
Parque del Retiro
Museo del Prado
Estación de Atocha
M-30
A-2
A-3
E901
N-III
M-23
0
400 m
0.2 miles

Ourense (Orense)

Santiago de Compostela, Lugo — Monforte de Lemos

Arrabalo — A52, Vigo — Ponferrada, Pereiro de Aguiar — Maceda

Zamora, Verín — A Valenza — Seixalbo — Seixalbo

0 — 400 m

0 — 0.2 miles

Oviedo

Gijón — Lugones, Gijón — Gijón, Avilés

Ules — Santullano — Luarca, A Coruña — Santander — Gijón, Avilés — Gijón, Avilés

Mieres, León — León, Madrid

0 — 400 m

0 — 0.2 miles

Palma

Son Roqueta · Son Serralta · Son Serra Perera · Valldemossa · Sóller

Sa Vileta-Son Rapinya · Teulera · Palma Nova, Andratx

Alcúdia · Manacor · Aeroport, Santanyí

0 — 400 m
0 — 0.2 miles

Palma Nova, Andratx

Pamplona (Iruña)

Vittoria-Gasteiz · Ansoáin

Ansoáin · Barañáin

Irún, St.-Jean-Pied-de-port

0 — 400 m
0 — 0.2 miles

Logroño · Tudela, Zaragoza · Tudela, Zaragoza

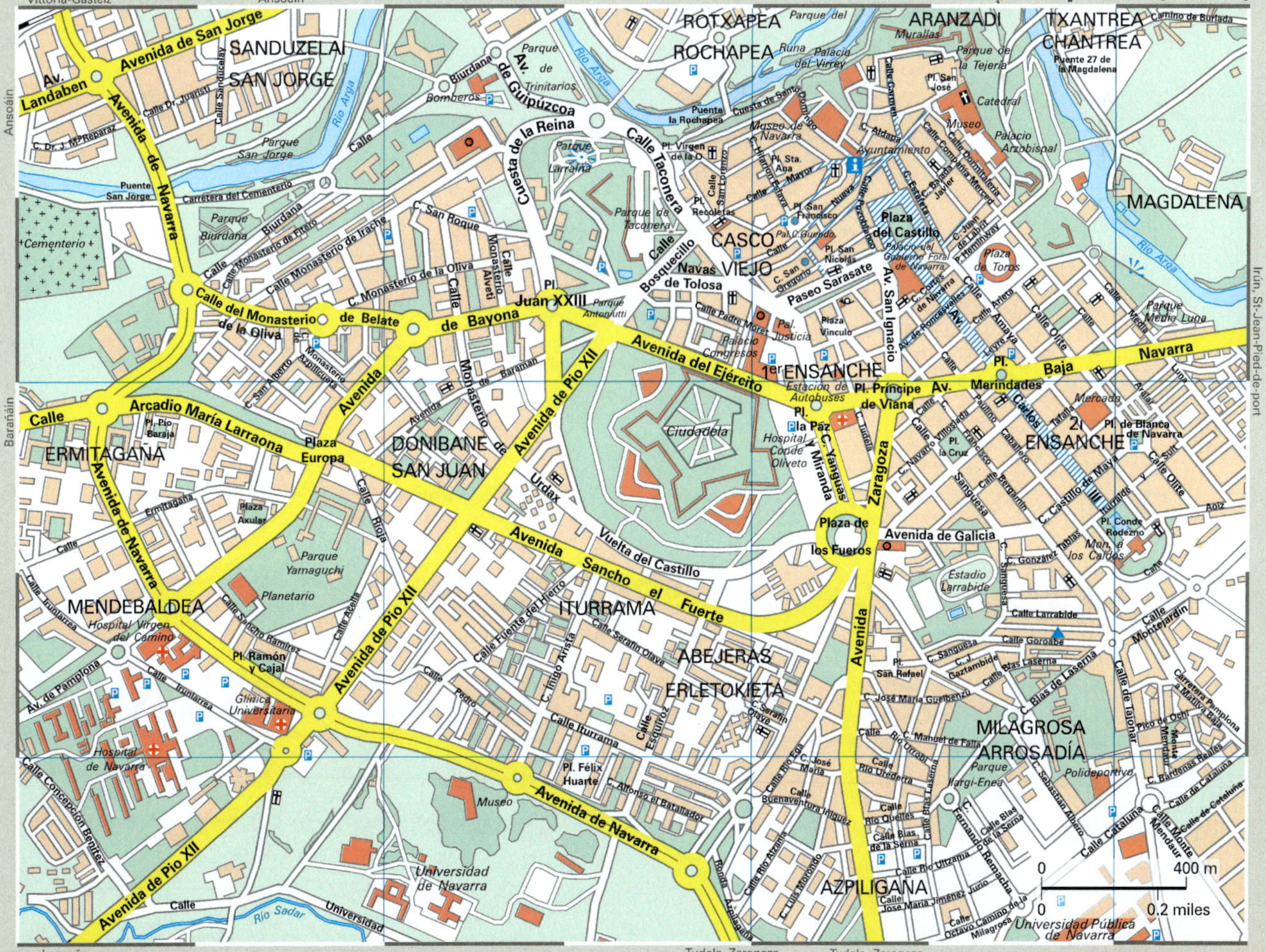

Las Palmas de Gran Canaria

Pontevedra

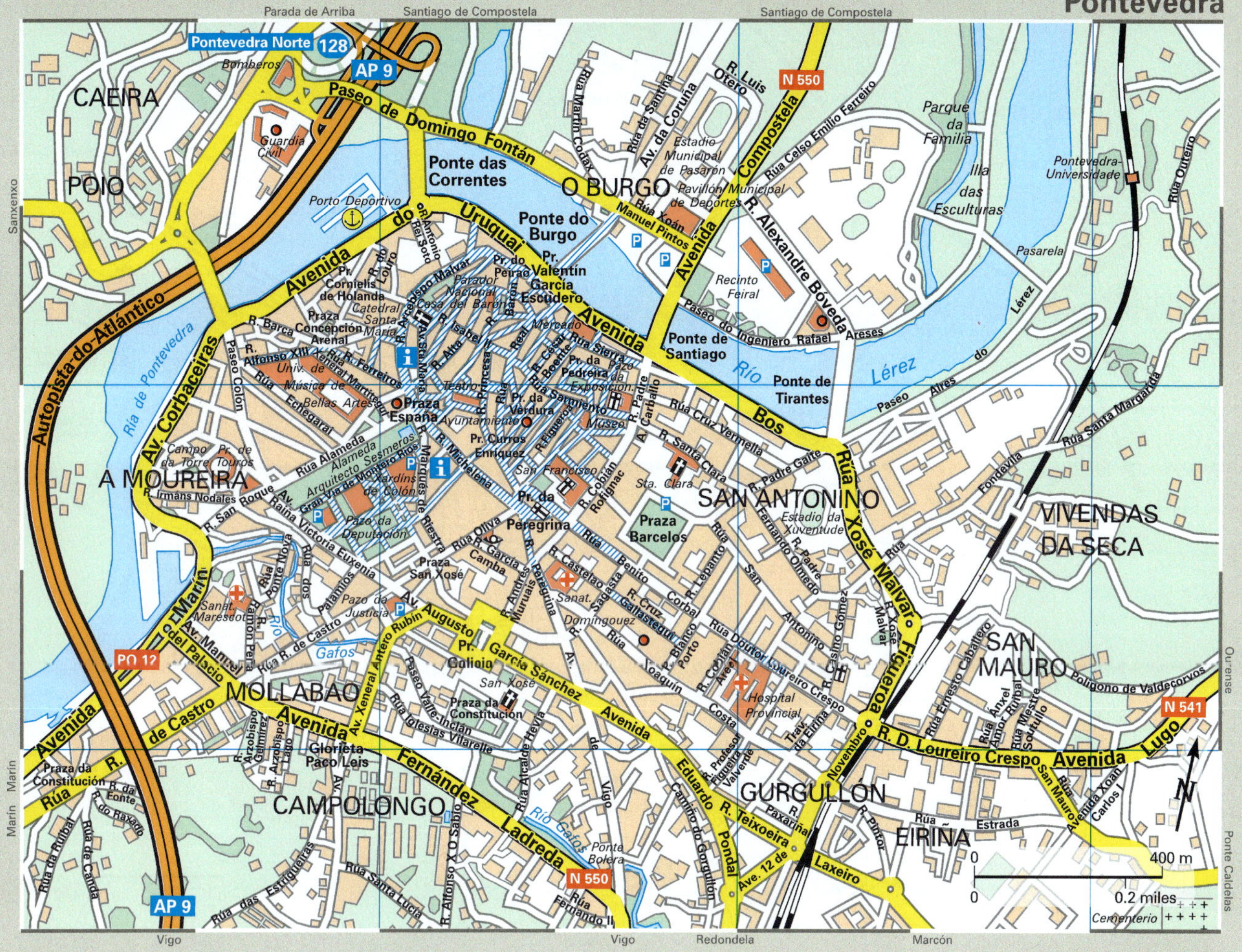

Parada de Arriba
Santiago de Compostela
Santiago de Compostela
Sanxenxo
Ourense
Marín
Ponte Caldelas
Vigo
Vigo
Redondela
Marcón

CAEIRA
POIO
O BURGO
A MOUREIRA
SAN ANTONINO
VIVENDAS DA SECA
SAN MAURO
MOLLABAO
CAMPOLONGO
GURGULLÓN
EIRIÑA

0 400 m
0 0.2 miles

Porto

Braga
Braga
Viana do Castelo, Póvoa de Varzim
Viana do Castelo
Foz do Douro
Viana do Castelo, Póvoa de Varzim
Guimarães
Guimarães
Gondomar
Coimbra

VITÓRIA
SANTO ILDEFONSO
MIRAGAIA
SÉ
FONTAÍNHAS
RIBEIRA
Rio Douro
VILA NOVA DE GAIA

0 300 m
0 0.1 miles

Salamanca

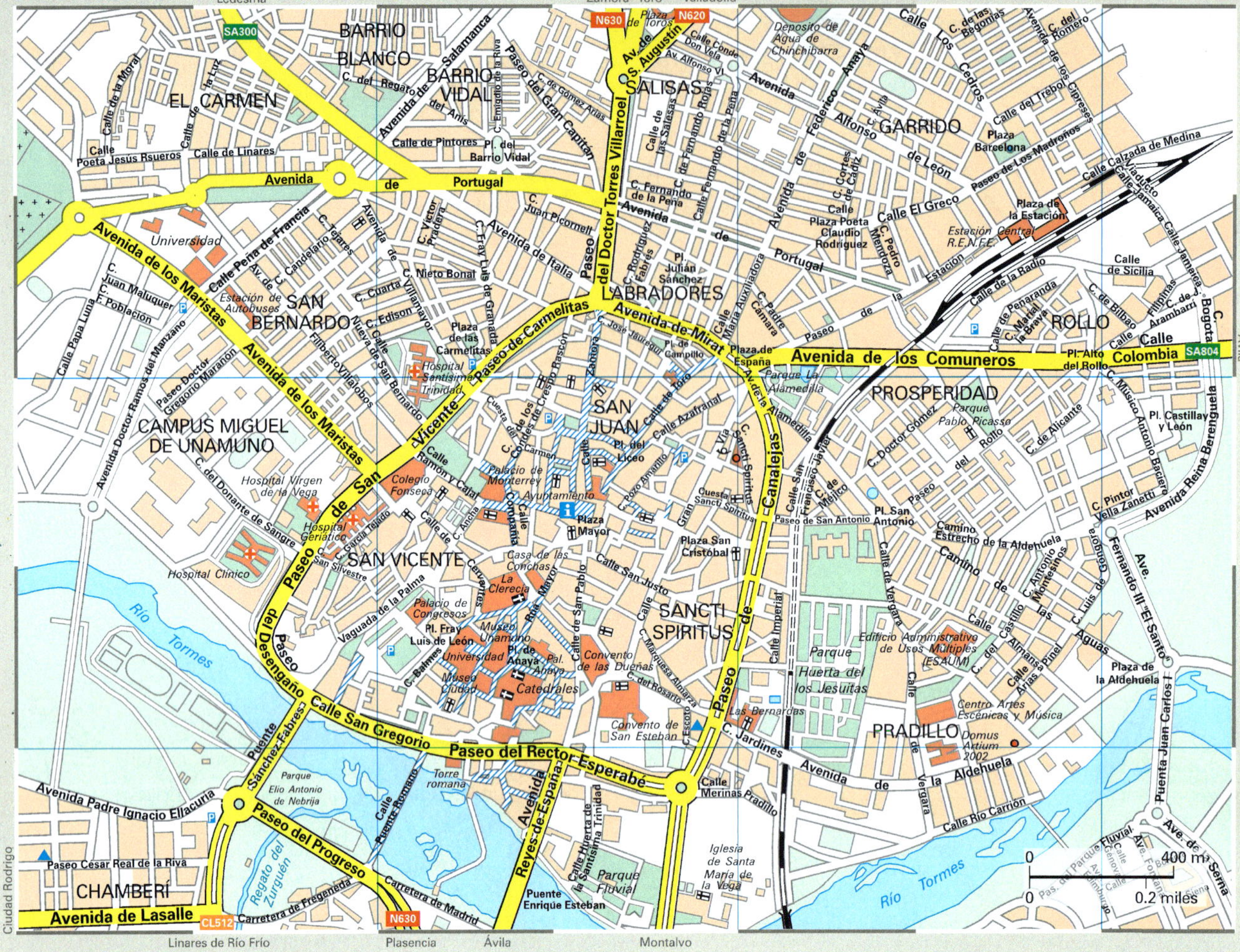

Santa Cruz de Tenerife

Santander

El Sardinero

El Sardinero

Torrelavega, Oviedo

Torrelavega

Torrelavega

Burgos

Bilbao, Aeropuerto

L. Península de la Magdalena

MAR CANTÁBRICO

Bahía de Santander

Península de la Magdalena

400 m

0.2 miles

Santiago de Compostela

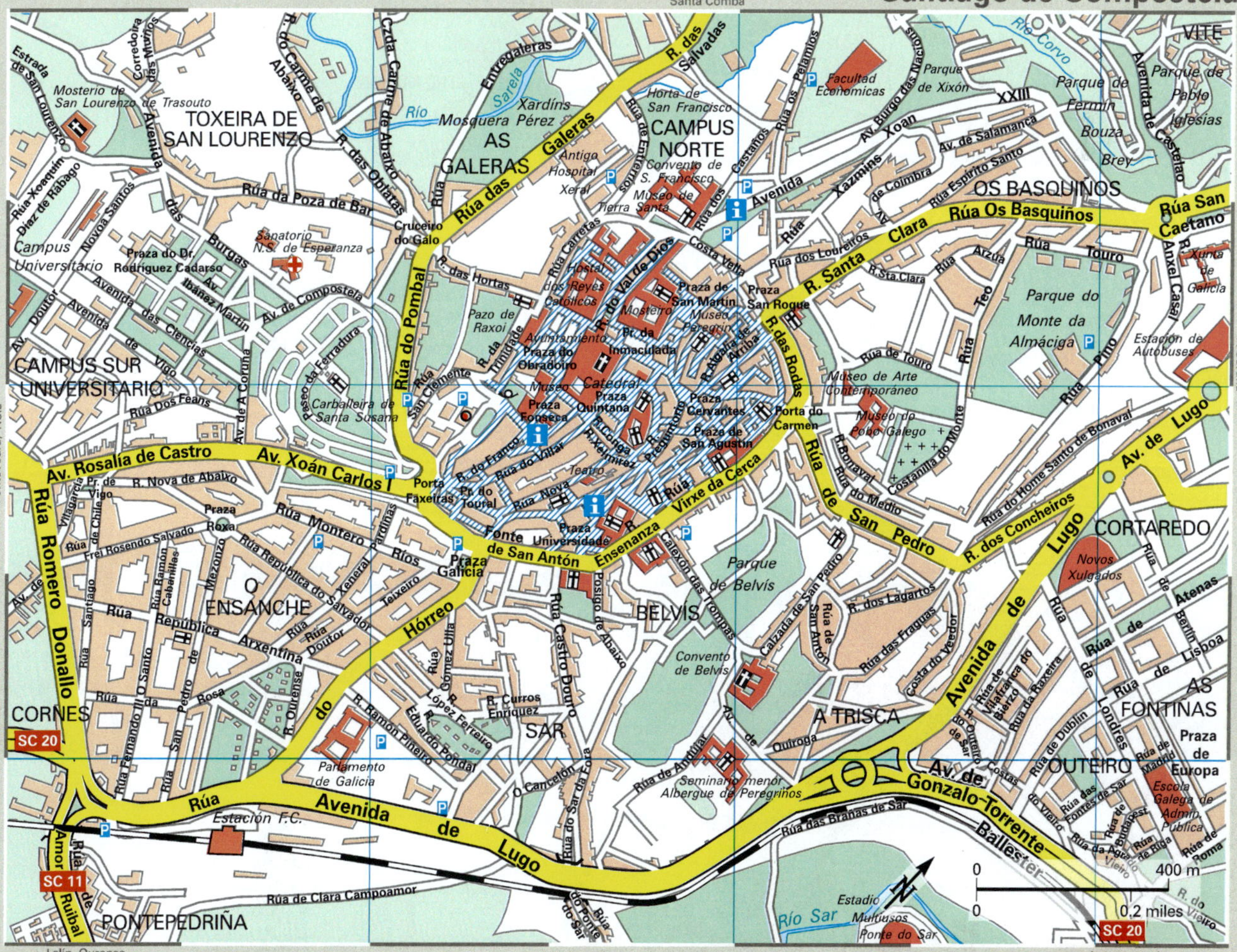

Santa Comba

A Coruña

A Coruña

Pontevedra, Noia

Pontevedra

Lalín, Ourense

Aeropuerto, Lugo

400 m

0.2 miles

Segovia

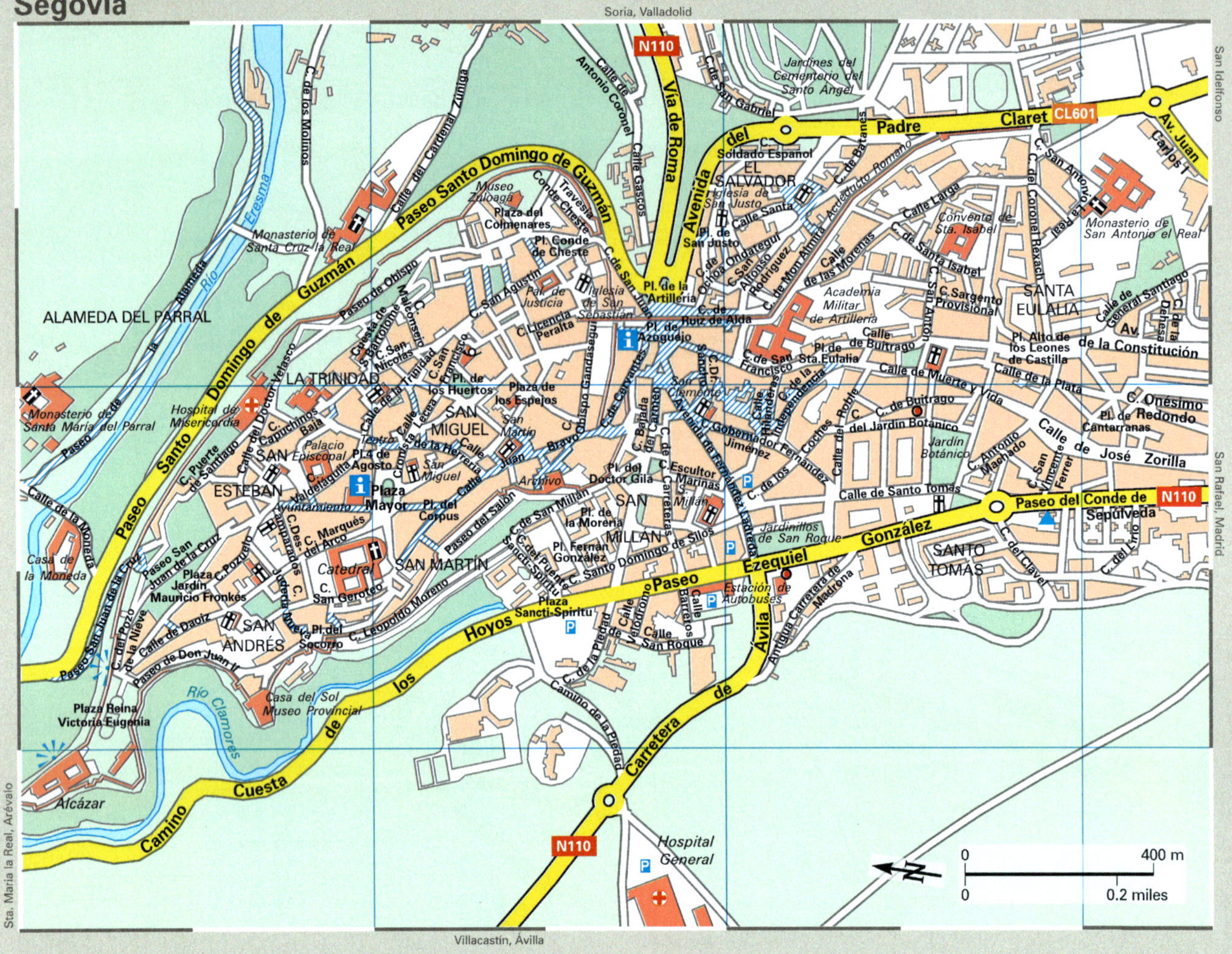

Soria, Valladolid

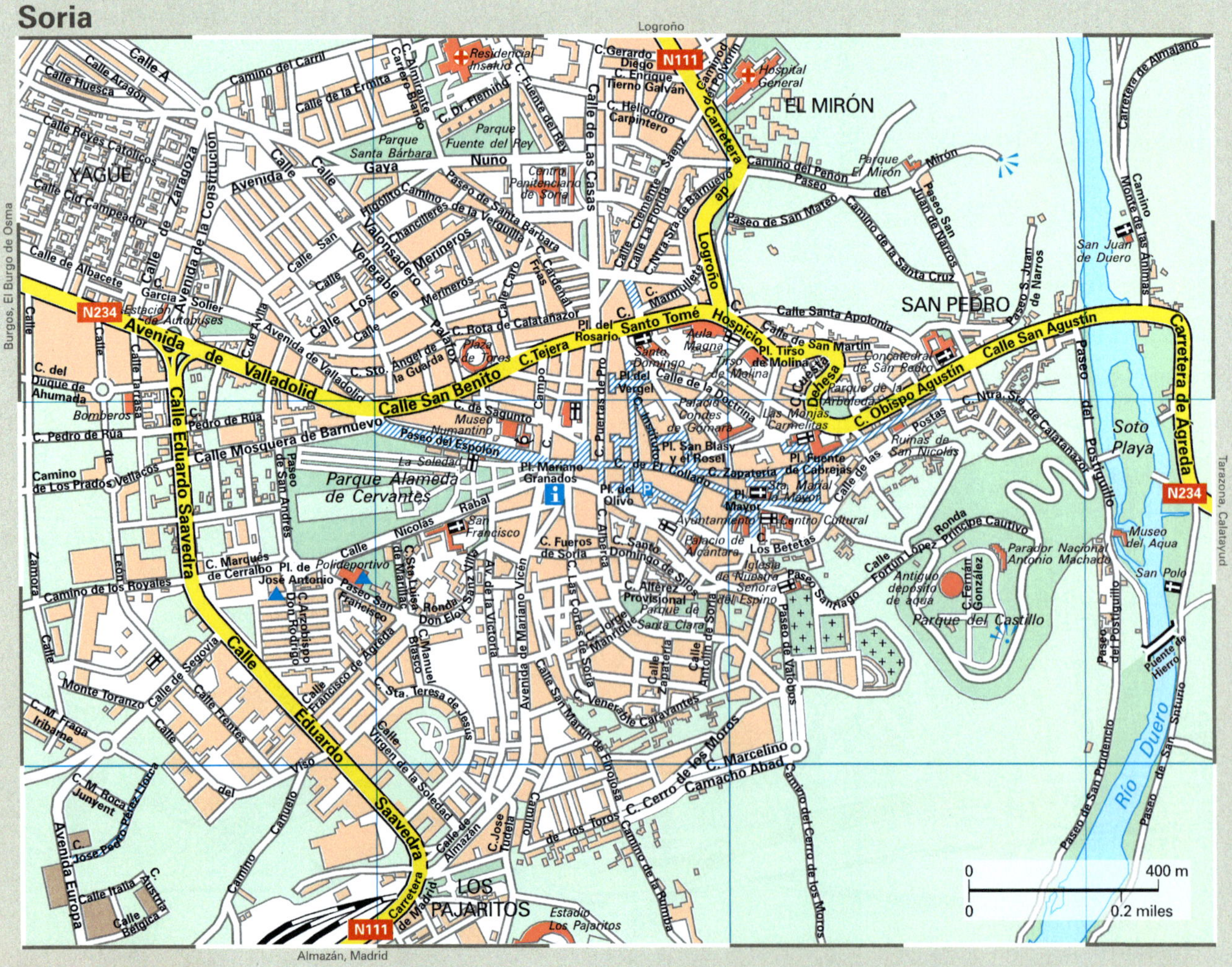

San Ildefonso

San Rafael, Madrid

Sta. María la Real, Arévalo

Villacastín, Ávilla

0 400 m

0 0.2 miles

Soria

Logroño

Burgos, El Burgo de Osma

Tarazona, Calatayud

Almazán, Madrid

0 400 m

0 0.2 miles

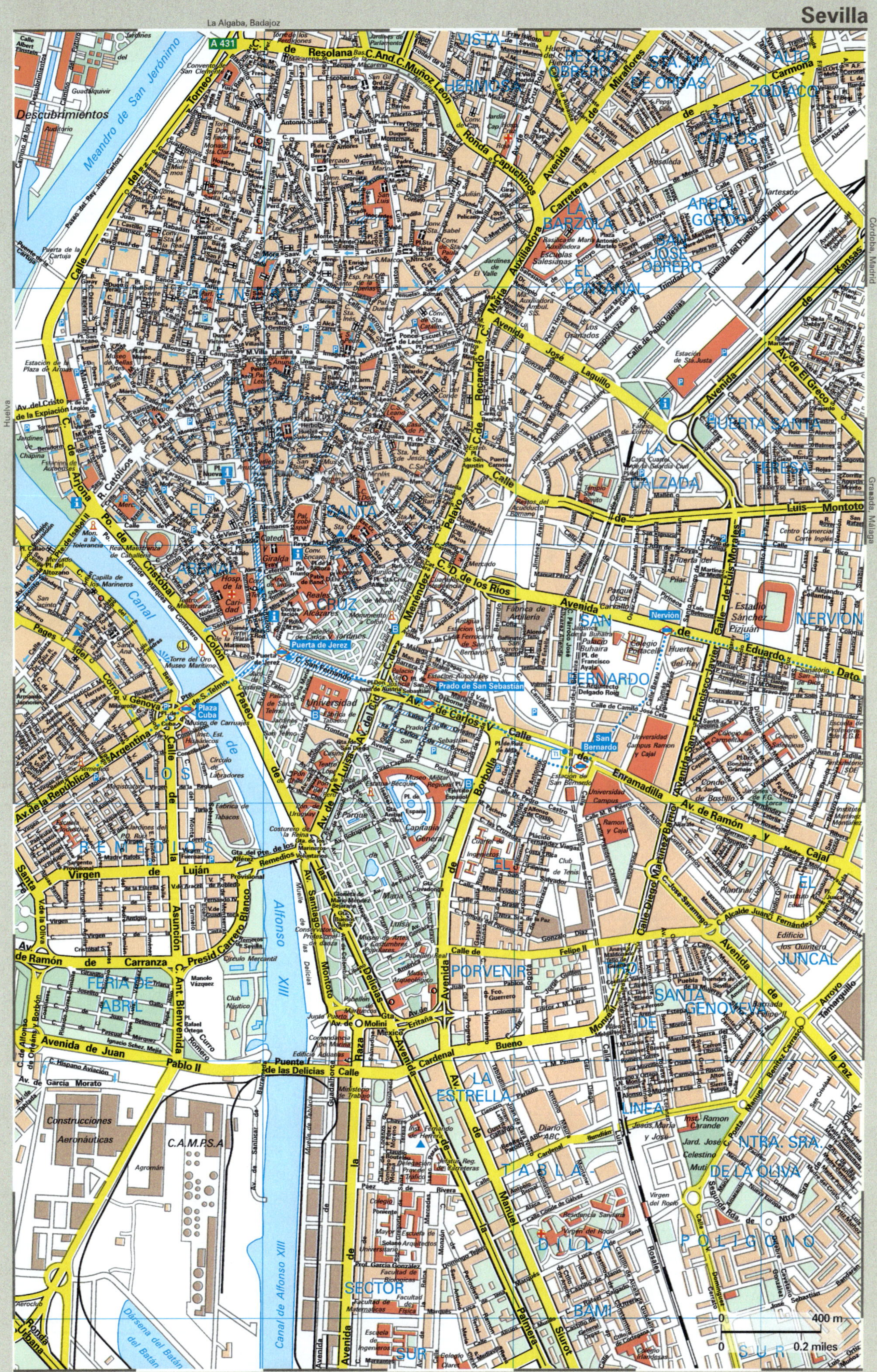

La Algaba, Badajoz
A 431
Córdoba, Madrid
Huelva
Granada, Málaga
Cádiz
Jerez, Cádiz
Descubrimientos
Meandro de San Jerónimo
Torneo
Resolana
C. Andr. C. Muñoz León
Ronda Capuchinos
VISTA HERMOSA
CERRO OBRERO
SRA. Mª DE ORDAS
ALTO
Carmona
ZODIACO
SAN CARLOS
LA BARZOLA
ARBOL GORDO
SAN JOSE OBRERO
EL FONTANAL
Avenida de Kansas
Avenida José Laguillo
Estación de Sta. Justa
Av. de El Greco
PUERTA SANTA
TERESA
LA CALZADA
Luis Montoto
Av. del Cristo de la Expiación
Calle de Arjona
Po. de Cristóbal Colón
EL ARENAL
SANTA CRUZ
Giralda
Catedral
Reales Alcázares
Canal
C. D. de los Ríos
Avenida
SAN BERNARDO
Eduardo Dato
NERVION
Estadio Sánchez Pizjuán
Nervión
Puerta de Jerez
Prado de San Sebastián
Plaza Cuba
Universidad
Av. de Carlos V
Calle Enramadilla
San Bernardo
Av. de Ramón y Cajal
Av. de la República Argentina
LOS REMEDIOS
Virgen de Luján
Av. de Mª Luisa
Pl. de España
Capitanía General
Parque de María Luisa
EL PRADO
Av. de Ramón de Carranza
FERIA DE ABRIL
Presid. Carrero Blanco
Canal de Alfonso XIII
Avenida de Juan Pablo II
Puente de las Delicias
Calle Raza
Avenida de la Paz
PORVENIR
Calle Felipe II
EL JUNCAL
SANTA GENOVEVA
HUERTA DEL REY
Calle Bueno Monreal
LA ESTRELLA
TABLADA
Construcciones Aeronáuticas
C.A.M.P.S.A.
Agromán
NTRA. SRA. DE LA OLIVA
POLIGONO SUR
BAMI
SECTOR SUR
Avenida de Manuel Siurot
Dársena del Batán
Aerodromo
Ronda Urbana
Diario ABC
400 m
0.2 miles

Tarragona

Valls, Lleida — Amposta, Valencia — Barcelona — Valencia — Reus

PART ALTA

EIXAMPLE

PART BAIXA

EL SERRALLO

ELS COSSIS

MAR MEDITERRÀNIA

Port Esportiu

0 — 400 m

0 — 0.2 miles

Teruel

Tarragona — Alfambra — Zaragoza — Valencia — Cuenca — Sagunto, Valencia

LOS BACHES

EL CARMEN

EL ARRABAL

ERAS DE SANTA LUCÍA

JORGITO

SAN JULIÁN

LADERAS DEL ENSANCHE

EL PINAR DE LA MUELA

ENSANCHE

300 m

0 — 0.1 miles

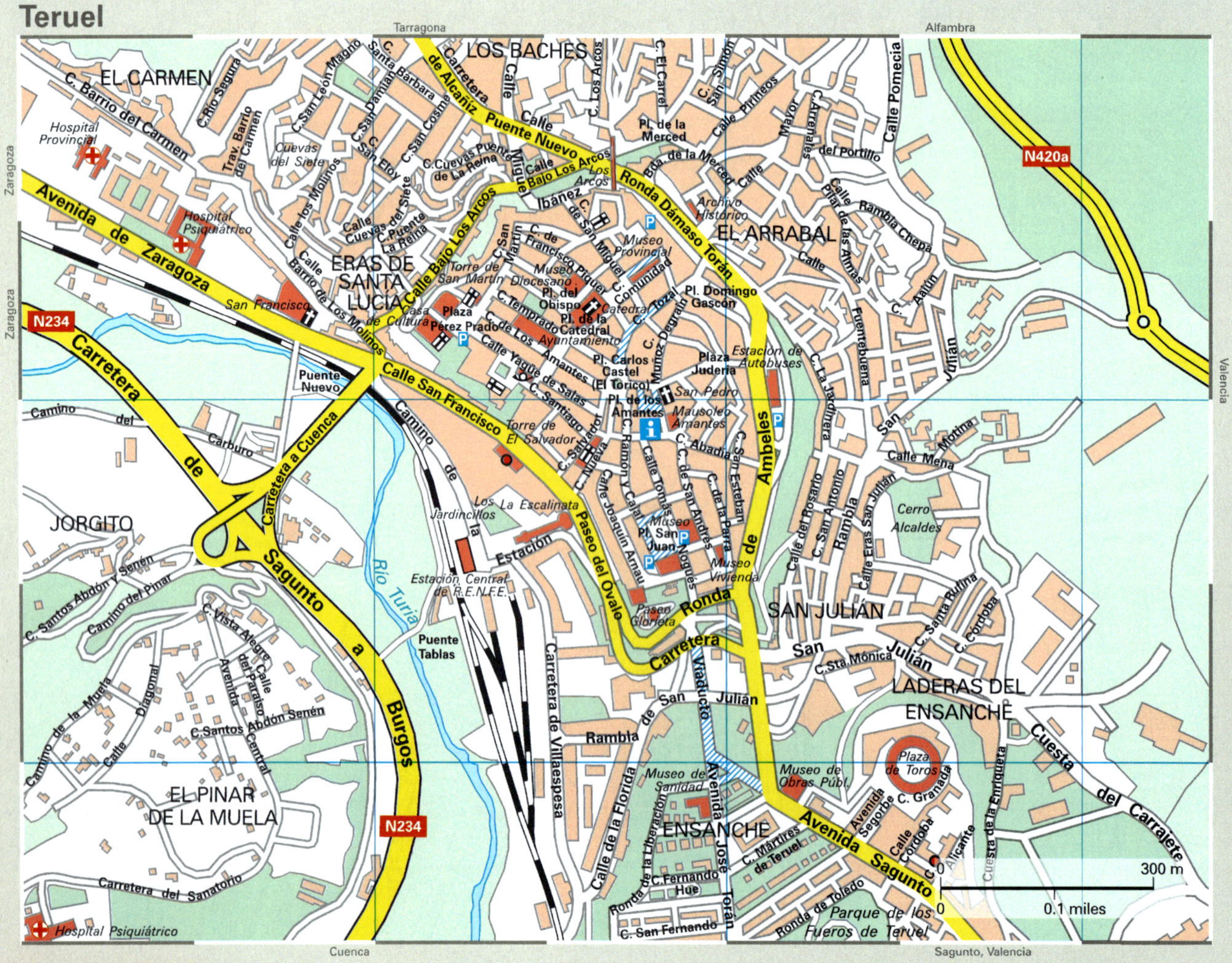

Toledo

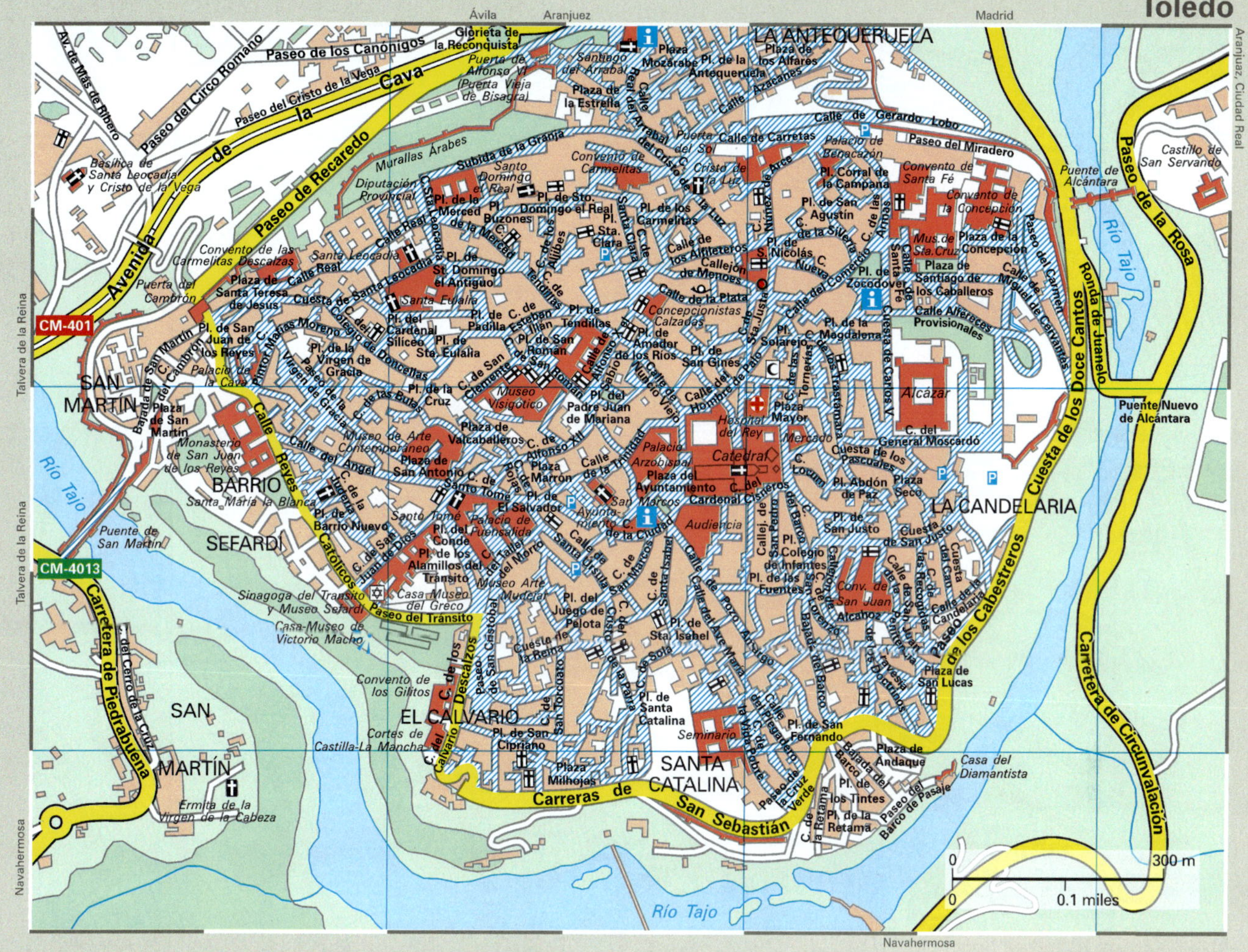

Ávila
Aranjuez
Madrid
Aranjuez, Ciudad Real
Talvera de la Reina
Navahermosa

0 300 m
0 0.1 miles

Valladolid

Aeropuerto, León
Palencia, Burgos
Santovenia
Renedo
Salamanca, León
Soria
Zamora, Salamanca
Medina del Campo
Madrid
Segovia

0 400 m
0 0.2 miles

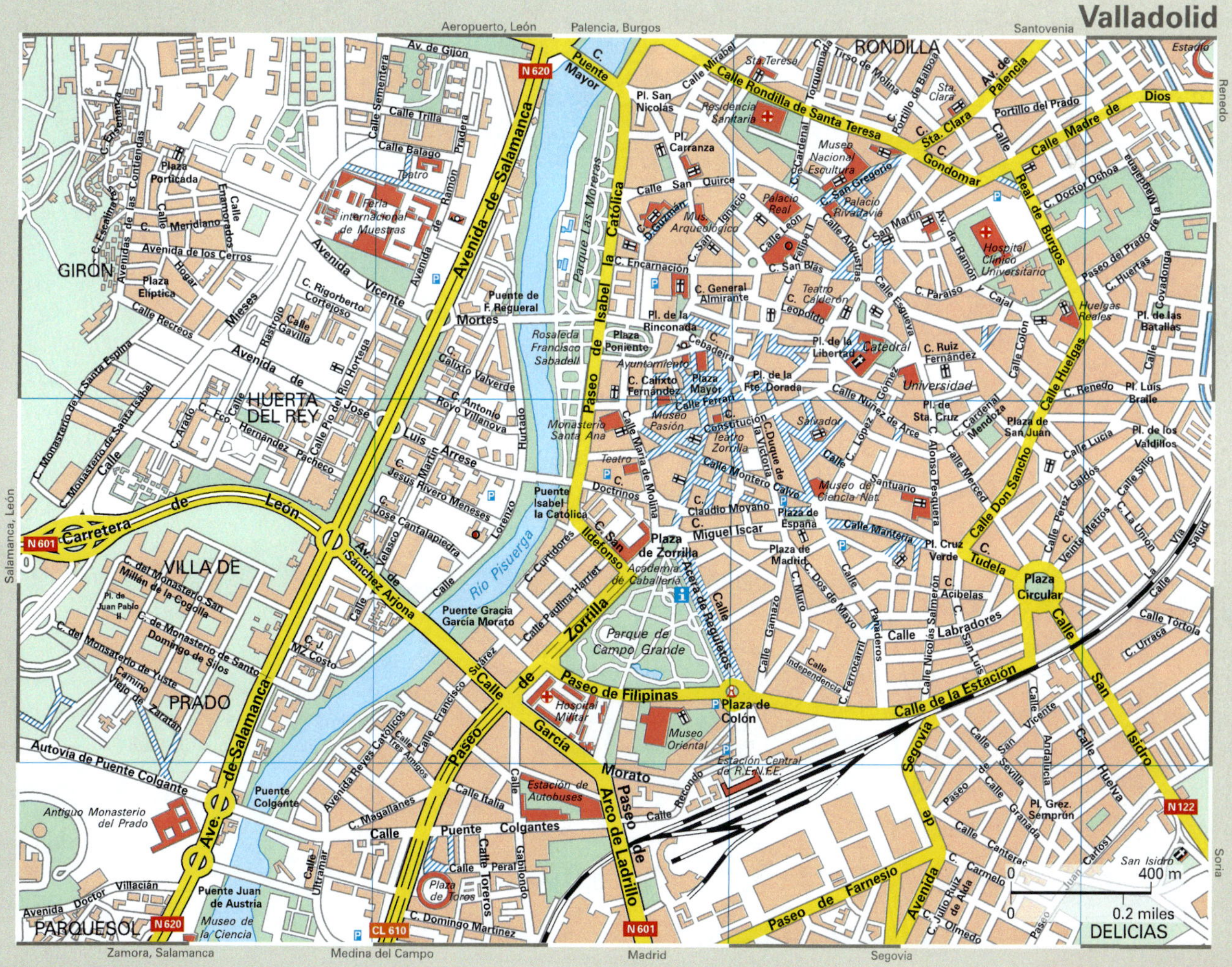

Sagunto, Tarragona
Tarragona, Barcelona
Alacant, Albacete
Paterna
Aeropuerto, Madrid
Torrent
El Saler
ALBORAYA
RASCANYA
BENICALAP
BENIMACLET
CAMPANAR
LA SAÏDA
CIUTAT VELLA
EL PLA DEL REAL
EXTRAMURS
PATRAIX
L'EIXAMPLE
MONTEOLIVETE
QUATRE CARRERES
JESÚS
MALILLA
Av. de los Herm. Machado
Av. de los Hermanos Machado
Avenida del Doctor Peset Alaixandre
Avenida de Burjassot
Avenida de Menéndez Pidal
Gran Vía de Fernando el Católico
Gran Vía de Ramón y Cajal
Gran Vía Marqués del Turia
Gran Vía Germanías
Avenida de Peris y Valero
Avenida del Primado Reig
Avenida de Blasco Ibáñez
Avenida de Aragón
Avenida Cardenal Benlloch
Bulevar Periférico Norte
Autopista del Saler
Avenida Jacinto Benavente
Avenida de Ausiàs March
Av. de la Gran Vía de Perez Galdós
Av. de Catalunya
Paseo de la Alameda
Jardín del Turia
Jardines del Real
Parque de Marxalenes
Parque de Orriols
Estadio Ciutat de València
Estadio de Mestalla
Campus Universitario
Puente de San José
Puente de Serranos
Puente de la Trinidad
Puente del Real
Puente de la Exposición
Puente de Aragón
Puente del Mar
Puente de las Flores
Puente de Calatrava
Puente de Campanar
Puente de Ademuz
Puente de las Artes
Puente de Fusta
Puente del Reino
Puente Monteolivete
Pte. Angel Custodio
Pl. de Zaragoza
Pl. del Ayuntamiento
Pl. de la Reina
Plaza de Toros
Estación del Norte
Museo de Bellas Artes
Palau de la Música
Gulliver
Ciudad de las Artes y las Ciencias
Mercado Central
Mercado Colón
Hospital Clínico
Hospital La Fe
Catedral
Museo Fallero
Universidad de Valencia
Colegio
0
400 m
0.2 miles

Vigo

Vitoria-Gasteiz

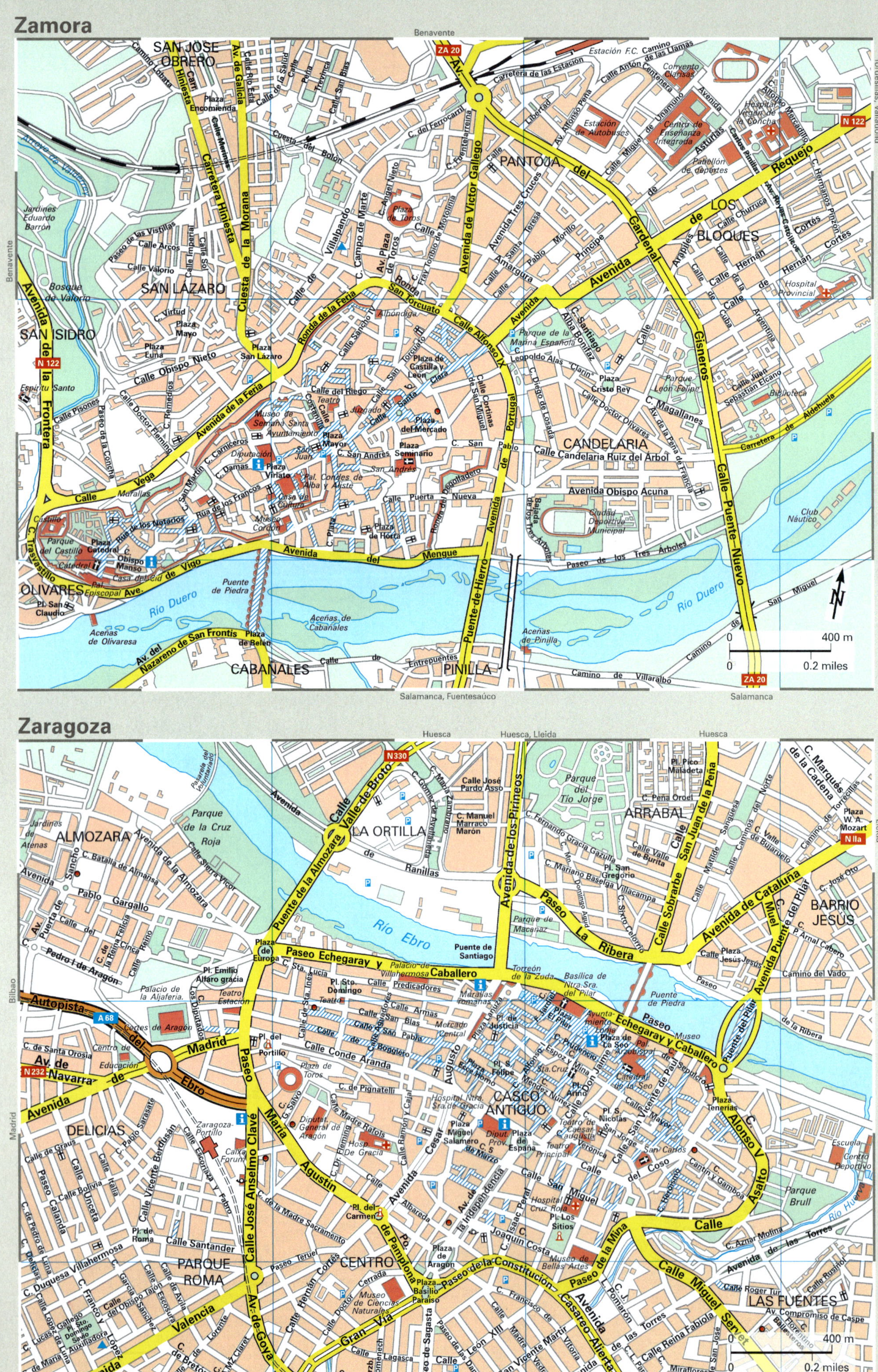
Zamora
Benavente
Tordesillas, Valladolid
Salamanca, Fuentesaúco
Salamanca
SAN JOSÉ OBRERO
PANTOJA
LOS BLOQUES
SAN LÁZARO
SAN ISIDRO
CANDELARIA
OLIVARES
CABAÑALES
PINILLA
Río Duero
Puente de Piedra
Puente de Hierro
Avenida de Portugal
Avenida de Víctor Gallego
Avenida de la Feria
Avenida del Mengue
Avenida de Vigo
Avenida de Requejo
Avenida de Cardenal Cisneros
Calle Puente Nuevo
Avenida de la Frontera
Carretera Hiniesta
Cuesta de la Morana
Ronda de la Feria
Plaza Mayor
Catedral
Hospital Provincial
Club Náutico
Ciudad Deportiva Municipal
Estación F.C.
Estación de Autobuses
N 122
ZA 20
0
400 m
0.2 miles
Zaragoza
Huesca
Huesca, Lleida
Lleida
Bilbao
Madrid
Teruel
Alcañiz
ALMOZARA
LA ORTILLA
ARRABAL
BARRIO JESÚS
DELICIAS
CASCO ANTIGUO
PARQUE ROMA
CENTRO
LAS FUENTES
Río Ebro
Río Huerva
Parque de la Cruz Roja
Parque del Tío Jorge
Parque Brull
Puente de Santiago
Puente de Piedra
Puente del Pilar
Paseo Echegaray y Caballero
Avenida de los Pirineos
Avenida de Cataluña
Paseo La Ribera
Calle Sobrarbe
Calle San Juan de la Peña
Paseo María Agustín
Calle José Anselmo Clavé
Paseo de Pamplona
Paseo de la Constitución
Gran Vía
Paseo de Sagasta
Av. de Goya
Avenida de Valencia
Calle Miguel Servet
Avenida de Navarra
Avenida de Madrid
Autopista del Ebro
Av. de la Independencia
Calle Conde Aranda
Calle Asalto
Palacio de la Aljafería
Basílica de Ntra. Sra. del Pilar
La Seo
Plaza de Toros
N330
N232
N IIa
A 68
0
400 m
0.2 miles

ESPAÑA

km/h				
	20-50	90	100	120
	20-50	90	100	120
	20-50	70	80	90
	20-50	80	80	90
	50	80	90	100
	50	70	80	100

 505 990 km²

 47 420 000

 Madrid 3 300 000

 ✓

 112

 112

 112

 SPA

 +34

 +1h Coordinated Universal Time (UTC +1)

 ✓

 ✓

 ×

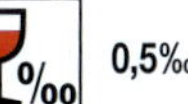 0,5‰

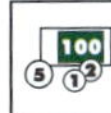 1 EURO (€) = 100 Cents

 Instituto de Turismo de España – Turespaña
+34 91 3 43 35 00
www.tourspain.es

 ✓

 24h 900 11 22 22 RACE

PORTUGAL

km/h				
	50	90-100	100	120
	50	90-100	100	120
	50	70-80	80	100
	50	80-90	90	110
	50	80	90	90
	50	80	80	80

 92 345 km²

 10 400 000

 Lisboa 560 000

 ✓

 112

 112

 112

 POR

 +351

 +0h Coordinated Universal Time (UTC +0)

 ✓

 ✓

 ×

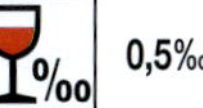 0,5‰

 1 EURO (€) = 100 Cents

 Turismo de Portugal
+351 211 14 02 00
www.turismodeportugal.pt

 ✓

 24h 215 915 915 ACP

km/h				
	40	60-90	-	-
	40	60-90	-	-
	40	60-90	-	-
	40	60-90	-	-
	40	60-90	-	-
	40	60-90	-	-

 468 km²

 79 000

 Andorra la Vella 24 500

 ✓

 110

 116

 118

 CAT

 +376

 +1h Coordinated Universal Time (UTC +1)

 ×

 ✓

 ✓

 0,5‰

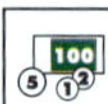 1 EURO (€) = 100 Cents

 Ministeri de Turisme e Medi Ambient +376 87 11 90 www.visitandorra.com

 ✓

 24h +376 80 34 00 Automòbil Club d'Andorra

	Code		
Ⓔ Aeropuerto de Alicante	ALC	www.aena.es	158 Zc 119
Ⓔ Aeropuerto de Almería	LEI	www.aena.es	186 Xd 127
Ⓔ Aeropuerto de Asturias	OVD	www.aena.es	30 Tf 87
Ⓔ Aeropuerto de Barcelona-El Prat	BCN	www.aena.es	93 Ca 101
Ⓔ Aeropuerto de Bilbao	BIO	www.aena.es	35 Xa 89
Ⓔ Aeropuerto de Fuerteventura	FUE	www.aena.es	199 Ma 178
Ⓔ Aeropuerto de Girona	GRO	www.aena.es	75 Ce 97
Ⓔ Aeropuerto de Gran Canaria	LPA	www.aena.es	200 Kd 181
Ⓔ Aeropuerto de Ibiza San José	IBZ	www.aena.es	125 Bc 115
Ⓔ Aeropuerto de Jerez	JRZ	www.aena.es	188 Tf 128
Ⓔ Aeropuerto de Lanzarote – Arrecife	ACE	www.aena.es	198 Mc 175
Ⓔ Aeropuerto de Madrid – Barajas	MAD	www.aena.es	102 Wc 106
Ⓔ Aeropuerto de Málaga	AGP	www.aena.es	191 Vd 128
Ⓔ Aeropuerto de Menorca	MAH	www.aena.es	93 Eb 109
Ⓔ Aeropuerto de Murcia-San Javier	MJV	www.aena.es	173 Zb 122
Ⓔ Aeropuerto de Pamplona-Noáin	PNA	www.aena.es	49 Yc 92
Ⓔ Aeropuerto de Reus	REU	www.aena.es	91 Ba 102
Ⓔ Aeropuerto de Salamanca	SLM	www.aena.es	81 Du 103
Ⓔ Aeropuerto de San Sebastián	EAS	www.aena.es	37 Yb 88
Ⓔ Aeropuerto de Santa Cruz de La Palma	SPC	www.aena.es	197 Hb 177
Ⓔ Aeropuerto de Santander	SDR	www.aena.es	34 Wb 88
Ⓔ Aeropuerto de Santiago de Compostela	SCQ	www.aena.es	29 Rd 91
Ⓔ Aeropuerto de Sevilla	SVQ	www.aena.es	165 Ua 124
Ⓔ Aeropuerto de Son Sant Joan	PMI	www.aena.es	126 Ce 111
Ⓔ Aeropuerto de Tenerife Norte	TFN	www.aena.es	197 Id 178
Ⓔ Aeropuerto de Tenerife Sur Reina Sofía	TFS	www.aena.es	196 Ic 180
Ⓔ Aeropuerto de Valencia	VLC	www.aena.es	142 Zd 112
Ⓔ Aeropuerto de Zaragoza	ZAZ	www.aena.es	69 Yf 99
Ⓔ Aeropuerto Región de Murcia	RMU	www.airm.es	173 Yf 122
Ⓔ Aeroporto de Faro	FAO	www.ana.pt	175 Sa 126
Ⓔ Aeroporto Francisco Sá Carneiro – Porto	OPO	www.ana.pt	76 Rb 101
Ⓟ Luchthaven Antwerpen	ANR	www.antwerp-airport.be	61 Ec 41
Ⓟ Aéroport Bruxelles-National	BRU	www.brusselsairport.be	72 Ec 43

	Code		
Ⓟ Aeroporto Humberto Delgado Lisboa	LIS	www.ana.pt	144 Qf 116
Ⓟ Aeroporto da Madeira – Cristiano Ronaldo	FNC	www.anam.pt	194 Kb 152
Ⓟ Aeroporto João Paulo II – Ponta Delgada (Azores)	PDL	www.ana.pt	193 Zb 122

	Code		
Ⓔ Aeropuerto de Albacete	ABC	www.aena.es	140 Ya 115
Ⓔ Aeropuerto de Badajoz	BJZ	www.aena.es	132 Tb 115
Ⓔ Aeropuerto de Burgos	RGS	www.aena.es	46 Wc 94
Ⓔ Aeropuerto de Córdoba	LEB	www.aena.es	166 Va 121
Ⓔ Aeropuerto de El Hierro	VDE	www.aena.es	196 Ha 182
Ⓔ Aeropuerto de Granada – Jaén	GRX	www.aena.es	184 Wb 125
Ⓔ Aeropuerto de La Coruña	LCG	www.aena.es	27 Rd 89
Ⓔ Aeropuerto de Madrid	MCV	www.aena.es	102 Wb 106
Ⓔ Aeropuerto de Melilla	MLN	www.aena.es	191 Xa 131
Ⓔ Aeropuerto de Sabadell	QSA	www.aena.es	93 Ca 99
Ⓔ Aeropuerto de Valladolid	VLL	www.aena.es	63 Va 98
Ⓔ Aeropuerto de Vigo	VGO	www.aena.es	57 Rc 95
Ⓔ Aeropuerto de Vitoria	VIT	www.aena.es	47 Xb 91
Ⓔ Aerupuerto de Huesca	HSK	www.aena.es	70 Zd 96
Ⓔ Aerupuerto de La Gomera	GMZ	www.aena.es	200 He 180
Ⓔ Aerupuerto de León	LEN	www.aena.es	43 Ub 93
Ⓔ Aerupuerto de Lleida	ILD	www.aena.es	71 Ad 98
Ⓔ Aerupuerto de Logroño	XRY	www.aena.es	48 Xe 94
Ⓟ Aérodromo da Graciosa (Azores)	GRW		192 Wf 114
Ⓟ Aeródromo de Espinho www.accv.pt 76 Rc 103	ENS	www.enschede-airport.nl	49 Gf 35
Ⓟ Aérodromo de São Jorge (Azores)	SJZ	www.ana.pt	193 We 117
Ⓟ Aérodromo do Corvo (Azores)	CVU	www.ana.pt	192 Tf 111
Ⓟ Aeródromo Municipal de Bragança	BGC	www.aerovip.pt	60 Tb 97

	Code		
(P) Aeródromo Municipal de Cascais		www.aerodromocascais.pt	144 Qd 116
(P) Aeródromo Municipal de Coimbra	CBP	www.aeroclubedecoimbra.com	111 Rd 107
(P) Aeroporto da Horta (Azores)	HOR	www.horta-hor.airportsguides.com	192 Wb 117
(P) Aeroporto das Flores (Azores)	FLW	www.ana.pt	192 Tf 112
(P) Aeroporto de Santa Maria (Azores)	SMA	www.ana.pt	193 Ze 127
(P) Aeroporto do Pico (Azores)	PIX	www.ana.pt	192 Wd 117
(P) Aeroporto do Porto Santo (Porto Santo)	PXO	www.anam.pt	195 Id 150

UNESCO World Heritage

(E) Madriu-Perafi ta-Claror, Vall del	2004	54 Bd 94
(E) A Coruña (Tower of Hercules)	2009	27 Rd 88
(E) Alcalá de Henares (University and Historic Precinct)	1998	102 Wd 106
(E) Almadén (Heritage of Mercury)	2012	135 Va 116
(E) Altamira, Cuevas de	1985	33 Vf 88
(E) Antequera Dolmens Site	2016	183 Vc 126
(E) Aranjuez, Cultural Landscape	2001	102 Wc 108
(E) Atapuerca, Cueva de	2000	46 Wc 94
(E) Ávila	1985	100 Vb 104
(E) Baeza	2003	169 Wd 121
(E) Barcelona (Palau de la Música Catalana and Hospital de Sant Pau, Sagrada Familia)	1997	93 CA 100
(E) Burgos Cathedral	1984	46 Wb 94
(E) Cáceres (Old Town)	1986	133 Td 112
(E) Calatayud (Mudejar Architecture of Aragon)	1986	87 Yc 100
(E) Caliphate City of Medina Azahara	2018	166 Va 121
(E) Córdoba (Historic Centre)	1984	166 Vb 121
(E) Cuenca (Historic Walled Town)	1996	121 Xf 108
(E) Doñana National Park	1994	180 Td 126
(E) Elx / Elche, Palmeral	2000	158 Zb 119
(E) Garajonay National Park	1986	200 He 180
(E) Granada, Alhambra, Generalife and Albayzín	1984	184 Wc 125
(E) Guadalupe (Royal Monastery of Santa María)	1993	134 Ue 112
(E) Ibiza, Biodiversity and Culture = Eivissa	1999	125 Bc 115
(E) Las Médulas	1997	41 Tb 94
(E) Lugo (Roman Walls)	2000	28 Sc 90
(E) Madrid, El Escorial	1984	102 Vf 105
(E) Medina Azahara	2018	166 Va 121
(E) Mérida, Archaeological Ensemble	1993	133 Td 115
(E) Monte Perdido / Mont Perdu	1997	51 Aa 92
(E) Oviedo (Monuments of Oviedo and the Kingdom of the Asturias)	1985	31 Ua 88
(E) Paseo del Prado and Buen Retiro, a landscape of Arts and Sciences	2021	102 Wb 106
(E) Poblet, Reial Monestir de	1991	91 Ba 100
(E) Prehistoric Sites of Talayotic Menorca	2023	93 Eb 109
(E) Rock Art of the Mediterranean Basin on the Iberian Peninsula = Arte Rupestre	1998	
(E) Salamanca (Old City)	1988	81 Uc 103
(E) San Cristóbal de La Laguna	1999	197 Ie 178
(E) San Millán Yuso and Suso Monasteries	1997	47 Xa 95
(E) Santiago de Compostela (Old Town)	1985	39 Rc 91
(E) Santiago de Compostela (Route of) = Camino de Santiago	1993	
(E) Mill Network at Kinderdijk-Elshout	1997	45 Ee 37
(E) Segovia (Old Town, Aqueduct)	1985	83 Vf 103
(E) Serra de Tramuntana	2011	126 Cc 111 Cf 109
(E) Sevilla, Cathedral, Alcázar and Archivo de Indias	1987	179 Ua 124
(E) Tarragona (Archaeological Ensemble of Tárraco)	2000	91 Bb 102
(E) Teide National Park	2007	196 Ic 179
(E) Toledo (Historic City)	1986	118 Vf 109
(E) Úbeda	2003	169 Wd 120
(E) València, La Lonja de la Seda	1996	143 Zd 112
(E) Vall de Boí (Catalan Romanesque Churches)	2000	53 Ae 93
(E) Vizcaya Bridge = Puente de Vizcaya	2006	35 Wf 89
(P) Alcobaça, Mosteiro de Santa Maria	1989	110 Ra 111
(P) Alto Douro Wine Region = Região do Vinho do Alto Douro	2001	77 Sb 102
(P) Batalha, Mosteiro de Santa Maria da Vitória	1983	110 Rb 111
(P) Coimbra, Universidade	2013	94 Rd 107

UNESCO World Heritage

(P) Convento de Cristo (Tomar)	1983	111 Rd 111
(P) Elvas	2012	131 Sf 115
(P) Évora	1986	146 Sa 117
(P) Guimarães & Couros Zone	2023	76 Re 100
(P) Lisboa, Mosteiro dos Jerónimos etc.	1983	144 Qf 116
(E) Siega Verde	2010	97 Tc 104
(P) Madriu-Perafi ta-Claror, Vall del	2004	54 Bd 94
(P) A Coruña (Tower of Hercules)	2009	27 Rd 88
(P) Alcalá de Henares (University and Historic Precinct)	1998	102 Wd 106
(P) Royal Building of Mafra – Palace, Basilica, Convent, Cerco Garden and Hunting Park (Tapada)	2019	128 Qd 115
(P) Sanctuary of Bom Jesus do Monte in Braga	2019	76 Rd 99

	km²			
(E) Parque Nacional Caldera de Taburiente	46,9	www.gobiernodecanarias.org/principal/	Ha 176	71 Td 89
(E) Parque Nacional d'Aigüestortes i Estany de Sant Maurici	141,19	www.parcsnaturals.gencat.cat/ca/inici/	Af 93	45 Rf 78
(E) Parque Nacional de Cabañeros	389,96	www.visitacabaneros.es	Vc 112	52 Qf 80
(E) Parque Nacional de Doñana	542,52	www.donanareservas.com	Td 126	43 Qd 79
(E) Parque Nacional de Garajonay	39,86	www.miteco.gob.es/es/red-parq	He 180	51 Qc 82
(E) Parque Nacional de la Sierra de Guadarrama	339,6	www.parquenacionalsierraguadarrama.es	Wa 104	41 Pd 76
(E) Parque Nacional de l'Archipiélago de Cabrera	100,2	www.miteco.gob.es/es/red-parques-nacionales/nuestros-parques/cabrera/	Cf 13	69 Sc 92
(E) Parque Nacional de las Islas Atlánticas de Galicia	83,33	www.illasatlanticas.gal/es	Ra 94	58 Qc 86
(E) Parque Nacional de los Picos de Europa	674,5	www.parquenacionalpicoseuropa.es	Uf 89	59 Qf 85
(E) Parque Nacional de Monfragüe	178,62	www.parquedemonfrague.com	Tf 109	51 Pf 80
(E) Parque Nacional de Ordesa y Monte Perdido	156,08	www.ordesa.net	Zf 92	40 Oe 79
(E) Parque Nacional Sierra de las Nieves	200	www.sierranevadagranada.es/		182 Uf-Va 128
(E) Parque Nacional de Tablas de Daimiel	30,31	www.miteco.gob.es/es/red-parques-nacionales/nuestros-parques/daimiel/	Wb 113	73 Tf 94
(E) Parque Nacional de Teide	189,9	www.gobiernodecanarias.org/principal	Ic 179	73 Ua 95
(E) Parque Nacional Timanfaya	51,07	www.miteco.gob.es/es/red-parques-nacionales/nuestros-parques/timanfaya/	Mb 174	27 Oe 70
(P) Parque Nacional da Peneda-Gerês	702,9	www.icnf.pt	Re 97	45 Rf 78

(E) Aqualand Maspalomas	35100	Maspalomas	www.aqualand.es/grancanaria	Kc 182
(E) Aquapark Cerceda	15185	Cerceda	www.cerceda.es	Rd 89
(E) Fort Bravo	04200	Tabernas	www.fortbravoofi cial.com	Xd 126
(E) Gnomo Park	17310	Lloret de Mar	www.gnomo-park.com	Ce 98
(E) Hidropark	07400	Puerto Alcudia	www.hidroparkalcudia.com	Da 109
(E) Holiday World Maspalomas	35100	Maspalomas	www.holidayworldmaspalomas.com	Kc 182
(E) Illa Fantasia	08339	Vilassar de Dalt	www.illafantasia.com	Cc 99
(E) Isla Mágica	41092	Sevilla	www.islamagica.es	Tf 124
(E) Jungle Park	38640	Las Águilas del Teide	www.aguilasjunglepark.com	Ib 180
(E) Palmitos Park	35109	Maspalomas	www.palmitospark.es	Kc 182
(E) Parc d'atraccions del Tibidabo	08035	Barcelona	www.tibidabo.cat	Ca 100
(E) Parque Acuático Mijas	29640	Mijas	www.aquamijas.com	Vc 129
(E) Parque de Atracciones de Madrid	28011	Madrid	www.parquedeatracciones.es	Wb 106
(E) Parque de Atracciones de Zaragoza	50007	Zaragoza	www.atraczara.com	Za 99
(E) Parque de Atracciones del Monte Igueldo	20008	San Sebastián	www.monteigueldo.es	Ya 89
(E) Parque Temático del Mudéjar de Castilla y León	47410	Olmedo	www.olmedo.es/pasionmudejar	Va 101

Ⓔ Parque Temático Dinópolis	44002	Teruel	www.dinopolis.com	Yf 106
Ⓔ Parque Warner Madrid	28330	San Martín de la Vega	www.parquewarner.com	Wc 107
Ⓔ Pola Park	03130	Santa Pola	www.polapark.com	Zd 119
Ⓔ PortAventura	43840	Vila-seca	www.portaventura.es	Ba 102
Ⓔ Rancho Texas Park Lanzarote	35510	Puerto del Carmen	www.ranchotexaslanzarote.com	Mc 175
Ⓔ Senda Viva	31513	Arguedas	www.sendaviva.com	Yc 95
Ⓔ Océade	1020	Brussel	www.oceade.be	71 Ec43
Ⓔ Pairi Daiza	7940	Brugelette	www.pairidaiza.eu	78 Df 45
Ⓔ Parc attractif Reine Fabiola	5000	Namur	www.parf.be	82 Ff 46
Ⓔ Parc Chlorophylle	6960	Manhay	www.parcchlorophylle.com	89 Fd 47
Ⓔ Parc d'aventures scientifi ques et de société	7080	Frameries	www.pass.be	78 Df 46
Ⓔ Parc familial Harry Malter	9070	Distel-bergen	www.harrymalter.be	70 De 42
Ⓔ Siam Park	38660	Costa Adeje	www.siampark.net	Ib 180
Ⓔ Sioux City Western Theme Park	35107	San Bart-olomé de Tirajana	www.spain-grancanaria.com	Kc 182
Ⓔ Terra Mitica	03502	Benidorm	www.terramiticapark.com	Zf 117
Ⓔ Tivoli World	29631	Benalmá-dena	www.tivoli.es	Vc 129
Ⓔ Western Park Magaluf	07182	Magaluf	www.westernpark.com/	Cd 111
Ⓟ Aqualand Algarve – The Big One	8365-908	Alcanta-rilha	www.aqualand.pt	Rd 126
Ⓟ Aquashow Park	8125-303	Quarteira	www.aquashowparkhotel.com	Rf 126
Ⓟ Badoca Safari Park	7501-909	Vila Nova de St° André	www.badoca.com	Rb 120
Ⓟ Jamor Adventure Park	1495-751	Cruz Quebrada	www.adventurepark.pt	Qe 116
Ⓟ Magikland	4560-221	Penafi el	www.magikland.pt	Re 101
Ⓟ NaturWaterPark	5000-037	Vila Real	www.naturwaterpark.pt	Sc 101
Ⓟ Parque aquático Norpark	2450-065	Nazaré	www.norpark.pt/	Qf 111
Ⓟ Parque aquático Scorpio	4835-235	Gui-marães	www.ezportugal.com/waterparks-portugal	Re 100
Ⓟ Pena Aventura	4870-110	Ribeira de Pena	www.penaaventura.com.pt	Sb 99
Ⓟ Portugal dos Pequenitos	3040-256	Coimbra	www.portugaldospequenitos.pt	Rd 107
Ⓟ Slide & Splash	8401-901	Lagoa	www.slidesplash.com	Rd 126
Ⓟ Visionarium	4520-153	Santa Maria da Feira	www.visionarium.pt	Rc 103
Ⓟ Zoomarine Albufeira	8200-864	Albufeira	www.zoomarine.pt	Re 126

①	②	③	④	⑤
28001*	Madrid	M	102	Wb 106
3800-000*	Aveiro	AV	94	Rc 105
AD500	Andorra La Vella	◘ AND	54	Bd 93
GI	Gibraltar	◘ GBZ	190	Du 132

	①	*
E (Cast.)	Código postal	Código postal más bajo en lugares con varios códigos postales
E (Cata.)	Codi postal	Codi postal més baix en localitats amb diversos codis postals
E (Eusk.)	Posta-kodea	Posta-kode bajuena posta-kode ugariko lekuetan
E (Gale.)	Código postal	Código postal menor nos lugares con mais dun código postal
P	Código postal	Código postal menor em caso de cidades com vários códigos postais
D	Postleitzahl	Niedrigste Postleitzahl bei Orten mit mehreren Postleitzahlen
UK	Postal code	Lowest postcode number for places having several postcodes
I	Codice postale	Codice di avviamento postale riferito a città comprendenti più codici di avviamento postale
F	Code postal	Code postal le plus bas pour les localités à plusieurs codes posteaux
NL	Postcode	Laagste postcode bij gemeenten met meerdere postcodes
PL	Kod pocztowy	Najniższy kod pocztowy w przypadku miejscowości z wieloma kodami pocztowymi
CZ	Poštovní směrovací číslo	Nejnižší poštovní směrovací číslo v městech s vicenásobnými poštovními směrovacími čísly
SK	Poštovné smerovacie číslo	Najmenšie poštové smerovacie číslo v miestach s viacerými poštovými smerovacími čislami
DK	Postnummer	Laveste postnummer ved byer med flere postnumre
HR	Poštanski broj	Najniži poštanski broj u mjestima sa više poštanskih brojeva

	②	③	④	⑤
E (Cast.)	Nombre	Provincia/Distrito	Número de página	Coordenadas de localización
E (Cata.)	Nom	Província/Districte	Nombre de pàgina	Coordinada de localització
E (Eusk.)	Izen	Probintzia/Barruti	Orri zenbakia	Bilaketa eremua sartu
E (Gale.)	Nome	Provincia/Distrito	Número de páxina	Rueiro
P	Nome	Provincia/Distrito	Número da página	Coordenadas de localização
D	Name	Provinz/Distrikt	Seitenzahl	Suchfeldangabe
UK	Name	Province/District	Page number	Grid reference
I	Nome	Province/Distretto	Numero di pagina	Riquadro nel quale si trova il nome
F	Nom	Province/District	Numéro de page	Coordonnées
NL	Naam	Provincie/District	Paginanummer	Zoekveld-gegevens
PL	Nazwa	Prowincja/Dystrykt	Numer strony	Współrzędne skorowidzowe
CZ	Název	Provincie/Okres	Číslo strany	Údaje hledacího čtverce
SK	Názov	Provincie/Okres	Číslo strany	Udanie hľadacieho štvorca
DK	Navn	Provins/Distrikt	Sidetal	Kvadratangivelse
HR	Ime	Pokrajina/Kotar	Broj stranica	Koordinatna podjela

E (Cast.) = Castellano   E (Cata.) = Català   E (Eusk.) = Euskera   E (Gale.) = Galego

E A-B-C ...
A - B - C - D - E - F - G - H - I - J - K - L - M - N - Ñ - O - P - Q - R - S - T - U - V - W - X - Y - Z

P A-B-C ...
A - B - C - D - E - F - G - H - I - J - L - M - N - O - P - Q - R - S - T - U - V - X - Z

Provincia · Província · Probintzia · Provincia · Provincia
Provinz · Province · Province · Province · Provincie
Provincja · Provincie · Provincie · Provins · Pokrajina

A	Alicante/Alacant	GI	Girona	SA	Salamanca
AB	Albacete	GR	Granada	SE	Sevilla
AL	Almería	GU	Guadalajara	SG	Segovia
AS	Asturias	H	Huelva	SO	Soria
AV	Ávila	HS	Huesca	SS	Guipúzcoa/Gipuzkoa
B	Barcelona	IB	Illes Balears/Islas Baleares	T	Tarragona
BA	Badajoz	J	Jaén	TE	Teruel
BI	Bizkaia/Vizkaya	L	Lleida	TF	Santa Cruz de Tenerife
BU	Burgos	LE	León	TO	Toledo
C	A Coruña	LU	Lugo	V	Valencia/València
CA	Cádiz	MA	Málaga	VA	Valladolid
CB	Cantabria	MC	Murcia	VI	Alava
CC	Cáceres	MD	Madrid	Z	Zaragoza
CE	Ceuta	ML	Melilla	ZA	Zamora
CO	Córdoba	NC	Navarra		
CR	Ciudad Real	OR	Ourense		
CS	Castellón/Castelló	P	Palencia	▫	
CU	Cuenca	PO	Pontevedra	AND	Andorra
GC	Las Palmas	RI	La Rioja	GBZ	Gibraltar

A

44155 Ababuj TE 107 Zb 105
15563 Abade C 27 Sa 87
36589 Abades PO 39 Re 92
40141 Abades SG 83 Ve 103
10748 Abadía CC 98 Ua 107
27730 Abadin LU 28 Sc 88
31280 Abáigar NC 48 Xf 93
27765 Abaira LU 29 Se 88
09141 Abajas BU 46 Wc 93
21760 Abalario, El H 178 Tb 126
26339 Ábalos RI 47 Xb 93
20269 Abaltzisketa SS 36 Xf 90
19432 Abánades GU 85 Xd 103
42368 Abanco SO 85 Xa 100
33579 Abandames AS 33 Vc 89
30640 Abanilla MC 157 Yf 119
39549 Abanillas CB 33 Vd 88
24397 Abano LE 42 Tf 93
15938 Abanqueiro C 38 Ra 93
50375 Abanto Z 87 Yb 102
48500* Abanto y Ciérvana BI 35 Wf 89
48500* Abanto-Zierbena BI 35 Wf 89
33994 Abantro AS 31 Ud 89
39549 Abaño CB 33 Vd 88
30550 Abarán MC 157 Yd 119
34338 Abarca P 63 Va 96
31178 Abárzuza NC 48 Xf 92
34307 Abastas P 63 Vb 95
34307 Abastillas P 44 Vb 95
31692 Abaurrea Alta NC 50 Ye 91
31692 Abaurrea Baja NC 50 Ye 91
32695 Abavides OR 59 Sc 96
22713 Abay HS 50 Zc 93
03517 Abdet A 159 Ze 116
01013 Abechuco VI 47 Xb 91
01449 Abecia VI 35 Xa 91
32615 Abedes OR 59 Sd 97
33844 Abedul AS 30 Te 89
15318 Abegondo C 27 Re 89
42146 Abejar SO 66 Xb 98
06475 Abejarrones de Arriba y de Abajo BA 149 Ua 116
49591 Abejera ZA 61 Tf 98
02439 Abejuela AB 156 Xf 118
04691 Abejuela AL 171 Ya 123
44422 Abejuela TE 123 Za 109
32679 Abeleda, A OR 59 Sb 95
32690 Abeledo OR 58 Sb 95
36518 Abeledo PO 39 Rf 93
32790 Abeledos OR 40 Sd 95
15873 Abelenda C 27 Rc 90
32520 Abelenda OR 39 Re 94
32520 Abelenda OR 39 Re 94
24145 Abelgas de Luna LE 42 Ua 91
15685 Abellá C 27 Re 90
17869 Abella GI 55 Cb 95
22472 Abella HS 52 Ad 94
08592 Abella, L' B 74 Cb 98
22622 Abellada HS 51 Ze 94
25556 Abella d''Adons L 53 Ae 94
25651 Abella de la Conca L 72 Ba 96
15290 Abelleira C 38 Qf 92
15258 Abelleiras C 26 Ra 91
49254 Abelón ZA 80 Tf 100
22620 Abena HS 51 Zd 94
02250 Abengibre AB 140 Yc 113
22621 Abenilla HS 51 Ze 94
13180 Abenójar CR 136 Vd 115
22437 Abenozas HS 52 Ac 95
02500 Abenuj AB 156 Yb 117
01193 Aberasturi VI 47 Xc 92
31264 Aberin NC 48 Xf 93
50529 Aberite de San Juan Z 68 Yd 98
10262 Abertura CC 133 Ub 113
49834 Abezames ZA 62 Ud 99
22463 Abi HS 52 Ac 94
39210 Abiada CB 33 Ve 90
34491 Abia de las Torres P 45 Vd 94
01477 Abiega VI 35 Wf 90
22143 Abiego HS 70 Zf 96
33557 Abiegos AS 32 Ue 89
11405 Abiertas, Las CA 188 Tf 128
31473 Abínzano NC 49 Yd 93
03100 Abio A 158 Zd 117
43427 Abió T 91 Bb 99
42127 Abión SO 67 Xe 99
42193 Abioncillo SO 66 Xa 98
39639 Abionzo CB 34 Wb 89
22392 Abizanda HS 71 Ab 95
04510 Abla AL 186 Xb 126
16195 Abla de la Obispalía CU 120 Xd 108
33875 Ablaneda AS 30 Tc 89
19442 Ablanque GU 86 Xe 103
33618 Ablaña de Arriba AS 31 Ub 89
33424 Ables AS 31 Ua 88
31523 Ablitas NC 68 Yc 97
14029 Abolafia de la Torre CO 167 Vd 121
27837 Aborbó LU 28 Sc 88
01449 Abornicano VI 47 Xa 91
11630 Abrajanejo CA 189 Uc 128
49624 Abraveses de Tera ZA 61 Ua 97
08630 Abrera B 92 Bf 99
38618 Abrigos, Los TF 196 Ic 180
04260 Abriojal AL 186 Xd 127
04520 Abrucena AL 185 Xb 126
27546 Abuíme LU 40 Sc 93
37640 Abusejo SA 98 Tf 104
37891 Abusejo de Abajo SA 99 Uc 103
37891 Abusejo de Arriba SA 99 Uc 104
02511 Abuzaderas AB 156 Yb 116
33986 Acebal AS 31 Uc 89
33509 Acebal AS 32 Vb 88
28755 Acebeda, La MD 84 Wc 102
24996 Acebedo LE 32 Uf 90
36779 Acebedo PO 57 Rb 97
01427 Acebedo VI 47 Wf 91
32815 Acebedo do Río OR 58 Rf 96
36556 Acebeiro PO 39 Re 93
24357 Acebes del Páramo LE 43 Ua 94
10857 Acebo CC 97 Tb 107
24413 Acebo LE 42 Td 94
27243 Acebo LU 29 Se 89
39549 Acebosa, La CB 33 Vd 88
16412 Acebrón, El CU 119 Xa 109
41500 Acebuchal SE 180 Ua 124
11391 Acebuchal, El CA 189 Ub 132
23211 Acebuchal, El J 153 Wc 119
41440 Acebuchal, El SE 165 Ud 123
21342 Acebuche H 163 Tb 121
Acebuche H 178 Tc 126
18770 Acebuche, El GR 185 Wf 128
45292 Aceca TO 118 Wa 109
06730 Acedera BA 134 Uc 114
09129 Acedillo BU 46 Wa 93
31282 Acedo NC 48 Xe 92
40145 Acedos SG 82 Vd 103
10879 Acehúche CC 114 Tc 110
10666 Aceituna CC 114 Te 108
10627 Aceitunilla CC 98 Te 106
21570 Aceituno H 162 Se 122
09640 Aceña BU 65 Wd 96
48191 Aceña, La BI 35 Wf 89
41563 Aceñuela, La SE 166 Va 124
29400 Acequia de los Frailes MA 181 Uf 128
18657 Acequias GR 184 Wc 127
34111 Acera de la Vega P 44 Vb 93
50347 Acered Z 87 Yc 101
32870 Aceredo OR 58 Rf 97
23240 Acero, El J 154 Wd 119
06207 Aceuchal BA 148 Td 117
33747 Acevedo AS 29 Ta 87
38439 Acevedo TF 196 Ib 179
49574 Aciberos ZA 60 Ta 96
22710 Acin HS 51 Zd 93
23488 Acra J 169 Wf 122
42174 Acrijos SO 67 Xe 96
18131 Acula GR 184 Wb 126
22612 Acumuer HS 51 Zd 93
15937 Acuncheira C 38 Ra 92
35350 Acusa GC 200 Kb 180
22147 Adahuesca HS 70 Zf 96
27162 Adai LU 28 Sd 91
39761 Adal CB 34 Wd 88
47129 Adalia VA 63 Uf 99
41620 Adalid SE 166 Ud 124
14430 Adamuz CO 167 Vc 120
05296 Adanero AV 82 Vc 103
31454 Adansa NC 50 Ye 93
27611 Adega, A LU 40 Sc 92
38670 Adeje TF 196 Ib 180
27773 Adelán LU 28 Sd 87
14978 Adelantado, El CO 183 Vd 125
04639 Adelfa, La AL 187 Ya 126
23210 Adelfar J 153 Wb 119
04510 Adelfas, Las AL 186 Xb 125
14749 Adelfilla, La CO 165 Ue 120
46140 Ademuz V 122 Ye 108
05520 Adijos AV 100 Va 105
36979 Adina PO 38 Ra 94
31153 Adiós NC 49 Yb 92
31448 Adoáin NC 50 Ye 92
19325 Adobes GU 105 Yb 104
25556 Adons L 53 Ae 94
46729 Ador V 143 Ze 115
04770 Adra AL 185 Wf 128
05430 Adrada, La AV 100 Vc 107
09462 Adrada de Haza BU 65 Wb 99
40192 Adrada de Pirón SG 83 Vf 102
42216 Adradas SO 85 Xd 100
24859 Adrados LE 43 Ue 91
40354 Adrados SG 83 Vf 100
24277 Adrados de Ordás LE 43 Ua 92
25717 Adraén L 54 Bd 95
25797 Adrall L 53 Bc 95
15293 Adraño C 38 Qf 91
17199 Adri GI 75 Ce 96
41728 Adriano SE 180 Ua 125
03786 Adsubia A 143 Zf 115
20150 Aduna SS 36 Xf 89
39670 Aés CB 33 Wa 89
35489 Agaete GC 200 Kb 180
37510 Agallas SA 97 Td 106
25692 Àger L 72 Ae 96
09199 Agés BU 46 Wd 94
20170 Aginaga SS 36 Xf 89
20600 Aginaga SS 36 Xd 89
20710 Aginaga SS 36 Xe 90
36520 Agolada PO 39 Rf 92
50560 Agón Z 68 Yd 97
26150 Agoncillo RI 48 Xe 94
33129 Agones AS 30 Tf 88
31639 Agorreta NC 37 Yc 91
15883 Agoso C 39 Rc 92
03698 Agost A 158 Zc 118
02409 Agra AB 156 Yb 118
23369 Agracea J 155 Xb 118
23291 Agracea, La J 155 Xb 120
27513 Agrade LU 40 Sa 93
02490 Agramón AB 156 Yc 118
25310 Agramunt L 72 Ba 98
03837 Agres A 142 Zc 116
15808 Agro do Chao (Santiso) C 39 Rf 91
18132 Agrón GR 184 Wb 126
04149 Agua Amarga AL 187 Ya 127
32101 Aguada OR 40 Sa 93
35638 Agua de Bueyes GC 199 Lf 178
04638 Agua del Medio, El AL 187 Ya 126
06444 Agua del Pilar BA 149 Ua 118
18640 Aguadero GR 184 Wc 126
23370 Aguadero, El J 155 Xb 119
41550 Aguadulce SE 182 Va 125
23569 Aguadux J 169 We 122
21342 Aguafría H 163 Tb 121
38359 Agua García TF 197 Id 178
15148 Agualada C 26 Rb 90
27248 Aguarda LU 28 Se 89
50408 Aguarón Z 87 Ye 100
22141 Aguas HS 70 Ze 95
38428 Aguas, Las TF 196 Ic 178
47418 Aguasal VA 82 Vc 101
02449 Agua Salada AB 156 Xf 117
30439 Agua Salada MC 156 Yb 120
15282 Aguasantas C 38 Rb 92
22451 Aguascaldas HS 52 Ac 94
09593 Aguas Cándidas BU 46 Wc 92
33842 Aguasmestas AS 30 Te 89
02049 Aguas Nuevas AB 140 Ya 115
44382 Aguatón TE 106 Ye 104
35259 Aguatona GC 200 Kd 181
44566 Aguaviva TE 108 Ze 104
42258 Aguaviva de la Vega SO 86 Xd 101
27743 Aguaxosa LU 29 Se 88
13410 Agudo CR 135 Va 115
22282 Agudos, Los HS 69 Zb 96
37594 Águeda del Caudillo SA 97 Td 105
33844 Agüera AS 30 Te 89
48880 Agüera BI 35 We 89
09569 Agüera BU 34 Wd 90
33814 Agüera del Coto AS 29 Tc 90
33118 Agüeras, Las AS 30 Tf 89
33679 Agüería AS 31 Ub 90
27678 Agueria LU 41 Sf 92
22808 Agüero HS 50 Zb 94
33993 Agües AS 31 Ud 89
11500 Águila CA 188 Te 129
06291 Águila, El BA 149 Te 120
10252 Águila, El CC 115 Ub 111
14749 Águila, El CO 166 Ud 121
40340 Aguilafuente SG 83 Vf 101
33619 Aguilar AS 31 Ub 89
22461 Aguilar HS 52 Ac 95
44156 Aguilar de Alfambra TE 107 Zb 105
19283 Aguilar de Anguita GU 86 Xd 102
09249 Aguilar de Bureba BU 46 We 93
34800 Aguilar de Campoo P 45 Ve 92
47814 Aguilar de Campos VA 62 Ue 97
31228 Aguilar de Codés NC 48 Xd 93
50175 Aguilar de Ebro Z 89 Zc 99
14920 Aguilar de Frontera CO 167 Vc 123
26530 Aguilar del Río Alhama RI 67 Ya 97
42259 Aguilar de Montuenga SO 86 Xe 101
08256 Aguilar de Segarra B 73 Bd 98
49624 Aguilar de Tera ZA 61 Ua 97
47281 Aguilarejo VA 63 Vc 98
30880 Águilas MC 172 Yc 124
42366 Aguilera SO 85 Xa 100
09370 Aguilera, La BU 65 Wb 98
39213 Aguilera, La CB 33 Vf 91
09216 Aguillo BU 47 Xc 92
43429 Aguiló T 92 Bc 99
50155 Aguilón Z 88 Yf 101
35260 Agüimes GC 200 Kd 181
31867 Aguinaga NC 49 Yb 91
22588 Aguinalín HS 71 Ac 96
01479 Aguiñiga VI 35 Wf 90
15965 Aguiño C 38 Qf 93
48480 Aguirre BI 35 Xa 89
48960 Aguirre BI 35 Xa 89
32634 Aguis OR 58 Sb 97

17707 Agullana GI 56 Cf 94
46890 Agullent V 142 Zc 116
25692 Agulló L 71 Ae 96
27143 Agustín LU 28 Se 91
18160 Agustinos GR 185 Wd 125
46177 Agustinos, Los V 122 Yf 110
41760 Aguzaderas SE 181 Uc 126
39849 Ahedo CB 34 Wd 89
09247 Ahedo de Bureba BU 46 Wd 93
09551 Ahedo del Butrón BU 46 Wb 91
10650 Ahigal CC 114 Te 107
37248 Ahigal de los Aceiteros SA 97 Tb 103
37173 Ahigal de Villarino SA 79 Td 102
46176 Ahillas V 123 Za 110
06940 Ahillones BA 150 Ua 119
23659 Ahumada, La J 168 Vf 121
20211 Aia SS 36 Xf 91
20809 Aia SS 36 Xf 89
01476 Aiara, Ayala VI 35 Wf 90
31460 Aibar = Oibar NC 49 Yd 93
46812 Aielo de Malferit V 142 Zc 115
46842 Aielo de Rugat V 142 Zd 115
17255 Aiguablava GI 75 Db 97
08591 Aiguafreda B 74 Cb 98
17255 Aiguafreda GI 75 Db 97
43815 Aiguamúrcia T 92 Bc 101
17181 Aiguaviva GI 75 Ce 97
43714 Aiguaviva T 92 Bd 100
03569 Aigües A 158 Zd 118
50152 Ailes Z 88 Yf 100
12222 Aín CS 124 Zd 109
31697 Aincioa NC 49 Yd 91
25572 Ainet de Cardós L 53 Bb 93
22623 Aineto HS 51 Ze 94
25577 Aineto L 53 Bb 93
22636 Ainielle HS 51 Ze 93
22349 Ainsa-Sobrarbe HS 52 Aa 94
50570 Ainzón Z 68 Yc 98
36990 Aiós PO 38 Ra 94
32666 Airavella OR 58 Sb 95
01120 Airraia Maeztu VI 48 Xd 92
22860 Aísa HS 50 Zc 92
25182 Aitona L 90 Ac 100
20211 Aitzarte SS 36 Xf 91
43364 Aixàvega, L' T 91 Ba 101
AD600 Aixirivall □ AND 54 Bd 94
AD500 Aixovall □ AND 54 Bc 94
20749 Aizarna SS 36 Xe 89
20749 Aizarnazabal SS 36 Xe 89
31448 Aizcurqui NC 49 Ye 92
20214 Aizpea SS 36 Xe 90
31172 Aizpún NC 49 Ya 91
31171 Aizpún NC 49 Yb 92
39806 Aja CB 34 Wc 89
28864 Ajalvir MD 102 Wd 105
26133 Ajamil RI 67 Xd 96
39728 Ajanedo CB 34 Wb 89
48320 Ajangiz BI 35 Xc 89
09216 Ajarte BU 47 Xc 92
30628 Ajauque MC 157 Yf 120
39170 Ajo CB 34 Wc 88
05370 Ajo, El AV 81 Va 103
45110 Ajofrín TO 118 Wa 110
35628 Ajuy GC 199 Lf 178
31698 Akerreta NC 49 Yc 91
48311 Akorda BI 35 Xc 88
03000* Alacant = Alicante A 158 Zd 118
44549 Alacón TE 88 Zb 102
50481 Aladrén Z 88 Yf 101
47510 Alaejos VA 81 Ue 101
50630 Alagón Z 69 Yf 98
10691 Alagón del Caudillo CC 114 Te 109
44563 Alagones, Los TE 107 Ze 104
07730 Alaior IB 93 Ea 109
01207 Alaiza VI 48 Xd 92
21340 Alájar H 163 Tc 121
14857 Al Alamillo CO 167 Vd 123
28723 Alalaya Real MD 102 Wc 104
42368 Alaló SO 85 Xa 100
28130 Alalpardo MD 102 Wd 105
18870 Alambique, El GR 185 Xa 124
06340 Alameda BA 148 Tc 119
29530 Alameda MA 182 Vc 125
40311 Alameda SG 84 Wc 101
04271 Alameda, La AL 187 Xf 125
13379 Alameda, La CR 153 Wa 117
40176 Alameda, La SG 83 Wb 102
42126 Alameda, La SO 86 Xf 99
13690 Alameda de Cervera CR 138 Wf 113
37497 Alameda de Gardón, La SA 97 Tb 105
45240 Alameda de la Sagra TO 118 Wb 108
14193 Alameda del Obispo CO 166 Vb 121
28749 Alameda del Valle MD 83 Wa 103
28042 Alameda de Osuna MD 102 Wc 106
18520 Alamedilla GR 169 We 123
37554 Alamedilla, La SA 97 Tb 106
05160 Alamedilla del Berrocal, La AV 100 Vb 104
04828 Alamicos, Los AL 171 Xf 123
13413 Alamillo CR 151 Vb 116
11391 Alamillo, El CA 189 Ub 132
30868 Alamillo, El MC 172 Ye 123
23130 Alamillon J 168 Wb 123
04149 Alamillos, Los AL 187 Xf 127
45909 Alamín TO 101 Ve 107
19490 Alaminos GU 104 Xb 103
05154 Álamo, El AV 99 Ud 105
06310 Álamo, El BA 149 Td 118
29313 Álamo, El MA 183 Ve 126
28607 Álamo, El MD 101 Wa 107
41440 Álamo, El SE 165 Uc 123
41898 Álamo, El SE 164 Td 123
04811 Álamos, Los AL 171 Xe 123
29620 Álamos, Los MA 191 Vd 129
38715 Álamos, Los TF 197 Hb 176
41380 Alanís SE 165 Ub 120
46970 Alaquàs V 142 Zd 112
37312 Alaraz SA 99 Ue 104
50345 Alarba Z 87 Yc 101
09199 Alarcia BU 46 We 95
16214 Alarcón CU 121 Xf 111
34480 Alar del Rey P 45 Ve 93
45138 Alares, Los TO 117 Vb 112
19227 Alarilla GU 103 Wf 103
07340 Alaró IB 126 Ce 110
25718 Alàs L 54 Bd 94
22311 Alastrué HS 51 Zf 94
22760 Alastuey HS 50 Zb 93
02152 Alatoz AB 141 Yd 114
22621 Alavés HS 51 Zd 94
18314 Alazores, Los GR 183 Ve 126
27813 Alba LU 28 Sb 89
27204 Albá LU 40 Sa 91
36152 Alba PO 38 Rc 94
44395 Alba TE 106 Yd 105
34492 Albacastro BU 45 Ve 92
02001* Albacete AB 140 Ya 115
11406 Albadalejo Alto CA 188 Tf 128
34219 Alba de Cerrato P 64 Vd 98
34888 Alba de los Cardaños P 44 Vb 91
37800 Alba de Tormes SA 99 Uc 104
37478 Alba de Yeltes SA 98 Te 104
12135 Albagés, L' CS 107 Ze 107
25155 Albagés, L' L 91 Ae 100
23760 Albaida J 168 Vf 121
46860 Albaida V 142 Zc 115
41809 Albaida del Aljarafe SE 164 Tf 124
09216 Albaina BU 47 Xc 92
46470 Albal V 142 Zd 112
06011 Albalá BA 131 Sf 116
10187 Albalá de Caudillo CC 133 Te 113
13340 Albaladejo CR 155 Xb 117
16111 Albaladejo del Cuende CU 121 Xe 110
34126 Albalá de la Vega P 44 Vb 94
46687 Albalat de la Ribera V 142 Zd 113
46135 Albalat dels Sorells V 124 Zd 111
46591 Albalat dels Tarongers V 124 Zd 110
22534 Albalate de Cinca HS 71 Aa 98
44540 Albalate del Arzobispo TE 89 Zc 102
16841 Albalate de las Nogueras CU 104 Xe 106
19117 Albalate de Zorita GU 103 Xa 107
22220 Albalatillo HS 70 Zf 98
04857 Albánchez AL 187 Xe 125
23538 Albánchez de Mágina J 169 Wd 122
33492 Albandi AS 31 Ub 87
17733 Albanyà GI 55 Ce 95
43360 Albarca T 91 Af 101
30627 Albarda MC 157 Ye 120
27130 Albaredo LU 29 Se 91
32618 Albarellos OR 59 Sd 97
32514 Albarellos OR 39 Rf 94
36516 Albarellos PO 39 Rf 93
19112 Albares GU 103 Wf 107
24310 Albares de la Ribera LE 42 Td 93
30850 Albaricoqueros, Los MC 172 Yc 122
04116 Albaricoques AL 187 Xf 127
44100 Albarracín TE 106 Yd 106
45522 Albarreal de Tajo TO 117 Ve 109
41200 Albatán SE 165 Ua 123
02653 Albatana AB 157 Yc 117
25171 Albatàrrec L 71 Ad 99
03340 Albatera A 158 Za 119
27004 Albeiros LU 28 Sc 90
22558 Albelda HS 71 Ac 97
26120 Albelda de Iregua RI 48 Xd 94
22371 Albella HS 51 Zf 94
16812 Albendea CU 104 Xd 106
19275 Albendiego GU 85 Wf 101
14859 Albendín CO 167 Ve 122
01208 Albéniz VI 48 Xe 91
44477 Albentosa TE 123 Zb 108
36429 Albeos PO 58 Re 96
30150 Alberca, La MC 173 Yf 121
37624 Alberca, La SA 98 Tf 106
16620 Alberca de Záncara, La CU 120 Xd 111
45695 Alberche del Caudillo TO 116 Va 109
35479 Albercón GC 200 Kb 181
07400 Albergo Crucero Baleares IB 127 Db 109
18152 Albergue de Elorrieta GR 184 Wd 126
18160 Albergue de la Hoya de la Mora GR 185 Wd 126
30510 Albergue de los Castaños MC 157 Yf 117
18494 Albergue de los Espinares GR 185 Wf 126
32622 Alberguería OR 59 Sc 96
37555 Alberguería de Argañán, La SA 97 Tb 106
37762 Alberguería de Herguijuela SA 98 Ua 105
46176 Albergues V 123 Za 109
46260 Alberic V 142 Zc 114
46177 Alberique V 122 Yf 110
46312 Alberique V 122 Yf 110
11650 Alberite CA 181 Uc 128
22112 Albero Alto HS 70 Zd 96
22255 Albero Bajo HS 70 Zd 96
25611 Alberola L 71 Ae 97
30811 Alberquilla MC 172 Yb 123
30442 Alberquilla, La MC 156 Ya 119
45006 Alberquilla, La TO 118 Wa 109
22147 Alberuela de Liera HS 70 Zf 96
22212 Alberuela de Tubo HS 70 Ze 97
25712 Albet L 53 Bb 94
50549 Albeta Z 68 Yd 98
25450 Albi, L' L 91 Af 100
31877 Albiasu NC 37 Ya 90
09239 Albillos BU 46 Wb 95
41659 Albina SE 182 Ue 126
43716 Albinyana T 92 Bc 101
43479 Albiol, L' T 91 Ba 101
24293 Albires LE 62 Ue 95
15685 Albixoi C 27 Re 90
48382 Albiz BI 35 Xc 89
20495 Albiztur SS 36 Xf 90
42132 Albocabe SO 67 Xe 99
12140 Albocàsser CS 108 Aa 106
19160 Albolleque GU 103 We 105
04531 Alboloduy AL 186 Xc 126
18220 Albolote GR 184 Wc 125
18708 Albondón GR 185 We 128
48370 Alboniga BI 35 Xb 88
17136 Albons GI 75 Da 96
46369 Alborache V 142 Zb 112
02513 Alborajico AB 156 Yc 117
46120 Alboraya V 124 Zd 112
02215 Alborea AB 141 Yd 113
19264 Alboreca GU 85 Xc 102
15258 Alborés C 26 Ra 91
50781 Alborge Z 89 Zd 101
05358 Albornos AV 100 Va 103
04800 Albox AL 187 Xf 124
07750 Albranca Vell IB 93 Ea 109
30190 Albudeite MC 172 Yd 120
06170 Albuera, La BA 148 Tb 116
03550 Albufereta, L' A 158 Zd 118
46550 Albuixech V 124 Ze 111
30330 Albujón MC 173 Yf 122
18518 Albuñán GR 185 Wf 125
18700 Albuñol GR 185 We 128
18180 Albuñuelas GR 185 We 125
18659 Albuñuelas GR 184 Wc 127
11170 Alburejos, Los CA 188 Ua 130
06510 Alburquerque BA 132 Sf 113
45523 Alcabón TO 117 Vd 108
41359 Alcachofar, El SE 165 Ub 123
02410 Alcadima AB 156 Xf 117
02124 Alcadozo AB 156 Ya 117
16290 Alcahozo CU 140 Yc 112
04830 Alcaide AL 171 Xf 122
14940 Alcaidía, La CO 167 Vd 124
41657 Alcaidía, La SE 182 Uf 126
44792 Alcaine TE 88 Zb 103
38686 Alcalá TF 196 Ib 179
50691 Alcalá de Ebro Z 69 Ye 98
41500 Alcalá de Guadaira SE 180 Ua 124
22282 Alcalá de Gurrea HS 69 Zb 96
28802 Alcalá de Henares MD 102 Wd 106
44432 Alcalá de la Selva TE 107 Zb 106
16315 Alcalá de la Vega CU 122 Yc 108
02214 Alcalá del Júcar AB 141 Yd 113
22135 Alcalá del Obispo HS 70 Ze 96
11180 Alcalá de los Gazules CA 189 Ub 130
11693 Alcalá del Valle CA 182 Ue 127
50591 Alcalá de Moncayo Z 68 Yb 98
12570 Alcalà de Xivert CS 108 Ab 107
23680 Alcalá La Real J 168 Wa 124
03728 Alcalalí A 159 Zf 116
22560 Alcampell HS 71 Ac 97
03669 Alcanà A 158 Za 118
22513 Alcana HS 71 Ac 97
26509 Alcanadre RI 48 Xf 94
43530 Alcanar T 109 Ac 105
22300 Alcanetos, Los HS 71 Aa 96
25162 Alcanó L 90 Ad 100
11593 Alcántara CA 188 Ua 128
10980 Alcántara CC 113 Ta 110
30813 Alcántara y Los Bucanos MC 172 Yb 123
02489 Alcantarilla AB 155 Xd 119
30820 Alcantarilla MC 172 Ye 121
04638 Alcantarilla, La AL 187 Ya 126
41727 Alcantarillas, Las SE 180 Ua 126
16812 Alcantud CU 104 Xe 105
49500 Alcañices ZA 61 Td 98
44600 Alcañiz TE 89 Zf 102
45687 Alcañizo TO 116 Uf 109
14480 Alcaracejos CO 151 Va 118
30592 Alcaraces MC 173 Za 122
02300 Alcaraz AB 155 Xd 117
11580 Alcaria, La CA 189 Uc 129
25180 Alcarràs L 90 Ad 99
46290 Alcàsser V 142 Zd 112
29711 Alcaucín MA 183 Vf 127
23660 Alcaudete J 168 Vf 123
45662 Alcaudete de la Jara TO 116 Va 110
04769 Alcaudique AL 185 Xa 128
07710 Alcaufar IB 93 Eb 109
31780 Alcayaga NC 37 Yb 89
06182 Alcazaba BA 132 Tb 115
04778 Alcazaba, La AL 185 Wf 128
06300 Alcázar BA 149 Td 118
18710 Alcázar GR 185 Wd 127
16464 Alcázar del Rey CU 120 Xb 108
13600 Alcázar de San Juan CR 138 We 112
37607 Alcazarén SA 98 Ua 104
47238 Alcazarén VA 82 Vb 100
30710 Alcázares, Los MC 173 Za 122
39680 Alceda CB 34 Wa 89
01423 Alcedo VI 47 Wf 92
03649 Alciri A 158 Za 118
13116 Alcoba CR 136 Vd 113
24393 Alcoba de la Ribera LE 43 Ub 93
42351 Alcoba de la Torre SO 65 Wd 98
06380 Alcobaza BA 148 Ta 118
28109 Alcobendas MD 102 Wc 105
19125 Alcocer GU 104 Xc 106
03841 Alcocer de Planes A 142 Zd 116
09258 Alcocero de Mola BU 46 Wd 94
16537 Alcohujate CU 104 Xc 106
03801 Alcoi = Alcoy A 158 Zd 116
04480 Alcolea AL 185 Xa 127
14610 Alcolea CO 167 Vb 121
13107 Alcolea de Calatrava CR 136 Vf 115
22410 Alcolea de Cinca HS 71 Aa 98
19260 Alcolea del Pinar GU 85 Xd 102
41449 Alcolea del Río SE 165 Uc 123
45571 Alcolea de Tajo TO 116 Uf 110
03814 Alcolecha A 159 Ze 116
25660 Alcoletge L 71 Ae 99
10135 Alcollarín CC 134 Ub 113
42134 Alconaba SO 67 Xd 98
37329 Alconada SA 81 Ud 103
40529 Alconada de Maderuelo SG 84 Wd 100
40529 Alconadilla SG 84 Wd 100
06131 Alconchel BA 148 Sf 117
42269 Alconchel de Ariza Z 86 Xf 101
16433 Alconchel de la Estrella CU 120 Xc 110
06393 Alconera BA 148 Td 118
04897 Alcóntar AL 186 Xc 124
03699 Alcoraya, L' A 158 Zc 118
49517 Alcorcillo ZA 61 Td 98
28921 Alcorcón MD 102 Wb 106
29691 Alcorin MA 189 Ue 130
44550 Alcorisa TE 89 Zd 103
10515 Alcorneo CC 131 Se 113
10373 Alcornocal CC 115 Uc 111
14249 Alcornocal, El CO 150 Ue 119
13100 Alcornocal, El CR 136 Vd 113
41359 Alcornocalejo SE 165 Ub 123
41899 Alcornocosa, La SE 164 Te 122
41250 Alcornoque SE 164 Tf 121
41780 Alcornoquillo, El SE 181 Ud 127
19310 Alcoroches GU 105 Yb 105
12579 Alcossebre CS 108 Ab 107
44422 Alcotas TE 123 Zb 108
46176 Alcotas, Las V 123 Za 110
07740 Alcotx IB 93 Eb 109
43460 Alcover T 91 Bb 101
03801 Alcoy = Alcoi A 158 Zd 116
42320 Alcozar SO 65 We 99
02249 Alcozarejos AB 140 Yc 114
22251 Alcubierre HS 70 Zd 98
42351 Alcubilla de Avellaneda SO 65 We 98
42213 Alcubilla de las Peñas SO 86 Xc 101
42391 Alcubilla del Marqués SO 84 Wf 99
49696 Alcubilla de Nogales ZA 61 Ua 96
13391 Alcubillas CR 154 Wf 116
04558 Alcubillas, Las AL 186 Xc 126
45516 Alcubillete TO 117 Ve 109
46172 Alcublas V 123 Zb 110
07400 Alcudia IB 127 Da 109
46250 Alcúdia, L' V 142 Zc 113
18511 Alcudia de Guadix GR 185 Wf 125
04276 Alcudia de Monteagud AL 186 Xe 125
12222 Alcudia de Veo CS 124 Zd 109
03829 Alcudieta del Comtat, l' A 158 Zd 116
10160 Alcuéscar CC 133 Te 113
24207 Alcuetas LE 43 Ud 95
19264 Alcuneza GU 85 Xc 102
18451 Alcútar GR 185 We 127
29679 Alcuzcuz MA 190 Uf 129
01117 Alda VI 48 Xe 92
31892 Aldaba NC 49 Yb 91
20267 Aldaba SS 36 Xf 90
46960 Aldaia V 123 Zd 112
36945 Aldán PO 38 Rb 95
15215 Aldaris C 38 Rb 92
31878 Aldatz NC 37 Ya 90
48120 Alday BI 35 Xb 88
27813 Aldea LU 28 Sb 89
43896 Aldea, L' T 109 Ad 104
09554 Aldea, La BU 46 Wc 91
35119 Aldea Blanca GC 200 Kd 181
38628 Aldea Blanca del Llano TF 196 Ic 180
10251 Aldeacentenera CC 115 Uc 111
37718 Aldeacipreste SA 98 Ua 106
48891 Aldeacueva BI 34 Wd 89
37520 Aldeadalba de Hortaces SA 97 Tc 105
37250 Aldeadávila de la Ribera SA 79 Tc 101
45620 Aldea de Arango TO 116 Va 108
39419 Aldea de Ebro CB 45 Vf 91
41400 Aldea de Fuente Carretero SE 166 Uf 123
22250 Aldea de Gazol HS 70 Zd 98
24391 Aldea de la Valdoncina, La LE 43 Ub 93
10163 Aldea del Cano CC 133 Te 113
28620 Aldea del Fresno MD 101 Ve 107
37488 Aldea del Obispo SA 97 Tb 104
10291 Aldea del Obispo, La CC 115 Ua 111
09660 Aldea del Pinar BU 66 We 97
09211 Aldea del Portillo de Busto, La BU 46 We 92
24920 Aldea del Puente, La LE 43 Ue 93
13380 Aldea del Rey CR 153 Wa 116
05197 Aldea del Rey Niño AV 100 Vb 105
22439 Aldea de Puy de Cinca HS 71 Ab 95
42345 Aldea de San Esteban SO 84 We 99
47160 Aldea de San Miguel VA 82 Vc 100
35470 Aldea de San Nicolás, La GC 200 Kb 181
21880 Aldea de Tejada H 164 Td 124
10291 Aldea de Trujillo CC 115 Ua 111
45908 Aldea en Cabo TO 117 Vd 107
37187 Aldeagallega SA 99 Ub 103
37116 Aldeagutiérrez SA 80 Tf 102
23267 Aldeahermosa J 154 Wf 119
05520 Aldealabad AV 100 Va 105
05154 Aldealabad del Mirón AV 99 Ud 105
40389 Aldealafuente SG 83 Wb 101
42134 Aldealafuente SO 67 Xe 98
40513 Aldealázaro SG 84 Wd 100
47313 Aldealbar VA 83 Vd 100
42173 Aldealcardo SO 67 Xe 96
40389 Aldealcorvo SG 83 Wb 101
37350 Aldealengua SA 81 Uc 103
40555 Aldealengua de Santa María SG 84 Wd 100
37183 Aldealgordo de Abajo SA 99 Ub 104

42180 Aldealices SO 67 Xe 97
40153 Aldeallana SG 101 Ve 103
26145 Aldealobos RI 48 Xe 95
42112 Aldealpozo SO 67 Xe 98
42180 Aldealseñor SO 67 Xe 97
47162 Aldeamayor de San Martín VA 82 Vc 99
02691 Aldeanueva AB 140 Yb 115
37497 Aldeanueva SA 97 Tc 105
40195 Aldeanueva SG 83 Vf 103
19244 Aldeanueva de Atienza GU 85 Wf 102
45661 Aldeanueva de Barbarroya TO 116 Uf 110
26123 Aldeanueva de Cameros RI 66 Xc 96
37767 Aldeanueva de Campo Mojado SA 99 Ub 105
26559 Aldeanueva de Ebro RI 68 Ya 95
37429 Aldeanueva de Figueroa SA 81 Uc 102
19152 Aldeanueva de Guadalajara GU 103 Wf 104
37540 Aldeanueva del Arenal SA 97 Tc 106
40532 Aldeanueva de la Serrezuela SG 83 Wb 100
10440 Aldeanueva de la Vera CC 115 Ub 108
10740 Aldeanueva del Camino CC 98 Ua 107
40568 Aldeanueva del Campanario SG 84 Wc 100
40462 Aldeanueva del Codonal SG 82 Vc 102
40517 Aldeanueva del Monte SG 84 Wc 100
37592 Aldeanueva de Portanovis SA 97 Tc 104
45575 Aldeanueva de San Bartolomé TO 116 Uf 111
05580 Aldeanueva de Santa Cruz AV 99 Ud 106
23215 Aldeaquemada J 154 Wd 118
14191 Aldea Quintana CO 166 Va 122
40292 Aldea Real SG 83 Vf 101
37110 Aldearrodrigo SA 80 Ub 102
37340 Aldearrubia SA 81 Ud 102
40181 Aldeasaz SG 83 Wa 102
05212 Aldeaseca AV 82 Vb 102
37870 Aldeaseca de Alba SA 99 Ud 104
37189 Aldeaseca de Armuña SA 80 Ub 102
37317 Aldeaseca de la Frontera SA 81 Ue 103
40235 Aldeasoña SG 83 Vf 100
37187 Aldeatejada SA 80 Ub 103
15948 Aldeavella C 38 Ra 93
05193 Aldeavieja AV 101 Vd 104
37493 Aldeavieja SA 98 Te 104
37779 Aldeavieja de Tormes SA 99 Uc 105
37493 Aldeavilla de Revilla SA 98 Te 103
37317 Aldeayuste SA 81 Ue 103
27728 Aldeguer LU 29 Se 89
40533 Aldehorno SG 83 Wb 99
10638 Aldehuela CC 98 Td 106
19354 Aldehuela GU 105 Yb 104
40317 Aldehuela SG 83 Wb 100
40160 Aldehuela SG 83 Vf 102
40311 Aldehuela SG 84 Wc 101
44192 Aldehuela TE 106 Yf 107
44192 Aldehuela TE 107 Zb 104
05593 Aldehuela, La AV 99 Ud 106
23747 Aldehuela, La J 153 Wa 120
28380 Aldehuela, La MD 119 Wd 108
42107 Aldehuela de Ágreda SO 68 Ya 98
42193 Aldehuela de Calatañazor SO 66 Xb 98
37460 Aldehuela de la Bóveda SA 98 Tf 103
40462 Aldehuela del Codonal SG 82 Vc 102
50374 Aldehuela de Liestos Z 87 Yb 102
10671 Aldehuela del Jerte CC 114 Te 108
37497 Aldehuela de los Gallegos SA 97 Tc 105
42180 Aldehuela de Periáñez SO 67 Xe 98
42166 Aldehuela de Rincón SO 66 Xc 97
50324 Aldehuela de Santa Cruz Z 87 Yd 100
37639 Aldehuela de Yeltes SA 98 Te 105
37100 Aldehuelas SA 80 Tf 102
42173 Aldehuelas, Las SO 67 Xd 97
04897 Aldeire AL 186 Xc 125
18514 Aldeire GR 185 Wf 126
40380 Aldeonsancho SG 83 Wa 101
40531 Aldeonte SG 84 Wb 100
47313 Aldeyuso VA 83 Vf 99
27843 Aldixe LU 28 Sc 89
27116 Aldomán LU 29 Sf 90
AD400 Aldosa, l' □ AND 54 Bd 93
AD100 Aldosa, l' □ AND 54 Bd 93
27611 Aldosende LU 40 Sc 92
43591 Aldover T 109 Ad 103
31480 Aldunate NC 49 Yd 93
33345 Alea AS 32 Uf 88
19237 Aleas GU 84 Wf 103
03100 Alecua A 158 Zc 117
30859 Aledo MC 172 Yc 122
20260 Alegia SS 36 Xf 90
35540 Alegranza GC 198 Mc 172
01240 Alegría-Dulantzi VI 48 Xc 91
43381 Aleixar, L' T 91 Ba 101
24960 Aleje LE 44 Uf 91
02448 Alejos, Los AB 155 Xe 117
08328 Alella B 93 Cb 100
04117 Alemanes Nuevos, Los AL 187 Xf 128
32705 Alemparte OR 59 Sc 95
36511 Alemparte PO 39 Rf 92
48870 Alen BI 35 We 89
32138 Alén OR 39 Rf 93
42225 Alentisque SO 86 Xe 100
25736 Alentorn L 72 Ba 97
22588 Aler HS 71 Ac 96
50670 Alera Z 49 Yd 95
22194 Alerre HS 70 Zd 96
26324 Alesanco RI 47 Xb 94
26315 Alesón RI 47 Xb 94
33579 Alevia AS 33 Vc 88
18170 Alfacar GR 184 Wc 125
03838 Alfafara A 142 Zc 116
22511 Alfages HS 71 Ab 98
04830 Alfahuara, La AL 171 Xe 122
04288 Alfaix AL 187 Ya 126
50172 Alfajarín Z 69 Zb 99
44160 Alfambra TE 106 Yf 105
50461 Alfamén Z 87 Ye 100
22416 Alfántega HS 71 Aa 98
46594 Alfara de Algimia V 124 Zd 110
43528 Alfara de Carles T 109 Ac 103
49177 Alfaraz ZA 80 Tf 101
49177 Alfaraz de Sayago ZA 80 Ua 101
46195 Alfarb V 142 Zc 113
29194 Alfarnate MA 183 Ve 127
29194 Alfarnatejo MA 183 Ve 127
26540 Alfaro RI 69 Yb 95
25120 Alfarràs L 71 Ad 97
46893 Alfarrasí V 142 Zd 115
03580 Alfàs del Pi, L' A 159 Zf 117
46725 Alfauir V 143 Ze 115
23614 Alfávila, La J 168 Wa 123
02448 Alfera, La AB 155 Xe 117
25161 Alfés L 90 Ad 99
45160 Alfinach V 124 Zd 111
50120 Alfocea Z 69 Za 98
34240 Alfoces, Los P 64 Ve 97
12609 Alfondeguilla CS 124 Ze 109
43365 Alforja T 91 Af 101
18710 Alfornón GR 185 We 128
50783 Alforque Z 89 Zd 101
27774 Alfoz LU 28 Sd 87
39526 Alfoz de Lloredo CB 33 Ve 88
09571 Alfoz de Santa Gadea BU 33 Wa 91
50195 Alfranca, La Z 69 Zb 99
12160 Algá, L' CS 108 Zf 106
41980 Algaba, La SE 164 Tf 124
24238 Algadefe LE 62 Uc 95
07769 Algaiarens IB 93 Df 108
07210 Algaida IB 127 Cf 111
11549 Algaida, La CA 179 Te 127
14978 Algaida y Gata Corona CO 183 Vd 125
41560 Algaidilla SE 182 Vb 125
30420 Algaidón, El MC 156 Yb 119
14439 Algallarín CO 167 Vd 121
11200 Algamasilla CA 191 Uc 132
41661 Algámitas SE 182 Uf 126
11179 Algámitas, Las CA 189 Uc 131
11639 Algar CA 189 Uc 129
14811 Algar CO 167 Ve 124
30366 Algar, El MC 173 Za 123
14100 Algarbes, Los CO 166 Va 123
19332 Algar de Mesa GU 86 Ya 102
46593 Algar de Palancia V 124 Zd 110
19116 Algarga GU 119 Wf 107
18280 Algarinejo GR 183 Vf 125
16338 Algarra CU 122 Yd 108
04710 Algarrobal, El AL 186 Xb 128
41730 Algarrobillo, El SE 180 Ua 127
29750 Algarrobo MA 183 Vf 128
21730 Algarrobo, El H 179 Td 125
30648 Algarrobo, El MC 157 Yf 119
29751 Algarrobo-Costa MA 183 Vf 128
14670 Algarve CO 167 Ve 122
29491 Algatocín MA 189 Ue 129
22559 Algayón HS 71 Ac 98
44562 Algecira, La TE 107 Zd 104
11203 Algeciras CA 190 Ud 132
46680 Algemesí V 142 Zd 113
07712 Algendar IB 93 Eb 109
25130 Algerri L 71 Ad 98
30157 Algezares MC 173 Yf 121
41650 Algibón SE 182 Uf 126
46148 Algimia de Alfara V 124 Zd 110
12414 Algimia de Almonacid CS 123 Zd 109
46230 Alginet V 142 Zd 113
03296 Algoda, L' A 158 Zb 119
11680 Algodonales CA 181 Ud 127
28310 Algodor MD 118 Wa 109
49539 Algodre ZA 81 Uc 99
19268 Algora GU 85 Xc 103
03169 Algorfa A 173 Zb 120
03296 Algorós A 158 Zb 119
48940 Algorta BI 35 Xa 88
25125 Alguaire L 71 Ad 98
30560* Alguazas MC 172 Ye 120
03668 Algueña A 157 Yf 118
04567 Alhabia AL 186 Xc 127
30800 Alhagüeces MC 172 Yb 121
04400 Alhama de Almería AL 186 Xc 127
50230 Alhama de Aragón Z 86 Ya 101
18120 Alhama de Granada GR 183 Wa 126
30840 Alhama de Murcia MC 172 Yd 121
13248 Alhambra CR 138 Wf 115
44423 Alhambras, Las TE 123 Za 108
04619 Alhanchete, El AL 187 Ya 125
29492 Alharia, La MA 190 Ue 129
23790 Alharilla J 167 Vf 121
29130 Alhaurín de la Torre MA 191 Vc 129
29120 Alhaurín el Grande MA 191 Vb 129
18620 Alhendín GR 184 Wc 126
19132 Alhóndiga GU 103 Xb 105
01010 Ali VI 47 Xb 91
10137 Alía CC 134 Ue 112
44150 Aliaga TE 107 Zb 104
16313 Aliaguilla CU 122 Ye 110
03000* Alicante = Alacant A 158 Zd 118
14240 Alicante, El CO 151 Ue 119
29600 Alicate MA 191 Vb 129
04409 Alicún AL 186 Xc 127
18539 Alicún de las Torres GR 169 Wf 123
18538 Alicún de Ortega GR 169 Wf 123
24199 Alija de la Ribera LE 43 Uc 93
24761 Alija del Infantado LE 61 Ua 96
11400 Alijar CA 188 Te 128
23568 Alijares, Los J 169 Wd 122
25574 Alins L 53 Bb 93
22421 Alíns del Monte HS 71 Ac 96
25794 Alinyà L 73 Bc 95
43813 Alió T 92 Bb 101
19129 Alique GU 104 Xc 105
41889 Alisar, El SE 164 Te 123
39720 Alisas CB 34 Wc 89
10550 Aliseda CC 132 Tb 112
37500 Aliseda SA 97 Tc 104
23213 Aliseda, La J 153 Wc 118
05630 Aliseda de Tormes, La AV 99 Ud 107
18240 Alitaje GR 184 Wb 125
42132 Aliud SO 67 Xe 99
41420 Aljabara, La SE 165 Ud 124
14730 Aljabaras, Las CO 166 Ue 121
29580 Aljaima MA 182 Vc 128
04814 Aljambra, La AL 187 Xf 124
21110 Aljaraque H 178 Sf 125
04629 Aljariz AL 187 Ya 125
30890 Aljezas y El Llano MC 172 Ya 122
35640 Aljibe GC 199 Ma 177
04750 Aljibe de la Cruz, El AL 185 Xa 127
30178 Aljibe del Andaluz MC 172 Yd 121
30335 Aljibe de los Juncos MC 172 Ye 122
30813 Aljibete, El MC 172 Yb 123
30811 Aljibe y las Brencas de Sicilia, El MC 172 Yb 123
04715 Aljibillos AL 186 Xa 128
41567 Aljonoz SE 166 Va 124
46860 Aljorf V 142 Zc 115
30390 Aljorra, La MC 173 Yf 122
02512 Aljube AB 156 Yc 117
06894 Aljucén BA 133 Td 114
30152 Aljucer MC 173 Yf 121
20215 Alkibar SS 36 Xe 91
20494 Alkiza SS 36 Xf 89
31797 Alkotz NC 37 Yb 90
17539 All GI 54 Bf 94
33889 Allande AS 29 Tc 89
32660 Allariz OR 58 Sb 95
40130 Allas de San Pedro SG 83 Ve 103
39798 Allendelagua CB 35 We 88
44145 Allepuz TE 107 Zb 106
33578 Alles AS 32 Vb 89
31290 Allín NC 48 Xf 92
31262 Allo NC 48 Xf 93
27113 Allonca, A LU 29 Ta 89
31292 Alloz NC 48 Ya 92
44509 Alloza TE 89 Zc 103
30859 Allozos, Los MC 172 Yc 122
22610 Allué HS 51 Ze 94
44492 Allueva TE 88 Yf 103
25100 Almacelles L 71 Ac 98
25109 Almacelletes L 71 Ad 98
44548 Almacenes TE 88 Zb 103
29718 Almáchar MA 183 Ve 128
29788 Almachares MA 184 Wa 128
18820 Almaciles GR 171 Xd 121
13400 Almadén CR 135 Va 116
41240 Almadén de la Plata SE 164 Tf 121
13480 Almadenejos CR 151 Vb 116
30530 Almadenes MC 157 Yc 119
11520 Almadraba CA 188 Td 129
04150 Almadraba de Monteleva AL 187 Xe 128
11100 Almadraba Esparola CA 188 Te 130
17480 Almadrava, L' GI 75 Db 95
43860 Almadrava, L' T 91 Af 103
19490 Almadrones GU 85 Xb 103
24374 Almagarinas LE 42 Te 92
13270 Almagro CR 137 Wb 115
30333 Almagros MC 172 Ye 122
46450 Almaguer-Espedreñals V 142 Zd 113
04692 Almajalejo AL 187 Ya 124
42180 Almajano SO 67 Xd 97
11500 Almajar CA 188 Te 129
42258 Almaluez SO 86 Xe 101
31796 Almandoz NC 37 Yc 90
02640 Almansa AB 141 Yf 115
10137 Almansa CC 135 Ue 112
23479 Almansas J 169 Wf 123
42212 Almantiga SO 85 Xc 100
24170 Almanza LE 44 Uf 93
04815 Almanzora AL 187 Xe 124
42191 Almarail SO 67 Xd 99
10350 Almaraz CC 115 Ub 110
49180 Almaraz de Duero ZA 80 Ua 100
47861 Almaraz de la Mota VA 62 Ue 98
16740 Almarcha, La CU 120 Xd 110
11393 Almarchal, El CA 189 Ub 132
29330 Almargen MA 182 Uf 126
14749 Almarja, La CO 166 Ue 122
03503 Almarrà A 159 Zf 117
42169 Almarza SO 67 Xd 97
26111 Almarza de Cameros RI 66 Xc 95
46132 Almàssera V 142 Zd 111
25261 Almassor L 72 Af 98
12550 Almassora = Almazora CS 124 Zf 109
25187 Almatret L 90 Ac 101
35018 Almatriche GC 200 Kd 180
29749 Almayate Alto MA 183 Vf 128
29749 Almayate Bajo MA 183 Vf 128
42200 Almazán SO 86 Xc 100
02439 Almazarán AB 156 Xf 118
24398 Almázcara LE 42 Tc 93
12550 Almazora = Almassora CS 124 Zf 109
22148 Almazorre HS 51 Aa 95
42126 Almazul SO 67 Xf 99
12570 Almedíjar CS 108 Aa 107
12413 Almedíjar CS 123 Zd 109
13328 Almedina CR 154 Xa 117
23470 Almedina, La J 169 Wf 121
18438 Almegíjar GR 185 We 127
49210 Almeida de Sayago ZA 80 Tf 101
25126 Almenar L 71 Ad 98
12590 Almenara CS 124 Ze 110
23009 Almenara J 168 Wb 121
47419 Almenara de Adaja VA 82 Vb 101
50191 Almenara de San Ignacio Z 69 Yf 98
37115 Almenara de Tormes SA 80 Ub 102
42130 Almenar de Soria SO 67 Xe 98
14812 Almendinilla CO 168 Vf 124
37176 Almendra SA 80 Td 101
49183 Almendra ZA 61 Ua 99
06171 Almendral BA 148 Tb 117
10667 Almendral CC 114 Tf 108
04559 Almendral, El AL 186 Xc 126
18128 Almendral, El GR 183 Vf 127
45631 Almendral de la Cañada TO 117 Vb 107
06200 Almendralejo BA 149 Td 116
29013 Almendrales MA 183 Vd 128
30893 Almendricos MC 171 Yb 124
21593 Almendro, El H 177 Se 123
16420 Almendros CU 120 Xa 109
13248 Almendros, Los CR 138 Wf 115
12500 Almendros, Los CS 109 Ad 105
28500 Almendros, Los MD 102 Wd 107
41111 Almensilla SE 179 Tf 125
04001* Almería AL 186 Xd 127
04711 Almerimar AL 186 Xb 128
46178 Almeza, La V 123 Za 109
23479 Almicerán, El J 170 Xa 122
18515 Almidar GR 169 Wf 124
02437 Almirez AB 156 Ya 118
19225 Almiruete GU 84 We 102
44591 Almochuel Z 89 Zc 101
04458 Almócita AL 186 Xb 126
13580 Almodóvar del Campo CR 152 Ve 116
16215 Almodóvar del Pinar CU 121 Ya 110
14720 Almodóvar del Río CO 166 Uf 122
29150 Almogía MA 183 Vc 128
19115 Almoguera GU 103 Xa 107
23392 Almohadilla J 155 Xb 118
44369 Almohaja TE 106 Yd 105
05515 Almohalla, La AV 99 Ud 106
10132 Almoharín CC 133 Tf 113
46723 Almoines V 143 Zf 115
50178 Almolda, La Z 89 Ze 99
50133 Almonacid de la Cuba Z 88 Zb 101
50108 Almonacid de la Sierra Z 87 Ye 100
16431 Almonacid del Marquesado CU 120 Xb 110
45420 Almonacid de Toledo TO 118 Wa 110
19118 Almonacid de Zorita GU 103 Xa 107
21350 Almonaster la Real H 163 Tb 121
18816 Almontarás, Las GR 170 Xb 122
21730 Almonte H 178 Tc 125
17850 Amor GI 75 Cd 95
03160 Almoradí A 158 Zb 120
11350 Almoraima CA 189 Ud 131
06614 Almorchón BA 150 Ue 116
45910 Almorojuelo TO 117 Vd 107
45900 Almorox TO 101 Vd 107
43393 Almoster T 91 Ba 101
22531 Almudáfar HS 71 Ab 99
03827 Almudaina A 159 Zd 116
30410 Almudema, La MC 171 Ya 120
22270 Almudèvar HS 70 Zc 96
41909 Almuédano SE 164 Tf 124
50100 Almunia de Doña Godina, La Z 87 Yd 100
22141 Almunia del Romeral, La HS 70 Ze 95
22420 Almunia de San Juan HS 71 Ab 97
22587 Almunia de San Lorenzo HS 71 Ad 96
22144 Almunias, Las HS 51 Zf 95
22255 Almuniente HS 70 Zd 97
33700 Almuña AS 30 Tc 87
18690 Almuñécar GR 184 Wb 128
13760 Almuradiel CR 153 Wd 117
33843 Almurfe AS 30 Te 89
46440 Almussafes V 142 Zd 113
24838 Almuzara LE 31 Uc 91
44134 Alobras TE 122 Yd 107
19133 Alocén GU 104 Xb 105
18350 Alomartes GR 184 Wa 125
15846 Alón C 26 Rb 90
10109 Alonso de Ojeda CC 133 Ua 114
48810 Alonsotegui BI 35 Xa 89
39649 Aloños CB 34 Wa 89
29500 Álora MA 182 Vb 128
25737 Alòs de Balaguer L 72 Af 97
25586 Alòs d'Isil = Alòs de Gil L 53 Ba 92
21520 Alosno H 177 Sf 123
08586 Alou, L' B 74 Ca 96
19208 Alovera GU 103 We 105
29567 Alozaina MA 191 Va 128
29460 Alpandeire MA 190 Ue 129
42213 Alpanseque SO 85 Xb 101
04638 Alparatas, Las AL 187 Ya 126
50109 Alpartir Z 87 Yd 100
03788 Alpatró A 143 Ze 116
28430 Alpedrete MD 101 Vf 105
19184 Alpedrete de la Sierra GU 84 Wd 103
19276 Alpedroches GU 85 Xa 101
08587 Alpens B 74 Ca 96
44721 Alpeñes TE 106 Yf 104
02690 Alpera AB 141 Ye 115
25110 Alpicat L 71 Ad 99

21880 Alpizar H 164 Td 124
30816 Alporchones MC 172 Yc 123
46178 Alpuente V 122 Yf 109
18450 Alpujarra de la Sierra GR 185 Wf 127
07769 Alputze Nou IB 93 Df 108
29195 Alquería MA 183 Ve 127
29679 Alquería MA 190 Uf 129
29130 Alquería MA 191 Vc 128
04779 Alquería, La AL 185 Wf 128
18840 Alquería, La GR 170 Xc 122
30528 Alquería, La MC 157 Ye 117
37796 Alquería Alizaces SA 99 Ub 104
12448 Alquería Baja, La CS 123 Zc 108
37865 Alquería Carabias SA 99 Ud 104
37350 Alquería Castañeda SA 81 Ud 103
37453 Alquería Cemprón SA 99 Ub 104
37453 Alquería Continos SA 99 Ub 103
37766 Alquería Coquilla de Juan Vázquez SA 98 Ua 105
37788 Alquería Cortos de Sacedón SA 99 Ub 104
03829 Alquería dAsnar, l' A 142 Zd 116
04830 Alquería de Abajo, La AL 171 Xf 122
05298 Alquería de Astudillo AV 81 Uf 102
46715 Alquería de la Condesa = Alquería de la Comtessa, L' V 143 Zf 115
03810 Alqueria dels Capellans, L' A 158 Zd 116
37865 Alquería Gallegos de Crespos SA 99 Ud 104
37453 Alquería Gueribáñez SA 99 Ub 104
37788 Alquería Herreros de Salvatierra SA 99 Ub 104
10410 Alquería La Campita CC 115 Ua 108
37458 Alquería La Dueña de Abajo SA 99 Ub 104
21550 Alquería La Vaca H 162 Sd 122
37320 Alquería Pedrezuela de San Bricio SA 81 Ud 103
37405 Alquería Revilla SA 81 Ue 102
37317 Alquería Riolobos SA 81 Ue 102
30580 Alquerías MC 173 Yf 120
30850 Alquerías, Las MC 172 Yc 122
30850 Alquerias, Las MC 172 Yc 121
37789 Alquería Sanchotuerto SA 99 Ub 104
37312 Alquería San Mamés SA 99 Ud 104
12539 Alquerías del Niño Perdido CS 124 Zf 109
37312 Alquería Somosancho SA 99 Ue 104
30835 Alquerías y Cermeño MC 172 Yc 123
37453 Alquería Terrubias SA 99 Ub 103
37787 Alquería Velayos SA 99 Uc 104
37405 Alquería Villafuerte SA 81 Ud 102
21610 Alquería y Valcasao, La H 177 Ta 125
22145 Alquézar HS 70 Aa 95
04130 Alquián, El AL 186 Xd 127
30611 Alquibla MC 157 Yd 120
18518 Alquife GR 185 Wf 125
40510 Alquité SG 84 Wd 101
25632 Alsamora L 71 Ae 96
31800 Alsasua = Altsasu NC 48 Xe 91
04568 Alsodux AL 186 Xc 126
09219 Altable BU 47 Wf 93
43893 Altafulla T 92 Bc 102
30385 Altamaría MC 173 Zb 123
48350 Altamira San Kristobal BI 35 Xb 88
05141 Altamiros AV 100 Va 104
25589 Alt Àneu L 53 Ba 93
16780 Altarejos CU 120 Xd 109
25215 Alta-riba L 73 Bc 98
03590 Altea A 159 Zf 117
03599 Altea la Vella A 159 Zf 117
25289 Altés L 72 Bb 96
25350 Altet L 72 Ba 98
03195 Altet, El A 158 Zc 119
02139 Altico, El AB 155 Xe 117
23210 Altico, El J 153 Wb 119
40400 Altillo, El SG 101 Vd 104
48144 Alto BI 35 Xb 90
27164 Alto LU 40 Sd 91
24792 Altobar de la Encomienda LE 61 Ub 96
30813 Altobordo MC 172 Yc 123
12225 Alto del Pinar CS 123 Zd 109
32137 Alto de Santo Domingo OR 39 Rf 93
27212 Alto do Hospital LU 40 Sb 91
25567 Altorn L 53 Ba 94
22540 Altorricón HS 71 Ac 98
09559 Altos, Los BU 46 Wb 92
14930 Altos, Los CO 167 Vc 124
35018 Altos, Los GC 200 Kc 180
31800 Altsasu = Alsasua NC 48 Xe 91
01139 Altube VI 35 Xa 91
12410 Altura CS 123 Zc 109
39880 Altura, La CB 35 We 89
26289 Altuzarra RI 66 Wf 95
20015 Altza SS 37 Ya 89
20248 Altzaga SS 36 Xf 90
01169 Altzaga VI 36 Xc 90
20180 Altzibar SS 37 Ya 89
20268 Altzo SS 36 Xf 90
20268 Altzoazpi SS 36 Xf 90
20870 Altzola SS 36 Xd 89
50322 Aluenda Z 87 Yc 100
30351 Alumbres MC 173 Za 123
19320 Alustante GU 105 Yc 105
06170 Alvarado BA 132 Tb 116
14720 Alvarizas CO 166 Uf 122
27579 Alvidrón LU 40 Sa 92
15838 Alvite C 38 Ra 91
27287 Alvites LU 28 Se 88
25632 Alzina, L' L 72 Ae 96
46600 Alzira V 142 Zd 114
31422 Alzórriz NC 49 Yd 92
31486 Alzuza NC 49 Yc 91
31715 Amaiur/Maya NC 37 Yd 89
36527 Amance PO 39 Rf 92
33311 Amandi AS 31 Ud 88
27576 Amarante LU 40 Sa 92
04897 Amarguilla AL 186 Xc 125
20150 Amasa SS 36 Xf 89
37890 Amatos de Alba SA 99 Ud 103
37792 Amatos de Salvatierra SA 99 Ub 104
31395 Amatrain NC 49 Yc 93
05560 Amavida AV 100 Uf 105
09136 Amaya BU 45 Vf 93
19332 Amayas GU 86 Ya 102
34429 Amayuelas de Abajo P 63 Vd 95
34429 Amayuelas de Arriba P 63 Vd 95
34485 Amayuelas de Ojeda P 45 Vd 92
33826 Ambás AS 30 Tf 89
33438 Ambás AS 31 Ub 87
33312 Ambás AS 31 Ud 88
26586 Ambas Aguas o Entrambas Aguas RI 67 Xe 96
24524 Ambasmestas LE 41 Ta 92
50546 Ambel Z 68 Yc 98
33557 Ambingue AS 32 Ue 89
28580 Ambite MD 103 We 107
15145 Amboade C 27 Rc 89
27836 Ambosores LU 28 Sb 87
33819 Ambrés AS 30 Td 89
15313 Ambroa C 27 Rf 89
42230 Ambrona SO 86 Xc 102
18102 Ambroz GR 184 Wc 126
36516 Amedo PO 39 Rf 93
36885 Ameixeira, A PO 58 Re 95
15870 Ameixenda C 38 Rc 91
15298 Ameixenda, A C 38 Qf 91
17170 Amer GI 74 Cd 96
15220 Ames C 38 Rc 91
08480 Ametlla del Vallès, L' B 74 Cb 98
43860 Ametlla de Mar, L' T 109 Ae 103
25692 Ametlla de Montsec, L' L 72 Ae 96
25217 Ametlla de Segarra, L' L 72 Bb 99
09219 Ameyugo BU 47 Wf 93
20268 Amezketa SS 36 Xf 90
48499 Amezola BI 35 Xa 90
32665 Amiadoso OR 58 Sb 95
33558 Amieva AS 32 Uf 89
33558 Amieva AS 32 Uf 89
36669 Amil PO 39 Rc 93
31290 Amillano NC 48 Xf 92
36840 Amoedo PO 39 Rc 95
32170 Amoeiro OR 39 Sa 94
49173 Amor ZA 80 Ub 100
48340 Amorebieta-Etxano BI 35 Xb 89
25271 Amorós L 73 Bc 99
48289 Amoroto BI 36 Xc 89
43895 Ampolla, L' T 109 Ae 104
43870 Amposta T 109 Ad 104
34191 Ampudia P 63 Vb 97
39840 Ampuero CB 34 Wd 88
35611 Ampuyenta, La GC 199 Ma 178
31395 Amunarrizqueta NC 49 Yc 93
26270 Amunartia RI 47 Wf 94
01470 Amurrio VI 35 Wf 90
34420 Amusco P 63 Vd 95
47177 Amusquillo VA 64 Ve 98
44212 Anadón TE 88 Za 103
27229 Anafreita LU 28 Sa 90
25572 Anàs L 53 Bb 93
40121 Anaya SG 83 Ve 103
37863 Anaya de Alba SA 99 Ud 104
37465 Anaya de Huebra SA 98 Tf 104
33534 Anayo AS 31 Ud 88
07315 Ancanella IB 127 Cf 110
15181 Anceis C 27 Rd 89
36829 Anceu PO 39 Rd 94
31699 Anchóriz NC 49 Yc 91
23294 Anchos, Los J 155 Xc 119
19287 Anchuela del Campo GU 86 Xf 102
19350 Anchuela del Pedregal GU 105 Yb 103
28818 Anchuelo MD 103 We 106
13117 Anchuras CR 116 Va 112
30850 Anchurica, La MC 172 Yc 122
18181 Anchurón, El GR 185 We 124
22469 Anciles HS 52 Ad 93
31281 Ancín NC 48 Xe 93
11500 Ancla, El CA 188 Te 129
19128 Anclas, Las GU 104 Xb 105
01439 Anda VI 47 Xa 91
15816 Andabao C 27 Rf 90
01439 Andagoya VI 47 Xa 91
24127 Andarraso LE 42 Tf 92
20809 Andatza SS 36 Xf 89
49162 Andavías ZA 61 Ua 99
15669 Andeiro C 27 Rd 89
33719 Andés AS 29 Tb 87
46162 Andilla V 123 Zb 109
24722 Andiñuela LE 42 Te 94
20140 Andoain SS 36 Xf 89
01260 Andoin VI 48 Xe 91
01193 Andollu VI 48 Xc 92
44500 Andorra TE 89 Zd 103
AD500 Andorra La Vella ☐ AND 54 Bd 93
31261 Andosilla NC 48 Ya 94
48620 Andraka BI 35 Xa 88
48115 Andra-Mari BI 35 Xb 89
36628 András PO 38 Rb 93
07150 Andratx IB 126 Cc 111
07860 Àndravel IB 125 Bc 117
30858 Andreos, Los MC 172 Yd 122
37181 Andrés Bueno SA 81 Uc 103
21239 Andreses, Los H 163 Ta 121
33596 Andrin AS 32 Vb 88
23740 Andújar J 168 Vf 120
04559 Aneas, Las AL 186 Xc 126
50369 Anento Z 87 Yd 102
22487 Aneto HS 53 Ae 93
29660 Ángel, El MA 190 Va 129
11339 Ángeles, Los CA 189 Ud 130
28223 Ángeles, Los MD 102 Wb 106
40424 Ángeles de San Rafael, Los SG 101 Ve 104
20578 Angiozar = Anguiozar SS 36 Xd 90
17160 Anglès GI 75 Cd 97
25320 Anglesola L 72 Ba 99
19245 Angón GU 85 Xa 102
39788 Angostina CB 34 We 88
01118 Angostina VI 48 Xd 93
04897 Angosto de Arriba AL 186 Xc 124
05631 Angostura, La AV 99 Ud 106
35310 Angostura La GC 200 Kd 180
26210 Anguciana RI 47 Xa 93
36428 Angudes PO 58 Re 95
22123 Angüés HS 70 Zf 96
26322 Anguiano RI 47 Xb 95
02140 Anguijes, Los AB 140 Ya 115
19283 Anguita GU 86 Xd 102
09313 Anguix BU 64 Wa 98
19119 Anguix GU 103 Xb 106
26288 Anguta RI 47 Wf 94
47239 Aniago VA 82 Va 99
22162 Aniés HS 51 Zc 95
31451 Anievas CB 33 Vf 89
39571 Aniezo CB 33 Vc 90
50313 Aniñón Z 87 Yb 100
31796 Aniz NC 37 Yc 90
33430 Anjaluz SO 85 Xb 99
24488 Anllares del Sil LE 42 Tc 91
24488 Anllarinos del Sil LE 42 Tc 91
15110 Anllóns C 26 Ra 89
46820 Anna V 142 Zc 114
31799 Anocíbar NC 49 Yb 91
20270 Anoeta SS 36 Xf 90
02512 Anorias, Las AB 157 Yc 116
15149 Anós C 26 Ra 89
31194 Anoz NC 49 Yc 91
31172 Anoz NC 49 Yb 91
19287 Anquela del Ducado GU 86 Xf 103
19357 Anquela del Pedregal GU 105 Yb 104
12370 Anroig CS 108 Aa 105
25798 Anserall L 54 Bc 94
22728 Ansó HS 50 Zb 92
31195 Ansoáin NC 49 Yb 91
25722 Ansovell L 54 Bd 95
49349 Anta de Rioconejos ZA 60 Td 96
49317 Anta de Tera ZA 61 Td 96
04628 Antas AL 187 Ya 125
36839 Antas PO 39 Rd 94
27570 Antas de Ulla LU 40 Sa 92
46266 Antella V 142 Zc 114
22589 Antenza HS 71 Ad 96
48210 Anteparaluzeta BI 35 Xc 90
29200 Antequera MA 183 Vc 126
15258 Antes C 26 Ra 91
01220 Antezana de la Ribera VI 47 Xa 92
35630 Antigua GC 199 Lf 178
20008 Antigua SS 36 Xf 89
24796 Antigua, La LE 62 Ub 95
34248 Antigüedad P 64 Vf 97
21449 Antilla, La H 177 Se 125
22133 Antillón HS 70 Zf 96
24251 Antimio de Abajo LE 43 Uc 94
24391 Antimio de Arriba LE 43 Uc 93
25513 Antist L 53 Af 94
08262 Antius B 73 Be 98
01128 Antoñana VI 48 Xd 92
24281 Antoñán del Valle LE 42 Ua 93
24357 Antoñanes del Páramo LE 43 Ub 94
26589 Antoñanzas RI 67 Xe 95
20577 Antzuola SS 36 Xd 90
01428 Anucita VI 47 Xa 92
31798 Anué NC 37 Yc 91
15688 Ánxeles C 27 Re 91
27229 Anxeriz LU 28 Sa 90
25738 Anya L 72 Ba 97
22830 Anzánigo HS 50 Zc 94
36512 Anzo PO 39 Re 92
14512 Anzur CO 182 Vb 124
01426 Añana = Salinas de Añana VI 47 Xa 92
09215 Añastro BU 47 Xb 92
42108 Añavieja SO 67 Ya 97
15609 Añdrade C 27 Rf 88
40492 Añe SG 83 Ve 102
01477 Añés VI 35 Wf 90
31195 Añézcar NC 49 Yb 91
11400 Añina CA 188 Te 128
36587 Añobre PO 39 Re 92
50590 Añón de Moncayo Z 68 Yb 98
14450 Añora CO 151 Va 118
31154 Añorbe NC 49 Yb 93
37111 Añover de Tormes SA 80 Ua 102
34307 Añoza P 63 Vb 95
01192 Añua VI 48 Xc 92
31430 Aoiz NC 49 Yd 92
28755 Aorlos MD 84 Wc 102
25788 Aós L 54 Bc 93
31481 Aos NC 49 Yd 92
09511 Aostri de Losa BU 35 Wf 91
20550 Aozaraza SS 36 Xd 90
03311 Aparecida, La A 173 Yf 120
30395 Aparecida, La MC 173 Za 122
15327 Aparral C 28 Sb 88
31500 Apartadero de Arguedas NC 68 Yc 96
14249 Apartadero de Cabeza de Vaca CO 151 Ue 119
02640 Apartadero de Casas del Campillo AB 141 Yf 116
26528 Apartadero de Cervera de Rio Alhama RI 68 Ya 97
02694 Apartadero de Higueruela AB 141 Yd 115
24345 Apartadero de Villamarco LE 43 Ue 94
48291 Apatamonasterio BI 36 Xc 90
Ap. de Carpio de Azaba SA 97 Tc 105
29590 Apeadero Campanillas MA 191 Vc 128
49162 Apeadero de Andavias ZA 61 Ua 99
21500 Apeadero de Belmonte H 163 Ta 124
02691 Apeadero de El Mugron AB 141 Ye 115
37593 Apeadero de El Salto SA 97 Td 105
49540 Apeadero de Losacio-San Martin ZA 61 Tf 98
49163 Apeadero de Manzanal del Barco ZA 61 Ua 99
05215 Apeadero de Palacios de Goda AV 82 Vb 102
13738 Apeadero de Peñalajo CR 153 Wc 117
50490 Apeadero de Puerto del Alto Z 87 Ye 101
Apeadero de Robledo de Sanabria ZA 60 Tc 97
21309 Apeadero El Cobujon H 177 Ta 123
21309 Apeadero La Encarnación H 177 Ta 123
50450 Apeadero La Torrubia Z 88 Yf 100
29590 Apeadero Los Prados MA 191 Vd 128
29591 Apeadero Los Remedios MA 191 Vc 128
29394 Apeadero Parchite MA 182 Uf 128
01129 Apellániz VI 48 Xd 92
01139 Aperregi VI 47 Xa 91
30811 Apiche MC 172 Yb 123
22195 Apiés HS 70 Zd 95
01138 Apodaca VI 47 Xb 91
20530 Apotzaga = Apozaga SS 36 Xc 90
20530 Apozaga SS 36 Xc 90
27235 Apregación LU 28 Sb 91
01439 Apricano VI 47 Xa 91
Apt. Alcolea del Río SE 165 Ub 123
Apt. El Cuervo CA 180 Tf 127
22625 Aquilué HS 51 Zd 94
22620 Ara HS 51 Zd 94
37418 Arabayona SA 81 Ud 102
25712 Arabell = Aravell L 53 Bc 94
30510 Arabí MC 157 Ye 116
48498 Aracaldo BI 35 Xa 90
21200 Aracena H 163 Tc 121
21200 Aracenilla H 163 Tc 121
39212 Aradillos CB 33 Vf 90
38550 Arafo TF 197 Id 178
19344 Aragoncillo GU 86 Xf 103
40123 Aragoneses SG 83 Vd 102
19294 Aragosa GU 85 Xb 103
22338 Araguás HS 52 Aa 94
22731 Aragüés del Puerto HS 50 Zb 92
41600 Arahal, El SE 181 Uc 125
40173 Arahuetes SG 83 Wa 102
12110 Araia CS 124 Ze 108
01250 Araia VI 48 Xe 91
31891 Araitz NC 36 Ya 90
31797 Araizotz NC 37 Yc 91
31850 Arakil NC 49 Ya 91
41989 Aral, El SE 164 Ua 124
24146 Aralla de Luna LE 43 Ua 91
20248 Arama SS 36 Xf 90
01169 Aramaio VI 36 Xc 90
31290 Aramendía NC 48 Xf 92
25518 Aramunt L 72 Af 95
48370 Arana BI 35 Xb 88
09215 Arana BU 47 Xb 92
31271 Aranarache NC 48 Xe 92
33756 Arancedo AS 29 Tb 87
42180 Arancón SO 67 Xe 98
09400 Aranda de Duero BU 65 Wb 98
50259 Aranda de Moncayo Z 68 Yb 99
50266 Arándiga Z 87 Yd 99
31292 Arandigoyen NC 48 Ya 93
16812 Arandilla del Arroyo CU 104 Xd 105
15317 Aranga C 27 Rf 89
33554 Arangas AS 32 Vb 89
33128 Arango AS 30 Te 88
31448 Arangozqui NC 49 Ye 92
31192 Aranguren NC 49 Yc 92
28300 Aranjuez MD 118 Wc 108
31754 Arano NC 37 Ya 89
25726 Arànser L 54 Bd 94
27714 Arante LU 29 Se 88
36458 Arantei PO 57 Rc 96
31790 Arantza NC 37 Yb 89
20567 Arantzaau SS 36 Xd 91
48140 Arantzazu BI 35 Xb 90
20690 Arantzeta SS 36 Xd 90
25212 Aranyó, L' L 72 Bb 98
27689 Aranza LU 40 Se 91
19141 Aranzueque GU 103 Wf 106
12232 Arañuel CS 123 Zd 108
20567 Araotz SS 36 Xd 91
20567 Araoz = Araotz SS 36 Xd 91
37796 Arapiles SA 81 Uc 103
22466 Arasán HS 52 Ad 93
22193 Arascués HS 70 Zd 95
46179 Aras de Alpuente V 122 Yf 109
31239 Aras o Tres Aras NC 48 Xd 93
22860 Aratorés HS 51 Zc 93
20738 Aratzerreka SS 36 Xe 90
37850 Arauzo SA 81 Ue 103
09451 Arauzo de Miel BU 65 Wd 97
09451 Arauzo de Salce BU 65 Wd 98
09451 Arauzo de Torre BU 65 Wd 98
28023 Aravaca MD 102 Wb 106
38540 Araya TF 197 Id 178
31170 Arazuri NC 49 Yb 92
48381 Arbacegui y Gerrikaiz BI 36 Xc 89
48419 Arbaiza BI 35 Xa 90
19237 Arbancón GU 85 Wf 103
22121 Arbaniés HS 70 Ze 96
24690 Arbás LE 31 Ub 91
25140 Arbeca L 91 Af 99
34846 Arbejal P 45 Vc 91
19492 Arbeteta GU 104 Xd 104

33840 Arbeyales AS 30 Te 90
01420 Arbigano VI 47 Xa 92
31839 Arbizu NC 48 Xf 91
36430 Arbo PO 58 Rd 96
08793 Arboçar de Dalt B 92 Be 100
04660 Arboleas AL 187 Xf 124
43365 Arbolí T 91 Af 101
31454 Arboniés NC 49 Ye 92
43720 Arbós = Arboç, L' T 92 Bd 101
17401 Arbúcies GI 74 Cd 98
22760 Arbués HS 50 Zb 93
22240 Arbujuelo SO 86 Xd 102
23193 Arbuniel J 169 Wc 123
15821 Arca C 39 Rd 91
36684 Arca PO 39 Rd 93
36690 Arcade PO 38 Rc 94
24227 Arcahueja LE 43 Uc 93
25593 Arcalís L 53 Ba 94
16123 Arcas CU 121 Xf 109
16123 Arcas del Villar CU 121 Xf 109
01192 Arcaute VI 47 Xc 91
25799 Arcavell L 54 Bc 94
24171 Arcayos LE 44 Uf 93
09218 Arce BU 47 Xa 92
39478 Arce CB 33 Wa 88
37429 Arcediano SA 81 Uc 102
49151 Arcenillas ZA 80 Ub 100
49159 Arceñas de Villaralbo ZA 80 Ub 100
15818 Arceo C 27 Re 90
39419 Arcera CB 45 Vf 91
30600 Archena MC 157 Ye 120
29755 Archez MA 184 Vf 127
29300 Archidona MA 183 Vd 126
41899 Archidona SE 164 Te 122
19411 Archilla GU 103 Xa 104
18492 Archillas, Los GR 185 Wf 127
23478 Archites, Los J 170 Xb 120
30195 Archivel MC 171 Xf 120
45182 Arcicóllar TO 118 Vf 108
49514 Arcillera ZA 61 Te 98
37429 Arcillo SA 81 Uc 102
49272 Arcillo ZA 80 Ua 100
10828 Arco CC 114 Td 110
37110 Arco, El SA 80 Ub 102
09592 Arconada BU 46 Wc 93
34449 Arconada P 45 Vd 95
40164 Arcones SG 84 Wb 102
09195 Arcos BU 46 Wb 95
15258 Arcos C 38 Qf 91
27518 Arcos LU 40 Sb 93
27142 Arcos LU 28 Sd 90
32693 Arcos OR 58 Sb 96
32348 Arcos OR 41 Sf 94
36677 Arcos PO 39 Rc 93
36389 Arcos PO 57 Rb 96
06010 Arcos, Los BA 148 Ta 117
30529 Arcos, Los MC 173 Ye 122
31210 Arcos, Los NC 48 Xe 93
42250 Arcos de Jalón SO 86 Xe 101
16191 Arcos de la Cantera CU 121 Xe 108
11630 Arcos de la Frontera CA 180 Ub 128
49699 Arcos de la Polvorosa ZA 62 Ub 97
16141 Arcos de la Sierra CU 105 Xf 106
44421 Arcos de las Salinas TE 122 Yf 109
32621 Arcucelos OR 59 Sd 96
22149 Arcusa HS 51 Aa 95
22584 Ardaiz NC 49 Yd 91
30170 Ardal MC 157 Yc 120
13250 Ardales CR 137 Wb 114
29550 Ardales MA 182 Va 127
31421 Ardanaz de Izagandoa NC 49 Yd 92
22474 Ardanúy HS 52 Ad 94
15109 Ardaña C 26 Rb 89
22587 Ardèvol L 73 Bd 97
36989 Ardia PO 38 Ra 94
06270 Ardila BA 149 Td 120
50614 Ardisa Z 69 Zb 95
33429 Ardisana AS 32 Va 88
29108 Ardite MA 191 Va 128
23760 Ardón J 168 Vf 121
24232 Ardón LE 43 Uc 94
24251 Ardoncino LE 43 Uc 94
37460 Ardonsillero SA 98 Tf 103
25727 Ardòvol L 54 Be 94
36389 Area PO 57 Rb 96
27578 Areas LU 40 Sa 92
36711 Areas PO 57 Rc 96
36873 Areas PO 39 Rd 95
36861 Areas PO 57 Rc 95
48143 Areatza-Villaro BI 35 Xb 90
38789 Arecida TF 197 Ha 176
48269 Areitio BI 36 Xc 89
30889 Arejos, Los MC 172 Yb 124
31263 Arellano NC 48 Xf 93
22583 Arén HS 52 Ae 95
33125 Arena, La AS 30 Tf 87
39627 Arenal CB 34 Wb 89
05416 Arenal, El AV 100 Uf 107
14830 Arenal, El CO 167 Vc 123
40176 Arenal, El SG 83 Wb 101
07740 Arenal d''en Castell IB 93 Eb 108
02449 Arenalejo AB 156 Xf 118
18220 Arenales GR 184 Wc 125
42257 Arenales SO 86 Xe 102
10896 Arenales, Los CC 113 Tb 108
18312 Arenales, Los GR 183 Vf 125
41400 Arenales, Los SE 166 Ue 124
13619 Arenales de San Gregorio CR 138 Wf 113
23710 Arenales y Sevilleja J 168 Wa 120
48190 Arenao BI 35 Wf 89
33936 Arenas AS 31 Uc 88
33538 Arenas AS 31 Ud 89
39553 Arenas CB 33 Vd 89
29753 Arenas MA 183 Vf 128
33555 Arenas, Las AS 32 Vb 89
41740 Arenas, Las SE 179 Tf 127
47160 Arenas, Las VA 82 Vc 99
39450 Arenas de Iguña CB 33 Vf 89
18126 Arenas del Rey GR 184 Wa 127
13679 Arenas de San Juan CR 137 Wc 113
05400 Arenas de San Pedro AV 100 Uf 107
01129 Arenaza VI 48 Xd 92
41350 Arenillas SE 165 Ub 122
42368 Arenillas SO 85 Xa 100
09239 Arenillas de Muñó BU 64 Wa 95
34477 Arenillas de Nuño Pérez P 45 Vc 93
09107 Arenillas de Riopisuerga BU 45 Ve 94
34473 Arenillas de San Pelayo P 44 Vc 93
24329 Arenillas de Valderaduey LE 44 Uf 95
09133 Arenillas de Villadiego BU 45 Wa 93
38520 Arenitas, Las TF 197 Id 178
41640 Arenoso SE 182 Ue 125
29400 Arenosos, Los MA 181 Ue 128
44622 Arens de Lledó TE 90 Ab 103
32500 Arenteiro OR 39 Rf 94
08350 Arenys de Mer B 74 Cd 99
08358 Arenys de Munt B 74 Cd 99
26311 Arenzana de Abajo RI 47 Xb 94
26312 Arenzana de Arriba RI 47 Xb 94
39582 Areños CB 32 Vb 90
34849 Areños P 33 Vd 91
15126 Areosa C 26 Ra 90
15624 Ares C 27 Re 88
25794 Ares L 72 Bb 95
48499 Aresandiaga BI 35 Xa 90
03814 Ares del Bosc A 159 Ze 116
12165 Ares del Maestre CS 108 Zf 106
31876 Areso NC 37 Ya 90
01476 Arespalditza = Respaldiza VI 35 Wf 90
25595 Arestui L 53 Ba 93
20550 Aretxabaleta SS 36 Xc 90
01450 Aretxalde VI 35 Xa 90
05153 Arevalillo AV 99 Ud 105
37292 Arevalillo SA 97 Tc 103
40185 Arevalillo de Cega SG 83 Wa 102
05200 Arévalo AV 82 Vb 102
42161 Arévalo de la Sierra SO 67 Xd 97
37607 Arévalos, Los SA 98 Ua 105
25713 Arfa L 54 Bc 95
14298 Argallón CO 150 Ud 119
15213 Argalo C 38 Ra 92
06240 Argamasa BA 149 Td 119
13710 Argamasilla de Alba CR 138 Wf 114
13440 Argamasilla de Calatrava CR 152 Vf 116
02328 Argamasón AB 140 Xf 115
04149 Argamasón, El AL 187 Ya 127
33163 Argame AS 31 Ua 89
35509 Argana GC 198 Mc 175
28500 ARGANDA DEL REY MD 102 Wd 107
33539 Argandenes AS 31 Ue 88
01193 Argandoña VI 48 Xc 91
33875 Arganza AS 30 Td 89
24546 Arganza LE 41 Tb 93
42141 Arganza SO 66 Wf 98
49251 Argañín ZA 80 Te 100
33314 Argañoso AS 31 Ud 88
22135 Argavieso HS 70 Ze 96
19196 Argecilla GU 103 Xb 103
17853 Argelaguer GI 75 Cd 95
12230 Argelita CS 124 Zd 108
08251 Argençola B 73 Be 97
08717 Argençola B 73 Bc 99
08717 Argensola = Argençola B 73 Bc 99
44165 Argente TE 106 Yf 104
25736 Argentera L 72 Ba 97
43773 Argentera, L' T 91 Af 102
08310 Argentona B 93 Cc 99
45122 Argés TO 118 Vf 110
43765 Argilaga, L' T 92 Bb 101
25799 Argolell L 54 Bc 94
01192 Argomaniz VI 48 Xc 91
09572 Argomedo BU 34 Wb 91
39626 Argomilla CB 34 Wa 89
27748 Argomoso LU 28 Sd 88
39197 Argoños CB 34 Wd 88
09217 Argote BU 47 Xb 92
24989 Argovejo LE 44 Uf 91
27511 Argozón LU 40 Sa 93
38690 Arguayo TF 196 Ib 179
39586 Argüébanes CB 32 Vc 89
31513 Arguedas NC 68 Yc 95
02484 Arguellite AB 155 Xd 118
33314 Argüerín AS 31 Ud 87
39212 Argüeso CB 33 Ve 90
25795 Arguestues L 53 Bb 95
42169 Arguijo SO 67 Xc 97
35120 Arguineguín GC 200 Kb 182
31176 Arguiñano NC 49 Ya 92
31174 Arguiñariz NC 49 Ya 92
22150 Arguis HS 51 Zd 95
16360 Arguisuelas CU 121 Yb 109
49716 Argujillo ZA 81 Uc 101
07529 Ariany IB 127 Da 111
31671 Aribe NC 36 Ye 91
38589 Arico = Villa de Arico TF 196 Id 179
24132 Arienza LE 42 Tf 92
22417 Ariéstolas HS 71 Ab 97
09570 Arija BU 33 Wa 91
09570 Arija (Fábrica) BU 34 Wa 91
48499 Arilza-Olazar BI 35 Xa 90
35118 Arinaga GC 200 Kd 181
50682 Aringo Z 50 Yf 93
15892 Aríns C 39 Rc 91
AD400 Arinsal □ AND 54 Bc 93
24845 Arintero LE 31 Ud 91
35349 Ariñez GC 200 Kc 180
01195 Ariñez VI 47 Xb 92
44547 Ariño TE 88 Zc 102
45109 Arísgotas TO 118 Wa 111
25722 Aristot L 54 Bd 94
31892 Arístregui NC 49 Yb 91
20215 Aritzalde SS 36 Xe 91
31798 Aritzu NC 37 Yc 91
31671 Arive NC 36 Ye 91
31892 Áriz NC 49 Yb 91
50220 Ariza Z 86 Xf 101
31177 Arizala NC 48 Ya 92
31177 Arizaleta NC 48 Ya 92
48011 Arizgoiti BI 35 Xa 89
31713 Arizkun NC 37 Yd 89
31439 Arizkuren NC 49 Ye 92
23760 Arjona J 168 Vf 121
23750 Arjonilla J 168 Vf 121
20247 Arkaka SS 36 Xf 90
24319 Arlanza LE 42 Td 93
09199 Arlanzón BU 46 Wd 95
31191 Arlegui NC 49 Yb 92
33427 Arlós AS 31 Ua 88
01216 Arlucea VI 48 Xc 92
32822 Armada, A OR 39 Rf 95
17844 Armadès GI 75 Ce 96
19461 Armallones GU 104 Xe 104
31228 Armañanzas NC 48 Xe 93
32678 Armariz OR 58 Sb 95
27693 Armeá LU 40 Se 92
42174 Armejún SO 67 Xe 96
24284 Armellada LE 43 Ua 93
36192 Armenteira PO 38 Rb 94
17472 Armentera, L' GI 75 Da 95
37755 Armenteros SA 99 Ud 105
09215 Armentia VI 47 Xb 92
38678 Armeñime TF 196 Ib 180
27649 Armesto LU 41 Se 92
18100 Armilla GR 184 Wc 126
44742 Armillas TE 88 Za 103
48620 Armintza BI 35 Xa 88
01220 Armiñon VI 47 Xa 92
40494 Armuña SG 83 Ve 102
04888 Armuña de Almanzora AL 186 Xd 124
19135 Armuña de Tajuña GU 103 Wf 105
24567 Arnadelo LE 41 Ta 93
09410 Arnadilla BU 65 Wd 98
24568 Arnado LE 41 Sf 93
26589 Arnedillo RI 67 Xe 95
09571 Arnedo BU 34 Wa 91
26580 Arnedo RI 67 Xf 95
36599 Arnego PO 39 Rf 92
36511 Arnego PO 39 Sa 93
32520 Arnelas OR 39 Re 93
17720 Arnera GI 56 Ce 94
03312 Arneva A 173 Za 120
04619 Arnilla AL 187 Ya 125
32417 Arnoia, A OR 39 Rf 95
31133 Arnotegiko Andra Mari NC 49 Yb 92
39195 Arnuero CB 34 Wc 88
15838 Aro C 38 Rb 91
33546 Arobes AS 32 Ue 88
21240 Aroche H 163 Ta 121
38640 Arona TF 196 Ib 180
31867 Aróstegui NC 37 Yb 91
15121 Arou C 26 Qf 89
36626 Arousa PO 38 Ra 93
46178 Arquella V 122 Yf 109
49126 Arquillinos ZA 62 Uc 98
02314 Arquillo AB 155 Xd 116
23230 Arquillos J 153 Wd 119
23230 Arquillos El Viejo J 153 Wd 119
31880 Arquisquil NC 37 Ya 90
36794 Arrabal = Oia PO 57 Ra 96
49696 Arrabalde ZA 61 Ua 96
30410 Arrabal de Benablón MC 171 Ya 120
30410 Arrabal de La Encarnación MC 171 Ya 120
47160 Arrabal del Portillo VA 82 Vc 100
43007 Arrabasada, L' T 92 Bb 102
31794 Arraioz NC 37 Yc 90
31797 Arraitz NC 37 Yc 90
31174 Arraiza NC 49 Yb 92
16855 Arrancacepas CU 104 Xd 107
48498 Arrankudiaga BI 35 Xa 89
31866 Arrarats NC 37 Yb 90
20500 Arrasate-Mondragón SS 36 Xd 90
22622 Arraso HS 51 Zd 94
20600 Arrate SS 36 Xd 89
48383 Arratzu BI 35 Xc 89
09292 Arraya de Oca BU 46 Wd 94
30440 Arrayán MC 156 Ya 119
48291 Arrazola BI 36 Xc 90
09572 Arreba BU 46 Wb 91
14191 Arrecife CO 166 Va 122
35509 Arrecife GC 198 Mc 175
33775 Arredondas AS 29 Sf 88
39813 Arredondo CB 34 Wc 89
01426 Arreo VI 47 Xa 92
25551 Arres L 52 Ae 92
22372 Arresa HS 51 Zf 94
25587 Àrreu L 53 Ba 93
01439 Arriano VI 47 Xa 91
20218 Arriaran SS 36 Xe 90
29350 Arriate MA 182 Uf 128
27437 Arribade LU 40 Sc 94
31891 Arribe NC 36 Ya 90
48114 Arrieta BI 35 Xb 88
09215 Arrieta BU 47 Xb 92
35542 Arrieta GC 198 Md 174
31438 Arrieta NC 36 Yd 91
20710 Arrieta-Mendi SS 36 Xd 90
20215 Arrietas SS 36 Xe 91
48480 Arrigorriaga BI 35 Xa 89
01208 Arriola VI 48 Xd 91
33540 Arriondas AS 32 Ue 88
33310 Arriondo AS 31 Ud 88
13100 Arripas, Las CR 136 Vd 114
01207 Arrizala VI 48 Xd 92
22336 Arro HS 52 Ab 94
25551 Arró L 52 Ae 92
13193 Arroba de los Montes CR 136 Vc 114
33314 Arroes AS 31 Uc 87
20567 Arrolas SS 36 Xd 91
10623 Arrolobos CC 98 Tf 106
20749 Arrona SS 36 Xe 89
48370 Arronategui BI 35 Xb 88
48100 Arrondo BI 35 Xb 88
31243 Arróniz NC 48 Xf 93
05196 Arropino AV 100 Vc 105
25571 Arròs L 53 Bb 93
25537 Arròs L 53 Ae 92
01520 Arroyabe VI 47 Xc 91
41889 Arroya de la Plata SE 164 Te 122
09131 Arroyal BU 46 Wb 94
39419 Arroyal CB 45 Vf 91
02437 Arroyo AB 156 Xa 118
39360 Arroyo CB 33 Vf 88
39213 Arroyo CB 33 Vf 91
21342 Arroyo H 163 Tb 121
34347 Arroyo P 44 Va 95
30413 Arroyo Alazor MC 156 Xe 120
46140 Arroyo Cerezo V 122 Yd 108
41200 Arroyo Chozas SE 164 Ua 123
02610 Arroyo de Alarconcillos AB 139 Xc 115
29500 Arroyo de Colmenar MA 182 Vb 127
40215 Arroyo de Cuéllar SG 83 Vd 101
28170 Arroyo de Galga MD 102 Wd 104
45290 Arroyo de Guatén TO 118 Wb 108
47195 Arroyo de la Encomienda VA 63 Vb 99
10900 Arroyo de la Luz CC 114 Tc 112
29631 Arroyo de la Miel MA 191 Vc 129
13739 Arroyo de la Rambla CR 153 Wc 117
19238 Arroyo de las Fraguas GU 84 Wf 102
29650 Arroyo de las Palmas MA 191 Vc 129
06380 Arroyo del Castaño y Rubiales BA 148 Tb 118
29239 Arroyo del Cauche MA 183 Vd 127
14978 Arroyo del Cerezo CO 183 Ve 125
23340 Arroyo del Ojanco J 154 Xa 119
09239 Arroyo de Muñó BU 64 Wa 95
14979 Arroyo de Priego CO 183 Ve 125
09615 Arroyo de Salas BU 65 We 96
06850 Arroyo de San Serván BA 132 Td 115
01427 Arroyo de San Zardornil BU 47 We 91
04550 Arroyo de Verdelecho AL 186 Xd 126
23380 Arroyofrío AB 155 Xc 118
44122 Arroyofrío TE 105 Yd 107
29500 Arroyo Jevar MA 182 Vc 127
29193 Arroyo Luis MA 183 Ve 128
11688 Arroyomolinos CA 181 Ud 128
23487 Arroyo Molinos J 169 Wf 122
28939 Arroyomolinos MD 102 Wa 107
10410 Arroyomolinos de la Vera CC 115 Ua 108
21280 Arroyomolinos de León H 164 Td 120
10161 Arroyomolinos de Montánchez CC 133 Tf 113
06260 Arroyo Moro BA 164 Te 120
18270 Arroyo-Pinares GR 184 Vf 125
23499 Arroyos, Los J 155 Xc 119
23470 Arroyo Salado J 169 Wf 121
23550 Arroyo Santo J 169 We 122
30441 Arroyo Tercero MC 156 Xe 119
47162 Arroyo Viejo VA 82 Vc 99
23100 Arroyovil J 168 Wc 121
09549 Arroyuelo BU 46 Wd 91
39232 Arroyuelos CB 46 Wa 91
18312 Arrozuelas GR 183 Ve 125
31840 Arruazu NC 48 Xf 91
26151 Arrubal RI 48 Xe 94
31878 Arruitz NC 37 Ya 91
23700 Arryanes J 153 Wc 120
25799 Ars L 53 Bc 94
25722 Arseguell = Arsèguel L 54 Bd 94
48278 Arta BI 36 Xc 89
07570 Artà IB 127 Dc 110
20759 Artadi SS 36 Xe 89
31422 Artaiz NC 49 Yd 92
46162 Artaj V 123 Zb 110
31140 Artajona NC 49 Yb 93
25577 Artamont L 53 Bb 92
12527 Artana CS 124 Ze 109
31395 Artariain NC 49 Yc 93
22390 Artasona HS 71 Ab 96
22283 Artasona del Llano HS 70 Zc 96
31290 Artavia NC 48 Xf 92
31272 Artaza NC 48 Xf 92
01196 Artaza VI 47 Xb 91
01428 Artaza VI 47 Xa 91
31173 Artázcoz NC 49 Yb 92
31109 Artazu NC 49 Ya 92
48170 Arteaga BI 35 Xa 89
48314 Arteaga BI 36 Xc 88
31241 Arteaga NC 48 Xf 92
02137 Arteaga de Arriba AB 155 Xe 117
48170 Arteaga-San Martin BI 35 Xa 89
12430 Arteas de Abajo CS 123 Zb 109
12430 Arteas de Arriba CS 123 Zb 109
35108 Artedara GC 200 Kc 181
25718 Artedó L 54 Bd 94
15142 Arteixo C 27 Rd 89
35479 Artejévez GC 200 Kb 181
12125 Artejuela, La CS 123 Zc 108
48192 Artekona BI 35 Wf 90
35350 Artenara GC 200 Kc 180
08271 Artés B 74 Bf 98
15109 Artes C 26 Rb 89
25150 Artesa de Lleida L 91 Ae 99
25730 Artesa de Segre L 72 Ba 97
12220 Artesa d''Onda CS 124 Ze 109
48112 Arteta BI 35 Xa 88
31491 Arteta NC 49 Yd 93
31480 Artieda NC 49 Ye 92
50683 Artieda Z 50 Za 93
25599 Arties L 53 Af 92
09588 Artieta BU 35 We 90
48370 Artigas BI 35 Xb 88
31754 Artikutza NC 37 Yb 89
22620 Arto HS 51 Zd 94
01468 Artomaña VI 35 Xa 91
36528 Artoño PO 39 Rf 92

22623 Artosilla HS 51 Ze 94
23291 Artuñedo, El J 155 Xb 120
31754 Artzan NC 37 Ya 90
01478 Artziniega VI 35 Wf 90
35400 Arucas GC 200 Kc 180
22460 Arués HS 52 Ab 95
26270 Arviza o Arviza Barrena RI 47 Wf 94
27168 Arxemil LU 28 Sd 91
27619 Arxemil LU 40 Sd 92
27548 Arxuá LU 40 Sb 93
32616 Arzádegos OR 59 Se 97
15839 Arzón C 38 Ra 91
31291 Arzoz NC 49 Ya 92
01520 Arzubiaga VI 47 Xc 91
15984 Asados C 38 Rb 92
31282 Asarta NC 48 Xe 93
15313 Ascabanas C 27 Rf 89
22715 Ascara HS 50 Zc 93
09215 Ascarza BU 47 Xb 92
01193 Ascarza VI 47 Xc 91
43791 Ascó T 90 Ad 101
31243 Ascona NC 48 Xf 93
30535 Ascoy MC 157 Yd 119
13597 Asdrúbal CR 152 Vf 117
10628 Asegur CC 98 Te 106
30813 Asensios, Los MC 172 Yb 123
15238 Asenso C 38 Ra 91
33555 Asiego AS 32 Va 89
22713 Asieso HS 51 Zc 93
50619 Asín Z 50 Yf 95
22372 Asín de Broto HS 51 Zf 93
27519 Asma LU 40 Sb 93
27513 Asma LU 40 Sa 93
25799 Asnurri L 54 Bc 94
22638 Aso de Sobremonte HS 51 Zd 93
35613 Asomada, La GC 199 Ma 177
35671 Asomada, La GC 108 Mb 176
39806 Asón CB 34 Wc 89
25151 Aspa L 91 Ae 100
27157 Aspai LU 28 Sb 90
49124 Aspariegos ZA 62 Uc 98
01250 Asparrena VI 48 Xe 91
03680 Aspe A 158 Zb 118
27349 Aspera LU 40 Sd 93
36511 Asperelo PO 39 Sa 93
21760 Asperillo H 178 Tc 126
04825 Aspilla, La AL 171 Xe 123
01208 Aspuru VI 48 Xd 91
31454 Aspurz NC 50 Yf 92
22148 Asquel HS 71 Aa 95
47151 Asrona VA 82 Vb 99
01308 Assa VI 48 Xc 93
45700 Asso TO 118 Wb 111
50682 Asso-Veral Z 50 Za 93
32430 Astariz OR 39 Rf 95
20159 Asteasu SS 36 Xf 89
48392 Astelarra BI 35 Xb 89
25511 Astell L 53 Af 94
48700 Asterrica BI 36 Xd 89
20115 Astigarraga Ergobia SS 37 Ya 89
20218 Astigarreta SS 36 Xe 90
20830 Astigarribia SS 36 Xd 89
39610 Astillero, El CB 34 Wb 88
31879 Astitz NC 37 Ya 91
08282 Astor, L' B 73 Bc 98
48195 Astorecas BI 35 Xb 89
24700 Astorga LE 42 Tf 94
31190 Astráin NC 49 Yb 92
39806 Astrana CB 34 Wc 89
34450 Astudillo P 64 Ve 95
01426 Astulez VI 47 Wf 91
49325 Asturianos ZA 60 Td 96
22612 Asún HS 51 Zd 93
29494 Atajate MA 190 Ue 129
06329 Atalaya BA 148 Td 119
10210 Atalaya CC 115 Ub 111
10810 Atalaya CC 114 Te 108
14930 Atalaya CO 167 Vc 124
23620 Atalaya J 168 Wa 121
02612 Atalaya, La AB 139 Xc 114
05279 Atalaya, La AV 101 Vd 106
10860 Atalaya, La CC 97 Tc 107
35307 Atalaya, La GC 200 Kd 180
35450 Atalaya, La GC 200 Kc 180
29311 Atalaya, La MA 183 Vd 125
30878 Atalaya, La MC 172 Yd 123
37591 Atalaya, La SA 98 Td 105
41429 Atalaya, La SE 165 Ud 123
16123 Atalaya de Cuenca CU 121 Xf 109
16710 Atalaya del Cañavate CU 121 Xe 111
29688 Atalaya-Isdabe MA 190 Uf 130
12570 Atalayas-Valdancher CS 108 Ab 106
23485 Atalayuela J 169 Xa 122
18416 Atalbéitar GR 185 We 127
27419 Atán LU 40 Sb 93
19266 Atance, El GU 85 Xb 102
14858 Atanores CO 167 Vc 123
19153 Atanzón GU 103 Xa 104
09199 Atapuerca BU 46 Wc 94
47210 Ataquines VA 82 Vb 101
22700 Atarés HS 50 Zc 93
18230 Atarfe GR 184 Wb 125
18540 Atascadero GR 169 We 124
20211 Ataun SS 36 Xe 90
01128 Atauri VI 48 Xd 92
42345 Atauta SO 84 We 99
28189 Atazar, El MD 84 Wd 103
50348 Atea Z 87 Yc 102
50200 Ateca Z 87 Yb 101
22452 Atiart HS 52 Ab 94
01423 Atiega VI 47 Wf 92
19270 Atienza GU 85 Xa 101
15552 Atios C 27 Rf 87
11391 Atlanterra CA 189 Ub 132
23170 Atocha J 168 Wb 122
04113 Atochares AL 187 Xf 127
11300 Atunara, La CA 191 Ue 131
03290 Atzavares Alta A 158 Zb 119
03290 Atzavares Baixa A 158 Zc 119
46869 Atzeneta d'Albaida V 142 Zd 115
07400 Aucanada IB 127 Da 109
27665 Aucella LU 41 Ta 92
24796 Audanzas del Valle LE 62 Ub 95
01206 Audicana VI 48 Xd 91
15229 Augapesada C 38 Rc 91
27391 Augasantas LU 40 Sd 94
36854 Augasmestas PO 39 Rc 94
23568 Aulabar J 169 Wd 122
41898 Aulaga, La SE 164 Td 122
04549 Aulago AL 186 Xc 126
25636 Aulàs L 53 Ae 95
48380 Aulesti BI 36 Xc 89
19130 Auñón GU 103 Xb 105
22609 Aurín HS 51 Zd 93
31640 Auritz = Burguete NC 36 Yd 91
31604 Aurizberri Espinal NC 36 Yd 91
26513 Ausejo RI 48 Xe 94
42172 Ausejo de la Sierra SO 67 Xd 97
34191 Autilla del Pino P 63 Vc 97
34338 Autillo de Campos P 63 Vb 96
26560 Autol RI 67 Xf 95
AD600 Auvinyà □ AND 54 Bd 94
31797 Auza NC 37 Yb 91
49396 Avedillo de Sanabria ZA 60 Tb 96
05357 Aveinte AV 100 Va 104
08736 Avellà, L' B 92 Bd 100
10638 Avellanar CC 98 Td 106
13110 Avellanar CR 135 Vb 112
45120 Avellanar, El TO 117 Ve 112
05580 Avellaneda AV 99 Ud 106
48870 Avellaneda BI 35 Wf 89
26133 Avellaneda RI 67 Xd 95
10340 Avellaneda, La CC 115 Ud 110
25714 Avellanet L 53 Bb 94
25555 Avellanos L 53 Af 94
25290 Avellanosa L 73 Bd 97
09131 Avellanosa del Páramo BU 46 Wa 94
09345 Avellanosa de Muñó BU 65 Wb 97
09267 Avellanosa de Rioja BU 47 Wf 94
15560 Avenida do Marqués de Figueiral C 27 Rf 87
15885 Avenida do Mestre Manuel Gómez C 39 Rd 92
33519 Aveno AS 31 Uc 88
08610 Avià B 73 Be 96
24849 Aviados LE 43 Ud 91
05001 Ávila AV 100 Vb 105
33400* Avilés AS 31 Ua 87
30812 Avilés MC 171 Yb 121
30592 Avileses MC 173 Za 121
23350 Avileses, Los J 154 Xb 118
37600 Avililla de la Sierra SA 98 Tf 104
33556 Avín AS 32 Va 88
23410 Avinazas J 154 We 120
08279 Avinyó B 74 Bf 97
08793 Avinyonet del Penedès B 92 Be 100
17742 Avinyonet de Puigventós GI 56 Cf 95
34869 Aviñante de la Peña P 44 Vb 92
15552 Aviño C 27 Rf 87
32520 Avión OR 39 Re 94
48350 Axpe de Busturi BI 35 Xb 88
20211 Aya = Aia SS 36 Xf 89
26289 Ayabarrena RI 66 Wf 95
35369 Ayacata GC 200 Kc 181
35108 Ayagaures GC 200 Kc 181
01476 Ayala/Aiara VI 35 Wf 90
21400 Ayamonte H 176 Sd 125
31448 Ayechu NC 50 Ye 92
31240 Ayegui NC 48 Xf 93
22140 Ayera HS 70 Ze 95
22800 Ayerbe HS 50 Zb 95
22372 Ayerbe de Broto HS 51 Zf 93
31492 Ayesa NC 49 Yd 93
42317 Aylagas SO 66 Wf 98
09146 Aylanes BU 46 Wb 91
40520 Ayllón SG 84 Wd 100
42162 Aylloncillo SO 67 Xd 97
02125 Ayna AB 156 Xf 117
12224 Ayódar CS 124 Zd 108
09145 Ayoluengo BU 46 Wa 92
33782 Ayones AS 30 Td 88
49619 Ayóo de Vidriales ZA 61 Tf 96
46620 Ayora V 141 Yf 114
23569 Ayozo J 169 Wd 123
34473 Ayuela P 44 Vc 93
39507 Ayuela, La CB 33 Ve 88
09219 Ayuelas BU 47 Wf 92
10649 Azabal CC 98 Te 107
01128 Azaceta VI 48 Xd 92
24121 Azadinos LE 43 Uc 93
24272 Azadón LE 43 Ub 93
03680 Azafá A 158 Zb 119
12127 Azafranares CS 123 Zc 107
46357 Azagador, El V 122 Yf 112
31560 Azagra NC 49 Ya 95
44590 Azaila TE 89 Zd 101
06510 Azalaga BA 132 Ta 113
22421 Azanúy HS 71 Ab 97
22421 Azanúy-Alins HS 71 Ab 97
19492 Azañón GU 104 Xc 104
42165 Azapiedra SO 66 Xc 97
22311 Azara HS 70 Zf 96
30848 Azaraque MC 172 Yd 122
24253 Azares del Páramo LE 43 Ub 95
26289 Azarrulla RI 47 Wf 95
42230 Azcamellas SO 86 Xd 102
01169 Azcoaga = Azkoaga VI 36 Xc 90
48192 Azkarai BI 35 Wf 89
31891 Azkarate NC 36 Xf 90
20720 Azkoitia SS 36 Xe 89
20870 Azkue SS 36 Xd 89
22311 Azlor HS 70 Zf 96
41049 Aznalcázar SE 179 Te 125
41870 Aznalcóllar SE 164 Te 123
26323 Azofra RI 47 Xb 94
30868 Azohía, La MC 173 Ye 123
14815 Azores CO 168 Ve 124
18891 Azores GR 170 Xc 124
31194 Azoz NC 49 Yc 91
31486 Azpa NC 49 Yc 92
31439 Azparren NC 49 Ye 91
22622 Azpe HS 51 Ze 94
20730 Azpeitia SS 36 Xe 89
20850 Azpilgoeta SS 36 Xd 89
31715 Azpilikueta NC 37 Yc 89
31891 Azpiroz NC 37 Ya 90
31241 Azqueta NC 48 Xf 93
20220 Aztiria SS 36 Xe 90
06920 Azuaga BA 150 Ub 119
50140 Azuara Z 88 Za 101
45008 Azucaica TO 118 Wa 109
31340 Azucarera, La NC 49 Yb 94
34190 Azucarera Palentina P 63 Vc 97
37874 Azud de Villagonzalo SA 99 Ud 103
12490 Azuébar CS 124 Zd 109
14447 Azuel CO 152 Ve 119
31228 Azuelo NC 48 Xd 93
27257 Azúmara LU 28 Sd 89
27250 Azúmara LU 28 Sd 89
19200 Azuqueca de Henares GU 103 We 105
45571 Azután TO 116 Uf 110

B

27371 Baamonde LU 28 Sb 89
27417 Baamorto LU 40 Sc 93
03114 Babel A 158 Zc 119
37330 Babilafuente SA 81 Ud 103
22462 Bacamorta HS 52 Ac 94
04889 Bacares AL 186 Xd 125
02049 Bacariza AB 140 Ya 115
03114 Bacarot A 158 Zc 118
01423 Bachicabo VI 47 Wf 92
13640 Bachilleras, Las CR 137 Wd 113
27776 Bacoi LU 28 Sd 87
18860 Bacor-Olivar GR 169 Xa 123
22714 Badaguás HS 51 Zd 93
22364 Badaín HS 52 Ab 93
06001* Badajoz BA 132 Ta 115
08910 Badalona B 93 Cb 100
39764 Bádames CB 34 Wd 88
26310 Badarán RI 47 Xb 94
44491 Bádenas TE 88 Yf 102
31192 Badestáin NC 49 Yc 92
07181 Badia de Palma IB 126 Cd 112
07609 Badia Gran IB 126 Ce 112
49214 Badilla ZA 80 Te 100
41570 Badolatosa SE 182 Vb 125
50491 Badules Z 87 Ye 102
22569 Baells HS 71 Ac 97
25592 Baén L 53 Ba 95
14850 Baena CO 167 Ve 123
23440 Baeza J 169 Wd 121
28830 Baezuela MD 102 Wd 106
22437 Bafaluy HS 52 Ac 95
08695 Bagà B 73 Bf 95
27178 Bagude LU 40 Sb 92
44320 Báguena TE 87 Yd 102
50685 Bagüés Z 50 Za 93
22149 Bagüeste HS 51 Zf 94
47312 Bahabón VA 83 Ve 100
09350 Bahabón de Esgueva BU 65 Wb 97
30860 Bahía MC 172 Ye 123
34127 Bahillo P 45 Vc 94
03290 Baia Alta, La A 158 Zc 119
03292 Baia Baixa, La A 158 Zc 119
25595 Baiasca L 53 Ba 93
19295 Baides GU 85 Xb 102
31250 Baigorri NC 48 Ya 93
23710 Bailén J 153 Wb 120
09515 Baillo BU 46 Wc 91
24740 Baillo LE 42 Td 95
22760 Bailo HS 50 Zb 93
21386 Bailones, Los H 148 Tb 120
33682 Baíña AS 31 Ub 89
36528 Baíña PO 39 Rf 92
15127 Baíñas C 26 Qf 90
15824 Baiobre C 39 Re 91
15150 Baio Grande C 26 Ra 90
36300 Baiona PO 57 Ra 96
15310 Baiuca, A C 27 Rf 90
12579 Baixador d'Alcossebre CS 108 Ab 107
12004 Baixador de Las Palmas CS 124 Aa 108
08519 Baixador de Taradell B 74 Cb 97
35558 Bajamar GC 198 Mc 174
38250 Bajamar TF 197 Id 177
18519 Bajarin, El GR 185 We 124
09216 Bajauri BU 48 Xc 93
05113 Bajondillo AV 100 Vb 106
31010 Bakaiku NC 48 Xf 91
48130 Bakio BI 35 Xb 88
43879 Balada T 109 Ae 104
11179 Baladejos, Los CA 188 Ua 130
07812 Balafi IB 125 Bc 114
25600 Balaguer L 72 Ae 98
04713 Balanegra AL 185 Xa 128
14350 Balanzona, La CO 166 Vb 121
15114 Balarés C 26 Ra 89
18810 Balax GR 186 Xb 124
02320 Balazote AB 139 Xf 115
39788 Balbacienta CB 34 We 88
19281 Balbacil GU 86 Xf 102
11500 Balbaina CA 188 Te 128
05520 Balbarda AV 100 Va 105
09119 Balbases, Los BU 64 Vf 95
06195 Balboa BA 132 Tb 115
24525 Balboa LE 41 Ta 92
50366 Balconchán Z 87 Yd 102
41520 Balcón de Alcores, El SE 181 Ub 124
29780 Balcon de Europa MA 184 Wa 128
28770 Balcón de Madrid, El MD 102 Wb 104
18890 Balcones, Los GR 170 Xa 124
19411 Balconete GU 103 Xa 105
30816 Baldazos MC 172 Yc 122
22571 Baldellou HS 71 Ad 97
10319 Baldío CC 115 Uc 109
06291 Baldío de la Grulla BA 149 Tf 119
10694 Baldío de Mora CC 114 Tf 110
38206 Baldíos, Los TF 197 Ie 178
25737 Baldomar L 72 Ba 97
46178 Baldovar V 122 Yf 109
32708 Baldrei OR 40 Sc 95
32680 Baldriz OR 59 Sc 96
36988 Balea PO 38 Ra 94
36949 Balea PO 57 Rb 95
27130 Baleira = O Cádavo (Baleira) LU 29 Se 90
02316 Balenario de Benito AB 155 Xc 117
26527 Balenario La Pazana RI 67 Xf 96
08550 Balenyà B 74 Cb 98
04712 Balerma AL 185 Xa 128
25591 Balestui L 53 Ba 94
20259 Baliarraín SS 36 Xf 90
40449 Balisa SG 82 Vd 102
07109 Bàlitx de Baix IB 126 Ce 110
22484 Ballabriga HS 52 Ad 94
31195 Ballariáin NC 49 Yb 91
14220 Ballesta, La CO 151 Va 120
23291 Ballestera, La J 155 Xb 120
02614 Ballestero, El AB 139 Xd 115
13680 Ballesteros CR 137 Wa 113
16196 Ballesteros CU 121 Xf 109
44530 Ballesteros TE 89 Zd 102
13432 Ballesteros de Calatrava CR 137 Wa 115
22234 Ballobar HS 71 Ab 99
33158 Ballota AS 30 Te 87
42212 Balluncar SO 85 Xc 100
12311 Balma, La CS 108 Zc 104
48800 Balmaseda BI 35 We 89
33778 Balmonte AS 29 Ta 88
33595 Balmori AS 32 Va 88
46293 Balneari de Santa Anna V 142 Zc 114
12513 Balneari l'Avella CS 108 Aa 105
30630 Balneario de Fortuna MC 157 Yf 119
11130 Balneario de Fuente Amarga CA 188 Te 130
13630 Balneario de la Hijosa CR 138 Xb 113
23770 Balneario de Marmolejo J 168 Ve 120
33557 Balneario de Mestas AS 32 Ue 89
24884 Balneario de Morgovejo LE 44 Uf 91
24845 Balneario de Nocedo LE 43 Ud 91
41530 Balneario de Pozo Amargo SE 181 Ud 126
37495 Balneario de Retortillo SA 98 Td 104
16781 Balneario de Valdeganga CU 120 Xe 109
20740 Balneario de Zestoa SS 36 Xe 89
10600 Balneario Valdelanas CC 114 Te 108
36682 Baloira PO 39 Rc 92
03812 Balones A 159 Zd 116
30648 Balonga MC 157 Yf 119
24433 Balouta LE 41 Tb 91
27817 Balsa LU 28 Sc 88
30592 Balsa, La MC 173 Za 122
02214 Balsa de Ves AB 141 Ye 113
02511 Balsaín AB 156 Yb 116
30332 Balsa-Pintada MC 173 Yf 122
08660 Balsareny B 73 Bf 97
30535 Balsas de Cardel MC 157 Yd 118
30591 Balsicas MC 173 Za 122
30868 Balsicas, Las MC 172 Ye 123
04728 Balsilla de Taray, La AL 186 Xb 127
18800 Balsillas GR 186 Xb 124
34240 Baltanás P 64 Ve 97
32632 Baltar OR 58 Sb 97
36140 Balteiro PO 38 Rc 94
41450 Baltrotas, Las SE 165 Uc 121
18140 Balzaín GR 184 Wc 126
15823 Bama C 39 Rd 91
49157 Bamba ZA 81 Uc 100
22194 Banariés HS 70 Zd 96
22194 Banastás HS 70 Zd 95
22339 Banastón HS 52 Ab 94
04828 Bancalejo, El AL 171 Xf 123
22140 Bandaliés HS 70 Ze 96
32840 Bande OR 58 Sa 96
36570 Bandeira PO 39 Re 92
33114 Bandujo AS 30 Tf 89
24343 Banecidas LE 44 Uf 94
32516 Banga OR 39 Rf 94
32813 Bangueses OR 58 Rf 96
42218 Baniel SO 85 Xd 99
38140 Banquitos, Los TF 197 If 177
24251 Banuncias LE 43 Uc 94
07191 Banyalbufar IB 126 Cd 110
07230 Banyeres IB 127 Cf 111
43711 Banyeres del Penedès T 92 Bd 101
03450 Banyeres de Mariola A 158 Zc 116
17820 Banyoles GI 75 Ce 96
07638 Banys de Sant Joan IB 127 Da 112
12513 Banys l'Avellà = Balneari l'Avella CS 108 Aa 105
15863 Baña, A C 26 Rb 91
24746 Baña, La LE 41 Tb 95
35414 Bañaderos GC 200 Kc 180
26257 Bañares RI 47 Xa 94
24750 Bañeza, La LE 43 Ua 95
37271 Bañobárez SA 97 Tc 103
13593 Baño de la Tiñosa CR 152 Vf 118
44357 Bañón TE 106 Ye 103
10750 Baños CC 98 Ua 107
32848 Baños OR 58 Sa 97
32369 Baños OR 60 Sf 95
18517 Baños, Los GR 185 We 125
18120 Baños, Los GR 183 Wa 126
30708 Baños, Los MC 173 Za 122
30193 Baños, Los MC 172 Yd 120
30626 Baños, Los MC 157 Yf 119
30155 Baños, Los MC 173 Yf 121
37114 Baños de Calzadilla del Campo SA 80 Tf 102
34200 Baños de Cerrato P 63 Vd 97
01307 Baños de Ebro VI 47 Xb 93
23747 Baños de Fuente de la Encina J 168 Wa 120
46354 Baños de Fuente Podrida V 141 Yd 112

30420 Baños de Gilico MC 156 Yc 119
23711 Baños de la Encína J 153 Wb 119
23600 Baños del Agua Hedionda J 168 Wa 122
18414 Baños de la Marrana GR 185 Wd 127
34878 Baños de la Peña P 44 Vc 92
14600 Baños del Arenosillo CO 167 Vd 120
16870 Baños de la Rosa CU 105 Xf 105
37115 Baños de Ledesma SA 80 Ua 102
30708 Baños del Moral BA 148 Tb 118
32701 Baños de Molgas OR 59 Sb 95
10750 Baños de Montemayor CC 98 Ua 107
26241 Baños de Rioja RI 47 Xa 93
26320 Baños de Río Tobía RI 47 Xb 95
23300 Baños de Saladillo J 169 Xa 120
04259 Baños de Señora Alhamilla AL 186 Xd 127
18330 Baños de Sierra Elvira GR 184 Wb 125
19390 Baños de Tajo GU 105 Ya 104
09450 Baños de Valdearados BU 65 Wc 98
29710 Baños de Vilo MA 183 Ve 127
18811 Baños de Zújar GR 170 Xb 123
19276 Bañuelos GU 85 Xa 101
09248 Bañuelos de Bureba BU 46 We 93
33448 Bañugues AS 31 Ub 87
31272 Baquedano NC 48 Xf 92
25598 Baqueira L 53 Af 92
22622 Bara HS 51 Zf 95
39575 Bárago CB 33 Vc 90
22714 Baraguás HS 51 Zc 93
40517 Barahona de Fresno SG 84 Wc 100
31879 Baraibar NC 37 Ya 91
05635 Barajas AV 100 Uf 106
13250 Barajas CR 137 Wc 114
28042 Barajas MD 102 Wc 106
16460 Barajas de Melo CU 119 Xa 108
34878 Barajores P 44 Vb 92
14850 Barajuela CO 167 Vd 122
48901 Barakaldo = San Vicente de Barakaldo BI 35 Xa 89
27680 Baralla LU 41 Se 91
01450 Barambio VI 35 Xa 90
09569 Baranda BU 34 Wc 90
27244 Barangón LU 29 Se 90
31160 Barañáin NC 49 Yb 92
42213 Baraona SO 85 Xc 101
31395 Barásoain NC 49 Yc 93
08230 Barata, La B 74 Bf 99
41870 Barbacena SE 164 Td 124
32890 Barbadás OR 40 Sa 95
27616 Barbadelo LU 40 Sd 92
37440 Barbadillo SA 80 Ua 103
09615 Barbadillo de Herreros BU 66 We 96
09613 Barbadillo del Mercado BU 65 Wd 96
09614 Barbadillo del Pez BU 65 We 96
27341 Barbain LU 40 Sd 92
16196 Barbalimpia CU 120 Xe 109
37607 Barbalos SA 98 Ua 104
32459 Barbantes OR 39 Rf 94
32140 Barbantiño OR 39 Sa 94
06499 Barbaño BA 132 Tc 115
20214 Barbari SS 36 Xe 90
31243 Barbarin NC 48 Xf 93
03689 Barbarroja A 157 Za 119
22464 Barbaruens HS 52 Ac 93
22300 Barbastro HS 71 Aa 96
31180 Barbatáin NC 49 Yb 92
11160 Barbate CA 188 Ua 131
19262 Barbatona GU 85 Xc 102
15837 Barbeira C 26 Ra 91
27113 Barbeitos LU 29 Sf 90
25262 Barbens L 72 Ba 98
22637 Barbenuta HS 51 Ze 93
43422 Barberà de la Conca T 91 Bb 100
08210 Barberà del Vallès B 93 Ca 99
23280 Barbero J 154 Xa 119
50297 Bárboles Z 69 Ye 98
40530 Barbolla SG 84 Wb 101
19269 Barbolla, La GU 85 Xb 102
42291 Barbolla, La SO 66 Xb 99
36826 Barbudo PO 39 Rd 94
22255 Barbués HS 70 Zd 97
22132 Barbuñales HS 70 Zf 96
33879 Barca AS 30 Td 89
42210 Barca SO 85 Xc 100
11150 Barca, La CA 188 Ua 131
22148 Bárcabo HS 71 Aa 95
19115 Barca de Almoguera GU 103 Xa 107
11570 Barca de la Florida, La CA 188 Ua 129
36683 Barcala PO 39 Rc 92
36683 Barcala PO 38 Rc 92
06160 Barcarrota BA 148 Ta 117
42318 Barcebal SO 66 Wf 99
42318 Barcebalejo SO 66 Wf 99
37217 Barceíño SA 79 Td 102
27113 Barcela LU 29 Ta 90
36435 Barcela PO 57 Re 96
08002 Barcelona B 93 Cb 100
08859 Barceloneta, La B 92 Bf 100
25717 Barceloneta, La L 73 Bc 95
33316 Bárcena AS 31 Ud 87
33314 Bárcena AS 31 Uc 88
33858 Bárcena AS 30 Tf 88
39582 Bárcena CB 32 Vb 90
39809 Bárcena CB 34 Wd 89
09592 Bárcena de Bureba BU 46 Wc 93
34477 Bárcena de Campos P 45 Vd 94
39790 Bárcena de Cicero CB 34 We 88
39312 Bárcena de Cudón CB 33 Wa 88
39419 Bárcena de Ebro CB 45 Vf 91
33874 Bárcena del Monasterio AS 30 Tc 88
39420 Bárcena de Pie de Concha CB 33 Vf 90
09569 Bárcena de Pienza BU 34 Wd 90
39850 Bárcena de Udalla CB 34 Wd 89
39549 Barcenal, El CB 33 Vd 88
39518 Bárcena Mayor CB 33 Ve 90
09566 Bárcenas BU 34 Wc 90
39477 Barcenilla CB 33 Wa 88
39513 Barcenilla CB 33 Ve 89
09568 Barcenilla de Cerezos BU 34 Wc 90
37217 Barceo SA 79 Td 102
46176 Barchel V 122 Yf 110
16118 Barchín del Hoyo CU 121 Xf 111
27658 Barcia LU 29 Ta 91
36837 Barcia PO 39 Rd 94
36878 Barciademera PO 39 Rd 95
47674 Barcial de la Loma VA 62 Ue 97
49760 Barcial del Barco ZA 62 Uc 97
06393 Barciales, Los BA 148 Td 118
27278 Barcias LU 29 Se 90
45525 Barcience TO 117 Ve 109
45250 Barciles Bajo TO 118 Wb 109
09212 Barcina del Barco BU 47 We 92
09593 Barcina de los Montes BU 46 We 92
18550 Barcinas GR 184 Wc 124
05600 Barco de Ávila, El AV 99 Uc 106
42368 Barcones SO 85 Xb 101
47500 Barco y Pinar de la Nava, El VA 81 Uf 100
50296 Bardallor Z 69 Ye 98
09219 Bardauri BU 47 Xa 92
23330 Bardazoso J 154 Xa 120
50694 Bardenas del Caudillo Z 69 Ye 95
15124 Bardullas C 26 Qe 90
36300 Baredo PO 57 Ra 96
39170 Bareyo CB 34 Wc 88
45593 Bargas TO 118 Vf 109
31229 Bargota NC 48 Xe 93
41569 Bariada de la Paz SE 182 Va 124
31396 Bariáin NC 49 Yc 93
25794 Baridà L 53 Bb 95
46758 Bárig = Barx V 142 Ze 114
31523 Barillas NC 68 Yc 97
48278 Barinaga BI 36 Xd 89
30648 Barinas MC 157 Yf 119
31272 Baríndano NC 48 Xf 92
24239 Bariones de la Vega LE 62 Uc 96
15113 Barizo C 26 Ra 89
49582 Barjacoba ZA 60 Ta 96
24521 Barjas LE 41 Ta 93
38726 Barlovento TF 197 Hb 176
22192 Barluenga HS 70 Zd 95
24913 Barniedo de la Reina LE 32 Va 91
25593 Baro L 53 Ba 94
46117 Baró, El V 123 Zd 111
01211 Baroja VI 47 Xb 93
12193 Barona, La CS 124 Zf 107
25747 Baronia de Rialb, La L 72 Bb 97
15979 Baroña C 38 Qf 92
22712 Barós HS 51 Zc 93
30179 Barqueros MC 172 Yd 121
14700 Barqueta, La CO 166 Ue 122
37488 Barquilla SA 97 Tb 104
10318 Barquilla de Pinares CC 115 Ud 108
05692 Barquillo, El AV 99 Uc 106
15210 Barquiña C 38 Ra 92
46600 Barraca d'Aigüesvives, La V 142 Zd 114
12420 Barracas CS 123 Zb 108
30385 Barracas, Las MC 173 Zb 123
32655 Barracel OR 58 Sb 96
44220 Barrachina TE 88 Yf 103
44400 Barrachinas, Las TE 107 Zb 107
05110 Barraco, El AV 100 Vc 106
10696 Barrado CC 115 Ua 108
14911 Barragana Alta CO 182 Vc 124
14911 Barragana Baja CO 182 Vc 124
48288 Barrainka BI 36 Xc 88
32430 Barral OR 39 Rf 95
25529 Barranc de Peranera L 53 Ae 94
03100 Barranco A 158 Zd 117
23191 Barranco de Cárchel J 168 Wc 123
18711 Barranco de Ferrer GR 185 Wd 128
29310 Barranco del Agua, El MA 183 Vd 125
29400 Barranco de la Madera MA 182 Uf 128
30889 Barranco del Baladre MC 172 Yc 124
35421 Barranco del Laurel GC 200 Kc 180
18190 Barranco del Oro GR 184 Wc 126
30890 Barranco de los Hilarios MC 171 Yb 123
04270 Barranco de los Lobos, El AL 187 Xe 126
35457 Barranco del Pinar GC 200 Kc 180
30876 Barranco de Seca MC 172 Yd 123
38109 Barranco Hondo TF 197 Id 178
46174 Barranco Hondo V 123 Zb 110
30550 Barranco-Molax MC 157 Yd 119
23330 Barranco Montesina J 154 Wf 120
04271 Barranco Muñoz, El AL 187 Xf 125
04889 Barrancón de Bacares, El AL 186 Xd 125
14450 Barranco Palomo CO 151 Va 118
06292 Barrancos, Los BA 149 Td 120
11630 Barrancos, Los CA 181 Ub 128
23391 Barrancos, Los J 155 Xb 118
30412 Barranda MC 171 Ya 120
04117 Barranquete, El AL 187 Xe 127
35128 Barranquillo Andrés, El GC 200 Kb 181
10550 Barrantes CC 132 Tc 113
36749 Barrantes PO 57 Rb 96
09587 Barrasa BU 34 We 90
02639 Barrax AB 139 Xe 114
32812 Barreal OR 58 Sa 95
06370 Barreales BA 148 Tc 118
39313 Barreda CB 33 Vf 88
39572 Barreda-Dos Amantes CB 33 Vc 90
33417 Barredo AS 31 Ua 87
33970 Barredos, Los AS 31 Uc 89
37129 Barregas SA 80 Ub 103
27792 Barreiros LU 29 Se 87
27520 Barrela, A LU 40 Sb 93
37256 Barreras SA 79 Tc 102
17515 Barretó, El GI 74 Cb 96
04450 Barriada de Alcora, La AL 186 Xb 127
38631 Barriada de Entre-canales TF 196 Ib 180
04271 Barriada del Campico AL 187 Xf 125
04850 Barriada del Morera AL 187 Xf 125
04850 Barriada de los Cojos AL 187 Xf 125
04850 Barriada de los García AL 187 Xf 125
04850 Barriada de los Huevanillas AL 187 Xf 125
23713 Barriada de Vadollano J 153 Wc 120
04271 Barriada Las Canteras AL 187 Xf 125
04458 Barriada Las Minas AL 185 Xb 126
04618 Barriada Nueva AL 187 Yb 125
44760 Barriada Obrera del Sur TE 107 Za 104
18710 Barriales GR 185 We 128
38769 Barriales, Los TF 197 Ha 177
48650 Barrica BI 35 Xa 88
24394 Barrientos LE 42 Ua 94
48870 Barrietas, Las BI 35 We 89
09511 Barriga BU 35 Wf 91
06900 Barrilejos BA 149 Tf 119
24151 Barrillos LE 43 Ud 92
24877 Barrillos de las Arrimadas LE 43 Ue 92
39577 Barrio CB 32 Vb 90
39210 Barrio CB 33 Ve 90
32453 Barrio OR 39 Rf 94
01423 Barrio VI 47 Wf 92
02328 Barrio, El AB 140 Ya 115
05514 Barrio, El AV 99 Ue 106
46390 Barrio Arroyo V 122 Yf 111
18659 Barrio Bajo GR 184 Wc 127
16611 Barrio de Abajo CU 139 Xe 112
24412 Barrio de Abajo LE 41 Tc 93
40552 Barrio de Abajo SG 84 Wc 100
09213 Barrio de Abajo, El BU 46 Wd 92
05560 Barrio de Arriba AV 100 Uf 105
40331 Barrio de Arriba SG 83 Wb 100
46350 Barrio de Arriba V 123 Za 111
09213 Barrio de Arriba, El BU 46 Wd 92
09572 Barrio de Bricia BU 46 Wa 91
09249 Barrio de Díaz Ruiz BU 46 Wd 93
29250 Barrio de Enmedio MA 183 Vd 125
18659 Barrio de Fernán-Núñez GR 184 Wb 127
46350 Barrio de Gisbert V 123 Za 111
10500 Barrio de la Estación CC 131 Se 112
22320 Barrio de la Morera HS 71 Aa 95
34470 Barrio de la Puebla P 44 Vc 92
24133 Barrio de la Puente LE 42 Tf 92
46350 Barrio de las Atienzas V 123 Za 111
24689 Barrio de la Tercia LE 31 Uc 91
50650 Barrio del Beato Agno Z 68 Ye 97
44313 Barrio del Hospital TE 106 Yc 104
06176 Barrio del Pilar BA 148 Tc 117
22483 Barrio del Pou HS 52 Ad 95
02213 Barrio del Santuario AB 141 Ye 113
10629 Barrio del Teso CC 98 Te 106
09226 Barrio de Muñó BU 64 Vf 95
24150 Barrio de Nuestra Señora LE 43 Ud 92
30300 Barrio de Peral MC 173 Za 123
49358 Barrio de Rábano ZA 60 Tc 96
09135 Barrio de San Felices BU 45 Ve 93
34810 Barrio de San Pedro P 45 Vd 92
34810 Barrio de Santa María P 45 Vd 92
34815 Barrio de San Vicente P 45 Ve 93
32311 Barrio e Castelo OR 41 Ta 94
16860 Barrio El Otro Lado CU 104 Xe 106
24223 Barrio Estación LE 43 Uc 94
24526 Barrio las Lamas LE 41 Ta 92
09127 Barrio-Lucio BU 45 Vf 92
42169 Barriomartín SO 67 Xd 97
11149 Barrio Nuevo CA 188 Tf 130
18891 Barrionuevo GR 170 Xd 123
02511 Barrio Nuevo, El AB 156 Yb 116
39418 Barriopalacio CB 45 Ve 91
09126 Barrio-Panizares BU 45 Wa 92
19490 Barriopedro GU 103 Xb 104
11370 Barrios, Los CA 191 Ud 131
23740 Barrios, Los J 168 Vf 120
09249 Barrios de Bureba, Los BU 46 Wd 93
09199 Barrios de Colina BU 46 Wd 94
24609 Barrios de Gordón, Los LE 43 Ub 91
34111 Barrios de la Vega P 44 Vb 93
24148 Barrios de Luna, Los LE 43 Ua 91
24368 Barrios de Nistoso, Los LE 42 Tf 92
09124 Barrios de Villadiego BU 45 Vf 93
09553 Barriosuso BU 34 Wc 91
09618 Barriosuso BU 65 Wd 97
34470 Barriosuso P 44 Vc 93
33595 Barro AS 32 Vb 88
36875 Barro PO 39 Rd 95
36190 Barro = San Antoniño (Barro) PO 38 Rc 93
05229 Barromán AV 82 Va 102
01428 Barron VI 47 Xa 91
39408 Barros CB 33 Vf 89
11139 Barrosa, La CA 188 Te 130
24521 Barrosas LE 41 Sf 93
32520 Barroso OR 39 Re 94
37255 Barruecopardo SA 79 Tc 102
09554 Barruelo BU 46 Wc 91
34820 Barruelo de Santullán P 45 Ve 91
09124 Barruelo de Villadiego BU 45 Vf 93
47129 Barruelos del Valle VA 63 Uf 98
25527 Barruera L 53 Ae 93
09553 Barruso BU 35 We 90
11130 Bartivas CA 188 Tf 130
35421 Bartolomé San GC 200 Kc 180
43415 Bartra, La T 91 Ba 101
50596 Barués Z 50 Ye 94
46758 Barx V 142 Ze 114
32372 Barxa, A OR 41 Sf 94
32545 Barxa, A OR 59 Se 97
27328 Barxas LU 41 Se 93
03818 Barxell, El A 158 Zc 116
32897 Barxés OR 58 Sa 97
46667 Barxeta V 142 Zd 114
27391 Barxo de Lor LU 40 Sd 93
33117 Bárzana AS 30 Ua 90
33456 Bárzanas, Las AS 30 Ua 87
31866 Basaburua NC 37 Yb 90
20570 Basalgo SS 36 Xd 90
22372 Basarán HS 51 Ze 93
40180 Basardilla SG 83 Vf 102
30580 Basca, La MC 173 Yf 120
17483 Bàscara GI 75 Cf 96
15685 Bascoi C 27 Re 90
09339 Basconcillos BU 65 Wb 95
09126 Basconcillos del Tozo BU 45 Wa 92
33825 Báscones AS 30 Tf 88
39250 Báscones de Ebro P 45 Vf 92
09347 Báscones del Agua BU 65 Wb 96
34406 Báscones de Ojeda P 45 Vc 92
09146 Báscones de Zamanzas BU 46 Wb 91
36580 Bascuas PO 39 Re 92
09259 Bascuñana BU 47 Wf 94
16191 Bascuñana de San Pedro CU 104 Xe 107
09213 Bascuñuelos BU 46 We 92
48314 Basechetas BI 36 Xc 88
12193 Baseta, La CS 124 Zf 108
48130 Basigo BI 35 Xa 88
48180 Basozabal BI 35 Xa 89
48100 Basozabal BI 35 Xa 88
01420 Basquiñuelas VI 47 Xa 92
43527 Bassa dels Ganduls, La T 109 Ac 104
17734 Bassegoda GI 55 Cd 95
17469 Basseia GI 75 Da 95
50680 Bastanés NC 50 Ye 94
25725 Bastanist L 54 Be 95
22141 Bastarás HS 70 Zf 95
15280 Bastavales C 38 Rb 92
41100 Bastero SE 180 Ua 125
18870 Bastianes, Los GR 185 Xa 124
37621 Bastida, La SA 98 Tf 105
25555 Bastida de Bellera, La L 53 Af 94
25715 Bastida d'Ortons, La L 54 Bc 95
25556 Bastideta de Corroncui, La L 53 Af 95
17174 Bastons GI 74 Cd 96
25655 Basturs L 72 Ba 96
36448 Batalláns = San Pedro PO 57 Rd 96
02329 Batán, El AB 155 Xe 116
10692 Batán, El CC 114 Td 109
23293 Batán, El J 155 Xb 119
50660 Batán, El Z 68 Ye 97
50830 Batán, El Z 69 Zb 98
38294 Batán de Abajo TF 197 Ie 177
02137 Batán del Puerto AB 155 Xe 117
16420 Batán de San Pedro CU 120 Xa 109
40409 Batanejos SG 101 Vd 104
43786 Batea T 90 Ab 102
03600 Bateig A 158 Zb 118
05130 Baterna AV 100 Va 105
06659 Baterno BA 135 Va 115
17534 Batet GI 55 Ca 95
17812 Batet de la Serra GI 74 Cd 95
28976 Batres MD 102 Wa 107
37624 Batuecas, Las SA 98 Tf 106
18800 Baúl, El GR 170 Xa 124
08296 Bauma, La B 73 Bf 99
25549 Bausen L 52 Ae 91
18410 Bayacas GR 184 Wd 127
04479 Bayárcal AL 185 Xa 126
04888 Bayarque AL 186 Xd 125
33457 Bayas AS 30 Tf 87
33119 Bayo AS 30 Tf 88
50694 Bayo, El Z 68 Ye 95
24137 Bayos, Los LE 42 Te 91
42366 Bayubas de Abajo SO 85 Xa 99
42366 Bayubas de Arriba SO 85 Xa 99
18800 Baza GR 170 Xb 124
10697 Bazagona, La CC 115 Ua 109
13739 Bazán CR 153 Wc 117
06389 Bazana, La BA 148 Tb 119
15847 Bazar C 26 Rb 90
27258 Bazar LU 28 Sd 89
44492 Bea TE 88 Yf 102
36312 Beade PO 57 Rb 95

30382 Beal MC 173 Za 123
16152 Beamud CU 121 Yb 107
15689 Beán C 27 Rd 90
31179 Bearín NC 48 Xf 92
32520 Beariz OR 39 Re 94
21630 Beas H 177 Tb 124
20200 Beasain SS 36 Xe 90
18184 Beas de Granada GR 184 Wd 125
18516 Beas de Guadix GR 185 We 125
23280 Beas de Segura J 154 Xa 119
31892 Beasoáin NC 49 Yb 91
14850 Beatas, Las CO 167 Vd 123
15258 Beba C 38 Qf 91
24608 Beberino LE 43 Ub 91
24761 Bécares LE 61 Ua 96
05610 Becedas AV 99 Uc 106
05153 Becedillas AV 99 Ue 105
44588 Beceite TE 108 Ab 104
27640 Becerreá LU 41 Sf 91
05196 Becerril AV 100 Vc 105
37148 Becerril SA 80 Te 102
40510 Becerril SG 84 Wd 101
28490 Becerril de la Sierra MD 101 Wa 104
34487 Becerril del Carpio P 45 Ve 92
48870 Beci BI 35 We 89
20268 Bedaio SS 36 Xf 90
04288 Bédar AL 187 Ya 125
48287 Bedaroa = Bedarona BI 36 Xc 88
20268 Bedayo = Bedaio SS 36 Xf 90
32431 Bede = Cenlle OR 39 Rf 95
48390 Bedia BI 35 Xb 89
22438 Bediello HS 52 Ab 95
23537 Bedmar J 169 Wd 122
23537 Bedmar y Garcíez J 169 Wd 121
09568 Bedón BU 34 Wc 90
08784 Bedorc, El B 92 Be 99
33315 Bedriñana AS 31 Ud 88
02536 Beg AB 155 Xe 119
46419 Bega del Mar, La V 143 Ze 113
39580 Beges CB 32 Vc 89
17867 Beget GI 55 Cc 95
06250 Begico BA 149 Te 118
23520 Begíjar J 169 Wc 121
27373 Begonte LU 28 Sb 90
17857 Begudà GI 74 Cd 95
08782 Beguda Alta B 92 Bf 100
08782 Beguda Baixa, La B 92 Be 100
08859 Begues B 92 Bf 101
25556 Begunda d'Adons L 53 Ae 94
17255 Begur GI 75 Db 97
15808 Beigondo C 39 Rf 91
31753 Beintza-Labaien NC 37 Yb 90
31393 Beire NC 49 Yc 94
04458 Beires AL 185 Xb 126
32981 Beiro OR 40 Sa 94
20739 Beizama SS 36 Xe 90
37700 Béjar SA 99 Ub 106
12430 Bejís CS 123 Zb 109
12512 Bel CS 108 Aa 105
12140 Belalcázar CO 151 Uf 117
48460 Belandia BI 35 Wf 90
22622 Belarra HS 51 Zd 94
31174 Belascoáin NC 49 Yb 92
20491 Belauntza SS 36 Xf 90
20491 Belaunza = Belauntza SS 36 Xf 90
09226 Belbimbre BU 64 Vf 96
50130 Belchite Z 88 Zb 101
32520 Belecón OR 39 Re 94
22450 Beleder HS 52 Ac 94
10292 Belén CC 115 Ua 112
27889 Belén LU 26 Sd 87
30834 Belén MC 172 Ye 121
37789 Beleña SA 99 Uc 104
19237 Beleña de Sorbe GU 84 We 103
33557 Beleño AS 32 Uf 89
33996 Belerda AS 31 Ue 90
18515 Belerda GR 185 We 124
23489 Belerdas J 169 Wf 122
27188 Belesar LU 40 Sc 91
27814 Belesar LU 28 Sb 89
32950 Belesar OR 40 Sb 94
36307 Belesar PO 57 Rb 96
46868 Bèlgida V 142 Zd 115
25266 Belianes L 91 Ba 99
18101 Belicena GR 184 Wb 125
16470 Belinchón CU 119 Wf 108
29604 Bellamar MA 191 Vb 130
07769 Bellavista IB 93 Df 109
41704 Bellavista SE 179 Ua 125
43887 Bellavista T 92 Bb 101
17141 Bellcaire = Bellcaire d'Empordà GI 75 Da 96
17141 Bellcaire d'Empordà GI 75 Da 96
25337 Bellcaire d'Urgell L 72 Af 98
22436 Bellestar HS 71 Ac 95
25335 Bellestar L 72 Af 98
12599 Bellestar, El CS 108 Ab 105
22196 Bellestar del Flumen HS 70 Zd 96
17708 Bell-lloc GI 56 Cf 94
17245 Bell-lloc GI 75 Cf 97
25220 Bell-lloc d'Urgell L 72 Ae 99
43738 Bellmunt de Ciurana = Bellmunt del Priorat T 91 Ae 102
25213 Bellmunt de Segarra L 73 Bc 99
25336 Bellmunt d'Urgell L 72 Af 98
33681 Bello AS 31 Uc 90
44232 Bello TE 87 Yd 103
22149 Bellostas, Las HS 51 Zf 94
02460 Bellotar AB 155 Xc 118
43421 Bellpart B 92 Bc 99
25250 Bellpuig L 72 Ba 99
46714 Bellreguard V 143 Zf 115
43413 Belltall T 91 Bb 99
46839 Bellús V 142 Zd 115
25212 Bellveí L 72 Bb 98
43719 Bellvei T 92 Bd 101
07500 Bellver IB 127 Db 111
25721 Bellver L 54 Be 94
25720 Bellver de Cerdanya L 54 Be 94
25318 Bellver d'Ossó L 72 Bb 98
07260 Bellviure IB 127 Cf 112
14240 Bélmez CO 151 Ue 119
23568 Belmez J 169 Wd 122
23568 Bélmez de la Moraleda J 169 Wd 122
39557 Belmonte CB 33 Vd 90
16640 Belmonte CU 120 Xb 111
50332 Belmonte de Calatayud Z 87 Yc 101
34304 Belmonte de Campos P 63 Va 97
44642 Belmonte de Mezquín TE 108 Zf 103
33830 Belmonte de Miranda AS 30 Te 89
28390 Belmonte de Tajo MD 119 Wd 108
16779 Belmontejo CU 120 Xd 110
02487 Belmontes, Los AB 155 Xe 119
27774 Beloi LU 28 Sd 87
30385 Belones, Los MC 173 Zb 123
09250 Belorado BU 47 We 94
27865 Belsar LU 28 Sc 87
22363 Belsierre HS 52 Aa 93
22150 Belsué HS 51 Zd 95
42248 Beltejar SO 85 Xd 101
01449 Belunza VI 35 Xa 91
15990 Beluso C 38 Ra 92
36939 Beluso PO 38 Rb 95
22533 Belver HS 71 Ab 98
49830 Belver de los Montes ZA 62 Ud 98
13379 Belvis CR 153 Wa 117
24236 Belvís LE 62 Uc 96
28862 Belvis de Jarama MD 102 Wc 105
45660 Belvís de la Jara TO 116 Va 110
10394 Belvís de Monroy CC 115 Uc 110
31193 Belzunce NC 49 Yb 91
15873 Bembibre C 26 Rb 90
24300 Bembibre LE 42 Td 93
27556 Bembibre LU 40 Sb 92
32562 Bembibre OR 59 Sf 96
32617 Bemposta OR 59 Sd 97
22580 Benabarre HS 71 Ac 96
30410 Benablón MC 171 Ya 120
46810 Benacancil V 142 Zb 115
46351 Benacas V 122 Yf 111
41805 Benacazón SE 180 Te 124
12123 Benachera CS 123 Zd 108
29493 Benadalid MA 189 Ue 129
12190 Benadresa CS 124 Zf 108
47880 Benafarces VA 62 Ue 99
12449 Benafer CS 123 Zc 109
12134 Benafigos CS 108 Ze 107
29738 Benagalbón MA 183 Ve 128
46173 Benagéber V 122 Yf 110
22713 Benaguás HS 51 Zc 93
46180 Benaguasil V 123 Zc 111
04410 Benahadux AL 186 Xd 127
29679 Benahavís MA 190 Uf 129
29749 Benajarafe Alto MA 183 Ve 128
29491 Benalauría MA 190 Ue 129
46811 Benalí V 142 Zb 114
29630 Benalmádena MA 191 Vc 129
29639 Benalmádena MA 191 Vc 129
18510 Benalúa de Guadix GR 185 Wf 124
18566 Benalúa de las Villas GR 168 Wb 124
11190 Benalup CA 189 Ub 130
11190 Benalup-Casas Viejas CA 189 Ub 130
11679 Benamahoma CA 181 Ud 128
29718 Benamargosa MA 183 Ve 127
24234 Benamariel LE 43 Uc 94
18817 Benamaurel GR 170 Xb 123
29770 Benamayor MA 184 Wa 128
14910 Benamejí CO 183 Vc 125
46810 Benamil V 142 Zb 115
42230 Benamira SO 86 Xd 102
29719 Benamocarra MA 183 Vf 128
30410 Benamor de Abajo MC 156 Ya 120
11612 Benaocaz CA 189 Ud 128
29370 Benaoján MA 190 Ue 128
29791 Benaque MA 183 Ve 128
29490 Benarrabá MA 189 Ue 129
16337 Benarruel CU 122 Yd 108
12160 Benasal CS 108 Zf 106
03814 Benasau A 159 Zd 116
22440 Benasque HS 52 Ad 93
12181 Benasqués CS 124 Aa 107
23260 Benatae J 154 Wf 119
23390 Benatae J 155 Xc 118
25658 Benavent = Benavent de la Conca L 72 Ba 96
25132 Benavent de Segrià L 71 Ad 98
06519 Benavente BA 131 Sf 113
49600 Benavente ZA 62 Ub 96
22436 Benavente de Aragón HS 71 Ac 95
24280 Benavides de Órbigo LE 43 Ua 93
24233 Benazolve LE 43 Uc 94
41510 Bencarrón SE 181 Ub 124
27329 Bendilló LU 41 Se 94
33888 Bendón AS 29 Tb 89
04479 Benecid AL 186 Xa 127
49123 Benegiles ZA 62 Uc 99
31395 Benegorri NC 49 Yc 93
03460 Beneixama A 158 Zb 116
46293 Beneixida V 142 Zc 114
04760 Benejí AL 185 Xa 127
03390 Benejúzar A 173 Za 120
25555 Benés L 53 Af 94
46017 Benetúser = Benetússer V 142 Zd 112
46017 Benetússer = Benetúser V 142 Zd 112
03316 Benferri A 157 Za 120
03786 Beniaia A 143 Ze 116
30579 Beniaján MC 173 Yf 121
03828 Benialfaquí A 159 Zd 116
03788 Benialí A 143 Ze 115
03778 Beniarbeig A 143 Zf 116
03517 Beniardá A 159 Ze 116
46722 Beniarjó V 143 Ze 115
03850 Beniarrés A 142 Zd 116
46844 Beniatjar V 142 Zd 115
12580 Benicarló CS 109 Ac 106
12560 Benicasim = Benicàssim CS 124 Aa 108
12560 Benicàssim = Bencàsim CS 124 Aa 108
46838 Benicolet V 142 Zd 115
46689 Benicull de Xúquer V 142 Zd 113
03759 Benidoleig A 143 Zf 116
03501* Benidorm A 159 Zf 117
30130 Beniel MC 173 Za 120
03509 Benienso A 159 Ze 117
46450 Benifaió V 142 Zd 113
46791 Benifairó de la Valldigna V 142 Ze 114
46511 Benifairó de les Valls V 124 Ze 110
43512 Benifallet T 90 Ad 103
03816 Benifallim A 158 Zd 117
03517 Benifato A 159 Ze 116
46450 Benifayó = Benifaió V 142 Zd 113
46825 Benifetal V 142 Za 114
22474 Benifons HS 52 Ae 94
46830 Benigánim V 142 Zd 115
03794 Benigembla A 159 Zf 116
38129 Benijo TF 197 Ie 177
03178 Benijófar A 173 Zb 120
03810 Benilloba A 158 Zd 116
03827 Benillup A 158 Zd 116
03827 Benimarfull A 142 Zd 116
03812 Benimassot A 159 Ze 116
03791 Benimaurell A 143 Zf 116
03769 Benimeli A 143 Zf 116
46291 Benimodo V 142 Zc 113
46611 Benimuslem V 142 Zd 114
04769 Benínar AL 185 Wf 127
46703 Beniopa V 143 Ze 115
46469 Beniparrell V 142 Zd 112
03788 Benirrama A 143 Ze 116
43747 Benisanet = Benissanet T 90 Ad 102
46181 Benisano V 123 Zc 111
46869 Benisoda V 142 Zc 116
03720 Benissa A 159 Aa 116
03788 Benissili A 143 Ze 116
46839 Benisuera V 142 Zd 115
14940 Benita, La CO 167 Vc 123
03726 Benitachell = Poble Nou de Benitatxell, el A 159 Aa 116
04276 Benitagla AL 186 Xe 125
03788 Benitaia A 143 Ze 116
12222 Benitandús CS 124 Zd 109
04275 Benitorafe AL 186 Xe 125
05141 Benitos AV 100 Va 104
25632 Beniure L 72 Ae 96
04276 Benizalón AL 186 Xe 125
29749 Benjarafe MA 183 Vf 128
24123 Benllera LE 43 Ub 92
12181 Benlloch CS 108 Aa 107
03788 Bennissivà A 143 Ze 116
25551 Benòs L 52 Ae 92
10185 Benquerencia CC 133 Tf 113
27792 Benquerencia LU 29 Se 87
06429 Benquerencia de la Serena BA 150 Ud 116
25617 Bensa L 72 Af 98
20737 Bentaberri SS 36 Xe 89
04569 Bentarique AL 186 Xc 127
31750 Bentas NC 37 Yb 90
09593 Bentretea BU 46 Wd 92
22622 Bentué de Nocito HS 51 Ze 94
22150 Bentué de Rasal HS 51 Zc 94
24389 Benuza LE 41 Tb 94
29620 Benyamina MA 191 Vd 129
15686 Benza C 27 Rc 90
04647 Benzal AL 171 Yb 124
51002 Benzú 191 Ud 133
15113 Beo C 26 Ra 89
31193 Beorburu NC 49 Yb 91
31483 Beortegui NC 49 Yd 92
01477 Beotegui VI 35 Wf 90
31780 Bera = Vera de Bidasoa NC 37 Yb 89
31799 Beraiz NC 49 Yc 91
31869 Beramendi NC 37 Ya 91
39730 Beranga CB 34 Wc 88
48640 Berango BI 35 Xa 88
01211 Berantevilla VI 47 Xa 92
01211 Beranturi = Berantevilla VI 47 Xa 92
25510 Beranui L 53 Af 94
22484 Beranúy HS 52 Ad 94
20492 Berastegi SS 36 Ya 90
42107 Beratón SO 68 Yb 98
18248 Berbe Bajo GR 184 Wb 124
50294 Berbedel Z 87 Ye 99
22131 Berbegal HS 70 Aa 97
11500 Berben CA 188 Te 129
09511 Berberana BU 47 Wf 91
33346 Berbes AS 32 Uf 88
31252 Berbinzana NC 49 Ya 93
22636 Berbusa HS 51 Ze 93
09569 Bercedo BU 34 Wd 90
26327 Berceo RI 47 Xa 94
47115 Bercero VA 82 Uf 99
34310 Bercerril de Campos P 63 Vc 96
47115 Berceruelo VA 63 Uf 99
18451 Bérchules GR 185 We 127
40144 Bercial SG 82 Vd 103
45571 Bercial, El TO 116 Uf 110
45571 Bercial de San Rafael, El TO 116 Uf 110
05229 Bercial de Zapardiel AV 82 Va 102
49592 Bercianos de Aliste ZA 61 Te 98
24252 Bercianos del Páramo LE 43 Ub 94
24325 Bercianos del Real Camino LE 44 Uf 94
49333 Bercianos de Valverde ZA 61 Ua 97
40550 Bercimuel SG 84 Wc 100
05380 Bercimuelle AV 100 Uf 103
37750 Bercimuelle SA 99 Ud 105
46312 Bercuta V 122 Yf 110
50316 Berdejo Z 86 Ya 99
15151 Berdeogas C 26 Qf 90
15884 Berdía C 27 Rc 91
03720 Berdica A 159 Aa 116
15128 Berdoias C 26 Qf 90
33887 Berducedo AS 29 Tb 89
25795 Berén L 53 Bb 95
46666 Berfull V 142 Zd 114
08600 Berga B 73 Bf 96
37159 Berganciano SA 80 Te 102
22583 Berganúy HS 52 Ae 95
01212 Berganzo VI 47 Xb 93
20570 Bergara SS 36 Xd 90
26588 Bergasa RI 67 Xf 95
26588 Bergasillas Bajera RI 67 Xf 95
26588 Bergasillas Somera RI 67 Xf 95
44556 Berge TE 107 Zd 103
01423 Bergonda = Bergüenda VI 47 Wf 92
15166 Bergondo C 27 Re 89
22714 Bergosa HS 51 Zc 93
22373 Bergua HS 51 Ze 93
31191 Beriáin NC 49 Yc 92
04760 Berja AL 185 Xa 127
27186 Berlai LU 40 Sc 91
05162 Berlanas, Las AV 100 Vb 104
06930 Berlanga BA 149 Ub 119
42360 Berlanga de Duero SO 85 Xa 100
24438 Berlanga del Bierzo LE 41 Tc 92
09316 Berlangas de Roa BU 64 Wa 98
30610 Bermeja, La MC 157 Yd 120
37291 Bermellar SA 79 Tb 103
48370 Bermeo BI 35 Xb 88
36517 Bermés PO 39 Rf 92
33118 Bermiego AS 30 Ua 89
49168 Bermillo de Alba ZA 61 Tf 99
49200 Bermillo de Sayago ZA 80 Tf 100
38729 Bermudez TF 197 Hb 176
15329 Bermui C 28 Sa 88
02327 Bernabé AB 139 Xf 116
14880 Bernabé CO 167 Ve 124
18615 Bernadilla, La GR 184 Wc 128
48290 Bernagoitia BI 35 Xb 89
30700 Bernal MC 173 Za 122
48891 Bernales BI 34 Wd 89
13630 Bernardo, El CR 138 Xa 113
40430 Bernardos SG 83 Vd 102
01118 Bernedo VI 48 Xd 93
03599 Bernia A 159 Zf 116
33556 Bernia de Onís AS 32 Va 88
19133 Berninches GU 103 Xb 105
37453 Bernoy-Cemprón SA 99 Ub 104
33394 Bernueces AS 31 Uc 87
22711 Bernués HS 51 Zc 94
45693 Bernúy TO 117 Vc 109
40460 Bernúy de Coca SG 82 Vc 101
40190 Bernúy de Porreros SG 83 Vf 102
05195 Bernúy-Salinero AV 101 Vc 105
05211 Bernuy Zapardiel AV 82 Va 103
12160 Berola de Grau CS 108 Zf 106
12160 Berola de Grau CS 108 Zf 106
32617 Berrande OR 59 Se 97
35489 Berrazales, Los GC 200 Kc 180
32812 Berredo OR 58 Sa 96
48381 Berreño BI 35 Xc 89
15687 Berreo C 27 Rd 91
48710 Berriatua = Ribera BI 36 Xd 89
01138 Berricano VI 35 Xb 91
48230 Berrio BI 36 Xc 90
31195 Berrioplano NC 49 Yb 91
48230 Berriozabal-Aramiño BI 36 Xc 90
31013 Berriozar NC 49 Yb 91
48240 Berriz = Berriz-Olakueta BI 36 Xc 89
31790 Berrizaun NC 37 Yb 89
48240 Berriz-Olakueta BI 36 Xc 89
02329 Berro AB 156 Xe 116
30848 Berro, El MC 172 Yd 121
20493 Berrobi SS 36 Xf 90
06612 Berrocal BA 135 Uf 115
21647 Berrocal H 164 Tc 123
40181 Berrocal SG 83 Wa 102
10700 Berrocal, El CC 98 Ua 107
41240 Berrocal, El SE 164 Tf 122
37609 Berrocal de Huebra SA 98 Ua 104
37130 Berrocal de la Espinera SA 80 Tf 103
37592 Berrocal del Río SA 97 Tc 105
37795 Berrocal de Salvatierra SA 99 Ub 105
10392 Berrocalejo CC 116 Ud 110
05194 Berrocalejo de Aragona AV 101 Vc 104
10665 Berrocosos, Los CC 114 Tf 107
31796 Berroeta NC 37 Yc 90
33186 Berrón, El AS 31 Ub 88
25588 Berròs Jussà L 53 Ba 93
25588 Berròs Sobirà L 53 Ba 93
01194 Berrosteguieta VI 47 Xb 92
22373 Berroy HS 51 Zf 93
47813 Berrueces VA 63 Uf 97
50373 Berrueco Z 87 Yd 103
23649 Berrueco, El J 168 Wa 121
28192 Berrueco, El MD 102 Wc 103
30800 Berruecos MC 171 Yb 122
10318 Berruguillas CC 116 Ud 109
15220 Bertamiráns C 38 Rc 91
31720 Bertizarana NC 37 Yc 90
31866 Berute NC 37 Yb 90
10129 Berzocana CC 134 Ud 112
28420 Berzosa MD 101 Wa 105
42351 Berzosa SO 65 Wf 99
09245 Berzosa de Bureba BU 46 We 93
28194 Berzosa del Lozoya MD 84 Wc 103
34485 Berzosa de los Hidalgos P 45 Vd 92
39250 Berzosilla P 45 Vf 92
17850 Besalu GI 75 Ce 95
24885 Besande LE 44 Va 91
17162 Bescanó GI 75 Ce 97
25719 Bescaran L 54 Bd 94
22623 Bescós de Guarga HS 51 Ze 94
36598 Besexos PO 39 Re 92
22133 Bespén HS 70 Zf 96
27328 Bessarredonda LU 41 Sf 93
22362 Bestué HS 52 Aa 93
33815 Besullo AS 29 Tc 89
35637 Betancuria GC 199 Lf 178

14449 Betán de los Canos CR 152 Vc 117
15319 Betanzos C 27 Re 89
09512 Betarres BU 46 Wd 91
02694 Bete AB 141 Yd 115
31890 Betelu NC 36 Ya 90
46117 Bétera V 123 Zd 111
22583 Betesa HS 52 Ae 94
22638 Betés de Sobremonte HS 51 Zd 93
16870 Beteta CU 105 Xf 105
03640 Beties A 158 Zb 118
25537 Betlan L 53 Ae 92
01510 Betolaza VI 35 Xb 91
22148 Betorz HS 51 Aa 95
27617 Betote LU 40 Sd 92
12549 Betxí CS 124 Ze 109
17850 Beuda GI 75 Ce 95
08515 Beulaigua B 74 Ca 96
31867 Beunza NC 37 Yb 91
15982 Bexo C 38 Rb 92
09572 Bezana BU 34 Wa 91
09615 Bezares BU 65 Wf 96
26312 Bezares RI 47 Xb 94
44121 Bezas TE 106 Ye 107
18660 Béznar GR 184 Wc 127
31395 Bézquiz NC 49 Yc 93
03410 Biar A 158 Zb 117
22311 Bibán HS 51 Zf 94
22486 Bibiles HS 52 Ae 94
12124 Bibioj CS 107 Zd 107
46825 Bicorp V 142 Zb 114
20496 Bidania SS 36 Xe 90
31174 Bidaurreta NC 49 Ya 92
20496 Bidegoyan SS 36 Xf 90
27632 Biduedo LU 41 Se 92
32141 Biduedo OR 39 Sa 94
15895 Biduido C 38 Rc 91
33190 Biedes AS 31 Ua 88
50619 Biel Z 50 Za 94
39550 Bielba CB 33 Vd 89
22350 Bielsa HS 52 Ab 93
02360 Bienservida AB 155 Xc 117
06250 Bienvenida BA 149 Te 119
13596 Bienvenida CR 152 Vc 117
33539 Bierces AS 31 Ud 88
22144 Bierge HS 70 Zf 96
17199 Biert GI 75 Ce 96
33816 Biescas AS 30 Td 89
22451 Biescas HS 52 Ac 94
22630 Biescas HS 51 Ze 93
22484 Biescas de Obarra HS 52 Ad 94
03380 Bigastro A 173 Za 120
08415 Bigues i Riells B 74 Cb 98
31454 Bigüézal NC 50 Yf 92
50316 Bijuesca Z 86 Ya 99
48141 Bikarregi BI 35 Xb 90
01309 Bilar = Elvillar VI 48 Xc 93
48001* Bilbao BI 35 Xa 89
41530 Bilbao SE 181 Ud 125
48001* Bilbo = Bilbao BI 35 Xa 89
48112 Billabaso BI 35 Xa 88
48100 Billela BI 35 Xa 88
01195 Biloda = Villodas VI 47 Xb 92
33818 Bimeda AS 30 Tc 90
33527 Bimenes AS 31 Uc 89
22510 Binaced HS 71 Ab 98
22791 Binacua HS 50 Zb 93
07712 Binaixa IB 93 Eb 109
22500 Binéfar HS 71 Ab 97
07143 Biniali IB 126 Cf 111
07369 Biniamar IB 127 Cf 110
07713 Biniancolla IB 93 Eb 110
07101 Biniaraix IB 126 Ce 110
07711 Binibequer Vell IB 93 Eb 110
07314 Binibona IB 127 Cf 110
07712 Binicalaf IB 93 Eb 109
07712 Binidali Nou IB 93 Eb 109
07750 Binidenfa IB 93 Df 108
22773 Biniés HS 50 Zb 93
07740 Binifabini IB 93 Eb 109
07749 Binifaida IB 93 Ea 109
07315 Binifaldó IB 127 Cf 109
07730 Binifamis IB 93 Ea 109
07730 Binijame IB 93 Ea 109
07748 Binimella IB 93 Ea 108
07748 Binimella Nou IB 93 Ea 108
07711 Biniparren IB 93 Eb 109
07720 Binisaida IB 93 Eb 109
07748 Binisarret IB 93 Ea 108
07300 Biniseti Nou IB 127 Cf 110
07711 Binissafúler IB 93 Eb 110
07711 Binissafúler Nou IB 93 Eb 109
07350 Binissalem IB 126 Cf 110
22620 Binué HS 51 Zd 93
22622 Binueste HS 51 Zf 94
25752 Biosca L 73 Bc 97
50695 Biota Z 50 Ye 95
22470 Bisaurri HS 52 Ad 94
43372 Bisbal de Falset, La T 91 Ae 101
43717 Bisbal del Penedès, La T 92 Bc 101
17100 Bisbal d''Empordà, La GI 75 Da 97
25795 Biscarbó L 53 Bb 94
22807 Biscarrués HS 69 Zb 95
22710 Biscós de Garcipollera HS 51 Zc 93
50561 Bisimbre Z 68 Yd 97
09554 Bisjueces BU 46 Wc 91
43510 Bítem T 109 Ad 103
17723 Biure GI 56 Cf 94
43428 Biure de Gaià T 92 Bc 100
31398 Biurrun NC 49 Yb 92
27612 Biville LU 40 Sc 92
AD600 Bixessarri □ AND 54 Bc 94
04830 Bizmay, El AL 171 Xf 122
05540 Blacha AV 100 Va 105
42193 Blacos SO 66 Xa 98
30540 Blanca MC 157 Yd 119
28630 Blanca, La MD 101 Vd 107
43411 Blancafort T 91 Ba 100
43330 Blancafort T 91 Ba 102
02328 Blancares AB 139 Xf 114
44314 Blancas TE 105 Yd 104
02600 Blanco, El AB 139 Xb 113
30382 Blancos, Los MC 173 Zb 123
17300 Blanes GI 75 Ce 98
04897 Blánquez del Saúco AL 186 Xc 125
38600 Blanquitos, Los TF 196 Ic 180
05193 Blascoeles AV 101 Vd 104
05147 Blascojimeno AV 100 Uf 104
05146 Blascomillán AV 100 Uf 104
05299 Blasconuño de Matacabras AV 82 Va 102
05290 Blascosancho AV 100 Vc 103
14208 Blázquez, Los CO 150 Ud 118
22133 Blecua HS 70 Ze 96
22133 Blecua y Torres HS 70 Ze 96
08731 Bleda, La B 92 Bd 100
44790 Blesa TE 88 Za 102
42128 Bliecos SO 86 Xe 99
42248 Blocona SO 86 Xd 101
15218 Boa C 38 Ra 92
32375 Boa OR 41 Se 95
32375 Boa Cambela OR 41 Sf 95
25736 Boada L 72 Ba 97
37290 Boada SA 98 Te 104
34305 Boada de Campos P 63 Va 97
09314 Boada de Roa BU 64 Wa 98
09125 Boada de Villadiego BU 45 Wa 93
08299 Boada Nova, La B 74 Bf 99
17723 Boadella d'Empordà GI 56 Cf 95
08297 Boades B 73 Bf 98
37208 Boadilla SA 98 Te 104
34468 Boadilla del Camino P 45 Vd 95
28660 Boadilla del Monte MD 102 Wa 106
34349 Boadilla de Rioseco P 63 Va 95
32631 Boado OR 59 Sb 96
33720 Boal AS 29 Tb 88
28413 Boalo, El MD 102 Wa 104
15118 Boaño C 26 Qf 89
29540 Bobadilla MA 182 Vb 126
26321 Bobadilla RI 47 Xb 95
23669 Bobadilla, La J 168 Vf 123
47462 Bobadilla del Campo VA 82 Uf 101
29540 Bobadilla Estación MA 182 Vb 126
04120 Bobar, El AL 186 Xd 128
25178 Bobera = Bovera L 90 Ad 101
33429 Bobes AS 31 Ub 88
33556 Bobia de Abajo AS 32 Va 89
32514 Boborás OR 39 Re 94
37593 Bocacara SA 98 Td 104
24913 Boca de Huérgano LE 32 Va 91
46880 Bocairent V 158 Zc 116
41563 Bocas del Salado SE 166 Va 123
40560 Boceguillas SG 84 Wc 100
02486 Boche AB 155 Xe 118
19276 Bochones GU 85 Xa 101
19223 Bocígano GU 84 Wd 102
47419 Bocigas VA 82 Vb 101
42329 Bocigas de Perales SO 65 Wd 99
33449 Bocines AS 31 Ub 87
09553 Bocos BU 34 Wc 91
47317 Bocos de Duero VA 64 Ve 99
36598 Bodaño PO 39 Re 92
24860 Bodas, Las LE 43 Ue 91
12182 Bodega, La CS 108 Zf 107
45740 Bodegas Bilbaínas TO 118 Wb 110
09109 Bodegas de Carranxero BU 45 Ve 94
46160 Bodegas de Cea V 123 Zb 110
26150 Bodegas de la Atalayuela RI 48 Xe 94
46160 Bodegas del Campo V 123 Zb 110
46160 Bodegas del Mundo Nuevo V 123 Zb 110
09109 Bodegas de San Cristóbal BU 45 Ve 94
03408 Bodegueta, La A 158 Za 116
19278 Bodera, La GU 85 Xa 102
37520 Bodón, El SA 97 Tc 106
06192 Bodonal BA 132 Tb 114
06394 Bodonal de la Sierra BA 148 Tc 120
18810 Bodurria GR 186 Xb 124
15608 Boebre C 27 Re 88
47151 Boecillo VA 82 Vb 99
34859 Boedo P 45 Vc 92
15826 Boente C 39 Rf 91
07749 Boeret, Es IB 93 Ea 109
24312 Boeza LE 42 Te 92
39692 Bofetán CB 34 Wa 88
37291 Bogajo SA 79 Tc 103
18562 Bogarre GR 185 Wd 124
10990 Bohio y Casas de la Hinojosa CC 113 Sf 110
05165 Bohodón, El AV 82 Vb 103
06692 Bohonal BA 135 Vb 113
10320 Bohonal de Ibor CC 115 Ud 110
05690 Bohoyo AV 99 Ud 107
25528 Boí L 53 Ae 93
15816 Boimil C 27 Rf 90
15818 Boimorto C 27 Rf 91
15930 Boiro C 38 Ra 93
24717 Boisán LE 42 Te 94
25528 Boí-Taüll Resort L 53 Af 94
22122 Boix L 71 Ad 97
12599 Boixar CS 108 Aa 104
25652 Bóixols L 72 Ba 95
30570 Bojar, El MC 173 Yf 121
08273 Bojons B 74 Ca 97
32812 Bola, A OR 58 Sa 96
27122 Bolaño LU 28 Se 90
13260 Bolaños de Calatrava CR 137 Wc 115
47675 Bolaños de Campos VA 62 Ue 96
46822 Bolbaite V 142 Zb 114
25571 Boldís Sobirà L 53 Bb 93
25332 Boldú L 72 Ba 98
22160 Bolea HS 51 Zc 95
48278 Bolibar BI 36 Xc 89
29640 Boliches, Los MA 191 Vc 129
02150 Bolinches AB 140 Yb 114
01194 Bolívar VI 47 Xc 92
01194 Bolívar = Bolibar SS 36 Xc 90
39681 Bollacín CB 34 Wa 90
16843 Bólliga CU 104 Xd 107
41110 Bollullos de la Mitación SE 180 Tf 124
21710 Bollullos Par del Condado H 178 Tc 124
39213 Bolmir CB 33 Vf 91
30877 Bolnuevo MC 172 Ye 123
03600 Bolón A 158 Zb 118
17867 Bolòs GI 55 Cc 95
36681 Bolos PO 39 Rd 92
06389 Bolsicos, Los BA 148 Tb 119
22340 Boltaña HS 51 Aa 94
22439 Bolturina HS 71 Ab 96
03518 Bolulla A 159 Zf 116
17539 Bolvir GI 54 Bf 94
17474 Bomba, La GI 75 Da 95
04617 Bombardas, Las AL 187 Yb 125
25586 Bonabé L 53 Ba 92
25586 Bonaigua de Baix, La L 53 Ba 93
07400 Bon Aire IB 127 Da 109
13129 Bonal, El CR 136 Ve 113
22486 Bonansa HS 52 Ad 94
43816 Bonany T 92 Bc 100
11540 Bonanza CA 179 Td 128
28669 Bonanza MD 102 Wa 106
21830 Bonares H 178 Tb 125
43884 Bonastre T 92 Bc 101
03724 Bonavista A 159 Aa 116
25572 Bonestarre L 53 Bb 93
02691 Bonete AB 141 Yd 115
16311 Boniches CU 121 Yc 109
33426 Bonielles AS 31 Ua 88
16540 Bonilla CU 104 Xc 107
05514 Bonilla de la Sierra AV 99 Ue 105
02610 Bonillo, El AB 139 Xc 115
35431 Bon Lugar GC 200 Kc 180
25716 Bonner L 73 Be 95
22487 Bono HS 52 Ae 93
17470 Bon Relax GI 75 Da 95
25638 Bonrepòs L 72 Ba 96
46131 Bonrepòs i Mirambel V 142 Zd 111
43479 Bonretorn T 91 Ba 101
27153 Bonxe LU 28 Sc 90
24850 Boñar LE 43 Ue 91
42218 Boñices SO 67 Xe 99
33675 Boo AS 31 Ub 89
39478 Bóo CB 33 Wa 88
42313 Boós SO 66 Xa 99
15881 Boqueixón C 39 Rd 92
04859 Boquera, La AL 186 Xe 125
22300 Boquera, La HS 71 Aa 96
34305 Boquerín de Campos P 63 Vb 96
33590 Boquerizo AS 33 Vc 88
30559 Boquerón, El MC 157 Ye 119
46811 Boquilla V 142 Zb 115
50641 Boquiñeni Z 68 Ye 97
22860 Borau HS 51 Zc 93
42223 Borchicayada SO 86 Xd 100
09133 Borcos BU 46 Wa 93
50229 Bordalba Z 86 Xf 100
31176 Bordas de Arriba NC 48 Ya 92
31172 Bordas el Peletón NC 48 Ya 91
42367 Bordecorex SO 85 Xb 100
42216 Bordejé SO 86 Xc 100
27830 Bordelle LU 28 Sb 88
25551 Bòrdes, Es L 52 Ae 92
25788 Bordes de Conflent L 53 Bb 93
25799 Bordes de Llosar L 53 Bc 94
25636 Bordes del Seix de Gurp L 72 Af 95
17462 Bordils GI 75 Cf 96
44563 Bordón TE 107 Ze 104
36966 Bordóns PO 38 Rb 94
25586 Borén L 53 Ba 93
29718 Borge, El MA 183 Ve 128
08573 Borgonyà B 74 Cb 96
17844 Borgonyà del Terri GI 75 Ce 96
33583 Borines AS 31 Ue 88
50540 Borja Z 68 Yc 98
42218 Borjabad SO 86 Xd 99
02249 Bormate AB 140 Yc 113
41930 Bormujos SE 180 Tf 124
11640 Bornos CA 181 Ub 128
42138 Borobia SO 68 Ya 99
33792 Boronas AS 29 Tc 87
45222 Borox TO 118 Wb 108
32636 Borrán OR 59 Sc 96
08296 Borràs, El B 73 Bf 99
17770 Borrassà GI 75 Cf 95
36525 Borraxeiros PO 39 Rf 92
08619 Borredà B 74 Cb 96
24443 Borrenes LE 41 Tb 94
33878 Borres AS 30 Tc 88
22612 Borrés HS 51 Zd 93
30351 Borricén MC 173 Za 123
12190 Borriol CS 124 Zf 108
29314 Bosque MA 183 Vd 126
11670 Bosque, El CA 181 Uc 128
12127 Bosque, El CS 107 Zc 107
28670 Bosque, El MD 102 Wa 106
41770 Bosque, El SE 181 Uc 126
45516 Bosque, El TO 117 Vd 110
49620 Bosque, El ZA 62 Ub 97
50430 Bosque Alto Z 88 Za 100
25550 Bossòst L 52 Ae 92
27307 Bostelo LU 28 Sa 89
39451 Bostronizo CB 33 Vf 89
43785 Bot T 90 Ac 102
40469 Botalhorno SG 82 Vb 102
43772 Botarell T 91 Af 102
22711 Botaya HS 50 Zc 94
23520 Boticario, El J 169 Wc 121
10188 Botija CC 133 Tf 112
06510 Bótoa BA 132 Ta 114
50441 Botorrita Z 88 Yf 99
33891 Bouga, La AS 30 Te 88
27720 Bouloso LU 29 Se 88
32613 Bousés OR 59 Sc 97
32520 Bouza OR 39 Re 94
32563 Bouza OR 59 Sf 96
32430 Bouza, A OR 39 Rf 95
37488 Bouza, La SA 97 Tb 103
32868 Bouzadrago OR 58 Rf 97
24414 Bouzas LE 42 Tc 94
36209 Bouzas PO 57 Rb 95
49361 Bouzas ZA 60 Tb 96
03850 Bovar, El A 158 Zb 116
27340 Bóveda LU 40 Sd 93
27233 Bóveda LU 28 Sb 91
01427 Bóveda VI 47 We 91
32172 Bóveda de Amoeiro OR 40 Sa 94
09512 Bóveda de la Ribera BU 46 Wd 91
37316 Bóveda del Río Almar SA 100 Ue 103
49155 Bóveda de Toro, La ZA 81 Ud 100
03160 Bóvedas, Las A 158 Za 120
49561 Boya ZA 61 Td 97
41449 Boyal, La SE 165 Uc 123
11679 Boyar, El CA 181 Ud 128
31400 Boyeral, El NC 50 Ye 93
28339 Boyeriza, La MD 102 Wc 107
09219 Bozoo BU 47 Wf 92
05357 Brabos AV 100 Va 104
14813 Bracana CO 168 Vf 124
18381 Brácana GR 184 Wa 125
24200 Bracas LE 43 Uc 95
15339 Braelle C 26 Sb 86
43812 Bràfim T 92 Bb 101
47461 Brahojos de Medina VA 82 Uf 101
22483 Bralláns HS 52 Ad 94
36585 Brandariz PO 39 Re 92
15819 Brandeso C 39 Re 91
49511 Brandilanes ZA 61 Te 99
36585 Brandomés PO 39 Re 92
15859 Brandomil C 26 Ra 90
15859 Brandoñas C 26 Ra 90
15684 Brandoñas de Arriba C 26 Rb 90
36524 Brántega PO 39 Rf 92
15110 Brantoas C 26 Ra 89
33758 Braña, La AS 29 Ta 88
33815 Braña de Carbaldetoso AS 29 Tb 90
33887 Braña del Candal AS 29 Tb 90
33877 Brañalonga AS 30 Td 88
15806 Brañas C 27 Sa 90
33818 Brañas de Arriba AS 30 Td 90
33728 Brañavara AS 29 Ta 88
39210 Brañavieja CB 33 Vd 90
33194 Brañes AS 31 Ua 88
34829 Brañosera P 33 Ve 91
33717 Brañuas AS 29 Tc 88
24360 Brañuelas LE 42 Te 93
28737 Braojos MD 84 Wc 102
15151 Brasal C 26 Qf 91
45542 Bravo, El TO 117 Vc 108
27867 Bravos LU 28 Sc 87
21239 Bravos, Los H 163 Ta 121
09490 Brazacorta BU 65 Wd 98
13450 Brazatortas CR 152 Ve 117
47238 Brazuelas VA 82 Vb 100
24716 Brazuelo LE 42 Tf 94
50246 Brea de Aragón Z 87 Yc 99
28596 Brea de Tajo MD 103 Wf 107
33310 Breceña AS 31 Ud 88
37478 Brecerilla SA 98 Te 105
17400 Breda GI 74 Cd 98
15199 Bregua C 27 Rd 89
41310 Brenes SE 165 Ua 123
04271 Breña, La AL 187 Xf 125
38713 Breña Alta = San Pedro de Breña Alta TF 197 Hb 176
38712 Breña Baja = San José TF 197 Hb 177
35570 Breñas, Las GC 198 Mb 175
33775 Bres AS 29 Sf 88
25592 Bresca L 53 Ba 95
32636 Bresmaus OR 59 Sc 96
15969 Bretal C 38 Qf 93
49751 Bretó ZA 62 Ub 97
49698 Bretocino ZA 62 Ub 97
27286 Bretoña LU 28 Se 88
25591 Bretui L 53 Ba 94
42173 Bretún SO 67 Xd 96
11520 Brevas, Las CA 188 Td 128
15669 Brexo C 27 Re 89
38411 Brezal TF 196 Ic 178
16878 Brezal, El CU 105 Ya 105
36658 Briallos PO 38 Rc 93
30153 Brianes, Los MC 173 Ye 121
42368 Brías SO 85 Xa 100
15659 Bribes C 27 Re 89
33594 Bricia AS 32 Va 88
09572 Bricia BU 46 Wb 91
25287 Brics L 73 Bd 97
05194 Brieva AV 100 Vc 104
40180 Brieva SG 83 Vf 102
26322 Brieva de Cameros RI 66 Xb 96
09198 Brieva de Juarros BU 46 Wd 95
33784 Brieves AS 30 Td 88
19400 Brihuega GU 103 Xa 104
24719 Brimeda LE 42 Tf 94
49629 Brime de Sog ZA 61 Tf 96
49622 Brime de Urz ZA 61 Ua 96
37217 Brincones SA 79 Td 102
20220 Brinkola SS 36 Xd 90
26290 Briñas VI 47 Xb 93
15119 Briño C 26 Ra 89
15865 Brión C 28 Rb 91
26330 Briones RI 47 Xb 93
09610 Briongos BU 65 Wc 97
19128 Brisas, Las GU 104 Xb 105
09240 Briviesca BU 46 We 93
15310 Brixeria C 27 Rf 90
09557 Brizuela BU 34 Wc 91
13720 Brocheros CR 138 We 114
44367 Bronchales TE 105 Yc 105
10660 Bronco, El CC 98 Te 107
30510 Bronquina, La MC 157 Yf 117
27422 Brosmos LU 40 Sc 94
46409 Brosquil, El V 143 Ze 114
22370 Broto HS 51 Zf 93
06389 Brovales BA 148 Tb 118
10950 Brozas CC 113 Tb 111
08294 Bruc, El B 73 Be 99
32521 Brués OR 39 Rf 94
24648 Brugos de Fenar LE 43 Uc 92
17533 Bruguera GI 55 Cb 95
17240 Bruguera GI 75 Cf 97
08731 Bruguerès B 92 Bd 100
08850 Bruguers B 92 Bf 101
27135 Bruicedo LU 29 Se 90
23009 Brujuelo J 168 Wb 121

08553 Brull, El B 74 Cb 98
09129 Brullés BU 45 Wa 93
28690 Brunete MD 101 Wa 106
17441 Brunyola GI 75 Ce 97
23488 Bruñel Alto J 169 Wf 121
23489 Bruñel Bajo J 169 Wf 121
22665 Búbal HS 51 Ze 92
42132 Buberos SO 67 Xe 99
50239 Bubierca Z 87 Ya 101
18412 Bubión GR 185 Wd 127
26132 Bucesta RI 48 Xd 95
16851 Buciegas CU 104 Xd 106
27529 Buciños LU 40 Sa 93
19133 Budía GU 103 Xb 105
27779 Budián LU 28 Sd 87
15821 Budiño C 27 Rd 91
33116 Bueidia AS 30 Ua 90
33694 Buelles AS 31 Ub 90
33579 Buelles AS 33 Vc 88
33598 Buelna AS 33 Vc 88
37208 Buenabarba SA 98 Tf 104
16114 Buenache de Alarcón CU 121 Xf 111
16192 Buenache de la Sierra CU 121 Xf 108
19443 Buenafuente del Sistal, La GU 104 Xe 104
37209 Buenamadre SA 98 Te 103
28590 Buenamesón MD 119 We 108
45673 Buenasbodas TO 116 Va 111
29693 Buenas Noches MA 190 Ue 130
45634 Buenaventura TO 116 Va 107
06120 Buenavista BA 148 Ta 119
11150 Buena Vista CA 188 Ua 131
14550 Buenavista CO 167 Vc 123
18330 Buenavista GR 184 Wb 125
28006 Buena Vista MD 102 Wb 106
37789 Buenavista SA 99 Uc 104
45005 Buenavista TO 118 Vf 109
38713 Buenavista de Arriba TF 197 Hb 176
38480 Buenavista del Norte TF 196 Ia 178
34470 Buenavista de Valdavia P 44 Vc 93
16512 Buendía CU 103 Xb 106
38589 Bueno, El TF 196 Ic 179
30729 Buenos, Los MC 173 Zb 122
38434 Buen Paso TF 196 Ib 178
06300 Buen Suceso BA 149 Td 118
44394 Bueña TE 106 Ye 104
22146 Buera HS 70 Aa 96
39766 Bueras CB 34 Wd 88
22375 Buerba HS 51 Aa 93
33990 Bueres AS 31 Ud 89
22375 Buesa HS 51 Zf 93
27329 Buestelo de Fisteus LU 41 Se 93
22337 Buetas HS 52 Ab 94
36930 Bueu PO 38 Rb 95
09247 Buezo BU 46 Wd 93
38180 Bufadero TF 197 Ie 177
46891 Bufalí V 142 Zc 115
03100 Bugalla de Abajo A 158 Zd 117
03100 Bugalla de Arriba A 158 Zd 117
15228 Bugallido C 38 Rc 91
46165 Bugarra V 123 Zb 111
09198 Bugedo BU 65 Wd 95
09293 Bugedo BU 47 Wf 93
18820 Bugéjar GR 171 Xe 121
07311 Búger IB 127 Cf 110
42174 Buimanco SO 67 Xe 96
22486 Buira HS 52 Ae 94
25555 Buira L 53 Af 94
41300 Buitrago SE 165 Ua 124
42162 Buitrago SO 67 Xd 97
28730 Buitrago del Lozoya MD 84 Wc 103
21647 Buitrón, El H 163 Tb 123
24608 Buiza LE 43 Ub 91
14240 Bujadillo, El CO 151 Ue 119
14650 Bujalance CO 167 Vd 121
19247 Bujalaro GU 85 Xa 103
19266 Bujalcayado GU 85 Xb 102
01128 Bujanda VI 48 Xd 92
23314 Bujaraiza J 155 Xb 120
50177 Bujaraloz Z 89 Zf 100
19263 Bujarrabal GU 86 Xc 102
22378 Bujaruelo HS 51 Zf 92
11390 Bujeo, El CA 189 Uc 132
05140 Bularros AV 100 Va 104
50546 Bulbuente Z 68 Yc 98
39860 Bulco CB 34 Wd 89
06427 Bulera BA 150 Ud 117
30180 Bullas MC 172 Yb 120
33554 Bulnes AS 32 Vb 89
07110 Bunyola IB 126 Ce 110
22196 Buñales HS 70 Zd 96
15111 Buño C 26 Rb 89
46360 Buñol V 142 Zb 112
31540 Buñuel NC 68 Yd 97
27169 Buratai LU 28 Sc 91
44330 Burbáguena TE 87 Yd 102
24437 Burbia LE 41 Tb 92
22315 Burceat HS 71 Aa 96
09587 Burceña BU 34 Wd 90
27880 Burela LU 26 Sd 87
15984 Burés C 38 Rb 92
50547 Bureta Z 68 Yd 98
30439 Burete MC 171 Yb 120
25595 Burg L 53 Bb 93
49698 Burganés de Valverde ZA 61 Ub 97
43746 Burgar, El T 90 Ad 103
43206 Burgar, El T 91 Ba 101
22372 Burgasé HS 51 Zf 93
01192 Burgelu = Elburgo VI 48 Xc 91
27233 Burgo LU 28 Sc 91
29420 Burgo, El MA 182 Va 128
50730 Burgo de Ebro, El Z 69 Zb 99
42300 Burgo de Osma, El SO 66 Wf 99
05113 Burgohondo AV 100 Vb 106
40331 Burgomillodo SG 83 Wa 100
24343 Burgo Ranero, El LE 44 Ue 94
09001* Burgos BU 46 Wb 94
36309 Burgueira PO 57 Rb 96
09294 Burgueta BU 47 Xa 92
31412 Burgui = Burgi NC 50 Yf 92
10330 Burguilla CC 116 Ue 110
41220 Burguillos SE 164 Ua 123
06370 Burguillos del Cerro BA 148 Tc 118
45112 Burguillos de Toledo TO 118 Wa 110
46100 Burjasot = Burjassot V 142 Zd 111
46100 Burjassot = Burjasot V 142 Zd 111
04618 Burjulú AL 187 Yb 125
15819 Burres C 39 Re 91
12530 Burriana CS 124 Zf 109
15387 Burricios C 27 Re 89
35138 Burrillas, Las GC 200 Kb 181
02329 Burrueco AB 155 Xe 116
01138 Buruaga VI 35 Xb 91
45521 Burujón TO 117 Ve 109
23479 Burunchel J 169 Xa 121
31798 Burutáin NC 49 Yc 91
25286 Busa L 73 Bd 96
33891 Buscabrero AS 30 Te 88
32869 Buscalque OR 58 Rf 97
24699 Busdongo de Arbás LE 31 Ub 91
25592 Buseu L 53 Ba 95
33885 Buslavín AS 29 Tb 89
33161 Busloñe AS 31 Ua 89
24521 Busmayor LE 41 Sf 93
33873 Busmeón AS 30 Td 88
24724 Busnadiego LE 42 Td 94
09573 Busnela BU 34 Wb 90
03111 Busot A 158 Zd 118
18416 Busquistar GR 185 We 127
33316 Busta, La AS 31 Ue 87
39507 Bustablado CB 33 Ve 89
39292 Bustamante CB 33 Vf 90
39696 Bustantegua CB 34 Wb 89
33888 Bustantigo AS 29 Tb 88
19244 Bustares GU 85 Wf 102
28720 Bustarviejo MD 102 Wb 103
39417 Bustasur CB 33 Vf 91
39688 Bustasur CB 34 Wa 90
32703 Bustavale OR 40 Sb 95
50548 Buste, El Z 68 Yc 97
32617 Bustelo OR 59 Sd 97
36519 Bustelos PO 39 Re 93
39417 Bustidoño CB 45 Wa 91
24172 Bustillo de Cea LE 44 Uf 94
47608 Bustillo de Chaves VA 63 Uf 96
34116 Bustillo de la Vega P 44 Vb 94
39419 Bustillo del Monte CB 45 Vf 91
49831 Bustillo del Oro ZA 62 Ud 98
09129 Bustillo del Páramo BU 46 Wa 93
24357 Bustillo del Páramo LE 43 Ub 94
34129 Bustillo del Páramo de Carrión P 44 Vb 94
33590 Bustio, El AS 33 Vc 88
39686 Bustiyerro CB 34 Wb 90
33449 Busto AS 31 Ub 87
33789 Busto AS 30 Td 87
27336 Busto LU 40 Se 93
31229 Busto, El NC 48 Xe 93
34113 Bustocirio P 44 Vb 94
09244 Busto de Bureba BU 46 We 93
24793 Bustos LE 42 Tf 94
39593 Bustriguado CB 33 Vd 89
48350 Busturia BI 35 Xb 88
48110 Butron BI 35 Xa 88
25194 Butsènit L 71 Ad 99
25315 Butsènit d''Urgell L 72 Af 98
15912 Buxán C 38 Rb 92
32375 Buxán OR 59 Sf 95
15151 Buxantes C 26 Qf 91
22470 Buyelgas HS 52 Ad 94
39571 Buyezo CB 33 Vc 90
06228 Buzalén e Irines BA 149 Tf 117
38627 Buzanada TF 196 Ic 180
26131 Buzarra RI 67 Xe 95

C

15996 Caamaño C 38 Qf 93
21647 Caba, La H 164 Td 123
43373 Cabacés T 91 Ae 101
37621 Cabaco, El SA 98 Tf 105
06110 Cabadales BA 147 Sf 119
40182 Caballar SG 83 Wa 102
22460 Caballera HS 52 Ab 95
40145 Caballero SG 101 Vd 103
33937 Caballeros AS 31 Ub 88
21840 Caballón H 163 Tb 124
25722 Cabana, La L 54 Bd 94
25748 Cabanabona L 72 Bb 97
15115 Cabana de Bergantiños C 26 Ra 89
25598 Cabana de Parros L 53 Af 92
15237 Cabanamoura C 38 Ra 91
15621 Cabanas C 27 Rf 88
27867 Cabanas LU 28 Sb 87
27228 Cabanas LU 28 Sa 90
17746 Cabanelles GI 75 Ce 95
07520 Cabanells Vell, Es IB 127 Db 110
12180 Cabanes CS 124 Aa 108
17761 Cabanes GI 56 Cf 95
03400 Cabanes i Fonts A 158 Za 117
24620 Cabanillas LE 43 Uc 92
31511 Cabanillas NC 68 Yc 96
42225 Cabanillas SO 86 Xd 100
28721 Cabanillas de la Sierra MD 102 Wc 104
19171 Cabanillas del Campo GU 103 We 105
40160 Cabanillas del Monte SG 83 Vf 103
24319 Cabanillas de San Justo LE 42 Td 92
17411 Cabanyes GI 75 Ce 98
39551 Cabanzón CB 33 Vd 89
28223 Cabaña, La MD 102 Wa 106
33686 Cabañaquinta AS 31 Uc 90
05190 Cabañas AV 100 Vb 105
09198 Cabañas BU 65 Wd 95
11158 Cabañas CA 181 Ue 127
24205 Cabañas LE 43 Uc 95
49592 Cabañas de Aliste ZA 61 Te 97
34469 Cabañas de Castilla, Las P 45 Vd 94
50638 Cabañas de Ebro Z 69 Yf 98
31500 Cabañas de Jerónimo NC 68 Yd 96
24492 Cabañas de la Dornilla LE 42 Tc 93
50694 Cabañas del Ahalojero Z 68 Yd 95
45592 Cabañas de la Sagra TO 118 Wa 108
10373 Cabañas del Castillo CC 115 Uc 111
40392 Cabañas de Polendos SG 83 Vf 102
10560 Cabañas de Puerto Llano CC 132 Tb 112
49709 Cabañas de Sáyago ZA 80 Ub 100
49627 Cabañas de Tera ZA 61 Tf 96
09572 Cabañas de Virtus BU 34 Wa 90
45312 Cabañas de Yepes TO 118 Wc 109
24915 Cabaña Verónica LE 32 Va 89
24234 Cabañeros LE 62 Uc 95
39584 Cabañes CB 33 Vc 89
09350 Cabañes de Esgueva BU 65 Wb 98
09512 Cabañes de Oteo BU 35 We 91
02536 Cabañica, La AB 155 Xd 120
30540 Cabañiles, Los MC 157 Yd 119
18812 Cabañuela GR 170 Xa 123
23314 Cabañuela, La J 154 Xb 120
09142 Cabañuela, Las BU 46 Wc 93
39627 Cabárceno CB 34 Wb 88
24569 Cabarcos LE 41 Ta 93
43373 Cabassers = Cabacés T 91 Ae 101
25515 Cabdella L 53 Af 94
15125 Caberta C 26 Qe 90
25217 Cabestany L 72 Bb 99
41568 Cabeza, La SE 182 Uf 124
10930 Cabeza Araya CC 114 Tc 111
37490 Cabezabellosa de la Calzada SA 81 Ud 102
37524 Cabeza Calva SA 97 Tb 107
19237 Cabezadas, Las GU 85 Wf 102
38789 Cabezadas, Las TF 197 Ha 176
37777 Cabeza de Béjar, La SA 99 Uc 106
24569 Cabeza de Campo, la Ribera de LE 41 Ta 93
37460 Cabeza de Diego Gómez SA 80 Tf 103
37174 Cabeza de Framontanos SA 79 Td 101
06600 Cabeza del Buey BA 151 Ue 116
37214 Cabeza del Caballo SA 79 Tc 102
41500 Cabeza del Sordo SE 181 Uc 125
32930 Cabeza de Vaca OR 40 Sa 95
11540 Cabeza Gorda CA 179 Te 128
10130 Cabezagorda CC 134 Ub 113
23293 Cabeza Gorda J 155 Xc 119
06293 Cabeza la Vaca BA 164 Td 120
45890 Cabezamesada TO 119 Wf 110
22452 Cabezanada, La HS 52 Ab 94
14729 Cabeza Pedro CO 166 Uf 121
06249 Cabezaquemada BA 149 Te 119
13192 Cabezarados CR 136 Ve 115
13591 Cabezarrubias del Puerto CR 152 Ve 117
06131 Cabeza Rubia BA 147 Sf 118
05697 Cabezas Altas AV 99 Uc 107
05217 Cabezas de Alambre AV 82 Va 103
05514 Cabezas de Bonilla AV 99 Ue 105
11592 Cabezas de Cautina CA 179 Tf 128
21550 Cabezas del Pasto H 162 Se 123
05211 Cabezas del Pozo AV 82 Va 103
05148 Cabezas del Villar AV 100 Ue 104
41730 Cabezas de San Juan, Las SE 180 Ua 127
21580 Cabezas Rubias H 163 Sf 122
10625 Cabezo CC 98 Te 106
30180 Cabezo, El MC 172 Yb 120
30164 Cabezo de la Plata MC 173 Za 121
03409 Cabezo de la Virgen A 157 Za 117
30110 Cabezo de Torres MC 173 Yf 120
47260 Cabezón VA 63 Vc 98
26135 Cabezón de Cameros RI 67 Xc 95
39500 Cabezón de la Sal CB 33 Ve 89
09612 Cabezón de la Sierra BU 65 We 97
39571 Cabezón de Liébana CB 33 Vc 90
47260 Cabezón de Pisuerga VA 63 Vc 98
47689 Cabezón de Valderaduey VA 62 Uf 96
21750 Cabezudos, Los H 178 Tc 125
40396 Cabezuela SG 83 Wa 101
46199 Cabezuela, La V 141 Yf 113
10610 Cabezuela del Valle CC 99 Ub 107
37795 Cabezuela de Salvatierra SA 99 Ub 105
30510 Cabezuelas MC 157 Yf 117
05620 Cabezuelo AV 99 Uc 106
21340 Cabezuelo, El H 163 Tb 121
28439 Cabezuelos MD 101 Vf 105
09239 Cabia BU 46 Wa 95
28190 Cabida GU 84 Wd 102
30893 Cabildo y La Campana, El MC 172 Yb 124
05165 Cabizuela AV 82 Vb 103
25794 Cabó L 72 Bb 95
24110 Caboalles de Abajo LE 30 Td 91
24111 Caboalles de Arriba LE 30 Td 91
38627 Cabo Blanco TF 196 Ib 180
04150 Cabo de Gata, El AL 186 Xe 128
50228 Cabolafuente Z 86 Xf 101
33675 Caborana AS 31 Ub 89
24608 Cabornera LE 43 Ub 91
33792 Caborno AS 30 Tc 88
27177 Caborrecelle LU 40 Sc 92
09247 Caborredondo BU 46 Wd 93
33129 Cabos, Los AS 30 Tf 87
18720 Cabo Sacratif GR 184 Wd 128
06350 Cabra BA 148 Tb 119
14940 Cabra CO 167 Vd 124
43811 Cabra del Camp T 91 Bb 100
23550 Cabra del Santo Cristo J 169 We 122
44409 Cabra de Mora TE 107 Zb 107
06300 Cabrahiga BA 149 Td 118
33555 Cabrales = Carreña AS 32 Va 89
37120 Cabrasmalas SA 80 Ub 103
32600 Cabreiroá OR 59 Sd 97
27834 Cabreiros LU 28 Sb 88
16195 Cabrejas CU 120 Xd 108
42130 Cabrejas del Campo SO 67 Xe 98
42146 Cabrejas del Pinar SO 66 Xa 98
19267 Cabrera, La GU 85 Xb 102
28751 Cabrera, La MD 102 Wc 103
08349 Cabrera de Mar B 93 Cc 99
03639 Cabreras A 158 Za 117
23670 Cabreras, Las J 168 Wa 123
04827 Cabreras, Los AL 171 Xf 123
42367 Cabreriza SO 85 Xa 100
23220 Cabrerizas J 153 Wc 119
37193 Cabrerizos SA 81 Uc 103
10616 Cabrero CC 115 Ua 108
47832 Cabreros del Monte VA 62 Ue 97
24224 Cabreros del Río LE 43 Uc 94
26529 Cabretón RI 67 Ya 97
34810 Cabria P 45 Ve 92
08650 Cabrianes B 73 Bf 98
14749 Cabril, El CO 165 Ud 120
24142 Cabrillanes LE 30 Tf 91
37630 Cabrillas SA 98 Te 104
23569 Cabrita J 169 Wd 122
15685 Cabruí C 27 Re 90
33394 Cabueñes AS 31 Uc 87
39510 Cabuérniga CB 33 Vd 89
24540 Cacabelos LE 41 Tb 93
25611 Caçà de Canelles L 71 Ad 97
17121 Caçà de Pelràs GI 75 Cf 96
10003 Cáceres CC 114 Td 112
33174 Caces AS 31 Ua 89
15883 Cacheiras C 39 Rc 92
10881 Cachorrilla CC 114 Tb 109
39608 Cacicedo CB 34 Wa 88
18370 Cacín GR 184 Wa 126
24517 Cadafresnas LE 41 Ta 93
09589 Cadagua BU 34 Wd 90
10865 Cadalso CC 97 Tc 107
28640 Cadalso de los Vidrios MD 101 Vd 107
33536 Cadapereda AS 31 Ud 89
17400 Cadaqués GI 56 Db 96
33160 Cadaval, El AS 31 Ua 89
33788 Cadavedo AS 30 Tf 87
27287 Cadavedo LU 28 Sd 88
32548 Cádavos OR 60 Sf 97
32768 Cadeliña OR 40 Sd 95
33557 Cadenaba AS 32 Ue 89
39550 Cades CB 33 Vd 89
18440 Cádiar GR 185 We 127
11001* Cádiz CA 188 Te 129
25514 Cadolla L 53 Af 94
03430 Cadolla, La A 158 Zc 117
32849 Cadós OR 58 Sa 96
31515 Cadreita NC 68 Yb 95
50420 Cadrete Z 88 Za 99
36514 Cadrón PO 39 Rf 92
30170 Cagitán MC 156 Yc 120
39571 Cahecho CB 33 Vc 90
11391 Caheruelas, Las CA 191 Uc 132
01420 Caicedo Sopeña VI 47 Xa 92
01213 Caicedo Yuso VI 47 Xa 92
35468 Caideros GC 200 Kc 180
04770 Caillos AL 185 Wf 128
07313 Caimari IB 127 Cf 110
24915 Caín de Valdeón LE 32 Va 89
15339 Caión C 26 Sb 87
15105 Caión C 27 Rc 89
18198 Cájar GR 184 Wc 126
22587 Cajigar HS 52 Ad 95
29792 Cajis MA 183 Ve 128
29749 Cajisillo MA 183 Ve 128
22372 Cajol HS 51 Zf 93
21270 Cala H 164 Te 121
03502 Cala, La A 159 Ze 117
07688 Cala Antena IB 127 Db 112
21340 Calabacino, El H 163 Tb 121
30889 Calabardina MC 172 Yd 124
46389 Calabarra V 142 Zc 112
07829 Cala Bassa IB 125 Bb 115
21342 Calabazares H 163 Tb 121
10199 Calabazas CC 132 Tc 113
47451 Calabazas VA 82 Vb 100
40356 Calabazas de Fuentidueña SG 83 Vf 100
07712 Cala Binidali IB 93 Eb 109
03738 Cala Blanca A 159 Ab 116
07769 Cala Blanca IB 93 Df 109
07609 Cala Blava IB 126 Ce 112
07560 Cala Bona IB 127 Dc 111
49392 Calabor ZA 60 Tb 97
33566 Calabrez AS 32 Uf 88
04828 Calabuche AL 171 Xf 123
44610 Calaceite TE 90 Ab 102
07829 Cala Corral IB 125 Bb 115
07713 Cala d''Alcaufar IB 93 Eb 110
29730 Cala del Moral MA 191 Ve 128
29720 Cala del Moral, La MA 191 Vb 129
Cala d''Hort IB 125 Bb 115
07660 Cala d''Or IB 127 Db 112
22589 Caladrones HS 71 Ad 96
07769 Cala En Blanes IB 93 De 108
07730 Cala En Porter IB 93 Ea 109
07680 Cala Estany IB 127 Db 111
08280 Calaf B 73 Bd 98
43860 Calafat T 91 Ae 103

08211 Calafau B 74 Ca 99
07669 Cala Ferrera IB 127 Db 112
07659 Cala Figuera IB 127 Db 113
07820 Cala Gració IB 125 Bb 115
18730 Calahonda GR 185 Wd 128
26500 Calahorra RI 48 Ya 95
18512 Calahorra, La GR 185 Wf 125
34407 Calahorra de Boedo P 45 Vd 93
34411 Calahorra de Campos P 63 Vc 95
45909 Calalberche TO 101 Ve 107
07690 Cala Liombarts IB 127 Da 113
07700 Cala Llonga IB 93 Eb 109
07840 Cala Llonga IB 125 Bd 115
07181 Cala Major IB 126 Cd 111
07670 Cala Marçal IB 127 Db 112
07700 Cala Mesquida IB 93 Eb 109
07560 Cala Millor IB 127 Dc 111
45860 Calaminar, El TO 119 Wd 111
44200 Calamocha TE 87 Ye 103
24398 Calamocos LE 42 Tc 93
07830 Cala Moli IB 125 Bb 115
14730 Calamón Alto CO 166 Uf 121
07691 Cala Mondrago IB 127 Db 112
06810 Calamonte BA 133 Td 115
07769 Cala Morell IB 93 Df 108
07688 Cala Murada IB 127 Db 112
23220 Calancha J 153 Wd 119
44570 Calanda TE 89 Ze 103
07849 Cala Nova IB 125 Bd 114
21300 Calañas H 163 Ta 123
07849 Cala Pada IB 125 Bd 115
29689 Cala Padrón MA 190 Uf 130
07639 Cala Pi IB 126 Cf 112
07590 Cala Rajada IB 127 Dc 110
30441 Calar de la Santa MC 156 Xe 119
02530 Calareños de Arriba, Los AB 155 Xe 120
23410 Calares, Los J 154 We 120
07860 Cala Sahona IB 125 Bc 116
07750 Cala Santa Galdana IB 93 Df 109
07659 Cala Santanyí IB 127 Da 113
07469 Cala Sant Vicenç IB 127 Da 109
22514 Calasanz HS 71 Ac 96
30420 Calasparra MC 156 Yb 119
19128 Calas Verdes GU 104 Xb 105
42193 Calatañazor SO 66 Xb 98
07830 Cala Tarida IB 125 Bb 115
50300 Calatayud Z 87 Yc 100
07748 Cala Tirant IB 93 Ea 108
50280 Calatorao Z 87 Yd 99
07711 Cala Torret IB 93 Eb 110
07315 Cala Tuent IB 126 Ce 109
07769 Cala Turqueta IB 93 Df 109
07830 Cala Vadella IB 125 Bb 115
24170 Calaveras de Abajo LE 44 Va 92
24170 Calaveras de Arriba LE 44 Va 92
02600 Calaverón, El AB 139 Xc 113
43817 Cal Ballet T 92 Bc 100
12140 Calçada, La CS 108 Zf 107
43815 Cal Canonjo T 92 Bc 100
50268 Calcena Z 68 Yb 99
50710 Calcineras Z 90 Aa 102
39460 Caldas de Besaya, Las CB 33 Vf 89
24146 Caldas de Luna LE 43 Ua 91
36650 Caldas de Reis PO 38 Rc 93
15295 Caldebarcos C 38 Qf 91
36721 Caldelas PO 57 Rc 96
14880 Caldera CO 167 Ve 123
38758 Caldera, La TF 197 Ha 176
38660 Caldera, La TF 196 Ib 180
35649 Caldereta GC 199 Ma 177
06130 Calderón BA 148 Ta 117
30510 Calderón MC 157 Ye 117
46390 Calderón V 122 Ye 111
30178 Calderones MC 172 Yd 121
30800 Calderones y el Collado MC 172 Yb 122
08275 Calders B 74 Bf 98
42112 Calderuela SO 67 Xe 98
25528 Caldes de Boí L 53 Af 93
17455 Caldes de Malavella GI 75 Ce 97
08140 Caldes de Montbui B 74 Cb 99
08393 Caldetes = Caldes d''Estrac B 93 Cd 99
33584 Caldevilla AS 32 Ue 88
24914 Caldevilla de Valdeón LE 32 Va 90
33391 Caldones AS 31 Uc 88
33507 Caldueño AS 32 Va 88
33995 Caleao AS 31 Ud 90
08370 Calella B 75 Cd 99
17210 Calella de Palafrugell GI 75 Db 97
10137 Calera, La CC 116 Ue 111
13248 Calera, La CR 138 Wf 115
29313 Calera, La MA 183 Ve 126
06292 Calera de León BA 149 Te 120
45686 Calera y Chozas TO 116 Va 109
09451 Caleruega BU 65 Wd 98
45589 Caleruela TO 116 Ue 109
23312 Caleruela, La J 169 Wf 120
07688 Cales de Mallorca IB 127 Db 112
35107 Caleta, La GC 200 Kd 182
29751 Caleta, La MA 183 Vf 128
38910 Caleta, La TF 196 Ha 182
38678 Caleta, La TF 196 Ib 180
38479 Caleta, La TF 196 Ib 178
Caleta de Famara, La GC 198 Mc 174
35540 Caleta del Sebo GC 198 Mc 173
18680 Caleta-Guardia, La GR 184 Wc 128
38740 Caletas, Las TF 197 Hb 177
38370 Caletón, El TF 196 Id 178
33172 Caleyo, El AS 31 Ua 89
33957 Caleyo, El AS 31 Uc 89
39727 Calgar CB 34 Wb 88
18290 Calicasas GR 184 Wc 125
12589 Càlig CS 109 Ac 106
30331 Calin MC 173 Yf 122
08506 Calldetenes B 74 Cb 97
15689 Calle, A C 27 Rd 90
43510 Calle, La T 109 Ad 103
14540 Calleja, La CO 166 Va 122
48890 Callejo, El BI 34 Wd 89
38730 Callejones TF 197 Hb 177
33507 Callejos, Los AS 32 Va 88
22255 Callén HS 70 Zd 97
33873 Calleras AS 30 Td 88
46175 Calles V 123 Za 110
33411 Callezuela, La AS 31 Ua 88
15389 Callobre C 27 Re 89
03510 Callosa d''En Sarrià A 159 Zf 117
03360 Callosa de Segura A 158 Za 120
08262 Callús B 73 Be 98
50238 Calmarza Z 86 Ya 102
15129 Calo C 26 Qf 90
39572 Caloca CB 33 Vc 90
44126 Calomarde TE 105 Yc 106
17251 Calonge GI 75 Da 97
07660 Calonge IB 127 Db 112
14709 Calonge, El CO 166 Ud 122
03710 Calpe A 159 Aa 117
12428 Calpes, Los CS 123 Zc 108
08711 Cal Quilaseta B 73 Bd 99
39728 Calseca CB 34 Wb 89
08731 Cal Sisplau B 92 Bd 100
07315 Cals Reis IB 126 Ce 110
42367 Caltojar SO 85 Xb 100
08251 Cal Torrebruna B 73 Be 98
17445 Ca l'Uix GI 74 Cd 97
41610 Calvario, El SE 181 Ud 125
37181 Calvarrasa de Abajo SA 81 Uc 103
37191 Calvarrasa de Arriba SA 81 Uc 103
15979 Calvelle C 38 Ra 92
22485 Calvera HS 52 Ad 94
07184 Calvià IB 126 Cd 111
32648 Calvos OR 58 Sa 97
15819 Calvos de Sobrecamiño C 27 Re 91
45950 Calypo II TO 101 Vf 107
39766 Calzada, La CB 34 Wc 89
37714 Calzada de Béjar, La SA 99 Ub 106
09244 Calzada de Bureba BU 47 We 93
13370 Calzada de Caltrava CR 153 Wb 116
37448 Calzada de Don Diego SA 80 Ua 103
24760 Calzada de la Valdería LE 61 Tf 95
24342 Calzada del Coto LE 44 Uf 94
34129 Calzada de los Molinos P 44 Vc 95
45580 Calzada de Oropesa, La TO 116 Ue 109
49332 Calzada de Tera ZA 61 Tf 97
37797 Calzada de Valdunciel SA 80 Ub 102
02249 Calzada de Vergara AB 140 Yc 113
35018 Calzada La GC 200 Kd 180
10817 Calzadilla CC 114 Tc 108
34309 Calzadilla de la Cueza P 44 Vb 95
37114 Calzadilla del Campo SA 80 Tf 102
06249 Calzadilla de los Barros BA 149 Te 119
24343 Calzadilla de los Hermanillos LE 44 Uf 94
49331 Calzadilla de Tera ZA 61 Tf 97
04692 Camachos, Los AL 171 Xf 124
30369 Camachos, Los MC 173 Za 123
30592 Camachos, Los MC 173 Za 122
39587 Camaleño CB 32 Vb 90
17465 Camallera GI 75 Cf 96
44167 Camañas TE 106 Yf 105
03600 Cámara A 158 Za 117
25613 Camarasa L 72 Af 97
14240 Cámaras Altas CO 151 Uf 119
45180 Camarena TO 118 Vf 108
44459 Camarena de la Sierra TE 122 Yf 108
45181 Camarenilla TO 118 Vf 108
35329 Camaretas GC 200 Kc 181
39600 Camargo CB 34 Wa 88
18561 Camargo GR 169 Wd 123
23360 Camarillas J 155 Xb 118
44155 Camarillas TE 107 Zb 105
11391 Camarinal CA 191 Ub 132
15123 Camariñas C 26 Qe 90
43894 Camarles T 109 Ae 104
28816 Camarma de Esteruelas MD 102 Wd 105
33554 Camarmeña AS 32 Va 89
49332 Camarzana de Tera ZA 61 Tf 97
33529 Camás AS 31 Ud 88
41900 Camas SE 179 Tf 124
34849 Camasobres P 33 Vd 90
32621 Camba OR 59 Sd 96
36630 Cambados PO 38 Rb 93
39571 Cambarco CB 33 Vc 90
15317 Cambás C 27 Sa 89
32100 Cambeo OR 40 Sa 94
36839 Cambeses PO 39 Rd 94
23120 Cambil J 169 Wc 122
15216 Camboño C 38 Ra 92
15660 Cambre C 27 Rd 89
15111 Cambre C 26 Rb 89
25283 Cambrils L 73 Bc 96
43391 Cambrils T 91 Ba 102
10629 Cambrón CC 98 Te 106
30800 Cambrón MC 172 Yb 122
14820 Cambrón, El CO 167 Vc 122
14850 Cambrón, El CO 167 Vd 122
16146 Cambrón, El CU 105 Xf 107
10629 Cambroncino CC 98 Te 106
15121 Camelle C 26 Qf 89
09245 Cameno BU 46 We 93
39594 Camijanes CB 33 Vd 89
24883 Caminayo LE 44 Va 91
33519 Camino AS 31 Uc 88
39212 Camino CB 33 Ve 90
38312 Camino de Chasna, El TF 196 Ic 178
10620 Caminomorisco CC 98 Te 107
04510 Camino Real, El AL 186 Xb 126
44350 Caminreal TE 106 Ye 103
43750 Camins de Flix T 90 Ac 101
33390 Camocha, La AS 31 Uc 88
29532 Camorra MA 182 Vb 126
28470 Camorritos MD 101 Vf 104
17834 Camós GI 75 Ce 96
33456 Campa, La AS 30 Ua 87
48610 Campa, La BI 35 Xa 88
28024 Campamento MD 102 Wb 106
11314 Campamento, El CA 191 Ud 131
04240 Campamento-Álvarez de Sotomayor AL 186 Xd 127
45122 Campamento de Labastida TO 118 Vf 110
28240 Campamento de Navallera MD 102 Wa 105
33423 Campana, La AS 31 Ub 88
18530 Campana, La GR 169 We 124
41429 Campana, La SE 165 Ud 123
06460 Campanario BA 134 Uc 115
21609 Campanario H 177 Tb 123
31397 Campanas NC 49 Yc 92
37479 Campanero SA 97 Tc 104
30440 Campanero, El MC 156 Ya 119
07310 Campanet IB 127 Cf 110
03325 Campaneta, La A 158 Za 120
29590 Campanillas MA 183 Vc 128
11130 Campano CA 188 Tf 130
33470 Campañones AS 31 Ub 88
42290 Camparañón SO 66 Xc 98
47310 Campaspero VA 83 Ve 100
24221 Campazas LE 62 Ud 96
08872 Campdàsens B 92 Bf 101
07157 Camp de Mar IB 126 Cc 111
03314 Camp de Mirra = Campo de Mirra, el A 158 Zb 116
17530 Campdevànol GI 74 Cb 95
03459 Camp d'Or, El A 158 Zb 116
17461 Campdorà GI 75 Cf 96
03791 Campell A 143 Zf 116
17534 Campelles GI 55 Ca 95
03560 Campello A 158 Zd 118
03560 Campello, El A 158 Zd 118
27163 Campelo LU 28 Sd 91
03660 Campet, El A 158 Zb 118
01110 Campezo/Kanpezu VI 48 Xd 92
04271 Campico AL 187 Xf 125
04277 Campico AL 187 Xf 126
30889 Campico de las Lirias MC 172 Yc 123
30835 Campico de los López MC 172 Yc 123
50299 Campiel Z 87 Yc 100
33993 Campiellos AS 31 Ud 89
37273 Campilduero SA 79 Tc 103
19223 Campillejo GU 84 We 102
02462 Campillo AB 155 Xc 118
04870 Campillo AL 171 Xd 124
39696 Campillo CB 34 Wb 89
40153 Campillo SG 101 Ve 103
49183 Campillo ZA 61 Ua 99
04779 Campillo, El AL 185 Xa 128
04859 Campillo, El AL 186 Xe 125
04825 Campillo, El AL 171 Xe 123
11520 Campillo, El CA 188 Td 129
10550 Campillo, El CC 132 Tc 113
13344 Campillo, El CR 154 Wf 117
13250 Campillo, El CR 137 Wc 114
21650 Campillo, El H 163 Tc 122
21510 Campillo, El H 163 Sf 124
23269 Campillo, El J 154 Wf 119
23293 Campillo, El J 155 Xc 119
30410 Campillo, El MC 171 Ya 121
30420 Campillo, El MC 156 Yb 119
28292 Campillo, El MD 101 Vf 105
28500 Campillo, El MD 102 Wd 107
41870 Campillo, El SE 164 Te 123
41439 Campillo, El SE 166 Ue 123
44121 Campillo, El TE 106 Ye 107
47460 Campillo, El VA 82 Uf 101
30335 Campillo de Abajo MC 172 Ye 122
30868 Campillo de Adentro MC 173 Yf 123
16210 Campillo de Altobuey CU 121 Yb 111
50214 Campillo de Aragón Z 87 Ya 102
09493 Campillo de Aranda BU 65 Wb 99
23130 Campillo de Arenas J 168 Wc 123
30335 Campillo de Arriba MC 172 Ye 122
37550 Campillo de Azaba SA 97 Tb 105
10329 Campillo de Deleitosa CC 115 Uc 110
19360 Campillo de Dueñas GU 105 Yb 103
45578 Campillo de la Jara, El TO 116 Uf 111
02511 Campillo de las Doblas AB 156 Yb 116
02129 Campillo de la Virgen AB 156 Ya 116
06443 Campillo de Llerena BA 149 Ub 117
02510 Campillo del Negro, El AB 140 Yb 116
30439 Campillo de los Jiménez MC 156 Yb 120
Campillo del Río J 168 Wc 120
Campillo del Río J 168 Wc 121
09587 Campillo de Mena BU 34 Wd 90
19223 Campillo de Ranas GU 84 We 102
37778 Campillo de Salvatierra SA 99 Ub 105
29320 Campillos MA 182 Va 126
21386 Campillos, Los H 163 Tb 120
44400 Campillos, Los TE 107 Zb 107
16311 Campillos-Paravientos CU 122 Yc 109
16316 Campillos-Sierra CU 121 Yb 108
37311 Campillo y Melardes SA 99 Ue 104
30438 Campillo y Suertes MC 171 Yb 120
09572 Campino BU 46 Wb 91
08470 Campins B 74 Cc 98
11692 Campiña CA 182 Ue 127
23270 Campiña J 154 Xa 119
29570 Campiña MA 182 Vc 128
14940 Campiñuela, La CO 167 Vc 124
19275 Campisábalos GU 84 Wf 101
38767 Campitos, Los TF 197 Ha 177
17457 Campllong GI 75 Ce 97
25515 Campllong L 53 Ba 94
24699 Camplongo de Arbás LE 31 Ub 91
15144 Campo C 27 Rc 89
15100 Campo C 26 Rc 89
15819 Campo C 27 Re 91
15109 Campo C 26 Rc 89
22450 Campo HS 52 Ac 94
24414 Campo LE 31 Uc 91
27181 Campo LU 40 Sc 91
32161 Campo OR 40 Sb 94
32537 Campo OR 39 Rf 93
33614 Campo, El AS 31 Ub 89
33628 Campo, El AS 31 Ua 90
34847 Campo, El P 33 Vc 91
44131 Campo, El TE 122 Ye 107
50217 Campo Alavés Z 86 Ya 100
02251 Campoalbillo AB 140 Yc 113
06475 Campo Ameno BA 149 Tf 116
46352 Campo Arcis V 141 Ye 112
03850 Campo Barraques A 158 Zc 116
32626 Campobecerros OR 59 Se 96
11610 Campobuche CA 190 Ud 128
37494 Campocerrado SA 98 Te 104
30410 Campo Coy MC 171 Ya 121
27826 Campo da Feira LU 28 Sa 89
22348 Campodarbe HS 51 Aa 94
21700 Campo de Abajo H 178 Tc 124
46178 Campo de Abajo V 122 Yf 109
46178 Campo de Arriba V 122 Yf 109
46176 Campo de Benacacira, El V 122 Yf 109
33990 Campo de Caso AS 31 Ud 89
13610 Campo de Criptana CR 138 Wf 112
40242 Campo de Cuéllar SG 83 Vd 101
39250 Campo de Ebro CB 45 Wa 92
06176 Campo de la Parra BA 148 Tc 117
24415 Campo de las Danzas LE 41 Tb 94
37140 Campo de Ledesma SA 80 Tf 102
37450 Campo del Hospicio SA 98 Tf 103
03314 Campo de Mirra, el = Camp de Mirra A 158 Zb 116
37317 Campo de Peñaranda, El SA 81 Ue 103
40551 Campo de San Pedro SG 84 Wc 100
06393 Campo de Santo Domingo BA 149 Td 118
27328 Campo de Val LU 41 Se 93
24225 Campo de Villavidel LE 43 Uc 94
15359 Campo do Hospital C 26 Sa 87
28679 Campodón MD 102 Wa 106
15686 Campoduro C 27 Re 90
21668 Campofrío H 163 Tc 122
06160 Campo Gallego BA 148 Ta 118
49592 Campogrande de Aliste ZA 61 Te 98
04110 Campohermoso AL 187 Xf 127
24849 Campohermoso LE 43 Ud 91
11680 Campo-Huerta CA 181 Ud 127
04647 Campois, Los AL 187 Yb 124
36110 Campo Lameiro PO 39 Rc 93
09650 Campolara BU 65 Wd 96
39577 Campollo CB 32 Vc 90
15614 Campo Longo C 27 Re 88
15838 Campolongo C 38 Ra 91
10134 Campo Lugar CC 134 Ub 113
33620 Campomanes AS 31 Ub 90
06800 Campomanes BA 133 Te 115
29650 Campo-Mijas MA 191 Vc 129
13160 Campomojado CR 137 Wb 114
24410 Camponaraya LE 41 Tb 93
14814 Campo-Nubes CO 167 Vf 123
30334 Campo Nubla MC 172 Ye 122
04745 Camponuevo AL 186 Xb 128
39292 Campoo de Yuso CB 33 Wa 90
28510 Campo Real MD 102 Wd 106
50689 Campo Real Z 49 Ye 93
22280 Campo Redondo HS 69 Za 96
27514 Camporramiro LU 40 Sb 93
23269 Camporredondo J 154 Wf 119
42172 Camporredondo SO 67 Xd 96
47165 Camporredondo VA 82 Vc 100
34888 Camporredondo de Alba P 44 Vb 91
22570 Camporrells HS 71 Ad 97
46330 Camporrobles V 122 Yd 111
22395 Camporrotuno HS 52 Aa 94
15809 Campos C 39 Rf 91
07630 Campos IB 127 Da 112
44158 Campos TE 107 Zb 104
33416 Campos, Los AS 31 Ua 87
37209 Campos, Los SA 98 Te 103
42173 Campos, Los SO 67 Xd 97
24123 Campo-sagrado LE 43 Ub 92
36596 Camposancos PO 39 Rf 92
36788 Camposancos PO 57 Ra 97
12448 Campos de Arenoso CS 123 Zc 108
39716 Camposdelante CB 34 Wc 88
30192 Campos del Río MC 172 Yd 120
24857 Camposolillo LE 32 Ue 91
07260 Campot, Es IB 127 Cf 112
18565 Campotéjar GR 168 Wc 124
30627 Campotéjar Baja MC 157 Ye 120
24610 Campo y Santibáñez LE 43 Uc 92
43897 Campredó T 109 Ad 104
17867 Camprodon GI 55 Cc 95
26311 Camprovín RI 47 Xb 94

08259 Camps B 73 Be 98
22437 Camps, Los HS 52 Ac 95
30648 Campules MC 157 Yf 119
39300 Campuzano CB 33 Uf 88
45720 Camuñas TO 137 Wd 112
33867 Camuño AS 30 Te 88
07816 Can IB 125 Bc 114
27425 Canabal LU 40 Sc 94
07669 Ca Na Curta IB 127 Db 112
36414 Canadelo PO 57 Rb 96
08784 Ca N'Aguilera B 92 Be 99
34829 Canal, El P 45 Ve 91
39630 Canal, La CB 34 Wa 89
22773 Canal de Berdún HS 50 Za 93
16555 Canal de Trasvase Tajo-Segura CU 120 Xb 109
02312 Canaleja AB 155 Xc 116
05693 Canaleja AV 99 Uc 106
21342 Canaleja H 163 Tb 121
24197 Canaleja LE 43 Uc 93
11170 Canaleja, La CA 188 Ua 130
14400 Canaleja, La CO 151 Va 119
30812 Canaleja, La MC 171 Yb 121
46178 Canaleja, La V 122 Yf 109
24170 Canalejas LE 44 Va 92
04647 Canalejas, Las AL 187 Yb 124
23291 Canalejas, Las J 170 Xb 120
16857 Canalejas del Arroyo CU 104 Xd 106
47311 Canalejas de Peñafiel VA 83 Vf 99
28870 Canalejo, La MD 103 We 105
33555 Canales AS 32 Va 89
05212 Canales AV 82 Va 102
39507 Canales CB 33 Ve 88
12469 Canales CS 123 Zb 109
18160 Canales GR 184 Wd 126
24120 Canales LE 43 Ub 92
30859 Canales, Las MC 172 Yc 122
30800 Canales, Las MC 171 Yb 122
26329 Canales de la Sierra RI 66 Wf 96
19432 Canales del Ducado GU 104 Xd 104
19343 Canales de Molina GU 86 Ya 103
08718 Canaletes B 92 Be 100
03689 Canalosa Alta, La A 158 Za 119
25591 Canals L 53 Ba 95
46650 Canals V 142 Zc 115
08719 Ca n'Alzina B 73 Be 99
07815 Ca Na Marqueta IB 125 Bc 114
30439 Canara MC 156 Yb 120
38749 Canarios, Los TF 197 Ha 178
07400 Ca Na Siona IB 127 Da 109
03690 Canastell A 158 Zc 118
07609 Can Aulet IB 126 Ce 112
07638 Can Barret IB 127 Cf 112
07690 Can Bassa IB 127 Da 113
08739 Can Batista B 92 Be 100
07819 Can Berrinola IB 125 Bc 115
07828 Can Blai IB 125 Bc 114
08508 Can Bondia B 74 Cb 96
07819 Can Bonnet IB 125 Bc 115
08784 Can Bou B 92 Be 100
08787 Can Bou B 92 Bd 99
07500 Can Bulla IB 127 Db 111
07400 Can Burgués IB 127 Da 109
07520 Can Calicant IB 127 Da 111
07840 Can Canto IB 125 Bc 115
07520 Can Canyella IB 127 Db 111
02499 Cancárix AB 157 Yc 118
08770 Can Catassús B 92 Be 100
27665 Cancelada LU 41 Sf 91
29689 Cancelada MA 190 Uf 130
27112 Cancelas LU 29 Sf 89
15107 Cances C 26 Rb 89
15107 Cances Grande C 26 Rb 89
06894 Cancho-Gordo BA 133 Te 114
33470 Cancienes AS 31 Ua 87
07509 Can Coca IB 127 Db 111
08784 Can Creixel B 92 Be 99
07460 Can Cullerossa IB 127 Da 109
07690 Can Curt IB 127 Da 113
29018 Candado, El MA 191 Vd 128
27157 Candai LU 28 Sb 90
27832 Candamil LU 28 Sb 88
33558 Cándamo AS 32 Uf 89
33829 Candamo AS 30 Tf 88
24848 Cándana de Curueño, La LE 43 Ud 92
33314 Candanal AS 31 Uc 88
22860 Candanchú HS 51 Zc 92
24152 Candanedo de Boñar LE 43 Ud 92
24648 Candanedo de Fenar LE 43 Uc 92
32654 Candás OR 58 Sa 96
33430 Candás (Carreño) AS 31 Ub 87
22591 Candasnos HS 90 Aa 99
32338 Candeda OR 41 Ta 94
32368 Candeda OR 41 Sf 95
32768 Candedo OR 40 Sd 95
38530 Candelaria TF 197 Id 178
37710 Candelario SA 99 Ub 106
05480 Candeleda AV 99 Ue 108
17121 Candell GI 75 Da 96
24144 Candemuela LE 30 Ua 91
27835 Candiá LU 28 Sb 88
27730 Cándia LU 28 Sd 88
27833 Candieira LU 28 Sa 88
42134 Candilichera SO 67 Xe 98
24433 Candín LE 41 Tb 92
21639 Candón H 178 Tb 124
15315 Canedo C 27 Sa 89
25548 Canejan L 52 Ae 91
25794 Canelles de Segre L 73 Bc 95
23420 Canena J 169 Wd 120
28743 Canencia MD 84 Wb 103
33787 Canero AS 30 Td 87
07460 Can Escanden IB 127 Da 109
07638 Ca N'Escriva IB 127 Da 112
07669 Can Espina IB 127 Db 112
07669 Ca N''Esteve IB 127 Db 112
17199 Canet d'Adri GI 75 Ce 96
08259 Canet de Fals B 73 Be 98
08360 Canet de Mar B 74 Cd 99
46529 Canet d''En Berenguer V 124 Ze 110
17142 Canet de Verges GI 75 Da 96
12350 Canet lo Roig CS 108 Ab 105
22438 Caneto HS 52 Ab 95
10729 Canezabellosa CC 114 Tf 108
07141 Can Farineta IB 126 Ce 111
07860 Can Ferrera IB 125 Bc 116
43812 Can Ferrer de la Cogullada T 92 Bc 101
17811 Can Font GI 74 Cd 96
08781 Can Fontimarc B 92 Be 99
17403 Can Formiga GI 74 Cd 97
07815 Can Forn de Calç IB 125 Bc 114
07819 Can Fornet IB 125 Bc 115
22880 Canfranc HS 51 Zc 92
22888 Canfranc-Estación HS 51 Zc 92
07816 Can Francoli IB 125 Bc 114
07620 Can Gabriela IB 127 Cf 112
38711 Cangajos, Los TF 197 Hb 177
27892 Cangas LU 28 Sd 87
36940 Cangas PO 38 Rb 95
33813 Cangas del Narcea AS 30 Tc 89
33550 Cangas de Onís AS 32 Uf 88
07670 Can Gelat IB 127 Db 112
07819 Can Gorra IB 125 Bb 114
07469 Can Guilló IB 127 Da 109
22713 Caniás HS 50 Zc 93
09692 Canicosa de la Sierra BU 66 Wf 97
36690 Canicouva PO 38 Rc 94
18810 Caniles GR 170 Xb 124
23530 Caniles J 169 Wc 121
28016 Canillas MD 102 Wc 106
37448 Canillas de Abajo SA 80 Ua 103
29716 Canillas de Aceituno MA 183 Vf 127
29755 Canillas de Albaida MA 183 Wa 127
47185 Canillas de Esgueva VA 64 Vf 98
26325 Canillas de Río Tuerto RI 47 Xa 94
37450 Canillas de Torneros SA 98 Ua 103
28037 Canillejas MD 102 Wc 106
37448 Canillejas SA 80 Ua 103
AD100 Canillo □ AND 54 Bd 93
25124 Canís, El L 71 Ad 98
25124 Canís, el L 71 Ad 98
04450 Canjáyar AL 186 Xb 126
07819 Can Joan IB 125 Bb 114
07811 Can Joan des Murtar IB 125 Bd 114
07811 Can Joan d''es Plá IB 125 Bd 114
08773 Can Jombo B 92 Bd 100
07691 Can Jordi IB 127 Da 112
07815 Can Josepetes IB 125 Bc 114
07812 Can Llay IB 125 Bc 114
07814 Ca''n Malacosta IB 125 Bc 115
08781 Can Marcet B 92 Be 99
08186 Can Mas B 74 Cb 99
07469 Can Melia IB 127 Da 109
07872 Can Micalet IB 125 Bd 116
07850 Can Miguel d''es Pouet IB 125 Bd 114
07828 Can Miquel des Recó IB 125 Bb 114
07670 Can N''Alou Vell IB 127 Db 112
07812 Can Negret IB 125 Bc 114
23569 Cano J 169 Wd 122
43110 Canonja, La T 91 Bb 102
03720 Canor A 159 Aa 116
42180 Canos SO 67 Xe 98
25212 Canós, El L 72 Bb 98
04533 Canos, Los AL 186 Xa 126
15138 Canosa C 26 Qe 91
30338 Cánovas MC 172 Ye 122
08420 Canovelles B 74 Cb 99
08445 Cànoves i Samalús B 74 Cc 98
08789 Can Paixano B 92 Bd 99
07610 Can Pastilla IB 126 Ce 111
07814 Can Pep d''es Cucons IB 125 Bc 114
07840 Can Pep Mari IB 125 Bd 114
07458 Can Picafort IB 127 Da 110
07860 Can Plate IB 125 Bd 116
43429 Can Plaza T 73 Bc 99
07400 Can Pol IB 127 Da 110
07230 CanPolit IB 127 Da 111
07829 Can Portes IB 125 Bb 115
07870 Can Rampuixa IB 125 Bc 116
07816 Can Reconada IB 125 Bc 114
19431 Canredondo GU 104 Xd 104
42153 Canredondo de la Sierra SO 67 Xc 97
07500 Can Refila IB 127 Db 111
07520 Can Refila IB 127 Da 110
07210 Can Rei IB 126 Cf 111
07400 Ca''n Ribas IB 127 Da 109
07609 Can Roca IB 126 Ce 112
07469 Can Roig IB 127 Da 109
07815 Can Ros IB 125 Bc 114
08739 Can Rosell B 92 Be 100
08191 Can Roses B 93 Bf 99
36411 Cans PO 57 Rc 96
07691 Can Sabater IB 127 Db 112
07815 Can Salvador IB 125 Bc 114
07819 Can Salvos IB 125 Bc 115
24838 Canseco LE 31 Uc 91
07816 Can Senyora Lluc IB 125 Bc 115
07440 Can Serra IB 127 Da 110
07819 Can Serra IB 125 Bc 115
14610 Cansinos, Los CO 167 Vc 121
08731 Can Sogas B 92 Bd 100
08738 Can Soler de Rosct B 92 Bc 100
07570 Can Sopa IB 127 Db 111
08818 Can Suriol B 92 Be 101
09593 Cantabrana BU 46 Wd 92
30648 Cantaelgallo MC 157 Yf 119
37716 Cantagallo SA 99 Ub 106
37400 Cantalapiedra SA 81 Ue 102
23380 Cantalar J 155 Xc 118
40320 Cantalejo SG 83 Wa 101
41640 Cantalejos SE 181 Uf 125
06900 Cantalgallo BA 149 Tf 119
08739 Cantallops B 92 Be 100
17708 Cantallops GI 56 Cf 94
22216 Cantalobos HS 70 Ze 98
19275 Cantalojas GU 84 We 101
37405 Cantalpino SA 81 Ue 102
42148 Cantalucía SO 66 Xa 98
30876 Cantar, El MC 172 Yd 123
37319 Cantaracillo SA 81 Va 103
30858 Cantareros, Los MC 172 Yd 122
37500 Cantarinas SA 97 Tc 105
04890 Cántaro Alto, El AL 186 Xc 125
04890 Cántaro Bajo, El AL 186 Xc 125
37500 Cantarranas SA 97 Td 105
44140 Cantavieja TE 107 Zd 105
15541 Canteiros C 27 Re 87
41560 Cantera, La SE 182 Va 125
41350 Cantera, La SE 165 Ub 122
47500 Cantera, La VA 81 Uf 101
23688 Cantera Blanca J 168 Wa 124
23689 Cantera Blanca J 184 Wa 124
18170 Canteras GR 184 Wc 125
30394 Canteras MC 173 Yf 123
30110 Canteras MC 173 Yf 120
18800 Canteras, Las GR 170 Xb 124
18495 Canteras, Las GR 185 Wf 127
41320 Cantillana SE 165 Ub 123
40360 Cantimpalos SG 83 Vf 102
05211 Cantiveros AV 82 Va 103
02214 Cantoblanco AB 141 Ye 113
30648 Cantón MC 157 Za 119
08569 Cantonigròs B 74 Cc 96
07812 Can Toni Yuca IB 125 Bc 114
34859 Cantoral de la Peña P 45 Vc 92
04850 Cantoria AL 187 Xe 124
12428 Cantos, Los CS 123 Zc 108
30441 Cantos, Los MC 156 Xf 119
17240 Can Tranxinet GI 75 Cf 98
11630 Canturrona, La CA 181 Ub 128
34449 Cantusal, El P 45 Vd 95
03710 Canuta, La A 159 Aa 117
07712 Canutells, Es IB 93 Eb 109
07638 Can Vent IB 127 Cf 112
07209 Can Veny IB 127 Da 111
07815 Can Vicenç de sa Serra IB 125 Bc 114
07819 Can Vicenç des Cocons IB 125 Bb 114
07816 Can Vicenç des Racó IB 125 Bc 114
08692 Can Vidal B 73 Bf 97
07819 Can Visent Font IB 125 Bc 115
07230 Can Xiu IB 127 Cf 111
17857 Canya, La GI 74 Cc 95
03699 Canyada, La A 158 Zc 118
46182 Canyada dels Pins, La V 123 Zd 111
03649 Canyada Roja, La A 158 Za 118
03649 Canyades d'en Cirus A 157 Za 118
08318 Canyamars B 74 Cc 99
07589 Canyamel IB 127 Dc 111
07849 Canyar, Es IB 125 Bd 114
08811 Canyelles B 92 Be 101
17480 Canyelles GI 75 Db 95
17310 Canyelles GI 75 Cf 98
08916 Canyet, El B 93 Cb 100
17220 Canyet de Mar GI 75 Cf 98
33987 Canzana AS 31 Uc 89
15142 Canzobre C 27 Rd 89
45470 Cañachar, El TO 137 Wa 113
03409 Cañada A 158 Zb 116
10840 Cañada CC 114 Tc 108
46140 Cañada V 122 Yd 108
13720 Cañada, La CR 138 We 113
16393 Cañada, La CU 122 Yd 111
11158 Cañada Ancha CA 188 Ua 131
02437 Cañada Buendía AB 156 Ya 119
37269 Cañada Carbonera SA 97 Td 104
23289 Cañada Catena J 155 Xb 119
02409 Cañada de Agra AB 156 Yb 118
23690 Cañada de Alcatá J 168 Wb 124
46623 Cañada de Arriba V 141 Ye 114
44559 Cañada de Benatanduz TE 107 Zc 105
13430 Cañada de Calatrava CR 136 Vf 115
30439 Cañada de Canara MC 156 Yb 120
04839 Cañada de Cañepla, La AL 171 Xe 122
30876 Cañada de Gallego MC 172 Yd 123
23311 Cañada de la Cierva J 169 Wf 120
30414 Cañada de la Cruz MC 171 Xe 120
23330 Cañada de la Madera J 154 Xa 120
21330 Cañada del Conejo H 163 Sf 122
30648 Cañada de Leña, La MC 157 Yf 119
14299 Cañada del Gamo CO 150 Ud 119
14810 Cañada del Hornillo CO 167 Ve 124
16340 Cañada del Hoyo CU 121 Ya 109
18310 Cañada del Junco GR 183 Vf 126
02448 Cañada del Provencio AB 155 Xd 117
30510 Cañada del Pulpillo MC 157 Ye 117
14113 Cañada del Rabadán CO 166 Uf 123
29491 Cañada del Real Tesoro MA 189 Ue 129
41439 Cañada del Rosal SE 166 Ue 123
02127 Cañada del Salobral o Molina AB 140 Ya 116
23380 Cañada del Señor J 155 Xc 118
03659 Cañada del Trigo MC 157 Yf 118
04200 Cañada de Miralles AL 186 Xe 126
02449 Cañada de Morote AB 155 Xe 118
04120 Cañada de San Urbano, La AL 186 Xd 127
02410 Cañada de Tobarra AB 156 Ya 117
44643 Cañada de Verich, La TE 108 Zf 103
30610 Cañada Gil MC 157 Yd 120
04839 Cañada Grande, La AL 171 Xe 122
23700 Cañada Incosa J 153 Wb 120
02326 Cañada Juncosa AB 139 Xf 116
16720 Cañadajuncosa CU 121 Xe 111
14447 Cañada La Huesa CO 152 Vd 118
23292 Cañada Morales J 155 Xb 119
02534 Cañadas AB 155 Xd 120
23560 Cañadas, Las J 169 Wd 123
30849 Cañadas, Las MC 171 Ya 122
37174 Cañadas, Las SA 79 Td 101
02139 Cañadas de Haches de Abajo AB 156 Xf 117
02139 Cañadas de Haches de Arriba AB 156 Xe 117
04830 Cañadas de Lizarán, Las AL 171 Xf 121
41360 Cañadas del Romero SE 165 Ub 122
46178 Cañada Seca V 123 Za 109
18567 Cañadatalhora GR 169 Wd 124
44168 Cañada Vellida TE 106 Za 104
37428 Cañadilla SA 81 Ud 102
23193 Cañadilla, La J 168 Wc 123
14900 Cañadillas CO 183 Vd 124
41890 Cañadillas, Las SE 164 Te 122
11150 Cañal, El CA 188 Ua 131
40123 Cañal, El SG 83 Ve 102
42220 Cañamaque SO 86 Xe 100
13331 Cañamares CR 155 Xb 116
16890 Cañamares CU 104 Xe 106
10136 Cañamero CC 134 Ud 112
18418 Cáñar GR 184 Wd 127
02437 Cañar, El AB 156 Ya 118
30868 Cañar, El MC 173 Ye 123
22623 Cañardo HS 51 Zf 94
30811 Cañarejo MC 172 Yb 123
30849 Cañarico, El MC 172 Ye 121
26325 Cañas RI 47 Xa 94
16738 Cañavate, El CU 120 Xe 111
16393 Cañavedija CU 122 Yd 110
10820 Cañaveral CC 114 Td 110
21388 Cañaveral de León H 164 Tc 120
16850 Cañaveras CU 104 Xd 106
16537 Cañaveruelas CU 104 Xc 106
39491 Cañeda CB 33 Vf 90
39806 Cañedo CB 34 Wc 89
16300 Cañete CU 121 Yc 108
45007 Cañete TO 118 Wa 109
14660 Cañete de las Torres CO 167 Ve 121
29340 Cañete la Real MA 182 Uf 127
42315 Cañicera SO 85 Wf 100
40163 Cañicosa SG 83 Wb 102
09549 Cañidanos BU 46 Wd 92
44123 Cañigral, El TE 106 Yd 107
36880 Cañiza, A PO 58 Re 95
24165 Cañizal de Rueda LE 43 Ud 93
19197 Cañizar GU 103 Wf 104
16390 Cañizar, El CU 121 Yb 109
09135 Cañizar de Amaya BU 45 Ve 93
44707 Cañizar del Olivar TE 107 Zc 104
09133 Cañizar de los Ajos BU 45 Wa 94
16891 Cañizares CU 104 Xe 105
19392 Cañizares GU 105 Ya 103
49128 Cañizo ZA 62 Uc 98
19276 Cañmares GU 85 Xa 101
33557 Caño AS 32 Uf 89
21760 Caño Guerrero H 178 Tc 127
21840 Caños, Los H 163 Tc 124
30395 Caños, Los MC 173 Za 123
11159 Caños de Meca, Los CA 188 Tf 131
04728 Cañuelo, El AL 186 Xb 128
14814 Cañuelo, El CO 167 Vf 123
12125 Cañuelo, El CS 123 Zd 108
29710 Cañuelo, El MA 183 Vf 127
41889 Cañuelo, El SE 164 Te 123
41658 Cañuelo, El SE 182 Va 126
49440 Cañzal ZA 81 Ud 101
43364 Capafonts T 91 Ba 101
35580 Capagna, La GC 198 Ma 175
18290 Caparacena GR 184 Wb 125
44193 Caparrates TE 106 Yf 106
04648 Caparroses, Los AL 187 Yb 124
31380 Caparroso NC 49 Yc 94
43776 Capçanes T 91 Ae 102
07160 Capdellà, Es IB 126 Cc 111
12160 Cap del Terme CS 108 Ze 106
07711 Cap d''en Font IB 93 Eb 110
07580 Capdepera IB 127 Dc 110
03130 Cap de Santa Pola A 158 Zc 119
03738 Cap de Sant Martí A 159 Ab 116
22212 Capdesaso HS 70 Ze 97
15613 Capela, A C 27 Rf 88
22480 Capella HS 71 Ac 95
08786 Capellades B 92 Be 99
23293 Capellanía J 155 Xb 119
23293 Capellania J 155 Xb 119
30412 Capellanía MC 171 Xf 121
38789 Capellanía, La TF 197 Ha 176
41657 Capellanías, Las SE 182 Uf 126
12579 Capicorb CS 108 Ab 107
18413 Capileira GR 185 Wd 127
06612 Capilla BA 135 Uf 116
34305 Capillas P 63 Va 96
23330 Capitán J 154 Xa 119
29700 Capitán, El MA 183 Vf 128
17750 Capmany GI 56 Cf 94
07820 Cap Negret IB 125 Bb 115
08617 Capolat B 73 Be 96
23450 Capones J 169 Wc 120
07639 Caporocorb Vell IB 126 Ce 112
03610 Caprala A 158 Zb 117
30626 Caprés MC 157 Yf 119
18690 Capricho, El GR 184 Wb 128
41807 Capricho, El SE 180 Tf 124
43895 Cap Roig T 109 Ae 104

03739 Capsadas A 159 Aa 116
17858 Capsec GI 74 Cc 95
28560 Carabaña MD 103 We 107
19266 Carabias GU 85 Xb 102
40540 Carabias SG 84 Wb 100
42311 Caracena SO 85 Wf 100
16540 Caracena del Valle CU 120 Xc 108
16540 Caracenilla CU 120 Xc 108
35215 Caracol, El GC 200 Kd 181
30155 Caracolero, El MC 173 Yf 121
13427 Caracuel CR 136 Wa 112
13433 Caracuel de Calatrava CR 136 Vf 115
07769 Caragol, Es IB 93 Df 108
01426 Caranca VI 47 Wf 91
24918 Carande LE 32 Uf 91
33114 Caranga AS 30 Tf 89
33557 Carangas AS 32 Ue 89
15121 Carantoña C 26 Qf 90
39762 Carasa CB 34 Wd 88
18410 Carataunas GR 185 Wd 127
30400 Caravaca de la Cruz MC 156 Ya 120
33343 Caravia AS 32 Ue 88
25752 Cara Vinagre L 73 Bc 97
09611 Carazo BU 65 Wd 97
42134 Carazuelo SO 67 Xe 98
24206 Carbajal de Fuentes LE 62 Ud 95
24196 Carbajal de la Legua LE 43 Uc 93
24161 Carbajal de Rueda LE 44 Ue 92
37524 Carbajales SA 97 Tb 107
49160 Carbajales de Alba ZA 61 Ua 99
49324 Carbajalinos ZA 60 Tc 96
10511 Carbajo CC 113 Se 111
24195 Carbajosa LE 43 Ud 93
49166 Carbajosa ZA 80 Tf 99
37798 Carbajosa de Armuña SA 81 Uc 102
37188 Carbajosa de la Sagrada SA 81 Uc 103
36143 Carballa, A PO 38 Rc 94
15115 Carballal C 26 Ra 89
15685 Carballal C 27 Re 90
15890 Carballal C 39 Rd 91
27286 Carballal LU 28 Sd 89
32357 Carballal OR 41 Sf 94
36317 Carballal PO 57 Rc 95
32336 Carballeda OR 41 Ta 94
36510 Carballeda PO 39 Rf 92
32413 Carballeda de Avia OR 39 Re 95
32336 Carballeda de Valdeorras OR 41 Ta 94
27528 Carballedo LU 40 Sb 93
27140 Carballido LU 28 Sd 90
27110 Carballlido LU 29 Se 89
27843 Carballlido LU 28 Sc 89
33817 Carballo AS 30 Td 90
15100 Carballo C 26 Rb 89
27228 Carballo LU 28 Sa 90
32813 Carballo OR 58 Sa 96
08717 Carbasí B 73 Bc 99
33416 Carbayal AS 31 Ua 87
33957 Carbayal, El AS 31 Uc 89
49211 Carbellino ZA 80 Tf 101
33558 Carbes AS 32 Uf 89
36582 Carbia PO 39 Re 92
12124 Carbó, El CS 107 Zd 107
15151 Carboal C 26 Qf 91
36546 Carboeiro PO 39 Re 92
36511 Carboentes PO 39 Sa 93
03580 Carbonera A 159 Zf 117
34117 Carbonera P 44 Vb 93
26588 Carbonera RI 48 Xe 95
42190 Carbonera de Frentes SO 66 Xc 98
02313 Carboneras AB 155 Xd 117
04897 Carboneras AL 186 Xc 125
04140 Carboneras AL 187 Ya 127
21208 Carboneras H 164 Tc 121
42108 Carboneras SO 68 Ya 97
06183 Carboneras, Las BA 132 Tb 114
10200 Carboneras, Las CC 134 Ua 112
10697 Carboneras, Las CC 115 Ua 109
38294 Carboneras, Las TF 197 Ie 177
16350 Carboneras de Guadazaón CU 121 Yb 109
40491 Carbonero de Ahusín SG 83 Ve 102
40270 Carbonero el Mayor SG 83 Ve 102
23211 Carboneros J 153 Wc 119
17733 Carbonils GI 55 Ce 94
31227 Carbredo NC 48 Xd 93
10670 Carcaboso CC 114 Te 108
14810 Carcabuey CO 167 Ve 124
46740 Carcaixent V 142 Zd 114
01426 Cárcamo VI 47 Wf 91
31579 Cárcar NC 48 Ya 94
31310 Carcastillo NC 49 Yd 94
04728 Carcauz AL 186 Xb 127
33784 Carcedo AS 30 Td 88
09592 Carcedo de Bureba BU 46 Wc 93
09193 Carcedo de Burgos BU 46 Wc 95
02153 Carcelén AB 141 Ye 114
02270 Cárceles, Los AB 141 Yc 112
46294 Cárcer V 142 Zc 114
30529 Carche, El MC 157 Ye 118
23191 Cárchel J 168 Wc 123
23192 Carchelejo J 168 Wc 123
23192 Cárcheles J 168 Wc 123
14550 Carchena CO 167 Vc 123
41100 Carchena SE 179 Tf 125
18730 Carchuna GR 184 Wd 128
39723 Cárcoba, La CB 34 Wb 89
33316 Carda AS 31 Ud 88
15688 Cardama C 27 Rd 91
34888 Cardaño de Abajo P 44 Vb 91
34888 Cardaño de Arriba P 32 Vb 91
05630 Cardedal AV 99 Ud 106
08440 Cardedeu B 74 Cc 99
42138 Cardejón SO 67 Xf 99
26311 Cárdenas RI 47 Xb 94
06929 Cardenchosa, La BA 150 Uc 119
14299 Cardenchosa, La CO 150 Ud 120
16373 Cardenete CU 121 Yb 110
14445 Cardeña CO 152 Ve 119
09194 Cardeñadijo BU 46 Wc 95
09193 Cardeñajimeno BU 46 Wc 95
21610 Cardeñas H 177 Ta 125
05320 Cardeñosa AV 100 Vb 104
19269 Cardeñosa GU 85 Xa 102
34309 Cardeñosa de Volpejera P 63 Vb 95
09192 Cardeñuela-Ríopicó BU 46 Wc 94
33589 Cardes AS 32 Uf 88
22520 Cardiel HS 90 Ab 100
47196 Cardiel, El VA 82 Vb 100
45642 Cardiel de los Montes TO 117 Vc 108
36545 Cardigonde PO 39 Re 93
18814 Cardiles GR 170 Xb 122
43512 Cardó T 90 Ad 103
35627 Cardón GC 199 Lf 179
38767 Cardón TF 197 Ha 177
08261 Cardona B 73 Be 97
35415 Cardones GC 200 Kc 180
25218 Cardosa, La L 72 Bb 98
06900 Cardosas, Las BA 149 Tf 119
28190 Cardoso de la Sierra, El GU 84 Wd 102
25594 Caregue Escàs L 53 Ba 94
18530 Caregüela GR 169 Wf 123
15814 Carelle C 27 Rf 90
50212 Carenas Z 87 Yb 101
33314 Careñes AS 31 Ud 87
35627 Carga del Camello GC 199 Lf 179
33750 Caridad, La AS 29 Tb 87
29620 Carihuela, La MA 191 Vd 129
50400 Cariñena Z 88 Ye 100
15360 Cariño C 26 Sa 86
33787 Carlangas AS 30 Td 87
46240 Carlet V 142 Zc 113
18614 Carlos, Los GR 185 Wd 128
14100 Carlota, La CO 166 Va 122
39609 Carmargo CB 34 Wa 88
08787 Carme B 92 Bd 99
37891 Carmeldo SA 99 Uc 104
33929 Carmen, El AS 31 Ub 89
16707 Carmen, El CU 140 Xf 113
45531 Carmena TO 117 Vd 109
24838 Cármenes LE 31 Uc 91
39558 Carmona CB 33 Vd 89
41410 Carmona SE 165 Uc 124
10252 Carmonilla CC 115 Ub 111
06488 Carmonita BA 133 Td 114
06470 Carneriles, Los BA 133 Tf 116
37440 Carnero SA 80 Ua 103
15121 Carnes C 26 Qf 90
15169 Carnoedo C 27 Re 88
15293 Carnota C 38 Qf 92
36856 Caroi PO 39 Rd 94
23200 Carolina, La J 153 Wc 119
14620 Carpio, El CO 167 Vd 121
21330 Carpio, El H 163 Ta 122
47470 Carpio, El VA 81 Uf 101
37893 Carpio-Bernardo SA 99 Uc 103
37497 Carpio de Azaba SA 97 Tc 105
45533 Carpio de Tajo, El TO 117 Vd 109
05151 Carpio Medianero AV 99 Ud 105
41830 Carraca, La SE 180 Te 124
24549 Carracedelo LE 41 Tb 93
36659 Carracedo PO 38 Rc 93
49619 Carracedo ZA 61 Tf 96
24550 Carracedo del Monasterio LE 41 Tb 93
36415 Carracido PO 57 Rc 95
15175 Carral C 27 Rd 89
35260 Carralillos, Los GC 200 Kd 181
33629 Carraluz AS 31 Ub 90
18811 Carramaiza GR 170 Xa 123
33329 Carrandi AS 32 Ue 88
45216 Carranque TO 118 Wa 107
04639 Carrasca, La AL 187 Ya 126
14813 Carrasca, La CO 168 Vf 124
23614 Carrasca, La J 168 Wa 123
46178 Carrasca, La V 122 Yf 109
04889 Carrasca de Albánchez, La AL 186 Xc 125
37115 Carrascal SA 80 Ua 102
40181 Carrascal SG 83 Wa 102
49193 Carrascal ZA 80 Ub 100
02691 Carrascal, El AB 141 Ye 115
11400 Carrascal, El CA 188 Tf 128
43514 Carrascal, El T 109 Ac 104
37129 Carrascal de Barregas SA 80 Ub 103
37455 Carrascal del Asno SA 99 Ub 104
37451 Carrascal del Obispo SA 98 Ua 104
40331 Carrascal del Río SG 83 Wa 100
37449 Carrascal de Pericalvo SA 80 Ub 103
37453 Carrascal de Sanchiricones SA 98 Ua 104
37170 Carrascal de Velambélez SA 80 Ua 102
05580 Carrascalejo AV 99 Ud 106
10331 Carrascalejo CC 116 Ue 111
30510 Carrascalejo MC 157 Yf 117
30439 Carrascalejo MC 172 Yb 120
06894 Carrascalejo, El BA 133 Td 114
47639 Carrascalejo, El VA 63 Va 98
37465 Carrascalejo de Huebra SA 98 Tf 104
37170 Carrascalina SA 80 Ua 102
37170 Carrascalino SA 98 Ua 104
37217 Carrasco SA 79 Td 102
30390 Carrascos, Los MC 171 Ya 123
02460 Carrascosa AB 155 Xc 118
16879 Carrascosa CU 104 Xf 105
42311 Carrascosa de Abajo SO 85 Wf 100
42344 Carrascosa de Arriba SO 84 Wf 100
16649 Carrascosa de Haro CU 120 Xc 111
19247 Carrascosa de Henares GU 85 Wf 103
42180 Carrascosa de la Sierra SO 67 Xe 97
16555 Carrascosa del Campo CU 120 Xb 108
19431 Carrascosa de Tajo GU 104 Xd 104
16520 Carrascosilla CU 120 Xc 107
36448 Carrasqueiras, As PO 57 Rd 96
22482 Carrasquero HS 52 Ad 95
17515 Carrasquet GI 74 Cb 96
23790 Carrasquilla J 167 Ve 121
30835 Carrasquilla MC 172 Yc 123
30439 Carrasquilla MC 156 Yb 120
41220 Carrasquilla, La SE 164 Ua 123
46810 Carrasquilla, La V 142 Zb 115
29551 Carratraca MA 182 Vb 127
32622 Carraxo OR 59 Sc 96
33111 Carrea AS 30 Tf 90
15855 Carreira C 26 Ra 90
36988 Carreira PO 38 Ra 94
39592 Carrejo CB 33 Ve 89
33555 Carreña AS 32 Va 89
05620 Carrera, La AV 99 Uc 106
05516 Carrera, La AV 99 Ud 106
24711 Carrera de Otero, La LE 42 Tf 93
48540 Carreras, Las BI 35 Wf 89
08775 Carrer de Cal Rossell, El B 92 Be 100
37130 Carreros SA 80 Ua 103
27793 Carretera LU 29 Se 87
02639 Carreteras de Abajo AB 139 Xf 114
06340 Carretero BA 148 Tc 119
25651 Carreu L 72 Ba 95
09248 Carrias BU 46 We 94
39150 Carriazo CB 34 Wb 88
45532 Carriches TO 117 Vd 109
46869 Carrícola V 142 Zd 115
36613 Carril PO 38 Rb 93
33592 Carriles, Los AS 32 Va 88
30649 Carrillos, Los MC 157 Ye 119
33717 Carrió AS 29 Tb 88
15165 Carrio C 27 Re 89
13150 Carrión de Calatrava CR 137 Wb 114
41820 Carrión de los Céspedes SE 180 Te 124
34120 Carrión de los Condes P 44 Vc 94
18818 Carriones, Los GR 170 Xb 122
47465 Carrión y Dueñas de Medina VA 82 Va 101
36888 Carris PO 58 Re 95
07208 Carritxo, El IB 127 Da 112
35240 Carrizal GC 200 Kd 181
24880 Carrizal LE 44 Va 92
24125 Carrizal LE 43 Ua 92
04118 Carrizalejo, El AL 187 Xf 128
24270 Carrizo de la Ribera LE 43 Ub 93
13329 Carrizosa CR 138 Xa 115
41567 Carrizosa SE 182 Va 124
24123 Carrocera LE 43 Ub 92
03296 Carrús A 158 Zb 119
30200* Cartagena MC 173 Za 123
47520 Cartago VA 81 Ue 100
29452 Cartajima MA 190 Uf 129
29570 Cártama MA 191 Vc 128
29250 Cartaojal MA 183 Vc 126
21450 Cartaya H 177 Sf 125
27217 Carteire LU 40 Sb 91
32820 Cartelle OR 58 Rf 95
32824 Cartelle = Outomuro OR 58 Rf 95
27527 Cartelos LU 40 Sa 93
27812 Cartemil LU 28 Sc 89
39311 Cartes CB 33 Vf 89
22612 Cartirana HS 51 Zd 93
50720 Cartuja Baja Z 69 Zb 99
50192 Cartuja de Aula Dei Z 69 Zb 98
22250 Cartuja de Monegros HS 70 Ze 98
24442 Carucedo LE 41 Tb 94
29630 Carvajal MA 191 Vc 129
29533 Carvajales, Los MA 182 Vb 125
32689 Carzoá OR 59 Sc 97
30413 Casa Abajo MC 156 Xe 120
02693 Casa Aguaza AB 141 Yd 116
13250 Casa Aguilita CR 137 Wc 115
02212 Casa Albarizas AB 141 Ye 113
02610 Casa Alberica AB 139 Xc 115
03191 Casa Alcachofeta A 173 Za 121
46610 Casa Alcalde V 142 Zc 113
46439 Casa Ale V 142 Zd 113
46620 Casa Aliaga V 141 Za 114
02534 Casa Alta AB 170 Xc 120
21870 Casa Alta H 164 Td 123
26141 Casa Alta RI 48 Xd 94
43520 Casa Alta T 109 Ac 103
14298 Casa Alta, La CO 150 Ud 119
10109 Casa Antigua CC 133 Ua 114
46269 Casa Antonia V 142 Zb 113
02694 Casa Aparicio AB 141 Yd 115
45126 Casa Apolinar TO 117 Ve 111
45310 Casa Asperilla TO 119 Wd 109
35018 Casa Ayala GC 200 Kd 180
18120 Casa Baja GR 184 Wa 127
13248 Casa Balbino CR 138 Wf 115
03578 Casa Balde A 158 Zd 117
30410 Casa Balneario MC 156 Xe 120
13193 Casa Baños Termales CR 136 Vc 113
17310 Casa Barraqué GI 75 Cf 98
13230 Casa Barreras CR 138 Wd 115
49539 Casa Barzolema ZA 81 Uc 99
47116 Casa Bayona VA 81 Ue 100
10880 Casa Benavente CC 113 Tb 109
29160 Casabermeja MA 183 Vd 127
41750 Casa Bermeja SE 181 Uc 126
30529 Casa Bernal MC 157 Ye 118
02612 Casa Berruga AB 139 Xd 114
02155 Casa Blanca AB 140 Yb 114
02124 Casablanca AB 156 Ya 117
04746 Casa Blanca AL 186 Xb 128
04839 Casablanca AL 171 Xe 122
11400 Casablanca CA 179 Tf 128
10550 Casa Blanca CC 132 Tc 113
10667 Casablanca CC 98 Tf 108
14548 Casablanca CO 167 Vb 123
13473 Casa Blanca CR 136 Vc 116
12591 Casablanca CS 124 Ze 110
16237 Casa Blanca CU 140 Yb 112
35423 Casa Blanca GC 200 Kc 180
18820 Casa Blanca GR 171 Xd 121
23130 Casa Blanca J 168 Wb 123
23350 Casa Blanca J 154 Xa 118
27378 Casablanca LU 28 Sd 89
30109 Casa-Blanca MC 173 Za 121
30559 Casablanca MC 157 Ye 119
30195 Casa Blanca MC 171 Xf 121
41640 Casablanca SE 182 Ue 125
41410 Casa Blanca SE 165 Uc 123
43540 Casablanca T 109 Ad 105
44623 Casa Blanca TE 90 Ab 103
45830 Casa Blanca TO 119 We 111
04274 Casa Blanca, La AL 187 Xe 125
04660 Casa Blanca, La AL 187 Xf 124
02512 Casa Blanca de los Rioteros AB 156 Yc 116
29510 Casablanquilla MA 182 Vb 127
41300 Casablanquilla SE 165 Ua 123
10980 Casa Bravera CC 113 Ta 111
16708 Casa Buedo CU 139 Xf 113
49881 Casa Busianos ZA 81 Uc 99
02328 Casa Caballos AB 140 Xf 114
02160 Casa Cacharro AB 139 Xe 115
46199 Casa Canillas V 142 Za 113
47491 Casa Cantarranas VA 82 Va 100
26588 Casa Cantó RI 48 Xf 95
30528 Casa Cañada de Albatana MC 157 Yd 117
45789 Casa Cañada de la Gorra TO 118 Wc 111
30520 Casa Cañada del Judío MC 157 Yd 118
02127 Casa Cañete AB 140 Xf 116
13310 Casa Capellanía CR 137 Wd 115
10970 Casa Capricho CC 113 Tb 110
03410 Casa Carambola A 158 Zb 117
47883 Casa Carbajosa VA 62 Ue 98
46160 Casa Carlos V 123 Zc 110
02213 Casa Carrera AB 141 Ye 113
02600 Casa Carrión AB 139 Xc 113
13596 Casa Castaños CR 152 Vc 117
13300 Casa Castillejo CR 137 Wd 115
30811 Casa Castillo y El Vado MC 172 Yb 123
19182 Casa Cazadora GU 103 We 104
06411 Casa Cazales BA 133 Tf 115
02215 Casa Cendreros AB 141 Yd 113
49137 Casa Cerrel ZA 62 Uc 98
10189 Casa Chamorro CC 133 Tf 113
13130 Casa Charancho CR 152 Vd 118
03579 Casa Charquer A 159 Ze 117
25154 Casa Chino L 91 Ae 100
10580 Casa Claveri CC 113 Sf 111
13360 Casa Cobote CR 137 Wb 116
14300 Casa Colmenar CO 166 Uf 121
21440 Casa Colombo H 177 Se 125
22583 Casa Consistorial HS 52 Ad 95
31230 Casa Cornava NC 48 Xe 93
45637 Casa Corrochano TO 116 Va 108
03578 Casa Cortes A 159 Ze 117
18811 Casa Cortijillo GR 170 Xb 123
49630 Casa Cotanilla ZA 62 Ud 98
02630 Casa Cuarto AB 139 Xf 114
06131 Casa Cuarto del Medio BA 147 Se 118
10840 Casa Cuarto de Salamanca CC 113 Tb 109
13350 Casa Cuchillo CR 137 Wc 116
23487 Casa Cueva de la Menda J 170 Wf 123
04830 Casa Cueva del Cantar AL 171 Xf 121
18814 Casa Cueva del Cerezo GR 170 Xb 123
18817 Casa Cueva del Coto GR 170 Xb 122
18891 Casa Cueva del Tío Tarra GR 170 Xc 123
16142 Casa Cueva Lóbrega CU 105 Ya 107
18813 Casa Cuevas Cañada del Paso GR 170 Xa 123
18814 Casa Cuevas de Campoy GR 170 Xb 122
43895 Casa d'Alberedes T 109 Ad 103
02610 Casa de Abel AB 139 Xc 115
35626 Casa de Agua Melianes GC 198 Ld 180
45004 Casa de Aguanel TO 117 Vf 109
06475 Casa de Aguas del Rey BA 149 Ua 116
02640 Casa de Agua Verde AB 141 Yf 116
47400 Casa de Aguiluz VA 82 Va 101
30520 Casa de Agustín MC 157 Ye 118
13710 Casa de Alarones CR 138 We 114
11370 Casa de Alcaría CA 190 Ud 131
42260 Casa de Alcondrón SO 86 Xf 102
13200 Casa de Aldea CR 137 Wd 114
37427 Casa de Aldealama SA 81 Uc 102
49880 Casa de Aldeanueva ZA 81 Uc 100
02640 Casa de Alfonso AB 141 Za 115
14270 Casa de Alfonso Cano CO 151 Ue 118
11630 Casa de Algarbejo CA 180 Ua 128
21440 Casa de Alías H 177 Se 125
45516 Casa de Allozar TO 117 Vd 110
30510 Casa de Almansa MC 157 Ye 116
29328 Casa de Alonso MA 182 Va 126
30559 Casa de Amante MC 157 Ye 119
49173 Casa de Amor ZA 80 Ua 100

45880 Casa de Amorós TO 119 We 110
45880 Casa de Andarríos TO 119 Wf 110
02410 Casa de Andrés AB 156 Ya 117
13670 Casa de Angelón CR 137 Wc 114
13670 Casa de Angelón CR 137 Wc 113
13194 Casa de Aniceto CR 136 Ve 113
02110 Casa de Ánimas AB 140 Xf 114
11680 Casa de Arenal CA 181 Ud 127
13630 Casa de Arenoso CR 138 Xb 113
47400 Casa de Arévalo VA 82 Va 100
13300 Casa de Argamasilla CR 153 Wc 116
45370 Casa de Arilla TO 119 We 109
23413 Casa de Ariza J 154 Wd 120
02630 Casa de Arnede AB 139 Xe 114
31262 Casa de Arratas NC 48 Xf 93
19413 Casa de Arriba GU 103 Xa 104
13640 Casa de Arrojachicos CR 138 Wd 112
09270 Casa de Arto BU 47 Wf 93
22210 Casa de Aviño HS 70 Ze 97
45593 Casa de Azañuela TO 118 Vf 109
45518 Casa de Azoberines TO 117 Ve 109
13610 Casa de Baillo CR 138 Wf 113
13590 Casa de Baldomero CR 152 Ve 117
23240 Casa de Baldomero J 154 Wd 119
10500 Casa de Ballesteros CC 113 Se 111
45470 Casa de Ballesteros TO 137 Wa 112
50172 Casa de Balsa Salada Z 69 Zb 99
16639 Casa de Baños CU 120 Xb 111
44559 Casa de Baños TE 107 Zd 104
45161 Casa de Bañuelos TO 117 Ve 110
45690 Casa de Barilejo TO 117 Vb 109
10550 Casa de Barquera Baja CC 132 Tb 112
45530 Casa de Barraén TO 117 Vd 109
13200 Casa de Barrunta CR 137 Wd 114
06650 Casa de Bartolo BA 135 Uf 115
16710 Casa de Batalla CU 121 Xe 111
47238 Casa de Bayalada VA 82 Vb 100
45360 Casa de Bayuncal TO 119 We 109
21760 Casa de Belalengua H 179 Td 127
30170 Casa de Belluga MC 156 Yc 119
13670 Casa de Belorto CR 137 Wb 113
12180 Casa de Beneito CS 124 Aa 108
11579 Casa de Ber CA 188 Ua 129
13730 Casa de Berdeja CR 153 Wd 117
45580 Casa de Bermejo TO 116 Ud 109
05140 Casa de Bermudillo AV 100 Vb 104
50800 Casa de Bernardo Z 69 Za 97
02600 Casa de Berruga AB 138 Xb 114
22714 Casa de Bescansa HS 51 Zd 93
40219 Casa de Bocos SG 82 Vc 101
13250 Casa de Bolote CR 137 Wb 114
10940 Casa de Bonilla CC 114 Tc 111
13300 Casa de Boquilla CR 154 Wd 116
44780 Casa de Borón TE 88 Zb 102
45161 Casa de Borril TO 117 Ve 110
10133 Casa de Bote CC 133 Ua 113
02156 Casa de Botón AB 140 Yb 114
06500 Casa de Boyero BA 132 Ta 112
06475 Casa de Buenavista BA 149 Te 116
14270 Casa de Buenavista CO 151 Uf 118
30810 Casa de Buenavista MC 171 Ya 122
13710 Casa de Buen Retiro CR 138 Xa 114
10263 Casa de Busne CC 133 Ua 113
13200 Casa de Caballero CR 138 We 114
13194 Casa de Cabañeros CR 136 Vc 112
02610 Casa de Cabeza Morena AB 139 Xb 115
06400 Casa de Cabeza Redonda BA 134 Ua 115
21740 Casa de Cabezarrasa H 179 Td 125
43517 Casa de Cabosa T 109 Ac 104
02610 Casa de Cadete AB 139 Xd 115
14270 Casa de Calandilla CO 151 Uf 118
45522 Casa de Calaña TO 117 Ve 109
45880 Casa de Calderón TO 119 We 110
06400 Casa de Calderonas BA 133 Ua 115
16415 Casa de Calonge CU 120 Xa 110
10570 Casa de Calvache CC 132 Ta 112
50615 Casa de Calvo Z 69 Za 95
02600 Casa de Camacho AB 139 Xc 113
13720 Casa de Camacho CR 138 We 114
13320 Casa de Camarilla CR 154 Xa 116
45522 Casa de Cambrillos TO 118 Ve 109
30890 Casa de Campico MC 171 Ya 122
13116 Casa de Canaleas CR 136 Vd 112
10900 Casa de Canals CC 114 Tc 111
13300 Casa de Cancholla CR 153 Wd 116
30193 Casa de Candal MC 172 Yd 120
45700 Casa de Candelo TO 118 Wc 112
13710 Casa de Candilejo CR 138 Xa 114
11638 Casa de Canillas CA 189 Ub 128
41219 Casa de Canillas SE 164 Tf 122
14440 Casa de Cantalobillo CO 151 Vb 119
10560 Casa de Cantillana la Nueva CC 132 Tb 112
13390 Casa de Cañada CR 138 We 116
30420 Casa de Cañadaberosa MC 156 Yb 119
21740 Casa de Cañada Mayor H 179 Td 126
19310 Casa de Cañada Salineras GU 105 Ya 105
06410 Casa de Cañalazarza de Abajo BA 133 Tf 114
13320 Casa de Cañas CR 154 Wf 116
44790 Casa de Cañavellila TE 88 Za 102
30510 Casa de Cañizares MC 157 Yf 117
45910 Casa de Capizelato TO 117 Vd 108
06007 Casa de Carabineros BA 132 Sf 115
45311 Casa de Carazorra TO 119 Wd 109
45580 Casa de Cardoso TO 116 Ud 109
10270 Casa de Carrascalejo CC 114 Tf 112
02100 Casa de Carrasco AB 140 Ya 113
41111 Casa de Carrera SE 180 Tf 125
45126 Casa de Carrillo TO 118 Vf 111
41640 Casa de Carrión SE 182 Uf 125
02600 Casa de Cartagena AB 139 Xc 113
23214 Casa de Carvajal J 153 Wb 118
14729 Casa de Casarejos CO 166 Uf 121
49130 Casa de Casares ZA 62 Ub 98
05154 Casa de Castellanos de la Cañada AV 99 Ue 105
13779 Casa de Castillejo CR 153 Wb 118
45161 Casa de Castrejón TO 117 Vd 110
49880 Casa de Castrillo ZA 81 Uc 100
06400 Casa de Catalina BA 133 Ua 116
50690 Casa de Cavero Z 68 Ye 98
46622 Casa de Caviró V 141 Za 114
14270 Casa de Cayetano Torres CO 151 Uf 118
02328 Casa de Cebrián AB 140 Xf 114
45880 Casa de Cecilio TO 119 We 110
13700 Casa de Cepeda CR 138 Wf 113
10390 Casa de Cerro Alto CC 115 Ub 109
10520 Casa de Cerrocolchón CC 115 Ub 109
14440 Casa de Cerro Gordo CO 152 Vc 119
06470 Casa de Cerro Pelao BA 133 Tf 115
06470 Casa de Cerros Verdes BA 133 Tf 115
10135 Casa de Cerros Verdes CC 134 Ub 113
45567 Casa de Charco Lobo TO 116 Ue 108
13420 Casa de Charet CR 137 Wb 113
45313 Casa de Chaves TO 118 Wb 109
45165 Casa de Chirivas TO 117 Vd 110
10560 Casa de Chozones CC 132 Ta 112
13370 Casa de Chupahueses CR 153 Wb 117
05195 Casa de Ciervos AV 101 Vd 105
47120 Casa de Cirajas VA 62 Ue 99
13200 Casa de Colchón CR 137 Wd 114
09257 Casa de Colmenar BU 46 We 94
21600 Casa de Conal Quemado H 163 Tc 123
30529 Casa de Conejo MC 157 Ye 118
49281 Casa de Congosta ZA 80 Ub 100
02154 Casa de Conrado AB 141 Yd 114
23214 Casa de Contosa J 153 Wb 118
41870 Casa de Corchilo SE 164 Td 123
41450 Casa de Cordero SE 165 Ub 122
47639 Casa de Cordero VA 63 Va 98
41770 Casa de Coria SE 181 Uc 127
45400 Casa de Corona TO 118 Wb 111
41230 Casa de Coscojal o Valdopotroo SE 164 Tf 123
13710 Casa de Cosme CR 138 Xa 114
06500 Casa de Covacha BA 132 Sf 112
23250 Casa de Cristalinas J 154 We 119
45909 Casa de Cruz Verde TO 117 Ve 108
10600 Casa de Cuadrilleros CC 115 Tf 108
45780 Casa de Cuartas TO 118 Wc 111
11595 Casa de Cuéllar CA 188 Tf 129
26520 Casa de Cuerno Solano RI 67 Ya 96
19116 Casa de Cumbre Hermosa GU 119 Wf 107
21500 Casa de Dámaso H 177 Sf 125
11593 Casa de Dehesa CA 188 Ua 129
02690 Casa de Delgado AB 141 Ye 115
10137 Casa de Dimas CC 135 Ue 112
21649 Casa de Domingo Medén H 177 Ta 123
37450 Casa de Don Alipio SA 98 Ua 103
45917 Casa de Donato TO 117 Vc 108
41250 Casa de Don Aurelio SE 164 Tf 121
46620 Casa de Don Bruno V 141 Ye 115
45860 Casa de Don Demetrio TO 119 We 111
13700 Casa de Don Diego CR 138 Xa 114
16600 Casa de Don Diego de Haro CU 139 Xc 112
45643 Casa de Don Eusebio TO 117 Vc 108
21440 Casa de Don Felipe H 177 Se 125
02691 Casa de Don Fernando AB 141 Yd 115
14270 Casa de Don Fernando Luna CO 151 Uf 118
13200 Casa de Don Juan CR 137 Wd 114
23710 Casa de Don Juan Alonso J 168 Wb 120
23710 Casa de Don Juan Roque J 168 Wa 120
13240 Casa de Don Julián CR 138 Wf 115
02691 Casa de Don Luis AB 140 Yc 115
23639 Casa de Don Manuel Aranda J 168 Wb 121
41659 Casa de Don Manuel Barona SE 182 Uf 125
41659 Casa de Don Manuel Cepeda SE 182 Uf 125
02600 Casa de Don Miguel AB 139 Xc 113
23220 Casa de Don Rafael Abril J 153 Wd 119
41450 Casa de Don Rafael Caro SE 165 Ud 121
21559 Casa de Don Ramón H 177 Se 123
45370 Casa de Don Silverio TO 119 We 109
02200 Casa de Doña Anita AB 140 Yc 113
11595 Casa de Doña Benita CA 188 Ua 129
13180 Casa de Doña Inés CR 136 Vc 115
13248 Casa de Doña María CR 138 Xa 115
47410 Casa de Doña María VA 82 Vc 100
50794 Casa de Dotemio Z 90 Ab 101
02512 Casa de El Apedreado AB 156 Yc 116
02695 Casa de El Bachiller AB 141 Yd 115
29567 Casa de el Espartalejo MA 191 Va 128
02610 Casa de Elez AB 139 Xc 115
30528 Casa de El Gamellón MC 157 Yd 117
14430 Casa de El Reventón CO 167 Vc 120
02142 Casa de El Rinconcito AB 156 Ya 117
13210 Casa de El Veto CR 137 Wd 114
13730 Casa de Emeterio CR 153 Wc 117
05194 Casa de Encina AV 100 Vc 104
13768 Casa de Encorrulo CR 153 Wb 118
47315 Casa de Epifanio VA 84 Ve 98
30410 Casa de Eras MC 156 Xf 119
14491 Casa de Espina CO 151 Va 117
13630 Casa de Espinosa CR 138 Xa 113
28670 Casa de Esquerdo MD 101 Wa 106
02600 Casa de Eufemia AB 139 Xb 114
02600 Casa de Eugenio AB 139 Xb 113
49630 Casa de Eusebio ZA 62 Ud 97
11612 Casa de Fardela CA 190 Ud 128
49741 Casa de Farreras ZA 62 Ub 98
10190 Casa de Florentino CC 114 Tc 111
30410 Casa de Flores MC 156 Ya 120
34005 Casa de Font P 63 Vc 97
13200 Casa de Fortuno CR 138 We 114
30520 Casa de Francisco Palazón MC 157 Ye 118
13710 Casa de Franco CR 138 We 114
13770 Casa de Fresnedas CR 153 Wc 117
10697 Casa de Fresnedoso CC 115 Ua 109
29150 Casa de Fuentearroyo MA 183 Vc 127
44126 Casa de Fuente García TE 105 Yb 107
45573 Casa de Fuentelapio TO 116 Uf 110
41350 Casa de Fuente Lengua SE 165 Ub 122
10950 Casa de Fuentemadero CC 113 Tb 111
13390 Casa de Fuente Vieja CR 138 We 115
13640 Casa de Gabriel CR 137 Wd 112
46620 Casa de Gachas V 141 Za 114
06131 Casa de Galán BA 147 Sf 117
10950 Casa de Galaperal CC 113 Tb 111
13270 Casa de Galera CR 137 Wb 115
13630 Casa de Galiana CR 138 Xa 114
45121 Casa de Galo TO 117 Vd 111
10520 Casa de Galochas CC 115 Uc 109
49151 Casa de Galván ZA 81 Uc 100
10161 Casa de Gálvez CC 133 Tf 114
10510 Casa de Gapita CC 113 Se 111
21540 Casa de García Alonso H 177 Se 124
46623 Casa de Garijo V 141 Ye 114
02100 Casa de Garrido AB 140 Ya 113
47194 Casa de Gaspar VA 63 Vb 98
06800 Casa de Gavilanes BA 132 Td 114
41450 Casa de Gibla SE 165 Uc 121
10004 Casa de Gil Sánchez CC 114 Te 111
10004 Casa de Gil Téllez CC 114 Te 111
45569 Casa de Golín de la Senda TO 116 Uf 108
30176 Casa de Gómez MC 172 Yc 121
10340 Casa de Gonzalo CC 115 Ud 110
30191 Casa de Gracia MC 172 Yd 120
11549 Casa de Granaderos CA 179 Te 127
43790 Casa de Grandó T 90 Ac 101
45870 Casa de Gregorio TO 119 Wd 110
45917 Casa de Gregorio TO 117 Vc 108
45910 Casa de Guadamilla TO 117 Ve 108
06800 Casa de Guadarjia BA 132 Td 116
50130 Casa de Guaira Z 88 Zb 101
46195 Casa de Gualeda V 142 Zc 113
45531 Casa de Guanilla TO 117 Vd 109
16142 Casa de Guarda CU 105 Xf 107
06478 Casa de Guerechal BA 133 Ua 116
10870 Casa de Guerra CC 113 Tb 110
13248 Casa de Guerrero CR 138 Wf 116
13200 Casa de Guerrita CR 138 We 114
50376 Casa de Guialguerrero Z 87 Yc 102
30170 Casa de Guillén MC 156 Yc 120
04839 Casa de Guino AL 171 Xe 121
10005 Casa de Guirau CC 114 Tc 111
49121 Casa de Herendeses ZA 62 Ub 99
02610 Casa de Herrera AB 139 Xd 115
13030 Casa de Hervias CR 130 Xa 114
49148 Casa Dehesa de Quintos ZA 61 Ub 97
45533 Casa de Hilario TO 117 Vd 109
13710 Casa de Hita CR 138 Wf 114
23330 Casa de Hojuelo de Parra J 154 Xa 120
13593 Casa de Hontanar-Gordo CR 152 Vf 118
26338 Casa de Hornillo RI 47 Xb 93
02328 Casa de Hoya Vacas AB 140 Xf 115
02695 Casa de Hueso AB 141 Yd 116
13200 Casa de Hurtado CR 137 Wd 114
41440 Casa de Idroga SE 165 Uc 122
45710 Casa de Infantes TO 118 Wc 111
44114 Casa de Inocencio Blas TE 105 Yb 106
45150 Casa de Isidora TO 117 Vd 110
23710 Casa de Jaime J 153 Wb 120
19119 Casa de Jaraices GU 103 Xa 107
21210 Casa de Jarramilla H 164 Td 122
16670 Casa de Jiménez CU 139 Xc 112
30800 Casa de Jofré MC 171 Ya 122
14300 Casa de José Cantador CO 166 Va 121
41560 Casa de José Martínez SE 182 Va 125
30850 Casa de José Sánchez MC 172 Yc 122
30510 Casa de Juan Camacho MC 157 Yf 117
45710 Casa de Juan Francisco TO 137 Wc 112
02600 Casa de Juan José AB 139 Xc 114
02161 Casa de Juan León AB 139 Xe 115
02100 Casa de Juanotón AB 140 Ya 113
02153 Casa de Juan Pardo AB 141 Ye 114
45140 Casa de Juan Romero TO 117 Vb 110
45700 Casa de Jubones TO 137 Wb 112
45840 Casa de la Abogada TO 119 Wf 111
10550 Casa de la Aceituna CC 132 Tc 112
10880 Casa de la Aceña CC 113 Ta 109
13150 Casa de la Alameda CR 137 Wa 114
13597 Casa de la Alberguilla CR 153 Wa 117
14978 Casa de la Alcudilla CO 183 Ve 125
34240 Casa de la Aldea P 64 Ve 97
28180 Casa de la Aldehuela MD 102 Wc 104

A B C D E F G H I J K L M N Ñ O P Q R S T U V W X Y Z

02695 Casa de la Almagra AB 141 Yc 115
45720 Casa de la Angola TO 137 Wc 113
11580 Casa de la Atalaya CA 189 Uc 128
28760 Casa de la Atalaya MD 102 Wa 105
10185 Casa de la Banda CC 133 Tf 113
16114 Casa de la Barraca CU 121 Xf 110
45533 Casa de la Bayona TO 117 Vd 109
11510 Casa de la Bedora CA 188 Tf 129
30528 Casa de la Bodeguilla MC 157 Yd 117
02140 Casa del Abogado AB 140 Ya 115
13200 Casa del Abogado CR 137 Wd 114
16238 Casa de labor de Coto CU 140 Yb 112
11330 Casa de Labor de las Torres CA 189 Ud 130
13344 Casa de la Borreguilla CR 154 Wf 117
06400 Casa de la Bóveda BA 133 Ua 116
10291 Casa de la Breñilla CC 115 Ua 112
13710 Casa del Abuelito CR 138 Wf 114
06420 Casa de la Burra BA 134 Ud 116
10280 Casa de la Caballería CC 133 Ua 113
02536 Casa de la Cabeza AB 155 Xe 119
10500 Casa de la Cabra CC 112 Sd 111
14280 Casa de la Cabra CO 151 Uf 117
13412 Casa de la Calderera CR 135 Vb 115
11595 Casa de la Calera CA 188 Tf 129
10190 Casa de la Calera CC 114 Tc 111
41860 Casa de la Calera SE 164 Te 123
41530 Casa de la California SE 181 Ud 126
13738 Casa de la Calza CR 153 Wc 117
02639 Casa de la Campana AB 139 Xe 114
10394 Casa de la Canala CC 115 Uc 109
19117 Casa de la Canaleja GU 103 Xa 107
45127 Casa de la Cantera TO 117 Ve 111
30177 Casa de la Cantina MC 172 Yc 121
02600 Casa de la Cañada Arada AB 139 Xc 114
10161 Casa de la Cañada de la Pita CC 133 Te 113
05635 Casa de la Cañada del Horno AV 100 Uf 106
21750 Casa de la Cañada del Sotillo H 178 Tc 125
11520 Casa de la Capitana CA 188 Td 128
16433 Casa de la Carbonera CU 120 Xb 110
06200 Casa de la Carboneras BA 149 Td 116
30410 Casa de la Carrasca MC 171 Ya 121
41230 Casa de la Carrasca SE 164 Tf 122
06800 Casa de la Carrascala BA 132 Td 116
02110 Casa de la Castra AB 140 Xf 114
28312 Casa de la Cavina MD 118 Wb 109
45830 Casa del Acebrón TO 119 Wf 111
13779 Casa del Acebuchal CR 153 Wa 117
10186 Casa del Acebuche CC 133 Tf 113
10930 Casa de la Cenida CC 113 Tb 111
45850 Casa de la Cervanta TO 119 We 111
45686 Casa de la Cierva TO 116 Uf 109
21580 Casa de la Cigüeña H 162 Sf 122
14749 Casa de la Citolera CO 166 Ud 120
13768 Casa de la Clavellina CR 153 Wc 118
14280 Casa de la Coneja CO 151 Uf 117
47190 Casa de la Contienda de Abajo VA 63 Va 98
02151 Casa de la Corraliza AB 140 Yc 114
13195 Casa de la Corruca CR 137 Wa 115
43430 Casa de la Cova T 91 Ba 100
03100 Casa de la Cuesta A 158 Zc 117
23711 Casa de la Cuesta del Gatillo J 153 Wb 119
02434 Casa de la Cueva AB 156 Xe 119
14410 Casa de la Cueva de la Loba CO 151 Vc 118
41240 Casa de la Cuquera SE 164 Tf 122
43549 Casa de la Cuxota T 109 Ad 105
10193 Casa de la Dehesa CC 114 Te 110
16214 Casa de la Dehesa CU 121 Xf 111
23509 Casa de la Dehesa J 169 Wd 121
34300 Casa de la Dehesa P 63 Vc 95
45125 Casa de la Dehesa TO 118 Ve 111
49148 Casa de la Dehesa ZA 61 Ua 98
49760 Casa de la Dehesa ZA 62 Ub 97
11630 Casa de la Dehesa de Atrera CA 189 Uc 128
06410 Casa de la Dehesa de las Yeguas BA 133 Tf 115
41450 Casa de la Dehesa del Conde SE 165 Uc 122
47313 Casa de la Dehesa de los Frailes VA 83 Vd 99
06400 Casa de la Dehesa de Utrera BA 149 Ua 116
14430 Casa de la Dehesa Vieja CO 167 Vc 120
45160 Casa de la Dehesa Vieja TO 117 Ve 110
06430 Casa de la Dehesilla BA 150 Ub 116
06131 Casa de la Dehesilla BA 147 Sf 118
16434 Casa de la Dehesilla CU 120 Xc 110
16470 Casa de la Dehesilla de Herrera CU 119 Wf 108
49718 Casa de la Dehesita ZA 80 Ub 101
02212 Casa de la Desesperada AB 141 Ye 113
23748 Casa de la Disea J 152 Vf 119
02650 Casa del Administrador AB 157 Yd 116
13250 Casa de la Duquesa CR 137 Wc 114
06476 Casa de la Encomendilla BA 149 Tf 116
10132 Casa de la Encomienda CC 133 Tf 114
05460 Casa de la Enramada AV 100 Va 107
30529 Casa de la Felipa MC 157 Ye 118
45800 Casa de la Felipa TO 119 Wf 111
30510 Casa de la Fianza MC 157 Yf 116
26580 Casa de la Fiscala RI 67 Xf 95
13250 Casa de la Flor CR 137 Wc 114
02652 Casa de la Florida AB 157 Yc 117
02690 Casa de la Florida AB 141 Ye 114
45161 Casa de la Fuente TO 117 Ve 110
23592 Casa de la Fuente Vieja J 169 We 122
06500 Casa de la Galana BA 132 Sf 112
45313 Casa de la Gallega TO 118 Wb 109
13249 Casa de la Gata CR 138 Xa 114
30439 Casa de la Gloria MC 171 Yb 120
02211 Casa de la Gobernadora AB 141 Yd 114
46640 Casa de la Gobernadora V 142 Za 115
13100 Casa de la Golondrina CR 136 Ve 114
11510 Casa de la Granadina CA 188 Tf 129
10192 Casa de la Grande CC 114 Td 110
13344 Casa de la Granja CR 154 We 116
16600 Casa de la Granja CU 139 Xd 112
06656 Casa de la Graña BA 135 Uf 115
41600 Casa de la Grulla SE 181 Uc 125
10291 Casa del Aguijón CC 114 Te 111
14250 Casa del Águila CO 151 Uf 119
13590 Casa del Águila CR 152 Ve 117
41400 Casa de Laguna SE 166 Uf 123
30529 Casa del Agunzarejo MC 157 Yd 119
02434 Casa de la Herrada AB 156 Xf 119
23300 Casa de la Herradura J 154 Xa 120
10940 Casa de la Higuera CC 114 Td 111
14749 Casa de la Higuera CO 166 Ue 122
41429 Casa de la Higuera SE 165 Ud 123
45222 Casa de la Higuera TO 118 Wb 108
23519 Casa de la Higueruela J 168 Wb 121
45660 Casa de la Higueruela TO 116 Va 110
45114 Casa de la Higueruela TO 118 Vf 110
10950 Casa de la Hoja CC 113 Tb 111
45311 Casa de la Hontanilla TO 118 Wc 110
10134 Casa de la Hoya CC 134 Ub 113
02151 Casa de la Hoya Gil AB 140 Yc 114
16318 Casa de la Hoz CU 122 Yd 108
41860 Casa de la Huelva del Alcornoque SE 164 Te 123
13114 Casa de la Huerta CR 136 Vd 113
41530 Casa de la Huerta SE 181 Ud 126
45574 Casa de la Huerta TO 116 Uf 110
41460 Casa de la Huerta de Abajo SE 165 Ud 121
11370 Casa de la Huerta del Capullar CA 189 Uc 131
13680 Casa de la Huerta del Cura CR 137 Wb 113
13400 Casa de la Huerta del Rosalejo CR 135 Vb 116
06510 Casa de la India BA 132 Ta 112
03315 Casa de la lona de la Rambla A 157 Za 119
30412 Casa del Aire MC 171 Xf 121
06400 Casa de la Isla de Remondo BA 133 Ua 115
02100 Casa de la Jara AB 140 Ya 113
10194 Casa de la Jara CC 114 Te 110
13450 Casa de la Javiera CR 152 Ve 117
10189 Casa de la Jirondilla CC 133 Tf 113
10980 Casa de la Judia CC 113 Ta 111
16393 Casa de la Junta CU 122 Yc 110
41250 Casa de la Laguna SE 164 Tf 121
05123 Casa de la Lastra AV 100 Uf 106
46770 Casa del Alcalde V 143 Ze 114
46624 Casa del Alcalde V 141 Yf 113
30800 Casa del Alcaraz MC 171 Ya 122
45138 Casa del Alemán TO 117 Vb 112
02214 Casa de la Lentisosa AB 141 Ye 113
14850 Casa del Alguacil CO 167 Vd 123
02600 Casa del Almendro AB 139 Xc 113
10940 Casa de la Lobata CC 114 Tc 111
10980 Casa de la Lobera CC 113 Tb 110
10980 Casa de la Lobera CC 113 Tb 110
13332 Casa de la Lóbrega CR 138 Xa 116
23592 Casa de la Loma J 169 We 121
44591 Casa de la Loma del Callizo TE 88 Zc 101
14600 Casa de la Loma del Vicario CO 167 Ve 120
09001 Casa del Alto BU 46 Wb 95
10193 Casa de la Lucia CC 114 Te 111
02410 Casa de la Luz AB 156 Xf 117
10400 Casa de la Magdalena CC 115 Ub 108
06920 Casa de la Majadilla BA 150 Ub 119
10980 Casa de la Malpartida CC 113 Ta 110
46625 Casa de la María V 141 Ye 113
30814 Casa de la Marsilla MC 172 Yb 121
06910 Casa de la Mata BA 150 Uc 118
13230 Casa de la Mata CR 138 We 115
16415 Casa de la Mata CU 120 Xa 110
21520 Casa de la Mata H 163 Ta 124
45700 Casa de la Mata TO 118 Wb 111
21740 Casa de la Matanza H 178 Td 125
10270 Casa de la Matilla del Royal CC 133 Tf 112
02246 Casa de la Matosa AB 140 Yb 113
13679 Casa de la Médica CR 137 Wc 113
18440 Casa de la Memoria GR 185 We 127
10181 Casa de la Mengosa CC 133 Tf 112
10980 Casa de la Merced CC 113 Tb 110
41450 Casa de la Mesa SE 165 Uc 122
13410 Casa de la Mina CR 135 Vb 115
45150 Casa de la Mina TO 117 Vd 111
41250 Casa de la Mina de Campos SE 164 Tf 121
14447 Casa de la Mina de San Cayetano CO 152 Vd 119
21760 Casa de la Mogea H 178 Tc 126
41230 Casa de la Montera SE 164 Ua 122
16640 Casa de la Moraleja CU 120 Xb 111
02151 Casa de la Morena AB 140 Yc 114
02049 Casa de la Morena AB 140 Yb 115
13180 Casa de la Morena CR 136 Ve 115
13194 Casa de la Morilla CR 117 Vc 111
09591 Casa de la Mota BU 46 Wc 94
16146 Casa de la Muela CU 121 Ya 107
02499 Casa de la Muerte AB 157 Yd 118
10500 Casa de la Mula CC 131 Sf 112
06510 Casa de la Naterona BA 132 Ta 114
13270 Casa de la Nava CR 137 Wa 116
16622 Casa de la Nava CU 120 Xd 111
45516 Casa de la Nava TO 117 Vc 110
10570 Casa de la Naves CC 132 Sf 112
02459 Casa de la Noguera, La AB 155 Xd 118
05215 Casa de La Olmedilla AV 82 Vb 102
28812 Casa de la Olmedilla MD 103 We 106
22413 Casa de la Oresa HS 71 Aa 97
02611 Casa de la Ortigosa AB 138 Xb 115
46620 Casa de la Ortina V 141 Ye 114
06650 Casa de la Pachona BA 135 Uf 115
06400 Casa de la Pajosa BA 149 Ua 116
41360 Casa de la Paloma SE 165 Ub 122
19111 Casa de la Pangía GU 103 Xa 106
10160 Casa de la Pared CC 133 Te 113
16340 Casa de La Parra CU 121 Ya 108
46174 Casa de la Parra V 123 Za 110
14430 Casa de la Parrilla CO 152 Vc 120
23215 Casa de la Parrilla J 154 Wd 118
13180 Casa de la Patuda CR 136 Vc 115
13600 Casa de la Paz CR 138 We 112
02253 Casa de la Pedrera AB 140 Yc 113
18570 Casa de la Pedriza GR 184 Wc 124
06600 Casa de la Peña BA 134 Ud 116
45127 Casa de la Peña del Lobo TO 117 Ve 111
11638 Casa de la Perdiz CA 189 Ub 128
21591 Casa de la Pericona H 176 Sd 124
19142 Casa de la Pinilla GU 103 Wf 105
10184 Casa de la Pizarra CC 133 Tf 112
14730 Casa de la Plata CO 166 Uf 121
16600 Casa de la Pluma CU 139 Xc 112
13768 Casa de la Póbeda CR 153 Wc 118
31500 Casa de la Pola NC 68 Yd 96
06460 Casa de la Portugalesa BA 134 Uc 115
13250 Casa de la Posadilla CR 137 Wb 114
30177 Casa de la Posadilla MC 172 Yc 121
16640 Casa de la Poveda CU 120 Xb 111
45662 Casa de la Pradera TO 116 Va 110
19119 Casa de la Puebla GU 103 Wf 107
02124 Casa de la Quebrada AB 156 Xf 117
02610 Casa de la Quejigosa AB 139 Xc 115
47359 Casa de la Quemada VA 64 Vc 99
41599 Casa de la Quinta SE 182 Vb 125
44700 Casa de la Rabosa TE 107 Zb 104
02247 Casa de la Rambla AB 140 Yc 113
06800 Casa de la Rana BA 133 Te 114
10883 Casa del Arenalejo CC 114 Tc 110
44230 Casa de la Retuerta TE 87 Yd 103
21647 Casa de la Rinconada H 163 Tb 123
30195 Casa de la Rodea MC 171 Xf 120
10513 Casa de la Ronguera CC 112 Sd 111
10120 Casa de la Ropera CC 134 Ud 113
45672 Casa del Arreciado TO 135 Va 112
10870 Casa de la Sabanilla CC 113 Tb 109
02610 Casa de la Sabina AB 139 Xc 115
16192 Casa de la Sabina CU 121 Ya 107
47230 Casa de las Abogadas VA 82 Vb 100
02610 Casa de las Aguas AB 139 Xb 115
50792 Casa de la Salada Z 89 Ze 101
13194 Casa de la Salceda CR 136 Ve 112
30411 Casa de la Salina de Periago MC 171 Xf 121
16610 Casa de las Almenas CU 139 Xd 113
21540 Casa de las Barajonas H 177 Se 124
23220 Casa de las Cabrerizas J 153 Wc 119
10133 Casa de las Calamochas CC 133 Ua 113
13270 Casa de las Canteras CR 137 Wb 115
16146 Casa de las Carboneras CU 121 Xf 107
02612 Casa de las Cauques AB 139 Xc 114
49027 Casa de las Chanas ZA 80 Ub 100
13248 Casa de las Chimeneas CR 138 Wf 114
21750 Casa de las Cinco Algáidas H 178 Tc 125
14600 Casa del Asco CO 152 Ve 120
19117 Casa de las Cofrades GU 103 Xa 107
10694 Casa de las Corralizas CC 115 Ua 110
13700 Casa de las Delicias CR 138 Xa 113
41429 Casa de las Dos Vigas SE 165 Ud 123
13270 Casa de las Duronas CR 137 Wb 115

10195 Casa de las Encinas CC 132 Td 112
13350 Casa de las Envidias CR 153 Wc 116
03420 Casa de la Senyora Ángela, La A 158 Zc 117
23711 Casa de la Señora J 153 Wb 120
29110 Casa de la Sepultura MA 190 Va 129
11560 Casa de la Sevillana CA 180 Te 127
13344 Casa de las Fuentes CR 153 Wd 118
06657 Casa de Las Garbayuelas BA 135 Uf 115
44409 Casa de las Golondrinas TE 107 Za 107
10189 Casa de las Grangas CC 133 Tf 113
06500 Casa de las Grulleras BA 132 Ta 112
45909 Casa de las Higueras TO 101 Ve 107
13770 Casa de las Huesas CR 153 Wb 117
02320 Casa de las Ideas AB 139 Xe 115
16236 Casa de la Sierra CU 140 Ya 112
23230 Casa de la Sierra J 154 Wd 120
31370 Casa de la Sierra NC 49 Ya 94
06410 Casa de la Sierrecilla BA 133 Tf 114
23250 Casa de las Juntas J 154 We 118
14300 Casa de las Lastras CO 166 Uf 121
29327 Casa de las Llamas MA 182 Va 126
10950 Casa de las Loberas CC 113 Tc 111
06478 Casa de las Lomas BA 133 Ua 116
02600 Casa de las Madres AB 139 Xc 113
49148 Casa de las Mangas ZA 61 Ub 97
13200 Casa de las Mayorgas CR 138 Wd 114
02650 Casa de las Minas AB 141 Ye 116
10820 Casa de las Minas CC 114 Td 110
30528 Casa de las Minas MC 157 Yd 118
41370 Casa de las Minas SE 165 Ub 121
41360 Casa de las Minas SE 165 Ub 121
02512 Casa de las Monjas CU 139 Xe 113
26350 Casa de las Monjas RI 47 Xc 94
02511 Casa de las Monjas de Pozo-Cañada AB 156 Yc 116
13591 Casa de las Morras CR 152 Ve 117
13414 Casa de las Navas CR 135 Vc 116
45470 Casa de las Navas TO 136 Vf 112
28339 Casa de las Niñas MD 102 Wc 107
10512 Casa de la Solana o Moreno CC 112 Sd 111
06640 Casa de la Solanilla BA 134 Ue 114
10940 Casa de las Pedrizas CC 114 Td 110
11149 Casa de las Peñuelas CA 188 Tf 131
47814 Casa de las Rozas VA 62 Ue 97
11549 Casa de las Salinas CA 180 Td 127
50375 Casa de las Salinas Z 87 Yb 102
06510 Casa de las Santas BA 132 Ta 113
41530 Casa de las Semillas SE 181 Ud 126
02110 Casa de las Señoras AB 140 Ya 114
13270 Casa de las Setecientas CR 137 Wa 116
23478 Casa de las Tablas J 170 Xb 120
10170 Casa de las Tarazonas CC 133 Te 113
13344 Casa de las Tejoneras CR 154 We 117
50615 Casa de las Tenias Z 69 Za 95
47639 Casa de las Tomasas VA 63 Va 98
13690 Casa de las Velas CR 138 We 113
13600 Casa de las Veredillas CR 119 We 112
14400 Casa de las Viborillas CO 151 Vb 119
16393 Casa del Ataúd CU 122 Yc 111
44791 Casa de la Tejera TE 88 Zb 103
13110 Casa de la Tejona CR 135 Vc 112
11510 Casa de la Tinaja CA 188 Tf 129
02137 Casa de la Toba AB 155 Xe 117
29011 Casa de la Tormenta MA 183 Vd 128
10500 Casa de la Torre CC 131 Sf 112
13344 Casa de la Trinidad CR 154 We 117
45760 Casa de la Urraca TO 118 Wc 110
14430 Casa de la Urraquilla Alta CO 167 Vc 120
02693 Casa de la Vega AB 141 Yd 115
19115 Casa de la Vega GU 103 Xa 107
50239 Casa de la Vega Z 86 Ya 100
06400 Casa de la Vega de los Maderos BA 133 Ua 116
06400 Casa de la Veguilla BA 133 Ua 115
50316 Casa de la Veguilla Z 86 Ya 99
02312 Casa de la Venta AB 155 Xc 116
13710 Casa de la Ventilla CR 138 Wf 114
02156 Casa de la Ventosa AB 140 Yb 114
06250 Casa de la Vera BA 149 Te 119
50610 Casa de Laverné Alta Z 69 Yf 96
11500 Casa de la Vicuña CA 188 Te 129
10950 Casa de la Vigilia CC 113 Ta 111
10130 Casa de la Villalbas CC 134 Uc 113
02600 Casa de la Viña AB 139 Xd 113
31130 Casa de la Viña NC 49 Ya 93
45569 Casa de la Viñas TO 116 Ue 108
41380 Casa de la Viñuela SE 165 Uc 121
49272 Casa de la Viñuela ZA 80 Ua 100
16640 Casa de la Virgen CU 120 Xb 111
30529 Casa de la Virgen MC 157 Ye 119
14650 Casa de la Viuda CO 167 Vd 121
13250 Casa de la Viuda CR 137 Wc 114
18800 Casa de la Viuda GR 170 Xa 124
45880 Casa de la Viuda TO 119 We 110
10191 Casa del Avutardo CC 114 Td 110
02400 Casa de la Zarzuela AB 156 Yb 117
30177 Casa del Barból MC 172 Yc 121
11400 Casa del Barón CA 180 Te 128
45760 Casa del Batán TO 119 Wd 110
11595 Casa del Beato CA 188 Tf 129
13610 Casa del Beato CR 138 Wf 112
13391 Casa del Becerril CR 154 We 116
10550 Casa del Becerro CC 132 Tc 112
10960 Casa del Belvis CC 113 Ta 111
47500 Casa del Bernardillo VA 81 Uf 100
06730 Casa del Bodonal BA 134 Uc 114
44549 Casa del Bolar TE 88 Zb 102
30559 Casa del Boquerón MC 157 Ye 119
10271 Casa del Borril CC 133 Tf 112
47270 Casa del Boticario VA 63 Vb 98
29570 Casa del Bracho MA 182 Vc 128
02611 Casa del Cabalgador AB 138 Xb 114
45700 Casa del Cahorzo TO 118 Wb 111
41429 Casa del Calerón SE 165 Ud 123
09316 Casa del Campesino BU 83 Wa 99
10129 Casa del Campillo CC 115 Uc 112
50135 Casa del Campillo Z 88 Zb 100
46150 Casa del Campo V 123 Zc 110
46620 Casa del Campo V 141 Yf 114
14709 Casa del Canal CO 166 Ud 122
10170 Casa del Canchal Blanquillo CC 133 Te 113
10980 Casa del Cancho CC 114 Tc 110
02434 Casa del Cano AB 156 Xf 119
23592 Casa del Canónigo J 169 Wd 121
13720 Casa del Cantivano CR 138 Wf 113
16390 Casa del Cañizar CU 121 Yb 109
30815 Casa del Capador MC 172 Yc 123
29550 Casa del Capellán MA 182 Va 127
02328 Casa del Capitán AB 140 Xf 114
02612 Casa del Capitán AB 139 Xd 114
11648 Casa del Capitán CA 180 Ub 127
47012 Casa del Capitán VA 63 Vc 99
30858 Casa del Cara de Lobo MC 172 Yd 122
10500 Casa del Cardizal CC 113 Sf 112
10950 Casa del Carnerito CC 113 Ta 111
10980 Casa del Carrascal CC 113 Ta 110
47850 Casa del Carrascal VA 62 Ue 98
03420 Casa del Cartón A 158 Zb 117
11510 Casa del Carvajal CA 188 Tf 129
47820 Casa del Carvajal VA 62 Uf 98
13100 Casa del Casarejo CR 136 Vd 114
06413 Casa del Casquero BA 133 Ua 115
11370 Casa del Castaño CA 189 Uc 131
22231 Casa del Castejonero HS 70 Zf 98
10980 Casa del Castillejo CC 113 Ta 110
13193 Casa del Castillejo CR 136 Vd 113
21510 Casa del Cebollar de Santa Ana H 177 Sf 124
11680 Casa del Cerillar CA 181 Ud 127
13344 Casa del Cerillo de la Era CR 154 Wd 117
14547 Casa del Cero CO 166 Va 123
02695 Casa del Cerro AB 141 Yd 115
02211 Casa del Cerro AB 141 Yd 113
10184 Casa del Cerro CC 133 Te 113
28596 Casa del Cerro MD 103 Wf 107
10189 Casa del Cerro de la Collada CC 133 Tf 113
14550 Casa del Cerro del Humo CO 167 Vc 123
11595 Casa del Cerro del Inglés CA 188 Tf 129
21760 Casa del Cerro del Trigo H 179 Td 127
06420 Casa del Cerro Sagrado BA 134 Uc 115
14412 Casa del Chabacano CO 151 Vb 118
28950 Casa del Champiñón MD 102 Wa 107
10269 Casa del Chaparral CC 133 Ua 113
13191 Casa del Chaparral CR 136 Ve 115
10331 Casa del Chaparro CC 116 Ue 110
22761 Casa del Chas HS 50 Za 94
30411 Casa del Chico MC 171 Ya 121
16422 Casa del Chiquillo CU 120 Xb 110
45593 Casa del Chivero TO 118 Vf 109
45470 Casa del Chorrito TO 118 Vf 112
23215 Casa del Chortal J 154 Wd 118
45860 Casa del Churri TO 119 We 111
13720 Casa del Cirujano CR 138 Wf 113
46620 Casa del Collado de San Juan V 141 Ye 115
10530 Casa del Colmenar CC 114 Tf 110
45646 Casa del Colmenar TO 117 Vb 108
02211 Casa del Conde AB 141 Yd 113
13600 Casa del Condesillo CR 138 We 113
41140 Casa del Conejo SE 180 Tf 126
24271 Casa del Convento LE 43 Ua 93
10570 Casa del Corcho CC 132 Ta 112
35613 Casa del Cordobés GC 199 Ma 177
45870 Casa del Cordobés TO 119 Wd 111
45370 Casa del Corneta TO 119 We 109
02150 Casa del Cortijo AB 140 Yc 114
50690 Casa del Coscojar Z 68 Ye 98
13630 Casa del Cosme CR 138 Xa 113
47430 Casa del Cotarrón VA 82 Vc 100
40449 Casa del Coto SG 82 Vd 103
06800 Casa del Coto Presa BA 133 Td 114
13700 Casa del Cuadrado CR 138 Xa 114
10990 Casa del Cuartillo CC 113 Ta 110
46199 Casa del Cul V 141 Yf 113
02630 Casa del Cura AB 139 Xf 113
02660 Casa del Cura AB 157 Yf 116
10940 Casa del Cura CC 114 Tc 110
16317 Casa del Cura CU 105 Yb 107
16620 Casa del Cura CU 120 Xc 112
19226 Casa del Cura GU 103 Wf 104
23300 Casa del Cura J 170 Wf 120
26528 Casa del Cura RI 68 Ya 97
45580 Casa del Cura TO 116 Ue 108
30890 Casa del Cura y Cañada del Alba MC 171 Yb 123
45622 Casa del Dehesón TO 116 Va 108
47260 Casa del Doctor VA 63 Vc 98
45880 Casa del Dorado TO 119 Wf 109
13720 Casa del Duende CR 138 We 113
14550 Casa del Duque CO 167 Vc 123
13679 Casa del Duque CR 137 Wc 113
45400 Casa del Duque TO 118 Wb 110
02612 Casa de Léchina AB 139 Xd 114
02246 Casa de Lema AB 140 Yb 113
04480 Casa del Empalme AL 185 Xa 127
10500 Casa del Empalme CC 113 Se 112
06850 Casa del Encinar BA 132 Td 115
10980 Casa del Esparragosillo CC 113 Ta 111
45400 Casa del Estanquero TO 118 Wb 111
41240 Casa del Esterquizo SE 164 Tf 121
45749 Casa del Fausto TO 118 Wb 110
14410 Casa del Fontanar CO 151 Vb 118
30559 Casa del Fraile MC 157 Ye 119
13600 Casa del Frailito CR 138 We 112
43549 Casa del Francès T 109 Ad 104
47400 Casa del Francés VA 82 Va 101
47639 Casa del Francés VA 63 Va 98
45917 Casa del Fresnedoso TO 117 Vc 108
35639 Casa del Frontón GC 199 Ma 178
10189 Casa del Gallinero CC 133 Tf 113
02610 Casa del Gallo AB 139 Xb 115
13194 Casa del Garbanzuelo CR 136 Vc 112
21750 Casa del Gato H 178 Tc 125
13739 Casa del Gimena CR 153 Wc 117
16192 Casa del Gitano CU 121 Ya 108
13116 Casa del Goro CR 136 Vd 113
47313 Casa del Granizo VA 64 Vd 99
02140 Casa del Guarda AB 140 Ya 116
10882 Casa del Guarda CC 114 Tc 109
10164 Casa del Guarda CC 133 Td 113
16216 Casa del Guarda CU 121 Xf 109
19229 Casa del Guarda GU 103 Wf 103
34246 Casa del Guarda P 64 Vf 97
34259 Casa del Guarda P 64 Ve 96
26375 Casa Del Guarda RI 48 Xc 94
41849 Casa del Guarda SE 180 Te 126
47194 Casa del Guarda VA 63 Vb 98
49272 Casa del Guarda ZA 80 Ua 100
23260 Casa del Guarda de la Alameda J 154 We 118
22212 Casa del Guarda del Monte HS 70 Ze 97
23250 Casa del Guarda de Sierra del Loro J 154 We 118
40480 Casa del guarda forestal SG 82 Vd 101
42140 Casa del Guarda Montes SO 66 Wf 97
06470 Casa del Guijo BA 133 Tf 115
10130 Casa del Guijuelo CC 134 Uc 113
06460 Casa del Herradón BA 134 Uc 115
13720 Casa del Herrador CR 138 We 113
13350 Casa del Hierro CR 153 Wc 116
13710 Casa del Hierro CR 138 Wf 114
50670 Casa del Higueral Z 49 Yd 95
49715 Casa del Hondayo ZA 81 Uc 100
02152 Casa del Hontanar AB 141 Yd 114
13370 Casa del Hormigón CR 153 Wb 116
10560 Casa del Hornillo CC 132 Ta 112
13450 Casa del Hornillo CR 152 Ve 117
23213 Casa del Hornillo J 153 Wc 118
45569 Casa del Horquillo TO 116 Uf 109
13440 Casa del Hoyo CR 136 Vf 116
47862 Casa del Huesco VA 62 Ue 98
02651 Casa del Huevo AB 157 Yd 116
41240 Casa del Indiano SE 164 Tf 121
45780 Casa del Indiano TO 118 Wc 111
41500 Casa del Infante SE 179 Ua 125
26223 Casa del Inglés RI 47 Xb 94
06468 Casa del Intendente BA 134 Ub 115
50670 Casa del Iranzo Z 68 Yd 95
13344 Casa de Lizana CR 154 Wf 117
13630 Casa del Jabonero CR 138 Xa 113
45170 Casa del Jaral TO 117 Vb 109
19187 Casa del Jardinillo GU 102 Wd 103
11170 Casa del Judío CA 188 Tf 130
28650 Casa del Juncal MD 101 Vc 107
11130 Casa del Lanchar CA 188 Tf 130
10120 Casa del Lavadero CC 134 Uc 113
13710 Casa del Letrado CR 138 Wf 114
45671 Casa del Linareo TO 116 Va 111
13248 Casa del Llano CR 138 Xa 115
16730 Casa del Llano CU 121 Xe 111
10194 Casa del Lobato CC 114 Te 110
45720 Casa del Lorito TO 137 Wd 112
21240 Casa del Lote H 163 Sf 121
06500 Casa del Macho BA 132 Ta 112
10870 Casa del Madroño CC 113 Tb 110
13260 Casa del Magrero CR 137 Wc 115
41350 Casa del Majuelo SE 165 Uc 122
41570 Casa del Malagueño SE 182 Vb 125
06630 Casa del Manantial BA 134 Ue 114
13779 Casa del Manchego CR 153 Wb 117
19132 Casa del Manco GU 103 Xa 106
30849 Casa del Manco MC 172 Ye 121
49660 Casa del Maragato ZA 62 Uc 97
02611 Casa del Marañal AB 138 Xb 114
50690 Casa del Marinote Z 68 Ye 98
16410 Casa del Marqués CU 119 Wf 110
19119 Casa del Marqués del Saco GU 103 Xa 106
28595 Casa del Marqués de Remisa MD 119 Wf 108
29461 Casa del Marqués de Santiago MA 190 Ue 129
21760 Casa del Martinazo H 178 Tc 126
02152 Casa del Médico AB 141 Ye 114
06650 Casa del Médico BA 135 Va 115
10528 Casa del Médico CC 115 Ua 110
13720 Casa del Médico CR 138 We 113
45890 Casa del Médico TO 119 Wf 110
46620 Casa del Medio V 141 Yf 114
13720 Casa del Mesón del Espejo CR 138 Wd 113
13300 Casa del Mesonero CR 154 Wd 116
10500 Casa del Millaron CC 131 Sf 112

13690 Casa del Minguillo CR 138 Wf 113
13710 Casa del Miño CR 138 Wf 114
12598 Casa del Mochuelo CS 108 Ab 107
23711 Casa del Mojón de la Legua J 153 Wb 119
14300 Casa del Molino CO 166 Uf 121
35558 Casa del Molino GC 198 Mc 174
16195 Casa del Montaraz CU 120 Xd 108
02150 Casa del Monte AB 140 Yb 114
05380 Casa del Monte AV 100 Uf 104
09194 Casa del Monte BU 46 Wc 95
13345 Casa del Monte CR 154 Wf 117
16440 Casa del Monte CU 120 Xc 109
16411 Casa del Monte CU 119 Wf 109
16630 Casa del Monte CU 120 Xa 111
16630 Casa del Monte CU 138 Xa 112
16730 Casa del Monte CU 120 Xe 111
16465 Casa del Monte CU 120 Xa 108
19116 Casa del Monte GU 103 Wf 107
19182 Casa del Monte GU 103 We 104
23712 Casa del Monte J 168 Wb 120
24191 Casa del Monte LE 43 Ub 93
24206 Casa del Monte LE 62 Ud 95
34239 Casa del Monte P 64 Vd 96
34249 Casa del Monte P 64 Ve 97
34465 Casa del Monte P 64 Ve 96
34419 Casa del Monte P 63 Vd 96
37405 Casa del Monte SA 81 Ue 102
47331 Casa del Monte VA 82 Vd 99
47270 Casa del Monte VA 63 Vb 98
47813 Casa del Monte VA 63 Uf 97
50266 Casa del Monte Z 87 Yd 99
50360 Casa del Monte Z 87 Yd 102
49624 Casa del Monte ZA 61 Ua 97
28812 Casa del Monte de las Escaleras MD 103 We 106
47820 Casa del Monte de la Villa VA 63 Uf 98
47840 Casa del Monte del Conde VA 62 Ue 98
47862 Casa del Monte de San Miguel VA 62 Ue 98
09311 Casa del Monte de Villalobón BU 64 Wa 98
50200 Casa del Monte Nuevo Z 86 Ya 100
49630 Casa del Monte Reoyo ZA 62 Ud 98
49530 Casa del Montico ZA 81 Uc 99
13670 Casa del Moral CR 137 Wb 113
45310 Casa del Muni TO 119 Wd 109
40145 Casa del Muñico SG 101 Vd 103
13194 Casa del Navajo CR 118 Vf 111
02511 Casa del Nordal AB 156 Yb 116
10109 Casa del Notario CC 133 Ua 114
41450 Casa del Ochavo SE 165 Uc 121
16421 Casa de Lodares CU 120 Xa 110
10980 Casa del Olmillo CC 113 Ta 111
02155 Casa del Olmo AB 140 Ya 114
30510 Casa de López MC 157 Yf 117
10950 Casa del Orillal CC 113 Tb 110
14440 Casa de los Acebuchares CO 151 Vb 119
10870 Casa de los Alamos CC 113 Tb 110
13343 Casa de los Alcores CR 154 Wf 117
10189 Casa de los Alcornoques CC 133 Tf 113
45710 Casa de los Alejandros TO 137 Wc 112
21559 Casa de los Almendreros H 177 Se 123
02499 Casa de los Almendros AB 157 Yc 118
30528 Casa de los Almendros MC 157 Yd 117
23330 Casa de los Angostones J 154 Xa 120
13700 Casa de los Árboles CR 138 Xa 113
02328 Casa de los Arcos AB 140 Xf 115
06670 Casa de los Ayeruales BA 135 Va 113
13760 Casa de los Barrancos CR 153 Wd 118
10500 Casa de los Barreros CC 131 Se 112
50270 Casa de los Bilbaínos Z 68 Yd 99
40150 Casa de los Blases SG 101 Vd 104
21760 Casa de los Bodegones H 178 Tb 125
02690 Casa de los Bolos AB 141 Yd 115
26144 Casa de los Cadetes RI 48 Xe 94
14600 Casa de los Caleros CO 167 Ve 120
10950 Casa de los Calvos CC 113 Tb 112
04660 Casa de los Camarotes AL 171 Xf 124
49155 Casa de los Cantadales ZA 81 Ud 100
02213 Casa de los Cañizos AB 141 Ye 114
46623 Casa de los Capellanes V 141 Yf 114
41250 Casa de los Carabales SE 164 Tf 121
21560 Casa de los Casares H 162 Sd 122
09310 Casa de los Caserones BU 64 Vf 97
30528 Casa de los Cerrillares MC 157 Ye 117
41710 Casa de los Cerros SE 179 Ub 125
23540 Casa de los Charcones J 169 Wc 122
13700 Casa de los Cicateros CR 138 Xa 113
23770 Casa de los Cipreses J 152 Vf 120
21600 Casa de los Collados H 177 Tb 123
35649 Casa de los Coroneles GC 199 Ma 177
06475 Casa de los Corteses BA 149 Te 116
16150 Casa de los Corzos CU 105 Ya 107
10192 Casa de los Cuartos CC 114 Te 110
41240 Casa de los Cuquiles SE 164 Tf 121
13344 Casa de los Fontes CR 154 Wd 117
14711 Casa de los Frailes CO 166 Va 122
02156 Casa de Los Garijos AB 140 Yc 114
02409 Casa de los Grajos AB 156 Yb 118
41209 Casa de los Granadillos SE 164 Tf 123
13196 Casa de los Guardas CR 137 Wa 114
13250 Casa de los Guardas CR 137 Wb 114
50612 Casa de los Guardas Z 69 Yf 97
30850 Casa de los Guardas Forestales MC 172 Yc 121
13200 Casa de los Guijos CR 138 We 114
02600 Casa de los Herrericos AB 139 Xd 113
11370 Casa de los Hoyos de Zanona CA 189 Uc 131
44540 Casa de los Jugos TE 88 Zc 101
45138 Casa de los Lagares TO 117 Vc 111
21595 Casa de los Lanchas H 162 Sd 124
14430 Casa de los Llanos CO 167 Vc 120
16432 Casa de los Llanos CU 120 Xb 110
23630 Casa de los Llanos J 168 Wb 121
41450 Casa de los Logios SE 165 Ub 122
45710 Casa de los Machos TO 137 Wc 112
35571 Casa de los Majones GC 198 Mb 175
02600 Casa de los Mateos AB 139 Xd 113
13196 Casa de los Medranos CR 136 Vf 114
14440 Casa de los Mesoneros CO 151 Vc 118
34218 Casa de los Milagros P 63 Vd 97
10950 Casa de los Mirones CC 113 Tb 112
14440 Casa de los Mocosos CO 151 Vb 118
10879 Casa de los Morales CC 114 Tb 110
44143 Casa de los Morcos TE 107 Zc 105
13344 Casa de los Morrones CR 154 We 117
02409 Casa de los Niños AB 156 Yb 118
30528 Casa de los Ontureños MC 157 Yd 117
44100 Casa de los Pajares TE 106 Yc 106
02160 Casa de los Pardales AB 139 Xe 115
14600 Casa de los Pastedales CO 152 Vd 120
10940 Casa de los Pedregak CC 114 Tb 110
22535 Casa de los Peras HS 71 Ab 98
02409 Casa de los Peruelos AB 156 Yb 118
10592 Casa de los Petos CC 114 Te 110
06470 Casa de los Pilares BA 133 Tf 115
13180 Casa de los Pilones CR 136 Vc 115
02640 Casa de los Pinos AB 141 Ye 115
02630 Casa de los Pinos AB 139 Xf 113
45800 Casa de los Pis TO 119 Xa 111
41130 Casa de los Pobres SE 179 Te 125
10318 Casa de los Potros CC 115 Ud 108
30528 Casa de los Pozos MC 157 Yd 117
13592 Casa de los Quemados CR 152 Vf 117
14412 Casa de los Reventones CO 151 Vb 118
45470 Casa de los Robledillos TO 137 Wa 112
29320 Casa de los Salinas MA 182 Va 126
13191 Casa de los Santiagos CR 136 Ve 115
13344 Casa de los Socios CR 154 We 117
28580 Casa de los Socios MD 103 Wf 106
41590 Casa de los Tarancones SE 182 Vb 125
02310 Casa de los Teatinos AB 139 Xc 116
31500 Casa de los Tetones NC 68 Yc 96
13592 Casa de los Toriles CR 153 Vf 117
19115 Casa de los Velascos GU 103 Xa 107
49193 Casa de los Vitotos ZA 80 Ua 99
41710 Casa del Pajarito SE 180 Ub 126
13344 Casa del Palomar CR 154 We 117
47862 Casa del Páramo VA 62 Ue 98
13350 Casa del Pardillo CR 137 Wc 115
13195 Casa del Pardillo CR 137 Wa 115
45410 Casa del Pardillo TO 118 Wb 110
06692 Casa del Parrilla BA 135 Vb 112
10820 Casa del Parrucho CC 114 Td 110
13450 Casa del Pastor CR 152 Vd 117
13300 Casa del Patrón CR 137 Wc 115
30810 Casa del Peñón MC 171 Ya 122
16421 Casa del Peraleo CU 120 Xb 110
46620 Casa del Peregrín V 141 Za 115
16393 Casa del Pintado CU 122 Yc 111
21750 Casa del Piojo H 178 Tc 125
10592 Casa del Pizarroso CC 114 Td 110
06689 Casa del Platero BA 135 Uf 113
29500 Casa del Polo MA 182 Vb 128
10950 Casa del Polvo CC 114 Tb 112
10590 Casa del Porquero CC 114 Tf 109
45663 Casa del Porquero TO 116 Va 109
10191 Casa del Posio CC 114 Td 110
05631 Casa del Postuero Cordel AV 99 Ue 106
19300 Casa del Pote GU 105 Ya 103
02534 Casa del Pozo AB 155 Xd 120
02150 Casa del Pozo AB 140 Yb 114
16236 Casa del Pozo CU 140 Yb 113
47313 Casa del Pozo VA 64 Vd 99
02696 Casa del Pozo de la Higuera AB 140 Yc 114
14547 Casa del Pozo del Villar CO 166 Vb 123
14410 Casa del Pozo Linares CO 151 Vb 118
29440 Casa del Pozuelo MA 190 Uf 129
14710 Casa del Prado CO 166 Va 121
28295 Casa del Prado MD 101 Vd 105
21570 Casa del Prado de los Carneros H 162 Se 122
16192 Casa del Prado de los Esquiladores CU 105 Ya 108
06510 Casa del Puerco BA 132 Sf 113
02511 Casa del Puerto AB 156 Yc 116
14491 Casa del Puerto CO 151 Va 117
30529 Casa del Puerto MC 157 Ye 118
21760 Casa del Puntal H 178 Td 127
40392 Casa del Quintanar SG 83 Vf 102
13194 Casa del Quinto CR 136 Ve 112
45489 Casa del Quinto TO 119 We 111
13380 Casa del Quinto de Santiago CR 137 Wb 116
06411 Casa del Ramblazo BA 133 Ua 115
45530 Casa del Raso TO 117 Vd 109
23330 Casa del Raso de la Esalera J 154 Xa 120
13670 Casa del Rayado CR 137 Wc 113
04693 Casa del Rayo AL 171 Ya 123
06500 Casa del Realejo BA 132 Sf 112
41600 Casa del Redondón SE 181 Uc 125
02512 Casa del Regajo AB 157 Yc 116
47510 Casa del Reventón VA 81 Ue 101
10940 Casa del Rincón CC 114 Tc 110
10120 Casa del Rincón CC 134 Ud 113
10818 Casa del Rincón CC 113 Tb 109
10340 Casa del Rincón CC 115 Uc 110
14749 Casa del Rincón CO 166 Ue 121
35572 Casa del Rincón GC 198 Mc 175
41240 Casa del Rincón SE 164 Tf 121
42153 Casa del Rincón SO 66 Xb 97
45159 Casa del Rincón TO 117 Vc 111
14249 Casa del Rincón, La CO 150 Ud 119
41370 Casa del Rincón de la Higuera SE 165 Ua 121
06240 Casa del Risco BA 149 Td 119
10512 Casa del Rivero CC 112 Sd 111
02161 Casa del Roble AB 139 Xd 115
10170 Casa del Roble CC 133 Tf 113
30440 Casa del Roble MC 156 Yb 119
30195 Casa del Roblecillo de Arriba MC 171 Xf 120
02640 Casa del Rojalero AB 141 Yf 116
50130 Casa del Románico Z 88 Zb 101
02160 Casa del Romeral AB 139 Xe 114
13200 Casa del Roncero CR 138 Wd 114
13116 Casa del Rostro CR 136 Vd 113
46620 Casa del Royo V 141 Yf 115
23748 Casa del Rozalejo J 152 Vf 119
02151 Casa del Sabinar AB 140 Yc 114
41450 Casa del Saladillo SE 165 Uc 122
02212 Casa del Salado AB 141 Ye 113
25737 Casa del Salarnein L 72 Af 98
38729 Casa del Salto TF 197 Hb 176
02359 Casa del Santo AB 155 Xd 117
10513 Casa del Santo CC 112 Sd 111
40409 Casa del Sapo SG 101 Vd 105
45560 Casa del Sapo TO 116 Uf 109
50174 Casa del Saxo Z 70 Zc 99
03400 Casa dels Caragols, La A 158 Za 117
13194 Casa del Serrano CR 117 Ve 112
06510 Casa del Sesmo BA 132 Sf 113
10512 Casa del Sesmo de Abajo CC 112 Sd 111
25637 Casa del Soldat L 72 Ae 95
06770 Casa del Sotillo BA 134 Ue 113
11580 Casa del Sotillo Nuevo CA 188 Ua 129
42107 Casa del Soto SO 68 Ya 98
41563 Casa del Soto del Moro SE 166 Va 123
37130 Casa del Tabernero SA 80 Ua 103
06500 Casa del Tarro BA 132 Ta 113
06470 Casa del Tejar BA 133 Te 115
06475 Casa del Tendero BA 149 Tf 116
50196 Casa del Tendero Z 69 Yf 99
11190 Casa del Tío Alozaina CA 189 Ub 131
19119 Casa del Tío Genaro GU 103 Wf 106
45450 Casa del Tío Mario TO 118 Wa 111
10828 Casa del Tío Miguel CC 114 Tc 110
45730 Casa del Tío Pepe TO 137 Wd 112
45789 Casa del Tío Salao TO 118 Wc 111
06400 Casa del Toconal BA 133 Ua 115
02610 Casa del Tonto AB 139 Xc 115
06469 Casa del Tonto BA 134 Uc 115
29650 Casa del Toril MA 191 Vb 129
02640 Casa del Torno AB 141 Ye 115
05419 Casa del Torno AV 100 Ue 107
45692 Casa del Torrejón TO 117 Vc 109
02640 Casa del Tostado AB 141 Ye 115
45128 Casa del Trabuco TO 117 Vd 110
10592 Casa del Tresmal CC 114 Te 110
25165 Casa del Tronadit L 91 Ae 100
34248 Casa del Tuerto P 64 Vf 97
45138 Casa de Luciérnaga TO 117 Vc 111
45840 Casa de Ludeña TO 119 We 111
16240 Casa de Luján CU 121 Ya 111
03109 Casa de Luna A 158 Zb 117
13610 Casa del Vagón CR 138 Wf 113
16878 Casa del Valle CU 105 Xf 106
13118 Casa del Valmorro CR 135 Vb 112
10130 Casa del Vaquerín CC 134 Uc 113
06600 Casa del Vaquero BA 135 Ue 115
10729 Casa del Ventorro de Sangamello CC 114 Tf 108
10005 Casa del Vicario CC 114 Tc 111
13270 Casa del Viejo CR 137 Wb 115
21880 Casa del Vinagre H 164 Tc 123
13345 Casa del Viudo CR 154 Wf 116
13400 Casa del Vivero CR 151 Vb 116
31589 Casa del Vivero NC 48 Xf 94
42126 Casa del Yelo SO 86 Ya 100
45121 Casa del Zarzal TO 117 Vd 111
44123 Casa del Zarzoso TE 106 Yd 107
46825 Casa del Zorrero V 142 Zb 114
16240 Casa del Zurdo CU 121 Ya 111
44450 Casa del Zurdo TE 106 Yf 108
49177 Casa de Macada ZA 80 Ua 101
35628 Casa de Machin GC 199 Lf 179
02499 Casa de Maeso AB 156 Yc 118
23213 Casa de Magaña J 153 Wc 118
21459 Casa de Manita Chica H 177 Sf 125
16640 Casa de Manorrota CU 120 Xb 111
13670 Casa de Manuel Ruiz CR 137 Wc 113
02630 Casa de Marchante AB 139 Xe 114
30411 Casa de Marco MC 171 Xf 121
34240 Casa de Marianilla P 64 Ve 97
45610 Casa de Mariano Peña TO 116 Uf 108
06760 Casa de Maribáñez BA 134 Ud 114
10130 Casa de Maribela CC 134 Ub 113
02600 Casa de Maricana AB 138 Xb 113
45749 Casa de Marín TO 118 Wb 110
45684 Casa de Marina TO 117 Vb 108
23749 Casa de Mariquita Olea J 153 Wa 119
13610 Casa de Marta CR 138 Wf 113
23330 Casa de Martínez J 154 Xa 119
10940 Casa de Martos CC 114 Tc 110
21760 Casa de Matalascañas H 178 Tc 127
14749 Casa de Matarromán CO 166 Ud 121
23700 Casa de Mateo Ruiz J 168 Wb 120
13248 Casa de Matías CR 138 Wf 116
40142 Casa de Mazarías SG 83 Ve 103
47315 Casa de Mazariegos VA 64 Vd 99
45008 Casa de Mazarracín TO 118 Wa 109
45112 Casa de Meca TO 118 Vf 110
06470 Casa de Medina BA 133 Tf 115
13750 Casa de Medina CR 154 We 117
13630 Casa de Medina CR 138 Xb 113
18800 Casa de Medina GR 170 Xb 124

06380 Casa de Melena BA 148 Ta 118
06240 Casa de Mendoza BA 149 Td 120
11500 Casa de Mesas de Bolaños CA 188 Tf 129
44120 Casa de Miería TE 106 Yd 107
16220 Casa de Miguelete CU 140 Ya 113
11580 Casa de Millán CA 189 Ud 129
46368 Casa de Millas V 142 Za 113
45150 Casa de Minaya TO 117 Vd 111
14730 Casa de Mingaobez CO 166 Uf 122
23748 Casa de Mingo Ramos J 152 Vf 119
10120 Casa de Mingote CC 134 Uc 113
30812 Casa de Mingrano MC 171 Ya 121
41440 Casa de Mirabel SE 165 Uc 122
47270 Casa de Miraflores VA 63 Vb 98
43870 Casa de Miralles T 109 Ad 105
45190 Casa de Mohares TO 118 Wa 109
14300 Casa de Mojón Blanco CO 166 Uf 121
22197 Casa de Molera HS 70 Zc 96
16415 Casa de Molina CU 119 Xa 110
02630 Casa de Monte AB 139 Xe 114
02612 Casa de Monteagudo AB 139 Xd 114
23748 Casa de Montealegre J 152 Vf 119
16800 Casa de Monte Cesma CU 104 Xd 106
10950 Casa de Monteconcejo CC 113 Tb 111
49706 Casa de Monte Concejo ZA 80 Ub 101
34209 Casa de Monte Reinosa P 64 Vd 97
41440 Casa de Montón de Trigo SE 165 Uc 122
02160 Casa de Montoya AB 139 Xd 114
02612 Casa de Mora AB 139 Xc 114
45470 Casa de Mora TO 136 Vf 112
45567 Casa de Moracho TO 116 Ue 108
10980 Casa de Morenito CC 113 Tb 110
13600 Casa de Moreno CR 138 We 112
13328 Casa de Moreno CR 154 Xa 117
45720 Casa de Moreno TO 137 Wd 112
10940 Casa de Morgado CC 114 Tc 110
06714 Casa de Morillos BA 134 Ua 115
11630 Casa de Morla CA 189 Ub 128
16410 Casa de Moruno CU 119 Wf 109
30410 Casa de Moya MC 156 Xf 120
41658 Casa de Moyano SE 182 Va 126
04830 Casa de Mula, La AL 171 Xf 121
02600 Casa de Mullera AB 139 Xb 114
37750 Casa de Muñopepe SA 99 Uc 105
10940 Casa de Nava CC 114 Tc 110
41360 Casa de Navahorquín SE 165 Ub 122
14430 Casa de Navajuelos CO 167 Vc 120
50130 Casa de Naval Z 88 Zb 101
23748 Casa de Navalasno J 152 Vf 119
14447 Casa de Navalazarza CO 152 Vc 119
13180 Casa de Navalmoro CR 136 Ve 115
13380 Casa de Navalonguilla CR 153 Wa 116
13411 Casa de Navalonguilla CR 135 Vb 115
13140 Casa de Navalrosal CR 136 Wa 114
23214 Casa de Navalzás J 153 Wb 118
02160 Casa de Navamarín AB 139 Xd 114
23214 Casa de Nava Martina J 153 Wb 118
14300 Casa de Navamuelas CO 166 Uf 121
23748 Casa de Navamuñoz J 152 Vf 118
14430 Casa de Navapedroche CO 152 Vc 120
06110 Casa de Navaperas BA 147 Sf 118
16360 Casa de Navarramiro CU 121 Ya 109
26350 Casa de Navarrete RI 47 Xc 94
30195 Casa de Navarro MC 156 Xf 120
47639 Casa de Navillas VA 63 Va 98
13630 Casa de Nicolás CR 138 Xb 113
13600 Casa de Nieva CR 138 Wf 112
14940 Casa de Nogueras CO 167 Vd 123
45517 Casa de Nohalos TO 117 Vd 109
31260 Casa de Ochoa NC 49 Ya 94
05163 Casa de Olalla AV 100 Vb 104
02327 Casa de Oliva AB 140 Xf 115
31496 Casa de Oliveta NC 49 Yd 94
45840 Casa de Olivilla TO 119 Wf 111
29530 Casa de Orellana CO 182 Vb 125
13194 Casa de Orgaz CR 136 Vf 112
14290 Casa de Orihuela CO 150 Ud 118
02620 Casa de Ortega AB 139 Xe 113
45222 Casa de Ortega TO 118 Wb 108
02600 Casa de Ortiz AB 139 Xc 113
45720 Casa de Pablíño TO 137 Wd 112
40140 Casa de Palazuelos SG 83 Ve 103
10182 Casa de Paletos CC 133 Te 112
49882 Casa de Palomar ZA 81 Ud 100
16520 Casa de Palomarejos CU 104 Xb 107
49192 Casa de Palomares ZA 61 Ub 99
13610 Casa de Palomo CR 138 Wf 112
02110 Casa de Pando AB 140 Ya 114
14660 Casa de Pantoja CO 167 Ve 121
13400 Casa de Párraga CR 135 Vb 115
30529 Casa de Parrasquetas MC 157 Ye 118
13750 Casa de Parrilla CR 154 We 118
13440 Casa de Pasamontes CR 152 Vf 116
10198 Casa de Pascualete CC 114 Tf 112
34450 Casa de Pasiego P 64 Ve 96
06400 Casa de Pastores BA 133 Ua 115
16260 Casa de Pata CU 122 Yc 112
45870 Casa de Pataos TO 119 We 110
47009 Casa de Pedrero VA 63 Vb 98
13459 Casa de Pedro Morillo CR 152 Vd 117
38588 Casa de Pegueras TF 196 Ic 180
13700 Casa de Peinado CR 138 Xa 113
44460 Casa de Pelarda TE 123 Za 108
30559 Casa de Peloría MC 157 Ye 119
45120 Casa de Peluco TO 117 Vd 111
49193 Casa de Penadillo ZA 80 Ub 99
46356 Casa de Penén V 141 Yf 113
45161 Casa de Peña Aguilera TO 117 Vd 110
05592 Casa de Peña Berrueco AV 99 Ue 106
49882 Casa de Peñalba ZA 81 Uc 100
13344 Casa de Peña Parda CR 154 Wd 117
23214 Casa de Peñarrubia J 153 Wb 118
47400 Casa de Peña Tejada VA 82 Va 100
13270 Casa de Peñuelas CR 137 Wb 115
13248 Casa de Pepa Rosa CR 138 We 115
46620 Casa de Pepín V 141 Ye 114
16420 Casa de Peralta CU 119 Xa 109
13710 Casa de Perchuelo CR 138 Xa 114
13650 Casa de Perea CR 137 Wd 113
10190 Casa de Pericaco CC 114 Tc 111
23220 Casa de Periquito J 153 Wd 119
13250 Casa de Pinés CR 137 Wc 114
02155 Casa de Pinilla AB 140 Ya 114
13250 Casa de Pinilla CR 137 Wc 115
02400 Casa de Pinos Altos AB 156 Yb 117
02409 Casa de Pinoverde AB 156 Yb 118
02100 Casa de Piña AB 140 Ya 113
02600 Casa de Piqueras AB 139 Xb 113
45114 Casa de Piqueros TO 118 Vf 110
44559 Casa de Pitarque TE 107 Zc 104
06413 Casa de Plantonada BA 133 Ua 115
45710 Casa de Plata TO 137 Wc 112
45140 Casa de Pobres TO 117 Vc 110
45121 Casa de Polo TO 117 Vd 111
14840 Casa de Polonia CO 167 Vc 122
45127 Casa de Polonio TO 117 Ve 111
47239 Casa de Pombo VA 82 Va 100
02340 Casa de Pontezuelas AB 139 Xd 115
45654 Casa de Porquillos TO 117 Vb 109
29550 Casa de Portezuelos MA 182 Vb 127
49124 Casa de Portillo ZA 62 Uc 98
11149 Casa de Postas CA 188 Tf 131
16192 Casa de Pozo Coronado CU 121 Ya 108
02691 Casa de Pozo Moro AB 140 Yc 116
23250 Casa de Pradorredondo J 154 We 120
45880 Casa de Preciado TO 119 Wf 110
02630 Casa de Prietos AB 139 Xf 113
13300 Casa de Pucherete CR 137 Wd 116
13710 Casa de Puerta Partida CR 138 Wf 114
02151 Casa de Puerto Llano AB 140 Yc 114
29604 Casa de Puerto Llano MA 191 Vb 129
45580 Casa de Pulida TO 116 Ue 109
02639 Casa de Purga AB 139 Xe 114
02326 Casa de Quevedo AB 139 Xe 116
30439 Casa de Quinito MC 156 Yc 120
45126 Casa de Quintillos TO 117 Vf 111
04825 Casa de Quiris AL 171 Xe 123
45161 Casa de Quitapesares TO 118 Ve 110
47240 Casa de Quitapesares VA 82 Vb 100
05212 Casa de Raliegos AV 82 Va 102
23747 Casa de Ramírez J 152 Vf 120
45300 Casa de Ramitos TO 118 Wc 109
10190 Casa de Ramos CC 114 Td 111
30530 Casa de Ratón MC 157 Yc 119
04713 Casa de Rebeque AL 185 Xa 128
13109 Casa de Retama CR 136 Vd 114
26500 Casa de Ribarroya RI 49 Ya 95
02614 Casa de Ricardo AB 139 Xc 115
13414 Casa de Riseda CR 135 Vc 115
26560 Casa de Rivandia RI 48 Xf 95
16192 Casa de Robardillo CU 121 Ya 108
10412 Casa de Robledo CC 115 Ub 108
16146 Casa de Rocha CU 121 Xf 108
50196 Casa de Roda Z 88 Yf 99
47850 Casa de Rodé VA 62 Ue 98
06400 Casa de Rodriguillo BA 133 Tf 115
46193 Casa de Rogart V 142 Zb 113
10890 Casa de Rolo CC 113 Ta 108
10193 Casa de Ron CC 114 Te 111
13432 Casa de Rondín CR 137 Wa 116
46350 Casa de Ropé V 123 Za 111
41219 Casa de Roque SE 164 Tf 123
46199 Casa de Rosa V 141 Za 114
14600 Casa de Rueda CO 152 Vd 120
21595 Casa de Ruiz Martín H 176 Sd 124
13779 Casa de Rumualto CR 153 Wa 118
02610 Casa de Sabadillas AB 139 Xc 115
02499 Casa de Sabas AB 157 Yc 118
13100 Casa de Saceruela CR 136 Vd 114
37510 Casa de Saetoros SA 97 Td 106
02611 Casa de Sages AB 139 Xb 115
45830 Casa de Sahagún TO 119 Wf 111
45612 Casa de Salabroso TO 116 Uf 109
10900 Casa de Salado CC 114 Tc 111
45109 Casa de Salibo TO 118 Wa 111
16460 Casa de Salobral CU 119 Wf 108
16630 Casa de Salterillo CU 119 Xa 111
45850 Casa de Salustiano TO 119 We 111
14749 Casa de San Bernardo CO 166 Ue 121
45760 Casa de San Blas TO 118 Wc 110
10828 Casa de San Cristóbal CC 114 Tc 110
50332 Casa de Sandañón Z 87 Yc 101
16730 Casa de San Gregorio CU 121 Xe 111
02230 Casa de San Isidro AB 140 Yb 113
14449 Casa de San Juan CR 152 Vc 117
11540 Casa de San Juan de Dios CA 180 Te 128
11520 Casa de San Lorenzo CA 188 Td 128
41470 Casa de San Luis SE 166 Ud 122
13200 Casa de San Marcos CR 138 We 114
10990 Casa de San Martin CC 113 Ta 110
13710 Casa de San Pablo CR 138 Wf 113
45109 Casa de San Pedro TO 118 Wa 111
14430 Casa de San Rafael CO 167 Vc 120
16423 Casa de Santa Elena CU 120 Xb 111
13250 Casa de Santa Isabel CR 137 Wc 115
06500 Casa de Santa Maria BA 132 Ta 113
11595 Casa de Santa María CA 188 Ua 129
10269 Casa de Santa María CC 133 Ua 113
13100 Casa de Santa María CR 136 Vd 114
13196 Casa de Santa María CR 136 Vf 114
13300 Casa de Santa María CR 138 We 116
21760 Casa de Santa Olalla H 178 Td 127
13700 Casa de Santa Rita CR 138 Xa 114
45730 Casa de Santiaguillo TO 119 Wd 112
49880 Casa de Sariñana ZA 81 Ud 100
04830 Casa de Saturnina AL 171 Xf 122
30520 Casa de Sebastián Cutillas MC 157 Yd 118
13196 Casa de Sedano CR 136 Vf 114
30510 Casa de Selva MC 157 Yf 117
13341 Casa de Sendallana CR 154 Xa 117
41320 Casa de Serralla SE 165 Ua 123
13379 Casa de Serranillo CR 153 Wb 117
16415 Casa de Serrano CU 120 Xa 110
30540 Casa de Serrano MC 157 Ye 119
47210 Casa de Serranos VA 82 Vb 101
13200 Casa de Siles CR 137 Wc 115
02612 Casa de Silverio AB 139 Xd 114
13600 Casa de Silvino CR 138 Wf 112
28750 Casa de Sima MD 102 Wc 104
31370 Casa de Sirerras NC 49 Ya 94
50610 Casa de Socorro Z 69 Za 96
19286 Casa de Solanillo GU 86 Xe 103
45600 Casa de Sotocochino TO 117 Vb 109
07100 Casa d''es Teix IB 126 Cd 110
11620 Casa de Tablellina CA 180 Ub 128
44540 Casa de Tamarit TE 89 Zc 101
45749 Casa de Tarala TO 118 Wb 109
02410 Casa de Tedón AB 156 Ya 117
10883 Casa de Tejada de Abajo CC 114 Tc 109
16150 Casa de Tejadillos CU 105 Ya 106
10870 Casa de Temprano CC 113 Tb 109
02100 Casa de Tendero AB 140 Ya 113
13710 Casa de Tercero CR 138 Xa 114
23194 Casa de Teresa Contreras J 168 Wa 122
14300 Casa de Tiemble CO 166 Ue 121
41450 Casa de Tinajones SE 165 Ub 121
23700 Casa de Tobarías J 168 Wb 120
10950 Casa de Topete CC 113 Tb 111
14749 Casa de Torralba CO 166 Ud 121
11595 Casa de Torrecera CA 188 Ua 129
45124 Casa de Torrecilla TO 118 Vf 110
45682 Casa de Torrejón TO 117 Vc 108
23649 Casa de Torrelampérez J 168 Wa 122
23400 Casa de Torremochuelo J 169 Wd 120
41110 Casa de Torrequemada SE 180 Te 125
14280 Casa de Torretejeda CO 151 Uf 117
29679 Casa de Tramotores MA 190 Uf 129
41440 Casa de Traspón SE 165 Uc 122
13240 Casa de Traviesa CR 138 We 115
13610 Casa de Treviño CR 138 Wf 113
23530 Casa de Trista J 169 Wc 122
02610 Casa de Turra AB 139 Xb 116
26560 Casa de Turrax RI 67 Ya 95
19184 Casa de Uceda GU 102 Wd 103
44520 Casa de Urreano TE 89 Ze 101
46624 Casa de Usero V 141 Ye 113
14310 Casa de Vadohondillo CO 167 Vb 121
10990 Casa de Vaidemojones CC 113 Ta 110
49170 Casa de Valcamín de Abajo ZA 80 Ub 100
10592 Casa de Valdecañas CC 114 Te 110
13270 Casa de Valdecañas CR 137 Wb 115
06400 Casa de Valdegama de Arriba BA 149 Ua 116
06460 Casa de Valdeinfierno BA 134 Uc 115
10990 Casa de Valdelobos CC 113 Ta 110
10120 Casa de Valdepalacios CC 134 Ud 113
16460 Casa de Valdepozas CU 119 Wf 108
06400 Casa de Valdeprado BA 133 Ua 115
13194 Casa de Valderuelo CR 136 Vc 112
10550 Casa de Valdesauce CC 132 Tb 112
11370 Casa de Valdespera CA 189 Uc 131
50135 Casa de Valdeucas Z 88 Zb 100
45534 Casa de Valdongiles TO 117 Vd 109
10930 Casa de Valencia CC 113 Tb 111
10181 Casa de Valhondo CC 133 Te 112
47331 Casa de Valimón VA 83 Vd 99
31579 Casa de Vallaliebre NC 48 Ya 94
13194 Casa de Vallepuercos CR 136 Vd 112
13450 Casa de Valmaseda CR 152 Ve 117
49141 Casa de Valmasedo ZA 61 Ua 97
06690 Casa de Valmayor BA 135 Uf 114
44126 Casa de Valmediano TE 105 Yc 107
23748 Casa de Valquemado J 152 Ve 119
16161 Casa de Valsalobre CU 120 Xc 108
13410 Casa de Valseco CR 135 Vb 114
14430 Casa de Valsequillo CO 151 Vc 120
05141 Casa de Valserrada AV 100 Va 104
50696 Casa de Valtriguera Z 49 Yd 94
49882 Casa de Vardales ZA 81 Ud 100
13250 Casa de Vargas CR 137 Wc 114
47520 Casa de Vega Mayor VA 81 Ue 100
02246 Casa de Vela AB 140 Yb 113
23413 Casa de Venianaji J 154 Wd 120
13720 Casa de Vida CR 138 Wd 113
02651 Casa de Villacañas AB 157 Yd 116
49881 Casa de Villachica ZA 81 Ud 99
47419 Casa de Villagrán VA 82 Vb 101
45880 Casa de Villalobilla TO 119 Wf 110
16555 Casa de Villapando CU 120 Xb 108
45300 Casa de Villarino TO 119 Wd 109
34248 Casa de Villarmiro P 64 Vf 97

13670 Casa de Villegas CR 137 Wc 113
47280 Casa de Villegas VA 63 Vb 97
10940 Casa de Vinojales CC 114 Tc 110
25001 Casa de Vinya Nou L 72 Ad 99
29440 Casa de Viña MA 190 Uf 129
46370 Casa de Viñas V 123 Zb 111
22624 Casa de Vizcarra HS 50 Zc 94
05194 Casa de Yonte AV 100 Vb 104
47460 Casa de Zahera VA 82 Va 101
13343 Casa de Zahora CR 154 Xa 117
06630 Casa de Zaldívar BA 134 Ud 114
06630 Casa de Zaldívar BA 134 Ud 114
30170 Casa de Zambrana MC 156 Yc 120
06700 Casa de Zapatero BA 134 Ub 115
44122 Casa de Zaragoza TE 106 Yd 106
45400 Casa de Zayas TO 118 Wb 111
45310 Casa de Zorrero TO 119 We 109
05194 Casa de Zurra AV 100 Vc 104
10161 Casa Donoso CC 133 Tf 114
02651 Casa El Agrio AB 157 Yd 116
05194 Casa El Burguillo AV 100 Vc 104
10280 Casa El Campillo CC 133 Ua 112
19193 Casa El Cañal GU 103 Wf 104
19310 Casa El Cego GU 105 Yb 105
16813 Casa El Chorrillo CU 104 Xd 105
13720 Casa El Cornejo CR 138 We 114
04620 Casa El Esparragal AL 187 Ya 125
06600 Casa El Fraile BA 134 Ue 115
06909 Casa El Hinojo BA 149 Tf 120
06800 Casa el Huelva BA 133 Te 114
19360 Casa El Machacón GU 105 Yb 103
06800 Casa El Mentidero BA 133 Te 114
02312 Casa el Palomar AB 155 Xc 117
40450 Casa El Pinar SG 82 Vd 102
50155 Casa El Portillo Z 88 Za 101
13370 Casa El Puerto CR 153 Wb 117
46269 Casa El Tislar V 142 Zc 113
44110 Casa El Torreón TE 106 Yd 106
50160 Casa El Vedao Z 69 Zc 97
02612 Casa El Verduzal AB 139 Xd 114
02612 Casa El Verduzal AB 139 Xd 114
21830 Casa El Villar H 178 Tb 125
30590 Casa Escobar MC 173 Za 121
45645 Casa Escobedo TO 117 Vb 108
10181 Casa Escobero CC 114 Te 112
13414 Casa Esteras CR 135 Vc 115
28524 Casa Eulogio MD 102 Wc 107
46300 Casa Fábrica V 122 Ye 111
45810 Casa Falero TO 119 Xa 111
46389 Casa Fallareta V 142 Zb 112
44147 Casa Folios TE 107 Za 106
06670 Casa Forestal BA 135 Va 113
16192 Casa Forestal CU 121 Ya 108
16192 Casa Forestal CU 121 Ya 108
18183 Casa Forestal GR 184 Wd 125
21870 Casa Forestal H 164 Td 123
38712 Casa Forestal TF 197 Hb 177
21730 Casa Forestal de Cumbre Hermosa H 178 Td 125
35368 Casa Forestal de Pajonales GC 200 Kb 181
40240 Casa forestal La Lagartija SG 83 Ve 101
43887 Casafort T 92 Bb 101
37767 Casafranca SA 99 Ub 105
45490 Casa Fuente Albeitar TO 118 Wa 109
16890 Casa Fuente del Peral CU 105 Xf 106
05427 Casa Fuente del Pozo AV 100 Vb 107
18770 Casafuerte GR 185 We 128
06131 Casa Galacho BA 147 Se 118
10980 Casa Galeana CC 113 Ta 111
45222 Casa Gálvez TO 118 Wb 108
13194 Casa Gamero CR 118 Vf 111
11580 Casa Gami CA 189 Uc 129
45760 Casa Ganga TO 118 Wc 110
02312 Casa Gorgogi AB 155 Xc 117
31411 Casa Goya NC 49 Ye 93
31400 Casa Goyo NC 49 Ye 93
02007 Casa Grande AB 140 Ya 114
13200 Casa Grande CR 138 We 114
44193 Casa Grande de Escriche TE 106 Za 106
02600 Casa Granera AB 139 Xd 114
42191 Casa Granja de Blasco Nuño SO 67 Xd 98
03109 Casa Guainet A 158 Zc 117
02691 Casa Gualda AB 140 Yc 115
30510 Casa Guardiola MC 157 Yf 118
06800 Casa Herrerilla BA 133 Te 115
41440 Casa Herrero SE 165 Uc 122
10199 Casa Herrumbruso CC 133 Td 113
45880 Casa Higueras TO 119 We 110
10570 Casa Hornes CC 113 Sf 111
41250 Casa Huerta de Cano SE 164 Tf 121
23749 Casa huerta de Gorgojil J 153 Wa 120
14460 Casa Huerta de la Mayorazga CO 151 Va 118
23250 Casa huerta de las Herreías J 154 We 118
14270 Casa Huerta del Botero CO 151 Va 118
06600 Casa Huerta la Racha BA 150 Ue 116
02140 Casa Humosa AB 140 Ya 115
32337 Casaio OR 41 Tb 94
15684 Casais C 27 Rc 90
12126 Casa Iserte CS 123 Zc 108
21550 Casa Isidoro H 176 Sd 123
13180 Casa Jaca CR 135 Vc 115
11158 Casa Jandilla CA 188 Ua 131
18811 Casa Joay GR 170 Xa 123
02640 Casa Jodar AB 141 Yf 116
10818 Casa Jorrica CC 113 Tb 109
36618 Casal PO 38 Rb 93
49193 Casa La Aldea ZA 80 Ua 100
06389 Casa la Alquería BA 148 Ta 119
47510 Casa La Argentina VA 81 Ue 101
28248 Casa la Atalaya MD 102 Wa 105
46640 Casa la Balsa V 142 Zb 115
13630 Casa La Blanca CR 138 Xa 113
06443 Casa la Bóveda BA 150 Ub 118
46198 Casa La Canal V 142 Zb 113
19460 Casa La Cañadilla GU 104 Xe 105
13360 Casa La Caridad CR 137 Wb 116
37400 Casa La Carolina SA 81 Ue 102
06132 Casa la Colada BA 148 Ta 118
13270 Casa La Colonia CR 137 Wb 115
21593 Casa La Corte H 177 Se 123
26130 Casa La Dehesa RI 48 Xd 94
41530 Casa la Dehesa SE 181 Uc 126
22822 Casa Lagé HS 50 Zb 94
14960 Casa la Granja CO 183 Vd 125
19237 Casa La Iruela GU 84 We 102
26513 Casa la Lagunilla RI 48 Xf 94
02639 Casa La Lobera AB 139 Xe 113
02327 Casa La Losa AB 140 Xf 116
06420 Casa La Muela BA 134 Ud 116
30153 Casa La Naveta MC 172 Ye 121
11180 Casa La Paloma CA 189 Ub 129
29718 Casa la Paloma MA 183 Ve 127
16340 Casa La Parrilla CU 121 Ya 108
11400 Casa la Pavena CA 180 Tf 128
38677 Casa La Quinta TF 196 Ib 180
13700 Casa La Romana CR 138 Wf 113
26230 Casalarreina RI 47 Xa 93
02639 Casa La Ruiza AB 139 Xe 114
16100 Casa La Sabina CU 121 Xe 110
11130 Casa las Canteruelas CA 188 Tf 130
14857 Casa las Carboneras CO 167 Vd 123
14749 Casa las Cruces CO 166 Ue 122
45480 Casa La Serrana TO 137 Wb 113
16146 Casa la Serratilla CU 104 Xe 107
06470 Casa Las Rozas BA 133 Tf 115
02600 Casa Las Terceras AB 139 Xc 113
06290 Casa la Tahona BA 149 Tf 118
06228 Casa la Tallisca BA 149 Tf 117
45006 Casa La Teatina TO 118 Wa 110
13630 Casa La Torrecilla CR 138 Xa 113
37410 Casa La Ventosilla SA 81 Ud 102
13390 Casa Laviña CR 138 Wf 116
02314 Casa Lazna AB 155 Xd 116
12150 Casa le Torre Nova CS 108 Zd 106
45109 Casalgordo TO 118 Wa 111
31592 Casa Ligués NC 68 Yb 96
22132 Casa Lizana HS 70 Zf 96
49173 Casa Llamilas ZA 80 Ua 100
47680 Casa Llorente LE 43 Ue 95
15866 Casalonga C 38 Rc 92
10004 Casa Los Arrogatos CC 114 Te 112
14029 Casa Los Borres CO 166 Va 121
21520 Casa Los Calamorros H 163 Sf 123
19238 Casa Los Chozones GU 84 We 102
50130 Casa los Cirilos Z 88 Zc 100
30320 Casa Los Crisantos MC 173 Yf 122
06131 Casa Los Jarales BA 147 Se 118
10694 Casa Los Linos CC 115 Tf 110
18561 Casa Los Menchones GR 169 Wc 123
02612 Casa Los Puercos AB 139 Xb 114
13193 Casa Los Rasos CR 135 Vc 113
30153 Casa Los Sotos MC 172 Ye 121
45789 Casa los Toriles TO 118 Wc 111
43891 Casalot, El T 91 Af 102
14749 Casa Luchena CO 166 Ue 121
13115 Casa Madroñal CR 136 Vd 113
46354 Casa Madroñera V 141 Yd 112
23638 Casa Malara J 168 Wb 121
22231 Casa Mallén HS 89 Zf 99
30154 Casa Manresa de Corvera MC 173 Yf 122
03193 Casa Manteles A 173 Zb 121
21560 Casa Maquitón H 162 Se 122
03520 Casa Margoch A 159 Zf 117
39551 Casamaría CB 33 Vc 89
06460 Casa Marina BA 134 Uc 116
13100 Casa Martín CR 136 Vd 113
06131 Casa Martínez BA 147 Se 117
13270 Casa Mata Bestias CR 137 Wc 115
10270 Casa Matilla Vieja CC 133 Tf 112
30528 Casa Mayorazgo MC 157 Yd 117
13250 Casa Mediosquintos CR 137 Wb 114
02696 Casa Mejoras AB 140 Yc 115
10161 Casa Mengacha de Abajo CC 133 Te 114
46199 Casa Mengual V 142 Zb 113
50012 Casa Menor de Fita Z 88 Yf 99
05198 Casa Mesegar AV 100 Va 105
24844 Casa Mesón de Vegarada LE 31 Ud 90
13180 Casa Metalloso CR 136 Vc 116
46624 Casa Milhombres V 141 Ye 113
02410 Casa Mina AB 156 Ya 118
19139 Casa Mingo Lozano GU 103 Wf 106
10829 Casa Mirabel CC 114 Te 109
50685 Casa Miranda Alta Z 50 Yf 93
44100 Casa Molina TE 106 Yd 106
46140 Casa Molina V 122 Yd 108
45810 Casa Monsute TO 119 Wf 110
19290 Casa Monte Fontanar GU 103 We 104
34419 Casa Monte Rey P 64 Vd 96
45179 Casa Montes de Orón TO 117 Vc 110
10570 Casa Morisca CC 113 Sf 112
10694 Casa Morisco CC 115 Ua 110
13300 Casa Muela CR 153 Wc 116
10950 Casa Mular de Hierro CC 113 Tb 112
33556 Casa Municipal de Pastores AS 32 Uf 89
34338 Casa Muñoz P 63 Va 96
47238 Casa Navilla VA 82 Vb 101
12127 Casa Negra CS 107 Zc 107
14749 Casa Noblos CO 166 Ue 122
17406 Casa Noguer GI 74 Cc 97
16372 Casa Nolasco CU 121 Yb 111
02612 Casa Nova AB 139 Xd 114
09490 Casanova BU 65 Wd 98
15881 Casanova Boqueixón C 39 Rd 92
25285 Casa Nova de Valls, La L 73 Bd 96
02600 Casa Nueva AB 139 Xb 114
02100 Casa Nueva AB 140 Ya 113
02691 Casa Nueva AB 156 Yc 116
02640 Casa Nueva AB 141 Yf 115
13720 Casa Nueva CR 138 We 113
18291 Casa Nueva GR 184 Wb 125
30410 Casa Nueva MC 171 Ya 120
45810 Casa Nueva TO 119 Wf 110
45518 Casa Nueva TO 117 Ve 109
45127 Casa Nueva TO 117 Ve 111
50172 Casa Nueva Z 69 Zc 98
02136 Casa Nueva, La AB 155 Xe 117
02140 Casa Nueva, La AB 140 Yb 115
28296 Casa Nueva de la Cepeda MD 101 Ve 105
06800 Casa Nueva de la Mezquita BA 133 Te 114
14749 Casa Nueva de la Plata CO 166 Ue 121
06410 Casa Nueva de las Mezquitas BA 133 Tf 114
23265 Casa Nueva de la Torrecilla J 154 Wf 118
23260 Casa Nueva del Guarda J 154 Wf 118
13344 Casa Nueva del Jarón CR 154 We 117
45850 Casa Nueva del Marqués TO 119 We 111
23214 Casa Nueva de Nava Martina J 153 Wb 118
22231 Casa Nueva Garnica HS 70 Zf 98
14840 Casa Olivar de Mangula CO 167 Vd 122
06640 Casa Ortiz BA 134 Ue 113
45780 Casa Paco TO 119 Wc 111
50615 Casa Pájaro Z 69 Za 96
30818 Casa Palacio MC 172 Yb 123
10550 Casa Palacio Blanco CC 114 Tc 112
45127 Casa Palacio del Sotillo TO 117 Ve 111
03578 Casa Palanquetas A 159 Zd 117
11580 Casa Palmetín CA 189 Ub 129
10164 Casa Palomino CC 133 Td 112
44559 Casa Palomitas TE 107 Zd 105
26339 Casa Pangua RI 47 Xb 93
46650 Casa-Pareja V 142 Zc 115
02100 Casa Parreña AB 140 Ya 113
45470 Casa Pedraza TO 118 Wa 111
10550 Casa Pedregosa CC 132 Tc 112
47810 Casa Pedriquín VA 62 Ue 97
10980 Casa Pedro Vecino CC 113 Ta 111
50400 Casa Pellejero Z 88 Ye 100
44630 Casa Peña de los Catalanes TE 89 Zf 103
46624 Casa Peña María V 141 Yf 113
22761 Casa Pequera HS 50 Za 94
21300 Casa Pereta H 163 Ta 122
31264 Casa Pernuza NC 48 Ya 93
10004 Casa Perodesma de Arriba CC 114 Te 111
10950 Casa Piazarroso CC 113 Ta 112
10980 Casa Pié de Sancha CC 113 Ta 111
10580 Casa Piejuntas CC 113 Sf 111
43370 Casa Pilella T 90 Ad 101
45810 Casa Pingorote TO 119 Wf 110
49882 Casa Pinilla ZA 81 Ud 100
25165 Casa Pinyol L 91 Ae 100
45533 Casa Piroja TO 117 Vc 109
30177 Casa-Porche MC 172 Yc 121
13350 Casa Porradura CR 137 Wc 116
21720 Casa Portales H 178 Tc 125
17230 Casa Potes GI 75 Da 97
26130 Casa Prado Primero RI 48 Xd 94
04827 Casa Preciso AL 171 Xf 123
45128 Casa Puente Torre TO 117 Ve 111
31230 Casa Pujadas NC 48 Xd 94
02620 Casa Quemada AB 139 Xe 113
28048 Casa Quemada MD 102 Wb 106
45567 Casa Quinto del Arenal TO 116 Ue 108
39591 Casar CB 33 Ve 89
32428 Casar OR 39 Re 94
45760 Casar TO 118 Wc 110
06443 Casar, El BA 149 Ua 117
13310 Casa Rabadán CR 138 Wd 115
29566 Casarabonela MA 182 Va 128
46640 Casa Rabosa V 142 Za 115
13690 Casa Rajá CR 138 Wf 113
02640 Casa Rambla del Campillo AB 141 Yf 115
34005 Casa Ramírez P 63 Vc 97
10530 Casa Ramón CC 114 Te 110
10190 Casar de Cáceres CC 114 Td 111
45542 Casar de Escalona, El TO 117 Vc 108
10109 Casar de Miajadas CC 134 Ua 114
10640 Casar de Palomero CC 98 Te 107
19170 Casar de Talamanca, El GU 102 Wd 104
45614 Casar de Talavera, El TO 116 Va 109
32520 Casar do Nabo OR 39 Re 94
06600 Casa Redondo BA 134 Ue 116
10199 Casa Regueros CC 133 Td 113
42148 Casarejos SO 66 Wf 98
06489 Casarente BA 132 Tc 115
16318 Casa Rento de la Peraleja CU 122 Yc 107
33117 Casares AS 30 Ua 89
29690 Casares MA 189 Ue 130
32813 Casares OR 58 Sa 96
24688 Casares de Arbás LE 31 Ub 91
10628 Casares de las Hurdes CC 98 Te 106
41580 Casariche SE 182 Vb 125
18811 Casa Río Guadalentín GR 170 Xa 123
17240 Casa Risec GI 75 Cf 98
32151 Casarizas, As OR 40 Sb 94
13640 Casa Rodillo CR 137 Wd 113
46170 Casa Roger V 123 Zb 110
06172 Casa Roja BA 148 Tb 117
45420 Casa Romaisa TO 118 Wa 110
19139 Casa Romerosa GU 103 Wf 105
02137 Casa Rosa AB 155 Xe 117
45950 Casarrubios del Monte TO 118 Vf 107
28977 Casarrubuelos MD 118 Wb 107
19139 Casa Rueda GU 103 Wf 105
04829 Casas, Las AL 171 Xe 123
14208 Casas, Las CO 150 Ud 118
13196 Casas, Las CR 136 Wa 114
42190 Casas, Las SO 67 Xd 98
38914 Casas, Las TF 196 Ha 182
38480 Casas, Las TF 196 Ia 178
46313 Casas, Las V 122 Ye 111
50316 Casas, Las Z 86 Ya 99
10181 Casas Aguas de Verano CC 133 Tf 112
13670 Casas Altas CR 137 Wc 114
46147 Casas Altas V 122 Ye 108
50120 Casas Altas Z 69 Za 97
40165 Casas Altas, Las SG 84 Wb 101
19129 Casasana GU 104 Xc 105
02360 Casa San Blas AB 155 Xc 117
06620 Casa San Blas BA 134 Ud 115
31131 Casa Sánchez NC 49 Ya 93
10870 Casa San Pablo CC 113 Tb 109
41410 Casa Santa Ana SE 165 Ub 123
10550 Casa Santa Catalina CC 132 Tb 112
10980 Casa Santa el Cardo CC 113 Ta 111
06800 Casas Atlas de Valdelayegüas BA 133 Te 114
46146 Casas Bajas V 122 Ye 108
50120 Casas Bajas Z 69 Za 97
22636 Casas Bajas de Escuer HS 51 Ze 93
10161 Casas Bajas de Valdelayegüas CC 133 Te 114
22376 Casas Bergés HS 51 Zf 93
13248 Casas Blancas CR 138 Xa 115
13300 Casas Blancas CR 154 We 116
26291 Casas Blancas RI 47 Xa 94
44369 Casas Blancas TE 106 Yd 105
38129 Casas Blancas TF 197 If 177
45700 Casas Blancas TO 118 Wb 111
45124 Casasbuenas TO 118 Vf 110
10270 Casas Caballerías de Rejón CC 133 Tf 112
19361 Casas Cabeza Quemada GU 87 Yb 103
23291 Casas Carrasco J 155 Xb 120
45710 Casas Carril del Tobosillo TO 119 Wc 111
13191 Casas Castillejo CR 136 Ve 115
46198 Casas Collado V 142 Zb 113
02316 Casas Cruceta AB 155 Xc 117
10890 Casas Cucharón CC 113 Ta 108
35625 Casas Cueva de la Negra GC 198 Ld 180
30400 Casas Cueva de Valero MC 156 Ya 120
35628 Casas de Abaise GC 199 Lf 178
02326 Casas de Abajo AB 139 Xf 116
30193 Casas de Abajo, Las MC 172 Yd 120
02639 Casas de Abril AB 139 Xe 114
38139 Casas de Afur, Las TF 197 Ie 177
02410 Casas de Alcadozo AB 156 Ya 117
46625 Casas de Alcance V 141 Yf 113
05289 Casas de Aldealgordo AV 101 Vc 104
30849 Casas de Algibe MC 172 Yd 122
46177 Casas de Alguezar V 122 Yf 110
05357 Casas de Arevalillo AV 100 Va 104
23711 Casas de Argamasilla J 153 Wb 119
46140 Casas de Arriba V 122 Yf 108
02511 Casas de Arriba, Las AB 140 Yb 116
10895 Casas de Atilano CC 113 Tb 108
35108 Casas de Ayagaures Albto GC 200 Kc 181
13250 Casas de Bartolo CR 137 Wb 114
10394 Casas de Belvís CC 115 Uc 110

16707 Casas de Benítez CU 139 Xf 112
22612 Casas de Bolás HS 51 Zd 93
45730 Casas de Borán TO 119 Wd 112
19229 Casas de Bubilla GU 103 We 103
44114 Casas de Búcar TE 105 Yb 106
30530 Casas de Buitrago MC 157 Yd 119
35626 Casas de Butihondo GC 198 Ld 180
46354 Casas de Caballero V 141 Ye 113
05320 Casas de Cabreras AV 100 Vb 104
46351 Casas de Calvestra V 122 Yf 111
45710 Casas de Camino de los Frailes TO 118 Wc 111
46354 Casas de Cárcel V 141 Yd 112
10890 Casas de Casimiro Martín CC 113 Ta 107
31500 Casas de Castejón NC 68 Yb 96
04691 Casas de Castellar AL 171 Ya 123
16878 Casas de Cavero CU 105 Xf 106
49620 Casas de Cejinas ZA 62 Ub 97
23592 Casas de Cerro Hernando J 169 We 121
13270 Casas de Cervera CR 137 Wa 116
35109 Casas de Chamoriscán GC 200 Kc 181
13195 Casas de Ciruela CR 137 Wa 115
30850 Casas de Corral Rubio MC 172 Yc 122
46352 Casas de Cuadra V 141 Ye 112
45700 Casas de Cuatos Largos TO 118 Wb 111
30520 Casas de Cucharón MC 157 Yd 118
02639 Casas de Cuerva AB 139 Xe 115
06600 Casas de Cuesta Mala BA 134 Ue 115
21550 Casas de Dios Chico H 162 Se 123
10162 Casas de Don Antonio CC 133 Te 113
18870 Casas de Don Diego GR 185 Xa 125
21640 Casas de Don Gabriel H 163 Tb 122
10818 Casas de Don Gómez CC 114 Tc 108
16417 Casas de Don Juan CU 119 Xa 111
18820 Casas de Don Juan GR 170 Xd 122
02155 Casas de Don Pedro AB 140 Ya 114
02690 Casas de Don Pedro AB 141 Yd 114
02630 Casas de Don Pedro AB 139 Xf 113
06770 Casas de Don Pedro BA 134 Ue 114
30334 Casas de Egea MC 172 Ye 122
06270 Casas de El Alcor BA 148 Td 120
35638 Casas de El Cortijo GC 199 Ma 178
35570 Casas de El Golfo GC 198 Mb 175
02499 Casas de El Tesorico AB 156 Yc 118
46320 Casas de Enmedio V 122 Ye 110
35639 Casas de Escaque GC 199 Ma 178
14449 Casas de Escorial CR 152 Vd 117
50614 Casas de Esper Z 69 Zb 95
35626 Casas de Esquinzo GC 198 Le 180
23470 Casas de Estepa J 169 Wf 121
46352 Casas de Eufemia V 141 Ye 112
35629 Casas de Ezquén GC 199 Ma 179
31500 Casas de Farrique NC 68 Yd 96
37541 Casas de Felipe SA 97 Tb 106
16610 Casas de Fernando Alonso CU 139 Xe 112
49124 Casas de Fradejos ZA 62 Uc 98
31500 Casas de Franca NC 68 Yc 96
44126 Casas de Frías TE 105 Yc 106
29540 Casas de Ganancias MA 182 Vb 126
16338 Casas de Garcimolina CU 122 Yd 109
46352 Casas de Giménez V 141 Ye 112
10592 Casas de Gómez de Arriba CC 114 Te 110
35625 Casas de Gran Valle GC 198 Ld 180
49719 Casas de Guarratino ZA 81 Uc 101
13720 Casas de Guerra CR 138 Wd 113
16708 Casas de Guijarro CU 139 Xf 112
30849 Casas de Guirao MC 172 Yd 122
02139 Casas de Haches, Las AB 156 Xe 117
16611 Casas de Haro CU 139 Xe 113
13110 Casas de Hontanillas CR 135 Vb 113
23519 Casas de Hurtado J 168 Wc 120
35639 Casas de Jacomar GC 199 Ma 179
02650 Casas de Jaime AB 157 Ye 116
35625 Casas de Jorós GC 198 Ld 180
21550 Casas de Juan Chacón H 162 Se 123
29150 Casas de Juan de Luque MA 182 Vc 128
16236 Casas de Juan Fernández CU 140 Yb 112
02153 Casas de Juan Gil AB 141 Ye 114
02151 Casas de Juan Núñez AB 140 Yc 114
02407 Casas de Juan Quílez AB 156 Xe 118
41899 Casas de la Aldea de las Gaigas SE 164 Te 122
05693 Casas del Abad AV 99 Uc 107
03659 Casas de la Barquilla MC 157 Yf 118
37541 Casas de la Berzosa SA 97 Tb 106
38779 Casas de la Bombilla TF 197 Ha 177
14300 Casas de la Campana CO 166 Uf 121
13460 Casas de la Canaleja CR 152 Vd 116
35629 Casas de la Cañada de Teguital GC 199 Ma 179
02630 Casas de la Carrasquilla AB 139 Xe 113
41370 Casas de la Cartuja SE 165 Ub 121
13179 Casas del Acebuchar CR 137 Wb 115
30528 Casas de la Cingla MC 157 Ye 117
06800 Casas de la Cora BA 148 Td 116
10530 Casas de la Cortilla CC 114 Te 110
35570 Casas de la Degollada GC 198 Mb 175
49334 Casas de la Dehesa ZA 61 Tf 97
10359 Casas de la Dehesa Frontal CC 115 Ub 110
19300 Casas de la Dehesilla GU 105 Ya 103
35629 Casas de la Florida GC 199 Lf 179
35558 Casas de la Florida GC 198 Mc 174
30848 Casas de la Fuente de las Zorras MC 172 Yc 121
30510 Casas de la Fuente del Pinar MC 157 Yf 116
46822 Casas de la Gorda V 142 Zb 114
49420 Casas de la Granja ZA 81 Ud 101
35639 Casas de la Guirra GC 199 Ma 178
02400 Casas de la Higuera AB 156 Ya 117
06660 Casas de la Huerta de Navalmochuelo BA 135 Va 114
05634 Casas de la Isla AV 100 Ue 107
05193 Casas de la Lancha AV 101 Vd 105
16708 Casas de la Loma CU 139 Xe 112
46355 Casas de la Manchega V 141 Yf 112
38788 Casas de la Mata TF 197 Ha 176
10270 Casas de la Matilla de Los Almendros CC 133 Tf 112
13459 Casas de la Molina CR 152 Vd 117
46620 Casas de la Molinera V 141 Za 114
13770 Casas de la Monja CR 153 Wb 118
13247 Casas de la Nava CR 138 We 116
35118 Casas de Lanos Prietos GC 200 Kd 181
21400 Casas de la Parra H 176 Sd 124
44459 Casas de la Parra TE 106 Yf 108
21390 Casas de la Patrinita H 148 Ta 120
30420 Casas de la Pelota MC 156 Yb 119
02690 Casas de la Peña AB 141 Ye 114
02600 Casas de la Peña AB 139 Xd 113
11400 Casas de la Polanca CA 188 Te 128
11400 Casas de la Pollero CA 188 Te 128
41710 Casas de la Presa SE 180 Ub 126
19182 Casas de la Puebla de Mendoza GU 103 We 104
19244 Casas de la Quebrada GU 85 Wf 102
29566 Casas de la Rabadana MA 191 Va 128
02139 Casas de la Rambla AB 156 Ya 117
13189 Casas de la Retamosa CR 152 Vd 116
19286 Casas de la Saceda GU 86 Xe 103
10980 Casas de las Aldeas CC 113 Tb 110
04275 Casas de las Arenas AL 186 Xd 125
02600 Casas de las Beatas AB 139 Xc 113
04212 Casas de Las Carmonas AL 186 Xd 125
35009 Casas de las Coloradas GC 200 Kd 179
13250 Casas de las Encinas CR 137 Wb 114
50792 Casas de las Espiletas Z 89 Ze 101
10137 Casas de las Gargantillas CC 134 Ue 112
05291 Casas de las Gordillas AV 101 Vc 104
10110 Casas de las Higueruela CC 134 Uc 113
04212 Casas de Las Hoyas AL 186 Xd 125
02230 Casas de las Huertas AB 140 Yb 113
21500 Casas de las Mesas H 163 Sf 124
25796 Casas de las Minas L 54 Bc 95
16432 Casas de las Monjas CU 120 Xc 110
30366 Casas de las Monjas MC 173 Za 123
06670 Casas de las Navas BA 135 Va 113
06427 Casas de las Navazuelas BA 150 Ud 117
10530 Casas de las Navezuelas CC 114 Te 109
16470 Casas de las Salinas CU 119 Wf 108
47492 Casas de las Trescientas VA 82 Va 100
02534 Casas de la Tercia AB 155 Xd 120
13194 Casas de la Toledana CR 136 Ve 113
44642 Casas de la Torreta TE 89 Zf 103
05692 Casas de la Vega AV 99 Uc 106
16520 Casas de la Vega de la Torre CU 104 Xb 107
50600 Casas de Laverné Baja Z 69 Yf 96
23250 Casas de la Yedra J 154 We 118
02329 Casas de Lázaro AB 139 Xe 116
10950 Casas del Baldío CC 114 Tb 111
30849 Casas del Barranco de la Murta MC 172 Yd 121
11170 Casas del Berrueco CA 188 Tf 130
04728 Casas del Calabrial AL 186 Xb 127
30876 Casas del Calar MC 172 Yd 123
13194 Casas del Camino CR 136 Vf 112
35489 Casas del Camino GC 200 Kb 180
19495 Casas del Campillo GU 104 Xe 104
46320 Casas del Campo de Melchor V 122 Ye 110
50690 Casas del Canal Z 69 Ye 98
10160 Casas del Canchel Blanquillo CC 133 Te 113
10616 Casas del Castañar CC 115 Ua 108
13779 Casas del Castillo CR 153 Wb 118
30520 Casas del Castillo MC 157 Yd 118
02600 Casas del Cerrojo AB 139 Xb 114
13100 Casas del Chozo Chavo CR 136 Ve 114
10711 Casas del Cid CC 98 Tf 107
30590 Casas del Civil MC 173 Yf 121
16890 Casas del Collado CU 105 Xf 106
16890 Casas del Collado CU 105 Xf 106
23592 Casas del Colmenareo J 169 We 122
02511 Casas del Conde AB 156 Yb 116
37650 Casas del Conde, La SA 98 Tf 105
49706 Casas del Convento ZA 80 Ub 101
21300 Casas del Coto H 163 Ta 122
21330 Casas del Coto de la Mora H 163 Tb 122
02600 Casas del Cuartón AB 139 Xb 113
30590 Casas del Cura MC 173 Yf 121
42313 Casas del Dornajo SO 85 Wf 99
16196 Casas del Egidillo CU 121 Xe 109
22150 Casas del Embalse HS 51 Zd 95
13650 Casas del Encinar CR 137 Wd 113
06692 Casas del Enjambradero BA 135 Vb 112
45700 Casas de Lerma TO 118 Wb 112
14749 Casas del Escorial CO 165 Ue 121
30849 Casas del Escribano MC 172 Yd 122
19360 Casas del Fonsillo GU 105 Yb 103
23193 Casas del Frontil J 168 Wc 123
13591 Casas del General CR 152 Ve 117
02125 Casas del Ginete AB 156 Xf 117
02600 Casas del Gordo AB 139 Xc 113
06470 Casas del Guadalperal BA 133 Tf 114
10318 Casas del Guarda CC 115 Uc 108
29611 Casas del Guarda del Corchadillo MA 190 Uf 129
30592 Casas del Hondo MC 173 Za 122
35630 Casas del Hospinal GC 199 Lf 178
30170 Casas del Hoyo MC 156 Yc 120
46811 Casas de Ligero V 142 Zb 114
35560 Casas del Islote GC 198 Mb 174
13107 Casas del Jara CR 136 Vf 114
10600 Casas del Manco CC 114 Te 108
35625 Casas del Matorral GC 198 Le 180
21409 Casas del Médico H 176 Sd 125
46622 Casas del Miñón V 141 Za 114
37510 Casas del Montaraz SA 97 Tc 106
10730 Casas del Monte CC 98 Ua 107
45780 Casas del Monte TO 118 Wc 110
47315 Casas del Monte VA 64 Ve 98
19125 Casas del Monte de los Cabezos GU 104 Xc 106
30412 Casas del Moralejo de Arriba MC 171 Xf 121
16238 Casas del Olmo CU 140 Yb 113
30414 Casas de Lomas de Gadea MC 171 Xe 121
02691 Casas de los Altos AB 141 Ye 115
35640 Casas de Los Apartaderos GC 199 Ma 177
23250 Casas de los Ardosos J 154 Wd 118
49722 Casas de los Barrios ZA 80 Ub 100
30177 Casas de los Bernabeles MC 172 Yc 121
45521 Casas de los Brogelines TO 117 Ve 109
03659 Casas de los Capitos MC 157 Yf 118
02049 Casas de los Carrileros AB 140 Ya 115
50694 Casas de los Cascajos Z 68 Ye 95
10950 Casas de los Castaños CC 113 Tb 110
13180 Casas de los Charos CR 136 Vd 115
13640 Casas de los Frailes CR 138 Wd 113
13300 Casas de los Franceses CR 154 Wd 116
10590 Casas de los Gavilanes CC 114 Te 109
05491 Casas de los Hilandeses AV 116 Uf 107
10134 Casas de los Hitos CC 134 Ub 114
45593 Casas de los Llanos TO 118 Vf 109
13200 Casas de los Morales CR 138 We 114
04212 Casas de los Pachuecas AL 186 Xd 125
16612 Casas de los Pinos CU 139 Xd 113
44414 Casas de los Raimundos TE 107 Zc 107
30411 Casas de los Royos de Abajo MC 171 Xf 121
05114 Casas de los Veneros AV 100 Vb 106
06770 Casas del Palancar BA 134 Ue 113
14300 Casas del Palomar CO 166 Va 121
30510 Casas del Pansero MC 157 Yf 118
02486 Casas del Pantano AB 156 Xe 118
44509 Casas del Pantano TE 89 Zc 103
02434 Casas del Pino AB 156 Xe 118
02600 Casas del Pino AB 139 Xb 113
06950 Casas del Pontón BA 149 Tf 119
02160 Casas del Pozo del Conde AB 139 Xd 115
16420 Casas del Pozuelo CU 119 Xa 109
19328 Casas del Prado GU 105 Yb 103
02694 Casas del Puerto AB 140 Yc 114
05621 Casas del Puerto de Tornavacas AV 99 Uc 107
05571 Casas del Puerto de Villatoro AV 100 Ue 105
45750 Casas del Puzuelo TO 118 Wb 110
49630 Casas del Raso ZA 62 Ud 98
38769 Casas del Remo TF 197 Ha 177
34300 Casas del Rey P 63 Vb 96
46310 Casas del Rey V 122 Yd 112
02611 Casas del Rincón AB 139 Xb 114
05480 Casas del Rincón AV 116 Ue 108
30858 Casas del Rincón MC 172 Yd 122
02420 Casas del Río AB 156 Yb 118
46356 Casas del Río V 141 Yf 113
13128 Casas del Río, Las CR 136 Ve 114
10580 Casas del Rivero CC 113 Sf 111
14470 Casas del Robledillo CO 151 Va 117
37540 Casas del Rolloso SA 97 Tb 106
13414 Casas del Romeral CR 136 Vc 114
21750 Casas del Sacristán H 178 Tc 126
35639 Casas del Saladillo GC 199 Ma 179
30529 Casas del Salero de la Rosa MC 157 Ye 118
10880 Casas del Salinero CC 113 Ta 109
10720 Casas del Salugral CC 114 Tf 107
10120 Casas del Sindicato Agrícola CC 134 Ud 113
02600 Casas del Sisonar AB 139 Xc 114
45530 Casas del Tapuelo TO 117 Vd 109

21640 Casas del Tejarejo H 163 Tc 123
21440 Casas del Terrón H 177 Se 125
21330 Casas del Toconal H 163 Ta 122
05357 Casas del Torcal AV 100 Vb 104
10160 Casas del Trampal CC 133 Te 113
16118 Casas del Transformador CU 121 Xf 111
04212 Casas del Vulgo AL 186 Xd 125
45672 Casas de Madrero TO 116 Va 111
46621 Casas de Madrona V 141 Yf 115
35639 Casas de Majada Blanca GC 199 Ma 178
06660 Casas de Majadavieja BA 135 Va 114
Casas de Majanicho GC 199 Ma 176
05278 Casas de Majasalegas AV 101 Vc 106
35626 Casas de Mal Nombre GC 198 Ld 180
10590 Casas de Marcos CC 114 Tf 109
13343 Casas de María CR 154 We 117
02160 Casas de Marigutiérrez AB 139 Xd 114
30810 Casas de Marrajo MC 171 Ya 121
35570 Casas de Masión GC 198 Mb 175
35627 Casas de Matas Blancas GC 199 Le 179
11380 Casas de Matatoros CA 189 Uc 132
45470 Casas de Matías Nieto TO 137 Wa 112
46350 Casas de Medién V 122 Yf 111
46312 Casas de Medina V 122 Yf 111
45700 Casas de Mencaliz TO 118 Wc 111
02600 Casas de Merendaderos AB 139 Xb 113
05148 Casas de Migalbín AV 100 Ue 104
10592 Casas de Millán CC 114 Te 110
10292 Casas de Mingalozano CC 115 Ub 112
10360 Casas de Miravete CC 115 Ub 110
02612 Casas de Mitra AB 139 Xc 115
46317 Casas de Moluengo V 122 Yd 111
37765 Casas de Monleón SA 98 Ua 105
44313 Casas de Montiel TE 105 Yc 104
02486 Casas de Moreto AB 155 Xe 118
46310 Casas de Moya V 122 Yd 112
46176 Casas de Mozul V 122 Yf 110
05520 Casas de Muñochas AV 100 Va 105
13114 Casas de Navajarra CR 136 Vd 113
22810 Casas de Nuevo, Las HS 69 Zc 95
05146 Casas de Pajarilla del Berrocal AV 100 Ue 104
06510 Casas de Pajonales BA 132 Ta 112
21359 Casas de Palacios H 163 Tb 122
30800 Casas de Panes MC 171 Yb 122
13720 Casas de Párraga CR 138 We 113
13179 Casas de Patón CR 137 Wb 115
35626 Casas de Pecenescal GC 198 Le 180
46352 Casas de Penén de Albosa V 141 Ye 112
30816 Casas de Peña MC 172 Yc 122
30876 Casas de Peña MC 172 Yd 123
30528 Casas de Peñas Blancas MC 157 Yd 117
23485 Casas de Peralta J 170 Xa 122
22587 Casas de Perico HS 71 Ad 95
06445 Casas de Pila BA 149 Ua 119
35368 Casas de Pino Gordo GC 200 Kb 181
13140 Casas de Pinos Altos CR 136 Vf 114
30510 Casas de Pisano MC 157 Yf 118
11391 Casas de Porros CA 191 Ub 132
13115 Casas de Povedas CR 136 Vd 113
35639 Casas de Pozo Negro GC 199 Ma 179
02155 Casas de Pozo Rubio AB 140 Ya 114
46310 Casas de Pradas V 141 Yd 112
02314 Casas de Puentecillas AB 155 Xe 116
47182 Casas de Quintanilla VA 64 Ve 98
49750 Casas de Ramos ZA 62 Ub 97
10199 Casas de Regaña CC 133 Td 113
06960 Casas de Reina o las Casas BA 149 Ua 119
46811 Casas de Requena V 142 Za 115
30810 Casas de Reverte MC 171 Ya 121
29569 Casas de Rivero MA 182 Vb 128
16612 Casas de Roldán CU 139 Xd 113
16321 Casas de Roldán CU 122 Ye 110
07315 Casas de Sa Calobra IB 126 Ce 109
06500 Casas de Salines BA 131 Sf 113
13190 Casas de San Benito CR 136 Vf 115
19246 Casas de San Galindo GU 103 Xa 103
19117 Casas de San Isidro GU 103 Xa 107
06690 Casas de San Juanilla BA 135 Uf 114
47219 Casas de San Llorente VA 82 Va 101
50368 Casas de San Pascual Z 87 Ye 101
35478 Casas de Santa Brigida GC 200 Kb 181
16234 Casas de Santa Cruz CU 140 Ya 112
45569 Casas de Santa María TO 116 Ue 108
49709 Casas de Santa Marina ZA 80 Ua 101
05515 Casas de Sebastián Pérez AV 99 Ud 106
10132 Casas de Senador CC 133 Tf 114
05154 Casas de Serranos de la Torre AV 99 Ue 105
46199 Casas de Sotos V 141 Yf 113
35649 Casas de Taca GC 199 Lf 177
30398 Casas de Tallante MC 173 Yf 123
35489 Casas de Tamadaba GC 200 Kb 180
35627 Casas de Tamaretilla GC 199 Lf 179
35489 Casas de Tirma GC 200 Kb 180
45214 Casas de Tocenaque TO 118 Wa 108
30412 Casas de Tornajuelo MC 171 Xf 121
45686 Casas de Torrejón TO 116 Uf 109
02690 Casas de Torró AB 141 Ye 115
49170 Casas de Valcamín Alto ZA 80 Ua 100
13195 Casas de Valdaraches CR 137 Wa 115
34230 Casas de Valdecañas P 64 Ve 96
06470 Casas de Valdelapeña BA 133 Tf 116
19110 Casas de Valdeolmeña GU 103 Wf 107
19244 Casas de Valiluengo GU 85 Wf 102
45569 Casas de Valtravieso TO 116 Uf 108
10672 Casas de Valverde CC 114 Te 108
47100 Casas de Vega-Duero VA 81 Uf 100
02520 Casas de Verlupe AB 140 Yb 115
02212 Casas de Ves AB 141 Ye 113
10332 Casas de Vicente CC 116 Ud 110
10895 Casas de Vidal CC 113 Tb 108
49718 Casas de Villachica ZA 80 Ub 101
05370 Casas de Villacomer AV 100 Uf 103
14729 Casas de Villalobillos CO 166 Va 121
16555 Casas de Villava Perea CU 120 Xb 109
02215 Casas de Villena AB 141 Yd 113
02691 Casas de Villora AB 140 Yc 116
29787 Casas de Viñas MA 184 Wb 128
35629 Casas de Violante GC 199 Lf 179
03409 Casas de Zarícejo A 158 Za 117
05148 Casas de Zurraquín AV 100 Ue 104
10181 Casas Don Vidal de Arriba CC 133 Te 112
32613 Casas dos Montes OR 59 Sc 97
49708 Casaseca de Campeán ZA 80 Ub 100
49151 Casaseca de las Chanas ZA 80 Ub 100
35611 Casas El Almácion GC 199 Lf 178
04114 Casas El Caballón AL 187 Xf 127
35128 Casas El Caidero GC 200 Kc 181
05141 Casas El Cid AV 100 Va 104
46352 Casas El Ciscar V 141 Ye 113
13100 Casas El Gargantón CR 136 Vd 114
38612 Casas el Guirre TF 196 Ic 180
35478 Casas El Manantial GC 200 Kb 181
06228 Casas el Membrillero BA 149 Tf 117
04118 Casas El Mónsul AL 187 Xf 128
35660 Casas El Puertito GC 199 Ma 176
38678 Casas El Puertito TF 196 Ib 180
45215 Casas el Río TO 118 Wa 108
19352 Casas El Rochizo GU 105 Ya 104
46140 Casas El Soto V 122 Ye 108
40317 Casas El Tabladillo SG 83 Wb 101
06140 Casa Senuista BA 132 Ta 115
28312 Casa Serrano MD 118 Wb 109
21400 Casas Espartero H 176 Sd 124
02214 Casa Sevellar AB 141 Ye 113
02696 Casas Francés AB 140 Yc 115
06445 Casas Guzulas BA 149 Tf 119
10004 Casas Hinojosas CC 133 Tf 112
02439 Casas Hoya-Nevada AB 156 Xf 118
44559 Casas Hoya Vidales TE 107 Zc 104
41740 Casas Huerta del Ramo SE 180 Tf 127
21450 Casas Huertos de la Fuente H 177 Se 124
02200 Casas-Ibáñez AB 141 Yd 113
13332 Casa Silverio CR 154 Xa 116
16239 Casasimarro CU 140 Xf 112
46430 Casa Sisentes V 142 Zd 113
35541 Casas La Breña GC 198 Md 173
47452 Casas La Cabaña VA 82 Vb 101
13179 Casas La Celadilla CR 137 Wa 115
38677 Casas La Concepción TF 196 Ib 180
06909 Casas la Encomienda BA 164 Tf 120
10195 Casas La Enjarada CC 132 Td 112
13300 Casas La Peana CR 137 Wd 115
03313 Casas Las Alcachofas A 173 Za 121
04888 Casas Las Corinas AL 186 Xd 125
35541 Casas Las Escamas GC 198 Md 173
35350 Casas Las Hoyas GC 200 Kb 180
06228 Casas las Huelgas BA 149 Tf 117
38913 Casas Las Toscas TF 196 Gf 182
02639 Casas las Villas Nuevas AB 139 Xf 114
38758 Casas La Viña TF 197 Ha 176
19361 Casas Los Callejones GU 87 Yc 103
06900 Casas los Codriales BA 149 Ua 119
35613 Casas los Majadas GC 199 Ma 177
30164 Casas Los Martínez MC 173 Za 121
38678 Casas Los Menores TF 196 Ib 180
35611 Casas Los Molinos GC 199 Lf 177
35270 Casas Los Molinos GC 200 Kd 181
10530 Casas Los Secaderos CC 114 Tf 110
16430 Casas Luján CU 120 Xa 109
13412 Casas Martincaro CR 135 Va 115
10181 Casas Mingajila de Ventosa CC 133 Te 112
35611 Casas Montañeta de Tao GC 199 Lf 177
19119 Casas Monte Chaparral GU 103 Wf 106
16318 Casas Nuevas CU 122 Yd 108
30177 Casas Nuevas MC 172 Yc 121
30814 Casas Nuevas MC 172 Yb 121
30594 Casas Nuevas MC 173 Za 122
47470 Casas Nuevas VA 81 Uf 102
32769 Casasoa OR 40 Sd 94
02124 Casasola AB 156 Xf 117
05140 Casasola AV 100 Vb 105
39527 Casasola CB 33 Ve 88
47170 Casasola VA 63 Vc 99
47110 Casasola de Arión VA 62 Ue 99
37209 Casasola de la Encomienda SA 80 Te 103
37452 Casasola del Campo SA 98 Ua 104
24166 Casasola de Rueda LE 43 Ue 93
45710 Casas Palomar de Casa Vieja TO 119 Wc 112
13310 Casas Perzosa CR 137 Wd 115
38916 Casas Pozo de las Calcosas TF 196 Ha 181
16336 Casas Quemadas CU 122 Ye 109
46140 Casas Quemadas V 122 Yd 108
06290 Casas Quiros BA 149 Tf 118
03570 Casas Salomóns A 159 Ze 117
38580 Casas San Juan TF 196 Id 180
21560 Casas Santa Rosalía H 162 Se 122
41640 Casas Turquillas SE 182 Ue 124
24917 Casasuertes LE 32 Va 90
22590 Casas Vedado HS 90 Ab 100
02640 Casas Viejas AB 141 Ye 115
02328 Casas Viejas AB 140 Ya 115
46310 Casas Viejas V 141 Yd 112
30590 Casas Villa María MC 173 Yf 121
30510 Casas y Chalet de Pascual García MC 157 Yf 117
46177 Casas y Corrales de Genaro V 122 Yf 110
06500 Casas y Ermita de Mayorga BA 131 Sf 113
06980 Casas y Minas de La Lapa BA 149 Ua 119
10590 Casas y Tinado CC 114 Tf 109
21647 Casa Tabladilla H 164 Td 123
18891 Casa Tarquina GR 170 Xc 123
10520 Casatejada CC 115 Ub 109
16430 Casa Tejar CU 120 Xb 109
10570 Casa Tinado CC 113 Ta 111
02693 Casato de Higinio AB 141 Yc 116
16500 Casa Tomellosa CU 120 Xb 108
06420 Casa Toril BA 134 Ud 115
05146 Casa Torneros de la Hoz AV 100 Uf 104
31493 Casa Torraza NC 49 Yd 94
50800 Casa Torre de Guallar Z 69 Za 98
37799 Casa Torrejón SA 81 Uc 102
37799 Casa Torreperales SA 81 Uc 102
02211 Casa Tranco del Lobo AB 141 Ye 113
21800 Casa Tres Rayas H 177 Tb 126
50170 Casa Trilla Z 90 Ab 100
10189 Casa Trovico CC 133 Ua 112
45612 Casa Trujillano TO 116 Uf 108
22371 Casa Tuartas HS 51 Zf 94
25537 Casau L 53 Ae 92
13194 Casa Valdelagata CR 117 Vf 112
21550 Casa Valdevinas H 176 Sd 123
45165 Casa Valdezarza TO 117 Vc 110
13110 Casa Valle del Rubial CR 135 Vc 112
03578 Casa Vall-llongues A 158 Zd 117
10120 Casa Valverde CC 134 Ud 113
03109 Casa Vanar A 158 Zc 117
10300 Casa Vaqueriza CC 115 Uc 109
34849 Casavegas P 33 Vc 90
44400 Casa Vena TE 123 Zb 107
30528 Casa Venta MC 157 Ye 117
10665 Casa Venta Quemada CC 114 Tf 108
50610 Casa Ventura Z 69 Za 96
03191 Casa Verea A 173 Zb 121
43440 Casa Vidal T 91 Ba 100
46780 Casa Vidal V 143 Zf 115
05450 Casavieja AV 100 Vb 107
39860 Casavieja CB 34 Wd 89
16150 Casa Vieja CU 105 Ya 107
49124 Casa Vieja de Canillos ZA 62 Uc 99
41220 Casa Vieja del Coto SE 164 Ua 123
28976 Casa Vieja del Monte MD 101 Wa 107
47470 Casa Villa Luz VA 81 Uf 102
45780 Casa Villares TO 119 Wd 111
13630 Casa Villena CR 138 Xb 113
43780 Casa Xalamera T 90 Ac 102
32448 Casaxeto OR 40 Sb 94
30176 Casa y Corral del Mariscal MC 172 Yc 121
13391 Casa Yegüeros CR 154 Wf 116
14600 Casa y Molino de los Lorenzos CO 152 Vd 120
46439 Casa Zacarés V 142 Zd 113
10883 Casa Zamarril CC 113 Tc 109
22142 Casbas de Huesca HS 70 Zf 96
40518 Cascajares SG 84 Wd 100
09280 Cascajares de Bureba BU 47 We 92
09640 Cascajares de la Sierra BU 65 Wd 96
38789 Cascajo TF 197 Ha 176
42294 Cascajosa SO 66 Xb 99
03409 Cascante A 158 Zb 116
31520 Cascante NC 68 Yb 96
44191 Cascante del Río TE 106 Yf 107
24630 Cascantes LE 43 Uc 92
36548 Cascaxide PO 39 Re 92
07208 Ca''s Concos IB 127 Da 112
31490 Cáseda NC 49 Yd 93
23100 Caserejo J 168 Wc 122
43787 Caseres T 90 Ab 102
04479 Casería, La AL 185 Xa 127
23700 Casería de Amores J 168 Wb 120
41659 Casería de Jornía SE 182 Uf 125
23220 Casería de la Alcolehuela J 153 Wd 119
23749 Casería de la Corregidora J 153 Wa 120
14940 Casería de la Galiana CO 167 Vd 124
14600 Casería de la Marquesita CO 167 Vd 121
23749 Casería de la Salcedilla J 153 Wa 120
14610 Casería de la Tierna CO 167 Vb 121
23110 Casería del Carratón J 168 Wc 122
14840 Casería de Marcona CO 167 Vd 122
23760 Casería de Mena J 167 Ve 121
11110 Casería de Ossío CA 188 Te 130
41560 Casería de Roga SE 182 Va 125
14857 Casería de San José CO 167 Vd 123
23689 Caserías, Las J 168 Wa 124
25539 Caserilh L 53 Ae 92
40134 Caserío Abad Don Blasco SG 82 Vd 103
13310 Caserío Abertura Consolación CR 138 Wd 115
22348 Caserío Aguilar HS 51 Zf 94
13300 Caserío Alamillo-Campo Santiago CR 154 We 116
10270 Caserío Aldeanueva CC 115 Ua 112
37408 Caserío Aldehuela de Las Flores SA 81 Ue 102
23110 Caserío Alto del Puerto J 168 Wc 122
23392 Caserío Atalayas J 155 Xb 118
37453 Caserío Barcial SA 99 Ub 104
12124 Caserío Benagés CS 123 Zd 107
46811 Caserío Benigüengo V 142 Za 115
10694 Caserío Berzalejo CC 115 Tf 110
07350 Caserío Biniagual IB 127 Cf 110
06010 Caserío Blanco BA 148 Ta 116
13427 Caserío Boca del Cortijo CR 136 Vf 113
10129 Caserío Brete CC 134 Uc 112
18240 Caserío Búcor GR 184 Wb 125
18568 Caserío Bular Bajo GR 169 Wc 124
29770 Caserío Calaceite MA 184 Wa 128
37766 Caserío Calzadilla de Mendigos SA 99 Ub 104
47680 Caserío Castilleja VA 62 Ue 96
37271 Caserío Centorrillo SA 97 Tc 104
22540 Caserío Centro Agrario HS 71 Ac 98
29787 Caserío Colmenarejo MA 184 Wa 128
46811 Caserío Corrales de Blay V 141 Za 115

18248 Caserío Cortijo Nuevo GR 184 Wb 125
22584 Caserío Cosolla HS 72 Ad 95
11520 Caserío Costa de Rota CA 188 Td 128
10380 Caserío Coto CC 115 Ub 110
10694 Caserío Cuartillo CC 115 Ua 110
10319 Caserío Cuaternos CC 115 Uc 108
31393 Caserío de Abete NC 49 Yc 94
02434 Caserío de Agustín Tomás AB 156 Xf 119
05200 Caserío de Aldehuela de Fuentes AV 82 Vb 102
19390 Caserío de Almallá GU 105 Ya 104
31300 Caserío de Arroyo NC 49 Yb 94
23539 Caserío de Badulla J 169 Wd 121
44147 Caserío de Ballestera TE 107 Za 106
06011 Caserío de Barraquero BA 147 Sf 116
40142 Caserío de Bernúz de Montejo SG 83 Vd 103
09300 Caserío de Bonilla BU 64 Vf 99
31496 Caserío de Canuto NC 49 Yc 94
10210 Caserío de Cañadafría CC 115 Ub 112
34300 Caserío de Cascaje P 63 Vc 95
44162 Caserío de Castil Cabra TE 106 Za 106
13768 Caserío de Curriple CR 153 Wc 118
23240 Caserío de Don Bernardo J 154 Wd 119
06010 Caserío de El Mimbrero BA 148 Ta 116
31300 Caserío de Escobar NC 49 Yb 93
31390 Caserío de Gollena NC 49 Yb 94
31300 Caserío de Gregorio NC 49 Yb 94
06010 Caserío de Guijarra BA 132 Ta 116
19338 Caserío de Guisema GU 87 Yb 102
23479 Caserío Dehesa Alta J 169 Xa 121
34209 Caserío Dehesa de Rebollar P 64 Vd 97
16400 Caserío Dehesilla del Conde CU 119 Wf 109
34248 Caserío de Hoyales P 64 Vf 97
14600 Caserío de Isasa CO 167 Vd 120
10370 Caserío de Juan Collado CC 115 Ub 111
23760 Caserío de la Alamedilla J 167 Vf 121
30410 Caserío de la Bastida MC 156 Xf 119
45662 Caserío de la Berciosa TO 116 Vb 110
06011 Caserío de la Castellana BA 132 Sf 116
05691 Caserío de la Central del Chorro AV 99 Ub 107
02328 Caserío de la Choriza AB 140 Xf 115
41530 Caserío de la Cuerva SE 181 Ud 126
34450 Caserío de la Dehesa P 64 Vd 96
34240 Caserío de la Dehesa de Valverde P 64 Ve 97
06011 Caserío de la Encomienda BA 131 Sf 116
18710 Caserío de la Fábrica GR 184 Wd 127
44193 Caserío de la Fuente del Berro TE 106 Za 106
41350 Caserío de la huerta de las Viñas SE 165 Ub 122
14660 Caserío del Alamillo CO 167 Ve 121
45880 Caserío del Alcalde TO 119 We 110
13248 Caserío del Allonzo CR 138 Xa 115
23770 Caserío de la Marquesa J 167 Ve 120
24218 Caserío de la Mata Moral LE 43 Ue 93
42149 Caserío del Amogable SO 66 Xa 97
06010 Caserío de la Mora BA 132 Ta 116
41670 Caserío de la Morena SE 181 Ue 126
23749 Caserío de la Nava de Andújar J 153 Wa 119
06010 Caserío de la Pluma BA 148 Ta 116
31496 Caserío del Aragonés NC 49 Yc 94
13114 Caserío de las Cabezadas CR 136 Ve 113
40150 Caserío de las Erijuelas SG 101 Vd 104
41450 Caserío de las Mesas del Carril SE 165 Uc 122
02329 Caserío de las Mitras AB 139 Xe 116
30410 Caserío de las Nogueras MC 156 Xf 119
11391 Caserío de las Palomas CA 191 Ub 132
41390 Caserío de la Urbana SE 150 Ub 120
10516 Caserío de la Vega CC 131 Se 112
29314 Caserío de la Vega MA 183 Vd 126
47639 Caserío de la Venta VA 63 Va 98
31370 Caserío del Barón NC 49 Ya 94
45870 Caserío del Batán TO 119 Wd 110
31370 Caserío del Cajo NC 49 Yb 94
06010 Caserío del Campillo BA 148 Ta 116
30413 Caserío del Campillo de Arriba MC 171 Xe 120
41560 Caserío del Cañalveralejo SE 182 Va 125
10638 Caserío del Castillo CC 98 Td 106
29200 Caserío del Cerrón MA 182 Vc 126
10450 Caserío del Chincho CC 115 Uc 108
23760 Caserío del Conde de Hornachuelos J 168 Ve 121
31260 Caserío del Corbo NC 49 Ya 94
22435 Caserío del Embalse de Barasona HS 71 Ab 96
23170 Caserío del Espeso J 168 Wb 122
18430 Caserío del Espolón GR 185 We 127
13110 Caserío del Hornillo CR 135 Vb 113
30178 Caserío del Minglanillo MC 172 Yd 121
31300 Caserío del Monte NC 49 Yb 93
19100 Caserío del Monte Nuevo GU 103 Wf 106
14540 Caserío de los Alamillos CO 166 Vb 123
47283 Caserío de los Cabezos VA 63 Vb 97
30510 Caserío de los Charquillos MC 157 Ye 117
10881 Caserío de los Corrales CC 114 Tb 109
23170 Caserío de los Fontanares J 168 Wb 122
06010 Caserío de los Frailes de Arriba BA 132 Sf 116
06107 Caserío de los Marquinos BA 147 Se 116
34248 Caserío de los Salares P 64 Vf 97
14730 Caserío del Pajarón CO 166 Ue 121
50600 Caserío del Pasiego Z 69 Yf 96
40480 Caserío del Pinar del Conde SG 82 Vd 101
30410 Caserío del Puerto MC 156 Xf 120
30195 Caserío del Puerto Mojante MC 171 Xf 120
30410 Caserío del Rincón MC 156 Ya 119
06195 Caserío del Ronquillo BA 132 Ta 116
30195 Caserío del Tartamudo MC 171 Xf 120
21550 Caserío del Toro H 162 Se 122
23760 Caserío del Valle J 168 Vf 121
31243 Caserío de Mauleón NC 48 Xf 93
50780 Caserío de Menuza Z 89 Zd 101
22560 Caserío de Miporqué HS 71 Ac 98
22520 Caserío de Monreal HS 71 Ac 99
10137 Caserío de Montalbán CC 134 Ue 112
34257 Caserío de Negredo P 64 Ve 96
34248 Caserío de Nieto P 64 Vf 97
50547 Caserío de Orchi Z 68 Yd 99
34305 Caserío de Padilla P 63 Vb 96
30410 Caserío de Pajarejo de Abajo MC 156 Ya 120
34248 Caserío de Pajareros P 64 Vf 97
10181 Caserío de Palacio Barriga CC 133 Tf 112
34191 Caserío de Paradilla del Alcor P 63 Vc 97
40143 Caserío de Párraces SG 82 Vd 103
45567 Caserío de Pela TO 116 Ue 109
19139 Caserío de Piedras Menaras GU 103 We 105
34337 Caserío de Poserna P 63 Vb 96
23100 Caserío de Pozo Blanco J 168 Wc 122
09370 Caserío de Revilla de Gumiel BU 65 Wb 98
44510 Caserío de Romana TE 89 Zd 101
13195 Caserío de Sancho Rey CR 136 Vf 114
34248 Caserío de San Juan de Castellanos P 64 Vf 96
45614 Caserío de Santa Apolonia TO 116 Va 109
23537 Caserío de Santa Inés J 169 Wd 122
23250 Caserío de Santa Rita J 154 We 120
02499 Caserío de Seperos AB 157 Yc 118
30441 Caserío de Somoguil MC 156 Xf 119
02640 Caserío de Sugel AB 141 Yf 115
34249 Caserío de Tablada P 64 Ve 97
44162 Caserío de Tarín TE 106 Za 106
40135 Caserío de Teldomingo SG 82 Vd 103
19312 Caserío de Terzaguilla GU 105 Ya 104
23009 Caserío de Torrechante J 168 Wb 122
10319 Caserío de Torreseca CC 115 Uc 108
29532 Caserío de Uribe MA 182 Vc 126
31300 Caserío de Valdiferre NC 49 Yb 93
40400 Caserío de Vallestuertos SG 101 Vd 104
33557 Caserío de Ventaniella AS 32 Ue 90
09228 Caserío de Villacista BU 64 Wa 95
47800 Caserío de Villagodio VA 63 Uf 97
23770 Caserío de Villalba J 168 Vf 120
34304 Caserío de Villalinvierno P 63 Va 97
34170 Caserío de Villarramiro P 63 Vb 97
22375 Caserío de Viñes HS 51 Zf 93
30441 Caserío de Vista Alegre MC 156 Xf 119
41599 Caserío de Vistahermosa SE 182 Vb 125
23290 Caserío Don Domingo J 170 Xc 120
10694 Caserío Don Gil CC 115 Ua 110
34210 Caserío El Aguachal P 63 Vc 97
11595 Caserío El Boyal CA 188 Ua 129
13270 Caserío El Campazo CR 137 Wb 115
19323 Caserío El Campo GU 105 Yc 105
18360 Caserío El Carcamo GR 183 Vf 125
11400 Caserío El Casarejo CA 179 Te 128
44477 Caserío El Chopo TE 123 Zb 108
08695 Caserío El Coll de la Abena B 54 Be 95
21210 Caserío El Encinar H 164 Td 121
44480 Caserío El Fuenseca TE 123 Zb 108
16150 Caserío El Hosquillo CU 105 Ya 106
19323 Caserío El Monte GU 105 Yc 105
16161 Caserío El Picazo CU 120 Xc 109
39716 Caserío El Portillo CB 34 Wc 88
14710 Caserío El Puerto CO 166 Va 121
06930 Caserío El Rosal BA 149 Ua 119
16146 Caserío Embid CU 121 Xe 108
13300 Caserío Encomienda-Corral Rubio CR 153 Wd 116
22620 Caserío Fatás HS 51 Zc 94
31311 Caserío Figarol NC 49 Yd 94
02152 Caserío Fraguas AB 141 Yd 114
30195 Caserío Fuente Álamo MC 171 Xf 120
10671 Caserío Fuente-Dueñas CC 114 Te 109
47463 Caserío Fuente la Piedra VA 82 Va 101
16542 Caserío Fuenterruz CU 120 Xe 108
18816 Caserío Fuente Vera GR 170 Xb 122
40241 Caserío Gallegos SG 83 Vd 101
18214 Caserío Gariattaqui GR 184 Wc 125
45700 Caserío Garoces TO 118 Wb 111
39794 Caserío Garzón CB 34 Wc 88
11393 Caserío Gasma CA 188 Ua 132
23650 Caserío Gil Alonso J 168 Wa 122
37120 Caserío Golpejera SA 80 Ub 103
09316 Caserío Haza Nueva BU 64 Vf 99
23539 Caserío Henear J 169 Wc 121
11550 Caserío Hidalogo CA 188 Td 128
30510 Caserío Hoya Muñoz MC 157 Ye 116
18140 Caserío Huenes GR 184 Wc 126
23100 Caserío Huerta de San Rafael J 168 Wc 122
29014 Caserío Humaina MA 183 Vd 128
11392 Caserío Iruelas CA 189 Ub 132
29016 Caserío Jaldarín MA 183 Vd 127
16196 Caserío La Abengózar CU 121 Xe 108
21409 Caserío La Barra H 177 Sd 125
10694 Caserío La Burra CC 115 Tf 110
06010 Caserío La Campana BA 148 Ta 116
06226 Caserío La Canchalosa BA 149 Tf 118
06010 Caserío La Carrona BA 132 Ta 116
13620 Caserío La Cubeta CR 138 Xa 112
26143 Caserío La Dehesa RI 48 Xe 94
23628 Caserío La Hita J 168 Wa 121
02124 Caserío La Jara AB 156 Xf 117
44368 Caserío La Jara TE 106 Yc 105
19314 Caserío La Laguna GU 105 Ya 105
04639 Caserío La Losa AL 187 Ya 126
45700 Caserío La Magdalena TO 137 Wb 112
21760 Caserío La Marismilla H 179 Td 127
12124 Caserío La Masada CS 107 Zc 107
18197 Caserío La Mojaiva GR 184 Wc 125
34191 Caserío La Muela P 63 Vb 97
10129 Caserío La Nava CC 134 Ud 112
02436 Caserío La Nogueruela AB 156 Ya 118
45569 Caserío La Parada TO 116 Ue 108
18290 Caserío La Rata GR 184 Wb 125
18260 Caserío la Rosa GR 184 Wa 125
26586 Caserío Las Bargas RI 67 Xe 95
10694 Caserío Las Corchuelas de Arriba CC 115 Ua 110
22423 Caserío Las Cremadas HS 71 Ab 96
14540 Caserío Las Higueruelas CO 166 Vb 122
30413 Caserío Las Pedrizas MC 171 Xe 120
12124 Caserío Las Umbrías CS 107 Zd 107
44150 Caserío La Tosca TE 107 Zc 104
46392 Caserío La Vallesa V 123 Za 111
39766 Caserío Llueva CB 34 Wc 89
30566 Caserío lo Cortado MC 172 Ye 120
44121 Caserío Los Alemanes TE 106 Ye 107
12126 Caserío Los Almorochos CS 123 Zc 108
10005 Caserío Los Arenales CC 114 Td 112
06106 Caserío Los Arrecifes BA 147 Se 116
18211 Caserío Los Asperones GR 184 Wc 125
44563 Caserío Los Batanes TE 108 Zd 104
02640 Caserío Los Blancos AB 141 Yf 115
30627 Caserío Los Cabañiles MC 157 Ye 119
10521 Caserío Los Calles CC 115 Ub 109
10590 Caserío Los Capillones CC 114 Te 109
44500 Caserío Los Fayos Bajos TE 89 Zd 102
21670 Caserío Los Hermitaños H 163 Tc 122
21800 Caserío Los Llanos H 178 Ta 125
18249 Caserío Los Melerillas GR 168 Wb 124
47209 Caserío Los Milagros VA 63 Vc 98
44125 Caserío Los Molinares TE 106 Yc 107
44420 Caserío Los Morales de Arriba TE 123 Za 108
13710 Caserío Los Navazos CR 138 Xa 115
30178 Caserío Los Ojos MC 172 Yd 121
21540 Caserío Los Pajoso H 162 Se 124
13428 Caserío Los Quiles CR 137 Wa 113
13427 Caserío Los Rebollares CR 136 Vf 113
24325 Caserío Mahudes LE 44 Uf 94
29180 Caserío Majada del Moro MA 183 Ve 127
11550 Caserío Majadales CA 188 Td 128
42145 Caserío Mallumembre SO 66 Xc 98
37120 Caserío Megrillás SA 80 Ub 103
24886 Caserío Mental LE 44 Uf 91
10530 Caserío Mesa CC 114 Tf 110
45114 Caserío Mina La Económica TO 118 Vf 110
14470 Caserío Minas Dificultades CO 151 Va 117
10694 Caserío Moheda CC 115 Ua 110
44169 Caserío Molino TE 107 Za 104
44120 Caserío Molinos de Algarbe TE 106 Yc 107
21668 Caserío Monte Castilla H 164 Tc 122
10710 Caserío Monte del Soto CC 114 Tf 107
19459 Caserío Monte Redondo GU 103 Xb 104
16611 Caserío Monte Viejo CU 139 Xe 113
41410 Caserío Montillas SE 181 Uc 124
29313 Caserío Muriel MA 183 Vd 126
22149 Caserío Nasarre HS 51 Zf 95
39761 Caserío Nates CB 34 Wd 88
13194 Caserío Navalices CR 136 Ve 112
10600 Caserío Navalonguillo de Arriba CC 114 Tf 108
10696 Caserío Navas CC 115 Ua 108
47418 Caserío Ordoño VA 82 Vc 101
10694 Caserío Oreganal CC 115 Tf 110
46198 Caserío Paridera Roya V 142 Zb 113
50694 Caserío Partida Bayo Z 68 Ye 95
10181 Caserío Pedraza del Agua CC 114 Tf 112
16300 Caserío Peñarrubia CU 122 Yc 108
02211 Caserío Peña Rubia AB 141 Yd 114
19390 Caserío Picaza GU 105 Ya 104
16194 Caserío Pinar de los Llanos CU 121 Xe 108
34159 Caserío Pombo P 63 Vb 97
37187 Caserío Porqueiros SA 80 Ub 103
22807 Caserío Presa del Gállego HS 69 Zb 95
35625 Caserío Puerto de la Luz GC 198 Ld 180
18413 Caserío Puntal GR 185 Wd 127
47283 Caserío Quintanilla VA 63 Vb 97
46392 Caserío Raidón V 123 Za 111
23657 Caserío Retamillas J 168 Vf 121
18690 Caserío Rioseco Alto GR 184 Wb 128
44510 Caserío Romaneta TE 89 Zd 101
12124 Caserío San Bartolomé CS 123 Zd 107
37120 Caserío San Benito de la Valmuza SA 80 Ub 103
10380 Caserío San Blas de Arriba CC 115 Ua 110

44460 Caserío San Cristóbal TE 123 Za 108
10590 Caserío San Esteban CC 114 Tf 109
31395 Caserío San Lorenzo NC 49 Yc 93
04116 Caserío San Pedro AL 187 Xf 127
34349 Caserío Santa María de Benavides P 63 Va 96
19450 Caserío Santa María de Ovila GU 104 Xc 104
29193 Caserío Santo Pítar MA 183 Ve 128
41640 Caseríos los Veneros SE 182 Ue 125
49177 Caserío Soguino ZA 80 Ua 101
10530 Caserío Taheña CC 114 Tf 110
35415 Caserío Tinocas GC 200 Kd 180
02434 Caserío Tres Puertas AB 155 Xe 119
37183 Caserío Turra SA 99 Ub 103
16760 Caserío Ucero CU 120 Xe 110
10600 Caserío Umbría de Matasanos CC 114 Tf 109
18270 Caserío Valcázar GR 184 Vf 125
45370 Caserío Valdeolivas TO 119 We 109
31390 Caserío Valerio NC 49 Yb 94
10694 Caserío Valero CC 115 Ua 110
45789 Caserío Valle de Algodor TO 118 Wb 111
10420 Caserío Vallejera CC 115 Ua 108
10811 Caserío Vega de la Torrecilla CC 114 Tc 109
37479 Caserío Villar del Rey SA 97 Tc 104
49216 Caserío Villoria ZA 80 Ua 101
10600 Caserío Vinosillas CC 115 Tf 108
37659 Caserito SA 98 Tf 105
03578 Caseriu Covetes A 158 Zd 117
12311 Caseriu del Villar CS 108 Ze 104
03578 Caseriu Figuerete A 159 Ze 117
46870 Caseriu Morera V 142 Zb 116
03578 Caseriu Surcas A 158 Zd 117
22589 Caserras del Castillo HS 71 Ad 96
05230 Caseruelas AV 101 Vd 105
07470 Cases de Cala Murta IB 127 Db 109
03516 Cases de l'Arc A 159 Ze 117
21570 Cases del Cubujón H 162 Se 122
17761 Caseta GI 56 Cf 95
32708 Caseta OR 40 Sc 95
07620 Caseta Blanca IB 126 Ce 111
50160 Caseta de Bolea Z 69 Zc 97
14300 Caseta de Fuente Vieja CO 166 Uf 121
50800 Caseta de la Flamarenca Z 69 Za 97
22213 Caseta de la Sarda HS 70 Ze 98
50461 Caseta de las Reguerillas Z 87 Ye 100
50750 Caseta del Batanero Z 89 Zd 100
22269 Caseta del Guarda HS 70 Zd 97
13740 Caseta del Hoyo CR 154 Wd 117
09199 Caseta del Monte BU 46 Wd 94
44442 Caseta del Sapo TE 106 Za 107
46194 Caseta del Tío Rabalí V 142 Zc 113
22251 Caseta de Majito HS 70 Zd 98
50172 Caseta de Moya Z 69 Zc 99
50770 Caseta de Rodén Z 89 Zc 100
50150 Caseta de Valsamón Z 88 Yf 101
13610 Caseta El Polvorín CR 138 Wf 112
50620 Casetas Z 69 Yf 98
50160 Casetas Alberto Z 69 Zb 97
26529 Casetas de Barnueva RI 68 Ya 96
50162 Casetas de Campoliva Z 69 Zb 98
22375 Casetas de Lomas HS 51 Zf 93
50130 Casetas de los Trujos Z 88 Zc 100
44460 Casetas del Pescatero TE 123 Za 108
07250 Ca'' S''Hostal IB 127 Da 111
02327 Casica del Madroño AB 140 Xf 116
02434 Casicas, Las AB 156 Xe 119
30700 Casicas, Las MC 173 Za 122
30629 Casicas, Las MC 157 Ye 119
30893 Casicas, Las MC 171 Yb 124
30195 Casicas, Las MC 171 Yf 120
30153 Casicas, Las MC 172 Ye 122
30889 Casicas, Las MC 172 Yc 124
23294 Casicas del Río Segura J 155 Xc 119
35629 Casilla Blanca GC 199 Lf 179
02410 Casilla de Altamira AB 156 Ya 117
02249 Casilla de Andresón AB 141 Yd 114
02154 Casilla de Antón AB 141 Yd 114
16235 Casilla de Benigno Tomás CU 121 Yb 112
02240 Casilla de Berrilla AB 140 Yb 113
23214 Casilla de Cascajosa J 153 Wb 118
45620 Casilla de Ganaderos TO 116 Va 108
02154 Casilla de Gaspar AB 141 Yd 114
16660 Casilla de Ginche CU 120 Xc 111
41410 Casilla de la Cascajosa SE 165 Uc 123
23160 Casilla de la Jarica J 168 Wa 122
23688 Casilla de la Moría J 184 Wa 124
23749 Casilla de las Navas de Pedro Bagar J 153 Wa 119
10189 Casilla de las Peñas CC 133 Tf 113
23213 Casilla del Caldo J 153 Wc 118
18890 Casilla del Cocón GR 169 Wf 124
41410 Casilla del Fiscal SE 165 Ub 124
23748 Casilla del Fontanarejo J 153 Vf 119
45918 Casilla del Gotril TO 100 Vc 107
02152 Casilla del Mamporro AB 141 Yd 114
23748 Casilla del Ojuelo J 153 Vf 119
41730 Casilla de los Montecillos SE 180 Ua 127
41600 Casilla del Portillo SE 181 Uc 125
46191 Casilla del Sacristán V 123 Zb 111
23748 Casilla del Villar J 152 Vf 119
02154 Casilla de Martín AB 141 Yc 114
16433 Casilla de Mirabueno CU 120 Xc 110
41410 Casilla de San Antón SE 165 Ua 123
16215 Casilla de Torres, La CU 121 Ya 110
50196 Casilla de Usones Z 69 Yf 99
16510 Casilla Los Altos CU 120 Xb 108
05428 Casillas AV 101 Vc 107
09556 Casillas BU 34 Wc 91
19276 Casillas GU 85 Xa 101
04897 Casillas, Las AL 186 Xc 125
14547 Casillas, Las CO 166 Vb 123
23614 Casillas, Las J 168 Vf 123
29712 Casillas, Las MA 183 Ve 127
37749 Casillas, Las SA 99 Uc 106
23748 Casilla Sadina J 152 Vf 118
41410 Casilla San Germán SE 165 Ub 123
42367 Casillas de Berlanga SO 85 Xb 100
05153 Casillas de Chicapierna AV 99 Ue 105
10818 Casillas de Coria CC 114 Tc 109
37541 Casillas de Flores SA 97 Tb 106
35611 Casillas del Angel GC 199 Ma 178
28752 Casillas del Espaldar MD 84 Wc 103
13109 Casillas del Espinar CR 135 Vb 114
45918 Casillas de los Álamos TO 117 Vc 107
23748 Casillas del Puerto J 153 Vf 119
02694 Casillas de Marín de Abajo AB 141 Ye 115
02694 Casillas de Marín de Arriba AB 141 Yd 115
35638 Casillas de Morales GC 199 Lf 178
16321 Casillas de Ranera CU 122 Ye 110
29313 Casillas de Vacas MA 183 Ve 126
23519 Casillas de Valverde J 168 Wc 121
14600 Casillas de Velasco CO 167 Vd 120
18491 Casimiros, Los GR 185 Wf 127
46171 Casinos V 123 Zb 110
10514 Casiñas, Las CC 131 Se 112
35628 Casitas, Las GC 199 Lf 179
35570 Casitas de Femés, Las GC 198 Mb 175
30890 Casitas Vilerda y Cinco Oliveras, Las MC 171 Yb 123
40590 Casla SG 84 Wc 102
07819 Ca''s Mart IB 125 Bb 114
25793 Casó, El L 72 Bb 95
33687 Casomera AS 31 Uc 90
02499 Casón, El AB 157 Yc 118
25552 Casós L 53 Ae 94
50700 Caspe Z 89 Zf 101
07630 Cas Porrerenc IB 127 Da 112
19412 Caspueñas GU 103 Xa 104
17244 Cassà de la Selva GI 75 Cf 97
25572 Cassibròs L 53 Bb 93
04760 Castala AL 185 Xa 127
03420 Castalla A 158 Zb 117
33718 Castanedo AS 29 Tb 88
39150 Castanedo CB 34 Wb 88
22474 Castanesa HS 52 Ad 94
08593 Castanya, La B 74 Cc 98
08553 Castanyera, La B 74 Cb 98
08600 Castanyet, El B 73 Bf 96
17430 Castanyet, El GI 75 Cd 97
45126 Castañar, El TO 118 Vf 111
10340 Castañar de Ibor CC 115 Ud 111
09199 Castañares BU 46 Wc 94
26121 Castañares de las Cuevas RI 48 Xc 95
26240 Castañares de Rioja RI 47 Xa 93
33813 Castañedo AS 30 Tc 90
33829 Castañedo AS 30 Tf 88
27658 Castañedo LU 29 Sf 90
06320 Castaño, El BA 149 Td 119
21280 Castaño, El H 164 Td 120
21290 Castaño del Robledo H 163 Tb 121
04278 Castaños, Los AL 187 Xf 126
06228 Castaños y Trasierra BA 149 Tf 117
21208 Castañuelo H 163 Tc 121
18439 Cástaras GR 185 We 127
22588 Castarlenas HS 71 Ac 96
22487 Castarnés HS 52 Ae 94
16856 Castejón CU 104 Xc 106
31590 Castejón NC 68 Yb 95
50346 Castejón de Alarba Z 87 Yc 101
22121 Castejón de Arbaniés HS 70 Ze 96
19294 Castejón de Henares GU 85 Xb 103
50211 Castejón de las Armas Z 87 Yb 101
42130 Castejón del Campo SO 67 Xf 98
22310 Castejón del Puente HS 71 Aa 97
22222 Castejón de Monegros HS 70 Ze 99
22394 Castejón de Sobrarbe HS 52 Aa 95
22466 Castejón de Sos HS 52 Ac 93
44231 Castejón de Tornos TE 87 Yd 103
50612 Castejón de Valdejasa Z 69 Za 97
44706 Castel de Cabra TE 107 Zb 104
22215 Castelflorite HS 70 Zf 98
12132 Castell, El CS 108 Ze 107
43559 Castell, El T 109 Ac 105
07720 Castell, Es IB 93 Eb 109
08671 Castelladral B 73 Be 97
15317 Castellana C 27 Rf 89
11510 Castellana, La CA 188 Tf 129
17464 Castellana, La GI 75 Cf 96
02600 Castellanos AB 139 Xb 113
24343 Castellanos LE 44 Uf 94
09593 Castellanos de Bureba BU 46 Wd 92
09227 Castellanos de Castro BU 45 Vf 95
37439 Castellanos de Moriscos SA 81 Uc 102
37797 Castellanos de Villiquera SA 80 Ub 102
05229 Castellanos de Zapardiel AV 82 Va 102
22372 Castellar HS 51 Zf 93
14817 Castellar, El CO 167 Vf 124
44409 Castellar, El TE 107 Zb 106
11349 Castellar de la Frontera CA 189 Ud 131
11350 Castellar de la Frontera CA 189 Ud 131
17858 Castellar de la Mantanya GI 74 Cd 95
19328 Castellar de la Muela GU 105 Yb 104
25289 Castellar de la Ribera L 73 Bc 96
17242 Castellar de la Selva GI 75 Cf 97
08618 Castellar del Riu B 73 Be 96
08211 Castellar del Vallès B 74 Ca 99
08696 Castellar de N''Hug B 54 Bf 95
13750 Castellar de Santiago CR 154 We 117
23260 Castellar de Santisteban J 154 Wf 119
25795 Castellar de Tost L 53 Bc 95
25795 Castellàs L 53 Bb 95
22482 Castellaz HS 52 Ac 94
22149 Castellazo HS 51 Aa 95
08296 Castellbell i el Vialr B 73 Bf 99
08755 Castellbisbal B 93 Bf 100
25712 Castellbó L 53 Bc 94
08183 Castellcir B 74 Ca 98
25710 Castellciutat L 54 Bc 94
25154 Castelldans L 91 Ae 100
17249 Castell d'Aro GI 75 Da 98
12319 Castell de Cabres CS 108 Aa 105
03793 Castell de Castells A 159 Ze 116
08860 Castelldefels B 93 Bf 101
18740 Castell de Ferro GR 185 Wd 128
25632 Castell de la Guàrdia L 72 Af 96
08619 Castell de l'Areny B 74 Bf 95
43517 Castell de Mianes, El T 109 Ad 104
17115 Castell d'Empordà GI 75 Da 97
17773 Castell de Pontós GI 75 Cf 95
08850 Castell d' Eramprunyà B 93 Bf 101
08697 Castell de Saldes B 73 Be 95
25271 Castell de Santa Maria, El L 73 Bc 98
17534 Castell de Segura GI 55 Cb 95
25636 Castellet L 53 Ae 95
08729 Castellet i la Gornal = la Gornal B 92 Bd 101
17856 Castellfollit de la Roca GI 74 Cd 95
08255 Castellfollit del Boix B 73 Be 98
08283 Castellfollit de Riubregós B 73 Bc 98
12159 Castellfort CS 108 Ze 105
08297 Castellgalí B 73 Bf 98
25790 Castell-llebre L 72 Bb 96
25638 Castellnou L 72 Ba 96
25555 Castellnou d''Avellanós L 53 Af 94
08251 Castellnou de Bages B 73 Be 98
25722 Castellnou de Carcolze L 54 Bd 94
25318 Castellnou de Montfalcó L 72 Ba 98
25632 Castellnou de Montsec L 72 Ae 96
25265 Castellnou de Seana L 72 Af 99
25214 Castellnou d'Oluges L 72 Bb 98
12413 Castellnovo CS 123 Zd 109
43891 Castelló T 91 Af 102
25136 Castelló de Farfanya L 71 Ae 98
12002 Castelló de la Plana = Castellón de la Plana CS 124 Zf 109
17486 Castelló d'Empúries GI 56 Da 95
46841 Castelló de Rugat V 142 Zd 115
08719 Castellolí B 73 Be 99
04890 Castellón, El AL 186 Xc 125
12002 Castellón de la Plana = Castelló de la Plana CS 124 Zf 109
04278 Castellones AL 187 Xf 126
04827 Castellones, Los AL 171 Xf 123
46726 Castellonet de la Conquesta V 143 Ze 115
44560 Castellote TE 107 Ze 104
17249 Castell-Platja d''Aro GI 75 Da 98
25795 Castells L 53 Ba 95
25334 Castellserà L 72 Af 98
08183 Castellterçol B 74 Ca 98
43392 Castellvell del Camp T 91 Ba 101
08732 Castellví de la Marca = la Múnia B 92 Bd 101
08769 Castellví de Rosanes B 92 Bf 100
44592 Castelnou TE 89 Zd 101
25289 Castelnou de Bassella L 72 Bb 97
15198 Castelo C 27 Rd 89
15687 Castelo C 27 Rd 90
15391 Castelo C 27 Re 90
15126 Castelo C 26 Qf 90
27185 Castelo LU 40 Sc 91
27559 Castelo LU 40 Sb 92
32768 Casteloais OR 40 Sd 95
27665 Castelo de Doiras LU 41 Ta 92
44630 Castelserás TE 89 Zf 103
44412 Castelvispal TE 107 Zc 107
46141 Castielfabib V 122 Ye 108
22710 Castiello de Jaca HS 51 Zc 93
22587 Castigaleu HS 71 Ad 95
22192 Castilasabás HS 70 Ze 95
05357 Castilblanco AV 100 Va 104
06680 Castilblanco BA 135 Uf 113
19246 Castilblanco de Henares GU 85 Xa 103
41230 Castilblanco de los Arroyos SE 164 Ua 122
46199 Castilblanques V 141 Yf 113
14815 Castil de Campos CO 167 Vf 124
09248 Castil de Carrias BU 46 We 94
09592 Castil de Lences BU 46 Wc 93
09259 Castildelgado BU 47 Wf 94
09258 Castil de Peonos BU 46 Wd 94
42128 Castil de Tierra SO 86 Xe 99
34304 Castil de Vela P 63 Va 97
24206 Castilfalé LE 62 Ud 95
19127 Castilforte GU 104 Xd 105
42180 Castilfrío de la Sierra SO 67 Xe 97
50696 Castiliscar Z 49 Ye 94
02410 Castillarejo AB 156 Xf 117
22313 Castillazuelo HS 71 Aa 96
41907 Castilleja de Guzmán SE 179 Tf 124
41950 Castilleja de la Cuesta SE 179 Tf 124
41810 Castilleja del Campo SE 180 Td 124
41805 Castilleja de Talhara SE 180 Te 125
18818 Castilléjar GR 170 Xc 122
40164 Castillejo SG 84 Wb 102
37552 Castillejo de Azaba SA 97 Tb 106
37488 Castillejo de Dos Casas SA 97 Tb 104
37216 Castillejo de Evans SA 80 Te 103
37493 Castillejo de Huebra SA 98 Tf 104
16250 Castillejo de Iniesta CU 121 Yb 111
16541 Castillejo del Romeral CU 120 Xd 108
37592 Castillejo de Martín Viejo SA 97 Tc 104
40593 Castillejo de Mesleón SG 84 Wc 101
42328 Castillejo de Robledo SO 84 Wd 99
37792 Castillejo de Salvatierra SA 99 Uc 104
42175 Castillejo de San Pedro SO 67 Xe 97
37494 Castillejo de Yeltes SA 98 Td 104
11660 Castillejos CA 181 Uc 128
13110 Castillejos CR 135 Vc 112
11349 Castillejos, Los CA 189 Ud 131
16141 Castillejo-Sierra CU 104 Xf 106
30414 Castillicos, Los MC 171 Xe 120
39192 Castillo CB 34 Wc 88
01194 Castillo VI 47 Xb 92
16143 Castillo, El CU 104 Xf 107
38788 Castillo, El TF 197 Ha 176
16854 Castillo-Albaráñez CU 104 Xd 107
11339 Castillo Algibe CA 189 Ud 130
22197 Castillo Bajo de San Juan HS 70 Zd 96
50596 Castillo Barués Z 50 Ye 94
23360 Castillo Bujalamé J 155 Xb 118
49541 Castillo de Alba, El ZA 61 Tf 99
16421 Castillo de Almenara CU 120 Xb 110
18750 Castillo de Baños GR 185 We 128
45641 Castillo de Bayuela TO 117 Vb 108
11500 Castillo de Doña Blanca CA 188 Tf 129
45910 Castillo de Escalona TO 117 Vd 108
37799 Castillo de Fonseca SA 80 Ub 102
29649 Castillo de Fuengirola MA 191 Vc 129
16623 Castillo de Garcimuñoz CU 120 Xd 111
22622 Castillo de Guarga HS 51 Ze 94
18770 Castillo de Huarea, El GR 185 Wf 128
33958 Castillo de la Cabeza AS 31 Uc 89
41890 Castillo de las Guardas, El SE 164 Te 122
23670 Castillo de Locubín J 168 Wa 123
22589 Castillo del Pla HS 71 Ac 96
22196 Castillo de Pompién HS 70 Zd 96

23530 Castillo de Recena J 169 Wc 121
30591 Castillo de Ros MC 173 Za 122
28590 Castillo de Tajo MD 119 We 108
04648 Castillo de Terreros AL 187 Yc 124
22270 Castillo de Villalpando o Torres Secas HS 70 Zc 96
12123 Castillo de Villamalefa CS 124 Zd 108
50610 Castillo de Villaverde Z 69 Za 95
28679 Castillo de Villaviciosa, El MD 102 Wa 106
10394 Castillo Monroy CC 115 Uc 110
27438 Castillón = San Vicente de Castillón LU 40 Sc 93
22572 Castillonroy HS 71 Ad 97
31454 Castillonuevo NC 50 Yf 92
39699 Castillo Pedroso CB 33 Wa 89
46178 Castillo Pobo V 122 Yf 109
18700 Castillos, Los GR 185 We 128
30592 Castillos, Los MC 173 Za 122
26200 Castillos, Los RI 47 Xa 93
06195 Castillo y Cortijo Casa Colorado BA 132 Ta 115
48142 Castillo y Elejabeitia BI 35 Xa 90
19413 Castilmimbre GU 103 Xb 104
19391 Castilnuevo GU 105 Ya 104
42113 Castilruiz SO 67 Xf 97
26212 Castilseco RI 47 Xa 93
40518 Castiltierra SG 84 Wc 100
15966 Castiñeiras C 38 Ra 93
32779 Castiñeiro OR 40 Sd 94
25635 Castissent L 71 Ae 96
29689 Castor MA 190 Uf 130
44192 Castralvo TE 106 Yf 107
37494 Castraz SA 98 Td 104
34492 Castrecías BU 45 Ve 92
37448 Castrejón SA 80 Ua 103
34850 Castrejón de la Peña P 44 Vc 92
47512 Castrejón de Trabancos VA 81 Ue 101
32610 Castrelo de Abaixo OR 59 Se 97
32610 Castrelo de Cima OR 59 Se 97
32430 Castrelo de Miño OR 39 Rf 95
32625 Castrelo do Val OR 59 Sd 97
49571 Castrelos ZA 60 Ta 96
09510 Castresana BU 34 We 90
09512 Castriciones BU 46 We 91
18816 Castril GR 170 Xb 122
34131 Castrillejo de la Olma P 44 Vc 95
09572 Castrillo de Bezana BU 34 Wb 91
24742 Castrillo de Cabrera LE 42 Tc 94
24711 Castrillo de Cepeda LE 42 Tf 93
34246 Castrillo de Don Juan P 64 Vf 98
47318 Castrillo de Duero VA 64 Ve 99
39418 Castrillo de Haya CB 45 Ve 91
49419 Castrillo de la Guareña ZA 81 Ue 101
09691 Castrillo de la Reina BU 65 We 97
24199 Castrillo de la Ribera LE 43 Uc 93
24721 Castrillo de la Valduerna LE 42 Tf 95
09391 Castrillo de la Vega BU 65 Wb 99
24718 Castrillo de los Polvazares LE 42 Tf 94
09193 Castrillo del Val BU 46 Wc 95
09109 Castrillo de Murcia BU 45 Vf 94
34219 Castrillo de Onielo P 64 Ve 97
24163 Castrillo de Porma LE 43 Ud 93
09108 Castrillo de Riopisuerga BU 45 Ve 93
09141 Castrillo de Rucios BU 46 Wb 93
24356 Castrillo de San Pelayo LE 43 Ua 94
40317 Castrillo de Sepúlveda SG 83 Wb 100
09348 Castrillo de Solarana BU 65 Wc 97
39419 Castrillo de Valdelomar CB 45 Vf 92
24327 Castrillo de Valderaduey LE 44 Va 93
34478 Castrillo de Villavega P 45 Vd 94
09107 Castrillo-Matajudíos BU 45 Ve 95
33456 Castrillón AS 30 Ua 87
33727 Castrillón AS 29 Tb 88
47329 Castrillo-Tejeriego VA 64 Vd 98
15848 Castriz C 26 Rb 90
33841 Castro AS 30 Te 90
15147 Castro C 26 Rb 89
15822 Castro C 39 Rd 91
15315 Castro C 27 Sa 89
39583 Castro CB 33 Vc 89
27530 Castro LU 40 Sb 93
27373 Castro LU 28 Sb 90
27611 Castro LU 40 Sc 92
27527 Castro LU 40 Sa 93
27260 Castro LU 28 Sd 90
32740 Castro OR 40 Sc 94
42315 Castro SO 85 Wf 101
24526 Castro, El LE 41 Sf 92
36617 Castro Agudín PO 38 Rb 93
24344 Castroañe LE 44 Uf 93
09514 Castrobarto BU 34 Wd 90
47689 Castrobol VA 62 Ue 96
24760 Castrocalbón LE 61 Ua 95
32760 Castro Caldelas OR 40 Sd 94
09348 Castroceniza BU 65 Wc 96
22485 Castrocit HS 52 Ad 94
24735 Castrocontrigo LE 61 Te 95
49511 Castro de Alcañices ZA 61 Te 99
27577 Castro de Amacante LU 39 Sa 92
24397 Castro de Cepeda LE 42 Tf 93
32706 Castro de Escuadro OR 59 Sc 95
04212 Castro de Filabres AL 186 Xd 125
40315 Castro de Fuentidueña SG 83 Wa 100
24127 Castro de la Lomba LE 42 Ua 92
14840 Castro del Río CO 167 Vd 122
27250 Castro de Rei LU 28 Sd 89
27611 Castro de Rei LU 40 Sc 92
27213 Castro de Soengas LU 40 Sb 92
47192 Castrodeza VA 63 Va 99
37460 Castro Enríquez SA 98 Tf 103
15821 Castrofeito C 39 Rd 91
24222 Castrofuerte LE 62 Uc 95
49660 Castrogonzalo ZA 62 Uc 97
09110 Castrojeriz BU 45 Vf 95
40315 Castrojimeno SG 83 Wa 100
32813 Castrol de Cexo OR 58 Rf 96
32368 Castromao OR 60 Sf 95
47882 Castromembibre VA 62 Ue 98
32548 Castromil OR 60 Ta 96
34305 Castromocho P 63 Vb 96
47641 Castromonte VA 63 Uf 98
09133 Castromorca BU 45 Wa 94
24171 Castromudarra LE 44 Uf 93
49127 Castronuevo ZA 62 Uc 98
47171 Castronuevo de Esgueva VA 63 Vc 98
49660 Castropepe ZA 62 Uc 97
24569 Castropetre LE 41 Ta 93
24314 Castropodame LE 42 Td 93
33760 Castropol AS 29 Sf 87
47664 Castroponce VA 62 Ue 96
24389 Castroquilame LE 41 Tb 94
15339 Castros C 26 Sb 87
40318 Castroserna de Abajo SG 84 Wb 101
40318 Castroserna de Arriba SG 84 Wb 101
40315 Castroserracín SG 83 Wb 100
24290 Castrotierra LE 43 Ue 94
24765 Castrotierra de la Valduerna LE 42 Ua 94
24323 Castrotierra de Valmadrigal LE 43 Ue 94
39709 Castro-Urdiales CB 35 We 88
24323 Castrovega del Valmadrigal LE 43 Ue 95
27120 Castroverde LU 28 Se 90
32901 Castroverde OR 40 Sa 95
37452 Castroverde SA 98 Ua 104
49110 Castroverde de Campos ZA 62 Ue 97
47182 Castroverde de Cerrato VA 64 Ve 98
09613 Castrovido BU 65 We 96
26315 Castroviejo RI 47 Xc 95
06420 Castuera BA 150 Uc 116
02691 Casuto de Don Salvador, El AB 141 Yd 115
46196 Catadau V 142 Zc 113
31396 Cataláin NC 49 Yc 93
29710 Catalán MA 183 Ve 127
12232 Catalanes, Los CS 123 Zc 108
03709 Catamarruc A 142 Ze 116
46470 Catarroja V 142 Zd 112
12513 Catí = Cati CS 108 Aa 106
43764 Catllar, El T 92 Bb 101
36612 Catoira PO 38 Rb 92
03158 Catral A 158 Zb 120
44396 Caudé TE 106 Ye 106
02660 Caudete AB 157 Za 116
46315 Caudete de las Fuentes V 122 Ye 111
12440 Caudiel CS 123 Zc 109
45519 Caudilla TO 117 Vc 108
33840 Caunedo AS 30 Te 90
30800 Cautivos, Los MC 171 Yb 122
25722 Cava L 54 Bd 95
39720 Cavada, La CB 34 Wb 88
03640 Cavafreda A 158 Za 118
17867 Cavallera GI 55 Cb 95
03658 Cavallusa A 157 Yf 118
39593 Caviedes CB 33 Ve 88
23160 Cávilas, Las J 168 Wb 122
09239 Cayuela BU 46 Wb 95
04827 Cayuelas, Los AL 171 Ya 123
45683 Cazalegas TO 117 Vb 108
23628 Cazalilla J 168 Wa 121
41370 Cazalla de la Sierra SE 165 Ub 121
24796 Cazanuecos LE 62 Ub 95
27824 Cazás LU 28 Sb 89
33557 Cazo AS 32 Ue 89
23470 Cazorla J 169 Xa 121
30810 Cazorla MC 171 Ya 122
18270 Cazuela, La GR 183 Wa 124
18698 Cázulas GR 184 Wb 128
49191 Cazurra ZA 80 Ub 100
24174 Cea LE 44 Uf 94
32130 Cea OR 39 Sa 94
49512 Ceadea ZA 61 Te 98
23486 Ceal J 169 Wf 122
24892 Cebanico LE 44 Uf 92
18816 Cebas GR 170 Xa 122
45680 Cebolla TO 117 Vc 109
09515 Cebolleros BU 46 Wd 91
09348 Cebrecos BU 65 Wc 97
27671 Cebrero, El LU 41 Sf 92
24769 Cebrones del Río LE 61 Ub 95
33582 Ceceda AS 31 Ud 88
Ceceñas CB 34 Wb 88
10870 Ceclavín CC 113 Tb 110
33811 Cecos AS 29 Ta 90
10513 Cedillo CC 112 Sd 111
40550 Cedillo de la Torre SG 84 Wc 100
45214 Cedillo del Condado TO 118 Wa 108
12123 Cedramán CS 107 Zd 108
44147 Cedrillas TE 107 Za 106
15270 Cée C 26 Qe 91
21239 Cefiñas, Las H 163 Ta 121
30329 Cegarras, Los MC 172 Ye 122
06350 Cegón BA 148 Tc 120
24889 Cegoñal LE 44 Va 92
40162 Ceguilla SG 83 Wb 102
30430 Cehegín MC 171 Yb 120
47692 Ceinos de Campos VA 62 Uf 96
30510 Ceja MC 157 Ye 116
16150 Ceja, La CU 105 Ya 107
39232 Cejancas CB 46 Wa 91
04887 Cela AL 186 Xd 124
27163 Cela LU 40 Sd 91
27666 Cela LU 41 Ta 92
32879 Cela OR 58 Rf 97
36938 Cela PO 38 Rb 95
33318 Celada AS 31 Ud 88
24395 Celada LE 42 Tf 94
14979 Celada, La CO 183 Ve 125
09150 Celada, Las BU 46 Wb 94
24326 Celada de Cea LE 44 Va 94
09591 Celada de la Torre BU 46 Wc 94
34846 Celada de Roblecedo P 33 Vd 91
39213 Celada-Marlantes CB 33 Vf 91
44194 Celadas TE 106 Yf 106
24392 Celadilla del Páramo LE 43 Ub 93
34111 Celadilla del Río P 44 Vb 93
09140 Celadilla-Sotobrín BU 46 Wb 94
32800 Celanova OR 58 Sa 96
15199 Celas C 27 Rd 89
30320 Celdranes, Los MC 173 Yf 122
09226 Celeda del Camino BU 45 Wa 95
27863 Celeiro LU 26 Sc 86
32786 Celeiros OR 40 Sd 95
32765 Celeirós OR 40 Sd 94
30520 Celia, La MC 157 Yd 118
31473 Celigueta NC 49 Yd 92
04750 Celín AL 185 Xa 128
39553 Celis CB 33 Vd 89
44370 Cella TE 106 Ye 106
07469 Cella, La IB 127 Cf 109
27143 Cellán de Mosfeiro LU 28 Se 91
17165 Cellera de Ter, La GI 75 Cd 97
25751 Cellers L 73 Bc 98
33519 Celles AS 31 Ub 88
26212 Cellorigo RI 47 Wf 93
33595 Celorio AS 32 Vb 88
17460 Celrà GI 75 Cf 96
27617 Céltigos LU 40 Sd 91
31422 Cemborain NC 49 Yc 92
24231 Cembranos LE 43 Uc 94
34407 Cembrero P 45 Vd 93
06174 Cementerio BA 148 Tb 117
30811 Cementerio, El MC 172 Yb 123
02409 Cenajo AB 156 Yb 118
22870 Cenarbe HS 51 Zc 93
18870 Cenascuras GR 170 Wf 124
19245 Cendajas de en Medio GU 85 Xa 103
27816 Cendán LU 28 Sc 88
19245 Cendejas de la Torre GU 85 Xa 103
19245 Cendejas del Padrastro GU 85 Xa 103
05113 Cendra, La AV 100 Vb 106
25261 Cendrosa, La L 72 Af 98
42342 Cenegro SO 84 Wd 99
18190 Cenes de la Vega GR 184 Wc 126
24218 Cenia, La LE 43 Ud 93
26350 Cenicero RI 47 Xc 94
28650 Cenicientos MD 101 Vd 107
02247 Cenizate AB 140 Yc 113
32454 Cenlle OR 39 Rf 94
32431 Cenlle = Bede OR 39 Rf 95
27390 Centeais LU 41 Se 94
08540 Centelles B 74 Cb 98
33811 Centenales AS 29 Tb 90
37291 Centenares SA 97 Tc 104
23291 Centenares, Los J 155 Xb 120
19151 Centenera GU 103 Wf 105
22437 Centenera HS 52 Ac 95
42211 Centenera de Andaluz SO 85 Xb 99
42216 Centenera del Campo SO 86 Xc 100
21590 Centenil H 177 Se 125
23214 Centenillo, El J 153 Wb 118
17832 Centenys GI 75 Ce 96
23266 Central, La J 154 We 118
19115 Central de Almoguera GU 103 Xa 107
25515 Central de Cabdella L 53 Af 94
26130 Central del Carmen RI 48 Xd 94
15315 Central do Eume C 27 Rf 88
Central Eléctrica LU 28 Sc 87
22365 Central Eléctrica de Barrosa HS 52 Ab 92
13191 Central Eléctrica de El Martinete CR 136 Vf 115
23540 Central Eléctrica de Fuenmayor J 169 Wc 122
44540 Central Eléctrica de Rivera-Bernad TE 89 Zc 102
15186 Central Termica de Mewama C 27 Rd 90
14220 Central Térmica de Puente Nuevo CO 151 Va 120
35628 Central Termoeléctrica GC 199 Lf 178
45580 Centro Agronómico TO 116 Ud 108
33519 Ceñal AS 31 Uc 88
36817 Cepeda PO 39 Rc 95
37656 Cepeda SA 98 Tf 106
05132 Cepeda la Mora AV 100 Uf 106
32558 Cepedelo OR 60 Sf 96
02651 Cepero, El AB 157 Yd 116
13129 Cepero, El CR 136 Ve 113
41730 Cepija SE 179 Ua 127
02312 Cepillo, El AB 139 Xc 116
36678 Cequeril PO 39 Rc 93
35128 Cerado del Pino GC 200 Kb 181
45290 Cerámica La Paloma TO 118 Wb 108
45290 Cerámica La Sagra TO 118 Wb 108
25588 Cerbi L 53 Ba 93
42181 Cerbón SO 67 Xe 97
25718 Cerc L 54 Bc 94
09514 Cerca, La BU 34 Wd 91
19269 Cercadillo GU 85 Xb 102
02139 Cercado de Catera AB 156 Ya 117
06480 Cercados, Los BA 132 Tc 115
35290 Cercados, Los GC 200 Kc 181
15186 Cerceda C 27 Rd 89
15823 Cerceda C 39 Re 91
28412 Cerceda MD 102 Wa 104
28470 Cercedilla MD 101 Vf 104
08698 Cercs B 73 Bf 96
25747 Cerdanyès, El L 72 Ba 96
32621 Cerdedelo OR 59 Sd 96
36130 Cerdedo PO 39 Rd 93
32794 Cerdeira OR 40 Se 94
32537 Cerdeira OR 39 Re 93
36447 Cerdeira PO 58 Rd 96
32520 Cerdeiroá OR 39 Re 95
15530 Cerdido C 27 Sa 87
39798 Cerdigo CB 35 We 88
33583 Cereceda AS 32 Ue 88
09559 Cereceda BU 46 Wd 92
19128 Cereceda GU 104 Xc 105
37621 Cereceda de la Sierra SA 98 Tf 105
24257 Cerecedo LE 43 Ue 91
49640 Cerecinos de Campos ZA 62 Ud 97
49125 Cerecinos del Carrizal ZA 62 Uc 98
27334 Cereixa LU 40 Sd 93
27116 Cereixido LU 29 Sf 90
15147 Cereo C 26 Rb 89
22361 Ceresa HS 52 Ab 93
22623 Ceresola HS 51 Ze 94
22375 Ceresuela HS 51 Aa 93
10627 Cerezai CC 98 Te 106
49164 Cerezal de Aliste ZA 61 Tf 99
24893 Cerezal de la Guzpeña LE 44 Uf 92
37253 Cerezal de Peñahorcada SA 79 Tc 102
37159 Cerezal de Puertas SA 80 Te 102
24150 Cerezales del Condado LE 43 Ud 92
10663 Cerezo CC 98 Te 107
05003 Cerezo, El AV 100 Vb 105
23290 Cerezo, El J 170 Xc 120
37116 Cerezo, El SA 80 Ua 102
40591 Cerezo de Abajo SG 84 Wc 101
40592 Cerezo de Arriba SG 84 Wc 101
19229 Cerezo de Mohernando GU 103 Wf 103
09270 Cerezo de Riotirón BU 47 Wf 93
44422 Cerezos, Los TE 123 Za 108
01192 Cerio VI 47 Xc 91
22449 Cerler HS 52 Ad 93
16150 Cermiñuelo, El CU 105 Xf 106
33859 Cermoño AS 30 Te 88
05196 Cermuño AV 101 Vc 105
32720 Cernada OR 40 Sb 94
49325 Cernadilla ZA 61 Td 96
32785 Cernado OR 59 Se 95
49271 Cernecina ZA 80 Ua 100
32348 Cernego OR 41 Sf 94
09142 Cernégula BU 46 Wc 93
44651 Cerollera, La TE 108 Zf 103
15112 Cerqueda C 26 Rb 89
33314 Cerra AS 31 Uc 87
32813 Cerradela OR 58 Sa 96
23190 Cerradura, La J 168 Wc 122
23670 Cerrajón, El J 168 Wa 123
29569 Cerralba MA 182 Vb 128
37291 Cerralbo SA 79 Tc 103
45682 Cerralbos, Los TO 117 Vc 109
09292 Cerratón de Juarros BU 46 Wd 94
39539 Cerrazo CB 33 Vf 88
33812 Cerredo AS 30 Td 91
04813 Cerricos, Los AL 171 Xe 123
41479 Cerrillares, Los SE 166 Ud 122
13391 Cerrillo de San Antón CR 154 Wf 116
29566 Cerrillos y Chirlita MA 182 Vb 128
44422 Cerrito, El TE 123 Za 109
46351 Cerrito, El V 122 Yf 111
29713 Cerro, El MA 183 Vf 127
37720 Cerro, El SA 98 Ua 107
46175 Cerro-Águila V 122 Yf 110
28210 Cerro Alarcón MD 101 Vf 106
02314 Cerroblanco AB 155 Xd 116
21320 Cerro de Andévalo, El H 163 Ta 122
41389 Cerro del Hierro, El SE 165 Uc 121
14550 Cerro del Humo CO 167 Vb 124
04769 Cerro del Molinero AL 185 Xa 127
06840 Cerro del Moro BA 149 Te 116
04810 Cerrogordo, El AL 187 Xe 124
28490 Cerro Grande MD 101 Wa 104
02511 Cerro Lobo AB 156 Yb 116
14350 Cerro Muriano CO 166 Vb 120
18800 Cerrón, El GR 186 Xb 125
23700 Cerro Pelado J 153 Wb 120
41409 Cerro Perea SE 166 Va 123
24844 Cerulleda LE 31 Ud 91
18690 Cerval, El GR 184 Wb 128
27664 Cervantes = San Román LU 41 Sf 91
15625 Cervás C 27 Re 88
39213 Cervatos CB 33 Vf 91
34309 Cervatos de la Cueza P 44 Vb 95
27833 Cerveira LU 28 Sa 88
27342 Cervela LU 40 Sd 92
27577 Cervela LU 39 Sa 92
08758 Cervelló B 93 Bf 100
25200 Cervera L 72 Bb 98
44422 Cervera, La TE 123 Za 109
28193 Cervera de Buitrago MD 84 Wc 103
50312 Cervera de la Cañada Z 87 Yb 100
16444 Cervera del Llano CU 120 Xd 110
12578 Cervera del Maestre CS 108 Ab 106
45637 Cervera de los Montes TO 116 Vb 108
44720 Cervera del Rincón TE 106 Za 104
26520 Cervera del Río Alham RI 67 Ya 96
34840 Cervera de Pisuerga P 45 Vd 91
50368 Cerveruela Z 88 Ye 101

25460 Cervià de les Garrigues L 91 Af 100
24205 Cervigal, El LE 43 Uc 95
47494 Cervillego de la Cruz VA 82 Va 101
15357 Cervo C 26 Rf 86
27891 Cervo LU 26 Sd 86
25514 Cérvoles L 53 Af 95
36693 Cesantes PO 38 Rc 95
36659 Cesar PO 38 Rc 93
09553 Céspedes BU 34 Wc 91
14749 Céspedes CO 166 Ue 122
37750 Cespedosa SA 99 Uc 105
37510 Cespedosa de Agadones SA 97 Tc 106
15991 Cespón C 38 Ra 92
01138 Cestafe VI 35 Xb 91
15391 Cesuras, Oza- C 27 Re 89
50292 Cetina Z 86 Ya 101
23240 Cetrina J 154 We 120
51001* Ceuta 191 Ue 133
30562 Ceutí MC 172 Ye 120
34218 Cevico de la Torre P 64 Vd 97
34247 Cevico Navero P 64 Ve 97
27307 Cezar LU 28 Sa 89
34813 Cezura P 45 Ve 92
30709 Chachimanes, Los MC 173 Za 122
15238 Chacin C 38 Ra 91
14550 Chacón CO 167 Vb 123
30700 Chacón MC 173 Yf 122
50700 Chacón Z 89 Zf 101
04810 Chacones, Los AL 171 Xe 124
37861 Chagarcía Medianero SA 99 Ud 105
32557 Chaguazoso OR 59 Se 95
32548 Chaguazoso OR 59 Sf 97
05309 Chaherrero AV 100 Va 103
15687 Chaián C 27 Rc 91
22233 Chalamera HS 71 Aa 99
26120 Chalet de Íñigo RI 48 Xd 94
20810 Chalet El Oasis SS 36 Xf 89
05141 Chamartín AV 100 Va 104
10120 Chamizas, Las CC 134 Uc 113
27163 Chamoso LU 28 Sd 91
36857 Chan, A PO 39 Rd 94
24723 Chana de Somoza LE 42 Td 94
04890 Chanco, El AL 186 Xd 125
36360 Chandebrito PO 57 Rb 96
27671 Chan de Cena LU 41 Sf 93
32372 Chandoiro OR 41 Sf 95
32786 Chandrexa OR 40 Sd 95
32767 Chandrexa de Queixa OR 40 Sd 95
49573 Chanos ZA 60 Ta 96
27500 Chantada LU 40 Sb 93
23590 Chantre, El J 169 We 122
40216 Chañe SG 82 Vd 100
27835 Chao LU 28 Sb 88
42259 Chaorna SO 86 Xe 102
36570 Chapa PO 39 Re 92
06196 Chaparral BA 148 Tb 116
23485 Chaparral J 170 Xa 122
23250 Chaparral J 154 We 119
30439 Chaparral MC 156 Yb 120
11391 Chaparral, El CA 191 Ub 132
18290 Chaparral, El GR 184 Wc 125
18328 Chaparral, El GR 184 Wa 125
21387 Chaparral, El H 148 Tb 120
29150 Chaparral, El MA 183 Vc 127
29649 Chaparral, El MA 191 Vc 129
28729 Chaparral, El MD 102 Wc 104
04887 Chaparral Alto, El AL 170 Xd 124
04877 Chaparral Bajo, El AL 171 Xd 124
18220 Chaparral de Cartuja GR 184 Wc 125
06894 Chaparrales, Los BA 133 Td 114
06228 Chaparral y Chapaya BA 149 Tf 117
14600 Chaparrera, La CO 152 Vd 120
02315 Chaparros AB 155 Xd 117
41728 Chapatales, Los SE 179 Ua 126
36216 Chapela PO 38 Rb 95
28694 Chapinería MD 101 Ve 106
30441 Charán MC 156 Xf 119
30859 Charca, La MC 172 Yc 122
04820 Charche Alto, El AL 171 Xf 123
04827 Charche Bajo, El AL 171 Xf 123
18511 Charches GR 185 Xa 125
35629 Charco, El GC 199 Lf 179
38749 Charco, El TF 197 Ha 177
11580 Charco de los Hurones CA 189 Uc 129
38595 Charco del Pino TF 196 Ic 180
13428 Charco del Tamujo CR 137 Wa 113
11170 Charco Dulce CA 188 Ua 130
41870 Charcofrío SE 164 Td 123
18160 Charcón, El GR 184 Wd 126
18891 Charcón Alto GR 170 Xc 123
18890 Charcones, Los GR 170 Xa 124
30440 Charcos, Los MC 156 Yb 119
30530 Charcos, Los MC 157 Yd 119
23687 Charilla J 168 Wa 124
22336 Charo HS 52 Ab 94
23487 Charrín J 169 Wf 123
40241 Chatún SG 83 Vd 101
18330 Chauchina GR 184 Wb 125
18700 Chaulines, Los GR 185 We 128
32848 Chaus OR 58 Rf 97
42153 Chavaler SO 67 Xd 97
48191 Chavarri BI 35 Wf 89
15214 Chave C 38 Ra 92
40171 Chavida SG 83 Wa 102
27866 Chavín LU 26 Sc 87
19310 Checa GU 105 Yb 105
04897 Checas AL 186 Xc 125
06105 Cheles BA 147 Se 117
46821 Chella V 142 Zc 114
27625 Chelo LU 41 Se 92
46176 Chelva V 123 Za 110
19310 Chequilla GU 105 Yb 105
19353 Chera GU 105 Yb 104
46350 Chera V 123 Za 111
42222 Chércoles SO 86 Xe 100
04859 Chercos AL 186 Xe 125
18494 Cherín GR 185 Wf 127
12360 Chert/Xert CS 108 Aa 105
46380 Cheste V 123 Zb 112
22465 Chía HS 52 Ac 93
22192 Chibluco HS 70 Zd 95
14111 Chica Carlota, La CO 166 Va 122
30648 Chicamo, El MC 157 Za 119
11130 Chiclana de la Frontera CA 188 Tf 130
23264 Chiclana de Segura J 154 Wf 119
16312 Chicoteros, Los CU 122 Yd 110
38688 Chiguergue TF 196 Ib 179
12592 Chilches CS 124 Ze 110
29790 Chilches MA 183 Ve 128
41850 Chilla SE 179 Te 125
16190 Chillarón de Cuenca CU 121 Xe 108
19128 Chillarón del Rey GU 104 Xb 105
13412 Chillón CR 135 Va 116
23479 Chilluévar J 169 Wf 120
19160 Chiloeches GU 103 Wf 105
18329 Chimeneas GR 184 Wb 126
38594 Chimiche TF 196 Ic 180
22194 Chimillas HS 70 Zd 95
15357 Chimparra C 26 Rf 86
06470 China, La BA 133 Tf 115
21291 Chinas, Las H 163 Tb 121
06410 Chinas Blancas BA 133 Tf 115
01207 Chinchetru VI 48 Xd 91
02520 Chinchilla de Monte-Aragón AB 140 Yb 115
28370 Chinchón MD 119 Wd 108
23330 Chincolla J 154 Xa 119
38689 Chío TF 196 Ib 179
11550 Chipiona CA 188 Td 128
50792 Chiprana Z 89 Zf 101
13108 Chiquero, El CR 136 Vd 114
04769 Chirán AL 185 Xa 127
23159 Chircales J 168 Wa 123
38688 Chirche TF 196 Ib 179
04825 Chirivel AL 171 Xe 123
46950 Chirivella V 123 Zd 112
22584 Chiriveta HS 71 Ae 96
13740 Chirivi CR 154 We 117
22587 Chiró HS 71 Ad 95
22365 Chisagüés HS 52 Ab 93
18656 Chite GR 184 Wc 127
46370 Chiva V 123 Zb 112
04271 Chive, El AL 187 Xf 125
50269 Chodes Z 87 Yd 100
30420 Chopillo, El MC 156 Yb 119
46178 Chopo, El V 123 Za 109
23693 Chopos, Los J 168 Wa 123
16150 Chorretas, Las CU 105 Ya 106
02489 Chorretites de Abajo, Los AB 155 Xd 119
04259 Chorrillo, El AL 186 Xd 127
35329 Chorrillo El GC 200 Kc 181
23470 Chorro, El J 170 Wf 121
29552 Chorro, El MA 182 Vb 127
02651 Chortales, Los AB 157 Yd 116
02340 Chospes, Los AB 139 Xd 116
02612 Chospes, Los AB 139 Xd 114
28790 Chotos, Los MD 102 Wb 105
27532 Chouzán LU 40 Sb 93
12499 Chóvar CS 124 Ze 109
21760 Choza del Alamillo H 178 Tc 126
41849 Choza de las Nuevas SE 180 Te 127
04479 Choza del Guarda AL 185 Xa 127
23340 Chozas J 154 Xa 119
18329 Chozas, Las GR 184 Wa 126
18810 Chozas, Las GR 170 Xc 124
24392 Chozas de Abajo LE 43 Ub 93
24392 Chozas de Arriba LE 43 Ub 93
45960 Chozas de Canales TO 118 Vf 108
10815 Chozones, Los CC 114 Td 108
05591 Chozos de la Bardera AV 100 Uf 105
21891 Chucena H 180 Td 124
04410 Chuche, El AL 186 Xd 127
47460 Chucho, El VA 82 Va 101
38595 Chuchurumbache TF 196 Ic 180
45113 Chueca TO 118 Wa 110
46167 Chulilla V 123 Za 111
16216 Chumillas CU 121 Xf 110
15313 Churío C 27 Rf 89
29140 Churriana MA 191 Vc 128
18194 Churriana de la Vega GR 184 Wc 126
31867 Cía NC 49 Yb 91
09228 Ciadoncha BU 64 Wa 96
42210 Ciadueña SO 85 Xc 100
33900 Ciaño AS 31 Ub 89
31799 Ciáurriz NC 49 Yc 91
49230 Cibanal ZA 79 Te 101
33817 Cibea AS 30 Td 90
39580 Cicera CB 33 Vc 89
15845 Cicere C 26 Ra 90
39790 Cicero CB 34 Wd 88
01129 Cicujano VI 48 Xd 92
03610 Cid, El A 158 Zb 118
04760 Cid, El AL 185 Xa 127
15815 Cidadela C 27 Rf 90
26291 Cidamón RI 47 Xa 94
42145 Cidones SO 66 Xc 98
14930 Cid-Toledo CO 167 Vc 124
09588 Ciella BU 35 We 90
28350 Ciempozuelos MD 102 Wc 108
33558 Cien AS 32 Uf 89
33116 Cienfuegos AS 31 Ua 90
11650 Cierva, La CA 181 Ub 127
16340 Cierva, La CU 121 Ya 108
41410 Cierva, La SE 165 Ub 124
36945 Cíes PO 57 Ra 95
30530 Cieza MC 157 Yd 119
19420 Cifuentes GU 104 Xc 104
24166 Cifuentes de Rueda LE 43 Ue 93
47270 Cigales VA 63 Vb 98
42113 Cigudosa SO 67 Xf 97
09556 Cigüenza BU 46 Wc 91
24991 Ciguera LE 32 Uf 91
47191 Ciguñuela VA 63 Va 99
42126 Cihuela SO 86 Ya 100
26210 Cihuri RI 47 Xa 93
18339 Cijuela GR 184 Wb 125
02215 Cilanco AB 141 Ye 112
31194 Cildoz NC 49 Yb 91
34829 Cillamayor P 45 Ve 91
05149 Cillán AV 100 Va 104
24251 Cillanueva LE 43 Uc 94
26289 Cillarena RI 47 Wf 95
19339 Cillas GU 87 Ya 103
22611 Cillas HS 51 Ze 93
10895 Cilleros CC 113 Tb 108
37621 Cilleros de la Bastida SA 98 Tf 105
37183 Cilleros el Hondo SA 99 Ub 103
02314 Cilleruela AB 155 Xd 116
09349 Cilleruelo de Abajo BU 65 Wb 97
09349 Cilleruelo de Arriba BU 65 Wc 97
09572 Cilleruelo de Bezana BU 34 Wa 91
09572 Cilleruelo de Bricia BU 46 Wa 91
40551 Cilleruelo de San Mamés SG 84 Wc 100
39584 Cillórigo de Liébana CB 33 Vc 89
37874 Cilloruelo SA 81 Ud 103
27226 Cima de Vila, A LU 28 Sb 90
33314 Cimadevilla AS 31 Uc 87
33734 Cimadevilla AS 29 Ta 88
24239 Cimanes de la Vega LE 62 Uc 96
24272 Cimanes del Tejar LE 43 Ub 93
50213 Cimballa Z 87 Yb 102
13720 Cinco Casas CR 138 We 113
50782 Cinco Olivas Z 89 Zd 100
19277 Cincovillas GU 85 Xb 101
28754 Cinco Villas MD 102 Wc 103
40518 Cincovillas SG 84 Wd 100
12318 Cinctorres CS 108 Ze 105
15389 Cines C 27 Re 89
08614 Cint, El B 73 Be 96
04660 Cinta, La AL 187 Xf 124
31592 Cintruénigo NC 68 Yb 96
24660 Ciñera LE 43 Uc 91
49563 Cional ZA 61 Td 97
01450 Ciorraga VI 35 Xa 90
37216 Cipérez SA 80 Te 103
18708 Cipreses, Los GR 185 We 127
36587 Cira PO 39 Rd 92
12231 Cirat CS 123 Zd 108
31131 Cirauqui NC 49 Ya 92
28706 Circuito del Jarama MD 102 Wc 105
43427 Cirera, La T 92 Bb 99
39550 Cires CB 33 Vd 89
22486 Cirés HS 52 Ae 94
42138 Ciria SO 67 Ya 99
33946 Ciriego AS 31 Uc 89
27273 Cirio LU 28 Sd 90
31174 Ciriza NC 49 Yb 92
26258 Ciriñuela RI 47 Xa 94
19266 Cirueches GU 85 Xb 102
42367 Ciruela SO 85 Xb 100
19197 Ciruelas GU 103 Wf 104
40540 Ciruelos SG 84 Wb 100
45314 Ciruelos TO 118 Wc 109
09610 Ciruelos de Cervera BU 65 Wc 97
40496 Ciruelos de Coca SG 82 Vc 101
19281 Ciruelos del Pinar GU 86 Xe 102
26258 Cirueña RI 47 Xa 94
44158 Cirugeda TE 107 Zb 104
24133 Cirujales LE 42 Tf 92
42180 Cirujales del Río SO 67 Xe 97
22589 Ciscar HS 71 Ad 96
05211 Cisla AV 82 Uf 103
34320 Cisneros P 63 Va 95
17741 Cistella GI 56 Cf 95
47193 Cistérniga VA 63 Vb 99
24800 Cistierna LE 44 Uf 92
13129 Citolero, El CR 136 Vf 113
09123 Citores del Páramo BU 45 Wa 94
30720 Ciudad del Aire MC 173 Zb 122
50012 Ciudad Deportiva del Real Zaragoza Z 69 Yf 99
28680 Ciudad de San Ramón MD 101 Vd 106
09574 Ciudad de Valdeporres BU 34 Wb 90
05239 Ciudad Ducal AV 101 Vd 105
04825 Ciudad Granada AL 171 Xe 123
13001* Ciudad Real CR 137 Wa 115
37500 Ciudad-Rodrigo SA 97 Tc 105
50785 Ciudad romana Z 89 Zd 100
29604 Ciudad Sindical MA 191 Vb 130
28707 Ciudalcampo MD 102 Wc 105
07760 Ciutadella de Menorca IB 93 Df 108
08010 Ciutat, La B 93 Ca 100
03699 Ciutat Jardí A 158 Zc 118
19413 Cívica GU 103 Xb 104
36780 Cividáns PO 57 Ra 97
25799 Civís L 54 Bc 94
25213 Civit L 73 Bc 99
31180 Cizur Mayor NC 49 Yb 92
31190 Cizur Menor NC 49 Yb 92
22438 Clamosa HS 52 Ab 95
43839 Clarà T 92 Bc 102
02487 Claras AB 156 Xe 119
22583 Claravalls HS 71 Ae 95
25353 Claravalls L 72 Ba 98
19281 Clares GU 86 Xf 102
50314 Clarés de Ribota Z 87 Ya 99
25749 Claret L 72 Ba 97
25751 Claret de Figuerola L 73 Bc 98
08717 Clariana B 73 Bd 99
08729 Clariana B 92 Bd 101
25290 Clariana de Cardener L 73 Bd 97
41510 Claveles, Los SE 181 Ub 124
25517 Claverol L 72 Af 95
26130 Clavijo RI 48 Xd 94
41510 Clavinque SE 180 Ub 124
04770 Clementes, Los AL 185 Wf 128
06380 Clementes, Los BA 148 Tb 118
17813 Clocalou GI 74 Cc 95
44415 Clochas, Las TE 123 Zc 108
07315 Clot d''Almedrà IB 126 Ce 110
08696 Clot del Moro, El B 74 Bf 95
25632 Clua, La L 72 Ae 96
25737 Clua de Meià, La L 72 Ba 97
07850 Club Cala Llenya IB 125 Bd 114
28680 Club Madrileño MD 101 Vd 106
28680 Club Motonáutico MD 101 Vd 106
08519 Club Nautic Vic-Sau B 74 Cc 97
09454 Clunia Sulpicia BU 65 Wd 98
33829 Coalla AS 30 Tf 88
33795 Coaña AS 29 Tb 87
36612 Coaxe PO 38 Rb 93
33995 Coballes AS 31 Ud 89
30385 Cobaticas MC 173 Zb 123
02420 Cobatillas AB 156 Ya 118
14840 Cobatillas CO 167 Vd 122
14729 Cobatillas CO 166 Uf 121
44157 Cobatillas TE 107 Zb 104
04839 Cobatillas, Las AL 171 Xe 121
11180 Cobatillas, Las CA 189 Ub 130
33538 Cobayas AS 31 Ud 89
04858 Cóbdar AL 187 Xe 125
45291 Cobeja TO 118 Wa 108
39420 Cobejo CB 33 Vf 90
28863 Cobeña MD 102 Wc 105
42212 Cobertelada SO 85 Xc 100
33637 Cobertoria, La AS 31 Ub 90
19443 Cobeta GU 104 Xf 103
45111 Cobisa TO 118 Vf 110
30440 Cobo, El MC 156 Ya 119
25721 Coborriu de Bellver L 54 Be 94
34248 Cobos de Cerrato P 64 Vf 96
40332 Cobos de Fuentidueña SG 83 Wa 100
40144 Cobos de Segovia SG 82 Vd 103
09591 Cobos Junto a la Molina BU 46 Wc 93
39320 Cóbreces CB 33 Ve 88
49396 Cobreros ZA 60 Tb 96
36142 Cobres PO 38 Rc 95
27658 Coca LU 29 Ta 90
40480 Coca SG 82 Vc 101
37830 Coca de Alba SA 99 Ud 103
37609 Coca de Huebra SA 98 Ua 104
03820 Cocentaina A 158 Zd 116
30889 Cocón, El MC 187 Yc 124
04275 Cocón del Peral AL 186 Xe 126
30800 Cocón y Los Clementes, El MC 171 Yb 123
09129 Coculina BU 46 Wa 93
50617 Codera Baja Z 69 Ye 96
19281 Codes GU 86 Xf 102
49594 Codesal ZA 61 Td 97
50132 Codo Z 88 Zb 100
07818 Codolar, Es IB 125 Bc 115
44640 Codoñera, La TE 89 Zf 103
44558 Codoñera, La TE 88 Zc 103
24342 Codornillos LE 44 Uf 94
40463 Codorniz SG 82 Vc 102
50326 Codos Z 87 Yd 101
06518 Codosera, La BA 131 Se 113
27207 Coence LU 40 Sa 91
15118 Coens C 26 Qf 89
27190 Coeo LU 28 Sd 91
27181 Coeses LU 28 Sc 91
35625 Cofete (Abandonada) GC 198 Ld 180
24857 Cofiñal LE 32 Ue 90
33548 Cofiño AS 32 Ue 88
22417 Cofita HS 71 Ab 97
46625 Cofrentes V 141 Yf 113
47440 Cogeces de Íscar VA 82 Vc 100
47313 Cogeces del Monte VA 83 Ve 99
19490 Cogollor GU 104 Xb 103
09320 Cogollos BU 65 Wb 95
18518 Cogollos de Guadix GR 185 Wf 125
18211 Cogollos Vega GR 184 Wc 125
17173 Cogolls GI 74 Cd 96
19230 Cogolludo GU 85 Wf 103
24712 Cogorderos LE 42 Tf 93
25152 Cogull = Cogul, El L 91 Ae 100
46749 Cogullado V 142 Zd 114
29100 Coín MA 191 Vb 129
32669 Coira OR 58 Sb 95
32137 Coirás OR 39 Sa 93
15258 Coiro C 38 Ra 91
15316 Coirós C 27 Rf 89
18492 Cojáyar GR 185 Wf 127
09620 Cojóbar BU 65 Wb 95
46354 Cojos, Los V 141 Ye 112
37170 Cojos de Rollán SA 80 Ua 103
33873 Coldobrero AS 29 Tc 88
22860 Col du Somport HS 51 Zc 92
17496 Colera GI 56 Da 94
32950 Coles OR 40 Sa 94
18770 Coliches, Los GR 185 Wf 128
05192 Colilla, La AV 100 Vb 105
09514 Colina BU 34 Wd 90
40153 Colina SG 101 Ve 103
29140 Colina, La MA 191 Vc 129
24313 Colinas del Campo de Martín Moro LE 42 Te 92
49623 Colinas de Trasmonte ZA 61 Ub 96
39750 Colindres CB 34 Wd 88
25526 Coll L 53 Ae 94
33874 Collada AS 30 Tc 88
22481 Collada, La HS 71 Ac 95
33527 Colladas AS 31 Uc 89
44493 Colladico, El TE 88 Yf 102
40164 Colladillo SG 84 Wb 102
46140 Colladillo V 122 Ye 108
12123 Colladillo, El CS 124 Zd 108
05580 Collado AV 99 Ud 106
39407 Collado CB 33 Vf 89
10414 Collado CC 115 Ub 108
18492 Collado, El GR 185 Wf 128
26132 Collado, El RI 48 Xd 95
46178 Collado, El V 122 Yf 109
05309 Collado de Contreras AV 82 Va 103
30610 Collado de Gil MC 157 Yd 119
44123 Collado de la Grulla TE 106 Yc 107

30893 Collado de Lirón MC 172 Yb 124
23210 Collado del Lobo J 153 Wc 119
05153 Collado del Mirón AV 99 Ud 105
37520 Collado de Malvarín SA 97 Tc 106
40170 Collado Hermosa SG 83 Wa 102
28450 Collado-Mediano MD 102 Vf 104
44480 Collado Royo y Poviles TE 123 Zb 108
16143 Collados CU 104 Xe 107
44211 Collados TE 88 Yf 103
02449 Collados, Los AB 155 Xd 118
28400 Collado-Villalba MD 101 Wa 105
08253 Coll-Arbós, El B 73 Be 98
34407 Collazos de Boedo P 45 Vd 93
08293 Collbató B 92 Be 99
25717 Colldarnat L 53 Bc 95
43310 Colldejou T 91 Af 102
17251 Coll de la Ganga GI 75 Da 97
08717 Coll de la Panadella B 73 Bc 99
22474 Coll de l' Espina HS 52 Ad 94
25739 Colldelrat L 72 Ba 97
17404 Coll de N'Orri, El GI 74 Cd 98
07007 Coll d''en Rabassa, Es IB 126 Ce 111
07589 Coll de Sant Joan IB 127 Dc 110
25170 Coll de Vinganya, El L 90 Ac 99
24858 Colle LE 44 Ue 91
23488 Collejares J 169 Wf 122
17515 Collfred GI 74 Cc 96
25739 Collfred L 72 Ba 97
33548 Collía AS 32 Ue 88
16194 Cólliga CU 121 Xe 108
16194 Colliguilla CU 121 Xe 108
12316 Coll i Moll CS 108 Zf 105
25632 Collmorter L 72 Af 96
22584 Colls HS 71 Ae 95
08358 Collsacreu B 74 Cd 99
08178 Collsuspina B 74 Cb 98
29170 Colmenar MA 183 Vd 127
02127 Colmenar, El AB 156 Xf 116
18183 Colmenar, El GR 184 Wd 125
29391 Colmenar, El MA 190 Ud 129
13597 Colmenar de Chacaló CR 152 Vf 117
23239 Colmenar de Corral Nuevo J 153 Wd 119
13343 Colmenar de Don Reyes Frías CR 154 Wf 118
13768 Colmenar de la Parilla CR 153 Wb 118
28213 Colmenar del Arroyo MD 101 Ve 106
28190 Colmenar de la Sierra GU 84 Wd 102
37711 Colmenar de Montemayor SA 98 Ua 106
28380 Colmenar de Oreja MD 119 Wd 108
13343 Colmenar de Troyano CR 154 We 118
28270 Colmenarejo MD 101 Wa 105
34483 Colmenares P 45 Vc 92
28770 Colmenar Viejo MD 102 Wb 105
10340 Colmenillas, Las CC 115 Ud 111
06150 Colmenitas, Las BA 148 Tc 117
33590 Colombres AS 33 Vc 88
18564 Colomera GR 184 Wb 124
17144 Colomers GI 75 Cf 96
19411 Colonia GU 103 Xa 104
23620 Colonia J 168 Wb 121
06480 Colonia, La BA 132 Tc 115
18810 Colonia, La GR 170 Xb 123
29520 Colonia Agrícola de los Blancares MA 182 Vb 125
26291 Colonia agrícola de Santa Gertrudis RI 47 Xa 94
41150 Colonia de Alfonso XIII SE 180 Tf 125
29540 Colonia de Ballestero MA 182 Vb 126
13600 Colonia de Caprera CR 138 We 112
22364 Colonia de la Compañia Ibérica HS 52 Ab 93
37480 Colonia de la Estación SA 97 Tb 105
45150 Colonia de la Moraleja TO 117 Vc 110
03409 Colonia de la Sierra de Salinas A 157 Za 117
29631 Colonia de la Verdad MA 191 Vc 129
23711 Colonia del Embalse J 153 Wb 120
28439 Colonia de Mataespesa MD 101 Vf 105
06389 Colonia de Rabalcuzar BA 148 Tb 119
29190 Colonia de Santa Inés MA 183 Vc 128
07640 Colònia de Sant Jordi IB 127 Cf 113
07579 Colònia de Sant Pere IB 127 Db 110
23214 Colonia de Selladores J 153 Wa 118
22282 Colonia de Tormos HS 69 Zb 96
46730 Colonia Ducal V 143 Ze 114
12500 Colonia Europa CS 109 Ac 106
35611 Colonia Garcia Escámez GC 199 Lf 177
45220 Colonia Hispania TO 118 Wb 108
28311 Colonia Iberia MD 118 Wb 109
18813 Colonia Iturraldi GR 170 Xa 123
17860 Colònia Jordana GI 74 Cb 95
09400 Colonia la Enhebrada BU 65 Wc 99
34250 Colonia Militar Infantil General Varela P 64 Ve 96
41140 Colonia Queipo de Llano SE 180 Tf 126
08692 Colònia Riera B 73 Bf 97
08611 Colònia Rosal B 73 Bf 96
08269 Colònia Valls B 73 Be 97
39518 Colsa CB 33 Ve 90
33637 Columbiello AS 31 Ub 90
24490 Columbrianos LE 41 Tc 93
33327 Colunga AS 31 Ue 88
22148 Colungo HS 71 Aa 95
25284 Coma, La L 73 Bd 95
25211 Comabella L 73 Bb 98
25713 Coma de Nabiners, La L 54 Bc 95
17534 Coma de Vaca GI 55 Ca 94
25284 Coma i la Pedra, La L 73 Bd 95
30627 Comala MC 157 Ye 120
07150 Coma Major IB 126 Cc 111
29195 Comares MA 183 Ve 127
43880 Coma-ruga T 92 Bd 101
43776 Comas, Las T 91 Ae 102
07349 Comasema IB 126 Ce 110
36993 Combarro PO 38 Rb 94
24715 Combarros LE 42 Tf 93
23790 Comendador J 168 Ve 121
29570 Comendador MA 182 Vc 128
50830 Comercio, El Z 69 Zb 98
03710 Cometa, La A 159 Aa 117
39520 Comillas CB 33 Ve 88
30817 Comino, El MC 172 Yc 122
34878 Comoncillo P 44 Vb 92
41130 Compañía, La SE 179 Tf 125
29754 Cómpeta MA 183 Wa 127
Complejo Industrial LU 26 Sd 86
18290 Complejo Polideportivo GR 184 Wb 125
03183 Complejo Turístico Torrejón, El A 173 Zc 121
24414 Compludo LE 42 Td 94
01213 Comunion VI 47 Xa 92
25211 Concabella L 72 Bb 98
25517 Conca de Dalt L 72 Af 95
11630 Concejo, El CA 189 Ub 128
21330 Concepción H 163 Tb 122
42211 Concepción SO 85 Xc 99
14815 Concepción, La CO 167 Vf 124
29660 Concepción, La MA 190 Va 129
19287 Concha GU 86 Ya 102
48891 Concha, La BI 34 Wd 89
39728 Concha, La CB 34 Wb 89
37550 Concha, La SA 97 Tb 105
18659 Cónchar GR 184 Wc 127
33590 Conchas, Las AS 33 Vc 88
22414 Conchel HS 71 Aa 97
22808 Concilio Z 50 Zb 95
46160 Concordia V 123 Zb 110
44397 Concud TE 106 Yf 106
33992 Condado AS 31 Uc 89
09559 Condado BU 46 Wc 92
50172 Condado, El Z 69 Zc 99
17310 Condado de Jaruco GI 75 Ce 98
23280 Conde, El J 154 Xa 119
19275 Condemios de Abajo GU 85 Wf 101
19275 Condemios de Arriba GU 85 Wf 101
03540 Condomina, La A 158 Zd 118
30566 Condomina, La MC 172 Yc 123
33979 Condueño AS 31 Uc 89
42108 Conejares SO 67 Xf 97
37594 Conejera SA 97 Tc 105
45910 Conejeros TO 117 Vd 108
43427 Conesa T 92 Bb 99
24234 Conforcos LE 62 Uc 95
27728 Conforto LU 29 Sf 88
03517 Confrides A 159 Ze 116
36891 Confurco PO 57 Rc 95
49619 Congosta ZA 61 Tf 96
33694 Congostinas AS 31 Ub 90
09124 Congosto BU 45 Vf 93
24398 Congosto LE 42 Tc 93
16771 Congosto, El CU 120 Xc 109
34882 Congosto de Valdavia P 44 Vc 92
19243 Congostrina GU 85 Xa 102
35572 Conil GC 198 Mb 175
11140 Conil de la Frontera CA 188 Tf 131
08282 Conill B 73 Bc 98
25351 Conill L 72 Ba 98
25656 Conques L 72 Ba 96
42230 Conquezuela SO 85 Xc 101
14448 Conquista CO 152 Vd 118
10240 Conquista de la Sierra CC 134 Ub 112
06410 Conquista del Guadiana BA 133 Tf 114
07330 Consell IB 126 Ce 110
15314 Consistorio C 27 Re 89
36430 Consistorio PO 58 Re 96
06350 Consolación BA 148 Tb 120
13310 Consolación CR 138 Wd 115
16270 Consolación CU 140 Yc 112
43120 Constantí T 91 Bb 102
41450 Constantina SE 165 Uc 121
17164 Constantios GI 75 Ce 97
05217 Constanzana AV 82 Va 103
45700 Consuegra TO 137 Wc 112
40389 Consuegra de Murera SG 83 Wb 101
23747 Contadero J 153 Wa 118
04825 Contador, El AL 171 Xd 123
50239 Contamina Z 86 Ya 101
21240 Contienda, La H 163 Ta 120
01117 Contrasta VI 48 Xe 92
09613 Contreras BU 65 Wd 96
16260 Contreras CU 122 Yc 111
27160 Conturiz LU 28 Sc 91
06270 Convento BA 148 Tc 120
05380 Convento de Duruelo, El AV 100 Uf 104
30813 Conventos, Los MC 172 Yb 123
04647 Convoy, El AL 187 Yb 124
39408 Cóo CB 33 Vf 89
49783 Coomonte ZA 61 Ub 96
30189 Copa, La MC 156 Yc 120
30889 Cope MC 172 Yd 124
19292 Copernal GU 103 Wf 103
08289 Copons B 73 Bd 99
37609 Coquilla de Huebra SA 98 Tf 104
07459 Corall Serra IB 127 Da 110
33556 Corao AS 32 Uf 88
12599 Coratxar CS 108 Aa 104
37450 Corbacera SA 98 Ua 104
44193 Corbalán TE 106 Za 106
44721 Corbatón TE 106 Yf 104
15332 Corbelle C 26 Sb 87
46612 Corbera V 142 Zd 114
08757 Corbera de Baix B 92 Bf 100
43784 Corbera d'Ebre T 90 Ac 102
08757 Corbera de Dalt B 92 Bf 100
24225 Corbillos de los Oteros LE 43 Ud 94
25137 Corbins L 71 Ae 98
23649 Corbunillo J 168 Wa 121
17121 Corçà GI 75 Da 97
25692 Corçà L 71 Ae 96
06131 Corcho, El BA 147 Se 117
45569 Corchuela TO 116 Ue 109
06011 Corchuela, La BA 132 Sf 116
41703 Corchuela, La SE 180 Ua 125
21750 Corchuelo, El H 178 Tb 125
15149 Corcoesto C 26 Ra 89
19127 Córcoles GU 104 Xc 106
46178 Corcolilla V 122 Yf 109
39294 Corconte CB 34 Wa 90
24170 Corcos LE 44 Uf 92
47280 Corcos VA 63 Vb 98
41599 Corcoya SE 182 Vb 125
15130 Corcubión C 26 Qe 91
27737 Cordal LU 28 Sd 88
24915 Cordiñanes de Valdeón LE 32 Va 89
14001* Córdoba CO 166 Vb 121
14820 Cordobilla CO 167 Vc 122
14512 Cordobilla CO 182 Vb 124
06487 Cordobilla de Lácara BA 133 Td 114
02513 Cordovilla AB 156 Yc 117
31191 Cordovilla NC 49 Yc 92
37337 Cordovilla SA 81 Ud 103
34810 Cordovilla de Aguilar P 45 Ve 91
34259 Cordovilla la Real P 64 Ve 96
26311 Cordovín RI 47 Xb 94
19341 Corduente GU 105 Ya 103
31591 Corella NC 68 Yb 96
26144 Corera RI 48 Xe 94
15110 Cores C 26 Ra 89
49530 Coreses ZA 81 Uc 99
32348 Córgomo OR 41 Sf 94
10800 Coria CC 114 Tc 109
41100 Coria del Río SE 179 Tf 125
33129 Corias AS 30 Tf 88
33685 Corigos AS 31 Ub 90
41780 Coripe SE 181 Ud 127
15147 Coristanco C 26 Rb 89
12134 Cormana, La CS 108 Ze 107
15114 Corme-Porto C 26 Ra 89
26526 Cornago RI 67 Xf 96
15839 Cornanda C 38 Rb 91
27131 Córneas LU 29 Sf 91
15816 Corneda C 27 Rf 91
15863 Corneira C 26 Rb 91
09568 Cornejo BU 34 Wc 90
08940 Cornella de Llobregat B 93 Ca 100
17844 Cornellà del Terri GI 75 Ce 96
33850 Cornellana AS 30 Tf 88
25717 Cornellana L 54 Bd 95
06444 Cornicabra BA 149 Ua 118
27289 Cornide de Abaixo LU 28 Sd 90
24980 Corniero LE 44 Ue 91
35129 Cornisa GC 200 Kb 182
33887 Cornollo AS 29 Tb 89
34879 Cornón de la Peña P 44 Vb 92
43360 Cornudella de Montsant T 91 Af 101
09246 Cornudilla BU 46 Wd 92
46353 Cornudilla, La V 122 Ye 112
33310 Coro AS 31 Ud 88
08261 Coromina, La B 73 Be 97
36620 Corón PO 38 Rb 93
24915 Corona LE 32 Va 89
22460 Corona, La HS 52 Ac 95
22336 Corona, La HS 52 Ab 94
30396 Corona, La MC 173 Yf 123
06469 Coronada, La BA 134 Ub 115
14298 Coronada, La CO 150 Ud 119
33887 Corondeño AS 29 Tb 89
41760 Coronil, El SE 181 Uc 126
28811 Corpa MD 103 We 106
24740 Corporales LE 42 Td 95
26259 Corporales RI 47 Xa 94
37251 Corporario SA 79 Tc 101
33459 Corrada, La AS 30 Tf 87
46117 Corral Caruana V 123 Zd 111
45880 Corral de Almaguer TO 119 Wf 110
40529 Corral de Ayllón SG 84 Wd 100
46822 Corral de Bru V 142 Zb 114
13190 Corral de Calatrava CR 136 Vf 115
50120 Corral de Cazallo Z 69 Yf 98
50619 Corral de Charles Z 50 Za 95
31500 Corral de Curro NC 68 Yd 95
16842 Corral de Domingo Ramos CU 104 Xe 107
40312 Corral de Duratón SG 84 Wb 101
37607 Corral de Garciñigo SA 98 Ua 105
50617 Corral de Gova Z 68 Yd 96
31311 Corral de la Bárbara NC 49 Yd 95
26559 Corral de la Cañada RI 48 Ya 95
50130 Corral de la Domi Z 88 Zb 100
50678 Corral de la Fraila Z 50 Yf 94
26560 Corral de las Romerales RI 67 Xf 96
50268 Corral de la Virgen Z 68 Yc 99
50741 Corral del Calamaquero Z 88 Zc 100
31382 Corral del Cura NC 49 Yc 95
31251 Corral de Linte NC 49 Yb 93
50619 Corral del Judío Z 50 Za 94
50547 Corral de los Vedaos Z 68 Yc 98
31500 Corral del Pachín NC 68 Yd 96
28594 Corral de Manuel Mondéjar MD 103 We 107
50619 Corral de Meleras Z 50 Yf 94
50268 Corral de Minganares Z 68 Yc 98
09127 Corralejo BU 45 Vf 92
Corralejo GC 199 Ma 176
28190 Corralejo GU 84 Wd 102
40530 Corralejo SG 84 Wc 101
21120 Corrales H 177 Ta 125
24521 Corrales LE 41 Ta 93
49700 Corrales ZA 80 Ub 100
18127 Corrales, Los GR 184 Wb 127
41657 Corrales, Los SE 182 Va 126
46313 Corrales, Los V 122 Ye 111
39400 Corrales de Buelna, Los CB 33 Vf 89
45830 Corrales de Concejo TO 119 Wf 111
47317 Corrales de Duero VA 64 Vf 98
35627 Corrales de las Hermosas GC 199 Le 179
35639 Corrales de la Torre, Los GC 199 Ma 178
50793 Corralet, El Z 90 Aa 101
50139 Corralico de Baerta Z 88 Za 99
50130 Corral Petenero Z 88 Zb 100
02693 Corral-Rubio AB 141 Yd 115
23450 Corral Rubio J 169 Wc 120
50137 Corral Tejero Z 88 Zb 100
32620 Correchouso OR 59 Sd 96
24849 Correcillas LE 43 Ud 91
23213 Correderas, Las J 153 Wc 118
36856 Corredoira PO 39 Rd 94
15816 Corredoiras, As C 27 Rf 90
33010 Corredoria, La AS 31 Ub 88
25134 Corregó L 72 Ad 98
12130 Correntilla, La CS 124 Zf 108
39518 Correpoco CB 33 Ve 89
32315 Correxais OR 41 Sf 94
25285 Corriu, La L 73 Bd 96
01427 Corro VI 47 We 91
45569 Corrochana TO 116 Uf 109
08520 Corró d''Amunt B 74 Cb 98
08520 Corró d''Avall B 74 Cb 99
25556 Corroncui L 53 Af 94
17734 Corsavell GI 55 Cd 95
30591 Cortados, Los MC 173 Za 122
30710 Cortados, Los MC 173 Za 122
22364 Cortalaviña HS 52 Ab 93
27188 Cortapezas LU 40 Sc 92
25721 Cortàs L 54 Be 94
47639 Cortas de Blas VA 63 Vb 98
21230 Corte, La H 163 Tb 121
21359 Corte, La H 163 Tb 121
31210 Cortecampo NC 48 Xe 93
41890 Cortecillas, Las SE 164 Td 122
21209 Corteconcepción H 164 Tc 121
06196 Corte de Peleas BA 148 Tb 116
32636 Cortegada OR 59 Sc 96
32213 Cortegada OR 58 Rf 95
32612 Cortegada OR 59 Sd 96
06209 Cortegana BA 148 Tc 116
06800 Cortegana BA 133 Te 115
21230 Cortegana H 163 Tb 121
32520 Cortegazas OR 39 Re 94
21208 Cortelazor H 163 Tc 121
32411 Cortella OR 58 Re 95
36866 Cortellas, As PO 39 Rc 95
21208 Corterrangel H 163 Tc 121
33116 Cortes AS 31 Ua 90
09193 Cortes BU 46 Wc 95
29679 Cortes MA 190 Uf 130
31530 Cortes NC 68 Yd 97
46312 Cortés V 122 Yf 110
44791 Cortes de Aragón TE 88 Za 103
12127 Cortes de Arenoso CS 123 Zc 107
18814 Cortes de Baza GR 170 Xb 123
29380 Cortes de la Frontera MA 190 Ud 129
46199 Cortes de Pallás V 141 Za 113
19261 Cortes de Tajuña GU 85 Xd 103
29693 Cortesín-La Hedionda MA 190 Ue 130
18196 Cortichuela, La GR 184 Wd 126
09145 Cortiguera BU 46 Wb 92
04638 Cortijada Aljuezar AL 187 Ya 126
18329 Cortijada Arbollar GR 184 Wb 126
18690 Cortijada Barranco y Traba GR 184 Wb 128
18380 Cortijada Barrandillas GR 184 Wa 125
04116 Cortijada Bornos AL 187 Xf 127
04870 Cortijada Campo Bajo AL 186 Xd 124
18690 Cortijada Cantarijján GR 184 Wb 128
35629 Cortijada Cañada de la Mata GC 199 Lf 179
18125 Cortijada Castillejo GR 183 Vf 127
11158 Cortijada de Alquería CA 188 Ua 130
23180 Cortijada de Cañada de Zafra J 168 Wa 121
23649 Cortijada de Capisol J 168 Wa 121
23612 Cortijada de Casasola J 167 Vf 122
04662 Cortijada de Chapí AL 187 Ya 125
23600 Cortijada de Contreras J 168 Wa 122
04212 Cortijada de Febeire AL 186 Xd 125
23529 Cortijada de Gil de Olio J 168 Wc 121
23413 Cortijada de Guadalupe J 169 Wd 120
23460 Cortijada de Guadiana J 169 We 121
18470 Cortijada de Hova Marta GR 185 Wf 126
11392 Cortijada del Aciscar CA 191 Ub 131
23150 Cortijada de La Fresnedilla J 168 Wb 123
11391 Cortijada de La Lapa CA 189 Ub 132

11391 Cortijada de Las Cumbres CA 189 Ub 132
18152 Cortijada de La Sierra GR 184 Wc 126
04887 Cortijada del Chaparral AL 170 Xc 124
04899 Cortijada del Chaparral AL 170 Xc 124
04271 Cortijada del Cura AL 187 Xf 125
04629 Cortijada del Jauro AL 187 Ya 125
14820 Cortijada del Judío Nuevo CO 167 Vb 122
11150 Cortijada de los Atravesados CA 188 Tf 131
18494 Cortijada del Pajarraco GR 185 Wf 127
23649 Cortijada del Peñón J 168 Wa 121
18329 Cortijada de Santa Catalina GR 184 Wb 126
23009 Cortijada de Tarumbillo J 168 Wb 121
35628 Cortijada de Teguereyle GC 199 Lf 179
23650 Cortijada de Torre de Alcázar J 168 Vf 121
23009 Cortijada de Torretoribio J 168 Wb 121
23614 Cortijada de Vado Jaén J 168 Vf 123
18560 Cortijada Doña Marina GR 169 Wd 123
04878 Cortijada El Alamí AL 186 Xd 125
18312 Cortijada El Almendro GR 183 Vf 125
04149 Cortijada El Barranco de García AL 187 Ya 126
04114 Cortijada El Bombón AL 187 Xf 127
04114 Cortijáda El Charco del Lobo AL 187 Xf 127
18380 Cortijada El Nevazo GR 184 Wa 125
18810 Cortijada El Pertiguero GR 170 Xc 124
04271 Cortijada El Pilar AL 187 Xf 125
30170 Cortijada El Rulí MC 157 Yc 120
23006 Cortijada Fuenteleta J 168 Wa 121
04149 Cortijada La Palmerosa AL 187 Ya 127
04711 Cortijada Las Chozas de Redondo AL 186 Xb 128
04619 Cortijada las Jaulas AL 187 Yb 125
04647 Cortijada Las Jaulas AL 187 Yb 124
18564 Cortijada Las Torres GR 184 Wb 125
04140 Cortijada La Torre Vieja AL 187 Ya 127
04277 Cortijada Los Areos AL 187 Xf 126
04271 Cortijada Los Cazaminches AL 187 Xf 125
04149 Cortijada Los Cerrillos AL 187 Ya 127
04270 Cortijada Los Contreras AL 187 Xf 126
04116 Cortijada Los Giménez AL 187 Xf 127
04629 Cortijada Los Gironas de Lisbona AL 187 Xf 125
04114 Cortijada Los Herradas AL 187 Xf 127
04116 Cortijada Los Majanos AL 187 Xf 127
04117 Cortijada Los Matías AL 187 Xf 128
04210 Cortijada Los Morales AL 187 Xe 126
18470 Cortijada Los Retamales GR 185 Wf 126
18181 Cortijada Malajara GR 185 We 125
14700 Cortijada Molino Bajo CO 166 Ue 122
18160 Cortijada Padules GR 185 Wd 125
18600 Cortijada Pataura GR 184 Wc 128
18800 Cortijada Pocopán GR 186 Xb 124
21380 Cortijada Riofrio H 163 Tb 120
23660 Cortijada Ruedo Alto J 168 Vf 123
18494 Cortijada Unquieira GR 185 Wf 127
23180 Cortija de Golosillo J 168 Wa 121
23400 Cortija del Tesorero J 169 We 121
06510 Cortija del Zangallón BA 132 Ta 114
23487 Cortijillos J 169 Wf 122
29711 Cortijillos, Los MA 183 Vf 127
41599 Cortijillos, Los SE 182 Vb 125
18815 Cortijillos de Campocámara GR 170 Xa 122
28669 Cortijo, El MD 102 Wa 106
26007 Cortijo, El RI 48 Xc 94
18562 Cortijo Aguas de los Sauces GR 169 Wd 124
11400 Cortijo Algarve CA 180 Tf 127
11150 Cortijo Altamira CA 188 Tf 131
30440 Cortijo Altarejo MC 156 Ya 120
18569 Cortijo Alto GR 168 Wb 124
23669 Cortijo Alto J 168 Vf 122
29312 Cortijo Alto MA 183 Vd 126
30420 Cortijo Alto MC 156 Yb 119
06430 Cortijo Argallenes BA 150 Ub 117
11630 Cortijo Arrayanosa CA 189 Uc 128
06920 Cortijo Arriba BA 150 Ub 118
18813 Cortijo Azún GR 170 Xa 123
10291 Cortijo Babezuelas CC 115 Ua 111
18700 Cortijo Bajo, El GR 185 We 128
23250 Cortijo Bajo de los Robledos J 154 We 119
18690 Cortijo Bañuelos GR 184 Wb 128
18417 Cortijo Barranco de la Bina GR 185 We 127
06950 Cortijo Barrancos BA 149 Tf 118
04769 Cortijo Barro AL 185 Wf 127
29100 Cortijo Benítez MA 191 Vb 128
14550 Cortijo Blanco CO 167 Vc 123
29602 Cortijo Blanco MA 190 Va 130
04479 Cortijo Brado AL 185 Xa 126
06980 Cortijo Buenavista BA 164 Ua 120
06900 Cortijo Buenvecino BA 149 Tf 119
11400 Cortijo Burujena CA 179 Te 128
10291 Cortijo Cabezuelas CC 115 Ua 111
29230 Cortijo Cadenas MA 183 Vc 127
23760 Cortijo Cansino J 168 Vf 121
06443 Cortijo Canta el Gallo BA 150 Ub 118
23340 Cortijo Cañada Arada J 154 Xa 119
18562 Cortijo Cañada de la Iglesia GR 169 Wd 124
23150 Cortijo Carboneros J 168 Wb 123
06208 Cortijo Carrascal BA 148 Tc 117
41800 Cortijo Carrascalejo SE 179 Te 124
21240 Cortijo Carretero H 163 Sf 121
10291 Cortijo Carrona CC 115 Tf 111
10530 Cortijo Casares de Saliente CC 114 Tf 110
10291 Cortijo Casilla-Grande CC 114 Te 111
11400 Cortijo Castelo CA 180 Te 128
18192 Cortijo Castillejo GR 184 Wd 125
04131 Cortijo Cerro Blanco AL 186 Xe 127
04839 Cortijo Cerro del Muerto AL 171 Xe 122
23487 Cortijo Cerro Miguel J 169 Wf 122
21240 Cortijo Chaparrita H 163 Ta 120
06171 Cortijo Chico de Capela BA 148 Tb 116
23591 Cortijo Chillón J 169 We 122
18810 Cortijo Churrón GR 170 Xb 124
10189 Cortijo Contreras CC 133 Ua 112
06182 Cortijo Cubillo BA 132 Tb 114
04830 Cortijo Cueva Gurillos AL 171 Xf 121
18515 Cortijo Culebra GR 185 We 124
41740 Cortijo de Abajo SE 179 Tf 127
23280 Cortijo de Aceite J 154 Xa 119
13333 Cortijo de Acuña CR 154 Xa 116
35628 Cortijo de Adeje GC 199 Lf 179
02315 Cortijo de Aguamala AB 155 Xc 117
18560 Cortijo de Aguas Morales Alto GR 169 Wd 124
30890 Cortijo de Agüica de Mula MC 171 Ya 122
21240 Cortijo de Aguzaderas Viejas H 163 Ta 120
11370 Cortijo de Ahojiz CA 189 Uc 131
29320 Cortijo de Ahumada MA 182 Vb 126
18814 Cortijo de Alacranes GR 170 Xb 122
23790 Cortijo de Albarizas J 167 Ve 121
41640 Cortijo de Albina SE 182 Uf 125
41640 Cortijo de Alcalá SE 182 Uf 125
11179 Cortijo de Alcántara CA 188 Ua 130
11580 Cortijo de Alcornocalejo CA 189 Ub 129
41400 Cortijo de Alcorrín SE 166 Uf 123
14029 Cortijo de Aldea de Don Gil CO 167 Vd 122
41440 Cortijo de Algarín SE 165 Uc 123
18520 Cortijo de Almazara GR 169 We 123
23260 Cortijo de Almorchón J 154 Wf 119
11630 Cortijo de Alperchite CA 181 Ub 128
13597 Cortijo de Antonio Montoya CR 153 Wa 117
29395 Cortijo de Antonio Moreno MA 182 Uf 127
06330 Cortijo de Antón Sánchez BA 148 Tc 119
18500 Cortijo de Apolo GR 185 Wf 125
29230 Cortijo de Arevalillo MA 182 Vc 127
29690 Cortijo de Argüelles MA 190 Ue 130
23320 Cortijo de Armíndez J 169 We 121
11179 Cortijo de Arroyo Diego CA 189 Ub 131
23266 Cortijo de Arroyo Hondillo J 154 We 118
13344 Cortijo de Asensio CR 154 Wd 117
18820 Cortijo de Astot GR 170 Xd 122
11500 Cortijo de Atalaya CA 188 Td 128
23650 Cortijo de Avozares J 168 Vf 122
30410 Cortijo de Aznar MC 171 Ya 120
10291 Cortijo de Azuguen de Corral CC 114 Tf 111
23489 Cortijo de Barba J 169 Wf 121
23130 Cortijo de Barbahijar J 168 Wb 123
18860 Cortijo de Barches Alto GR 170 Wf 123
18450 Cortijo de Barranco Hondo GR 185 We 126
13344 Cortijo de Barranquillos CR 154 We 118
06110 Cortijo de Barreto BA 147 Se 118
23313 Cortijo de Barriga J 169 We 120
18569 Cortijo de Barrionuevo GR 168 Wb 124
06131 Cortijo de Bartacón BA 147 Se 117
18800 Cortijo de Bas GR 170 Xb 124
18880 Cortijo de Becerra GR 169 Wf 124
23569 Cortijo de Béjar J 169 Wd 122
18880 Cortijo de Belijaca GR 169 Wf 124
18511 Cortijo de Benajara GR 185 Xa 125
06192 Cortijo de Bernardo BA 132 Ta 114
29540 Cortijo de Blancares MA 182 Vb 127
06131 Cortijo de Blas BA 147 Sf 117
04830 Cortijo de Blas Díaz AL 171 Xe 122
11649 Cortijo de Boniches CA 181 Ub 127
29394 Cortijo de Borbollón MA 182 Uf 127
11310 Cortijo de Borondo CA 189 Ue 131
18820 Cortijo de Botardo GR 170 Xd 122
06225 Cortijo de Buenamira BA 149 Te 117
04750 Cortijo de Buenavista AL 185 Xa 128
29100 Cortijo de Buenavista MA 191 Vb 128
06380 Cortijo de Bujardo BA 148 Ta 118
13332 Cortijo de Caballeros CR 138 Xa 116
14650 Cortijo de Cabanillas CO 167 Ve 121
18120 Cortijo de Cabañeros GR 184 Wb 127
41600 Cortijo de Cabeza de Lobo SE 181 Uc 125
14549 Cortijo de Cabezas del Obispo CO 166 Va 124
21240 Cortijo de Cabra Higuera H 163 Ta 121
23649 Cortijo de Cadenas J 168 Wa 121
29314 Cortijo de Calasana MA 183 Vd 126
04830 Cortijo de Calderón AL 171 Xf 122
29320 Cortijo de Calderón MA 182 Va 126
18120 Cortijo de Camacho GR 183 Vf 126
21580 Cortijo de Camorra Alta H 163 Sf 122
41410 Cortijo de Campaniche SE 165 Uc 123
41450 Cortijo de Campoallá SE 165 Ub 121
41450 Cortijo de Candelario Centeno SE 165 Uc 121
14447 Cortijo de Cantarero CO 152 Vd 119
23790 Cortijo de Cantarero J 167 Ve 122
18470 Cortijo de Cantarilla GR 185 Wf 127
13592 Cortijo de Canto Blanco CR 153 Wa 117
10291 Cortijo de Cañada CC 115 Ua 112
29328 Cortijo de Cañada Hermosa MA 182 Va 126
18891 Cortijo de Cañahonda GR 170 Xc 123
23590 Cortijo de Cañaveras J 169 We 122
13200 Cortijo de Capilla CR 137 Wd 115
11400 Cortijo de Cápita CA 180 Tf 127
06800 Cortijo de Capote BA 132 Tc 115
18183 Cortijo de Carbonales GR 185 Wd 125
04839 Cortijo de Carboneros AL 171 Xe 122
41209 Cortijo de Cardona SE 164 Tf 123
02350 Cortijo de Cardos AB 155 Xc 117
11648 Cortijo de Carija CA 181 Ub 127
18830 Cortijo de Carranza GR 170 Xc 121
14029 Cortijo de Carrasquilla CO 167 Vc 121
41130 Cortijo de Cartuja SE 180 Tf 125
23400 Cortijo de Casabajal J 169 Wd 121
02434 Cortijo de Casa Blanca AB 156 Xe 119
06427 Cortijo de Casablanca BA 150 Ud 117
11620 Cortijo de Casablanca CA 188 Ua 128
23592 Cortijo de Casablanca J 169 Wd 121
41400 Cortijo de Casablanca SE 166 Uf 124
41909 Cortijo de Casabuena SE 164 Tf 124
04830 Cortijo de Casa Nueva AL 171 Xe 122
41563 Cortijo de Casasalbillas SE 166 Uf 123
29327 Cortijo de Casillas MA 182 Uf 127
23660 Cortijo de Castañeda J 168 Vf 123
29400 Cortijo de Castaños MA 181 Ue 128
41530 Cortijo de Castellar SE 181 Ud 125
10137 Cortijo de Castilblanco CC 135 Uf 112
14815 Cortijo de Castillarejo CO 168 Vf 124
41659 Cortijo de Castillejo SE 182 Ue 125
29420 Cortijo de Castro MA 182 Uf 128
06170 Cortijo de Ceballos BA 148 Tb 116
18816 Cortijo de Cejo GR 170 Xb 122
18519 Cortijo de Cerrade GR 185 We 125
13332 Cortijo de Cerro Espesillo CR 138 Xa 115
14412 Cortijo de Cerro García CO 151 Vb 118
14940 Cortijo de Cerromoreno CO 167 Vd 123
18830 Cortijo de Cerro Negro GR 170 Xc 122
18818 Cortijo de Chacón GR 170 Xb 122
29170 Cortijo de Chambado MA 183 Ve 127
41540 Cortijo de Chaparrete SE 181 Ue 126
04460 Cortijo de Chapina AL 185 Xa 127
06182 Cortijo de Charco Frio BA 132 Tb 114
29400 Cortijo de Charco Lucero MA 182 Ue 128
18520 Cortijo de Charcones de Abajo GR 169 We 123
18520 Cortijo de Charcones de Arriba GR 169 We 123
06800 Cortijo de Chaves BA 133 Td 116
21870 Cortijo de Chichina H 164 Te 124
23487 Cortijo de Chillar J 170 Wf 122
11392 Cortijo de China CA 189 Ub 131
02312 Cortijo de Chindarga AB 139 Xc 116
13740 Cortijo de Chiriví CR 154 We 117
18858 Cortijo de Chiscar GR 171 Xd 123
29540 Cortijo de Choca MA 182 Vb 127
14620 Cortijo de Chorchas CO 167 Vc 121
13770 Cortijo de Churchis CR 153 Wb 117
41230 Cortijo Décima 2a SE 164 Tf 122
04769 Cortijo de Cintas AL 185 Wf 127
23009 Cortijo de Cirueña J 168 Wc 121
23592 Cortijo de Cobatillas J 169 We 121
11170 Cortijo de Colana CA 188 Ua 130
02484 Cortijo de Collado Tornero AB 155 Xd 118
23196 Cortijo de Colmenares J 168 Wb 122
23747 Cortijo de Conde de Gracia Real J 168 Vf 121
18511 Cortijo de Contreras GR 185 Wf 125
23006 Cortijo de Corbado J 168 Wb 121
41540 Cortijo de Corchuelos SE 181 Ue 125
18561 Cortijo de Cotilfar Alta GR 169 Wd 123
13379 Cortijo de Crespo CR 153 Wb 117
10530 Cortijo de Cuarterón de Chiste CC 114 Te 110
14820 Cortijo de Cuarto Nuevo CO 167 Vb 122
41410 Cortijo de Cuatro Casas SE 181 Uc 125
14549 Cortijo de Culebrilla CO 166 Va 123
23265 Cortijo de Culote J 154 Wf 118
29200 Cortijo de Curiel MA 183 Vd 126
30195 Cortijo de Derramadores MC 171 Xf 120
35629 Cortijo de Diego Alonso GC 199 Lf 179
14440 Cortijo de Diego López CO 152 Vc 118
21649 Cortijo de Dona Juana H 163 Tb 122
04825 Cortijo de Don Bruno AL 171 Xd 123
41570 Cortijo de Don Calixto SE 182 Vb 124
14850 Cortijo de Doncellar CO 167 Ve 123
18830 Cortijo de Don Faustino GR 170 Xc 122
23400 Cortijo de Don Gil J 169 Wd 121
23393 Cortijo de Don Ignacio J 155 Xb 118
35520 Cortijo de Don Juan Feo GC 198 Mc 174
23488 Cortijo de Don Manuel Bedoya J 169 Wf 121
02434 Cortijo de Don Martín AB 155 Xe 119
02449 Cortijo de Don Pedro AB 156 Xf 118

23150 Cortijo de Don Pedro Quesada J 168 Wa 123
18840 Cortijo de Don Segundo GR 170 Xc 122
23340 Cortijo de Don Tristán J 154 Xa 119
23760 Cortijo de Doña Dolores Serrano J 168 Vf 121
14820 Cortijo de Doña Sol CO 167 Vb 121
06195 Cortijo de Doña Teresa BA 132 Tc 116
41370 Cortijo de Dos Hermanas SE 165 Ua 120
23669 Cortijo de El Almendro J 168 Ve 123
13330 Cortijo de Eleuterio CR 155 Xb 116
23760 Cortijo de Encinas J 168 Vf 121
18312 Cortijo de Escalona GR 183 Vf 125
18816 Cortijo de Escribano GR 170 Xb 122
23611 Cortijo de Espanta Palomas J 168 Vf 122
21250 Cortijo de Esteban H 162 Se 121
04830 Cortijo de Faura AL 171 Xf 122
02612 Cortijo de Felipe AB 139 Xc 114
06110 Cortijo de Figueredo BA 147 Sf 119
35649 Cortijo de Fimapaire GC 199 Ma 177
13331 Cortijo de Flores CR 155 Xb 116
13370 Cortijo de Fontalba CR 153 Wa 117
04829 Cortijo de Fuente Alegre AL 171 Xf 123
23590 Cortijo de Fuente Amores J 169 We 122
41727 Cortijo de Fuente Lozana SE 180 Ua 126
18659 Cortijo de Fuente Piedra GR 184 Wb 127
41750 Cortijo de Fuentes SE 181 Ub 126
14820 Cortijo de Galapar CO 167 Vc 121
11595 Cortijo de Gallardo CA 188 Tf 129
29566 Cortijo de Gálvez MA 182 Va 128
04830 Cortijo de Gamonar AL 171 Xe 121
29400 Cortijo de Garapiño MA 190 Ue 128
14600 Cortijo de Garci-Gómez CO 152 Vd 119
18818 Cortijo de Genovés GR 170 Xc 122
18880 Cortijo de Germán GR 185 Wf 124
04692 Cortijo de Giloca AL 171 Ya 124
18816 Cortijo de Giménez GR 170 Xb 122
04130 Cortijo de Gindalba AL 186 Xd 127
14447 Cortijo de Gomarro CO 152 Vd 118
30890 Cortijo de Gómez MC 171 Ya 123
18249 Cortijo de Gomiel GR 168 Wb 124
23215 Cortijo de Granadilla J 154 Wd 118
04813 Cortijo de Granero AL 171 Xf 123
10291 Cortijo de Guadalperalón CC 114 Tf 111
04830 Cortijo de Guadalupe AL 171 Xf 122
41800 Cortijo de Guadiamar SE 164 Te 124
41380 Cortijo de Guadiloca SE 165 Ub 120
14550 Cortijo de Gula CO 167 Vc 123
04479 Cortijo de Haza del Conejo AL 185 Wf 126
23540 Cortijo de Hermosilla J 168 Wc 122
14911 Cortijo de Herrera CO 183 Vc 125
23214 Cortijo de Herrera J 153 Wc 119
29250 Cortijo de Herrera MA 182 Vc 126
21595 Cortijo Dehesa de los Millares H 162 Sd 124
14820 Cortijo Dehesilla CO 167 Vc 122
02436 Cortijo de Híjar AB 156 Ya 118
18890 Cortijo de Hondo de la Vega GR 169 Wf 123
29400 Cortijo de Hornillo MA 182 Uf 128
41703 Cortijo de Hornillo SE 180 Tf 125
41390 Cortijo de Hornillo Viejo SE 165 Ub 120
45480 Cortijo de Hoyas TO 137 Wb 113
30420 Cortijo de Huertecica MC 156 Yc 119
23360 Cortijo de Huerto Perdido J 155 Xb 118
02610 Cortijo de Infierno AB 139 Xb 115
41659 Cortijo de Ipora SE 182 Uf 125
13779 Cortijo de Isaac CR 153 Wa 117
29320 Cortijo de Jaca MA 182 Va 126
41719 Cortijo de Jaime Pérez SE 180 Ua 126
18820 Cortijo de Jerquera GR 170 Xd 121
23479 Cortijo de José Lucio J 170 Xa 121
23470 Cortijo de Judas J 169 Wf 121
29550 Cortijo de la Aguada MA 182 Va 127
14820 Cortijo de la Alamedilla CO 167 Vb 121
41560 Cortijo de la Alamedilla SE 182 Va 125
41740 Cortijo de la Alberquilla SE 180 Tf 127
18530 Cortijo de la Alegría GR 169 We 124
41420 Cortijo de la Alegría SE 166 Ue 123
06477 Cortijo de la Argamasa BA 149 Tf 116
14911 Cortijo de la Argamasilla CO 183 Vc 125
04830 Cortijo de la Arjona AL 171 Xf 122
14880 Cortijo de la Asomada CO 168 Ve 123
18312 Cortijo de la Atalaya GR 183 Ve 125
06105 Cortijo de la Balsa BA 147 Se 117
04117 Cortijo de la Balsica de Andújar AL 187 Xe 128
14840 Cortijo de la Banda CO 167 Vc 123
06519 Cortijo de la Barrosa BA 131 Sf 114
41640 Cortijo de la Beatalobo SE 182 Uf 125
06475 Cortijo de la Bermeja BA 149 Tf 116
06105 Cortijo del Abogado BA 147 Se 117
21100 Cortijo de la Bota H 178 Sf 125
14850 Cortijo de la Caballera CO 167 Vd 122
23479 Cortijo de la Caída J 170 Xa 121
23413 Cortijo de la Calatrava J 169 Wd 120
06195 Cortijo de la Calderona BA 132 Tc 116
23478 Cortijo de la Camoana J 170 Xb 120
23320 Cortijo de la Campanilla J 169 We 120
04560 Cortijo de la Campita AL 186 Xc 127
18820 Cortijo de la Canaleja GR 170 Xc 120
18800 Cortijo de la Canaleja Baja GR 170 Xa 124
23479 Cortijo de la Canalilla J 170 Xa 121
18562 Cortijo de la Cañada GR 184 Wd 124
02480 Cortijo de la Capellanía AB 155 Xd 118
04662 Cortijo de la Capellanía AL 187 Ya 125
23264 Cortijo de la Capilla J 154 Wf 119
29532 Cortijo de la Capuchina Nueva MA 182 Vc 125
04825 Cortijo de la Carne AL 171 Xe 123
23692 Cortijo de la Carraca J 168 Wa 124
41760 Cortijo de la Carrascosa SE 181 Uc 126
41710 Cortijo de la Casa de Coría SE 181 Ub 126
06140 Cortijo de la Cascajosa BA 132 Tb 116
04825 Cortijo de la Casica AL 171 Xe 123
10252 Cortijo de la Casilla CC 115 Ub 111
18516 Cortijo de la Casilla GR 185 We 125
11690 Cortijo de la Catalana CA 181 Ue 127
14549 Cortijo del Acebuchal CO 166 Va 123
06110 Cortijo del Acebuche BA 147 Sf 118
18181 Cortijo de la Centera GR 185 We 124
04430 Cortijo de la Chanata AL 186 Xb 127
11650 Cortijo de la Chirigota CA 181 Ub 127
29210 Cortijo de la Chorrera MA 183 Vd 125
06208 Cortijo de la Colegiata BA 148 Tc 116
21580 Cortijo de la Concepción H 162 Sf 122
41620 Cortijo de la Coronela SE 181 Ue 125
13779 Cortijo de la Cosoja CR 153 Wb 117
Cortijo de la Costilla GC 199 Ma 176
30412 Cortijo de la Cruz del Puerto MC 171 Xf 120
29320 Cortijo de la Cuesta MA 182 Va 126
30890 Cortijo de la Cuesta MC 171 Ya 122
18811 Cortijo de la Cuesta de las Piedras GR 170 Xa 123
02314 Cortijo de la Cueva AB 155 Xd 116
04825 Cortijo de la Cueva AL 171 Xe 123
18820 Cortijo de la Cueva de la Cadena GR 170 Xc 121
18830 Cortijo de la Cueva de los Ruices GR 170 Xb 122
23592 Cortijo de la Dehesa J 169 Wd 121
30420 Cortijo de la Dehesa MC 156 Yb 119
14859 Cortijo de la Dehesa Alta CO 167 Ve 123
41439 Cortijo de la Dehesa Nueva SE 166 Ue 123
02315 Cortijo de la Dehesilla AB 155 Xc 117
11393 Cortijo de la Dehesilla CA 191 Ub 131
41870 Cortijo de la Dehesilla SE 164 Te 124
04210 Cortijo del Administrador AL 186 Xe 126
06477 Cortijo de la Donosa BA 149 Tf 117
41659 Cortijo de la Dueña Alta SE 181 Ue 125
23190 Cortijo de la Encina J 168 Wb 122
29395 Cortijo de la Escalereta MA 182 Uf 127
06106 Cortijo de la Estacada BA 147 Se 117
06475 Cortijo de la Estanquera BA 149 Ua 117
41400 Cortijo de la Estrella SE 166 Uf 123
14540 Cortijo de la Foncubierta CO 166 Vb 123
11630 Cortijo de la Fuensanta CA 181 Uc 128
30195 Cortijo de la Fuenseca MC 156 Xf 120
41479 Cortijo de la Fuente de la Mujer SE 165 Ud 122
13344 Cortijo de la Fuente del Campo CR 154 Wd 117
23660 Cortijo de la Fuente del Espino J 168 Vf 123
18560 Cortijo de la Fuente de los Potros GR 169 Wd 123
21250 Cortijo de la Gama H 162 Se 121
18539 Cortijo de la Girana GR 169 Wf 124
10210 Cortijo de la Gironda CC 115 Ub 111
41540 Cortijo de la Gita SE 181 Ud 126
13332 Cortijo de la Gloria CR 138 Xb 115
18500 Cortijo del Agua GR 185 Wf 125
13343 Cortijo de la Guadineja CR 154 Wf 117
04710 Cortijo del Águila AL 186 Xb 128
04838 Cortijo del Águila AL 171 Xe 122
06477 Cortijo del Águila BA 149 Tf 117
11160 Cortijo del Águila CA 188 Ua 131
23489 Cortijo del Águila J 169 Wf 122
41560 Cortijo de la Habichuela SE 182 Va 125
14029 Cortijo de la Haza de la Caridad CO 166 Va 122
23748 Cortijo de la Herradura J 152 Ve 118
41420 Cortijo de la Herradura SE 165 Ud 124
29520 Cortijo de la Herriza MA 182 Vb 126
41657 Cortijo de la Higuera SE 182 Uf 126
13343 Cortijo de la Higueruela CR 154 Wf 117
23730 Cortijo de la Hincosa J 168 Wa 121
23478 Cortijo de la Hortizuela J 170 Xa 120
02312 Cortijo de la Hoya AB 155 Xc 116
30439 Cortijo de la Hoya MC 156 Yb 120
18830 Cortijo de la Hoya Alta GR 170 Xb 121
02534 Cortijo de la Hoya del Espino de Arriba AB 170 Xd 120
18120 Cortijo de la Huerta de Hoyas GR 184 Vf 127
10164 Cortijo de la Huerta del Zauzar CC 132 Td 113
29530 Cortijo de la Huertezuela MA 182 Vb 125
23320 Cortijo de la Imagen J 169 We 120
30410 Cortijo de Lairón MC 156 Xf 120
04638 Cortijo de la Jara AL 187 Ya 125
13340 Cortijo de la Jara CR 154 Xb 117
41360 Cortijo de la Jarosa SE 165 Ub 122
11390 Cortijo de la Joya CA 189 Uc 132
02486 Cortijo de la Juliana AB 155 Xe 118
30814 Cortijo de la Juncosa MC 172 Yb 122
41440 Cortijo de la Junquilla SE 165 Ud 122
14190 Cortijo de la Jurada CO 167 Vb 122
11649 Cortijo de la Laguna CA 181 Ub 127
23413 Cortijo del Alamillo J 153 Wd 120
11170 Cortijo del Álamo CA 188 Ua 130
23592 Cortijo del Álamo J 169 We 121
29340 Cortijo de la Lapa MA 182 Uf 127
23687 Cortijo de la Lastra Alta J 168 Wa 123
18698 Cortijo del Alcaíde GR 184 Wb 128
41530 Cortijo del Alcornoquillo SE 181 Ue 126
13593 Cortijo del Alhorín CR 152 Vf 117
06182 Cortijo de la Llave BA 132 Tb 114
06800 Cortijo de la Llave BA 132 Td 114
02439 Cortijo de la Lobera AB 156 Ya 118
02410 Cortijo de la Loma AB 156 Ya 118
23298 Cortijo de la Loma J 155 Xd 119
30410 Cortijo de La Loma MC 156 Xf 119
18830 Cortijo de la Losa GR 170 Xc 121
04830 Cortijo del Alto AL 171 Xf 122
04650 Cortijo de la Madroñera AL 187 Xf 125
14820 Cortijo de la Magdalena CO 167 Vc 122
29400 Cortijo de la Majada Vieja MA 190 Uf 128
10199 Cortijo de la Manca CC 132 Td 113
10291 Cortijo de la Mangada Poniente CC 115 Ua 111
41130 Cortijo de la Margazuela SE 180 Tf 126
11150 Cortijo de la Marisma CA 188 Ua 131
41130 Cortijo de la Marmolejo SE 179 Te 125
11179 Cortijo de la Mediana CA 189 Ub 131
18550 Cortijo de la Melera GR 184 Wd 124
18830 Cortijo de la Memoria GR 170 Xc 121
41710 Cortijo de la Mercadeña SE 180 Ub 126
04859 Cortijo de la Merced AL 187 Xe 125
14410 Cortijo del Americano CO 152 Vc 118
11130 Cortijo de la Mesa CA 188 Tf 130
29328 Cortijo de la Mezquita MA 182 Vb 126
06360 Cortijo de la Mimosa BA 149 Td 117
06477 Cortijo de la Mineta BA 149 Tf 117
14549 Cortijo de la Mohedana CO 166 Va 123
18800 Cortijo de la Molinera GR 170 Xa 124
41600 Cortijo de la Montera SE 181 Uc 125
14820 Cortijo de la Moyana CO 167 Vc 122
18550 Cortijo de la Muralla GR 185 Wd 124
23100 Cortijo de la Música J 168 Wc 121
13130 Cortijo de la Nava CR 152 Ve 118
41563 Cortijo de la Nava SE 182 Uf 124
23560 Cortijo de la Nevazuela J 169 Wc 123
41620 Cortijo del Ángel SE 181 Ud 125
18500 Cortijo de la Nogueruela GR 185 Wf 125
23313 Cortijo de la Olivilla Alta J 169 We 120
18270 Cortijo de la Orozca GR 183 Vf 124
04810 Cortijo de la Palma AL 186 Xe 124
11170 Cortijo de la Palmosa CA 188 Ua 130
11180 Cortijo de la Palmosa CA 189 Ub 130
14709 Cortijo de la Palmosa CO 166 Ue 123
13370 Cortijo del Apañado CR 153 Wb 116
18518 Cortijo de la Paridera GR 185 We 125
14749 Cortijo de la Parilla CO 166 Uf 122
23260 Cortijo de la Parilla J 154 Wf 119
41230 Cortijo de la Parrilla SE 165 Ua 122
14440 Cortijo de la Patricia CO 152 Vc 118
06182 Cortijo de la Peralta BA 132 Tb 114
21330 Cortijo de la Perrona H 163 Ta 122
41439 Cortijo de la Picadilla SE 166 Ue 123
06120 Cortijo de la Pila BA 148 Ta 119
06920 Cortijo de la Pipa BA 150 Ub 119
11592 Cortijo de la Plata CA 179 Ua 128
04898 Cortijo de la Polvareda AL 186 Xc 124
11320 Cortijo de la Potrica CA 189 Ud 130
14817 Cortijo de la Presa CO 183 Ve 124
18820 Cortijo de la Presa GR 171 Xd 120
23298 Cortijo de la Puerta J 155 Xc 119
06110 Cortijo de la Quintana BA 147 Sf 119
41530 Cortijo de la Rana SE 181 Ud 125
14820 Cortijo de la Ratosa CO 167 Vb 122
23250 Cortijo del Arcayán J 154 We 119
14620 Cortijo de la Redona CO 167 Vd 121
14911 Cortijo de la Reina CO 182 Vc 125

A B C D E F G H I J K L M N Ñ O P Q R S T U V W X Y Z

14029 Cortijo de la Reina CO 166 Va 122
29540 Cortijo de la Rejanada MA 182 Vb 127
41640 Cortijo de la Romera SE 181 Ue 125
06910 Cortijo del Arrendamiento BA 150 Uc 119
06800 Cortijo del Arroyo del Ciervo BA 132 Tc 114
14859 Cortijo del Arroyuelo CO 167 Ve 122
23485 Cortijo de las Acebadillas J 170 Xa 122
30412 Cortijo de las Aguazaderas MC 171 Xf 121
13343 Cortijo de las Águilas CR 154 We 118
41640 Cortijo de las Aguilillas SE 182 Uf 125
11310 Cortijo de las Aguzaderas CA 189 Ue 131
14549 Cortijo de la Saladilla CO 166 Va 123
41640 Cortijo de la Saladilla SE 181 Ue 125
29540 Cortijo de las Albinas MA 182 Vb 126
30413 Cortijo de las Almenas MC 171 Xe 121
23479 Cortijo de la Salobreja J 169 Wf 121
18816 Cortijo de la Saludada GR 170 Xb 121
23380 Cortijo de las Anchuricas J 155 Xc 118
18820 Cortijo de las Ánimas GR 171 Xd 121
18120 Cortijo de las Ánimas GR 184 Wa 127
23291 Cortijo de las Ánimas J 170 Xb 120
23569 Cortijo de las Ánimas J 169 Wd 123
11180 Cortijo de las Arenas CA 189 Ub 130
29340 Cortijo de las Arenas MA 182 Uf 127
35613 Cortijo de la Sargenta GC 199 Ma 177
02139 Cortijo de la Sarguilla AB 156 Xf 117
41388 Cortijo de Las Barracas SE 165 Uc 121
41804 Cortijo de las Bartolas SE 164 Tf 124
23311 Cortijo de las Bonas J 170 Xa 121
41380 Cortijo de las Campanillas SE 165 Ub 121
18816 Cortijo de las Canalejas GR 170 Xb 121
13343 Cortijo de las Cañadas CR 154 Wf 118
41450 Cortijo de las Cárdenas SE 165 Uc 121
18891 Cortijo de las Casicas GR 170 Xc 123
23006 Cortijo de las Casillas J 168 Wa 121
18812 Cortijo de las Chirlatas GR 170 Xa 124
13130 Cortijo de las Colladillas CR 152 Ve 118
29395 Cortijo de las Cruces MA 182 Uf 126
06939 Cortijo de las Cruzadas BA 150 Ub 118
30890 Cortijo de las Cuestas MC 171 Ya 123
04838 Cortijo de las Cuevas AL 171 Xe 122
21210 Cortijo de las Dehesillas H 164 Td 122
06443 Cortijo de las Desgracias BA 150 Ua 118
18566 Cortijo de las Encebras GR 168 Wb 124
18570 Cortijo de las Encinillas GR 184 Wc 124
29533 Cortijo de la Serafina MA 182 Vb 125
04768 Cortijo de las Eras AL 185 Wf 127
06106 Cortijo de la Sesera BA 147 Se 117
23540 Cortijo de las Fuentes J 169 Wc 122
11650 Cortijo de las Gateras CA 181 Uc 127
18270 Cortijo de las Grañanas GR 183 Vf 124
11392 Cortijo de las Habas CA 189 Ub 131
18816 Cortijo de las Hazadillas GR 170 Xb 121
23485 Cortijo de las Hoyas J 170 Xa 122
23294 Cortijo de las Hoyas J 155 Xc 119
13326 Cortijo de las Huebras CR 154 Xa 117
14540 Cortijo de la Sierrezuela CO 166 Vb 122
41560 Cortijo de la Sierrezuela SE 182 Va 125
23190 Cortijo de la Sima J 168 Wb 122
29327 Cortijo de la Sima MA 182 Va 127
23313 Cortijo de las Irijuelas J 169 Wf 120
41710 Cortijo de las Jaretas SE 181 Uc 127
23469 Cortijo de las Laderas J 169 Wf 121
06110 Cortijo de las Lapas BA 147 Se 118
10194 Cortijo de las Lapas CC 114 Tf 110
13343 Cortijo de las Loberas CR 154 Xa 117
04694 Cortijo de las Lomas AL 171 Ya 124
29200 Cortijo de las Lomas MA 183 Vd 126
18820 Cortijo de las Lomas de Arriba GR 171 Xe 121
18220 Cortijo de las Mercedes GR 184 Wc 124
10250 Cortijo de las Mesas CC 115 Uc 111
10530 Cortijo de las Mesas CC 114 Tf 110
18451 Cortijo de las Minas GR 185 We 126
06183 Cortijo de las Monjas BA 132 Tb 115
18891 Cortijo de las Monjas GR 170 Xc 124
29540 Cortijo de las Monjas MA 182 Vb 126
41640 Cortijo de las Mozas SE 182 Uf 125
18260 Cortijo de las Navas GR 184 Wa 124
13332 Cortijo de las Nogueras CR 138 Xa 115
18564 Cortijo de las Nogueras GR 184 Wb 124
23150 Cortijo de la Solana J 168 Wa 123
29327 Cortijo de la Soterraña MA 182 Va 127
23650 Cortijo de las Pedruscosas J 168 Wa 122
11648 Cortijo de las Peñas CA 179 Ua 127
18816 Cortijo de las Peñuelas GR 170 Xa 122
41719 Cortijo de las Peñuelas SE 180 Ua 126
29540 Cortijo de las Perdices MA 182 Vc 127
10291 Cortijo de las Pila CC 115 Tf 111
29400 Cortijo de las Pilas MA 182 Uf 128
29570 Cortijo de las Proveedoras MA 182 Vc 128
06443 Cortijo de las Provincias BA 150 Ub 118
10291 Cortijo de las Puertas CC 115 Ua 111
02449 Cortijo de las Ramblas AB 156 Xf 118
02436 Cortijo de las Ramblas AB 156 Ya 118
18820 Cortijo de las Ramblas GR 171 Xd 120
41760 Cortijo de las Reyertas SE 181 Uc 127
18816 Cortijo de las Tabernillas GR 170 Xb 121
11579 Cortijo de la Suara CA 188 Ua 129
41420 Cortijo de la Suerte SE 166 Ue 124
41400 Cortijo de la Suerte SE 166 Uf 123
14549 Cortijo de las Uvadas CO 166 Vb 123
18561 Cortijo de las Vacas GR 169 Wd 123
06182 Cortijo de las Valencianas BA 132 Tb 114
14840 Cortijo de las Vegas CO 167 Vc 123
14440 Cortijo de las Veguillas CO 152 Vc 118
29250 Cortijo de las Ventanas MA 182 Vc 126
14547 Cortijo de las Ventas CO 166 Va 123
06380 Cortijo de las Veranas BA 148 Tb 118
41429 Cortijo de las Yeguas SE 165 Ud 123
23265 Cortijo de la Tablilla J 154 Wf 118
18500 Cortijo de la Tala GR 185 Wf 125
23592 Cortijo del Atanor J 169 Wd 122
18858 Cortijo de la Tejera GR 170 Xd 122
04830 Cortijo de la Tendera AL 171 Xf 122
02536 Cortijo de la Toba AB 155 Xe 119
06380 Cortijo de la Torre BA 148 Tb 119
23760 Cortijo de la Torre J 168 Vf 121
02486 Cortijo de la Torre de Raspilla AB 155 Xd 118
41640 Cortijo de la Turquilla SE 182 Uf 124
23569 Cortijo de la Umbría J 169 We 123
23591 Cortijo de la Urraca J 169 We 122
04769 Cortijo de la Vega AL 185 Wf 127
14540 Cortijo de la Vega CO 166 Vb 123
13343 Cortijo de la Vega CR 154 Xa 117
13341 Cortijo de la Vega CR 154 Xa 117
23230 Cortijo de la Ventilla J 154 Wd 120
29566 Cortijo de la Ventilla MA 182 Va 128
14280 Cortijo de la Ventosa CO 151 Uf 117
10194 Cortijo de la Ventosilla CC 114 Tf 111
14820 Cortijo de la Ventosilla CO 167 Vc 122
41719 Cortijo de la Ventosilla SE 180 Ub 126
18120 Cortijo de la Vera GR 184 Vf 126
14709 Cortijo de la Verduga CO 166 Ud 122
30410 Cortijo de la Vereda MC 171 Ya 120
29420 Cortijo de la Víbora Baja MA 182 Va 128
10200 Cortijo de la Viña CC 133 Ua 112
29100 Cortijo de la Viuda MA 191 Vb 128
41500 Cortijo de la Viuda SE 180 Ub 125
14512 Cortijo de la Yegüeriza CO 182 Vb 124
11400 Cortijo de la Zarpa CA 180 Tf 128
14820 Cortijo de la Zarza CO 167 Vb 122
18820 Cortijo de la Zarza GR 171 Xe 121
11630 Cortijo de la Zorrilla CA 180 Ub 128
11648 Cortijo de la Zorrilla CA 180 Ua 127
02434 Cortijo del Baire AB 156 Xe 119
06195 Cortijo del Barbudo BA 132 Tb 116
18659 Cortijo del Barranco del Agua GR 184 Wc 127
04480 Cortijo del Barranco de los Caballos AL 185 Xa 127
10291 Cortijo del Barranquillo CC 115 Ua 111
41530 Cortijo del Barro SE 181 Uc 126
02484 Cortijo del Batán AB 155 Xd 119
18816 Cortijo del Batán GR 170 Xb 122
14413 Cortijo del Berrocal CO 151 Vb 118
41563 Cortijo del Borreguero SE 166 Uf 124
18858 Cortijo del Bosque GR 170 Xd 123
14749 Cortijo del Bramadero Bajo CO 166 Ue 122
21390 Cortijo del Bravo H 163 Ta 120
11170 Cortijo del Brecial CA 188 Ua 130
11400 Cortijo del Bujón CA 179 Tf 128
13592 Cortijo del Burcio CR 153 Wa 117
18567 Cortijo del Burgalés GR 169 Wc 123
06380 Cortijo del Caballero Alto BA 148 Ta 119
06519 Cortijo del Cabila BA 131 Sf 114
14549 Cortijo del Calerón Bajo CO 166 Va 123
02430 Cortijo del Campillo AB 156 Ya 118
04810 Cortijo del Campillo AL 171 Xd 124
23479 Cortijo del Cantalar J 170 Xa 121
29540 Cortijo del Cañaveralejo MA 182 Vb 126
23488 Cortijo del Capellán J 169 We 122
18800 Cortijo del Capricho GR 170 Xb 124
41410 Cortijo del Caracolillo SE 181 Uc 125
18870 Cortijo del Carcajal GR 185 Xa 124
18310 Cortijo del Cardador GR 183 Vf 126
13594 Cortijo del Cardeal CR 153 Vf 118
10530 Cortijo del Cardoso CC 114 Tf 110
14029 Cortijo del Carmen CO 167 Vd 121
13344 Cortijo del Carraquillo CR 154 We 117
10292 Cortijo del Carrascal CC 115 Ub 111
10161 Cortijo del Castillejo CC 133 Tf 114
23130 Cortijo del Castillo J 168 Wc 123
11180 Cortijo del Cermeño CA 189 Ub 130
41860 Cortijo del Chamorro SE 164 Tf 124
06476 Cortijo del Chaparral BA 149 Tf 116
14940 Cortijo del Chaparral CO 167 Vd 123
41620 Cortijo del Charco SE 181 Ue 125
14940 Cortijo del Charcón CO 167 Vd 123
18192 Cortijo del Chato GR 184 Wd 125
18128 Cortijo del Chato GR 183 Ve 126
04629 Cortijo del Chavo AL 187 Ya 125
41410 Cortijo del Chiste SE 165 Uc 124
18568 Cortijo del Chopo GR 169 Wd 124
29540 Cortijo del Chopo MA 182 Vb 127
14800 Cortijo del Cojo Serrano CO 183 Ve 124
02489 Cortijo del Collado AB 155 Xd 119
30420 Cortijo del Collado MC 156 Yb 118
02436 Cortijo del Collado Alto AB 156 Ya 118
02485 Cortijo del Collado de Carrasco AB 155 Xd 118
02410 Cortijo del Collado del Rayo AB 156 Ya 117
18820 Cortijo del Collado Serrano GR 170 Xd 120
11170 Cortijo del Colorado CA 188 Ua 130
18820 Cortijo del Condado GR 170 Xd 121
18515 Cortijo del Conejo GR 169 We 124
18880 Cortijo del Conejo GR 185 Wf 124
14900 Cortijo del Corchado CO 183 Vd 125
41710 Cortijo del Corcovado SE 181 Ub 126
23592 Cortijo del Coronel J 169 We 121
18816 Cortijo del Corralón GR 170 Xb 121
23610 Cortijo del Coto J 168 Wa 122
14270 Cortijo del Cuartanero CO 151 Uf 118
41420 Cortijo del Cuarto de la Casa SE 165 Ud 123
41400 Cortijo del Cucarón SE 166 Uf 123
04130 Cortijo del Cuco AL 186 Xd 127
21540 Cortijo del Cuco H 177 Se 124
41470 Cortijo del Cuervo SE 165 Ud 122
23240 Cortijo del Culebrón J 154 Wd 119
06196 Cortijo del Cura BA 148 Tc 116
06110 Cortijo del Cura Lechero BA 147 Sf 118
04549 Cortijo del Cura Morales AL 186 Xc 125
18820 Cortijo del Curica GR 170 Xd 121
13331 Cortijo del Curilla CR 138 Xb 116
29754 Cortijo del Daire MA 184 Wa 127
23469 Cortijo del Desillo J 169 We 121
30814 Cortijo del Dorado de Arriba MC 172 Yb 122
11170 Cortijo del Dorapila CA 188 Ua 130
14840 Cortijo del Duende CO 167 Vd 123
14511 Cortijo del Duque CO 183 Vc 124
18127 Cortijo del Duro GR 184 Wb 127
23750 Cortijo del Empalme J 167 Vf 121
14820 Cortijo del Encineño CO 167 Vc 122
06182 Cortijo de León BA 132 Tb 114
13370 Cortijo de León CR 153 Wc 117
23250 Cortijo de Lero J 154 We 119
18830 Cortijo del Escribano GR 170 Xc 121
23410 Cortijo del Escribano J 154 We 120
18564 Cortijo del Escúzar GR 184 Wb 124
41479 Cortijo del Esparragal SE 165 Ud 122
41500 Cortijo del Estanquero SE 180 Ub 125
18858 Cortijo del Fayo GR 171 Xe 122
18560 Cortijo del Fistel GR 169 Wd 124
29210 Cortijo del Fraile MA 183 Vd 125
14530 Cortijo del Frenil CO 167 Vb 122
18859 Cortijo del Gallinero GR 170 Xd 123
18891 Cortijo del Gatal GR 170 Xc 123
18830 Cortijo del Girón GR 170 Xc 121
11158 Cortijo del Grullo CA 188 Ua 130
41620 Cortijo del Grullo SE 181 Ud 124
06370 Cortijo del Guarda BA 148 Tc 118
11160 Cortijo del Guarda CA 188 Ua 131
21240 Cortijo del Hornito H 163 Ta 120
18814 Cortijo del Horno GR 170 Xb 122
04100 Cortijo del Hualí Nuevo AL 186 Xe 127
04210 Cortijo del Humo AL 187 Xf 127
14920 Cortijo del Improviso CO 167 Vb 123
41640 Cortijo del Inglés SE 182 Uf 125
06007 Cortijo de Liviana BA 132 Ta 115
23569 Cortijo del Jaral J 169 Wd 122
14029 Cortijo del Jarillo CO 167 Vd 121
41019 Cortijo del Judío SE 164 Ua 124
23240 Cortijo del Juncal J 154 We 120
41566 Cortijo del Juncarejo SE 182 Va 125
41740 Cortijo del Labrador SE 179 Tf 127
23489 Cortijo del Lagar J 169 Wf 121
41500 Cortijo de Llamas SE 180 Ub 125
44340 Cortijo de Llano TE 106 Ye 103
30440 Cortijo del Leonés MC 156 Yb 119
04830 Cortijo del Llano AL 171 Xf 121
30890 Cortijo del Llano MC 171 Ya 122
11170 Cortijo del Lobo CA 188 Tf 130
18370 Cortijo del Lobo GR 184 Wa 126
18859 Cortijo del Madroñal GR 170 Xd 123
21239 Cortijo del Majadal H 163 Ta 121
18160 Cortijo del Manantial GR 185 Wd 125
23600 Cortijo del Manchego J 168 Vf 122

23214 Cortijo del Manto J 153 Wb 119
23560 Cortijo del Manzanares J 169 Wd 123
18560 Cortijo del Mármel GR 169 Wd 123
41550 Cortijo del Marqués SE 182 Va 125
23747 Cortijo del Marqués de la Merced J 168 Vf 120
23006 Cortijo del Marqués de Verdejo J 168 Wb 122
21500 Cortijo del Matiloso H 163 Sf 124
11178 Cortijo del Médico CA 189 Ua 129
18260 Cortijo del Menchón GR 184 Wa 124
14940 Cortijo del Mingarrón CO 167 Vc 124
41400 Cortijo del Mochalejo SE 166 Ue 123
06840 Cortijo del Mochuelo BA 149 Te 116
30890 Cortijo del Monie MC 171 Xf 122
41400 Cortijo del Montecillo SE 166 Va 123
18811 Cortijo del Moreno GR 170 Xa 122
41620 Cortijo del Morisco SE 181 Ud 125
18816 Cortijo del Moro GR 170 Xb 121
29491 Cortijo del Moro MA 189 Ue 129
14660 Cortijo del Morrón CO 167 Ve 121
18816 Cortijo del Nacimiento GR 170 Xb 121
29520 Cortijo del Navazo MA 182 Vb 126
04825 Cortijo del Nebral AL 171 Xe 123
18860 Cortijo del Negratín GR 169 Xa 123
11650 Cortijo del Novillero CA 181 Uc 127
04650 Cortijo del Olalla AL 187 Xf 125
23294 Cortijo del Olivanco J 155 Xd 119
06195 Cortijo del Olivar BA 132 Tb 116
13248 Cortijo del Olmo CR 138 Wf 115
23569 Cortijo de Lomana J 169 Wd 123
14445 Cortijo del Oreganal CO 152 Ve 118
23265 Cortijo de Lorente J 154 Wf 118
04829 Cortijo de los Adanes AL 171 Xf 122
41710 Cortijo de los Aguaciles Altos SE 180 Ub 127
30890 Cortijo de los Agustinos MC 171 Ya 123
30410 Cortijo de los Álamos MC 156 Ya 119
04830 Cortijo de los Almagreros AL 171 Xf 121
06182 Cortijo de los Almorchones BA 132 Ta 114
04728 Cortijo de los Amates AL 186 Xb 127
18511 Cortijo de los Andaluces GR 185 Wf 125
04131 Cortijo de los Andújares AL 186 Xe 127
13779 Cortijo de los Aparceros CR 153 Wb 117
29330 Cortijo de los Arcos MA 182 Va 126
23616 Cortijo de los Ares J 168 Wa 123
14511 Cortijo de los Ávalos CO 182 Vc 124
30413 Cortijo de los Ballesteros MC 171 Xe 120
13330 Cortijo de los Baños CR 155 Xb 117
18858 Cortijo de los Barrancos GR 171 Xd 123
13343 Cortijo de los Barrenas CR 154 We 117
11150 Cortijo de los Benitos del Lomo CA 188 Tf 131
18820 Cortijo de los Bequerones GR 170 Xd 122
18500 Cortijo de los Bernabeles GR 185 Wf 125
04825 Cortijo de los Blancos AL 171 Xe 123
29451 Cortijo de los Blanquizales MA 190 Uf 129
23485 Cortijo de los Blaquillos J 170 Xa 122
30890 Cortijo de los Bonillos MC 171 Ya 123
06477 Cortijo de los Calerizos BA 149 Tf 116
18830 Cortijo de los Cánovas GR 170 Xb 121
13342 Cortijo de los Carboneros CR 154 Xa 117
41370 Cortijo de los Cardales SE 165 Ub 121
14447 Cortijo de los Carreteros CO 152 Vd 119
14911 Cortijo de los Castillas CO 183 Vc 124
04715 Cortijo de los Cerilios AL 185 Xb 128
04830 Cortijo de los Cerricos AL 171 Xe 122
18820 Cortijo de los Cerros de Abajo GR 171 Xe 121
29530 Cortijo de los Chacones MA 182 Vb 125
11179 Cortijo de los Charcones CA 188 Ua 131
04825 Cortijo de los Chaveses AL 171 Xe 123
23193 Cortijo de los Ciervos J 168 Wc 123
06476 Cortijo de los Codrios BA 149 Te 116
23538 Cortijo de los Cornetales J 169 Wd 122
18550 Cortijo de los Diablos GR 184 Wc 124
23320 Cortijo de los Elementos J 169 We 120
18566 Cortijo de los Espinares GR 168 Wc 124
23592 Cortijo de los Fierrales J 169 We 122
14440 Cortijo de los Frailes CO 152 Vc 119
23590 Cortijo de los Frailes J 169 We 122
23297 Cortijo de los Galdones J 155 Xc 119
41440 Cortijo de los Gallos SE 165 Uc 123
06380 Cortijo de los Galvanes BA 148 Ta 119
18816 Cortijo de los Garandinos GR 170 Xb 122
18270 Cortijo de los Gitanos GR 184 Wa 124
06498 Cortijo de los Granadinos BA 132 Tc 116
02489 Cortijo de los Habares y de Silvestre AB 155 Xd 119
23479 Cortijo de los Hoyos de Plaza J 169 Xa 121
13326 Cortijo de los Hoyuelos CR 154 Xa 116
11580 Cortijo de los Isletes CA 188 Ua 129
04830 Cortijo de los Jiménez AL 171 Xf 122
30890 Cortijo de los Jordanes MC 171 Ya 123
14600 Cortijo de los Lázaros CO 152 Vd 119
41130 Cortijo de los Leones SE 180 Tf 126
11648 Cortijo de los Llanos CA 180 Ub 127
14857 Cortijo de los Llanos CO 167 Vd 123
14460 Cortijo de los Llanos CO 151 Va 118
18840 Cortijo de los Llanos GR 170 Xc 122
18120 Cortijo de los Llanos GR 184 Wa 126
02125 Cortijo de los Luisos AB 156 Xf 117
21580 Cortijo de los Madroñuelos H 163 Sf 122
21207 Cortijo de los Majalejos H 163 Tc 122
04813 Cortijo de los Marianes AL 171 Xf 124
18820 Cortijo de los Mirabetes GR 170 Xc 121
14820 Cortijo de los Montecitos CO 167 Vc 121
23529 Cortijo de los Montoros J 169 Wc 121
06840 Cortijo de los Morales BA 149 Te 116
30890 Cortijo de los Morales MC 171 Ya 122
18820 Cortijo de los Morenos GR 171 Xd 121
29230 Cortijo de los Navazos MA 183 Vc 127
41460 Cortijo de los Nogalillos SE 165 Ud 121
06476 Cortijo de los Novillos BA 149 Te 116
18530 Cortijo de los Olivares GR 169 We 123
41150 Cortijo de los Olivillos SE 179 Tf 125
11630 Cortijo de los Olivos CA 180 Ua 127
13248 Cortijo de los Palacios CR 138 Wf 116
11149 Cortijo de los Palominos CA 188 Tf 131
18270 Cortijo de los Palominos GR 184 Wa 124
30420 Cortijo de los Panes MC 156 Yc 119
13411 Cortijo de los Peñoncillos CR 135 Vb 115
04113 Cortijo de los Pescadores AL 187 Xe 127
23369 Cortijo de los Pesebres J 154 Xb 118
11595 Cortijo de los Piletas CA 188 Ua 129
11170 Cortijo de los Portichuelos CA 188 Ua 130
11180 Cortijo de los Poyales CA 189 Ub 130
04825 Cortijo de los Prades AL 171 Xd 123
14600 Cortijo de los Prados CO 167 Vd 121
23120 Cortijo de los Prados J 169 Wc 122
02484 Cortijo de los Prados Altos AB 155 Xd 118
23592 Cortijo de los Propios J 169 We 121
06228 Cortijo de los Puertos BA 149 Ua 117
18860 Cortijo de los Puntales GR 170 Xa 124
10200 Cortijo de los Quintos de San Pedro CC 133 Ua 112
18820 Cortijo de los Ratones GR 171 Xd 121
18830 Cortijo de los Rayones GR 170 Xc 121
14660 Cortijo de los Rubios CO 167 Ve 121
02512 Cortijo de los Ruices AB 157 Yc 116
41130 Cortijo de los Sartenejales SE 179 Tf 125
14859 Cortijo de los Sercanos CO 167 Vd 122
04830 Cortijo de los Serranos AL 171 Xe 121
02130 Cortijo de los Suancias AB 155 Xe 117
18814 Cortijo de los Términos GR 170 Xb 123
14729 Cortijo de los Trances CO 166 Uf 122
04440 Cortijo de los Trazas AL 186 Xb 126
23320 Cortijo de los Vadillos J 169 We 120
41500 Cortijo de los Valles SE 180 Ub 125
10252 Cortijo de los Vallespedros CC 115 Ub 111
04825 Cortijo de los Venteos AL 171 Xe 123
23649 Cortijo de los Yesos J 168 Wa 122
11691 Cortijo de los Zapateros CA 181 Ue 127
14550 Cortijo de los Zapateros CO 167 Vb 123
30410 Cortijo del Paletón MC 156 Xf 120
29250 Cortijo del Palomar MA 182 Vc 126
23340 Cortijo del Palomo J 154 Xa 118
18539 Cortijo del Parador GR 169 Wf 123
18560 Cortijo del Paulejo GR 169 Wd 123
18314 Cortijo del Pecho de la Mata GR 183 Ve 126
30810 Cortijo del Peñón MC 171 Ya 121
04830 Cortijo del Peral AL 171 Xf 122
18500 Cortijo del Perro GR 185 Wf 125
41560 Cortijo del Perulero SE 182 Va 124
23488 Cortijo del Pilón J 169 We 122
04825 Cortijo del Pinar AL 171 Xe 123
11370 Cortijo del Pino CA 189 Ud 131
14900 Cortijo del Pleito CO 183 Vd 125
04230 Cortijo del Pocico AL 186 Xc 127
23380 Cortijo del Pocino J 155 Xc 118
18192 Cortijo del Polvorista GR 184 Wd 125
18512 Cortijo del Portero GR 185 Wf 125
06195 Cortijo del Portugués BA 132 Tb 116
06427 Cortijo del Postuero BA 150 Ud 117
06209 Cortijo del Potosí BA 148 Tc 116
23479 Cortijo del Poyo J 170 Xa 121
18840 Cortijo del Pozo GR 170 Xc 122
04117 Cortijo del Pozo de Gálvez AL 187 Xe 128
23615 Cortijo del Pozo de la Orden J 168 Ve 122
41400 Cortijo del Prado SE 166 Va 123
41440 Cortijo del Prato SE 165 Ud 123
18810 Cortijo del Puente GR 170 Xb 124
02459 Cortijo del Puerto AB 155 Xd 118
18314 Cortijo del Ranchuelo GR 183 Vf 126
13592 Cortijo del Rasino CR 152 Vf 117
10291 Cortijo del Raso CC 115 Tf 111
29320 Cortijo del Ratero MA 182 Va 126
29250 Cortijo del Realengo MA 183 Vc 125
23478 Cortijo del Recado J 170 Xb 120
18818 Cortijo del Rey GR 170 Xb 122
18511 Cortijo del Rey GR 185 Wf 125
30410 Cortijo del Rey MC 156 Xf 120
06106 Cortijo del Rincón BA 147 Se 117
06012 Cortijo del Rincón BA 132 Sf 115
06193 Cortijo del Rincón de Gila BA 132 Ta 114
41530 Cortijo del Risquillo SE 181 Ud 126
11693 Cortijo del Romeral CA 182 Uf 127
18840 Cortijo del Romo GR 170 Xc 122
23120 Cortijo del Rompedizo J 169 Wc 122
23485 Cortijo del Rubiel J 169 Xa 122
18820 Cortijo del Saladillo GR 171 Xd 121
18564 Cortijo del Saladillo GR 168 Wb 124
23539 Cortijo del Santo J 169 Wd 121
41479 Cortijo del Saucejo SE 165 Ud 121
41400 Cortijo del Segador SE 166 Uf 123
14549 Cortijo del Serrano CO 166 Vb 123
06330 Cortijo del Sesmo BA 149 Td 119
18891 Cortijo del Sillero GR 170 Xc 123
18512 Cortijo del Sobrestante GR 185 Wf 125
10194 Cortijo del Sotillo CC 114 Te 110
14913 Cortijo del Soto CO 183 Vc 125
41620 Cortijo del Soto SE 181 Ud 125
23748 Cortijo del Tagarrillar J 152 Ve 118
23485 Cortijo del Talancar J 170 Xa 122
23213 Cortijo del Tamara J 153 Wc 119
04830 Cortijo del Tambor AL 171 Xf 122
14447 Cortijo del Templado CO 152 Vd 119
06939 Cortijo del Tío Piche BA 149 Ua 118
41410 Cortijo del Toril SE 165 Uc 123
21540 Cortijo del Toril Nuevo H 162 Se 124
41620 Cortijo del Tortolero SE 181 Ud 125
41727 Cortijo del Torviscal SE 179 Ua 126
41450 Cortijo del Travieso SE 165 Uc 122
18515 Cortijo del Tuerto GR 185 We 124
18812 Cortijo del Túnel GR 170 Xa 124
23260 Cortijo de Lucas J 154 Wf 119
14447 Cortijo de Lucas Muraño CO 152 Vd 119
29471 Cortijo de Lucía MA 182 Va 127
14820 Cortijo de Luis Díaz CO 167 Vc 121
23479 Cortijo del Vadillo de Castril J 170 Xa 121
23713 Cortijo del Vado J 153 Wc 120
02485 Cortijo del Vado de Tus AB 155 Xd 118
23569 Cortijo del Val J 169 Wd 123
04830 Cortijo del Valenciano AL 171 Xe 122
11560 Cortijo del Ventu CA 179 Te 127
41560 Cortijo del Villar SE 182 Va 125
41400 Cortijo del Villar SE 166 Uf 124
11170 Cortijo del Vínculo CA 188 Ua 130
41980 Cortijo del Vizcaíno SE 164 Tf 124
23590 Cortijo del Vizco J 169 We 122
11170 Cortijo del Yeso CA 188 Ua 130
30890 Cortijo del Zarzalico MC 171 Ya 123
02434 Cortijo de Macalones AB 156 Xf 118
11180 Cortijo de Macote CA 189 Ub 130
06182 Cortijo de Madroño BA 132 Tb 115
14480 Cortijo de Maestro CO 151 Va 119
41710 Cortijo de Majalquivir SE 181 Ub 126
14820 Cortijo de Malabrigo CO 167 Vb 122
18859 Cortijo de Malagón GR 170 Xd 123
18810 Cortijo de Malagón GR 170 Xb 123
41610 Cortijo de Malajuncia SE 181 Uc 125
18830 Cortijo de Malaño GR 170 Xd 121
41429 Cortijo de Mamé SE 165 Ud 123
14270 Cortijo de Mano Soberbia CO 151 Uf 117
11650 Cortijo de Marcegoso CA 181 Uc 127
18870 Cortijo de Marchales GR 185 Xa 124
41500 Cortijo de Marchamorón SE 181 Ub 125
11207 Cortijo de Marchenilla CA 191 Ud 132
06380 Cortijo de Marianes BA 148 Tb 118
41420 Cortijo de Marifernández SE 166 Ud 123
23400 Cortijo de Marimingo J 169 Wd 121
18564 Cortijo de Marino Vega GR 168 Wc 124
23130 Cortijo de Marisánchez J 168 Wc 123
10370 Cortijo de Marisancho CC 115 Uc 111
23750 Cortijo de Marmolejo J 167 Vf 121
06800 Cortijo de Márquez BA 132 Tc 115
18511 Cortijo de Marraclán GR 185 Xa 125
41600 Cortijo de Martinazo SE 181 Uc 125
18830 Cortijo de Masegosa GR 170 Xc 121
13379 Cortijo de Mata CR 153 Wa 117
41500 Cortijo de Matallana SE 181 Ub 125
18891 Cortijo de Mazarra GR 170 Xc 123
06800 Cortijo de Mazas BA 132 Tc 116
18515 Cortijo de Mecina GR 185 We 124
06380 Cortijo de Media Torre BA 148 Ta 119
41410 Cortijo de Mejía SE 165 Uc 123
14850 Cortijo de Melenas CO 167 Vd 122
41740 Cortijo de Melendo SE 180 Tf 127
18538 Cortijo de Melerillas GR 169 Wf 123
13333 Cortijo de Melgarejo CR 138 Wf 116
23009 Cortijo de Mendo J 168 Wb 122
41740 Cortijo de Micones SE 179 Tf 127
14859 Cortijo de Mirabuenos CO 167 Ve 122
14709 Cortijo de Miravalles CO 166 Ud 123

41440 Cortijo de Mochales SE 165 Uc 123
10199 Cortijo de Moheda CC 132 Tc 113
29314 Cortijo de Mola MA 183 Vd 126
41450 Cortijo de Molgado SE 165 Uc 122
41320 Cortijo de Monge SE 165 Ua 123
23260 Cortijo de Monsálvez J 154 Wf 119
23487 Cortijo de Montalvo J 170 Wf 123
14820 Cortijo de Montefrío Alto CO 167 Vc 122
41410 Cortijo de Montenegro SE 181 Uc 124
41727 Cortijo de Montera SE 179 Ua 126
41400 Cortijo de Montero SE 166 Uf 124
41740 Cortijo de Monterroja SE 180 Tf 127
30613 Cortijo de Mortereta MC 172 Yd 120
23760 Cortijo de Mudapelos J 168 Vf 121
11693 Cortijo de Munición CA 182 Uf 127
13760 Cortijo de Muñoz CR 153 Wd 118
41410 Cortijo de Murillo SE 165 Ub 124
18515 Cortijo de Muros GR 169 Wf 124
29650 Cortijo de Naela MA 191 Vb 129
23313 Cortijo de Narváez J 169 Wf 120
41658 Cortijo de Navacerrada SE 182 Va 126
41530 Cortijo de Nava Grande SE 181 Uc 126
14430 Cortijo de Navajuncosa CO 167 Vc 120
13370 Cortijo de Navalaencina CR 153 Wb 117
21270 Cortijo de Navarredonda H 164 Td 121
02434 Cortijo de Navarro AB 156 Xe 119
29451 Cortijo de Navarro MA 190 Uf 128
23690 Cortijo de Navasequilla J 168 Wb 124
29452 Cortijo de Navazo MA 190 Ue 128
11180 Cortijo de Nobles CA 189 Ub 129
18329 Cortijo de Noniles GR 184 Wb 126
14029 Cortijo de Nora del Cojo CO 167 Vd 121
41410 Cortijo de Nuestra Señora del Socorro SE 165 Ub 124
41540 Cortijo de Obra Pía SE 181 Ue 125
04560 Cortijo de Ochotorena AL 186 Xc 127
41530 Cortijo de Ojuelo SE 181 Uc 125
18817 Cortijo de Onofre GR 170 Xb 123
18515 Cortijo de Onrrubia GR 169 We 124
18891 Cortijo de Orgalla GR 170 Xd 123
23590 Cortijo de Pablo J 169 We 122
14449 Cortijo de Paco El Perito CR 152 Vd 118
18816 Cortijo de Pacos GR 170 Xb 122
23590 Cortijo de Pajares J 169 We 123
29570 Cortijo de Pajares MA 191 Vb 128
11580 Cortijo de Pajarrete CA 189 Ub 129
11180 Cortijo de Palmitoso CA 189 Ub 129
06195 Cortijo de Palomarejo BA 132 Tb 116
23600 Cortijo de Panduro J 168 Vf 122
10194 Cortijo de Parapuños CC 114 Te 111
06110 Cortijo de Paricia BA 147 Se 119
23298 Cortijo de Parralejo J 155 Xc 119
30410 Cortijo de Parriel MC 156 Xf 120
06713 Cortijo de Pasarón BA 134 Uc 114
06960 Cortijo de Pata Caballo BA 149 Ua 119
11179 Cortijo de Pedregosillo CA 189 Ua 130
14447 Cortijo de Pedro Abad CO 152 Vc 119
14870 Cortijo de Pedro Baeza CO 167 Vd 123
29395 Cortijo de Pedro Bueno MA 182 Uf 127
23250 Cortijo de Pedro Manjón J 154 We 119
02139 Cortijo de Pedrosa AB 156 Xe 117
18891 Cortijo de Pedrosa GR 170 Xc 123
23539 Cortijo de Pelotoso J 169 Wc 121
18568 Cortijo de Penate GR 184 Wd 124
41560 Cortijo de Peña SE 182 Vb 125
18564 Cortijo de Peñalver GR 168 Wb 124
04750 Cortijo de Peñas Negras AL 185 Xb 128
29329 Cortijo de Peñuela MA 182 Va 126
23479 Cortijo de Peñuelas J 170 Xa 121
41600 Cortijo de Perafrán SE 181 Uc 125
23006 Cortijo de Perulera J 168 Wb 122
35211 Cortijo de Pichón GC 200 Kd 181
14445 Cortijo de Piedra Empinada CO 152 Ve 119
18800 Cortijo de Piedras Rodadas GR 185 Xa 124
18830 Cortijo de Pinar la Vidriera GR 170 Xc 120
13592 Cortijo de Pinchino CR 153 Wa 118
18127 Cortijo de Pincho GR 184 Wb 127
41730 Cortijo de Pinilla SE 179 Ua 127
18891 Cortijo de Pizarro GR 170 Xd 123
11170 Cortijo de Pocasangre CA 188 Ua 130
23150 Cortijo de Pocopán J 168 Wb 123
23460 Cortijo de Porcel J 169 Wf 121
23392 Cortijo de Portilles J 155 Xb 118
18562 Cortijo de Pozo Alto GR 185 Wd 124
41530 Cortijo de Pozo del Rosal SE 181 Ud 126
14660 Cortijo de Pozodulce CO 167 Vd 122
06290 Cortijo de Pozo Herrera BA 149 Tf 119
14550 Cortijo de Pozotechado CO 167 Vc 123
11180 Cortijo de Pradillo Alto CA 189 Ub 130
02312 Cortijo de Pradogallo AB 155 Xc 117
30812 Cortijo de Prado Jérez MC 171 Ya 121
18830 Cortijo de Prado Puerco GR 170 Xc 120
06475 Cortijo de Prín BA 150 Ua 117
11649 Cortijo de Puertollano CA 181 Ub 127
30413 Cortijo de Pulpite MC 171 Xe 121
41849 Cortijo de Quema SE 180 Te 125
18314 Cortijo de Quijada GR 183 Vf 126
14911 Cortijo de Quirze CO 182 Vc 125
21250 Cortijo de Rabiche H 162 Sf 121
29540 Cortijo de Rábita MA 182 Va 126
41500 Cortijo de Rafael Chacón SE 181 Ub 125
18511 Cortijo de Ramos GR 185 Wf 125
06800 Cortijo de Raposeros de Arriba BA 133 Te 114
18659 Cortijo de Recalde GR 184 Wb 127
11190 Cortijo de Rehuelga CA 189 Ub 131
41400 Cortijo de Reina SE 166 Uf 123
02434 Cortijo de Reolid AB 156 Xf 119
30810 Cortijo de Reverte de Arriba MC 171 Ya 121
29593 Cortijo de Reyes MA 182 Vb 127
23592 Cortijo de Rincón Blanco J 169 We 122
23488 Cortijo de Ríos J 169 Wf 122
11500 Cortijo de Roa La Bota CA 188 Tf 129
23311 Cortijo de Roblado J 169 Xa 120
11630 Cortijo de Robledillo CA 181 Uc 128
29320 Cortijo de Rodahuevos MA 182 Vb 127
02449 Cortijo de Rodríguez AB 156 Xf 117
18181 Cortijo de Romalique GR 185 We 124
11400 Cortijo de Romanito CA 180 Tf 128
14900 Cortijo de Romerico CO 183 Vd 124
06225 Cortijo de Rosita BA 149 Te 117
11580 Cortijo de Rotijón CA 189 Uc 129
41710 Cortijo de Ruchena SE 180 Ub 127
23711 Cortijo de Salcedo J 153 Wb 119
41130 Cortijo de Salgar SE 180 Tf 125
30410 Cortijo de Salinas MC 171 Ya 121
23537 Cortijo de Salmerón J 169 Wd 121
41500 Cortijo de Sanabria SE 180 Ub 125
06477 Cortijo de San Antonio BA 149 Tf 117
23009 Cortijo de San Antonio J 168 Wb 122
23380 Cortijo de San Blas J 155 Xc 118
04692 Cortijo de Sánchez AL 187 Ya 124
23700 Cortijo de Sancho J 168 Wb 120
06731 Cortijo de San Isidro BA 134 Uc 114
06445 Cortijo de San José BA 149 Ua 119
18127 Cortijo de San José GR 184 Wb 127
11650 Cortijo de San Lázaro CA 181 Ub 127
41659 Cortijo de San Lucas SE 182 Uf 125
45720 Cortijo de San Nicasio TO 137 Wd 112
18615 Cortijo de San Nicolás GR 184 Wc 127
41410 Cortijo de San Pablo SE 181 Uc 125
06970 Cortijo de San Pedro BA 149 Ua 119
06195 Cortijo de San Román BA 148 Tb 116
18120 Cortijo de Santa Ana GR 183 Ve 126
45124 Cortijo de Santa Catalina TO 118 Vf 110
13414 Cortijo de Santa Clara CR 136 Vc 115
21240 Cortijo de Santa Clara H 163 Sf 121
29395 Cortijo de Santa Cruz MA 182 Uf 127
41640 Cortijo de Santa Cruz SE 182 Uf 125
41620 Cortijo de Santa Eulalia SE 181 Ud 125
06200 Cortijo de Santa María BA 148 Td 116
41410 Cortijo de Santa Marina SE 165 Ub 124
18800 Cortijo de Santaolalla GR 170 Xb 124
41410 Cortijo de Santa Paula SE 181 Uc 124
14840 Cortijo de Santa Sofía CO 167 Vd 122
14449 Cortijo de Santiago CR 152 Vd 118
41410 Cortijo de Santo Domingo SE 181 Uc 124
30890 Cortijo de Santos MC 171 Ya 122
41563 Cortijo de Santo Siervo SE 166 Uf 124
10530 Cortijo de San Valentín CC 114 Tf 110
10194 Cortijo de Saucera CC 114 Tf 111
18816 Cortijo de Sebastián GR 170 Xb 121
30412 Cortijo de Selvalejo MC 171 Xe 121
14447 Cortijo de Serrano CO 152 Vd 118
41860 Cortijo de Serroncillo SE 164 Tf 123
10530 Cortijo de Siete Carrascos CC 114 Tf 110
14447 Cortijo de Sirizuela CO 152 Vd 119
23649 Cortijo de Soldado J 168 Wa 122
14709 Cortijo de Somonte CO 166 Ud 123
45313 Cortijo de Soria TO 118 Wb 109
18539 Cortijo de Soto Cruz GR 169 Wf 124
23486 Cortijo de Soto Lorenzo J 170 Wf 122
18615 Cortijo de Tajo GR 184 Wb 127
11180 Cortijo de Tamayo CA 189 Ub 129
29420 Cortijo de Tango MA 182 Uf 128
06920 Cortijo de Tarilla BA 150 Ub 119
10194 Cortijo de Téjareo CC 114 Tf 111
23649 Cortijo de Tejerina J 168 Wa 122
41659 Cortijo de Tinoco SE 182 Uf 125
14840 Cortijo de Toril CO 167 Vd 123
18830 Cortijo de Torralba GR 170 Xc 122
23313 Cortijo de Torralba J 169 We 121
41500 Cortijo de Torre Abad SE 181 Ub 125
30420 Cortijo de Torrearenas MC 156 Yb 118
41410 Cortijo de Torrelengua SE 181 Ub 125
41727 Cortijo de Torres SE 179 Ua 126
41410 Cortijo de Torroj SE 181 Uc 124
10270 Cortijo de Torromarcos CC 115 Ua 112
02137 Cortijo de Tortas AB 155 Xd 117
02410 Cortijo de Trifillas AB 156 Ya 117
14820 Cortijo de Trinidades CO 167 Vc 122
41400 Cortijo de Turullote SE 166 Va 123
14859 Cortijo de Vado Fresno CO 167 Ve 122
14840 Cortijo de Vadoseco CO 167 Vc 122
41710 Cortijo de Valcargado SE 181 Ub 126
10198 Cortijo de Valdeaparicio CC 114 Tf 111
06150 Cortijo de Valdelasierpe BA 148 Tc 116
41560 Cortijo de Valderrama SE 182 Va 125
10251 Cortijo de Valderuela CC 115 Uc 111
06192 Cortijo de Valdesquera BA 132 Ta 114
18830 Cortijo de Valentín GR 170 Xc 122
23780 Cortijo de Valenzuela J 167 Ve 121
14412 Cortijo de Valera CO 151 Vb 118
41440 Cortijo de Valero SE 165 Uc 123
14660 Cortijo de Valhondo CO 167 Vd 122
18530 Cortijo de Valle Bajo GR 169 We 123
14820 Cortijo de Valverdejo CO 167 Vd 122
18800 Cortijo de Varea GR 186 Xb 124
41410 Cortijo de Venamalillo SE 181 Ub 125
10695 Cortijo de Ventaquemada CC 115 Tf 109
23380 Cortijo de Ventura J 155 Xc 118
23369 Cortijo de Verjaga J 154 Xa 118
18160 Cortijo de Vicente el Bueno GR 185 We 125
11592 Cortijo de Vico CA 188 Ua 128
04711 Cortijo de Villalobos AL 186 Xb 128
18260 Cortijo de Villaquemado GR 184 Wa 124
14729 Cortijo de Villaseca CO 166 Uf 122
14900 Cortijo de Villegas CO 183 Vd 124
11630 Cortijo de Vista Hermosa CA 181 Ub 128
18830 Cortijo de Zabar GR 170 Xc 121
11690 Cortijo de Zaframagón CA 181 Ud 127
06510 Cortijo de Zajanón Bajo BA 132 Tb 113
06129 Cortijo de Zamorejas BA 148 Sf 118
14650 Cortijo de Zaragoza CO 167 Vd 121
41710 Cortijo de Zarracatín SE 180 Ub 126
04210 Cortijo Don Pepe AL 187 Xe 126
41410 Cortijo El Acebuchal SE 165 Ub 124
23340 Cortijo El Álamo J 154 Xa 119
04810 Cortijo El Blanco AL 171 Xe 124
29710 Cortijo El Blanco MA 183 Ve 127
04460 Cortijo El Boliche AL 186 Xa 127
10291 Cortijo El Borril CC 115 Ua 111
06260 Cortijo El Bóvedo BA 164 Tf 120
06980 Cortijo El Campillo BA 149 Ua 120
23649 Cortijo El Castil J 168 Wa 122
21260 Cortijo El Concho H 164 Te 121
41703 Cortijo El Copero SE 179 Tf 125
04100 Cortijo El Corral AL 186 Xe 127
14412 Cortijo El Coto CO 151 Vb 118
11349 Cortijo El Espadañal CA 189 Ud 131
41210 Cortijo El Gergal SE 164 Tf 123
21291 Cortijo El Helechoso H 163 Tb 121
04116 Cortijo El Hornillo AL 187 Xf 127
18812 Cortijo El Manes GR 170 Xa 124
11339 Cortijo El Marqués CA 190 Ud 130
21260 Cortijo El Martajal H 164 Te 121
10194 Cortijo El Matón CC 114 Te 110
06200 Cortijo El Mazo BA 149 Td 116
18810 Cortijo El Olivarillo GR 170 Xb 123
06260 Cortijo El Palancar BA 164 Tf 120
11510 Cortijo El Pedroso CA 188 Tf 129
18820 Cortijo El Peral GR 170 Xd 121
04149 Cortijo El Plomo AL 187 Ya 127
02530 Cortijo El Pocico AB 155 Xe 120
23686 Cortijo El Quejigar J 184 Wa 124
06227 Cortijo El Recorvo BA 149 Tf 118
18329 Cortijo El Romeral GR 184 Wa 126
29200 Cortijo El Romeral MA 183 Vc 126
11339 Cortijo El Sancho CA 190 Ud 130
23180 Cortijo El Tiro J 168 Wa 121
10251 Cortijo El Toledillo CC 115 Uc 112
18891 Cortijo El Toril GR 170 Xc 123
06909 Cortijo El Viar BA 149 Tf 120
18569 Cortijo Elvira GR 168 Wb 124
18567 Cortijo El Zegrí GR 168 Wc 124
06293 Cortijo Encina Colorado BA 149 Td 120
29230 Cortijo Enebro MA 183 Vd 127
18249 Cortijo Esquiladero GR 184 Wb 124
18830 Cortijo Ferrer GR 170 Xc 122
18561 Cortijo Fresneda GR 169 Wd 123
18260 Cortijo Fuente de Madrid GR 184 Wa 125
23611 Cortijo Fuente Palacios J 168 Ve 122
29250 Cortijo Gaén Grande MA 182 Vc 125
10291 Cortijo Galocha CC 115 Tf 111
04400 Cortijo Gatuna AL 186 Xc 127
23614 Cortijo Grande J 168 Wa 123
29718 Cortijo Grande MA 183 Ve 127
04639 Cortijo Grande, El AL 187 Ya 126
10697 Cortijo Guijo de los Frailes CC 115 Tf 109
41410 Cortijo Harinera SE 165 Uc 123
41710 Cortijo Higueralejo SE 181 Ub 127
29610 Cortijo Holgado MA 191 Va 129
10194 Cortijo Hondo del Cura CC 114 Tf 110
10291 Cortijo Jarrín Grande CC 115 Ua 111
41540 Cortijo La Adelfa SE 181 Ue 125
11659 Cortijo La Alcabala Alta CA 181 Ud 126

29230 Cortijo La Alcobilla MA 182 Vc 127
13370 Cortijo La Berenjena CR 153 Wb 117
11592 Cortijo La Blanquita CA 179 Ua 128
06174 Cortijo La Caballera Nueva BA 148 Tb 118
04288 Cortijo La Carabinera AL 187 Ya 126
11400 Cortijo La Compañía CA 179 Tf 128
10291 Cortijo La Covacha CC 115 Ua 111
06280 Cortijo La Dehesa de la Higuera BA 164 Tc 120
18620 Cortijo La Escribana GR 184 Wb 126
06444 Cortijo La Gavilana BA 149 Ua 118
18540 Cortijo La Goleta GR 169 Wd 124
11179 Cortijo La Maestranza CA 189 Ub 130
06920 Cortijo La Merchana BA 150 Ub 118
04619 Cortijo La Morcilla AL 187 Yb 125
06980 Cortijo La Nava BA 164 Ua 120
41410 Cortijo La Nava SE 165 Ub 123
41410 Cortijo La Navarra SE 165 Uc 123
18562 Cortijo La Ñora GR 169 Wd 124
21240 Cortijo La Parrita H 163 Sf 121
21250 Cortijo La Pasada del Abad de Arriba H 162 Sf 121
11330 Cortijo La Sangre CA 189 Uc 130
06443 Cortijo Las Arcas BA 150 Ua 117
06909 Cortijo Las Calderonas BA 149 Ua 120
10591 Cortijo Las Cansinas CC 115 Ua 109
10291 Cortijo Las Canteras CC 115 Ua 111
23691 Cortijo Las Carrillas J 168 Wb 124
04149 Cortijo Las Contraviesas AL 187 Xf 127
10694 Cortijo Las Corchuelas del Saliente CC 115 Ua 110
06380 Cortijo Las Monjas BA 148 Ta 118
06430 Cortijo La Solana BA 150 Uc 117
04114 Cortijo Las Paulinas AL 187 Xf 127
29320 Cortijo Las Pilillas MA 182 Vb 126
10198 Cortijo Las Suertes CC 114 Tf 111
06290 Cortijo Las Torrecillas BA 149 Tf 118
41530 Cortijo La Sucilla Alta SE 181 Uc 126
11560 Cortijo Las Vetas CA 179 Te 127
18329 Cortijo Las Villas GR 184 Wa 126
23280 Cortijo La Teja J 154 Xa 119
21610 Cortijo La Torre H 178 Ta 124
18858 Cortijo La Venta GR 170 Xd 123
41530 Cortijo La Victoria SE 181 Ud 126
18568 Cortijo La Zorrera GR 169 Wd 124
04639 Cortijo Limerica AL 187 Ya 126
18260 Cortijo Los Alcachofares GR 184 Wa 125
41400 Cortijo Los Algarbes SE 166 Uf 124
23260 Cortijo los Barrancos J 154 Wf 119
06380 Cortijo Los Buenos BA 148 Tb 118
04149 Cortijo Los Cerrillos AL 187 Xf 127
18260 Cortijo Los Cierzos GR 184 Wa 124
41410 Cortijo Los Corrales SE 181 Uc 124
14820 Cortijo Los Fontalbas CO 167 Vc 122
13248 Cortijo Los Llanillos CR 138 Xa 114
06442 Cortijo Los Llanos BA 150 Ua 117
04212 Cortijo Los Llanos de Lucas AL 186 Xd 126
18800 Cortijo Los Mellizos GR 185 Xb 125
04479 Cortijo Los Murillos AL 185 Xa 126
29230 Cortijo Los Nogales MA 182 Vc 127
04691 Cortijo Los Ortegas AL 171 Ya 124
11560 Cortijo Los Prados CA 179 Tf 127
06227 Cortijo Los Riscos BA 149 Tf 118
30890 Cortijo Los Valera MC 171 Ya 122
04212 Cortijo Luis Espinar AL 186 Xd 126
21239 Cortijo Maladua H 163 Ta 121
10291 Cortijo Mamparilla CC 115 Tf 111
21260 Cortijo Mancha Llana Alta H 164 Te 121
41600 Cortijo María Sala SE 181 Ud 125
11540 Cortijo Marisma del Guadalquivir CA 179 Te 127
06010 Cortijo Matacebada BA 148 Ta 117
06800 Cortijo Matarratas BA 133 Td 114
11349 Cortijo Matillas CA 189 Ud 130
41740 Cortijo Merlina SE 180 Tf 127
10291 Cortijo Millaróncillo CC 115 Tf 111
10198 Cortijo Mohedas CC 114 Tf 111
04694 Cortijo Molina AL 171 Ya 124
18830 Cortijo Molina GR 170 Xc 121
30890 Cortijo Monja de Abajo MC 171 Ya 122
41540 Cortijo Morcillo SE 181 Ud 126
18120 Cortijo Moreno GR 184 Vf 126
14749 Cortijo Mosquera CO 166 Ud 121
02312 Cortijo Nuevo AB 155 Xc 117
06800 Cortijo Nuevo BA 132 Tc 114
13331 Cortijo Nuevo CR 138 Xb 116
13326 Cortijo Nuevo CR 155 Xb 117
18530 Cortijo Nuevo GR 169 We 123
18561 Cortijo Nuevo GR 169 Wd 123
Cortijo Nuevo GR 185 Xb 124
Cortijo Nuevo GR 170 Xc 123
23300 Cortijo Nuevo J 154 Wf 120
23486 Cortijo Nuevo J 170 Wf 123
29250 Cortijo Nuevo MA 182 Vc 126
29690 Cortijo Nuevo MA 189 Ue 130
41540 Cortijo Nuevo SE 181 Ue 125
41429 Cortijo Nuevo SE 165 Ud 123
41727 Cortijo Nuevo SE 180 Ua 126
23250 Cortijo Nuevo de Hierracaballos J 154 We 119
23350 Cortijo Nuevos J 154 Xb 118
14850 Cortijo Ovejero CO 167 Vd 123
29150 Cortijo Pacheco MA 183 Vc 127
10291 Cortijo Palanco CC 115 Ua 111
10280 Cortijo Palazuelo de Marqués CC 133 Ua 112
29310 Cortijo Pantoja MA 183 Vd 125
41710 Cortijo Pardales SE 181 Ub 126
18560 Cortijo Pastelero GR 169 Wd 123
02534 Cortijo Pedro Andrés AB 155 Xd 120
21240 Cortijo Peña Sierpes H 163 Sf 121
06227 Cortijo Peña Traviesa BA 149 Tf 118
41620 Cortijo Peñón de la Batata SE 181 Ue 124
10590 Cortijo Perdiguerilla CC 114 Te 109
06940 Cortijo Piedras Gordas BA 149 Ua 119
10004 Cortijo Pie Moro CC 114 Tf 111
18530 Cortijo Pierre GR 169 We 123
18370 Cortijo Piñonero GR 184 Wa 126
02313 Cortijo Portelano AB 155 Xd 117
06444 Cortijo Potrico BA 149 Tf 118
04839 Cortijo Pozo Gallardo AL 171 Xe 122
18183 Cortijo Pozuelo GR 184 Wd 125
10671 Cortijo Pradochano CC 114 Te 109
18413 Cortijo Prado Hondo GR 185 Wd 126
18659 Cortijo Prados de Lopera GR 184 Wb 127
41400 Cortijo Prensa Vega SE 166 Uf 123
18550 Cortijo Prinque GR 184 Wc 124
04711 Cortijo Puesto de la Muela AL 186 Xb 128
04711 Cortijo Puesto de los Pérez AL 186 Xb 128
06182 Cortijo Quintana BA 132 Tb 115
23150 Cortijo Ranera J 168 Wb 123
18120 Cortijo Rincón GR 183 Vf 126
10530 Cortijo Rodesnera del Poniente CC 114 Te 110
04160 Cortijo Rodríguez AL 186 Xe 127
10291 Cortijo Ronjilón CC 115 Ua 111
18518 Cortijo Rosca GR 185 We 126
18120 Cortijo Rozuela GR 183 Vf 126
41130 Cortijo Rubiales SE 180 Tf 125
10550 Cortijo Rufino Liebre CC 132 Tb 113
16318 Cortijos, Los CU 105 Yd 108
18816 Cortijos, Los GR 170 Xb 122
28609 Cortijos, Los MD 101 Vf 106
23486 Cortijo Salinas de Don Marcos J 170 Xa 123
41410 Cortijo Salinera SE 165 Uc 123
23488 Cortijo Salón J 169 Wf 122
11339 Cortijo Sambana CA 190 Ud 130
29250 Cortijo San Juan MA 183 Vc 126
41410 Cortijo Santa Catalina SE 165 Ub 123
06443 Cortijo Santa María BA 150 Ub 117
14709 Cortijo Santa Rosa CO 165 Ud 123
10694 Cortijo Santo Tomás CC 115 Ua 110
23628 Cortijos Barranco J 168 Wa 121
18891 Cortijos Bautista GR 170 Xc 123
18830 Cortijos Cayetana GR 170 Xc 121
13427 Cortijos de Abajo CR 136 Vf 113
13427 Cortijos de Arriba CR 136 Vf 113
04830 Cortijos de Benavente AL 171 Xf 122
14600 Cortijos de Fimía CO 152 Ve 119
18816 Cortijos de Fuentesnuevas GR 170 Xa 122
18859 Cortijos de La Bermeja GR 170 Xd 123
18820 Cortijos de La Laguna GR 170 Xc 121
06196 Cortijos de La Pijotilla BA 148 Tb 116
30439 Cortijos de La Pilara MC 156 Yb 120
18859 Cortijos de La Pililla GR 170 Xd 123
18160 Cortijos de La Remonta GR 185 We 125
13740 Cortijos de las Muñozas CR 154 We 117
04830 Cortijos de Las Piedras Bermejas AL 171 Xf 122
23430 Cortijos de La Torre del Obispo J 153 Wd 120
04500 Cortijos del Capitán AL 185 Xa 126
02459 Cortijos del Cura AB 155 Xd 117
04160 Cortijos del Maltés AL 186 Xe 127
04130 Cortijos del Marchal de Fuentes AL 186 Xd 127
04691 Cortijos de Los Benitos AL 171 Ya 124
04259 Cortijos de Los Cecilios AL 186 Xd 127
30890 Cortijos de Los Escribanos MC 171 Ya 122
04870 Cortijos de Los Navarros AL 171 Xd 124
02460 Cortijos de Los Tribaldos AB 155 Xd 118
23295 Cortijos del Prado Espinosilla J 155 Xc 119
18830 Cortijos del Rincón GR 170 Xc 121
18814 Cortijos del Río GR 170 Xb 122
02350 Cortijos del Río de Casa AB 155 Xc 117
18690 Cortijos del Saucillo GR 184 Wb 128
04741 Cortijos de Marín AL 186 Xc 128
23615 Cortijos de Mingoyustre J 167 Vf 122
23150 Cortijos de Riguelos J 168 Wb 123
30890 Cortijos de Talancón MC 171 Ya 123
18813 Cortijo Seco GR 170 Xa 123
23537 Cortijos El Valle J 169 Wd 122
10004 Cortijo Serrezuelo CC 114 Te 111
23479 Cortijo Sierra J 170 Xa 121
06900 Cortijo Sierra de Enmedio BA 149 Tf 119
41410 Cortijos La Nava SE 165 Ub 124
18564 Cortijos las Provincias GR 168 Wb 124
18820 Cortijos Mesías GR 170 Xd 122
23293 Cortijos Nuevos J 155 Xb 119
Cortijos Nuevos de la Sierra GR 170 Xc 121
Cortijos Nuevos de la Sierra GR 171 Xe 121
18820 Cortijos Nuevos del Campo GR 171 Xd 121
10291 Cortijo Solanilla de Los Lobos CC 114 Tf 111
23150 Cortijos Saltadero Bajo J 168 Wb 123
23746 Cortijos Silvente J 168 Wa 121
41400 Cortijo Suerte Alta del Montecillo SE 166 Uf 123
35570 Cortijos Viejos GC 198 Mb 175
04710 Cortijo Tajillo Blanco AL 186 Xb 128
21240 Cortijo Tapia H 163 Ta 121
41410 Cortijo Torre del Viejo SE 165 Uc 124
18830 Cortijo Tovilla GR 170 Xc 120
18814 Cortijo Trillo GR 170 Xa 122
10291 Cortijo Umbría CC 114 Tf 111
14820 Cortijo Valcalentejo CO 167 Vc 122
10291 Cortijo Valdecebuches CC 114 Tf 111
21500 Cortijo Valdepalina H 178 Ta 124
18812 Cortijo Valenciano GR 170 Xa 124
14600 Cortijo Valle Bajo CO 167 Vd 121
21570 Cortijo Vegalajetas H 162 Se 121
29200 Cortijo Ventilla MA 183 Vc 127
14248 Cortijo Viejo CO 150 Ue 119
06200 Cortijo Villa Catalina BA 148 Td 116
10189 Cortijo Villarejo CC 133 Ua 112
41410 Cortijo y Molino de Las Albaidas SE 181 Uc 124
23569 Cortijo Zamarrón J 169 Wd 123
23478 Cortijo Zarzalar J 170 Xa 120
14913 Cortijo Zurreón CO 183 Vc 125
23120 Cortijuelo J 168 Wc 122
04889 Cortijuelo, El AL 186 Xd 125
23488 Cortijuelo, El J 169 We 122
14700 Cortijuelo del Remolino CO 166 Ue 122
29712 Cortijuelos, Los MA 183 Vf 127
22611 Cortillas HS 51 Ze 93
33783 Cortina AS 30 Td 87
33628 Cortina, La AS 31 Ub 90
15319 Cortiñán C 27 Re 89
25790 Cortiuda L 72 Bb 96
05289 Cortos AV 101 Vc 104
42180 Cortos SO 67 Xe 98
40312 Cortos, Los SG 84 Wc 101
37452 Cortos de la Sierra SA 98 Ua 104
17844 Corts GI 75 Ce 96
38399 Corujera, La TF 196 Id 178
24514 Corullón LE 41 Tb 93
29753 Corumbela MA 184 Vf 128
35350 Coruña GC 200 Kc 180
15001* Coruña, A C 27 Rd 88
15001* Coruña = A Coruña, La C 27 Rd 88
09410 Coruña del Conde BU 65 Wd 98
47816 Coruñeses VA 63 Va 98
33428 Coruño AS 31 Ua 88
36191 Coruto PO 38 Rc 93
36330 Coruxo PO 57 Rb 95
27843 Corvelle LU 28 Sc 88
27614 Corvelle LU 40 Sd 92
27286 Corvelle LU 28 Sd 89
32849 Corvelle OR 58 Rf 96
39697 Corvera CB 33 Wa 89
30153 Corvera MC 173 Yf 122
30329 Corverica MC 173 Ye 122
42248 Corvesún SO 86 Xd 101
32839 Corvillón OR 58 Sa 95
30835 Corvillones MC 172 Yd 123
24195 Corvillos de la Sobarriba LE 43 Uc 93
34810 Corvio P 45 Ve 92
36457 Corzáns PO 57 Rd 96
32369 Corzos OR 60 Sf 95
15318 Cos C 27 Re 89
39592 Cos CB 33 Ve 89
39573 Cos, Los CB 33 Vc 90
44358 Cosa TE 106 Yf 103
25749 Coscó L 72 Ba 98
50374 Coscojar Z 87 Yc 103
22312 Coscojuela de Fantova HS 71 Ab 96
22395 Coscojuela de Sobrarbe HS 52 Aa 94
12004 Coscollosa-Zafra CS 124 Zf 108
22141 Coscullano HS 70 Ze 95
42216 Coscurita SO 85 Xd 100
39582 Cosgaya CB 32 Vb 90
41450 Cosilla del Romero SE 165 Uc 121
39554 Cosio CB 33 Vd 89
28821 Coslada MD 102 Wc 106
24143 Cospedal LE 30 Tf 91
15110 Cospindo C 26 Ra 89
32514 Costa OR 39 Re 94
27816 Costa, A LU 28 Sc 88
11380 Costa, La CA 189 Uc 132
35018 Costa, La GC 200 Kd 180
35560 Costa, La GC 198 Mc 174
38770 Costa, La TF 197 Ha 177
29604 Costa Bella MA 191 Vb 129
04120 Costacabana AL 186 Xd 127
07589 Costa de Canyamel IB 127 Dc 111
07108 Costa de la Talaia IB 126 Ce 110
38630 Costa del Silencio TF 196 Ic 180
28680 Costa de Madrid MD 101 Vd 106
07181 Costa d''en Blanes IB 126 Cd 111
07180 Costa de Sa Calma IB 126 Cc 111
11550 Costa de Sanlúcar CA 178 Td 128
07559 Costa des Pinos IB 127 Dc 111
39292 Costana, La CB 33 Vf 90
03738 Costa Nova A 159 Ab 116
35539 Costa Teguise GC 198 Md 175
22312 Costeán HS 71 Ab 96
07144 Costitx IB 127 Cf 111
43512 Costunà T 90 Ad 103
12119 Costur CS 124 Ze 108
50409 Cosuenda Z 87 Ye 100
27299 Cotá LU 28 Sb 90
07730 Cotaina des Pou IB 93 Ea 109
49639 Cotanes ZA 62 Ue 98
09192 Cotar BU 46 Wc 94
32135 Cotelas OR 39 Sa 94
39639 Coterillo CB 34 Wb 89
02461 Cotillas AB 155 Xc 118
14850 Cotillas CO 167 Vc 123
39451 Cotillo CB 33 Vf 89
35650 Cotillo GC 199 Lf 176
13191 Coto CR 136 Vf 115
36419 Coto PO 57 Rb 95
06910 Coto, El BA 150 Uc 118
36857 Cotobade PO 39 Rd 94
06891 Coto Capitán BA 133 Te 114
11649 Coto de Bornos CA 181 Ub 127
33840 Coto de Buenamadre AS 30 Te 90
02154 Coto de la Milagrosa AB 141 Yd 114
09360 Coto de Pinilla BU 65 Wb 97
06392 Coto Murillo BA 149 Te 118
10600 Coto Navacebrera CC 115 Tf 108
33929 Cotorraso AS 31 Ub 89
28976 Cotorredondo MD 102 Wa 107
37405 Cotorrillo SA 81 Ue 102
28729 Cotos de Monterrey MD 102 Wc 104
09410 Coto Valverde BU 65 Wd 98
23760 Cotrufe J 168 Vf 121
15125 Coucieiro C 26 Qe 90
32536 Couciero OR 39 Rf 94
15148 Couso C 26 Rb 90
32520 Couso OR 39 Re 94
36892 Couso PO 57 Rc 96
36682 Couso PO 39 Rc 92
36511 Couso PO 40 Sa 93
32880 Couso de Salas OR 58 Sa 97
15846 Couto C 26 Rb 90
36154 Couto PO 39 Rc 94
36886 Couto PO 58 Re 95
36639 Couto de Abaixo PO 38 Rb 94
15339 Couzadoiro C 26 Sb 87
33535 Cova AS 31 Ud 88
27532 Cova LU 40 Sb 94
32786 Cova OR 40 Se 95
40531 Covachuelas SG 84 Wb 101
46728 Cova del Parpalló V 143 Ze 115
03738 Cova dels Orguens A 159 Ab 116
42157 Covaleda SO 66 Xa 97
09143 Covanera BU 46 Wb 92
09346 Covarrubias BU 65 Wc 96
42212 Covarrubias SO 85 Xc 100
27686 Covas LU 40 Se 91
27861 Covas LU 26 Sc 86
32634 Covas OR 58 Sb 97
32141 Covas OR 39 Sa 94
32311 Covas OR 41 Ta 94
30420 Covatillas, Las MC 156 Ya 119
27714 Covelas LU 29 Sf 88
32611 Covelas OR 59 Se 97

32412 Covelo OR 39 Re 95
12185 Coves de Vinromà, les = Cuevas de Vinromà, les CS 108 Aa 107
25653 Covet L 72 Ba 96
03560 Coveta Fumada, La A 159 Zd 118
28523 Covíbar MD 102 Wc 106
27688 Covo LU 41 Se 91
03350 Cox A 158 Za 120
30812 Coy MC 171 Yb 121
33680 Coyanzo AS 31 Uc 90
13345 Cózar CR 154 Wf 117
18708 Cózares, Los GR 185 We 127
18291 Cozcojar GR 184 Wb 125
49214 Cozcurrita ZA 79 Te 100
10811 Cozuelo CC 114 Td 109
40354 Cozuelos de Fuentidueña SG 83 Vf 100
34486 Cozuelos de Ojeda P 45 Vd 92
18650 Cozvíjar GR 184 Wc 126
27246 Crecente LU 28 Se 89
36420 Crecente PO 58 Re 96
07198 Cred Vermella IB 126 Ce 111
22315 Cregenzán HS 71 Aa 96
17770 Creixell GI 75 Cf 95
43839 Creixell T 92 Bc 101
24980 Crémenes LE 44 Uf 91
17832 Crespià GI 75 Ce 95
09572 Crespo BU 46 Wb 91
44562 Crespol TE 107 Zd 104
05300 Crespos AV 100 Va 103
07420 Crestaix IB 127 Cf 110
44623 Cretas TE 90 Ab 103
17310 Creu de Lloret, La GI 75 Ce 98
03330 Crevillent A 158 Zb 119
09512 Criales BU 46 We 91
07769 Crio Son Morell IB 93 Df 108
01308 Cripan VI 48 Xc 93
01195 Crispijana VI 47 Xb 91
36749 Cristelos PO 57 Rb 96
38650 Cristianos, Los TF 196 Ib 180
36519 Cristimil PO 39 Re 92
06479 Cristina BA 133 Tf 115
36863 Cristiñade PO 57 Rc 96
37684 Cristóbal SA 98 Ua 106
37639 Cristo de la Laguna SA 98 Te 104
13429 Cristo del Espíritu Santo CR 136 Vf 113
32765 Cristosende OR 40 Sd 94
44557 Crivillén TE 107 Zc 103
17869 Cros GI 55 Cb 95
17249 Crota GI 75 Da 98
35110 Cruce de Sardina GC 200 Kd 181
05278 Cruceras, Las AV 101 Vc 106
06400 Cruces BA 133 Ua 115
15815 Cruces, As C 27 Rf 90
33785 Cruces, Las AS 31 Ub 88
23392 Crucetas J 155 Xb 118
30889 Cruceticas, Las MC 172 Yb 124
17117 Cruïlles GI 75 Da 97
36687 Cruxa, A PO 39 Rd 92
33957 Cruz, La AS 31 Uc 89
48960 Cruz, La BI 35 Xa 89
14650 Cruz, La CO 167 Vd 121
23700 Cruz, La J 153 Wc 120
46980 Cruz de Gracia V 123 Zd 111
27346 Cruz de Incio LU 40 Sd 93
37542 Cruz del Rayo SA 97 Ta 107
13680 Cruz de Piedra CR 137 Wa 113
35414 Cruz de Pineda GC 200 Kc 180
38460 Cruz Grande TF 196 Ib 178
38411 Cruz Santa TF 196 Ic 178
10430 Cuacos de Yuste CC 115 Ub 108
08773 Cuadra d'Agulladets, La B 92 Bd 100
14840 Cuadradillo CO 167 Vd 122
30876 Cuadras, Las MC 172 Yd 123
37149 Cuadrilleros SA 80 Ua 102
37149 Cuadrilleros de Gusanos SA 80 Tf 102
33456 Cuadro, El AS 30 Ua 87
28749 Cuadrón, El MD 84 Wc 103
24620 Cuadros LE 43 Uc 92
33548 Cuadroveña AS 32 Ue 88
32689 Cualedro OR 59 Sc 97
46980 Cuart de Poblet = Quart de Poblet V 142 Zd 111
22197 Cuarte HS 70 Zd 96
06475 Cuarteles de la Osa y las Navas BA 149 Ua 117
02162 Cuartico, El AB 140 Xf 115
10895 Cuarto, El CC 113 Ta 108
13720 Cuarto Alto, El CR 138 We 114
37494 Cuarto de Doña María Luisa SA 98 Te 104
06160 Cuarto de Enmedio BA 148 Ta 117
02639 Cuarto del Bolo AB 139 Xf 114
02328 Cuarto del Moral AB 140 Xf 114
02160 Cuarto de Maribáñez AB 139 Xd 114
11380 Cuartón, El CA 189 Uc 132
05580 Cuartos, Los AV 99 Ud 106
18820 Cuartos Nuevos de Abajo GR 171 Xd 121
46837 Cuatretonda = Quatretonda V 142 Zd 115
37891 Cuatro Calzadas SA 99 Uc 104
22569 Cuatrocorz HS 71 Ac 97
28024 Cuatro Vientos MD 102 Wb 106
44141 Cuba TE 107 Ze 105
50133 Cuba, La Z 88 Zb 101
02249 Cubas AB 140 Yc 114
39793 Cubas CB 34 Wb 88
14840 Cubas CO 167 Vc 122
28978 Cubas de la Sagra MD 118 Wa 107
50376 Cubel Z 87 Yc 102
08880 Cubelles B 92 Be 101
25737 Cubells L 72 Af 97
07839 Cubells, Es IB 125 Bb 115
09211 Cubilla BU 47 We 92
42148 Cubilla SO 66 Xa 98
06800 Cubillana BA 132 Td 115
42148 Cubillas SO 66 Xa 98
47520 Cubillas VA 81 Ue 100
24688 Cubillas de Arbás LE 43 Ub 91
34219 Cubillas de Cerrato P 63 Vd 98
24224 Cubillas de los Oteros LE 43 Uc 94
19263 Cubillas del Pinar GU 85 Xc 102
24940 Cubillas de Rueda LE 44 Ue 93
47290 Cubillas de Santa Marta VA 63 Vc 97
27278 Cubilledo LU 29 Se 90
09642 Cubillejo BU 65 Wc 96
19362 Cubillejo de la Sierra GU 87 Yb 103
19363 Cubillejo del Sitio GU 87 Yb 103
40185 Cubillo SG 83 Wa 102
02340 Cubillo, El AB 139 Xd 116
16315 Cubillo, El CU 122 Yd 108
34859 Cubillo de Castrejón P 45 Vc 92
09551 Cubillo del Butrón BU 46 Wb 92
09352 Cubillo del Campo BU 65 Wc 95
09352 Cubillo del César BU 65 Wc 96
34486 Cubillo de Ojeda P 45 Vd 92
19186 Cubillo de Uceda, El GU 102 Wd 104
49730 Cubillos ZA 62 Ub 99
09514 Cubillos de Losa BU 34 Wd 90
09572 Cubillos del Rojo BU 34 Wb 91
24492 Cubillos de Sil LE 42 Tc 93
44191 Cubla TE 106 Yf 107
49327 Cubo de Benavente ZA 61 Tf 96
09280 Cubo de Bureba BU 47 We 93
37281 Cubo de Don Sancho, El SA 79 Te 103
42134 Cubo de Hogueras SO 67 Xd 98
06390 Cubo de la Canal BA 148 Tc 117
42167 Cubo de la Sierra SO 67 Xd 97
42191 Cubo de la Solana SO 67 Xd 99
49710 Cubo de Tierra del Vino, El ZA 80 Ub 101
44491 Cucalón TE 88 Ye 102
11179 Cucarrete CA 188 Ua 131
39575 Cucayo CB 32 Vc 90
02329 Cucharal AB 155 Xe 116
39318 Cuchia CB 33 Vf 88
35560 Cuchillo, El GC 198 Mc 174
09215 Cucho BU 47 Xb 92
33150 Cudillero AS 30 Tf 87
39318 Cudón CB 33 Vf 88
33509 Cué AS 32 Vb 88
49717 Cuelgamures ZA 81 Uc 101
37497 Cuéllar SA 97 Tc 105
40200 Cuéllar SG 83 Ve 100
42172 Cuéllar de la Sierra SO 67 Xd 97
22375 Cuello Arenas HS 51 Zf 93
23211 Cuellos, Los J 153 Wb 119
39418 Cuena CB 45 Ve 91
24917 Cuénabres LE 32 Va 90
14297 Cuenca CO 150 Uc 119
16001* Cuenca CU 121 Xf 108
23486 Cuenca J 169 Xa 122
42192 Cuenca, La SO 66 Xb 98
44495 Cuencabuena TE 87 Ye 102
47650 Cuenca de Campos VA 63 Uf 96
33529 Cuenya AS 31 Ud 88
50373 Cuerlas, Las Z 87 Yc 103
33829 Cuero AS 30 Tf 88
45126 Cuerva TO 117 Ve 111
41749 Cuervo, El SE 180 Tf 127
44134 Cuervo, El TE 122 Ye 108
24740 Cuesta, La LE 42 Td 95
40181 Cuesta, La SG 83 Wa 102
42173 Cuesta, La SO 67 Xe 96
38915 Cuesta, La TF 196 Ha 182
38710 Cuesta, La TF 197 Hb 176
38726 Cuesta, La TF 197 Hb 176
30558 Cuesta Alta MC 157 Yd 119
14812 Cuesta Blanca CO 168 Vf 124
30396 Cuesta Blanca MC 173 Yf 123
30335 Cuesta de la Pinilla MC 172 Ye 122
04008 Cuesta del Gato, La AL 186 Xd 127
18492 Cuesta del Largo GR 185 We 127
30890 Cuesta del Mellado MC 171 Yb 123
46141 Cuesta del Rato V 122 Ye 108
09567 Cuestaedo BU 34 Wc 90
18492 Cuesta Vieja GR 185 Wf 128
24141 Cueta, La LE 30 Te 90
39011 Cueto CB 34 Wb 88
09568 Cueva BU 34 Wc 90
16150 Cueva CU 105 Ya 106
02650 Cueva, La AB 141 Ye 116
02510 Cueva, La AB 140 Yb 116
38180 Cueva Bermeja TF 197 Ie 177
04700 Cueva Blanca, La AL 185 Xb 128
09258 Cueva-Cardiel BU 46 Wd 94
46178 Cuevacruz Alta V 123 Za 109
23487 Cueva Cuarta J 169 Wf 122
42107 Cueva de Ágreda SO 68 Ya 98
04830 Cueva de Ambrosio, La AL 171 Xf 122
09198 Cueva de Atapuerca BU 46 Wc 95
18858 Cueva de Chalá GR 170 Xd 122
09198 Cueva de Juarros BU 46 Wc 95
04778 Cueva de la Juana, La AL 185 Wf 128
21330 Cueva de la Mora H 163 Tb 122
16879 Cueva del Hierro CU 105 Xf 105
33594 Cueva de Lledías AS 32 Va 88
18858 Cueva de los Atochares GR 170 Xd 122
18817 Cueva de los Granadinos GR 170 Xb 122
04149 Cueva del Pájaro, La AL 187 Ya 126
18880 Cueva del Pepín GR 169 Wf 124
30335 Cueva de Pagán MC 172 Ye 122
16410 Cueva de Plaza CU 119 Wf 109
09315 Cueva de Roa, La BU 64 Vf 99
45370 Cueva de Rompelaire TO 119 Wf 109
33111 Cueva de San Salvador AS 30 Tf 90
24836 Cueva de Valporquero LE 43 Uc 91
11595 Cuevas, Las CA 188 Tf 129
18512 Cuevas, Las GR 185 Xa 125
30160 Cuevas, Las MC 173 Yf 120
46313 Cuevas, Las V 122 Ye 111
12410 Cueva Santa, La CS 123 Zc 109
14729 Cuevas Bajas CO 166 Va 121
29220 Cuevas Bajas MA 183 Vd 125
18817 Cuevas Barranco de Las Yeseras GR 170 Xb 123
18870 Cuevas de Almería GR 185 Xa 124
44169 Cuevas de Almudén TE 107 Zb 104
39539 Cuevas de Altamira CB 33 Vf 88
09136 Cuevas de Amaya BU 45 Ve 93
23289 Cuevas de Ambrosio J 154 Xb 119
42342 Cuevas de Ayllón SO 84 We 100
44562 Cuevas de Cañart TE 107 Zd 104
18880 Cuevas del Algibe GR 169 Wf 124
04610 Cuevas del Almanzora AL 187 Ya 125
18814 Cuevas de las Cucharetas GR 170 Xb 123
38579 Cuevas de las Ricas TF 197 Id 179
18817 Cuevas de Lavaderas GR 170 Xb 123
29470 Cuevas del Becerro MA 182 Uf 127
18813 Cuevas del Campo GR 170 Xa 123
18830 Cuevas del Canal GR 170 Xc 121
18880 Cuevas del Canillo GR 185 Wf 124
30834 Cuevas del Norte MC 172 Ye 121
04130 Cuevas de los Juanotros AL 186 Xe 127
04160 Cuevas de los Medinas, Las AL 186 Xe 127
04130 Cuevas de los Úbedas, Las AL 186 Xe 127
44730 Cuevas del Portalrubio TE 106 Za 104
30333 Cuevas del Reyllo MC 172 Ye 122
24496 Cuevas del Sil LE 42 Td 91
18891 Cuevas del Soriano GR 170 Xc 123
18817 Cuevas de Luna GR 170 Xb 123
05414 Cuevas del Valle AV 100 Uf 107
04829 Cuevas de Moreno, Las AL 171 Xf 122
18891 Cuevas de Mures GR 170 Xc 123
40239 Cuevas de Provanco SG 83 Wa 99
18817 Cuevas de Puente Abajo GR 170 Xb 123
09641 Cuevas de San Clemente BU 65 Wc 96
29210 Cuevas de San Marcos MA 183 Vd 125
16510 Cuevas de Santiago CU 104 Xb 107
42291 Cuevas de Soria, Las SO 66 Xc 98
16542 Cuevas de Velosco CU 120 Xd 108
12185 Cuevas de Vinromá, les = Coves de Vinromà CS 108 Aa 107
19392 Cuevas Labradas GU 105 Xf 104
44162 Cuevas Labradas TE 106 Yf 106
19392 Cuevas Minadas GU 105 Xf 104
29170 Cuevas-Romo, Las MA 183 Ve 127
23486 Cuevecillas J 169 Xa 123
38540 Cuevecitas, Las TF 197 Id 178
09212 Cuezva BU 47 We 92
15256 Cuiña C 26 Ra 91
15338 Cuiña C 26 Sa 86
32160 Cuitelo OR 40 Sb 94
35369 Culata, La GC 200 Kc 181
06840 Culebra, La BA 133 Te 116
16843 Culebras CU 104 Xd 107
03658 Culebró, El A 157 Za 118
24368 Culebros LE 42 Tf 93
12163 Culla CS 108 Zf 106
18850 Cúllar-Baza GR 170 Xc 123
18110 Cúllar-Vega GR 184 Wb 126
46400 Cullera V 143 Ze 113
15180 Culleredo C 27 Rd 89
15815 Cumbraos C 27 Rf 90
15685 Cumbraos C 27 Re 90
27569 Cumbraos LU 40 Sb 92
10270 Cumbre, La CC 133 Ua 112
21840 Cumbre, La H 163 Tb 124
47680 Cumbreras, Las VA 62 Ud 95
04149 Cumbrero, El AL 187 Ya 126
07370 Cumbres BA 148 Tc 118
04230 Cumbres, Las AL 171 Xf 123
21387 Cumbres de en Medio H 163 Tb 120
21386 Cumbres de San Bartolomé H 163 Tb 120
21380 Cumbres Mayores H 163 Tc 120
38139 Cumbrilla, La TF 197 Ie 177
24738 Cunas LE 61 Td 95
04618 Cunas, Las AL 187 Yb 125
50513 Cunchillos Z 68 Yb 97
15149 Cundíns C 26 Ra 89
43881 Cunit T 92 Bd 101
49622 Cunquilla de Vidriales ZA 61 Ua 96
36670 Cuntis PO 39 Rc 93
33579 Cuñaba AS 32 Vc 89
32454 Cuñas OR 39 Rf 94
04619 Cupillas, Las AL 187 Ya 125
18840 Cura, El GR 170 Xc 122
30876 Curas, Los MC 172 Yd 123
22269 Curbe HS 70 Ze 97
15617 Curbeiras C 27 Rf 88
18810 Curcar GR 170 Xb 124
15937 Cures C 38 Ra 92
04779 Curibaila, La AL 185 Wf 128
47316 Curiel de Duero VA 64 Ve 99
24732 Curillas LE 42 Tf 94
07769 Curniola IB 93 Df 108
32366 Curra OR 41 Ta 95
27711 Currada LU 29 Sf 88
36791 Currás PO 38 Rc 93
27543 Currelos LU 40 Sc 92
36692 Curro PO 38 Rb 93
27742 Curros LU 28 Se 88
04779 Curros, Los AL 185 Wf 128
15310 Curtis C 27 Rf 90
15310 Curtis-Estación C 27 Rf 90
24127 Curueña LE 42 Ua 91
25218 Curullada, La L 72 Bb 98
44210 Cutanda TE 88 Ye 103
29718 Cútar MA 183 Ve 128
27577 Cutián LU 39 Sa 92
09490 Cuzcurrita de Aranda BU 65 Wd 98
09198 Cuzcurrita de Juarros BU 46 Wc 95
26214 Cuzcurrita-Río Tirón RI 47 Xa 93
26214 Cuzcurritilla RI 47 Xa 93

D

32572 Dacón OR 39 Rf 94
28814 Daganzo de Arriba MD 102 Wd 105
29753 Daimalos MA 184 Vf 128
03294 Daimés A 158 Zb 119
13250 Daimiel CR 137 Wc 114
46710 Daimús V 143 Zf 115
01206 Dallo VI 48 Xd 91
05239 Damas, Las AV 101 Ve 105
31712 Dantxarinea = Dancharinea NC 37 Yc 89
43746 Darmós T 91 Ae 102
17722 Darnius GI 56 Ce 94
50360 Daroca Z 87 Yd 102
26373 Daroca de Rioja RI 48 Xc 94
04768 Darrícal AL 185 Wf 127
18181 Darro GR 185 We 124
17538 Das GI 54 Bf 94
08273 Dassau B 74 Ca 97
03159 Daya Nueva A 158 Zb 120
03177 Daya Vieja A 158 Zb 120
20820 Deba SS 36 Xd 89
42108 Débanos SO 67 Ya 97
33812 Degaña AS 30 Tc 91
18310 Dehesa GR 184 Vf 125
21330 Dehesa H 163 Tb 122
40230 Dehesa SG 83 Ve 100
02139 Dehesa, La AB 156 Xf 117
02434 Dehesa, La AB 156 Xe 118
21669 Dehesa, La H 163 Tc 122
23390 Dehesa, La J 155 Xb 118
49177 Dehesa Armesnal ZA 80 Ua 101
21620 Dehesa de Abajo H 178 Tb 124
40500 Dehesa de Abajo SG 84 Wd 101
03189 Dehesa de Campoamor A 173 Zb 121
45005 Dehesa de Carrasco, La TO 118 Vf 109
50296 Dehesa de Caulor Z 68 Ye 98
11130 Dehesa de Chaparral CA 188 Tf 130
49820 Dehesa de Chaquinote ZA 81 Ud 100
37510 Dehesa de Cuadrados SA 97 Tc 105
21387 Dehesa de la Aldea BA 148 Tb 120
47688 Dehesa de la Aldea de Santiago VA 44 Ue 95
06240 Dehesa del Campo BA 149 Te 119
18312 Dehesa de los Montes GR 183 Ve 125
34131 Dehesa de Macintos P 44 Vc 95
34484 Dehesa de Montejo P 45 Vc 92
05190 Dehesa de Navaestilera AV 100 Vb 105
37523 Dehesa de Perosín SA 97 Tb 107
45526 Dehesa de Pero Vázquez TO 117 Vd 109
14650 Dehesa de Potros CO 167 Vd 121
49216 Dehesa de Puercas ZA 80 Ua 100
45007 Dehesa de Ramabujas Altas TO 118 Wa 109
34406 Dehesa de Romanos P 45 Vd 93
31360 Dehesa de San Juan NC 68 Yb 95
14749 Dehesa de Santa María CO 166 Ue 121
34882 Dehesa de Tablares P 44 Vc 92
45008 Dehesa de Valdecaba Vieja TO 118 Wa 109
34259 Dehesa de Villandrando P 64 Ve 96
40230 Dehesa Mayor SG 83 Ve 100
06228 Dehesa Nueva BA 149 Ua 117
06240 Dehesa Nueva BA 149 Te 119
24390 Dehesas LE 41 Tb 93
47320 Dehesas de Cantarranas y Tovilla VA 63 Vc 99
18538 Dehesas de Guadix GR 169 Wf 123
18567 Dehesas Viejas GR 169 Wc 124
02152 Dehesa Virginia AB 141 Yd 114
06250 Dehesilla BA 149 Tf 119
06130 Dehesilla BA 148 Ta 117
09680 Dehesilla BU 66 Wf 97
10883 Dehesilla CC 114 Tc 109
06192 Dehesilla, La BA 132 Ta 114
47194 Dehesilla, La VA 63 Vb 98
06260 Dehesilla Guzmán BA 164 Tf 120

13328 Dehesillas CR 154 Xa 117
07179 Deià IB 126 Cd 110
18570 Deifontes GR 184 Wc 125
36627 Deiro PO 38 Rb 93
10370 Deleitosa CC 115 Uc 111
07769 Delfins, Es IB 93 De 108
21647 Delgadas, Las H 163 Tc 123
18540 Delgadillo GR 169 We 124
01468 Délica VI 35 Xa 91
43580 Deltebre T 109 Ae 104
10130 del Vaquerín CC 134 Uc 113
16150 Demetrios, Los CU 105 Ya 106
33556 Demués AS 32 Va 89
36967 Dena PO 38 Rb 94
03700 Dénia A 143 Aa 116
15154 Denle C 26 Qe 91
27375 Denune LU 28 Sc 89
22474 Denúy HS 52 Ad 94
11138 Depósito de aguas de Malas Noches CA 188 Tf 130
04830 Derde AL 171 Xf 122
02449 Derramadero AB 156 Xf 118
03296 Derramador, El A 158 Zb 119
03649 Derramador, El A 157 Za 118
46390 Derramador, El V 122 Yf 112
32792 Derrasa, A OR 40 Sb 95
37787 Derrengada-Valhondo SA 99 Uc 104
42153 Derroñadas SO 66 Xc 97
03312 Desamparados, Los A 173 Za 120
10252 Descansadero, El CC 115 Ua 111
10866 Descargamaría CC 97 Td 107
12560 Desert de les Palmes CS 124 Aa 108
22393 Desfiladero del Entremón HS 52 Ab 95
38600 Desierto, El TF 196 Ic 180
31229 Desojo NC 48 Xc 93
24730 Destriana LE 42 Tf 95
33394 Deva AS 31 Uc 87
27299 Devesa LU 28 Sb 90
27796 Devesa, A LU 29 Sf 87
32617 Devesa, A OR 59 Sd 97
36568 Devesa de Arriba PO 39 Rd 94
24150 Devesa de Curueño LE 43 Ud 92
15326 Deveso C 28 Sa 87
15332 Devesos C 26 Sb 87
15177 Dexo C 27 Re 88
42126 Deza SO 86 Xf 100
18711 Díaz, Los GR 185 We 128
30394 Díaz, Los MC 173 Yf 123
30333 Díaz, Los MC 172 Ye 122
31263 Dicastillo NC 48 Xf 93
18196 Diechar GR 184 Wd 126
05151 Diego Álvaro AV 99 Ud 104
05151 Diego del Carpio AV 99 Ue 105
18180 Diezma GR 185 We 125
18152 Dílar GR 184 Wc 126
04271 Dioses, Los AL 187 Xf 125
37478 Dios le Guarde SA 98 Te 105
04800 Dirá, El AL 187 Xf 124
27821 Distriz LU 28 Sb 89
42172 Diustes SO 67 Xd 96
13459 Divina Pastora CR 152 Vd 117
27424 Doade LU 40 Sd 94
36519 Doade PO 39 Rf 93
39575 Dobres CB 32 Vc 90
09551 Dobro BU 46 Wc 92
36116 Docabo PO 39 Rd 93
04500 Doctor, El AL 185 Xa 126
35110 Doctoral, El GC 200 Kd 181
15819 Dodro C 27 Re 91
33731 Doiras AS 29 Tb 88
18512 Dólar GR 185 Xa 125
03150 Dolores A 158 Zb 120
30739 Dolores MC 173 Za 122
30310 Dolores, Los MC 173 Yf 123
03360 Dolores de Catral, Los A 158 Za 120
01139 Domaiguia VI 47 Xb 91
36957 Domain PO 38 Rb 95
42153 Dombellas SO 66 Xc 97
04897 Domenes AL 186 Xc 125
31454 Domeño NC 50 Ye 92
46174 Domeño V 123 Za 110
46174 Domeño V 123 Zb 111
49542 Dómez ZA 61 Tf 98
40495 Domingo García SG 83 Vd 102
18567 Domingo Pérez GR 169 Wc 124
45544 Domingo Pérez TO 117 Vc 109
37609 Domingo Señor SA 98 Ua 104
32338 Domiz OR 41 Ta 94
49319 Donadillo ZA 61 Te 96
23509 Donadío J 169 Wd 121
14859 Donadío de las Ventas CO 168 Ve 122
49344 Donado ZA 61 Td 96
27373 Donalbaí LU 28 Sb 90
06820 Don Álvaro BA 133 Te 115
31750 Donamaria NC 37 Yb 90
06400 Don Benito BA 133 Ua 115
16623 Don Benito CU 120 Xe 110
06390 Don Blasco BA 148 Tc 118
27676 Doncos LU 41 Sf 92
04639 Dondo, El AL 187 Ya 126
23487 Dondoncilla J 169 Wf 122
01208 Donemiliaga/San Millán VI 48 Xd 91
49323 Doney de la Requejada ZA 60 Tc 96
30812 Don Gonzalo MC 171 Ya 121
40469 Donhierro SG 82 Vb 102
15593 Doniños C 27 Re 88
27667 Donis LU 41 Ta 91
05217 Donjimeno AV 82 Va 103
02612 Don Juan AB 139 Xd 114
23160 Don Juan J 168 Wa 122
06400 Don Llorente BA 133 Ua 115
36945 Donón PO 38 Ra 95
20005 Donostia-San Sebastian SS 36 Ya 89
38728 Don Pedro TF 197 Ha 175
06800 Don Tello BA 133 Te 115
05215 Donvidas AV 82 Vb 102
25310 Donzell, La L 72 Ba 97
18830 Doña Ana GR 170 Xc 121
06330 Doña Elvira BA 148 Td 119
30812 Doña Inés MC 172 Ya 121
33160 Doñajuandi AS 31 Ua 89
04530 Doña María AL 186 Xb 126
14860 Doña Mencía CO 167 Vd 123
29130 Doñana MA 191 Vc 128
14248 Doña Rama CO 150 Ue 119
14249 Doñaros, Los CO 150 Ud 119
09631 Doña Santos BU 65 Wd 97
37130 Doñinos de Ledesma SA 80 Tf 102
37120 Doñinos de Salamanca SA 80 Ub 103
09217 Dordóniz BU 47 Xb 92
33858 Doriga AS 30 Tf 88
15816 Dormeá C 27 Rf 91
36587 Dornelas PO 39 Rd 92
49319 Dornillas ZA 61 Td 96
09215 Doroño BU 47 Xb 92
17536 Dòrria GI 55 Ca 95
25588 Dorve L 53 Ba 93
22470 Dos HS 52 Ad 94
46198 Dos Aguas V 142 Zb 113
45311 Dosbarrios TO 119 Wd 109
14230 Dos Hermanas CO 151 Uf 119
41701 Dos Hermanas SE 179 Ua 125
03188 Dos Mares A 173 Zc 120
17851 Dosquers GI 75 Ce 95
08319 Dosrius B 74 Cc 99
14460 Dos-Torres CO 151 Va 118
44562 Dos Torres de Mercader TE 107 Zd 104
33810 Dou AS 29 Ta 90
32558 Dradelo OR 60 Sf 96
11620 Drago, El CA 189 Ub 128
24517 Dragonte LE 41 Ta 93
19116 Driebes GU 103 Wf 107
03730 Duana, La A 143 Ab 116
42134 Duáñez SO 67 Xd 98
36559 Dúas Igrexas PO 39 Re 93
11400 Ducha CA 180 Tf 128
18192 Dúdar GR 184 Wd 125
37551 Dueña de Abajo SA 97 Tc 106
34210 Dueñas P 63 Vc 97
41410 Dueñas, Las SE 181 Uc 124
44421 Dueñas, Las TE 122 Yf 108
43773 Duesaigües T 91 Af 102
39749 Dueso CB 34 Wd 88
15151 Dumbría C 26 Qf 90
39507 Duña CB 33 Ve 88
46352 Duques, Los V 141 Ye 112
01520 Durana VI 47 Xc 91
48200 Durango BI 35 Xc 90
40312 Duratón SG 84 Wb 101
25271 Durban B 73 Bc 98
18650 Dúrcal GR 184 Wc 127
19133 Durón GU 104 Xb 105
25527 Durro L 53 Ae 94
05140 Duruelo AV 100 Vb 105
40312 Duruelo SG 84 Wc 101
42158 Duruelo de la Sierra SO 66 Xa 97
36599 Duxame PO 39 Re 91

E

48287 Ea BI 36 Xc 88
31272 Ecala NC 48 Xe 92
31481 Ecay NC 49 Yd 92
01206 Echábarri- Urtupiña VI 48 Xc 91
31396 Echagüe NC 49 Yc 93
01138 Echagüen VI 35 Xb 91
31486 Echalaz NC 49 Yc 91
31850 Echarren NC 49 Ya 91
31291 Echarren de Guirguillano NC 49 Ya 92
31174 Echarri NC 49 Yb 92
31820 Echarri-Aranaz NC 48 Xf 91
31008 Echavacoiz NC 49 Yb 92
31208 Echávarri NC 48 Xf 93
31290 Echavarri NC 48 Xf 92
01439 Echávarri Cuartango VI 47 Xa 91
38916 Echedo TF 196 Ha 181
41400 Écija SE 166 Uf 123
39860 Edilla, La CB 34 Wd 89
32520 Edreira OR 39 Re 94
32621 Edreira OR 59 Sd 95
22451 Egea HS 52 Ac 94
10391 Egido Grande CC 115 Ud 109
20690 Egotxeaga SS 36 Xd 90
31798 Egozkue NC 37 Yc 91
31193 Eguaras NC 49 Yb 91
48289 Eguen BI 36 Xc 88
31486 Egüés NC 49 Yc 92
01207 Egüíleor VI 48 Xd 92
01193 Eguileta VI 48 Xc 92
31172 Eguillor NC 49 Yb 91
31867 Eguillor NC 37 Yb 91
01260 Eguino VI 48 Xe 91
48640 Egusquiza BI 35 Xa 88
20600 Eibar SS 36 Xd 89
32453 Eiras, As OR 39 Rf 94
36760 Eiras, As PO 57 Rb 97
15256 Eirón C 26 Ra 91
07800 Eivissa IB 125 Bc 115
27892 Eixo LU 28 Sd 87
50600 Ejea de los Caballeros Z 69 Yf 96
37891 Ejeme SA 99 Uc 104
22438 Ejep HS 71 Ab 95
04700 Ejido, El AL 185 Xb 128
44559 Ejulve TE 107 Zc 104
48310 Elantxobe BI 35 Xc 88
31700 Elbete NC 37 Yc 90
01192 Elburgo = Burgelu VI 48 Xc 91
46780 Elca V 143 Zf 115
31486 Elcano NC 49 Yc 91
20800 Elcano = Elkano SS 36 Xe 89
03200* Elche = Elx A 158 Zb 119
02430 Elche de la Sierra AB 156 Xf 118
31448 Elcóaz NC 50 Ye 91
03600 Elda A 158 Zb 118
20493 Eldua SS 36 Xf 90
20493 Elduain SS 36 Ya 90
48289 Eleizalde BI 36 Xc 89
48650 Elejade BI 35 Xa 88
48312 Elejalde BI 36 Xc 89
48390 Elexalde BI 35 Xb 89
48940 Elexalde BI 35 Xa 89
48630 Elexalde Auzoa BI 35 Xa 88
48313 Elexalde-Zeeta (Ereño) BI 36 Xc 88
20690 Elgeta SS 36 Xd 90
20870 Elgoibar SS 36 Xd 89
01206 Elguea VI 48 Xc 91
31699 Elía NC 49 Yc 91
46191 Eliana, L' V 123 Zc 111
48111 Elizalde BI 35 Xa 88
20180 Elizalde = Oiartzun SS 37 Ya 89
31700 Elizondo NC 37 Yc 90
10891 Eljas CC 97 Ta 107
20800 Elkano SS 36 Xe 89
25721 Éller L 54 Be 94
48330 Elorriaga BI 35 Xb 89
48230 Elorrio BI 36 Xc 90
31470 Elorz NC 49 Yc 92
01170 Elosu VI 35 Xb 91
20570 Elosua SS 36 Xd 90
48180 Elotxelerri BI 35 Xa 89
25221 els Alamús L 72 Ae 99
07640 els Antigors IB 127 Da 113
22520 els Arcs HS 90 Aa 100
25144 els Arcs L 72 Ae 98
08680 els Bassacs B 73 Bf 96
03195 els Bassars A 158 Zc 119
03669 els Bertrans A 158 Za 118
03530 els Captivadors A 159 Zf 117
08243 els Comdals B 73 Be 98
12194 els Corrals CS 124 Zf 108
46759 els Corrals V 142 Zd 114
AD200 els Cortals □ AND 54 Bd 93
17531 els Cortals GI 74 Ca 95
25266 els Eixaders L 72 Af 99
25335 els Falcons L 72 Af 98
43777 els Guiamets T 91 Ae 102
25213 els Hostalets de Cervera L 73 Bc 99
17177 els Hostalets d'en Bas GI 74 Cc 96
25795 els Hostalets de Tost L 53 Bc 95
12182 els Ivarsos CS 108 Zf 107
12316 els Llivis CS 108 Zf 105
12182 els Malladàs CS 108 Zf 107
08262 els Manxòns B 73 Be 98
43516 els Masets T 109 Ac 104
17256 els Masos de Pals GI 75 Db 97
25692 els Masos de Sant Romà L 71 Ae 97
25636 els Masos de Tamúrcia L 53 Ae 95
43763 els Masos de Vespella T 91 Bb 101
08788 els Moletons B 92 Bd 99
03640 els Molins A 158 Za 118
12150 els Montllats CS 107 Ze 106
43879 els Muntells T 109 Ae 104
25638 els Obacs de Llimiana L 72 Af 96
25412 els Omellons L 91 Af 99
25268 els Omells de Na Gaia L 91 Ba 100
43151 els Pallaresos T 91 Bb 101
AD100 Els Plans □ AND 54 Bd 94
25212 els Plans de Sió L 72 Bb 98
46880 els Poblets dels Ferrers V 158 Zc 116
08281 els Prats de Rei B 73 Bd 98
43527 els Reguers T 109 Ac 103
08614 els Sants Metges B 73 Be 96
25164 els Torms L 91 Ae 100
43559 els Valentins T 109 Ac 105
25793 els Vilars L 72 Bb 95
31799 Eltso NC 37 Yb 91
01340 Eltziego = Elciego VI 47 Xc 93
01309 Elvillar = Bilar VI 48 Xc 93
29604 Elviria MA 191 Vb 129
03200* Elx = Elche A 158 Zb 119
31797 Elzaburu NC 37 Yb 90
41200 Embalse de Alcalá del Río SE 164 Ua 123
22662 Embalse de Búbal HS 51 Zd 92
15258 Embalse de Castrelo C 26 Qf 91
09213 Embalse de Cillaperlata BU 46 Wd 92
23430 Embalse de Giribaile J 153 Wd 120
02500 Embalse de los Charcos AB 156 Yb 117
28470 Embalse de Navalmedio MD 101 Vf 104
28749 Embalse de Riosequillo MD 84 Wc 103
41710 Embalse Torre del Águila SE 180 Ub 126
38911 Embarcadero de Punta Grande TF 196 Ha 182
19339 Embid GU 87 Yb 103
50239 Embid de Ariza Z 86 Ya 100
50299 Embid de la Ribera Z 87 Yc 100
22740 Embún HS 50 Zb 93
48120 Emerando BI 35 Xb 88
21420 Empalme, El H 177 Se 125
14730 Emparedada CO 166 Uf 122
46136 Emperador V 124 Zd 111
45470 Emperador, El TO 137 Wa 113
17487 Empuriabrava GI 75 Da 95
17130 Empúries GI 75 Da 96
22830 Ena HS 50 Zb 94
22312 Enate HS 71 Ab 96
04211 Encalmados, Los AL 186 Xe 126
AD200 Encamp □ AND 54 Bd 93
41530 Encarnaciones, Las SE 181 Ue 126
33946 Encarnada, La AS 31 Uc 89
30529 Encebras, Las MC 157 Ye 118
02137 Encebrico, El AB 155 Xd 117
15566 Enchousas, As C 28 Sa 87
25283 Encies L 73 Bd 96
09588 Encima Angulo BU 35 We 90
28870 Encín, El MD 103 We 105
03408 Encina, L' A 157 Za 116
37515 Encina, La SA 97 Tc 106
13117 Encinacaída CR 116 Vb 112
50470 Encinacorba Z 87 Ye 101
06906 Encinar BA 149 Tf 120
41380 Encinar, El SE 165 Uc 120
28630 Encinar de Alberche MD 101 Vd 107
28109 Encinar de los Reyes, El MD 102 Wc 105
23747 Encinarejo, El J 153 Vf 120
05696 Encinares AV 99 Ud 106
06290 Encinares BA 149 Tf 118
23610 Encinares, Los J 168 Wa 123
28260 Encinar y San Alberto, El MD 102 Vf 105
40531 Encinas SG 84 Wb 100
41500 Encinas, Las SE 180 Ub 124
37114 Encina San Silvestre SA 80 Tf 102
37893 Encinas de Abajo SA 81 Ud 103
37892 Encinas de Arriba SA 99 Uc 104
47186 Encinas de Esgueva VA 64 Vf 98
21390 Encinasola H 148 Ta 120
37256 Encinasola de los Comendadores SA 79 Tc 102
14913 Encinas Reales CO 183 Vd 125
24745 Encinedo LE 41 Tc 95
09330 Encinilla BU 65 Wb 96
41710 Encinilla, La SE 181 Ub 127
40391 Encinillas SG 83 Vf 102
09219 Encío BU 47 Wf 92
26586 Enciso RI 67 Xe 96
13739 Encomienda de Mudela CR 153 Wc 117
15187 Encrobas, As C 27 Rd 89
31789 Endarlatsa NC 37 Yb 89
31799 Endériz NC 49 Yc 91
20740 Endoia SS 36 Xe 89
37766 Endrinal SA 99 Ub 105
28793 Endrinales, Los MD 102 Wb 104
42313 Enebral, El SO 85 Wf 99
31153 Enériz NC 49 Yb 92
08281 Enfesta L 73 Bc 98
33677 Enfistiella AS 31 Ub 90
46810 Enguera V 142 Zb 115
16372 Enguídanos CU 122 Yc 110
49172 Enillas, Las ZA 80 Ua 100
04729 Enix AL 186 Xc 127
39200 Enmedio CB 33 Vf 91
46669 Ènova, l' V 142 Zd 114
25592 Enseu L 53 Ba 95
36471 Entenza PO 57 Rc 96
39582 Enterría CB 32 Vb 90
39577 Enterrías CB 32 Vb 90
04711 Entinas, Las AL 186 Xb 128
15237 Entíns C 38 Ra 91
32336 Éntoma OR 41 Ta 94
33111 Entrago AS 30 Tf 89
49721 Entrala ZA 80 Ub 100
39715 Entrambasaguas CB 34 Wb 88
09585 Entrambasaguas Caniego BU 35 We 90
27234 Entrambasaugas LU 40 Sb 91
39682 Entrambasmestas CB 34 Wa 89
09568 Entrambosríos BU 34 Wb 90
41410 Entrearroyos SE 165 Ub 124
32552 Entrecinsa OR 59 Se 96
15109 Entrecruces C 26 Rb 90
02449 Entredicho, El AB 156 Xe 118
14249 Entredicho, El CO 151 Ue 119
30414 Entredicho, El MC 171 Xe 121
33940 Entrego, El AS 31 Uc 89
26375 Entrena RI 48 Xc 94
33686 Entrepeñas AS 31 Uc 90
49325 Entrepeñas ZA 60 Td 96
06710 Entrerríos BA 134 Ub 115
33401 Entreviñas AS 31 Ua 87
32860 Entrimo A = Terrachá OR 58 Rf 97
06197 Entrín Alto BA 148 Tb 116
06197 Entrín Bajo BA 148 Tb 116
25513 Envall L 53 Af 94
27652 Envernallas LU 29 Ta 91
16856 Envía, La CU 104 Xd 106
25568 Enviny L 53 Ba 94
31448 Epároz NC 50 Ye 92
20128 Epele SS 37 Ya 89
50290 Épila Z 68 Ye 99
30168 Era Alta MC 173 Yf 121
25551 Era Bordeta L 52 Ad 92
11687 Era de la Viña CA 181 Ud 127
48950 Erandio BI 35 Xa 89
31486 Eransus NC 49 Yc 92
25598 Era Peira Roja L 53 Af 92
25598 Era Restanca L 53 Ae 93
02214 Eras, Las AB 141 Yd 113
46178 Eras, Las V 122 Yf 109
31869 Eraso NC 37 Yb 91
31748 Eratsun NC 37 Yb 90
31290 Eraul NC 48 Xf 92
15147 Erbecedo C 26 Rb 90
27515 Erbedeiro LU 40 Sb 93
48450 Erbera o San Andres BI 35 Xa 89
48277 Erbera o San Andres BI 36 Xd 89
01477 Erbi VI 35 Wf 90
36412 Erbille PO 57 Rc 96
31866 Erbiti NC 37 Yb 91
22437 Erdao HS 52 Ac 95
31481 Erdozáin NC 49 Yd 92
01193 Erenchum VI 48 Xc 92
48313 Ereño BI 36 Xc 88
20128 Ereñozu SS 37 Ya 89
22807 Erés HS 69 Zb 95
38916 Erese TF 196 Ha 182
22467 Eresué HS 52 Ac 93
48112 Ergoien BI 35 Xa 88
48113 Ergoien BI 35 Xb 89
20180 Ergoien SS 37 Ya 89
20268 Ergoiena SS 36 Xf 91
33449 Ería, La AS 31 Ua 87
10638 Erías CC 98 Td 106
31867 Erice NC 37 Yb 91
31892 Erice NC 49 Yb 91
31174 Eriete NC 49 Yb 92
14900 Erillas CO 183 Vd 124
25516 Erinyà L 53 Af 95
31396 Eristáin NC 49 Yc 93
22469 Eriste HS 52 Ac 93
38435 Erjos TF 196 Ib 179
50611 Erla Z 69 Za 96
17253 Ermedàs GI 75 Da 97
15282 Ermedelo C 38 Rb 92

15338 Ermida C 28 Sa 87
27744 Ermida LU 29 Se 89
15860 Ermida de San Bartolomé C 26 Ra 90
15149 Ermida de Santa Margarita C 26 Ra 89
03570 Ermita, L' A 159 Ze 117
Ermita, La AL 171 Xe 124
Ermita, La AL 171 Xd 124
Ermita, la AL 171 Xe 124
18183 Ermita, La GR 184 Wd 125
18815 Ermita, La GR 170 Xa 122
21590 Ermita, La H 176 Sd 125
06310 Ermita Belén BA 149 Td 118
06194 Ermita de Bótoa y Colonia Escolar BA 132 Ta 114
03699 Ermita de Don Jaume A 158 Zc 118
13310 Ermita de la Consolación CR 138 Wd 115
28818 Ermita de la Virgen de La Soledad MD 103 We 106
47008 Ermita del Humilladero VA 63 Vb 99
30876 Ermita del Ramonete MC 172 Yd 123
44195 Ermita de San Blas TE 106 Ye 106
42313 Ermita de San Julián SO 85 Wf 99
48120 Ermita de San Martín BI 35 Xb 88
09239 Ermita de San Pedro BU 65 Wb 95
01128 Ermita de San Román VI 48 Xd 92
26131 Ermita de Santa Bárbara RI 48 Xe 94
03292 Ermita de Sant Andreu A 158 Zc 119
26130 Ermita de Santiago RI 48 Xd 94
48120 Ermita de Santillandi BI 35 Xb 88
03599 Ermita de Sant Llorenç A 159 Zf 117
25795 Ermita de Sant Martí L 53 Bb 95
25655 Ermita de Sant Pere L 72 Ba 96
03503 Ermita de Sanz A 159 Zf 117
30410 Ermita de Singla MC 171 Ya 120
23686 Ermita Nueva J 184 Wa 124
32375 Ermitas, As OR 41 Sf 95
45880 Ermita Virgen de la Muela TO 119 We 110
14940 Ermita Virgen de la Sierra CO 167 Vd 124
23537 Ermita y Torreón de Cuadros J 169 Wd 122
14850 Ermiticas, Las CO 167 Vd 122
15338 Ermo C 26 Se 87
48260 Ermua BI 36 Xd 89
27113 Ernes LU 29 Ta 90
25635 Eroles L 72 Ae 95
32546 Erosa OR 59 Se 96
31714 Erratzu NC 37 Yd 89
31891 Errazkin NC 36 Ya 90
31698 Errea NC 49 Yd 91
31448 Erremendia NC 50 Ye 91
20100 Errenteria SS 37 Ya 89
20737 Errezil SS 36 Xe 90
01213 Erribeira Beitia = Ribera Baja VI 47 Xa 92
48309 Errigoiti BI 35 Xb 89
25528 Erril-la-vall L 53 Ae 93
31697 Erro NC 37 Yd 91
31868 Errotz NC 49 Yb 91
25555 Erta L 53 Af 94
AD400 Erts □ AND 54 Bc 93
45540 Erustes TO 117 Vd 109
39584 Esanos CB 33 Vc 89
43816 Esblada T 92 Bc 100
21870 Escacena del Campo H 179 Td 124
27540 Escairón = O Saviñao LU 40 Sc 93
09145 Escalada BU 46 Wb 92
09145 Escalada BU 46 Wb 92
21342 Escalada H 163 Tb 121
39795 Escalante CB 34 Wc 88
25588 Escalarre L 53 Ba 93
19390 Escalera GU 105 Xf 104
44424 Escaleruela, La TE 123 Zb 108
25596 Escaló L 53 Ba 93
22363 Escalona HS 52 Aa 94
38614 Escalona TF 196 Ic 180
45910 Escalona TO 117 Vd 107
40350 Escalona del Prado SG 83 Vf 101
14749 Escalonias, Las CO 166 Ue 122
05190 Escalonilla AV 100 Vb 105
05289 Escalonilla AV 100 Vc 104
45517 Escalonilla TO 117 Vd 109
19127 Escamilla GU 104 Xc 105
33191 Escamplero AS 31 Ua 88
03698 Escanelía A 158 Zc 118
22393 Escanilla HS 52 Ab 95
01211 Escanzana VI 47 Xa 92
09557 Escaño BU 34 Wc 91
23657 Escañuela J 168 Vf 121
22394 Escapa, La HS 52 Aa 95
40291 Escarabajosa de Cabezas SG 83 Ve 102
40210 Escarabajosa de Cuéllar SG 83 Ve 100
15992 Escarabote C 38 Ra 93
47470 Escargamaría VA 81 Uf 102
19119 Escariche GU 103 Wf 106
30893 Escarihuela, La MC 172 Yb 124
25637 Escarlà L 72 Ae 95
31690 Escároz = Eskaroze NC 50 Yf 91
22660 Escarrilla HS 51 Ze 92
25596 Escart L 53 Ba 93
22372 Escartín HS 51 Ze 93
50790 Escatrón Z 89 Ze 101
17213 Esclanyà GI 75 Db 97
17244 Esclet GI 75 Cf 97
50682 Escó Z 50 Yf 93
09559 Escóbados de Abajo BU 46 Wc 92
09559 Escóbados de Arriba BU 46 Wc 92
33555 Escobal AS 32 Va 88
23749 Escobar J 168 Wa 120
30439 Escobar MC 156 Yb 120
30333 Escobar MC 172 Ye 122
40154 Escobar SG 101 Ve 103
24341 Escobar de Campos LE 44 Va 95
40393 Escobar de Polendos SG 83 Vf 102
39108 Escobedo CB 34 Wa 88
39638 Escobedo CB 34 Wa 89
49540 Escober ZA 61 Ua 98
42223 Escobosa de Almazán SO 86 Xd 100
42193 Escobosa de Calatañazor SO 66 Xa 99
27868 Escola LU 26 Sb 87
30350 Escombreras MC 173 Za 123
02359 Escondite AB 155 Xd 117
19119 Escopete GU 103 Wf 106
07315 Escorca IB 126 Cf 110
02315 Escorial AB 155 Xd 117
28280 Escorial, El MD 101 Vf 105
23747 Escoriales, Los J 153 Wa 119
44161 Escorihuela TE 106 Za 105
32696 Escornabois OR 59 Sc 96
01428 Escota VI 47 Xa 91
18293 Escóznar GR 184 Wa 125
15980 Escravitude, A C 38 Rc 92
36547 Escuadro PO 39 Re 92
49177 Escuadro ZA 80 Tf 101
22362 Escuaín HS 52 Aa 93
44770 Escucha TE 107 Zb 104
46640 Escudero V 142 Za 115
09127 Escuderos BU 45 Vf 92
09342 Escuderos BU 64 Wa 96
23539 Escuelas, Las J 169 Wc 121
22636 Escuer HS 51 Zd 93
37216 Escuernavacas SA 79 Td 103
04532 Escúllar AL 186 Xb 125
04118 Escullos, Los AL 187 Xf 128
32549 Esculqueira OR 59 Sf 97
24397 Escuredo LE 42 Ua 92
49323 Escuredo ZA 60 Tc 95
10133 Escurial CC 133 Ua 114
37762 Escurial de la Sierra SA 98 Ua 105
26586 Escurquilla, Las RI 67 Xe 96
36993 Escusa PO 38 Rb 94
18130 Escúzar GR 184 Wb 126
22482 Esdolomada HS 52 Ac 95
36470 Esfarrapada = Salceda de Caselas PO 57 Rc 96
18511 Esfiliana GR 185 Wf 125
32720 Esgos OR 40 Sb 95
47176 Esguevillas de Esgueva VA 64 Vd 98
31690 Eskaroze = Escároz NC 50 Yf 91
20540 Eskoriatza SS 36 Xc 90
31494 Eslava NC 49 Yd 93
39694 Esles CB 34 Wb 89
12528 Eslida CS 124 Ze 109
15594 Esmelle C 27 Re 87
35627 Esmeralda Jandía GC 199 Le 180
15846 Esmorode C 26 Rb 90
31697 Esnotz NC 37 Yd 91
08697 Espà, L' B 73 Be 95
30627 Espada MC 157 Ye 120
37148 Espadaña SA 79 Te 102
10300 Espadañal CC 115 Uc 109
49342 Espadañedo ZA 61 Td 96
12230 Espadilla CS 124 Zd 108
25795 Espaén L 53 Bb 95
14600 Españares CO 152 Ve 119
17421 Esparra, L' GI 75 Cd 98
30163 Esparragal MC 173 Yf 120
30891 Esparragal MC 172 Yb 123
11180 Esparragal, El CA 189 Ub 129
14816 Esparragal, El CO 167 Ve 123
41860 Esparragal, El SE 164 Tf 123
06860 Esparragalejo BA 133 Td 115
30891 Esparragalico MC 172 Yb 123
06620 Esparragosa de Lares BA 134 Ue 115
06439 Esparragosa de la Serena BA 150 Uc 117
08292 Esparreguera B 92 Bf 99
03100 Espartal A 158 Zd 117
28722 Espartal, El MD 102 Wc 104
06172 Espartales BA 148 Tb 117
30890 Espartal y Mirones MC 171 Yb 123
41807 Espartinas SE 180 Tf 124
31191 Esparza NC 49 Yb 92
31453 Esparza NC 50 Yf 91
15339 Espasante C 26 Sb 86
37114 Espayos SA 80 Tf 102
37497 Espeja SA 97 Tb 105
42142 Espeja de San Marcelino SO 65 We 98
03679 Espejeras A 158 Zc 118
14830 Espejo CO 167 Vc 122
01423 Espejo VI 47 Wf 92
45910 Espejo, El TO 101 Vd 108
42164 Espejo de Tera SO 67 Xd 97
42142 Espejón SO 65 We 98
24913 Espejos de la Reina, Los LE 32 Va 91
04200 Espeliz AL 186 Xd 126
08711 Espelt, L' B 73 Bd 99
23628 Espelúy J 168 Wa 120
11648 Espera CA 180 Ub 127
27559 Esperante LU 40 Sb 92
10828 Esperanza, La CC 114 Td 110
18300 Esperanza, La GR 183 Vf 125
38290 Esperanza, La TF 197 Id 178
47639 Esperanza, La VA 63 Va 97
22472 Espés Alto HS 52 Ad 94
14220 Espiel CO 151 Uf 119
22351 Espierba HS 52 Aa 93
22348 Espierlo HS 51 Aa 94
22637 Espierre HS 51 Ze 93
22584 Espills L 72 Ae 95
33779 Espina AS 29 Sf 88
33891 Espina, La AS 30 Te 88
24889 Espina, La LE 44 Va 92
08618 Espinabet B 73 Be 96
24376 Espina de Tremor LE 42 Tf 92
39588 Espinama CB 32 Vb 90
19223 Espinar GU 84 We 102
30510 Espinar MC 157 Yf 117
30320 Espinar, El MC 173 Yf 122
40400 Espinar, El SG 101 Ve 104
45490 Espinar, El TO 118 Wa 109
18614 Espinar Alto GR 185 Wd 128
30100 Espinardo MC 173 Yf 120
24433 Espinaredo de Ancares LE 41 Tb 92
17869 Espinauga GI 55 Cb 95
17868 Espinavell GI 55 Cc 94
17747 Espinavessa GI 75 Cf 95
33629 Espinedo AS 31 Ua 90
17405 Espinelves GI 74 Cc 97
02459 Espineras del León, Las AB 155 Xd 117
39210 Espinilla CB 33 Ve 90
02611 Espinillo, El AB 139 Xb 115
35329 Espinillo, El GC 200 Kc 181
28804 Espinillos MD 102 Wd 106
29711 Espino MA 183 Vf 127
02640 Espino, El AB 141 Yf 115
42189 Espino, El SO 67 Xe 97
37429 Espino-Arcillo SA 81 Uc 102
37419 Espino de la Orbada SA 81 Ud 102
37170 Espino de los Doctores SA 80 Ua 102
24888 Espinosa de Almanza LE 44 Uf 92
39232 Espinosa de Bricia CB 46 Wa 91
34248 Espinosa de Cerrato P 64 Wa 97
09610 Espinosa de Cervera BU 65 Wd 97
19292 Espinosa de Henares GU 85 Wf 103
09198 Espinosa de Juarros BU 46 Wc 95
24274 Espinosa de la Ribera LE 43 Ub 92
09258 Espinosa del Camino BU 46 We 94
09268 Espinosa del Monte BU 47 Wf 94
05296 Espinosa de los Caballeros AV 82 Vc 102
09560 Espinosa de los Monteros BU 34 Wc 90
34491 Espinosa de Villagonzalo P 45 Vd 94
09150 Espinosilla de San Bartolomé BU 46 Wa 93
24414 Espinoso de Compludo LE 42 Td 94
45650 Espinoso del Rey TO 117 Vb 111
15320 Espiñaredo C 28 Sa 88
27788 Espiñeira LU 29 Se 87
32539 Espiñeira OR 39 Re 93
32537 Espiñeiros OR 39 Re 94
32366 Espiño OR 41 Ta 95
32826 Espiñoso OR 58 Sa 95
37140 Espioja SA 80 Tf 102
40191 Espirdo SG 83 Vf 103
19445 Esplegares GU 104 Xd 103
22451 Espluga HS 52 Ac 94
25410 Espluga Calba, L' L 91 Ba 100
22583 Espluga de Serra L 53 Af 95
25636 Esplugafreda L 72 Ae 95
08017 Esplugues de Llobregat B 93 Ca 100
22535 Esplús HS 71 Ab 98
17753 Espolla GI 56 Cf 94
25212 Espona, L' L 72 Bb 98
17832 Esponellà GI 75 Ce 95
07190 Esporles IB 126 Cd 110
22860 Esposa HS 50 Zc 93
25597 Espot Esquí L 53 Ba 93
31438 Espoz NC 49 Yd 91
31228 Espronceda NC 48 Xe 93
22714 Espuéndolas HS 51 Zd 93
25515 Espui L 53 Af 94
23291 Espumaderas, Las J 155 Xb 120
08614 Espunyola, L' B 73 Be 96
22810 Esquedas HS 70 Zc 95
34160 Esquileo de Abajo P 63 Vb 97
34160 Esquileo de Arriba P 63 Vb 97
03610 Esquinal A 158 Zb 117
31191 Esquíroz NC 49 Yc 92
41209 Esquivel SE 164 Ua 123
45221 Esquivías TO 118 Wb 108
19287 Establés GU 86 Xf 102
07120 Establiments IB 126 Cd 111
25593 Estac L 53 Ba 94
16465 Estacada, La CU 119 Xa 108
36851 Estacas, As PO 39 Rd 94
03679 Estació, L' A 158 Zb 118
03837 Estació d'Agre A 142 Zc 116
08553 Estaciò de Balenya B 74 Cb 97
12595 Estació de Cabanes, L' CS 124 Aa 108
43558 Estació de Freginals T 109 Ad 105
17404 Estació de Gualba, L' GI 74 Cd 98
17457 Estació de Riudellots, L' GI 75 Ce 97
43880 Estació de Sant Vinçeç de Calders, L' T 92 Bc 101
27331 Estación, A LU 40 Sd 93
04558 Estación, La AL 186 Xc 126
04540 Estación, La AL 186 Xc 126
06230 Estación, La BA 149 Td 118
06290 Estación, La BA 149 Te 118
06460 Estación, La BA 134 Ub 115
10820 Estación, La CC 114 Td 110
14630 Estación, La CO 167 Vd 121
12431 Estación, La CS 123 Zb 109
21380 Estación, La H 163 Tc 120
30612 Estación, La MC 157 Ye 119
26360 Estación, La RI 48 Xc 94
37448 Estación, La SA 80 Ua 103
41320 Estación, La SE 165 Ub 123
44510 Estación, La TE 89 Zd 101
45292 Estación, La TO 118 Wa 109
45400 Estación, La TO 118 Wb 110
50300 Estación, La Z 87 Yc 100
50137 Estación, La Z 88 Za 100
05296 Estación Adanero-Muñoz AV 82 Vc 103
10550 Estación Arroyo-Malpartida CC 114 Tc 112
30540 Estación Blanca Abarán MC 157 Ye 119
28737 Estación Cascones-Buitrago MD 84 Wb 102
45490 Estación de Ablates, La TO 118 Wa 110
18520 Estación de Alamedilla-Guadahortuna GR 169 We 123
41380 Estación de Alanís SE 165 Ub 121
10164 Estación de Aldea del Cano CC 133 Td 113
14220 Estación de Alhondiguilla CO 151 Uf 120
06800 Estación de Aljucén BA 133 Td 115
29330 Estación de Almargen-Cañete la Real MA 182 Uf 127
45420 Estación de Almonacid, La TO 118 Wb 110
22283 Estación de Almudévar HS 69 Zc 97
30627 Estacion de Archena-Fortuna MC 157 Ye 120
29314 Estación de Archidona MA 183 Vd 126
23750 Estación de Arjonilla J 168 Vf 120
29395 Estación de Atalaya MA 182 Uf 127
09349 Estación de Bahabón de Esgueva BU 65 Wb 97
45593 Estación de Bargas TO 118 Vf 109
23520 Estación de Begíjar J 169 Wc 121
06611 Estación de Belalcázar BA 151 Uf 116
23590 Estación de Cabra J 169 We 123
30420 Estación de Calasparra MC 156 Yb 119
14512 Estación de Campo Real CO 167 Vb 124
18810 Estación de Caniles GR 170 Xb 124
31391 Estación de Caparroso NC 49 Yc 94
13471 Estación de Caracollera CR 152 Vd 116
49160 Estación de Carbajales de Alba ZA 61 Tf 98
29570 Estación de Cártama MA 182 Vc 128
10190 Estación de Casar de Cáceres CC 114 Tc 111
28311 Estación de Castillejo-Añover MD 118 Wb 109
02660 Estación de Caudete AB 157 Za 116
41370 Estación de Cazalla y Constantina SE 165 Ub 121
15186 Estación de Cerceda C 27 Rd 89
02520 Estación de Chinchilla AB 140 Yb 115
50700 Estación de Chiprana Z 89 Zf 101
29391 Estación de Cortes de la Frontera MA 190 Ud 129
03339 Estación de Crevillente, La A 158 Zb 119
41500 Estación de Don Rodrigo SE 179 Ua 125
21300 Estación de El Cerro de Andévalo H 163 Ta 122
13471 Estación de El Madroñal-Fontanosas CR 152 Vc 116
41440 Estación de El Priovato SE 165 Ud 122
41600 Estación de Empalme de Morón SE 181 Uc 125
16372 Estación de Enguidanos CU 122 Yc 110
44520 Estación de Escatrón TE 89 Ze 101
23628 Estación de Espelúy J 168 Wa 120
14220 Estación de Espiel CO 151 Uf 119
50793 Estación de Fabara Z 90 Aa 101
14820 Estación de Fernán-Núñez CO 167 Vb 122
31592 Estación de Fitero NC 68 Yb 96
04568 Estación de Fuente Santa AL 186 Xc 126
18500 Estación de Guadix GR 185 Wf 125
10560 Estación de Herreruela CC 132 Ta 112
14749 Estación de Hornachuelos CO 166 Ue 122
18540 Estación de Huélago-Darro y Diezma GR 169 We 124
23590 Estación de Huelma J 169 We 123
23590 Estación de Huesa J 169 We 122
23592 Estación de Jódar J 169 Wd 121
18512 Estación de Lacalahorra GR 185 Wf 125
28312 Estación de las Infantas MD 118 Wb 109
49522 Estación de las Torres de Aliste ZA 61 Te 97
06800 Estación del Carrascalejo BA 133 Td 114
23700 Estación de Linares-Baeza J 168 Wc 120

Estación de los Milanos H 163 Ta 123
13490 Estación de Los Pedroches CR 151 Va 116
45470 Estación de los Yébenes TO 118 Wb 111
28791 Estación de Manzanares Soto del Real MD 102 Wb 104
14270 Estación de Mármol CO 150 Ue 117
23770 Estación de Marmolejo J 167 Vf 120
02620 Estación de Minaya AB 139 Xd 113
18540 Estación de Moreda GR 169 We 124
14310 Estación de Obejo CO 166 Vb 120
Estación de Oroso Villacid C 27 Rc 91
40422 Estación de Otero de Herreros SG 101 Ve 104
18563 Estación de Pedro-Martínez GR 169 We 123
18562 Estación de Piñar GR 184 Wd 124
10940 Estación de Rio Tajo CC 114 Td 110
13700 Estación de Río Záncara CR 138 Xa 112
44424 Estación de Rubielos de Mora TE 123 Zb 108
29314 Estación de Salinas MA 183 Ve 126
11368 Estación de San Roque CA 189 Ud 131
22808 Estación de Santa María y La Peña HS 50 Zb 94
24330 Estación de Santas Martas LE 43 Ud 94
36546 Estación de Silleda PO 39 Re 92
09573 Estación de Soncillo BU 34 Wb 90
06182 Estación de Talavera BA 132 Tb 115
45470 Estación de Urda TO 137 Wa 112
23713 Estación de Vadollano J 153 Wc 120
50709 Estación de Valdepilas Z 89 Aa 101
10164 Estación de Valduernas CC 133 Td 112
13760 Estación de Venta de Cárdenas CR 153 Wd 118
02696 Estación de Villar de Chinchilla AB 140 Yc 115
23006 Estación de Villargordo J 168 Wb 121
11370 Estación Férrea CA 191 Ud 131
50296 Estación Férrea, La Z 69 Ye 98
04550 Estación Fuente Santa AL 186 Xc 126
Estación Gaucín MA 190 Ud 129
Estación Guareña, La BA 133 Tf 115
18360 Estación Huétor-Tájar GR 183 Vf 125
39210 Estación invernal Alto de Campoo CB 33 Vd 90
36519 Estación Lalín PO 39 Re 93
40420 Estación La Losa-Navas de Riotrio SG 101 Vf 103
14029 Estación Los Cansinos CO 167 Vc 121
23592 Estación Los Propios-Cazorla J 169 We 121
30891 Estación Lumbreras MC 172 Yb 123
17452 Estación Maçanet-Massanes GI 75 Cd 98
06468 Estación Magacela BA 134 Ub 115
03169 Estación Rojales-Benijófar A 173 Zb 120
22415 Estación Selgua, La HS 71 Aa 97
11692 Estación Setenil CA 182 Uf 127
28293 Estación y Pajares, La MD 101 Vf 105
06830 Estación Zarza de Alange BA 133 Te 116
43890 Estació Vandellòs, L' T 91 Af 103
46392 Estación Venta Mina-Siete Aguas V 142 Za 112
22424 Estada HS 71 Ab 96
22423 Estadilla HS 71 Ab 96
31530 Estado de Mora NC 68 Yd 97
34846 Estalaya P 45 Vd 91
22585 Estall HS 71 Ad 96
22625 Estallo HS 51 Zd 94
02690 Estalon de Alpera AB 141 Ye 115
25719 Estamariu L 54 Bd 94
25719 Estamariu = Estimariu L 54 Bd 94
25725 Estana L 54 Bd 95
21291 Estanción de la Nava H 163 Tb 121
21360 Estanción Jabugo-Galaroza H 163 Tb 121
35110 Estanco, El GC 200 Kd 181
08148 Estany, L' B 74 Ca 97
17476 Estanyet GI 75 Cf 95
08392 Estanyet Llavaneres B 93 Cc 99
17182 Estanyol GI 75 Ce 97
22589 Estaña HS 71 Ad 96
25214 Estaràs L 73 Bc 98
22364 Estaronillo HS 52 Aa 93
17258 Estartit, L' GI 75 Db 96
25513 Estavill L 53 Af 94
24288 Estébanez de la Calzada LE 42 Ua 94
37455 Esteban Isidro SA 99 Ub 104
40514 Estebanvela SG 84 Wd 100
15555 Esteiro C 26 Rf 87
31200 Estella = Lizarra NC 48 Xf 92
11593 Estella del Marqués CA 188 Tf 128
07192 Estellencs IB 126 Cc 111
27748 Estelo LU 28 Sd 88
46300 Estenas V 122 Yf 111
31291 Esténez NC 49 Ya 92
41560 Estepa SE 182 Va 125
42180 Estepa de San Juan SO 67 Xd 97
42164 Estepa de Tera SO 67 Xd 97
09230 Estépar BU 46 Wa 95
14029 Estepas, Los CO 166 Va 122
29680 Estepona MA 190 Uf 130
42130 Esteras de Lubia SO 67 Xe 98
42230 Esteras de Medina SO 86 Xd 102
44558 Estercuel TE 107 Zc 103
15860 Esternande C 26 Rb 90
25580 Esterri d'Àneu L 53 Ba 93
25571 Esterri de Cardós L 53 Bb 93
16612 Estesos, Los CU 139 Xd 113
22487 Estet HS 52 Ae 93
32624 Estevesiños OR 59 Sd 97
22412 Estiche de Cinca HS 71 Aa 98
17512 Estiula GI 74 Ca 95
32680 Estivadas OR 59 Sc 96
46590 Estivella V 124 Zd 110
45005 Estiviel TO 118 Vf 109
26328 Estollo RI 47 Xa 95
22589 Estopiñán HS 71 Ad 96
22589 Estopiñán del Castillo HS 71 Ad 97
10990 Estorninos CC 113 Ta 110
39793 Estrada CB 34 Wc 88
39549 Estrada CB 33 Vd 88
36680 Estrada, A PO 39 Rd 92
30332 Estrecho, El MC 173 Yf 122
30889 Estrechos, Los MC 172 Yc 124
23479 Estrella J 169 Xa 121
16193 Estrella, La CU 121 Xf 108
35213 Estrella, La GC 200 Kd 180
45574 Estrella, La TO 116 Uf 110
28595 Estremera MD 119 Wf 107
19262 Estriégana GU 86 Xc 102
46817 Estubeny V 142 Zc 114
31281 Etayo NC 48 Xf 93
09267 Eterna BU 47 Wf 94
40134 Etreros SG 82 Vd 103
31798 Etsain NC 49 Yc 91
31798 Etuláin NC 37 Yc 91
20749 Etumeta SS 36 Xe 89
01206 Etura VI 48 Xd 91
01206 Etxabarri-Urtupiña = Echavarri-Urtupiña VI 48 Xc 91
01169 Etxaguen = Echagüen VI 36 Xc 90
31760 Etxalar NC 37 Yc 89
31869 Etxaleku NC 37 Yb 91
31878 Etxarri NC 37 Ya 90
48288 Etxatxegi BI 36 Xc 88
31174 Etxauri NC 49 Yb 92
48450 Etxebarri BI 35 Xa 89
48277 Etxebarria BI 36 Xd 89
48290 Euba BI 35 Xb 89
31638 Eugi NC 37 Yc 91
31271 Eulate NC 48 Xe 92
31290 Eulz NC 48 Xf 92
15325 Eume C 27 Sa 88
30380 Euromanga MC 173 Zb 122
16150 Eustaquios, Los CU 105 Ya 106
47511 Evanes, Los VA 81 Ue 100
50410 Exconvento de Santa Fe Z 69 Za 99
09549 Extramiana BU 46 We 91
15297 Ézaro C 38 Qf 91
31194 Ezcabarte NC 49 Yc 91
26280 Ezcaray RI 47 Wf 95
20709 Ezkio SS 36 Xe 90
20709 Ezkio-Itsaso SS 36 Xe 90
31749 Ezkurra NC 37 Yb 90
31470 Ezperun NC 49 Yc 92
31491 Ezprogui NC 49 Yd 93
01206 Ezquerecocha VI 48 Xd 91
09268 Ezquerra BU 47 We 94

F

27665 Fabal LU 41 Sf 92
50793 Fabara Z 90 Ab 101
24420 Fabero LE 41 Tc 92
22623 Fablo HS 51 Ze 94
28391 Fabricá MD 102 Wd 107
50290 Fábrica Azucarera Z 68 Ye 99
30814 Fábrica de Azufre MC 172 Yb 122
30848 Fábrica de Cerámica MC 172 Yd 122
41360 Fábrica de El Pedroso SE 165 Ub 121
18830 Fábrica de Harinas de San Fernando GR 170 Xc 122
23260 Fábrica de Jabón J 154 Wf 119
50810 Fábrica del Salto Z 69 Zb 97
31670 Fábrica de Orbaitzeta NC 36 Ye 90
02316 Fábrica de Paños AB 155 Xc 117
16891 Fábrica de Resinas CU 104 Xe 105
50131 Fábrica de Yeso Z 88 Zb 101
44559 Fábricas, Las TE 107 Zc 104
02450 Fábricas de San Juan de Alcaraz AB 155 Xd 118
27577 Facha LU 39 Sa 92
03813 Facheca A 159 Ze 116
11391 Facinas CA 189 Ub 132
45950 Fado TO 101 Vf 107
49260 Fadón ZA 80 Tf 100
33879 Faedal AS 30 Te 88
33784 Faedal AS 30 Td 88
33159 Faedo AS 30 Te 87
15325 Faeira C 28 Sa 88
24206 Fáfilas LE 62 Ud 95
22729 Fago HS 50 Za 92
01216 Faidu = Faido VI 47 Xc 92
15540 Faisca C 27 Re 87
17869 Faitús GI 55 Cc 94
33879 Fajera, La AS 30 Tc 88
31370 Falces NC 49 Yb 94
17831 Falgons GI 75 Cd 96
43730 Falset T 91 Ae 102
03813 Famorca A 159 Ze 116
38670 Fanabé TF 196 Ib 180
07310 Fangar IB 127 Cf 110
22611 Fanlillo HS 51 Ze 94
22375 Fanlo HS 51 Zf 93
22375 Fanlo HS 51 Zf 93
33391 Fano AS 31 Uc 88
33325 Fano AS 31 Ue 88
27738 Fanoi LU 28 Sd 88
48630 Fano-Uresaranses BI 35 Xa 88
12230 Fanzara CS 124 Ze 108
22135 Fañanás HS 70 Ze 96
15822 Fao C 39 Re 91
25211 Far, El L 73 Bb 98
29461 Faraján MA 190 Ue 129
49141 Faramontanos de Tábara ZA 61 Ua 97
32839 Faramontaos OR 58 Sa 95
50619 Farasdués Z 69 Yf 95
17469 Far d'Empordà, El GI 75 Cf 95
43459 Farena T 91 Ba 101
17850 Fares GI 75 Ce 95
17534 Farga, La GI 55 Cb 94
25799 Farga de Moles, La L 54 Bc 94
04890 Fargalí Alto AL 186 Xc 125
04890 Fargalí Bajo AL 186 Xc 125
18182 Fargue GR 184 Wc 125
49213 Fariza ZA 80 Te 100
50163 Farlete Z 70 Zc 98
27163 Farnadeiros LU 40 Sc 91
32899 Farnadeiros OR 58 Sa 97
27863 Faro LU 26 Sc 86
33195 Faro de Arriba AS 31 Ub 88
21800 Faro El Picacho de la Barra H 177 Tb 126
29649 Faro y Torre de Calaburras MA 191 Vc 129
25595 Farrera L 53 Bb 94
17833 Farrés, La GI 75 Ce 96
24133 Fasgar LE 42 Te 92
38570 Fasnia TF 197 Id 179
33879 Fastias AS 30 Td 88
35108 Fataga GC 200 Kc 181
10857 Fatela, La CC 114 Tb 107
18816 Fátima GR 170 Xb 122
11600 Fátima-Juncal CA 189 Uc 128
43891 Fatxes T 91 Ae 102
18550 Faucena GR 184 Wd 124
46512 Faura V 124 Ze 110
03430 Favanella A 158 Zc 117
46614 Favara V 143 Ze 114
50795 Fayón Z 90 Ac 101
50513 Fayos, Los Z 68 Yb 97
27789 Fazouro LU 28 Se 87
15317 Feás C 27 Rf 89
15367 Feás C 26 Sa 86
32648 Feás OR 58 Sa 97
32523 Feás OR 39 Re 94
43364 Febró, La T 91 Ba 101
Feces de Abaixo OR 59 Sd 98
Feces de Cima OR 59 Sd 97
09566 Fefugio del C.D. de Bilbao BU 34 Wc 90
27375 Feira do Monte LU 28 Sc 89
15111 Feira Nova C 26 Rb 89
32847 Feira Nova, A OR 58 Sa 96
07200 Felanitx IB 127 Da 112
24734 Felechares de la Valdería LE 61 Tf 95
24858 Felechas LE 44 Ue 91
33687 Felechesa AS 31 Uc 90
15569 Felgosas C 27 Sa 87
33160 Felguera AS 31 Ua 89
33610 Felguera, La AS 31 Ub 89
33189 Felguera, La AS 31 Ub 88
33694 Felgueras AS 31 Ub 90
33995 Felguerina, La AS 31 Ud 90
30813 Feli MC 172 Yc 123
02156 Felipa, La AB 140 Yb 114
04728 Felix AL 186 Xc 127
24837 Felmín LE 43 Uc 91
35570 Femés GC 198 Mb 175
17310 Fenals GI 75 Ce 98
30627 Fenazar MC 157 Ye 120
15500 Fene C 27 Rf 88
22623 Fenillosa HS 51 Ze 94
32520 Fenteira OR 39 Re 94
36839 Fentosa PO 39 Rd 94
32315 Ferbeiza OR 41 Sf 94
02436 Férez AB 156 Xf 118
06390 Feria BA 148 Tc 117
50012 Feria Z 69 Za 99
49220 Fermoselle ZA 79 Td 101
13140 Fernancaballero CR 137 Wa 114
04827 Fernández, Los AL 171 Xf 123
23214 Fernandina J 153 Wc 119
14520 Fernán-Núñez CO 167 Vb 122
04116 Fernán Pérez AL 187 Xf 127
24415 Ferradillo LE 41 Tc 94
24010 Ferral del Bernesga LE 43 Uc 93
27328 Ferramubín LU 41 Sf 93
25216 Ferran L 73 Bc 98
15560 Ferreira C 27 Rf 87
18513 Ferreira GR 185 Wf 125
27206 Ferreira LU 28 Sb 91
27770 Ferreira LU 28 Sd 87
27830 Ferreira LU 28 Sb 88
27675 Ferreiras LU 41 Sf 92
27744 Ferreiravella LU 29 Se 89
18414 Ferreirola GR 185 We 127
27619 Ferreiros LU 40 Sd 92
27680 Ferreiros LU 40 Se 91
27336 Ferreiros LU 40 Sd 93
36599 Ferreirós PO 39 Re 92
27325 Ferreiros de Arriba LU 41 Se 93
32448 Ferreirúa OR 40 Sb 94
33969 Ferrera AS 31 Uc 89
24397 Ferreras LE 42 Ua 93
49335 Ferreras de Abajo ZA 61 Tf 97
49335 Ferreras de Arriba ZA 61 Te 97
24886 Ferreras del Puerto LE 44 Uf 91
17463 Ferreres GI 75 Cf 96
27347 Ferrería LU 40 Se 93
07750 Ferreries IB 93 Ea 109
49321 Ferreros ZA 60 Tc 96
44490 Ferreruela de Huerva TE 88 Ye 102
49550 Ferreruela de Távara ZA 61 Tf 98
29690 Ferrete MA 189 Ue 130
27305 Ferrieros LU 28 Sb 89
27181 Ferroi LU 40 Sc 91
15403 Ferrol C 27 Re 88
27191 Fervedoira LU 28 Sd 90
15317 Fervenzas C 27 Rf 89
36875 Festín PO 39 Rd 95
22585 Fet HS 71 Ad 96
27329 Fiais LU 41 Sf 94
36990 Fianteira PO 38 Ra 94
33708 Figal, La AS 30 Tc 87
33683 Figaredo AS 31 Ub 89
33867 Figares AS 30 Te 88
31311 Figarol NC 49 Yd 94
25634 Fígols de la Conca = Fígols de Tremp L 72 Ae 96
08698 Fígols de les Mines B 73 Bf 95
25634 Fígols de Tremp L 72 Ae 96
25794 Fígols i Alinyà L 73 Bc 95
15809 Figueiras C 27 Rf 91
15896 Figueiras C 39 Rc 91
27749 Figueiras LU 28 Sd 88
15819 Figueiroa C 39 Rf 91
25130 Figuera, La L 72 Ad 97
43736 Figuera, La T 91 Ae 101
03410 Figueral A 158 Zb 117
07850 Figueral, Es IB 125 Bd 114
33794 Figueras AS 29 Sf 87
17600 Figueres GI 56 Cf 95
33887 Figuerina, La AS 29 Tb 89
15365 Figueroa C 26 Sa 86
43811 Figuerola del Camp T 91 Bb 100
25615 Figuerola de Meià L 72 Af 97
25655 Figuerola d''Orcau L 72 Af 96
12122 Figueroles CS 124 Ze 108
25351 Figuerosa, La L 72 Ba 98
49520 Figueruela de Abajo ZA 60 Td 97
49520 Figueruela de Arriba ZA 60 Td 97
49177 Figueruela de Sayago ZA 80 Ua 101
50639 Figueruelas Z 69 Ye 98
48113 Fika BI 35 Xb 89
15112 Filgueira C 26 Rb 89
27205 Filgueira LU 40 Sa 91
36490 Filgueira PO 58 Re 95
15390 Filgueira de Barranca C 27 Rf 90
15391 Filgueira de Traba C 27 Re 90
15613 Filgueiras C 27 Rf 88
27727 Filgueirua LU 29 Sf 88
24723 Filiel LE 42 Td 94
08712 Fillol B 92 Bc 99
16878 Finca de Belvalle CU 105 Ya 105
12598 Finca del Moro CS 109 Ac 106
35639 Finca del Vicario GC 199 Ma 178
04869 Fines AL 186 Xe 124
22585 Finestras HS 71 Ad 96
03509 Finestrat A 159 Ze 117
24492 Finolledo LE 42 Tc 93
04500 Fiñana AL 186 Xa 125
27418 Fiolleda LU 40 Sc 93
36457 Fiolledo PO 57 Rd 96
27548 Fión LU 40 Sc 93
15864 Fiopáns C 38 Rb 91
32748 Fiós OR 40 Sc 94
23489 Fique J 169 Wf 122
35430 Firgas GC 200 Kc 180
22373 Fiscal HS 51 Zf 94
15155 Fisterra C 38 Qe 91
15379 Fisteus C 27 Rf 90
31593 Fitero NC 68 Ya 96
32767 Fitoiro OR 40 Sd 95
36913 Fixón PO 38 Rb 94
17463 Flaçà GI 75 Cf 96
28312 Flamenca, La MD 118 Wc 108
32618 Flariz OR 59 Sc 97
47195 Flecha, La VA 63 Vb 99
03791 Fleix A 143 Zf 116
08712 Flix B 92 Bd 99
25617 Flix L 72 Af 98
43750 Flix T 90 Ad 101
33693 Flor de Acebos AS 31 Ub 90
25211 Florejacs L 72 Bb 98
48115 Flores BI 35 Xb 89
21390 Flores H 148 Ta 120
49559 Flores ZA 61 Te 98
05370 Flores de Ávila AV 81 Va 103
08173 Floresta, La B 93 Ca 100
25413 Floresta, La L 91 Af 99
41390 Florida SE 150 Ua 122
03150 Florida, La A 158 Zb 120
02140 Florida, La AB 140 Ya 115
33879 Florida, La AS 30 Td 89
11149 Florida, La CA 188 Tf 131
39593 Florida, La CB 33 Vd 89
35119 Florida, La GC 200 Kd 182
28048 Florida, La MD 102 Wb 106
37129 Florida de Liébana SA 80 Ub 102
30848 Flotas de Butrón, Las MC 172 Yd 122
33111 Focella AS 30 Tf 90
36873 Fofe PO 39 Rd 95
08495 Fogars de la Selva B 75 Ce 98
08470 Fogars de Montclús B 74 Cc 98
17861 Fogonells GI 55 Cb 95
17401 Fogueres del Pla GI 74 Cc 98
03294 Foia, La A 158 Zb 119
03503 Foiamanera, La A 159 Zf 117
27346 Foilebar LU 40 Se 92
27611 Foilebar LU 40 Sc 92
46134 Foios V 124 Zd 111
17132 Foixà GI 75 Cf 96
24392 Fojedo LE 43 Ub 93
17539 Folch GI 54 Be 94
34810 Foldada P 45 Vd 92
27145 Folgosa LU 28 Sd 91
33810 Folgoso AS 29 Ta 90
27325 Folgoso LU 41 Se 93
36558 Folgoso PO 39 Rd 93
49594 Folgoso de la Carballeda ZA 60 Td 97

24311 Folgoso de la Ribera LE 42 Te 93
24413 Folgoso del Monte LE 42 Td 93
27325 Folgoso do Courel LU 41 Se 93
27777 Folgueiras LU 28 Sc 88
27659 Folgueiras LU 41 Ta 91
27861 Folgueiro LU 26 Sc 86
25738 Folguer L 72 Ba 96
33194 Folgueras AS 31 Ua 88
08519 Folgueroles B 74 Cb 97
24608 Folledo LE 43 Ub 91
33779 Folqueiras AS 29 Sf 88
39213 Fombellida CB 33 Vf 91
47184 Fombellida VA 64 Ve 98
50491 Fombuena Z 88 Ye 102
47311 Fompedraza VA 83 Vf 99
47492 Foncastín VA 82 Uf 100
26211 Foncea RI 47 Wf 93
24722 Foncebadón LE 42 Td 94
22474 Fonchanina HS 52 Ad 93
05198 Fonda de Santa Teresa AV 100 Uf 106
25244 Fondarella L 72 Af 99
38570 Fondeadero de Fasnia TF 197 Id 179
03640 Fondó de Monòver, El A 158 Za 118
04460 Fondón AL 186 Xa 127
33812 Fondos de Vegas AS 29 Tc 91
18515 Fonelas GR 169 We 124
33314 Fonfría AS 31 Uc 88
24378 Fonfría LE 42 Te 93
27665 Fonfría LU 41 Sf 92
27113 Fonfría LU 29 Sf 90
44492 Fonfría TE 88 Yf 103
49510 Fonfría ZA 61 Tf 99
43425 Fonoll T 91 Bb 99
25218 Fonolleres L 72 Bb 99
08259 Fonollosa B 73 Be 98
27113 Fonsagrada, A LU 29 Sf 90
37497 Fonseca SA 97 Tc 105
15009 Fontaíña C 27 Rd 89
03430 Fontanar A 158 Zb 117
19290 Fontanar GU 103 We 104
23486 Fontanar J 169 Xa 122
14547 Fontanar, El CO 166 Vb 123
02127 Fontanar de Alarcón, El AB 156 Xf 116
02129 Fontanar de las Viñas AB 156 Xf 116
13193 Fontanarejo CR 136 Vc 113
30811 Fontanares MC 171 Ya 122
46635 Fontanars dels Alforins V 142 Zb 116
AD600 Fontaneda □ AND 54 Bc 94
27133 Fontaneira, A LU 29 Se 90
24291 Fontanil de los Oteros LE 43 Ud 94
49743 Fontanillas de Castro ZA 61 Ub 98
17257 Fontanilles GI 75 Da 96
13473 Fontanosas CR 152 Vc 116
24891 Fontanos de Torío LE 43 Uc 92
27210 Fontao LU 40 Sc 91
27610 Fontao LU 40 Sd 92
36583 Fontao PO 39 Re 92
03113 Font Calent A 158 Zc 118
17256 Fontclara GI 75 Da 97
17833 Fontcoberta GI 75 Ce 96
03578 Font de la Figuera A 158 Zd 117
46630 Font de la Figuera, La V 142 Za 116
46717 Font d'En Carròs, La V 143 Ze 115
12160 Font d'En Segures, La CS 108 Zf 106
25611 Fontdepou L 72 Ae 97
43897 Font de Quinto, La T 109 Ad 104
04271 Fonte, El AL 187 Xf 126
33828 Fontebona AS 30 Tf 88
15837 Fontecada C 26 Ra 91
24250 Fontecha LE 43 Ub 94
34878 Fontecha P 44 Vb 92
01423 Fontecha VI 47 Wf 92
32750 Fontedoso OR 40 Sd 95
22809 Fontellas HS 69 Zb 95
31512 Fontellas NC 68 Yc 96
25796 Fontelles L 54 Bc 95
28400 Fontenebro MD 101 Wa 105
10516 Fonteñera, La CC 131 Se 112
27278 Fonteo LU 29 Se 90
27866 Fonterova LU 26 Sc 87
17110 Fonteta GI 75 Da 97
39212 Fontibre CB 33 Ve 90
47609 Fontihoyuelo VA 63 Uf 96
03791 Fontilles A 143 Zf 116
09349 Fontioso BU 65 Wb 97
05310 Fontiveros AV 82 Va 103
25615 Fontllonga L 72 Af 97
43528 Font Nova T 90 Ac 103
24434 Fontoria LE 41 Tc 92
24711 Fontoria de Cepeda LE 42 Tf 93
17170 Font Picant, La GI 74 Cd 96
17834 Font Pudosa, La GI 75 Ce 96
08736 Fontrubí B 92 Bd 100
25639 Fontsagrada L 72 Af 96
43811 Fontscaldetes T 92 Bb 100
22422 Fonz HS 71 Ab 96
26211 Fonzaleche RI 47 Wf 93
25737 Foradada L 72 Ba 97
22452 Foradada del Toscar HS 52 Ac 94
17111 Forallac GI 75 Da 97
32786 Forcadas OR 59 Sd 95
25746 Força d'Estany, La L 72 Ba 97
27546 Forcados LU 40 Sc 92
12310 Forcall CS 108 Ze 105
36550 Forcarei PO 39 Rd 93
32748 Forcas OR 40 Sc 94
22487 Forcat HS 52 Ae 93
43425 Forès T 91 Bb 100
37799 Forfoleda SA 80 Ub 102
32643 Forja OR 58 Sa 96
15705 Formaris C 39 Rd 91
49230 Formariz ZA 79 Te 100
03179 Formentera del Segura A 158 Zb 120
07470 Formentor IB 127 Da 109
07712 Formet IB 93 Eb 109
44440 Formiche Alto TE 107 Za 107
44441 Formiche Bajo TE 107 Za 107
22640 Formigal, El HS 51 Zd 92
22336 Formigales HS 52 Ab 95
24124 Formigones LE 43 Ua 92
25794 Forn L 73 Bc 95
03786 Forna A 143 Ze 115
24746 Forna LE 41 Tc 95
07109 Fornalutx IB 126 Ce 110
07712 Fornàs de Torrelo IB 93 Eb 109
46600 Forn de Carrascosa, El V 142 Zd 113
27768 Fórnea, A LU 29 Se 88
27334 Fornelas LU 40 Sd 93
17255 Fornells GI 75 Db 97
07748 Fornells IB 93 Ea 108
07160 Fornells IB 126 Cc 111
17536 Fornells de la Muntanya GI 54 Ca 95
17458 Fornells de la Selva GI 75 Ce 97
15150 Fornelos C 26 Ra 89
32373 Fornelos OR 41 Sf 95
36770 Fornelos PO 57 Rb 97
36455 Fornelos PO 57 Rd 96
36770 Fornelos PO 57 Ra 97
32562 Fornelos de Filloas OR 59 Se 96
36847 Fornelos de Montes PO 39 Rd 95
18127 Fornes GR 184 Wa 127
22415 Fornillos HS 71 Aa 97
49513 Fornillos de Aliste ZA 61 Te 99
22006 Fornillos de Apiés HS 70 Zd 95
49232 Fornillos de Fermoselle ZA 79 Te 100
44650 Fórnoles TE 89 Zf 103
25717 Fòrnols L 54 Bd 95
33986 Fornos AS 31 Uc 89
15807 Foro C 27 Rf 90
46418 Fortaleny V 142 Ze 113
44143 Fortanete TE 107 Zc 105
08281 Fortesa, La B 73 Bd 98
08784 Fortesa, La B 92 Be 100
17469 Fortià GI 75 Da 95
30620 Fortuna MC 157 Yf 119
28917 Fortuna, La MD 102 Wb 106
32456 Forxa, A OR 39 Rf 94
36853 Forzáns PO 39 Rd 94
22452 Fosado HS 52 Ab 94
17230 Fosot, La GI 75 Da 97
30441 Fotuya MC 156 Xf 119
15310 Foxados C 27 Rf 90
15142 Foxo C 27 Rc 89
36686 Foxo PO 39 Rd 92
33785 Foyedo AS 30 Te 87
33873 Foyedo AS 30 Tc 88
27780 Foz LU 29 Se 87
33161 Foz, La AS 31 Ua 89
33996 Foz, La AS 31 Ue 90
36866 Fozara PO 57 Rc 95
44579 Foz-Calanda TE 89 Ze 103
49519 Fradellos ZA 61 Te 98
32557 Fradelo OR 59 Sf 95
37766 Frades de la Sierra SA 99 Ub 105
37115 Frades Viejo SA 80 Ua 102
22268 Fraella HS 70 Ze 97
22520 Fraga HS 90 Ac 99
36955 Fraga PO 38 Rb 95
32858 Fraga, A OR 58 Rf 96
22377 Fragén HS 51 Zf 93
50610 Frago, El Z 50 Za 95
10627 Fragosa CC 98 Te 106
36330 Fragoselo PO 57 Rb 95
19239 Fraguas GU 85 Wf 102
36856 Fraguas PO 39 Rd 94
37120 Fraguas SA 80 Ub 103
39450 Fraguas, Las CB 33 Vf 89
42192 Fraguas, Las SO 66 Xb 98
18567 Frague, El GR 184 Wc 124
23690 Frailes J 168 Wa 124
27124 Frairia, A LU 29 Se 90
11180 Fraja CA 189 Ub 129
39574 Frama CB 33 Vc 90
27569 Frameán LU 40 Sb 92
33590 Franca, La AS 33 Vc 88
43880 Francàs, El T 92 Bc 101
18810 Francés, El GR 170 Xb 124
38728 Franceses TF 197 Ha 176
17456 Franciac GI 75 Ce 97
09215 Franco BU 47 Xb 92
33746 Franco, El AS 29 Ta 87
39788 Francos CB 34 We 88
37893 Francos SA 81 Ud 103
40514 Francos SG 84 Wd 100
09230 Frandovínez BU 46 Wa 95
36889 Franqueira, A PO 58 Rd 95
50320 Frasno, El Z 87 Yd 100
22714 Frauca HS 51 Zd 93
27547 Freán LU 40 Sb 93
32631 Freande OR 59 Sc 96
32226 Freás OR 58 Rf 96
32135 Freás OR 39 Sa 94
34306 Frechilla P 63 Va 96
42216 Frechilla de Almazán SO 86 Xc 100
12599 Fredes CS 108 Ab 104
06340 Fregenal de la Sierra BA 148 Tc 120
37220 Fregeneda SA 79 Ta 103
18710 Fregenite GR 185 Wd 128
43558 Freginals T 109 Ad 104
33775 Freije AS 29 Sf 88
18812 Freila GR 170 Xa 123
15338 Freires C 26 Sa 87
25713 Freita, La L 54 Bc 95
25566 Freixe L 53 Bb 94
15846 Freixeiro C 26 Rb 90
36544 Freixeiro PO 39 Re 93
17867 Freixenet GI 55 Cc 95
32358 Freixido OR 41 Sf 94
15326 Freixo C 28 Sb 87
27624 Freixo LU 40 Se 92
32825 Freixo OR 58 Sa 95
50562 Fréscano Z 68 Yd 97
23380 Fresnadilla, La J 155 Xc 118
49255 Fresnadillo ZA 80 Tf 100
05196 Fresneda AV 100 Vb 105
39518 Fresneda CB 33 Ve 89
33429 Fresneda, La AS 31 Ub 88
44596 Fresneda, La TE 90 Aa 103
45651 Fresneda, La TO 116 Va 110
16781 Fresneda de Altarejos CU 120 Xe 109
40217 Fresneda de Cuéllar SG 82 Vd 101
16141 Fresneda de la Sierra CU 104 Xf 106
09267 Fresneda de la Sierra Tirón BU 47 Wf 95
40311 Fresneda de Sepúlveda SG 84 Wb 101
05427 Fresnedilla AV 100 Vc 107
23300 Fresnedilla, La J 170 Xa 120
28214 Fresnedillas MD 101 Ve 106
33116 Fresnedo AS 31 Ua 90
33111 Fresnedo AS 30 Tf 90
33529 Fresnedo AS 31 Ud 88
09553 Fresnedo BU 34 Wc 91
39738 Fresnedo CB 34 Wc 88
39806 Fresnedo CB 34 Wd 89
24492 Fresnedo LE 41 Tc 92
24878 Fresnedo de Valdellorma LE 44 Ue 92
37775 Fresnedoso SA 99 Ub 106
10328 Fresnedoso de Ibor CC 115 Uc 110
24232 Fresnellino del Monte LE 43 Uc 94
09259 Fresneña BU 47 Wf 94
33585 Fresnidiello AS 32 Ue 89
09471 Fresnillo de las Dueñas Fuentespina BU 65 Wb 99
05197 Fresno, El AV 100 Vb 105
10849 Fresno, El CC 114 Tc 108
19182 Fresno, El GU 103 We 104
37789 Fresno-Alhándiga SA 99 Uc 104
40516 Fresno de Cantespino SG 84 Wd 100
42311 Fresno de Caracena SO 85 Wf 100
49318 Fresno de la Carballeda ZA 61 Td 97
40540 Fresno de la Fuente SG 84 Wc 100
49693 Fresno de la Polvorosa ZA 61 Ub 96
49590 Fresno de la Ribera ZA 81 Uc 99
24765 Fresno de la Valduerna LE 42 Tf 94
24223 Fresno de la Vega LE 43 Uc 94
24391 Fresno del Camino LE 43 Uc 93
09511 Fresno de Losa BU 35 Wf 91
39212 Fresno del Río CB 33 Vf 90
34889 Fresno del Río P 44 Vb 92
09272 Fresno de Riotirón BU 47 We 94
09290 Fresno de Rodilla BU 46 Wd 94
49216 Fresno de Sayago ZA 80 Ua 101
28815 Fresno de Torote MD 102 Wd 105
47480 Fresno el Viejo VA 81 Uf 101
06186 Fresnos, Los BA 132 Tb 115
06010 Fresnos, Los BA 148 Ta 117
33909 Fresnosa, La AS 31 Uc 89
27777 Frexulfe LU 28 Sd 87
27556 Friamonde LU 40 Sb 92
09211 Frías BU 46 We 92
44126 Frías de Albarracín TE 105 Yc 106
36428 Frieira PO 58 Re 96
24567 Friela LE 41 Ta 93
49698 Friera de Valverde ZA 61 Ua 97
33929 Frieres AS 31 Ub 89
29788 Frigiliana MA 184 Wa 128
27299 Friol LU 28 Sb 90
15124 Frixe C 26 Qe 90
27637 Froián LU 40 Sd 92
27638 Frollais LU 40 Sd 92
34440 Frómista P 45 Vd 95
27113 Frontal LU 29 Ta 90
16144 Frontera, La CU 104 Xe 106
38911 Frontera, La TF 196 Ha 182
22394 Frontiñán HS 71 Aa 95
35458 Frontón GC 200 Kc 180
27437 Frontón LU 40 Sc 94
45567 Frontón de Migas Malas TO 116 Ue 108
33731 Froseira AS 29 Ta 88
32537 Froufe OR 39 Re 93
27325 Froxán LU 41 Se 93
15215 Fruíme C 38 Rb 92
48116 Fruiz BI 35 Xb 89
22269 Frula HS 70 Zd 97
40298 Frumales SG 83 Ve 100
19390 Fuembellida GU 105 Ya 104
50619 Fuencalderas Z 50 Za 94
13429 Fuencaliente CR 136 Vf 113
13130 Fuencaliente CR 152 Ve 118
38749 Fuencaliente de la Palma TF 197 Ha 178
42141 Fuencaliente del Burgo SO 66 We 98
09127 Fuencaliente de Lucio BU 45 Vf 92
42230 Fuencaliente de Medina SO 86 Xd 102
09126 Fuencaliente de Puerta o Fuencalenteja BU 45 Vf 93
04897 Fuencaliente y Calera AL 186 Xc 124
28034 Fuencarral MD 102 Wb 106
19237 Fuencemillán GU 85 Wf 103
09129 Fuencivil BU 45 Wa 93
14111 Fuencubierta, La CO 166 Va 122
22452 Fuendecampo HS 52 Ab 94
50529 Fuendejalón Z 68 Yd 98
44477 Fuen del Cepo TE 123 Zb 108
50142 Fuendetodos Z 88 Za 100
46340 Fuenealiente V 122 Yf 112
44741 Fuenferrada TE 106 Yf 103
23391 Fuenfría J 155 Xb 118
29640 Fuengirola MA 191 Vc 129
02329 Fuenlabrada AB 156 Xe 117
28944 Fuenlabrada MD 102 Wb 107
06660 Fuenlabrada de los Montes BA 135 Va 114
13333 Fuenllana CR 154 Xa 116
26360 Fuenmayor RI 48 Xc 94
14729 Fuenreal CO 166 Va 122
47194 Fuensaldaña VA 63 Vb 98
45510 Fuensalida TO 117 Ve 108
02637 Fuensanta AB 140 Xf 113
18328 Fuensanta GR 184 Wa 125
30890 Fuensanta MC 171 Ya 122
02129 Fuensanta, La AB 156 Xf 116
04693 Fuensanta, La AL 171 Ya 123
29130 Fuensanta, La MA 191 Vc 128
30441 Fuensanta, La MC 156 Xf 119
23610 Fuensanta de Martos J 168 Wa 123
42134 Fuensaúco SO 67 Xd 98
19268 Fuensaviñán, La GU 85 Xc 103
04647 Fuente, La AL 187 Yb 124
02651 Fuente-Álamo AB 157 Yd 116
14512 Fuente Álamo CO 167 Vb 124
18880 Fuente Álamo GR 185 Wf 124
23684 Fuente Álamo J 168 Vf 124
30320 Fuente-Álamo MC 173 Ye 122
02260 Fuentealbilla AB 140 Yc 113
18840 Fuente Amarga GR 170 Xc 122
34491 Fuente-Andrino P 45 Vd 94
42141 Fuentearmegil SO 66 We 98
42174 Fuentebella SO 67 Xf 96
06340 Fuente Blanca BA 148 Tc 119
30629 Fuente-Blanca MC 157 Yf 119
09244 Fuentebureba BU 47 We 93
18530 Fuente Caldera GR 169 We 123
45430 Fuente Calixto TO 118 Wb 110
42342 Fuentecambrón SO 84 We 99
42317 Fuentecantales SO 66 Xa 98
42162 Fuentecantos SO 67 Xd 97
02449 Fuente-Carrasca AB 156 Xe 117
23391 Fuente Carrasca J 155 Xb 118
09315 Fuentecén BU 64 Vf 99
35629 Fuente de Bartolo GC 199 Lf 179
06240 Fuente de Cantos BA 149 Te 119
21609 Fuente de la Corcha H 163 Ta 124
29400 Fuente de la Higuera MA 181 Ue 128
04276 Fuente de la Higuera, La AL 187 Xe 126
04778 Fuente del Ahijado, La AL 185 Wf 128
47491 Fuente de la Miel-Cantarranas VA 82 Va 100
06980 Fuente del Arco BA 149 Ua 120
02139 Fuente del Arenal, La AB 155 Xe 117
29631 Fuente de la Salud MA 191 Vc 129
23260 Fuente de la Torre J 154 Wf 119
29314 Fuente del Fresno MA 183 Ve 126
28708 Fuente del Fresno MD 102 Wc 105
11149 Fuente del Gallo CA 188 Tf 131
46980 Fuente del Jarro V 142 Zd 111
06360 Fuente del Maestre BA 149 Td 117
04810 Fuente del Negro, La AL 171 Xd 124
21359 Fuente del Oro H 163 Tb 121
04430 Fuente de los Morales, La AL 186 Xb 127
14549 Fuente de los Santos CO 166 Va 124
33778 Fuente de Louteiro AS 29 Sf 88
30528 Fuente del Pino MC 157 Ye 117
11400 Fuente del Rey CA 188 Ua 129
41703 Fuente del Rey SE 179 Ua 125
04639 Fuente del Royo, La AL 187 Ya 126
10691 Fuente del Sapo CC 114 Te 109
02449 Fuente del Taif AB 156 Xf 118
23240 Fuente del Turco J 154 We 119
30878 Fuente de Meca MC 172 Yd 123
16411 Fuente de Pedro Naharro CU 119 Wf 109
29520 Fuente de Piedra MA 182 Vb 126
37200 Fuente de San Esteban, La SA 98 Te 104
40496 Fuente de Santa Cruz SG 82 Vc 101
16350 Fuente de Villar CU 121 Yb 109
23410 Fuente Diago J 169 We 120
49706 Fuente el Carnero ZA 80 Ub 101
13680 Fuente el Cerro CR 137 Wb 113
13680 Fuente el Fresno CR 137 Wb 113
41450 Fuente el Negro SE 165 Uc 121
40359 Fuente el Olmo de Fuentidueña SG 83 Vf 100
40218 Fuente el Olmo de Íscar SG 82 Vd 101
05212 Fuente el Saúz AV 82 Va 103
28140 Fuente el Saz de Jarama MD 102 Wc 105
47494 Fuente el Sol VA 82 Va 101
49618 Fuente Encalada ZA 61 Ua 96
42214 Fuentegelmes SO 85 Xc 100
37540 Fuenteguinaldo SA 97 Tb 106
21292 Fuenteheridos H 163 Tc 121
02449 Fuente-Higuera AB 155 Xe 118
19182 Fuentelahiguera de Albatages GU 103 We 104
14260 Fuente la Lancha CO 151 Uf 118
42291 Fuentelaldea SO 66 Xb 99
49410 Fuentelapeña ZA 81 Ud 101
42294 Fuentelárbol SO 66 Xb 99
03660 Fuente la Reina A 158 Zb 118
12428 Fuente la Reina CS 123 Zc 108
42211 Fuentelcarro SO 85 Xc 99
09471 Fuentelcésped BU 66 Wc 99
19144 Fuentelencina GU 103 Xa 105
16647 Fuentelespino de Haro CU 120 Xb 110
16311 Fuentelespino de Moya CU 122 Yd 109

42172 Fuentelfresno SO 67 Xd 97
37291 Fuenteliante SA 97 Tc 103
30178 Fuente-Librilla MC 172 Yd 121
09318 Fuentelisendo BU 64 Vf 99
42220 Fuentelmonge SO 86 Xe 100
12247 Fuentelsaz GU 87 Yb 102
42162 Fuentelsaz de Soria SO 67 Xd 97
41510 Fuente Luz SE 181 Ub 124
19144 Fuentelviejo GU 103 Xa 105
04814 Fuente Márquez AL 187 Xf 124
04510 Fuente Mendoza, La AL 186 Xb 125
40153 Fuentemilanos SG 101 Ve 103
40552 Fuentemizarra SG 84 Wc 100
09315 Fuentemolinos BU 64 Vf 99
23391 Fuente Mujer J 155 Xb 118
16194 Fuentenava de Jábaga CU 121 Xe 108
09461 Fuentenebro BU 84 Wb 99
19113 Fuentenovilla GU 103 Wf 106
18858 Fuente Nueva GR 170 Xd 122
14290 Fuente Obejuna CO 150 Ud 119
09124 Fuenteodra BU 45 Vf 92
47418 Fuente-Olmedo VA 82 Vc 101
14120 Fuente Palmera CO 166 Uf 122
40260 Fuentepelayo SG 83 Ve 101
23289 Fuente Pinilla J 155 Xb 119
42294 Fuentepinilla SO 85 Xb 99
40358 Fuentepiñel SG 83 Vf 100
41450 Fuente Reina SE 165 Uc 121
11500 Fuenterrabía CA 188 Te 129
40330 Fuenterrebollo SG 83 Wa 101
37479 Fuenterroble de Abajo SA 98 Td 104
37479 Fuenterroble de Arriba SA 98 Td 104
37768 Fuenterroble de Salvatierra SA 99 Ub 105
46314 Fuenterrobles V 122 Yd 111
02484 Fuentes AB 155 Xd 118
16193 Fuentes CU 121 Xf 109
29150 Fuentes MA 183 Vc 128
45574 Fuentes TO 116 Uf 110
02690 Fuentes, Las AB 141 Ye 114
23390 Fuentes, Las J 155 Xb 118
33581 Fuentesanta AS 31 Ud 88
49400 Fuentesaúco ZA 81 Ud 101
40355 Fuentesauco de Fuentidueña SG 83 Vf 100
16843 Fuentesbuenas CU 104 Xd 107
44711 Fuentes Calientes TE 106 Za 104
44340 Fuentes Claras TE 106 Ye 103
16191 Fuentesclaras del Chillarón CU 104 Xe 108
42107 Fuentes de Ágreda SO 67 Ya 98
41420 Fuentes de Andalucía SE 166 Ud 124
05212 Fuentes de Año AV 82 Va 102
12225 Fuentes de Ayódar CS 123 Zd 108
37790 Fuentes de Béjar SA 99 Ub 105
24206 Fuentes de Carbajal LE 62 Ud 95
18295 Fuentes de Cesna GR 183 Ve 125
40232 Fuentes de Cuéllar SG 83 Ve 100
47320 Fuentes de Duero VA 63 Vc 99
50740 Fuentes de Ebro Z 88 Zc 99
50390 Fuentes de Jiloca Z 87 Yc 101
19412 Fuentes de la Alcarria GU 103 Xa 104
06280 Fuentes de León BA 164 Tc 120
24209 Fuentes de los Oteros LE 43 Ud 94
42181 Fuentes de Magaña SO 67 Xe 97
37214 Fuentes de Masueco SA 79 Tc 102
34337 Fuentes de Nava P 63 Vb 96
37481 Fuentes de Oñoro SA 97 Tb 105
24813 Fuentes de Peñacorada LE 44 Uf 91
13194 Fuentes de Piedralá CR 136 Ve 113
49670 Fuentes de Ropel ZA 62 Uc 96
44415 Fuentes de Rubielos TE 123 Zc 107
42174 Fuentes de San Pedro, Las SO 67 Xe 96
34419 Fuentes de Valdepero P 64 Vc 96
49833 Fuentesecas ZA 62 Ud 99
23291 Fuente Segura J 155 Xb 120
40314 Fuentesoto SG 83 Wa 100
44587 Fuentespalda TE 108 Aa 104
49714 Fuentespreadas ZA 81 Uc 101
42113 Fuentestrún SO 67 Xf 97
42134 Fuentetecha SO 67 Xe 98
42190 Fuentetoba SO 66 Xc 98
14815 Fuente-Tójar CO 167 Vf 123
42210 Fuente-Tovar SO 85 Xb 100
09125 Fuente-Urbel BU 46 Wa 93
18340 Fuente Vaqueros GR 184 Wb 125
04479 Fuente Victoria AL 185 Xa 127
30393 Fuente Vieja MC 173 Yf 123
10610 Fuentezaoz CC 99 Ub 107
18416 Fuentezuelas GR 185 We 127
14859 Fuentidueña CO 167 Ve 122
40357 Fuentidueña SG 83 Wa 100
28597 Fuentidueña de Tajo MD 119 Wf 108
38712 Fuerte, El TF 197 Hb 177
23180 Fuerte del Rey J 168 Wa 121
16890 Fuertescusa CU 104 Xe 106
42175 Fuesas, Las SO 67 Xe 97
22336 Fueva, La HS 52 Ab 94
08470 Fuirosos B 74 Cd 98
25332 Fuliola, La L 72 Ba 98
25411 Fulleda L 91 Ba 100
32611 Fumaces OR 59 Sd 97
27116 Fumaior LU 29 Sf 90
22336 Fumanal HS 52 Ab 94
08698 Fumanya B 73 Be 95
08698 Fumanya B 73 Be 95
31360 Funes NC 49 Yb 95
27527 Furco LU 40 Sa 93
27123 Furís LU 29 Se 91
32211 Fustáns OR 58 Rf 95
31510 Fustiñana NC 68 Yd 96

G

16214 Gabaldón CU 121 Ya 111
09212 Gabanes BU 47 We 92
31409 Gabarderal NC 49 Ye 93
22330 Gabardilla HS 51 Aa 94
50460 Gabardosa, La Z 88 Yf 100
22470 Gabás HS 52 Ac 94
22514 Gabasa HS 71 Ac 96
18110 Gabia Grande GR 184 Wb 126
18110 Gabia la Chica GR 184 Wc 126
36151 Gabián PO 38 Rc 94
18110 Gabias, Las GR 184 Wc 126
48313 Gabika BI 36 Xc 88
20217 Gabiria SS 36 Xe 90
04277 Gacia Alto de Sorbas AL 187 Xf 126
04277 Gacia Bajo de Sorbas AL 187 Xf 126
04560 Gádor AL 186 Xd 127
37810 Gaecihernández SA 99 Ud 103
14811 Gaena-Casas Gallegas CO 167 Vd 124
04277 Gafarillos AL 187 Xf 126
15686 Gafoi C 27 Re 90
08672 Gaià B 73 Bf 97
17240 Gaià GI 75 Cf 97
03840 Gaianes A 142 Zd 116
12415 Gaibiel CS 123 Zd 109
27375 Gaibor LU 28 Sc 89
11610 Gaidovar CA 181 Ud 128
31669 Gainekoleta NC 37 Ye 90
20248 Gaintza SS 36 Xf 90
19192 Gajanejos GU 103 Xa 103
39792 Gajano CB 34 Wb 88
37874 Gajates SA 99 Ud 104
04400 Galáchar AL 186 Xc 127
23009 Galapagar J 168 Wb 121
28260 Galapagar MD 102 Vf 105
42315 Galapagares SO 85 Xa 100
19174 Galápagos GU 103 Wd 104
31191 Galar NC 49 Yb 92
09199 Galarde BU 46 Wd 94
21291 Galaroza H 163 Tb 121
01208 Galarreta VI 48 Xd 91
07196 Galatzó IB 126 Cc 111
31283 Galbarra NC 48 Xe 92
09247 Galbarros BU 46 Wd 93
26212 Galbárruli RI 47 Xa 93
48960 Galdakao BI 35 Xa 89
35460 Gáldar GC 200 Kc 180
31290 Galdeano NC 48 Xf 92
07620 Galdent IB 127 Cf 111
15686 Galegos C 27 Re 90
27744 Galegos LU 29 Se 89
27548 Galegos LU 40 Sb 93
49360 Galende ZA 60 Tc 96
03400 Galeno A 158 Za 117
18840 Galera GR 170 Xc 122
43515 Galera, La T 109 Ac 104
04813 Galeras AL 171 Xf 124
30813 Galera y los Jopos, La MC 172 Yb 123
38714 Galga, La TF 197 Hb 176
04711 Galiana AL 186 Xb 128
28870 Galiana, La MD 102 Wd 105
30393 Galifa MC 173 Yf 123
07195 Galilea IB 126 Cd 111
26144 Galilea RI 48 Xe 94
08509 Galilfa B 74 Cb 96
40162 Galíndez SG 83 Wb 102
41770 Galindo SE 181 Uc 126
37863 Galindo Béjar SA 99 Uc 104
16610 Galindos, Los CU 139 Xd 112
30708 Galindos Nuevos MC 173 Za 122
30708 Galindos Viejos MC 173 Za 122
37449 Galindo y Perahuy SA 80 Ua 103
37785 Galinduste SA 99 Uc 105
37891 Galisancho SA 99 Uc 104
10691 Galisteo CC 114 Te 109
39160 Galizano CB 34 Wb 88
06620 Galizuela BA 134 Ue 115
37497 Gallagos de Argañán SA 97 Tb 105
04280 Gallardos, Los AL 187 Ya 125
18810 Gallardos, Los GR 170 Xb 124
48500 Gallarta BI 35 Wf 89
48419 Gallartu BI 35 Xa 90
09612 Gallega, La BU 65 We 97
02439 Gallego AB 156 Xf 118
33615 Gallegos AS 31 Ub 89
40162 Gallegos SG 83 Wb 102
38727 Gallegos TF 197 Ha 176
05141 Gallegos de Altamiros AV 100 Va 104
24151 Gallegos de Curueño LE 43 Ud 92
47134 Gallegos de Hornija VA 63 Uf 99
49521 Gallegos del Campo ZA 61 Td 98
49539 Gallegos del Pan ZA 62 Uc 99
49559 Gallegos de Río ZA 61 Te 98
05289 Gallegos de San Vicente AV 100 Vc 104
05147 Gallegos de Sobrinos AV 100 Uf 104
37751 Gallegos de Solmirón SA 99 Ud 105
06228 Gallegos y Herreras BA 149 Ua 117
37450 Galleguillos SA 98 Ua 104
37874 Galleguillos SA 99 Ud 104
24329 Galleguillos de Campos LE 44 Uf 95
09146 Gallejones BU 46 Wb 91
38631 Galletas, Las TF 196 Ic 180
06291 Gallicanta BA 149 Tf 119
08146 Gallifa B 74 Ca 98
06510 Gallina, La BA 132 Ta 114
33866 Gallinero AS 30 Te 88
42161 Gallinero SO 67 Xd 97
26122 Gallinero de Cameros RI 66 Xc 95
26258 Gallinero de Rioja RI 47 Xa 94
17468 Galliners GI 75 Cf 96
31493 Gallipienzo NC 49 Yd 93
31493 Gallipienzo Nuevo NC 49 Yd 93
41560 Gallo, El SE 182 Va 124
50373 Gallocanta Z 87 Yc 103
50514 Gallopar Z 68 Yb 97
11139 Gallos, Los CA 188 Te 130
31451 Gallués = Galoce NC 50 Yf 92
50650 Gallur Z 68 Ye 97
46860 Galtero, El V 142 Zc 115
44168 Galve TE 107 Za 105
19275 Galve de Sorbe GU 84 We 101
45164 Gálvez TO 117 Ve 110
18711 Gálvez, Los GR 185 We 128
18708 Gálvez, Los GR 185 We 128
39790 Gama CB 34 Wc 88
01510 Gamarra Mayor VI 47 Xc 91
46450 Gamaseta, La V 142 Zd 113
48311 Gamecho BI 35 Xb 88
07630 Gameles, Es IB 127 Cf 112
30510 Gamellejas MC 157 Yf 117
06470 Gamitas, Las BA 133 Tf 115
48113 Gamiz-Fika = Ergoien BI 35 Xb 89
45613 Gamonal TO 116 Va 109
06010 Gamonal, El BA 148 Ta 117
05147 Gamonal de la Sierra AV 100 Uf 104
40194 Gamones SG 83 Vf 103
49251 Gamones ZA 80 Te 100
14840 Gamonosa CO 167 Vd 122
13117 Gamonoso CR 135 Va 112
32640 Ganade OR 58 Sb 96
49255 Gáname ZA 80 Tf 100
41370 Ganchosa, La SE 165 Ua 121
15969 Gándara C 38 Ra 93
15572 Gándara C 27 Rf 87
36884 Gandarela PO 58 Re 95
39549 Gandarilla CB 33 Vd 88
43780 Gandesa T 90 Ac 102
46703 Gandia V 143 Ze 115
04820 Gandías, Los AL 171 Xf 123
41500 Gandul SE 180 Ub 125
28737 Gandullas MD 84 Wc 102
30412 Ganeja MC 171 Ya 120
24718 Ganso, El LE 42 Te 94
31241 Ganuza NC 48 Xf 92
01169 Ganzaga VI 36 Xc 90
50560 Gañarul Z 68 Yd 97
34116 Gañinas de la Vega P 44 Vb 94
30849 Gañuelas MC 172 Yd 122
30877 Gañuelas MC 172 Yd 123
16312 Garaballa CU 122 Yd 110
24768 Garaballes LE 43 Ua 94
15686 Garabanxa C 27 Re 90
14100 Garabato, El CO 166 Va 122
38450 Garachico TF 196 Ib 178
20569 Garagaltza SS 36 Xd 90
48200 Garai BI 35 Xc 89
48110 Garai BI 35 Xa 88
31692 Garaioa NC 36 Ye 91
48196 Garaiolza BI 35 Xb 89
24374 Garanja de San Vicente, La LE 42 Te 93
33591 Garaña AS 32 Va 88
24120 Garaño LE 43 Ub 92
30629 Garapacha, La MC 157 Ye 119
48190 Garape BI 35 Wf 89
20500 Garartza SS 36 Xc 90
27861 Garavide LU 26 Sb 86
48200 Garay BI 35 Xb 89
19283 Garbajosa GU 86 Xd 102
06690 Garbayuela BA 135 Va 114
17496 Garbet GI 56 Da 94
04600 García AL 171 Ya 124
43749 Garcia T 90 Ad 102
44480 García, La TE 123 Zc 108
30590 Garcías, Los MC 173 Za 121
30153 Garcías, Los MC 173 Ye 121
10250 Garciaz CC 134 Uc 112
37658 Garcibuey SA 98 Ua 105
23649 Garcíez J 168 Wa 121
23537 Garcíez J 169 Wd 121
23529 Garcíez-Jimena J 169 Wd 121
37452 Garcigalindo SA 98 Ua 104
37312 Garcigrande SA 99 Ud 104
37447 Garcigrande SA 80 Ua 103
40120 Garcillán SG 83 Ve 103
16510 Garcinarro CU 121 Xb 107
37607 Garciñigo SA 98 Ua 105
45643 Garciotún TO 117 Vc 108
31193 Garciriáin NC 49 Yb 91
37460 Garcirrey SA 80 Tf 103
11580 Garcisobaco CA 189 Uc 129
31491 Gardaláin NC 49 Yd 93
31414 Garde NC 50 Za 92
01400 Gardea VI 35 Xa 90
24160 Garfín LE 44 Ue 92
06711 Gargáligas BA 134 Uc 114
08612 Gargallà B 73 Be 97
44558 Gargallo TE 107 Zc 104
06350 Gargallón BA 148 Tb 120
36118 Gargallóns PO 39 Rc 94
09268 Garganchón BU 47 We 95
33776 Garganta, La AS 29 Sf 88
10759 Garganta, La CC 99 Ub 107
14449 Garganta, La CR 152 Vd 118
23293 Garganta, La J 155 Xc 119
33939 Gargantada AS 31 Uc 88
05571 Garganta de los Hornos AV 100 Ue 106
28743 Garganta de los Montes MD 84 Wb 103
05134 Garganta del Villar AV 100 Uf 106
10412 Garganta la Olla CC 115 Ub 108
13414 Gargantiel CR 135 Vb 116
10749 Gargantilla CC 98 Ua 107
45671 Gargantilla TO 116 Va 111
28739 Gargantilla del Lozoya MD 84 Wb 103
28739 Gargantilla del Lozoya y Pinilla del Buitrago MD 84 Wb 103
13100 Gargantón, El CR 136 We 114
19459 Gárgoles de Abajo GU 104 Xc 104
19459 Gárgoles de Arriba GU 104 Xc 104
10696 Gargüera CC 115 Ua 108
20569 Garibai SS 36 Xd 90
43153 Garidells, La T 91 Bb 101
20218 Garin SS 36 Xe 90
31395 Garínoain NC 49 Yc 93
31291 Garísoain NC 49 Ya 92
35214 Garita, La GC 200 Kd 180
06656 Garlitos BA 135 Uf 115
18614 Garnatilla, La GR 184 Wd 128
08872 Garraf B 92 Bf 101
24891 Garrafe de Torío LE 43 Uc 92
31693 Garralda NC 37 Ye 91
43739 Garranxa, La T 91 Af 101
26586 Garranzo RI 67 Xe 96
50190 Garrapinillos Z 69 Yf 98
06291 Garrapito BA 149 Te 120
42162 Garray SO 67 Xd 98
30158 Garres, Los MC 173 Yf 121
36314 Garrida PO 57 Rb 95
08698 Garriga, La B 73 Bf 96
08530 Garriga, La B 74 Cb 98
17476 Garrigàs GI 75 Cf 95
17466 Garrigoles GI 75 Da 96
17780 Garriguella GI 56 Da 94
30889 Garrobillo MC 172 Yd 124
41888 Garrobo, El SE 164 Te 123
06870 Garrovilla, La BA 132 Td 115
10940 Garrovillas CC 114 Tc 110
04630 Garrucha AL 187 Yb 125
21740 Garruchena H 179 Td 124
31866 Gartzaron NC 37 Yb 91
24132 Garueña LE 42 Tf 92
10333 Garvín CC 116 Ud 110
06475 Garza, La BA 149 Tf 116
25736 Gàrzola L 72 Ba 97
41650 Garzón SE 182 Uf 126
29150 Gascar MA 182 Vc 128
10627 Gasco, El CC 98 Te 106
28737 Gascones MD 84 Wc 102
31867 Gascue NC 37 Yc 91
16532 Gascueña CU 104 Xc 107
19243 Gascueña de Bornova GU 85 Wf 102
02430 Gaspares AB 156 Ya 118
31283 Gastiáin NC 48 Xe 92
11687 Gastor, El CA 181 Ue 127
10860 Gata CC 97 Tc 107
03740 Gata de Gorgos A 143 Aa 116
36839 Gateira PO 39 Rd 94
48110 Gatika BI 35 Xa 88
47606 Gatón de Campos VA 63 Va 96
04826 Gatos, Los AL 171 Xf 123
46169 Gátova V 123 Zc 110
29480 Gaucín MA 189 Ue 129
01193 Gauna VI 48 Xd 92
17466 Gaüses GI 75 Cf 96
48314 Gautegiz Arteaga BI 35 Xc 88
08850 Gavà B 93 Ca 101
43891 Gavadà T 91 Ae 103
46267 Gavarda V 142 Zc 114
25793 Gavarra L 72 Bb 96
08694 Gavarròs B 54 Bf 95
25588 Gavàs L 53 Ba 93
25214 Gàver L 73 Bc 98
25639 Gavet de la Conca L 72 Af 96
37593 Gavilán SA 98 Td 105
05460 Gavilanes AV 100 Va 107
24285 Gavilanes LE 43 Ua 93
22639 Gavín HS 51 Ze 93
07440 Gaviotas, Las IB 127 Da 110
09569 Gayangos BU 34 Wc 90
01206 Gazeo VI 48 Xd 91
31190 Gazólaz NC 49 Yb 92
04827 Gázquez, Los AL 171 Ya 123
04830 Gázquez, Los AL 171 Xf 122
04827 Gázquez de Arriba, Los AL 171 Ya 123
20491 Gaztelu SS 36 Xf 90
31454 Gazteluberri = Castillonuevo NC 50 Yf 92
44110 Gea de Albarracín TE 106 Yd 106
30848 Gebas MC 172 Yd 121
04568 Gebera AL 186 Xc 126
33811 Gedrez AS 30 Tc 90
37453 Gejo SA 98 Ua 103
37130 Gejo de Diego Gómez SA 80 Tf 103
37150 Gejo de los Reyes SA 80 Te 102
37159 Gejuelito del Monte SA 79 Te 102
37114 Gejuelo del Barro SA 80 Tf 102
12412 Geldo CS 123 Zd 109
18690 Gelibra, La GR 184 Wb 128
08790 Gelida B 92 Bf 100
41805 Gelo SE 179 Te 125
41120 Gelves SE 180 Tf 124
37219 Gema SA 79 Tc 103
49151 Gema ZA 81 Uc 100
05197 Gemuño AV 100 Vb 105
29492 Genalguacil MA 190 Ue 129
23392 Génave J 155 Xb 118
24792 Genestacio de la Vega LE 61 Ua 95
33876 Genestaza AS 30 Td 89
24144 Genestosa LE 30 Tf 90
33817 Genestoso AS 30 Td 90
31227 Genevilla NC 48 Xd 93
24837 Genicera LE 31 Ud 91
14816 Genilla CO 167 Ve 124
07015 Génova IB 126 Cd 111
46894 Genovés V 142 Zd 115
17539 Ger GI 54 Bf 94
33875 Gera AS 30 Td 89
20215 Geralekua Apeadero SS 36 Xe 91
24608 Geras LE 43 Ub 91
25614 Gerb L 72 Ae 98
22339 Gerbe HS 52 Ab 94
22372 Geré HS 51 Zf 93
48269 Gerena BI 36 Xc 89
41860 Gerena SE 164 Tf 123
44313 Gerenica, La TE 106 Yc 104
01207 Gereñu VI 48 Xd 92
04550 Gérgal AL 186 Xc 126
47131 Geria VA 63 Va 99
45518 Gerindote TO 117 Ve 109
04660 Germán AL 187 Xf 124
48300 Gernika-Lumo BI 35 Xb 89
25590 Gerri de la Sal L 53 Ba 95

25717 Ges, El L 54 Bc 95
20500 Gesalibar SS 36 Xc 90
22622 Gésera HS 51 Ze 94
25598 Gessa L 53 Af 92
46166 Gestalgar V 123 Za 111
24568 Gestoso LE 41 Sf 93
28901 Getafe MD 102 Wb 107
20808 Getaria SS 36 Xe 89
09612 Gete BU 65 We 97
24837 Gete LE 43 Uc 91
24837 Getino LE 31 Uc 91
13670 Getór CR 137 Wb 113
06180 Gévora del Caudillo BA 132 Ta 115
48499 Gezala BI 35 Xa 90
11592 Gibalbín CA 179 Ua 128
21500 Gibraleón H 178 Ta 124
29569 Gibralgalia MA 182 Vb 128
GI Gibraltar □ GBZ 190 Ud 132
30890 Gigante, El MC 171 Ya 122
24224 Gigosos de los Oteros LE 43 Uc 94
09585 Gijano BU 35 We 89
33206 Gijón = Xixón AS 31 Uc 87
33187 Gijún AS 31 Ub 88
02211 Gila, La AB 141 Yd 113
05619 Gilbuena AV 99 Uc 106
41565 Gilena SE 182 Va 125
41640 Gilenilla SE 182 Uf 125
04289 Giles, Los AL 187 Xf 126
44478 Giles, Los TE 123 Zc 108
46149 Gilet V 124 Ze 110
05693 Gil García AV 99 Uc 107
30439 Gilico MC 156 Yc 120
22623 Gillué HS 51 Ze 94
04549 Gilma AL 186 Xb 125
21342 Gil Márquez H 163 Tb 121
25112 Gimenells L 71 Ac 99
25180 Gimenells i el Pla de la Font L 71 Ac 99
02612 Gimeno AB 139 Xc 114
05380 Gimialcón AV 100 Uf 103
26221 Gimileo RI 47 Xb 93
44643 Ginebrosa, La TE 108 Zf 103
41960 Gines SE 179 Tf 124
43748 Ginestar T 90 Ad 102
31540 Ginestar, El NC 68 Yd 97
25571 Ginestarre L 53 Bb 93
02110 Gineta, La AB 140 Ya 114
30530 Ginete MC 157 Yd 119
02410 Ginete, El AB 156 Ya 117
35629 Giniginamar GC 199 Lf 179
22372 Ginuábel HS 51 Zf 94
33732 Gío AS 29 Ta 88
12123 Giraba de Arriba CS 123 Zd 108
22372 Giral HS 51 Zf 93
17002 Girona GI 75 Ce 97
41600 Gironda, La SE 181 Uc 126
08680 Gironella B 73 Bf 96
08695 Gisclareny B 73 Be 95
22367 Gistaín HS 52 Ab 93
17320 Giverola GI 75 Cf 98
48289 Gizaburuaga BI 36 Xc 89
03408 Gloria, La A 158 Za 116
37700 Gloria, La SA 99 Ub 106
43425 Glorieta T 91 Bb 99
01468 Goba Aundi VI 35 Wf 91
09512 Gobantes BU 34 Wd 91
29553 Gobantes MA 182 Vb 127
01191 Gobeo VI 47 Xb 91
18563 Gobernador GR 169 We 124
27259 Goberno LU 28 Sd 89
33342 Gobiendes AS 32 Ue 88
04279 Gochar AL 187 Xf 126
43516 Godall T 109 Ac 105
33869 Godán AS 30 Te 88
33758 Godella AS 29 Tb 87
46110 Godella V 142 Zd 111
46388 Godelleta V 142 Zb 112
50238 Godojos Z 86 Ya 101
36873 Godóns PO 39 Re 95
44221 Godos TE 88 Yf 103
15325 Goente C 27 Sa 88
Goi LU 28 Sd 91
20215 Goialdea SS 36 Xe 91
27614 Goián LU 40 Sd 92
36750 Goián PO 57 Rb 97
15999 Goiáns C 38 Ra 92
36510 Goiás PO 39 Rf 92
48650 Goierri BI 35 Xa 88
27840 Goiriz LU 28 Sc 89
48269 Goitana BI 36 Xc 89
48196 Goitiolza BI 35 Xb 89
31754 Goizueta NC 37 Ya 89
18150 Gójar GR 184 Wc 126
07470 Gola, La IB 127 Da 109
15819 Golán C 27 Rf 91
18450 Golco GR 185 Wf 127
31869 Goldáraz NC 37 Ya 91
23291 Goldines, Los J 155 Xb 120
09215 Golerinio BU 47 Xb 92
46409 Goleta, La V 143 Ze 114
31272 Gollano NC 48 Xf 92
02459 Gollizo, El AB 155 Xd 117
15357 Golmar C 26 Rf 86
15145 Golmar C 27 Rc 89
42190 Golmayo SO 67 Xc 98
25241 Golmés L 72 Af 99
10181 Golondrinas, Las CC 133 Tf 112
02253 Golosalvo AB 140 Yc 113
28760 Goloso, El MD 102 Wb 105
24689 Golpejar de la Tercia LE 31 Uc 91
37170 Golpejas SA 80 Ua 102
27191 Golpilleiras LU 28 Sd 90
36635 Gomara PO 38 Rb 93
42120 Gómara SO 67 Xe 99
32429 Gomariz OR 39 Rf 94
17531 Gombrèn GI 74 Ca 95
27164 Gomeán LU 40 Sd 91
37420 Gomecello SA 81 Uc 102
01195 Gomecha VI 47 Xb 92
37216 Gomeciego SA 79 Te 102
32212 Gomesende OR 58 Rf 96
32212 Gomesende OR 58 Rf 95
40516 Gómeznarro SG 84 Wd 101
47493 Gomeznarro VA 82 Va 101
40240 Gomezserracín SG 83 Ve 101
37882 Gómez Velasco SA 99 Ud 104
27293 Gondar LU 28 Sd 90
36990 Gondar PO 38 Rb 94
36380 Gondomar PO 57 Rb 96
27363 Gondrame LU 40 Sc 92
32626 Gondulfes OR 59 Sd 97
31192 Góngora NC 49 Yc 92
04200 Góngoras, Los AL 186 Xd 127
27738 Gontán LU 28 Sd 88
32813 Gontán OR 58 Sa 96
02489 Gontar AB 155 Xd 119
15839 Gonte C 38 Rb 91
15887 Gonzar C 27 Re 91
27188 Gonzar LU 40 Sb 92
04691 Goñar MC 171 Ya 124
31172 Goñi NC 49 Ya 92
01138 Gopegui VI 35 Xb 91
18870 Gor GR 185 Xa 124
18890 Gorafe GR 169 Wf 124
07850 Gorch, Es IB 125 Bd 114
47608 Gordaliza de la Loma VA 62 Uf 96
24325 Gordaliza del Pino LE 44 Uf 94
01478 Gordeliz VI 35 Wf 90
48192 Gordexola = Sandamendi BI 35 Wf 89
10392 Gordo, El CC 116 Ud 109
01208 Gordoa VI 48 Xd 91
37488 Gordón, El SA 97 Tb 104
24294 Gordoncillo LE 62 Ud 96
50685 Gordues Z 50 Ye 93
50686 Gordún Z 50 Yf 94
03811 Gorga A 159 Zd 116
15838 Gorgal C 38 Ra 91
23298 Gorgollitas, Las J 155 Xc 119
18616 Gorgoracha, La GR 184 Wc 128
36843 Gorgoreiro PO 39 Rc 95
15684 Gorgullos C 27 Rd 90
22375 Goriz HS 51 Aa 92
42313 Gormaz SO 85 Wf 100
08729 Gornal = Castellet i la Gornal, La B 92 Bd 101
08729 Gornal, La B 92 Bd 101
35215 Goro, El GC 200 Kd 181
48392 Gorocica Elixaldea BI 35 Xb 89
20550 Goroeta SS 36 Xd 90
31714 Gorostapolo de Errazu NC 37 Yd 90
01322 Gorrebusto VI 48 Xd 93
31877 Gorriti NC 36 Ya 90
31481 Gorriz NC 49 Yd 92
31799 Gorronz-Olano NC 37 Yb 91
25749 Gos, El L 72 Ba 97
15685 Gosende C 27 Re 90
25716 Gósol L 73 Bd 95
27375 Gospeito LU 28 Sc 89
25216 Gospí L 73 Bc 98
05163 Gotarrendura AV 100 Vb 104
50257 Gotor Z 87 Yc 99
33440 Gozón AS 31 Ua 87
34128 Gozón de Ucieza P 44 Vc 94
28339 Gózquez de Abajo MD 102 Wc 107
28339 Gózquez de Arriba MD 102 Wc 107
36548 Graba PO 39 Re 92
12550 Gràcia CS 124 Zf 109
22714 Gracionépel HS 51 Zd 93
24160 Gradefes LE 44 Ue 93
33820 Grado AS 30 Tf 88
22349 Grado, El HS 52 Aa 94
22390 Grado, El HS 71 Ab 96
40512 Grado del Pico SG 84 We 101
18517 Graena GR 185 We 125
32151 Graíces OR 40 Sb 94
14730 Graja, La CO 166 Ue 122
16339 Graja de Campalbo CU 122 Ye 109
16251 Graja de Iniesta CU 121 Yb 111
24340 Grajal de Campos LE 44 Uf 95
24796 Grajal de Ribera LE 62 Ub 95
24339 Grajalejo de las Matas LE 43 Ud 94
40569 Grajera SG 84 Wc 100
02110 Grajuela, La AB 140 Ya 114
41670 Gramadales, Los SE 182 Ue 126
33310 Gramedo AS 31 Ud 88
34846 Gramedo P 45 Vd 91
25512 Gramenet L 53 Af 94
25796 Gramós L 53 Bb 95
25217 Gramuntell L 72 Bb 99
18001* Granada GR 184 Wc 125
08792 Granada, La B 92 Be 100
21668 Granada de Riotinto, La H 164 Tc 122
03738 Granadella, La A 159 Ab 116
25177 Granadella, La L 90 Ae 100
30440 Granadicos, Los MC 156 Ya 119
10710 Granadilla CC 98 Tf 107
14950 Granadilla CO 183 Vd 124
38616 Granadilla de Abona TF 196 Ic 180
21594 Granado, El H 176 Sd 123
13360 Granátula de Calatrava CR 137 Wb 116
33199 Granda AS 31 Ub 88
33418 Granda AS 31 Ua 87
33390 Granda de Arriba AS 31 Uc 88
15616 Grandal C 27 Rf 88
33730 Grandas AS 29 Ta 89
05357 Grandes AV 100 Va 104
37468 Grandes SA 80 Te 103
05141 Grandes y San Martín AV 100 Va 104
33161 Grandiella AS 31 Ua 89
33986 Grandiella AS 31 Uc 89
27122 Grandón LU 28 Se 90
24858 Grandoso LE 43 Ue 91
38714 Granel, El TF 197 Hb 176
08183 Granera B 74 Ca 98
04814 Graneros de Abajo, Los AL 171 Xf 124
45280 Granja TO 118 Wa 109
10711 Granja, La CC 98 Ua 107
30420 Granja, La MC 156 Yb 119
31487 Granja, La NC 50 Ye 93
37810 Granja, La SA 81 Ud 103
47641 Granja, La VA 63 Uf 98
45860 Granja de Borregas TO 119 Wd 111
09239 Granja de la Cogalla BU 65 Wb 95
46816 Granja de la Costera, La V 142 Zc 115
34239 Granja de la Encomienda P 64 Vd 97
10291 Granja del Campazo CC 115 Ua 111
09316 Granja del Carrascal BU 64 Wa 98
09240 Granja del Hojalatero BU 46 Wd 93
50213 Granja de Llunes Z 87 Yb 102
09246 Granja del Moscadero BU 46 Wd 93
44780 Granja de los Juaneses TE 88 Zb 102
49740 Granja de Moreruela ZA 62 Ub 98
34257 Granja de Olmos de Cerrato P 64 Vf 96
45664 Granja de Pompajuela TO 116 Va 109
03348 Granja de Rocamora A 158 Za 120
24224 Granja de San Antolín LE 43 Uc 94
24325 Granja de San Esteban LE 44 Uf 94
22559 Granja de San José HS 71 Ac 98
40237 Granja de San Juan SG 83 Wa 100
47314 Granja de San Mamés VA 83 Ve 99
42269 Granja de San Pedro Z 86 Xf 101
50693 Granja de Santa Inés Z 69 Yf 98
09128 Granja de Santibáñez BU 45 Vf 94
25185 Granja d'Escarp, La L 90 Ac 100
06910 Granja de Torrehermosa BA 150 Uc 119
09240 Granja de Valdelaencina BU 46 We 93
09240 Granja de Valdevín BU 47 We 93
50341 Granja de Zaragocilla Z 87 Yb 101
31320 Granjafrío NC 68 Yb 95
42134 Granja la Salma SO 67 Xd 98
09191 Granja Las Mijarades BU 46 Wc 94
44370 Granjas, Las TE 106 Ye 105
43786 Granja Venta de Sant Joan T 90 Ab 102
14207 Granjuela, La CO 150 Ud 118
08400 Granollers B 74 Cb 99
25212 Granollers de Segarra L 72 Bb 97
35620 Gran Tarajal GC 199 Lf 179
49621 Granucillo ZA 61 Ua 96
36307 Granxa PO 57 Rb 96
25218 Granyadella L 72 Bb 99
25218 Granyanella L 72 Bb 99
25160 Granyena de les Garrigues L 90 Ad 100
25217 Granyena de Segarra L 72 Bb 99
15635 Graña C 27 Rf 89
15590 Graña, A C 27 Re 88
32678 Graña, A OR 58 Sb 96
36873 Graña, A PO 39 Re 95
15339 Grañas C 28 Sb 87
22260 Grañén HS 70 Zd 97
23009 Grañena J 168 Wb 121
24343 Grañeras LE 44 Ue 94
02420 Grao, El AB 156 Yb 118
22622 Grasa HS 51 Ze 94
33313 Grases AS 31 Ud 88
43737 Gratallops T 91 Ae 101
07712 Grau, Es IB 93 Eb 109
12530 Grau de Borriana, El CS 124 Zf 109
46730 Grau de Gandia, El V 143 Zf 115
12593 Grau de Moncófa, El CS 124 Zf 110
08610 Graugés B 73 Bf 96
22430 Graus HS 71 Ac 95
26587 Grávalos RI 67 Ya 96
02489 Graya AB 155 Xd 119
11610 Grazalema CA 181 Ud 128
09142 Gredilla de Sedano BU 46 Wb 92
09141 Gredilla la Polera BU 46 Wb 93
08695 Gréixer B 54 Bf 95
15116 Grelas C 26 Ra 89
36587 Gres PO 39 Rd 92
36519 Gresande PO 39 Re 93
08255 Grevalosa B 73 Bd 98
31480 Grez NC 49 Yd 92
22339 Griebal HS 52 Ab 94
02139 Griego, El AB 156 Xf 117
44114 Griegos TE 105 Yb 106
09128 Grijalba BU 45 Vf 94
49621 Grijalba de Vidriales ZA 61 Ua 96
34810 Grijera P 45 Ve 92
34192 Grijota P 63 Vc 96
30396 Grillas, Las MC 173 Yf 123
16191 Grillera, La CU 121 Xf 108
04619 Grima AL 187 Yb 125
10829 Grimaldo CC 114 Tf 109
28971 Griñón MD 102 Wa 107
09245 Grisaleña BU 46 We 93
50513 Grisel Z 68 Yb 97
50297 Grisén Z 69 Yf 98
49519 Grisuela ZA 61 Te 98
24357 Grisuela del Páramo LE 43 Ub 94
15845 Grixoa C 26 Ra 90
32557 Grixoa OR 59 Sf 95
31292 Grocin NC 48 Ya 92
27183 Grolos LU 40 Sc 91
37159 Groo, El SA 80 Te 102
08275 Grossa, La B 74 Ca 98
33829 Grullas AS 30 Tf 88
24994 Grullas LE 32 Uf 90
24346 Grulleros LE 43 Uc 93
22438 Grustán HS 71 Ab 95
23293 Guadabraz J 155 Xb 119
11379 Guadacorte CA 191 Ud 131
23280 Guadahornillos J 154 Xa 119
18560 Guadahortuna GR 169 Wd 123
06187 Guadajira BA 132 Tb 115
41339 Guadajoz SE 165 Uc 123
19003 Guadalajara GU 103 Wf 105
44115 Guadalaviar TE 105 Yb 106
41390 Guadalcanal SE 150 Ub 120
14130 Guadalcázar CO 166 Va 122
41719 Guadalema de los Quinteros SE 179 Ua 126
23713 Guadalén J 153 Wc 120
03517 Guadalest A 159 Ze 116
28794 Guadalix de la Sierra MD 102 Wb 104
29689 Guadalmansa MA 190 Uf 130
29011 Guadalmedina MA 183 Vd 128
29678 Guadalmina MA 190 Uf 130
29693 Guadalobón MA 190 Ue 130
10392 Guadalperal CC 115 Ud 109
06713 Guadalperales, Los BA 134 Ub 114
10140 Guadalupe CC 134 Ue 112
11690 Guadamanil CA 181 Ud 127
28691 Guadamonte MD 101 Wa 106
45160 Guadamur TO 117 Vf 110
37590 Guadapero SA 98 Td 105
28440 Guadarrama MD 101 Vf 104
11369 Guadarranque CA 189 Ud 131
46839 Guadasequies V 142 Zd 115
46610 Guadassuar V 142 Zd 113
11339 Guadiana CA 190 Ud 130
06186 Guadiana del Caudillo BA 132 Tb 115
11311 Guadiaro CA 190 Ud 131
09135 Guadilla de Villamar BU 45 Ve 93
10137 Guadisa CC 135 Uf 112
18500 Guadix GR 185 Wf 125
37219 Guadramiro SA 79 Td 102
04778 Guainos Altos AL 185 Wf 128
04778 Guainos Bajos AL 185 Wf 128
18615 Guájar Alto GR 184 Wc 127
10817 Guajardo y Malhincada CC 114 Tc 108
18615 Guájares, Los GR 184 Wc 127
18615 Guajar-Faragüit GR 184 Wc 127
18615 Guájar-Fondón GR 184 Wc 127
08474 Gualba de Dalt B 74 Cc 98
18614 Gualchos GR 185 Wd 128
17257 Gualda GI 75 Da 96
19459 Gualda GU 104 Xb 104
13490 Gualdálmez CR 151 Va 116
38330 Guamasa TF 197 Id 178
38440 Guancha, La TF 196 Ic 178
38916 Guarazoca TF 196 Ha 182
36780 Guarda, A = La Guardia PO 57 Ra 97
06459 Guarda, La BA 134 Ub 116
36780 Guarda = La Guardia, A PO 57 Ra 97
03140 Guardamar del Segura A 173 Zc 120
22312 Guardia HS 71 Aa 96
36780 Guardia = A Guarda, La PO 57 Ra 97
45760 Guardia, La TO 119 Wd 110
36780 Guardia, La = A Guarda PO 57 Ra 97
25795 Guàrdia d'Ares, La L 53 Bb 95
23170 Guardia de Jaén, La J 168 Wb 122
17731 Guàrdia de la Muga, La GI 56 Cf 95
43410 Guàrdia dels Prats, La T 91 Bb 100
08517 Guàrdia de Sagàs, La B 73 Bf 96
25632 Guàrdia de Tremp L 72 Ae 96
25331 Guàrdia d'Urgell, La L 72 Ba 98
25217 Guardia Lada, La L 72 Bb 99
08280 Guàrdia Pilosa, La B 73 Bc 98
04715 Guardias Viejas AL 186 Xa 128
04210 Guardines, Los AL 187 Xf 126
08694 Guardiola de Berguedà B 73 Bf 95
08736 Guardiola de Font-rubí B 92 Bd 100
25792 Guardiola de Segre L 72 Bb 97
34880 Guardo P 44 Va 92
05540 Guareña AV 100 Va 105
06470 Guareña BA 133 Tf 115
47513 Guareña, La VA 81 Ue 101
06220 Guarida BA 149 Te 117
29108 Guaro MA 191 Vb 129
49156 Guarrate ZA 81 Ud 101
23210 Guarromán J 153 Wb 119
04479 Guarros AL 185 Xa 126
22714 Guasa HS 51 Zc 93
22713 Guasillo HS 51 Zc 93
22349 Guaso HS 52 Aa 94
35544 Guatiza GC 198 Md 174
38358 Guayonje TF 197 Id 178
38632 Guaza TF 196 Ib 180
34306 Guaza de Campos P 63 Va 96
44433 Gúdar TE 107 Zb 106
40419 Gudillos SG 101 Ve 104
32540 Gudiña, A OR 59 Sf 96
20218 Gudugarreta SS 36 Xe 90
44001 Guea, La TE 106 Yf 106
32704 Guede OR 40 Sb 95
18160 Güéjar-Sierra GR 184 Wd 126
22437 Güel HS 71 Ac 95
31799 Guelbenzu NC 37 Yc 91
31176 Guembe NC 49 Ya 92
39191 Güemes CB 34 Wc 88
31799 Guenduláin NC 49 Yc 91
31190 Guenduláin NC 49 Yb 92
48840 Güeñes BI 35 Wf 89
32152 Gueral OR 40 Sa 94
31119 Guerendiáin NC 49 Yc 92
31421 Guerguitiáin NC 49 Yd 92
30333 Guerreros, Los MC 172 Ye 122
31452 Güesa = Gotza NC 50 Yf 92
18212 Güevéjar GR 184 Wc 125
30391 Guía, La MC 173 Yf 123
38680 Guía de Isora TF 196 Ib 179

43429 Guialmons T 92 Bc 99
33779 Guiar AS 29 Sf 88
40185 Guijar, El SG 83 Wa 102
14547 Guijarrosa, La CO 166 Va 123
40423 Guijasalbas SG 101 Ve 104
21840 Guijillo, El H 163 Tb 124
11620 Guijo, El CA 180 Ua 128
14413 Guijo, El CO 151 Vb 118
21840 Guijo, El H 163 Tc 124
37774 Guijo de Ávila SA 99 Uc 105
10815 Guijo de Coria CC 114 Td 108
10816 Guijo de Galisteo CC 114 Td 108
10665 Guijo de Granadilla CC 114 Tf 107
10459 Guijo de Santa Bárbara CC 115 Uc 108
19263 Guijosa GU 85 Xc 102
42141 Guijosa SO 65 We 98
02610 Guijoso, El AB 139 Xb 115
37770 Guijuelo SA 99 Ub 105
05690 Guijuelos, Los AV 99 Ud 107
36538 Guillar PO 39 Sa 92
36720 Guillarei PO 57 Rc 96
01439 Guillarte VI 47 Xa 91
41210 Guillena SE 164 Tf 123
25714 Guils = Guils del Contó L 53 Bb 94
17528 Guils de Cerdanya GI 54 Bf 94
17528 Guils i Fontanera GI 54 Be 94
35559 Güima GC 198 Mc 175
38500 Güímar TF 197 Id 179
09349 Guímara BU 65 Wb 97
24429 Guímara LE 41 Tb 91
32539 Guimarás OR 39 Rf 94
49025 Guimaré ZA 80 Ub 99
27680 Guimarei LU 40 Se 91
27235 Guimarei LU 28 Sb 91
36081 Guimarei PO 39 Rd 92
25341 Guimerà L 91 Bb 99
05003 Guimorcondo AV 100 Vc 105
35541 Guinate GC 198 Md 173
38639 Guincho, El TF 196 Ic 180
47151 Guindaleras, Las VA 82 Vb 99
31448 Guindano NC 50 Ye 92
01428 Guinea VI 47 Wf 91
25597 Guingueta d'Anen, La L 53 Ba 93
09219 Guinicio BU 47 Wf 92
04826 Guiraos, Los AL 171 Xf 123
04647 Guiraos, Los AL 187 Yb 124
31291 Guirguillano NC 49 Ya 92
25511 Guiró L 53 Af 94
15640 Guísamo C 27 Re 89
05417 Guisando AV 100 Uf 107
24131 Guisatecha LE 42 Tf 92
35612 Guisguey GC 199 Ma 177
25210 Guissona L 72 Bb 98
04500 Güitamarín AL 185 Xb 125
27300 Guitiriz LU 28 Sa 89
08272 Guix, El B 73 Bf 98
25285 Guixers = Valls (Guixers) L 73 Bd 96
01449 Gujuli VI 35 Xa 91
31867 Gulina NC 49 Yb 91
09491 Gumá BU 65 Wc 99
09370 Gumiel de Hizán BU 65 Wb 98
09443 Gumiel de Mercado BU 65 Wb 98
27489 Gundivós LU 40 Sc 94
32635 Guntimil OR 58 Sb 96
27211 Guntín LU 40 Sb 91
27416 Guntín LU 40 Sc 94
08503 Gurb B 74 Cb 97
01427 Gurendes VI 47 Wf 91
25636 Gurp L 72 Af 95
31438 Gurpegui NC 49 Yd 91
22280 Gurrea Gállego HS 69 Zb 96
39686 Gurueba, La CB 34 Wa 89
33825 Gurullés AS 30 Tf 88
24209 Gusendos de los Oteros LE 43 Ud 94
32100 Gustei OR 40 Sa 94
23339 Gutar J 154 Xa 119
05197 Guterreño AV 100 Vb 105
05296 Gutierre-Muñoz AV 82 Vc 103
48480 Gutiolo BI 35 Xa 89
26530 Gutur RI 67 Ya 97
32868 Guxinde OR 58 Rf 97
09314 Guzmán BU 64 Wa 98

H

06714 Haba, La BA 134 Ub 115
13700 Habana, La CR 138 Wf 113
18520 Hacho, El GR 169 We 123
41410 Hacienda Alabarra SE 165 Ua 123
41703 Hacienda de Bujalmoro SE 180 Ua 125
18132 Hacienda de Don Juan GR 184 Wa 126
21891 Hacienda de Genís H 180 Td 124
41530 Hacienda de la Alcoba SE 181 Uc 126
41720 Hacienda de la Capitana SE 179 Ua 125
41410 Hacienda de la Florida SE 165 Ub 124
21800 Hacienda de la Luz H 177 Tb 125
41600 Hacienda de la Mata SE 181 Uc 125
41710 Hacienda del Ángel SE 181 Ub 126
41500 Hacienda de las Andradas SE 179 Ua 125
41770 Hacienda de las Cañas SE 181 Uc 126
41410 Hacienda de la Sillera SE 165 Ub 124
41500 Hacienda de la Soledad SE 180 Ua 124
41300 Hacienda del Bodegón de las Cañas SE 165 Ua 123
41410 Hacienda del Córdoba SE 165 Ub 124
41410 Hacienda del Corzo SE 165 Ua 124
41730 Hacienda del Mosquito SE 180 Ua 127
41600 Hacienda de los Locos SE 181 Ud 125
14979 Hacienda de los López CO 183 Ve 125
41230 Hacienda de los Melonares SE 165 Ua 122
30368 Hacienda del Pino MC 173 Za 122
41410 Hacienda del Rosal SE 165 Ub 124
41500 Hacienda de Maestre SE 180 Ua 125
41770 Hacienda de Morejón SE 181 Uc 127
41710 Hacienda de Orán SE 179 Ua 125
41710 Hacienda de Pajarero SE 181 Ub 125
30380 Hacienda Dos Mares MC 173 Zb 122
41410 Hacienda El Oidor SE 165 Ub 123
41410 Hacienda El Pino SE 165 Ub 123
38300 Hacienda Perdida, La TF 196 Ic 178
41210 Hacienda y Cortijo de la Lapa SE 164 Tf 123
09611 Hacinas BU 65 We 97
09268 Haedillo BU 46 We 94
09613 Haedo BU 65 Wd 97
09573 Haedo de las Pueblas BU 34 Wb 90
09557 Haedo de Linares BU 34 Wc 90
01117 Harana VI 48 Xd 92
35520 Haría GC 198 Md 174
41730 Harinosa, La SE 179 Ua 127
26200 Haro RI 47 Xa 93
39418 Haya, El CB 45 Vf 91
09463 Haza BU 64 Wb 99
23340 Haza Alta J 154 Xa 118
10697 Haza de la Concepción CC 115 Ua 109
18710 Haza del Lino GR 185 We 128
04532 Haza del Riego, El AL 186 Xb 125
23610 Haza Mora J 168 Wa 123
18760 Haza Mora, La GR 185 We 128
39806 Hazas CB 34 Wc 89
39776 Hazas CB 34 Wd 88
39738 Hazas de Cesto CB 34 Wc 88
22720 Hecho HS 50 Zb 92
09212 Hedeso BU 46 We 92
49573 Hedradas, Las ZA 60 Ta 96
32366 Hedreira OR 41 Ta 95
06613 Helechal BA 150 Ud 116
06692 Helechosa de los Montes BA 135 Va 113
39709 Helguera CB 35 We 88
39569 Helgueras CB 33 Vc 88
39809 Helguero CB 34 Wd 89
02400 Hellín AB 156 Yb 117
40299 Henar, El SG 83 Vd 100
16312 Henarejos CU 122 Yd 109
30890 Henares MC 171 Ya 123
19491 Henche GU 104 Xb 104
39805 Herada CB 34 Wd 89
39792 Heras CB 34 Wb 88
19197 Heras GU 103 Wf 104
34879 Heras de la Peña, Las P 44 Vb 92
25518 Herba-savina L 72 Ba 95
15183 Herbes C 27 Rd 89
12317 Herbés CS 108 Zf 104
12319 Herbeset CS 108 Zf 105
48870 Herbosa BI 35 We 89
09571 Herbosa BU 34 Wa 91
48890 Herboso BI 34 Wd 89
26584 Herce RI 67 Xe 95
04500 Heredad, La AL 185 Xa 126
16520 Heredad de Bardaji CU 120 Xc 108
23489 Heredamiento J 169 Wf 121
01206 Heredia VI 48 Xd 91
13640 Herencia CR 138 Wd 112
45664 Herencias, Las TO 116 Va 109
01420 Hereña VI 47 Xa 92
33448 Heres AS 31 Ub 87
10230 Herguijuela CC 134 Ub 112
05631 Herguijuela, La AV 99 Ue 106
10591 Herguijuela, La CC 115 Ua 109
37619 Herguijuela de la Sierra SA 98 Tf 106
37762 Herguijuela del Campo SA 98 Ua 105
37516 Herguijuelo de Ciudad-Rodrigo SA 97 Tc 106
33717 Herías AS 29 Tb 88
02440 Hermanas, Las AB 155 Xe 118
34247 Hérmedes de Cerrato P 64 Ve 98
39580 Hermida, La CB 33 Vc 89
49572 Hermisende ZA 60 Ta 97
Hermosa CB 34 Wb 88
09246 Hermosilla BU 46 Wd 93
05690 Hermosillo AV 99 Ud 106
13720 Hermosura CR 138 We 114
01208 Hermua VI 48 Xd 91
06620 Hernán Cabrera BA 134 Ud 115
06412 Hernán Cortés BA 133 Ua 114
04890 Hernández, Los AL 186 Xc 124
20120 Hernani SS 36 Ya 89
10868 Hernán-Pérez CC 97 Td 107
05164 Hernansancho AV 100 Vb 103
18880 Hernán Valle GR 185 Wf 124
20494 Hernialde SS 36 Xf 90
30510 Herrada del Manco MC 157 Yf 117
46320 Herradas V 122 Ye 110
02154 Herradilla, La AB 141 Yd 114
05268 Herradón, El AV 101 Vc 105
04277 Herradura AL 187 Xf 126
18697 Herradura, La GR 184 Wb 128
50709 Herradura, La Z 90 Aa 101
26213 Herramélluri RI 47 Wf 93
30170 Herreña MC 172 Yc 121
39608 Herrera CB 34 Wa 88
41567 Herrera SE 182 Va 124
02162 Herrera, La AB 139 Xf 115
48869 Herrera, La BI 35 We 89
10512 Herrera de Alcántara CC 112 Sd 111
47161 Herrera de Duero VA 82 Vc 99
39509 Herrera de Ibio CB 33 Ve 89
06670 Herrera del Duque BA 135 Uf 113
50150 Herrera de los Navarros Z 88 Yf 101
34400 Herrera de Pisuerga P 45 Ve 93
42148 Herrera de Soria SO 66 Wf 98
34259 Herrera de Valdecañas P 64 Ve 96
09593 Herrera de Valdivielso BU 46 Wd 92
23315 Herrera-Puente del Condado J 154 We 120
28296 Herreras, Las MD 101 Ve 105
19342 Herrería GU 86 Ya 103
02124 Herrería, La AB 156 Xf 117
04289 Herrería, La AL 187 Xf 126
06174 Herrería, La BA 148 Tb 117
14129 Herrería, La CO 166 Uf 122
41800 Herrería, La SE 179 Te 124
16152 Herrería de los Chorros CU 105 Yb 107
16879 Herrería de Santa Cristina CU 104 Xe 105
39550 Herrerías CB 33 Vd 89
04618 Herrerías, Las AL 187 Yb 125
21559 Herrerías, Las H 162 Se 123
19392 Herrería Vieja GU 105 Xf 104
37609 Herreros SA 98 Ua 104
42145 Herreros SO 66 Xb 98
47116 Herreros VA 81 Uf 100
04770 Herreros, Los AL 185 Wf 128
46199 Herreros, Los V 141 Za 113
24767 Herreros de Jamuz LE 42 Ua 95
24161 Herreros de Rueda LE 44 Ue 93
05146 Herreros de Suso AV 100 Uf 104
10560 Herreruela CC 132 Ta 112
34846 Herreruela de Castillería P 45 Vd 91
45588 Herreruela de Oropesa TO 116 Ue 109
37864 Herrezuelo SA 99 Ud 104
47607 Herrín de Campos VA 63 Va 96
16290 Herrumblar, El CU 140 Yc 112
02410 Heruela AB 156 Ya 117
10700 Hervás CC 98 Ua 107
24410 Hervededo LE 41 Tc 93
26257 Hervías RI 47 Xa 94
46625 Hervideros, Los V 141 Yf 113
33187 Hevia AS 31 Ub 88
19242 Hiendelaencina GU 85 Wf 102
09515 Hierra BU 46 Wd 91
45270 Higares TO 118 Wa 109
09571 Higón BU 34 Wa 91
10359 Higuera CC 115 Ub 110
05491 Higuera, La AV 116 Va 107
29310 Higuera, La MA 183 Vd 126
40191 Higuera, La SG 83 Vf 102
44421 Higuera, La TE 122 Yf 108
23746 Higuera de Arjona J 168 Wa 121
23611 Higuera de Calatrava J 167 Vf 122
05427 Higuera de las Dueñas AV 101 Vc 107
06441 Higuera de la Serena BA 150 Ub 117
21220 Higuera de la Sierra H 164 Td 121
06445 Higuera de Llerena BA 149 Ua 118
06132 Higuera de Vargas BA 148 Ta 118
04887 Higueral AL 186 Xd 124
23488 Higueral J 169 Wf 122
14979 Higueral, El CO 183 Ve 125
44559 Higueral, El TE 107 Zc 104
06350 Higuera la Real BA 148 Tb 120
04660 Higuerales, Los AL 187 Xf 124
12449 Higueras CS 123 Zc 109
14816 Higueras, Las CO 167 Vf 124
23160 Higueras, Las J 168 Wa 122
35329 Higuerilla, La GC 200 Kb 181
38320 Higuerita, La TF 197 Ie 178
14193 Higuerón, El CO 166 Va 121
02694 Higueruela AB 141 Yd 115
46162 Higueruelas V 123 Za 110
05131 Hija de Dios, La AV 100 Va 105
02410 Híjar AB 156 Xf 117
44530 Híjar TE 89 Zd 101
39670 Hijas CB 33 Wa 89
04898 Híjate, El AL 186 Xc 124
19276 Hijes GU 85 Xa 101
01193 Hijona VI 48 Xc 92
34405 Hijosa de Boedo P 45 Ve 94
37497 Hincapié SA 97 Tc 105
09119 Hinestrosa BU 45 Vf 95
49192 Hiniesta, La ZA 80 Ub 99
09199 Hiniestra BU 46 Wd 94
10192 Hinojal CC 114 Td 110
09108 Hinojal de Riopisuerga BU 45 Ve 93
21388 Hinojales H 163 Tc 120
30816 Hinojar MC 172 Yc 122
09610 Hinojar de Cervera BU 65 Wd 97
09454 Hinojar del Rey BU 65 We 98
23486 Hinojares J 169 Xa 122
39350 Hinojedo CB 33 Vf 88
21740 Hinojos H 180 Td 125
19334 Hinojosa GU 86 Ya 102
16435 Hinojosa, La CU 120 Xd 110
42142 Hinojosa, La SO 65 We 98
44157 Hinojosa de Jarque TE 107 Zb 104
42153 Hinojosa de la Sierra SO 66 Xc 97
42112 Hinojosa del Campo SO 67 Xf 98
37230 Hinojosa del Duero SA 79 Tb 103
14270 Hinojosa del Duque CO 151 Uf 118
06226 Hinojosa del Valle BA 149 Te 118
45645 Hinojosa de San Vicente TO 117 Vb 108
13590 Hinojosas de Calatrava CR 152 Vf 117
40317 Hinojosas del Cerro SG 83 Wa 100
16417 Hinojosos, Los CU 120 Xb 111
20160 Hipódromo de Lasarte SS 36 Xf 89
10164 Hirguijuelas de Abajo CC 133 Te 112
31671 Hiriberri/Villanueva de Aezkoa NC 36 Ye 91
04769 Hirmes AL 185 Xa 127
28191 Hiruela, La MD 84 Wd 102
19248 Hita GU 103 Wf 104
16441 Hito, El CU 120 Xb 109
09558 Hocina BU 46 Wc 91
04850 Hojilla, La AL 187 Xe 124
10829 Holguera CC 114 Td 109
19328 Hombrados GU 105 Yb 104
47219 Honcalada VA 82 Va 102
20280 Hondarribia SS 37 Yb 88
03409 Hondo de Carboneras, El A 158 Za 117
11612 Hondón CA 190 Ud 128
16317 Hondonada, La CU 122 Yc 107
16318 Hondonadas, Las CU 122 Yd 108
03688 Hondón de las Nieves A 158 Za 119
03689 Hondón de los Frailes A 158 Za 119
37607 Hondura SA 98 Ua 105
47219 Honquilana VA 82 Vb 102
06498 Honrada, La BA 132 Tc 116
16730 Honrubia CU 120 Xe 111
40541 Honrubia de la Cuesta SG 84 Wb 99
40353 Hontalbilla SG 83 Vf 100
45159 Hontanar TO 117 Vd 111
46140 Hontanar V 122 Yd 108
46178 Hontanar, El V 122 Yf 109
23748 Hontanar de Flores J 152 Vf 118
05418 Hontanares AV 116 Va 108
19413 Hontanares GU 103 Xb 103
40490 Hontanares de Eresma SG 83 Ve 103
09227 Hontanas BU 45 Vf 95
16421 Hontanaya CU 120 Xb 110
09462 Hontangas BU 65 Wb 99
19129 Hontanillas GU 104 Xc 105
16118 Hontecillas CU 121 Xe 110
19119 Hontoba GU 103 Wf 106
09141 Hontomín BU 46 Wc 93
33593 Hontoria AS 32 Va 88
40195 Hontoria SG 83 Vf 103
34209 Hontoria de Cerrato P 64 Vd 97
09351 Hontoria de la Cantera BU 65 Wc 95
09660 Hontoria del Pinar BU 65 Wf 97
09345 Hontoria de Riofranco BU 64 Vf 96
09450 Hontoria de Valdearados BU 65 Wc 98
02499 Horca, La AB 156 Yc 118
24918 Horcadas LE 32 Uf 91
05695 Horcajada, La AV 99 Ud 106
16162 Horcajada de la Torre CU 120 Xc 108
10638 Horcajo CC 98 Td 106
02314 Horcajo, El AB 155 Xd 116
26126 Horcajo, El RI 66 Xc 96
41740 Horcajo, El SE 180 Tf 127
05630 Horcajo de la Ribera AV 99 Ud 106
28755 Horcajo de la Sierra MD 84 Wc 102
05210 Horcajo de las Torres AV 81 Uf 102
13110 Horcajo de los Montes CR 135 Vc 113
37712 Horcajo de Montemayor SA 98 Ua 106
16410 Horcajo de Santiago CU 119 Xa 109
37860 Horcajo Medianero SA 99 Ud 105
05357 Horcajuelo AV 100 Va 104
28191 Horcajuelo de la Sierra MD 84 Wc 102
19140 Horche GU 103 Wf 105
09230 Hormaza BU 45 Wa 95
09133 Hormazas, Las BU 46 Wa 93
09129 Hormazuela BU 45 Wa 93
09124 Hormicedo BU 45 Vf 93
41566 Hormigo SE 182 Va 125
45919 Hormigos TO 117 Vd 108
39419 Hormiguera CB 45 Vf 91
26323 Hormilla RI 47 Xb 94
02691 Horna AB 140 Yc 115
19264 Horna GU 85 Xc 102
03660 Horna Alta A 158 Zb 118
03660 Horna Baja A 158 Zb 118
06228 Hornachos BA 149 Tf 117
14740 Hornachuelos CO 166 Ue 122
39213 Horna de Ebro CB 33 Vf 91
39686 Hornedillo CB 34 Wb 90
39716 Hornedo CB 34 Wc 88
30627 Hornera MC 157 Ye 120
14850 Hornerico CO 167 Vd 123
09587 Hornes BU 34 We 90
13100 Hornías Bajas CR 136 Ve 114
30413 Hornico MC 171 Xe 120
09568 Hornillalastra BU 34 Wc 90
09568 Hornillayuso BU 34 Wc 90
47451 Hornillejos de Cotes VA 82 Vb 101
04117 Hornillo AL 187 Xe 127
05415 Hornillo, El AV 100 Uf 107
35489 Hornillo, El GC 200 Kc 180
47238 Hornillos VA 82 Vb 100
26133 Hornillos de Cameros RI 67 Xd 95
34249 Hornillos de Cerrato P 64 Ve 97

09230 Hornillos del Camino BU 45 Wa 94
10110 Horno CC 134 Uc 114
30530 Horno MC 157 Yc 119
02486 Horno-Ciego AB 156 Xe 118
46177 Horno de Cal V 122 Yf 110
23568 Horno del Vidrio J 169 Wd 122
05113 Horno Robledo AV 100 Vb 106
23468 Hornos J 169 We 121
23293 Hornos J 155 Xb 119
06880 Hornos, Los BA 132 Tc 115
26372 Hornos de Moncalvillo RI 48 Xc 94
23293 Hornos el Viejo J 155 Xb 119
37591 Horquera, La SA 98 Td 106
09311 Horra, La BU 64 Wa 98
08279 Horta d''Avinyó B 74 Bf 98
43596 Horta de Sant Joan T 90 Ab 103
11670 Hortales CA 181 Uc 128
28050 Hortaleza MD 102 Wc 106
15819 Hortas C 39 Re 91
27466 Hortás LU 40 Sc 94
07730 Hort de Alcaidus IB 93 Ea 109
07310 Hort de Biniatro IB 127 Cf 110
07520 Hort d''En Mosson IB 127 Da 111
42366 Hortezuela SO 85 Xa 100
19445 Hortezuela de Océn, La GU 86 Xd 103
09610 Hortezuelos BU 65 Wd 97
23689 Hortichuela J 168 Wa 124
30629 Hortichuela, La MC 157 Ye 119
04116 Hortichuelas AL 187 Xf 127
04720 Hortichuelas, Las AL 186 Xc 128
39549 Hortigal CB 33 Vd 88
09640 Hortigüela BU 65 Wd 96
16196 Hortizuela CU 120 Xe 108
16141 Hortizuela CU 105 Xf 106
25286 Hortoneda L 73 Bd 97
25517 Hortoneda de la Conca L 72 Ba 95
08490 Hortsavinyà B 74 Cd 99
46357 Hortunas de Abajo V 141 Yf 112
46357 Hortunas de Arriba V 141 Yf 112
22362 Hospital HS 52 Aa 93
27671 Hospital LU 41 Sf 92
27347 Hospital LU 40 Sd 93
08795 Hospital de Cervelló B 92 Bf 100
22367 Hospital de Gistaín HS 52 Ac 93
26329 Hospital del Duque RI 66 Xa 95
24286 Hospital de Órbigo LE 43 Ua 94
22365 Hospital de Parzán HS 52 Aa 92
22148 Hospitaled HS 52 Aa 95
43890 Hospitalet de l'Infant, L' T 91 Af 103
02328 Hospital Provincial Virgen de la Purificación AB 140 Xf 114
25211 Hostafrancs L 72 Bb 98
22621 Hostal de Ipiés HS 51 Zd 94
43896 Hostal dels Alls, L' T 109 Ad 104
07300 Hostal des Bovo IB 127 Cf 110
31272 Hostal de Urbasa NC 48 Xf 92
12513 Hostal de Villar de Canes, L' CS 108 Zf 106
12450 Hostalejo, El CS 123 Zc 109
50176 Hostal El Ciervo Z 89 Ze 100
25281 Hostal Nou, L' L 73 Bc 97
17813 Hostalnou de Bianya, L' GI 74 Cc 95
43713 Hostal Nou la Torregassa, L' T 92 Bd 101
17450 Hostalric GI 75 Cd 98
28412 Hotel de Torrelaguna MD 102 Wa 104
07470 Hotel Formentor IB 127 Da 109
22378 Hotel Ordesa HS 51 Zf 92
17534 Hotel Puigmal GI 55 Ca 94
23250 Hoya J 154 We 119
04850 Hoya, La AL 186 Xe 124
04693 Hoya, La AL 171 Xf 124
23391 Hoya, La J 155 Xb 118
30816 Hoya, La MC 172 Yc 122
28297 Hoya, La MD 101 Ve 105
37716 Hoya, La SA 99 Ub 106
30410 Hoya Alazor MC 156 Xe 120
46175 Hoya de Antaño V 123 Za 110
44421 Hoya de la Carrasca TE 122 Yf 109
02486 Hoya de la Parrilla AB 155 Xd 118
23293 Hoya del Cambrón, La J 155 Xb 119
30559 Hoya del Campo MC 157 Yd 119
02312 Hoya del Conejo, La AB 155 Xc 116
18830 Hoya del Espino, La GR 170 Xc 120
30510 Hoya del Mollidar MC 157 Yf 118
16318 Hoya del Peral CU 122 Yd 108
30510 Hoya del Pozo MC 157 Yf 117
40142 Hoya del Pozo, La SG 101 Vd 103
23140 Hoya del Salobral J 168 Wb 124
38438 Hoya de Redonda TF 196 Ib 178
30540 Hoya de San Roque MC 157 Ye 119
02512 Hoya de Santa Ana AB 157 Yc 116
38296 Hoya Fria TF 197 Ie 178
02696 Hoya-Gonzalo AB 140 Yc 115
38788 Hoya Grande TF 197 Ha 176
30629 Hoyahermosa MC 157 Yf 119
03409 Hoya Hermosa, La A 157 Za 117
09316 Hoyales de Roa BU 64 Vf 99
46811 Hoya Redonda V 141 Za 115
02449 Hoyas, Las AB 155 Xe 118
23687 Hoyas, Las J 168 Wa 123
02137 Hoyas del Pino, Las AB 155 Xd 117
35217 Hoyas de San Gregorio GC 200 Kd 181
30510 Hoyo MC 157 Yf 117
05696 Hoyo, El AV 99 Ud 106
14209 Hoyo, El CO 150 Ue 119
13594 Hoyo, El CR 153 Wa 118
05123 Hoyocasero AV 100 Va 106
38916 Hoyo del Barrio TF 196 Ha 182
28240 Hoyo de Manaznanes MD 102 Wa 105
05250 Hoyo de Pinares, El AV 101 Vd 106
05516 Hoyorredondo AV 99 Ud 106
10850 Hoyos CC 113 Tb 107
11330 Hoyos de Guadarranque o Buenas Noches CA 189 Uc 130
05634 Hoyos del Collado AV 100 Ue 106
05634 Hoyos del Espino AV 100 Ue 106
09126 Hoyos del Tozo BU 45 Wa 92
05132 Hoyos de Miguel Muñoz AV 100 Uf 106
41880 Hoyuelo, El SE 164 Te 122
40136 Hoyuelos SG 82 Vd 102
09615 Hoyuelos de la Sierra BU 65 We 96
02314 Hoz, La AB 155 Xd 116
14960 Hoz, La CO 183 Vd 125
46621 Hoz, La V 141 Yf 114
09593 Hozabejas BU 46 Wc 92
09511 Hozalla BU 47 Wf 91
42311 Hoz de Abajo SO 85 Wf 100
39793 Hoz de Anero CB 34 Wc 88
09572 Hoz de Arreba BU 46 Wb 91
42311 Hoz de Arriba SO 84 Wf 100
22312 Hoz de Barbastro HS 71 Aa 96
22662 Hoz de Jaca HS 51 Ze 92
44791 Hoz de la Vieja, La TE 88 Za 103
09559 Hoz de Valdivielso BU 46 Wd 92
39716 Hoznayo CB 34 Wb 88
22312 Hoz y Costeán HS 71 Aa 96
31620 Huarte NC 49 Yc 92
31794 Huarte NC 37 Yc 90
04119 Huebro AL 187 Xe 127
45511 Huecas TO 117 Ve 108
50570 Huechaseca Z 68 Yc 98
04409 Huécija AL 186 Xc 127
23410 Hueco del Pico J 169 We 120
10849 Huélaga CC 114 Tc 108
16152 Huélamo CU 105 Yb 107
24991 Huelde LE 32 Uf 91
04289 Huelga, La AL 187 Xf 126
14620 Huelga, La CO 167 Vd 121
23560 Huelma J 169 Wd 123
37216 Huelmo SA 80 Te 103
37798 Huelmos de Cañedo SA 80 Ub 102
37798 Huelmos de San Joaquín SA 80 Ub 102
37451 Huelmos y Casasolilla SA 98 Ua 104
21001* Huelva H 178 Ta 125
11170 Huelvacar CA 188 Ua 129
21208 Huelvas, Las H 163 Tc 121
16465 Huelves CU 120 Xa 108
18512 Huéneja GR 185 Xa 125
04230 Huércal de Almería AL 186 Xd 127
04600 Huércal-Overa AL 187 Ya 124
26314 Huércanos RI 47 Xb 94
19238 Huerce, La GU 84 We 102
16373 Huércemes CU 121 Yb 110
33350 Huerces AS 31 Ub 88
37114 Huérfana, La SA 80 Tf 102
24356 Huerga de Frailes LE 43 Ua 94
24143 Huergas de Babia LE 30 Tf 91
24609 Huergas de Gordón LE 43 Uc 91
16311 Huérguina CU 122 Yc 108
09150 Huérmeces BU 46 Wb 93
19295 Huérmeces del Cerro GU 85 Xb 102
50300 Huérmeda Z 87 Yc 100
28810 Hueros, Los MD 103 Wd 106
22194 Huerrios HS 70 Zd 96
10629 Huerta CC 98 Te 106
37338 Huerta SA 81 Ud 103
40164 Huerta SG 84 Wb 102
04810 Huerta, La AL 171 Xe 123
04629 Huerta, La AL 187 Ya 125
30648 Huerta, La MC 157 Yf 119
50650 Huerta Alta Z 68 Ye 97
06360 Huerta Cruz BA 149 Td 117
09614 Huerta de Abajo BU 65 Wf 96
09614 Huerta de Arriba BU 66 Wf 96
10672 Huerta de Gorronoso CC 114 Te 108
06413 Huerta de Granda BA 133 Ua 115
30889 Huerta del Abad MC 172 Yc 124
29392 Huerta del Americano MA 189 Ue 129
16195 Huerta de la Obispalía CU 120 Xd 109
21580 Huerta de la Pila H 163 Sf 122
41550 Huerta del Colegio SE 182 Uf 125
06906 Huerta del Coto BA 164 Tf 120
23290 Huerta del Manco J 155 Xc 120
16316 Huerta del Marquesado CU 121 Yb 108
35412 Huerta del Palmar GC 200 Kc 180
09430 Huerta del Rey BU 65 Wd 97
13690 Huerta de Peñalva CR 138 Wf 113
06340 Huerta de San Benito BA 148 Tb 119
05003 Huerta de Tohús AV 100 Vb 105
45750 Huerta de Valdecarábanos TO 118 Wc 109
22313 Huerta de Vero HS 70 Aa 96
21530 Huerta Grande H 162 Sf 123
19441 Huertahernando GU 104 Xe 104
06360 Huerta Julián BA 149 Td 118
41899 Huerta Medialegua SE 164 Te 122
35149 Huerta Nueva, La GC 200 Kb 181
29360 Huerta Nueva-Sancho Jaén MA 181 Ue 128
19495 Huertapelayo GU 104 Xe 104
14530 Huertas, Las CO 167 Vb 123
18310 Huertas, Las GR 183 Vf 126
06393 Huertas Concejo BA 148 Td 118
10291 Huertas de la Magdalena CC 115 Ua 112
14549 Huertas del Ingeniero CO 166 Va 124
29314 Huertas del Río MA 183 Vd 126
13118 Huertas del Sauceral, Las CR 135 Vb 112
16260 Huertas de Mateo CU 122 Yc 112
06240 Huerta Sevilla BA 149 Td 119
14512 Huertas Nuevas CO 166 Vb 124
29566 Huertas y Lomas MA 182 Vb 128
29327 Huertas y Montes MA 182 Va 127
38355 Huerta Vicho TF 197 Id 178
04859 Huertecicas Altas, Las AL 186 Xe 125
42174 Huérteles SO 67 Xe 96
13779 Huertezuelas CR 153 Wb 117
22210 Huerto HS 70 Ze 97
02155 Huerto del Rincón AB 140 Yb 114
37500 Huerto de Pedrotello SA 97 Tc 105
46230 Huerto Isaura V 142 Zd 113
40490 Huertos, Los SG 83 Ve 102
23487 Huesa J 169 Wf 122
44213 Huesa del Común TE 88 Za 102
22001* Huesca HS 70 Zd 96
18830 Huéscar GR 170 Xc 122
09593 Huéspeda BU 46 Wc 92
23499 Hueta, La J 155 Xc 118
16500 Huete CU 120 Xb 108
01191 Hueto Arriba VI 47 Xb 91
18183 Huétor-Santillán GR 184 Wc 125
18360 Huétor-Tájar GR 183 Vf 125
18198 Huétor-Vega GR 184 Wc 126
19429 Huetos GU 104 Xc 104
10628 Huetre CC 98 Te 106
19119 Hueva GU 103 Xa 106
41830 Huévar del Aljarafe SE 180 Te 124
09559 Huidobro BU 46 Wb 92
29793 Huit MA 183 Wa 128
09124 Humada BU 45 Vf 92
19220 Humanes GU 103 Wf 104
28970 Humanes de Madrid MD 102 Wb 107
48191 Humarán BI 35 Wf 89
30876 Humbrías MC 172 Yd 123
28223 Humera MD 102 Wb 106
09620 Humienta BU 65 Wb 95
13429 Humilladero CR 137 Wa 113
29531 Humilladero MA 182 Vb 126
22336 Humo, El HS 52 Ab 94
22337 Humo, El HS 52 Ab 94
45675 Hunfrías, Las TO 116 Va 111
03313 Hurchillo A 173 Za 120
21240 Hurón, El H 163 Ta 121
30627 Hurona, La MC 157 Ye 119
09191 Hurones BU 46 Wc 94
30600 Hurtado MC 157 Yd 120
05147 Hurtumpascual AV 100 Uf 104
34419 Husillos P 63 Vc 96
23538 Hútar J 169 Wd 122

I

10280 Ibahernando CC 133 Ua 113
48820 Ibarra BI 35 Wf 89
48419 Ibarra BI 35 Xa 90
20400 Ibarra SS 36 Xf 90
01160 Ibarra VI 36 Xc 90
48311 Ibarrangelu Elejalde BI 35 Xc 88
48391 Ibarruri BI 35 Xb 89
25122 Ibars de Noguera = Ivars de Noguera L 71 Ad 97
50236 Ibdes Z 87 Ya 101
09198 Ibeas de Juarros BU 46 Wc 95
45313 Iberia TO 118 Wb 109
03440 Ibi A 158 Zc 117
22122 Ibieca HS 70 Ze 96
31451 Ibilcieta NC 50 Yf 91
31177 Ibiricu NC 48 Xf 92
31486 Ibiricu NC 49 Yc 92
22622 Ibirque HS 51 Ze 94
01129 Ibisate VI 48 Xd 92
25216 Iborra = Ivorra L 73 Bc 98
22620 Ibort HS 51 Zd 94
09259 Ibrillos BU 47 Wf 94
23450 Ibros J 169 Wc 120
09125 Icedo BU 45 Wa 93
31869 Ichaso NC 37 Yb 91
31451 Iciz NC 50 Yf 92
38430 Icod de los Vinos TF 196 Ib 178
38416 Icod el Alto TF 196 Ic 178
33891 Idarga AS 30 Te 88
20213 Idiazabal SS 36 Xe 90
31421 Idoate NC 49 Yd 92
31473 Idocin NC 49 Yd 92
31452 Igal NC 50 Yf 92
20008 Igara SS 36 Xf 89
26525 Igea RI 67 Xf 96
20008 Igeldo SS 36 Xf 89
33556 Igena AS 32 Uf 88
48395 Iglesia, La BI 35 Xb 88
39527 Iglesia, La CB 33 Ve 88
39313 Iglesia, La CB 33 Vf 88
23649 Iglesia, La J 168 Wa 122
09640 Iglesiapinta BU 65 We 96
09345 Iglesiarrubia BU 64 Wa 97
09227 Iglesias BU 45 Wa 95
45633 Iglesuela, La TO 100 Vb 107
44142 Iglesuela del Cid, La TE 107 Ze 106
31866 Igoa NC 37 Yb 90
39108 Igollo CB 34 Wa 88
48140 Igorre BI 35 Xb 90
27867 Igrexa LU 26 Sc 87
36847 Igrexa PO 39 Rd 94
15565 Igrexa, A C 28 Sa 87
15580 Igrexafeita C 27 Sa 87
22193 Igriés HS 70 Zd 95
08700 Igualada B 73 Bd 99
29440 Igualeja MA 190 Uf 129
24312 Igüeña LE 42 Te 92
38510 Igueste TF 197 Id 178
48230 Iguria BI 36 Xc 90
31241 Igúzquiza NC 48 Xf 93
31850 Ihabar NC 49 Ya 91
31869 Ihaben NC 37 Yb 91
20269 Ikaztegieta SS 36 Xf 90
01260 Ilarduya VI 48 Xe 91
31698 Ilárraz NC 49 Yc 91
01192 Ilarraza VI 47 Xc 91
39588 Ilces, Las CB 32 Vb 90
22415 Ilche HS 71 Aa 97
32869 Illa, A OR 58 Rf 97
36626 Illa de Arousa PO 38 Ra 93
19119 Illana GU 119 Xa 107
45681 Illán de Vacas TO 117 Vc 109
33734 Illano AS 29 Ta 88
04431 Illar AL 186 Xc 127
07579 Illa Ravena IB 127 Db 110
33718 Illaso AS 29 Tb 88
45200 Illescas TO 118 Wa 108
18260 Íllora GR 184 Wa 125
50250 Illueca Z 87 Yc 99
31192 Ilundáin NC 49 Yc 92
31698 Ilúrdoz NC 49 Yc 91
31172 Ilzarbe NC 49 Ya 91
31119 Imárcoain NC 49 Yc 92
31587 Imas NC 48 Xe 94
15105 Imende C 26 Rc 89
31448 Imirizaldu NC 50 Ye 92
09217 Imiruri BU 47 Xb 92
31438 Imizcoz NC 49 Yd 91
19269 Imón GU 85 Xb 102
23005 Imora, La J 168 Wb 122
11595 Ina, La CA 188 Tf 129
30413 Inazares MC 171 Xe 120
31698 Inbuluzketa NC 49 Yc 91
07300 Inca IB 127 Cf 110
39808 Incedo CB 34 Wd 89
09558 Incinillas BU 46 Wc 91
27347 Incio LU 40 Se 93
38749 Indias, Las TF 197 Ha 177
31421 Indurái NC 49 Yd 92
48141 Indusi BI 35 Xb 90
42345 Inés SO 84 Wf 99
26531 Inestrillas RI 67 Ya 97
23639 Infantas, Las J 168 Wb 121
32618 Infesta OR 59 Sc 97
36640 Infesta PO 38 Rc 92
30592 Infiernos, Los MC 173 Za 122
33530 Infiesto (Piloña) AS 31 Ud 88
35250 Ingenio GC 200 Kd 181
33555 Inguenzo AS 32 Va 89
24127 Inicio LE 42 Ua 92
16235 Iniesta CU 140 Yb 112
02155 Iniestas, Las AB 140 Ya 114
19283 Iniéstola GU 86 Xd 103
50323 Inogés Z 87 Yd 100
01450 Inoso VI 35 Xa 90
04430 Instinción AL 186 Xc 127
19492 Instituto Leprológico GU 104 Xc 104
15338 Insua C 28 Sa 87
27798 Insua LU 29 Se 87
36826 Insua PO 39 Rc 94
31891 Intza NC 36 Ya 90
33554 Invernales de Cabao AS 32 Vb 89
19491 Inviernas, Las GU 104 Xc 103
15171 Iñas C 27 Re 89
37609 Íñigo SA 98 Ua 104
37754 Íñigo Blasco SA 99 Ud 105
22621 Ipiés HS 51 Zd 94
48144 Ipiñaburu BI 35 Xb 90
31395 Iracheta NC 49 Yc 93
20749 Iraeta SS 36 Xe 89
31639 Iragi NC 37 Yc 91
31797 Iraitzoz NC 37 Yb 91
31849 Irañeta NC 48 Ya 91
31680 Irati NC 36 Yf 91
48291 Irazola Axpe BI 36 Xc 90
09219 Ircio BU 47 Xa 93
24148 Irede de Luna LE 43 Ua 91
31879 Iribas NC 37 Ya 91
31395 Iriberri NC 49 Yc 93
19150 Iriepel GU 103 Wf 105
20577 Irimo SS 36 Xd 90
15621 Irís C 27 Rf 88
31790 Irisarri NC 37 Yb 89
15313 Irixoa C 27 Rf 89
27837 Irixoa LU 28 Sb 88
42269 Iruecha SO 86 Xf 102
24741 Iruela LE 60 Td 95
23470 Iruela, La J 170 Wf 121
37217 Iruelos SA 79 Te 102
19143 Irueste GU 103 Xa 105
31176 Irujo NC 48 Ya 92
20302 Irun SS 37 Yb 88
31013 Iruña = Pamplona NC 49 Yc 92
01230 Iruña de Oka = Nanclares de la Oca VI 47 Xb 92
31177 Iruñela NC 48 Xf 92
20271 Irura SS 36 Xf 90
01193 Iruraitz-Gauna VI 48 Xd 92
31730 Irurita NC 37 Yc 90
31291 Irurre NC 48 Ya 92
31860 Irurtzun NC 49 Yb 91
31448 Iruzki NC 49 Ye 92
09587 Irús BU 34 Wd 90
39691 Iruz CB 34 Wa 89
31417 Isaba NC 50 Za 91
21593 Isabel, La H 162 Sd 123
23214 Isabela, La J 153 Wc 119
22482 Isábena HS 52 Ad 95
09653 Isar BU 45 Wa 94
47420 Íscar VA 82 Vc 100
22583 Isclés HS 52 Ad 95
39776 Isequilla CB 34 Wd 88
46354 Isidros, Los V 141 Ye 112
25586 Isil L 53 Ba 92
22612 Isín HS 51 Zd 93
39195 Isla CB 34 Wc 88

33341 Isla, La AS 32 Ue 88
21410 Isla Cristina H 177 Se 125
21409 Isla del Moral H 177 Sd 125
39618 Isla de Pedrosa CB 34 Wb 88
26121 Islallana RI 48 Xc 95
41140 Isla Mayor SE 180 Tf 126
41130 Isla Menor SE 180 Tf 125
11518 Isla Mínima CA 188 Te 129
41140 Isla Mínima SE 180 Tf 126
30868 Isla Plana MC 173 Ye 123
41563 Isla Redonda SE 166 Va 124
39798 Islares CB 34 We 88
13114 Islas, Las CR 136 Ve 113
24205 Isla y Sotico LE 43 Uc 95
04118 Isleta, La AL 187 Xf 128
35009 Isleta, La GC 200 Kd 180
04149 Islica, La AL 187 Ya 126
24855 Isoba LE 31 Ue 90
25577 Ison L 53 Bb 92
25650 Isona L 72 Ba 96
25650 Isona i Conca Dellà L 72 Ba 96
17539 Isòvol GI 54 Be 94
48288 Ispaster BI 36 Xc 88
48288 Ispaster-Elejalde BI 36 Xc 88
02420 Isso AB 156 Yb 118
29611 Istán MA 190 Va 129
50687 Isuerre Z 50 Yf 94
22613 Isún de Basa HS 51 Ze 93
09107 Itera del Castillo BU 45 Ve 95
34468 Itero de la Vega P 45 Ve 95
34477 Itero Seco P 45 Vc 94
18612 Ítrabo GR 184 Wc 128
20709 Itsaso SS 36 Xe 90
20709 Itsaso-Alegia SS 36 Xe 90
20249 Itsasondo SS 36 Xf 90
31849 Itsasperri NC 49 Ya 91
02314 Ituero AB 155 Xe 116
42191 Ituero SO 67 Xd 99
37551 Ituero de Azaba SA 97 Tb 106
40151 Ituero y Lama SG 101 Vd 104
31745 Ituren NC 37 Yb 90
31176 Iturgoyen NC 48 Ya 92
31810 Iturmendi NC 48 Xf 91
48278 Iturreta BI 36 Xc 89
01129 Iturrieta VI 48 Xd 92
20159 Iturriotz SS 36 Xf 89
31850 Itxasperri NC 49 Ya 91
31689 Itzaltzu = Izalzu NC 50 Yf 91
37500 Ivanrey SA 97 Tc 105
25122 Ivars de Noguera L 71 Ad 97
25260 Ivars d'Urgell L 72 Af 98
31170 Iza NC 49 Yb 91
24293 Izagre LE 62 Ue 95
31451 Izal NC 50 Yf 92
31689 Izalzu = Itzaltzu NC 50 Yf 91
42291 Izana SO 66 Xc 98
31421 Izánoz NC 49 Yd 92
39213 Izara CB 33 Ve 91
01440 Izarra VI 35 Xa 91
01194 Izarza VI 48 Xc 92
18658 Ízbor GR 184 Wc 127
37799 Izcala SA 80 Ub 101
37799 Izcalina, La SA 80 Ub 101
14850 Izcar CO 167 Vd 122
31473 Izco NC 49 Yd 93
31173 Izcue NC 49 Yb 92
14970 Iznájar CO 183 Ve 125
29792 Iznate MA 183 Ve 128
23338 Iznatoraf J 154 Wf 120
01479 Izoria VI 35 Wf 90
31868 Izurdiaga NC 49 Yb 91
31175 Izurzo NC 49 Ya 92

J

16194 Jábaga CU 120 Xe 108
18810 Jabalcón GR 170 Xb 123
23194 Jabalcuz J 168 Wa 122
16512 Jabalera CU 103 Xb 107
44122 Jabaloyas TE 106 Yd 107
23712 Jabalquinto J 168 Wb 120
24224 Jabares de los Oteros LE 43 Uc 94
22809 Jabarillo HS 50 Zc 95
22621 Jabarrella HS 51 Zd 94
29016 Jaboneros MA 183 Vd 128
30850 Jaboneros, Los MC 172 Yc 122
21290 Jabugo H 163 Tb 121
21209 Jabuguillo H 164 Tc 121
22700 Jaca HS 51 Zc 93
03310 Jacarilla A 173 Za 120
19240 Jadraque GU 85 Xa 103
51002 Jadú 191 Ud 133
23001* Jaén J 168 Wb 122
17143 Jafre GI 75 Da 96
44566 Jaganta TE 108 Ze 104
46624 Jalance V 141 Yf 113
03727 Jalón = Xaló A 159 Zf 116
26134 Jalón de Cameros RI 67 Xd 95
49191 Jambrina ZA 81 Uc 100
23658 Jamilena J 168 Wa 122
18800 Jámula, La GR 170 Xc 124
12340 Jana, La CS 108 Ab 105
31483 Janáriz NC 49 Yd 92
01409 Jandiola VI 35 Wf 90
22371 Jánovas HS 51 Zf 94
37522 Jaque, El SA 97 Tc 107
11540 Jara, La CA 180 Td 128
11592 Jara, La CA 180 Ua 128
14700 Jara, La CO 151 Vb 118
50237 Jaraba Z 86 Ya 101
23539 Jarafe J 169 Wc 121
46623 Jarafuel V 141 Yf 114
46311 Jaraguas V 122 Yd 111
10380 Jaraicejo CC 115 Ub 111
05217 Jaraíces AV 82 Va 103
10400 Jaraíz de la Vera CC 115 Ub 108
29170 Jaral MA 183 Vd 127
04810 Jaral, El AL 171 Xe 124
11687 Jaral, El CA 181 Ud 127
38688 Jaral, El TF 196 Ib 179
38916 Jarales TF 196 Ha 182
04271 Jarales, Los AL 187 Xf 125
10550 Jaramediana CC 132 Tc 113
47181 Jaramiel de Arriba VA 64 Ve 98
47359 Jaramieles, Los VA 64 Ve 98
09640 Jaramillo de la Fuente BU 65 We 96
09640 Jaramillo-Quemado BU 65 Wd 96
11518 Jarana CA 188 Tf 129
10450 Jarandilla de la Vera CC 115 Uc 108
14029 Jaras, Las CO 166 Va 121
14550 Jarata CO 167 Vb 123
42132 Jaray SO 67 Xf 98
33779 Jaraz de Meredo AS 29 Ta 88
33816 Jarceley AS 30 Td 89
11400 Jarda, La CA 189 Uc 129
02340 Jardín, El AB 139 Xe 116
14820 Jardón, El CO 167 Vc 122
06930 Jarero BA 150 Ub 119
33747 Jarias AS 29 Ta 88
10728 Jarilla CC 115 Tf 107
41309 Jarilla, La SE 165 Ua 124
28050 Jarillas, Las MD 102 Wb 105
41360 Jarillas, Las SE 165 Ua 122
22714 Jarlata HS 51 Zd 93
23590 Jarosas, Las J 169 We 122
21320 Jaroso H 163 Ta 122
50258 Jarque Z 87 Yb 99
44169 Jarque de la Val TE 107 Zb 104
33719 Jarrio AS 29 Tb 87
02486 Jartos AB 155 Xe 118
22731 Jasa HS 50 Zb 92
18127 Játar GR 184 Wa 127
18858 Játar GR 170 Xd 122
44592 Jatiel TE 89 Zd 101
05123 Jatilla AV 100 Va 106
18329 Jau, El GR 184 Wb 125
18810 Jauca, La GR 170 Xc 124
04899 Jauca Alta AL 170 Xc 124
03610 Jaud, La A 158 Zb 118
14911 Jauja CO 182 Vc 125
14800 Jaula CO 167 Ve 124
50141 Jaulín Z 88 Za 100
31866 Jaunsarats NC 37 Ya 90
01207 Jáuregui VI 48 Xd 92
31691 Jaurrieta NC 50 Yf 91
11180 Jautor CA 189 Uc 130
30832 Javalí Nuevo MC 172 Ye 121
03730 Jávea = Xàbia A 143 Ab 116
31481 Javerri NC 49 Yd 92
31411 Javier NC 50 Ye 93
22350 Javierre HS 52 Ab 93
22394 Javierre HS 52 Aa 95
22613 Javierre del Obispo HS 51 Ze 93
22750 Javierregay HS 50 Zb 93
22624 Javierrelatre HS 51 Zc 94
18127 Jayena GR 184 Wa 127
06980 Jayona, La BA 149 Ua 120
38769 Jedey TF 197 Ha 177
11620 Jédula CA 188 Ua 128
40135 Jemenuño SG 82 Vd 103
37810 Jemingómez SA 99 Ud 103
11402 Jerez de la Frontera CA 188 Tf 128
18518 Jerez del Marquesado GR 185 Wf 125
06380 Jerez de los Caballeros BA 148 Tb 119
12450 Jérica CS 123 Zc 109
30109 Jerónimos, Los MC 173 Za 122
10612 Jerte CC 99 Ub 107
15151 Jestoso C 26 Qf 91
07819 Jesús IB 125 Bc 115
38780 Jesús, El TF 197 Ha 176
18182 Jesús del Valle GR 184 Wc 125
43580 Jesús i Maria T 109 Ae 104
03749 Jesús Pobre A 143 Aa 116
18699 Jete GR 184 Wc 128
03100 Jijona = Xixona A 158 Zc 117
11330 Jimena de la Frontera CA 189 Ud 130
30700 Jimenado MC 173 Yf 122
24767 Jiménez de Jamuz LE 42 Ua 95
29392 Jimera de Líbar MA 189 Ue 129
21570 Jimonete H 162 Se 121
41410 Jinetes, Los SE 165 Ub 123
10515 Jiniebro CC 131 Se 113
19245 Jirueque GU 85 Xa 103
17176 Joanetes GI 74 Cc 96
24326 Joara LE 44 Va 94
24324 Joarilla de las Matas LE 44 Ue 95
01439 Jocano VI 47 Xa 91
19237 Jócar GU 84 Wf 103
42216 Jodra de Cardos SO 85 Xc 100
19262 Jodra del Pinar GU 85 Xc 102
10515 Jola CC 131 Se 113
18614 Jolúcar GR 185 Wd 128
04200 Joluque AL 186 Xd 126
08250 Joncadella B 73 Be 98
17700 Jonquera, La GI 56 Cf 94
18492 Jorairátar GR 185 Wf 127
08719 Jorba B 73 Bd 99
44156 Jorcas TE 107 Zb 105
04619 Jordana AL 187 Ya 125
30385 Jordana MC 173 Zb 123
07850 Jordi IB 125 Bd 114
30890 Jorosa, La MC 171 Ya 123
29567 Jorox MA 182 Va 128
02248 Jorquera AB 141 Yc 113
04890 Jórvila AL 186 Xd 125
44792 Josa TE 88 Zb 103
25717 Josa de Cadí L 54 Bd 95
25717 Josa i Tuixén L 73 Bd 95
11579 José Antonio CA 188 Ua 128
25597 Jou L 53 Ba 93
33299 Jove AS 31 Ub 87
21580 Joya, La H 163 Sf 122
07850 Joya, La IB 125 Bd 114
29230 Joya, La MA 182 Vc 127
41898 Juan Antón SE 164 Td 123
30800 Juanetes, Los MC 171 Yb 122
41898 Juan Gallego SE 164 Td 123
41727 Juan Gómez SE 180 Ua 126
35107 Juan Grande GC 200 Kd 182
14850 Juan Isidoro CO 167 Vd 123
41560 Juan Pérez SE 182 Va 125
46355 Juan Vich de Sotos V 141 Yf 112
37861 Juarros SA 99 Ud 104
40130 Juarros de Riomoros SG 83 Ve 103
40445 Juarros de Voltoya SG 82 Vc 102
03295 Jubalcoi A 158 Zc 119
18494 Júbar GR 185 Wf 126
23006 Jubera J 168 Wa 121
26131 Jubera RI 48 Xe 95
42257 Jubera SO 86 Xd 101
AD100 Juberri □ AND 54 Bc 94
29492 Jubrique MA 190 Ue 129
02500 Judarra AB 156 Yb 116
42259 Judes SO 86 Xe 102
21500 Judío, El H 178 Ta 124
01139 Jugo VI 35 Xb 91
17462 Juià GI 75 Cf 96
17850 Juïnyà GI 75 Ce 95
21330 Juliana, La H 163 Tb 122
31491 Julio NC 49 Yd 93
30520 Jumilla MC 157 Ye 118
18213 Jun GR 184 Wc 125
35368 Juncal, El GC 200 Kc 181
41565 Juncal, El SE 182 Va 125
11680 Juncales CA 181 Ud 127
33160 Juncar, La AS 31 Ua 89
05694 Junciana AV 99 Uc 106
33569 Junco AS 32 Uf 88
25165 Juncosa L 91 Ae 100
43718 Juncosa de Montmell, La T 92 Bc 101
25430 Juneda L 91 Ae 99
50610 Júnez Z 69 Za 95
01192 Jungitu = Junguitu VI 47 Xc 91
30412 Junquera, La MC 171 Xf 121
49330 Junquera de Tera ZA 61 Tf 96
04510 Juntas, Las AL 186 Xb 126
04830 Juntas, Las AL 171 Xf 122
18870 Juntas, Las GR 185 Xa 124
28296 Juntas, Las MD 101 Ve 105
25795 Junyent L 53 Bb 94
22142 Junzano HS 70 Zf 96
04648 Jurados, Los AL 187 Yb 124
09650 Jurisdicción de Lara BU 65 Wc 96
18120 Júrtiga GR 183 Vf 127
22588 Juseu HS 71 Ac 96
31193 Juslapeña NC 49 Yb 91
50110 Juslibol Z 69 Za 98
49340 Justel ZA 61 Te 96
18452 Juviles GR 185 We 127
37115 Juzbado SA 80 Ua 102
29462 Júzcar MA 190 Uf 129

K

48314 Kanala BI 35 Xb 88
01110 Kanpezu = Campezo VI 48 Xd 92
01426 Karanka = Caranca VI 47 Wf 91
31789 Kaule NC 37 Yb 89
48230 Kenita BI 36 Xc 90
48240 Komentuondo BI 36 Xc 89
01129 Korres VI 48 Xd 92
20214 Kortaberria SS 36 Xe 91
20710 Kukuerri SS 36 Xe 90

L

40146 Labajos SG 101 Vc 103
39595 Labarces CB 33 Vd 89
01330 Labastida VI 47 Xb 93
22142 Labata HS 70 Zf 95
31241 Labeaga NC 48 Xf 93
31192 Labiano NC 49 Yc 92
33777 Labiarón AS 29 Ta 89
27293 Labio LU 28 Sd 90
18540 Laborcillas GR 169 We 124
13660 Labores, Las CR 137 Wc 113
33556 Labra AS 32 Uf 88
27612 Labrada LU 40 Sd 92
27307 Labrada LU 28 Sa 89
10252 Labradillo y Pradillo CC 115 Ub 111
30889 Labradorcico, El MC 172 Yc 124
41849 Labrados, Los SE 179 Te 125
45682 Labranza de Ciruelos TO 117 Vc 108
01322 Labraza VI 48 Xd 93
19333 Labros GU 86 Ya 102
22360 Labuerda HS 52 Aa 94
31292 Lácar NC 48 Ya 92
06489 Lácara BA 132 Tc 115
50615 Lacasta Z 50 Za 95
01220 Lacervilla VI 47 Xa 92
18327 Láchar GR 184 Wa 125
22452 Lacort HS 52 Ab 94
50615 Lacorvilla Z 69 Za 95
22132 Lacuadrada HS 70 Zf 97
31830 Lacunza NC 48 Xf 91
33934 Lada AS 31 Ub 89
35530 Laderas, Las GC 198 Mc 174
33194 Ladines AS 31 Ua 88
33993 Ladines AS 31 Ud 89
15339 Ladrido C 26 Sb 86
10625 Ladrillar CC 98 Te 106
44562 Ladruñán TE 107 Zd 104
22364 Lafortunada HS 52 Ab 93
39550 Lafuente CB 33 Vc 89
33778 Lagar AS 29 Ta 88
14730 Lagar Alto CO 166 Uf 121
41370 Lagar del Puerto SE 165 Ua 121
41370 Lagar del Santísimo SE 165 Ub 121
47011 Lagar de Muniz VA 63 Vc 98
49325 Lagarejos de la Carballeda ZA 60 Td 96
15553 Lagares C 27 Rf 87
29569 Lagares, Los MA 182 Vb 128
14749 Lagar Gallego CO 165 Ue 122
41479 Lagar Grande SE 165 Ud 121
14730 Lagar Los Hermanos CO 166 Uf 121
45567 Lagartera TO 116 Ue 109
34347 Lagartos P 44 Va 94
50134 Lagata Z 88 Zb 101
33886 Lago AS 29 Tb 89
33559 Lago AS 32 Ue 88
24126 Lago LE 43 Ua 92
15144 Lagoa C 27 Rc 89
24142 Lago de Babia LE 30 Te 91
24440 Lago de Carucedo LE 41 Tb 94
18616 Lagos GR 184 Wd 128
29760 Lagos MA 184 Vf 128
01118 Lagran VI 48 Xc 93
01211 Lagrozana = Lacorzana VI 47 Xa 92
27695 Lagúa LU 41 Se 91
01300 Laguardia VI 48 Xc 93
22587 Laguarres HS 71 Ac 95
22623 Laguarta HS 51 Zf 94
44492 Lagueruela TE 88 Yc 102
02690 Laguna, La AB 141 Ye 115
12127 Laguna, La CS 107 Zc 107
16162 Laguna, La CU 120 Xc 109
23529 Laguna, La J 169 Wc 121
42173 Laguna, La SO 67 Xd 96
38201 Laguna = San Cristóbal de la Laguna, La TF 197 Ie 178
24248 Laguna Dalga LE 43 Ub 95
26135 Laguna de Cameros RI 66 Xc 95
40236 Laguna de Contreras SG 83 Vf 100
47140 Laguna de Duero VA 63 Vb 99
24746 Laguna de la Baña LE 41 Tb 95
16316 Laguna del Marquesado CU 121 Yb 107
21100 Laguna del Portil, La H 178 Sf 125
02693 Laguna del Saladar AB 141 Yd 116
45850 Laguna de Navarredonda TO 119 We 111
24234 Laguna de Negrillos LE 62 Uc 95
06443 Laguna de San Fernando BA 150 Ub 118
14920 Laguna de Zóñar CO 167 Vb 124
19227 Laguna Grande GU 103 We 103
24325 Laguna Grande LE 44 Uf 94
37639 Laguna Grande SA 98 Te 104
50376 Laguna Guialguerrero Z 87 Yc 102
40136 Laguna Rodrigo SG 82 Vd 103
22131 Lagunarrota HS 70 Zf 97
35280 Lagunas, Las GC 200 Kc 181
11500 Laguna Salada CA 188 Te 129
24717 Lagunas de Somoza LE 42 Te 94
16878 Lagunaseca CU 105 Xf 105
37429 Lagunas Rubias SA 81 Uc 101
41740 Laguna Val del Oja SE 179 Tf 127
35328 Lagunetas, Las GC 200 Kc 180
37724 Lagunilla SA 98 Ua 107
34116 Lagunilla de la Vega P 44 Vb 94
13108 Lagunillas CR 136 Vd 114
14817 Lagunillas, Las CO 183 Ve 124
01427 Lahoz VI 47 We 91
15981 Laiño C 38 Rb 92
35640 Lajares GC 199 Ma 176
35627 Lajita, La GC 199 Lf 179
01427 Lalastra VI 47 We 91
12110 L'Alcora CS 124 Ze 108
46690 l'Alcúdia de Crespins V 142 Zc 115
36500 Lalín PO 39 Rf 93
22125 Laluenga HS 70 Zf 97
22214 Lalueza HS 70 Ze 97
25794 l'Alzina L 73 Bc 95
25749 l'Alzina de Ribelles L 72 Bb 97
32748 Lama OR 40 Sc 94
36830 Lama, A PO 39 Rd 94
27725 Lamacide LU 29 Se 89
15881 Lamas C 39 Rd 91
15851 Lamas C 26 Ra 90
27544 Lamas LU 40 Sc 92
32689 Lamas OR 59 Sc 97
32635 Lamas OR 58 Sb 96
32617 Lamasdeite OR 59 Se 97
27117 Lamas de Moreira LU 29 Sf 90
22393 Lamata HS 52 Ab 95
39573 Lamedo CB 33 Vd 90
22364 Lamiana HS 52 Ab 93
02459 Laminador, El AB 155 Xd 118
36872 Lamosa, A PO 58 Rd 95
15883 Lampai C 38 Rc 92
32652 Lampaza OR 58 Sa 96
08757 l'Amunt B 92 Bf 100
33936 Lamuño AS 31 Uc 88
31283 Lana NC 48 Xe 92
22250 Lanaja HS 70 Ze 98
22621 Lanave HS 51 Zd 94
27367 Láncara LU 40 Sd 91
04778 Lance de la Virgen, El AL 185 Wf 128
21380 Lancha, La H 163 Tb 120
23747 Lancha, La J 153 Wa 119
39294 Lanchares CB 33 Va 90
01308 Lanciego = Lantziego VI 48 Xc 93
15990 Landeiras C 38 Rb 92
39788 Landeral CB 34 We 88
16330 Landete CU 122 Yd 109
15366 Landoi C 26 Sa 86
09572 Lándraves BU 46 Wb 91
48895 Lanestosa BI 34 Wd 89
05213 Langa AV 82 Va 102
16550 Langa, La CU 120 Xc 108
42320 Langa de Duero SO 65 Wd 99
01206 Langarika VI 48 Xd 91
47314 Langayo VA 83 Ve 99
42159 Langosto SO 66 Xc 97
24438 Langre LE 41 Tc 92
33930 Langreo AS 31 Ub 89
33900 Langreo = Sama AS 31 Ub 89
15110 Langueirón C 26 Rb 89
40556 Languilla SG 84 Wd 100
14920 Languna del Rincón CO 167 Vc 124
18420 Lanjarón GR 184 Wd 127
49317 Lanseros ZA 61 Td 96
34468 Lantadilla P 45 Ve 94
15239 Lantarou C 38 Ra 91
18518 Lanteira GR 185 Wf 125
41630 Lantejuela, La SE 181 Ue 124

32869 Lantemil OR 58 Rf 97
33731 Lantero AS 29 Tb 88
39490 Lantueno CB 33 Vf 90
31798 Lantz NC 37 Yc 91
01308 Lantziego = Lanciego VI 48 Xc 93
15685 Lanzá C 27 Re 90
05490 Lanzahíta AV 100 Va 107
35340 Lanzarote GC 200 Kc 180
48891 Lanzas Agudas BI 34 Wd 89
44491 Lanzuela TE 88 Ye 102
15144 Lañas C 27 Rc 89
09216 Laño BU 47 Xc 93
06400 Lapa, La BA 133 Ua 116
06391 Lapa, La BA 148 Tc 118
06292 Lapas, Las BA 164 Td 120
22337 Lapenilla HS 71 Ab 95
22126 Laperdiguera HS 70 Zf 97
31227 Lapoblación VI 48 Xd 93
01306 Lapuebla de Labarca VI 48 Xc 94
31192 Laquidáin NC 49 Yc 92
15145 Laracha C 27 Rc 89
09651 Lara de los Infantes BU 65 Wd 96
16141 Larán, El CU 104 Xe 106
19268 Laranueva GU 85 Xc 103
15622 Laraxe C 27 Rf 88
32337 Lardeira OR 41 Tb 94
15821 Lardeiros C 27 Re 91
26140 Lardero RI 48 Xd 94
22373 Lardiés HS 51 Zf 94
30877 Lardines, Los MC 172 Yd 123
39770 Laredo CB 34 Wd 88
25555 Larén L 53 Af 94
31448 Larequi NC 49 Ye 92
17421 l'Argimon GI 74 Cd 97
04619 Largo, El AL 187 Yb 124
15292 Lariño C 38 Qf 92
24995 Lario LE 32 Uf 90
32635 Laroá OR 59 Sb 97
18494 Laroles GR 185 Wf 126
33811 Larón AS 29 Tc 91
32358 Larouco OR 41 Sf 94
04868 Laroya AL 186 Xe 125
08035 l''Arrabassada B 93 Ca 100
48600 Larrabasterra BI 35 Xa 88
48195 Larrabetzu BI 35 Xb 89
31251 Larraga NC 49 Ya 93
31195 Larragueta NC 49 Yb 91
31797 Larraintzar NC 37 Yb 91
31481 Larrángoz NC 49 Yd 92
31270 Larraona NC 48 Xe 92
31698 Larrasoaña NC 49 Yc 91
20159 Larraul SS 36 Xf 89
31174 Larraya NC 49 Yb 92
31193 Larráyoz NC 49 Yb 91
01208 Larrea VI 48 Xd 91
22666 Lárrede HS 51 Ze 93
22714 Larrés HS 51 Zd 93
22612 Larrés HS 51 Zd 93
26586 Larriba RI 67 Xd 95
31290 Larrión NC 48 Xf 92
37865 Larrodrigo SA 99 Ud 104
22710 Larrosa HS 51 Zd 93
48276 Larruskain BI 36 Xd 89
22761 Larués HS 50 Za 93
31892 Larumbe NC 49 Yb 91
23591 Larva J 169 We 122
27652 Larxentes LU 29 Ta 91
22622 Lasaosa HS 51 Ze 94
20160 Lasarte SS 36 Xf 89
22339 Lascambras HS 52 Ab 94
22124 Lascellas HS 70 Zf 96
22124 Lascellas-Ponzano HS 70 Zf 96
22337 Lascorz HS 52 Ab 94
22586 Lascuarre HS 71 Ad 95
01321 Laserna VI 48 Xc 93
01428 Lasierra VI 47 Xa 92
22621 Lasieso HS 51 Zd 94
22471 Laspaúles HS 52 Ad 94
33450 Laspra AS 30 Ua 87
22361 Laspuña HS 52 Aa 94
22215 Lastanosa HS 70 Zf 97
22713 Lastiesas Bajas HS 50 Zc 93
27133 Lastra, A LU 29 Se 90
05592 Lastra, La AV 99 Ud 106
39555 Lastra, La CB 33 Vd 90
34887 Lastra, La P 44 Vc 91
05630 Lastra del Cano, La AV 99 Ud 106
40352 Lastras de Cuéllar SG 83 Vf 101
40142 Lastras de Lama SG 101 Vd 103
09514 Lastras de las Eras BU 34 Wd 90
09510 Lastras de la Torre BU 35 We 90
40142 Lastras del Pozo SG 83 Vd 103
33330 Lastres AS 32 Ue 87
39419 Lastrilla P 45 Vf 92
40196 Lastrilla, La SG 83 Vf 103
20829 Lastur SS 36 Xe 89
20829 Lasturbea SS 36 Xd 89
22613 Latas HS 51 Zd 93
31869 Latasa NC 37 Yb 91
31799 Latasa NC 37 Yc 91
49516 Latedo ZA 60 Tc 98
44562 Latenar, El TE 107 Zd 104
28005 Latina MD 102 Wb 106
33193 Latores AS 31 Ua 88
22336 Latorre HS 52 Ab 94
22349 Latorrecilla HS 52 Aa 94
22620 Latras HS 51 Zd 94
22624 Latre HS 51 Zd 94
04479 Laujar de Andarax AL 185 Xa 127
20809 Laurgain SS 36 Xf 89
48180 Lauro BI 35 Xa 89
15820 Lavacolla C 39 Rd 91
23747 Lavadero de los Frailes J 153 Vf 120
44750 Lavaderos TE 107 Za 104
30410 Lavadores MC 171 Ya 120
36214 Lavadores PO 57 Rb 95
15612 Lavandeira C 27 Rf 88
32692 Lavandeira OR 58 Sb 96
33350 Lavandera AS 31 Uc 88
24837 Lavandera LE 31 Uc 91
33115 Lavares AS 30 Ua 89
33311 Lavares AS 31 Ud 88
08739 Lavero B 92 Be 100
33417 Laviana AS 31 Ua 87
34485 Lavid de Ojeda P 45 Vd 93
22336 Lavilla HS 52 Ab 94
33891 Lavio AS 30 Te 88
08775 Lavit B 92 Be 100
15117 Laxe C 26 Qf 89
27512 Laxe LU 40 Sa 93
36852 Laxe, A PO 39 Rd 94
27686 Laxes LU 40 Sd 91
50679 Layana Z 50 Ye 95
22621 Layés HS 51 Zd 94
42240 Layna SO 86 Xe 102
45123 Layos TO 118 Vf 110
32630 Laza OR 59 Sd 96
31588 Lazagurría NC 48 Xe 94
35230 Lazareto de Gando GC 200 Kd 181
04530 Lázaros, Los AL 186 Xb 126
20210 Lazkao SS 36 Xe 90
27279 Lea LU 28 Sd 90
27226 Lea LU 28 Sb 90
20491 Leaburu SS 36 Xf 90
31460 Leache NC 49 Yd 93
31281 Learza NC 48 Xe 93
34847 Lebanza P 33 Vc 91
15809 Leboreiro C 39 Sa 91
32520 Lebozán OR 39 Re 94
36519 Lebozán PO 39 Rf 93
19392 Lebrancón GU 105 Xf 104
33795 Lebredo AS 29 Tb 88
44121 Lebrera, La TE 106 Ye 107
41740 Lebrija SE 179 Tf 127
41650 Lebrona, La SE 182 Uf 126
31473 Lecáun NC 49 Yd 92
50131 Lécera Z 88 Zb 101
33347 Leces AS 32 Uf 88
44495 Lechago TE 87 Ye 103
50369 Lechón Z 87 Ye 102
35328 Lechuza, La GC 200 Kc 180
22148 Lecina HS 70 Aa 95
22336 Lecina, La HS 52 Ab 94
01220 Leciñana de la Oca VI 47 Xa 92
09587 Leciñana de Mena BU 34 Wd 90
50160 Leciñena Z 69 Zc 98
19196 Ledanca GU 103 Xa 103
39577 Ledantes CB 32 Vb 90
16237 Ledaña CU 140 Yb 112
37100 Ledesma SA 80 Ua 102
26321 Ledesma de la Cogolla RI 47 Xb 95
42127 Ledesma de Soria SO 67 Xe 99
34347 Ledigos P 44 Va 94
15686 Ledoira C 27 Re 90
15199 Ledoño C 27 Rd 89
37730 Ledrada SA 99 Ub 106
42173 Ledrado SO 67 Xd 96
08294 le Font de Còdol B 92 Be 99
28911 Leganés MD 102 Wb 107
16461 Leganiel CU 103 Xa 108
31133 Legarda NC 49 Yb 92
31587 Legarda NC 48 Xe 94
01196 Legarda VI 47 Xb 91
31281 Legaria NC 48 Xe 93
20230 Legazpi SS 36 Xe 90
20250 Legorreta SS 36 Xf 90
01170 Legutiano VI 35 Xc 91
15111 Leiloio C 26 Rb 89
20530 Leintz Gatzaga SS 36 Xc 91
48940 Leioa BI 35 Xa 89
15689 Leira C 27 Rd 90
15105 Leira C 27 Rc 89
32814 Leirado OR 58 Rf 96
33778 Leirio AS 29 Ta 88
15639 Leiro C 27 Re 88
32420 Leiro OR 39 Rf 94
15126 Leis C 26 Qf 90
31880 Leitza NC 37 Ya 90
31880 Leitzalarrea NC 37 Ya 90
30878 Leiva MC 172 Yd 123
26213 Leiva RI 47 Wf 93
48280 Lekeitio BI 36 Xc 88
31870 Lekunberri NC 37 Ya 90
03658 Lel A 157 Yf 118
15105 Lema C 26 Rb 89
48620 Lemoiz BI 35 Xa 88
09592 Lences de Bureba BU 46 Wd 93
15146 Lenda C 27 Rc 89
23613 Lendínez J 168 Vf 122
48460 Lendoño de Abajo BI 35 Wf 90
27556 Lendórrio LU 40 Sb 92
15864 Lens C 38 Rb 91
18699 Lentegí GR 184 Wb 127
32372 Lentellais OR 41 Sf 95
11391 Lentiscal, El CA 189 Ub 132
30510 Lentiscar MC 157 Yf 117
30892 Lentiscosas, Las MC 172 Ye 121
15684 Leobalde C 27 Rd 90
24001* León LE 43 Uc 93
45700 León TO 118 Wb 112
14650 Leones, Los CO 167 Vd 121
31395 Leoz NC 49 Yc 93
21440 Lepe H 177 Se 125
31396 Lepuzain NC 49 Yc 93
31291 Lerate NC 48 Ya 92
41830 Lerena SE 180 Td 124
31494 Lerga NC 49 Yc 93
42172 Leria SO 67 Xe 96
25001* Lérida = Lleida L 71 Ad 99
31260 Lerín NC 48 Ya 94
09340 Lerma BU 65 Wb 96
09141 Lermilla BU 46 Wc 93
39574 Lerones CB 33 Vc 90
31482 Lérruz NC 49 Yc 92
25540 Les L 52 Ae 92
31770 Lesaka NC 37 Yb 89
12318 les Alberedes de Portell CS 107 Ze 105
03815 les Alcoies A 158 Zd 117
25612 les Avellanes L 72 Ae 97
25198 les Basses L 71 Ad 99
AD200 Les Bons □ AND 54 Bd 93
25400 Les Borges Blanques L 91 Af 99
43350 les Borges del Camp T 91 Ba 101
03700 les Bovetes A 143 Aa 115
08794 les Cabanyes B 92 Be 100
17130 L''Escala GI 75 Da 96
43781 les Camposines T 90 Ad 102
17832 les Caselles GI 75 Ce 95
43569 les Cases d'Alcanar T 109 Ad 105
03679 les Cases d'Alenda A 158 Zb 118
25262 les Cases de Barbens L 72 Ba 98
03689 les Cases de Galiana A 158 Za 119
03649 les Cases de Joan Blanco A 157 Za 118
46635 les Cases de Jordá V 142 Zb 116
03130 les Cases del Cap A 158 Zc 119
03640 les Cases del Coll A 158 Za 118
03658 les Cases del Faldar A 157 Yf 118
03460 les Cases del Mestre A 158 Zb 116
12511 les Cases del Riu CS 108 Ab 105
03640 les Cases del Senyor A 157 Za 118
03110 les Cases dels Rams A 158 Zc 118
03409 les Cases de Menor A 158 Za 117
25286 les Cases de Posada L 73 Bd 96
03650 les Cases de Sequé A 157 Yf 118
03657 les Cases d'Ivanyes A 157 Yf 118
08773 les Casesnoves de Cal Pardo B 92 Bd 100
08732 les Casesnoves Noia de la Riera B 92 Bd 100
08759 les Casetes B 92 Bf 100
08256 les Casetes B 73 Be 98
12140 les Casetes CS 108 Zf 106
03410 les Casetes de Gil A 158 Zb 117
08711 les Casetes d'En Mussons B 73 Bd 99
08755 les Casetes de N'Oliveró B 93 Bf 100
08777 les Casetes d'En Raspall B 92 Bd 100
25340 les Codines L 72 Ba 99
08732 les Conilleres B 92 Bd 100
08256 les Coromines B 73 Bd 98
17752 les Costes GI 56 Cf 94
03669 les Coves A 158 Za 118
12131 les Crevadas CS 108 Zf 107
12140 les Deveses CS 108 Zf 107
03658 les Encebres A 157 Za 118
17172 les Encies GI 74 Cd 96
25712 les Eres L 72 Af 95
17723 les Escaules GI 56 Cf 95
25555 les Esglésies L 53 Af 94
08611 les Ferreres B 73 Bf 96
12160 les Foies CS 108 Zf 106
03410 Les Fontanelíes A 158 Zb 117
08194 les Fonts B 93 Ca 99
08521 les Franqueses del Vallès B 74 Cb 99
17258 les Griells GI 75 Db 96
08793 les Gunyoles B 92 Be 100
43154 les Gunyoles T 91 Bb 101
08619 les Heures B 73 Ca 96
43390 les Irles T 91 Af 101
25566 les Llacunes L 53 Bb 94
17515 les Llanses GI 74 Cb 96
08737 les Llombardes B 92 Bd 100
17512 les Llosses GI 74 Ca 96
17421 les Mallorquines GI 75 Ce 98
43440 les Masies T 91 Ba 100
43718 les Masies del Torrent T 92 Bd 101
08510 les Masies de Roda B 74 Cb 97
08509 les Masies de Voltregà B 74 Cb 96
08729 les Masuques B 92 Bd 101
12182 les Mosqueres CS 108 Zf 107
08736 les Obagues B 92 Bd 100
17466 les Olives GI 75 Da 96
17468 les Olives GI 75 Cf 96
25214 les Oluges L 72 Bb 98
43815 les Ordres T 92 Bc 100
25212 les Pallargues L 72 Bb 98
46419 les Palmeres V 143 Ze 113
46630 les Pebrades V 142 Za 116
43718 les Peces T 92 Bd 101
43428 les Piles T 91 Bc 99
08017 les Planes B 93 Ca 100
43739 les Planes T 91 Ae 101
17172 les Planes d'Hostoles GI 74 Cd 96
43440 L''Espluga les Francolí T 91 Ba 100
43815 les Pobles T 92 Bc 100
17178 les Preses GI 74 Cc 96
25318 les Puelles L 72 Ba 98
12194 les Ramblelles CS 108 Zf 107
08717 les Roques d'Aguiló B 73 Bc 99
43860 les Roques Daurades T 109 Ae 103
12163 les Roques de Lleó CS 108 Ze 107
03700 les Rotes A 143 Aa 116
03295 les Salades A 158 Zb 119
17164 les Serres GI 75 Ce 96
43792 les Solanes T 90 Ad 101
25794 les Sorts L 73 Bc 95
15684 Lesta C 27 Rd 90
12598 les Talaies CS 109 Ac 106
50710 les Talaies Z 89 Zf 102
25192 les Torres de Sanui L 71 Ad 99
17495 les Torroelles GI 56 Da 95
03291 les Vall-llongues A 158 Zb 119
25795 les Valls d'Aguilar L 53 Bc 95
25798 les Valls de Valira L 54 Bc 94
43558 les Ventalles T 109 Ac 105
25316 les Ventoses L 72 Ba 98
08779 les Vilates B 92 Bd 100
12594 les Villes CS 124 Aa 108
43390 les Voltes T 91 Af 102
01138 Letona VI 47 Xb 91
22149 Letosa HS 51 Zf 94
49346 Letrillas ZA 61 Td 96
02434 Letur AB 156 Xf 118
50136 Letux Z 88 Zb 101
09557 Leva BU 34 Wb 91
33686 Levinco AS 31 Uc 90
01309 Leza VI 47 Xc 93
26132 Leza de Río Leza RI 48 Xd 95
31891 Lezaeta NC 37 Ya 90
48196 Lezama BI 35 Xb 89
01450 Lezama VI 35 Xa 90
31177 Lezáun NC 48 Ya 92
02160 Lezuza AB 139 Xd 115
08900* L'Hospitalet de Llobregat B 93 Ca 100
39527 Liandres CB 33 Ve 88
35414 Liano Blanco GC 200 Kc 180
48114 Líbano BI 35 Xb 88
33325 Libardón AS 31 Ue 88
27664 Liber LU 41 Sf 91
24457 Librán LE 42 Tc 92
11158 Libreros CA 188 Ua 131
30892 Librilla MC 172 Yd 121
44132 Libros TE 106 Ye 108
42341 Liceras SO 84 We 100
48289 Licona BI 36 Xd 88
44164 Lidón TE 106 Yf 104
31487 Liédena NC 49 Ye 93
24994 Liegos LE 32 Uf 90
27888 Lieiro LU 26 Sd 86
22195 Lienas HS 70 Zd 95
39120 Liencres CB 34 Wa 88
33580 Lieres AS 31 Uc 88
39722 Liérganes CB 34 Wb 88
39793 Liermo CB 34 Wc 88
22161 Lierta HS 70 Zd 95
22122 Liesa HS 70 Ze 96
02410 Liétor AB 156 Ya 117
29400 Lifa MA 182 Uf 128
27568 Ligonde LU 40 Sb 91
42342 Ligos SO 84 We 100
44121 Ligros TE 106 Yd 107
33537 Ligüeria AS 31 Ud 89
22373 Ligüerre de Ara HS 51 Zf 94
34839 Ligüérzana P 45 Vd 91
04859 Lijar AL 187 Xe 125
43414 Lilla T 91 Bb 100
45870 Lillo TO 119 We 110
24428 Lillo del Bierzo LE 41 Tc 92
33817 Limés AS 30 Tc 90
15318 Limiñón C 27 Re 89
30868 Limonar, El MC 172 Ye 123
18249 Limones GR 184 Wb 124
39820 Limpias CB 34 Wd 88
15839 Linaio C 38 Rb 91
23499 Linarejos J 155 Xc 119
29603 Linarejos MA 191 Vb 129
49593 Linarejos ZA 60 Td 97
33119 Linares AS 30 Tf 89
33867 Linares AS 30 Te 88
39580 Linares CB 33 Vc 89
23700 Linares J 168 Wc 120
33817 Linares del Acebo AS 30 Td 90
21207 Linares de la Sierra H 163 Tc 121
44412 Linares de Mora TE 107 Zc 107
37760 Linares de Riofrío SA 98 Ua 105
22378 Linás de Broto HS 51 Ze 93
22809 Linás de Marcuello HS 50 Zb 95
27748 Lindín LU 28 Sd 88
11300 Línea de la Concepción, La CA 191 Ud 131
37450 Linejo SA 98 Ua 104
39728 Linto CB 34 Wb 89
25240 Linyola L 72 Af 98
31696 Linzoain NC 37 Yd 91
27413 Liñarán LU 40 Sd 94
27413 Liñares LU 29 Sf 90
32520 Liñares OR 39 Re 94
32172 Liñares OR 39 Sa 94
36449 Liñares PO 57 Rd 96
15292 Lira C 38 Qf 92
36459 Lira PO 57 Rd 96
15138 Lires C 26 Qe 91
22466 Liri HS 52 Ad 93
36687 Liripio PO 39 Rd 93
32574 Listanco OR 39 Rf 94
50582 Litago Z 68 Yb 98
22585 Litera HS 71 Ad 96
49334 Litos ZA 61 Tf 97
50581 Lituénigo Z 68 Yb 97
45479 Lituero TO 118 Wa 111
02160 Lituero, El AB 139 Xd 114
31200 Lizarra = Estella NC 48 Xf 92
31421 Lizarraga NC 49 Yc 92
31829 Lizarraga NC 48 Xf 91
31820 Lizarragabengoa NC 48 Xf 91
20490 Lizartza SS 36 Xf 90
31799 Lizaso NC 37 Yb 91
31171 Lizasoáin NC 49 Yb 92
31482 Lizoáin NC 49 Yd 92
43320 Llaberia T 91 Af 102
17257 Llabià GI 75 Da 96
12316 Llacova, La CS 108 Zf 106
08779 Llacuna, La B 92 Bd 100
03818 Llacunes A 158 Zc 116
17745 Lladó GI 56 Ce 95
25576 Lladorre L 53 Bb 93
25283 Lladurs L 73 Bd 96
17211 Llafranc GI 75 Db 97
08120 Llagosta, La B 93 Cb 99
17240 Llagostera GI 75 Cf 98
39880 Llaguno CB 35 We 89
24893 Llama de la Guzpeña LE 44 Uf 92
33687 Llamas AS 31 Uc 90
24388 Llamas de Cabrera LE 41 Tc 94
24271 Llamas de la Ribera LE 43 Ub 93
33816 Llamas del Mouro AS 30 Td 89
24161 Llamas de Rueda LE 44 Uf 93
24843 Llamazares LE 31 Ud 91
17243 Llambilles GI 75 Cf 97
24869 Llamera LE 43 Ud 91
33127 Llamera, La AS 30 Tf 88
33829 Llamero AS 30 Tf 88
33591 Llames AS 32 Uf 88
33839 Llamoso AS 30 Te 89
42291 Llamosos, Los SO 66 Xc 99
07150 Llamp, Es IB 126 Cc 111

17465 Llampaies GI 75 Cf 96
33687 Llananzanes AS 31 Uc 90
17869 Llanars GI 55 Cc 95
33116 Llanas, Las AS 31 Ua 90
24912 Llánaves de la Reina LE 32 Vb 90
17490 Llançà GI 56 Da 94
33879 Llaneces de la Barca AS 30 Td 89
33425 Llanera AS 31 Ua 88
25751 Llanera de Solsonès L 73 Bc 97
33500 Llanes AS 32 Vb 88
04430 Llanetes, Los AL 186 Xc 127
33930 Llangréu AS 31 Ub 89
09127 Llanillo BU 45 Vf 92
38913 Llanillos, Los TF 196 Gf 182
38713 Llanito, El TF 197 Hb 177
39213 Llano CB 33 Wa 91
33774 Llano, El AS 29 Sf 88
33547 Llano, El AS 32 Uf 88
30381 Llano de Beal MC 173 Za 123
30161 Llano de Brujas MC 173 Yf 120
09246 Llano de Bureba BU 46 Wd 93
35560 Llano de Con AS 32 Uf 89
04149 Llano de Don Antonio, El AL 187 Ya 126
18859 Llano del Abad GR 170 Xc 123
23260 Llano de la Mata J 154 Wf 119
02486 Llano de la Torre AB 155 Xe 118
03530 Llano del Castillo A 159 Zf 117
04812 Llano del Espino AL 171 Xe 124
04812 Llano de los Olleres AL 171 Xf 124
47418 Llano de Olmedo VA 82 Vc 101
38788 Llano Negro TF 197 Ha 176
33416 Llanos AS 31 Ua 87
33687 Llanos AS 31 Uc 90
39627 Llanos CB 34 Wb 89
02049 Llanos, Los AB 140 Ya 115
04692 Llanos, Los AL 171 Xf 124
04661 Llanos, Los AL 187 Xf 124
06150 Llanos, Los BA 148 Tc 117
06477 Llanos, Los BA 149 Ua 117
35468 Llanos, Los GC 200 Kb 180
18310 Llanos, Los GR 184 Vf 126
18416 Llanos, Los GR 185 We 127
29510 Llanos, Los MA 182 Vb 128
38915 Llanos, Los TF 196 Ha 182
46780 Llanos, Los V 143 Zf 115
24649 Llanos de Alba LE 43 Uc 92
29250 Llanos de Antequera, Los MA 183 Vc 126
38760 Llanos de Aridane, Los TF 197 Ha 177
23360 Llanos de Arriba J 155 Xb 118
18120 Llanos de Buenavista GR 184 Vf 126
14950 Llanos de Don Juan CO 167 Vd 124
35611 Llanos de la Concepción GC 199 Lf 178
23150 Llanos del Ángel J 168 Wb 123
47100 Llanos de la Peña, Los VA 82 Va 100
13220 Llanos del Caudillo CR 138 Wd 114
22440 Llanos del Hospital HS 52 Ad 92
04628 Llanos del Mayor, Los AL 187 Ya 125
33693 Llanos de Somerón AS 31 Ub 90
05690 Llanos de Tormes, Los AV 99 Ud 107
01478 Llanteno VI 35 Wf 90
33117 Llanuces AS 31 Ua 90
25186 Llardecans L 90 Ad 100
33534 Llares AS 31 Ud 88
39450 Llares, Los CB 33 Vf 89
25568 Llarvén L 53 Ba 94
25536 Llastarri L 53 Ae 95
46613 Llaurí V 142 Ze 114
17745 Llavanera GI 56 Ce 95
17832 Llavanera GI 75 Ce 95
25595 Llavorsí L 53 Bb 94
34849 Llazos, Los P 33 Vd 91
17869 Llebro GI 55 Cb 94
41560 Lledó TE 90 Ab 103
25001* Lleida L 71 Ad 99
37450 Llen SA 98 Ua 104
33556 Llenín AS 32 Uf 88
06227 Llera BA 149 Tf 118
39639 Llerana CB 34 Wb 89
33546 Llerandi AS 32 Ue 89
06900 Llerena BA 149 Tf 119
33557 Llerices AS 32 Uf 88
08520 Llerona B 74 Cb 99
17730 Llers GI 56 Cf 95
22451 Llert (Valle de Bardají) HS 52 Ac 94
25726 Lles de Cerdanya L 54 Be 94
25526 Llesp L 53 Ae 94
25567 Llessui L 53 Ba 94
25718 Lletó L 54 Bd 95
03729 Llíber A 159 Aa 116
08186 Lliçà d'Amunt B 74 Cb 99
08185 Lliçà de Vall B 74 Cb 99
43894 Lligallo del Gàguil, El T 109 Ad 104
25639 Llimiana L 72 Af 96
08618 Llinars B 73 Be 96
25283 Llinars L 73 Bc 96
08450 Llinars del Vallès B 74 Cc 99
07840 Llinigol, Es IB 125 Bc 115
46160 Llíria V 123 Zc 111
08186 Llissa de Munt = Lliçà d'Amunt B 74 Cb 99
17527 Llívia GI 54 Bf 94
25195 Llívia L 71 Ad 99
43737 Lloar, El T 91 Ae 101
25281 Llobera L 73 Bc 97
25794 Llobera les Sorts L 73 Bc 95
25753 Lloberola L 73 Bc 97
07609 Llobets, Es IB 127 Cf 112
03159 Llobregales A 158 Zb 120
08660 Llobregat, El B 73 Bf 97
07730 Lloc Nou de Mestres IB 93 Ea 109
46668 Llocnou d'En Fenollet V 142 Zd 114
46726 Llocnou de Sant Jeroni V 143 Ze 115
01400 Llodio VI 35 Xa 90
17124 Llofriu GI 75 Da 97
46191 Llomaina, La V 123 Zb 111
46197 Llombai V 142 Zc 113
07690 Llombards, Es IB 127 Da 112
24609 Llombera LE 43 Uc 91
33578 Llonín AS 32 Vc 88
25211 Llor, El L 72 Bb 98
17152 Llorà GI 75 Ce 96
43427 Llorac T 92 Bb 99
25657 Llordà L 72 Ba 96
33418 Lloreda AS 31 Ua 87
39694 Lloreda CB 34 Wb 89
25613 Llorenç de Montgai L 72 Af 97
25267 Llorenç de Vallbona L 91 Ba 99
09511 Llorengoz BU 35 Wf 91
43812 Lloret, El T 91 Bc 101
17310 Lloret Blau GI 75 Ce 98
17310 Lloret de Mar GI 75 Cf 98
07518 Lloret de Vistalegre IB 127 Cf 111
AD300 Llorts □ AND 54 Bd 93
12591 Llosa, La CS 124 Ze 110
03723 Llosa de Camatxo, La A 143 Zf 116
46815 Llosa de Ranes V 142 Zc 114
12150 Llosar, El CS 107 Ze 106
07360 Lloseta IB 126 Cf 110
33795 Llosoiro AS 29 Tb 88
33569 Llovio AS 32 Uf 88
33440 Lluanco = Luanco AS 31 Ub 87
07430 Llubí IB 127 Da 110
08514 Lluçà B 74 Ca 96
25514 Lluçà L 53 Af 95
07179 Llucalcari IB 126 Cd 110
25736 Lluçars L 72 Ba 97
07730 Llucasaldent IB 93 Ea 109
07712 Llucmaçanes IB 93 Eb 109
07620 Llucmajor IB 127 Cf 112
25213 Lluides L 72 Bb 99
07730 Llumena Nou IB 93 Ea 109
50213 Llunes Z 87 Yb 102
07748 Lluriach Nou IB 93 Ea 108
46838 Llutxent V 142 Zd 115
22809 Loarre HS 50 Zc 95
33459 Loba, La AS 30 Tf 87
39400 Lobado CB 33 Vf 89
32539 Lobagueira OR 39 Re 93
32510 Lobás OR 39 Rf 94
32850 Lobeira OR 58 Rf 97
27865 Lobeiras LU 28 Sc 87
49512 Lober ZA 61 Te 98
05100 Lobera, La AV 100 Vc 106
41200 Lobera, La SE 164 Ua 123
34116 Lobera de la Vega P 44 Vb 94
50687 Lobera de Onsella Z 50 Yf 94
04277 Loberos, Los AL 187 Ya 126
30876 Loberos, Los MC 172 Yd 123
46339 Loberuela, La V 122 Yd 110
49392 Lobeznos ZA 60 Tc 96
13710 Lobillo, El CR 138 Wf 115
32643 Lobios OR 58 Rf 97
06498 Lobón BA 132 Tc 115
40490 Lobones SG 83 Ve 103
04619 Lobos, Los AL 187 Yb 125
30331 Lobosillo MC 173 Yf 122
18449 Lobras GR 185 We 127
18820 Lóbrega GR 170 Xd 121
18610 Lobres GR 184 Wc 128
04812 Locaiba AL 187 Xf 124
42248 Lodares SO 86 Xd 101
42212 Lodares del Monte SO 85 Xc 100
42313 Lodares de Osma SO 85 Wf 99
33535 Lodeña AS 31 Ud 88
38738 Lodero TF 197 Hb 177
31580 Lodosa NC 48 Xf 94
32696 Lodoselo OR 59 Sc 96
09131 Lodoso BU 46 Wb 94
28890 Loeches MD 102 Wd 106
27266 Loentia LU 28 Sd 90
30709 Lo Ferro MC 173 Za 122
27112 Logares LU 29 Sf 89
30590 Lo Gea MC 173 Yf 121
26005 Logroño RI 48 Xd 94
10120 Logrosán CC 134 Ud 112
15339 Loiba C 26 Sb 86
48383 Loiola BI 35 Xc 89
15239 Loios C 38 Ra 91
36913 Loira PO 38 Rb 94
32890 Loiro OR 40 Sa 95
24991 Lois LE 32 Uf 91
36635 Lois PO 38 Rb 93
48180 Loiu BI 35 Xa 89
31697 Loizu NC 49 Yd 91
18312 Loja GR 183 Vf 125
18270 Lojilla GR 184 Vf 124
30154 Lo León MC 173 Ye 122
09142 Loma BU 46 Wb 92
19441 Loma, La GU 104 Xe 103
04890 Loma Alta, La AL 186 Xc 125
04770 Loma Colorada, La AL 185 Wf 128
38788 Lomada Grande TF 197 Ha 176
34859 Loma de Castrejón P 45 Vc 92
23486 Loma de la Mesa J 169 Xa 122
10319 Loma del Saliente CC 115 Uc 108
04716 Loma del Viento, La AL 186 Xb 128
09569 Loma de Montija BU 34 Wd 90
18381 Loma de Tabora GR 184 Wa 125
34127 Loma de Ucieza P 45 Vc 94
32366 Loma Longa OR 41 Ta 95
09213 Lomana BU 46 We 92
34449 Lomas P 45 Vc 95
11660 Lomas, Las CA 181 Uc 128
11158 Lomas, Las CA 188 Ua 131
18820 Lomas, Las GR 171 Xd 122
29602 Lomas, Las MA 190 Va 129
30330 Lomas, Las MC 173 Yf 122
28669 Lomas, Las MD 102 Wa 106
30812 Lomas de Lastón, Las MC 171 Yb 121
50800 Lomas del Gállego, Las Z 69 Zb 98
03188 Lomas del Mar A 173 Zc 120
10319 Lomas del Medio CC 115 Uc 108
10319 Lomas del Poniente CC 115 Uc 108
18270 Lomas de Marcos GR 183 Vf 124
39419 Loma Somera CB 45 Vf 91
24388 Lomba LE 41 Tb 94
39210 Lomba, La CB 33 Ve 90
39860 Lombera CB 34 Wd 89
39557 Lombraña CB 33 Vd 90
42257 Lomeda SO 86 Xd 102
30155 Lo Mendigo MC 173 Yf 121
39572 Lomeña-Baseda CB 33 Vc 90
21320 Lomero H 163 Ta 122
34815 Lomilla P 45 Ve 92
45212 Lominchar TO 118 Wa 108
35430 Lomitos, Los GC 200 Kc 180
38129 Lomo Bermejo TF 197 If 177
38589 Lomo de Arico TF 196 Id 180
35290 Lomo de la Palma GC 200 Kc 181
38129 Lomo de las Bodegas TF 197 If 177
06410 Lomo de Liebre BA 133 Ua 114
38715 Lomo de los Gomeros TF 197 Hb 176
38590 Lomo de Mena TF 197 Id 179
35211 Lomo Magullo, El GC 200 Kd 181
38589 Lomo Oliva TF 196 Id 179
11593 Lomopardo CA 188 Tf 128
38390 Lomo Román TF 196 Id 178
47494 Lomoviejo VA 82 Va 102
30700 Lo Navarro MC 173 Yf 122
30709 Lo Navarro MC 173 Yf 122
50460 Longares Z 88 Yf 100
50688 Longás Z 50 Za 94
31481 Longida NC 49 Yd 92
31481 Lónguida = Longida NC 49 Yd 92
36599 Loño PO 39 Rf 91
14820 Lope Amargo CO 167 Vc 122
18517 Lopera GR 185 We 125
23780 Lopera J 167 Ve 121
04770 López, Los AL 185 Wf 128
30877 López, Los MC 172 Yd 122
30739 López, Los MC 173 Za 121
22192 Loporzano HS 70 Ze 96
11690 Lora CA 182 Uf 127
41564 Lora de Estepa SE 182 Vb 125
41440 Lora del Río SE 165 Uc 123
28942 Loranca MD 102 Wa 107
16550 Loranca del Campo CU 120 Xb 108
19141 Loranca de Tajuña GU 103 Wf 106
09272 Loranquillo BU 47 We 94
15177 Lorbé C 27 Re 88
50684 Lorbés Z 50 Za 92
30800 Lorca MC 172 Yb 122
31292 Lorca NC 48 Ya 92
30740 Lorcas, Los MC 173 Zb 122
03860 Lorcha = l'Orxa A 142 Ze 115
32236 Lordelo OR 58 Re 96
24239 Lordemanos LE 62 Uc 96
39160 Loredo CB 34 Wb 88
30868 Lorentes, Los MC 172 Ye 123
24122 Lorenzana LE 43 Uc 92
34848 Lores P 33 Vc 91
18370 Loreto GR 184 Wa 125
33191 Loriana AS 31 Ua 88
30441 Lorigas MC 156 Xf 119
46168 Loriguilla V 123 Za 110
46393 Loriguilla V 123 Zc 112
09144 Lorilla BU 45 Wa 92
14979 Lorite CO 183 Ve 125
15856 Loroño C 26 Ra 90
30564 Lorquí MC 172 Ye 120
16707 Losa, La CU 140 Xf 112
40420 Losa, La SG 101 Vf 103
49541 Losacino ZA 61 Tf 98
49540 Losacio ZA 61 Tf 98
24318 Losada LE 42 Td 93
46168 Losa del Obispo V 123 Za 110
24746 Losadilla LE 41 Tc 95
42315 Losana SO 85 Wf 101
40192 Losana de Pirón SG 83 Vf 102
22807 Losanglis HS 69 Zb 95
05692 Losar, El AV 99 Uc 106
10460 Losar de la Vera CC 115 Uc 108
05692 Losar del Campo, El AV 99 Uc 106
22141 Loscertales HS 70 Ze 95
22809 Loscorrales, Los HS 50 Zc 95
44493 Loscos TE 88 Yf 102
39571 Losiezo CB 33 Vc 90
46179 Losilla V 122 Yf 109
49161 Losilla ZA 61 Ua 98
02691 Losilla, La AB 140 Yb 115
42181 Losilla, La SO 67 Xe 97
24860 Losilla y San Adrián, La LE 43 Ue 91
36876 Lougares PO 57 Rd 95
15881 Loureda C 39 Rd 91
36415 Louredo PO 57 Rc 95
27865 Loureiro LU 28 Sc 87
36855 Loureiro PO 39 Rd 94
32163 Loureiros OR 40 Sc 94
36455 Lourido PO 57 Rd 96
36003 Lourizán PO 38 Rc 94
15291 Louro C 38 Qf 92
15317 Lousa C 27 Sa 89
27835 Lousada LU 28 Sb 88
27628 Lousada LU 40 Se 92
15214 Lousame C 38 Ra 92
27241 Louseira LU 29 Se 89
27672 Louzarela LU 41 Sf 92
40231 Lovingos SG 83 Ve 100
15823 Loxo C 39 Re 91
31491 Loya NC 49 Yd 93
20730 Loyola = Loiola SS 36 Xe 89
33719 Loza AS 29 Tb 87
31195 Loza NC 49 Yb 91
01212 Loza VI 47 Xb 93
33537 Lozana AS 31 Ud 89
04814 Lozanos, Los AL 171 Xf 124
28752 Lozoyela MD 84 Wc 103
28752 Lozoyela-Navas-Sieteiglesias MD 84 Wc 103
27247 Lúa LU 29 Se 90
27270 Luaces LU 28 Sd 90
33440 Luanco = Lluanco AS 31 Ub 87
33700 Luarca AS 30 Tc 87
42290 Lubia SO 67 Xc 99
49570 Lubián ZA 60 Ta 96
01192 Lubiano VI 48 Xc 91
04271 Lubrín AL 187 Xf 125
04768 Lucainena AL 185 Wf 127
04210 Lucainena de las Torres AL 187 Xe 126
04887 Lúcar AL 186 Xd 124
14900 Lucena CO 167 Vd 124
50294 Lucena de Jalón Z 87 Ye 99
12120 Lucena del Cid CS 124 Ze 108
21820 Lucena del Puerto H 178 Tb 125
50640 Luceni Z 69 Ye 98
32688 Lucenza OR 59 Sc 97
33328 Luces AS 31 Ue 87
30810 Luchena MC 171 Ya 122
21291 Lucía H 163 Tb 121
13108 Luciana CR 136 Ve 115
24723 Lucillo LE 42 Te 94
24723 Lucillo de Somoza LE 42 Te 94
44563 Luco de Bordón TE 107 Ze 104
44391 Luco de Jiloca TE 87 Ye 103
12123 Ludiente CS 124 Zd 108
33340 Lue AS 31 Ue 88
49215 Luelmo ZA 80 Tf 100
24339 Luengos LE 43 Ud 94
33129 Luerces AS 30 Tf 88
50619 Luesia Z 50 Yf 94
50151 Luesma Z 88 Yf 102
22337 Lueza, La HS 52 Ab 94
26132 Luezas RI 48 Xd 95
24152 Lugán LE 43 Ue 92
50195 Lugarico Cerdán Z 69 Zb 99
41703 Lugar Nuevo SE 179 Ua 125
50213 Lugar Nuevo Z 87 Yb 101
02459 Lugar Nuevo, El AB 155 Xd 118
33311 Lugás AS 31 Ud 88
27004 Lugo LU 28 Sc 90
33420 Lugones AS 31 Ub 88
18516 Lugros GR 185 We 125
24843 Lugueros LE 31 Ud 91
01408 Luiaondo VI 35 Xa 90
32160 Luintra OR 40 Sb 94
16612 Luises, Los CU 139 Xd 113
41430 Luisiana, La SE 166 Ue 123
31660 Luizalde/Valcarlos NC 37 Ye 90
22336 Luján HS 52 Ab 94
18614 Lújar GR 185 Wd 128
33155 Luma AS 30 Te 87
24140 Lumajo LE 30 Te 91
31440 Lumbier NC 49 Ye 93
37240 Lumbrales SA 79 Tb 103
26126 Lumbreras RI 66 Xc 96
24433 Lumeras LE 41 Tb 92
42368 Lumías SO 86 Xa 100
50295 Lumpiaque Z 68 Ye 99
02639 Luna AB 139 Xe 114
01439 Luna VI 47 Xa 91
50610 Luna Z 69 Za 96
36887 Luneda PO 58 Re 96
15883 Luou C 39 Rc 92
19142 Lupiana GU 103 Wf 105
22811 Lupiñén HS 70 Zc 95
22811 Lupiñén-Ortilla HS 69 Zc 95
23528 Lupión J 169 Wc 121
14880 Luque CO 167 Ve 123
01139 Luquiano VI 47 Xa 91
31243 Luquín NC 48 Xf 93
37810 Lurda, La SA 99 Ud 103
39706 Lusa CB 35 We 88
22150 Lúsera HS 51 Ze 95
45684 Lusillos TO 117 Vc 109
24568 Lusio LE 41 Ta 93
41560 Lusitania SE 182 Va 125
02360 Luso, El AB 155 Xc 117
24717 Luyego de Somoza LE 42 Te 94
47238 Luz, La VA 82 Vb 100
19261 Luzaga GU 86 Xd 103
22585 Luzás HS 71 Ad 96
19285 Luzón GU 86 Xe 102
01208 Luzuriaga VI 48 Xd 91

M

15318 Mabegondo C 27 Re 89
04867 Macael AL 186 Xe 125
25615 Maçana, La L 72 Af 97
30420 Macaneo MC 156 Yc 119
08697 Maçaners B 73 Be 95
17720 Maçanet de Cabrenys GI 56 Ce 94
17412 Maçanet de la Selva GI 75 Ce 98
07769 Macarella IB 93 Df 109
10521 Macarra CC 115 Ua 109
46368 Macastre V 142 Zb 112
32700 Maceda OR 40 Sc 95
36873 Maceira PO 58 Rd 95
36516 Maceiras PO 39 Rf 93
15990 Macenda C 38 Ra 92
37893 Machacón SA 81 Uc 103
06800 Machal, El BA 132 Tc 114
29791 Macharaviaya MA 183 Ve 128
11400 Macharnudo Alto CA 188 Te 128
35571 Mácher GC 198 Mb 175
09566 Machorras, Las BU 34 Wc 90
16812 Machorro CU 104 Xd 105
27836 Maciñeira, A LU 28 Sb 87
30648 Macisvenda MC 157 Yf 119
37310 Macotera SA 99 Ue 104
32152 Madalena, A OR 59 Sc 97
37749 Madalena, La SA 99 Uc 106
03649 Madara A 158 Za 118
28755 Madarcos MD 84 Wc 102
20720 Madariaga SS 36 Xd 89
32534 Madarnás OR 39 Rf 94
27229 Madelos LU 28 Sa 90
49719 Maderal, El ZA 81 Uc 101
40554 Maderuelo SG 84 Wc 100
31879 Madotz NC 37 Ya 91
35340 Madrelagua GC 200 Kc 180
17462 Madremanya GI 75 Cf 97

28001* Madrid MD 102 Wb 106
49157 Madridanos ZA 81 Uc 100
09593 Madrid de las Caderechas BU 46 Wc 92
45710 Madridejos TO 118 Wc 112
19277 Madrigal GU 85 Xb 101
05220 Madrigal de las Altas Torres AV 82 Va 102
10480 Madrigal de la Vera CC 116 Ud 108
09320 Madrigal del Monte BU 65 Wb 96
10110 Madrigalejo CC 134 Uc 114
09390 Madrigalejo del Monte BU 65 Wb 96
40510 Madriguera SG 84 We 101
02230 Madrigueras AB 140 Yb 113
30868 Madriles, Los MC 173 Ye 123
30390 Madriles, Los MC 173 Yf 122
25286 Madrona L 73 Bc 97
40154 Madrona SG 83 Ve 103
06330 Madrona, La BA 149 Td 119
37619 Madroñal SA 98 Tf 106
29678 Madroñal, El MA 190 Uf 129
41540 Madroñal, El SE 181 Ue 126
10210 Madroñera CC 134 Ub 112
30876 Madroñeras y El Llano MC 172 Yd 123
21340 Madroñeros, Los H 163 Tc 121
02327 Madroño, El AB 156 Xf 116
06477 Madroño, El BA 149 Tf 117
06910 Madroño, El BA 150 Uc 118
23600 Madroño, El J 168 Vf 122
30510 Madroño, El MC 157 Ye 117
41897 Madroño, El SE 164 Tc 123
21870 Madroñuelo H 164 Td 123
42315 Madruédano SO 85 Wf 100
50710 Maella Z 90 Aa 102
05291 Maello AV 101 Vc 104
25317 Mafet L 72 Ba 98
30649 Mafraque MC 157 Yf 119
06468 Magacela BA 134 Ub 115
30879 Magajón, El MC 172 Ye 123
50520 Magallón Z 68 Yd 98
07181 Magaluf IB 126 Cd 111
45590 Magán TO 118 Wa 109
42181 Magaña SO 67 Xf 97
36646 Magariños PO 38 Rc 92
24410 Magaz de Abajo LE 41 Tb 93
24410 Magaz de Arriba LE 41 Tb 93
24396 Magaz de Cepeda LE 42 Tf 93
34220 Magaz de Pisuerga P 64 Vd 97
05216 Magazos AV 82 Vb 102
06250 Magdalena BA 149 Te 118
23790 Magdalena J 167 Ve 121
33317 Magdalena, La AS 31 Ud 88
13249 Magdalena, La CR 138 Xa 115
24120 Magdalena, La LE 43 Ub 92
30397 Magdalena, La MC 173 Yf 123
35541 Mágues GC 198 Md 174
06939 Maguilla BA 150 Ua 118
48391 Magunas BI 35 Xc 89
09128 Mahallos BU 45 Vf 94
09228 Mahamud BU 64 Wa 96
26311 Mahave RI 47 Xb 94
49522 Mahide ZA 61 Td 97
07701 Mahón = Maó IB 93 Eb 109
02240 Mahora AB 140 Yb 113
17851 Maià de Montcal GI 75 Ce 95
25179 Maials L 90 Ad 100
15177 Maianca C 27 Re 88
44791 Maicas TE 88 Za 103
03109 Maigmó A 158 Zc 118
37621 Maillo, El SA 98 Te 105
50368 Mainar Z 87 Ye 101
02651 Mainetes, Los AB 157 Yd 116
27742 Maior LU 28 Se 88
49783 Maire de Castroponce ZA 61 Ub 96
18494 Mairena GR 185 Wf 126
41510 Mairena del Alcor SE 181 Ub 124
41927 Mairena del Aljarafe SE 180 Tf 124
18160 Maitena GR 185 Wd 126
03295 Maitino A 158 Zc 119
16878 Maitoso, El CU 105 Ya 105
14870 Majada, La CO 167 Vd 123
21668 Majada, La H 163 Tc 122
30878 Majada, La MC 172 Yd 123
02485 Majada Carrascas AB 155 Xd 118
30889 Majada del Moro MC 172 Yc 124
23160 Majada del Sol J 168 Wa 123
18891 Majada de Masegosa GR 170 Xc 123
41230 Majada de Matute SE 164 Tf 122
28220 Majadahonda MD 102 Wa 106
41650 Majadahonda SE 182 Uf 126
29492 Majada la Higuera, La MA 190 Ue 129
41440 Majadales SE 165 Uc 123
29690 Majada Madrid MA 189 Ue 130
10529 Majadas CC 115 Ub 109
16142 Majadas, Las CU 105 Xf 107
44409 Majadas, Las TE 107 Zb 106
42291 Majadas de la Cuesta SO 66 Xb 98
41740 Majadavieja SE 180 Tf 127
35218 Majadilla, La GC 200 Kd 180
18690 Majadillas GR 184 Wb 128
05470 Majadillas, Las AV 100 Va 107
19223 Majaelrayo GU 84 We 102
23293 Majal, El J 155 Xb 119
41300 Majalobas SE 164 Ua 124
42225 Maján SO 86 Xe 100
14710 Majaneque CO 166 Va 121
04769 Majaraba, La AL 185 Wf 128
22771 Majones HS 50 Za 93
24144 Majúa, La LE 30 Tf 91
45700 Majuelos, Los TO 118 Wb 111
37250 Majuges SA 79 Td 102
35543 Mala GC 198 Md 174
25215 Malacara L 73 Bc 98
19413 Malacuera GU 103 Xb 104
29001* Málaga MA 191 Vd 128
19219 Málaga del Fresno GU 103 We 104
14820 Malagón CO 167 Vc 122
13420 Malagón CR 137 Wa 113
19219 Malaguilla GU 103 We 104
18130 Malahá, La GR 184 Wb 126
06445 Malajuncia BA 149 Ua 119
50315 Malanquilla Z 68 Ya 99
08698 Malanyeu B 73 Bf 95
39417 Malataja CB 45 Vf 91
48380 Malax BI 36 Xc 89
06928 Malcocinado BA 150 Ub 120
11179 Malcocinado CA 188 Ua 130
25266 Maldà L 91 Ba 99
02249 Maldonado AB 140 Yc 114
30333 Maldonados, Los MC 172 Ye 122
50540 Maleján Z 68 Yc 98
25753 Malgosa, La L 73 Bb 97
08380 Malgrat de Mar B 75 Ce 99
25795 Malgrat de Noves L 53 Bb 95
39600 Maliaño CB 34 Wa 88
24339 Malillos LE 43 Ud 94
49272 Malillos ZA 80 Ua 100
46117 Malla, La V 123 Zd 111
10840 Malladas CC 113 Tb 108
21840 Mallas, Las H 178 Tb 124
50550 Mallén Z 68 Yd 97
33866 Malleza AS 30 Te 88
24148 Mallo de Luna LE 43 Ua 91
17178 Mallol, El GI 74 Cc 96
25595 Mallolís L 53 Bb 94
15215 Mallón C 38 Rb 92
36720 Mallón PO 57 Rc 96
42192 Mallona, La SO 66 Xb 98
15293 Mallou C 38 Qf 92
50511 Malón Z 68 Yb 97
38540 Malpaís TF 197 Id 178
38738 Malpaíses TF 197 Hb 177
10895 Malpartida CC 113 Ta 108
37313 Malpartida SA 100 Ue 104
10910 Malpartida de Cáceres CC 132 Tc 112
05153 Malpartida de Corneja AV 99 Ud 105
06440 Malpartida de la Serena BA 150 Uc 116
10680 Malpartida de Plasencia CC 114 Tf 109
25110 Malpartit L 71 Ad 98
25529 Malpàs L 53 Ae 94
35218 Malpaso GC 200 Kd 180
02155 Malpelo, El AB 140 Yb 114
16195 Malpesa CU 120 Xd 109
15113 Malpica C 26 Rb 89
50695 Malpica de Arba Z 50 Yf 95
15113 Malpica de Bergantiños C 26 Rb 89
45692 Malpica de Tajo TO 117 Vc 109
20600 Maltzaga = Malzaga SS 36 Xd 89
50340 Maluenda Z 87 Yc 101
24722 Maluenga, La LE 42 Te 93
40554 Maluque SG 84 Wc 99
49832 Malva ZA 62 Ud 99
30850 Malvariche MC 172 Yc 121
36715 Malvas PO 57 Rb 96
30890 Malverde y Las Carrascas de Soto MC 171 Yb 123
05298 Mamblas AV 82 Uf 102
09511 Mambliga BU 47 Wf 91
09317 Mambrilla de Castrejón BU 64 Wa 98
09640 Mambrillas de Lara BU 65 Wd 96
27208 Mamede LU 40 Sa 91
04120 Mami, El AL 186 Xd 127
50596 Mamillas Z 49 Ye 94
18750 Mamola, La GR 185 We 128
21330 Mamola, La H 163 Ta 122
09612 Mamolar BU 65 Wd 97
49213 Mámoles ZA 79 Te 100
07500 Manacor IB 127 Db 111
27163 Manán LU 28 Sd 91
27614 Manán LU 40 Sd 92
07312 Mananella IB 126 Cf 110
11500 Manantial, El CA 188 Te 129
18810 Mancebos, Los GR 186 Xb 124
37315 Mancera de Abajo SA 100 Ue 103
05146 Mancera de Arriba AV 100 Uf 104
37159 Manceras SA 80 Te 102
35560 Mancha Blanca GC 198 Mb 174
38758 Manchas, Las TF 197 Ha 177
38690 Manchas, Las TF 196 Ib 179
04839 Mancheño AL 171 Xf 121
30398 Manchica, La MC 173 Yf 122
06478 Manchita BA 133 Tf 116
50366 Manchones Z 87 Yd 102
09133 Manciles BU 45 Wa 94
24226 Mancilleros LE 43 Uc 93
07312 Mancor de la Vall IB 127 Cf 110
15391 Mandair C 27 Re 89
19294 Mandayona GU 85 Xb 103
32698 Mandín OR 59 Sd 97
01196 Mandojana VI 47 Xb 91
30510 Maneta MC 157 Yf 117
30370 Manga del Mar Menor, La MC 173 Zb 123
49130 Manganeses de la Lampreana ZA 62 Ub 98
49694 Manganeses de la Polvorosa ZA 62 Ub 96
12599 Mangraner CS 108 Ab 104
25001 Mangraners L 72 Ad 99
41015 Manicomio de Miraflores SE 164 Ua 124
49174 Maniles, Los ZA 80 Ua 100
40142 Manilla SG 101 Vd 103
29691 Manilva MA 190 Ue 130
32870 Manín OR 58 Rf 97
46940 Manises V 123 Zd 112
05145 Manjabálago AV 100 Uf 105
24722 Manjarín LE 42 Td 94
26315 Manjarrés RI 47 Xb 94
28754 Manjirón MD 84 Wc 103
08560 Manlleu B 74 Cb 96
17743 Manol, El GI 56 Cf 95
04887 Manolones, Los AL 186 Xd 124
34429 Manquillos P 63 Vc 95
07400 Manresa IB 127 Da 109
08281 Manresana dels Prats, La B 73 Bd 98
40591 Mansilla SG 84 Wc 101
09159 Mansilla de Burgos BU 46 Wb 94
26329 Mansilla de la Sierra RI 66 Xa 96
24210 Mansilla de las Mulas LE 43 Ud 94
24248 Mansilla del Páramo LE 43 Ub 94
24217 Mansilla Mayor LE 43 Ud 93
19128 Mantiel GU 104 Xc 105
34889 Mantinos P 44 Va 92
46660 Manuel V 142 Zd 114
14446 Manuelas CO 152 Vd 119
30411 Manueras de Arriba MC 171 Xf 121
01138 Manurga VI 35 Xb 91
07315 Manut IB 127 Cf 110
25555 Manyanet L 53 Af 94
03640 Manyor, El A 158 Za 118
32548 Manzalvos OR 60 Sf 97
49564 Manzanal de Abajo ZA 61 Te 97
49594 Manzanal de Arriba ZA 60 Td 97
49163 Manzanal del Barco ZA 61 Ua 99
49317 Manzanal de los Infantes ZA 61 Td 96
24369 Manzanal del Puerto LE 42 Te 93
13200 Manzanares CR 138 Wd 115
42315 Manzanares SO 84 Wf 101
26258 Manzanares de Rioja RI 47 Xa 94
28410 Manzanares el Real MD 102 Wa 104
33449 Manzaneda AS 31 Ua 87
33660 Manzaneda AS 31 Ub 89
24738 Manzaneda LE 42 Te 95
32781 Manzaneda OR 41 Se 95
24891 Manzaneda de Torío LE 43 Uc 92
09558 Manzanedillo BU 46 Wb 91
09558 Manzanedo BU 46 Wb 91
45460 Manzaneque TO 118 Wb 111
44420 Manzanera TE 123 Zb 108
16339 Manzaneruela CU 122 Ye 109
11150 Manzanete CA 188 Ua 131
21890 Manzanilla H 179 Td 124
18561 Manzanillo GR 168 Wc 123
37497 Manzanillo SA 97 Tc 105
47314 Manzanillo VA 64 Vd 99
18492 Manzanillo, El GR 185 We 127
29793 Manzano MA 183 Wa 128
37497 Manzano, El SA 97 Tc 105
37171 Manzano, El SA 79 Te 101
01213 Manzanos VI 47 Xa 92
18810 Manzanos, Los GR 186 Xb 124
27419 Mañente LU 40 Sc 93
31130 Mañeru NC 49 Ya 93
04278 Maños, Los AL 187 Xf 126
27346 Mao LU 40 Se 92
07701 Maó = Mahón IB 93 Eb 109
45515 Maqueda TO 117 Vd 108
31395 Maquirriain NC 49 Yc 93
31194 Maquirriain NC 49 Yc 91
33315 Mar AS 31 Ud 87
50331 Mara Z 87 Yc 101
18200 Maracena GR 184 Wc 125
19280 Maranchón GU 86 Xe 102
17134 Maranyà GI 75 Da 96
24996 Maraña LE 32 Ue 90
13720 Marañón CR 138 We 113
31227 Marañón NC 48 Xd 93
23369 Marañosa, La J 154 Xb 118
28339 Marañosa, La MD 102 Wc 107
46860 Marau V 142 Zc 115
09216 Marauri BU 47 Xc 92
40130 Marazoleja SG 83 Vd 103
40133 Marazuela SG 83 Vd 103
14880 Marbella CO 167 Ve 123
29602 Marbella MA 190 Va 129
43775 Marçà T 91 Ae 102
27439 Marce LU 40 Sb 93
04814 Marcelinos, Los AL 171 Xf 124
15862 Marcelle C 26 Rb 91
22268 Marcén HS 70 Ze 97
33519 Marcenado AS 31 Uc 88
10662 Marchagaz CC 98 Te 107
18516 Marchal GR 185 We 125
04271 Marchal, El AL 187 Xf 125
18491 Marchal, El GR 185 Wf 127
04729 Marchal de Antón López, El AL 186 Xc 127
04890 Marchal del Abogado AL 186 Xc 125
18181 Marchalejo GR 185 We 125
19180 Marchamalo GU 103 We 104
29710 Marchamona MA 183 Ve 127
10251 Marchanas, Las CC 115 Ub 111
04200 Marchante AL 186 Xd 126
41620 Marchena SE 181 Ud 125
11339 Marchenilla CA 188 Ud 130
41500 Marchenilla SE 180 Ub 125
08619 Marcians B 73 Bf 96
35479 Marciegas, Las GC 200 Kb 181
31340 Marcilla NC 49 Yb 95
34469 Marcilla de Campos P 45 Vd 95
27248 Marco LU 29 Se 89
46310 Marcos, Los V 122 Ye 112
21620 Marcos de Alcolea, Los H 163 Ta 124
31794 Mardea de Arráyoz NC 37 Yc 90
30384 Mar de Cristal MC 173 Zb 123
02512 Mardos, Los AB 156 Yc 117
33536 Marea, La AS 31 Ud 89
27164 Marei LU 40 Sd 91
33811 Marentes AS 29 Ta 90
46419 Mareny Blau, El V 143 Ze 113
46419 Mareny de les Barraquetes, El V 143 Ze 113
46408 Mareny de Sant Lorenç, El V 143 Ze 113
46408 Mareny de Vilxes, El V 143 Ze 113
33390 Mareo de Arriba AS 31 Ub 88
30391 Marfagones MC 173 Yf 123
30334 Margajón, El MC 172 Ye 123
25141 Margalef L 72 Ae 99
43371 Margalef T 91 Ae 101
08298 Marganell B 73 Be 99
03828 Margarida A 142 Ze 116
04811 Margen, El AL 171 Xe 123
18891 Margen de Arriba GR 170 Xc 123
33547 Margolles AS 32 Uf 88
22349 Margudgued HS 52 Aa 94
04838 María AL 171 Xf 122
14650 María Aparicio CO 167 Vd 121
50430 María de Huerva Z 88 Yf 99
07519 Maria de la Salut IB 127 Da 111
37497 Marialba SA 97 Tc 105
24199 Marialba de la Ribera LE 43 Uc 93
46680 Maria Loera V 142 Zd 113
16143 Mariana CU 121 Xf 107
29315 Mariandana MA 183 Ve 126
28250 Marías, Las MD 101 Wa 105
41727 Maribáñez SE 179 Ua 126
23393 Maridos, Los J 155 Xc 118
01206 Marieta VI 48 Xc 91
10815 Marifranca CC 114 Td 108
21647 Marigenta H 163 Tc 123
07872 Mariland IB 125 Bd 116
02252 Marimínguez AB 141 Yd 113
25196 Marimón L 71 Ad 99
36900 Marín PO 38 Rb 94
36900 Marín PO 38 Rb 94
20530 Marin SS 36 Xc 90
07629 Marina IB 126 Cf 111
07639 Marina IB 127 Cf 112
03177 Marina, La A 158 Zc 120
21800 Marina Dávila H 177 Tb 125
07660 Marina de Cala d''Or IB 127 Db 112
41569 Marinaleda SE 182 Va 124
33190 Marinas AS 31 Ua 88
04740 Marinas, Las AL 186 Xc 128
01439 Marinda VI 47 Xa 91
08389 Marine Land B 75 Ce 99
46150 Marines V 123 Zc 110
21208 Marines, Los H 163 Tc 121
29710 Marines, Los MA 183 Ve 127
30420 Marines, Los MC 156 Yb 119
46163 Marines Nuevo V 123 Zc 110
22437 Mariñosa, La HS 71 Ac 95
03818 Mariola A 158 Zc 116
02160 Maripérez AB 139 Xe 114
46388 Marisán V 142 Zc 112
41730 Marismillas SE 180 Ua 126
50336 Marivella Z 87 Yc 100
27308 Mariz LU 28 Sa 90
45479 Marjaliza TO 118 Wa 111
07769 Marjal Nova IB 93 Df 109
48270 Markina-Xemein BI 36 Xd 89
01139 Markina-Xemein VI 35 Xb 91
08671 Marlagarrga B 73 Be 97
05140 Marlín AV 100 Vb 104
43714 Marmellar T 92 Bd 100
09131 Marmellar de Abajo BU 46 Wb 94
09131 Marmellar de Arriba BU 46 Wb 94
48382 Mármiz BI 35 Xc 89
11650 Mármol, El CA 181 Uc 127
23412 Mármol, El J 169 Wd 120
23770 Marmolejo J 168 Ve 120
24226 Marne LE 43 Ud 93
03729 Marnes A 159 Zf 116
29787 Maro MA 184 Wa 128
15258 Maroñas, As C 26 Ra 91
01479 Maroño VI 35 Wf 90
23747 Maroteras J 168 Vf 120
15819 Maroxo C 39 Rf 91
42213 Marozovel SO 85 Xb 101
02534 Marquesito, El AB 171 Xd 120
08253 Marquet, El B 73 Be 99
01216 Marquínez VI 48 Xc 92
10291 Marquinilla CC 114 Tf 111
49147 Marquiz de Alba ZA 61 Ua 98
50616 Marracos Z 69 Zb 96
04260 Marraque AL 186 Xd 127
07141 Marratxí = Sa Cabaneta IB 126 Ce 111
23693 Marroquín-Encina Hermosa J 168 Wa 123
32750 Marrubio OR 40 Sd 95
45636 Marrupe TO 116 Vb 108
29692 Martagina MA 190 Ue 130
22772 Martés HS 50 Za 93
37510 Martiago SA 97 Td 106
42134 Martialay SO 67 Xd 98
37550 Martihernando SA 97 Tc 105
05140 Martiherrero AV 100 Vb 104
37891 Martillán SA 99 Uc 104
37497 Martillán SA 97 Tb 104
22714 Martillué HS 51 Zd 93
33527 Martimporra AS 31 Uc 88
27349 Martín LU 40 Sc 93
37891 Martinamor SA 99 Uc 104
40162 Martincano SG 83 Wb 102
41658 Martín de la Jara SE 182 Va 126
44750 Martín del Río TE 107 Za 103
37494 Martín de Yeltes SA 98 Te 104
25726 Martinet L 54 Be 94
14940 Martinete, El CO 167 Vd 124
18340 Martinete, El GR 184 Wb 125
05151 Martínez AV 99 Ud 105
30156 Martínez, Los MC 173 Yf 122
30397 Martínez, Los MC 173 Yf 122
23210 Martín Malo J 153 Wc 119
40130 Martín Miguel SG 83 Ve 103
40510 Martín Muñoz de Ayllón SG 84 Wd 101
40466 Martín Muñoz de la Dehesa SG 82 Vb 102
40446 Martín Muñoz de las Posadas SG 82 Vc 103
37891 Martín Vicente SA 99 Uc 104
27843 Martiñán LU 28 Sc 89
01191 Martioda VI 47 Xb 91
20580 Mártires = Osintxu SS 36 Xd 90
17832 Martís GI 75 Ce 95
08760 Martorell B 92 Bf 100
08107 Martorelles B 93 Cb 99
23600 Martos J 168 Wa 122

17310 Martosa GI 75 Cf 98
14620 Maruanas CO 167 Vd 121
40142 Marugán SG 83 Vd 103
48112 Maruri-Jatabe BI 35 Xa 88
46728 Marxuquera, La V 143 Ze 115
17493 Marzà GI 56 Da 95
35017 Marzagán GC 200 Kd 180
47133 Marzales VA 62 Uf 99
48291 Marzana BI 36 Xc 90
15688 Marzoa C 27 Rd 90
09142 Masa BU 46 Wb 93
44643 Masada de Anduch TE 107 Ze 103
44556 Masada de Azcón TE 107 Zc 104
44661 Masada de Bascones TE 89 Ze 102
50163 Masada de la Lomoza Z 69 Zc 98
44559 Masada de la Monja TE 107 Zc 104
44559 Masada de la Solana TE 107 Zc 104
44559 Masada del Cerro TE 107 Zc 104
44600 Masada del Marqués TE 89 Ze 102
22250 Masada del Pozo HS 70 Zd 98
12469 Masada del Sordo CS 123 Zc 109
44193 Masada del Valle TE 106 Yf 106
44169 Masada de Torre Caro TE 107 Zb 104
44559 Masada de Valredonda TE 107 Zc 104
44780 Masada Nueva TE 88 Zb 102
22215 Masadera, La HS 70 Zf 97
46292 Masalavés V 142 Zc 114
25184 Masalcorreig = Massalcoreig L 90 Ac 100
50134 Mas Alta Z 88 Zb 101
17763 Masarac GI 56 Cf 94
43718 Masarbonès T 92 Bc 101
43878 Mas Bages T 109 Ad 104
12118 Mas Blanc, El CS 108 Zf 108
44530 Mas Blanco TE 88 Zc 101
43750 Mas Bonito T 91 Ae 101
43891 Masboquera T 91 Af 102
50170 Mas Borbó Z 90 Ab 101
45430 Mascaraque TO 118 Wb 110
03590 Mascarat A 159 Zf 117
12529 Mascarell CS 124 Zf 109
22270 Mascariello HS 70 Zc 96
44570 Mas Cascajares TE 89 Ze 103
17753 Mas Corbera GI 56 Cf 94
21647 Mascote H 163 Tc 123
46171 Mas d'Agustí, El V 123 Zb 110
25165 Mas d'Albagié L 91 Ae 100
12193 Mas d'Alentao CS 108 Zf 107
43746 Mas d'Andreu T 90 Ad 102
44651 Mas d'Andréu TE 108 Zf 104
12119 Mas d'Avall, El CS 124 Ze 108
12428 Mas de Aceite CS 123 Zc 108
44400 Mas de Aliaga TE 107 Zb 107
46176 Mas de Aliaga V 123 Za 110
50700 Mas de Ambrós Z 89 Zf 101
44621 Mas de Angosta TE 89 Aa 102
22221 Mas de Antillón HS 70 Ze 99
44357 Mas de Aranda TE 106 Ye 103
46176 Mas de Arquelilla V 122 Yf 110
43514 Mas de Barberans T 109 Ac 104
43718 Mas de Bartomeu T 92 Bc 101
22520 Mas de Beppo HS 90 Ab 100
44588 Mas de Bernal TE 108 Aa 104
25186 Mas de Bernari L 90 Ad 100
44140 Mas de Blanco TE 107 Zd 105
44587 Mas de Bolincha TE 108 Aa 104
25186 Mas de Bonastre L 90 Ad 100
25340 Mas de Bondia, El L 72 Bb 99
44143 Mas de Boras TE 107 Zc 106
50793 Mas de Brunel Z 90 Aa 101
46176 Mas de Caballero V 122 Yf 111
43790 Mas de Cabás T 90 Ac 101
12183 Mas de Calaf CS 108 Aa 107
43748 Mas de Calderer T 90 Ad 102
12194 Mas de Campos CS 108 Zf 107
44600 Mas de Cantaritas TE 89 Zf 102
50700 Mas de Cebrián Z 89 Zf 101
22520 Mas de Chartos HS 90 Ab 100
22514 Mas de Chias HS 71 Ac 96
46351 Mas de Cholla V 122 Yf 111
50793 Mas de Comas Z 90 Ab 101
50792 Mas de Corbatón Z 89 Ze 101
43746 Mas de Cribas T 91 Ae 103
44587 Mas de Dilla TE 108 Aa 104
44411 Mas de Domenedi TE 107 Zc 107
12118 Mas de Ensavi CS 108 Ze 107
50795 Mas de Ezque Z 90 Ac 101
12159 Mas de Falcó CS 108 Ze 105
43596 Mas de Fandos T 90 Ab 103
43560 Mas de Favaró T 109 Ac 105
43784 Mas de Feltre T 90 Ad 102
43750 Mas de Femella T 90 Ad 101
44556 Mas de Ferrer TE 107 Zd 104
12130 Mas de Flors, El CS 124 Zf 108
44652 Mas de Fousa TE 108 Zf 104
25187 Mas de Franxo L 90 Ac 101
44450 Mas de Gabito TE 107 Za 107
44580 Mas de Gabriel TE 108 Aa 103
12110 Mas de Gil i Vídua CS 124 Ze 108
43513 Mas de Gorreta T 90 Ad 103
50700 Mas de Guallár Z 89 Aa 101
12316 Mas de Guimerans CS 108 Zf 105
12316 Mas de Guimerans CS 108 Zf 105
22530 Mas de Ibarís HS 71 Ab 99
22520 Mas de Ignacio HS 90 Ab 99
46144 Mas de Jacinto V 122 Ye 108
44621 Mas de Jaén TE 89 Aa 102
43371 Mas de Jaime T 91 Ae 101
22592 Mas de Labrador HS 89 Zf 100
44643 Mas de la Cerroch TE 108 Zf 103
44414 Mas de la Cervera TE 107 Zc 107
44158 Mas de la Chita TE 107 Zb 104
44652 Mas de la Clota TE 108 Zf 104
43597 Mas de la Creu T 108 Ab 103
44621 Mas de la Creu TE 90 Aa 103
44622 Mas de la Cruz TE 90 Ab 103
50710 Mas de la Cruz Z 89 Aa 102
44520 Mas de la Curta TE 89 Ze 102
44600 Mas de la Era Empedrado TE 89 Zf 102
43782 Mas de la Gaeta T 90 Ac 102
12599 Mas de la Guardia CS 108 Aa 104
12134 Mas de la Lloma CS 107 Ze 107
43814 Mas de l'Alzinet T 92 Bc 101
12120 Mas de la Mina CS 124 Ze 108
44652 Mas de la Moleta TE 108 Zf 104
22230 Mas de la Muda HS 70 Zf 99
43362 Mas de la Noguera T 91 Af 101
44450 Mas de la Parra TE 106 Za 107
08737 Mas de la Pineda B 92 Bd 100
12120 Mas de la Polla Rosa CS 124 Ze 107
44520 Mas de la Reina TE 89 Ze 101
44432 Mas de las Barracas TE 107 Zc 107
44564 Mas de las Matas TE 108 Ze 104
12318 Mas de las Monges CS 107 Ze 105
50710 Mas de las Monjas Z 89 Zf 102
12186 Mas de la Teulera CS 108 Aa 106
43440 Mas de la Torre T 91 Ba 100
25160 Mas de la Vall L 90 Ad 100
25179 Mas de la Viuda L 90 Ad 100
25164 Mas del Blanquet L 91 Ae 100
12311 Mas del Cap del Barranc CS 108 Zf 104
44414 Mas del Cerrito TE 107 Zc 107
22230 Mas del Chel de Medeo HS 70 Zf 99
25187 Mas del Chorizo L 90 Ac 101
43513 Mas del Comte T 90 Ad 103
25175 Mas del Cot L 90 Ad 100
44600 Mas de León TE 89 Ze 102
22213 Mas de Lerín HS 70 Ze 98
50700 Mas del Escolano Z 89 Ze 101
46901 Mas de les Palmes, El V 142 Zc 112
44586 Mas de les Pubilles TE 108 Aa 104
43787 Mas de les Torres T 90 Ab 102
43596 Mas de l'Estudiant T 90 Ab 103
43373 Mas del Francés T 90 Ae 101
43500 Mas del Ganxo T 109 Ad 103
25183 Mas del Guapeto L 90 Ac 100
22592 Mas del Hungari HS 89 Zf 100
44643 Mas del Joaquinet TE 108 Zf 104
44562 Mas del Juncal TE 107 Zd 104
46900 Mas del Jutge, El V 142 Zc 112
25109 Mas del Lleó L 71 Ac 98
22592 Mas del Magi HS 89 Zf 100
43785 Mas del Manescal T 90 Ac 102
25100 Mas del Mingo L 71 Ac 98
44450 Mas del Molinete TE 107 Za 107
43786 Mas del Moro T 90 Ab 102
43596 Mas del Nen T 90 Ab 102
50177 Mas del Niño Z 89 Zf 100
25165 Mas del Nogueret L 91 Ae 100
46140 Mas del Olmo V 122 Ye 108
50790 Mas de los Miguelitos Z 89 Ze 101
44661 Mas del Padre Santo TE 89 Ze 101
25165 Mas del Pedró L 91 Ae 100
44610 Mas del Pellejo TE 90 Ab 102
25165 Mas del Perdó L 91 Ae 100
43379 Mas del Perinet T 91 Af 101
44588 Mas del Pito TE 108 Aa 104
22520 Mas del Pobre HS 90 Aa 99
43785 Mas del Pollo T 90 Ac 102
44591 Mas del Polo TE 89 Zc 101
44586 Mas del Pont TE 108 Aa 104
44600 Mas del Puente TE 89 Zf 102
44559 Mas del Rajo TE 107 Zc 104
43783 Mas del Raye T 90 Ac 102
43519 Mas del Rei T 90 Ad 103
44421 Mas del Río TE 122 Yf 109
50170 Mas del Roc Z 90 Ab 101
44610 Mas del Roig TE 90 Ab 103
44558 Mas del Rubio TE 107 Zb 103
43787 Mas del Sant T 90 Ab 102
50794 Mas del Santos Z 90 Ab 101
12166 Mas dels Chulos CS 124 Zf 107
25177 Mas del Senyor L 90 Ad 101
12160 Mas dels Oms CS 108 Ze 106
50700 Mas del Torero Z 89 Ze 101
50131 Mas del Turso Z 88 Zb 101
44579 Mas del Turulet TE 89 Ze 103
25179 Mas del Valrrey L 90 Ad 100
43791 Mas de Madronyetes T 90 Ad 102
50793 Mas de Malo Z 90 Aa 101
25154 Mas de Mandanya L 91 Ae 99
44600 Mas de Mantilla TE 89 Zf 102
43785 Mas de Maranya T 90 Ab 102
25177 Mas de Marian L 91 Ae 101
22213 Mas de Mariano HS 70 Ze 98
44580 Mas de Matalobos TE 108 Ab 103
25178 Mas de Mateu L 90 Ad 101
44570 Mas de Matutano TE 89 Ze 103
25154 Mas de Matxerri L 91 Ae 99
44556 Mas de Mele TE 107 Zc 104
25154 Mas de Melons L 91 Ae 100
43783 Mas de Menut T 90 Ac 101
43516 Mas de Merades T 109 Ac 105
22570 Mas de Miquel HS 71 Ad 97
43597 Mas de Miralles T 108 Ab 103
44621 Mas de Mois TE 90 Aa 102
25692 Mas de Montardi L 72 Ae 97
44652 Mas de Morén TE 108 Zf 104
43786 Mas de Mossèn Pere T 90 Ab 102
44586 Mas de Moyóns TE 108 Aa 104
43785 Mas de Mustiu T 90 Ac 102
44459 Mas de Navarrete TE 122 Yf 107
43814 Mas d'En Bosc T 92 Bc 101
43840 Mas d'En Bosc, El T 91 Ba 102
43361 Mas d'En Gil T 91 Af 101
25179 Mas de Noguers L 90 Ac 101
50795 Mas de Nonaspe Z 90 Ab 101
12180 Mas d'Enqueixa CS 124 Aa 107
43878 Masdenverge T 109 Ad 104
43440 Mas d'En Xup T 91 Ba 100
50170 Mas de Orleans Z 90 Aa 101
44600 Mas de Palomar TE 89 Zf 102
43746 Mas de Panaré T 90 Ad 103
43784 Mas de Parrot T 90 Ac 102
44450 Mas de Peñarroya TE 123 Za 108
44500 Mas de Perle TE 89 Zd 103
12135 Mas de Pesetes CS 107 Ze 106
44621 Mas de Petot TE 89 Aa 102
43513 Mas de Planero T 90 Ad 103
43736 Mas de Poldo T 91 Ae 102
08738 Mas de Pontons, El B 92 Bc 100
43790 Mas de Pubilla T 90 Ac 101
25289 Mas de Pujantell L 73 Bc 97
50700 Mas de Pulido Z 89 Zf 101
25186 Mas de Rabé L 90 Ad 100
50700 Mas de Rabel Z 89 Zf 101
22215 Mas de Rafalet HS 70 Zf 98
25186 Mas de Ratat L 90 Ad 100
43787 Mas de Ratat T 90 Ab 102
43860 Mas de Renegac T 91 Ae 103
44556 Mas de Ricarda TE 107 Zd 104
44600 Mas de Robres TE 89 Ze 102
12511 Mas de Roc CS 108 Ab 105
44213 Mas de Romanos TE 88 Za 102
25186 Mas de Rosell L 90 Ad 100
12164 Mas de Rosildos CS 108 Zf 107
12316 Mas de Sabaté CS 108 Ze 105
44150 Mas de Santella TE 107 Zb 105
50795 Mas de Santiago Z 90 Ac 101
43747 Mas de Segara T 90 Ad 102
43792 Mas de Siló T 90 Ad 101
43790 Mas de Simonet T 90 Ac 101
25639 Mas de Solduga L 72 Af 96
44610 Mas de Sorribes TE 90 Ab 103
25330 Mas d'Estadella, El L 72 Ba 99
43860 Mas d'Estanqué T 91 Ae 103
44708 Mas de Táteiras TE 107 Zb 104
50780 Mas de Tío Manguer Z 89 Ze 101
44412 Mas de Torre Colás TE 107 Zc 106
22213 Mas de Torres HS 70 Ze 98
12183 Mas de Trilles CS 108 Aa 107
44530 Mas de Val Primera TE 89 Zd 102
50750 Mas de Val Traversa Z 89 Zd 99
50780 Mas de Vaquer Z 89 Zf 101
12578 Mas de Vegue CS 108 Ab 106
46389 Mas de Vergés V 142 Zc 112
12123 Mas de Vicenta CS 124 Zd 108
50709 Mas de Villacampa Z 89 Aa 101
43596 Mas de Vinyals T 90 Ab 103
13194 Masegar CR 117 Ve 112
16318 Masegar, El CU 122 Yc 107
16878 Masegosa CU 105 Xf 105
02314 Masegoso AB 155 Xe 116
42112 Masegoso SO 67 Xf 98
44123 Masegoso TE 105 Yd 107
19490 Masegoso de Tajuña GU 104 Xb 104
17538 Masella, La GI 54 Bf 94
43365 Mas Enrei T 91 Af 101
44424 Mases, Los TE 123 Zb 108
44540 Mases, Los TE 89 Zc 102
44591 Mases de Almochuel Z 89 Zc 101
44557 Mases de Crivillén TE 89 Zc 103
50780 Mases de la Balsa Z 89 Ze 100
44540 Mases de la Cantera TE 88 Zb 102
44500 Mases de la Paridera TE 89 Zd 102
44500 Mases del Collado TE 89 Zd 103
44600 Mases del Morellano TE 89 Zf 102
50780 Mases del Pez Z 89 Ze 100
44540 Mases del Radiguero TE 88 Zc 102
44500 Mases del Santo TE 89 Zd 102
25186 Mases de Marcias L 90 Ac 100
50700 Mases de Pantoja Z 89 Zf 101
50780 Mases de Piqueros Z 89 Ze 100
44540 Mases de Sasillo TE 89 Zc 102
22230 Mases de Trenques HS 70 Zf 99
44480 Mases y Tamboril TE 123 Zb 108
44586 Maset de Rocher TE 108 Aa 104
03108 Masets A 158 Zd 117
43362 Mas Gallicant T 91 Af 101
46370 Masía Aldamar V 123 Zc 112
44100 Masía Alta TE 106 Yd 106
46117 Masia Arnal V 123 Zd 111
12110 Masia Bachero d'Araia CS 124 Ze 108
12140 Masia Benefechines CS 108 Aa 106
43421 Masia Cal Solvet B 92 Bc 99
12185 Masia Can Bosc CS 108 Aa 107
44110 Masía Cardencla TE 106 Yd 106
12513 Masia Costereta CS 108 Aa 106
12120 Masia d'Agustina CS 123 Zd 107
12410 Masía de Abanillas CS 123 Zc 110
44168 Masía de Abeja TE 107 Za 105
44431 Masía de Agua Blanca TE 107 Zb 106
44562 Masía de Asensio TE 107 Zd 104
44193 Masía de Atalaya TE 107 Za 106
44155 Masía de Bernat TE 107 Za 105
44126 Masía de Bruno TE 105 Yb 107
12140 Masia de Brusca, La CS 108 Zf 106
12440 Masía de Buscavidas CS 123 Zc 109
44394 Masía de Cabezo Pardo TE 106 Ye 104
44159 Masía de Cañadas TE 107 Zb 105
44382 Masía de Cañalafuente TE 106 Yd 104
44150 Masía de Cañizarejo TE 107 Zb 105
12135 Masia de Capote CS 108 Ze 106
25180 Masia de Caramba L 71 Ac 99
12185 Masia de Carrero CS 108 Aa 107
44125 Masía de Conejera TE 105 Yc 106
12410 Masía de Cucalón CS 123 Zc 110
12120 Masia de Fabra Lloma CS 124 Ze 108
12125 Masia de Fuentes CS 123 Zd 108
12134 Masia de Gargán CS 107 Ze 107
12120 Masia de Guadamar de Dalt CS 124 Ze 108
44414 Masía de Igual TE 107 Zc 107
12513 Masia de Jaime Vicente CS 108 Zf 106
22520 Masía de J. Antonio HS 90 Ab 100
12429 Masía de la Almarja CS 123 Za 109
44442 Masía de la Balsa TE 106 Za 107
44164 Masía de la Cañada TE 106 Yf 104
12134 Masia de la Carrasca CS 107 Ze 107
44193 Masía de la Casa Baja TE 106 Yf 106
12370 Masia de la Creu CS 108 Aa 105
44167 Masía de la Ermita TE 106 Yf 105
44193 Masía de la Hita TE 106 Za 106
44368 Masía de la Lagosa TE 105 Yd 106
44161 Masía del Alfambra TE 106 Za 105
44432 Masía del Altico TE 107 Zb 106
44431 Masía de la Olmedilla TE 107 Zb 107
44442 Masía de la Rambla TE 106 Za 107
44160 Masía de la Rana TE 106 Yf 105
44430 Masía de la Rinconada TE 123 Za 107
22232 Masía de la Sardera HS 70 Aa 99
44460 Masía de las Cuestas TE 123 Za 108
44159 Masía de la Serna TE 107 Zb 105
43786 Masia de la Serra T 90 Ac 102
44400 Masía de las Incosas TE 107 Zb 107
44157 Masía de la Solana TE 107 Zb 105
44145 Masía de la Sonana TE 107 Zb 106
44145 Masía de las Pupilas TE 107 Zb 105
12513 Masia de la Torreta CS 108 Aa 106
44100 Masía de la Toyuela TE 106 Yd 106
12429 Masía del Bolado CS 123 Zb 108
44367 Masía del Borrocal TE 106 Yc 106
22232 Masía del Campo HS 70 Aa 99
44440 Masía del Campo TE 106 Za 107
46169 Masía del Capella V 123 Zc 110
44409 Masía del Carbonero TE 106 Za 106
44431 Masía del Carrascalejo TE 107 Zb 106
44100 Masía del Cebrero TE 105 Yc 106
44530 Masía del Ceperuelo TE 89 Zd 102
12430 Masía del Collado CS 123 Zb 109
44155 Masía del Collado TE 107 Za 105
44300 Masía del Colorado TE 106 Yd 104
12599 Masia del Esparavé CS 108 Aa 105
12135 Masia de les Pomeres CS 107 Ze 107
12315 Masia de les Pruneres CS 108 Aa 105
12513 Masia del Gatellá CS 108 Zf 106
44400 Masía del Hocico TE 107 Zb 107
44167 Masía del Hoyo TE 106 Ye 105
46171 Masía del Juez V 123 Zb 110
44330 Masía del Mas TE 87 Yd 103
03516 Masia del Oficial A 159 Ze 117
12370 Masia de l'Om CS 108 Aa 105
44100 Masía de los Gatos TE 106 Yd 106
12430 Masía de los Pérez CS 123 Zb 109
44143 Masía del Padre Santo TE 107 Zc 105
44100 Masía del Palomo TE 106 Yd 106
44146 Masía del Portero TE 107 Zb 106
44161 Masía del Pozuelo TE 106 Za 105
44433 Masía del Prado TE 107 Zb 106

12125 Masía del Rebollo CS 123 Zd 108
44164 Masía del Recuenco TE 106 Yf 104
44440 Masía del Río TE 107 Za 107
12125 Masía del Rull CS 123 Zd 108
12162 Masia del Senyor CS 108 Zf 106
44191 Masía del Villarejo TE 106 Ye 108
12135 Masia de Manzanares CS 107 Ze 107
44145 Masía de Marta TE 107 Zc 106
44155 Masía de Millán TE 107 Zb 105
44100 Masía de Monteagudo TE 105 Yc 106
44394 Masía de Morata TE 106 Yd 104
44431 Masía de Ontejas Altas TE 107 Zb 106
44161 Masía de Portachuelo TE 106 Za 106
44563 Masía de Ricoll TE 107 Ze 104
12410 Masía de Rivas CS 123 Zc 109
44100 Masía de Roclos TE 106 Yd 106
12162 Masia de Romeo CS 108 Zf 106
44300 Masía de Ruecas TE 106 Ye 104
44394 Masía de Saletas TE 106 Yd 104
12135 Masia de Salvador CS 107 Ze 107
12400 Masía de San Juan CS 123 Zd 110
44123 Masía de San Pedro TE 106 Yc 107
44155 Masía de Santa Ana TE 107 Za 105
50170 Masía de Satué Z 90 Ab 101
12513 Masia de Segarra de Arriba CS 108 Zf 106
12319 Masia de Segures CS 108 Aa 104
43749 Masia de Senier T 90 Ad 102
43790 Masia d'Estrada T 90 Ac 101
12135 Masia de Toni CS 107 Zd 107
12313 Masia de Torre Miró CS 108 Zf 104
12410 Masía de Uñoz CS 123 Zc 110
44393 Masía de Val TE 106 Yd 104
44556 Masía de Valdecascallo TE 107 Zd 104
44162 Masía de Valdomingo TE 106 Yf 106
44300 Masía de Villarrubio TE 106 Yd 104
43896 Masia de Vinaixarop T 109 Ad 104
44143 Masía de Zoticos TE 107 Zc 106
12127 Masía el Camino CS 107 Zc 108
44144 Masía El Cañamillo TE 107 Zb 105
12513 Masia Enramon CS 108 Zf 106
12513 Masia Font Nova CS 108 Zf 105
44440 Masía La Cañada TE 107 Za 106
25180 Masía la Vaqueria L 71 Ac 99
44586 Masia Nova TE 108 Aa 104
44195 Masía Nueva del Cerrito TE 106 Ye 107
12578 Masia Pallaresa CS 108 Ab 106
12450 Masía Paredes CS 123 Zc 109
12140 Masia Pati CS 108 Zf 107
12570 Masia Piedra Seca CS 108 Ab 106
46610 Masia Quitorras V 142 Zc 114
08275 Masia Rubi B 74 Ca 98
12469 Masías Blancas CS 123 Zc 109
12469 Masías del Cristo CS 123 Zc 109
44530 Masías de los Albadales TE 89 Zd 102
12460 Masías del Río CS 123 Zc 109
12469 Masías de Parrela CS 123 Zc 109
44360 Masías El Bao TE 106 Ye 105
12122 Masia Traguanta CS 124 Ze 108
12448 Masía Valdesánchez CS 123 Zc 108
44410 Masico de Albardero TE 107 Zd 106
44410 Masico de Bertoldo TE 107 Zc 106
44410 Masico de la Bireta TE 107 Zc 106
27619 Maside LU 40 Sd 92
32570 Maside OR 39 Rf 94
44450 Masío de los Enebrales TE 106 Za 107
17244 Mas la Caseta GI 75 Cf 97
43718 Masllorenç T 92 Bc 101
43813 Masmolets T 91 Bb 101
17464 Mas Nicolau GI 75 Cf 96
17249 Mas Nou GI 75 Da 97
08328 Masnou, El B 93 Cb 100
43786 Masnou, El T 90 Ab 102
43143 Masó, La T 91 Bb 101
25653 Masos de Sant Marti L 72 Ba 96
35100 Maspalomas GC 200 Kc 182
43549 Mas Pin T 109 Ad 104
17257 Mas Pinel GI 75 Db 96
43558 Mas Pinyol T 109 Ac 104
43382 Maspujols T 91 Ba 101
08783 Masquefa B 92 Be 99
12124 Mas Quemado CS 107 Zd 107
25160 Mas Quintana L 90 Ad 100
43891 Masriudoms T 91 Af 102
43736 Masroig, El T 91 Ae 102
46560 Massalfassar V 124 Ze 111
46130 Massamagrell V 124 Ze 111
AD400 Massana, La □ AND 54 Bd 93
46470 Massanassa V 142 Zd 112
17452 Massanes GI 75 Cd 98
17720 Massanet de Cabrenys = Maçanet de Cabrenys GI 56 Ce 94
46112 Massarrottjos V 123 Zd 111
25529 Massivert L 53 Ae 94
25211 Massoteres L 72 Bb 98
37251 Masueco SA 79 Tc 101
44150 Mas Valenciano TE 107 Zc 105
17406 Mas Vidal GI 74 Cc 97
09141 Mata BU 46 Wb 93
39409 Mata CB 33 Vf 89
17846 Mata GI 75 Ce 96
03130 Mata, La A 158 Zc 119
03430 Mata, La A 158 Zb 117
33825 Mata, La AS 30 Tf 88
08278 Mata, La B 74 Bf 99
11520 Mata, La CA 188 Te 129
10895 Mata, La CC 113 Tb 108
17464 Mata, La GI 75 Cf 96
40170 Mata, La SG 83 Wa 102
45534 Mata, La TO 117 Vd 109
40446 Mata Alegre SG 82 Vc 102
23120 Mata Bejid J 169 Wc 122
40163 Matabuena SG 83 Wb 102
23620 Matacas J 168 Wa 121
10970 Mata de Alcántara CC 113 Tb 110
37798 Mata de Armuña, La SA 81 Uc 102
37765 Mata de Arriba SA 98 Ua 105
04828 Mata de Bolaimí, La AL 171 Xf 123
40214 Mata de Cuéllar SG 82 Vd 100
24848 Mata de Curueño, La LE 43 Ud 92
39418 Mata de Hoz CB 33 Ve 91
24852 Mata de la Riba, La LE 43 Ud 91
37130 Mata de Ledesma, La SA 80 Ua 102
44557 Mata de los Olmos, La TE 107 Zc 103
24252 Mata del Páramo, La LE 43 Ub 94
24887 Mata de Monteagudo, La LE 44 Uf 91
12312 Mata de Morella, La CS 107 Ze 105
24291 Matadeón de los Oteros LE 43 Ud 94
08230 Matadepera B 74 Ca 99
25125 Mata de Pinyana, La L 71 Ad 98
40392 Mata de Quintanar SG 83 Vf 102
06800 Matadero Provincial BA 133 Td 115
40185 Mata de Rosueros SG 83 Wa 102
28492 Mataelpino MD 101 Wa 104
04715 Matagorda AL 186 Xa 128
11519 Matagorda CA 188 Te 129
21760 Matalascañas H 178 Tc 127
42132 Matalasilla SO 67 Xf 98
34810 Matalbaniega P 45 Ve 91
42113 Matalebreras SO 67 Xf 97
30889 Matalentisco MC 187 Yc 124
09198 Matalindo BU 65 Wd 95
16250 Mata Llana CU 121 Yb 111
19223 Matallana GU 84 Wd 102
24836 Matallana de Torío LE 43 Uc 91
24290 Matallana de Valmadrigal LE 43 Ue 94
36689 Matalobos PO 39 Rc 92
24357 Matalobos del Páramo LE 43 Ub 94
36210 Matamá PO 57 Rb 95
37891 Matamala SA 99 Uc 104
40163 Matamala SG 84 Wb 102
42211 Matamala de Almazán SO 85 Xc 99
40153 Matamanzano SG 101 Ve 103
25287 Matamargó L 73 Bd 97
34810 Matamorisca P 45 Ve 91
39200 Matamorosa CB 33 Ve 91
47410 Matamozos VA 82 Vb 101
40165 Matandrino SG 84 Wb 102
06392 Matanegra BA 149 Te 118
24793 Matanza LE 42 Tf 94
03316 Matanza, La A 157 Yf 120
02410 Matanza, La AB 156 Ya 118
39880 Matanza, La CB 35 We 89
35220 Matanza, La GC 200 Kd 180
38370 Matanza de Acentejo, La TF 197 Id 178
24207 Matanza de los Oteros LE 62 Ud 95
42351 Matanza de Soria SO 66 We 99
04100 Matanzas, Las AL 186 Xe 127
14900 Mataosos CO 167 Vd 124
39410 Mataporquera CB 45 Vf 91
47230 Matapozuelos VA 82 Vb 100
43540 Mata-redona T 109 Ad 105
08302 Mataró B 93 Cc 99
41569 Matarredonda SE 182 Va 124
39418 Matarrepudio CB 45 Vf 91
19227 Matarrubia GU 103 We 103
19265 Matas GU 85 Xb 102
06430 Matas, Las BA 150 Ub 116
28290 Matas, Las MD 102 Wa 105
41530 Matas, Las SE 181 Ud 125
42175 Matasejún SO 67 Xe 97
25638 Mata-solana L 72 Af 96
01192 Matauco VI 48 Xc 91
24378 Matavenero y Poibueno LE 42 Td 93
08230 Mata-xica B 74 Ca 99
23290 Matea, La J 170 Xc 120
49519 Matellanes ZA 61 Te 98
03316 Mateos, Los A 157 Yf 120
12415 Matet CS 123 Zd 109
18859 Matián GR 170 Xd 123
22311 Matidero HS 51 Zf 94
39812 Matienzo CB 34 Wc 89
35613 Matilla, La GC 199 Ma 177
21760 Matilla, La H 178 Tb 125
40175 Matilla, La SG 83 Wb 101
49692 Matilla de Arzón ZA 62 Uc 96
24359 Matilla de la Vega LE 43 Ua 94
47114 Matilla de los Caños VA 82 Va 99
37450 Matilla de los Caños del Río SA 98 Ua 104
49590 Matilla la Seca ZA 62 Uc 99
27555 Mato LU 40 Sa 92
27375 Mato LU 28 Sc 89
27637 Mato LU 40 Sd 92
03296 Matola A 158 Zb 119
35610 Matorral, El GC 199 Ma 178
06290 Matorrales BA 149 Tf 118
04271 Matreros, Los AL 187 Ya 125
24820 Matueca de Torío LE 43 Uc 92
01206 Maturana VI 48 Xc 91
46391 Matutano, El V 123 Za 112
26321 Matute RI 47 Xb 95
42211 Matute de Almazán SO 85 Xc 100
42167 Matute de la Sierra SO 67 Xd 97
20738 Matxinbenta SS 36 Xe 90
10591 Maulique CC 115 Ua 109
18710 Maurel, El GR 185 We 128
32705 Maus, As OR 59 Sc 95
32880 Maus de Salas OR 58 Sa 97
34492 Mave P 45 Ve 92
31715 Maya, Amaiur/ NC 37 Yd 89
37780 Maya, La SA 99 Uc 104
49718 Mayalde ZA 80 Ub 101
03680 Mayorazogo A 158 Zb 119
04279 Mayordomo, El AL 187 Xf 126
30334 Mayordomos, Los MC 173 Yf 122
47680 Mayorga VA 62 Ue 96
37882 Maza de Alba, La SA 99 Uc 103
37451 Maza de San Pedro SA 98 Tf 104
40556 Mazagatos SG 84 Wd 100
21800 Mazagón H 177 Tb 126
44621 Mazaleón TE 90 Aa 102
05691 Mazalinos AV 99 Uc 106
42130 Mazalvete SO 67 Xe 98
37149 Mazán SA 80 Tf 102
22481 Mazana, La HS 71 Ad 95
39210 Mazandrero CB 33 Ve 90
45593 Mazarabeas Altas TO 118 Vf 109
45593 Mazarabeas Bajas TO 117 Ve 109
45114 Mazarambroz TO 118 Vf 110
19286 Mazarete GU 86 Xf 102
15256 Mazaricos C 26 Ra 91
09346 Mazariegos BU 65 Wc 96
34170 Mazariegos P 63 Vb 96
04131 Mazarulleque AL 186 Xe 128
16510 Mazarulleque CU 120 Xb 107
42126 Mazaterón SO 86 Xf 99
39509 Mazcuerras CB 33 Ve 89
27667 Mazo LU 41 Ta 91
27677 Mazo LU 41 Sf 92
33579 Mazo, El AS 33 Vc 89
45138 Mazo, El TO 117 Vb 111
45138 Mazo, El TO 117 Vb 111
38739 Mazo = Villa de Mazo TF 197 Hb 177
37406 Mazores Nuevo SA 81 Ue 102
37406 Mazores Viejo SA 81 Ue 102
33507 Mazuco, El AS 32 Va 88
09646 Mazueco BU 65 Wd 95
41440 Mazueco SE 165 Ud 122
19114 Mazuecos GU 103 Wf 107
34306 Mazuecos de Valdeginate P 63 Va 95
09228 Mazuela BU 64 Wa 95
34473 Mazuelas P 44 Vc 93
09239 Mazuelo de Muñó BU 64 Wa 95
30442 Mazuza MC 156 Xf 119
30870 Mazzarón MC 172 Ye 123
48115 Meaca BI 35 Xb 89
48115 Meaka BI 35 Xb 89
12133 Meanes CS 108 Zf 107
31227 Meano VI 48 Xd 93
15857 Meáns C 26 Ra 90
36968 Meaño PO 38 Rb 94
20500 Meatzerreka Beneras SS 36 Xd 90
32633 Meaus OR 58 Sb 97
36557 Meavía PO 39 Rd 93
09346 Mecerreyes BU 65 Wc 96
18470 Mecina Alfahar GR 185 Wf 127
18450 Mecina Bombarrón GR 185 We 127
18414 Mecina Fondales GR 185 Wd 127
18490 Mecina-Tedel GR 185 Wf 127
28880 Meco MD 103 We 105
27293 Meda LU 28 Sd 90
32368 Meda OR 41 Sf 95
38610 Médano, El TF 196 Ic 180
32618 Medeiros OR 59 Sc 97
06411 Medellín BA 133 Ua 115
39419 Mediadoro CB 45 Vf 91
13720 Media Luna, La CR 138 We 114
50135 Mediana de Aragón Z 88 Zb 100
05194 Mediana de Voltoya AV 101 Vc 104
09588 Medianas BU 35 We 90
03570 Mediases A 159 Ze 117
33508 Mediavilla AS 32 Va 88
38590 Medida, La TF 197 Id 179
15821 Medín C 27 Re 91
42240 Medinaceli SO 86 Xd 101
06320 Medina de las Torres BA 149 Td 118
47400 Medina del Campo VA 82 Va 101
09500 Medina de Pomar BU 46 Wd 91
47800 Medina de Ríoseco VA 63 Uf 97
04276 Medinas, Los AL 187 Xe 125
11170 Medina-Sidonia CA 188 Ua 130
05619 Medinilla AV 99 Uc 106
09230 Medinilla de la Dehesa BU 46 Wa 95
17482 Medinyà GI 75 Cf 96
39724 Medio Cuyedo CB 34 Wb 88
11610 Mediodía CA 181 Ud 128
32779 Medos OR 40 Sd 94
19246 Medranda GU 85 Xa 103
26374 Medrano RI 48 Xc 94
24442 Medulas, Las LE 41 Tb 94
47440 Megeces VA 82 Vc 100
19315 Megina GU 105 Ya 105
27296 Meilán LU 28 Sc 90
27240 Meira LU 29 Se 89
15188 Meirama C 27 Rd 89
27324 Meiraos LU 41 Se 93
15168 Meirás C 27 Re 88
36877 Meirol PO 57 Rd 95
36637 Meis PO 38 Rb 93
27211 Meixaboi LU 40 Sb 91
32366 Meixide OR 41 Ta 95
15109 Meixonfrío C 26 Rc 90
27558 Meixonfrío LU 40 Sb 92
24250 Méizara LE 43 Ub 94
45593 Mejorada TO 118 Vf 109
45622 Mejorada TO 116 Va 108
28840 Mejorada del Campo MD 102 Wd 106
37478 Mejorito, El SA 98 Td 104
20570 Mekolalde SS 36 Xd 90
48210 Mekoleta BI 35 Xb 90
04271 Mela, La AL 187 Xf 126
18658 Melegís GR 184 Wc 127
02049 Melegriz AB 140 Ya 115
35214 Melenara GC 200 Kd 181
30889 Melenchones, Los MC 172 Yc 124
33691 Melendrera AS 31 Ub 87
33536 Melendreras AS 31 Ud 89
33528 Melendreros AS 31 Uc 89
24515 Melezna y Mazos LE 41 Ta 93
47687 Melgar de Abajo VA 62 Uf 95
47686 Melgar de Arriba VA 44 Uf 95
09100 Melgar de Fernamental BU 45 Ve 94
49626 Melgar de Tera ZA 61 Tf 97
34467 Melgar de Yuso P 64 Ve 95
09591 Melgosa BU 46 Wc 93
16193 Melgosa, La CU 121 Xf 108
09129 Melgosa de Villadiego BU 45 Wa 93
46133 Meliana V 124 Zd 111
32711 Melias OR 40 Sb 94
18713 Melicena GR 185 We 128
31382 Mélida NC 49 Yc 94
47318 Mélida VA 64 Ve 99
15800 Melide C 39 Rf 91
37520 Melimbrazos SA 97 Tc 105
10696 Melinchón, El CC 115 Ua 108
49512 Mellanes ZA 61 Te 98
24165 Mellanzos LE 43 Ue 93
01213 Melledes VI 47 Xa 92
29593 Mellizas, Las MA 182 Vb 127
32411 Melón OR 58 Re 95
40444 Melque SG 82 Vd 102
45165 Melque TO 117 Vd 110
22549 Melusa, La HS 71 Ac 98
40234 Membibre de la Hoz SG 83 Vf 100
37766 Membibre de la Sierra SA 99 Ub 104
13230 Membrilla CR 138 Wd 115
34115 Membrillar P 44 Vb 93
19247 Membrillera GU 85 Xa 103
45663 Membrillo, El TO 116 Vb 109
21647 Membrillo Alto H 163 Tc 123
21647 Membrillo Bajo H 163 Tc 123
10580 Membrío CC 113 Sf 111
01477 Menagaray VI 35 Wf 90
09585 Menamayor BU 35 We 90
25139 Menàrguens L 72 Ae 98
04890 Menas, Las AL 186 Xc 125
04662 Menas, Los AL 187 Ya 124
45128 Menasalbas TO 117 Ve 111
34810 Menaza P 45 Ve 92
04650 Menchores, Los AL 187 Xf 124
25593 Mencui L 53 Ba 94
01510 Mendarozqueta VI 47 Xb 91
48382 Mendata BI 35 Xc 89
31587 Mendavia NC 48 Xe 94
31282 Mendaza NC 48 Xe 93
48460 Mendeica BI 35 Wf 90
48289 Mendexa BI 36 Xd 88
02420 Méndez AB 156 Yb 118
48383 Mendieta BI 35 Xc 89
31150 Mendigorría NC 49 Yb 93
01196 Mendiguren VI 47 Xb 91
01206 Mendijur VI 48 Xc 91
31280 Mendilibarri NC 48 Xe 93
48220 Mendiola BI 35 Xc 90
20550 Mendiola SS 36 Xd 90
01194 Mendiola VI 47 Xc 92
31485 Mendióroz NC 49 Yd 92
01520 Mendívil VI 47 Xc 91
01191 Mendoza VI 47 Xb 91
48230 Mendraka BI 36 Xc 90
36946 Menduiña PO 38 Rb 95
34305 Meneses de Campos P 63 Va 97
06413 Mengabril BA 133 Ua 115
05131 Mengamuñoz AV 100 Uf 106
14620 Mengemor CO 167 Vc 121
23620 Mengíbar J 168 Wb 121
01477 Menoyo VI 35 Wf 90
15113 Mens C 26 Ra 89
39812 Mentera-Barruelo CB 34 Wc 89
45930 Méntrida TO 101 Ve 107
25513 Mentui L 53 Af 94
33707 Menudero AS 30 Tc 88
50780 Menuza Z 89 Zd 101
48120 Meñaka BI 35 Xb 88
50170 Mequinenza Z 90 Ab 100
15349 Mera C 26 Sa 87
17539 Meranges GI 54 Be 94
33785 Merás AS 30 Td 88
25749 Meravella L 72 Ba 97
32830 Merca, A OR 58 Sa 95
39311 Mercadal CB 33 Vf 89
07740 Mercadal, Es IB 93 Ea 109
42193 Mercadera, La SO 66 Xa 99
12163 Mercades de Baix CS 108 Ze 107
05154 Mercadillo AV 99 Ud 105
37493 Mercadillo SA 98 Te 104
39722 Mercadillo, El CB 34 Wb 88
02510 Mercadillos AB 140 Yb 116
28051 Mercamadrid MD 102 Wc 106
30890 Merced, La MC 171 Ya 122
32680 Mercedes OR 59 Sc 96
34828 Mercedes P 45 Ve 91
28620 Mercedes, Las MD 101 Ve 107
33507 Meré AS 32 Va 88
25638 Merea L 72 Ba 96
48710 Mereludi BI 36 Xd 89
32213 Meréns OR 58 Rf 95

15126 Merexo C 26 Qe 90
06800 Mérida BA 133 Td 115
39728 Merilla CB 34 Wb 89
27866 Merille LU 28 Sc 87
33876 Merillés AS 30 Td 89
09515 Merindad de Cuesta-Urria BU 46 Wd 92
09568 Merindad de Sotoscueva BU 34 Wc 90
09574 Merindad de Valdeporres BU 34 Wb 90
09559 Merindad de Valdivieso BU 46 Wc 92
05197 Merino, El AV 100 Vb 105
22482 Merli HS 52 Ac 94
33579 Merodio AS 33 Vc 89
30708 Meroñes, Los MC 173 Za 122
36580 Merza PO 39 Re 92
11339 Mesa, La CA 190 Ud 130
23211 Mesa, La J 153 Wc 119
45760 Mesa, La TO 118 Wc 110
38358 Mesa del Mar TF 197 Id 177
09216 Mesanza BU 47 Xc 92
04149 Mesa Roldán, La AL 187 Ya 127
16650 Mesas, Las CU 138 Xb 112
18810 Mesas, Los GR 170 Xb 124
14729 Mesas Altas CO 166 Uf 121
11590 Mesas de Asta CA 179 Te 128
21620 Mesas de en Medio H 163 Ta 124
14709 Mesas de Guadalora CO 166 Ue 122
10329 Mesas de Ibor CC 115 Uc 110
11592 Mesas de Santiago CA 180 Ua 128
10638 Mesegal CC 98 Te 107
05514 Mesegar de Corneja AV 99 Ue 105
45541 Mesegar de Tajo TO 117 Vc 109
32516 Mesego OR 39 Rf 94
24394 Meseta, La LE 42 Ua 94
15685 Mesía C 27 Re 90
30835 Mesillo MC 172 Yc 123
49660 Mesón de las Palomas ZA 62 Uc 97
15689 Mesón do Vento C 27 Rd 90
02449 Mesones AB 155 Xd 118
19185 Mesones GU 102 Wd 104
50267 Mesones de Isuela Z 87 Yc 99
02359 Mesta, La AB 155 Xd 117
13592 Mestanza CR 152 Vf 117
33507 Mestas AS 32 Va 88
10624 Mestas, Las CC 98 Tf 106
33556 Mestas de Con AS 32 Uf 88
07871 Mestre IB 125 Bc 116
31241 Metauten NC 48 Xf 92
48309 Metxika BI 35 Xb 89
25632 Meüll, El L 72 Ae 96
50152 Mezalocha Z 88 Yf 100
31695 Mezkiritz NC 37 Yd 91
42213 Mezquetillas SO 85 Xc 101
35628 Mézquez GC 199 Lf 178
01207 Mezquia VI 48 Xd 91
32549 Mezquita, A OR 60 Sf 96
44708 Mezquita, La TE 107 Zb 104
44169 Mezquita de Jarque TE 107 Za 104
44493 Mezquita de Loscos TE 88 Yf 102
41659 Mezquitilla, La SE 182 Uf 126
10100 Miajadas CC 133 Ua 114
32701 Miamán OR 59 Sc 95
17850 Miana, La GI 74 Cd 95
50683 Mianos Z 50 Za 93
37660 Miaranda del Castañar SA 98 Ua 106
49624 Micereces de Tera ZA 61 Ua 97
34485 Micieces de Ojeda P 45 Vd 92
50330 Miedes de Aragón Z 87 Yd 101
19276 Miedes de Atienza GU 85 Xa 101
33816 Mieldes AS 30 Td 89
39310 Miengo CB 33 Wa 88
39723 Miera CB 34 Wb 89
33611 Mieres AS 31 Ub 89
33199 Mieres AS 31 Ub 88
17830 Mieres GI 75 Cd 96
19225 Mierla, La GU 84 We 103
39586 Mieses CB 32 Vc 90
37254 Mieza SA 79 Tb 102
30593 Migaznares MC 173 Za 122
07749 Migjorn Gran S. Cristóbal, Es IB 93 Ea 109
40441 Migueláñez SG 83 Vd 102
45830 Miguel Esteban TO 119 Wf 111
40494 Miguel-Ibáñez SG 83 Vd 102
37788 Miguel Muñoz SA 99 Ub 104
13170 Miguelturra CR 137 Wa 115
09511 Mijala BU 35 Wf 91
09515 Mijangos BU 46 Wd 92
09212 Mijaraluenga BU 47 We 92
05461 Mijares AV 100 Va 107
16330 Mijares CU 122 Yd 109
46360 Mijares V 141 Za 112
29650 Mijas MA 191 Vc 129
29649 Mijas Costa MA 191 Vb 129
43143 Milà, El T 91 Bb 101
31320 Milagro NC 68 Yb 95
09460 Milagros BU 84 Wb 99
42218 Milana, La SO 85 Xd 100
37256 Milano SA 79 Tc 102
18312 Milanos GR 183 Vf 125
18128 Milanos GR 183 Ve 126
30333 Milanos, Los MC 172 Ye 122
43559 Miliana, La T 109 Ac 105
30420 Milicianos, Los MC 156 Yb 119
25692 Milla L 71 Ae 97
24393 Milla del Páramo, La LE 43 Ub 94
24283 Milla del Río, La LE 43 Ua 93
49330 Milla de Tera ZA 61 Te 96
19127 Millana GU 104 Xc 105
29109 Millanas, Las MA 190 Va 128
10394 Millanes CC 115 Uc 109
36556 Millarada PO 39 Rd 93
46198 Millares V 142 Zb 113
04560 Millares, Los AL 186 Xc 127
10391 Millares, Los CC 115 Ud 109
32314 Millarouso OR 41 Ta 94
17462 Millars GI 75 Cf 97
27275 Milleirós LU 29 Se 90
03812 Millena A 158 Zd 116
23296 Miller J 155 Xd 119
49699 Milles de la Polvorosa ZA 62 Ub 97
32815 Milmanda OR 58 Rf 96
19287 Milmarcos GU 86 Ya 102
11580 Mimbral, El CA 189 Ub 129
37497 Mimbre, La SA 97 Tb 105
10280 Mimbrera CC 133 Ua 113
48860 Mimetiz BI 35 Wf 89
21660 Mina H 163 Tc 122
42138 Mina SO 68 Ya 98
14512 Mina, La CO 182 Vb 124
22790 Mina, La HS 50 Zb 91
41870 Mina Caridad SE 164 Te 123
21270 Mina de Cala H 164 Td 121
13593 Mina de Diógenes CR 152 Vf 117
21647 Mina de Guadiana H 163 Tb 123
21594 Mina de Santa Catalina H 176 Sd 123
06389 Mina de Santa Justa BA 148 Tc 119
30876 Mina La Positiva MC 172 Yc 123
02499 Minas, Las AB 156 Yb 119
04560 Minas, Las AL 186 Xc 127
16312 Minas, Las CU 122 Yd 110
50269 Minas, Las Z 68 Yc 99
14449 Minas de Horcajo CR 152 Vd 117
41898 Minas del Castillo de las Guardas SE 164 Td 122
18518 Minas del Marquesado GR 185 Wf 125
21660 Minas de Riotinto H 163 Tc 122
15215 Minas de San Fix C 38 Ra 92
18518 Minas de Santa Constanza GR 185 We 125
45672 Minas de Santa Quiteria TO 135 Va 112
02499 Minateda AB 156 Yc 118
13189 Mina Victoria CR 136 Vd 116
02620 Minaya AB 139 Xe 113
07620 Miner IB 127 Cf 111
16260 Minglanilla CU 122 Yc 111
02409 Mingogil AB 156 Yb 118
05280 Mingorría AV 100 Vc 104
02610 Mingote, El AB 139 Xd 115
30335 Mingrano, El MC 172 Ye 123
10895 Minguillana CC 113 Ta 108
23330 Minillas J 154 Wf 119
33798 Miñagón AS 29 Tb 88
24765 Miñambres LE 42 Ua 95
36914 Miñán PO 38 Rb 94
42126 Miñana SO 86 Xf 99
34127 Miñanes P 45 Vc 94
01510 Miñano Menor VI 47 Xb 91
15630 Miño C 27 Re 88
42230 Miño de Medinaceli SO 86 Xc 101
42328 Miño de San Esteban SO 84 Wd 99
09150 Miñón BU 46 Wb 94
09553 Miñón BU 34 Wc 91
15999 Miñortos C 38 Ra 92
19278 Miñosa, La GU 85 Xa 101
42216 Miñosa, La SO 86 Xc 100
27744 Miñotelo LU 28 Sc 89
27865 Miñotos LU 28 Sc 87
01427 Mioma VI 47 Wf 91
39709 Mioño CB 35 We 88
22393 Mipanas HS 71 Ab 95
16393 Mira CU 122 Yd 110
50669 Mira Z 69 Ye 97
10540 Mirabel CC 114 Te 109
19268 Mirabueno GU 85 Xb 103
25287 Miracle, El L 73 Bd 97
30739 Mirador, El MC 173 Za 121
28210 Mirador del Romero MD 101 Vf 106
23713 Miraelrío J 153 Wc 120
03779 Miraflor A 143 Aa 115
11369 Miraflores CA 180 Td 128
28792 Miraflores de la Sierra MD 102 Wb 104
31219 Mirafuentes NC 48 Xe 93
25242 Miralcamp L 72 Af 99
02155 Miralcampo AB 140 Yb 114
19246 Miralrío GU 85 Xa 103
28598 Miralrío MD 119 We 108
22529 Miralsot de Abajo HS 90 Ab 99
22529 Miralsot de Arriba HS 90 Ab 99
46711 Miramar V 143 Zf 115
44141 Mirambel TE 107 Zd 105
25792 Mirambell L 72 Bb 97
33410 Miranda AS 31 Ua 87
27144 Miranda LU 28 Se 91
30319 Miranda MC 173 Yf 122
38715 Miranda TF 197 Hb 176
31253 Miranda de Arga NC 49 Yb 94
37187 Miranda de Azán SA 80 Ub 103
42191 Miranda de Duero SO 67 Xd 99
09200 Miranda de Ebro BU 47 Xa 92
23213 Miranda del Rey J 153 Wc 118
37449 Miranda de Pericalvo SA 80 Ua 103
06891 Mirandilla BA 133 Te 114
24147 Mirantes de Luna LE 43 Ua 91
28035 Mirasierra MD 102 Wb 106
14140 Mirasivienes CO 166 Va 122
25795 Miravall L 53 Bb 95
25430 Miravall L 91 Ae 99
09280 Miravecho BU 47 We 92
43747 Miravet T 90 Ad 102
44159 Miravete de la Sierra TE 107 Zb 105
27229 Miraz LU 28 Sa 90
32136 Mirela OR 39 Sa 93
05154 Mirón, El AV 99 Ud 105
05191 Mironcillo AV 100 Vb 105
13739 Mirones, Los CR 153 Wb 117
05146 Mirueña de los Infanzones AV 100 Uf 104
46920 Mislata V 123 Zd 112
18570 Mitagalán GR 184 Wc 124
01211 Mixancas = Mijancas VI 47 Xb 92
33583 Miyares AS 31 Ue 88
22311 Miz HS 51 Zf 94
04277 Mizala AL 187 Xf 126
02510 Mizquitillas AB 156 Yc 116
36950 Moaña PO 38 Rb 95
15686 Moar C 27 Re 90
34486 Moarves de Ojeda P 45 Vd 92
38916 Mocanal TF 196 Ha 182
38911 Mocanes Casas, Los TF 196 Ha 182
46230 Mocarrá-Bobalar V 142 Zd 113
45270 Mocejón TO 118 Wa 109
19332 Mochales GU 86 Xf 102
14729 Mochos, Los CO 166 Va 122
23268 Mochuelos, Los J 154 Wf 118
32813 Mociños OR 58 Rf 96
18247 Moclín GR 184 Wb 124
29738 Moclinejo MA 183 Ve 128
42315 Modamio SO 85 Wf 100
24815 Modino LE 44 Uf 92
09194 Modúbar de la Cuesta BU 46 Wc 95
09620 Modúbar de la Emparedada BU 46 Wc 95
09194 Modúbar de San Cibrián BU 65 Wc 95
15563 Moeche C 27 Rf 87
35140 Mogán GC 200 Kb 181
37610 Mogarraz SA 98 Tf 106
49174 Mogátar ZA 80 Ua 100
46640 Mogente = Moixent V 142 Zb 115
23250 Mogino J 154 Wf 119
23310 Mogón J 169 Wf 120
36911 Mogor PO 38 Rb 94
33318 Mogovio AS 31 Ud 88
39310 Mogro CB 33 Wa 88
21800 Moguer H 178 Ta 125
30420 Moharque MC 156 Yb 118
02600 Moharras AB 139 Xd 113
29160 Moheda MA 183 Ve 127
10849 Moheda, La CC 114 Tc 108
02139 Mohedas, Las AB 155 Xe 117
10664 Mohedas de Granadilla CC 98 Te 107
45576 Mohedas de la Jara TO 116 Uf 111
19226 Mohernando GU 103 We 104
16193 Mohorte CU 121 Xf 108
08180 Moià B 74 Ca 98
27655 Moia LU 41 Ta 91
32617 Moialde OR 59 Se 97
15937 Moimenta C 38 Ra 92
46640 Moixent = Mogente V 142 Zb 115
08734 Moja B 92 Be 101
04638 Mojácar AL 187 Ya 126
04638 Mojácar Playa AL 187 Yb 126
47250 Mojados VA 82 Vc 100
19264 Mojares GU 85 Xc 102
35530 Mojón, El GC 198 Mc 174
30130 Mojón, El MC 173 Za 120
04825 Mojonar, El AL 171 Xe 123
04270 Mojonera AL 187 Xe 126
04745 Mojonera, La AL 186 Xb 128
04889 Mojonera, La AL 186 Xd 125
03660 Mola A 158 Zb 118
07209 Mola, La IB 127 Da 112
43736 Molá = Molar, El T 91 Ae 102
49120 Molacillos ZA 62 Uc 99
23469 Molar, El J 169 Wf 121
28710 Molar, El MD 102 Wc 104
02251 Molar de Arriba AB 140 Yc 113
21342 Molares H 163 Tb 121
30868 Molares, Los MC 172 Ye 123
41750 Molares, Los SE 181 Ub 126
12448 Molarico, El CS 123 Zc 108
02129 Molata, La AB 156 Xf 116
30849 Molata, La MC 172 Yd 122
15809 Moldes C 39 Rf 91
24521 Moldes LE 41 Ta 93
49521 Moldones ZA 60 Td 97
27244 Moleiras LU 29 Se 89
08697 Molers B 73 Be 95
49327 Molezuelas de la Carballeda ZA 61 Te 96
12135 Molí Azor CS 107 Zd 107
07750 Moli de Dalt, Es IB 93 Df 109
25331 Molí d'Espígol L 72 Ba 98
08513 Molí Galobardes B 74 Ca 97
33555 Molina, La AS 32 Va 89
08517 Molina, La B 73 Bf 97
17537 Molina, La GI 54 Bf 94
19300 Molina de Aragón GU 105 Ya 103
09593 Molina del Portillo de Busto, La BU 47 We 92
30500 Molina de Segura MC 172 Ye 120
09591 Molina de Ubierna, La BU 46 Wc 93
24724 Molinaferrera LE 42 Td 94
48890 Molinar BI 34 Wd 89
02129 Molinar, El AB 156 Xf 116
12429 Molinar, El CS 123 Zb 109
07006 Molinar, El IB 126 Ce 111
17496 Molinàs GI 56 Da 94
24413 Molinaseca LE 42 Tc 93
03779 Molinell A 143 Zf 115
18810 Molineras, Las GR 170 Xb 124
02440 Molinicos AB 155 Xe 118
01213 Molinilla VI 47 Xa 92
37683 Molinillo SA 98 Ua 106
13194 Molinillo, El CR 117 Ve 112
18183 Molinillo, El GR 184 Wd 125
02100 Molino AB 140 Xf 113
16649 Molino CU 120 Xc 111
04640 Molino, El AL 172 Yb 124
16360 Molino, El CU 121 Ya 110
16150 Molino, El CU 105 Ya 106
11510 Molino aceitero de Guerra CA 188 Tf 129
50135 Molino Alto Z 88 Zb 100
40441 Molino Berral SG 82 Vd 102
11180 Molino Castro CA 189 Uc 130
40340 Molino Cega SG 83 Vf 101
02312 Molino de Abajo AB 155 Xb 117
16370 Molino de Abajo CU 122 Yc 109
19442 Molino de Abajo GU 86 Xe 103
45860 Molino de Abajo TO 119 We 111
13195 Molino de Alarcos CR 136 Vf 115
11139 Molino de Almaza CA 188 Te 130
23600 Molino de Aramundo J 168 Wa 122
41660 Molino de Arjona SE 182 Uf 126
19275 Molino de Arriba GU 84 We 101
19320 Molino de Arriba GU 105 Yb 105
13770 Molino de Bartolo CR 153 Wc 117
29770 Molino de Blas MA 184 Wa 128
19314 Molino de Cabrillas GU 105 Ya 104
19432 Molino de Canales del Ducado GU 104 Xd 104
13597 Molino de Delio CR 153 Wa 117
02214 Molino de Don Benito AB 141 Yd 113
45840 Molino de Doña Sol TO 119 We 111
10570 Molino de Enmedio CC 113 Sf 112
19442 Molino de En Medio GU 86 Xe 103
29491 Molino de Enmedio MA 190 Ue 129
10004 Molino de Gabriel CC 114 Td 111
30413 Molino de Javana MC 155 Xe 120
18840 Molino de la Alquería GR 170 Xc 122
14549 Molino de la Cañada CO 166 Vb 123
03312 Molino de la Ciudad, El A 157 Za 120
39518 Molino de la Mina de Lápiz CB 33 Ve 90
18817 Molino de Lanas GR 170 Xb 123
30708 Molino de las Ánimas MC 173 Za 122
30440 Molino de las Ánimas MC 156 Ya 119
41400 Molino de la Sargenta SE 166 Ue 124
02489 Molino de las Bojas AB 155 Xd 119
49153 Molino de la Sierna ZA 81 Uc 100
06444 Molino de las Monjas BA 149 Tf 118
16147 Molino de la Torre CU 105 Xf 108
40217 Molino del Barado SG 82 Vd 101
16649 Molino del Blanco CU 120 Xc 111
13247 Molino del Blanquillo CR 138 We 115
13230 Molino del Comendador CR 138 We 115
41400 Molino del Cordobés SE 166 Uf 123
41400 Molino del Corregidor SE 166 Uf 123
23669 Molino del Despeñadero J 168 Vf 123
23749 Molino de Lemos J 168 Wa 120
02637 Molino del Francés AB 140 Xf 113
16220 Molino del Francés CU 140 Ya 112
41370 Molino del Monte SE 165 Ub 121
41400 Molino del Notario SE 166 Uf 122
41370 Molino de los Agustinos SE 165 Ub 121
13240 Molino de los Álamos CR 138 We 115
13779 Molino de los Frailes CR 153 Wa 117
41429 Molino de los Frailes SE 165 Ud 123
13240 Molino de los Moros CR 138 We 115
10513 Molino de los Muertos CC 112 Sd 111
06518 Molino de los Piernos BA 131 Se 113
23294 Molino del Prado de la Porca J 155 Xc 119
41410 Molino del Puente SE 165 Uc 124
41740 Molino del Salado SE 179 Ua 127
13326 Molino de Macayo CR 154 Xa 118
41460 Molino de Manuel García SE 165 Ud 121
13230 Molino de María CR 138 Wd 115
02155 Molino de Marmota AB 140 Ya 113
11380 Molino de Mastral CA 189 Uc 132
06110 Molino de Medrana BA 147 Sf 118
19275 Molino de Mochinga GU 85 Wf 101
06510 Molino de Morro BA 131 Sf 113
41560 Molino de Osorio SE 182 Va 125
23220 Molino de Panzacola J 153 Wc 119
41400 Molino de Pareja SE 166 Uf 122
41400 Molino de Pavía SE 166 Ue 124
18615 Molino de Pepe GR 184 Wc 128
13230 Molino de Piña CR 138 Wd 115
13326 Molino de Rajamantas CR 154 Xb 117
41630 Molino de Recacha SE 181 Ue 124

28370 Molino de Ruas MD 119 Wd 107
11391 Molino de Saladavieja CA 191 Uc 132
11650 Molino de Serracín CA 181 Uc 127
23569 Molino de Solera J 169 Wd 122
40270 Molino de Temeroso SG 83 Ve 101
41400 Molino de Valdecañas SE 166 Ue 124
14549 Molino de Valderrama CO 166 Va 123
14547 Molino Dos Vigas CO 166 Va 123
16707 Molino el Batanejo CU 140 Xf 112
40270 Molino El Paredón SG 83 Ve 102
30740 Molino La Calcetera MC 173 Zb 122
18519 Molino Las Vallicas GR 185 We 124
06228 Molino la Zalía BA 149 Tf 117
45121 Molino los Tejos TO 117 Vd 111
40241 Molino Maluca SG 83 Vd 101
18812 Molino Rasma GR 170 Xa 123
41670 Molino Raya SE 182 Ue 126
11380 Molinos CA 191 Uc 132
12592 Molinos CS 124 Ze 110
18270 Molinos GR 183 Wa 125
25512 Molinos L 53 Af 94
44556 Molinos TE 107 Zd 104
04277 Molinos, Los AL 187 Xf 126
04858 Molinos, Los AL 187 Xf 125
05593 Molinos, Los AV 99 Ud 106
06900 Molinos, Los BA 149 Tf 119
35470 Molinos, Los GC 200 Kb 181
35541 Molinos, Los GC 198 Md 173
22338 Molinos, Los HS 52 Ab 94
28460 Molinos, Los MD 101 Vf 104
44195 Molinos, Los TE 106 Ye 106
42156 Molinos de Duero SO 66 Xb 97
18630 Molinos de la Torrecilla GR 184 Wc 126
16192 Molinos del Papel CU 121 Xf 108
26145 Molinos de Ocón, Los RI 48 Xe 95
42165 Molinos de Razón SO 66 Xc 97
37540 Molino Sobrao SA 97 Tb 106
29400 Molinos-Sijuela, Los MA 182 Ue 128
18512 Molinos y Sierra GR 185 Xa 125
29500 Molino Tallista MA 182 Vb 127
03322 Molins A 173 Za 120
44143 Moljno Harinero TE 107 Zc 105
39560 Molleda CB 33 Vc 88
33937 Molledo AS 31 Ub 88
39430 Molledo CB 33 Vf 90
38690 Molledo, El TF 196 Ib 179
25230 Mollerussa L 72 Af 99
08100 Mollet del Vallès B 73 Cb 99
17752 Mollet de Peralada GI 56 Da 94
29532 Mollina MA 182 Vc 126
17868 Molló GI 55 Cc 94
47313 Molpeceres VA 83 Vf 99
08281 Molsosa, La L 73 Bd 98
18611 Molvízar GR 184 Wc 128
27378 Momán LU 28 Sc 89
05410 Mombeltrán AV 100 Uf 107
42225 Momblona SO 86 Xd 100
49310 Mombuey ZA 61 Te 96
09512 Momediano BU 34 Wd 91
22460 Mon, El HS 52 Ab 95
18193 Monachil GR 184 Wc 126
19239 Monasterio GU 85 Wf 103
42291 Monasterio SO 66 Xb 99
33811 Monasterio de Hermo AS 30 Tc 91
09613 Monasterio de la Sierra BU 66 We 96
33814 Monasterio del Coto AS 29 Tb 90
09292 Monasterio de Rodilla BU 46 Wd 94
24166 Monasterio de San Miguel de Escalada LE 43 Ue 93
47688 Monasterio de Vega VA 62 Ue 95
01194 Monasterioguren VI 47 Xc 92
46500 Monasterios, Los V 124 Zd 111
46113 Moncada V 124 Zd 111
39791 Moncalián CB 34 Wc 88
09691 Moncalvillo BU 66 We 97
16520 Moncalvillo del Huete CU 104 Xb 107
06110 Moncar BA 147 Sf 118
46174 Moncatí V 123 Zc 111
18830 Moncayo GR 170 Xc 121
03149 Moncayo, El A 173 Zc 120
41420 Monclava, La SE 165 Ue 123
33811 Moncó AS 29 Tc 90
12593 Moncofa CS 124 Zf 110
25212 Moncortès de Segarra L 72 Bb 98
29110 Monda MA 191 Vb 129
36870 Mondariz PO 57 Rd 95
36890 Mondariz-Balneario PO 57 Rd 95
19110 Mondéjar GU 103 Wf 107
27740 Mondoñedo LU 28 Sd 88
27787 Mondoñedo LU 28 Se 87
22394 Mondot HS 52 Aa 95
24892 Mondreganes LE 44 Uf 92
27271 Mondriz LU 28 Sd 90
29710 Mondrón MA 183 Ve 127
18656 Mondújar GR 184 Wc 127
50164 Monegrillo Z 70 Zd 99
39292 Monegro CB 33 Vf 90
17121 Monells GI 75 Cf 97
17117 Monells i Sant Sadurní de l'Heura Cruïlles GI 75 Cf 97
09515 Moneo BU 46 Wd 91
33584 Mones AS 31 Ue 88
33785 Mones AS 30 Te 87
32357 Mones OR 41 Sf 94
22415 Monesma HS 71 Aa 97
22587 Monesma y Cajigar HS 71 Ad 95
06260 Monesterio BA 149 Te 120
08293 Monestir de Montserrat B 73 Bf 99
25341 Monestir de Vallsanta L 91 Ba 99
50144 Moneva Z 88 Zb 102
22585 Monfalcó HS 71 Ad 96
49121 Monfarracinos ZA 80 Ub 99
15315 Monfero C 27 Rf 89
37607 Monflorido SA 98 Tf 105
22005 Monflorite-Lascasas HS 70 Zd 96
37618 Monforte de la Sierra SA 98 Tf 106
03670 Monforte del Cid A 158 Zb 118
27400 Monforte de Lemos LU 40 Sc 93
44493 Monforte de Moyuela TE 88 Yf 102
22585 Mongay HS 71 Ae 96
33449 Moniello AS 31 Ub 87
08691 Monistrol = Monistrol de Montserrat B 73 Bf 99
08770 Monistrol d'Anoia B 92 Be 100
08275 Monistrol de Calders B 74 Ca 98
08691 Monistrol de Montserrat B 73 Bf 99
02340 Monja, La AB 139 Xd 116
13210 Monjas CR 137 Wd 113
41659 Monjas, Las SE 181 Uf 126
41600 Monjas, Las SE 181 Uc 125
46310 Monjas, Las V 122 Ye 112
47100 Monjas, Las VA 82 Va 100
26586 Monjía, La RI 67 Xd 95
04533 Monjos, Los AL 185 Xb 126
37765 Monleón SA 98 Ua 105
37171 Monleras SA 80 Te 101
12163 Monllat CS 108 Zf 107
07109 Monnàber IB 126 Ce 110
43007 Monnars T 92 Bb 102
03640 Monóvar = Monòver A 158 Za 118
03640 Monòver = Monóvar A 158 Za 118
06620 Monreal BA 134 Ud 115
31471 Monreal NC 49 Yc 92
50291 Monreal de Ariza Z 86 Xf 101
44300 Monreal del Campo TE 106 Yd 104
16649 Monreal del Llano CU 120 Xb 111
10194 Monroy CC 114 Te 111
44652 Monroyo TE 108 Zf 104
37500 Monsagreño SA 97 Tc 104
37532 Monsagro SA 98 Te 105
06340 Monsalbe BA 148 Tc 120
05163 Monsalupe AV 100 Vb 104
46192 Monserrat V 142 Zc 112
39420 Montabliz CB 33 Vf 90
03660 Montagut A 158 Zb 118
17855 Montagut GI 74 Cd 95
25180 Montagut L 71 Ad 99
44700 Montalbán TE 107 Zb 104
14548 Montalbán de Córdoba CO 167 Vb 123
16434 Montalbanejo CU 120 Xd 110
18567 Montalbanes GR 169 Wc 124
16440 Montalbo CU 120 Xb 109
26133 Montalbo en Cameros RI 48 Xd 95
25331 Montalé L 72 Ba 98
08391 Montalegre B 93 Cb 100
43421 Montalegre T 92 Bc 100
04830 Montalviche AL 171 Xf 122
23291 Montalvo J 155 Xb 120
02638 Montalvos AB 140 Xf 114
49149 Montamarta ZA 61 Ub 99
12447 Montán CS 123 Zc 108
10170 Montánchez CC 133 Tf 113
13360 Montanchuelos CR 153 Wc 116
25795 Montan de Tost = Montau L 73 Bc 95
12448 Montanejos CS 123 Zc 108
25794 Montanissell L 72 Bb 95
22487 Montanuy HS 52 Ae 94
07315 Montanya IB 127 Cf 109
33734 Montaña, La AS 29 Tc 88
39300 Montaña, La CB 33 Vf 89
35100 Montaña Blanca GC 200 Kc 182
35558 Montaña Blanca GC 198 Mc 175
35627 Montaña Hendida GC 199 Lf 179
35106 Montaña La Data GC 200 Kc 182
09219 Montañana BU 47 Wf 92
22584 Montañana HS 71 Ae 96
50059 Montañana Z 69 Zb 98
11650 Montañas, Las CA 181 Uc 128
02440 Montañés, El AB 155 Xe 118
38459 Montañeta, La TF 196 Ib 178
38916 Montañetas, Las TF 196 Ha 182
02536 Montáñez AB 155 Xd 120
15689 Montaos C 27 Rd 90
25568 Montardit L 53 Ba 94
25738 Montargull L 72 Ba 97
43427 Montargull T 92 Bc 99
19229 Montarrón GU 85 Wf 103
22320 Montaruedo HS 71 Ab 95
03590 Montaud A 159 Zf 117
46892 Montaverner V 142 Zd 115
42174 Montaves SO 67 Xe 96
43400 Montblanc T 91 Ba 100
07519 Montblanch IB 127 Da 110
25268 Montblanquet L 91 Ba 100
43425 Montbrió de la Marca T 92 Bb 100
43340 Montbrió de Tarragona = Montbrió del Camp T 91 Ba 102
08105 Montcada i Reixax B 93 Cb 100
17199 Montcal GI 75 Ce 96
08614 Montclar B 73 Be 96
25317 Montclar d''Urgell L 72 Ba 97
25591 Montcortès L 53 Ba 95
22482 Mont de Roda HS 71 Ad 95
33350 Monte AS 31 Ud 88
15563 Monte C 27 Rf 87
39720 Monte CB 34 Wc 89
27143 Monte LU 28 Sd 90
27415 Monte LU 40 Sd 93
27511 Monte LU 40 Sa 92
36350 Monte PO 57 Rb 96
47462 Monte, El VA 82 Uf 102
37183 Monte Abajo SA 99 Ub 104
37451 Monte Abajo SA 98 Tf 104
28514 Monte Acebedo MD 103 We 106
16360 Monteagudo de las Salinas CU 121 Ya 110
42220 Monteagudo de las Vicarías SO 86 Xe 100
44146 Monteagudo del Castillo TE 107 Zb 106
46190 Monte Alcedo V 123 Zc 111
11406 Montealegre CA 188 Tf 128
47816 Montealegre de Campos VA 63 Va 97
02650 Montealegre del Castillo AB 141 Ye 116
14749 Montealto CO 166 Ue 122
14100 Monte Alto CO 166 Va 123
Monte Alto CO 166 Va 122
47359 Monte Alto VA 64 Ve 98
33691 Monteana AS 31 Ub 87
45685 Montearagón TO 117 Vc 109
19170 Monte Calderón GU 102 Wd 104
27286 Montecelo LU 28 Sd 89
27215 Montecelo LU 40 Sb 91
39250 Montecillo CB 45 Wa 92
47320 Montecillo VA 82 Vd 99
28223 Monte Claro MD 102 Wa 106
35310 Monte Coello GC 200 Kd 180
29430 Montecorto MA 181 Ue 128
11159 Montecote CA 188 Tf 131
27128 Montecubeiro LU 28 Se 90
38739 Monte de Breña TF 197 Hb 177
28669 Monte de las Encinas MD 102 Wa 106
34159 Monte de La Torre P 63 Vb 97
38738 Monte de Luna TF 197 Hb 177
47639 Monte de Matallana VA 63 Va 97
27210 Monte de Meda LU 28 Sc 91
28570 Monte de Orusco, El MD 103 We 107
47640 Monte de Peñaflor VA 63 Va 98
32750 Montederramo OR 40 Sc 95
47129 Monte de San Lorenzo VA 63 Uf 98
15550 Montefaro C 27 Re 87
18270 Montefrío GR 184 Vf 125
27390 Montefurado LU 41 Se 94
41530 Montegil SE 181 Uc 126
24222 Monte Grande LE 62 Ud 95
47680 Monte Grande y San Martín VA 62 Ud 95
10810 Montehermoso CC 114 Td 108
29360 Montejaque MA 190 Ue 128
18561 Montejícar GR 169 Wc 123
37795 Montejo SA 99 Uc 105
40468 Montejo de Arévalo SG 82 Vc 102
09571 Montejo de Bricia BU 34 Wa 91
09211 Montejo de Cebas BU 46 We 92
28190 Montejo de la Sierra MD 84 Wc 102
40542 Montejo de la Vega de la Serrezuela SG 84 Wc 99
09211 Montejo de San Miguel BU 46 We 92
42341 Montejo de Tiermes SO 84 We 100
24282 Montejos del Camino LE 43 Ub 93
49881 Monte la Reina ZA 81 Ud 99
25725 Montellà de Cadi L 54 Be 94
25726 Montellà i Martinet = Martinet L 54 Be 94
41770 Montellano SE 181 Uc 127
06106 Montelongo BA 147 Sf 117
15315 Montelongo C 27 Rf 88
23615 Monte Lope-Álvarez J 168 Vf 122
32539 Monte Madalena OR 39 Rf 94
15145 Montemaior C 27 Rc 89
29620 Montemar MA 191 Vc 129
02329 Montemayor AB 155 Xe 116
14530 Montemayor CO 167 Vb 123
Montemayor, Apt. CO 167 Vb 123
37727 Montemayor del Río SA 98 Ua 106
47320 Montemayor de Pililla VA 82 Vd 99
06291 Montemolín BA 149 Te 120
41620 Montemolín SE 181 Ud 125
25595 Montenartró L 53 Bb 94
11349 Montenegral Alto CA 190 Ud 131
42113 Montenegro de Ágreda SO 67 Xf 97
26127 Montenegro de Cameros SO 66 Xb 96
16612 Monte Orenes CU 139 Xd 113
24200 Monte Pequeño LE 43 Uc 95
46500 Monte Picayo V 124 Ze 111
50430 Monte Pinar Z 88 Za 100
28668 Monte Príncipe MD 102 Wa 106
50213 Monterde Z 87 Yb 101
44368 Monterde de Albarracín TE 105 Yd 106
32228 Monte Redondo OR 58 Rf 96
28596 Monte Robledal MD 103 Wf 107
29603 Monteros, Los MA 191 Vb 129
32618 Monterrei OR 59 Sd 97
06160 Monterroso BA 148 Ta 117
27560 Monterroso LU 40 Sa 92
40142 Monterrubio SG 101 Vd 103
49324 Monterrubio ZA 60 Td 96
37798 Monterrubio de Armuña SA 81 Uc 102
09615 Monterrubio de Demanda BU 66 Wf 96
06427 Monterrubio de la Serena BA 150 Ud 117
37788 Monterrubio de la Sierra SA 99 Ub 104
06370 Montes BA 148 Tc 118
32689 Montes OR 59 Sc 97
06443 Montes, Los BA 150 Ua 118
46692 Montesa V 142 Zc 115
15317 Monte Salgueiro C 27 Rf 89
21200 Monte San Miguel H 164 Tc 121
25595 Montesclado L 53 Bb 93
39417 Montes-Claros CB 45 Vf 91
14978 Montes-Claros CO 183 Vd 125
45620 Montesclaros TO 116 Va 108
45470 Montes de Mora TO 136 Vf 112
47840 Montes de Quijada VA 62 Uf 98
21580 Montes de San Benito H 163 Sf 122
24415 Montes de Valdueza LE 42 Tc 94
27113 Monteseiro LU 29 Ta 90
03187 Montesinos A 173 Zb 120
22212 Montesodeto HS 70 Ze 97
21647 Monte Sorromero H 163 Tc 122
08585 Montesquiu B 74 Cb 96
25268 Montesquiu L 91 Ba 99
25655 Montesquiu L 72 Af 95
22269 Montesusín HS 70 Zd 97
47640 Monte Torozos VA 63 Va 98
46901 Monte Vedat V 142 Zd 112
32611 Monteveloso OR 59 Sd 96
25318 Montfalcó d'Agramunt L 72 Ba 98
25271 Montfalcó el Gros B 73 Bc 99
25214 Montfalcó Murallat L 73 Bc 98
25213 Montfar L 73 Bc 99
25711 Montferrer L 54 Bc 94
25712 Montferrer i Castellbó L 54 Bc 94
43812 Montferri T 92 Bc 101
25616 Montgai L 72 Af 98
08390 Montgat B 93 Cb 100
09588 Montiano BU 35 We 90
46842 Montichelvo V 142 Zd 115
33438 Montico, El AS 31 Ub 87
13326 Montiel CR 154 Xa 116
14549 Montiela, La CO 166 Va 123
06480 Montijo BA 132 Tc 115
14550 Montilla CO 167 Vc 123
18569 Montillana GR 168 Wb 123
36684 Montillón de Arriba PO 39 Rd 93
17472 Montiró GI 75 Da 96
23266 Montizón J 154 Wf 118
17480 Montjoi GI 56 Db 95
25738 Montmagastre L 72 Ba 97
08612 Montmajor B 73 Be 96
08717 Montmaneu B 73 Bc 99
08590 Montmany B 74 Cb 98
43718 Montmell, El T 92 Bc 101
08160 Montmeló B 93 Cb 99
22811 Montmesa HS 69 Zc 96
03115 Montnegre A 158 Zc 118
17242 Montnegre GI 75 Cf 97
03100 Montnegre de Dalt A 158 Zc 118
25172 Montoliu de Lérida = Montoliu de Lleida L 90 Ad 99
25217 Montoliu de Segarra L 72 Bb 99
50391 Montón Z 87 Yc 101
17130 Montoó GI 75 Db 96
01212 Montoria VI 47 Xb 93
09125 Montorio BU 46 Wb 93
08170 Montornés del Vallès B 93 Cb 99
25217 Montornès de Segarra L 72 Bb 99
14600 Montoro CO 167 Vd 120
44559 Montoro de Mezquita TE 107 Zc 104
18495 Montoros, Los GR 185 Wf 127
46250 Montortal V 142 Zc 113
34486 Montoto de Ojeda P 45 Vd 92
15318 Montouto C 27 Rb 89
27737 Montouto LU 28 Sc 88
15359 Montoxo C 26 Sa 87
02600 Montoyas, Los AB 139 Xd 113
25271 Montpalau L 73 Bc 99
25250 Montperler L 72 Ba 99
25288 Montpolt L 73 Bc 96
17253 Mont-ras GI 75 Da 97
43364 Montreal = Mont-ral T 91 Ba 101
07100 Mont Reals IB 126 Ce 110
43300 Mont-roig del Camp T 91 Af 102
25512 Mont-ros L 53 Af 94
08460 Montseny B 74 Cc 98
25513 Montsor L 53 Af 95
09390 Montuenga BU 65 Wb 96
40464 Montuenga SG 82 Vc 102
42259 Montuenga de Soria SO 86 Xe 101
24846 Montuerto LE 43 Ud 91
07230 Montuïri IB 127 Cf 111
14930 Monturque CO 167 Vc 124
49215 Monumenta ZA 80 Tf 100
50120 Monzalbarba Z 69 Za 98
15686 Monzo C 27 Rc 90
22400 Monzón HS 71 Ab 97
09258 Monzoncillo de Oca BU 46 We 94
34410 Monzón de Campos P 63 Vd 96
33937 Moñeca AS 31 Ub 88
40145 Moñibas SG 82 Vc 103
42218 Moñux SO 86 Xd 99
29566 Mopagán, El MA 182 Vb 128
45400 Mora TO 118 Wb 110
17464 Móra, La GI 75 Cf 96
22586 Mora, La HS 71 Ad 95
22513 Mora, La HS 71 Ac 97
25218 Móra, La L 72 Bb 99
02694 Morabios, Los AB 141 Yd 114
25283 Móra Comdal, La L 73 Bc 96
27416 Morade LU 40 Sd 94
43740 Móra d''Ebre T 90 Ad 102
24149 Mora de Luna LE 43 Ua 92
22584 Mora de Montañana, La HS 72 Ad 95
44400 Mora de Rubielos TE 107 Zb 107

02513 Mora de Santa Quiteria AB 156 Yc 117
09143 Moradillo del Castillo BU 46 Wa 92
09462 Moradillo de Roa BU 83 Wb 99
09142 Moradillo de Sedano BU 46 Wb 92
15125 Moraime C 26 Qe 90
30848 Moraina MC 172 Yd 121
03724 Moraira A 159 Aa 116
06225 Moral, El BA 149 Te 118
30413 Moral, El MC 171 Xe 120
06443 Morala, La BA 150 Ua 117
43770 Móra la Nova T 90 Ad 102
13350 Moral de Calatrava CR 137 Wc 116
37460 Moral de Castro SA 98 Tf 103
40542 Moral de Hornúez SG 84 Wc 100
47691 Moral de la Reina VA 63 Uf 97
24155 Moral del Condado LE 43 Ud 93
24287 Moral de Órbigo LE 42 Ua 94
49254 Moral de Sayago ZA 80 Tf 100
18370 Moraleda de Zafayona GR 183 Wa 125
10840 Moraleja CC 113 Tc 108
16147 Moraleja, La CU 105 Xf 107
28109 Moraleja, La MD 102 Wc 105
40461 Moraleja de Coca SG 82 Vc 102
40233 Moraleja de Cuéllar SG 83 Ve 100
28950 Moraleja de Enmedio MD 102 Wa 107
37607 Moraleja de Huebra SA 98 Ua 104
47454 Moraleja de las Panaderas VA 82 Vb 101
49150 Moraleja del Vino ZA 81 Uc 100
05299 Moraleja de Matacabras AV 82 Va 102
49177 Moraleja de Sayago ZA 80 Tf 101
30412 Moralejo MC 171 Xf 121
16512 Moralejo, El CU 104 Xb 107
18562 Moralejo, El GR 169 Wd 124
26259 Morales RI 47 Wf 94
42366 Morales SO 85 Xa 100
02639 Morales, Los AB 139 Xf 114
18120 Morales, Los GR 184 Wa 127
18711 Morales, Los GR 185 Wd 128
24731 Morales de Arcediano LE 42 Tf 94
47811 Morales de Campos VA 62 Ue 97
49190 Morales del Vino ZA 80 Ub 100
49693 Morales de Rey ZA 61 Ub 96
49810 Morales de Toro ZA 81 Ue 99
49697 Morales de Valverde ZA 61 Ua 97
29400 Morales-Santa María MA 182 Uf 128
29400 Morales-Santa María, Los MA 182 Ue 128
03699 Moralet A 158 Zc 118
23393 Moralico, El J 155 Xb 118
49253 Moralina ZA 80 Tf 100
37216 Moralita, La SA 80 Te 103
28411 Moralzarzal MD 101 Wa 104
22808 Morán Z 50 Zb 95
25211 Morana, La L 72 Bb 98
15138 Morancelle C 26 Qe 91
19491 Moranchel GU 104 Xb 104
06190 Morante BA 132 Tb 114
36668 Moraña PO 39 Rc 93
05350 Morañuela AV 100 Va 104
04279 Moras AL 187 Xf 126
27876 Morás LU 26 Sd 86
37590 Morasverdes SA 98 Te 105
50260 Morata de Jalón Z 87 Yd 100
50344 Morata de Jiloca Z 87 Yc 101
28530 Morata de Tajuña MD 102 Wd 107
28030 Moratalaz MD 102 Wc 106
14749 Moratalla CO 166 Ue 122
30440 Moratalla MC 156 Ya 119
19267 Moratilla de Henares GU 85 Xb 102
19144 Moratilla de los Meleros GU 103 Xa 105
34349 Moratinos P 44 Va 94
49622 Moratones ZA 61 Ua 96
03660 Moraxel A 158 Zb 118
01211 Moraza BU 47 Xb 92
22348 Morcat HS 51 Aa 94
29793 Morche MA 183 Wa 128
02440 Morcillar, El AB 155 Xe 118
10811 Morcillo CC 114 Td 108
02612 Morcillos, Los AB 139 Xd 114
14270 Morconcillo, El CO 150 Ue 118
42240 Morcuera SO 84 We 100
33678 Moreda AS 31 Ub 90
18540 Moreda GR 169 We 124
24436 Moreda LE 41 Tb 92
27324 Moreda LU 41 Sf 93
01322 Moreda de Álava VI 48 Xd 93
27205 Moredo LU 40 Sa 91
27142 Moreira LU 40 Sa 91
36688 Moreira PO 39 Rd 92
32920 Moreiras OR 39 Sa 95
32635 Moreiras OR 59 Sb 96
43760 Morell, El T 91 Bb 101
12300 Morella CS 108 Zf 105
14880 Morellana CO 167 Ve 123
07712 Morella Vell IB 93 Eb 109
19328 Morenilla GU 105 Yb 104
02534 Morenos, Los AB 155 Xd 119
14299 Morenos, Los CO 150 Ud 120
30333 Morenos, Los MC 172 Ye 122
22485 Moréns HS 52 Ad 94
14659 Morente CO 167 Vd 121
31264 Morentin NC 48 Xf 93
30591 Moreños de Camachos, Los MC 173 Za 122
06176 Morera, La BA 148 Tc 117
43361 Morera de Montsant, La T 91 Af 101
10880 Moreras CC 113 Ta 109
37111 Moreras SA 80 Ua 102
03184 Moreras, Las A 173 Zb 120
30877 Moreras, Las MC 172 Ye 123
07609 Moreria, La IB 126 Ce 112
49731 Moreruela de los Infanzones ZA 62 Ub 99
49148 Moreruela de Tábara ZA 61 Ua 98
50240 Morés Z 87 Yc 100
17514 Moreta, La GI 74 Ca 95
48115 Morga BI 35 Xb 89
27546 Morgade LU 40 Sc 93
32636 Morgade OR 59 Sb 96
24884 Morgovejo LE 44 Va 91
09219 Moriana BU 47 Wf 92
14510 Moriles CO 167 Vc 124
22415 Morilla HS 70 Aa 97
24223 Morilla de los Oteros LE 43 Ud 94
36119 Morillas PO 39 Rc 93
01428 Morillas VI 47 Xa 92
04889 Morillas de Albánchez, Los AL 186 Xc 125
37183 Morille SA 99 Ub 104
19492 Morillejo GU 104 Xd 104
22462 Morillo de Liena HS 52 Ac 94
22336 Morillo de Monclús HS 52 Ab 94
22347 Morillo de San Pietro HS 52 Aa 94
22395 Morillo de Tou HS 52 Aa 94
37337 Moriñigo SA 81 Ud 103
31491 Moriones NC 49 Yd 93
25716 Moripol L 73 Bd 95
29170 Moriscos MA 183 Vd 127
37430 Moriscos SA 81 Uc 102
02139 Moriscote AB 156 Xf 117
24736 Morla de la Valdería LE 61 Te 95
33776 Morlongo AS 29 Ta 88
32551 Mormontelos OR 59 Se 95
42223 Morón de Almazán SO 86 Xd 100
41530 Morón de la Frontera SE 181 Ud 126
18449 Morones, Los GR 185 We 127
37258 Moronta SA 79 Td 103
02485 Moropeche AB 155 Xd 118
25632 Moror L 72 Af 96
50215 Moros Z 87 Yb 100
15125 Morpeguite C 26 Qe 90
37406 Morquera SA 81 Ue 102
46842 Morquí V 142 Ze 115
22141 Morrano HS 70 Zf 95
24740 Morredero LE 42 Td 94
24397 Morriondo LE 42 Ua 93
28695 Morro, El MD 101 Ve 106
35625 Morro Jable GC 198 Ld 180
39120 Mortera CB 34 Wa 88
33785 Mortera, La AS 30 Tc 89
02650 Morteruelo, El AB 157 Ye 116
39723 Mortesante CB 34 Wb 89
07769 Morvedre Nou IB 93 Df 109
27268 Mos LU 28 Sc 90
36415 Mos PO 57 Rc 95
42315 Mosarejos SO 85 Wf 100
44124 Moscardón TE 106 Yc 107
07314 Moscari IB 127 Cf 110
24791 Moscas del Páramo LE 61 Ub 95
04560 Moscolux AL 186 Xd 127
37149 Moscosa y Gusende SA 80 Tf 102
27861 Mosende LU 26 Sc 86
32554 Mosexos OR 59 Sf 96
34126 Moslares de la Vega P 44 Vb 94
08470 Mosqueroles B 74 Cc 98
44410 Mosqueruela TE 107 Zd 106
15992 Mosquete C 38 Ra 93
03430 Mossén Joan A 158 Zb 117
27658 Mosteiro LU 29 Ta 90
27279 Mosteiro LU 28 Se 90
27279 Mosteiro LU 28 Sd 90
27153 Mosteiro LU 28 Sc 90
32810 Mosteiro OR 58 Rf 95
36842 Mosteiro PO 39 Rc 95
36637 Mosteiro PO 38 Rb 93
32136 Mosteirón OR 39 Sa 93
24521 Mosteiros LE 41 Ta 93
28931 Móstoles MD 102 Wa 107
17843 Mota, La GI 75 Ce 96
16780 Mota de Altarejos CU 120 Xe 109
16630 Mota del Cuervo CU 120 Xa 111
47120 Mota del Marqués VA 62 Ue 99
20211 Motasoro SS 36 Xe 91
50012 Motel del Cisne Z 69 Yf 99
16200 Motilla del Palancar CU 121 Ya 111
02220 Motilleja AB 140 Yb 113
19320 Motos GU 105 Yc 105
18600 Motril GR 184 Wc 128
15100 Moucho C 26 Rc 89
27779 Moucide LU 28 Sd 87
27185 Mougán LU 40 Sc 91
36309 Mougás PO 57 Ra 96
32697 Mourazos OR 59 Sd 97
15860 Mourelle C 26 Rb 90
27548 Mourelos LU 40 Sb 93
36990 Mourelos PO 38 Ra 94
36437 Mourentán PO 58 Re 96
36868 Mourigade PO 57 Rd 95
32556 Mourisca OR 59 Sf 95
36877 Mouriscados PO 57 Rd 95
27217 Mouromorto LU 40 Sb 91
49514 Moveros ZA 61 Te 99
09246 Movilla BU 46 Wd 93
16337 Moya CU 122 Yd 109
35420 Moya GC 200 Kc 180
21450 Moyaga, La H 177 Sf 125
50143 Moyuela Z 88 Za 102
35561 Mozaga GC 198 Mc 174
46176 Mozaira, La V 122 Yf 110
49698 Mozar ZA 61 Ub 97
37796 Mozárbez SA 99 Uc 103
09555 Mozares BU 34 Wc 91
37140 Mozodiel SA 80 Tf 102
37798 Mozodiel del Camino SA 81 Uc 102
37797 Mozodiel de Sachíñigo SA 80 Ub 102
40250 Mozoncillo SG 83 Ve 102
09198 Mozoncillo de Juarros BU 46 Wc 95
24250 Mozóndiga LE 43 Ub 94
24172 Mozos de Cea LE 44 Uf 93
50800 Mozota Z 88 Yf 100
09142 Mozuelos BU 46 Wb 92
37116 Muchachos SA 80 Ua 102
47194 Mucientes VA 63 Vb 98
41220 Mudapelos SE 165 Ua 123
47630 Mudarra, La VA 63 Va 98
46143 Mudos, Los V 122 Ye 108
40295 Mudrián SG 83 Ve 101
19196 Muduex GU 103 Xa 104
50450 Muel Z 88 Yf 100
10638 Muela CC 98 Te 107
11150 Muela, La CA 188 Ua 131
11689 Muela, La CA 181 Ud 127
23296 Muela, La J 155 Xd 119
42294 Muela, La SO 66 Xb 99
46825 Muela, La V 142 Za 114
50196 Muela, La Z 69 Yf 99
49341 Muelas de los Caballeros ZA 61 Td 96
49167 Muelas del Pan ZA 80 Ua 99
09215 Muergas BU 47 Xb 92
31219 Mués NC 48 Xe 93
31176 Muez NC 48 Ya 92
17486 Muga, La GI 56 Da 95
49543 Muga de Alba ZA 61 Tf 98
49212 Muga de Sayago ZA 80 Te 100
15620 Mugardos C 27 Re 88
32930 Mugares OR 39 Sa 95
31879 Mugiro NC 37 Ya 91
31481 Mugueta NC 49 Ye 92
31473 Muguetajarra NC 49 Yd 92
27377 Muimenta LU 28 Sd 89
32616 Muimenta OR 59 Sd 97
36514 Muimenta PO 39 Rf 92
36119 Muimenta PO 39 Rc 93
27277 Muiña LU 29 Se 90
15125 Muiños C 26 Qe 90
32880 Muiños OR 58 Sa 97
08670 Mujal, El B 73 Bf 97
04716 Mujer, La AL 186 Xb 128
30170 Mula MC 172 Yd 120
19139 Mula Hermosa GU 103 Wf 105
11600 Mulera Bujeos CA 189 Ud 129
14400 Muleras, Las CO 151 Vb 119
04618 Mulería, La AL 187 Yb 125
25212 Muller L 72 Bb 98
02142 Mulllidar AB 156 Ya 117
01207 Munaín VI 48 Xd 91
33519 Muncó AS 31 Uc 88
09127 Mundilla BU 45 Vf 92
32577 Mundín OR 39 Rf 94
04692 Mundos, Los AL 171 Xf 124
09558 Mundóval BU 46 Wb 91
50219 Munébrega Z 87 Yb 101
02600 Munera AB 139 Xb 114
02612 Munera AB 139 Xd 114
31290 Muneta NC 48 Xf 92
48100 Mungia BI 35 Xa 88
08732 Múnia, La B 92 Bd 101
31175 Muniáin NC 49 Ya 92
31264 Muniain de la Solana NC 48 Xf 93
20759 Muniasoro SS 36 Xe 89
02691 Munibáñez AB 140 Yc 115
44780 Muniesa TE 88 Zb 102
15317 Muniferral C 27 Rf 89
09572 Munilla BU 46 Wb 91
26586 Munilla RI 67 Xe 95
48381 Munitibar BI 36 Xc 89
48381 Munitibar-Arbatzegi-Gerrikaitz BI 36 Xc 89
46260 Muntanyeta, La V 142 Zc 114
46419 Muntanyeta dels Sants V 142 Ze 113
08505 Muntanyola B 74 Cb 97
08551 Múntel B 74 Cb 97
23649 Muña, La J 168 Wa 122
05540 Muñana AV 100 Uf 105
33783 Muñás AS 30 Td 88
34879 Muñeca P 44 Vb 92
42142 Muñecas SO 66 We 98
24886 Muñecas, Las LE 44 Uf 91
33991 Muñera AS 31 Uc 89
05540 Múñez AV 100 Va 105
05145 Muñico AV 100 Uf 104
35558 Muñique GC 198 Mc 174
27652 Muñis LU 29 Ta 91
33519 Muñó AS 31 Uc 88
30849 Muñoces, Los MC 172 Ye 122
05520 Muñochas AV 100 Va 105
05530 Muñogalindo AV 100 Va 105
05309 Muñogrande AV 100 Va 104
05358 Muñomer del Peco AV 100 Va 103
33639 Muñón Cimero AS 31 Ua 89
40145 Muñopedro SG 82 Vd 103
05192 Muñopepe AV 100 Vb 105
39594 Muñorrodero CB 33 Vd 88
05301 Muñosancho AV 82 Uf 103
05560 Muñotello AV 100 Uf 105
40183 Muñoveros SG 83 Wa 101
05357 Muñoyerro AV 100 Va 104
37493 Muñoz SA 98 Te 104
32880 Muqueimes OR 58 Sa 97
08278 Mura B 74 Bf 98
03315 Murada, La A 157 Za 119
27510 Muradelle LU 40 Sa 93
27836 Muras LU 28 Sb 88
36557 Murás PO 39 Rd 93
31521 Murchante NC 68 Yc 96
18656 Murchas GR 184 Wc 127
30001* Murcia MC 173 Yf 121
50366 Murero Z 87 Yd 102
23686 Mures J 168 Wb 124
01479 Murga VI 35 Wf 90
01139 Murguia VI 35 Xb 91
22470 Muria, La HS 52 Aa 94
33676 Murias AS 31 Ub 90
33829 Murias AS 30 Tf 88
33117 Murias AS 31 Ua 90
33114 Murias AS 30 Tf 89
27655 Murias LU 41 Ta 91
49359 Murias ZA 60 Tc 96
33785 Murias, Las AS 30 Tf 89
24130 Murias de Paredes LE 42 Te 91
24720 Murias de Pedredo LE 42 Te 94
24127 Murias de Ponjos LE 42 Tf 92
39600 Muriedas CB 34 Wa 88
19225 Muriel GU 84 We 103
42193 Muriel de la Fuente SO 66 Xa 98
47219 Muriel de Zapardiel VA 82 Va 102
33117 Muriellos AS 31 Ua 90
42148 Muriel Viejo SO 66 Xa 98
31280 Murieta NC 48 Xf 93
31292 Murillo NC 48 Ya 92
31454 Murillo-Berroya NC 49 Ye 92
26500 Murillo de Calahorra RI 48 Ya 94
22808 Murillo de Gállego Z 50 Zb 94
31500 Murillo de las Limas NC 68 Yc 96
31481 Murillo de Lónguida NC 49 Yd 92
26143 Murillo de Río Leza RI 48 Xe 94
31391 Murillo El Cuende NC 49 Yc 94
31313 Murillo el Fruto NC 49 Yd 94
09511 Múrita BU 47 Wf 91
03792 Murla A 159 Zf 116
22363 Muro HS 52 Aa 94
22372 Muro HS 51 Zf 94
07440 Muro IB 127 Da 110
03839 Muro = Muro de Alcoy A 142 Zd 116
42108 Muro de Ágreda SO 67 Ya 98
26587 Muro de Aguas RI 67 Xf 96
03839 Muro del Alcoy A 142 Zd 116
26134 Muro en Cameros RI 67 Xc 95
15250 Muros C 38 Qf 92
33138 Muros de Nalón = Muros AS 30 Tf 87
30153 Murta, La MC 172 Ye 122
21280 Murtales, Los H 164 Td 120
18490 Murtas GR 185 Wf 127
30420 Murtas, Las MC 156 Ya 119
07400 Murtera, Es IB 127 Da 110
01138 Murua VI 35 Xb 91
31398 Muruarte de Reta NC 49 Yb 93
31190 Muru-Astráin NC 49 Yb 92
48394 Murueta BI 35 Xb 88
48410 Murueta BI 35 Xa 90
31292 Murugarren NC 48 Xf 92
31152 Muruzábal NC 49 Yb 92
31150 Muruzábal de Andión NC 49 Ya 93
46136 Museros V 124 Zd 111
03580 Mushara A 159 Zf 117
01129 Musitu VI 48 Xd 92
48550 Muskiz BI 35 Wf 89
43380 Mussara, La T 91 Ba 101
25726 Musser L 54 Bd 94
21240 Mustio, El H 163 Sf 121
31192 Mutil Baja = Mutiloabeiti NC 49 Yc 92
20214 Mutiloa SS 36 Xe 90
31192 Mutiloabeiti = Mutil Baja NC 49 Yc 92
20830 Mutriku SS 36 Xd 89
03110 Mutxamel A 158 Zd 118
Muxía C 26 Qe 90
48392 Muxika BI 35 Xb 89
40510 Muyo, El SG 84 We 101
31291 Muzqui NC 49 Ya 92
31395 Muzqui-Iriberri NC 49 Yc 93

N

48312 Nabarniz BI 36 Xc 89
31793 Nabarte NC 37 Yc 90
25713 Nabiners L 54 Bc 95
22569 Nachá HS 71 Ac 97
04540 Nacimiento AL 186 Xc 126
14950 Nacimiento, El CO 183 Vd 124
23569 Nacimientos, Los J 169 Wd 123
25514 Naens L 53 Af 95
01170 Nafarrate VI 35 Xb 91
42141 Nafría de Ucero SO 66 Wf 98
42193 Nafría la Llana SO 66 Xb 99
AD600 Nagol □ AND 54 Bd 94
31438 Nagore NC 49 Yd 91
16162 Naharros CU 120 Xc 108
19278 Naharros GU 85 Xa 102
37798 Naharros de Valdunciel SA 81 Uc 102
11158 Najara CA 188 Ua 131
26300 Nájera RI 47 Xb 94
31422 Najurieta NC 49 Yd 92
26190 Nalda RI 48 Xd 94
25341 Nalec L 91 Ba 99
07740 Na Macare IB 93 Eb 108
45190 Nambroca TO 118 Wa 110
01520 Nanclares de Gamboa VI 47 Xc 91
01230 Nanclares de la Oca = Iruña de Oka VI 47 Xb 92
15118 Nande C 26 Qf 89
36388 Nande PO 57 Rb 96
36969 Nantes de Reis PO 38 Rb 94
31454 Napal NC 50 Ye 92
07740 Na Pena IB 93 Ea 109
23700 Naquer J 153 Wc 120
46119 Náquera V 123 Zd 111
37495 Nara de Yeltes SA 98 Td 104
33194 Naranco AS 31 Ua 88
23196 Naranjos, Cortijo de los J 168 Wb 122
33874 Naraval AS 30 Tc 88
16371 Narboneta CU 122 Yd 110
31283 Narcué NC 48 Xe 92
31480 Nardués NC 49 Yd 93
31454 Nardués-Andurra NC 49 Ye 92
24839 Naredo de Fenar LE 43 Uc 92
30710 Narejos, Los MC 173 Za 122
33579 Narganes AS 33 Vc 88
18448 Nargila GR 185 We 127
27226 Narla LU 28 Sb 90
15597 Narón C 27 Rf 87
15572 Narón C 27 Rf 87
27213 Narón LU 40 Sb 92
27649 Narón LU 41 Se 92
37170 Narra, La SA 80 Ua 102
37863 Narrillos SA 99 Uc 104
05154 Narrillos del Álamo AV 99 Ud 105

05141 Narrillos del Rebollar AV 100 Va 105
05160 Narrillos de San Leonardo AV 100 Vb 104
42189 Narros SO 67 Xe 97
05621 Narros, Los AV 99 Uc 107
40443 Narros de Cuéllar SG 82 Vd 101
05370 Narros del Castillo AV 100 Uf 103
05131 Narros del Puerto AV 100 Va 105
37609 Narros de Matalayegua SA 98 Ua 104
05358 Narros de Saldueña AV 100 Va 103
01208 Narvaja VI 48 Xd 91
48311 Natxitua BI 36 Xc 88
25598 Naut Aran L 53 Af 92
33520 Nava AS 31 Uc 88
14600 Nava CO 167 Ve 120
13720 Nava CR 138 We 113
06615 Nava, La BA 150 Ud 116
14940 Nava, La CO 167 Vd 124
21291 Nava, La H 163 Tb 121
23650 Nava, La J 168 Vf 122
21208 Nava Balbono H 163 Tc 121
42172 Navabellida SO 67 Xe 97
02007 Navablanca AB 140 Ya 114
47639 Navabuena VA 63 Va 98
37716 Navacarros SA 99 Ub 106
05633 Navacepeda de Tormes AV 99 Ue 106
05571 Navacepedilla de Corneja AV 100 Ue 106
13189 Navacerrada CR 136 Vd 116
28491 Navacerrada MD 102 Vf 104
10613 Navaconcejo CC 115 Ub 107
02142 Nava de Abajo AB 156 Ya 116
05216 Nava de Arévalo AV 82 Vb 103
02142 Nava de Arriba AB 156 Ya 116
37776 Nava de Béjar SA 99 Ub 106
02409 Nava de Campana AB 156 Yc 118
37659 Nava de Francia SA 98 Tf 105
19238 Nava de Jadraque, La GU 85 Wf 102
40450 Nava de la Asunción SG 82 Vd 102
05697 Nava del Barco AV 99 Uc 107
24160 Nava de los Caballeros LE 44 Ue 93
24225 Nava de los Oteros LE 43 Ud 94
47500 Nava del Rey VA 81 Uf 101
09586 Nava de Ordunte BU 35 We 90
23479 Nava de Pablo J 170 Xb 121
45670 Nava de Ricomalillo, La TO 116 Va 111
09318 Nava de Roa BU 64 Vf 99
23479 Nava de San Pedro J 170 Xa 121
06486 Nava de Santiago, La BA 132 Tc 114
37850 Nava de Sotrobal SA 81 Ue 103
44421 Nava de Torrijas, La TE 123 Za 109
05134 Navadijos AV 100 Uf 106
05514 Navaescurial AV 99 Ue 106
05190 Navaestilera AV 100 Vb 105
24156 Navafría LE 43 Ud 93
40161 Navafría SG 83 Wb 102
37766 Navagallega SA 99 Ub 104
21291 Navahermosa H 163 Tb 121
21630 Navahermosa H 163 Tb 124
29329 Navahermosa MA 182 Va 126
45150 Navahermosa TO 117 Vd 111
37753 Navahombela SA 99 Ud 105
41360 Navahonda SE 165 Ub 121
05429 Navahondilla AV 101 Vd 107
12470 Navajas CS 123 Zc 109
39715 Navajeda CB 34 Wb 88
26533 Navajún RI 67 Xf 97
22320 Naval HS 71 Aa 95
05134 Navalacruz AV 100 Va 106
28729 Navalafuente MD 102 Wb 104
28212 Navalagamella MD 101 Vf 106
42290 Navalcaballo SO 67 Xc 98
23140 Navalcán J 168 Wb 123
45610 Navalcán TO 116 Uf 108
28600 Navalcarnero MD 102 Vf 107
14249 Navalcuervo CO 150 Ue 119
02329 Navalengua AB 156 Xe 116
42149 Navaleno SO 66 Wf 97
37882 Navales SA 99 Ud 104
05268 Navalgrande o Canto del Pico AV 101 Vc 105
05697 Navalguijo AV 99 Uc 107
33986 Navaliego AS 31 Uc 89
40331 Navalilla SG 83 Wa 100
32611 Navallo OR 59 Se 97
40280 Navalmanzano SG 83 Ve 101
13180 Navalmedio de Morales CR 136 Vc 115
05120 Navalmoral AV 100 Vb 106
37794 Navalmoral de Béjar SA 99 Ub 106
10300 Navalmoral de la Mata CC 115 Uc 109
45573 Navalmoralejo TO 116 Uf 110
45140 Navalmorales, Los TO 117 Vc 110
16190 Navalón CU 120 Xe 108
46811 Navalón de Abajo V 142 Za 115
46811 Navalón de Arriba V 142 Za 115
05697 Navalonguilla AV 99 Ud 107
05123 Navalosa AV 100 Va 106
13200 Navaloscuentos CR 138 We 114
40464 Navalperal SG 82 Vc 102
05240 Navalperal de Pinares AV 101 Vd 105
05631 Navalperal de Tormes AV 99 Ue 106
13193 Navalpino CR 136 Vc 113
19268 Navalpotro GU 85 Xc 103
28292 Navalquejigo MD 101 Vf 105
13114 Navalrincón CR 136 Vd 113
05132 Navalsauz AV 100 Uf 106
05120 Navalsauz AV 100 Vb 106
26586 Navalsaz RI 67 Xe 96
45677 Navaltoril TO 116 Vb 111
45130 Navalucillos, Los TO 117 Vc 110
05100 Navaluenga AV 100 Vb 106
10341 Navalvillar de Ibor CC 116 Ud 111
06760 Navalvillar de Pela BA 134 Ud 114
05630 Navamediana AV 99 Ud 107
05690 Navamojada AV 99 Ud 107
10600 Navamojas CC 115 Tf 108
37749 Navamorales SA 99 Ud 106
45630 Navamorcuende TO 100 Vb 108
05692 Navamorisca AV 99 Uc 106
39419 Navamuel CB 45 Vf 91
05592 Navamuñana AV 99 Ud 106
05697 Navamures AV 99 Uc 107
05120 Navandrinal AV 100 Va 106
42311 Navapalos SO 85 Wf 100
05122 Navaquesera AV 100 Va 106
08270 Navarcles B 73 Bf 98
50686 Navardún Z 50 Yf 93
30410 Navares MC 171 Ya 120
40531 Navares de Ayuso SG 84 Wb 100
40532 Navares de Enmedio SG 84 Wb 100
40532 Navares de las Cuevas SG 84 Wb 100
29400 Navares y Tejares MA 182 Uf 128
01309 Navaridas VI 47 Xc 93
28739 Navarredonda MD 84 Wb 103
41659 Navarredonda SE 182 Uf 126
05635 Navarredonda de Gredos AV 100 Uf 106
37607 Navarredonda de la Rinconada SA 98 Tf 105
37766 Navarredonda de Salvatierra SA 99 Ub 105
05120 Navarredondilla AV 100 Vb 106
05580 Navarregadilla AV 99 Ud 106
46823 Navarrés V 142 Zb 114
26370 Navarrete RI 48 Xc 94
01118 Navarrete VI 48 Xc 93
44496 Navarrete del Río TE 87 Ye 103
05115 Navarrevisca AV 100 Va 106
22452 Navarri HS 52 Ac 94
05195 Navarromera AV 101 Vc 105
04549 Navarros, Los AL 186 Xc 126
35149 Navarros, Los GC 200 Kb 181
30319 Navarros, Los MC 173 Yf 122
08670 Navàs B 73 Bf 97
10895 Navas CC 113 Ta 108
13490 Navas CR 151 Va 116
14800 Navas, Las CO 183 Vf 124
41740 Navas, Las SE 180 Ua 127
22714 Navasa HS 51 Zd 93
31450 Navascués NC 50 Yf 92
28754 Navas de Buitrago, Las MD 84 Wc 103
09249 Navas de Bureba BU 46 We 92
13194 Navas de Estena CR 117 Vc 112
19243 Navas de Jadraque GU 84 Wf 102
02246 Navas de Jorquera AB 140 Yb 113
41460 Navas de la Concepción, Las SE 165 Ud 121
10930 Navas del Madróno CC 113 Tc 111
05230 Navas del Marqués, Las AV 101 Ve 105
42142 Navas del Pinar BU 65 We 97
28695 Navas del Rey MD 101 Ve 106
40470 Navas de Oro SG 82 Vd 101
37491 Navas de Quejigal SA 80 Ua 103
40420 Navas de Riofrío SG 101 Vf 103
40408 Navas de San Antonio SG 101 Ve 104
23240 Navas de San Juan J 154 We 119
14511 Navas de Selpillar CO 167 Vc 124
23212 Navas de Tolosa J 153 Wc 119
05630 Navasequilla AV 99 Ud 106
14800 Navasequilla CO 167 Ve 124
37542 Navasfrías SA 97 Tb 107
22714 Navasilla HS 51 Zd 93
17744 Navata GI 75 Cf 95
28420 Navata, La MD 101 Vf 105
05122 Navatalgordo AV 100 Va 106
05697 Navatejares AV 99 Uc 106
24008 Navatejera LE 43 Uc 93
41659 Navaterrines SE 182 Uf 126
10331 Navatrasierra CC 116 Ue 111
11680 Nava y Lapa, La CA 181 Ud 127
28620 Navayuncosa MD 101 Ve 107
31193 Navaz NC 49 Yb 91
14811 Navazo, El CO 183 Ve 124
16260 Navazos, Los CU 122 Yc 112
02124 Navazuela, La AB 156 Xf 117
14810 Navazuelo CO 167 Vd 124
09219 Nave, La BU 47 Xa 92
32622 Naveaus OR 59 Sc 96
39210 Naveda CB 33 Ve 90
33693 Navedo AS 29 Tb 89
33873 Navelgas AS 30 Tc 88
11158 Naveros, Los CA 188 Ua 130
34405 Naveros de Pisuerga P 45 Ve 94
33594 Naves AS 32 Va 88
25286 Navès L 73 Bd 97
30153 Naveta de Baños y Mendigo MC 173 Yf 121
10374 Navezuelas CC 115 Ud 111
33710 Navia AS 29 Tb 87
36208 Navia PO 57 Rb 95
27659 Navia de Suarna LU 29 Sf 91
49146 Navianos de Alba ZA 61 Ua 98
24792 Navianos de la Vega LE 61 Ub 95
49697 Navianos de Valverde ZA 61 Ub 97
33818 Naviego AS 30 Tc 90
45121 Navillas, Las TO 117 Vd 111
37621 Navita SA 98 Te 105
28296 Navlespino MD 101 Ve 105
07815 Na Xemena IB 125 Bc 114
21660 Naya, La H 163 Tc 122
31282 Nazar NC 48 Xe 93
30329 Nazaret MC 173 Ye 122
15978 Nebra C 38 Ra 92
09348 Nebreda BU 65 Wc 97
04715 Neca AL 186 Xa 128
18470 Nechite GR 185 Wf 126
15510 Neda C 27 Rf 88
33519 Negales AS 31 Uc 88
27861 Negradas LU 26 Sb 86
27308 Negradas LU 28 Sa 90
28409 Negrales, Los MD 102 Vf 105
19245 Negredo GU 85 Xa 102
40512 Negredo, El SG 84 We 101
15830 Negreira C 38 Rb 91
36538 Negrelos PO 39 Sa 93
37799 Negrilla de Palencia SA 81 Uc 102
37451 Negrillos SA 98 Ua 104
46145 Negrón V 122 Yd 108
36814 Negros PO 38 Rc 95
27113 Negueira de Muñiz LU 29 Ta 90
26257 Negueruela RI 47 Xa 94
42223 Neguillas SO 86 Xd 100
09679 Neila BU 66 Xa 96
05619 Neila de San Miguel AV 99 Uc 106
27696 Neira de Rei LU 41 Se 91
27468 Neiras LU 40 Sc 94
33449 Nembro AS 31 Ub 87
15110 Nemeño C 26 Ra 89
42218 Nepas SO 86 Xd 99
33708 Nera AS 30 Tc 88
36945 Nerga PO 38 Rb 95
22473 Neril HS 52 Ad 94
22375 Nerín HS 51 Aa 93
29780 Nerja MA 184 Wa 128
02530 Nerpio AB 155 Xe 120
21670 Nerva H 164 Tc 122
27212 Nespereira LU 40 Sb 91
34810 Nestar P 45 Ve 91
39212 Nestares CB 33 Vf 90
26110 Nestares RI 47 Xc 95
17536 Nevà GI 55 Ca 95
13594 Neva, La CR 153 Wa 118
18494 Nevada GR 185 Wf 127
15613 Neves, As C 27 Rf 88
36440 Neves, As PO 57 Rd 96
30390 Nicolases, Los MC 173 Ye 122
09142 Nidáguila BU 46 Wb 93
21840 Niebla H 178 Tb 124
33559 Nieda AS 32 Uf 88
18439 Nieles GR 185 We 127
33595 Niembro AS 32 Va 88
04117 Nietos, Los AL 187 Xe 127
30383 Nietos, Los MC 173 Zb 123
40447 Nieva SG 82 Vd 102
42112 Nieva de Calderuela SO 67 Xe 98
26124 Nieva de Cameros RI 66 Xb 95
33990 Nieves AS 31 Ud 89
06350 Nieves, Las BA 148 Tb 120
38713 Nieves, Las TF 197 Hb 176
45191 Nieves, Las TO 118 Wa 110
36684 Nigoi PO 39 Rd 93
36350 Nigrán PO 57 Rb 96
32847 Nigueiroá OR 58 Sa 97
32655 Nigueiroá OR 58 Sa 96
18657 Nigüelas GR 184 Wc 127
50269 Nigüella Z 87 Yc 99
05191 Niharra AV 100 Va 105
04100 Níjar AL 187 Xe 127
04897 Níjar AL 186 Xc 125
30170 Niño, El MC 172 Yc 120
32632 Niñodaguia OR 59 Sb 97
24395 Nistal LE 42 Tf 94
18214 Nívar GR 184 Wc 125
15873 Niveiro C 26 Rc 90
31191 Noáin (Valle de Elorz) NC 49 Yb 92
15970 Noal C 38 Ra 92
23140 Noalejo J 168 Wc 123
22474 Noales HS 52 Ae 94
36990 Noalla PO 38 Ra 94
25577 Noarre L 53 Bb 92
31132 Nobeleta NC 48 Ya 93
45350 Noblejas TO 119 Wd 109
09569 Noceco BU 34 Wd 90
24319 Noceda LE 42 Td 92
27665 Noceda LU 41 Ta 92
27675 Noceda LU 41 Sf 92
27796 Noceda LU 29 Sf 87
09142 Nocedo BU 46 Wb 92
32634 Nocedo OR 59 Sb 97
24846 Nocedo de Curueño LE 43 Ud 91
24609 Nocedo de Gordón LE 43 Uc 91
32624 Nocedo do Val OR 59 Sd 96
22482 Nocellas HS 52 Ac 94
32696 Nocelo da Pena OR 59 Sc 96
27812 Noche LU 28 Sb 89
39780 Nocina CB 34 We 88
22622 Nocito HS 51 Ze 95
42193 Nódalo SO 66 Xb 98
27229 Nodar LU 28 Sa 90
45162 Noez TO 117 Ve 110
09515 Nofuentes BU 46 Wd 91
27677 Nogais, As LU 41 Sf 92
34128 Nogal de las Huertas P 44 Vc 94
06173 Nogales BA 148 Tb 117
10163 Nogales CC 133 Te 113
29230 Nogales MA 182 Vc 127
34492 Nogales de Pisuerga P 45 Ve 92
24744 Nogar LE 42 Tc 95
24734 Nogarejas LE 61 Tf 95
42315 Nograles SO 85 Xa 100
01426 Nograro VI 47 Wf 92
15815 Nogueira C 27 Rf 90
32526 Nogueira OR 39 Re 94
27515 Nogueira de Miño LU 40 Sb 93
32160 Nogueira de Ramuín OR 40 Sb 94
44113 Noguera TE 105 Yc 106
02124 Noguera, La AB 156 Xf 117
44113 Noguera de Albarracín TE 105 Yc 106
44497 Nogueras TE 88 Yf 102
23290 Nogueras, Las J 170 Xc 120
46351 Nogueras, Las V 122 Yf 111
22587 Noguero HS 71 Ad 95
02459 Noguerón, El AB 155 Xd 117
23669 Noguerones, Los J 167 Vf 123
16318 Nogueruela, La CU 122 Yc 107
23690 Nogueruelas J 168 Wa 124
44414 Nogueruelas TE 107 Zc 107
16191 Nohales CU 121 Xe 108
05216 Noharre AV 82 Vb 102
16191 Noheda CU 121 Xe 107
15200 Noia C 38 Ra 92
15105 Noicela C 27 Rc 89
27893 Nois LU 28 Se 87
42223 Nolay SO 86 Xd 99
45917 Nombela TO 101 Vc 108
50369 Nombrevilla Z 87 Yd 102
42128 Nomparedes SO 86 Xe 99
50794 Nonaspe Z 90 Ab 101
30859 Nonihay MC 172 Yc 122
33119 Nora AS 31 Ua 88
24761 Nora del Río, La LE 61 Ub 96
33180 Noreña AS 31 Ub 88
04213 Noria AL 186 Xe 126
18491 Noria, La GR 185 Wf 127
04690 Norias, Las AL 171 Ya 124
04827 Norias, Las AL 171 Xf 124
04716 Norias, Las AL 186 Xb 128
13739 Norias, Las CR 153 Wc 117
50669 Norias, Las Z 68 Yd 97
33590 Noriega AS 32 Vc 88
11400 Norieta, La CA 188 Tf 128
06310 Norilas, Las BA 149 Td 118
25574 Norís L 53 Bc 93
15140 Nostián C 27 Rd 88
18439 Notáez GR 185 We 127
08698 Nou de Berguedà, La B 73 Bf 96
43763 Nou de Gaià, La T 92 Bc 101
27659 Noudelo LU 41 Ta 91
39526 Novales CB 33 Ve 88
22113 Novales HS 70 Ze 96
12450 Novaliches CS 123 Zc 109
22809 Novalla HS 50 Zc 95
50510 Novallas Z 68 Yb 97
32637 Novás OR 59 Sc 97
07170 Nova Valldemossa IB 126 Cd 110
03660 Novelda A 158 Zb 118
06183 Novelda del Guadiana BA 132 Tb 115
46819 Novelé = Novetlè V 142 Zc 115
19350 Novella GU 105 Ya 103
50596 Novellaco Z 50 Ye 94
33157 Novellana AS 30 Te 87
22713 Novés HS 50 Zc 93
45519 Novés TO 117 Ve 108
25795 Noves de Segre L 53 Bb 95
46819 Novetlè = Novelé V 142 Zc 115
42341 Noviales SO 84 We 100
42132 Noviercas SO 67 Xf 98
50530 Novillas Z 68 Yd 97
32412 Nóvoa OR 39 Re 95
20738 Nuarbe SS 36 Xe 90
33416 Nubledo AS 31 Ua 87
03530 Nucia, La A 159 Zf 117
22193 Nueno HS 51 Zd 95
44220 Nueros TE 88 Yf 103
06230 Nuestra Señora de la Estrella BA 149 Td 118
13730 Nuestra Señora de las Virtudes CR 153 Wd 117
24853 Nuestra Señora de Lourdes LE 43 Ue 91
06330 Nuestra Señora del Valle BA 149 Td 119
33593 Nueva AS 32 Va 88
33909 Nueva, La AS 31 Ub 89
29660 Nueva Andalucía MA 190 Va 129
39749 Nueva Berria CB 34 Wd 88
14857 Nueva Carteya CO 167 Vd 123
11592 Nueva Jarilla CA 180 Tf 128
50210 Nuévalos Z 87 Yb 101
19117 Nueva Sierra de Madrid GU 103 Xb 107
21449 Nueva Umbría H 177 Se 125
47464 Nueva Villa de las Torres VA 82 Uf 101
37181 Nuevo Amatos SA 81 Uc 103
28514 Nuevo Baztán MD 103 We 106
28370 Nuevo Chinchón MD 119 Wd 108
11311 Nuevo Guadiaro CA 189 Ue 131
24900 Nuevo Riaño LE 32 Uf 91
41730 Nuevo Rocío SE 180 Tf 126
37181 Nuevos Naharros SA 81 Uc 103
49516 Nuez ZA 60 Tc 98
09159 Nuez de Abajo, La BU 46 Wb 94
09125 Nuez de Arriba, La BU 46 Wb 93
50173 Nuez de Ebro Z 69 Zb 99
31193 Nuin NC 49 Yb 91
12520 Nules CS 124 Zf 109
27677 Nullán LU 41 Sf 92
43887 Nulles T 92 Bb 101
45230 Numancia de la Sagra TO 118 Wa 108
25790 Nuncarga L 72 Bb 96
45644 Nuño Gómez TO 117 Vc 108
10626 Nuñomoral CC 98 Te 106

Ñ

30850 Ñorica, La MC 172 Yd 122

O

15821 O Amenal C 39 Rd 91
15984 O Araño C 38 Rb 92
23191 Oasis, El J 168 Wc 122
35100 Oasis de Maspalomas GC 200 Kc 182
48141 Oba BI 35 Xb 90
08225 Obac, L' B 74 Bf 99
06760 Obando BA 134 Ud 114
06840 Obando BA 133 Te 116
31151 Obanos NC 49 Yb 92

32300 O Barco = O Barco de Valdeorras OR 41 Ta 94
32300 O Barco de Valdeorras = O Barco OR 41 Ta 94
09219 Obarenes BU 47 Wf 92
22484 Obarra HS 52 Ad 94
32112 O Barrio OR 40 Sb 95
14249 Obatón CO 150 Ud 119
09216 Obécuri BU 48 Xc 93
14310 Obejo CO 151 Vb 120
39554 Obeso CB 33 Vd 89
08610 Obiols B 73 Bf 96
24146 Oblanca LE 43 Ua 91
32373 O Bolo OR 41 Sf 95
44792 Obón TE 88 Zb 103
33874 Obona AS 30 Td 88
15115 O Bosco C 26 Ra 89
36585 Obra PO 39 Rd 91
39690 Obregón CB 34 Wa 88
38313 Observatorio Meteorológico de Izaña TF 196 Id 179
36885 O Burgo PO 58 Re 95
27306 O Buriz LU 28 Sa 89
15845 O Busto C 26 Ra 90
36840 O Cabalo PO 39 Rc 95
27130 O Cádavo (Baleira) LU 29 Se 90
27777 O Cadramón LU 28 Sd 88
36770 O Calvario PO 57 Rb 97
32548 O Canizo OR 59 Sf 96
04530 Ocaña AL 186 Xb 126
45300 Ocaña TO 119 Wd 109
32512 O Carballino OR 39 Rf 94
01207 Ocáriz VI 48 Xd 91
36475 O Casal PO 57 Rc 96
27329 O Castelo LU 41 Se 94
36450 O Castelo (Salvaterra do Miño) PO 57 Rd 96
32560 O Castro OR 59 Sf 96
36518 O Castro PO 39 Rf 93
27437 O Castro de Ferreira LU 40 Sc 93
27774 O Castro de Ouro LU 28 Sd 87
32318 O Castro de Valdeorras OR 41 Ta 94
01477 Oceca VI 35 Wf 90
24813 Ocejo de la Peña LE 44 Uf 91
42145 Ocenilla SO 66 Xc 98
19432 Ocentejo GU 104 Xd 104
33576 Oceño AS 32 Vb 89
27695 O Cereixal LU 41 Se 91
24439 Ocero LE 41 Tc 92
31680 Ochagavía NC 50 Yf 91
40136 Ochando SG 82 Vd 102
26213 Ochánduri RI 47 Wf 93
27245 O Chao de Pousadoiro LU 29 Se 89
09216 Ochate BU 47 Xc 92
14129 Ochavillo del Río CO 166 Uf 122
18131 Ochíchar GR 184 Wa 126
23212 Ocho Casas J 153 Wc 119
01212 Ocio VI 47 Xb 93
05520 Oco AV 100 Va 105
31281 Oco NC 48 Xf 93
26148 Ocón RI 48 Xe 95
09258 Ocón de Villafranca BU 46 We 94
36993 O Convento PO 38 Rb 94
27164 O Corgo LU 28 Sd 91
36800 O Coto PO 38 Rc 95
36119 O Couso PO 39 Rc 93
15846 O Couto C 26 Rb 90
36872 O Covelo = Santiago do Covelo PO 58 Rd 95
25283 Odèn L 73 Bc 96
08711 Òdena B 73 Bd 99
31879 Oderitz NC 37 Ya 91
31799 Odieta NC 37 Yc 91
22415 Odina HS 70 Aa 97
24742 Odollo LE 41 Tc 94
44233 Odón TE 105 Yc 103
30414 Odres, Los MC 171 Xe 120
27135 Oegolada LU 29 Se 90
24566 Oenica LE 41 Ta 93
03680 Ofra A 158 Zb 119
39812 Ogarrio CB 34 Wc 89
15129 Ogas C 26 Qf 90
17861 Ogassa GI 55 Cb 95
25289 Ogern L 73 Bc 96
18151 Ogíjares GR 184 Wc 126
36980 O Grove PO 38 Ra 94
09216 Ogueta BU 47 Xc 92
04459 Ohanes AL 186 Xb 126
36390 Oia PO 57 Rb 95
36794 Oia PO 57 Ra 96
20180 Oiartzun = Elizalde SS 37 Ya 89
31460 Oibar = Aibar NC 49 Yd 93
32613 Oímbra OR 59 Sd 97
15819 Oíns C 27 Re 91
32411 Oins OR 39 Re 95
27776 Oirán LU 28 Sd 87
27775 Oirás, As LU 28 Sd 88
32537 O Irixo OR 39 Rf 93
50297 Oitura Z 69 Ye 98
17856 Oix GI 55 Cd 95
31751 Oiz NC 37 Yb 90
26270 Ojacastro RI 47 Wf 94
09593 Ojeda BU 46 Wc 92
39860 Ojedar CB 34 Wd 89
11370 Ojén CA 191 Uc 132
29610 Ojén MA 191 Va 129
30611 Ojós MC 157 Yd 120
05193 Ojos Albos AV 101 Vc 104
35219 Ojos de Garza GC 200 Kd 181
44313 Ojos Negros TE 105 Yd 104
42130 Ojuel SO 67 Xe 98
02695 Ojuelo, El AB 141 Yc 115
02316 Ojuelo, El AB 155 Xc 117
41620 Ojuelos, Los SE 181 Ue 125
14299 Ojuelos Altos CO 150 Ud 119
14299 Ojuelos Bajos CO 150 Ud 119
01409 Okondo VI 35 Wf 90
22135 Ola HS 70 Ze 96
01428 Olabarri = Ollavarre VI 47 Xa 92
20569 Olabarrieta SS 36 Xd 90
48382 Olabe BI 35 Xc 89
20212 Olaberria SS 37 Yb 89
20212 Olaberría SS 36 Xe 90
01165 Olaeta VI 35 Xc 90
31798 Olagüe NC 37 Yc 91
31799 Oláibar NC 49 Yc 91
31799 Olaiz NC 49 Yc 91
31439 Olaldea, La NC 49 Ye 91
44211 Olalla TE 88 Yf 103
04889 Olapra AL 186 Xd 125
20215 Olaran SS 36 Xe 91
20720 Olaso SS 36 Xe 89
20830 Olatz SS 36 Xd 89
08611 Olavan B 73 Bf 96
31799 Olave NC 49 Yc 91
31481 Olaverri NC 49 Yd 92
31809 Olazagutía = Olazti NC 48 Xe 91
31191 Olaz Subiza NC 49 Yb 92
31809 Olazti = Olazagutía NC 48 Xe 91
44479 Olba TE 123 Zc 108
31398 Olcoz NC 49 Yb 93
39418 Olea CB 33 Ve 91
34407 Olea de Boedo P 45 Vd 93
15806 Oleiros C 27 Sa 91
15173 Oleiros C 27 Re 88
15993 Oleiros C 38 Qf 93
27533 Oleiros LU 40 Sb 94
27367 Oleiros LU 40 Sd 91
31281 Olejua NC 48 Xf 93
32869 Olelas OR 58 Re 97
08734 Olèrdola B 92 Be 101
33315 Oles AS 31 Ud 87
08795 Olesa de Bonesvalls B 92 Bf 100
08640 Olesa de Montserrat B 92 Bf 99
48289 Oleta BI 36 Xc 88
25790 Oliana L 72 Bb 96
18710 Olías GR 185 Wd 128
29197 Olías MA 183 Ve 128
45280 Olías del Rey TO 118 Wa 109
44548 Oliete TE 88 Zb 103
25749 Oliola L 72 Bb 97
31390 Olite NC 49 Yc 94
25286 Olius L 73 Bd 96
46780 Oliva V 143 Zf 115
43007 Oliva, L' T 91 Bb 102
35649 Oliva, La GC 199 Ma 177
06120 Oliva de la Frontera BA 148 Ta 119
06475 Oliva de Mérida BA 133 Tf 116
10667 Oliva de Plasencia CC 114 Tf 108
22636 Oliván HS 51 Ze 93
26131 Oliván RI 67 Xe 95
10280 Olivar CC 133 Ua 113
18818 Olivar GR 170 Xc 122
33316 Olivar, El AS 31 Ud 87
19133 Olivar, El GU 104 Xb 105
28669 Olivar de Miraval MD 102 Wa 106
30420 Olivarejo MC 156 Yb 119
41804 Olivares SE 164 Tf 124
18248 Olivares, Los GR 184 Wb 125
47359 Olivares de Duero VA 64 Vc 99
16760 Olivares de Júcar CU 120 Xd 110
36862 Oliveira PO 57 Rd 96
08818 Olivella B 92 Be 101
06109 Olivenza BA 147 Sf 116
46013 Oliveral, L' V 142 Zd 112
04827 Oliverica, La AL 171 Xf 123
17481 Olivers GI 75 Cf 96
36686 Olives PO 39 Rd 92
04533 Olivillas, Las AL 185 Xb 125
23100 Olivillas, Las J 168 Wc 121
12500 Olivos, Los CS 109 Ac 106
41620 Olivos, Los SE 181 Ud 124
03590 Olla, L' A 159 Zf 117
31193 Ollacarizqueta NC 49 Yb 91
36586 Ollares PO 39 Re 92
23790 Ollas J 167 Ve 121
26220 Ollauri RI 47 Xb 93
08241 Oller, L' B 73 Be 98
46850 Olleria, L' V 142 Zc 115
01170 Ollerías VI 35 Xb 91
24649 Olleros de Alba LE 43 Ub 92
39250 Olleros de Paredes Rubias P 45 Vf 92
34815 Olleros de Pisuerga P 45 Ve 92
24811 Olleros de Sabero LE 44 Ue 92
49331 Olleros de Tera ZA 61 Tf 97
17833 Ollers GI 75 Ce 96
43422 Ollers T 91 Bb 100
31395 Olleta NC 49 Yc 93
31172 Ollo NC 49 Ya 91
31241 Ollobarren NC 48 Xf 92
31241 Ollogoyen NC 48 Xf 92
33660 Olloniego AS 31 Ub 89
26261 Ollora RI 47 Xa 95
16336 Olmeda, La CU 122 Ye 109
42313 Olmeda, La SO 85 Wf 99
19444 Olmeda de Cobeta GU 104 Xe 103
19266 Olmeda de Jadraque, La GU 85 Xb 102
16852 Olmeda de la Cuesta CU 104 Xd 107
28515 Olmeda de las Fuentes MD 103 We 106
19413 Olmeda del Extremo GU 104 Xb 104
16216 Olmeda del Rey CU 121 Xf 110
37450 Olmedilla SA 98 Ua 104
46177 Olmedilla V 122 Yf 110
16118 Olmedilla de Alarcón CU 121 Xf 111
16122 Olmedilla de Arcas CU 121 Xf 109
16853 Olmedilla de Éliz CU 104 Xd 107
16550 Olmedilla del Campo CU 120 Xb 108
19264 Olmedillas GU 85 Xc 101
16338 Olmedillas, Las CU 122 Yd 109
09311 Olmedillo de Roa BU 64 Wa 98
47410 Olmedo VA 82 Vb 101
37292 Olmedo de Camaces SA 97 Tc 103
40530 Olmillo, El SG 84 Wb 101
37115 Olmillos SA 80 Ua 102
42345 Olmillos SO 84 Wf 99
49147 Olmillos de Castro ZA 61 Ua 98
09228 Olmillos de Muñó BU 64 Wa 95
09123 Olmillos de Sasamón BU 45 Vf 94
49698 Olmillos de Valverde ZA 62 Ub 97
40530 Olmo, El SG 84 Wc 101
49450 Olmo de la Guareña ZA 81 Ue 102
02437 Olmos, Los AB 156 Ya 119
18810 Olmos, Los GR 186 Xb 124
44557 Olmos, Los TE 107 Zd 103
44423 Olmos, Los TE 123 Za 108
09620 Olmosalbos BU 65 Wb 95
09199 Olmos de Atapuerca BU 46 Wc 94
30710 Olmos de Campana, Los MC 173 Za 122
47173 Olmos de Esgueva VA 63 Vc 98
09133 Olmos de la Picaza BU 45 Wa 94
34486 Olmos de Ojeda P 45 Vd 92
47318 Olmos de Peñafiel VA 64 Ve 99
34405 Olmos de Pisuerga P 45 Ve 94
46169 Olocau V 123 Zc 110
12312 Olocau del Rey CS 108 Zd 105
40220 Olombrada SG 83 Vf 100
31697 Olóndriz NC 37 Yd 91
17539 Olopte GI 54 Be 94
31396 Olóriz NC 49 Yc 93
08516 Olost B 74 Ca 97
17800 Olot GI 74 Cc 95
25568 Olp L 53 Ba 94
22394 Olsón HS 52 Aa 95
25214 Olujas = les Oluges L 72 Bb 98
04212 Olula de Castro AL 186 Xd 125
04860 Olula del Río AL 186 Xe 124
27579 Olveda LU 40 Sa 92
42110 Ólvega SO 67 Ya 98
15151 Olveira C 26 Qf 91
15151 Olveiroa C 26 Qf 91
22439 Olvena HS 71 Ab 96
11690 Olvera CA 181 Ue 127
50341 Olvés Z 87 Yc 101
31171 Olza NC 49 Yb 91
08470 Olzinelles B 74 Cd 99
24273 Omañas, Las LE 43 Ua 92
24133 Omañón LE 42 Tf 92
27299 Ombreiro LU 28 Sc 90
46692 Ombria, L' V 142 Zc 115
03669 Ombria Alta, L' A 158 Za 118
03669 Ombria Baixa, L' A 158 Za 118
15806 O Meire C 39 Sa 91
42112 Omeñaca SO 67 Xe 98
46225 Omet V 142 Zd 112
27879 O Monte LU 26 Sd 87
39793 Omoño CB 34 Wc 88
24398 Onamio LE 42 Tc 93
04715 Onayar AL 186 Xa 128
20738 Onaz = Oñatz SS 36 Xe 90
42172 Oncala SO 67 Xe 97
02694 Oncebreros AB 141 Yd 115
24391 Oncina de Valdoncina LE 43 Uc 93
22338 Oncins HS 52 Ab 94
12200 Onda CS 124 Ze 109
03760 Ondara A 143 Aa 116
48700 Ondarroa BI 36 Xd 89
33839 Ondes AS 30 Te 89
31448 Ongoz NC 50 Ye 92
03430 Onil A 158 Zb 117
18567 Onítar GR 168 Wc 124
33816 Onón AS 30 Td 89
33316 Onón AS 31 Ud 87
01129 Onraita VI 48 Xd 92
15839 Ons C 38 Rb 91
23393 Onsares J 155 Xc 118
02511 Ontalafia AB 156 Yb 116
42216 Ontalbilla de Almazán SO 86 Xc 100
42134 Ontalvilla de Valcorba SO 67 Xd 98
39680 Ontaneda CB 34 Wa 89
46870 Onteniente = Ontinyent V 142 Zc 116
45340 Ontígola TO 118 Wc 108
50810 Ontinar del Salz Z 69 Zb 97
46870 Ontinyent = Onteniente V 142 Zc 116
22232 Ontiñena HS 71 Aa 98
39700 Ontón CB 35 We 88
39500 Ontoria CB 33 Ve 89
02652 Ontur AB 157 Yd 117
24231 Onzonilla LE 43 Uc 93
09530 Oña BU 46 Wd 92
20560 Oñati SS 36 Xd 90
27518 O Outeiro LU 40 Sb 93
27116 O Padrón LU 29 Sf 90
01207 Opakua VI 48 Xd 92
29491 Opayar MA 189 Ue 129
32810 O Picouto OR 58 Rf 95
15296 O Pindo C 38 Qf 91
15821 O Pino C 27 Re 91
32720 O Pinto OR 40 Sb 95
09585 Opio BU 35 We 90
36400 O Porriño PO 57 Rc 96
32357 O Porto OR 41 Ta 94
18520 Oqueales, Los GR 169 We 123
04826 Oquendos, Los AL 171 Xf 123
09350 Oquillas BU 65 Wb 98
01194 Oquina VI 47 Xc 92
24113 Orallo LE 30 Td 91
02140 Orán AB 140 Ya 116
22714 Orante HS 51 Zd 93
03790 Orba A 143 Zf 116
37428 Orbada, La SA 81 Ud 102
37428 Orbadilla, La SA 81 Ud 102
31670 Orbaitzeta NC 36 Ye 91
09145 Orbaneja del Castillo BU 46 Wb 91
09192 Orbaneja-Riópico BU 46 Wc 94
09212 Orbañanos BU 47 We 92
31671 Orbara NC 36 Ye 91
01110 Orbiso VI 48 Xd 92
05296 Orbita AV 82 Vc 103
50366 Orcajo Z 87 Yd 102
25655 Orcau L 72 Af 96
18858 Orce GR 170 Xd 122
23370 Orcera J 155 Xc 119
16336 Orchova, La CU 122 Ye 109
08739 Ordal B 92 Bf 100
33979 Ordaliego AS 31 Uc 89
09124 Ordejón de Abajo o Santa María BU 45 Vf 93
09124 Ordejón de Arriba o San Juan BU 45 Vf 93
09587 Ordejón Ordunte BU 34 We 90
25721 Ordèn L 54 Be 94
15680 Ordes C 27 Rd 90
15806 Ordes C 27 Sa 91
19244 Ordial, El GU 85 Wf 102
AD300 Ordino □ AND 54 Bd 93
17772 Ordis GI 75 Cf 95
20240 Ordizia SS 36 Xf 90
33707 Ordobaga AS 30 Tc 88
15863 Ordoeste C 26 Rb 91
01208 Ordoñana VI 48 Xd 91
22621 Ordovés HS 51 Zd 94
48460 Orduña BI 35 Wf 90
19311 Orea GU 105 Yb 105
27276 O Real LU 29 Se 90
45350 Oreja TO 119 Wd 108
40176 Orejana SG 83 Wb 102
40176 Orejanilla SG 83 Wb 102
39719 Orejo CB 34 Wb 88
06750 Orellana de la Sierra u Orellanita BA 134 Ud 114
06740 Orellana la Vieja BA 134 Uc 114
20269 Orendain SS 36 Xf 90
50331 Orera Z 87 Yd 101
50619 Orés Z 50 Za 95
20490 Orexa SS 36 Xf 90
17468 Orfes GI 75 Cf 95
25794 Organyà L 72 Bb 95
45450 Orgaz TO 118 Wa 111
04810 Oria AL 171 Xe 124
20160 Oria SS 36 Xf 89
36691 O Rial = Soutomaior PO 39 Rc 94
32847 O Ribeiro OR 58 Sa 96
31194 Oricáin NC 49 Yc 91
31396 Oricin NC 49 Yc 93
07349 Orient IB 126 Ce 110
03300 Orihuela A 173 Za 120
44366 Orihuela del Tremedal TE 105 Yc 105
42142 Orillares SO 66 We 98
30835 Orilla y Piñero MC 172 Yc 123
22213 Orillena HS 70 Ze 98
32101 O Río OR 40 Sa 94
20810 Orio SS 36 Xf 89
43870 Oriola, l' T 109 Ad 104
31395 Orísoain NC 49 Yc 93
08518 Oristà B 74 Ca 97
03679 Orito A 158 Zb 118
04662 Orives, Los AL 187 Ya 124
33990 Orlé AS 31 Ue 89
20216 Ormaiztegi SS 36 Xe 90
01428 Ormijana VI 47 Xa 91
22620 Orna de Gállego HS 51 Zd 94
46199 Oro, El V 141 Za 113
32312 O Robledo de Lastra OR 41 Ta 94
31866 Orokieta Illarregi NC 37 Yb 90
09219 Orón BU 47 Xa 92
24857 Orones LE 32 Ue 91
31720 Oronoz NC 37 Yc 90
31451 Oronz NC 50 Yf 91
45560 Oropesa TO 116 Ue 109
27204 Orosa LU 39 Sa 91
32613 O Rosal OR 59 Sd 97
36770 O Rosal PO 57 Ra 97
22637 Orós Alto HS 51 Ze 93
22637 Orós Bajo HS 51 Ze 93
15888 Oroso C 27 Rd 91
38300 Orotava, La TF 196 Ic 178
31439 Oroz-Betelu NC 49 Ye 91
48410 Orozko BI 35 Xa 90
48200 Orozqueta BI 35 Xb 89
31454 Orradre NC 50 Ye 92
09585 Orrantia BU 35 We 90
31650 Orreaga = Roncesvalles NC 37 Ye 90
31194 Orrio NC 49 Yc 91
17468 Orriols GI 75 Cf 96
44161 Orrios TE 106 Za 105
25636 Orrit L 72 Ae 95
08317 Òrrius B 93 Cc 99
14730 Ortegas, Los CO 166 Uf 121
29340 Ortegícar MA 182 Va 127
12311 Ortells CS 108 Zd 104
38355 Ortigal, El TF 197 Id 178
21380 Ortigosa, La H 163 Tb 120
26124 Ortigosa de Cameros RI 66 Xb 95
40421 Ortigosa del Monte SG 101 Ve 103
40495 Ortigosa de Pestaño SG 83 Vd 102
05145 Ortigosa de Rioalmar AV 100 Uf 104
05631 Ortigosa de Tormes AV 99 Ue 106
15330 Ortigueira C 26 Sa 86
22811 Ortilla HS 69 Zc 96
15318 Orto C 27 Re 89
48530 Ortuella BI 35 Wf 89
22711 Oruén HS 51 Zc 94
39477 Oruña CB 33 Wa 88
22611 Orús HS 51 Ze 94
28570 Orusco MD 103 We 107
03860 Orxa, l' = Lorcha A 142 Ze 115
15819 Orxal C 27 Re 91
03579 Orxeta A 159 Ze 117
39292 Orzales CB 33 Vf 90
35541 Orzola GC 198 Md 173
24839 Orzónaga LE 43 Uc 91
31799 Osacáin NC 49 Yc 91
31193 Osácar NC 49 Yb 91
16423 Osa de la Vega CU 120 Xb 111
27775 Os Agros LU 28 Sd 88
22611 Osán HS 51 Ze 94
15865 Os Ánxeles C 38 Rb 91
27540 O Saviñao = Escairón LU 40 Sc 93
32634 Os Blancos OR 58 Sb 97
15310 Os Couceiros C 27 Rf 90
25610 Os de Balaguer L 71 Ae 97
15911 Os Dices C 38 Rb 92
32136 Oseira OR 39 Sa 93
15141 Oseiro C 27 Rd 89
36739 O Seixo PO 57 Rb 97
50258 Oseja Z 68 Yb 99

24916 Oseja de Sajambre LE 32 Uf 90
50175 Osera de Ebro Z 89 Zc 99
46162 Oset V 123 Zb 110
22830 Osia HS 50 Zc 94
20580 Osintxu SS 36 Xd 90
27836 O Sisto LU 28 Sb 87
31869 Oskotz NC 37 Yb 91
48269 Osma BI 36 Xc 89
42318 Osma SO 66 Wf 99
01426 Osma VI 47 Wf 91
05164 Oso, El AV 100 Vb 103
42294 Osona SO 66 Xb 99
42291 Osonilla SO 66 Xb 99
17161 Osor GI 74 Cd 97
34468 Osornillo P 45 Ve 94
34460 Osorno P 45 Vd 94
36491 Os Padrosos = Padrosos PO 58 Re 95
02611 Ossa de Montiel AB 139 Xb 115
25717 Ossera L 73 Bc 95
02611 Ossero, El AB 138 Xb 115
22532 Osso de Cinca HS 71 Ab 99
25318 Ossó de Sió L 72 Ba 98
31799 Ostiz NC 49 Yc 91
41659 Osuna SE 182 Uf 125
27111 Os Vaos LU 29 Sf 89
22372 Otal HS 51 Ze 93
31470 Otano NC 49 Yc 92
39707 Otañes CB 35 We 89
01194 Otazu VI 47 Xc 92
32417 Oteiro-Cruz OR 39 Rf 95
31740 Oteitza NC 37 Yc 90
31250 Oteiza NC 48 Ya 93
31195 Oteiza NC 49 Yb 91
09512 Oteo BU 34 We 91
01117 Oteo VI 48 Xd 92
19431 Oter GU 104 Xd 104
24126 Oterico LE 42 Ua 92
33791 Otero AS 31 Ud 89
37450 Otero SA 98 Ua 104
45543 Otero TO 117 Vc 108
49336 Otero de Bodas ZA 61 Tf 97
24719 Otero de Escarpizo LE 42 Tf 93
34888 Otero de Guardo P 44 Vb 91
40422 Otero de Herreros SG 101 Ve 104
24123 Otero de las Dueñas LE 43 Ub 92
49319 Otero de los Centenos ZA 61 Te 96
37191 Otero de María Asensio SA 81 Uc 103
49320 Otero de Sanabria ZA 60 Tc 96
49137 Otero de Sariegos ZA 62 Uc 98
24887 Otero de Valdetuéjar, El LE 44 Uf 92
16340 Oteros, Los CU 121 Ya 109
34406 Oteros de Boedo P 45 Vd 93
37186 Otero Vaciadores SA 99 Ub 103
26145 Oteruelo RI 48 Xe 95
24009 Oteruelo de la Valdoncina LE 43 Uc 93
28749 Oteruelo del Valle MD 83 Wa 103
42190 Oteruelos SO 66 Xc 97
19356 Otilla GU 105 Yb 104
22149 Otín HS 51 Zf 95
31219 Otiñano NC 48 Xe 93
23196 Otiñar o Santa Cristina J 168 Wb 122
20140 Otita Leitzaran SS 36 Xf 89
18698 Otívar GR 184 Wb 128
22370 Oto HS 51 Zf 93
01191 Oto Barren = Hueto Abajo VI 47 Xb 91
46199 Otonel V 142 Za 113
40394 Otones de Benjumea SG 83 Vf 102
30442 Otos MC 156 Xf 119
46844 Otos V 142 Zd 115
36141 O Toural PO 38 Rc 94
32641 O Toxal OR 58 Sb 96
27112 O Trobo LU 29 Sf 89
20215 Otsaurte SS 36 Xe 91
20128 Otsiñaga SS 36 Ya 89
33792 Otur AS 30 Tc 87
18630 Otura GR 184 Wc 126
48210 Otxandio BI 35 Xc 90
15167 Ouces C 27 Re 88
32312 Oulego OR 41 Ta 93
27392 Oural LU 40 Sd 92
32003 Ourense OR 40 Sa 94
33775 Ouría AS 29 Sf 88
15984 Ourille C 38 Rb 92
32813 Ourille OR 58 Sa 96
27865 Ourol LU 28 Sc 87
27156 Ousá LU 28 Sb 90
27546 Ousende LU 40 Sc 93
27647 Ousón LU 41 Sf 91
27244 Outariz LU 29 Se 90
27256 Outeiro LU 28 Sd 89
27328 Outeiro LU 41 Sf 93
15314 Outeiro de Cela C 27 Rf 89
27150 Outeiro de Rei LU 28 Sc 90
15230 Outes C 38 Ra 91
32824 Outomuro = Cartelle OR 58 Rf 95
27113 Ouviaño LU 29 Ta 90
36681 Ouzande PO 39 Rd 92
15541 O Val C 27 Re 87
27770 O Valadouro LU 28 Sd 87
33536 Ovana AS 31 Ud 89
10639 Ovejuela CC 97 Td 107
47009 Overuela, La VA 63 Vb 98
27860 O Vicedo LU 26 Sb 86
33001 Oviedo AS 31 Ua 88
24853 Oville LE 43 Ud 91
33846 Oviñana AS 30 Te 88
32811 O Viso OR 58 Rf 95
27837 O Viveiró LU 28 Sc 88
01449 Oyardo VI 35 Xa 91
01320 Oyón-Oion VI 48 Xd 93
15107 Oza C 26 Rb 89
15388 Oza-Cezuras C 27 Re 89
01206 Ozaeta VI 48 Xd 91
09217 Ozana BU 47 Xb 92
31483 Ozcáriz NC 49 Yd 92
31448 Ozcoidi NC 49 Ye 92

P

28523 Pablo Iglesias MD 102 Wc 106
30812 Paca, La MC 172 Ya 121
13710 Pachecas, Las CR 138 Wf 114
32789 Pacio OR 41 Se 95
27372 Pacios LU 28 Sb 89
27346 Pacios LU 40 Sd 92
27136 Pacios LU 29 Sf 90
27611 Pacios LU 40 Sc 92
27256 Pacios LU 28 Sd 89
27748 Pacios de Arriba LU 28 Sd 88
27328 Paciros da Serra LU 41 Sf 93
08796 Pacs del Penedès B 92 Be 100
22451 Padarníu HS 52 Ac 94
15314 Paderne C 27 Re 89
15391 Paderne C 27 Re 89
32112 Paderne de Allariz OR 40 Sb 95
05520 Padiernos AV 100 Va 105
09109 Padilla de Abajo BU 45 Ve 94
09108 Padilla de Arriba BU 45 Ve 94
47314 Padilla de Duero VA 64 Ve 99
19246 Padilla de Hita GU 103 Xa 103
19445 Padilla del Ducado GU 86 Xd 103
36119 Padin PO 39 Rc 93
49574 Padornelo ZA 60 Tb 96
33737 Padraira AS 29 Ta 89
36638 Padrenda PO 38 Rb 94
25717 Padrinàs L 73 Bc 95
15900 Padrón C 38 Rc 92
09593 Padrones de Bureba BU 46 Wc 92
36866 Padróns PO 57 Rc 95
32631 Padroso OR 59 Sc 96
36491 Padrosos PO 58 Re 95
18640 Padul GR 184 Wc 126
04458 Padules AL 186 Xb 127
35422 Pagador, El GC 200 Kc 180
30333 Paganes, Los MC 172 Ye 122
01309 Páganos VI 47 Xc 93
20128 Pagoaga SS 37 Ya 89
04212 Pago Aguilar Bajo AL 186 Xd 126
04533 Pago de Escuchagranos AL 185 Xb 126
11130 Pago del Humo CA 188 Tf 130
41740 Pago Dulce SE 179 Tf 127
07260 Pagos, Es IB 127 Da 111
18400 Pago y Benisalte GR 184 Wd 127
07839 Pahisa d''en Font IB 125 Bb 115
46370 Pa i Capellades V 142 Zc 112
15144 Paiosaco C 27 Rc 89
46200 Paiporta V 142 Zd 112
41219 Pajanosas, Las SE 164 Tf 123
35628 Pájara GC 199 Lf 178
38560 Pájara TF 197 Id 179
45640 Pajar de Celedonio Morales TO 100 Vb 108
05571 Pajarejos AV 100 Ue 105
40567 Pajarejos SG 84 Wc 100
33693 Pajares AS 31 Ub 90
09212 Pajares BU 47 We 92
16145 Pajares CU 104 Xe 107
19413 Pajares GU 103 Xb 104
26126 Pajares RI 66 Xc 96
37671 Pajares, Los SA 98 Ua 105
46143 Pajares, Los V 122 Ye 108
05214 Pajares de Adaja AV 82 Vc 103
50238 Pajares de Calmarza Z 86 Ya 101
40518 Pajares de Fresno SG 84 Wd 100
37428 Pajares de la Laguna SA 81 Uc 102
49142 Pajares de la Lampreana ZA 62 Ub 98
10829 Pajares de la Rivera CC 114 Td 109
05440 Pajares de los Marañones AV 100 Vb 107
24209 Pajares de los Oteros LE 43 Ud 95
40184 Pajares de Pedraza SG 83 Wa 101
10600 Pajares de San Pedrillo el Raso, Los CC 114 Te 108
14920 Pajarito CO 167 Vb 124
16390 Pajarón CU 121 Yb 109
16390 Pajaroncillo CU 121 Yb 109
44750 Pajazo, El TE 106 Za 104
21580 Pajeros, Los H 163 Sf 122
06488 Pajonal Abajo BA 133 Td 114
37453 Pajuelas SA 98 Ua 104
AD400 Pal □ AND 54 Bc 93
04661 Palacés, El AL 187 Xf 124
37111 Palacinos SA 80 Ua 102
05198 Palacio AV 100 Va 105
05309 Palacio de Castronuevo AV 82 Uf 103
21760 Palacio de Doñana H 178 Td 127
10520 Palacio de las Cabezas CC 115 Ub 109
21740 Palacio del Rey H 180 Td 126
28609 Palacio de Milla MD 101 Vf 106
05148 Palacio de Revilla AV 100 Ue 105
24890 Palacio de Torío LE 43 Uc 92
24878 Palacio de Valdellorma LE 44 Ue 92
10697 Palacio Nuevo de Fresnedoso CC 115 Ua 109
06840 Palacio Quemado BA 149 Te 116
37497 Palacios SA 97 Tc 105
30892 Palacios, Los MC 172 Yd 121
05694 Palacios de Becedas AV 99 Uc 106
09654 Palacios de Benaver BU 46 Wa 94
47816 Palacios de Campos VA 63 Va 97
24414 Palacios de Compludo LE 42 Td 94
05516 Palacios de Corneja AV 99 Ud 106
05516 Palacios de Corneja AV 99 Ud 106
24250 Palacios de Fontecha LE 43 Uc 94
05215 Palacios de Goda AV 82 Vb 102
24767 Palacios de Jamuz LE 61 Tf 95
34490 Palacios del Alcor P 64 Vd 95
37111 Palacios del Arzobispo SA 80 Ua 102
09680 Palacios de la Sierra BU 66 Wf 97
24764 Palacios de la Valduerna LE 42 Ua 95
49162 Palacios del Pan ZA 61 Ua 99
24495 Palacios del Sil LE 42 Td 91
09107 Palacios de Riopisuerga BU 45 Ve 94
24940 Palacios de Rueda LE 44 Uf 92
37795 Palacios de Salvatierra SA 99 Ub 105
49322 Palacios de Sanabria ZA 60 Tc 96
24397 Palaciosmil LE 42 Tf 92
05216 Palacios Rubios AV 82 Vb 102
37406 Palaciosrubios SA 81 Ue 102
41720 Palacios y Villafranca, Los SE 179 Ua 126
39880 Palacio Villanuevo CB 35 We 89
08269 Palà de Torroella, El B 73 Be 97
24127 Paladín LE 43 Ua 92
08389 Palafolls B 75 Ce 98
17200 Palafrugell GI 75 Da 97
17462 Palagret GI 75 Cf 96
17230 Palamós GI 75 Da 97
18295 Palancar GR 183 Ve 125
41760 Palancar SE 181 Uc 127
19225 Palancares GU 84 We 102
21647 Palanco H 163 Tc 123
12311 Palanques CS 108 Ze 104
24225 Palanquinos LE 43 Uc 94
30334 Palas MC 173 Ye 123
27200 Palas de Rei LU 40 Sa 91
25243 Palau d'Anglesola, El L 72 Af 99
08140 Palaudàries B 74 Cb 99
43890 Palau del Duc de Medinacelli T 91 Af 103
25633 Palau de Noguera L 72 Af 96
08184 Palau de Plegamans B 74 Cb 99
25747 Palau de Rialb L 72 Bb 96
17476 Palau de Santa Eulàlia GI 75 Cf 95
17003 Palau-sacosta GI 75 Ce 97
17256 Palau-sator GI 75 Da 97
17495 Palausaverdera GI 56 Da 95
06717 Palazuelo BA 134 Ub 114
24839 Palazuelo LE 43 Ud 91
24869 Palazuelo de Boñar LE 43 Ue 92
24163 Palazuelo de Eslonza LE 43 Ud 93
49592 Palazuelo de las Cuevas ZA 61 Te 98
49213 Palazuelo de Sayago ZA 79 Te 100
24890 Palazuelo de Torío LE 43 Uc 92
47812 Palazuelo de Vedija VA 62 Uf 97
10590 Palazuelo-Empalme CC 114 Tf 109
09213 Palazuelos de Cuesta Urria BU 46 Wd 92
40194 Palazuelos de Eresma SG 83 Vf 103
09649 Palazuelos de la Sierra BU 65 Wd 95
09220 Palazuelos de Muñó BU 64 Wa 95
09124 Palazuelos de Villadiego BU 45 Vf 93
27837 Paleira LU 28 Sb 88
34005 Palencia P 63 Vc 96
37799 Palencia de Negrilla SA 81 Uc 102
05003 Palenciana AV 100 Vc 105
14914 Palenciana CO 183 Vc 125
34257 Palenzuela P 64 Vf 96
15175 Paleo C 27 Rd 89
36596 Palio PO 39 Rf 92
06907 Pallarés BA 149 Tf 120
27418 Pallares LU 40 Sc 93
30890 Pallareses, Los MC 171 Yb 123
22221 Pallaruelo de Monegros HS 70 Ze 98
32785 Palleiros OR 59 Se 95
08780 Pallejà B 93 Bf 100
25747 Pallerols L 72 Bb 96
25714 Pallerols del Cantó L 53 Bb 94
24856 Pallide LE 32 Ue 91
07012 Palma IB 126 Cd 111
30593 Palma, La MC 173 Za 122
19245 Pálmaces de Jadraque GU 85 Xa 102
43370 Palma d'Ebre, La T 90 Ad 101
08756 Palma de Cervelló, La B 93 Bf 100
46724 Palma de Gandía V 143 Ze 115
21700 Palma del Condado, La H 178 Tc 124
14700 Palma del Río CO 166 Ue 122
07181 Palma Nova IB 126 Cd 111
07110 Palmanyola IB 126 Cd 111
11159 Palmar, El CA 188 Tf 131
30120 Palmar, El MC 173 Yf 121
38728 Palmar, El TF 197 Ha 175
38489 Palmar, El TF 196 Ia 178
46012 Palmar, El V 142 Ze 113
41719 Palmar de Troya, El SE 180 Ub 126
41620 Palmares, Los SE 181 Ue 124
36957 Palmás PO 38 Rb 95
38129 Palmas, Las TF 197 If 177
35010 Palmas de Gran Canaria, Las GC 200 Kd 180
15950 Palmeira C 38 Ra 93
04858 Palmera, La AL 187 Xe 125
03560 Palmeral, El A 158 Zd 118
30833 Palmeral, El MC 172 Ye 121
17514 Palmerola GI 74 Ca 96
32981 Palmés OR 39 Sa 94
35457 Palmital, El GC 200 Kc 180
38632 Palm-Mar, El TF 196 Ib 180
11379 Palmones CA 191 Ud 131
22337 Palo HS 52 Ab 95
29018 Palo, El MA 191 Vd 128
17843 Palol de Revardit GI 75 Ce 96
30120 Paloma, La MC 173 Ye 121
33172 Palomar AS 31 Ua 89
11500 Palomar CA 188 Te 129
Palomar CO 167 Ve 122
14512 Palomar CO 182 Vb 124
23479 Palomar, El J 169 Xa 121
41410 Palomar, El SE 181 Uc 124
38280 Palomar, El TF 197 Id 177
46891 Palomar, El V 142 Zc 115
44708 Palomar de Arroyos TE 107 Zb 104
04617 Palomares AL 187 Yb 125
23130 Palomares J 168 Wb 123
37700 Palomares SA 99 Ub 106
37893 Palomares de Alba SA 99 Uc 103
16160 Palomares del Campo CU 120 Xc 109
41928 Palomares del Río SE 180 Tf 125
03610 Palomaret A 158 Zb 118
06300 Palomar Navas BA 149 Td 118
06476 Palomas BA 149 Tf 116
38600 Palomas, Las TF 196 Ic 180
45213 Palomeque TO 118 Wa 108
14811 Palomeques CO 167 Ve 124
16192 Palomera CU 121 Xf 108
10660 Palomero CC 98 Te 107
21810 Palos de la Frontera H 178 Ta 125
08401 Palou B 74 Cb 99
25212 Palou de Sanaüja L 72 Bb 98
25212 Palou de Torà L 73 Bc 98
17256 Pals GI 75 Da 97
39718 Pámanes CB 34 Wb 88
18411 Pampaneira GR 185 Wd 127
04715 Pampanico AL 185 Xb 128
25289 Pampe L 73 Bc 96
09220 Pampliega BU 64 Wa 95
31013 Pamplona = Iruña NC 49 Yc 92
22336 Pamporciello, El HS 52 Ab 94
08717 Panadella, La B 73 Bc 99
33509 Pancar AS 32 Vb 88
36770 Pancenteo PO 57 Ra 97
15295 Panchés C 38 Qf 91
14249 Pánchez, Los CO 150 Ue 119
09280 Pancorbo BU 47 Wf 93
44720 Pancrudo TE 106 Yf 104
33529 Pandenes AS 31 Ud 88
33829 Pandiellos AS 30 Tf 88
39685 Pandillo CB 34 Wb 90
33930 Pando AS 31 Ub 89
48891 Pando BI 34 We 89
39691 Pando CB 34 Wa 89
39687 Pandos, Los CB 34 Wa 90
48800 Pandozales BI 35 We 89
33570 Panes AS 33 Vc 89
09294 Pangua BU 47 Xb 92
09212 Pangusión BU 47 We 92
22438 Panillo HS 71 Ab 95
50480 Paniza Z 88 Ye 101
33829 Panizal AS 30 Tf 88
09559 Panizares BU 46 Wd 92
22438 Pano HS 52 Ab 95
03581 Panorama A 159 Zf 117
25611 Panta de Canelles L 71 Ad 97
25282 Pantà de la Llosa del Covall L 73 Bd 96
25182 Pantà d' Utxesa L 90 Ad 100
30335 Pantaleón MC 172 Ye 122
21720 Pantanar H 178 Tc 125
16512 Pantano de Buendía CU 103 Xb 106
10137 Pantano de Cíjara CC 135 Uf 112
19225 Pantano de El Vado GU 84 We 103
10712 Pantano de Gabriel y Galán CC 98 Tf 107
31670 Pantano de Irabia NC 36 Yf 91
41710 Pantano de la Torre del Águila SE 181 Ub 126
29550 Pantano del Chorro MA 182 Vb 127
46312 Pantano del Generalísimo V 122 Yf 110
23713 Pantano del Guadalén J 153 Wd 120
18127 Pantano de los Bermejales GR 184 Wa 126
50140 Pantano de Moneva Z 88 Za 101
10697 Pantano de Navabuena CC 115 Ua 109
30800 Pantano de Puentes MC 171 Yb 122
37795 Pantano de Santa Teresa SA 99 Uc 104
06620 Pantano de Zújar BA 134 Ud 115
22650 Panticosa HS 51 Ze 92
15553 Pantín C 27 Rf 87
15819 Pantiñobre C 39 Re 91
45290 Pantoja TO 118 Wb 108
03409 Pantojo, El A 157 Za 117
27439 Pantón LU 40 Sb 93
36340 Panxón PO 57 Rb 96
22141 Panzano HS 70 Zf 95
26121 Panzares RI 48 Xc 95
33189 Pañeda Nueva AS 31 Ub 88
42368 Paones SO 85 Xa 100
05358 Papatrigo AV 100 Vb 103
23150 Papel, El J 168 Wa 123
08754 Papiol, El B 93 Ca 100
43713 Papiolet, El T 92 Bd 101
29690 Papudo-Acebuchal-Soto Colorado MA 189 Ue 130
13720 Paquines, Las CR 138 We 113
33579 Para AS 32 Vc 89
39212 Paracuelles CB 33 Ve 90
16373 Paracuellos CU 121 Yb 110
28860 Paracuellos de Jarama MD 102 Wc 105
50342 Paracuellos de Jiloca Z 87 Yc 101

50299 Paracuellos de la Ribera Z 87 Yc 100
15316 Parada C 27 Rf 89
15689 Parada C 27 Rd 90
27155 Parada LU 28 Sc 90
27626 Parada LU 40 Se 93
27325 Parada LU 41 Sf 93
32740 Parada OR 40 Sc 94
36117 Parada PO 39 Rd 93
32930 Parada, A OR 40 Sa 95
32546 Parada da Serra OR 59 Se 96
36888 Parada de Achas PO 58 Re 95
37129 Parada de Arriba SA 80 Ub 103
32635 Parada de Ribeira OR 58 Sb 96
37419 Parada de Rubiales SA 81 Ud 102
32896 Parada de Ventosa OR 58 Rf 97
27339 Parada dos Montes LU 40 Se 93
27329 Paradapiñol LU 41 Se 94
41610 Paradas SE 181 Ud 125
32787 Parada Seca OR 40 Sd 95
24398 Paradasolana LE 42 Td 93
27135 Paradavella LU 29 Se 90
15806 Paradela C 27 Sa 91
15145 Paradela C 27 Rd 89
15123 Paradela C 27 Sa 90
15108 Paradela C 27 Rc 89
27613 Paradela LU 40 Sd 92
27659 Paradela LU 29 Sf 91
32782 Paradela OR 41 Se 95
32646 Paradela OR 58 Sa 97
32981 Paradela OR 40 Sa 94
32765 Paradela OR 40 Sd 94
36685 Paradela PO 39 Rd 92
32748 Paradellas OR 40 Sc 94
24510 Paradeseca LE 41 Tb 92
24608 Paradilla de Gordón LE 43 Ub 91
24228 Paradilla de la Sobarriba LE 43 Ud 93
37479 Paradinas SA 97 Tc 104
40123 Paradinas SG 83 Vd 102
37318 Paradinas de San Juan SA 81 Va 103
30893 Parador MC 172 Yb 124
21593 Parador, El H 162 Sd 123
04720 Parador de las Hortichuelas, El AL 186 Xc 128
45009 Parador Nacional Conde de Orgaz TO 118 Vf 109
39588 Parador Nacional de Fuente Dé CB 32 Vb 90
04638 Parador Nacional de los Reyes Católicos AL 187 Yb 126
33529 Paraes AS 31 Uc 88
32780 Paraisás OR 40 Se 94
28210 Paraíso, El MD 101 Vf 105
44422 Paraíso Alto TE 123 Za 108
44422 Paraíso Bajo TE 123 Za 108
33890 Parajas AS 30 Tc 89
24525 Parajís LE 41 Ta 92
09515 Paralacuesta BU 46 Wd 91
02489 Paralis las Juntas AB 155 Xd 119
33111 Páramo AS 30 Tf 90
34407 Páramo de Boedo P 45 Vd 93
09131 Páramo del Arroyo BU 46 Wb 94
24470 Páramo del Sil LE 42 Td 92
15871 Páramos C 26 Rb 91
36729 Páramos PO 57 Rc 96
33694 Parana AS 31 Ub 90
36872 Paraños PO 58 Rd 95
04692 Parata, La AL 171 Ya 124
03720 Paratella A 159 Aa 116
29451 Parauta MA 190 Uf 129
27246 Paraxes LU 28 Sd 89
33687 Paraya, La AS 31 Uc 90
39612 Parbayón CB 34 Wa 88
41120 Parcelas de Porsiver SE 180 Tf 125
03792 Parcent A 159 Zf 116
29394 Parchite MA 182 Uf 128
02449 Pardal, El AB 155 Xe 118
46162 Pardanchinos V 123 Zb 110
24820 Pardavé LE 43 Uc 92
32730 Pardeconde OR 40 Sc 94
27235 Pardellas, As LU 28 Sb 90
36686 Pardemarín PO 39 Rd 92
32830 Parderrubias OR 58 Sa 95
24848 Pardesivil LE 43 Ud 92
09462 Pardilla BU 84 Wb 99
35213 Pardilla, La GC 200 Kd 180
09572 Pardilla de Hoz de Arreba BU 46 Wb 91
22339 Pardina, La HS 52 Ab 94
22394 Pardina, La HS 52 Aa 95
22760 Pardina de Lardiés HS 50 Zb 93
22622 Pardina de Orlato HS 51 Ze 95
22150 Pardina de Ubieto HS 51 Ze 94
22760 Pardina Pueyo HS 50 Zb 93
22484 Pardinella HS 52 Ad 94
17534 Pardines GI 55 Cb 95
15126 Pardiñas C 26 Qf 90
04779 Pardo, El AL 185 Xa 128
30812 Pardo, El MC 171 Yb 121
28048 Pardo, El MD 102 Wb 105
19336 Pardos GU 86 Ya 103
50375 Pardos Z 87 Yc 102
04692 Pardos, Los AL 171 Xf 123
02213 Pared, La AB 141 Ye 113
39805 Pared, La CB 34 Wd 89
35627 Pared, La GC 199 Le 179
02639 Paredazos, Los AB 139 Xe 114
33785 Paredes AS 30 Tc 88
16465 Paredes CU 120 Xa 108
32750 Paredes OR 40 Sd 95
28196 Paredes de Buitrago MD 84 Wc 102
45908 Paredes de Escalona TO 101 Vd 107
34191 Paredes de Monte P 63 Vc 97
34300 Paredes de Nava P 63 Vb 96
19277 Paredes de Sigüenza GU 85 Xb 101
42132 Paredesroyas SO 67 Xe 99
03657 Paredó, El A 157 Yf 118
19129 Pareja GU 104 Xc 105
07769 Parella Nou IB 93 Df 109
09512 Paresotas BU 34 We 91
30858 Paretón, El MC 172 Yd 122
17468 Parets d'Empordà GI 75 Cf 96
27305 Parga LU 28 Sb 89
50741 Paridera Abejar Alto Z 88 Zc 100
50461 Paridera Amplanes Z 87 Ye 100
50461 Paridera Carraquilla Z 87 Ye 100
50193 Paridera Corral de la Blanca Z 69 Zb 98
50161 Paridera de Cabezones Z 69 Zc 98
22215 Paridera de Carlos HS 70 Zf 97
50160 Paridera de Escartín Z 69 Zc 97
50139 Paridera de Estrén Z 88 Za 99
50750 Paridera de la Rabosa Z 89 Zd 99
50290 Paridera de la Rioja Z 69 Ye 99
50612 Paridera del Castillo Z 69 Yf 96
46450 Paridera del Hondo V 142 Zd 113
22216 Paridera del Médico HS 70 Zd 97
50750 Paridera de los Caños Z 89 Zc 99
50161 Paridera de los Quemados Z 69 Zc 98
50741 Paridera del Pastejón Z 89 Zc 100
50741 Paridera del Rojo Z 88 Zc 100
50020 Paridera del Santísimo Z 69 Za 98
22280 Paridera de Rivas HS 69 Zb 96
50139 Paridera de Santa Engracia Z 88 Zb 99
50741 Paridera de Sopapos Z 88 Zc 100
50547 Paridera Huerta del Sastre Z 68 Yc 98
50135 Paridera La Viuda Z 88 Zb 100
50461 Paridera Lomeros Z 87 Ye 100
50770 Paridera Los Cuervos Z 89 Zc 100
02315 Parideras, Las AB 155 Xc 117
50546 Parideras Cerro Pellar Z 68 Yc 98
50141 Paridera Tía Dionisia Z 88 Yf 100
50137 Paridero Lamarca Z 88 Zb 100
50137 Paridero Tío Paco Z 88 Zb 100
21291 Parilla, La H 163 Tb 121
09216 Páriza BU 47 Xc 92
28981 Parla MD 102 Wb 107
17133 Parlavà GI 75 Da 96
33717 Parlero AS 29 Tc 88
41020 Parque Alcosa SE 179 Ua 124
28935 Parque Coimbra MD 102 Wa 107
19174 Parque de Las Castillas GU 102 Wd 104
13250 Parque Nacional Tablas de Daimiel CR 137 Wb 114
15969 Parque Nat. Complexo Dunar de Corrubedo e Lagoas de Carregal e Vixán C 38 Qf 93
04770 Parra, La AL 185 Wf 128
04828 Parra, La AL 171 Xf 123
05400 Parra, La AV 100 Uf 107
06176 Parra, La BA 148 Tc 117
11591 Parra, La CA 180 Tf 128
16113 Parra de las Vegas, La CU 121 Xe 109
13690 Párraga CR 138 Wf 113
10859 Parra Grande CC 114 Tc 108
05146 Parral, El AV 100 Va 104
40393 Parral de Villovela SG 83 Vf 102
11150 Parralejo, El CA 188 Ua 131
23268 Parralejo, El J 154 Xa 118
35280 Parral Grande GC 200 Kc 181
44566 Parras de Castellote, Las TE 108 Ze 104
44769 Parras de Martín, Las TE 106 Za 104
33509 Parres AS 32 Vb 88
12232 Parreta Grande, La CS 123 Zd 108
11580 Parrilla, La CA 189 Ua 129
14290 Parrilla, La CO 150 Ue 119
23392 Parrilla, La J 155 Xb 118
29311 Parrilla, La MA 183 Vd 125
47328 Parrilla, La VA 82 Vc 99
45611 Parrillas TO 116 Uf 108
23380 Parrizón AB 155 Xc 118
23196 Parrizoso, El J 168 Wb 123
25796 Parròqía d'Hortó, La V 53 Bc 94
04810 Partaloa AL 187 Xe 124
09133 Parte, La BU 45 Wa 93
09587 Partearroyo BU 35 We 90
09249 Parte de Bureba, La BU 46 Wd 92
27329 Parteme LU 40 Se 94
50695 Partida Casilla Z 68 Ye 95
09211 Partido de la Sierra en Tobalina BU 47 We 92
41849 Partido de Resina SE 179 Te 125
30648 Partidor, El MC 157 Yf 119
02320 Partidores, Los AB 140 Xf 115
28523 Partija, La MD 102 Wc 106
32515 Partovia OR 39 Rf 94
22365 Parzán HS 52 Ab 93
22533 Pas, El HS 71 Ab 98
43559 Pas, El T 109 Ac 105
21450 Pasada de los Bayos H 177 Sf 125
21450 Pasada del Palo H 177 Sf 124
35259 Pasadilla GC 200 Kd 181
43425 Pasanant = Passanant T 91 Bb 99
15129 Pasarela C 26 Qf 90
49240 Pasariegos ZA 80 Tf 100
05143 Pasarilla del Rebollar AV 100 Uf 104
10411 Pasarón de la Vera CC 115 Ub 108
37520 Pascualarina SA 97 Tc 105
05164 Pascualcobo AV 100 Vb 103
05150 Pascualcobo AV 99 Ue 105
40122 Pascuales SG 83 Vd 102
23369 Pascuales, Los J 154 Xb 118
05309 Pascualgrande AV 82 Va 103
05560 Pascual Muñoz AV 100 Uf 105
30811 Pasico MC 172 Yb 123
35106 Pasito Blanco GC 200 Kc 182
38758 Paso, El TF 197 Ha 177
07609 Passessió des Cap Blanc IB 126 Ce 112
15821 Pastor C 27 Re 90
37510 Pastores SA 97 Tc 105
11206 Pastores, Los CA 189 Ud 132
44480 Pastores, Los TE 123 Zc 108
27287 Pastoriza, A LU 28 Sd 89
11540 Pastrana CA 180 Te 128
19100 Pastrana GU 103 Xa 106
30876 Pastrana MC 172 Yd 123
50195 Pastriz Z 69 Zb 99
14512 Pata de Mulo CO 166 Vb 124
35130 Patalavaca GC 200 Kb 182
14730 Paterna CO 166 Ue 122
46980 Paterna V 142 Zd 111
21880 Paterna del Campo H 179 Td 124
02136 Paterna del Madera AB 155 Xd 117
04479 Paterna del Río AL 185 Xa 126
11178 Paterna de Rivera CA 188 Ua 129
31190 Paternáin NC 49 Yb 92
22760 Paternoy HS 50 Zb 94
28189 Patones MD 102 Wd 103
28189 Patones de Abajo MD 102 Wd 103
21330 Patrás H 163 Tb 122
11150 Patria CA 188 Tf 131
11180 Patrite CA 189 Uc 130
23290 Patronato, El J 170 Xc 120
41580 Patronato, El SE 182 Vb 125
30610 Patruena MC 157 Yd 120
17494 Pau GI 56 Da 95
22393 Paúl HS 71 Ab 95
01420 Paúl VI 47 Xa 92
44422 Paúl, El TE 123 Zb 108
22281 Paúl, La HS 69 Zb 97
18519 Paulenca GR 185 We 125
02489 Paúles AB 155 Xd 119
48890 Paules BI 34 We 89
50610 Paúles Z 69 Za 96
09345 Paúles del Agua BU 64 Wa 96
09640 Paúles de Lara BU 65 Wd 96
22149 Paúles de Vero HS 51 Aa 95
25512 Pauls L 53 Af 94
43593 Paüls T 90 Ac 103
30410 Pava, La MC 156 Ya 119
25213 Pavia L 73 Bc 99
40182 Pavía SG 83 Wa 102
12449 Pavías CS 123 Zd 109
30848 Pavos, Los MC 172 Yd 121
23293 Payer J 155 Xb 119
21560 Paymogo H 162 Sd 122
37524 Payo, El SA 97 Tb 107
34485 Payo de Ojeda P 45 Vd 92
01211 Payueta VI 47 Xb 93
14100 Paz, La CO 166 Va 123
15913 Pazo C 38 Rb 92
15985 Pazo C 38 Rb 93
15817 Pazo C 27 Re 90
27889 Pazo LU 26 Sd 87
27835 Pazo LU 28 Sb 88
15881 Pazos C 39 Rd 92
15110 Pazos C 26 Rb 89
32915 Pazos OR 40 Sb 95
32636 Pazos OR 59 Sc 96
36841 Pazos de Borbén PO 39 Rc 95
15313 Pazos de Irixoa C 27 Rf 89
36715 Pazos de Reis PO 57 Rc 96
26261 Pazuengos RI 47 Xa 95
46191 Pea, La V 123 Zc 111
23460 Peal de Becerro J 169 Wf 121
40238 Pecharromán SG 83 Wa 100
04250 Pechina AL 186 Xd 127
04897 Pechina AL 186 Xc 124
04500 Pecho, El AL 186 Xa 126
39594 Pechón CB 33 Vd 88
26339 Peciña RI 47 Xb 93
37427 Pedernal SA 80 Te 102
16638 Pedernoso, El CU 120 Xb 112
36309 Pedornes PO 57 Ra 96
15365 Pedra C 26 Sa 86
25284 Pedra, La L 73 Bd 96
15293 Pedrafigueira C 38 Qf 92
27595 Pedrafita LU 40 Sb 93
27325 Pedrafita LU 41 Se 93
27389 Pedrafita LU 28 Sb 90
27695 Pedrafita de Camporredondo LU 29 Se 91
27670 Pedrafita do Cebreiro LU 41 Sf 92
47196 Pedraja de Portillo, La VA 82 Vc 100
42391 Pedraja de San Esteban SO 84 Wf 99
42190 Pedrajas SO 66 Xc 98
47430 Pedrajas de San Esteban VA 82 Vc 100
46164 Pedralba V 123 Zb 111
49392 Pedralba de la Pradería ZA 60 Tb 96
03720 Pedramala A 159 Aa 116
10748 Pedrarías CC 98 Tf 107
18820 Pedrarías GR 171 Xe 121
27569 Pedraza LU 40 Sa 92
40172 Pedraza SG 83 Wb 102
42162 Pedraza SO 67 Xd 97
37882 Pedraza de Alba SA 99 Ud 104
34170 Pedraza de Campos P 63 Vb 97
37494 Pedraza de Yeltes SA 98 Td 104
32702 Pedreda OR 59 Sc 95
39450 Pedredo CB 33 Vf 89
24273 Pedregal LE 43 Ua 92
45215 Pedregal TO 118 Vf 108
33877 Pedregal, El AS 30 Td 88
19327 Pedregal, El GU 105 Yc 104
03750 Pedreguer A 143 Aa 116
15595 Pedreira, A C 27 Re 87
39130 Pedreña CB 34 Wb 88
41566 Pedrera SE 182 Va 125
33390 Pedrera, La AS 31 Ub 88
33194 Pedrera, La AS 31 Ua 88
30700 Pedrera, La MC 173 Yf 122
03610 Pedreras A 158 Zb 117
30877 Pedreras, Las MC 172 Yd 123
17493 Pedret GI 56 Da 95
28723 Pedrezuela MD 102 Wc 104
46310 Pedriches V 122 Ye 111
25337 Pedrís L 72 Af 98
23688 Pedriza, La J 168 Wa 124
10840 Pedrizas CC 114 Tb 108
42344 Pedro SO 84 We 101
14630 Pedro Abad CO 167 Vd 121
38292 Pedro Álvarez TF 197 Ie 177
37267 Pedro Álvaro SA 79 Td 103
35540 Pedro Barba GC 198 Md 173
05470 Pedro Bernardo AV 100 Va 107
14412 Pedroche CO 151 Vb 118
14029 Pedroches CO 167 Vb 121
14709 Pedro Díaz CO 166 Ue 122
37755 Pedro Fuertes SA 99 Ud 105
16337 Pedro Izquierdo CU 122 Yd 109
50690 Pedrola Z 69 Ye 98
37455 Pedro Llen SA 99 Ub 104
06131 Pedro Martín BA 148 Sf 118
37892 Pedro Martín SA 99 Uc 104
37451 Pedro Martín SA 98 Ua 104
18530 Pedro Martínez GR 169 We 123
06340 Pedro Moreno BA 149 Td 119
10630 Pedro Muñoz CC 98 Td 107
13620 Pedro Muñoz CR 138 Xa 112
46355 Pedrones de Abajo V 141 Yf 112
46355 Pedrones de Arriba V 141 Yf 112
16660 Pedroñeras, Las CU 139 Xb 112
05165 Pedro Rodríguez AV 82 Vb 103
09574 Pedrosa BU 34 Wb 90
32688 Pedrosa OR 59 Sc 97
32612 Pedrosa OR 59 Se 96
09314 Pedrosa de Duero BU 64 Wa 98
34116 Pedrosa de la Vega P 44 Vb 94
09139 Pedrosa del Páramo BU 45 Wa 94
09119 Pedrosa del Príncipe BU 64 Ve 95
24918 Pedrosa del Rey LE 32 Va 91
47112 Pedrosa del Rey VA 81 Ue 99
09239 Pedrosa de Muñó BU 65 Wb 95
09131 Pedrosa de Río-Urbel BU 46 Wb 94
09549 Pedrosa de Tobalina BU 46 Wd 91
09127 Pedrosa de Valdelucio BU 45 Vf 92
50612 Pedrosas, Las Z 69 Za 96
06900 Pedrosillo, El BA 149 Ua 119
41890 Pedrosillo, El SE 164 Td 123
37871 Pedrosillo de Alba SA 99 Ud 104
37788 Pedrosillo de los Aires SA 99 Ub 104
37427 Pedrosillo el Ralo SA 81 Uc 102
33556 Pedroso AS 32 Va 88
39649 Pedroso CB 34 Wa 89
39180 Pedroso CB 34 We 88
26321 Pedroso RI 47 Xb 95
41360 Pedroso, El SE 165 Ub 121
10829 Pedroso de Acim CC 114 Td 110
47132 Pedroso de la Abadesa VA 82 Va 99
37410 Pedroso de la Armuña, El SA 81 Ud 102
49594 Pedroso de la Carballeda ZA 60 Td 97
37590 Pedrotoro SA 97 Td 105
15821 Pedrouzo C 39 Rd 91
15865 Pedrouzos C 38 Rb 91
11380 Pedro Valiente CA 189 Uc 132
33115 Pedroveya AS 31 Ua 89
22149 Pedruel HS 51 Zf 95
24820 Pedrún de Torío LE 43 Ud 92
23110 Pegalajar J 168 Wc 122
03780 Pego A 143 Zf 115
49154 Pego, El ZA 81 Ud 100
08698 Peguera B 73 Be 96
07160 Peguera IB 126 Cc 111
23298 Peguera del Madroño J 155 Xc 119
21610 Peguerillas H 178 Ta 124
05239 Peguerinos AV 101 Ve 105
27579 Peibás LU 40 Sa 92
44480 Peirós, Los TE 123 Zc 108
27318 Peites LU 41 Se 94
07518 Peixeri IB 127 Cf 111
31669 Pekotxeta NC 37 Ye 90
37181 Pelabravo SA 81 Uc 103
40195 Peladera, La SG 83 Vf 103
29312 Peláez, Los MA 183 Vd 126
25212 Pelagalls L 72 Bb 98
37188 Pelagarcía SA 81 Uc 103
45918 Pelahustán TO 117 Vc 107
37209 Pelarrodríguez SA 80 Te 103
11390 Pelayo, El CA 191 Ud 132
37787 Pelayos SA 99 Uc 105
28696 Pelayos de la Presa MD 101 Ve 106
40170 Pelayos del Arroyo SG 83 Wa 102
49880 Peleagonzalo ZA 81 Ud 100
49191 Peleas de Abajo ZA 80 Ub 100
49706 Peleas de Arriba ZA 80 Ub 101
19268 Pelegrina GU 85 Xc 102
18492 Pelegrinas GR 185 Wf 127
12193 Pelejaneta CS 108 Zf 107
27655 Peliceira LU 29 Ta 91
18210 Peligros GR 184 Wc 125
30813 Pelile y El Jurado MC 172 Yb 123
37116 Pelilla SA 80 Tf 101
06679 Peloche BA 135 Uf 113
33735 Pelorde AS 29 Ta 89
33686 Pelúgano AS 31 Uc 90
29540 Pelusa, La MA 182 Vb 126
39582 Pembes CB 32 Vb 90
33558 Pen AS 32 Uf 89
33783 Pena AS 30 Td 88
15552 Pena C 27 Rf 87
27129 Pena LU 28 Sd 90
27418 Pena LU 40 Sc 93
15838 Pena, A C 38 Rb 91
32636 Pena, A OR 59 Sb 96

27865 Penabad LU 28 Sc 87
27243 Pena de Cabras LU 29 Se 89
15582 Penadeiriz C 27 Sa 88
32788 Pena Folenche OR 40 Se 94
39627 Penagos CB 34 Wb 88
03815 Penàguila A 158 Zd 116
32634 Penalonga OR 58 Sb 97
27283 Penamazada LU 29 Se 89
27659 Penamil LU 29 Sf 91
15338 Penamoura C 28 Sb 87
32789 Pena Petade OR 40 Se 95
27568 Penas LU 40 Sb 92
27328 Penasrubias LU 41 Se 93
15576 Penavidreia C 27 Rf 87
09593 Penches BU 46 Wd 92
24699 Pendilla de Arbás LE 31 Ub 90
33997 Pendones AS 32 Ue 90
17240 Penedès GI 75 Cf 97
15684 Penela C 27 Rc 90
27414 Penela LU 40 Sd 94
32654 Penelas OR 58 Sa 96
03870 Penella A 158 Zd 116
25335 Penelles L 72 Af 98
27112 Penide LU 29 Sf 89
39626 Penilla, La CB 34 Wa 89
24437 Penoselo LE 41 Tb 92
32558 Penouta OR 60 Sf 95
32547 Pentes OR 59 Se 96
17731 Penya, La GI 56 Ce 95
03296 Penya de las Àguiles, La A 158 Zb 119
33778 Penzol AS 29 Ta 88
31409 Peña NC 49 Ye 94
33891 Peña, La AS 30 Te 88
30708 Peña, La MC 173 Za 122
37214 Peña, La SA 79 Tc 101
37727 Peñacaballera SA 98 Ua 106
39110 Peña-Castillo CB 34 Wa 88
01212 Peñacerrada = Urizaharra VI 47 Xb 93
09610 Peñacoba BU 65 Wd 97
37609 Peña de Cabra SA 98 Ua 104
37532 Peña de Francia SA 98 Te 105
11520 Peña del Águila CA 188 Td 128
30629 Peña de la Zafra MC 157 Yf 119
33192 Peñaferruz AS 31 Ub 88
47300 Peñafiel VA 64 Ve 99
33829 Peñaflor AS 30 Tf 88
50192 Peñaflor Z 69 Zb 98
47640 Peñaflor de Hornija VA 63 Va 98
33739 Peñafuente AS 29 Ta 90
09591 Peñahorada BU 46 Wc 94
14240 Peñaladrones CO 151 Uf 119
19128 Peñalagos GU 104 Xb 105
13738 Peñalajo CR 153 Wd 117
12414 Peñalba CS 123 Zd 109
22592 Peñalba HS 89 Zf 100
05163 Peñalba de Ávila AV 100 Vb 104
09454 Peñalba de Castro BU 65 Wd 98
24142 Peñalba de Cilleros LE 30 Tf 91
47329 Peñalba de Duero VA 63 Vd 99
28190 Peñalba de la Sierra GU 84 Wd 102
09558 Peñalba de Manzanedo BU 46 Wb 91
42345 Peñalba de San Esteban SO 84 We 99
24415 Peñalba de Santiago LE 42 Tc 94
37148 Peñalbo SA 80 Tf 102
42126 Peñalcázar SO 86 Xf 99
19462 Peñalén GU 105 Xf 105
14129 Peñalosa CO 166 Uf 122
21870 Peñalosa H 164 Td 124
26124 Peñaloscintos RI 66 Xb 95
06610 Peñalsordo BA 135 Uf 116
19134 Peñalver GU 103 Xa 105
22250 Peñalveta HS 70 Zd 98
30810 Peña María y Fuente Atocha MC 171 Ya 121
37130 Peñamecer SA 80 Ua 102
37523 Peñaparda SA 97 Tb 107
37300 Peñaranda de Bracamonte SA 81 Ue 103
09410 Peñaranda de Duero BU 65 Wd 98
37820 Peñarandilla SA 99 Ud 103
22536 Peña-Roa HS 71 Ab 98
04769 Peñarrodada, La AL 185 Xa 127
44586 Peñarroya de Tastavins TE 108 Aa 104
14200 Peñarroya-Pueblonuevo CO 150 Ue 119
44709 Peñarroyas TE 107 Zb 103
02314 Peñarrubia AB 155 Xe 116
02486 Peñarrubia AB 156 Xe 118
39580 Peñarrubia CB 33 Vc 89
23295 Peña Rubia J 155 Xc 119
30400 Peña-Rubia MC 156 Ya 120
03639 Peña Rubia, La A 158 Zb 117
30629 Peñas, Las MC 157 Yf 119
14210 Peñas Blancas CO 151 Va 120
28250 Peñascales, Los MD 102 Wa 105
02313 Peñascosa AB 155 Xd 116
22808 Peñas de Riglos, Las HS 50 Zb 94
02120 Peñas de San Pedro AB 156 Xf 116
04277 Peñas Negras AL 187 Xf 126
40393 Peñasrubias de Pirón SG 83 Vf 102
49178 Peñausende ZA 80 Ua 101
42174 Peñazcurna SO 67 Xe 96
14880 Peñillas CO 167 Ve 123
12598 Peñíscola CS 109 Ac 106
23359 Peñolite J 155 Xb 119
02536 Peñón, El AB 155 Xe 119
18520 Peñón, El GR 169 We 123
04810 Peñón Alto, El AL 171 Xe 124
35149 Peñones, Los GC 200 Kb 181
48800 Peñueco BI 35 We 89
13650 Peñuela, La CR 137 Wd 113
21840 Peñuela, La H 178 Tb 124
18328 Peñuelas GR 184 Wa 125
33314 Peón AS 31 Uc 88
09136 Peones BU 45 Vf 93
15689 Pepín C 27 Rd 90
45638 Pepino TO 116 Vb 108
49318 Peque ZA 61 Te 96
18130 Pera, La GR 184 Wb 126
25513 Peracalç L 53 Ba 95
44369 Peracense TE 106 Yd 105
08589 Perafita B 74 Ca 96
43152 Perafort T 91 Bb 101
29570 Peral MA 182 Vc 128
16240 Peral, El CU 121 Ya 112
33411 Peral, La AS 30 Ua 88
17491 Peralada GI 56 Da 95
09342 Peral de Arlanza BU 64 Vf 96
10335 Peraleda de la Mata CC 115 Ud 109
10334 Peraleda de San Román CC 116 Ud 110
06919 Peraleda de Zaucejo BA 150 Uc 118
16532 Peraleja, La CU 104 Xc 107
16235 Peraleja, La CU 121 Ya 111
28211 Peralejo MD 101 Vf 105
02136 Peralejo, El AB 155 Xd 117
41898 Peralejo, El SE 164 Td 122
42315 Peralejo de los Escuderos SO 85 Wf 101
44162 Peralejos TE 106 Yf 106
23470 Peralejos, Los J 169 Wf 121
37216 Peralejos de Abajo SA 79 Td 102
37216 Peralejos de Arriba SA 79 Te 102
19313 Peralejos de las Truchas GU 105 Ya 105
37609 Peralejos de Solís SA 98 Ua 104
34429 Perales P 63 Vc 95
16150 Perales, Los CU 105 Ya 106
37882 Perales, Los SA 99 Uc 103
38356 Perales, Los TF 197 Id 177
44163 Perales del Alfambra TE 106 Yf 105
10896 Perales del Puerto CC 114 Tb 108
28909 Perales del Río MD 102 Wc 107
28693 Perales de Milla MD 101 Vf 106
28540 Perales de Tajuña MD 103 Wd 107
13429 Peralosas, Las CR 136 Vf 114
02486 Peralta AB 156 Xe 118
31350 Peralta NC 49 Yb 94
22210 Peralta de Alcofea HS 70 Zf 97
22513 Peralta de la Sal HS 71 Ac 97
22311 Peraltilla HS 70 Zf 96
19493 Peralveche GU 104 Xd 105
13140 Peralvillo Alto CR 137 Wa 114
13140 Peralvillo Bajo CR 137 Wa 114
50297 Peramán Z 69 Yf 98
37493 Peramato SA 98 Te 103
25591 Peramea L 53 Ba 95
25790 Peramola L 72 Bb 96
24516 Perandones LE 41 Tb 93
24429 Peranzanes LE 41 Tc 91
34839 Perapertú P 45 Vd 91
17530 Perarnau GI 55 Ca 95
22460 Perarrúa HS 52 Ac 95
17113 Peratallada GI 75 Da 97
34486 Perazancas P 45 Vd 92
15608 Perbes C 27 Re 88
37497 Perchas, Las SA 97 Tb 106
16150 Perchel, El CU 105 Ya 106
12118 Perchet CS 108 Zf 108
50709 Percuñan Z 89 Aa 101
42218 Perdices SO 85 Xd 100
49720 Perdigón, El ZA 80 Ub 100
50161 Perdiguera Z 69 Zc 98
13720 Perdigueras, Las CR 138 We 113
30893 Perdiz MC 172 Yb 123
38312 Perdoma, La TF 196 Ic 178
23488 Perea J 169 Wf 121
33827 Pereda AS 30 Tf 88
09568 Pereda BU 34 Wc 90
33509 Pereda, La AS 32 Vb 88
24433 Pereda de Ancares LE 41 Tb 92
24609 Peredilla LE 43 Uc 92
06220 Peregrina y Bodegas BA 149 Td 117
27533 Pereira LU 40 Sb 93
27416 Pereira LU 40 Sd 94
32868 Pereira OR 58 Rf 97
36557 Pereira PO 39 Re 93
15837 Pereira, A C 26 Ra 91
32830 Pereira de Montes OR 58 Sa 95
15563 Pereiro C 27 Rf 87
32549 Pereiro OR 59 Sf 96
32793 Pereiro de Aguiar OR 40 Sb 94
24523 Pereje LE 41 Ta 93
43519 Perelló, El T 109 Ae 103
46420 Perelló, El V 143 Ze 113
41599 Perenos, Los SE 182 Vb 125
37175 Pereña SA 79 Tc 101
42315 Perera, La SO 85 Wf 100
49280 Pereruela ZA 80 Ua 100
25281 Peret L 73 Bc 97
09512 Pérex BU 34 We 91
03187 Pérez, Los A 173 Zb 120
04890 Pérez, Los AL 186 Xc 124
04770 Pérez, Los AL 185 Wf 128
30396 Pérez, Los MC 173 Yf 123
41599 Pérez, Los SE 182 Vb 125
29710 Periana MA 183 Ve 127
37449 Pericalvo SA 80 Ub 103
49145 Perilla de Castro ZA 61 Ua 98
10291 Perillas, Las CC 114 Tf 111
15172 Perillo C 27 Rd 88
30396 Perín MC 173 Yf 123
40230 Perla, La SG 83 Ve 100
47800 Perla Sofía VA 63 Uf 97
03295 Perleta A 158 Zc 119
33491 Perlora AS 31 Ub 87
37260 Permalona, La SA 97 Td 103
22415 Permisán HS 71 Aa 97
14850 Pernea CO 167 Ve 123
41400 Pernía SE 166 Uf 123
34847 Pernia, La P 33 Vc 91
33327 Pernús AS 31 Ue 88
41890 Peroamigo SE 164 Td 122
26586 Peroblasco RI 67 Xe 95
40141 Perocojo SG 83 Ve 103
40154 Perogordo SG 83 Vf 103
25638 Perolet L 72 Ba 96
37791 Peromingo SA 99 Ub 106
16600 Perona CU 120 Xe 112
42130 Peroniel del Campo SO 67 Xe 98
40310 Perorrubio SG 84 Wb 101
40354 Perosillo SG 83 Vf 100
32151 Peroxa, A OR 40 Sb 94
39571 Perrozo CB 33 Vc 90
21310 Perrunal, El H 163 Ta 122
22132 Pertusa HS 70 Zf 96
04692 Perulera, La AL 171 Xf 124
33547 Peruyes AS 32 Uf 88
33557 Pervis AS 32 Uf 89
09559 Pesadas de Burgos BU 46 Wc 92
15838 Pesadoira C 26 Ra 91
39572 Pesaguero-Laparte CB 33 Vc 90
36538 Pescoso PO 39 Sa 92
10882 Pescueza CC 114 Tc 109
02314 Pesebre AB 155 Xd 116
10649 Pesga, La CC 98 Te 107
33735 Pesoz AS 29 Ta 89
15939 Pesqueira C 38 Ra 93
36456 Pesqueiras PO 57 Rd 96
39491 Pesquera CB 33 Vf 90
24815 Pesquera LE 44 Uf 92
16269 Pesquera, La CU 122 Yc 111
47315 Pesquera de Duero VA 64 Ve 99
09146 Pesquera de Ebro BU 46 Wb 92
33583 Pesquerín AS 31 Ue 88
47130 Pesqueruela VA 82 Va 99
25518 Pessonada L 72 Ba 95
39548 Pesues CB 33 Vd 88
36419 Petelos PO 57 Rc 95
50686 Petilla de Aragón NC 50 Yf 94
32356 Petín OR 41 Sf 94
07520 Petra IB 127 Da 111
03610 Petrer A 158 Zb 118
46173 Petrés V 124 Ze 110
02692 Pétrola AB 140 Yc 116
18517 Peza, La GR 185 We 125
15808 Pezobres C 39 Rf 91
28812 Pezuela de las Torres MD 103 We 106
25721 Pi L 54 Be 94
33778 Piantón AS 29 Sf 88
04829 Piar de Abajo, El AL 171 Xf 122
36760 Pías PO 57 Ra 97
49580 Pías ZA 60 Ta 96
39573 Piasca CB 33 Vc 90
35541 Picachos Punta de Mujeres, Los GC 198 Md 174
28680 Picadas, Las MD 101 Ve 107
43491 Picamoixons T 91 Bb 101
46210 Picanya = Picaña V 142 Zd 112
46210 Picaña = Picanya V 142 Zd 112
15980 Picaraña de Arriba C 38 Rc 92
02449 Picarzos AB 156 Xf 118
46225 Picassent V 142 Zd 112
19459 Picazo GU 104 Xb 104
16211 Picazo, El CU 140 Xf 112
04211 Pichiriches, Los AL 186 Xe 126
33584 Pico, El AS 32 Ue 89
35468 Pico del Viento GC 200 Kc 180
15339 Picón C 26 Sb 86
13196 Picón CR 136 Vf 114
14298 Piconcillo CO 150 Ud 119
37256 Picones SA 79 Tc 102
36470 Picoña PO 57 Rc 96
23487 Picos del Guadiana J 169 Wf 122
15256 Picota, A C 26 Ra 91
30180 Pidal MC 172 Yb 120
25280 Pi de Sant Just, El L 73 Bd 97
39588 Pido CB 32 Vb 90
27207 Pidro LU 39 Sa 92
33439 Piedeloro AS 31 Ub 87
28510 Piedra MD 103 Wd 107
09125 Piedra, La BU 46 Wa 93
13100 Piedrabuena CR 136 Ve 114
33638 Piedraceda AS 31 Ua 90
41440 Piedra de la Sal SE 165 Uc 123
06460 Piedraescrita BA 134 Uc 115
45678 Piedraescrita TO 117 Vb 111
24838 Piedrafita LE 31 Uc 90
24141 Piedrafita de Babia LE 30 Te 91
22665 Piedrafita de Jaca HS 51 Ze 92
05500 Piedrahíta AV 99 Ue 106
44212 Piedrahíta TE 88 Yf 102
49143 Piedrahita de Castro ZA 62 Ub 98
09292 Piedrahita de Juarros BU 46 Wd 94
09613 Piedrahita de Muñó BU 65 We 96
13428 Piedralá CR 136 Vf 113
05440 Piedralaves AV 100 Vb 107
31219 Piedramillera NC 48 Xe 93
22807 Piedramorrera HS 69 Zb 95
33193 Piedramuelle AS 31 Ua 88
14950 Piedras, Las CO 183 Ve 124
10991 Piedras Albas CC 113 Ta 110
33450 Piedras Blancas AS 30 Ua 87
24123 Piedrasecha LE 43 Ub 92
34849 Piedrasluengas P 33 Vd 90
50616 Piedratajada Z 69 Zb 96
45700 Piedrola-Acebrón TO 137 Wb 112
14511 Piedros, Los CO 182 Vc 124
15593 Pieiro C 27 Re 88
32136 Pielas OR 39 Sa 93
08784 Piera B 92 Be 99
09246 Piérnigas BU 46 Wd 93
08781 Pierola B 92 Be 99
24547 Pieros LE 41 Tb 93
50320 Pietas Z 87 Yd 100
33900 Piezas, Las AS 31 Ub 89
36836 Pigarzos PO 39 Rd 94
33842 Pigüeña AS 30 Te 90
29210 Pilar, El MA 183 Vd 125
04648 Pilar de Jaravia AL 187 Yb 124
03190 Pilar de la Horadada A 173 Zb 121
07872 Pilar de la Mola, El IB 125 Bd 116
41770 Pilares SE 181 Uc 126
47300 Pilar y Fuensanta, La VA 64 Ve 99
39808 Pilas CB 34 Wd 89
41840 Pilas SE 179 Te 125
39793 Pilas, Las CB 34 Wc 88
18120 Pilas Dedil GR 183 Vf 126
18512 Piletas, Las GR 185 Xa 125
04540 Piletas, Los AL 186 Xb 126
14950 Pililla, La CO 183 Vd 124
21450 Pilitas, Las H 177 Sf 124
33530 Piloña = Infiesto (Piloña) AS 31 Ud 88
17754 Pils, El GI 56 Da 94
22589 Pilzán HS 71 Ac 96
33590 Pimiango AS 33 Vc 88
28296 Pimpollar, El MD 101 Ve 105
07511 Pina IB 127 Cf 111
50750 Pina de Ebro Z 89 Zc 100
12429 Pina de Montalgrao CS 123 Zc 108
18658 Pinar, El GR 184 Wc 127
29620 Pinar, El MA 191 Vc 129
38914 Pinar, El TF 196 Ha 182
38780 Pinar, El TF 197 Ha 176
47153 Pinar, El VA 63 Vb 99
45900 Pinar de Almorox, El TO 101 Vd 107
03191 Pinar de Campoverde, El A 173 Zb 121
47152 Pinar del Esparragal VA 82 Vb 99
11130 Pinar de los Franceses CA 188 Tf 130
05291 Pinar de Puenteviejo AV 101 Vc 103
47130 Pinar de Simancas VA 63 Vb 99
16622 Pinarejo CU 120 Xd 111
40296 Pinarejos SG 83 Ve 101
04647 Pinares, Los AL 171 Yb 124
28935 Pinares Llanos MD 102 Wa 106
30170 Pinar Hermoso MC 172 Yc 121
40294 Pinarnegrillo SG 83 Ve 101
43481 Pineda, La T 91 Bb 102
16541 Pineda de Gigüela CU 120 Xc 108
09199 Pineda de la Sierra BU 65 We 95
08397 Pineda de Mar B 75 Ce 99
37712 Pinedas SA 98 Ua 106
14111 Pinedas, Las CO 166 Va 122
09349 Pineda-Trasmonte BU 65 Wb 97
09345 Pinedillo BU 64 Wa 96
01427 Pinedo VI 47 Wf 91
43594 Pinell de Brai, El T 90 Ad 102
25286 Pinell de Solsonès L 73 Bc 97
18858 Pinelo GR 171 Xd 122
46838 Pinet V 142 Zd 115
03194 Pinet, El A 158 Zc 120
43459 Pinetell, El T 91 Ba 101
02310 Pinilla AB 139 Xc 116
02448 Pinilla AB 155 Xe 118
02512 Pinilla AB 157 Yc 116
30410 Pinilla MC 171 Ya 120
30335 Pinilla, La MC 172 Ye 122
40592 Pinilla, La SG 84 Wc 101
40122 Pinilla Ambroz SG 83 Vd 102
09342 Pinilla de Arlanza BU 64 Vf 96
28739 Pinilla de Buitrago MD 84 Wb 103
42162 Pinilla de Caradueña SO 67 Xd 97
49231 Pinilla de Fermoselle ZA 79 Td 100
19246 Pinilla de Jadraque GU 85 Xa 102
42112 Pinilla del Campo SO 67 Xf 98
42214 Pinilla del Olmo SO 85 Xc 101
09612 Pinilla de los Barruecos BU 65 We 97
09613 Pinilla de los Moros BU 65 We 96
28749 Pinilla del Valle MD 83 Wb 103
19312 Pinilla de Molina GU 105 Ya 104
49850 Pinilla de Toro ZA 62 Ud 99
09360 Pinilla-Trasmonte BU 65 Wc 97
30510 Pinillos MC 157 Yf 117
26111 Pinillos RI 66 Xc 95
09440 Pinillos de Esgueva BU 64 Wa 98
40397 Pinillos de Polendos SG 83 Vf 102
06228 Pino BA 149 Tf 117
27375 Pino LU 28 Sc 89
49514 Pino ZA 61 Tf 99
33687 Pino, El AS 31 Uc 90
10514 Pino, El CC 131 Se 113
28210 Pino Alto MD 101 Vf 105
09246 Pino de Bureba BU 46 Wd 92
34110 Pino del Río P 44 Vb 93
37170 Pino de Tormes, El SA 80 Ub 102
15238 Pino de Val C 38 Ra 91
34879 Pino de Viduerna P 44 Vb 92
10630 Pinofranqueado CC 98 Te 107
03720 Pinos A 159 Zf 116
25287 Pinós L 73 Bd 98
24144 Pinos LE 30 Ua 91
04288 Pinos, Los AL 187 Ya 125
10610 Pinos, Los CC 99 Ub 107
18810 Pinos, Los GR 170 Xb 124
21609 Pinos, Los H 177 Tb 123
30739 Pinos, Los MC 173 Za 121
35328 Pino Santo GC 200 Kc 180
18658 Pinos del Valle GR 184 Wc 127
18191 Pinos-Genil GR 184 Wc 126
03650 Pinoso A 157 Yf 118
28212 Pinosol MD 101 Vf 105
18240 Pinos-Puente GR 184 Wb 125
17466 Pins GI 75 Cf 96
43892 Pins de Miramar, El T 91 Af 102
50298 Pinseque Z 69 Yf 98
50694 Pinsoro Z 68 Yd 95
41370 Pintado, El SE 164 Ua 121
50685 Pintano Z 50 Yf 93
50685 Pintanos, Los Z 50 Yf 93
46249 Pintarrafes V 142 Zc 113
32648 Pintás OR 58 Sa 97
27619 Pintín LU 40 Sd 92
28320 Pinto MD 102 Wb 107
17179 Pinya, La GI 74 Cc 95
43786 Pinyeres T 90 Ab 102
32554 Pinza OR 59 Sf 96
36749 Pinzás PO 57 Rb 96

41728 Pinzón SE 180 Tf 126
15108 Piña, A C 27 Rc 89
34430 Piña de Campos P 64 Vd 95
47175 Piña de Esgueva VA 64 Vd 98
18568 Piñar GR 169 Wd 124
11391 Piñas, Las CA 189 Ub 132
27680 Piñeira LU 41 Se 91
27559 Piñeira LU 40 Sb 92
27135 Piñeira LU 29 Se 90
27318 Piñeira LU 41 Se 94
27797 Piñeira LU 29 Sf 87
27420 Piñeira LU 40 Sc 93
32693 Piñeira de Arcos OR 58 Sb 96
27547 Piñeiro LU 40 Sc 93
27833 Piñeiro LU 28 Sa 88
32453 Piñeiro OR 39 Rf 94
36677 Piñeiro PO 39 Rc 93
36739 Piñeiro PO 57 Rb 96
36193 Piñeiro PO 38 Rb 93
36913 Piñeiro PO 38 Rb 94
15819 Piñeiros C 27 Rf 91
15128 Piñeiros C 26 Qf 90
47316 Piñel de Abajo VA 64 Vf 98
47316 Piñel de Arriba VA 64 Vf 98
33719 Piñera AS 29 Tb 87
33528 Piñera AS 31 Uc 89
33392 Piñera AS 31 Ub 88
33161 Piñera, La AS 31 Ua 89
33629 Piñera de Abajo AS 31 Ua 90
33679 Piñeres AS 31 Ub 89
39580 Piñeres CB 33 Vc 89
49715 Piñero, El ZA 81 Uc 100
32137 Piñor OR 39 Rf 93
28737 Piñuécar-Gandullas MD 84 Wc 102
49216 Piñuel ZA 80 Tf 100
24916 Pío de Sajambre LE 32 Uf 90
24838 Piornedo LE 31 Uc 90
19162 Pioz GU 103 We 106
01118 Pipaón VI 47 Xc 93
26147 Pipaona RI 48 Xe 95
23268 Pipe, El J 154 Xa 118
42342 Piquera de San Esteban SO 84 We 99
19325 Piqueras GU 105 Yb 105
16118 Piqueras del Castillo CU 121 Xf 110
27245 Piquín LU 29 Se 89
43423 Pira T 91 Bb 100
22268 Piracés HS 70 Ze 96
34858 Pisón de Castrejón P 44 Vc 92
34485 Pisón de Ojeda P 45 Vd 92
39696 Pisueña CB 34 Wb 89
37490 Pitiegua SA 81 Ud 102
31392 Pitillas NC 49 Yc 94
18414 Pitres GR 185 Wd 127
27470 Piuca LU 40 Sb 94
32708 Piúca ou Araúxo OR 40 Sb 95
28521 Piul, El MD 102 Wd 106
33326 Pivierda AS 31 Ue 88
29560 Pizarra MA 182 Vb 128
06240 Pizarral BA 149 Te 119
37795 Pizarral SA 99 Uc 105
28210 Pizarrera, La MD 101 Vf 105
10134 Pizarro CC 134 Ub 114
13344 Pizorro del Cañete CR 154 Wf 117
29314 Plácidos, Los MA 183 Ve 126
32785 Placín OR 41 Se 95
25114 Pla de la Font, El L 71 Ac 98
03690 Pla de l'Olivera Alta A 158 Zc 118
08733 Pla del Penedès, El B 92 Be 100
08458 Pla del Remei, El B 74 Cc 98
17869 Pla dels Hospitalets GI 55 Cb 94
43815 Pla de Manelleu, El T 92 Bd 100
07009 Pla de Na Tosa IB 126 Ce 111
25570 Pla de Negua L 53 Bb 93
08719 Plá de Rubió, El B 73 Bd 99
12163 Pla de Sabater CS 108 Zf 107
43810 Pla de Santa Maria, El T 92 Bb 100
25796 Pla de Sant Tirs, El L 53 Bc 95
07579 Plà d''es Caló, Es IB 127 Db 110
09212 Plágaro BU 47 We 92
22367 Plan HS 52 Ab 93
08610 Plana, La B 73 Bf 96
17179 Plana, La GI 74 Cc 95
44563 Planas, Las TE 107 Ze 104
25748 Plandogau L 72 Bb 97
03828 Planes A 159 Zd 116
50785 Planico, El Z 89 Zd 100
22371 Planillo HS 51 Zf 94
22338 Plano, El HS 52 Ab 94
12232 Plano de Arriba, El CS 123 Zd 108
12125 Plano de Herrera, El CS 123 Zd 108
17535 Planoles GI 55 Ca 95
47350 Planta, La VA 64 Vc 99
46520 Planta Siderúrgica V 124 Ze 111
28221 Plantío, El MD 102 Wa 106
18439 Plantonada, La GR 185 We 127
10600 Plasencia CC 114 Tf 108
50296 Plasencia de Jalón Z 69 Ye 98
22810 Plasencia del Monte HS 70 Zc 95
10271 Plasenzuela CC 133 Tf 112
35290 Plata, La GC 200 Kc 181
30890 Plata y Los Palanquines MC 172 Yb 123
23293 Platera, La J 155 Xb 119
12592 Platja, la CS 124 Zf 110
07400 Platja d'Alcúdia IB 127 Da 110
43820 Platja de Calafell, La T 92 Bd 101
17490 Platja de Grifeu GI 56 Da 94
46139 Platja de la Pobla de Farnals V 124 Ze 111
46712 Platja de la Torre de Piles, La V 143 Zf 115
12594 Platja de les Amplàries CS 124 Aa 108
12579 Platja de les Fonts CS 108 Ab 107
03710 Platja del Port A 159 Aa 117
46012 Platja del Recatí V 143 Ze 113
43892 Platja de Miami, La T 91 Af 102
12520 Platja de Nules CS 124 Zf 110
46530 Platja de Puçol, La V 124 Ze 111
03540 Platja de Sant Joan, La A 158 Zd 118
46770 Platja de Xeraco V 143 Ze 114
46780 Platja d'Oliva V 143 Zf 115
07819 Platja Talamanca IB 125 Bc 115
07440 Platjes de Mallorca IB 127 Da 110
41400 Platosa SE 166 Ue 123
41620 Platosa, La SE 181 Ue 124
35580 Playa Blanca GC 198 Mb 175
04149 Playa de Agua Amarga AL 187 Ya 127
35129 Playa de Arguineguín, La GC 200 Kb 182
48993 Playa de Azkorri BI 35 Wf 88
45910 Playa de Escalona TO 117 Vd 108
21409 Playa de Isla Canela H 176 Sd 125
04002 Playa de La Garrofa AL 186 Xc 128
48360 Playa de Laida BI 35 Xb 88
Playa de la Pinada A 158 Zc 120
38650 Playa de las Américas TF 196 Ib 180
04116 Playa de Las Negras AL 187 Xf 127
35214 Playa del Hombre GC 200 Kd 181
21410 Playa del Hoyo H 177 Se 125
35100 Playa del Inglés GC 200 Kc 182
30366 Playa de los Nietos MC 173 Zb 122
30380 Playa del Pedrucho MC 173 Zb 122
39547 Playa de Merón CB 33 Vd 88
35138 Playa de Mogan, La GC 200 Kb 182
39780 Playa de Oriñón CB 34 We 88
33716 Playa de Ortiguera AS 29 Tb 87
33598 Playa de Pendueles AS 32 Vc 88
33405 Playa de Salinas AS 31 Ua 87
35138 Playa de Tauro, La GC 200 Kb 182
04149 Playa de Torre Vieja AL 187 Ya 127
33345 Playa de Vega AS 32 Uf 88
35138 Playa de Veneguera, La GC 200 Kb 181
33418 Playa de Xago AS 31 Ua 87
18613 Playa Granada GR 184 Wc 128
30385 Playa Honda MC 173 Zb 123
35570 Playa Quemada GC 198 Mb 175
35629 Playas, Las GC 199 Ma 179
03189 Playas de Orihuela A 173 Zb 121
04740 Playa Serena AL 186 Xc 128
33111 Plaza, La AS 30 Tf 90
48276 Plazakola BI 36 Xd 89
50297 Pleitas Z 69 Ye 98
50143 Plenas Z 88 Za 102
48620 Plentzia BI 35 Xa 88
30176 Pliego MC 172 Yc 121
23749 Plomeros J 153 Wa 120
44213 Plou TE 88 Za 103
09452 Plumarejos BU 65 Wd 97
33691 Poago AS 31 Ub 87
08243 Poal, El B 73 Be 98
25143 Poal, El L 72 Af 98
32136 Pobadura OR 39 Sa 93
42181 Pobar SO 67 Xe 97
25512 Pobella L 53 Af 94
48550 Pobeña BI 35 Wf 88
01420 Pobes VI 47 Xa 92
25177 Pobla, La L 91 Ae 100
13195 Poblachuela, La CR 137 Wa 115
39294 Población, La CB 33 Wa 90
39230 Población de Abajo CB 45 Wa 91
39230 Población de Arriba CB 45 Wa 91
34347 Población de Arroyo P 44 Va 94
34449 Población de Campos P 45 Vd 95
34219 Población de Cerrato P 64 Vd 98
34128 Población de Soto P 44 Vc 94
12313 Pobla d'Alcolea, La CS 108 Zf 104
12599 Pobla de Benifassà, La CS 108 Aa 105
43429 Pobla de Carivenys, La T 92 Bc 99
25471 Pobla de Cérvoles, La L 91 Af 100
08787 Pobla de Claramunt, La B 92 Be 99
46137 Pobla de Farnals, La V 124 Ze 111
43425 Pobla de Ferran, La T 91 Bb 99
12150 Pobla del Bellestar, La CS 107 Ze 106
46840 Pobla del Duc = Puebla del Duc, La V 142 Zd 115
08696 Pobla de Lillet, La B 74 Bf 95
43140 Pobla de Mafumet, La T 91 Bb 101
43783 Pobla de Massaluca, la T 90 Ac 101
43761 Pobla de Montornès, La T 92 Bc 101
27360 Pobla de San Xulián LU 40 Sd 91
25500 Pobla de Segur, La L 72 Af 95
46185 Pobla de Vallbona, La V 123 Zc 111
10591 Poblado de Embalse CC 115 Ua 109
46317 Poblado del Embalse V 122 Yd 111
28339 Poblado Nuevo MD 102 Wc 107
49522 Pobladura de Aliste ZA 61 Te 97
24121 Pobladura de Bernesga LE 43 Uc 93
24250 Pobladura de Fontecha LE 43 Uc 94
24375 Pobladura de la Reguera LE 42 Te 92
24724 Pobladura de la Sierra LE 42 Td 94
24223 Pobladura de los Oteros LE 43 Ud 94
49780 Pobladura del Valle ZA 62 Ub 96
24249 Pobladura de Pelayo García LE 43 Ub 95
24512 Pobladura de Somoza LE 41 Tb 93
47881 Pobladura de Sotiedra VA 62 Ue 99
49127 Pobladura de Valderaduey ZA 62 Uc 98
46670 Pobla Llarga, la = Puebla Larga, la V 142 Zd 114
12191 Pobla Tornesa, La CS 124 Zf 108
03726 Poble Nou de Benitatxell, el = Benitachell A 159 Aa 116
43549 Poblenou del Delta, El T 109 Ae 105
03818 Poble Nou de Sant Rafael, El A 158 Zd 116
46162 Pobleta de Andilla, La V 123 Zb 109
25513 Pobleta de Bellveí, La L 53 Af 94
13195 Poblete CR 137 Wa 115
03779 Poblets, El A 143 Aa 115
44155 Pobo, El TE 107 Za 105
19326 Pobo de Dueñas, El GU 105 Yc 104
43376 Poboleda T 91 Af 101
32780 Pobra de Trives, A OR 41 Se 94
27330 Pobra do Brollón = Puebla de Brollón LU 40 Sd 93
15940 Pobra do Caramiñal, A C 38 Ra 93
06130 Pocacivera BA 148 Sf 116
08471 Pocafarina B 74 Cd 99
17178 Pocafarina GI 74 Cc 96
04813 Pocicas, Las AL 171 Xf 124
30890 Pocicas, Las MC 172 Yb 123
04279 Pocico, El AL 187 Xe 126
04271 Pocico, El AL 187 Xf 125
18512 Pocico, El GR 185 Xa 125
02129 Pocicos, Los AB 156 Ya 116
22337 Pocino, El HS 52 Ab 94
21540 Pocitos, Los H 162 Sf 124
33718 Pojos AS 29 Tb 88
15338 Pol C 26 Sa 87
27279 Pol LU 28 Sd 90
27686 Pol LU 40 Se 91
32766 Pola OR 40 Sd 94
33993 Pola, La AS 31 Ud 89
39557 Polaciones CB 33 Vd 90
33880 Pola de Allande AS 29 Tc 89
24600 Pola de Gordón, La LE 43 Ub 91
33980 Pola de Laviana AS 31 Uc 89
33630 Pola de Lena AS 31 Ub 90
33510 Pola de Siero AS 31 Uc 88
33840 Pola de Somiedo AS 30 Te 90
45161 Polán TO 117 Vf 110
34846 Polentinos P 33 Vc 91
22216 Poleñino HS 70 Ze 97
18516 Policar GR 185 We 125
33456 Polide AS 30 Tf 87
39250 Polientes BU 45 Wa 92
25747 Polig L 72 Bb 97
45007 Polígono de Santa María de Benquerencia TO 118 Wa 109
08213 Polinyà B 93 Ca 99
46688 Polinyà de Xúquer V 142 Zd 113
22665 Polituara HS 51 Ze 92
07469 Pollença IB 127 Da 109
47116 Pollos VA 81 Uf 100
07210 Polo IB 127 Cf 111
03520 Polop A 159 Zf 117
02500 Polope AB 156 Yb 117
04114 Polopos AL 187 Xf 126
18710 Polopos GR 185 We 128
23293 Polvillar J 155 Xb 119
24995 Polvoredo LE 32 Uf 90
11370 Polvorilla, La CA 189 Uc 131
11320 Polvorín, El CA 189 Ud 130
34473 Polvorosa de Valdavia P 44 Vc 93
39660 Pomaluengo CB 34 Wa 89
09513 Pomar BU 34 Wd 91
22413 Pomar de Cinca HS 71 Aa 97
34813 Pomar de Valdivia P 45 Ve 92
03669 Pomares A 158 Za 118
27470 Pombeiro LU 40 Sb 94
24389 Pombriego LE 41 Tb 94
50259 Pomer Z 68 Ya 99
22196 Pompenillo HS 70 Zd 96
17746 Pompià GI 75 Ce 95
18770 Pómpolos, Los GR 185 Wf 128
43860 Ponç T 91 Ae 103
28492 Ponderosa, La MD 101 Wa 104
39809 Pondra CB 34 Wd 89
24400 Ponferrada LE 41 Tc 93
33557 Ponga AS 32 Uf 89
24127 Ponjos LE 42 Tf 92
07500 Pon Nou, Es IB 127 Da 111
07209 Pon Nou des Frares IB 127 Da 112
25740 Pons = Ponts L 72 Bb 97
25739 Pont D'Alentorn, El L 72 Ba 97
43817 Pont d'Armentera, El T 92 Bc 100
25517 Pont de Claverol, El L 72 Af 95
17706 Pont de Molins GI 56 Cf 94
25520 Pont de Suert, El L 53 Ae 94
08254 Pont de Vilomara, El B 73 Bf 98
08254 Pont de Vilomara i Rocafort, El B 73 Bf 98
36853 Ponte PO 39 Rd 94
32365 Ponte, A OR 60 Ta 95
15317 Ponte Aranga C 27 Sa 89
36860 Ponteareas PO 57 Rc 95
32229 Ponte Barxas OR 58 Re 96
36820 Pontecaldelas PO 39 Rd 94
15688 Ponte Carreira C 27 Rd 90
32430 Ponte Castrelo OR 39 Rf 95
15110 Ponteceso C 26 Ra 89
36649 Pontecesures PO 38 Rc 92
15600 Pontedeume C 27 Re 88
32235 Pontedeva OR 58 Rf 96
15510 Ponte de Xubia C 27 Rf 87
24838 Pontedo LE 31 Uc 91
15121 Ponte do Porto C 26 Qf 90
49191 Pontejos ZA 80 Ub 100
36412 Pontellas PO 57 Rc 96
15864 Ponte Maceira C 38 Rb 91
15340 Ponte Mera C 26 Sa 86
15211 Ponte Nafonso C 38 Ra 92
27720 Pontenova, A LU 29 Se 88
15683 Pontepedra C 27 Rc 90
36690 Ponte Sampaio PO 38 Rc 94
15320 Pontes de García Rodríguez, As C 28 Sa 88
15880 Ponte-Ulla C 39 Rd 92
15883 Pontevea C 39 Rc 92
36001 Pontevedra PO 38 Rc 94
45002 Pontezuelas, Las TO 118 Vf 109
43421 Pontils T 92 Bc 100
48192 Ponton, El BI 35 Wf 89
46357 Pontón, El V 122 Yf 112
23291 Pontón Alto J 155 Xb 120
39793 Pontones CB 34 Wb 88
23291 Pontones J 155 Xb 120
08738 Pontons B 92 Bd 100
33509 Póo AS 32 Vb 88
24511 Porcarizas LE 41 Tb 92
33392 Porceyo AS 31 Ub 87
33878 Porciles AS 30 Tc 89
18820 Porcuna GR 170 Xd 121
23790 Porcuna J 168 Ve 121
38588 Porís de Abona TF 197 Id 180
33819 Porley AS 30 Td 89
32643 Porqueira OR 58 Sa 96
37216 Porquera, La SA 80 Te 103
09551 Porquera del Butrón BU 46 Wb 92
34813 Porquera de los Infantes P 45 Ve 92
17834 Porqueres GI 75 Ce 96
37130 Porqueriza SA 80 Ua 103
11180 Porquerizas CA 189 Ub 130
39727 Porquerizas, Las CB 34 Wb 89
39250 Porqueros LE 42 Tf 93
07181 Porrasa, La IB 126 Cd 112
43739 Porrera T 91 Af 101
07260 Porreres IB 127 Da 111
14549 Porretal, El CO 166 Va 123
07839 Porroig IB 125 Bb 115
23239 Porrosillo J 153 Wd 119
33509 Porrúa AS 32 Vb 88
07815 Port, Es IB 125 Bc 114
07811 Port, Es IB 125 Bd 114
07690 Port, Es IB 126 Cf 114
46012 Porta del Sol V 143 Ze 113
25594 Port Ainé L 53 Bb 94
10883 Portaje CC 114 Tc 109
11408 Portal, El CA 188 Tf 129
29160 Portales MA 183 Vd 127
44730 Portalrubio TE 106 Yf 104
16522 Portalrubio de Guadamajud CU 104 Xc 107
07181 Portals Nous IB 126 Cd 111
07181 Portals Vells IB 126 Cd 112
32101 Portamieiro OR 40 Sa 94
36658 Portas PO 38 Rc 93
50810 Portazgo Z 69 Zb 97
49660 Portazgo, El ZA 62 Uc 97
06230 Portazgo o San Antonio BA 149 Td 118
12598 Port Blau, El CS 109 Ac 106
17497 Port-Bou = Portbou GI 56 Da 94
07740 Port d'Addaia IB 93 Eb 108
07400 Port d'Alcúdia IB 127 Da 110
07157 Port d''Andratx IB 126 Cc 111
12530 Port de Borriana, El CS 124 Zf 109
07191 Port de Canonge IB 126 Cd 110
43569 Port de Cementos del Mar, El T 109 Ad 105
17489 Port de la Selva, El GI 56 Db 94
08392 Port del Balís, El B 93 Cd 99
25283 Port del Comte L 73 Bd 96
17490 Port de Llança, El GI 56 Da 94
AD200 Port d' Envalira □ AND 54 Be 93
07470 Port de Pollença IB 127 Da 109
46520 Port de Sagunt, El V 124 Ze 111
07108 Port de Sóller IB 126 Ce 110
07829 Port d''es Torrent IB 125 Bb 115
07170 Port de Valldemossa IB 126 Cd 110
36677 Portela PO 39 Rc 92
15819 Portela, A C 39 Rf 91
36939 Portela, A PO 38 Rb 95
24524 Portela, La LE 41 Ta 93
32549 Portela da Canda OR 60 Ta 96
24569 Portela de Aguiar LE 41 Ta 93
36568 Portela de Lamas PO 39 Re 93
32337 Portela do Trigal OR 41 Ta 94
42167 Portelárbol SO 67 Xd 97
25216 Portell L 73 Bc 98
25134 Portella, La L 71 Ad 98
44589 Portellada, La TE 108 Aa 103
12318 Portell de Morella CS 108 Ze 105
24525 Portelo, El LE 41 Ta 92
42162 Portelrubio SO 67 Xd 97
46357 Portera, La V 141 Yf 112
06175 Portero, El BA 148 Tc 118
37170 Porteros SA 80 Ua 103
37530 Porteros SA 98 Td 106
04887 Porteros, Los AL 186 Xd 124
10828 Portezuelo CC 114 Td 110
16141 Portilla CU 105 Xf 107
01212 Portilla VI 47 Xa 92
04619 Portilla, La AL 187 Ya 125
24913 Portilla de la Reina LE 32 Va 90
24149 Portilla de Luna LE 43 Ub 92
34114 Portillejo P 44 Vc 94
37891 Portillo SA 99 Uc 104
47160 Portillo VA 82 Vc 100
42138 Portillo de Soria SO 67 Xf 99

45512 Portillo de Toledo TO 117 Ve 108
07820 Portinatx IB 125 Bd 114
30510 Portishuelo MC 157 Yf 117
30364 Portman MC 173 Za 123
36458 Porto PO 57 Rc 96
36685 Porto PO 39 Rd 92
49583 Porto ZA 60 Ta 95
15214 Portobravo C 38 Ra 92
32626 Portocamba OR 59 Sd 96
04550 Portocarrero AL 186 Xc 125
15684 Portociños C 27 Rc 90
07670 Portocolom IB 127 Db 112
15969 Porto-Corrubedo C 38 Qf 93
07680 Portocristo IB 127 Dc 111
07680 Portocristo Novo IB 127 Db 111
27712 Porto de Abaixo LU 29 Sf 88
15337 Porto de Bares LU 26 Sb 86
15339 Porto de Espasante C 26 Sb 86
36599 Portodemouros PO 39 Re 91
15970 Porto do Son C 38 Qf 92
07141 Portòl IB 126 Ce 111
27188 Portomarín LU 40 Sc 92
15871 Portomeiro C 27 Rc 91
32371 Portomourisco OR 41 Sf 94
15871 Portomouro C 26 Rc 91
36970 Portonovo PO 38 Ra 94
07691 Portopetro IB 127 Db 112
15999 Portosín C 38 Ra 92
29712 Portugalejo MA 183 Vf 127
48920 Portugalete BI 35 Wf 89
18415 Pórtugos GR 185 We 127
30393 Portús MC 173 Yf 123
45161 Portusa TO 117 Ve 109
14209 Porvenir de la Industria CO 150 Ue 119
33778 Porzún AS 29 Sf 88
13120 Porzuna CR 136 Vf 114
33424 Posada AS 31 Ua 88
33594 Posada AS 32 Va 88
14900 Posada de Flores CO 183 Vd 124
46780 Posada de Sant Jaume, La V 143 Zf 115
24915 Posada de Valdeón LE 32 Va 90
14730 Posadas CO 166 Uf 122
26289 Posadas RI 66 Wf 95
23520 Posadas Ricas J 168 Wc 121
24766 Posada y Torre LE 42 Tf 95
14248 Posadilla CO 150 Ue 119
24795 Posadilla de la Vega LE 42 Ua 94
41659 Postero SE 182 Uf 126
35149 Postreragua de Veneguera, La GC 200 Kb 181
39570 Potes CB 33 Vc 90
02139 Potiche AB 156 Xe 117
46721 Potríes V 143 Ze 115
03698 Poublanc A 158 Zb 118
46870 Pou Clar V 142 Zc 116
07530 Pou Colomer Vell IB 127 Db 110
12118 Pou d'En Calbo, El CS 124 Zf 108
32212 Poulo OR 58 Rf 95
27332 Pousa LU 40 Sd 93
27246 Pousada LU 28 Sd 89
27680 Pousada LU 40 Se 91
32611 Pousada OR 59 Se 97
15996 Pouscarro C 38 Ra 92
27233 Poutomillos LU 28 Sc 91
05560 Poveda AV 100 Uf 105
28500 Poveda, La MD 102 Wd 107
28630 Poveda, La MD 101 Ve 107
16195 Poveda de la Obispalía CU 120 Xd 109
37406 Poveda de las Cintas SA 81 Ue 102
19463 Poveda de la Sierra GU 105 Xf 105
42169 Póveda de Soria, La SO 67 Xc 96
02311 Povedilla AB 155 Xc 116
13428 Povedillas, Las CR 136 Vf 113
32172 Povoanza OR 39 Sa 94
05592 Poyal, El AV 99 Ud 106
26586 Poyales RI 67 Xe 96
05492 Poyales del Hoyo AV 116 Uf 107
14817 Poyata, La CO 183 Ve 124
23250 Poyato J 154 We 119
16878 Poyatos CU 105 Xf 106
49524 Poyo, El ZA 61 Td 98
44392 Poyo del Cid, El TE 87 Ye 103
02534 Poyos, Los AB 155 Xd 120
23160 Poyos, Los J 168 Wa 122
23296 Poyos, Los J 155 Xd 119
23291 Poyotello J 155 Xc 120
09246 Poza de la Sal BU 46 Wd 93
34111 Poza de la Vega P 44 Vb 93
47450 Pozal de Gallinas VA 82 Va 101
47220 Pozaldes VA 82 Va 100
42112 Pozalmuro SO 67 Xf 98
05292 Pozanco AV 100 Vb 104
19265 Pozancos GU 85 Xc 102
34492 Pozancos P 45 Ve 92
22313 Pozán de Vero HS 70 Aa 96
35630 Pozetas, Las GC 199 Lf 178
23485 Pozo Alcón J 170 Xa 122
30739 Pozo Aledo MC 173 Za 122
16708 Pozoamargo CU 139 Xe 112
49835 Pozoantiguo ZA 62 Ud 99
14400 Pozoblanco CO 151 Va 118
02510 Pozo Bueno AB 140 Yb 116
06120 Pozo Campo BA 148 Sf 119
02510 Pozo-Cañada AB 140 Yb 116
06192 Pozo Cortijo BA 132 Tb 114
02460 Pozo de Abajo AB 155 Xc 118
19112 Pozo de Almoguera GU 103 Wf 106
19161 Pozo de Guadalajara GU 103 We 106
02650 Pozo de la Higuera AB 141 Ye 116
04647 Pozo de la Higuera AL 172 Yb 124
02520 Pozo de la Peña AB 140 Yb 115
18858 Pozo de la Rueda GR 171 Xe 122
38912 Pozo de la Salud TF 196 Gf 182
13390 Pozo de la Serna CR 138 We 116
21420 Pozo del Camino H 177 Se 125
04117 Pozo del Captián, El AL 187 Xf 127
04648 Pozo del Esparto AL 187 Yb 124
04887 Pozo del Lobo AL 170 Xc 124
04118 Pozo de los Frailes, El AL 187 Xf 128
30391 Pozo de los Palos MC 173 Yf 123
34347 Pozo de Urama P 63 Va 95
30594 Pozo Estrecho MC 173 Za 122
02141 Pozohondo AB 156 Ya 116
18891 Pozo Iglesias GR 170 Xc 124
02154 Pozo-Lorente AB 141 Yc 114
44480 Pozo Muela y Puntalico TE 123 Zb 108
33875 Pozón AS 30 Td 89
44368 Pozondón TE 106 Yd 105
47800 Pozo Pedro VA 63 Uf 97
16212 Pozorrubielos de la Mancha CU 140 Xf 112
16414 Pozorrubio de Santiago CU 119 Xa 110
24738 Pozos LE 42 Te 95
23591 Pozos, Los J 169 We 122
37216 Pozos de Hinojo SA 79 Td 103
06442 Pozos de la Fuente Santa BA 149 Ua 117
37170 Pozos de Mondar SA 80 Ua 103
16212 Pozoseco CU 121 Ya 112
04149 Pozo Usero, El AL 187 Xf 127
42220 Pozuel de Ariza Z 86 Xf 100
44315 Pozuel del Campo TE 106 Yc 104
02125 Pozuelo AB 156 Xf 117
02327 Pozuelo AB 140 Xf 116
30510 Pozuelo MC 157 Ye 117
31395 Pozuelo NC 49 Yc 93
42311 Pozuelo SO 85 Wf 100
16812 Pozuelo, El CU 104 Xe 105
18770 Pozuelo, El GR 185 Wf 128
21647 Pozuelo, El H 163 Tb 123
28223 Pozuelo de Alarcón MD 102 Wb 106
50529 Pozuelo de Aragón Z 68 Yd 98
13179 Pozuelo de Calatrava CR 137 Wa 115
47831 Pozuelo de la Orden VA 62 Ue 98
24796 Pozuelo del Páramo LE 61 Ub 95
28813 Pozuelo del Rey MD 103 We 106
49148 Pozuelo de Tábara ZA 61 Ua 98
49621 Pozuelo de Vidriales ZA 61 Ua 96
10813 Pozuelo de Zarzón CC 114 Td 108
02640 Pozuelos, Los AB 141 Ye 116
13191 Pozuelos de Calatrava, Los CR 136 Ve 115
34349 Pozuelos del Rey P 44 Va 95
33889 Prada AS 29 Tc 89
32782 Prada OR 59 Se 95
32368 Prada OR 41 Sf 95
09212 Prada, La BU 46 We 91
24722 Prada de la Sierra LE 42 Td 94
24915 Prada de Valdeón LE 32 Va 90
27277 Pradairo LU 29 Se 90
40540 Pradales SG 84 Wb 100
09248 Prádanos de Bureba BU 46 Wd 93
09126 Prádanos del Tozo BU 45 Wa 92
34486 Prádanos de Ojeda P 45 Vd 92
27210 Pradeda LU 40 Sc 91
26510 Pradejón RI 48 Xf 95
24523 Pradela LE 41 Ta 93
43774 Pradell T 91 Af 102
43774 Pradell de la Teixeta T 91 Af 102
25316 Pradell de Sió L 72 Ba 98
40165 Prádena SG 84 Wb 102
19243 Prádena de Atienza GU 85 Wf 101
28191 Prádena del Rincón MD 84 Wc 102
40165 Pradenilla SG 84 Wb 102
40100 Pradera de Navalhorno SG 102 Vf 103
43364 Prades T 91 Af 101
08281 Prades de la Molosa L 73 Bd 98
17844 Prades del Terri GI 75 Ce 96
19391 Pradilla GU 105 Yb 104
09267 Pradilla de Belorado BU 47 Wf 95
50668 Pradilla de Ebro Z 68 Ye 97
26122 Pradillo RI 66 Xc 95
16150 Pradillos, Los CU 105 Ya 105
33344 Prado AS 32 Ue 88
27235 Prado LU 28 Sb 90
32890 Prado OR 40 Sa 95
32702 Prado OR 59 Sc 96
32898 Prado OR 58 Sa 97
36512 Prado PO 39 Re 92
36873 Prado PO 39 Re 95
36895 Prado PO 57 Rc 95
49638 Prado ZA 62 Ud 97
04860 Prado, El AL 186 Xe 124
04500 Prado, El AL 185 Xb 125
30180 Prado, El MC 172 Yc 120
32552 Pradoalvar OR 59 Se 95
32560 Pradocabalos OR 59 Sf 96
10671 Pradochano CC 114 Te 108
24893 Prado de la Guzpeña LE 44 Uf 92
02534 Prado de las Yeguas AB 155 Xd 120
02139 Prado del Caño, El AB 155 Xe 117
11660 Prado del Rey CA 181 Uc 128
24512 Prado de Paradiña LE 41 Tb 92
28223 Prado de Somosaguas MD 102 Wb 106
06980 Prado Gil BA 164 Ua 120
09515 Pradolamata BU 46 Wd 91
28223 Prado Largo MD 102 Wa 106
32368 Pradolongo OR 59 Sf 95
09260 Pradoluengo BU 47 We 95
18183 Prado Negro GR 184 Wd 125
02536 Prado Redondo AB 155 Xd 119
32558 Pradorramisquedo OR 60 Ta 96
02161 Pradorredondo AB 139 Xe 115
24714 Pradorrey LE 42 Tf 94
40400 Prados SG 101 Ve 104
14800 Prados, Los CO 168 Ve 124
23391 Prados, Los J 155 Xb 118
30413 Prados, Los MC 155 Xe 120
30410 Prados, Los MC 171 Ya 120
23289 Prados de Armijo J 154 Xb 119
02534 Prados de Arriba, Los AB 155 Xd 120
05560 Pradosegar AV 100 Uf 105
19352 Prados Redondos GU 105 Yb 104
14820 Prágdena CO 167 Vd 122
36390 Praia de Canido PO 57 Rb 95
39697 Prases CB 33 Wa 89
43595 Prat de Comte T 90 Ac 103
08140 Prat de Dalt, El B 74 Ca 99
08820 Prat de Llobregat, El B 93 Ca 101
43320 Pratdip T 91 Af 102
25721 Prats L 54 Bf 94
25793 Prats L 72 Bb 95
08513 Prats de Lluçanès B 74 Ca 96
25721 Prats i Sansor L 54 Be 94
39730 Praves CB 34 Wc 88
33120 Pravia AS 30 Tf 88
25263 Preixana L 72 Ba 99
25316 Preixens L 72 Ba 98
26589 Préjano RI 67 Xe 95
33728 Prelo AS 29 Tb 88
08330 Premià de Mar B 93 Cc 100
33190 Premoño AS 30 Ua 88
43400 Prenafeta T 91 Bb 100
25214 Prenyanosa, La L 72 Bb 98
48891 Presa BI 34 Wd 89
21359 Presa, La H 163 Tb 121
37176 Presa de Almendra SA 79 Te 101
28754 Presa del Villar MD 84 Wc 103
28754 Presa de Puentes Viejas MD 84 Wc 103
15807 Présaras C 27 Rf 90
10191 Prescribanillos CC 114 Td 111
15318 Presedo C 27 Re 89
09228 Presencio BU 64 Wa 95
09585 Presilla, La BU 35 We 90
09233 Presillas BU 46 Wa 91
39679 Presillas, Las CB 33 Wa 89
04118 Presillas Bajas, Las AL 187 Xf 128
03569 Preventorio A 158 Zd 117
32418 Prexigueiro OR 39 Re 95
32793 Prexigueiros OR 40 Sb 94
24721 Priaranza de la Valduerna LE 42 Te 94
24448 Priaranza del Bierzo LE 41 Tb 93
33584 Priede AS 32 Ue 88
16800 Priego CU 104 Xe 106
14815 Priego de Córdoba CO 168 Ve 124
36350 Priegue PO 57 Rb 96
33867 Priero AS 30 Te 88
33557 Priesca AS 32 Ue 89
33317 Priesca AS 31 Ud 88
33196 Prietos, Los AS 31 Ub 88
24856 Primajas LE 44 Ue 91
45910 Prime TO 117 Vd 108
24457 Primout LE 42 Td 92
51002 Príncipe Alfonso 191 Ud 133
06280 Prior BA 163 Tc 120
41440 Priorato, El SE 165 Ud 122
33193 Priorio AS 31 Ua 88
24885 Prioro LE 44 Va 91
14540 Privilegio, El CO 166 Vb 123
15146 Proame C 26 Rc 89
39210 Proaño CB 33 Ve 90
33114 Proaza AS 30 Tf 89
27113 Proba de Burón, A LU 29 Sf 90
27460 Proendos LU 40 Sc 94
32611 Progo OR 59 Se 97
16670 Provencio, El CU 139 Xc 112
46117 Providència, La V 123 Zd 111
30811 Provincias y La Jarosa, Las MC 171 Yb 123
08569 Pruit B 74 Cc 96
25727 Prullans L 54 Be 94
41670 Pruna SE 181 Ue 127
33423 Pruvia AS 31 Ub 88
17120 Púbol GI 75 Cf 96
46530 Puçol V 124 Ze 111
13195 Puebla CR 137 Wa 115
27658 Puebla LU 29 Sf 91
30395 Puebla, La MC 173 Za 122
50137 Puebla de Albortón Z 88 Za 100
06630 Puebla de Alcocer BA 134 Ue 115
06717 Puebla de Alcollarín BA 134 Ub 114
50171 Puebla de Alfindén Z 69 Zb 99
45840 Puebla de Almoradiel, La TO 119 Wf 111
12428 Puebla de Arenoso CS 123 Zc 108
09294 Puebla de Arganzón, La BU 47 Xa 92
10811 Puebla de Argeme CC 114 Td 109
37553 Puebla de Azaba SA 97 Tb 106
19229 Puebla de Beleña GU 84 We 103
22435 Puebla de Castro, La HS 71 Ab 96
41540 Puebla de Cazalla, La SE 181 Ue 125
18820 Puebla de Don Fadrique GR 170 Xd 121
13109 Puebla de Don Rodrigo CR 135 Vc 114
42222 Puebla de Eca SO 86 Xd 100
22437 Puebla de Fantova, La HS 52 Ac 95
21550 Puebla de Guzmán H 162 Se 123
44510 Puebla de Híjar, La TE 89 Zd 101
06490 Puebla de la Calzada BA 132 Tc 115
06477 Puebla de la Reina BA 149 Tf 116
28190 Puebla de la Sierra MD 84 Wd 102
46840 Puebla del Duc = Pobla del Duc, La V 142 Zd 115
24855 Puebla de Lillo LE 32 Ue 90
06906 Puebla del Maestre BA 164 Tf 120
22588 Puebla del Mon, La HS 71 Ac 96
41479 Puebla de los Infantes, La SE 166 Ud 122
13342 Puebla del Príncipe CR 154 Xa 117
06229 Puebla del Prior BA 149 Te 117
41130 Puebla del Río, La SE 179 Tf 125
16269 Puebla del Salvador CU 121 Yb 111
45516 Puebla de Montalbán, La TO 117 Vd 109
30193 Puebla de Mula, La MC 172 Yd 120
10392 Puebla de Naciados CC 116 Ue 109
06191 Puebla de Obando BA 132 Tc 113
27388 Puebla de Parga LU 28 Sa 90
40184 Puebla de Pedraza SG 83 Wa 101
03159 Puebla de Rocamora A 158 Zb 120
22482 Puebla de Roda, La HS 52 Ad 95
49300 Puebla de Sanabria ZA 60 Tc 96
06310 Puebla de Sancho Pérez BA 149 Td 118
37791 Puebla de San Medel SA 99 Ub 105
46140 Puebla de San Miguel V 122 Yf 108
34487 Puebla de San Vicente P 45 Ve 92
30152 Puebla de Soto MC 173 Ye 121
34470 Puebla de Valdavia, La P 44 Vc 92
19225 Puebla de Vallés GU 84 We 103
44450 Puebla de Valverde, La TE 106 Za 107
04738 Puebla de Vícar AL 186 Xc 128
37606 Puebla de Yeltes SA 98 Te 105
46670 Puebla Larga, la = Pobla Llarga, la V 142 Zd 114
45690 Pueblanueva, La TO 117 Vb 109
22535 Pueblas, Las HS 71 Ab 98
49171 Pueblica de Campeán ZA 80 Ub 100
49697 Pueblica de Valverde ZA 61 Ua 97
38739 Pueblo, El TF 197 Hb 177
21760 Pueblo Andaluz H 178 Tc 127
04117 Puebloblanco AL 187 Xf 127
11350 Pueblo Nuevo CA 189 Ud 131
21530 Pueblo Nuevo H 162 Sf 123
13194 Pueblonuevo del Bullaque CR 136 Ve 113
06184 Pueblonuevo del Guadiana BA 132 Tb 115
10318 Pueblonuevo de Miramontes CC 116 Ud 108
22822 Pueblo Nuevo de Salinas HS 50 Zb 94
33312 Puelles AS 31 Uc 88
50614 Puendeluna Z 69 Zb 96
39788 Puente, El CB 34 We 88
21500 Puente, El H 178 Ta 124
49395 Puente, El ZA 60 Tc 96
39687 Puente, La CB 34 Wa 90
39719 Puente-Agüero CB 34 Wb 88
24880 Puente Almuhey LE 44 Va 92
39478 Puente Arce = Arce CB 33 Wa 88
09559 Puente-Arenas BU 46 Wc 91
39350 Puente-Avios CB 33 Vf 88
47420 Puente Blanca VA 82 Vd 100
24649 Puente de Alba LE 43 Uc 92
24380 Puente de Domingo Flórez LE 41 Tb 94
23350 Puente de Génave J 154 Xb 118
10895 Puente de la Merced CC 113 Tb 108
45570 Puente del Arzobispo, El TO 116 Ue 110
23479 Puente de las Herrerías J 170 Xa 121
23196 Puente de la Sierra J 168 Wb 122
24005 Puente del Castro LE 43 Uc 93
37748 Puente del Congosto SA 99 Uc 106
37521 Puente del Granadero SA 97 Tc 106
05122 Puente del Moriaco AV 100 Va 106
23529 Puente del Obispo J 169 Wc 121
33693 Puente de los Fierros AS 31 Ub 90
04779 Puente del Río, El AL 185 Xa 128
23659 Puente del Villar J 168 Wa 122
22584 Puente de Montañana HS 71 Ae 96
24513 Puente de Rey LE 41 Tb 93
22609 Puente de Sabiñánigo HS 51 Zd 94
29713 Puente de Salia MA 183 Vf 127
02150 Puente de Torres AB 140 Yc 114
16892 Puente de Vadillos CU 104 Xf 105
39250 Puente de Valle CB 45 Wa 92

28038 Puente de Vallecas MD 102 Wb 106
09557 Puentedey BU 34 Wb 91
18830 Puente Duda GR 170 Xb 122
47152 Puente Duero-Esparragal VA 82 Vb 99
09347 Puentedura BU 65 Wc 96
44562 Puente Fonseca TE 107 Zd 104
14500 Puente- Genil CO 182 Vb 124
14817 Puente Grande CO 183 Vf 124
39584 Puente Hojedo CB 33 Vc 90
23390 Puente Honda J 155 Xc 118
31100 Puente La Reina NC 49 Yb 92
22753 Puente la Reina de Jaca HS 50 Zb 93
09214 Puentelarrá BU 47 Wf 92
28210 Puente la Sierra MD 101 Vf 106
11369 Puente Mayorga CA 191 Ud 131
39554 Puentenansa CB 33 Vd 89
23009 Puente Nuevo J 168 Wb 122
39556 Puente-Pumar CB 33 Vd 90
33692 Puentes, Las AS 31 Ub 90
09136 Puentes de Amaya BU 45 Ve 93
28754 Puentes Viejas MD 84 Wc 103
34813 Puentetoma P 45 Ve 92
05291 Puenteviejo AV 101 Vc 103
39670 Puente Viesgo CB 33 Wa 89
37497 Puenticilla SA 97 Tb 105
49559 Puercas ZA 61 Tf 98
19492 Puerta, La GU 104 Xc 105
23360 Puerta de Segura, La J 155 Xb 118
33555 Puertas AS 32 Va 89
33597 Puertas AS 32 Vb 88
37159 Puertas SA 79 Te 102
14670 Puertas, Las CO 167 Ve 122
04693 Puertecico, El AL 171 Ya 123
33174 Puerto AS 31 Ua 89
38789 Puerto TF 197 Ha 177
02137 Puerto, El AB 155 Xd 117
02329 Puerto, El AB 156 Xf 116
33457 Puerto, El AS 30 Ua 87
33840 Puerto, El AS 30 Te 90
21239 Puerto, El H 163 Ta 121
49193 Puerto, El ZA 80 Ua 99
14512 Puerto Alegre CO 166 Vb 124
23196 Puerto Alto J 168 Wb 122
29602 Puerto Banús MA 190 Va 130
18564 Puerto Blanco GR 184 Wb 124
21595 Puerto Carbón H 176 Sd 124
05621 Puerto Castilla AV 99 Uc 107
37720 Puerto de Béjar SA 99 Ub 106
38508 Puerto de Güimar TF 197 Id 179
35479 Puerto de la Aldea GC 200 Ka 180
37129 Puerto de la Anunciación SA 80 Ub 102
38400 Puerto de la Cruz TF 196 Ic 178
41640 Puerto de la Encina SE 182 Ue 126
38910 Puerto de la Estaca TF 196 Ha 182
03409 Puerto de la Harina, El A 157 Za 117
21594 Puerto de la Laja H 176 Sd 123
29391 Puerto del Algarrobo MA 189 Uc 129
35006 Puerto de la Luz GC 200 Kd 180
38356 Puerto de la Madera TF 197 Id 177
35489 Puerto de la Nieves GC 200 Kb 180
35628 Puerto de la Peña GC 199 Lf 178
29490 Puerto de las Eras MA 189 Ue 129
48190 Puerto de Las Muñecas BI 35 Wf 89
29190 Puerto de la Torre MA 183 Vd 128
35510 Puerto del Carmen GC 198 Mc 175
11370 Puerto del Castaño CA 189 Uc 131
38678 Puerto de los Mozos TF 196 Ib 180
02449 Puerto del Pino AB 156 Xe 118
10615 Puerto del Piornal CC 115 Ua 108
04621 Puerto del Rey AL 187 Yb 125
35600 Puerto del Rosario GC 199 Ma 177
44158 Puerto de Majalinos TE 107 Zc 104
30860 Puerto de Mazarrón MC 172 Ye 123
10261 Puerto de Santa Cruz CC 134 Ua 113
11500 Puerto de Santa María, El CA 188 Te 129
45577 Puerto de San Vicente TO 116 Uf 111
37717 Puerto de Vallejera SA 99 Ub 106
33790 Puerto de Vega AS 29 Tc 87
44559 Puerto de Villarluengo TE 107 Zc 104
29692 Puerto Duquesa MA 190 Ue 130
33776 Puerto Garganta AS 29 Sf 88
21209 Puerto Gil H 163 Tc 121
30414 Puerto Hondo MC 155 Xe 120
06428 Puerto Hurraco BA 150 Uc 117
35612 Puerto Lajas GC 199 Ma 177
13650 Puerto Lápice CR 137 Wd 113
22362 Puértolas HS 52 Aa 93
13500 Puertollano CR 152 Vf 116
06260 Puerto Lobo y Endrinales BA 164 Te 121
18249 Puerto-López GR 184 Wb 124
30890 Puerto Lumbreras MC 171 Yb 123
44411 Puertomingalvo TE 107 Zd 107
21209 Puerto-Moral H 164 Td 121
38769 Puerto Naos TF 197 Ha 177
35627 Puerto Nuevo GC 199 Le 179
11510 Puerto Real CA 188 Te 129
45672 Puerto Rey TO 135 Uf 112
35139 Puerto Rico GC 200 Kb 182
02512 Puertos, Los AB 156 Yc 117
37488 Puerto Seguro SA 97 Tb 104
11659 Puerto Serrano CA 181 Uc 127
22451 Pueyo HS 52 Ad 94
31394 Pueyo NC 49 Yc 93
22311 Pueyo, El HS 51 Aa 94
22437 Pueyo, El HS 71 Ac 95
22338 Pueyo de Araguás, El HS 52 Aa 94
22135 Pueyo de Fañanás HS 70 Ze 96
22662 Pueyo de Jaca, El HS 51 Ze 92
22588 Pueyo de Marguillén HS 71 Ac 96
22416 Pueyo de Santa Cruz HS 71 Aa 97
22161 Puiboela HS 51 Zc 95
46540 Puig V 124 Ze 111
17492 Puig, El GI 56 Da 95
07816 Puig, Es IB 125 Bc 115
17214 Puigcalent GI 75 Db 97
25633 Puigcercós L 72 Af 96
17520 Puigcerdà GI 54 Bf 94
25514 Puigcerver L 53 Af 95
08733 Puigdàlber B 92 Be 100
07800 Puig de Can Damiá IB 125 Bc 115
25747 Puig de Rialb, El L 72 Bb 96
07609 Puig de Ros de Dalt IB 126 Ce 112
07816 Puig d''es Furnat IB 125 Bb 115
17844 Puigemma GI 75 Ce 96
22583 Puigfell HS 71 Ae 95
25420 Puiggròs L 91 Af 99
46758 Puigmola, La V 142 Ze 114
44660 Puig Moreno TE 89 Ze 102
17178 Puigpardines GI 74 Cc 96
43812 Puigpelat T 92 Bb 101
07194 Puigpunyent IB 126 Cd 111
25751 Puig-redon L 73 Bc 97
08692 Puig-Reig B 73 Bf 97
08692 Puigreig = Puig-Reig B 73 Bf 97
08660 Puigventós B 73 Be 97
25318 Puigverd d'Agramunt L 72 Ba 98
25153 Puigverd de Lleida L 91 Ae 99
25318 Puigvert d'Agramunt = Puigverd d'Agramunt L 72 Ba 98
50810 Puilatos Z 69 Zb 97
22583 Puimolar HS 52 Ad 95
22282 Puipullín HS 69 Zb 96
25794 Pujal, El L 72 Bb 95
17844 Pujals dels Cavallers GI 75 Ce 96
17844 Pujals dels Pagesos GI 75 Ce 96
08282 Pujalt B 73 Bc 98
17834 Pujarnol GI 75 Ce 96
39420 Pujayo CB 33 Vf 90
29450 Pujerra MA 190 Uf 129
17745 Pujol GI 56 Ce 95
25591 Pujol L 53 Ba 95
25736 Pujol L 72 Ba 96
17493 Pujolà GI 56 Da 94
17406 Pujol de la Muntanya GI 74 Cc 97
08612 Pujol de Planès, El B 73 Be 97
07871 Pujols, Es IB 125 Bc 116
45125 Pulgar TO 117 Vf 110
02049 Pulgosa, La AB 140 Ya 115
18197 Pulianas GR 184 Wc 125
18197 Pulianillas GR 184 Wc 125
30561 Pullas, Las MC 172 Ye 120
04640 Pulpí AL 172 Yb 124
30510 Pulpillo, El MC 157 Ye 116
18859 Pulpite GR 170 Xc 123
39507 Pumalverde CB 33 Vc 88
33936 Pumarabule AS 31 Uc 88
27143 Pumarega, A LU 28 Se 91
49626 Pumarejo de Tera ZA 61 Tf 97
39584 Pumareña CB 33 Vc 89
32338 Pumares OR 41 Ta 94
38789 Punta, La TF 197 Ha 176
46013 Punta, La V 142 Zd 112
30368 Punta Brava MC 173 Za 122
38312 Punta Brava TF 196 Ic 178
43860 Punta de Cala Mosques T 91 Ae 103
41130 Punta de la Margazuela SE 180 Tf 126
21410 Punta del Caimán H 177 Se 125
38240 Punta del Hidalgo TF 197 Ie 177
29692 Punta Europa MA 190 Ue 131
07820 Punta Galeria IB 125 Bb 114
38789 Puntagorda TF 197 Ha 176
03630 Puntal, El A 158 Zb 117
02360 Puntal, El AB 155 Xc 117
04271 Puntal, El AL 187 Xf 125
04810 Puntal, El AL 171 Xd 124
04210 Puntal, El AL 187 Xf 126
33315 Puntal, El AS 31 Ud 87
30110 Puntal, El MC 173 Yf 120
46811 Puntal, El V 142 Za 115
38715 Puntallana TF 197 Hb 176
18720 Puntalón GR 184 Wd 128
03185 Punta Prima A 173 Zb 121
07712 Puntarró, Es IB 93 Eb 109
30835 Puntarrón MC 172 Yd 123
38911 Puntas, Las TF 196 Ha 182
30876 Puntas de Calnegre MC 172 Yd 123
21100 Punta Umbría H 177 Ta 125
07199 Puntiro IB 126 Ce 111
32457 Punxín OR 39 Rf 94
03339 Puol A 158 Zb 119
47419 Puras VA 82 Vc 101
09258 Puras de Villafranca BU 47 We 94
04870 Purchena AL 186 Xd 124
18102 Purchil GR 184 Wb 125
30850 Purgatorio, El MC 172 Yc 121
30813 Purias MC 172 Yc 123
33596 Purón AS 32 Vb 88
50240 Purroy Z 87 Yc 100
22589 Purroy de la Solana HS 71 Ac 96
50268 Purujosa Z 68 Yb 98
18519 Purullena GR 185 We 125
03610 Pusa A 158 Zb 118
32336 Pusmazán OR 41 Ta 94
07816 Putxet d''En Puig IB 125 Bc 115
27206 Puxeda LU 40 Sa 91
32879 Puxedo OR 58 Rf 97
22363 Puyarruego HS 52 Aa 93
22439 Puy de Cinca HS 71 Ab 95
22372 Puyuelo HS 51 Zf 94

Q

08619 Quar B 74 Bf 96
17242 Quart GI 75 Cf 97
43205 Quart T 91 Ba 102
08619 Quart = Quar, La B 74 Bf 96
46515 Quart de les Valls V 124 Ze 110
46980 Quart de Poblet = Cuart de Poblet V 142 Zd 111
46510 Quartell V 124 Ze 110
12181 Quartico, El CS 124 Aa 107
46837 Quatretonda = Cuatretonda V 142 Zd 115
03811 Quatretondeta A 159 Ze 116
02486 Quebradas AB 155 Xd 118
02536 Quebradas, Las AB 155 Xe 119
09559 Quecedo BU 46 Wc 91
32868 Queguas OR 58 Rf 97
15386 Queimada, A C 27 Rf 89
32768 Queixa OR 59 Sd 95
17538 Queixans GI 54 Bf 94
15186 Queixas C 27 Rd 90
17746 Queixas GI 75 Ce 95
27162 Queizán LU 28 Sd 91
27651 Queizán LU 29 Sf 91
02448 Quejigal AB 155 Xe 118
29460 Quejigal, El MA 190 Ue 128
21290 Quejigo, El H 163 Tb 121
39193 Quejo CB 34 Wc 88
01426 Quejo VI 47 Wf 92
26570 Quel RI 67 Xf 95
09454 Quemada BU 65 Wc 98
14014 Quemadas, Las CO 167 Vb 121
38749 Quemados, Los TF 197 Ha 178
15183 Quembre C 27 Rd 89
32940 Quenlle OR 39 Sa 94
18192 Quéntar GR 184 Wd 125
19209 Quer GU 103 We 105
17534 Queralbs GI 55 Ca 94
19269 Querencia GU 85 Xb 101
32320 Quereño OR 41 Ta 94
25723 Querforadat, El L 54 Bd 95
45790 Quero TO 119 We 111
43816 Querol T 92 Bc 100
46824 Quesa V 142 Zb 114
23480 Quesada J 169 Wf 121
05260 Quexigal, El AV 101 Vd 106
22191 Quicena HS 70 Zd 96
39477 Quijano CB 33 Wa 88
39590 Quijas CB 33 Vf 88
28693 Quijorna MD 101 Vf 106
15295 Quilmas C 38 Qf 91
24548 Quilós LE 41 Tb 93
39550 Quinatanilla CB 33 Vd 89
09510 Quincoces de Yuso BU 35 We 91
27662 Quindóus LU 41 Ta 91
46367 Quinete V 142 Za 112
11500 Quinientas, Las CA 188 Tf 129
27132 Quinta, A LU 29 Se 91
28049 Quinta, La MD 102 Wb 106
45470 Quinta de Lora TO 137 Wb 112
41400 Quinta de Nuestra Señora de las Mercedes SE 166 Uf 123
41640 Quinta de Vista Hermosa SE 182 Uf 124
33391 Quintana AS 31 Uc 88
33836 Quintana AS 30 Te 89
39806 Quintana CB 34 Wc 89
26259 Quintana RI 47 Wf 94
01128 Quintana VI 48 Xd 93
39418 Quintana, La CB 45 Ve 91
09574 Quintanabaldo BU 34 Wb 91
09246 Quintanabureba BU 46 Wd 93
24712 Quintana de Fon LE 42 Tf 93
24319 Quintana de Fuseros LE 42 Te 92
06450 Quintana de la Serena BA 150 Ub 116
24397 Quintana del Castillo LE 42 Tf 93
24762 Quintana del Marco LE 61 Ua 95
24930 Quintana del Monte LE 44 Uf 93
09569 Quintana de los Prados BU 34 Wc 90
09370 Quintana del Pidio BU 65 Wb 98
09125 Quintana del Pino BU 46 Wb 93
34250 Quintana del Puente P 64 Ve 96
24391 Quintana de Raneros LE 43 Uc 93
24930 Quintana de Rueda LE 43 Ue 93
09555 Quintana de Rueda, La BU 34 Wc 91
39699 Quintana de Toranzo CB 33 Wa 89
34113 Quintanadiez de la Vega P 44 Vb 94
09190 Quintanadueñas BU 46 Wb 94
09244 Quintanaélez BU 46 We 92
09572 Quintanaentello BU 34 Wb 91
09549 Quintana-Entrepeñas BU 46 We 91
09142 Quintanajuar BU 46 Wc 93
09515 Quintanalacuesta BU 46 Wd 91
09647 Quintanalara BU 65 Wc 95
09142 Quintanaloma BU 46 Wb 92
09248 Quintanaloranco BU 47 We 94
34839 Quintanaluengos P 45 Vd 91
09314 Quintanamanvirgo BU 64 Wa 98
09213 Quintana-María BU 46 We 92
09210 Quintana Martín Galíndez BU 46 We 92
09593 Quintanaopio BU 46 Wd 92
09140 Quintanaortuño BU 46 Wb 94
09290 Quintanapalla BU 46 Wc 94
23311 Quintanar, El J 169 Wf 120
45800 Quintanar de la Orden TO 119 Wf 111
09670 Quintanar de la Sierra BU 66 Wf 97
16220 Quintanar del Rey CU 140 Ya 112
26259 Quintanar de Rioja RI 47 Wf 94
42291 Quintana Redonda SO 66 Xc 99
42150 Quintanar o El Quintanarejo SO 66 Xb 97
09454 Quintanarraya BU 65 Wd 98
09141 Quintanarruz BU 46 Wc 93
09141 Quintanarruz BU 46 Wb 93
42313 Quintanas de Gormaz SO 85 Xa 99
34811 Quintanas de Hormiguera P 45 Vf 91
09127 Quintanas de Valdelucio BU 45 Vf 92
39220 Quintanas-Olmo CB 45 Wa 92
42345 Quintanas Rubias de Abajo SO 84 Wf 100
42345 Quintanas Rubias de Arriba SO 84 Wf 100
34485 Quintanatello de Ojeda P 45 Vd 92
09592 Quintana-Urría BU 46 Wd 93
09292 Quintanavides BU 46 Wd 94
24767 Quintana y Congosto LE 42 Tf 95
24124 Quintanilla LE 43 Ua 92
01427 Quintanilla VI 47 We 91
49340 Quintanilla ZA 61 Te 96
02639 Quintanilla, La AB 139 Xf 114
09249 Quintanillabón BU 46 We 93
09246 Quintanilla Cabe Rojas BU 46 Wd 93
09640 Quintanilla-Cabrera BU 65 Wd 95
09146 Quintanilla-Colina BU 46 Wb 91
24743 Quintanilla da Losada LE 42 Tc 95
47360 Quintanilla de Arriba VA 64 Vd 99
24141 Quintanilla de Babia LE 30 Te 91
24715 Quintanilla de Combarros LE 42 Tf 93
24733 Quintanilla de Flórez LE 42 Tf 95
34309 Quintanilla de la Cueza P 44 Vb 95
09347 Quintanilla del Agua BU 65 Wc 96
09349 Quintanilla de la Mata BU 65 Wb 97
09129 Quintanilla de la Presa BU 45 Wa 93
09230 Quintanilla de las Carretas BU 46 Wb 95
34811 Quintanilla de las Torres P 45 Ve 92
09642 Quintanilla de las Viñas BU 65 Wd 96
09348 Quintanilla del Coco BU 65 Wc 97
47673 Quintanilla del Molar VA 62 Ud 97
09270 Quintanilla del Monte BU 47 Wf 94
24285 Quintanilla del Monte LE 42 Ua 93
49639 Quintanilla del Monte ZA 62 Ud 97
09292 Quintanilla del Monte en Juarros BU 46 Wd 94
49638 Quintanilla del Olmo ZA 62 Ud 97
09513 Quintanilla de los Adrianos BU 34 Wc 91
24208 Quintanilla de los Oteros LE 43 Ud 95
09568 Quintanilla del Rebollar BU 34 Wc 90
24281 Quintanilla del Valle LE 42 Ua 93
42141 Quintanilla de Nuño Pedro SO 65 We 98
09512 Quintanilla de Ojada BU 46 We 91
47350 Quintanilla de Onésimo VA 64 Vc 99
34114 Quintanilla de Onsoña P 44 Vc 94
09492 Quintanilla de Ricuerda BU 65 Wc 98
09135 Quintanilla de Riofresno BU 45 Ve 93
24940 Quintanilla de Rueda LE 44 Uf 92
09571 Quintanilla de San Román BU 34 Wa 91
24271 Quintanilla de Sollamas LE 43 Ub 93
24717 Quintanilla de Somoza LE 42 Te 94
42351 Quintanilla de Tres Barrios SO 66 We 99
47283 Quintanilla de Trigueros VA 63 Vc 97
09614 Quintanilla de Urrilla BU 66 We 96
49622 Quintanilla de Urz ZA 61 Ua 96
24738 Quintanilla de Yuso LE 61 Td 95
09549 Quintanilla-Montecabezas BU 46 We 91
09125 Quintanilla-Pedro Abarca BU 46 Wb 93
09131 Quintanillas, Las BU 46 Wa 94
09271 Quintanilla San-García BU 47 We 93
09141 Quintanilla-Sobresierra BU 46 Wb 93
09239 Quintanilla-Somuñó BU 64 Wa 95
09557 Quintanilla-Valdebodres BU 34 Wb 91

09140 Quintanilla-Vivar o Quintanilla Morocisla BU 46 Wb 94
09196 Quintanilleja BU 65 Wb 95
15126 Quintáns C 26 Qe 90
36875 Quintáns PO 57 Rd 95
15822 Quintás C 39 Rd 91
24525 Quintela LE 41 Ta 92
27258 Quintela LU 28 Sd 89
32860 Quintela OR 58 Rf 97
36428 Quintela PO 58 Re 96
32558 Quintela de Humoso OR 60 Sf 96
32212 Quintela do Leirado OR 58 Rf 96
32558 Quintela Hedroso OR 60 Sf 95
13360 Quintería, La CR 153 Wb 116
23749 Quintería, La J 168 Wa 120
13679 Quintería de Mateo CR 137 Wd 114
41089 Quinto SE 180 Ua 125
50770 Quinto Z 89 Zc 100
33129 Quinzanas AS 31 Uc 89
22810 Quinzano HS 69 Zc 95
42126 Quiñonería, La SO 86 Xf 99
47209 Quiñones VA 63 Vc 98
30510 Quiñones, Los MC 157 Yf 117
15824 Quión C 39 Re 91
36117 Quireza PO 39 Rd 93
27320 Quiroga LU 40 Se 94
32627 Quiroganes OR 59 Sd 97
33117 Quirós AS 30 Ua 90
49622 Quiruelas de Vidriales ZA 61 Ub 96
09568 Quisicedo BU 34 Wc 90
45514 Quismondo TO 117 Ve 108
30510 Quitapellejos MC 157 Yf 118
40193 Quitapesares SG 83 Vf 103

R

27370 Rábade LU 28 Sc 90
32698 Rabal OR 59 Sd 97
32696 Rabal OR 59 Sc 96
30332 Rabales, Los MC 173 Yf 122
14500 Rabanal, El CO 166 Vb 124
24648 Rabanal de Fenar LE 43 Uc 92
24722 Rabanal del Camino LE 42 Te 94
34846 Rabanal de los Caballeros P 45 Vd 91
49519 Rabanales ZA 61 Te 98
26133 Rabanera RI 67 Xd 95
42191 Rabanera del Campo SO 67 Xd 99
09660 Rabanera del Pinar BU 66 We 97
47319 Rábano VA 83 Vf 99
49515 Rábano de Aliste ZA 60 Td 98
49358 Rábano de Sanabria ZA 60 Tc 96
09268 Rábanos BU 46 We 95
42191 Rábanos, Los SO 67 Xd 98
25271 Rabassa, La L 73 Bc 99
25271 Rabassa, La L 54 Bd 94
09130 Rabé de las Calzadas BU 46 Wa 94
09349 Rabé de los Escuderos BU 65 Wb 97
08660 Rabeia, La B 73 Bf 97
21819 Rábida, La H 178 Ta 125
06320 Rabilero, El BA 149 Td 119
13129 Rabinadas, Las CR 136 Vf 113
18760 Rábita, La GR 185 We 128
23685 Rábita, La J 168 Vf 123
21840 Raboconejo H 163 Tb 124
17754 Rabós GI 56 Da 94
30510 Rabosera MC 157 Yf 117
44146 Rabosero, El TE 107 Zb 106
03503 Racó de l'Oix, El A 159 Zf 117
46880 Racó dels Cirers, El V 158 Zc 116
09126 Rad, La BU 46 Wa 92
37449 R. A. D., La SA 80 Ub 103
31383 Rada NC 49 Yc 95
02436 Rada, La AB 156 Ya 118
16649 Rada de Haro CU 120 Xc 111
40590 Rades, La SG 84 Wc 101
40172 Rades de Abajo SG 83 Wb 102
40172 Rades de Arriba SG 83 Wb 102
22145 Radiquero HS 70 Zf 95
42213 Radona SO 86 Xd 101
30648 Rafaeles, Los MC 157 Yf 119
07509 Rafael Pudent, Es IB 127 Db 111
03369 Rafal A 158 Za 120
07469 Rafal, El IB 127 Cf 109
07469 Rafal d'' Ariant IB 127 Cf 109
07469 Rafal de Casellas IB 127 Cf 110
07690 Rafal des Porcs, Es IB 127 Da 113
22535 Ráfales HS 71 Ab 98
44589 Ráfales TE 108 Aa 103
07316 Rafalet, El IB 127 Cf 109
07559 Rafalet, Es IB 127 Dc 111
07500 Rafalet Drac, Es IB 127 Db 111
07730 Rafal Fort IB 93 Ea 109
07500 Rafalot, Es IB 127 Da 111
07730 Rafal Rubi IB 93 Eb 109
07712 Rafal Vell IB 93 Eb 109
46138 Rafelbunyol = Rafelbuñol V 124 Ze 111
46138 Rafelbuñol = Rafelbunyol V 124 Ze 111
46716 Rafelcofer V 143 Ze 115
46666 Rafelguaraf V 142 Zd 114
03769 Ráfol de Almunia A 143 Zf 116
46843 Ráfol de Salem V 142 Zd 115
37318 Rágama SA 81 Va 103
04440 Rágol AL 186 Xb 127
32785 Raigada OR 41 Se 95
30850 Raiguero MC 172 Yd 122
30850 Raiguero Bajo MC 172 Yd 122
25111 Raïmat L 71 Ac 98
32652 Rairiz de Veiga OR 58 Sb 96
32971 Rairo OR 40 Sa 95
07110 Raixa IB 126 Cd 110
03659 Raja, La MC 157 Yf 118
30529 Raja, La MC 157 Ye 118
08256 Rajadell B 73 Be 98
02486 Rala AB 155 Xe 118
46199 Ral de Abajo V 141 Yf 113
33594 Rales AS 32 Va 88
22484 Raluy HS 52 Ad 94
17500 Rama GI 74 Cb 95
05418 Ramacastañas AV 116 Uf 107
39800 Ramales de la Victoria CB 34 Wd 89
15883 Ramallosa, A C 39 Rc 92
36379 Ramallosa, A PO 57 Rb 96
22466 Ramastué HS 52 Ac 93
22267 Rambla HS 70 Ze 97
02127 Rambla, La AB 156 Xf 116
14540 Rambla, La CO 167 Vb 123
30700 Rambla, La MC 173 Za 122
41440 Rambla, La SE 165 Ud 123
38416 Rambla, La TF 196 Ic 178
18480 Rambla Carlonca GR 185 Wf 127
18890 Rambla de Balata GR 169 Xa 124
18517 Rambla de Cauzón GR 185 We 125
12232 Rambla de David CS 123 Zd 108
04567 Rambla de Gérgal AL 186 Xc 126
23590 Rambla de Juan Manchego J 169 We 123
18511 Rambla del Agua GR 185 Xa 125
18711 Rambla del Agua GR 185 We 128
18890 Rambla de la Matanza GR 170 Wf 123
23488 Rambla de la Teja J 169 Wf 122
18440 Rambla del Banco, La GR 185 We 127
04275 Rambla del Marqués AL 186 Xe 125
18520 Rambla de los Lobos GR 169 We 123
04540 Rambla Encira, La AL 186 Xc 126
04692 Rambla Grande, La AL 171 Ya 124
04210 Rambla Honda, La AL 187 Xe 126
04450 Ramblas, Las AL 186 Xb 126
30628 Rambla Salada MC 157 Yf 120
46199 Rambla Seca V 142 Za 113
46360 Rambla y Condesa, La V 142 Za 112
27554 Ramil LU 40 Sb 92
36527 Ramil PO 39 Sa 91
32558 Ramilo OR 60 Ta 95
32810 Ramirás OR 58 Rf 95
47453 Ramiro VA 82 Vb 101
45700 Ramón TO 118 Wb 111
23191 Ramona, La J 168 Wc 123
30589 Ramos, Los MC 173 Yf 121
44750 Rampla de Martin, La TE 106 Za 104
28791 Rancajales, Los MD 102 Wb 104
41620 Rancho Cazolita SE 181 Ud 125
41659 Rancho de Aparicio SE 182 Uf 125
11370 Rancho de Carbones CA 191 Uc 131
41530 Rancho de Coto Ruiz SE 181 Ud 126
41640 Rancho de Don Manuel Romero SE 182 Uf 125
11580 Rancho de Frontán CA 188 Ua 129
41640 Rancho de Gamarra SE 182 Ue 125
11648 Rancho de Ibáñez CA 179 Ua 127
41710 Rancho de la Asomadilla SE 179 Ua 126
11170 Rancho de la Atalaya CA 188 Ua 130
41770 Rancho de la Ballestera SE 181 Uc 126
29391 Rancho de la Casilla MA 189 Ud 129
41530 Rancho de la Reina SE 181 Ud 126
41727 Rancho de la Romana SE 179 Ua 126
41760 Rancho de las Mulas SE 181 Uc 126
41540 Rancho de las Salinas SE 181 Ue 126
41740 Rancho de Lila SE 179 Tf 126
41670 Rancho del Navazo SE 182 Ue 127
41740 Rancho de los Rasillos SE 180 Tf 127
11178 Rancho del Pino CA 189 Ua 129
11580 Rancho del Puerto de Picao CA 189 Ub 129
41530 Rancho de Malagón SE 181 Ud 126
41510 Rancho de Manuel Girardo SE 181 Ub 125
11180 Rancho de Montaño CA 189 Uc 130
41659 Rancho de Pozo Santo SE 181 Ue 126
41530 Rancho de Roceros SE 181 Ud 126
41659 Rancho de San Antonio SE 182 Ue 125
41640 Rancho de Sarría SE 182 Uf 124
41659 Rancho de Sol SE 182 Uf 126
11692 Rancho de Tenorio CA 182 Uf 127
41659 Rancho de Terrones SE 182 Ue 126
41620 Rancho de Vargas SE 181 Ud 125
41670 Rancho la Rosa Alta SE 181 Ue 126
28260 Ranchos, Los MD 101 Wa 105
21250 Ranchos del Romeral H 162 Se 121
07629 Randa IB 127 Cf 111
36812 Rande PO 38 Rc 95
32646 Randín OR 58 Sa 97
36713 Randufe PO 57 Rc 96
09212 Ranedo BU 47 We 92
09593 Ranera BU 46 We 92
48890 Ranero BI 34 Wd 89
AD100 Ransol □ AND 54 Bd 93
32910 Rante OR 40 Sa 95
22337 Rañín HS 52 Ab 94
15928 Raño C 38 Rb 93
27652 Rao LU 29 Ta 91
40466 Rapariegos SG 82 Vc 102
08730 Ràpita, La B 92 Bd 101
25680 Ràpita, La L 72 Af 98
06392 Raposo, El BA 149 Te 118
18511 Raposo, El GR 185 Xa 125
22621 Rapún HS 51 Zd 94
22821 Rasal HS 51 Zc 94
28740 Rascafría MD 83 Wa 103
39849 Rascón CB 34 Wd 88
06390 Rascón, El BA 148 Tc 117
17464 Raset GI 75 Cf 96
39419 Rasgada CB 45 Vf 91
39638 Rasillo CB 34 Wa 89
30510 Rasillo MC 157 Yf 117
26124 Rasillo de Cameros, El RI 66 Xb 95
39860 Rasines CB 34 Wd 89
02500 Raso AB 156 Yb 117
05489 Raso, El AV 116 Ud 107
31350 Raso Jaurrieta NC 49 Ya 94
14600 Rasos CO 152 Ve 120
30814 Raspajos, Los MC 172 Yb 122
03657 Raspay MC 157 Yf 118
02486 Raspilla AB 155 Xd 118
43513 Rasquera T 90 Ad 102
05298 Rasueros AV 81 Uf 102
41659 Ratera Nueva SE 181 Uf 126
41659 Ratera Vieja SE 182 Uf 126
43427 Rauric T 92 Bc 99
43529 Raval de Crist, El T 109 Ac 104
43590 Raval de Jesús, El T 109 Ad 103
08711 Raval de l''Aguilera, El B 73 Bd 99
36966 Raxó PO 38 Rb 94
36646 Raxoi PO 38 Rc 92
15595 Raxón C 27 Re 87
34159 Rayaces P 63 Vb 97
18870 Rayo del Serval GR 185 Xa 124
19229 Razbona GU 103 We 103
15107 Razo da Costa C 26 Rb 89
04628 Real, El AL 187 Ya 125
30130 Real, El MC 173 Yf 120
28300 Real Cortijo de San Isidro MD 118 Wc 108
41250 Real de la Jara, El SE 164 Tf 121
46194 Real de Montroi V 142 Zc 112
45640 Real de San Vicente, El TO 117 Vb 108
38412 Realejo Alto TF 196 Ic 178
38419 Realejos, Los TF 196 Ic 178
46666 Realenc, El V 142 Zd 114
30397 Realenco, El MC 173 Yf 122
07200 Realeng, Es IB 127 Db 112
29531 Realenga, La MA 182 Vb 126
03339 Realengo, El A 158 Zb 119
09140 Real Monasterio de las Huelgas BU 46 Wb 94
27362 Reascos LU 40 Sc 91
46350 Reatillo, El V 123 Za 111
03689 Rebalse, El A 158 Za 119
34844 Rebanal de las Llantas P 44 Vc 91
03313 Rebate A 173 Za 121
08630 Rebato, El B 92 Bf 99
27307 Reboira LU 28 Sa 89
27346 Reboiro LU 40 Sd 92
33989 Rebollada AS 31 Uc 89
33438 Rebollada AS 31 Ub 87
33619 Rebollada, La AS 31 Ub 89
33842 Rebollada, La AS 30 Td 90
10617 Rebollar CC 115 Ua 108
40389 Rebollar SG 83 Wb 101
42165 Rebollar SO 67 Xc 97
28791 Rebollar, El MD 102 Wb 104
46391 Rebollar, El V 122 Yf 112
24225 Rebollar de los Oteros LE 43 Ud 94
34492 Rebolleda, La P 45 Ve 92
09150 Rebolledas, Las BU 46 Wb 94
09136 Rebolledillo de la Orden BU 45 Ve 93
03113 Rebolledo A 158 Zc 118
34813 Rebolledo de la Inera P 45 Ve 92
34492 Rebolledo de la Torre BU 45 Ve 92
09124 Rebolledo de Traspeña BU 45 Vf 92
40184 Rebollo SG 83 Wa 101
33888 Rebollo, El AS 29 Tb 89
42210 Rebollo de Duero SO 85 Xb 100
37617 Rebollosa SA 98 Tf 106
19197 Rebollosa de Hita GU 103 Wf 104
19245 Rebollosa de Jadraque GU 85 Xa 102
42344 Rebollosa de los Escuderos SO 85 Wf 101
42344 Rebollosa de Pedro SO 84 We 101
36669 Rebón PO 38 Rc 93
27813 Rebordaos LU 28 Sb 89
36491 Rebordechán PO 39 Re 95
32702 Rebordechao OR 59 Sd 95
15938 Rebordelo C 38 Ra 93
15619 Rebordelo C 27 Rf 88
36826 Rebordelo PO 39 Rd 94
15890 Reboredo C 39 Rd 91
27577 Reboredo LU 39 Sa 92
27811 Reboredo LU 28 Sc 89
15897 Reborido C 38 Rc 91
45211 Recas TO 118 Wa 108
27726 Rececende LU 29 Se 88
15568 Recemel C 28 Sa 88
37795 Recios, Los SA 99 Ub 105
02249 Recueja, La AB 141 Yd 113
19492 Recuenco, El GU 104 Xd 105
42313 Recuerda SO 85 Xa 100
34858 Recueva de la Peña P 44 Vc 92
23250 Réculo J 154 We 119
26146 Redal, El RI 48 Xe 94
32814 Redemuiños OR 58 Rf 96
15623 Redes C 27 Re 88
09270 Redicilla del Campo BU 47 Wf 94
24843 Redilluera LE 31 Ud 91
24855 Redipollos LE 32 Ue 90
24844 Redipuertas LE 31 Ud 90
16317 Redoba, La CU 105 Yc 107
37247 Redonda, La SA 79 Tb 103
40132 Redonda el Nuevo SG 83 Vd 103
40132 Redonda El Viejo SG 83 Vd 103
21430 Redondela, La H 177 Se 125
14130 Redondo Bajo CO 166 Va 122
17869 Redonella, La GI 55 Cb 94
30893 Redón y Venta de Ceferino MC 172 Yb 123
03370 Redován A 158 Za 120
28721 Redueña MD 102 Wc 104
Refinería H 178 Ta 125
36779 Refoxos PO 57 Rb 97
36542 Refoxos PO 39 Re 93
03818 Refugi de la Sarga A 158 Zd 117
08697 Refugi d' Estasen B 73 Be 95
08697 Refugi D. Ubeda B 73 Be 95
33628 Refugio Casa de Mieres AS 31 Ua 90
39210 Refugio C. A. Tresmares CB 33 Ve 90
22790 Refugio Choza Fumia HS 50 Zb 92
22640 Refugio de Alfonso XIII HS 51 Ze 92
39582 Refugio de Aliva CB 32 Vb 90
24915 Refugio de Collado Jermoso LE 32 Va 89
18413 Refugio de Félix Méndez GR 185 Wd 126
39210 Refugio de la Hoz de Abiada CB 33 Ve 90
18650 Refugio de Lanjarón GR 184 Wd 126
05633 Refugio del Club Alpino AV 99 Ue 107
05633 Refugio del Rey AV 99 Ue 107
18650 Refugio de Peñón Colorado GR 184 Wd 126
24915 Refugio de Vega Huerta LE 32 Va 89
33554 Refugio de Vega Urriello AS 32 Vb 89
18420 Refugio de Ventura GR 184 Wd 127
33556 Refugio Vega Redonda AS 32 Uf 89
22365 Refugio de Trigoniero HS 52 Ab 92
03818 Regadiu, El A 158 Zd 116
02640 Regajo, El AB 141 Yf 116
46680 Regal V 142 Zd 113
37183 Regañada, La SA 99 Ub 104
45700 Regates TO 118 Wb 111
17214 Regencós GI 75 Db 97
33814 Regla de Perandones, La AS 30 Tc 90
27721 Rego de Bidueiro LU 29 Sf 89
15151 Regoelle C 26 Qf 90
25692 Règola, La L 72 Ae 97
48879 Regomedo BI 35 We 89
27305 Rego Pequeno LU 28 Sb 89
25514 Reguard L 53 Af 95
49394 Reguejo ZA 60 Tb 96
23616 Regüelo J 168 Wa 123
36415 Reguengo PO 57 Rc 95
33190 Regueras, Las AS 30 Ua 88
24763 Regueras de Arriba LE 43 Ua 95
09693 Regumiel de la Sierra BU 66 Xa 97
27259 Reguntille LU 28 Sd 89
21720 Rehoya H 178 Tc 124
39808 Rehoyos CB 34 Wd 89
44600 Rehuerta, La TE 89 Zf 102
27333 Rei LU 40 Sd 93
46680 Reig V 142 Zd 113
33888 Reigada, La AS 29 Tc 89
27286 Reigosa LU 28 Sd 89
36827 Reigosa, A PO 39 Rc 94
16390 Reillo CU 121 Ya 109
06970 Reina BA 149 Ua 119
41140 Reina Victoria SE 180 Tf 126
46880 Reiner V 158 Zc 116
48520 Reineta, La BI 35 Wf 89
14130 Reinilla y Ladrillos CO 166 Uf 122
39200 Reinosa CB 33 Vf 91
39418 Reinosilla CB 45 Ve 91
09248 Reinoso BU 46 Wd 93
34208 Reinoso de Cerrato P 64 Vd 97
15686 Reiris C 27 Re 90
36151 Reiris PO 38 Rc 94
18810 Rejano GR 186 Xb 124
41658 Rejano SE 182 Va 126
42320 Rejas de San Esteban SO 65 We 99
42141 Rejas de Ucero SO 66 Wf 98
20009 Rekalde SS 36 Xf 89
34115 Relea P 44 Vb 93
24339 Reliegos LE 43 Ud 94
33873 Rellanos AS 29 Tc 88
36547 Rellas PO 39 Re 92
04533 Relleno AL 186 Xa 126
03578 Relleu A 159 Ze 117
08299 Rellinars B 73 Bf 99
42368 Rello SO 85 Xb 101
09510 Relloso BU 35 We 90
06340 Remedios, Los BA 148 Tc 119
43460 Remei d'Alcover, El T 91 Ba 101
49321 Remesal ZA 60 Tc 96
24990 Remolina LE 44 Uf 91
14512 Remolino, El CO 166 Vb 124
50637 Remolinos Z 69 Ye 97

40216 Remondo SG 82 Vd 100
43891 Remullà T 91 Ae 102
33449 Ren, La AS 31 Ub 87
06715 Rena BA 133 Ub 114
19432 Renales GU 86 Xc 103
22470 Renanué HS 52 Ad 94
43886 Renau T 92 Bb 101
27627 Renche LU 40 Se 92
22440 Renclusa, La HS 52 Ad 93
27346 Rendar LU 40 Sd 92
36800 Rendondela PO 38 Rc 95
39213 Renedo CB 33 Vf 91
39511 Renedo CB 33 Ve 89
47170 Renedo VA 63 Vc 99
24847 Renedo de Curueño LE 43 Ud 91
09127 Renedo de la Escalera BU 45 Vf 92
34126 Renedo de la Vega P 44 Vb 94
34115 Renedo del Monte P 44 Vb 93
39470 Renedo de Piélagos CB 33 Wa 88
34473 Renedo de Valdavia P 44 Vc 93
24327 Renedo de Valderaduey LE 44 Va 93
24880 Renedo de Valdetuéjar LE 44 Va 92
34830 Renedo de Zalima P 45 Vd 92
19145 Renera GU 103 Wf 106
42189 Renieblas SO 67 Xd 98
48710 Rentería BI 36 Xd 89
16318 Rento Artigas CU 105 Yc 108
16338 Rento Callejones CU 122 Yd 108
16300 Rento de Fuente de la Sierra CU 121 Yb 108
09195 Renuncio BU 46 Wb 95
13248 Reñúez Grande CR 138 Wf 115
39311 Reocín CB 33 Vf 89
39419 Reocín de los Molinos CB 45 Vf 91
02316 Reolid AB 155 Xc 117
22483 Reperós HS 52 Ac 94
21360 Repilado, El H 163 Tb 121
30420 Reposaderas, Las MC 156 Yb 119
10810 Represa CC 114 Te 108
24155 Represa del Condado LE 43 Ud 93
27513 Requeixo LU 40 Sa 93
27306 Requeixo LU 28 Sa 89
32785 Requeixo OR 41 Se 95
32161 Requeixo OR 40 Sb 94
32369 Requeixo OR 60 Ta 95
32786 Requeixo OR 59 Sd 95
32895 Requeixo OR 58 Rf 97
39312 Requejada CB 33 Vf 88
24567 Requejo LE 41 Tb 93
46340 Requena V 122 Yf 112
34469 Requena de Campos P 45 Vd 95
32898 Requiás OR 58 Sa 97
40173 Requijada SG 83 Wa 102
42200 Requijada SO 86 Xc 99
18690 Rescate, El GR 184 Wb 128
39681 Resconorio CB 34 Wa 90
34005 Residencia Virgen de la Calle P 63 Vc 97
16312 Resinera CU 122 Yd 110
18127 Resinera, La GR 184 Wa 127
34844 Resoba P 45 Vc 91
01476 Respaldiza VI 35 Wf 90
34813 Respenda de Aguilar P 45 Vf 92
34870 Respenda de la Peña P 44 Vb 92
18658 Restábal GR 184 Wc 127
15686 Restande C 27 Rc 90
33826 Restiello AS 30 Te 89
38917 Restinga, La TF 196 Ha 183
31421 Reta NC 49 Yd 92
04211 Retacos, Los AL 186 Xe 126
06209 Retamal BA 148 Tc 116
06442 Retamal de Llerena BA 150 Ua 117
30412 Retamalejo MC 171 Xf 121
18127 Retamales o La Colonia GR 184 Wa 127
04131 Retamar AL 186 Xe 127
13598 Retamar CR 152 Ve 116
28110 Retamar MD 102 Wd 105
38684 Retamar, El TF 196 Ib 179
10372 Retamosa CC 115 Uc 111
45652 Retamoso TO 117 Vb 110
50367 Retascón Z 87 Yd 102
01477 Retes Llanteno VI 35 Wf 90
19225 Retiendas GU 84 We 103
28009 Retiro, El MD 102 Wb 106
39213 Retorillo CB 33 Vf 91
15564 Retorno C 27 Sa 87
46310 Retorno, El AB 141 Yd 112
32621 Retorta OR 59 Sd 96
27233 Retorta, A LU 28 Sb 91
09345 Retortillo BU 64 Vf 96
37495 Retortillo SA 98 Td 104
42315 Retortillo de Soria SO 85 Xa 101
05693 Retuerta AV 99 Uc 107
09347 Retuerta BU 65 Wc 96
47340 Retuerta VA 64 Vc 99
13194 Retuerta del Bullaque CR 136 Vd 112
24917 Retuerto LE 32 Uf 90
04867 Reul Alto, El AL 186 Xd 125
04867 Reul Bajo y Marchalico, El AL 186 Xd 125
43201 Reus T 91 Ba 102
37756 Revallos SA 99 Ud 105
49135 Revellinos ZA 62 Uc 97
09228 Revenga BU 64 Wa 96
40195 Revenga SG 101 Vf 103
34447 Revenga de Campos P 45 Vd 95
06444 Reventón BA 149 Tf 118
39609 Revilla CB 34 Wa 88
22364 Revilla HS 52 Aa 93
37891 Revilla SA 99 Uc 104
37882 Revilla SA 99 Ud 104
40176 Revilla SG 83 Wb 102
09613 Revilla, La BU 65 Wd 96
39808 Revilla, La CB 34 Wd 89
39547 Revilla, La CB 33 Vd 88
09348 Revilla-Cabriada BU 65 Wb 96
42291 Revilla de Calatañazor, La SO 66 Xb 99
34170 Revilla de Campos P 63 Vb 96
34407 Revilla de Collazos P 45 Vc 93
09212 Revilla de Herrán, La BU 47 We 92
09194 Revilla del Campo BU 65 Wc 95
09514 Revilla de Pienza BU 34 Wd 90
34828 Revilla de Santullán P 45 Ve 91
09292 Revillagodos BU 46 Wd 94
09247 Revillalcón BU 46 Wd 93
09620 Revillarruz BU 65 Wc 95
09613 Revilla Vallejera BU 64 Vf 96
24856 Reyero LE 32 Ue 91
32981 Reza OR 40 Sa 94
32417 Reza, A OR 39 Rf 95
09108 Rezmondo BU 45 Ve 93
42126 Reznos SO 67 Xf 99
32102 Ria, A OR 40 Sa 94
27766 Ría de Abres AS 29 Sf 88
15350 Ría de Cedeira C 26 Rf 87
15337 Ría do Barqueiro LU 26 Sb 86
40529 Riaguas de San Bartolomé SG 84 Wd 100
40518 Riahuelas SG 84 Wc 100
15874 Rial C 26 Rc 90
27579 Rial LU 40 Sa 92
17534 Rialb GI 55 Cb 95
25594 Rialb de Noguera = Rialp L 53 Ba 94
22336 Riana, La HS 52 Ab 94
15920 Rianxo C 38 Rb 93
33929 Riaño AS 31 Ub 89
09572 Riaño BU 34 Wb 91
39716 Riaño CB 34 Wc 88
05198 Riatas AV 100 Va 105
40500 Riaza SG 84 Wd 101
27515 Riba LU 40 Sb 93
08519 Riba, La B 74 Cc 97
09514 Riba, La BU 34 Wd 91
24892 Riba, La LE 44 Uf 92
43450 Riba, la T 91 Ba 101
26100 Ribabellosa RI 66 Xc 95
01213 Ribabellosa VI 47 Xa 92
32400 Ribadavia OR 39 Rf 95
33590 Ribadedeba AS 33 Vc 88
42368 Riba de Escalote, La SO 85 Xb 100
49362 Ribadelago de Franco ZA 60 Tb 96
27686 Riba de Neira LU 40 Se 91
27700 Ribadeo LU 29 Sf 87
19441 Riba de Saelices GU 86 Xe 103
19269 Riba de Santiuste GU 85 Xb 101
33560 Ribadesella AS 32 Uf 88
36866 Ribadetea PO 57 Rc 95
15329 Ribadeume C 28 Sa 88
15880 Ribadulla C 39 Rd 92
36636 Ribadumia PO 38 Rb 93
26130 Ribafrecha RI 48 Xd 94
16144 Ribagorda CU 104 Xe 106
26586 Ribalmaguillo RI 67 Xd 95
39794 Ribamontán al Monte CB 34 Wc 88
46190 Riba-roja de Túria = Ribarroja del Turia V 123 Zc 111
19441 Ribarredonda GU 104 Xe 103
43790 Ribarroja de Ebro = Riba-roja d'Ebre T 90 Ac 101
46190 Ribarroja del Turia = Riba-roja de Túria V 123 Zc 111
42134 Ribarroya SO 67 Xd 99
49515 Ribas ZA 61 Td 98
32849 Ribas, As OR 58 Sa 96
27590 Ribasaltas LU 40 Sd 93
34411 Ribas de Campos P 63 Vc 96
27545 Ribas de Miño LU 40 Sb 92
27363 Ribas de Miño LU 40 Sc 92
27310 Ribas de Sil LU 40 Se 94
26339 Ribas de Tereso RI 47 Xb 93
16145 Ribatajada CU 104 Xe 106
16145 Ribatajadilla CU 104 Xf 107
28815 Ribatejada MD 102 Wd 104
30439 Ribazo MC 156 Yb 120
15960 Ribeira C 38 Ra 93
27654 Ribeira LU 29 Ta 90
27661 Ribeira, A LU 41 Sf 91
27260 Ribeirás de Lea LU 28 Sc 90
15337 Ribeiras do Sor C 26 Sb 86
32950 Ribela OR 40 Sb 94
36687 Ribela PO 39 Rd 93
25211 Riber L 72 Bb 98
01427 Ribera VI 47 We 91
48710 Ribera = Berritua BI 36 Xd 89
22587 Ribera, La HS 71 Ac 95
14512 Ribera Alta CO 182 Vb 124
23691 Ribera Alta J 168 Wa 124
01420 Ribera Alta VI 47 Xa 92
14512 Ribera Baja CO 166 Vb 124
23691 Ribera Baja J 168 Wa 124
01213 Ribera Baja/Erribeira Beitia = Ribabellosa VI 47 Xa 92
24796 Ribera de Grajal o de la Polvorosa LE 62 Uc 95
04720 Ribera de la Algaida, La AL 186 Xc 128
11150 Ribera de la Oliva, La CA 188 Ua 131
06225 Ribera del Fresno BA 149 Te 117
16211 Ribera de San Benito CU 140 Xf 112
22583 Ribera de Vall HS 52 Ae 95
25213 Ribera d'Ondara L 72 Bb 99
25796 Ribera d'Urgellet L 53 Bc 95
33127 Riberas AS 30 Tf 87
09514 Ribero, El BU 34 Wd 90
34309 Riberos de la Cueza P 44 Vb 95
12210 Ribesalbes CS 124 Ze 108
17534 Ribes de Freser GI 55 Cb 95
40513 Ribota SG 84 Wd 100
50300 Ribota Z 87 Yc 100
24916 Ribota de Sajambre LE 32 Uf 90
33116 Ricabo AS 30 Ua 90
50270 Ricla Z 87 Yd 99
49165 Ricobayo ZA 80 Ua 99
30610 Ricote MC 157 Yd 120
33156 Riegoabajo AS 30 Te 87
24413 Riego de Ambrós LE 42 Td 93
24794 Riego de la Vega LE 42 Ua 94
49742 Riego del Camino ZA 61 Ub 98
24225 Riego del Monte LE 43 Ud 94
24127 Riello LE 42 Ua 92
17130 Riells de Dalt GI 75 Da 96
08416 Riells del Fai B 74 Cb 98
17404 Riells de Montseny GI 74 Cd 98
17404 Riells i Viabrea GI 74 Cd 98
45524 Rielves TO 117 Ve 109
19269 Rienda GU 85 Xb 101
33592 Riensena AS 32 Uf 88
33841 Riera, La AS 30 Te 90
33324 Riera, La AS 31 Ue 88
33556 Riera, La AS 32 Uf 89
43762 Riera de Gaià, la T 92 Bc 102
23100 Ríez J 168 Wc 121
31176 Riezu NC 48 Ya 92
48550 Rigada, La BI 35 Wf 88
22808 Riglos HS 50 Zb 94
22482 Riguala HS 52 Ad 95
27879 Rigueira, A LU 26 Sd 87
41580 Rigüelo SE 182 Vb 125
44710 Rillo TE 106 Za 104
19340 Rillo de Gallo GU 105 Ya 103
33518 Rimada, La AS 31 Uc 88
24448 Rimor LE 41 Tc 93
06280 Rincón BA 163 Td 120
23311 Rincón J 169 Xa 120
03700 Rincón, El A 143 Aa 115
02520 Rincón, El AB 140 Yc 115
04647 Rincón, El AL 187 Yb 124
22437 Rincón, El HS 71 Ac 95
30893 Rincón, El MC 171 Yb 124
30810 Rincón, El MC 171 Ya 121
28260 Rincón, El MD 101 Ve 107
05145 Rinconada AV 100 Uf 104
47520 Rinconada VA 81 Ue 100
05278 Rinconada, La AV 101 Vc 106
41309 Rinconada, La SE 164 Ua 124
45516 Rinconada, La TO 117 Vd 109
37607 Rinconada de la Sierra, La SA 98 Tf 105
11205 Rinconcillo, El CA 190 Ud 132
14100 Rinconcillo, El CO 166 Va 122
30889 Rincón de la Casa Grande MC 172 Yc 124
29730 Rincón de la Victoria MA 191 Ve 128
02400 Rincón del Moro AB 156 Yb 117
03409 Rincón del Moro, El A 158 Za 117
10811 Rincón del Obispo CC 114 Td 109
16142 Rincón de los Olmos CU 105 Xf 106
41740 Rincón del Prado SE 179 Tf 126
04117 Rincón de Martos, El AL 187 Xe 128
26527 Rincón de Olivedo o Las Casas RI 67 Ya 96
26550 Rincón de Soto RI 68 Ya 95
30398 Rincón de Tallante MC 173 Yf 123
18270 Rincón de Turca GR 183 Vf 124
23487 Rincones J 169 Wf 122
30870 Rincones, Los MC 172 Ye 123
30893 Rincón y Las Ramblicas MC 171 Yb 124
25290 Riner L 73 Bd 97
27715 Rinlo LU 29 Sf 87
27691 Río LU 40 Se 92
27134 Río LU 29 Sf 90
29195 Río MA 183 Ve 127
13120 Río, El CR 136 Ve 114
26326 Río, El RI 47 Xa 95
38589 Río, El TF 196 Ic 180
19277 Río Alcolea GU 85 Xb 101
33687 Río-Aller AS 31 Uc 90
27812 Rioaveso LU 28 Sc 89
27868 Río Barba LU 26 Sb 86
22610 Río Basa HS 51 Ze 94
29712 Río Bermuza MA 183 Vf 127
15149 Riobó C 26 Ra 89
32702 Riobó OR 59 Sc 96
36685 Riobó PO 39 Rd 92
02130 Río Bogarra AB 156 Xe 117
05164 Riocabado AV 100 Vb 104
48891 Río Calera BI 34 Wd 90
24608 Río Casares LE 43 Ub 91
46623 Río Cautabán V 141 Yf 114
09615 Ríocavado de la Sierra BU 66 We 96
09591 Ríocerezo BU 46 Wc 94
04769 Río Chico, El AL 185 Xa 128
28294 Río Cofío MD 101 Ve 105
28294 Río Cofio MD 101 Ve 105
39460 Riocorvo CB 33 Vf 89
04277 Río de Aguas, El AL 187 Xf 126
29718 Río de Almáchar MA 183 Ve 128
29719 Río de Iznate MA 183 Vf 128
09566 Río de la Sía BU 34 Wc 90
13194 Río de las Navas CR 136 Ve 112
09512 Río de Losa BU 35 We 91
09566 Río de Lunada BU 34 Wc 89
04826 Río de Mula, El AL 171 Xf 123
09566 Río de Rioseco BU 34 Wc 90
06475 Río de San Juan BA 149 Tf 116
09566 Río de Trueba BU 34 Wc 90
27124 Río de Uria LU 29 Se 91
44133 Riodeva TE 122 Yf 108
32336 Riodolas OR 41 Ta 94
19294 Río Dulce GU 85 Xb 103
33785 Río Esva AS 30 Td 88
33537 Riofabar AS 31 Ud 89
05191 Riofortes AV 100 Vb 105
05696 Riofraguas AV 99 Ud 106
09344 Río Franco BU 64 Vf 97
05190 Riofrío AV 100 Vb 105
14940 Riofrío CO 167 Vc 123
13109 Río Frío CR 136 Vd 114
18313 Riofrío GR 183 Ve 126
24285 Riofrío LE 42 Ua 93
49591 Riofrío de Aliste ZA 61 Te 98
19269 Riofrío del Llano GU 85 Xb 102
40515 Riofrío de Riaza SG 84 Wd 101
29180 Riogordo MA 183 Ve 127
18127 Río Granada GR 184 Wb 127
04769 Río Grande, El AL 185 Wf 128
50590 Río Huecha Z 68 Yb 98
01479 Río Izoria VI 35 Wf 90
04260 Rioja AL 186 Xd 127
46417 Riola V 142 Zd 113
24143 Riolago LE 30 Tf 91
39764 Riolastras CB 34 Wc 88
10693 Riolobos CC 114 Te 109
02137 Río Madera AB 155 Xe 117
23293 Río Madera J 155 Xc 119
10624 Riomalo de Abajo CC 98 Tf 106
10625 Riomalo de Arriba CC 98 Te 106
33681 Río-Mañón AS 31 Uc 90
32368 Riomao OR 41 Sf 94
02137 Río Mencal AB 155 Xe 117
27124 Riomol LU 28 Se 91
49521 Riomonzanas ZA 60 Tc 97
39554 Rionansa CB 33 Vd 89
49326 Rionegro del Puente ZA 61 Te 96
27367 Río Neira LU 40 Sd 91
24273 Río Omañas LE 43 Ua 92
39232 Riopanero CB 46 Wa 91
02459 Riópar AB 155 Xd 117
09124 Rioparaíso BU 45 Vf 93
42141 Río Pilde SO 65 We 98
29603 Río Real MA 191 Va 129
31153 Río Robo NC 49 Yb 92
42191 Riorуerto SO 67 Xd 99
06280 Ríos BA 148 Tc 120
32611 Ríos OR 59 Se 97
23210 Ríos, Los J 153 Wb 119
39612 Riosapero CB 34 Wa 88
24139 Rioscuro LE 30 Te 91
12469 Ríos de Abajo, Los CS 123 Zb 109
12430 Ríos de Arriba, Los CS 123 Zb 109
33160 Ríoseco AS 31 Ua 89
33508 Ríoseco AS 32 Va 88
33993 Ríoseco AS 31 Ud 89
48890 Ríoseco BI 34 Wd 89
09558 Ríoseco BU 46 Wc 91
39490 Ríoseco CB 33 Vf 90
39788 Ríoseco CB 34 We 88
27836 Ríoseco LU 28 Sb 87
42193 Ríoseco de Soria SO 66 Xa 99
24275 Ríoseco de Tapia LE 43 Ub 92
24326 Ríosequillo LE 44 Va 94
24890 Ríosequino de Torío LE 43 Uc 92
09591 Rioseras BU 46 Wc 94
33190 Río Soto AS 30 Ua 88
27744 Riotorto LU 29 Se 88
19269 Riotoví del Valle GU 85 Xb 102
23468 Río Toya J 169 Wf 121
39720 Riotuerto CB 34 Wb 88
33614 Rioturbio AS 31 Ub 89
39528 Rioturbio CB 33 Ve 88
20749 Río Urola SS 36 Xe 89
34475 Río Valdavia P 45 Vc 93
34878 Río Valdavia P 44 Vb 92
01191 Río Zadorra VI 47 Xb 91
09693 Río Zumel BU 66 Xa 97
31799 Ripa NC 37 Yc 91
31480 Ripodas NC 49 Ye 92
17500 Ripoll GI 74 Cb 95
08291 Ripollet B 93 Ca 100
06195 Risca, La BA 132 Tb 116
30441 Risca, La MC 156 Xf 119
06657 Risco BA 135 Uf 115
35489 Risco, El GC 200 Kb 180
37555 Risco, El SA 97 Tb 106
17462 Rissec GI 75 Cf 96
43430 Riudabella T 91 Ba 100
17421 Riudarenes GI 75 Ce 98
17179 Riudaura GI 74 Cc 95
43771 Riudecanyes T 91 Af 102
25721 Riu de Cerdanya L 54 Be 94
43390 Riudecols T 91 Af 101
25721 Riu de Santa Maria L 54 Be 94
25796 Riu de Tost L 53 Bc 95
43330 Riudoms T 91 Ba 102
25352 Riudovelles L 72 Bb 98
43580 Riumar T 109 Af 104
17469 Riumors GI 75 Da 95
46666 Riu-rau V 142 Zd 114
39815 Riva CB 34 Wc 89
39294 Riva, La CB 33 Wa 90
50619 Rivas Z 69 Yf 95
18770 Rivas, Los GR 185 We 128
28529 Rivas de Jarama MD 102 Wc 106
28521* Rivas-Vaciamadrid MD 102 Wc 106
37120 Rivera de la Valmuza SA 80 Ub 103
40421 Rivera de Los Molinos SG 101 Ve 103
10649 Rivera-Oveja CC 98 Te 107
39409 Rivero CB 33 Vf 89
14739 Rivero de Posadas CO 166 Uf 122
25516 Rivert L 72 Af 95
30508 Riviera MC 172 Ye 120
29649 Riviera del Sol MA 191 Vb 130
05309 Rivilla de Barajas AV 82 Va 103
27274 Rixoán LU 29 Se 90
30367 Rizos, Los MC 173 Za 123
09300 Roa BU 64 Wa 98
15815 Roade C 27 Sa 90
49192 Roales ZA 80 Ub 99
47673 Roales de Campos VA 62 Ud 96
33556 Robellada AS 32 Va 88
26131 Roberes del Castillo RI 48 Xe 95
24640 Robla, La LE 43 Uc 92
47131 Robladillo VA 63 Va 99
34127 Robladillo de Ucieza P 45 Vc 94
02127 Roble, El AB 156 Xf 116
37521 Robleda SA 97 Tc 106
49321 Robleda ZA 60 Tc 96
49321 Robleda-Cervantes ZA 60 Tc 96
05130 Robledillo AV 100 Va 105
45676 Robledillo TO 116 Vb 111
45140 Robledillo TO 117 Vc 110

A B C D E F G H I J K L M N Ñ O P Q R S T U V W X Y Z

E

10867 Robledillo de Gata CC 97 Td 107
28194 Robledillo de la Jara MD 84 Wc 103
10493 Robledillo de la Vera CC 115 Uc 108
19227 Robledillo de Mohernando GU 103 We 103
10269 Robledillo de Trujillo CC 133 Ua 113
24730 Robledino LE 42 Tf 95
02340 Robledo AB 155 Xd 116
33480 Robledo AS 31 Ub 88
33583 Robledo AS 32 Ue 88
10638 Robledo CC 98 Td 107
49393 Robledo ZA 60 Tc 96
10460 Robledo, El CC 115 Uc 108
13114 Robledo, El CR 136 Ve 113
24146 Robledo de Caldas LE 31 Ua 91
28294 Robledo de Chavela MD 101 Ve 106
19243 Robledo de Corpes GU 85 Xa 102
24648 Robledo de Fenar LE 43 Uc 92
24391 Robledo de la Valdoncina LE 43 Ub 93
24730 Robledo de la Valduerna LE 42 Tf 95
45138 Robledo del Buey TO 117 Vb 111
45674 Robledo del Mazo TO 116 Va 111
37217 Robledo Hermoso SA 79 Td 102
10371 Robledollano CC 115 Uc 111
28297 Robledondo MD 101 Ve 105
19223 Roblelacasa GU 84 We 102
19223 Robleluengo GU 84 We 102
24839 Robles de la Valcueva LE 43 Uc 91
32357 Roblido OR 41 Sf 94
37515 Robliza SA 97 Tc 105
37130 Robliza de Cojos SA 98 Ua 103
37130 Robliza de Cojos SA 98 Ua 103
27154 Robra LU 28 Sc 90
19237 Robredarcas GU 85 Wf 102
09512 Robredo de Losa BU 35 We 91
09141 Robredo-Sobresierra BU 46 Wb 93
09591 Robredo-Temiño BU 46 Wc 94
28755 Robregordo MD 84 Wc 102
22252 Robres HS 70 Zd 97
08731 Roca, La B 92 Bd 100
08505 Roca, La B 74 Cb 97
12161 Roca, La CS 108 Zf 107
17867 Rocabruna GI 55 Cc 94
08880 Rocacrespa B 92 Bd 101
06190 Roca de la Sierra, La BA 132 Tb 114
08430 Roca del Vallès, La B 74 Cb 99
08254 Rocafort B 73 Bf 98
22560 Rocafort HS 71 Ac 97
46111 Rocafort V 123 Zd 111
43426 Rocafort de Queralt T 92 Bb 100
25344 Rocafort de Vallbona L 91 Ba 99
31409 Rocaforte NC 49 Ye 93
17310 Roca Grossa GI 75 Cf 98
25269 Rocallaura L 91 Ba 99
21390 Rocamador H 148 Ta 120
08717 Rocamora B 73 Bc 99
03316 Rocamoras de Matanza, Los A 157 Yf 120
39250 Rocamundo CB 45 Wa 92
07850 Rocas IB 125 Bd 114
30739 Rocas, Los MC 173 Za 121
30700 Rocas, Los MC 173 Yf 122
30700 Rocas Viejos, Los MC 173 Yf 122
33211 Roces AS 31 Ub 87
36408 Rocha, A PO 57 Rc 96
11149 Roche CA 188 Tf 131
30369 Roche Bajo MC 173 Za 123
21720 Rociana del Condado H 178 Tc 125
24134 Rocidol LE 42 Tf 91
39860 Rocillo CB 34 Wd 89
21750 Rocío, El H 178 Td 126
30739 Roda MC 173 Za 122
02630 Roda, La AB 139 Xf 113
33747 Roda, La AS 29 Ta 87
41590 Roda de Andalucía, La SE 182 Vb 125
43883 Roda de Berà T 92 Bc 101
40290 Roda de Eresma SG 83 Ve 102
22482 Roda de Isábena HS 52 Ad 95
08510 Roda de Ter B 74 Cb 97
04115 Rodalquilar AL 187 Xf 127
50290 Rodanas Z 68 Yd 99
24318 Rodanillo LE 42 Td 93
37460 Rodasviejas SA 98 Tf 103
15386 Rodeiro C 27 Rf 89
15816 Rodeiros C 27 Rf 91
22144 Rodellar HS 51 Zf 95
50741 Rodén Z 88 Zc 100
44310 Ródenas TE 106 Yc 105
26222 Rodenzo RI 47 Xa 93
11207 Rodeo, El CA 190 Ud 132
30192 Rodeo de Enmedio MC 172 Yd 120
30192 Rodeo de los Tenderos MC 172 Ye 120
24226 Roderos LE 43 Ud 94
25594 Rodés L 53 Ba 94
33879 Rodical AS 30 Td 89
36530 Rodiero PO 39 Sa 93
24687 Rodiezmo de la Tercia LE 31 Ub 91
47492 Rodilana VA 82 Va 100
45519 Rodillas TO 117 Ve 108
24837 Rodillazo LE 43 Uc 91
37449 Rodillo SA 80 Ub 103
15185 Rodís C 27 Rc 90
27646 Rodís LU 41 Se 92
36517 Rodís PO 39 Rf 92
43812 Rodonyà T 92 Bc 101
27743 Rodrigás, As LU 29 Se 88
24715 Rodrigatos de la Obispalía LE 42 Te 93
33579 Rodriguero AS 33 Vc 89
04813 Rodríguez, Los AL 171 Xe 124
03658 Rodriguillo, El A 157 Yf 118
49211 Roelos ZA 80 Te 101
08779 Rofes B 92 Bd 100
03698 Roget A 158 Zc 118
27229 Roimil LU 28 Sa 90
15911 Rois C 38 Rb 92
01129 Roitegui VI 48 Xd 92
39593 Roiz CB 33 Vd 88
03170 Rojales A 173 Zb 120
43415 Rojalons T 91 Ba 100
43415 Rojals T 91 Ba 100
09246 Rojas BU 46 Wd 93
04549 Rojas, Los AL 186 Xb 125
30709 Roldán MC 173 Yf 122
42165 Rollamienta SO 67 Xc 97
37447 Rollán SA 80 Ua 103
46390 Roma V 122 Yf 111
25595 Romadriu, El L 53 Bb 94
27841 Román LU 28 Sc 89
03669 Romana, La A 158 Za 118
14400 Romana, La CO 151 Vb 118
03640 Romana Alta, La A 158 Za 118
19411 Romancos GU 103 Xa 104
29713 Romanes, Los MA 183 Ve 127
10359 Romangordo CC 115 Ub 110
08731 Romaní B 92 Bd 100
19276 Romanillos de Atienza GU 85 Xa 101
42213 Romanillos de Medinaceli SO 85 Xc 101
11592 Romanina Alta CA 179 Tf 128
19143 Romanones GU 103 Xa 105
50491 Romanos Z 87 Ye 102
38418 Romántica, La TF 196 Ic 178
17240 Romanyà de la Selva GI 75 Cf 97
31454 Romanzado NC 50 Ye 92
27737 Romariz LU 28 Sd 88
10199 Romas, Las CC 133 Td 113
27146 Romeán LU 28 Sd 90
27162 Romeán LU 28 Sd 91
27324 Romeor LU 41 Sf 93
04520 Romera AL 185 Xb 126
41770 Romera, La SE 181 Uc 127
29130 Romeral MA 191 Vc 128
04118 Romeral, El AL 187 Xf 128
45770 Romeral, El TO 119 Wd 110
30414 Romeralejo, El MC 171 Xe 120
21595 Romerano, El H 176 Sd 124
11400 Romero, El CA 189 Ub 129
30858 Romero, El MC 172 Yd 122
03191 Romeros, Los A 173 Za 121
21290 Romeros, Los H 163 Tb 121
02155 Romica AB 140 Yb 114
18339 Romilla GR 184 Wb 125
21459 Rompido, El H 177 Sf 125
31415 Roncal NC 50 Za 92
29400 Ronda MA 181 Uf 128
29691 Rondana, La MA 189 Ue 130
33424 Rondiella AS 31 Ua 88
25594 Roní L 53 Bb 94
41880 Ronquillo, El SE 164 Te 122
15212 Roo C 38 Ra 92
23747 Ropera, La J 168 Vf 120
24791 Roperuelos del Páramo LE 61 Ub 95
35650 Roque GC 199 Lf 176
38620 Roque, El TF 196 Ic 180
38728 Roque del Faro TF 197 Ha 176
38294 Roque Negro TF 197 Ie 177
43519 Roquer T 90 Ad 103
04740 Roquetas de Mar AL 186 Xc 128
43520 Roquetes T 109 Ad 104
04825 Róquez AL 171 Xe 123
09150 Ros BU 46 Wb 94
38738 Rosa, La TF 197 Hb 177
35629 Rosa de Catalina García GC 199 Lf 179
35627 Rosa de los James GC 199 Lf 179
04500 Rosal, El AL 185 Xa 126
14029 Rosal, El CO 166 Vb 121
21250 Rosal de La Frontera H 162 Se 121
10391 Rosalejo CC 115 Ud 109
13117 Rosalejo CR 135 Va 112
29400 Rosalejo MA 181 Uf 128
14230 Rosalejo, El CO 151 Ue 119
09514 Rosales BU 34 Wd 91
24127 Rosales LE 42 Tf 92
23488 Rosales, Los J 169 Wf 122
23690 Rosales, Los J 168 Wb 123
28691 Rosales, Los MD 101 Wa 106
41330 Rosales, Los SE 165 Ub 123
41927 Rosales, Los SE 180 Tf 124
17246 Rosamar GI 75 Cf 98
38290 Rosario, El TF 197 Id 178
35269 Rosas, Las GC 200 Kd 181
41530 Rosas, Las SE 181 Ue 126
38915 Rosas, Las TF 196 Ha 182
38760 Rosas, Las TF 197 Ha 177
38290 Rosas, Las TF 197 Id 178
34858 Roscales de la Peña P 44 Vc 92
12511 Rosell = Rossell CS 108 Ab 105
07208 Rosells, Es IB 127 Da 112
27229 Rosende LU 28 Sa 90
17480 Roses GI 56 Da 95
30394 Roses, Los MC 173 Yf 123
22320 Rosico HS 71 Ab 95
49322 Rosinos de la Requejada ZA 60 Tc 96
49618 Rosinos de Vidriales ZA 61 Ua 96
09514 Rosío BU 34 Wd 91
12511 Rossell = Rosell CS 108 Ab 105
25124 Rosselló L 71 Ad 98
40590 Rosuero SG 84 Wc 101
11520 Rota CA 188 Td 129
46816 Rotglà y Corberá V 142 Zc 114
46725 Rótova V 143 Ze 115
10373 Roturas CC 115 Ud 111
47316 Roturas VA 64 Vf 98
27835 Roupar LU 28 Sb 88
43142 Rourell, El T 91 Bb 101
08796 Rovellats B 92 Bd 100
08731 Rovira Roja, La B 92 Bd 100
15896 Roxos C 38 Rc 91
02694 Royo, El AB 141 Yd 115
02129 Royo, El AB 156 Xf 116
42153 Royo, El SO 66 Xc 97
02125 Royo-Odrea AB 156 Xf 117
30412 Royos MC 171 Xf 121
44125 Royuela TE 106 Yc 106
09344 Royuela de Río-Franco BU 64 Wa 97
33580 Roza, La AS 31 Uc 88
39813 Roza, La CB 34 Wc 89
10840 Rozacorderos CC 114 Tb 108
33729 Rozadas AS 29 Ta 88
33313 Rozadas AS 31 Uc 88
39559 Rozadío CB 33 Vd 89
16452 Rozalén del Monte CU 120 Xb 109
33537 Rozapanera AS 31 Ue 89
09574 Rozas BU 34 Wb 90
39808 Rozas CB 34 Wd 89
49357 Rozas ZA 60 Tc 96
28649 Rozas de Puerto Real MD 101 Vd 107
39213 Rozas de Valdearroyo, Las CB 33 Vf 91
28250 Rozuelas, Las MD 102 Wa 105
27889 Rúa LU 26 Sd 87
36875 Rúa PO 39 Rd 93
15821 Rúa, A C 39 Rd 91
32350 Rúa, A OR 41 Sf 94
25651 Rua, La L 72 Ba 96
32357 Rúa de Valdeorras, A OR 41 Sf 94
39232 Ruanales CB 46 Wa 91
10272 Ruanes CC 133 Tf 113
15884 Ruatraviesa C 27 Rd 91
39727 Rubalcaba CB 34 Wb 89
39719 Rubayo CB 34 Wb 88
09199 Rubena BU 46 Wc 94
07511 Ruberts IB 127 Cf 111
08191 Rubí B 93 Ca 100
32318 Rubiá OR 41 Ta 94
18711 Rubia, La GR 185 We 128
42162 Rubia, La SO 67 Xd 97
10629 Rubiaco CC 98 Te 106
32160 Rubiacós OR 40 Sb 94
32558 Rubiais OR 60 Sf 96
36447 Rubial PO 57 Rd 96
06445 Rubiales BA 149 Ua 118
44121 Rubiales TE 106 Ye 107
27191 Rubiás LU 28 Sc 90
32849 Rubiás OR 58 Sa 96
33891 Rubias, Las AS 30 Td 88
32646 Rubiás dos Mistos OR 58 Sb 97
47494 Rubí de Bracamonte VA 82 Va 101
44100 Rubielos TE 106 Yd 105
16212 Rubielos Altos CU 121 Xf 112
44166 Rubielos de la Cérida TE 106 Ye 104
44470 Rubielos de Mora TE 123 Zc 107
25736 Rúbies L 72 Af 96
32520 Rubillón OR 39 Re 94
36686 Rubín PO 39 Rd 92
25213 Rubinat L 72 Bb 99
10817 Rubiño CC 114 Tc 108
08719 Rubió B 73 Bd 99
25566 Rubió L 53 Bb 94
41568 Rubio, El SE 182 Va 124
41710 Rubio, El SE 181 Ub 127
25737 Rubió d''Agramunt L 72 Af 97
36449 Rubiós PO 57 Rd 96
06929 Rubios, Los BA 150 Uc 119
25575 Rubiru L 53 Bc 93
18711 Rubite GR 185 Wd 128
29719 Rubite MA 183 Vf 127
09592 Rublacedo de Abajo BU 46 Wc 93
09592 Rublacedo de Arriba BU 46 Wc 93
09593 Rucandio BU 46 Wc 92
24854 Rucayo LE 31 Ue 91
39539 Rudaguera CB 33 Vf 88
44212 Rudilla TE 88 Yf 103
04151 Ruecas AL 187 Xe 128
06412 Ruecas BA 133 Ua 114
47490 Rueda VA 82 Va 100
50295 Rueda de Jalón Z 68 Ye 99
19339 Rueda de la Sierra GU 87 Ya 103
34839 Rueda de Pisuerga P 45 Vd 91
26586 Ruedas de Enciso, Las RI 67 Xe 96
26145 Ruedas de Ocón, Las RI 48 Xe 95
33576 Ruenes AS 32 Vb 89
39513 Ruente CB 33 Ve 89
39232 Ruerrero CB 46 Wa 91
50331 Ruesca Z 87 Yd 101
34844 Ruesga P 45 Vc 91
50685 Ruesta Z 50 Yf 93
46842 Rugat V 142 Zd 115
19429 Rugilla GU 104 Xc 104
30156 Ruíces, Los MC 173 Yf 122
30334 Ruices, Los MC 173 Ye 123
30877 Ruíces, Los MC 172 Yd 122
46353 Ruices, Los V 122 Ye 112
13249 Ruidera CR 138 Xa 115
24891 Ruiforco de Torío LE 43 Uc 92
38435 Ruigómez TF 196 Ib 178
39230 Ruijas CB 46 Wa 92
39527 Ruiloba CB 33 Ve 88
04560 Ruiní, El AL 186 Xd 127
39528 Ruiseñada CB 33 Ve 88
24520 Ruitelán LE 41 Ta 92
02140 Ruiza, La AB 140 Ya 115
23560 Ruiz Cerezo J 169 Wd 123
13720 Ruizgarcía CR 138 We 113
02410 Ruiz Sánchez AB 156 Ya 117
39312 Rumoroso CB 33 Wa 88
22465 Run, El HS 52 Ac 93
09640 Rupelo BU 65 Wd 96
17131 Rupià GI 75 Da 96
08569 Rupit B 74 Cc 96
08569 Rupit i Pruit B 74 Cc 96
08696 Rus B 74 Bf 95
15109 Rus C 26 Rc 90
23430 Rus J 169 Wd 120
16600 Rus, El CU 120 Xd 112
14960 Rute CO 183 Vd 125
09341 Ruyales del Agua BU 65 Wb 96
09125 Ruyales del Páramo BU 46 Wb 93

S

36312 Sá PO 57 Rb 95
27693 Saá LU 40 Se 92
27188 Saa LU 28 Sc 91
08201 Sabadell B 93 Ca 99
27517 Sabadella LU 40 Sb 93
27178 Sabadelle LU 40 Sc 92
32711 Sabadelle OR 40 Sb 94
31491 Sabaiza NC 49 Yd 93
01129 Sabando VI 48 Xd 92
23685 Sabariego J 168 Vf 123
36938 Sabarigo PO 38 Rb 94
07400 Sa Bassa Blanca IB 127 Da 109
22193 Sabayés HS 70 Zd 95
24810 Sabero LE 44 Uf 91
29500 Sabinal MA 182 Vb 127
03690 Sabinar, El A 158 Zc 118
02534 Sabinar, El AB 155 Xd 120
30441 Sabinar, El MC 156 Xf 119
50617 Sabinar, El Z 69 Ye 96
02611 Sabinares AB 138 Xb 115
38649 Sabinita TF 196 Ib 180
38589 Sabinita, La TF 196 Ic 179
38912 Sabinosa TF 196 Gf 182
50299 Sabiñán Z 87 Yc 100
22600 Sabiñánigo HS 51 Zd 93
23410 Sabiote J 169 We 120
36519 Saborida PO 39 Re 93
36581 Sabrexo PO 39 Re 92
32643 Sabucedo OR 58 Sb 96
36684 Sabucedo PO 39 Rd 93
32821 Sabucedo de Montes OR 39 Sa 95
15815 Sabugueira C 27 Sa 90
07529 Sa Cabaneta IB 127 Da 110
07141 Sa Cabaneta IB 126 Ce 111
07839 Sa Caleta IB 125 Bc 115
07315 Sa Calobra IB 126 Ce 109
07818 Sa Canal IB 125 Bc 115
07579 Sa Canova de Morell IB 127 Db 110
12469 Sacañet CS 123 Zb 109
07198 Sa Casa Blanca IB 126 Ce 111
07609 Sa Casa de Guarda IB 126 Ce 112
19432 Sacecorbo GU 104 Xd 104
24744 Saceda LE 42 Tc 95
16520 Saceda del Río CU 104 Xc 107
16463 Saceda-Trasierra CU 103 Xa 108
23267 Sacedillas, Las J 154 We 118
19120 Sacedón GU 104 Xb 106
16191 Sacedoncillo CU 104 Xe 107
19222 Sacedoncillo GU 84 We 103
13414 Saceruela CR 135 Vc 115
07430 Sa Cleda IB 127 Da 110
36121 Sacos PO 39 Rd 93
07579 Sa Cova IB 127 Dc 110
40237 Sacramenia SG 83 Wa 100
41730 Sacramento SE 179 Ua 126
18818 Sacristía, La GR 170 Xc 122
07700 Sa Cudia Vella IB 93 Eb 109
15160 Sada C 27 Re 88
31491 Sada NC 49 Yd 93
50670 Sádaba Z 49 Ye 95
17855 Sadernes GI 55 Cd 95
07579 Sa Devesa IB 127 Db 110
32415 Sadurnín OR 39 Rf 95
16430 Saelices CU 120 Xb 109
19443 Saelices de la Sal GU 86 Xe 103
24920 Saelices del Payuelo LE 43 Ue 93
24172 Saelices del Río LE 44 Uf 94
47689 Saelices de Mayorga VA 62 Ue 95
37592 Saelices el Chico SA 97 Tc 104
07589 Sa Font de la Cala IB 127 Dc 110
07769 Sa Font Santa IB 93 Df 108
07250 Sa Franquesa IB 127 Da 111
31312 Saga, La NC 49 Yd 94
07208 Sa Galera Nova IB 127 Da 112
49594 Sagallos ZA 61 Td 97
22569 Saganta HS 71 Ac 97
22192 Sagarillo HS 70 Zd 95
17248 S'Agaró GI 75 Da 98
22585 Sagarras Altas HS 71 Ad 96
22585 Sagarras Bajas HS 71 Ad 96
07120 Sa Garriga IB 126 Cd 111
08517 Sagàs B 74 Bf 96
31486 Sagaseta NC 49 Yc 91
42259 Sagides SO 86 Xe 102
37448 Sagos SA 80 Ua 103
03795 Sagra A 143 Zf 116
45290 Sagra, La TO 118 Wb 108
36684 Sagrada, A PO 39 Rd 93
37465 Sagrada, La SA 98 Tf 104
37116 Sagrada, La SA 80 Ua 102
06181 Sagrajas BA 132 Ta 115
08187 Sagrera, La B 74 Cb 99
07687 Sa Gruta IB 127 Db 111
07609 S''Aguila Vella IB 126 Ce 112
46500 Sagunt = Sagunto V 124 Ze 110
46500 Sagunto = Sagunt V 124 Ze 110
24320 Sahagún LE 44 Uf 94
24161 Sahechores de Rueda LE 44 Ue 93
37147 Sahelicejos SA 80 Te 102
02127 Sahuco, El AB 156 Xf 116
37510 Sahugo, El SA 97 Tc 106
22468 Sahún HS 52 Ac 93
31639 Saigots NC 37 Yc 91
39517 Saja CB 33 Ve 90
26212 Sajazarra RI 47 Xa 93
07570 Sa Jordana IB 127 Dc 110
22451 Sala HS 52 Ac 94
17133 Sala, La GI 75 Da 96
41560 Salada, La SE 182 Vb 125
03158 Saladar de López, El A 158 Zb 120
04114 Saladar y Leche AL 187 Xf 127

29693 Saladavieja MA 190 Ue 130
29688 Saladillo, El MA 190 Uf 130
30648 Salado MC 157 Yf 119
14800 Salado, El CO 183 Ve 124
37002 Salamanca SA 81 Uc 103
49122 Salamedia ZA 62 Ub 99
33155 Salamir AS 30 Te 87
24991 Salamón LE 32 Uf 91
18310 Salar GR 183 Vf 126
25598 Salardú L 53 Af 92
29714 Salares MA 184 Vf 127
33860 Salas AS 30 Te 88
24990 Salas, Las LE 32 Uf 91
22314 Salas Altas HS 71 Aa 96
22314 Salas Bajas HS 71 Aa 96
09593 Salas de Bureba BU 46 Wd 92
24384 Salas de la Ribera LE 41 Tb 94
09600 Salas de los Infantes BU 65 We 96
25693 Salàs de Pallars L 72 Af 95
09556 Salazar BU 34 Wc 91
09136 Salazar de Amaya BU 45 Ve 93
07740 S''Albaida IB 93 Ea 109
07740 S''Albufereta IB 93 Ea 108
33555 Salce AS 32 Va 89
24132 Salce LE 42 Tf 91
49211 Salcé ZA 80 Te 101
39557 Salceda CB 33 Vd 90
40171 Salceda, La SG 83 Wa 102
36470 Salceda de Caselas = Esfarrapada PO 57 Rc 96
34829 Salcedillo P 33 Ve 91
44793 Salcedillo TE 88 Yf 103
33393 Salcedo AS 31 Ub 88
39220 Salcedo CB 45 Wa 92
27338 Salcedo LU 40 Sd 93
01213 Salcedo VI 47 Xa 92
36789 Salcidos PO 57 Ra 97
34100 Saldaña P 44 Vb 93
40514 Saldaña de Ayllón SG 84 Wd 100
09620 Saldaña de Burgos BU 46 Wb 95
37259 Saldeana SA 79 Tc 102
08697 Saldes B 73 Be 95
17473 Saldet GI 75 Da 96
31747 Saldias NC 37 Yb 90
31172 Saldise NC 49 Yb 91
27729 Saldoira LU 29 Se 88
44122 Saldón TE 106 Yd 107
42156 Salduero SO 66 Xb 97
08253 Salelles B 73 Be 98
46843 Salem V 142 Zd 115
24479 Salentinos LE 42 Td 92
46012 Saler, El V 142 Ze 112
18658 Saleres GR 184 Wc 127
33327 Sales AS 31 Ue 88
15885 Sales C 39 Rc 92
17853 Sales de Llierca GI 75 Cd 95
07713 S''Algar IB 93 Eb 110
36158 Salgueiral PO 39 Rc 94
15148 Salgueiras C 26 Rb 90
32898 Salgueiro OR 58 Sa 97
27568 Salgueiros LU 40 Sb 92
36586 Salgueiros PO 39 Re 92
09198 Salgüero de Juarros BU 46 Wd 95
09194 Salgüero del Sauce BU 65 Wc 95
23240 Salido Bajo J 154 Wd 119
33840 Saliencia AS 30 Tf 90
04813 Saliente Alto AL 171 Xe 123
24495 Salientes LE 42 Te 91
22110 Salillas HS 70 Ze 97
50294 Salillas de Jalón Z 68 Ye 99
14850 Salina de Cuesta Paloma CO 167 Vd 122
03638 Salinas A 158 Za 117
16150 Salinas CU 105 Ya 106
22364 Salinas HS 52 Ab 93
03409 Salinas, Las A 158 Za 117
04743 Salinas, Las AL 186 Xc 128
16360 Salinas, Las CU 121 Ya 110
35539 Salinas, Las GC 198 Md 174
30179 Salinas, Las MC 172 Ye 121
47400 Salinas, Las VA 82 Va 101
01426 Salinas de Añana VI 47 Xa 92
21002 Salinas de Bacuta H 177 Ta 125
04717 Salinas de Cerrillos AL 186 Xc 128
22312 Salinas de Hoz HS 71 Aa 95
31472 Salinas de Ibargoiti NC 49 Yc 92
22822 Salinas de Jaca HS 50 Zb 94
04150 Salinas del Cabo de Gata AL 186 Xe 128
16317 Salinas del Manzano CU 122 Yc 108
42240 Salinas de Medinaceli SO 86 Xd 102
30500 Salinas de Molina MC 173 Ye 120
31175 Salinas de Oro NC 49 Ya 92
31191 Salinas de Pamplona NC 49 Yc 92
02610 Salinas de Pinilla AB 139 Xc 115
34830 Salinas de Pisuerga P 45 Vd 91
09514 Salinas de Rosío BU 34 Wd 91
22438 Salinas de Trillo HS 52 Ab 95
43548 Salines de la Ràpita T 109 Ae 105
03292 Salines del Bras del Port A 158 Zc 119
03660 Salinetes A 158 Zb 118
11580 Salinillas CA 189 Ua 129
01212 Salinillas de Buradón VI 47 Xb 93
09247 Salinillas de Bureba BU 46 Wd 93
17320 Salionç GI 75 Cf 98
17184 Salitja GI 75 Ce 97
20870 Sallabente SS 36 Xd 89
08650 Sallent B 73 Bf 98
25793 Sallent L 72 Bb 95
17811 Sallent, El GI 74 Cd 96
22640 Sallent de Gállego HS 51 Zd 92
25286 Sallent de Solsonès L 73 Bc 97
01479 Salmantón VI 35 Wf 90
43817 Salmella T 91 Bc 100
19126 Salmerón GU 104 Xd 105
30420 Salmerón MC 156 Yb 119
16813 Salmeroncillos de Abajo CU 104 Xc 105
16813 Salmeroncillos de Arriba CU 104 Xc 105
37314 Salmoral SA 100 Ue 104
07769 S''Almudaina IB 93 Df 108
08269 Salo B 73 Bd 97
05520 Salobral AV 100 Vb 105
02140 Salobral, El AB 140 Ya 115
14880 Salobral, El CO 168 Ve 123
05530 Salobralejo AV 100 Va 105
02694 Salobralejo, El AB 141 Yd 115
44200 Salobral-Gascones TE 87 Ye 103
30813 Salobrares, Los MC 172 Yb 123
02316 Salobre AB 155 Xc 117
23450 Salobreja, La J 169 Wc 120
18680 Salobreña GR 184 Wc 128
43885 Salomó T 92 Bc 101
10570 Salorino CC 113 Sf 112
43840 Salou T 91 Ba 102
07691 S'Alqueria Blanca IB 127 Da 112
07630 S''Alquerta Rotja IB 127 Cf 112
17190 Salt GI 75 Ce 97
03818 Salt, El A 158 Zc 116
18713 Saltadero, El GR 185 We 128
04600 Saltador, El AL 187 Ya 124
04149 Saltador Bajo, El AL 187 Ya 126
41909 Salteras SE 164 Tf 124
15388 Salto C 27 Re 89
16372 Salto CU 121 Yc 110
38617 Salto, El TF 196 Ic 180
37250 Salto de Adeadávila SA 79 Tb 101
19118 Salto de Bolarque GU 103 Xb 106
49250 Salto de Castro ZA 61 Te 99
49167 Salto del Esla ZA 80 Ua 99
50616 Salto del Lobo Z 69 Zb 96
29718 Salto del Negro MA 183 Ve 127
39800 Salto del Oso CB 34 Wd 89
46198 Salto de Millares V 142 Zb 113
37257 Salto de Saucelle SA 79 Tb 102
16140 Salto de Villalba CU 105 Xf 107
49166 Salto de Villalcampo ZA 80 Tf 100
24796 Saludes de Castroponce LE 62 Ub 96
10700 Salugral, El CC 99 Ub 107
08208 Salut, La B 93 Ca 99
16318 Salvacañete CU 122 Yc 108
05380 Salvadiós AV 100 Uf 103
47219 Salvador de Zapardiel VA 82 Va 102
37183 Salvadoríquez SA 80 Ub 103
06174 Salvaleón BA 148 Tb 117
30890 Salvarejo y Reverte MC 171 Ya 123
36450 Salvaterra do Miño PO 57 Rd 96
01200 Salvatierra / Agurain VI 48 Xd 91
50684 Salvatierra de Escá Z 50 Yf 92
06175 Salvatierra de los Barros BA 148 Tb 118
10189 Salvatierra de Santiago CC 133 Tf 113
37779 Salvatierra de Tormes SA 99 Uc 105
12186 Salzadella, La CS 108 Ab 106
03460 Salze, El A 158 Zb 116
33119 Sama AS 30 Tf 89
33778 Samagán AS 29 Sf 88
39709 Samano CB 35 We 88
37116 Samasita, La SA 80 Tf 102
37863 Sambellín SA 99 Ud 104
40442 Samboal SG 82 Vd 101
27204 Sambreixo LU 39 Sa 91
27568 Sambreixo LU 40 Sb 92
14850 Sambudio, El CO 167 Ve 123
33558 Sames AS 32 Uf 89
07589 Sa Mesquida IB 127 Dc 110
09216 Samiano BU 47 Xb 92
49513 Samir de los Caños ZA 61 Tf 98
22394 Samitier HS 52 Ab 95
07872 Sa Mola IB 125 Bd 117
27620 Samos LU 40 Se 92
22452 Samper HS 52 Ab 94
44520 Samper de Calanda TE 89 Zd 101
50134 Samper del Salz Z 88 Zb 101
36519 Samprizón PO 39 Rf 93
31570 San Adrián NC 48 Ya 95
09198 San Adrián de Juarros BU 46 Wd 95
24797 San Adrián del Valle LE 62 Ub 96
04717 San Agustín AL 186 Xb 128
35100 San Agustín GC 200 Kc 182
44480 San Agustín TE 123 Zb 108
28750 San Agustín de Guadalix MD 102 Wc 104
49135 San Agustín del Pozo ZA 62 Uc 97
06110 San Amador BA 147 Se 118
15686 San Amaro C 27 Re 90
32455 San Amaro OR 39 Rf 94
11150 San Ambrosio CA 188 Tf 131
39573 San Andrés CB 33 Vc 90
39419 San Andrés CB 45 Vf 91
14430 San Andrés CO 152 Vc 120
35413 San Andrés GC 200 Kc 180
27127 San Andrés LU 28 Sd 90
26126 San Andrés RI 66 Xc 96
38915 San Andrés TF 196 Ha 182
38180 San Andrés TF 197 Ie 177
38720 San Andrés TF 197 Hb 176
47209 San Andrés VA 63 Vc 98
27362 San Andrés da Ribeira LU 40 Sc 91
34486 San Andrés de Arroyo P 45 Vd 92
34112 San Andrés de la Regla P 44 Va 93
19237 San Andrés del Congosto GU 85 Wf 103
24010 San Andrés del Rabanedo LE 43 Uc 93
19143 San Andrés del Rey GU 103 Xb 105
09145 San Andrés de Montearados BU 46 Wa 92
24491 San Andrés de Montejos LE 41 Tc 93
42172 San Andrés de San Pedro SO 67 Xe 97
42169 San Andrés de Soria SO 67 Xd 97
15358 San Andrés de Teixido C 26 Sa 86
33810 San Antolín de Ibias AS 29 Ta 90
02270 San Antón AB 140 Yc 112
09109 San Antón BU 45 Vf 95
26289 San Antón RI 47 Wf 95
41400 San Antón SE 166 Uf 123
36190 San Antoniño (Barro) PO 38 Rc 93
03720 San Antonio A 159 Aa 116
02639 San Antonio AB 139 Xd 114
06270 San Antonio BA 164 Td 120
48340 San Antonio BI 35 Xb 89
18518 San Antonio GR 185 Wf 125
32633 San Antonio OR 58 Sb 97
38712 San Antonio TF 197 Hb 177
38312 San Antonio TF 196 Ic 178
45690 San Antonio TO 117 Uc 109
45160 San Antonio TO 117 Vf 110
46390 San Antonio V 122 Yf 111
30394 San Antonio Abad MC 173 Yf 123
46184 San Antonio de Benagéber V 123 Zd 111
41540 San Antonio del Fontanar SE 181 Ue 126
42142 San Asenjo SO 65 We 98
26340 San Asensio RI 47 Xb 94
26270 San Asensio los Cantos RI 47 Xa 94
08225 Sanatorio B 74 Bf 99
30848 Sanatorio MC 172 Yc 121
50584 Sanatorio de Agramonte Z 68 Yb 98
19139 Sanatorio de Alcohete GU 103 Wf 105
34005 Sanatorio de San Juan de Dios P 63 Vc 96
05140 Sanatorio de Santa Teresa AV 100 Vb 105
37192 Sanatorio Martínez Anido SA 80 Ub 103
25753 Sanaüja L 72 Bb 97
03369 San Bartolomé A 158 Za 120
14270 San Bartolomé CO 151 Uf 118
35550 San Bartolomé GC 198 Mc 174
23400 San Bartolomé J 169 We 120
23612 San Bartolomé J 167 Ve 122
05510 San Bartolomé de Corneja AV 99 Ud 106
38296 San Bartolomé de Geneto TF 197 Ie 178
45654 San Bartolomé de las Abiertas TO 117 Vb 110
21510 San Bartolomé de la Torre H 177 Sf 124
39766 San Bartolomé de los Montes CB 34 Wd 89
39192 San Bartolomé de Meruelo CB 34 Wc 88
05267 San Bartolomé de Pinares AV 101 Vc 105
24878 San Bartolomé de Rueda LE 44 Ue 92
35290 San Bartolomé de Tirajanal GC 200 Kc 181
05631 San Bartolomé de Tormes AV 99 Ue 106
13415 San Benito CR 151 Vb 117
46621 San Benito V 141 Yf 115
06106 San Benito de la Contienda BA 147 Sf 117
11204 San Bernabé CA 190 Ud 132
11648 San Bernardino CA 180 Ub 127
10810 San Bernardo CC 114 Te 108
45004 San Bernardo TO 118 Vf 109
47359 San Bernardo VA 64 Vd 99
13596 San Blas CR 152 Vd 117
30720 San Blas MC 173 Zb 122
49524 San Blas ZA 60 Ta 97
14749 San Calixto CO 165 Ue 121
13247 San Carlos del Valle CR 138 We 115
30592 San Cayetano MC 173 Za 122
41359 San Cayetano SE 165 Ub 123
34465 San Cebrián de Buena Madre P 64 Ve 95
34429 San Cebrián de Campos P 63 Vc 95
49144 San Cebrián de Castro ZA 62 Ub 98
47129 San Cebrián de Mazote VA 62 Uf 98
34839 San Cebrián de Mudá P 45 Vd 91
05520 Sanchicorto AV 100 Va 105
05290 Sanchidrián AV 82 Vc 103
37453 Sanchiricones SA 98 Ua 104
50669 Sancho Abarca Z 68 Ye 97
40312 Sanchofruela SG 84 Wc 101
23486 Sancho Gómez J 169 Xa 122
37452 Sanchogómez SA 98 Ua 104
37217 Sanchón de la Ribera SA 79 Td 102
37466 Sanchón de la Sagrada SA 98 Tf 104
40297 Sanchonuño SG 83 Ve 101
40176 Sanchopedro SG 84 Wb 102
37860 Sanchopedro de Abajo SA 99 Ud 105
37860 Sanchopedro de Arriba SA 99 Ud 105
05141 Sanchorreja AV 100 Va 105
04540 Sanchos, Los AL 186 Xb 125
37794 Sanchotello SA 99 Ub 106
36388 San Cibrán PO 57 Rb 96
15839 San Cibrán de Barcala C 38 Rb 91
27888 San Cibrao LU 26 Sd 86
32557 San Cibrao OR 59 Sf 95
32911 San Cibrao das Viñas OR 40 Sa 95
32613 San Cibrau = San Cibrao OR 59 Sd 97
24857 San Cibrián LE 32 Ue 91
24232 San Cibrián de Ardón LE 43 Uc 94
22339 San Ciprián HS 52 Ab 94
49572 San Ciprián ZA 60 Ta 97
49359 San Ciprián ZA 60 Tc 95
48891 San Cipriano BI 34 Wd 89
24154 San Cipriano del Condado LE 43 Ud 93
24940 San Cipriano de Rueda LE 44 Ue 93
33191 San Claudio AS 31 Ua 88
33314 San Clemente AS 31 Uc 87
16600 San Clemente CU 139 Xd 112
09268 San Clemente del Valle BU 47 We 94
24415 San Clemente de Valdueza LE 42 Tc 94
27792 San Cosme LU 29 Se 87
32530 San Cosme de Cusanca OR 39 Rf 93
47017 San Cristóbal VA 63 Vb 99
47176 San Cristóbal VA 64 Vd 98
47195 San Cristóbal VA 63 Vb 99
49523 San Cristóbal de Aliste ZA 61 Td 98
09515 San Cristóbal de Almendrales BU 46 Wd 91
34491 San Cristóbal de Boedo P 45 Vd 93
40212 San Cristóbal de Cuéllar SG 82 Vd 100
49690 San Cristóbal de Entreviñas ZA 62 Uc 96
37439 San Cristóbal de la Cuesta SA 81 Uc 102
38201 San Cristóbal de la Laguna = La Laguna TF 197 Ie 178
24359 San Cristóbal de la Polantera LE 43 Ua 94
40465 San Cristóbal de la Vega SG 82 Vc 102
09259 San Cristóbal del Monte BU 47 Wf 94
39419 San Cristóbal del Monte CB 45 Vf 92
37799 San Cristóbal del Monte SA 81 Uc 101
37216 San Cristóbal de los Mochuelos SA 79 Td 103
40197 San Cristóbal de Segovia SG 83 Vf 103
05298 San Cristóbal de Trabancos AV 81 Va 103
24414 San Cristóbal de Valdueza LE 42 Tc 94
37216 San Cristobalejo SA 79 Te 103
32551 San Cristobo OR 59 Se 97
27877 San Cristovo LU 26 Sc 86
32551 San Cristovo OR 59 Se 95
32551 San Cristovo = San Cristobo OR 59 Se 97
11139 Sancti Petri CA 188 Te 130
06655 Sancti-Spíritus BA 135 Uf 115
37470 Sancti-Spíritus SA 98 Td 104
10590 Sancti-Spíritus de Abajo CC 114 Tf 109
48192 Sandamendi BI 35 Wf 89
33129 Sandamias AS 30 Tf 88
32823 Sande OR 58 Rf 95
32692 Sandiás OR 58 Sb 96
11312 San Diego CA 190 Ue 131
27671 Sandín LU 41 Sf 93
49594 Sandín ZA 60 Td 96
37468 Sando SA 80 Tf 103
09124 Sandoval de la Reina BU 45 Vf 93
24144 San Emiliano LE 30 Tf 91
11312 San Enrique CA 189 Ue 131
33579 San Esteban AS 32 Vc 89
33734 San Esteban AS 29 Ta 89
33843 San Esteban AS 30 Te 89
09119 San Esteban BU 64 Vf 95
39590 San Esteban CB 33 Vf 88
48191 San Esteban de Galdames BI 35 Wf 89
42330 San Esteban de Gormaz SO 66 We 99
37671 San Esteban de la Sierra SA 98 Ua 105
22512 San Esteban de Litera HS 71 Ab 97
22482 San Esteban del Mall HS 52 Ad 95
49650 San Esteban del Molar ZA 62 Uc 97
05289 San Esteban de los Patos AV 100 Vc 104
05412 San Esteban del Valle AV 100 Va 107
24760 San Esteban de Nogales LE 61 Ua 96
33130 San Esteban de Pravia AS 30 Tf 87
24415 San Esteban de Valdueza LE 42 Tc 93
24234 San Esteban de Villacalbiel LE 43 Uc 94
05229 San Esteban de Zapardiel AV 82 Va 102
03769 Sanet y Negrals A 143 Zf 116
24378 San Facundo LE 42 Td 93
32139 San Fagundo OR 39 Rf 94
22808 San Felices HS 50 Zb 94
26292 San Felices RI 47 Xa 93
42113 San Felices SO 67 Xf 97
34846 San Felices de Castillería P 45 Vd 91
37270 San Felices de los Gallegos SA 97 Tb 103
22372 Sanfelices de Solana HS 51 Zf 94
35450 San Felipe GC 200 Kc 180
24228 Sanfelismo LE 43 Ud 93
22470 San Feliú de Veri HS 52 Ad 94

24760 San Félix de la Valdería LE 61 Tf 95
33785 San Feliz AS 30 Td 88
33326 San Feliz AS 31 Ud 88
24397 San Feliz de las Lavanderas LE 42 Ua 92
24287 San Feliz de Órbigo LE 43 Ua 94
24890 San Feliz de Torío LE 43 Uc 92
11100 San Fernando CA 188 Te 130
35457 San Fernando GC 200 Kc 180
37492 San Fernando SA 98 Ua 103
28830 San Fernando de Henares MD 102 Wc 106
15337 San Fiz C 26 Sb 86
32368 San Fiz OR 41 Sf 94
27516 San Fiz de Asma LU 40 Sb 93
04600 San Francisco AL 171 Ya 124
33610 San Francisco AS 31 Ub 89
06109 San Francisco de Olivenza BA 147 Sf 116
03177 San Fulgencio A 158 Zb 120
40134 Sangarcía SG 82 Vd 103
05146 San García de Ingelmos AV 100 Uf 104
22100 Sangarrén HS 70 Zd 96
10690 San Gil CC 114 Te 109
23747 San Ginés J 152 Vf 120
30382 San Ginés de la Jara MC 173 Zb 123
30834 Sangonera la Seca MC 172 Ye 121
30833 Sangonera La Verde MC 173 Ye 121
20211 San Gregorio SS 36 Xe 91
31400 Sangüesa = Zangoza NC 49 Ye 93
29400 Sanguijuela MA 182 Ue 128
36518 Sanguiñedo PO 39 Rf 93
32626 Sanguñedo OR 59 Se 96
11500 San Ignacio CA 188 Te 129
28420 San Ignacio MD 101 Vf 105
41209 San Ignacio del Viar SE 164 Ua 123
40100 San Ildefonso o La Granja SG 83 Vf 103
32415 Sanín OR 39 Rf 95
06220 San Isidro BA 149 Td 117
30397 San Isidro MC 173 Yf 123
38611 San Isidro TF 196 Ic 180
03349 San Isidro de Albatera A 158 Za 119
34208 San Isidro de Dueñas P 63 Vc 97
11594 San Isidro de Guadalete CA 188 Ua 129
31312 San Isidro del Pinar NC 49 Yd 94
04117 San Isidro de Níjar AL 187 Xe 127
30730 San Janvier MC 173 Za 122
21200 San Jerónimo H 163 Tc 121
41092 San Jerónimo SE 164 Tf 124
34406 San Jorde P 45 Vd 93
12320 San Jorge CS 109 Ab 105
22283 San Jorge HS 69 Zc 97
06108 San Jorge de Alor BA 148 Sf 117
04118 San José AL 187 Xf 128
35307 San José GC 200 Kd 180
38712 San José TF 197 Hb 177
23684 San José de la Rábita J 168 Vf 124
41300 Sanjosé de la Rinconada SE 164 Ua 124
11580 San José del Valle CA 189 Ub 129
30540 San Joy MC 157 Ye 119
03400 San Juan A 158 Za 117
06176 San Juan BA 148 Tc 117
48145 San Juan BI 35 Xb 90
09194 San Juan BU 65 Wc 95
39808 San Juan CB 34 Wd 89
10859 San Juan CC 97 Tc 107
22452 San Juan HS 52 Ab 94
28680 San Juan MD 101 Ve 106
38729 San Juan TF 197 Hb 176
38686 San Juan TF 196 Ib 179
38270 San Juan TF 197 Id 177
46390 San Juan V 122 Ye 111
33312 San Juan de Amandi AS 31 Ud 88
41920 San Juan de Aznalfarache SE 180 Tf 124
48192 San Juan de Berbikiz BI 35 Wf 89
46669 San Juan de Énova V 142 Zd 114
05358 San Juan de la Encinilla AV 100 Va 104
47114 San Juan de la Guarda VA 81 Uf 100
24545 San Juan de la Mata LE 41 Tc 93
05111 San Juan de la Nava AV 100 Vb 106
San Juan de la Rambla TF 196 Ic 178
22213 San Juan del Flumen HS 70 Ze 98
05120 San Juan del Molinillo AV 100 Vb 106
09490 San Juan del Monte BU 65 Wc 98
05145 San Juan del Olmo AV 100 Uf 105
21610 San Juan del Puerto H 178 Ta 125
49525 San Juan del Rebollar ZA 61 Td 98
38450 San Juan del Reparo TF 196 Ib 178
50820 San Juan de Mozarrifar Z 69 Za 98
48550 San Juan de Muskiz BI 35 Wf 89
33417 San Juan de Nieva AS 31 Ua 87
09199 San Juan de Ortega BU 46 Wd 94
22367 San Juan de Plan HS 52 Ac 93
39450 San Juan de Raicedo CB 33 Vf 89
24769 San Juan de Torres LE 43 Ua 95
37500 Sanjuanejo SA 97 Td 105
49627 San Juanico el Nuevo ZA 61 Tf 96
23770 San Julián J 168 Ve 120
29140 San Julián MA 191 Vd 128
30817 San Julián MC 172 Yc 122
22192 San Julián de Banzo HS 70 Zd 95
22611 San Julián de Basa HS 51 Ze 94
49358 San Justo ZA 60 Tc 96
24226 San Justo de las Regueras LE 43 Ud 93
24710 San Justo de la Vega LE 42 Tf 94
24225 San Justo de los Oteros LE 43 Ud 94
41730 San Leandro SE 179 Ua 126
42140 San Leonardo de Yagüe SO 66 Wf 98
09512 San Llorente BU 35 We 91
47317 San Llorente VA 64 Vf 98
34405 San Llorente de la Vega BU 45 Ve 94
34113 San Llorente del Páramo P 44 Vb 94
33394 San Lorenzo AS 31 Uc 87
35018 San Lorenzo GC 200 Kd 180
22585 San Lorenzo HS 71 Ad 95
24415 San Lorenzo LE 41 Tc 93
49140 San Lorenzo ZA 61 Ua 98
13779 San Lorenzo de Calatrava CR 153 Wb 118
28200 San Lorenzo de El Escorial MD 101 Vf 105
16770 San Lorenzo de la Parrilla CU 120 Xd 109
22212 San Lorenzo del Flumen HS 70 Ze 97
48120 San Lorenzo de Mesterica BI 35 Xb 88
32545 San Lorenzo de Pentes OR 59 Se 96
05696 San Lorenzo de Tormes AV 99 Ud 106
22338 San Lorién HS 52 Ab 94
32366 San Lourenzo OR 60 Sf 95
11540 Sanlúcar de Barrameda CA 180 Td 128
21595 Sanlúcar de Guadiana H 162 Sd 124
41800 Sanlúcar La Mayor SE 180 Te 124
29693 San Luis de Sabinillas MA 190 Ue 130
15885 San Mamede C 39 Rd 92
27530 San Mamede LU 40 Sb 93
32552 San Mamede de Edrada OR 59 Se 96
15824 San Mamede de Ferreiros C 39 Re 91
48160 San Mames BI 35 Xa 89
39557 San Mamés CB 33 Vd 90
22367 San Mamés HS 52 Ac 93
24764 San Mamés LE 43 Ua 95
28739 San Mamés MD 84 Wb 103
15320 San Mames das Pontes de García Rodríguez C 28 Sa 88
09126 San Mamés de Abar BU 45 Vf 92
09230 San Mamés de Burgos BU 46 Wb 94
34127 San Mamés de Campos P 45 Vc 94
39192 San Mamés de Meruelo CB 34 Wc 88
49722 San Marcial ZA 80 Ub 100
48215 San Marcos BI 35 Xc 89
15509 San Marcos C 27 Rf 88
15890 San Marcos C 39 Rd 91
10318 San Marcos CC 115 Ud 109
22300 San Marcos HS 71 Aa 96
38430 San Marcos TF 196 Ib 178
33111 San Martín AS 30 Tf 90
48410 San Martín BI 35 Xa 90
39806 San Martín CB 34 Wc 89
39638 San Martín CB 34 Wa 89
39698 San Martín CB 34 Wa 89
22470 San Martín HS 52 Ad 94
23479 San Martín J 169 Xa 121
27556 San Martín LU 40 Sb 92
31272 San Martín NC 48 Xe 92
26131 San Martín RI 48 Xe 95
37220 San Martín SA 79 Ta 102
40295 San Martín SG 83 Ve 101
20211 San Martin SS 36 Xe 90
27390 San Martín de Albaredos LU 41 Se 94
16370 San Martín de Boniches CU 122 Yc 109
48190 San Martín de Carral BI 35 Wf 89
49361 San Martín de Castañeda ZA 60 Tb 96
09212 San Martín de Don BU 47 We 92
39232 San Martín de Elines CB 46 Wa 92
09217 San Martín de Galvarín BU 47 Xb 92
39418 San Martín de Hoyos CB 45 Vf 91
09126 San Martín de Humada BU 45 Vf 93
24326 San Martín de la Cueza LE 44 Va 94
24273 San Martín de la Falamosa LE 43 Ua 92
34349 San Martín de la Fuente P 44 Va 94
24720 San Martín del Agostedo LE 42 Te 94
05357 San Martín de las Cabezas AV 100 Va 104
09574 San Martín de las Ollas BU 34 Wb 91
24688 San Martín de la Tercia LE 31 Ub 91
28330 San Martín de la Vega MD 102 Wc 107
05133 San Martín de la Vega del Alberche AV 100 Uf 106
50584 San Martín de la Virgen de Moncayo Z 68 Yb 97
24393 San Martín del Camino LE 43 Ub 94
37659 San Martín del Castañar SA 98 Tf 105
34407 San Martín del Monte P 45 Vd 93
34111 San Martín del Obispo P 44 Vb 93
09511 San Martín de Losa BU 35 We 91
34844 San Martín de los Herreros P 44 Vc 91
49516 San Martín del Pedroso ZA 60 Tc 98
05132 San Martín del Pimpollar AV 100 Uf 106
33957 San Martin del Rey Aurelio = Sotondrio (San Martin del Rey Aurelio) AS 31 Uc 89
44390 San Martín del Río TE 87 Yd 102
09558 San Martín del Rojo BU 46 Wc 91
34116 San Martín del Valle P 44 Vb 94
09512 San Martín de Mancobo BU 46 Wd 91
45165 San Martín de Montalbán TO 117 Vd 110
24436 San Martín de Moreda LE 41 Tb 92
33777 San Martín de Oscos AS 29 Ta 89
45170 San Martín de Pusa TO 117 Vc 110
09317 San Martín de Rubiales BU 64 Vf 99
49540 San Martín de Tábara ZA 61 Ua 98
24763 San Martín de Torres LE 43 Ua 95
10892 San Martín de Trevejo CC 97 Tb 107
09141 San Martín de Ubierna BU 46 Wb 93
31495 San Martín de Unx NC 49 Yc 93
28680 San Martín de Valdeiglesias MD 101 Vd 106
39419 San Martín de Valdelomar CB 45 Vf 92
49129 San Martín de Valderaduey ZA 62 Ud 98
47209 San Martín de Valvení VA 63 Vc 98
09217 San Martín de Zar BU 47 Xb 92
11340 San Martín o el Tesorillo CA 189 Ue 130
32372 San Martiño OR 41 Sf 95
32689 San Martiño OR 59 Sc 97
32767 San Martiño OR 40 Sd 94
27816 San Martiño de Lanzós LU 28 Sc 88
36637 San Martiño de Meis PO 38 Rb 94
27235 San Martiño dos Condes LU 28 Sb 91
39400 San Mateo CB 33 Vf 89
50840 San Mateo de Gállego Z 69 Zb 98
09199 San Medel BU 46 Wc 95
37791 San Medel SA 99 Ub 106
33679 San Miguel AS 31 Ub 90
06510 San Miguel BA 132 Sf 114
48370 San Miguel BI 35 Xb 88
48290 San Miguel BI 35 Xb 89
39311 San Miguel CB 33 Vf 89
39300 San Miguel CB 33 Vf 88
21330 San Miguel H 163 Tb 122
22549 San Miguel HS 71 Ab 98
23469 San Miguel J 169 We 121
27178 San Miguel LU 40 Sc 92
28380 San Miguel MD 118 Wc 108
32785 San Miguel OR 41 Se 95
34839 San Miguel P 45 Vd 91
38620 San Miguel TF 196 Ic 180
39491 San Miguel de Aguayo CB 33 Vf 90
39766 San Miguel de Aras CB 34 Wc 89
37607 San Miguel de Asperones SA 98 Tf 105
40332 San Miguel de Bernúy SG 83 Wa 100
22413 San Miguel de Cinca HS 71 Aa 97
05514 San Miguel de Corneja AV 99 Ue 106
09572 San Miguel de Cornezuelo BU 46 Wb 91
49717 San Miguel de la Ribera ZA 81 Uc 100
47164 San Miguel del Arroyo VA 82 Vd 100
24398 San Miguel de las Dueñas LE 42 Tc 93
24391 San Miguel del Camino LE 43 Ub 93
49691 San Miguel del Esla ZA 62 Uc 96
48879 San Miguel de Linares BI 35 We 89
49396 San Miguel de Lomba ZA 60 Tb 96
47132 San Miguel del Pino VA 82 Va 99
39687 San Miguel de Luena CB 34 Wa 90
49680 San Miguel del Valle ZA 62 Ud 96
39192 San Miguel de Meruelo CB 34 Wc 88
24324 San Miguel de Montañán LE 44 Ue 95
40380 San Miguel de Neguera SG 83 Wa 101
09258 San Miguel de Pedroso BU 47 We 94
27792 San Miguel de Reinante LU 29 Se 87
03193 San Miguel de Salinas A 173 Zb 121
05150 San Miguel de Serrezuela AV 99 Ue 104
37763 San Miguel de Valero SA 98 Ua 105
27423 Sanmil LU 40 Sc 94
01208 San Millán/Donemiliaga VI 48 Xd 91
09198 San Millán de Juarros BU 46 Wc 95
26326 San Millán de la Cogolla RI 47 Xa 95
09640 San Millán de Lara BU 65 Wd 96
24237 San Millán de los Caballeros LE 43 Uc 95
01427 San Millán de San Zardonil BU 47 Wf 91
26216 San Millán de Yécora RI 47 Wf 93
32688 San Millao OR 59 Sc 97
37340 San Morales SA 81 Uc 103
37208 San Muñoz SA 98 Tf 104
38769 San Nicolas TF 197 Ha 177
18800 San Nicolás del Moro GR 186 Xb 125
41388 San Nicolás del Puerto SE 165 Uc 121
34349 San Nicolás del Real Camino P 44 Va 94
12140 San Pablo CS 108 Zf 106
41020 San Pablo SE 179 Ua 124
47219 San Pablo de la Moraleja VA 82 Vb 102
45120 San Pablo de los Montes TO 117 Ve 111
11320 San Pablo o Buceite CA 190 Ud 130
32633 San Paio OR 58 Sb 97
36817 San Paio PO 39 Rc 95
23790 San Pantaleón J 167 Ve 121
39764 San Pantaleón de Aras CB 34 Wd 88
09512 San Pantaleón de Losa BU 46 We 91
09125 San Pantaleón del Páramo BU 46 Wb 93
05164 San Pascual AV 100 Vb 103
07819 San Patricio IB 125 Bb 114
15145 San Payo C 27 Rc 89
10600 San Pedrillo de Abajo CC 114 Te 108
02326 San Pedro AB 139 Xe 116
04500 San Pedro AL 185 Xb 125
33347 San Pedro AS 32 Uf 88
06176 San Pedro BA 148 Tc 117
48191 San Pedro BI 35 Wf 89
15116 San Pedro C 26 Ra 89
39806 San Pedro CB 34 Wc 89
10516 San Pedro CC 131 Se 112
35489 San Pedro GC 200 Kb 180
23790 San Pedro J 167 Ve 122
23590 San Pedro J 169 We 122
24141 San Pedro LE 30 Te 90
27111 San Pedro LU 29 Sf 90
40493 San Pedro SG 83 Ve 102
36448 San Pedro = Batalláns PO 57 Rd 96
24252 San Pedro Bercianos LE 43 Ub 94
34889 San Pedro Cansoles P 44 Va 92
24316 San Pedro Castañero LE 42 Td 93
48540 San Pedro de Abanto BI 35 Wf 89
29670 San Pedro de Alcántara MA 190 Va 130
09640 San Pedro de Arlanza BU 65 Wd 96
38713 San Pedro de Breña Alta TF 197 Hb 176
49628 San Pedro de Ceque ZA 61 Tf 96
24879 San Pedro de Foncollada LE 44 Ue 92
09247 San Pedro de la Hoz BU 46 Wd 93
49183 San Pedro de la Nave-Almendra ZA 61 Tf 99
49145 San Pedro de las Cuevas ZA 61 Ua 98
24329 San Pedro de las Dueñas LE 44 Uf 95
24248 San Pedro de las Dueñas LE 43 Ub 95
40142 San Pedro de las Dueñas SG 101 Ve 103
49560 San Pedro de las Herrerías ZA 61 Td 97
33815 San Pedro de las Montañas AS 29 Tb 90
47851 San Pedro de Latarce VA 62 Ue 98
49619 San Pedro de la Viña ZA 61 Tf 96
09259 San Pedro del Monte BU 47 Wf 94
24291 San Pedro de los Oteros LE 43 Ud 94
30740 San Pedro del Pinatar MC 173 Zb 121
39686 San Pedro del Romeral CB 34 Wb 90
37170 San Pedro del Valle SA 80 Ua 102
27233 San Pedro de Mera LU 28 Sb 91
06893 San Pedro de Mérida BA 133 Te 115
15176 San Pedro de Nos C 27 Rd 89
34486 San Pedro de Ojeda P 45 Vd 92

24429 San Pedro de Paradela LE 41 Tc 92
37183 San Pedro de Rozados SA 99 Ub 104
22790 San Pedro de Siresa HS 50 Zb 92
24385 San Pedro de Trones LE 41 Tb 94
24328 San Pedro de Valderaduey LE 44 Va 94
49697 San Pedro de Zamúdia ZA 61 Ua 97
40389 San Pedro Gaíllos SG 83 Wb 101
20016 San Pedro Herrera SS 37 Ya 89
42174 San Pedro Manrique SO 67 Xe 96
16813 San Pedro Palmiches CU 104 Xd 106
09131 San Pedro Samuel BU 46 Wa 94
48130 San Pelaio BI 35 Xb 88
33391 San Pelayo AS 31 Uc 88
33777 San Pelayo AS 29 Ta 89
09569 San Pelayo BU 34 Wd 90
39587 San Pelayo CB 32 Vb 90
24356 San Pelayo LE 43 Ua 94
47129 San Pelayo VA 63 Uf 98
01213 San Pelayo VI 47 Xa 92
49530 San Pelayo ZA 81 Uc 99
37110 San Pelayo de Guareña SA 80 Ua 102
22145 San Pelegrín HS 70 Aa 95
21330 San Platón H 163 Tb 122
20808 San Prudentzio Eitzaga SS 36 Xe 89
20569 San Prudentzio Elorregi SS 36 Xd 90
34492 San Quice del Río Pisuerga P 45 Ve 93
13192 San Quintín CR 136 Ve 116
09194 San Quirce BU 65 Wc 95
02691 San Rafael AB 141 Ye 115
11630 San Rafael CA 179 Ua 128
41510 San Rafael SE 179 Ua 127
40410 San Rafael SG 101 Ve 104
12510 San Rafael del Río CS 109 Ac 105
06109 San Rafael de Olivenza BA 148 Sf 116
15563 San Ramón C 27 Rf 87
46220 San Ramon V 142 Zd 112
39728 San Rogue de Riomera BU 34 Wb 89
33828 San Román AS 30 Tf 88
33518 San Román AS 31 Uc 88
15872 San Román C 26 Rb 91
39626 San Román CB 34 Wa 89
22141 San Román HS 70 Zf 95
27185 San Román LU 40 Sc 91
37130 San Román SA 80 Tf 103
27664 San Román = Cervantes LU 41 Sf 91
22611 San Román de Basa HS 51 Ze 93
26133 San Román de Cameros RI 67 Xd 95
01128 San Román de Campezo VI 48 Xc 92
47530 San Román de Hornija VA 81 Ue 100
34347 San Román de la Cuba P 44 Va 95
24710 San Román de la Vega LE 42 Tf 94
24271 San Román de los Caballeros LE 43 Ua 93
49281 San Román de los Infantes ZA 80 Ua 100
45646 San Román de los Montes TO 117 Vb 108
24209 San Román de los Oteros LE 43 Ud 94
49782 San Roman del Valle ZA 62 Ub 96
01207 San Román de San Millán VI 48 Xe 91
27860 San Román de Valle LU 26 Sc 86
24359 San Román el Antiguo LE 43 Ua 94
04760 San Roque AL 185 Xa 127
15147 San Roque C 26 Rb 89
11360 San Roque CA 190 Ud 131
39750 San Roque CB 34 Wd 88
32226 San Roque de Crespos OR 58 Rf 96
15560 San Sadurniño C 27 Rf 87
15339 San Salvador C 26 Sb 87
San Salvador CB 34 Wb 88
10610 San Salvador CC 98 Ua 107
47134 San Salvador VA 63 Uf 99
15280 San Salvador de Bastavales C 38 Rc 92
36539 San Salvador de Camba PO 40 Sa 92
34847 San Salvador de la Cantamuda P 33 Vd 91
34259 San Salvador del Moral P 64 Ve 96
36637 San Salvador de Meis PO 38 Rb 94
24234 San Salvador de Negrillos LE 62 Uc 95
33887 San Salvator AS 29 Tb 90
22144 San Saturnino HS 70 Zf 95
39812 San Sebastián CB 34 Wc 89
50100 San Sebastián Z 87 Yd 100
39554 San Sebastián de Garabandal CB 33 Vd 89
14150 San Sebastián de los Ballesteros CO 166 Vb 123
14449 San Serafín CR 152 Vd 118
21591 San Silvestre de Guzmán H 177 Sd 124
36710 San Simón PO 57 Rc 96
38730 San Simón TF 197 Hb 177
05151 San Simones AV 99 Ud 105
31395 Sánsoain NC 49 Yc 93
31448 Sansoáin NC 49 Ye 92
31395 Sánsoain NC 49 Yc 93
31220 Sansol NC 48 Xe 93
Santa, La GC 198 Mc 174
26586 Santa, La RI 67 Xd 95
07819 Santa Agnès de Corona IB 125 Bc 114
06410 Santa Amalia BA 133 Tf 114
29130 Santa Amalia MA 191 Vc 128
02328 Santa Ana AB 140 Ya 115
02129 Santa Ana AB 156 Xf 116
10189 Santa Ana CC 133 Ua 113
07720 Santa Ana IB 93 Eb 109
23692 Santa Ana J 168 Wa 124
30319 Santa Ana MC 173 Yf 123
50500 Santa Ana Z 68 Yb 97
49518 Santa Ana ZA 61 Td 98
45653 Santa Ana de Pusa TO 117 Vb 110
21359 Santa Ana la Real H 163 Tb 121
50617 Santa Anastasia Z 69 Ye 96
03139 Santa Anna A 158 Zc 119
03291 Santa Anna A 158 Zc 119
27528 Santabaia LU 40 Sb 93
32654 Santabaia OR 58 Sb 96
32170 Santabaia OR 39 Sa 94
27830 Santaballa LU 28 Sb 89
03610 Santa Bàrbara A 158 Zb 118
04662 Santa Bárbara AL 187 Ya 124
04117 Santa Bárbara AL 187 Xf 128
09119 Santa Bárbara BU 64 Vf 95
12530 Santa Bàrbara CS 124 Zf 109
17856 Santa Bàrbara GI 55 Cd 95
07769 Santa Bàrbara IB 93 Df 108
07730 Santa Barbara IB 93 Eb 109
41580 Santa Bárbara SE 182 Vb 125
43570 Santa Bàrbara T 109 Ac 104
44100 Santa Bárbara TE 106 Yd 106
38434 Santa Bárbara TF 196 Ib 178
46116 Santa Bàrbara V 123 Zd 111
46310 Santa Bàrbara V 141 Yd 112
50154 Santa Bárbara Z 88 Yf 101
21570 Santa Bárbara de Casa H 162 Se 122
14600 Santa Brígida CO 167 Vd 120
35300 Santa Brígida GC 200 Kd 180
08787 Santa Càndia B 92 Bd 99
31314 Santacara NC 49 Yc 94
07730 Santa Catalina IB 93 Ea 109
24718 Santa Catalina LE 42 Tf 94
29016 Santa Catalina MA 191 Vd 128
15840 Santa Cataliña de Armada C 26 Rb 90
09341 Santa Cecilia BU 65 Wb 96
26131 Santa Cecilia RI 48 Xd 95
34191 Santa Cecilia del Alcor P 63 Vc 97
08508 Santa Cecília de Voltregà B 74 Cb 97
22791 Santa Cilia HS 50 Zb 93
22141 Santa Cilia HS 70 Ze 95
09110 Santa Clara BU 45 Vf 95
14280 Santa Clara CO 151 Uf 117
19411 Santa Clara GU 103 Xa 104
49707 Santa Clara de Avedillo ZA 80 Ub 100
AD500 Santa Coloma □ AND 54 Bc 94
26315 Santa Coloma RI 47 Xc 94
01478 Santa Coloma VI 35 Wf 90
08690 Santa Coloma de Cervelló B 93 Ca 100
17430 Santa Coloma de Farners GI 75 Ce 97
08921 Santa Coloma de Gramenet B 93 Cb 100
09143 Santa Coloma del Rudrón BU 46 Wa 92
43420 Santa Coloma de Queralt T 92 Bc 99
33778 Santa Colomba AS 29 Ta 88
24877 Santa Colomba LE 43 Ue 92
24848 Santa Colomba de Curueño LE 43 Ud 92
49691 Santa Colomba de las Carabias ZA 62 Uc 96
49699 Santa Colomba de las Monjas ZA 62 Ub 97
24764 Santa Colomba de la Vega LE 43 Ua 95
49394 Santa Colomba de Sanabria ZA 60 Tb 96
24722 Santa Colomba de Somoza LE 42 Te 94
33810 Santa Comba AS 29 Ta 91
15840 Santa Comba C 26 Rb 90
22437 Santa Creu HS 71 Ac 95
25712 Santa Creu de Castellbò L 53 Bb 94
32368 Santa Cristina OR 41 Sf 95
36142 Santa Cristina de Cobres PO 38 Rc 95
49620 Santa Cristina de la Polvorosa ZA 62 Ub 96
24249 Santa Cristina del Páramo LE 43 Ub 95
24290 Santa Cristina de Valmadrigal LE 43 Ue 94
49626 Santa Croya de Tera ZA 61 Ua 97
15179 Santa Cruz C 27 Rd 88
39450 Santa Cruz CB 33 Vf 90
39860 Santa Cruz CB 34 Wd 89
14820 Santa Cruz CO 167 Vc 122
27785 Santa Cruz LU 28 Sd 87
27305 Santa Cruz LU 28 Sb 89
30162 Santa Cruz MC 173 Yf 120
40300 Santa Cruz SG 84 Wb 101
06230 Santa Cruz, La BA 149 Td 118
49392 Santa Cruz de Abranes ZA 60 Tc 97
18129 Santa Cruz de Alhalma o del Comercio GR 183 Wa 126
09513 Santa Cruz de Andino BU 46 Wc 91
39100 Santa Cruz de Bezana CB 34 Wa 88
34491 Santa Cruz de Boedo P 45 Vd 93
01110 Santa Cruz de Campezo VI 48 Xd 92
01212 Santa Cruz de Fierro VI 47 Xa 93
50324 Santa Cruz de Grío Z 87 Yd 100
09198 Santa Cruz de Juarros BU 65 Wd 95
38700 Santa Cruz de la Palma TF 197 Hb 176
09471 Santa Cruz de la Salceda BU 65 Wc 99
22792 Santa Cruz de la Serós HS 50 Zb 93
10260 Santa Cruz de la Sierra CC 134 Ua 112
34411 Santa Cruz de la Zarza P 63 Vc 96
45370 Santa Cruz de la Zarza TO 119 We 109
33427 Santa Cruz de Llanera AS 31 Ua 88
34409 Santa Cruz del Monte P 45 Vd 94
13327 Santa Cruz de los Cáñamos CR 154 Xa 117
49593 Santa Cruz de los Cuérragos ZA 60 Tc 97
24494 Santa Cruz del Sil LE 42 Tc 92
09125 Santa Cruz del Tozo BU 46 Wa 93
05413 Santa Cruz del Valle AV 100 Uf 107
09268 Santa Cruz del Valle Urbión BU 47 We 95
04568 Santa Cruz de Marchena AL 186 Xc 126
33612 Santa Cruz de Mieres AS 31 Ub 89
50513 Santa Cruz de Moncayo Z 68 Yb 97
24379 Santa Cruz de Montes LE 42 Te 93
16336 Santa Cruz de Moya CU 122 Ye 109
13730 Santa Cruz de Mudela CR 153 Wd 117
44497 Santa Cruz de Nogueras TE 88 Yf 102
10661 Santa Cruz de Paniagua CC 114 Td 107
05268 Santa Cruz de Pinares AV 101 Vc 105
38007 Santa Cruz de Tenerife TF 197 Ie 178
42173 Santa Cruz de Yanguas SO 67 Xd 96
17161 Santa Cruz d'Horta GI 74 Cd 97
27750 Santadrao LU 29 Se 88
25637 Sant Adrià L 72 Af 95
08930 Sant Adrià de Besòs B 93 Cb 100
06445 Santa Elena BA 149 Tf 119
12165 Santa Elena CS 108 Ze 106
23213 Santa Elena J 153 Wc 118
24762 Santa Elena de Jamuz LE 43 Ua 95
07750 Santa Elisabet IB 93 Df 108
14546 Santaella CO 166 Va 123
06007 Santa Engrácia BA 132 Ta 115
22809 Santa Engracia HS 50 Zc 95
22751 Santa Engracia HS 50 Zb 93
25636 Santa Engràcia L 72 Af 95
50669 Santa Engracia Z 68 Ye 97
26131 Santa Engracia del Jubera RI 48 Xe 95
47641 Santa Espina, La VA 63 Uf 98
14491 Santa Eufemia CO 151 Va 117
27325 Santa Eufemia LU 41 Se 93
32704 Santa Eufemia OR 59 Sb 95
41928 Santa Eufemia SE 179 Tf 125
47811 Santa Eufemia del Arroyo VA 62 Ue 97
49161 Santa Eufemia del Barco ZA 61 Ua 98
33317 Santa Eugenia AS 31 Ud 88
07142 Santa Eugènia IB 126 Cf 111
08507 Santa Eugènia de Berga B 74 Cb 97
17190 Santa Eugènia de Ter GI 75 Ce 97
03630 Santa Eulalia A 158 Za 117
33590 Santa Eulalia AS 32 Vc 88
33529 Santa Eulalia AS 31 Ud 88
33391 Santa Eulalia AS 31 Uc 88
08273 Santa Eulàlia B 74 Ca 97
39557 Santa Eulalia CB 33 Vd 90
21330 Santa Eulalia H 163 Tb 122
23413 Santa Eulalia J 169 Wd 120
27556 Santa Eulalia LU 40 Sb 92
32357 Santa Eulalia OR 41 Sf 94
44360 Santa Eulalia TE 106 Ye 105
01439 Santa Eulalia VI 47 Xa 91
26589 Santa Eulalia-Bajera RI 67 Xe 95
22806 Santa Eulalia de Gállego Z 50 Zb 95
22193 Santa Eulalia de la Peña HS 51 Zd 95
24145 Santa Eulalia de las Manzanas LE 42 Ua 91
49318 Santa Eulália del Río ZA 61 Te 96
33776 Santa Eulalia de Oscos AS 29 Sf 89
08514 Santa Eulàlia de Puigòriol B 74 Ca 96
08505 Santa Eulàlia de Riuprimer B 74 Cb 97
08187 Santa Eulàlia de Ronçana B 74 Cb 99
49148 Santa Eulalia de Tábara ZA 61 Ua 98
33877 Santa Eulalia de Tineo AS 30 Td 88
22192 Santa Eulalia La Mayor HS 70 Ze 95
07840 Santa Eulària des Riu IB 125 Bd 115
27211 Santa Euxea LU 40 Sc 91
03559 Santa Faç, La A 158 Zd 118
18320 Santa Fe GR 184 Wb 125
31448 Santa Fe NC 50 Ye 92
08739 Santa Fe del Penedès B 92 Be 100
04420 Santa Fe de Mondújar AL 186 Xc 127
25214 Santa Fe de Segarra L 73 Bc 98
33749 Santagadea AS 29 Ta 87
09219 Santa Gadea del Cid BU 47 Wf 92
33528 Santa Gadía AS 31 Uc 89
30815 Santa Gertrudis MC 172 Yc 122
07814 Santa Gertrudis de Fruitera IB 125 Bc 115
07015 Sant Agustí IB 126 Cd 111
08586 Sant Agustí de Lluçanès B 74 Ca 96
07839 Sant Agustí des Vedrà IB 125 Bb 115
41620 Santa Iglesia SE 181 Ud 124
09390 Santa Inés BU 65 Wb 96
29010 Santa Inés MA 191 Vd 128
37891 Santa Inés SA 99 Uc 104
50195 Santa Isabel Z 69 Zb 99
09227 Santa Juliana BU 45 Wa 95
41420 Santa Juliana SE 165 Ud 123
22362 Santa Justa HS 52 Aa 93
15319 Santala de Pena C 27 Re 89
27373 Santala de Pena LU 28 Sb 90
24388 Santalavilla LE 41 Tc 94
22411 Santalecina HS 71 Aa 98
10550 Santa Leocadia CC 132 Tc 113
30850 Santa Leocadia MC 172 Yc 122
05260 Santa Leonor AV 101 Vd 106
22461 Santa Liestra y San Quílez HS 52 Ac 95
25612 Santa Linya L 72 Ae 97
27639 Santalla LU 41 Se 92
27673 Santalla LU 41 Sf 92
27626 Santalla LU 40 Se 93
17771 Santa Llogaia d'Àlguema GI 75 Cf 95
17845 Santa Llogaia del Terri GI 75 Cf 96
25632 Santa Llúcia de Mur L 72 Af 96
32691 Santa Locaia OR 40 Sa 95
17252 Sant Altoni de Calonge GI 75 Da 97
15819 Santa Lucaia Banzá C 39 Re 91
11650 Santa Lucía CA 181 Uc 127
11150 Santa Lucía CA 188 Ua 131
35280 Santa Lucia GC 200 Kc 181
22438 Santa Lucía HS 71 Ac 95
24660 Santa Lucía LE 43 Uc 91
26144 Santa Lucía RI 48 Xe 95
38715 Santa Lucía TF 197 Hb 176
05691 Santa Lucía de la Sierra AV 99 Uc 106
36660 Santa Lucía de Moraña PO 39 Rc 93
20709 Santa Lutzi-Anduaga SS 36 Xe 90
25721 Santa Magdalena L 54 Be 94
08254 Santa Magdalena de Pla B 73 Bf 98
12597 Santa Magdalena de Pulpís CS 108 Ab 106
07450 Santa Margalida IB 127 Da 110
17480 Santa Margarida GI 56 Da 95
08710 Santa Margarida de Montbuí B 92 Bd 99
08710 Santa Margarida de Montbui B 73 Bd 99
08730 Santa Margarida i els Monjos B 92 Bd 101
11315 Santa Margarita CA 189 Ue 131
33112 Santa María AS 30 Tf 89
08610 Santa Maria B 73 Be 96
15349 Santa María C 26 Sa 87
39573 Santa María CB 33 Vc 90
10840 Santa María CC 114 Tb 108
22822 Santa María HS 50 Zb 94
22362 Santa María HS 52 Aa 93
23193 Santa María J 169 Wc 123
25632 Santa Maria L 72 Af 96
09108 Santa María Ananúñez BU 45 Ve 94
15898 Santa Maria da Peregrina C 39 Rc 91
15810 Santa Maria de Arzua = Arzúa C 39 Rf 91
40317 Santa María de Bálsamos SG 84 Wb 100
34120 Santa María de Benavente P 44 Vc 94
08584 Santa Maria de Besora B 74 Cb 96
46600 Santa Maria de Bonaire V 142 Zd 114
22330 Santa María de Buil HS 52 Aa 94
39694 Santa María de Cayón CB 34 Wa 89
17464 Santa Maria de Cervià GI 75 Cf 96
08511 Santa Maria de Corcó B 74 Cc 96
22313 Santa María de Dulcis HS 70 Zf 96
09212 Santa María de Garoña BU 47 We 92
48993 Santa María de Getxo BI 35 Wf 88
35450 Santa María de Guía de Gran Canaria GC 200 Kc 180
42260 Santa María de Huerta SO 86 Xe 101
28296 Santa María de la Alameda MD 101 Ve 105
04710 Santa María del Águila AL 186 Xb 128
24795 Santa María de la Isla LE 42 Ua 94
22148 Santa María de la Nuez HS 51 Aa 95
05530 Santa María del Arroyo AV 100 Va 105
42141 Santa María de las Hoyas SO 66 Wf 98

10318 Santa María de las Lomas CC 115 Uc 108
34126 Santa María de la Vega P 44 Vb 94
49696 Santa María de la Vega ZA 61 Ub 96
05510 Santa María del Berrocal AV 99 Ud 105
08717 Santa María del Camí B 73 Bc 99
07320 Santa Maria del Camí IB 126 Ce 111
09342 Santa María del Campo BU 64 Wa 96
16621 Santa María del Campo Rus CU 120 Xd 111
40310 Santa María del Cerro SG 84 Wb 101
05193 Santa María del Cubillo AV 101 Vd 104
39583 Santa María de Lebeña CB 33 Vc 89
19445 Santa María del Espino GU 86 Xe 103
09292 Santa María del Invierno BU 46 Wd 94
09588 Santa María de Llano de Tudela BU 35 We 90
17320 Santa Maria de Llorell GI 75 Cf 98
38111 Santa María del Mar TF 197 Ie 178
24343 Santa María del Monte de Cea LE 44 Uf 94
24153 Santa María del Monte del Condado LE 43 Ud 92
05580 Santa María de los Caballeros AV 99 Uc 106
16639 Santa María de los Llanos CU 120 Xb 112
37682 Santa María de los Llanos SA 98 Ua 106
24291 Santa María de los Oteros LE 43 Ud 94
24240 Santa María del Páramo LE 43 Ub 94
42211 Santa María del Prado SO 85 Xc 100
24344 Santa María del Río LE 44 Uf 93
05429 Santa María del Tiétar AV 101 Vc 107
16878 Santa María del Val CU 105 Xf 105
08106 Santa Maria de Martor. B 93 Cb 99
17512 Santa Maria de Matamala GI 74 Ca 96
34492 Santa María de Mave P 45 Ve 92
09353 Santa María de Mercadillo BU 65 Wc 97
08517 Santa Maria de Merlès B 74 Bf 96
08787 Santa Maria de Miralles B 92 Bd 99
08110 Santa Maria de Montcada B 93 Cb 100
25354 Santa Maria de Montmagastrell L 72 Ba 98
34828 Santa María de Nava P 45 Ve 91
06908 Santa María de Nava la Zapatera u Hoya de Santa María BA 164 Tf 120
04693 Santa María de Nieva AL 171 Ya 124
24276 Santa María de Ordás LE 43 Ub 92
08460 Santa Maria de Palautordera B 74 Cc 98
34849 Santa María de Redondo P 33 Vd 91
40594 Santa María de Riaza SG 84 Wd 100
37468 Santa María de Sando SA 80 Tf 103
14710 Santa María de Trasierra CO 166 Va 121
49333 Santa María de Valverde ZA 61 Ua 97
08455 Santa Maria de Vilalba B 74 Cc 99
26133 Santa María en Cameros RI 67 Xd 95
22131 Santa María la Blanca HS 70 Aa 97
40440 Santa María la Real de Nieva SG 82 Vd 102
07712 Santa Mariana IB 93 Eb 109
09219 Santa María Ribarredonda BU 47 We 93
09131 Santa María Tajadura BU 46 Wb 94
33117 Santa Marina AS 31 Ua 90
09292 Santa Marina BU 46 Wd 94
13195 Santa Marina CR 137 Wa 115
21207 Santa Marina H 164 Td 121
23338 Santa Marina J 154 Wf 119
26132 Santa Marina RI 67 Xd 95
37116 Santa Marina SA 80 Tf 102
20495 Santa Marina SS 36 Xe 90
24393 Santa Marina del Rey LE 43 Ua 93
24493 Santa Marina del Sil LE 42 Tc 93
24722 Santa Marina de Somoza LE 42 Te 94
24378 Santa Marina de Torre LE 42 Td 93
24915 Santa Marina de Valdeón LE 32 Va 90
24763 Santa Marinica LE 43 Ua 94
15122 Santa Mariña C 26 Qf 89
27439 Santa Mariña LU 40 Sb 93
32557 Santa Mariña da Ponte OR 59 Sf 95
32669 Santa Mariña de Augasantas OR 58 Sb 95
27309 Santa Mariña de Lagostelle LU 27 Sa 89
36569 Santa Mariña de Presqueiras PO 39 Rd 93
15561 Santa Mariña do Monte C 27 Rf 87
02639 Santa Marta AB 139 Xe 114
02630 Santa Marta AB 139 Xe 113
06150 Santa Marta BA 148 Tc 117
10198 Santa Marta CC 114 Tf 111
27299 Santa Marta LU 28 Sb 90
10198 Santa Marta de Magasca CC 114 Tf 111
27745 Santa Marta de Meilán LU 29 Se 88
49626 Santa Marta de Tera ZA 61 Ua 97
37900 Santa Marta de Tormes SA 81 Uc 103
22451 Santa Maura HS 52 Ac 94
19269 Santamera GU 85 Xb 102
34878 Santana P 44 Vc 92
39001* Santander CB 34 Wb 88
08397 Sant Andreu B 75 Cd 99
08740 Sant Andreu de la Barca B 93 Bf 100
17800 Sant Andreu del Coll GI 74 Cc 95
08318 Sant Andreu del Far B 74 Cc 99
08392 Sant Andreu de Llavaneres B 93 Cc 99
17845 Sant Andreu del Terri GI 75 Cf 96
17455 Sant Andreu Salou GI 75 Ce 97
07769 Santandria IB 93 Df 109
17154 Sant Aniol de Finestres GI 74 Cd 96
25213 Sant Antolí i Vilanova L 73 Bc 99
03570 Sant Antoni A 159 Ze 117
46195 Sant Antoni de Llombai V 142 Zc 113
07820 Sant Antoni de Portmany IB 125 Bb 115
08459 Sant Antoni de Vilamajor B 74 Cc 98
07650 Santanyí IB 127 Da 112
09588 Santa Olaja BU 35 We 90
24164 Santa Olaja de Eslonza LE 43 Ud 93
24892 Santa Olaja de la Acción LE 44 Uf 92
24199 Santa Olaja de la Ribera LE 43 Uc 93
24813 Santa Olaja de la Varga LE 44 Uf 91
34112 Santa Olaja de la Vega P 44 Vb 93
24156 Santa Olaja de Porma LE 43 Ud 93
39418 Santa Olalla CB 45 Ve 91
18800 Santa Olalla GR 186 Xa 125
45530 Santa Olalla TO 117 Vd 108
39491 Santa Olalla de Aguayo CB 33 Vf 90
09292 Santa Olalla de Bureba BU 46 Wd 94
21260 Santa Olalla del Cala H 164 Te 121
09268 Santa Olalla del Valle BU 47 We 94
09559 Santa Olalla de Valdivielso BU 46 Wc 92
37690 Santa Olalla de Yeltes SA 98 Te 104
43710 Santa Oliva T 92 Bd 101
17811 Santa Pau GI 74 Cd 96
17244 Santa Pellaia GI 75 Cf 97
43421 Santa Perpètua de Gaià T 92 Bc 100
08130 Santa Perpètua de Mogoda B 93 Cb 99
03130 Santa Pola A 158 Zc 119
03114 Santa Pola de l'Est A 158 Zc 119
07180 Santa Ponça IB 126 Cc 111
07509 Santa Ponça IB 127 Db 111
07750 Santa Ponça IB 93 Df 109
13115 Santa Quiteria CR 136 Vd 113
44165 Santa Quiteria TE 106 Ye 104
15818 Santarandel C 27 Rf 90
49177 Santarén de los Peces ZA 80 Ua 102
07712 Santa Rito IB 93 Eb 109
33614 Santa Rosa AS 31 Ub 89
14029 Santa Rosa CO 166 Va 122
34260 Santa Rosalía BU 64 Vf 95
29591 Santa Rosalía MA 191 Vc 128
36457 Santas PO 57 Rd 96
15860 Santa Sabiña C 26 Ra 90
17240 Santa Sedina GI 75 Cf 98
15859 Santa Sía de Roma C 26 Ra 90
07500 Santa Sirga IB 127 Db 111
24330 Santas Martas LE 43 Ud 94
08398 Santa Susanna B 75 Ce 99
25290 Santa Susanna L 73 Bd 97
17110 Santa Susanna de Peralta GI 75 Da 97
37891 Santa Teresa SA 99 Uc 104
38390 Santa Ursula TF 196 Id 178
15960 Santa Uxía de Ribeira C 38 Ra 93
08519 Sant Bartomeu del Grau B 74 Cb 97
08511 Sant Bartomeu Sesgorgues B 74 Cc 96
03818 Sant Benet A 158 Zd 116
17863 Sant Bernabé de les Tenes GI 74 Cb 95
07712 Sant Bernat IB 93 Eb 109
08200 Sant Boi de Llobregat B 93 Ca 100
08589 Sant Boi de Lluçanès B 74 Ca 96
43540 Sant Carles de la Ràpita T 109 Ad 105
07850 Sant Carles de Peralta IB 125 Bd 114
17244 Sant Cebrià de Lledó GI 75 Cf 97
08396 Sant Cebrià de Vallalta B 74 Cd 99
42173 Sant Cecilia SO 67 Xd 96
08470 Sant Celoni B 74 Cc 98
25286 Sant Climenç L 73 Bc 97
07712 Sant Climent IB 93 Eb 109
25793 Sant Climent L 72 Bb 95
17170 Sant Climent d'Amer GI 75 Cd 96
08849 Sant Climent de Llobregat B 93 Bf 100
17110 Sant Climent de Peralta GI 75 Da 97
17751 Sant Climent Sescebes GI 56 Cf 94
08698 Sant Corneli B 73 Bf 95
17246 Sant Cristina d'Aro GI 75 Cf 98
08296 Sant Cristòfol de Castellbell B 73 Be 99
25747 Sant Cristòfol de la Donzell L 72 Ba 96
08172 Sant Cugat del Vallès B 93 Ca 100
08798 Sant Cugat de Sesgarrigues B 92 Be 100
17183 Sant Dalmai GI 75 Ce 97
33719 Sante AS 29 Tb 87
48890 Santecilla BI 34 Wd 89
50373 Santed Z 87 Yc 102
36689 Santeles C 39 Rd 92
36689 Santeles PO 39 Rc 92
09574 Santelices BU 34 Wb 90
07159 Sant Elm IB 126 Cc 111
21330 San Telmo H 163 Ta 122
07730 Sant Eloi IB 93 Ea 109
47609 Santervás de Campos VA 62 Uf 95
42153 Santervás de la Sierra SO 66 Xc 97
34112 Santervás de la Vega P 44 Vb 93
42141 Santervás del Burgo SO 65 Wf 98
43815 Santes Creus (Aiguamúrcia) T 92 Bc 100
31740 Santesteban NC 37 Yb 90
08660 Sant Esteve B 73 Bf 97
25651 Sant Esteve L 72 Ba 96
17468 Sant Esteve de Guialbes GI 75 Cf 96
17512 Sant Esteve de la Riba GI 74 Ca 95
25632 Sant Esteve de la Sarga L 72 Ae 96
17154 Sant Esteve de Llémena GI 75 Cd 96
08461 Sant Esteve de Palautordera B 74 Cc 98
17512 Sant Esteve de Vallespiráns GI 74 Ca 95
08635 Sant Esteve Sesrovires B 92 Bf 100
08211 Sant Feliçu del Racò B 74 Ca 99
07769 Sant Felip IB 93 Df 108
03158 Sant Felip Neri A 158 Zb 119
17256 Sant Feliu de Boada GI 75 Da 97
17451 Sant Feliu de Buixalleu GI 74 Cd 98
08182 Sant Feliu de Codines B 74 Ca 98
17220 Sant Feliu de Guixols GI 75 Da 98
08690 Sant Feliu de Llobregat B 93 Ca 100
17174 Sant Feliu de Pallerols GI 74 Cd 96
08274 Sant Feliu Sasserra B 74 Ca 97
17850 Sant Ferriol GI 75 Ce 95
08105 Sant Fost de Campsentelles B 93 Cb 99
07860 Sant Francesc de Formentera IB 125 Bc 116
07818 Sant Francesc de ses Salines IB 125 Bc 115
08272 Sant Fruitós de Bages B 73 Bf 98
43429 Sant Gallard T 92 Bc 99
08719 Sant Genís B 73 Bd 99
08389 Sant Genís de Palafolls B 75 Ce 99
17170 Sant Genís Sacosta GI 74 Cd 96
08339 Sant Ginés de Vilassar = Vilassar de Dalt B 93 Cc 99
17150 Sant Gregori GI 75 Ce 97
08670 Sant Gugat B 73 Be 97
25270 Sant Guim de Freixenet L 73 Bc 99
25211 Sant Guim de la Plana L 72 Bb 98
17403 Sant Hilari Sacalm GI 74 Cd 97
08512 Sant Hipòlit de Voltregà B 74 Cb 96
48291 Santiago BI 36 Xc 90
23760 Santiago J 167 Vf 121
20690 Santiago SS 36 Xd 90
45910 Santiago Apóstol TO 117 Vd 107
10510 Santiago de Alcántara CC 113 Se 111
05621 Santiago de Aravalle AV 99 Uc 107
23612 Santiago de Calatrava J 168 Ve 122
15705 Santiago de Compostela C 39 Rc 91
23290 Santiago de la Espada J 155 Xc 120
37311 Santiago de la Puebla SA 99 Ue 104
49323 Santiago de la Requejada ZA 60 Tc 96
30720 Santiago de la Ribera MC 173 Zb 122
47164 Santiago del Arroyo VA 82 Vc 100
16670 Santiago de la Torre CU 139 Xc 112
24766 Santiago de la Valduerna LE 42 Ua 95
10191 Santiago del Campo CC 114 Td 111
05630 Santiago del Collado AV 99 Ud 107
05592 Santiago del Collado AV 99 Ud 106
24273 Santiago del Molinillo LE 43 Ua 93
38690 Santiago del Teide TF 196 Ib 179
34490 Santiago del Val P 64 Vd 95
02513 Santiago de Mora AB 156 Yc 117
09588 Santiago de Tudela BU 35 We 90
36872 Santiago do Covelo = O Covelo PO 58 Rd 95
24732 Santiago Millas LE 42 Tf 94
23290 Santiago Pontones J 155 Xc 120
27350 Santiago Rubián LU 40 Sd 93
33569 Santianes AS 32 Uf 88
33660 Santianes AS 31 Ub 89
33826 Santianes AS 30 Te 89
39500 Santibáñez CB 33 Ve 89
40512 Santibáñez de Ayllón SG 84 We 100
37740 Santibáñez de Béjar SA 99 Uc 106
34486 Santibáñez de Ecla P 45 Vd 92
09350 Santibáñez de Esgueva BU 65 Wb 98
24795 Santibáñez de la Isla LE 42 Ua 94
34870 Santibáñez de la Peña P 44 Vb 92
37670 Santibáñez de la Sierra SA 98 Ua 106
37799 Santibáñez del Cañedo SA 80 Ub 102
37120 Santibáñez del Río SA 80 Ub 103
24315 Santibáñez del Toral LE 42 Td 93
09617 Santibáñez del Val BU 65 Wd 97
24379 Santibáñez de Montes LE 42 Te 93
33676 Santibáñez de Murias AS 31 Uc 90
24228 Santibáñez de Porma LE 43 Ud 93
34844 Santibáñez de Resoba P 44 Vc 91
24815 Santibáñez de Rueda LE 44 Ue 92
49625 Santibáñez de Tera ZA 61 Ua 97
47331 Santibáñez de Valcorba VA 82 Vd 99
24288 Santibáñez de Valdeiglesias LE 42 Ua 94
49610 Santibáñez de Vidriales ZA 61 Tf 96
10859 Santibáñez el Alto CC 114 Tc 107
10666 Santibáñez el Bajo CC 114 Te 107
09150 Santibáñez-Zarzaguda BU 46 Wb 94
35411 Santidad GC 200 Kc 180
46811 Santig V 141 Za 115
32314 Santigoso OR 41 Ta 94
33557 Santillan AS 32 Ue 89
09340 Santillán BU 65 Wb 96
39540 Santillán CB 33 Vd 88
04532 Santillana AL 186 Xb 126
39330 Santillana CB 33 Vf 88
40109 Santillana SG 101 Vf 103
34469 Santillana de Campos P 45 Vd 94
34126 Santillán de la Vega P 44 Vb 94
27422 Santiorxo LU 40 Sc 94
41970 Santiponce SE 164 Tf 124
33619 San Tirso AS 31 Ub 89
33189 San Tirso AS 31 Ub 88
11630 Santiscal, El CA 181 Ub 128
08272 Sant Iscle B 73 Bf 98
17133 Sant Iscle GI 75 Da 96
08359 Sant Iscle de Vallalta B 74 Cd 99
06320 Santísimo Cristo del Humilladero BA 149 Td 118
15808 Santiso = Agro do Chao (Santiso) C 39 Rf 91
15113 Santiso de Vilanova C 26 Rb 89
23250 Santisteban del Puerto J 154 We 119
39698 Santiude de Toranzo CB 33 Wa 89
39490 Santiurde de Reinosa CB 33 Vf 90
09226 Santiuste BU 64 Wa 95
19245 Santiuste GU 85 Xb 102
42193 Santiuste SO 66 Xa 99
40460 Santiuste de San Juan Bautista SG 82 Vc 102
37110 Santiz SA 80 Ua 101
08458 Sant Jaume de Fifà B 74 Cc 98
08619 Sant Jaume de Frontanyà B 74 Ca 95
17854 Sant Jaume de Llierca GI 74 Cd 95
43877 Sant Jaume d''Enveja T 109 Ae 104
07730 Sant Jaume Mediterrani IB 93 Ea 109
08784 Sant Jaume Sesoliveres B 92 Be 100
17230 Sant Joan GI 75 Da 97
07240 Sant Joan IB 127 Da 111
03550 Sant Joan d''Alacant A 158 Zd 118
08569 Sant Joan de Fàbregues B 74 Cc 96
07810 Sant Joan de Labritja IB 125 Bd 114
17860 Sant Joan de les Abadesses GI 74 Cb 95
08588 Sant Joan del Noguer B 74 Cb 96

17178 Sant Joan dels Balbs GI 74 Cc 96
08773 Sant Joan de Mediona B 92 Bd 100
17463 Sant Joan de Mollet GI 75 Cf 96
12130 Sant Joan de Moró CS 124 Zf 108
12135 Sant Joan de Penyagolosa CS 107 Zd 107
07748 Sant Joan de Serra IB 93 Ea 108
08980 Sant Joan Despí B 93 Ca 100
25548 Sant Joan de Torán L 53 Ae 92
25516 Sant Joan de Vinyafrescal L 72 Af 95
25799 Sant Joan Fumat L 54 Bc 94
17857 Sant Joan les Fonts GI 74 Cd 95
08250 Sant Joan Vilatorrada B 73 Be 98
08698 Sant Jordi B 73 Bf 96
07199 Sant Jordi IB 126 Ce 111
07748 Sant Jordi IB 93 Ea 108
07819 Sant Jordi IB 125 Bc 115
17464 Sant Jordi Desvalls GI 75 Cf 96
07750 Sant Josep IB 93 Ea 108
07830 Sant Josep de sa Talaia IB 125 Bb 115
08207 Sant Julià d''Altura B 74 Ca 99
17256 Sant Julià de Boada GI 75 Da 97
08694 Sant Julià de Cerdanyola B 73 Bf 95
17164 Sant Julià del Llor i Bonmatí GI 75 Ce 97
AD600 Sant Julià de Lòria □ AND 54 Bc 94
17481 Sant Julià de Ramis GI 75 Cf 96
08504 Sant Julià de Vilatorta B 74 Cb 97
25615 Sant Just L 72 Ae 97
25287 Sant Just d''Ardèvol L 73 Bc 97
08960 Sant Just Desvern B 93 Ca 100
17240 Sant Llorenç GI 75 Cf 98
07750 Sant Llorenç IB 93 Df 109
07730 Sant Llorenç IB 93 Ea 109
07812 Sant Llorenç IB 125 Bc 114
17530 Sant Llorenç de Campdevànol GI 74 Ca 95
17732 Sant Llorenç de la Muga GI 56 Ce 95
17463 Sant Llorenç de les Arenes GI 75 Cf 96
25282 Sant Llorenç de Morunys L 73 Bd 96
07530 Sant Llorenç des Cardassar IB 127 Db 111
08791 Sant Llorenç d'Hortons B 92 Be 100
08212 Sant Llorenç Savall B 74 Ca 98
07720 Sant Lloreno IB 93 Eb 109
07711 Sant Lluis IB 93 Eb 109
43421 Sant Mag¢-de Brufaganya T 92 Bc 100
08732 Sant Marçal B 92 Bd 101
17811 Sant Martí GI 74 Cd 96
08515 Sant Martí d'Albars B 74 Ca 96
17528 Sant Martí d''Aravó GI 54 Bf 94
25518 Sant Martí de Canals L 72 Af 95
08592 Sant Martí de Centelles B 74 Cb 98
25212 Sant Martí de la Morana L 72 Bb 98
17153 Sant Martí de Llémena GI 75 Cd 96
25344 Sant Martí de Maldà L 91 Ba 99
25264 Sant Martí de Riucorb L 72 Af 99
08250 Sant Martí de Toroella B 73 Be 98
08712 Sant Martí de Tous B 92 Bd 99
32558 Sant Martiño OR 60 Sf 95
17171 Sant Martí Sacalm GI 74 Cd 96
17441 Sant Martí Sapresa GI 75 Cd 97
08731 Sant Martí Sarroca B 92 Bd 100
08511 Sant Martí Sescorts B 74 Cb 96
08282 Sant Martí Sesgueioles B 73 Bc 98
17746 Sant Martí Sesserres GI 56 Ce 95
17462 Sant Martí Vell GI 75 Cf 96
12170 Sant Mateu CS 108 Ab 106
07816 Sant Mateu d''Aubarca IB 125 Bc 114
08263 Sant Mateu de Bages B 73 Be 98
17242 Sant Mateu de Montnegre GI 75 Cf 97
08619 Sant Maurici de la Quar B 74 Bf 96
17199 Sant Medir GI 75 Ce 96
25718 Sant Miquel L 54 Bd 94
25637 Sant Miquel L 72 Af 95
43712 Sant Miquel T 92 Bd 101
07815 Sant Miquel de Balansat IB 125 Bc 114
17831 Sant Miquel de Campmajor GI 75 Ce 96
17444 Sant Miquel de Cladells GI 74 Cd 97
17475 Sant Miquel de Fluvià GI 75 Cf 95
25471 Sant Miquel de la Tosca L 91 Af 100
25639 Sant Miquel de la Vall L 72 Af 96
17853 Sant Miquel de Montella GI 55 Cd 95
17856 Sant Miquel de Pera GI 55 Cc 95
17175 Sant Miquel de Pineda GI 74 Cc 96
08734 Sant Miquel d'Olèrdola B 92 Be 101
17467 Sant Mori GI 75 Cf 96
07730 Sant Nicolau IB 93 Eb 109
33119 Santo Adriano AS 30 Tf 89
32810 Santo André de Penosiños OR 58 Rf 95
30151 Santo Ángel MC 173 Yf 121
42189 Santo Cristo de los Olmedillos SO 67 Xd 98
06108 Santo Domingo BA 147 Sf 117
16337 Santo Domingo CU 122 Yd 109
28120 Santo Domingo MD 102 Wc 105
37116 Santo Domingo SA 80 Ua 102
45526 Santo Domingo TO 117 Ve 108
38787 Santo Domingo de Garafía TF 197 Ha 176
37762 Santo Domingo de Herguijuela SA 98 Ua 105
26250 Santo Domingo de la Calzada RI 47 Xa 94
05292 Santo Domingo de las Posadas AV 100 Vc 104
40180 Santo Domingo de Pirón SG 83 Wa 102
09610 Santo Domingo de Silos BU 65 Wd 97
27818 Santo Estevo LU 28 Sc 89
32164 Santo Estevo de Ribas de Sil LU 40 Sc 94
33162 Santolaya AS 31 Ua 89
44562 Santolea TE 107 Zd 104
27751 San Tomé LU 29 Se 88
30140 Santomera MC 173 Yf 120
39740 Santona CB 34 Wd 88
04830 Santonge AL 171 Xf 121
04692 Santopétar AL 171 Xf 124
26291 San Torcuato RI 47 Xa 94
22583 Santoréns HS 52 Ae 94
04890 Santos, Los AL 186 Xc 125
14900 Santos, Los CO 167 Vc 124
30335 Santos, Los MC 172 Ye 122
37768 Santos, Los SA 99 Ub 105
46142 Santos, Los V 122 Ye 108
28817 Santos de la Humosa, Los MD 103 We 105
06230 Santos de Maimona, Los BA 149 Td 118
09549 Santotís BU 46 Wd 92
39555 Santotis CB 33 Vd 90
19237 Santotis GU 84 Wf 102
23311 Santo Tomé J 169 Wf 120
32821 Santo Tomé OR 39 Rf 95
37449 Santo Tomé de Colledo SA 80 Ua 103
40590 Santo Tomé del Puerto SG 84 Wc 101
37183 Santo Tomé de Rozados SA 99 Ub 103
05357 Santo Tomé de Zabarcos AV 100 Va 104
40135 Santovenia SG 82 Vd 103
49750 Santovenia ZA 62 Ub 97
24391 Santovenia de la Valdoncina LE 43 Uc 93
24195 Santovenia del Monte LE 43 Ud 93
09199 Santovenia de Oca BU 46 Wd 94
47155 Santovenia de Pisuerga VA 63 Vb 98
34490 Santoyo P 64 Vd 95
07750 Sant Patrici IB 93 Ea 108
43781 Sant Pau T 90 Ac 102
08294 Sant Pau de la Guàrdia B 73 Be 99
08517 Sant Pau de Pinós B 74 Bf 97
17864 Sant Pau de Segúries GI 55 Cc 95
08739 Sant Pau d'Ordal B 92 Be 100
08251 Santpedor B 73 Bf 98
08630 Sant Pere B 92 Bf 99
12140 Sant Pere CS 108 Aa 106
08281 Sant Pere de Comalats B 73 Bd 99
25213 Sant Pere dels Arquells L 72 Bb 99
08338 Sant Pere de Premià = Premià de Dalt B 93 Cc 99
08810 Sant Pere de Ribes B 92 Be 101
08776 Sant Pere de Riudebitlles B 92 Be 100
17813 Sant Pere Despuig GI 74 Cc 95
08572 Sant Pere de Torelló B 74 Cb 96
08458 Sant Pere de Vilamajor = Sant Antoni de Vilamajor B 74 Cc 98
17470 Sant Pere Pescador GI 75 Da 95
08773 Sant Pere Sacarrera B 92 Bd 100
08281 Sant Pere Sallavinera B 73 Bd 98
08281 Sant Pesselaç B 73 Bd 98
17100 Sant Pol GI 75 Da 97
17220 Sant Pol GI 75 Da 98
08395 Sant Pol de Mar B 75 Cd 99
17813 Sant Ponç GI 74 Cc 95
17178 Sant Privat d'en Bas GI 74 Cc 96
08777 Sant Quintí de Mediona B 92 Be 100
08580 Sant Quirze de Besora B 74 Cb 96
08192 Sant Quirze del Vallès B 93 Ca 99
08189 Sant Quirze Safaja B 74 Ca 98
07816 Sant Rafel IB 125 Bc 115
25215 Sant Ramon L 73 Bc 98
08787 Sant Romà B 92 Bd 100
25655 Sant Romà d'Abella L 72 Ba 96
08770 Sant Sadurní d'' Anoia B 92 Be 100
17513 Sant Sadurní de Sovelles GI 74 Ca 96
08504 Sant Sadurní d'Osormort B 74 Cc 97
43130 Sant Salvador T 92 Bd 101
17813 Sant Salvador de Bianya GI 74 Cc 95
08253 Sant Salvador de Guardiola B 73 Be 98
08233 Sant Salvador de les Espases B 73 Bf 99
25638 Sant Salvador de Toló L 72 Ba 96
25592 Sant Sebastià de Buseu L 53 Ba 95
08793 Sant Sebastiá del Gorgs B 92 Be 100
08140 Sant Sebastià de Montmajor B 74 Ca 99
25639 Sant Serni L 72 Af 96
25751 Sant Serni de Llanera L 73 Bc 97
07749 Sant Tomàs IB 93 Ea 109
03818 Santuari de la Font Roja A 158 Zc 117
33557 Santuario de Covadonga AS 32 Uf 89
49331 Santuario de Garbanzal ZA 61 Tf 97
50540 Santuario de Misericordia Z 68 Yc 97
37860 Santuario de Valjimena SA 99 Ud 105
50800 Santuario Virgen del Salz Z 69 Zb 97
39706 Santullán CB 35 We 88
33190 Santullano AS 30 Ua 88
09514 Santurde BU 34 Wd 91
01211 Santurde VI 47 Xb 92
26260 Santurde de Rioja RI 47 Xa 94
26261 Santurdejo RI 47 Xa 94
48980 Santurtzi BI 35 Wf 89
08620 Sant Vicenç dels Horts B 93 Ca 100
08394 Sant Vicenç de Montalt B 74 Cd 99
07811 Sant Vicenç de sa Cala IB 125 Bd 114
08571 Sant Vicenç de Torelló B 74 Cb 96
08273 Sant Vicenç de Vilarassau B 74 Ca 98
22470 San Valero HS 52 Ad 94
22348 San Velián HS 51 Aa 94
12126 San Vicente CS 123 Zd 108
22625 San Vicente HS 51 Zd 94
31480 San Vicente NC 49 Ye 92
26586 San Vicente RI 67 Xe 95
37329 San Vicente SA 81 Ud 103
38417 San Vicente TF 196 Ic 178
06500 San Vicente de Alcántara BA 131 Sf 112
01117 San Vicente de Arana VI 48 Xd 92
05217 San Vicente de Arévalo AV 82 Vb 103
05239 San Vicente de Arévalo AV 101 Ve 105
48901 San Vicente de Barakaldo BI 35 Xa 89
27438 San Vicente de Castillón LU 40 Sc 93
39540 San Vicente de la Barquera CB 33 Vd 88
22360 San Vicente de Labuerda HS 52 Aa 94
49592 San Vicente de la Cabeza ZA 61 Te 98
32348 San Vicente de Leira OR 41 Sf 94
39450 San Vicente de León CB 33 Vf 89
47493 San Vicente del Palacio VA 82 Va 101
03690 San Vicente del Raspeig A 158 Zc 118
09268 San Vicente del Valle BU 47 Wf 94
26131 San Vicente de Robres RI 48 Xe 95
39699 San Vicente de Toranzo CB 34 Wa 89
15175 San Vicente de Vigo C 27 Re 89
09571 San Vicente de Villamezán BU 34 Wa 91
36988 San Vicente do Grove PO 38 Ra 94
09217 San Vicentejo BU 47 Xb 92
15863 San Vicenzo C 26 Rb 91
07720 San Vidal IB 93 Eb 109
39592 San Vincente del Monte CB 33 Ve 89
49523 San Vitero ZA 61 Td 98
39419 San Vítores CB 45 Vf 91
24566 Sanvitul LE 41 Sf 93
36960 Sanxenxo PO 38 Rb 94
36770 Sanxián PO 57 Ra 97
15564 San Xiao C 28 Sa 87
15898 San Xoán C 27 Rc 91
27127 San Xoán LU 28 Sd 90
27233 San Xoán do Alto LU 28 Sc 91
32770 San Xoan do Río OR 40 Se 94
15290 San Xulián C 38 Qf 92
32357 San Xulián OR 41 Sf 94
32769 San Xulián OR 40 Sd 94
15592 San Xurxo da Mariña C 27 Re 87
27751 San Xurxo de Lourenzá LU 29 Se 88
15147 San Xusto C 26 Rb 89
01427 San Zadornil BU 47 Wf 91
33736 Sanzo AS 29 Ta 89
49152 Sanzoles ZA 81 Uc 100
05289 Saornil de Voltoya AV 101 Vc 104
07579 Sa Pastores IB 127 Db 110
22583 Sapeira L 53 Ae 95
07315 Sa Plana IB 126 Cf 109
07688 Sa Plana Vella IB 127 Db 112
07420 Sa Pobla IB 127 Da 110
04890 Sapos, Los AL 186 Xc 125
07530 Sa Punta IB 127 Db 111
Sa Punta IB 127 Db 112
48820 Saracho BI 35 Wf 89
01468 Saracho VI 35 Wf 90
31438 Saragüeta NC 49 Yd 91
15885 Sárandón C 39 Rd 92
25289 Saranyana L 73 Bc 96
07639 Sa Ràpita IB 127 Cf 112
31892 Sarasa NC 49 Yb 91
31892 Sarasate NC 49 Yb 91
31698 Sarasíbar NC 49 Yc 91
09216 Saraso BU 47 Xc 92
22366 Saravillo HS 52 Ab 93
39555 Sarceda CB 33 Vd 89
22613 Sardás HS 51 Ze 93
35110 Sardina GC 200 Kd 181
35469 Sardina GC 200 Kb 180
41350 Sardinero SE 165 Ub 122
46354 Sardineros, Los V 141 Ye 112
27543 Sardiñeira LU 40 Sc 93
15153 Sardiñeiro C 26 Qe 91
15153 Sardiñeiro de Abaixo C 26 Qe 91
47340 Sardoncillo o La Granja VA 64 Vc 99
47340 Sardón de Duero VA 64 Vc 99
37148 Sardón de los Álamos SA 80 Te 102
37172 Sardón de los Frailes SA 80 Te 101
24393 Sardonedo LE 43 Ua 93
07609 S''Arenal IB 126 Ce 111
03819 Sarga, La A 158 Zd 117
27891 Sargadelos LU 26 Sd 87
07849 S''Argamassa IB 125 Bd 115
03420 Sarganella A 158 Zc 117
03698 Sarganella, La A 158 Zc 118
09145 Sargentes de la Lora BU 46 Wa 92
33311 Sariego AS 31 Ud 88
24121 Sariegos LE 43 Uc 93
17255 sa Riera GI 75 Db 97
22200 Sariñena HS 70 Zf 98
42175 Sarnago SO 67 Xe 96
39639 Saro CB 34 Wb 89
07819 Sa Roca Llisa IB 125 Bc 115
39626 Sarón CB 33 Wa 89
09620 Sarracín BU 46 Wb 95
07150 S''Arraco IB 126 Cc 111
43424 Sarral T 91 Bb 100
12184 Sarratella CS 108 Aa 107
22330 Sarratillo HS 52 Aa 94
22330 Sarrato HS 52 Aa 94
32631 Sarreaus OR 59 Sc 96
27600 Sarria LU 40 Sd 92
01130 Sarría VI 35 Xb 91
17840 Sarrià de Dalt GI 75 Ce 96
17840 Sarrià de Ter GI 75 Ce 96
31451 Sarriés = Sartze NC 50 Yf 91
44460 Sarrion TE 123 Zb 108
25175 Sarroca = Sarroca de Lleida L 90 Ad 100
25555 Sarroca de Bellera L 53 Af 94
22149 Sarsa de Surta HS 51 Aa 95
22809 Sarsamarcuello HS 50 Zb 95
31580 Sartaguda NC 48 Xf 94
45632 Sartajada TO 100 Vb 107
10691 Sartalejo de Abajo CC 114 Te 108
04200 Sartenilla AL 186 Xd 126
07730 S''Artiga Velle IB 93 Ea 109
31451 Sartze = Sarriés NC 50 Yf 91
22374 Sarvisé HS 51 Zf 93
25555 Sas L 53 Af 94
22583 Sas, El HS 52 Ae 95
22611 Sasa HS 51 Ze 93
22192 Sasa del Abadiado HS 70 Ze 95
22714 Sasal HS 51 Zd 93
09123 Sasamón BU 45 Vf 94
07870 Sa Savina IB 125 Bc 116
32794 Sas de Penelas OR 40 Sd 94
32751 Sas do Monte OR 40 Sd 95
27791 Sasdónigas LU 28 Sd 88
22372 Sasé HS 51 Zf 93
09216 Sáseta BU 47 Xc 92
07400 Sas Pasteras IB 127 Db 109
50780 Sástago Z 89 Zd 101
31448 Sastoya NC 49 Ye 92
07198 Sa Tanca IB 126 Ce 111
07450 Sa Teulada IB 127 Da 110
07609 Sa Torre IB 126 Ce 112
07510 Sa Torre IB 127 Da 111
07712 Sa Torre Blanca IB 93 Eb 109
07730 Sa Torre Nova IB 93 Ea 109
31850 Satrústegui NC 49 Ya 91
22613 Satué HS 51 Ze 93
17255 sa Tuna GI 75 Db 97
20830 Saturraran SS 36 Xd 89
25796 Saubanyà L 54 Bc 95
29262 Saúca GU 86 Xc 102
10639 Sauceda CC 98 Td 107
29391 Sauceda, La MA 189 Uc 129
10390 Saucedilla CC 115 Ub 109
41650 Saucedilla SE 182 Uf 126
29570 Saucedillas MA 182 Vc 128
41650 Saucejo, El SE 182 Uf 126
37257 Saucelle SA 79 Tb 102
05696 Sauces, Los AV 99 Uc 106
38729 Sauces, Los TF 197 Hb 176
04897 Saúco AL 186 Xc 125
18891 Saúco, El GR 170 Xd 123
25795 Saulet L 53 Bb 94
42138 Sauquillo de Alcázar SO 67 Xf 99
42218 Sauquillo de Boñices SO 67 Xe 99
40351 Sauquillo de Cabezas SG 83 Vf 101
42216 Sauquillo del Campo SO 85 Xd 100
42315 Sauquillo de Paredes SO 85 Xa 100
25567 Sauri L 53 Ba 94
17467 Saus GI 75 Cf 96
38360 Sauzal TF 197 Id 178
07640 Sa Vall IB 127 Da 113
43427 Savallá del Condado = Savallà del Comtat T 92 Bb 99
07690 Sa Vallet IB 127 Da 113
07520 Sa Valleta IB 127 Da 111
08519 Savassona B 74 Cc 97
07013 Sa Vileta IB 126 Cd 111
07638 Sa Vinyoleta IB 127 Cf 112
03630 Sax A 158 Zb 117
29752 Sayalonga MA 184 Vf 128
19119 Sayatón GU 103 Xa 106
46810 Saytán, El V 142 Zb 115
24439 Scancedo LE 41 Tc 93
32358 Seadur OR 41 Sf 94
33618 Seana AS 31 Ub 89
25262 Seana L 72 Af 99
27774 Seara, A LU 28 Sd 87
27328 Seara, A LU 41 Sf 93

32821 Seara, A OR 58 Rf 95
33769 Seares AS 29 Sf 88
15147 Seavia C 26 Rb 90
51001* Sebta = Ceuta 191 Ue 133
40380 Sebúlcor SG 83 Wa 101
24630 Seca, La LE 43 Uc 92
42291 Seca, La SO 66 Xb 99
47491 Seca, La VA 82 Va 100
10400 Secadero del Sauce CC 115 Ub 108
18420 Secano GR 184 Wd 127
24273 Secarejo LE 43 Ub 93
22439 Secastilla HS 71 Ab 95
27325 Seceda LU 41 Se 93
18129 Seco de Lucena GR 183 Wa 126
22623 Secorún HS 51 Zf 94
24155 Secos de Porma LE 43 Ud 93
43765 Secuita, La T 92 Bb 101
09142 Sedano BU 46 Wb 92
46910 Sedaví V 142 Zd 112
29715 Sedella MA 184 Vf 127
15596 Sedes C 27 Rf 87
50334 Sediles Z 87 Yc 100
25212 Sedó L 72 Bb 98
27545 Segán LU 40 Sb 92
46592 Segart V 124 Zd 110
02487 Sege AB 155 Xe 119
12400 Segorbe CS 123 Zd 109
40001 Segovia SG 83 Vf 103
42167 Segoviela SO 67 Xd 97
37607 Segoyuela de los Conejos SA 98 Tf 105
33557 Següenco AS 32 Uf 89
31190 Següés NC 49 Yb 92
25271 Segur B 73 Bc 98
20214 Segura SS 36 Xe 90
23379 Segura de la Sierra J 155 Xc 119
06270 Segura de León BA 148 Tc 120
44793 Segura de los Baños TE 88 Za 103
10739 Segura de Toro CC 98 Ua 107
43882 Segur de Calafell T 92 Bd 101
45621 Segurilla TO 116 Va 108
03579 Seguró A 159 Zd 117
22463 Seira HS 52 Ac 94
25712 Seix L 53 Bb 94
15567 Seixas C 28 Sa 87
15530 Seixas C 26 Rf 87
27671 Seixo LU 41 Sf 92
36913 Seixo PO 38 Rb 94
27229 Seixón LU 28 Sb 90
27241 Seixosmil LU 29 Se 89
49515 Sejas de Aliste ZA 60 Td 98
49317 Sejas de Sanabria ZA 61 Td 96
36494 Sela PO 58 Rd 96
19346 Selas GU 86 Xf 103
39696 Selaya CB 34 Wb 89
39638 Sel de la Carrera CB 34 Wa 90
39682 Sel de la Peña CB 34 Wa 90
24275 Selga de Ordás LE 43 Ub 92
22415 Selgua HS 71 Aa 97
03519 Sella A 159 Ze 117
46295 Sellent V 142 Zc 114
36517 Sello PO 39 Rf 92
36318 Sello PO 57 Rb 95
25591 Sellui L 53 Ba 94
43815 Selma T 92 Bc 100
39510 Selores CB 33 Ve 89
07313 Selva IB 127 Cf 110
25286 Selva, La L 73 Bd 96
43470 Selva del Camp, La T 91 Ba 101
17489 Selva de Mar, La GI 56 Db 95
25211 Selvanera L 72 Bb 98
33845 Selviella AS 30 Te 89
19237 Semillas GU 85 Wf 102
50130 Seminario, El Z 88 Zb 101
46839 Sempere V 142 Zd 115
22230 Sena HS 70 Zf 98
24145 Sena de Luna LE 42 Ua 91
43449 Senan T 91 Ba 100
07140 Sencelles IB 127 Cf 111
01439 Sendadiano VI 47 Xa 91
22666 Senegüé HS 51 Zd 93
22253 Senés de Alcubierre HS 70 Zd 97
25553 Senet L 53 Ae 93
43560 Sénia, La T 108 Ab 105
03729 Senija A 159 Aa 116
44561 Seno TE 108 Zd 104
24136 Senra LE 42 Tf 91
36511 Senra PO 39 Sa 93
25693 Sensui L 72 Af 95
25514 Senterada L 53 Af 95
08505 Sentfores B 74 Cb 97
25555 Sentís L 53 Ae 94
25617 Sentiu de Sió, La L 72 Af 98
08181 Sentmenat B 74 Ca 99
25794 Senyús L 72 Bb 95
22450 Senz HS 52 Ac 94
39778 Seña CB 34 Wd 88
22366 Señés HS 52 Ab 93
10252 Señora CC 115 Ub 111
42216 Señuela SO 86 Xd 100
27325 Seoane LU 41 Sf 93
27117 Seoane LU 29 Sf 90
32369 Seoane OR 60 Ta 95
32560 Seoane de Arriba OR 59 Sf 96
32790 Seoane Vello OR 40 Sc 95
37638 Sepulcro-Hilario SA 98 Te 104
37494 Sepúlveda SA 98 Te 104
40300 Sepúlveda SG 84 Wb 101
42167 Sepúlveda de la Sierra SO 67 Xd 97
27329 Sequeiros LU 41 Se 94
09462 Sequera de Haza, La BU 83 Wb 99
40517 Sequera del Fresno SG 84 Wc 100
37650 Sequeros SA 98 Tf 105
15862 Ser C 26 Rb 91
27437 Seragude LU 40 Sc 94
33726 Serandinas AS 29 Tb 88
15994 Seráns C 38 Qf 93
15287 Serantes C 38 Ra 92
15595 Serantes C 27 Re 87
15177 Serantes C 27 Re 88
22375 Sercué HS 51 Aa 93
27299 Serén LU 28 Sb 90
04288 Serena AL 187 Ya 125
27126 Serés LU 28 Sd 90
15881 Sergude C 39 Rd 92
33697 Serín AS 31 Ub 87
17852 Serinyà GI 75 Ce 95
05197 Serna, La AV 100 Vb 105
39230 Serna, La CB 45 Wa 91
16152 Serna, La CU 105 Ya 107
23612 Serna, La J 168 Ve 122
24879 Serna, La LE 44 Ue 92
34128 Serna, La P 44 Vc 94
28737 Serna del Monte, La MD 84 Wc 102
32644 Serois OR 58 Sb 97
04890 Serón AL 186 Xc 124
42127 Serón de Nágima SO 86 Xe 100
25183 Seròs L 90 Ac 100
21342 Serpos H 163 Tb 122
46118 Serra V 123 Zd 110
17176 Serra, La GI 74 Cc 96
17310 Serrabrava GI 75 Cf 98
40510 Serracín SG 84 Wd 101
49591 Serracín de Aliste ZA 61 Te 97
47239 Serrada VA 82 Va 100
05192 Serrada, La AV 100 Vb 105
28195 Serrada de la Fuente MD 84 Wc 103
43746 Serra d'Almos, La T 91 Ae 102
17133 Serra de daró GI 75 Da 96
25516 Serradell L 53 Af 95
15230 Serra de Outes, A C 38 Ra 91
25747 Serra de Rialb, La L 72 Bb 97
03769 Serra de Segària A 143 Zf 115
02200 Serradiel AB 141 Yd 113
10530 Serradilla CC 114 Tf 110
37531 Serradilla del Arroyo SA 98 Td 105
37530 Serradilla del Llano SA 98 Td 105
15127 Serrami C 26 Ra 90
03699 Serra Mitjana A 158 Zc 118
37497 Serranillo SA 97 Tb 104
05115 Serranillos AV 100 Va 106
28979 Serranillos del Valle MD 102 Wa 107
11500 Serrano CA 188 Te 129
30879 Serranos, Los MC 172 Ye 123
36139 Serrapio PO 39 Rd 93
AD300 Serrat, El □ AND 54 Bd 93
03409 Serrata, La A 157 Za 117
22451 Serrate HS 52 Ac 94
08673 Serrateix B 73 Be 97
03100 Serratella A 158 Zd 117
46670 Serratella V 142 Zd 114
29471 Serrato MA 182 Va 127
32849 Serreaus OR 58 Sa 96
10528 Serrejón CC 115 Ub 110
44158 Serrerías TE 107 Zb 104
15259 Serres C 38 Qf 92
43791 Serres T 90 Ad 101
03670 Serreta A 158 Zb 118
50295 Serreta, La Z 68 Ye 99
34192 Serrón, El P 63 Vc 96
50780 Sertusa Z 89 Zd 101
22625 Serué HS 51 Zd 94
18270 Serval GR 183 Vf 124
04870 Serval, El AL 171 Xd 124
18812 Servalillo GR 170 Xa 123
22366 Serveto HS 52 Ab 93
32626 Servoi OR 59 Sd 96
22110 Sesa HS 70 Ze 97
07142 Ses Alqueries IB 126 Cf 111
24434 Sésamo LE 41 Tc 92
15819 Sesar C 27 Re 91
07769 Ses Arenes de Dalt IB 93 Df 108
07184 Ses Barraques IB 126 Cc 111
07839 Ses Cases Noves IB 125 Bb 115
07812 Ses Cases Velles IB 125 Bc 114
07828 Ses Casetes IB 125 Bc 114
07638 Ses Covetes IB 127 Cf 112
45223 Seseña TO 118 Wb 108
45224 Seseña Nuevo TO 118 Wc 108
07570 Ses Eretes IB 127 Db 110
46140 Sesga V 122 Ye 108
07190 S'' Esgleieta IB 126 Cd 111
31293 Sesma NC 48 Xf 94
07600 Ses Meravelles IB 126 Ce 111
14749 Sesmos, Los CO 166 Ue 122
49550 Sesnández ZA 61 Tf 98
07142 Ses Olleries IB 126 Ce 111
07820 Ses Paisses IB 125 Bb 115
07609 Ses Palmeres IB 126 Ce 112
07688 S''Espinegar Vell IB 127 Db 112
07209 Ses Puntes IB 127 Da 112
07190 Ses Rotgetes de Canet IB 126 Cd 111
07640 Ses Salines IB 127 Da 112
07748 Ses Salines IB 93 Ea 108
07629 S''Estacar IB 127 Cf 111
15284 Sestaio C 38 Qf 92
07639 S''Estanyol de Migjorn IB 127 Cf 112
15822 Sestelo C 39 Re 91
36526 Sesto PO 39 Rf 92
50248 Sestrica Z 87 Yc 100
22467 Sesué HS 52 Ac 93
36446 Setados PO 57 Rd 96
39706 Setares CB 35 We 88
17869 Setcases GI 55 Cb 94
41440 Setefilla SE 165 Ud 122
11692 Setenil de las Bodegas CA 182 Ue 127
27615 Seteventos LU 40 Se 92
19324 Setiles GU 105 Yc 104
03779 Setla A 143 Aa 115
03839 Setla de Núñez A 142 Zd 116
31698 Setoáin NC 49 Yc 91
25700 Seu d'Urgell, La L 54 Bc 94
08553 Seva B 74 Cb 97
41001* Sevilla SE 179 Tf 124
28609 Sevilla la Nueva MD 102 Vf 106
06620 Sevillana, La BA 134 Ud 115
14749 Sevillana, La CO 166 Ue 121
41440 Sevillano, El SE 165 Ud 122
45671 Sevilleja de la Jara TO 116 Va 111
37497 Sexmiro SA 97 Tb 104
29580 Sexmo MA 191 Vc 128
10520 Sexta Suerte Tiro Barra CC 115 Ub 109
07460 S''Horta IB 127 Da 109
07669 S''Horta Nova IB 127 Db 112
07500 S''Hort d''en Oleza IB 127 Db 111
07740 S''Hort de Sant Diego IB 93 Ea 108
25651 Siall L 72 Ba 96
36886 Sibei PO 58 Re 95
25222 Sidamon L 72 Ae 99
11500 Sidueño CA 188 Te 129
33579 Siejo AS 33 Vc 89
19269 Sienes GU 85 Xc 101
33510 Siero = Pola de Siero AS 31 Uc 88
24911 Siero de la Reina LE 32 Va 91
37762 Sierpe, La SA 98 Ua 105
02513 Sierra AB 156 Yc 117
48891 Sierra BI 34 Wd 89
21860 Sierra H 164 Tc 124
29491 Sierra MA 189 Ue 129
06290 Sierra, La BA 149 Te 118
11687 Sierra, La CA 181 Ud 127
22320 Sierra, La HS 71 Ab 95
29493 Sierra, La MA 189 Ue 129
23150 Sierra de Alta Coloma J 168 Wb 123
06429 Sierra de Castuera BA 150 Ud 116
33681 Sierra de Conforcos AS 31 Uc 90
10181 Sierra de Fuentes CC 133 Te 112
02534 Sierra de Huebras AB 155 Xd 120
39509 Sierra de Ibio CB 33 Vf 89
49593 Sierra de la Culebra ZA 60 Tc 97
04810 Sierra de las Estancias AL 171 Xd 124
23330 Sierra de las Villas J 154 Xb 119
30528 Sierra del Escabezado MC 157 Yd 117
50614 Sierra de los Blancos Z 69 Zb 95
02350 Sierra del Relumbrar AB 155 Xb 117
50612 Sierra de Luna Z 69 Za 96
50682 Sierra de Orba Z 50 Za 93
22611 Sierra de Picardiello HS 51 Ze 94
30177 Sierra de Ponce o Cambrón MC 172 Yb 121
11500 Sierra de San Cristóbal CA 188 Te 129
11650 Sierra de Santa Lucía CA 181 Uc 127
10894 Sierra de Santa Olalla CC 113 Tb 108
29328 Sierra de Yeguas MA 182 Va 126
12182 Sierra Engarcerán CS 108 Zf 107
22806 Sierra Estronad Z 50 Zb 95
06370 Sierra Gorda BA 148 Tc 118
44313 Sierra Menera TE 106 Yc 104
14550 Sierra o Buenavista, La CO 167 Vc 123
18460 Sierra Yegen GR 185 Wf 127
04878 Sierro AL 186 Xd 125
23660 Sierro Ahillo J 168 Vf 123
22142 Sieso de Huesca HS 70 Zf 96
22624 Sieso de Jaca HS 51 Zc 94
22349 Sieste HS 51 Aa 94
22121 Siétamo HS 70 Ze 96
46392 Siete Aguas V 123 Za 112
03316 Siete Casas A 157 Yf 120
28753 Sieteiglesias MD 84 Wc 103
37892 Sieteiglesias de Tormes SA 99 Uc 104
47511 Siete Iglesias de Trabancos VA 81 Ue 100
28491 Siete Picos MD 102 Vf 104
33311 Sietes AS 31 Ud 88
05357 Sigeres AV 100 Va 104
15181 Sigrás C 27 Rd 89
15888 Sigüeiro C 27 Rd 91
19250 Sigüenza GU 85 Xc 102
40590 Siguero SG 84 Wc 101
40590 Sigueruelo SG 84 Wc 101
50682 Sigüés Z 50 Yf 93
06427 Sijuela BA 150 Ud 117
27837 Silán LU 28 Sc 87
09219 Silanes BU 47 We 93
14670 Silera CO 167 Ve 122
14813 Sileras CO 168 Vf 124
23380 Siles J 155 Xc 118
14110 Silillos CO 166 Uf 122
39438 Silio CB 33 Vf 90
46460 Silla V 142 Zd 112
18183 Sillar Alta GR 185 Wd 124
18181 Sillar Baja GR 185 Wd 124
36540 Silleda PO 39 Re 92
23338 Sillero J 170 Wf 120
07687 S''Illot IB 127 Dc 111
45860 Silo del Tío Pavía TO 119 Wd 111
38479 Silos, Los TF 196 Ib 178
21310 Silos de Calañas H 163 Ta 122
45860 Silos de la Atalaya TO 119 Wd 111
17410 Sils GI 75 Ce 98
15185 Silva, A C 27 Rc 90
27111 Silvachá LU 29 Sf 89
24388 Silván LE 41 Tb 94
27228 Silvela LU 28 Sa 90
06519 Silvestre BA 131 Sf 113
15240 Silvosa C 38 Ra 92
47130 Simancas VA 63 Vb 99
16709 Simarro, El CU 139 Xe 112
46750 Simat de la Valldigna V 142 Ze 114
36969 Simes PO 38 Rb 94
30397 Simonetes, Los MC 173 Yf 122
22366 Sín HS 52 Ab 93
46320 Sinarcas V 122 Ye 110
07141 S''Indiotería IB 126 Ce 111
07510 Sineu IB 127 Da 111
30410 Singla MC 171 Ya 120
12185 Single, El CS 108 Aa 107
44382 Singra TE 106 Ye 105
05215 Sinlabajos AV 82 Vb 102
47329 Sinova, La VA 64 Vd 98
09450 Sinovas BU 65 Wc 98
22860 Sinués HS 50 Zc 93
09589 Siones BU 34 We 90
22141 Sipán HS 70 Ze 95
22790 Siresa HS 50 Zb 92
27568 Sirgal LU 40 Sb 92
06650 Siruela BA 135 Uf 115
27234 Sirván LU 40 Sb 91
15106 Sísamo C 26 Rb 89
50227 Sisamón Z 86 Xf 101
36638 Sisán PO 38 Rb 94
16700 Sisante CU 139 Xe 112
45006 Sisla, La TO 118 Vf 109
15369 Sismundi C 26 Sa 86
27379 Sisoi LU 28 Sc 89
AD400 Sispony □ AND 54 Bd 93
25213 Sisquella, La L 72 Bb 99
25165 Sisquella, La L 91 Ae 100
08618 Sisquer B 73 Be 96
27377 Sistallo LU 28 Sc 89
33812 Sisterna AS 29 Tc 91
25212 Sisteró L 72 Bb 98
20738 Sistiaga SS 36 Xe 90
32765 Sistín OR 40 Sd 94
15851 Sisto C 26 Ra 90
36516 Sisto PO 39 Rf 93
08870 Sitges B 92 Be 101
29649 Sitio de Calahonda MA 191 Vb 129
49624 Sitrama de Tera ZA 61 Ua 96
17469 Siurana GI 75 Cf 95
17515 Siuret GI 74 Cb 96
36668 Soar PO 39 Rc 93
39808 Soba CB 34 Wc 89
39627 Sobarzo CB 34 Wa 88
22611 Sobás HS 51 Ze 94
15578 Sobecos C 27 Re 87
27460 Sober LU 40 Sc 94
17161 Sobirà, El GI 74 Cd 97
27150 Sobrada LU 28 Sc 90
32336 Sobradelo OR 41 Ta 94
50629 Sobradiel Z 69 Yf 98
37246 Sobradillo SA 79 Tb 103
49174 Sobradillo de Palomares ZA 80 Ua 100
15813 Sobrado C 27 Rf 90
24567 Sobrado LE 41 Ta 93
27680 Sobrado LU 40 Se 91
32212 Sobrado OR 58 Rf 95
32100 Sobral OR 40 Sa 94
36150 Sobral PO 39 Rc 94
22583 Sobrecastell HS 52 Ae 95
33996 Sobrecastiello AS 31 Ue 90
33557 Sobrefoz AS 32 Ue 89
32644 Sobreganada OR 58 Sb 96
32140 Sobreira OR 39 Sa 94
39550 Sobrelapeña CB 33 Vd 89
Sobremazas CB 34 Wb 88
08589 Sobremunt B 74 Ca 96
39250 Sobrepenilla CB 45 Wa 92
09557 Sobrepeña BU 34 Wc 91
17141 Sobrestany GI 75 Da 96
08553 Sobrevia B 74 Cb 97
01423 Sobrón VI 47 Wf 92
50669 Socarrada, La Z 68 Ye 96
03408 Sochantre, El A 158 Za 116
38713 Socorro, El TF 197 Hb 177
38509 Socorro, El TF 197 Id 179
02435 Socovos AB 156 Ya 119
13630 Socuéllamos CR 138 Xb 113
39813 Socueva CB 34 Wc 89
48830 Sodupe BI 35 Wf 89
15108 Sofán C 26 Rc 89
50696 Sofuentes Z 49 Ye 94
49270 Sogo ZA 80 Ua 100
33193 Sograndio AS 31 Ua 88
24249 Soguillo del Páramo LE 43 Ub 95
33790 Soirana AS 29 Tc 87
26376 Sojuela RI 48 Xc 94
33187 Solad AS 31 Ub 88
10373 Solana CC 115 Ud 112
29492 Solana MA 190 Ue 129
30835 Solana MC 172 Yc 123
03579 Solana, La A 159 Ze 117
03409 Solana, La A 158 Zb 116
03659 Solana, La A 157 Yf 118
03400 Solana, La A 158 Zb 117
02127 Solana, La AB 156 Xf 116
13240 Solana, La CR 138 We 115
18183 Solana, La GR 185 Wd 125
23393 Solana, La J 155 Xc 118
03669 Solana Alta, La A 157 Za 118
03669 Solana Baixa, La A 158 Za 118
05691 Solana de Ávila AV 99 Uc 107
24648 Solana de Fenar LE 43 Uc 92
35368 Solana del Chorrillo, La GC 200 Kc 181
06209 Solana de los Barros BA 148 Tc 116
13593 Solana del Pino CR 152 Vf 118
23314 Solana de Padilla J 155 Xb 120
04830 Solana de Pontes, La AL 171 Xf 122
05149 Solana de Rioalmar AV 100 Uf 104
23314 Solana de Torralba J 169 We 121
05593 Solanas del Carrascal, Las AV 99 Ud 106
41370 Solanas del Valle SE 165 Ua 121
09127 Solanas de Valdelucio BU 45 Vf 92
25712 Solanell L 53 Bc 94
08281 Solanelles B 73 Bd 98
04430 Solaneta, La AL 186 Xb 127
02314 Solanilla AB 155 Xc 116
22622 Solanilla HS 51 Ze 94
22336 Solanilla HS 52 Ab 94
24228 Solanilla LE 43 Ud 93
13594 Solanilla del Tamaral CR 153 Wa 118

19491 Solanillos del Extremo GU 104 Xb 104
09133 Solano BI 45 Wa 93
29170 Solano MA 183 Ve 127
25714 Solans L 53 Bb 95
Solares CB 34 Wb 88
48288 Solarte BI 36 Xc 88
17534 Solà-Ventolà GI 55 Ca 95
31395 Solchaga NC 49 Yc 93
12182 Sol de la Foia, El CS 108 Zf 107
03698 Sol del Camp A 158 Zc 118
07181 Sol de Mallorca IB 126 Cd 112
AD100 Soldeu □ AND 54 Be 93
27328 Soldón LU 41 Sf 93
09249 Solduengo BU 46 Wd 93
19283 Soledad, La GU 86 Xd 102
21610 Soledad, La H 177 Ta 125
22480 Soler, El HS 71 Ac 95
23569 Solera J 169 Wd 122
16216 Solera del Gabaldón CU 121 Ya 110
25163 Soleràs, El L 91 Ae 100
04647 Soleres, Los AL 171 Yb 124
11400 Solete Alto, El CA 188 Tf 129
42223 Soliedra SO 86 Xd 100
12560 Sol i Mar CS 124 Aa 108
17246 Solius GI 75 Cf 98
22584 Soliva HS 72 Ad 95
43412 Solivella T 91 Bb 100
07816 S'Olivera IB 125 Bc 115
22587 Soliveta HS 71 Ae 95
46430 Sollana V 142 Zd 113
48860 Sollano-Llantada BI 35 Wf 89
44145 Sollavientos TE 107 Zc 106
24857 Solle LE 32 Ue 91
15240 Solleiros C 38 Ra 92
07100 Sóller IB 126 Ce 110
07340 Solleric IB 126 Ce 110
39738 Solórzano CB 34 Wc 88
05130 Solosancho AV 100 Va 105
25280 Solsona L 73 Bd 97
18196 Solynieve GR 185 Wd 126
42257 Somaén SO 86 Xe 101
39400 Somahoz CB 33 Vf 89
26313 Somalo RI 47 Xb 94
22752 Somanés HS 50 Zb 93
01307 Somaniego VI 47 Xb 93
39490 Somballe CB 33 Vf 90
38589 Sombrera TF 196 Id 179
07620 Som de Baix IB 126 Ce 111
33840 Somiedo AS 30 Te 90
33203 Somio AS 31 Uc 87
39140 Somo CB 34 Wb 88
19275 Somolinos GU 85 Wf 101
04877 Somontín AL 186 Xd 124
28223 Somosaguas MD 102 Wb 106
28756 Somosierra MD 84 Wc 102
27578 Somoza LU 40 Sa 92
15565 Somozas, As C 28 Sa 87
27653 Son LU 41 Sf 91
07750 So N'' Abalzer IB 93 Df 108
39780 Sonabia CB 34 We 88
07629 Son Agusti IB 126 Cf 111
07690 So N''Alegre IB 127 Da 112
07509 So N''Amer IB 127 Da 111
07748 So N''Ametler IB 93 Df 108
07509 Son Amoixa IB 127 Db 111
07769 So N'' Angel IB 93 Df 108
07190 Son Antich IB 126 Cd 110
07769 So Na Parets Nou IB 93 Df 109
07750 Son Arro Gran IB 93 Ea 109
07194 Son Balagner IB 126 Cc 111
07190 Son Bauza IB 126 Cd 111
07590 Son Besso IB 127 Dc 110
07639 Son Bielo IB 127 Cf 112
07519 Son Bisbal IB 127 Da 110
07150 Son Bosc IB 126 Cc 111
07609 Son Boscana IB 127 Cf 112
07730 Son Bou de Baix IB 93 Ea 109
07469 Son Bruy IB 127 Da 109
07639 Son Busquerret IB 127 Cf 112
07240 Son Calderer IB 127 Da 111
07500 Son Campanario IB 127 Db 111
07749 Son Carabata IB 93 Ea 109
07540 Son Carrio IB 127 Db 111
07609 Son Catany IB 126 Cf 112
07511 Son Cervera IB 127 Cf 111
09572 Soncillo BU 34 Wb 91
07210 Son Coll Vell IB 127 Cf 111
07659 Son Corne Pons IB 127 Da 112
07730 Son Costas IB 93 Ea 109
07690 Son Danuset IB 127 Da 112
07609 Son Delebau Nou IB 126 Ce 112
44712 Son del Puerto TE 106 Za 104
25589 Son de Pino = Son L 53 Ba 93
07260 Son Doctor IB 127 Da 111
12480 Soneja CS 123 Zd 110
07769 Son Escudero IB 93 Df 108
07170 Son Ferrandell IB 126 Cd 110
07007 Son Ferriol IB 126 Ce 111
07750 Son Fonoll IB 93 Df 109
07509 Son Gall Vell IB 127 Db 111
07609 Son Garauet IB 127 Cf 112
07620 Son Garcies de S''Aljub IB 126 Ce 111
07260 Son Gornals IB 127 Da 111
07340 Son Grau IB 126 Ce 110
07199 Son Gual IB 126 Ce 111
07529 Son Guillot IB 127 Da 111
07144 So N''Horrac IB 127 Cf 110
07509 Son Joan Jaume IB 127 Da 111
07220 Son Llubi IB 127 Cf 111
07509 Son Macià IB 127 Db 111
07769 Son March IB 93 Df 109
07459 Son Mari IB 127 Db 110
07609 Son Marranet IB 127 Cf 112
07750 Son Martorellet IB 93 Ea 109
07579 Son Mascaro IB 127 Db 110
07142 Son Matzina IB 126 Ce 111
07209 Son Mesquida IB 127 Da 112
07609 Son Mesquida IB 127 Cf 112
07210 Son Mesquida IB 127 Cf 111
07500 Son Mesquida Vell IB 127 Db 111
07579 Son Morei Vell IB 127 Dc 110
07560 Son Moro IB 127 Dc 111
07639 Son Moro IB 126 Cf 112
07208 Son Moro IB 127 Da 112
07170 Son Morp IB 126 Cd 110
07450 Son Morro IB 127 Da 110
07769 Son Morro IB 93 De 109
07100 Son Muleta IB 126 Cd 110
07110 Son Muntaner IB 126 Ce 111
07540 Son Negre IB 127 Db 111
07208 Son Negre IB 127 Da 112
07638 Son N''Elegant IB 127 Da 112
07630 Son Nicolan IB 127 Da 112
07194 Son Noguera IB 126 Cd 111
07369 So N''Odre IB 126 Cf 110
07760 Son Oleo IB 93 De 109
07170 Son Oleza IB 126 Cd 110
07320 Son Oliver IB 126 Ce 110
07199 So N''Oliveret IB 126 Ce 111
07220 Son Palou Nou IB 127 Cf 111
07740 Son Parc IB 93 Ea 108
07440 Son Parera IB 127 Da 110
07639 Son Pau IB 127 Cf 112
07620 Son Perdiuet IB 126 Ce 112
07110 Son Perot IB 126 Ce 110
07184 Son Pieras IB 126 Cd 111
07769 Son Planas IB 93 Df 108
07769 Son Pomar IB 93 Df 108
07250 Son Pou Nou IB 127 Da 111
07730 Son Puig Gran IB 93 Ea 109
07170 Son Puing IB 126 Cd 110
07208 Son Ramonet IB 127 Da 112
07529 Son Ribot IB 127 Da 111
07010 Son Roca IB 126 Cd 111
07510 Son Rossinyol IB 127 Da 111
07769 Son Salomón IB 93 De 108
07620 Son Sampoli IB 127 Cf 111
07440 Son San Marti IB 127 Da 110
07520 Son Santandreu IB 127 Da 111
07120 Son Sardina IB 126 Cd 111
07609 Son Sart IB 127 Cf 112
07260 Son Sastre IB 127 Cf 111
07210 Son Sastre Vell IB 127 Cf 111
07184 Son Satre IB 126 Cd 111
07740 Son Saura IB 93 Ea 108
45100 Sonseca TO 118 Wa 110
07579 Son Serra de Marina IB 127 Db 110
07193 Son Serralta IB 126 Cd 111
07459 Son Serra Nou IB 127 Db 110
07550 Son Servera IB 127 Dc 111
07691 Son Sestri IB 127 Da 112
40194 Sonsoto SG 83 Vf 103
07630 Son Suan IB 127 Da 110
07740 Son Tema IB 93 Eb 109
07609 Son Texiquet IB 126 Ce 112
07638 Son Toni Amer IB 127 Da 112
07769 Son Toni Marti IB 93 Df 108
07260 Son Valent IB 127 Da 111
07209 Son Valls de Pac IB 127 Da 111
07230 Son Valls de Satre IB 127 Cf 111
07769 Son Ve Ce Te IB 93 Df 109
07630 Son Virgili IB 127 Cf 112
07750 Son Vives IB 93 Ea 108
07630 Son Xorc IB 127 Da 112
07220 Son Xotano IB 127 Cf 111
15168 Soñeiro C 27 Re 89
35558 Sóo GC 198 Mc 174
04638 Sopalmo AL 187 Ya 126
22583 Sopeira HS 53 Ae 95
48600 Sopelana BI 35 Xa 88
39409 Sopenilla CB 33 Vf 89
39510 Sopeña CB 33 Ve 89
39213 Sopeña CB 33 Vf 91
24719 Sopeña de Carneros LE 42 Tf 94
09589 Sopeñano BU 34 Wd 90
22583 Soperún HS 52 Ad 95
18410 Soportújar GR 185 Wd 127
14512 Soprán CO 167 Vb 124
48190 Sopuerta BI 35 Wf 89
08588 Sora B 74 Ca 96
20140 Sorabilla SS 36 Xf 89
20590 Soraluce-Placencia de las Armas SS 36 Xd 89
31194 Sorauren NC 49 Yc 91
08612 Sorba B 73 Be 97
04270 Sorbas AL 187 Xf 126
24478 Sorbeda del Sil LE 42 Tc 92
09128 Sordillos BU 45 Vf 94
32847 Sordos OR 58 Sa 96
35128 Soria GC 200 Kb 181
42003 Soria SO 67 Xd 98
22589 Soriana HS 71 Ad 96
37777 Sorihuela SA 99 Ub 106
23270 Sorihuela de Guadalimar J 154 Wf 119
31219 Sorlada NC 48 Xe 93
AD300 Sornàs □ AND 54 Bd 93
31800 Sorozarreta NC 48 Xe 91
25587 Sorpe L 53 Ba 93
25567 Sorre L 53 Ba 94
24815 Sorriba LE 44 Uf 92
33584 Sorribas AS 32 Ue 88
25717 Sorribes L 73 Bc 95
25716 Sorribos L 73 Be 95
24649 Sorribos de Alba LE 43 Ub 92
22666 Sorripas HS 51 Zd 93
25560 Sort L 53 Ba 94
18713 Sorvilán GR 185 We 128
26191 Sorzano RI 48 Xc 94
22467 Sos HS 52 Ac 93
24139 Sosas de Laciana LE 30 Te 91
24132 Sosas del Cumbral LE 42 Tf 91
07630 So''s Besons IB 127 Da 112
48891 Soscaño BI 34 Wd 89
50680 Sos del Rey Católico Z 50 Ye 94
25181 Soses L 90 Ac 99
25517 Sossís L 53 Af 95
33317 Sota, La AS 31 Ua 88
05198 Sotalvo AV 100 Va 105
46168 Sot de Chera V 123 Za 111
12489 Sot de Ferrer CS 123 Zd 110
24523 Sotelo LE 41 Ta 92
26371 Sotés RI 47 Xc 94
21309 Sotiel Coronada H 163 Ta 123
33392 Sotiello AS 31 Ub 88
40311 Sotillo SG 84 Wc 101
50295 Sotillo Z 68 Yd 99
13429 Sotillo, El CR 136 Vf 114
13710 Sotillo, El CR 138 Xa 114
19491 Sotillo, El GU 104 Xc 103
34407 Sotillo de Boedo P 45 Vd 93
24389 Sotillo de Cabrera LE 41 Tb 94
24328 Sotillo de Cea LE 44 Va 94
05420 Sotillo de la Adrada AV 101 Vc 107
09441 Sotillo de la Ribera BU 65 Wb 98
45635 Sotillo de las Palomas TO 116 Vb 108
42165 Sotillo del Rincón SO 66 Xc 97
09259 Sotillo de Rioja BU 47 Wf 94
49395 Sotillo de Sanabria ZA 60 Tb 96
42344 Sotillos de Caracena SO 84 Wf 101
24814 Sotillos de Sabero LE 44 Ue 91
33996 Soto AS 31 Ue 90
33100 Soto AS 30 Ua 88
33685 Soto AS 31 Uc 90
33993 Soto AS 31 Ud 89
39649 Soto CB 34 Wa 89
22338 Soto HS 52 Ab 94
04859 Soto, El AL 186 Xe 125
05515 Soto, El AV 99 Ue 106
11150 Soto, El CA 188 Ua 131
10891 Soto, El CC 97 Tb 107
28109 Soto, El MD 102 Wc 105
31340 Soto, El NC 49 Yb 95
39210 Soto (Hermandad de Campoo de Suso) CB 33 Ve 90
34407 Sotobañado y Priorato P 45 Vd 93
16190 Sotoca CU 120 Xd 107
19429 Sotoca de Tajo GU 104 Xc 104
50693 Soto Candespina Z 69 Yf 98
28830 Soto de Aldovea MD 102 Wd 106
34209 Soto de Cerrato P 64 Vd 97
39110 Soto de la Marina CB 34 Wa 88
24768 Soto de la Vega LE 43 Ua 95
33126 Soto del Barco AS 30 Tf 87
28311 Soto del Lugar MD 118 Wb 109
33991 Soto de Lorío AS 31 Uc 89
33869 Soto de los Infantes AS 30 Te 88
28791 Soto del Real MD 102 Wb 104
33156 Soto de Luiña AS 30 Te 87
28529 Soto de Pajares MD 102 Wc 107
33172 Soto de Ribera AS 31 Ua 89
24916 Soto de Sajambre LE 32 Uf 89
42345 Soto de San Esteban SO 65 We 99
24914 Soto de Valdeón LE 32 Va 90
24882 Soto de Valderrueda LE 44 Va 92
28760 Soto de Viñuelas MD 102 Wb 105
19445 Sotodosos GU 86 Xd 103
26132 Soto en Cameros RI 48 Xd 95
14512 Sotogordo CO 182 Vb 124
11310 Sotogrande del Guadiaro CA 189 Ue 131
28119 Soto Mozaraque MD 102 Wc 105
09591 Sotopalacios BU 46 Wb 94
24523 Sotoparada LE 41 Ta 93
16143 Sotorribas CU 104 Xf 107
39232 Soto-Rucandio CB 46 Wa 91
16143 Sotos CU 104 Xf 107
40170 Sotosalbos SG 83 Wa 102
42318 Sotos del Burgo SO 66 Wf 99
40593 Sotos de Sepúlveda SG 84 Wc 101
37657 Sotoserrano SA 98 Tf 106
30708 Sotos Nuevos MC 173 Za 122
09135 Sotovellanos BU 45 Ve 93
24125 Soto y Amio LE 43 Ua 92
09197 Sotragero BU 46 Wb 94
33554 Sotres AS 32 Vb 89
09135 Sotresgudo BU 45 Ve 93
37850 Sotrobal SA 99 Ue 103
33957 Sotrondio AS 31 Uc 89
02600 Sotuélamos AB 139 Xc 114
17734 Sous GI 55 Ce 95
32336 Soutadoiro OR 41 Ta 95
32552 Soutelo OR 59 Se 96
36560 Soutelo PO 39 Re 93
36460 Soutelo PO 57 Rc 96
32622 Soutelo Verde OR 59 Sd 96
15806 Souto C 27 Sa 91
27359 Souto LU 40 Sc 93
36863 Souto PO 57 Rc 96
36684 Souto PO 39 Rd 93
36682 Souto PO 39 Rc 92
32617 Soutochao OR 59 Se 97
32616 Soutocobo OR 59 Se 97
36519 Soutolongo PO 39 Rf 93
36691 Soutomaior = O Rial PO 39 Rc 94
32910 Soutopenedo OR 40 Sa 95
15145 Soutullo C 27 Rc 89
33611 Sovilla AS 31 Ub 89
15118 Srantes C 26 Qf 89
08295 St. Vicenç de Castellet B 73 Bf 98
25287 Su L 73 Bd 97
39340 Suances CB 33 Vf 88
39213 Suano CB 33 Ve 91
31797 Suarbe NC 37 Yb 91
24433 Suarbol LE 41 Ta 91
33528 Suares AS 31 Uc 88
33579 Suarias AS 33 Vc 89
27113 Suarna LU 29 Sf 90
01428 Subijana-Morillas VI 47 Xa 92
01195 Subilana Gasteiz = Subijana de Álava VI 47 Xb 92
08739 Subirats B 92 Be 100
08739 Subirats B 92 Be 100
31191 Subiza NC 49 Yb 92
27619 Sucarral LU 40 Sd 92
27569 Sucastro LU 40 Sb 92
30590 Sucina MC 173 Za 121
25113 Sucs L 71 Ac 98
25173 Sudanell L 90 Ad 99
46410 Sueca V 142 Ze 113
27279 Suegos LU 28 Sd 90
33759 Sueiro AS 29 Ta 87
42189 Suellacabras SO 67 Xe 97
22320 Suelves HS 71 Aa 95
12223 Suera CS 124 Zd 109
24713 Sueros de Cepeda LE 42 Tf 93
22583 Suerri HS 72 Ad 95
30334 Suertes, Los MC 173 Ye 122
28420 Suertes de Villalba, Las MD 102 Vf 105
39140 Suesa CB 34 Wb 88
15142 Suevos C 27 Rd 88
04878 Suflí AL 186 Xd 124
29150 Suizo MA 183 Vc 128
02487 Sujayal AB 155 Xe 119
48395 Sukarrieta BI 35 Xb 88
50139 Sulfúrica, La Z 88 Zb 99
46295 Sumacàrcer V 142 Zc 114
31791 Sumbilla NC 37 Yc 90
15183 Sumio C 27 Rd 89
25174 Sunyer L 90 Ad 99
17537 Super Molina GI 54 Bf 94
25113 Suquets L 71 Ac 98
08260 Súria B 73 Be 98
25594 Surp L 53 Ba 94
17861 Surroca de Baix GI 55 Cb 95
15893 Susana, A C 39 Rd 92
24489 Susañe del Sil LE 42 Td 91
39250 Susilla CB 45 Vf 92
09133 Susinos del Páramo BU 45 Wa 94
18630 Suspiro del Moro GR 184 Wc 126
17166 Susqueda GI 74 Cd 96
25654 Suterranya L 72 Af 96
15126 Suxo C 26 Qf 90
09219 Suzana BU 47 Xa 92

T

36760 Tabagón PO 57 Rb 97
38109 Tabaiba TF 197 Ie 178
11400 Tabajete CA 180 Te 128
34257 Tabanera de Cerrato P 64 Vf 96
40194 Tabanera del Monte SG 83 Vf 103
34473 Tabanera de Valdavia P 44 Vb 93
40291 Tabanera la Luenga SG 83 Ve 102
02270 Tabaqueros AB 141 Yd 112
31480 Tabar NC 49 Yd 92
49140 Tábara ZA 61 Ua 98
35542 Tabayesco GC 198 Md 174
33469 Tabaza AS 31 Ub 87
32558 Tabazoa de Humoso OR 60 Sf 96
32558 Tabazoa de Umoso OR 60 Sf 95
15182 Tabeaio C 27 Rd 89
36684 Tabeirós PO 39 Rd 93
37130 Tabera de Abajo SA 80 Tf 103
04200 Tabernas AL 186 Xd 126
22196 Tabernas de Isuela HS 70 Zd 96
46760 Tabernes de Valldigna = Tavernes de la Valldigna V 143 Ze 114
04692 Taberno AL 171 Xf 124
37491 Taberuela SA 80 Tf 103
49741 Tabla, La ZA 62 Ub 97
28480 Tablada MD 101 Vf 104
09143 Tablada del Rudrón BU 46 Wa 92
09125 Tablada de Villadiego BU 45 Vf 93
05193 Tabladillo AV 101 Vc 104
39813 Tabladillo CB 34 Wc 89
19129 Tabladillo GU 104 Xb 105
24722 Tabladillo LE 42 Te 94
40122 Tabladillo SG 83 Vd 102
33638 Tablado AS 31 Ua 90
38728 Tablado, El TF 197 Ha 175
38591 Tablado, El TF 197 Id 179
41800 Tablante SE 164 Te 124
18800 Tablas GR 186 Xb 125
04559 Tablas, Las AL 186 Xc 126
33536 Tablas, Las AS 31 Ud 89
18660 Tablate GR 184 Wc 127
35106 Tablero, El GC 200 Kc 182
38111 Tablero, El TF 197 Ie 178
09514 Tabliega BU 34 Wd 90
13114 Tablillas, Las CR 136 Vd 113
18614 Tablones, Los GR 184 Wd 128
18418 Tablones, Los GR 185 Wd 127
15617 Taboada C 27 Rf 88
27559 Taboada LU 40 Sb 92
32690 Taboadela OR 58 Sb 95
36827 Taboadelo PO 39 Rc 94
32768 Taboazas OR 59 Sd 95
36448 Taboexa PO 57 Rd 96
38294 Taborno TF 197 Ie 177
50547 Tabuenca Z 68 Yc 98
24721 Tabuyo del Monte LE 42 Te 95
24767 Tabuyuelo de Jamuz LE 42 Ua 95
38296 Taco TF 197 Ie 178
38357 Tacoronte TF 197 Id 178
31300 Tafalla NC 49 Yb 93
35018 Tafira GC 200 Kd 180
35017 Tafira Baja GC 200 Kd 180
08593 Tagamanent B 74 Cb 98
38139 Taganana TF 197 Ie 177
49836 Tagarabuena ZA 81 Ud 99
09108 Tagarrosa BU 45 Ve 94
39360 Tagle CB 33 Vf 88
18414 Tahá, La GR 185 We 127
04275 Tahal AL 186 Xe 125
35507 Tahiche GC 198 Mc 174
11392 Tahivilla CA 191 Ub 131
25795 Tahús = Taús L 53 Bb 95
17150 Taialà GI 75 Ce 97
16200 Taina de Vega CU 121 Ya 111
33111 Taja AS 30 Te 89
38915 Tajace de Abajo TF 196 Ha 182
42112 Tajahuerce SO 67 Xf 98
18329 Tajarja GR 184 Wa 126
31192 Tajonar NC 49 Yc 92
42366 Tajueco SO 85 Xa 99
40153 Tajuña SG 101 Vc 103
38769 Tajuya TF 197 Ha 177
04825 Tala, La AL 171 Xd 123
23391 Tala, La J 155 Xb 118
37752 Tala, La SA 99 Uc 105
17856 Talaixa GI 55 Cd 95
08278 Talamanca B 74 Bf 98

A B C D E F G H I J K L M N Ñ O P Q R S T U V W X Y Z

28160 Talamanca de Jarama MD 102 Wc 104
50546 Talamantes Z 68 Yb 98
09126 Talamillo del Tozo BU 45 Wa 93
18656 Talara GR 184 Wc 127
25630 Talarn L 72 Af 95
06640 Talarrubias BA 134 Ue 114
10193 Talaván CC 114 Te 110
02410 Talave AB 156 Ya 117
25213 Talavera L 73 Bc 99
45600 Talavera de la Reina TO 116 Vb 109
45694 Talavera la Nueva TO 116 Va 109
06140 Talavera la Real BA 132 Tb 115
10492 Talaveruela de la Vera CC 115 Uc 108
10310 Talayuela CC 115 Uc 109
16320 Talayuelas CU 122 Ye 109
15290 Tal de Arriba C 38 Qf 92
06106 Talegón BA 147 Sf 117
12221 Tales CS 124 Ze 109
06133 Táliga BA 148 Sf 117
25271 Tallada, La L 73 Bc 99
17134 Tallada d'Empordà, La GI 75 Da 96
25360 Talladell, El L 72 Ba 99
15216 Tállara C 38 Ra 92
39707 Talledo CB 35 We 89
04212 Tallón Alto, El AL 186 Xc 125
04212 Tallón Bajo, El AL 186 Xc 125
15981 Tallós C 38 Rb 92
25721 Talltendre L 54 Be 94
15124 Talon C 26 Qe 90
25212 Talteüll L 73 Bb 98
42148 Talveila SO 66 Xa 98
39584 Tama CB 33 Vc 89
38910 Tamaduste TF 196 Ha 182
32697 Tamagos OR 59 Sd 97
32697 Tamaguelos OR 59 Sd 97
38684 Tamaimo TF 196 Ib 179
19222 Tamajón GU 84 We 102
32102 Tamallancos OR 40 Sa 94
49176 Tamame ZA 80 Ua 101
37600 Tamames SA 98 Tf 105
35018 Tamaraceite GC 200 Kd 180
34439 Támara de Campos P 64 Vd 95
23350 Tamaral, El J 154 Xb 118
07769 Tamarinda IB 93 De 109
43008 Tamarit T 92 Bc 102
22550 Tamarite de Litera HS 71 Ac 97
17212 Tamariu GI 75 Db 97
47815 Tamariz de Campos VA 63 Uf 97
09227 Tamarón BU 45 Wa 95
02270 Tamayo AB 141 Yd 112
09593 Tamayo BU 46 Wd 92
36416 Tameiga PO 57 Rb 95
32548 Tameirón OR 59 Sf 96
18538 Tamojares GR 170 Wf 123
06458 Tamujoso BA 150 Ub 116
Tamujoso (apeadero), El H 163 Ta 122
06658 Tamurejo BA 135 Va 115
40312 Tanarro SG 84 Wb 101
12180 Tancal, El CS 124 Aa 108
33994 Tanes AS 31 Ud 89
03112 Tangel A 158 Zd 118
42174 Taniñe SO 67 Xe 96
39300 Tanos CB 33 Vf 88
38460 Tanque TF 196 Ib 178
09640 Tañabueyes BU 65 Wd 96
35561 Tao GC 198 Mc 174
09124 Tapia BU 45 Vf 93
15864 Tapia C 38 Rc 91
33740 Tapia de Casariego AS 29 Ta 87
24275 Tapia de la Ribera LE 43 Ub 92
42128 Tapiela SO 67 Xe 99
17721 Tàpies GI 55 Ce 94
49639 Tapioles ZA 62 Ud 97
19193 Taracena GU 103 Wf 105
08552 Taradell B 74 Cb 97
15985 Taragoña C 38 Rb 92
37429 Taraguda SA 81 Uc 101
19227 Taragudo GU 103 Wf 104
11369 Taraguilla CA 189 Ud 131
23488 Tarahal J 169 Wf 123
30566 Taraíz, El MC 172 Ye 120
14814 Tarajal, El CO 168 Ve 124
35627 Tarajalejo GC 199 Lf 179
04715 Tarambana AL 186 Xa 128
33775 Taramundi AS 29 Sf 88
09587 Taranco BU 34 We 90
16400 Tarancón CU 119 Wf 108
42315 Tarancueña SO 85 Wf 100
33557 Taranes AS 32 Ue 89
24887 Taranilla LE 44 Va 92
25310 Tarassó L 72 Ba 98
17741 Taravaus GI 75 Cf 95
19314 Taravilla GU 105 Ya 104
44555 Tarayuelas, Las TE 107 Zc 105
15550 Taraza C 27 Re 87
41300 Tarazona SE 179 Ub 124
50500 Tarazona Z 68 Yb 97
37409 Tarazona de Guareña SA 81 Ue 101
02100 Tarazona de la Mancha AB 140 Ya 113
03518 Tárbena A 159 Zf 116
27823 Tardade LU 28 Sb 89
37429 Tardáguila SA 81 Uc 102
09130 Tardajos BU 46 Wb 94
42191 Tardajos de Duero SO 67 Xd 98
42294 Tardelcuende SO 66 Xc 99
49618 Tardemézar ZA 61 Ua 96
42162 Tardesillas SO 67 Xd 98
22240 Tardienta HS 70 Zc 97
49170 Tardobispo ZA 80 Ub 100
34209 Tariego de Cerrato P 63 Vd 97
11380 Tarifa CA 189 Uc 132
18859 Tarifa GR 170 Xd 123
34869 Tarilonte de la Peña P 44 Vc 92
44480 Tarín TE 123 Zb 108
21540 Tariquejos H 162 Sf 124
50135 Tarja, La Z 88 Zb 100
33997 Tarna AS 32 Ue 90
42216 Taroda SO 86 Xd 100
43003 Tarragona T 91 Bb 102
30412 Tarragoya MC 171 Xf 121
03739 Tarraula A 159 Aa 116
25300 Tàrrega L 72 Ba 99
25480 Tarrés L 91 Ba 100
39409 Tarriba CB 33 Vf 89
15180 Tarrío C 27 Rd 89
15998 Tarrío C 38 Qf 92
27560 Tarrío LU 40 Sb 91
36612 Tarrío PO 38 Rb 92
15821 Tarroeira C 27 Rd 91
25211 Tarroja de Segarra L 72 Bb 98
09540 Tartalés de Cilla BU 46 Wd 92
09559 Tartalés de los Montes BU 46 Wd 92
19333 Tartanedo GU 86 Ya 103
25611 Tartareu L 71 Ae 97
35478 Tasarte GC 200 Kb 181
38677 Taucho TF 196 Ib 180
25528 Taüll L 53 Af 93
35138 Tauro GC 200 Kb 182
50660 Tauste Z 68 Ye 97
25577 Tavascan L 53 Bb 93
46760 Tavernes de la Valldigna = Tabernes de Valldigna V 143 Ze 114
08519 Tavèrnoles B 74 Cb 97
08511 Tavertet B 74 Cc 97
11612 Tavizna CA 190 Ud 128
38779 Tazacorte TF 197 Ha 177
02437 Tazona AB 156 Ya 119
33315 Tazones AS 31 Ud 87
23290 Teatinos, Los J 170 Xc 120
23313 Teatinos, Los J 169 Wf 120
29327 Teba MA 182 Va 127
16710 Tébar CU 121 Xf 112
30889 Tébar MC 172 Yc 123
37460 Tebera de Arriba SA 80 Tf 103
33816 Tebongo AS 30 Tc 89
36747 Tebra PO 57 Rb 96
36746 Tebra PO 57 Rb 96
35611 Tefía GC 199 Ma 177
38280 Tegueste TF 197 Id 177
35530 Teguise GC 198 Mc 174
35629 Teguital GC 199 Ma 179
27546 Teibel LU 40 Sc 92
15969 Teira C 38 Qf 93
27638 Teivilide LU 40 Sd 92
03108 Teix, El A 159 Zd 117
27722 Teixedáis LU 29 Sf 89
32765 Teixeira, A OR 40 Sd 94
15310 Teixeiro C 27 Rf 90
27289 Teixeiro LU 28 Sd 90
08329 Tejà B 93 Cb 99
18814 Teja GR 170 Xb 122
09616 Tejada BU 65 Wc 97
37460 Tejadillo SA 98 Tf 104
37520 Tejadillo SA 97 Tc 105
16317 Tejadillos CU 121 Yc 108
24732 Tejadinos LE 42 Tf 94
42128 Tejado SO 67 Xe 99
37448 Tejado, El SA 98 Ua 103
37749 Tejado, El SA 99 Uc 106
24732 Tejados LE 42 Tf 94
05146 Tejar, El AV 100 Uf 104
14915 Tejar, El CO 183 Vc 125
28220 Tejar, El MD 102 Wa 106
07250 Tejar de sa Moleta IB 127 Da 111
06630 Tejares BA 134 Ue 114
40314 Tejares SG 83 Wa 100
50690 Tejares, Los Z 69 Ye 98
35360 Tejeda GC 200 Kc 180
10420 Tejeda de Tiétar CC 115 Ua 108
37607 Tejeda y Segoyuela SA 98 Tf 105
24497 Tejedo del Sil LE 42 Td 91
24511 Tejeira LE 41 Ta 92
49572 Tejera, La ZA 60 Ta 97
44134 Tejería, La TE 122 Yd 107
24885 Tejerina LE 44 Uf 91
42211 Tejerizas SO 85 Xc 99
38688 Tejina TF 196 Ib 179
38260 Tejina TF 197 Id 177
35200 Telde GC 200 Kd 180
11560 Teléfono, El CA 179 Te 127
33556 Teleña AS 32 Uf 89
15110 Tella C 26 Ra 89
22364 Tella HS 52 Ab 93
22364 Tella-Sin HS 52 Ab 93
33628 Telledo AS 31 Ua 90
20220 Telleriarte SS 36 Xd 90
37491 Tellosancho SA 80 Tf 103
27335 Telo LU 40 Sd 93
45780 Tembleque TO 119 Wc 110
09591 Temiño BU 46 Wc 94
35270 Temisas GC 200 Kc 181
14729 Temple, El CO 166 Va 122
22281 Temple, El HS 69 Zb 97
09615 Tenada Becedo BU 66 We 95
09194 Tenada de Fresnada BU 65 Wc 95
09199 Tenada de la Cabezada BU 65 Wd 95
09194 Tenada de la Tejera BU 65 Wc 95
09614 Tenada de Peñalengua BU 65 We 96
09199 Tenada Quiñones BU 65 Wd 95
09257 Tenadas de Abajo BU 46 We 94
09339 Tenadas de la Pasadera BU 65 Wb 96
09199 Tenadas de la Portilla BU 46 Wd 95
09347 Tenadas de la Rasa BU 65 Wc 96
09347 Tenadas de la Renovilla BU 65 Wb 96
09641 Tenadas del Monte BU 65 Wc 96
09640 Tenadas del Monte BU 65 Wd 96
38715 Tenagua TF 197 Hb 176
19134 Tendilla GU 103 Xa 105
25637 Tendrui L 72 Ae 95
37590 Tenebrón SA 98 Td 105
36120 Tenorio PO 39 Rc 94
35018 Tenoya GC 200 Kd 180
25286 Tentellatge L 73 Be 96
35216 Tentiniguada GC 200 Kc 181
40180 Tenzuela SG 83 Wa 102
15886 Teo C 39 Rc 92
04814 Teones, Los AL 171 Xf 124
42164 Tera SO 67 Xd 97
39510 Terán CB 33 Ve 89
30442 Tercia, La MC 156 Ya 119
15314 Tercio C 27 Re 89
22584 Tercui L 71 Ae 95
33347 Tereñes AS 32 Uf 88
12469 Teresa CS 123 Zc 109
46622 Teresa de Cofrentes V 141 Yf 114
50292 Termas Pallarés Z 86 Ya 101
25670 Térmens L 72 Ae 98
41400 Término, El SE 182 Uf 124
30528 Término de Arriba MC 157 Yd 117
09593 Terminón BU 46 Wd 92
26212 Ternero BU 47 Xa 93
19390 Terraza GU 105 Ya 104
35330 Teror GC 200 Kc 180
04569 Terque AL 186 Xc 127
32860 Terrachá = Entrimo, A OR 58 Rf 97
17468 Terradelles GI 75 Cf 96
17731 Terrades GI 56 Cf 95
37882 Terradillos SA 99 Uc 103
09440 Terradillos de Esgueva BU 64 Wa 98
34349 Terradillos de los Templarios P 44 Va 94
09142 Terradillos de Sedano BU 46 Wb 93
37789 Terrados SA 99 Uc 104
07750 Terra Rotja IB 93 Ea 109
08221 Terrassa B 93 Ca 99
46842 Terrateig V 142 Ze 115
19392 Terraza GU 105 Ya 104
09613 Terrazas BU 65 We 96
09249 Terrazos BU 46 Wd 93
11500 Terrcios, Los CA 188 Te 129
18567 Terre GR 169 Wc 124
07015 Terreno, El IB 126 Cd 111
50293 Terrer Z 87 Yb 101
30812 Terreras, Las MC 171 Yb 121
44120 Terriente TE 106 Yc 107
13341 Terrinches CR 154 Xa 117
06620 Terrines BA 134 Ud 115
23220 Terriza de la Virgen J 153 Wd 119
26132 Terroba RI 48 Xd 95
37609 Terrones SA 98 Ua 104
32616 Terroso OR 59 Se 97
49394 Terroso ZA 60 Tb 96
44003 Teruel TE 106 Yf 106
19312 Terzaga GU 105 Ya 104
38916 Tesbabo TF 196 Ha 182
35627 Tesejerague GC 199 Lf 179
35613 Tesjuates GC 199 Ma 178
10895 Teso Moreno CC 113 Ta 108
37185 Tesonera SA 80 Ub 102
04277 Tesoro, El AL 187 Xf 126
37479 Tesos Miradores SA 97 Td 104
35613 Tetír GC 199 Ma 177
28039 Tetuán MD 102 Wb 106
03725 Teulada A 159 Aa 116
33111 Teverga AS 30 Tf 90
09511 Teza de Lodosa BU 35 We 91
39649 Tezanos CB 34 Wa 89
21530 Tharsis H 177 Sf 123
35558 Tiagua GC 198 Mc 174
35572 Tías GC 198 Mc 175
03109 Tibi A 158 Zc 117
08017 Tibidabo B 93 Ca 100
04459 Tices AL 186 Xb 126
31398 Tiebas NC 49 Yc 92
31398 Tiebas-Muruarte de Reta NC 49 Yc 92
47870 Tiedra VA 62 Ue 99
28550 Tielmes MD 103 We 107
33554 Tielve AS 32 Vb 89
05270 Tiemblo, El AV 101 Vd 106
30814 Tiemblos y Las Cañadas, Los MC 172 Yb 122
18248 Tiena la Baja GR 184 Wb 125
06800 Tiendas, Las BA 132 Td 114
50269 Tierga Z 68 Yc 99
50682 Tiermas Z 50 Yf 93
38441 Tierra de Costa TF 196 Ib 178
22336 Tierrantona HS 52 Ab 94
22192 Tierz HS 70 Zd 96
19390 Tierzo GU 105 Ya 104
21647 Tiesa, La H 164 Tc 123
02328 Tiesas, Las AB 140 Xf 114
10319 Tiétar del Caudillo CC 115 Ud 108
38911 Tigaday TF 196 Gf 182
38738 Tigalate TF 197 Hb 177
38738 Tiguerorte TF 197 Hb 177
38789 Tijarafe TF 197 Ha 176
38677 Tijoce de Arriba TF 196 Ib 179
38677 Tijoco Bajo TF 196 Ib 180
04880 Tíjola AL 186 Xd 124
35368 Timagada GC 200 Kc 181
18449 Timar GR 185 We 127
35613 Time, El GC 199 Ma 177
25288 Timoneda L 73 Bc 96
16330 Tinada, La CU 122 Yd 109
16316 Tinada de las Casillas CU 121 Ya 108
16316 Tinada del Vallejo del Cerezo CU 121 Ya 108
04200 Tinadas AL 186 Xe 126
16142 Tinadas de Chiriveche CU 105 Xf 107
16141 Tinadas de la Fuente del Soto CU 104 Xf 106
16890 Tinadas del Collado CU 104 Xe 106
16522 Tinajas CU 104 Xc 107
02155 Tinajeros AB 140 Yb 114
35560 Tinajo GC 198 Mb 174
02480 Tindavar AB 155 Xe 118
35649 Tindaya GC 199 Ma 177
33870 Tineo AS 30 Td 88
15126 Tines C 26 Ra 90
33870 Tinéu = Tineo AS 30 Td 88
09649 Tinieblas de la Sierra BU 65 Wd 95
13720 Tintoreros, Los CR 138 We 113
33199 Tiñana AS 31 Ub 88
38915 Tiñor TF 196 Ha 182
30570 Tiñosa Alta MC 173 Yf 121
13128 Tiñosillas, Las CR 136 Ve 114
05165 Tiñosillos AV 82 Vb 103
32707 Tioira OR 40 Sc 95
16150 Tío Miguelete, El CU 105 Ya 106
11370 Tiradero, El CA 191 Uc 132
37170 Tirados de la Vega SA 80 Ua 102
33979 Tiraña AS 31 Uc 89
31154 Tirapu NC 49 Yb 93
26211 Tirgo RI 47 Xa 93
02161 Tiriez AB 139 Xe 115
30890 Tirieza Alta MC 171 Ya 122
30890 Tirieza Baja MC 171 Ya 122
12179 Tírig CS 108 Aa 106
27298 Tirimol LU 28 Sc 90
12004 Tiro de Pichón CS 124 Aa 108
13192 Tirteafuera CR 136 Ve 116
25595 Tírvia L 53 Bb 93
35628 Tiscamanita GC 199 Lf 178
14512 Tiscar CO 166 Vb 124
23489 Tíscar-Don Pedro J 170 Wf 122
46178 Titaguas V 122 Yf 109
28359 Titulcia MD 118 Wc 108
43511 Tivenys T 90 Ad 103
43746 Tivisa = Tivissa T 91 Ae 102
40191 Tizneros SG 83 Vf 103
16373 Toba, La CU 121 Yb 109
16152 Toba, La CU 105 Ya 107
19243 Toba, La GU 85 Xa 102
23297 Toba, La J 155 Xc 119
09212 Tobalinilla BU 47 Wf 92
09133 Tobar BU 45 Wa 94
47493 Tobar VA 82 Va 101
16879 Tobar, El CU 105 Xf 105
30510 Tobarilla MC 157 Ye 116
02500 Tobarra AB 156 Yb 117
23700 Tobaruela J 168 Wb 120
23685 Tobazo J 168 Vf 123
50325 Tobed Z 87 Yd 100
09211 Tobera BU 46 We 92
01211 Tobera VI 47 Xb 92
09591 Tobes BU 46 Wc 93
19269 Tobes GU 85 Xc 101
26321 Tobía RI 47 Xb 95
02486 Tobillas AB 156 Xf 118
01427 Tobillas VI 47 We 91
19286 Tobillos GU 86 Xf 103
23294 Tobos J 155 Xd 120
41340 Tocina SE 165 Ub 123
06340 Tocinillos, Los BA 148 Tc 119
35478 Tocodomán GC 200 Kb 181
18380 Tocón GR 184 Wa 125
18192 Tocón GR 185 Wd 125
12312 Todolella CS 108 Ze 105
14815 Todosaires CO 168 Vf 123
36689 Toedo PO 39 Rd 92
32930 Toén OR 39 Sa 95
12230 Toga CS 124 Zd 108
27366 Toirán LU 40 Sd 91
27593 Toiriz LU 40 Sc 93
36597 Toiriz PO 39 Rf 92
39517 Tojo, El CB 33 Ve 90
39518 Tojos, Los CB 33 Ve 90
33794 Tol AS 29 Ta 87
49525 Tola ZA 61 Td 98
05289 Tolbaños AV 101 Vc 104
09614 Tolbaños de Abajo BU 66 Wf 96
09614 Tolbaños de Arriba BU 66 Wf 96
24226 Toldanos LE 43 Ud 93
27639 Toldaos LU 41 Se 92
32120 Toldavia OR 40 Sa 94
42190 Toledillo SO 66 Xc 98
45001 Toledo TO 118 Vf 109
24845 Tolibia de Abajo LE 31 Ud 91
24845 Tolibia de Arriba LE 31 Ud 91
49512 Tolilla ZA 61 Te 98
33826 Tolinas AS 30 Te 89
33986 Tolivia AS 31 Uc 89
33557 Tolivia AS 32 Uf 90
30648 Tollé, El MC 157 Yf 119
03813 Tollos A 159 Ze 116
40467 Tolocirio SG 82 Vc 102
03680 Tolomón A 158 Zb 119
25723 Toloriu L 54 Bd 94
02211 Tolosa AB 141 Yd 113
20400 Tolosa SS 36 Xf 90
29109 Tolox MA 190 Va 128
22585 Tolva HS 71 Ad 96
36379 Tomadas PO 57 Rb 96
41940 Tomares SE 180 Tf 124
30591 Tomases, Los MC 173 Yf 122
24438 Tombrio de Abajo LE 42 Tc 92
19411 Tomellosa GU 103 Xa 105
13700 Tomelloso CR 138 Wf 114
36158 Tomeza PO 38 Rc 94
04618 Tomillar, El AL 187 Yb 125
28490 Tomillar, El MD 102 Wc 104
50316 Tomillares Z 67 Ya 99
36740 Tomiño PO 57 Rb 97
36116 Tomonde PO 39 Rd 93
08551 Tona B 74 Cb 97
26270 Tondeluna RI 47 Wf 94
16191 Tondos CU 104 Xe 108
24699 Tonín de Arbás LE 31 Ub 90
04827 Tonosas, Los AL 171 Xf 123
17476 Tonyà GI 75 Cf 95
39329 Toñanes CB 33 Ve 88
04839 Topares AL 171 Xe 121
37799 Topas SA 81 Uc 102
15806 Toques C 27 Sa 91
25574 Tor L 53 Bc 93
27591 Tor LU 40 Sc 93
25750 Torà L 73 Bc 98
24794 Toral de Fondo LE 42 Ua 94
24237 Toral de los Guzmanes LE 62 Uc 95
24560 Toral de los Vados LE 41 Tb 93
24448 Toral de Merayo LE 41 Tc 93
24794 Toralino LE 42 Ua 94
25516 Toralla L 53 Af 95
25516 Torallola L 72 Af 95
12431 Torás CS 123 Zb 109
33535 Torazo AS 31 Ud 88
27317 Torbeo LU 40 Sd 94
47830 Tordehumos VA 62 Uf 98
37453 Tordelalosa-Milanera SA 99 Ub 103
19325 Tordellego GU 105 Yb 104
19276 Tordelloso GU 85 Xa 101

19351 Tordelpalo GU 105 Yb 104
19277 Tordelrábano GU 85 Xb 101
08490 Tordera B 75 Ce 98
25218 Tordera L 72 Bb 98
42138 Tordesalas SO 67 Xf 99
47100 Tordesillas VA 81 Va 99
19323 Tordesilos GU 105 Yc 104
37840 Tordillos SA 99 Ud 103
15683 Tordoia C 27 Rc 90
09341 Tordómar BU 64 Wa 96
09347 Tordueles BU 65 Wc 96
15290 Torea C 38 Qf 91
48890 Toreachas, Las BI 34 We 89
46814 Torella V 142 Zc 115
08729 Torelletes B 92 Bd 101
08570 Torelló B 74 Cb 96
24450 Toreno LE 42 Tc 92
21309 Torerera, La H 163 Ta 123
19392 Torete GU 105 Xf 104
39571 Torices CB 33 Vc 90
35639 Toricosquey GC 199 Ma 179
33568 Toriello AS 32 Uf 88
24316 Torienzo Castañero LE 42 Td 93
19190 Torija GU 103 Wf 104
10521 Toril CC 115 Ub 109
44123 Toril TE 105 Yd 107
02487 Toril, El AB 155 Xe 118
14547 Toril, El CO 166 Vb 123
14730 Torilejo Bajo CO 166 Uf 121
46389 Torís V 142 Zb 112
22376 Torla HS 51 Zf 93
42220 Torlengua SO 86 Xf 100
33812 Tormaleo AS 29 Tb 91
26213 Tormantos RI 47 Wf 94
09555 Torme BU 34 Wc 91
05697 Tormellas AV 99 Uc 107
22215 Tormillo, El HS 70 Zf 97
22215 Tormillo-Lastanosa HS 70 Zf 97
12232 Tormo, El CS 123 Zd 108
44134 Tormón TE 106 Yd 107
03795 Tormos A 143 Zf 116
17830 Torn, El GI 75 Cd 96
25331 Tornabous L 72 Ba 98
09320 Tornadijo BU 65 Wc 96
37765 Tornadizo, El SA 98 Ua 105
37453 Tornadizos SA 99 Ub 104
05215 Tornadizos de Arévalo AV 82 Vb 102
05196 Tornadizos de Ávila AV 100 Vc 105
25569 Tornafort L 53 Ba 94
10611 Tornavacas CC 99 Ub 107
27280 Torneiros LU 28 Sd 89
32870 Torneiros OR 58 Rf 97
24733 Torneros de Jamuz LE 42 Tf 95
24736 Torneros de la Valdería LE 61 Te 95
24231 Torneros del Bernesga LE 43 Uc 93
28739 Tornillar, El MD 84 Wb 103
33559 Tornín AS 32 Uf 89
32892 Torno OR 58 Rf 97
11594 Torno, El CA 188 Ua 129
10617 Torno, El CC 115 Ua 108
13194 Torno, El CR 136 Ve 113
44230 Tornos TE 87 Yd 103
32621 Toro OR 59 Sd 96
12429 Toro, El CS 123 Zb 109
07180 Toro, El IB 126 Cc 112
11630 Toronjil CA 181 Ub 128
14208 Torozo, El CO 150 Ud 118
47640 Torozos VA 63 Va 98
34230 Torquemada P 64 Ve 96
16842 Torralba CU 104 Xe 107
30814 Torralba MC 172 Yb 122
22254 Torralba de Aragón HS 70 Zc 97
42132 Torralba de Arciel SO 67 Xe 99
13160 Torralba de Calatrava CR 137 Wb 114
42193 Torralba del Burgo SO 66 Xa 99
42230 Torralba del Moral SO 85 Xd 102
50374 Torralba de los Frailes Z 87 Yc 102
44359 Torralba de los Sisones TE 87 Yd 103
12225 Torralba del Pinar CS 123 Zd 109
31228 Torralba del Río NC 48 Xe 93
45569 Torralba de Oropesa TO 116 Uf 109
50311 Torralba de Ribota Z 87 Yb 100
07769 Torralbet IB 93 Df 109
50368 Torralbilla Z 87 Yd 101
31829 Torrano NC 48 Xf 91
42342 Torraño SO 84 We 100
36389 Torre PO 57 Rb 96
03530 Torre, La A 158 Zb 117
05540 Torre, La AV 100 Va 105
23370 Torre, La J 155 Xb 119
23689 Torre, La J 168 Wa 124
25566 Torre, La L 53 Bb 94
30530 Torre, La MC 157 Yc 119
31350 Torre, La NC 49 Yb 94
38915 Torre, La TF 196 Ha 182
46321 Torre, La V 122 Ye 110
46178 Torre, La V 122 Yf 109
40313 Torreadrada SG 83 Wa 100
18312 Torre Agicampe GR 183 Vf 125
18312 Torre Agricampo GR 183 Ve 125
30579 Torreagüera MC 173 Yf 121
11691 Torre-Alháquime CA 181 Ue 127
30506 Torrealta MC 172 Ye 120
46144 Torre Alta V 122 Ye 108
30814 Torrealvilla MC 172 Yb 122
42294 Torreandaluz SO 66 Xb 99
42161 Torrearévalo SO 67 Xd 97
20568 Torreauso SS 36 Xd 90
46143 Torrebaja V 122 Ye 108
24144 Torrebarrio LE 30 Ua 90
19229 Torrebeleña GU 84 Wf 103
25176 Torrebesses L 90 Ad 100
42193 Torreblacos SO 66 Xa 98
08233 Torreblanca B 73 Bf 99
12596 Torreblanca CS 108 Ab 107
25746 Torreblanca L 72 Ba 97
41020 Torreblanca de los Caños SE 179 Ua 124
29640 Torreblanca del Sol MA 191 Vc 129
23510 Torreblascopedro J 168 Wc 121
16161 Torrebuceit CU 120 Xc 109
08779 Torrebusqueta B 92 Bd 100
30331 Torre-Calín MC 173 Yf 122
14410 Torrecampo CO 151 Vb 118
11310 Torre Carbonera CA 189 Ue 131
18563 Torre-Cardela GR 169 Wd 123
11595 Torrecera CA 188 Ua 129
12232 Torrechiva CS 123 Zd 108
02155 Torrecica, La AB 140 Yb 114
14600 Torrecilla CO 152 Vd 120
13195 Torrecilla CR 136 Vf 115
16145 Torrecilla CU 104 Xe 107
40318 Torrecilla SG 84 Wb 101
44640 Torrecilla de Alcañiz TE 89 Zf 103
47114 Torrecilla de la Abadesa VA 81 Uf 100
45651 Torrecilla de la Jara TO 117 Vb 110
47513 Torrecilla de la Orden VA 81 Ue 101
47129 Torrecilla de la Torre VA 63 Uf 99
19269 Torrecilla del Ducado GU 85 Xc 101
09390 Torrecilla del Monte BU 65 Wb 96
10869 Torrecilla de los Angeles CC 98 Td 107
19392 Torrecilla del Pinar GU 105 Xf 104
40359 Torrecilla del Pinar SG 83 Vf 100
44222 Torrecilla del Rebollar TE 88 Yf 103
37170 Torrecilla del Río SA 80 Ua 102
47509 Torrecilla del Valle VA 82 Uf 100
37170 Torrecilla de Miranda SA 80 Ua 103
50139 Torrecilla de Valmadrid Z 88 Za 99
26100 Torrecilla en Cameros RI 47 Xc 95
14920 Torrecillas CO 167 Vb 124
04510 Torrecillas, Las AL 186 Xb 126
10252 Torrecillas de la Tiesa CC 115 Ub 111
26224 Torrecilla sobre Alesanco RI 47 Xb 94
09345 Torrecitores BU 64 Wa 97
25222 Torre Concordio L 72 Ae 99
19491 Torrecuadrada de los Valles GU 85 Xc 103
19355 Torrecuadrada de Molina GU 105 Yb 104
19431 Torrecuadradilla GU 104 Xc 103
21740 Torrecuadros H 180 Td 125
12550 Torre d'Almassora, La CS 124 Zf 109
25632 Torre d'Amargós, La L 72 Ae 96
09572 Torre de Abajo BU 34 Wb 91
44422 Torre de Alcotas TE 123 Zb 109
50190 Torre de Alejandro Martínez Z 69 Yf 98
44653 Torre de Arcas TE 108 Zf 104
24141 Torre de Babia LE 30 Tf 91
22584 Torre de Baró HS 72 Ad 96
29730 Torre de Benagalbón MA 191 Ve 128
22486 Torre de Buira HS 52 Ae 94
08789 Torre de Claramunt, La B 92 Bd 99
22400 Torre de Corvinos HS 71 Ab 97
14140 Torre de Don Lucas CO 166 Va 122
10864 Torre de Don Miguel CC 97 Tc 107
22436 Torre de Ésera HS 71 Ac 95
47183 Torre de Esgueva VA 64 Ve 98
45920 Torre de Esteban Hambrán, La TO 101 Ve 108
25737 Torre de Fluvià, La L 72 Af 97
43774 Torre de Fontaubella, La T 91 Af 102
22310 Torre de Gardiel HS 71 Aa 97
11391 Torre de Gracia CA 188 Ua 132
43792 Torre de l'Espanyol, La T 90 Ad 101
13344 Torre de Juan Abad CR 154 Wf 117
44593 Torre de la Campana TE 89 Zd 101
22415 Torre de Laguna HS 70 Aa 97
21760 Torre de la Higuera H 178 Tc 126
03191 Torre de la Horadada, La A 173 Zb 121
22400 Torre de la Menudilla HS 71 Ab 97
30334 Torre del Ángel MC 173 Ye 122
41218 Torre de la Reina SE 164 Tf 123
29693 Torre de la Sal MA 190 Ue 130
44709 Torre de las Arcas TE 107 Zb 103
22415 Torre de la Venau HS 71 Aa 97
24370 Torre del Bierzo LE 42 Te 93
19197 Torre del Burgo GU 103 Wf 104
22415 Torre del Calvo HS 70 Aa 97
32640 Torre del Campo J 168 Wa 122
46408 Torre del Cap, La V 143 Ze 113
22513 Torre del Chiribas HS 71 Ab 97
44597 Torre del Compte TE 90 Aa 103
31500 Torre de Leoz NC 68 Yd 97
25139 Torre de les Comas L 71 Ae 98
03108 Torre de les Maçanes, La A 158 Zd 117
43792 Torre del Espagñol = la Torre de l'Espanyol T 90 Ad 101
29740 Torre del Mar MA 183 Vf 128
34131 Torre de los Molinos P 44 Vc 95
04638 Torre del Peñón AL 187 Ya 126
14857 Torre del Puerto CO 167 Vc 123
30710 Torre del Rame MC 173 Za 122
30528 Torre del Rico MC 157 Yd 117
03659 Torre del Rico MC 157 Yf 118
03659 Torre del Rico MC 157 Yf 118
12165 Torre dels Beltrans, La CS 108 Zf 106
37449 Torre de Martín Pascual SA 80 Ub 103
12163 Torre de Matella, La CS 108 Zf 107
43830 Torredembarra T 92 Bc 102
06172 Torre de Miguel Sesmero BA 148 Tb 117
25139 Torre de Miranda L 71 Ae 98
37405 Torre de Moncantar SA 81 Ud 102
12161 Torre d'En Besora, La CS 108 Zf 107
25281 Torredenegó L 73 Bc 97
46800 Torre d''En Lloris V 142 Zd 114
44540 Torre de Norna TE 89 Zc 102
07769 Torre d''en Quart IB 93 Df 108
07850 Torre d''en Valls IB 125 Bd 114
22438 Torre de Obato HS 71 Ac 95
47319 Torre de Peñafiel VA 83 Vf 99
50709 Torre de Poblador Z 89 Aa 101
46540 Torre de Puig, La V 124 Ze 111
07690 Torre de s''Almonia IB 127 Da 113
27235 Torre de Sampaio LU 28 Sb 90
10186 Torre de Santa María CC 133 Tf 113
12560 Torre de Sant Vicent CS 124 Aa 108
07160 Torre de Son Boisa IB 126 Cc 111
25636 Torre de Tamúrcia, La L 53 Ae 95
19269 Torre de Valdealmendras GU 85 Xc 102
37609 Torre de Velajos SA 98 Tf 104
08731 Torre de Vernet, La B 92 Bd 100
40154 Torredondo SG 83 Ve 103
23650 Torredonjimeno J 168 Wa 122
08518 Torre d'Oristà, La B 74 Ca 97
47520 Torre Duero o Ribera del Cebo VA 81 Uf 100
26134 Torre en Cameros RI 67 Xc 95
12184 Torre Endoménech CS 108 Aa 107
25123 Torrefarrera L 71 Ad 98
25211 Torrefeta L 72 Bb 98
25212 Torrefeta i Florejacs L 72 Bb 98
46635 Torrefiel V 142 Zb 116
43006 Torreforta T 91 Bb 102
49216 Torrefrades ZA 80 Tf 100
06410 Torrefresneda BA 133 Tf 115
23650 Torrefuencubierta J 168 Vf 122
09493 Torregalindo BU 65 Wb 99
49252 Torregamones ZA 80 Te 100
25286 Torregassa L 73 Bc 97
Torre Gavina IB 125 Bc 116
11011 Torre Gorda CA 188 Tf 130
22535 Torregrosa HS 71 Ac 98
25141 Torregrosa = Torregrossa L 72 Ae 99
11312 Torreguadiaro CA 189 Ue 131
30834 Torre Guil MC 172 Ye 121
40211 Torregutiérrez SG 83 Vd 100
42269 Torrehermosa Z 86 Xf 101
40192 Torreiglesias SG 83 Vf 102
10830 Torrejancillo CC 114 Td 109
46310 Torrejón AB 141 Yd 112
16161 Torrejoncillo del Rey CU 120 Xc 108
28850 Torrejón de Ardoz MD 102 Wd 106
28991 Torrejón de la Calzada MD 102 Wb 107
19174 Torrejón del Rey GU 103 Wd 105
28990 Torrejón de Velasco MD 118 Wb 107
10694 Torrejón el Rubio CC 115 Tf 110
14820 Torre Juan Gil Alto CO 167 Vc 122
22480 Torrelabad HS 71 Ac 95
44382 Torrelacárcel TE 106 Ye 105
25138 Torrelameu L 71 Ae 98
50316 Torrelapaja Z 67 Ya 99
09645 Torrelara BU 65 Wc 96
22483 Torre la Ribera HS 52 Ad 94
12595 Torre La Sal CS 124 Aa 108
15316 Torrelavandeira C 27 Rf 89
39300 Torrelavega CB 33 Vf 88
08775 Torrelavit B 92 Be 100
16414 Torrelengua CU 120 Xa 110
22338 Torrelisa HS 52 Ab 94
03320 Torrellano Alto A 158 Zc 119
03320 Torrellano Bajo A 158 Zc 119
50512 Torrellas Z 68 Yb 97
08737 Torrelles de Foix B 92 Bd 100
08629 Torrelles de Llobregat B 93 Bf 100
08629 Torrelletes B 93 Bf 100
07730 Torrellissa Vell IB 93 Ea 109
28250 Torrelodones MD 101 Wa 105
44358 Torre los Negros TE 106 Yf 103
30395 Torre Los Siles MC 173 Za 122
23628 Torre María Martín, La J 168 Wa 121
02511 Torremarín AB 140 Yb 116
06880 Torremayor BA 132 Tc 115
42216 Torremediana SO 86 Xc 100
06210 Torremejía BA 133 Td 116
03313 Torremendo A 173 Za 121
10413 Torremenga CC 115 Ub 108
10184 Torremocha CC 133 Te 112
42342 Torremocha de Ayllón SO 84 We 100
19245 Torremocha de Jadraque GU 85 Xa 102
28189 Torremocha de Jarama MD 102 Wd 103
44381 Torremocha de Jiloca TE 106 Ye 105
19268 Torremocha del Campo GU 85 Xc 103
19345 Torremocha del Pinar GU 86 Xf 103
19391 Torremochuela GU 105 Ya 104
30153 Torre Mochuelo MC 173 Yf 122
29620 Torremolinos MA 191 Vd 129
26359 Torremontalbo RI 47 Xb 93
34305 Torremormojón P 63 Vb 97
29790 Torre Moya MA 183 Ve 128
29631 Torremuelle MA 191 Vc 129
26133 Torremuña RI 67 Xd 95
25335 Torreneral L 72 Af 98
12596 Torrenostra CS 108 Ab 107
07769 Torre Nova IB 93 Df 108
46900 Torrent V 142 Zd 112
30420 Torrentas, Las MC 156 Yb 119
08358 Torrentbò B 74 Cd 99
17123 Torrent d'Emporda = Torrent GI 75 Da 97
46900 Torrente = Torrent V 142 Zd 112
22590 Torrente de Cinca HS 90 Ac 100
04827 Torrentes, Los AL 171 Ya 123
11310 Torre Nueva CA 190 Ud 131
13740 Torrenueva CR 154 Wd 117
18720 Torrenueva GR 184 Wd 128
29649 Torrenueva MA 191 Vb 130
30739 Torre-Octavio MC 173 Za 122
12598 Torreó de Badún CS 109 Ac 107
23539 Torreón de Fique J 169 Wd 121
10182 Torreorgaz CC 133 Te 112
30700 Torre-Pacheco MC 173 Za 122
09226 Torrepadierne BU 64 Wa 95
09345 Torrepadre BU 64 Wa 96
02449 Torre-Pedro AB 155 Xe 118
44420 Torre-Peones TE 123 Zb 108
23320 Torreperogil J 169 We 120
29630 Torrequebrada MA 191 Vc 129
23638 Torrequebradilla J 168 Wc 121
10183 Torrequemada CC 133 Te 112
29601 Torre Real MA 190 Va 129
25001 Torre Ribera L 71 Ae 99
03570 Torres A 159 Ze 117
09512 Torres BU 34 Wd 91
23540 Torres J 169 Wc 122
50335 Torres Z 87 Yc 100
16612 Torres, Las CU 139 Xd 112
35018 Torres, Las GC 200 Kd 180
37796 Torres, Las SA 81 Uc 103
09310 Torresandino BU 64 Wa 98
19268 Torresaviñán, La GU 85 Xc 103
14820 Torres Cabrera CO 167 Vb 122
39300 Torres Campuzano CB 33 Vf 88
47313 Torrescarcela VA 83 Ve 100
23391 Torres de Albánchez J 155 Xb 118
44111 Torres de Albarracín TE 106 Yc 106
22132 Torres de Alcanadre HS 70 Zf 97
49522 Torres de Aliste, Las ZA 61 Te 97
09572 Torres de Arriba BU 34 Wb 91
22255 Torres de Barbués HS 70 Zd 97
50693 Torres de Berrellén Z 69 Yf 98
30565 Torres de Cotillas, Las MC 172 Ye 120
28813 Torres de la Alameda MD 103 Wd 106
25617 Torres de la Plana L 72 Ae 98
49122 Torres del Carrizal ZA 62 Ub 99
22588 Torres del Obispo HS 71 Ac 96
31229 Torres del Río NC 48 Xe 93
22134 Torres de Montes HS 70 Ze 96
25170 Torres de Segre L 90 Ad 99
25131 Torre-serona L 71 Ad 98
37110 Torresmenudas SA 80 Ub 102
18120 Torresolana GR 184 Vf 126
24144 Torrestío LE 30 Tf 90
46595 Torres-Torres V 124 Zd 110
42344 Torresuso SO 84 We 100
07711 Torret IB 93 Eb 109
04814 Torreta, La AL 187 Xf 124
46630 Torretallada V 142 Za 115
42181 Torretarrancho SO 67 Xe 97
42180 Torretartajo SO 67 Xe 98
07769 Torreta Saura IB 93 Df 109
25335 Torretes, Les L 72 Af 98
08211 Torre Turull B 74 Ca 99
40171 Torre Val de San Pedro SG 83 Wa 102
17252 Torre Valentina GI 75 Da 98
44641 Torrevelilla TE 89 Zf 103
07711 Torre Vella IB 93 Eb 109
07769 Torre Vella IB 93 De 108
46635 Torrevellisca V 142 Zb 116
42315 Torrevicente SO 85 Xa 100
03181 Torrevieja A 173 Zb 121
30815 Torre y El Charco, La MC 172 Yc 123
37788 Torre Zapata SA 99 Ub 104
46670 Torrica V 142 Zd 114
45572 Torrico TO 116 Ue 110
44421 Torrijas TE 123 Za 108
50217 Torrijo de la Cañada Z 86 Ya 100
44393 Torrijo del Campo TE 106 Yd 104
45500 Torrijos TO 117 Ve 109
28380 Torrique MD 119 Wd 108
17110 Torroella GI 75 Da 97
17474 Torroella de Fluvià GI 75 Da 95
17257 Torroella de Montgrí GI 75 Da 96
43737 Torroja = Torroja del Priorat T 91 Ae 101
27470 Torrón LU 40 Sb 94
19127 Torronteras GU 104 Xc 105
36309 Torroña PO 57 Rb 96
03109 Torrosella A 158 Zc 117
29770 Torrox MA 184 Wa 128
29793 Torrox-Costa MA 184 Wa 128
14447 Torrubia CO 152 Vd 118
19337 Torrubia GU 86 Ya 103
23700 Torrubia J 168 Wc 120
16413 Torrubia del Campo CU 119 Xa 109
16739 Torrubia del Castillo CU 120 Xe 111
42138 Torrubia de Soria SO 67 Xf 99
22437 Torruella de Aragón HS 52 Ac 95
22311 Torruéllola de la Plana HS 51 Zf 94
44162 Tortajada TE 106 Yf 106

17853 Tortellà GI 75 Cd 95
23700 Tortilla, La J 168 Wc 120
16122 Tórtola CU 121 Xf 109
19198 Tórtola de Henares GU 103 Wf 104
05514 Tórtoles AV 99 Ue 105
50514 Tórtoles Z 68 Yc 97
09312 Tórtoles de Esgueva BU 64 Vf 98
19261 Tortonda GU 86 Xc 103
43500 Tortosa T 109 Ad 104
18859 Tortosa, La GR 170 Xd 123
19338 Tortuera GU 87 Yb 103
19225 Tortuero GU 84 Wd 103
01300 Tortura VI 47 Xa 91
06719 Torviscal, El BA 134 Ub 114
10335 Torviscoso CC 115 Ud 109
18430 Torvizcón GR 185 We 127
25746 Tosal = Tossal, El L 72 Ba 97
09258 Tosantos BU 47 We 94
18820 Toscana Nueva GR 171 Xd 121
38715 Toscas, Las TF 197 Hb 176
35368 Toscón, El GC 200 Kc 181
35018 Toscón, El GC 200 Kc 180
32633 Tosende OR 58 Sb 97
17536 Toses GI 54 Ca 95
50154 Tosos Z 88 Yf 101
33546 Tospe AS 32 Ue 89
29312 Tosquilla, La MA 183 Vd 126
25124 Tossa, La L 71 Ad 98
17320 Tossa de Mar GI 75 Cf 98
29197 Totalán MA 183 Ve 128
30850 Totana MC 172 Yc 122
45163 Totanés TO 117 Ve 110
35628 Toto GC 199 Lf 178
15124 Touriñán C 26 Qe 90
15822 Touro C 39 Re 91
36828 Tourón PO 39 Rc 94
46269 Tous V 142 Zc 114
27835 Touza LU 28 Sb 88
36883 Touzosas, As PO 58 Re 96
23293 Tovar, El J 155 Xb 119
46140 Tóveda Alta V 122 Yd 108
46140 Tóvedas Tóveda Baja V 122 Yd 108
23293 Tovilla J 155 Xc 119
15214 Toxosoutos C 38 Rb 92
42112 Tozalmoro SO 67 Xe 98
18249 Tózar GR 184 Wb 124
15118 Traba C 26 Qf 89
33718 Trabada AS 29 Tb 88
27765 Trabada LU 29 Se 88
24523 Trabadelo LE 41 Ta 93
37149 Trabadillo SA 80 Tf 102
37173 Trabanca SA 79 Td 101
27671 Trabazas LU 41 Sf 93
24745 Trabazos LE 41 Tc 95
32785 Trabazos OR 41 Se 95
49516 Trabazos ZA 60 Td 98
32617 Trabe, A OR 59 Se 97
32235 Trado OR 58 Rf 95
16150 Tragacete CU 105 Ya 106
25790 Tragó L 72 Bb 96
25611 Tragò de Noguera L 71 Ad 97
37216 Traguntía SA 79 Td 103
31315 Traibuenas NC 49 Yc 94
19312 Traid GU 105 Yb 104
13230 Traiguera CS 108 Ab 105
41727 Trajano SE 180 Ua 126
12118 Trallanta, La CS 124 Ze 108
44133 Tramacastiel TE 122 Ye 107
44112 Tramacastilla TE 105 Yc 106
22663 Tramacastilla de Tena HS 51 Ze 92
22268 Tramaced HS 70 Ze 97
23293 Tranco J 155 Xb 119
32636 Trandeiras OR 59 Sc 96
46811 Transformador, El V 142 Zb 115
27112 Trapa, A AS 29 Sf 89
33934 Trapa, La AS 31 Ub 89
50710 Trapa, La Z 90 Aa 102
48510 Trapagaran BI 35 Wf 89
14280 Trapero CO 151 Uf 117
35431 Trapiche GC 200 Kc 180
29719 Trapiche MA 183 Vf 128
10661 Trapilabado CC 114 Td 107
32172 Trasalba OR 39 Sa 94
15540 Trasancos C 27 Re 87
15540 Trasancos C 27 Re 87
15390 Trasanquelos C 27 Re 89
33818 Trascastro AS 30 Td 90
24429 Trascastro LE 41 Tc 91
24127 Trascastro de Luna LE 42 Ua 92
06909 Trasierra BA 149 Ua 119
06176 Trasierra BA 148 Tc 118
39527 Trasierra CB 33 Ve 88
21650 Traslasierra H 163 Tc 122
48879 Traslaviña BI 35 We 89
32695 Trasmirás OR 59 Sc 96
33190 Trasmonte AS 30 Ua 88
15688 Trasmonte C 27 Rd 90
27786 Trasmonte LU 28 Sd 87
27229 Trasmonte LU 28 Sb 90
36685 Trasmonte PO 39 Rd 92
50583 Trasmoz Z 68 Yb 98
18328 Trasmulas GR 184 Wa 125
50268 Trasobares Z 68 Yc 99
33518 Traspando AS 31 Uc 88
27305 Trasparga LU 28 Sa 89
34858 Traspeña de la Peña P 44 Vc 92
47330 Traspinedo VA 63 Vd 99
36537 Trasulfe PO 40 Sa 93
39520 Trasvía CB 33 Ve 88
08719 Traver B 73 Bd 99
15184 Travesas, As C 27 Rd 89
15687 Trazo C 27 Rc 90
42113 Trébago SO 67 Xf 97
07720 Trebaluger IB 93 Eb 109
32573 Treboedo OR 39 Rf 94
27363 Trebolle LU 40 Sc 92
39788 Trebuesto CB 34 We 89
39528 Treceño CB 33 Ve 88
39592 Treceño CB 33 Ve 89
25598 Tredòs L 53 Af 92
49359 Trefacio ZA 60 Tc 96
39180 Tregandín CB 34 Wc 88
26132 Treguajantes RI 67 Xd 95
17869 Tregurà de Dalt GI 55 Cb 94
04826 Treinta, Los AL 171 Xf 123
25795 Trejuvell L 53 Bb 95
32920 Trelle OR 39 Sa 95
32920 Trellerma OR 39 Sa 95
33718 Trelles AS 29 Tb 88
33211 Tremañes AS 31 Ub 87
34847 Tremaya P 33 Vd 91
05691 Tremedal AV 99 Uc 106
37148 Tremedal de Tormes SA 80 Te 102
09150 Tremellos, Los BU 46 Wb 93
24374 Tremor de Abajo LE 42 Te 93
24377 Tremor de Arriba LE 42 Te 92
25620 Tremp L 72 Af 95
39557 Tresabuela CB 33 Vd 90
33529 Tresali AS 31 Ud 88
33589 Tresano AS 32 Uf 88
28760 Tres Cantos MD 102 Wb 105
33576 Trescares AS 32 Vb 89
40194 Trescasas SG 83 Vf 103
46540 Tres Colinas V 124 Ze 111
35530 Treseguite GC 198 Mc 174
22583 Treserra HS 72 Ad 95
03658 Tresfonts A 157 Za 118
33590 Tresgrandas AS 33 Vc 88
47155 Tres Hermanos VA 63 Vb 98
16422 Tresjuncos CU 120 Xb 110
33586 Tresmonte AS 32 Uf 88
04897 Tres Morales AL 186 Xc 125
09540 Trespaderne BU 46 Wd 92
39553 Trespeñas CB 33 Vd 89
01191 Trespuentes VI 47 Xb 91
08261 Tresserres B 73 Be 97
04530 Tres Villas, Las AL 186 Xb 126
33554 Tresviso CB 32 Vc 89
48891 Treto BI 34 Wd 89
39760 Treto CB 34 Wd 88
10894 Trevejo CC 113 Tb 107
18417 Trevélez GR 185 We 126
26215 Treviana RI 47 Wf 93
26132 Trevijano RI 48 Xd 95
09215 Treviño BU 47 Xb 92
32621 Trez OR 59 Sd 96
27631 Triacastela LU 41 Se 92
23670 Triana J 168 Wa 123
29718 Triana MA 183 Ve 128
24175 Trianos LE 44 Uf 94
16452 Tribaldos CU 120 Xa 109
22372 Tricás HS 51 Zf 94
38788 Tricias, La TF 197 Ha 176
26312 Tricio RI 47 Xb 94
32510 Trigás OR 39 Rf 94
36519 Trigueira, A PO 39 Re 93
21620 Trigueros H 177 Tb 124
47282 Trigueros del Valle VA 63 Vc 98
05196 Triguezuelos AV 101 Vc 105
19192 Trijueque GU 103 Xa 104
19450 Trillo GU 104 Xc 104
22438 Trillo HS 52 Ab 95
13129 Trincheto, El CR 136 Ve 113
41600 Trinidad, La SE 181 Uc 125
34887 Triollo P 44 Vb 91
35639 Triquivijate GC 199 Ma 178
04114 Tristanes AL 187 Xf 127
22820 Triste HS 50 Zb 94
49320 Triufé ZA 60 Tc 96
24009 Trobajo del Camino LE 43 Uc 93
24005 Trobajo del Cerecedo LE 43 Uc 93
41727 Trobal, El SE 180 Ua 126
27375 Trobo LU 28 Sc 89
11519 Trocadero, El CA 188 Te 129
01193 Troconiz VI 48 Xc 92
15839 Troitosende C 26 Rc 91
15819 Tronceda C 39 Re 91
32766 Tronceda OR 40 Sd 94
22438 Troncedo HS 52 Ab 95
44141 Tronchón TE 107 Zd 105
33100 Trubia AS 30 Ua 88
27660 Trucende LU 29 Sf 91
24740 Truchas LE 42 Td 95
24740 Truchillas LE 60 Td 95
48880 Trucios-Turtzioz BI 35 We 89
24144 Truébano LE 30 Tf 91
06892 Trujillanos BA 133 Te 115
29150 Trujillas, Las MA 183 Vc 127
10200 Trujillo CC 133 Ua 112
41500 Trujillo SE 180 Ub 125
18564 Trujillos GR 168 Wb 124
09557 Tubilla BU 34 Wc 91
09143 Tubilla del Agua BU 46 Wb 92
09453 Tubilla del Lago BU 65 Wc 98
09146 Tubilleja BU 46 Wb 91
49173 Tuda, La ZA 80 Ua 100
09146 Tudanca BU 46 Wb 91
39555 Tudanca CB 33 Vd 90
31500 Tudela NC 68 Yc 96
33669 Tudela de Agüeria AS 31 Ub 89
47320 Tudela de Duero VA 63 Vc 99
25739 Tudela de Segre L 72 Ba 97
33669 Tudela-Veguín AS 31 Ub 89
26512 Tudelilla RI 48 Xf 95
49214 Tudera ZA 80 Te 100
39575 Tudes CB 33 Vc 90
46177 Tuéjar V 122 Yf 110
30858 Tuelas, Los MC 172 Yd 122
01423 Tuesta VI 47 Wf 92
15121 Tufiones C 26 Qf 90
36700 Tui PO 57 Rc 96
33935 Tuilla AS 31 Uc 89
27343 Tuimil LU 40 Sd 93
35628 Tuineje GC 199 Lf 179
25717 Tuixén L 73 Bd 95
25717 Tuixén-la Vansa L 73 Bd 95
33628 Tuiza de Abajo AS 31 Ua 90
33628 Tuiza de Arriba AS 31 Ua 90
21880 Tujena H 164 Td 124
31522 Tulebras NC 68 Yb 97
21840 Tumbalejo, El H 163 Tc 124
33876 Tuña AS 30 Td 89
03839 Turballos A 142 Zd 116
33313 Turbeño AS 31 Uc 88
30813 Turbinto MC 172 Yb 123
24285 Turcia LE 43 Ua 93
40370 Turégano SG 83 Vf 102
39586 Turieno CB 32 Vc 90
01213 Turiso VI 47 Xa 92
45789 Turleque TO 118 Wc 111
07730 Turmadén IB 93 Ea 109
19287 Turmiel GU 86 Xf 102
18491 Turón GR 185 Wf 127
46390 Turquía V 122 Yf 111
37871 Turra de Alba SA 99 Ud 104
04639 Turre AL 187 Ya 126
09292 Turrientes BU 46 Wd 94
02536 Turrilla AB 155 Xe 119
04211 Turrillas AL 186 Xe 126
31421 Turrillas NC 49 Yd 92
18129 Turro, El GR 184 Wa 126
40560 Turrubuelo SG 84 Wc 101
26587 Turruncún RI 67 Xf 96
26289 Turza RI 47 Xa 95
02485 Tus AB 155 Xd 118
36700 Tuy = Tui PO 57 Rc 96
01428 Tuyo VI 47 Xa 92
20170 Txikierdi = Chiquierdi SS 36 Xf 89

U

31219 Ubago NC 48 Xe 93
31174 Ubani NC 49 Yb 92
03658 Úbeda A 157 Yf 118
23400 Úbeda J 169 Wd 120
20809 Ubegun SS 36 Xf 89
20579 Ubera SS 36 Xd 90
39360 Ubiarco CB 33 Vf 88
48145 Ubide VI 35 Xb 90
22439 Ubiergo HS 71 Ab 96
09141 Ubierna BU 46 Wb 94
48276 Ubilla-Urberuaga BI 36 Xd 89
11600 Ubrique CA 189 Ud 128
31154 Úcar NC 49 Yb 92
19187 Uceda GU 102 Wd 103
24369 Ucedo LE 42 Te 93
15320 Uceira C 28 Sb 87
30180 Ucenda MC 172 Yb 120
42317 Ucero SO 66 Wf 98
37217 Uces, Las SA 79 Td 102
02409 Uchea AB 156 Yc 117
39513 Ucieda CB 33 Ve 89
33569 Ucio AS 32 Uf 88
16452 Uclés CU 120 Xa 109
31869 Udabe NC 37 Yb 91
20500 Udala SS 36 Xc 90
39850 Udalla CB 34 Wd 89
33193 Udrión AS 31 Ua 88
49519 Ufones ZA 61 Te 98
35570 Uga GC 198 Mb 175
20180 Ugaldecho = Ugaldetxo SS 37 Ya 89
20180 Ugaldetxo SS 37 Ya 89
48490 Ugao-Miraballes BI 35 Xa 89
31177 Úgar NC 48 Ya 92
48141 Ugarana BI 35 Xb 90
48392 Ugarte BI 35 Xb 89
20268 Ugarte = Nuestra Señora del Rosario SS 36 Xf 90
20829 Ugarte Berri SS 36 Xd 89
45217 Ugena TO 102 Wa 108
18480 Ugíjar GR 185 Wf 127
31840 Uharte-Arakil NC 48 Ya 91
31877 Uitzi NC 37 Ya 90
19276 Ujados GU 85 Wf 101
33640 Ujo AS 31 Ub 89
31496 Ujué NC 49 Yd 93
30612 Ulea MC 157 Ye 120
04279 Uleila del Campo AL 187 Xe 125
31283 Ulibarri NC 48 Xe 92
26270 Uliuzarna RI 47 Xa 94
17140 Ullà GI 75 Da 96
08231 Ullastrell B 93 Bf 99
17114 Ullastret GI 75 Da 97
43363 Ulldemolins T 91 Af 101
01117 Ullíbarri-Arana VI 48 Xe 92
01520 Ullíbarri Arrazua VI 47 Xc 91
01194 Ullíbarri de los Olleros VI 47 Xc 92
01520 Ullíbarri Gamboa VI 35 Xc 91
01196 Ullíbarri-Viña VI 47 Xb 91
01439 Ullívarri Cuartango VI 47 Xa 91
27205 Ulloa LU 40 Sa 91
17133 Ultramort GI 75 Da 96
31172 Ulzurrun NC 49 Ya 92
19238 Umbralejo GU 84 We 102
41806 Umbrete SE 180 Tf 124
14811 Umbría CO 167 Ve 124
44140 Umbría TE 107 Zd 105
12118 Umbria, L' CS 124 Zf 108
21207 Umbría, La H 164 Td 121
23140 Umbría, La J 169 Wc 123
04811 Umbría de Arriba, La AL 171 Xe 123
13770 Umbría de Fresnedas CR 153 Wc 117
30510 Umbría del Factor MC 157 Ye 117
05693 Umbrías AV 99 Uc 107
12125 Umbrías, Las CS 123 Zd 108
29712 Umbrías, Las MA 183 Vf 127
31790 Unanua NC 48 Xf 91
25588 Unarre L 53 Ba 93
48111 Unbe BI 35 Xa 88
50678 Uncastillo Z 50 Yf 94
31422 Unciti NC 49 Yc 92
46620 Unde, La V 141 Ye 114
31190 Undiano NC 49 Yb 92
50689 Undués de Lerda Z 50 Ye 93
48144 Undurraga BI 35 Xb 90
49393 Ungilde ZA 60 Tc 96
33590 Unguera AS 33 Vc 88
30360 Unión, La MC 173 Za 123
47670 Unión de Campos, La VA 62 Ue 96
26130 Unión de los Tres Ejércitos, La RI 48 Xd 94
28760 Universidad Autónoma de Madrid MD 102 Wb 105
01449 Unza VI 35 Xa 91
31396 Unzué NC 49 Yc 93
16152 Uña CU 105 Ya 107
24996 Uña, La LE 32 Uf 90
49327 Uña de Quintana ZA 61 Tf 96
05268 Uposa AV 101 Vc 105
09347 Ura BU 65 Wc 96
48960 Uransolo BI 35 Xb 89
01216 Urarte VI 47 Xc 92
07157 Urbanització Bihiorella IB 126 Cc 111
43850 Urbanització Cambrils Mediterrània T 91 Ba 102
35580 Urbanización Atlante del Sol GC 198 Ma 175
35627 Urbanización Calma Bahia GC 199 Le 180
35627 Urbanización Costa Calma GC 199 Le 180
38639 Urbanización El Guincho TF 196 Ic 180
43850 Urbanización el Tarraco T 91 Ba 102
35539 Urbanización Famara GC 198 Mc 174
35507 Urbanización Las Cabreras GC 198 Mc 174
35610 Urbanización Llano del Sol GC 199 Ma 178
35544 Urbanización Los Cocoteros GC 198 Md 174
35650 Urbanización Los Lagos GC 199 Lf 176
35519 Urbanización Los Pocillos GC 198 Mc 175
35613 Urbanización Los Pozos GC 199 Ma 178
35626 Urbanización Marabul GC 199 Le 180
35580 Urbanización Montaña Baja GC 198 Ma 175
46191 Urbanización Monte Orquera V 123 Zc 111
04711 Urbanización Oasis de Costa del Sol AL 186 Xb 128
35530 Urbanización Oasis de Nazaret GC 198 Mc 174
35559 Urbanización Playa Honda GC 198 Mc 175
50700 Urbanización Playas de Chacón Z 89 Zf 101
04740 Urbanización Roquetas de Mar AL 186 Xc 128
35613 Urbanización Rosa de la Monja GC 199 Ma 177
35519 Urbanización San Antonio GC 198 Mc 175
35558 Urbanización Vista Graciosa GC 198 Mc 174
03195 Urbanova A 158 Zc 119
09125 Urbel del Castillo BU 46 Wa 93
31421 Urbicáin NC 49 Yd 92
33613 Urbiés AS 31 Ub 89
01510 Urbina VI 35 Xc 91
02600 Urbina, La AB 138 Xb 113
31243 Urbiola NC 48 Xf 93
04691 Úrcal AL 171 Ya 124
50196 Urcamusa Z 88 Yf 99
45480 Urda TO 137 Wb 112
31810 Urdain NC 48 Xf 91
20800 Urdaneta SS 36 Xe 89
31698 Urdániz NC 49 Yc 91
31172 Urdánoz NC 49 Ya 92
26289 Urdanta RI 47 Xa 95
31711 Urdax = Urdazubi NC 37 Yc 89
31711 Urdazubi = Urdax NC 37 Yc 89
24313 Urdiales de Colinas LE 42 Td 92
24248 Urdiales del Páramo LE 43 Ub 94
15281 Urdilde C 38 Rb 92
10697 Urdimalas CC 115 Ua 109
31438 Urdíroz NC 49 Yd 91
22732 Urdués HS 50 Zb 92
48610 Urduliz BI 35 Xa 88
19265 Ures GU 85 Xb 102
42240 Ures de Medina SO 86 Xe 102
20800 Ureta SS 36 Xe 89
36307 Urgal PO 57 Rb 96
20568 Uribarri SS 36 Xd 90
01169 Uribarri VI 36 Xc 90
01194 Uribarri-Nagusi = Ullívarri-Olleros VI 47 Xc 92
48144 Uribe BI 35 Xb 90
48419 Urigoiti BI 35 Xa 90
27157 Uriz LU 28 Sc 90
31438 Uriz NC 49 Yd 91
48620 Urizar BI 35 Xa 88
01440 Urkabustaiz VI 35 Xa 91
48277 Urkaregi BI 36 Xd 89
20400 Urkizu SS 36 Xf 90
20600 Urko SS 36 Xd 89
22466 Urmella HS 52 Ad 93
20130 Urnieta SS 36 Ya 89
47671 Urones de Castroponce VA 62 Ue 96
31485 Uroz NC 49 Yd 92
20400 Urquizu = Urkizu SS 36 Xf 90
04879 Urrácal AL 171 Xd 124
05195 Urraca-Miguel AV 101 Vc 104
31448 Urraul Alto NC 49 Ye 92
31480 Urraul Bajo NC 49 Yd 92
44593 Urrea de Gaén TE 89 Zd 102
50296 Urrea de Jalón Z 69 Ye 98
30331 Urreas, Los MC 173 Yf 122
20738 Urrestilla SS 36 Xe 90
20568 Urrexola = Urrejola SS 36 Xd 90
09199 Urrez BU 46 Wd 95
09515 Urría BU 46 Wd 91
22330 Urriales HS 51 Aa 94
31484 Urricelqui NC 49 Yd 91
50685 Urriés Z 50 Yf 93
31868 Urrizola NC 49 Ya 91
31799 Urrizola-Galáin NC 37 Yc 91
32664 Urros OR 58 Sa 95
31752 Urrotz NC 37 Yb 90
31420 Urroz NC 49 Yd 92
01170 Urrunaga VI 35 Xc 91
30368 Urrutias, Los MC 173 Zb 122
31753 Urrutiña NC 37 Yb 90
48391 Urrutxua BI 35 Xc 89
20213 Ursuaran SS 36 Xe 91
31639 Urtasun NC 37 Yc 91
01118 Urturi VI 48 Xc 93
47862 Urueña VA 62 Ue 98
40317 Urueñas SG 83 Wb 100
26313 Uruñuela RI 47 Xb 94
17538 Urús GI 54 Bf 94
24127 Urz, La LE 42 Ua 92
31416 Urzainqui NC 50 Za 92
31521 Urzante NC 68 Yc 96
06290 Usagre BA 149 Tf 118

22339 Usana HS 52 Aa 94
19182 Usanos GU 103 We 104
31451 Uscarrés NC 50 Yf 92
22622 Used HS 51 Ze 95
50374 Used Z 87 Yc 102
12118 Useras = les Useres CS 108 Zf 108
12118 Useres, les = Useras CS 108 Zf 108
25592 Useu L 53 Ba 95
31193 Usi NC 49 Yb 91
22210 Usón HS 70 Ze 97
31486 Ustárroz NC 49 Yc 92
31450 Ustés NC 50 Yf 92
31491 Usumbeiz NC 49 Yd 93
31454 Usún NC 50 Ye 93
20170 Usurbil SS 36 Xf 89
20170 Usúrbil = Usurbil SS 36 Xf 89
19196 Utande GU 103 Xa 103
50180 Utebo Z 69 Za 98
31133 Uterga NC 49 Yb 92
46300 Utiel V 122 Ye 111
41710 Utrera SE 180 Ub 125
04858 Utreras, Los AL 187 Xf 125
42258 Utrilla SO 86 Xe 101
44760 Utrillas TE 107 Za 104
25245 Utxafava L 72 Af 99
15690 Uxes C 27 Rd 89
26270 Uyarra RI 47 Xa 94
39556 Uznayo CB 33 Vd 90
09217 Uzquiano BU 47 Xb 92
01449 Uzquiano VI 35 Xa 91
31395 Uzquita NC 49 Yc 93
09199 Uzquiza BU 46 Wd 95
31418 Uztárroz = Uztarroze NC 50 Za 91
31418 Uztarroze = Uztárroz NC 50 Za 91
31891 Uztegi NC 36 Xf 90

V

36418 Vacaria PO 57 Rc 96
08233 Vacarisses B 73 Bf 99
23260 Vacarizo J 154 We 118
28529 Vaciamadrid MD 102 Wc 107
39577 Vada CB 32 Vb 90
16813 Vadeolivas CU 104 Xd 105
37495 Vadera-Baldía SA 98 Td 104
42148 Vadillo SO 66 Wf 98
14960 Vadillo, El CO 183 Ve 124
49420 Vadillo de la Guareña ZA 81 Ud 101
05560 Vadillo de la Sierra AV 100 Uf 105
26133 Vadillos RI 67 Xd 95
37116 Vadima, La SA 80 Tf 102
09513 Vado, El BU 46 Wc 91
09491 Vadocondes BU 65 Wc 99
29500 Vado del Álamo MA 182 Vb 127
10600 Vado de las Palomas CC 114 Tf 108
45919 Vado de los Morales TO 117 Vd 108
14912 Vadofresno CO 183 Vd 125
18003 Vados, Los GR 184 Wb 125
29719 Vados, Los MA 183 Vf 128
23529 Vados de Torralba J 168 Wc 121
30811 Vainazo, El MC 172 Yb 123
17707 Vajol, La GI 56 Ce 94
36526 Val PO 39 Rf 92
44191 Valacloche TE 122 Yf 107
15239 Valadares C 38 Ra 91
36314 Valadares PO 57 Rb 95
50617 Valareña Z 68 Ye 96
34829 Valberzoso P 45 Ve 91
36685 Valboa PO 39 Rd 92
44430 Valbona TE 107 Zb 107
09119 Valbonilla BU 64 Ve 95
37718 Valbuena SA 98 Ua 106
47359 Valbuena de Duero VA 64 Vd 99
34465 Valbuena de Pisuerga P 64 Ve 96
32375 Valbuxán OR 41 Sf 95
39806 Valcaba CB 34 Wc 89
34117 Valcabadillo P 44 Vb 93
49192 Valcabado ZA 80 Ub 99
24790 Valcabado del Páramo LE 61 Ub 95
22511 Valcarca HS 71 Ab 97
09125 Valcárceres, Los BU 45 Wa 93
23780 Valcargado J 167 Ve 121
31660 Valcarlos, Luizalde/ NC 37 Ye 90
27866 Valcarria LU 26 Sc 87
45909 Valcarrillo de Alberche TO 101 Vd 107
09317 Valcavado de Roa BU 64 Wa 98
14029 Valchillón CO 166 Va 122
34886 Valcobero P 44 Vb 91
21230 Valconejo H 163 Ta 121
24889 Valcuende LE 44 Va 92
24839 Valcueva, La LE 43 Ud 91
37116 Valcuevo SA 80 Ub 102
45360 Valdajos TO 119 Wd 108
39593 Valdáliga CB 33 Vd 89
42328 Valdanzo SO 84 Wd 99
42328 Valdanzuelo SO 84 Wd 99
28594 Valdaracete MD 103 We 107
19141 Valdarachas GU 103 Wf 105
10614 Valdastillas CC 115 Ua 108
24171 Valdavida LE 44 Uf 93
24740 Valdavido LE 60 Td 95
09248 Valdazo BU 46 Wd 93
10990 Valdeaicalde de Arriba CC 113 Ta 109
09145 Valdeajos BU 46 Wa 92
42141 Valdealbín SO 66 Wf 98
24160 Valdealcón LE 43 Ue 93
44594 Valdealgorfa TE 89 Zf 103
24165 Valdealiso LE 43 Ue 93
19269 Valdealmendras GU 85 Xc 102
42193 Valdealvillo SO 66 Xa 99
19292 Valdeancheta GU 103 Wf 103
09453 Valdeande BU 65 Wc 98
24330 Valdearcos LE 43 Ud 94
47317 Valdearcos de la Vega VA 64 Ve 99
06470 Valdearenales BA 133 Tf 116
19196 Valdearenas GU 103 Xa 104
09592 Valdearnedo BU 46 Wc 93
39813 Val de Asón CB 34 Wc 89
19142 Valdeavellano GU 103 Xa 105
42165 Valdeavellano de Tera SO 66 Xc 97
42317 Valdeavellano de Ucero SO 66 Wf 98
28816 Valdeavero MD 103 We 105
19174 Valdeaveruelo GU 103 We 105
13470 Valdeazogues CR 152 Vd 116
45139 Valdeazores TO 135 Vb 112
06194 Valdebótoa BA 132 Ta 115
34159 Valdebusto P 63 Vb 97
06689 Valdecaballeros BA 135 Ue 113
28669 Valdecabañas MD 102 Wa 106
16146 Valdecabras CU 105 Xf 108
44126 Val de Cabriel TE 105 Yc 107
16542 Valdecabrillas CU 120 Xd 108
24415 Valdecañada LE 41 Tc 94
14810 Valdecañas CO 167 Vd 124
16843 Valdecañas CU 104 Xd 107
34249 Valdecañas de Cerrato P 64 Ve 97
10329 Valdecañas de Tajo CC 115 Uc 110
37593 Valdecarpinteros SA 97 Td 105
37500 Valdecarros SA 97 Tc 105
37881 Valdecarros SA 99 Ud 104
05143 Valdecasa AV 100 Uf 105
24853 Valdecastillo LE 43 Ud 91
23469 Valdecazorla J 169 Wf 121
44193 Valdecebro TE 106 Yf 106
05196 Valdeciervos AV 100 Vc 105
39724 Valdecilla CB 34 Wb 88
16541 Valdecolmenas, Los CU 120 Xc 108
16541 Valdecolmenas de Abajo CU 120 Xd 108
16541 Valdecolmenas de Arriba CU 120 Xd 108
19132 Valdeconcha GU 103 Xa 106
44779 Valdeconejos TE 107 Za 104
44122 Valdecuenca TE 106 Yd 107
33615 Valdecuna AS 31 Ub 89
33810 Valdeferreiro AS 29 Ta 90
49882 Valdefinjas ZA 81 Ud 100
41899 Valdeflores SE 164 Td 122
24228 Valdefresno LE 43 Ud 93
10180 Valdefuentes CC 133 Tf 113
24220 Valdefuentes LE 62 Ud 96
28939 Valdefuentes MD 102 Wa 107
24253 Valdefuentes del Páramo LE 43 Ub 95
37680 Valdefuentes de Sangusín SA 99 Ub 106
47861 Valdefuentes o Griegos VA 62 Ue 98
34492 Valdegama P 45 Ve 92
02150 Valdeganga AB 140 Yb 114
16122 Valdeganga de Cuenca CU 121 Xe 109
01427 Valdegovía = Villanuova de Valdegovía VI 47 Wf 91
14813 Valdegranada CO 184 Vf 124
19412 Valdegrudas GU 103 Wf 104
42350 Valdegrulla SO 66 Wf 99
26529 Valdegutur RI 67 Ya 97
37799 Valdehermoso SA 81 Uc 101
06190 Valdeherreros BA 132 Tc 114
06173 Valdehierro BA 148 Tb 117
13428 Valdehierro CR 136 Vf 113
37713 Valdehijaderos SA 98 Ua 106
50371 Valdehorna Z 87 Yd 102
06410 Valdehornillo BA 133 Ua 114
24854 Valdehuesa LE 31 Ue 91
10393 Valdehúncar CC 115 Uc 109
14749 Valdeinfierno CO 150 Uc 120
10420 Valdeíñigos CC 115 Ua 109
42112 Valdejeña SO 67 Xe 98
06185 Valdelacalzada BA 132 Tb 115
21230 Valdelacanal H 163 Tb 121
37791 Valdelacasa SA 99 Ub 105
10332 Valdelacasa de Tajo CC 116 Ue 110
09515 Valdelacuesta BU 46 Wd 91
24227 Valdelafuente LE 43 Uc 93
37724 Valdelageve SA 98 Ua 106
11500 Valdelagrana CA 188 Te 129
19459 Valdelagua GU 104 Xb 104
28750 Valdelagua MD 102 Wc 105
42113 Valdelagua del Cerro SO 67 Xf 97
28810 Valdeláguila MD 103 We 106
05592 Valdelaguna AV 99 Ud 106
24342 Valdelaguna LE 44 Uf 94
28391 Valdelaguna MD 102 Wd 108
24459 Valdelaloba LE 42 Tc 92
49193 Valdelaloba ZA 80 Ub 99
21330 Valdelamusa H 163 Ta 122
21291 Valdelarco H 163 Tb 121
46140 Val de la Sabina, El V 122 Ye 108
28760 Valdelatas MD 102 Wb 105
09145 Valdelateja BU 46 Wb 92
05196 Valdelavia AV 101 Vc 105
42175 Valdelavilla SO 67 Xe 97
19269 Valdelcubo GU 85 Xb 101
42318 Valdelinares SO 66 Wf 98
44413 Valdelinares TE 107 Zc 106
23747 Valdelipe J 152 Vf 120
24342 Valdelocajos LE 44 Uf 94
37799 Valdelosa SA 80 Ub 101
44620 Valdeltormo TE 90 Aa 103
42318 Valdelubiel SO 66 Wf 99
26532 Valdemadera RI 67 Xf 97
42318 Valdemaluque SO 66 Wf 98
28729 Valdemanco MD 102 Wc 103
13411 Valdemanco del Esteras CR 135 Vb 115
18538 Valdemanzanos GR 170 Wf 123
28295 Valdemaqueda MD 101 Ve 105
17412 Valdemaria GI 75 Ce 98
45165 Valdemarías TO 117 Vd 110
23370 Valdemarín J 155 Xb 119
28701 Valdemasa MD 102 Wc 105
16152 Valdemeca CU 105 Yb 107
37891 Valdemierque SA 99 Uc 104
49152 Valdemimbre ZA 81 Uc 100
05154 Valdemolinos AV 99 Ud 105
24206 Valdemora LE 62 Ud 95
10131 Valdemorales CC 133 Tf 113
24293 Valdemorilla LE 62 Ue 95
28210 Valdemorillo MD 101 Vf 105
16340 Valdemorillo de la Sierra CU 121 Yb 108
28343 Valdemoro MD 118 Wb 107
16521 Valdemoro del Rey CU 104 Xc 107
16316 Valdemoro-Sierra CU 121 Yb 108
42193 Valdenarros SO 66 Xa 99
10839 Valdencín CC 114 Td 109
42313 Valdenebro SO 66 Xa 99
47816 Valdenebro de los Valles VA 63 Va 97
42175 Valdenegrillos SO 67 Xf 97
09559 Valdenoceda BU 46 Wc 91
19197 Valdenoches GU 103 Wf 104
37220 Valdenoguera SA 79 Ta 103
19185 Valdenuño-Fernández GU 102 Wd 104
10672 Valdeobispo CC 114 Te 108
34239 Valdeolmillos P 64 Vd 96
28130 Valdeolmos MD 102 Wd 105
26133 Valdeosera RI 67 Xd 95
28590 Valdepardillo MD 119 We 108
13300 Valdepeñas CR 154 Wd 116
23150 Valdepeñas de Jaén J 168 Wb 123
19184 Valdepeñas de la Sierra GU 84 Wd 103
28540 Valdeperales MD 103 Wd 107
49182 Valdeperdices ZA 61 Ua 99
26527 Valdeperillo RI 67 Xf 96
24847 Valdepiélago LE 43 Ud 91
28170 Valdepiélagos MD 102 Wd 104
50430 Valdepinar Z 88 Za 100
19238 Valdepinillos GU 84 We 101
37500 Valdepiñuela SA 97 Td 104
24930 Valdepolo LE 44 Ue 93
39574 Valdeprado CB 33 Vd 90
24488 Valdeprado LE 42 Tc 91
42181 Valdeprado SO 67 Xf 97
39419 Valdeprado del Río CB 45 Vf 91
05197 Valdeprados AV 100 Vb 105
40423 Valdeprados SG 101 Ve 104
10250 Valdepuertas CC 134 Uc 112
15215 Val de Quintáns C 38 Rb 92
24220 Valderas LE 62 Ud 96
30156 Valderas MC 173 Yf 122
39232 Valderías BU 46 Wa 91
34473 Valderrábano P 44 Vc 93
09211 Valderrama BU 47 We 92
46352 Valderrama V 141 Ye 112
10670 Valderraosas CC 114 Te 108
19490 Valderrebollo GU 104 Xb 104
24793 Valderrey LE 42 Tf 94
49024 Valderrey ZA 80 Ub 99
44580 Valderrobres TE 108 Aa 103
42294 Valderrodilla SO 85 Xb 99
37256 Valderrodrigo SA 79 Tc 102
42344 Valderromán SO 85 Wf 100
05196 Valderrosa AV 100 Vc 105
18250 Valderrubio GR 184 Wb 125
24882 Valderrueda LE 44 Va 92
42294 Valderrueda SO 85 Xb 99
29738 Valdés MA 183 Ve 128
10164 Valdesalor CC 133 Td 112
24127 Valdesamario LE 42 Ua 92
24763 Valdesandinas LE 43 Ua 94
19429 Val de San García GU 104 Xc 104
37717 Valdesangil SA 99 Ub 106
24717 Val de San Lorenzo LE 42 Tf 94
50372 Val de San Martín Z 87 Yd 102
24717 Val de San Román LE 42 Tf 94
49337 Val de Santa María ZA 61 Te 97
39548 Val de San Vicente CB 33 Vd 88
19412 Valdesaz GU 103 Xa 104
40318 Valdesaz SG 83 Wb 101
24208 Valdesaz de los Oteros LE 43 Ud 95
24172 Valdescapa LE 44 Va 93
49680 Valdescorriel ZA 62 Uc 96
40389 Valdesimonte SG 83 Wa 101
24226 Valdesogo de Abajo LE 43 Uc 93
33938 Valdesoto AS 31 Uc 88
19225 Valdesotos GU 84 We 103
34419 Valdespina P 64 Vd 96
42191 Valdespina SO 67 Xd 99
37515 Valdespino SA 97 Tc 105
49357 Valdespino ZA 60 Tc 96
24207 Valdespino Cerón LE 43 Ud 95
24717 Valdespino de Somoza LE 42 Tf 94
24324 Valdespino de Vaca LE 44 Uf 95
47240 Valdestillas VA 82 Vb 100
24837 Valdeteja LE 43 Ud 91
06474 Valdetorres BA 133 Tf 115
28150 Valdetorres de Jarama MD 102 Wc 104
16122 Valdetórtola CU 121 Xe 109
34127 Valde-Ucieza P 45 Vc 94
40185 Valdevacas SG 83 Wa 102
40185 Valdevacas de Montejo SG 84 Wc 99
40553 Valdevarnés SG 84 Wc 100
45572 Valdeverdeja TO 116 Ue 110
26586 Valdevigas RI 67 Xe 95
24230 Valdevimbre LE 43 Uc 94
06487 Valdezaque BA 133 Td 114
09318 Valdezate BU 64 Vf 99
26289 Valdezcaray RI 47 Xa 95
41019 Valdezorras SE 179 Ua 124
21207 Valdezufre H 163 Td 121
37799 Valdibáñez SA 81 Uc 101
39728 Valdicio CB 34 Wb 89
28511 Valdilecha MD 103 We 107
32369 Valdín OR 60 Ta 95
37799 Valdío SA 81 Uc 101
37523 Valdío de Robleda SA 97 Tc 107
06720 Valdivia BA 134 Ub 114
15873 Val do Dubra C 26 Rb 90
24970 Valdoré LE 44 Ue 91
09320 Valdorros BU 65 Wb 95
15552 Valdoviño C 27 Rf 87
42173 Valduérteles SO 67 Xd 96
37798 Valdunciel SA 80 Ub 102
47672 Valdunquillo VA 62 Ue 96
24165 Valduvieco LE 43 Ue 93
36883 Valeixe PO 58 Re 95
37724 Valematanza SA 98 Ua 107
46000* València V 124 Zd 112
24200 Valencia de Don Juan LE 43 Uc 95
37799 Valencia de la Encomienda SA 80 Ub 102
06444 Valencia de las Torres BA 149 Tf 118
06134 Valencia del Mombuey BA 147 Sf 119
06330 Valencia del Ventoso BA 148 Td 119
08790 Valenciana, La B 92 Bf 100
41907 Valencina de la Concepción SE 179 Tf 124
10500 Valencia de Alcántara CC 131 Se 112
34115 Valenoso P 44 Vc 93
30420 Valentín MC 156 Yb 119
04770 Valentines, Los AL 185 Wf 128
23490 Valenzuela J 168 Wc 120
13279 Valenzuela de Calatrava CR 137 Wb 115
49559 Valer ZA 61 Te 98
16120 Valera de Abajo CU 121 Xf 110
16216 Valería CU 121 Xf 110
29689 Valerín, El MA 190 Uf 130
37764 Valero SA 98 Ua 105
02129 Valero, El AB 156 Xf 116
37874 Valeros SA 99 Ud 104
32136 Vales OR 40 Sa 93
22223 Valfarta HS 89 Zf 99
19196 Valfermoso de las Monjas GU 103 Xa 103
19411 Valfermoso de Tajuña GU 103 Xa 105
22255 Valfonda de Barbués HS 70 Zd 97
36645 Valga PO 38 Rc 92
26288 Valgañón RI 47 Wf 95
09559 Valhermosa BU 46 Wc 92
19390 Valhermoso GU 105 Ya 104
16214 Valhermoso de la Fuente CU 121 Xf 111
37500 Valhondo y Brocheros SA 97 Tc 105
30627 Valientes, Los MC 157 Yf 120
44595 Valjunquera TE 89 Aa 103
17706 Vall, La GI 56 Cf 95
46691 Vallada V 142 Zb 115
42248 Valladares SO 86 Xd 101
33818 Vallado AS 30 Td 90
47001 Valladolid VA 63 Vb 99
30154 Valladolises MC 173 Yf 122
46145 Vallanca V 122 Yd 108
09245 Vallarta de Bureba BU 47 We 93
12230 Vallat CS 124 Zd 108
08785 Vallbona d'Anoia B 92 Be 99
25268 Vallbona de les Monges L 91 Ba 99
17410 Vallcanera GI 75 Ce 97
08872 Vallcarca B 92 Bf 101
25187 Vallcarca L 90 Ac 100
08699 Vallcebre B 73 Be 95
43439 Vallclara T 91 Af 100
12194 Vall d'Alba CS 124 Zf 107
03786 Vall d'Alcalà, La A 143 Ze 116
25283 Valldan L 73 Bc 96
08617 Valldan, La B 73 Be 96
25737 Vall d'Ariet, La L 72 Af 97
25793 Valldarques L 72 Bb 96
12414 Vall de Almonacid CS 123 Zd 109
17813 Vall de Bac GI 55 Cc 95
25527 Vall de Boí, La L 53 Ae 93
25570 Vall de Cardós L 53 Bb 93
03789 Vall de Ebo A 143 Zf 116
03787 Vall de Gallinera A 143 Ze 116
25737 Valldeixils L 72 Ba 98
07170 Valldemossa IB 126 Cd 110
17176 Vall d'en Bas, La GI 74 Cc 96
43421 Valldeperes T 92 Bc 100
03730 Vall-de-Ros A 143 Aa 116
08173 Valldoreix B 93 Ca 100
43816 Valldossera T 92 Bc 100
12600 Vall d'Uixo, La CS 124 Ze 110
07013 Vall Durgent IB 126 Cd 111
33629 Valle AS 31 Ua 90
33539 Valle AS 31 Ue 88
33438 Valle AS 31 Ub 87
33829 Valle AS 30 Tf 88
39812 Valle CB 34 Wc 89
04897 Valle, El AL 186 Xc 125
33890 Valle, El AS 29 Tc 89
18658 Valle, El GR 184 Wc 127
23479 Valle, El J 170 Xa 121
24315 Valle, El LE 42 Td 93
22348 Valle, La HS 51 Aa 94
35649 Vallebrón GC 199 Ma 177
24324 Vallecillo LE 44 Ue 94
44123 Vallecillo, El TE 105 Yc 107
26120 Vallecosa, La RI 48 Xc 94
38150 Valle Crispín TF 197 Ie 177
29240 Valle de Abdalajís MA 182 Vb 127
01117 Valle de Arana VI 48 Xd 92
39510 Valle de Cabuérniga CB 33 Ve 89
34209 Valle de Cerrato P 64 Vd 97
24848 Valle de Curueño LE 43 Ud 92
30350 Valle de Escombreras MC 173 Za 123
24435 Valle de Finolledo LE 41 Tb 92
38270 Valle de Guerra TF 197 Id 177
24412 Valle del Agua LE 41 Tc 93
09270 Valle de la Paúl BU 47 Wf 94
05190 Valle de la Pavona AV 100 Vb 105
24892 Valle de las Casas LE 44 Uf 92
06458 Valle de la Serena BA 150 Ub 116
09591 Valle de las Navas BU 46 Wc 94
22451 Valle de Lierp HS 52 Ac 94
31439 Valle del Irati NC 49 Ye 91

33557 Valle del Moro AS 32 Ue 89
09511 Valle de Losa BU 35 We 91
34307 Valle del Retortillo P 63 Vb 95
45120 Valle del Robledillo TO 117 Vd 111
09199 Valle del Sol BU 65 We 95
18511 Valle del Zalabí GR 185 Wf 125
24219 Valle de Mansilla LE 43 Ud 93
09558 Valle de Manzanedo BU 46 Wb 91
06177 Valle de Matamoros BA 148 Tb 118
09580 Valle de Mena BU 35 We 90
38649 Valle de San Lorenzo TF 196 Ic 180
40171 Valle de San Pedro SG 83 Wa 102
35210 Valle de San Roque GC 200 Kd 180
06178 Valle de Santa Ana BA 148 Tb 118
35637 Valle de Santa Inés GC 199 Lf 178
34828 Valle de Santullán P 45 Vd 91
09142 Valle de Sedano = Sedano BU 46 Wb 92
40331 Valle de Tabladillo SG 83 Wa 100
48510 Valle de Trápaga BI 35 Wf 89
09572 Valle de Valdebezana BU 34 Wb 91
09614 Valle de Valdelaguna BU 66 We 96
09127 Valle de Valdelucio = Llanillo BU 45 Vf 92
10890 Valle de Venta CC 97 Ta 108
22367 Valle de Xistau HS 52 Ab 93
34260 Vallegera BU 64 Vf 95
11690 Valle Hermoso Alto CA 182 Ue 127
11690 Valle Hermoso Bajo CA 182 Ue 127
05696 Vallehondo AV 99 Uc 106
11630 Vallejas CA 189 Ub 128
37717 Vallejera de Riofrío SA 99 Ub 106
09614 Vallejimeno BU 66 We 96
29791 Vallejo MA 183 Ve 128
42175 Vallejo, El SO 67 Xe 97
09589 Vallejo de Mena BU 34 We 90
34829 Vallejo de Orbó P 45 Ve 91
40213 Vallelado SG 82 Vd 100
49326 Valleluengo ZA 61 Te 96
40174 Valleruela de Pedraza SG 83 Wb 101
40176 Valleruela de Sepúlveda SG 83 Wb 101
33583 Valles AS 31 Ue 88
39809 Valles, Los CB 34 Wd 89
35539 Valles, Los GC 198 Mc 174
49450 Vallesa ZA 81 Ud 102
49450 Vallesa de la Guareña ZA 81 Ue 102
21386 Valles de Carrasco H 163 Tb 120
40357 Valles de Fuentidueñas SG 83 Wa 100
35638 Valles de Ortega GC 199 Lf 178
09338 Valles de Palenzuela BU 64 Vf 96
34115 Valles de Valdavia P 44 Vc 93
35340 Valleseco GC 200 Kc 180
38150 Valleseco TF 197 Ie 178
43428 Vallespinosa T 92 Bc 100
34810 Vallespinoso de Aguilar P 45 Vd 92
34839 Vallespinoso de Cervera P 45 Vd 91
25751 Vallferosa L 73 Bc 97
25575 Vall Ferrera L 53 Bc 93
25680 Vallfogona de Balaguer L 72 Ae 98
17862 Vallfogona de Ripollès GI 74 Cb 95
43427 Vallfogona de Riucorb T 91 Bb 99
08471 Vallgorguina B 74 Cd 99
07639 Vallgornera IB 127 Cf 112
12315 Vallibona CS 108 Aa 105
33791 Vallín AS 30 Tc 87
33314 Vallina AS 31 Ud 87
08759 Vallirana B 92 Bf 100
12513 Vallivana, La CS 108 Aa 105
25738 Vall-llebrera L 72 Ba 97
17253 Vall-llobrega GI 75 Da 97
03113 Vall-longa A 158 Zc 118
08490 Vallmanya B 75 Ce 98
25180 Vallmanya L 71 Ac 99
25287 Vallmanya L 73 Bd 98
43144 Vallmoll T 91 Bb 101
27659 Vallo LU 41 Ta 91
33583 Vallobal AS 31 Ue 88
33559 Vallobil AS 32 Ue 88
42173 Valloría SO 67 Xd 97
08188 Vallromanes B 93 Cb 99
25285 Valls (Guixers) L 73 Bd 96
17869 Vallter 2000 GI 55 Cb 94
01427 Valluerca VI 47 Wf 91
09219 Valluércanes BU 47 Wf 93
09119 Vallunquera BU 64 Vf 95
17475 Valveralla GI 75 Da 96
25261 Valverd L 72 Af 98
03139 Valverda A 158 Zc 119
43425 Valverd de Queralt T 92 Bb 100
50138 Valmadrid Z 88 Za 100
09268 Valmala BU 47 We 95
24816 Valmartino LE 44 Uf 92
09594 Valmayor de Cuesta Urría BU 46 Wd 91
06171 Valmojado BA 148 Ta 117
45940 Valmojado TO 101 Vf 107
37453 Valmucina SA 99 Ub 103
48895 Valnera BI 34 Wd 89
15591 Valón C 27 Re 88
22533 Valonga HS 71 Ab 98
32213 Valongo OR 58 Rf 95
36854 Valongo PO 39 Rd 94
18470 Válor GR 185 Wf 127
34815 Valoria de Aguilar P 45 Ve 92
34191 Valoria del Alcor P 63 Vb 97
47200 Valoria la Buena VA 63 Vc 98
50615 Valpalmas Z 69 Za 96
49318 Valparaíso ZA 61 Te 97
16550 Valparaíso de Abajo CU 120 Xc 108
16550 Valparaíso de Arriba CU 120 Xc 108
24878 Valporquero de Rueda LE 44 Ue 92
24836 Valporquero de Torío LE 43 Uc 91
01427 Valpuesta BU 47 Wf 91
37520 Valquemada SA 97 Tc 106
10816 Valrio CC 114 Td 108
34846 Valsadornín P 45 Vd 91
40109 Valsaín SG 102 Vf 103
37214 Valsalabroso SA 79 Tc 102
22283 Valsalada HS 69 Zc 96
16142 Valsalobre CU 105 Ya 107
16879 Valsalobre CU 105 Xf 105
19390 Valsalobre GU 105 Ya 104
40390 Valseca SG 83 Ve 103
24495 Valseco LE 42 Td 91
24620 Valsemana LE 43 Ub 92
35340 Valsendero GC 200 Kc 180
14206 Valsequillo CO 150 Ud 118
35217 Valsequillo de Gran Canaria GC 200 Kd 181
34886 Valsurbio P 44 Vb 91
16879 Valtablado de Beteta CU 105 Xf 105
19492 Valtablado del Río GU 104 Xd 104
40314 Valtiendas SG 83 Wa 100
31514 Valtierra NC 68 Yc 95
34492 Valtierra de Albacastro BU 45 Vf 92
09108 Valtierra de Ríopisuerga BU 45 Ve 94
42181 Valtojeros SO 67 Xe 97
50219 Valtorres Z 87 Yb 101
10667 Valtravieso CC 114 Te 108
26131 Valtrujal RI 48 Xe 95
42220 Valtueña SO 86 Xe 100
06389 Valuengo BA 148 Tb 119
09549 Valujera BU 46 Wd 91
33810 Valvaler AS 29 Tb 90
26528 Valvarde RI 68 Ya 97
42315 Valvenedizo SO 85 Wf 101
03139 Valverda Baixa, La A 158 Zc 119
13195 Valverde CR 136 Vf 115
32667 Valverde OR 58 Sb 95
42108 Valverde SO 68 Ya 97
44211 Valverde TE 88 Ye 103
38900 Valverde TF 196 Ha 182
29715 Valverde, Los MA 183 Vf 127
28812 Valverde de Alcalá MD 103 We 106
06378 Valverde de Burguillos BA 148 Tc 119
47690 Valverde de Campos VA 63 Uf 97
24837 Valverde de Curueño LE 31 Ud 91
37862 Valverde de Gonzaliáñez SA 99 Ud 104
16100 Valverde de Júcar CU 121 Xe 110
24911 Valverde de la Sierra LE 44 Va 91
10490 Valverde de la Vera CC 115 Ud 108
24391 Valverde de la Virgen LE 43 Ub 93
21600 Valverde del Camino H 163 Tb 123
06130 Valverde de Leganés BA 148 Ta 116
10890 Valverde del Fresno CC 97 Ta 107
06927 Valverde de Llerena BA 150 Ub 119
40140 Valverde del Majano SG 83 Ve 103
42366 Valverde de los Ajos SO 85 Xa 99
19224 Valverde de los Arroyos GU 84 We 102
06890 Valverde de Mérida BA 133 Te 115
09293 Valverde de Miranda BU 47 Xa 93
37791 Valverde de Valdelacasa SA 99 Ub 106
24292 Valverde Enrique LE 43 Ue 95
10667 Valverdejo CC 114 Tf 108
16214 Valverdejo CU 121 Xf 111
24838 Valverdín LE 31 Uc 91
37115 Valverdón SA 80 Ub 102
47410 Valviadero VA 82 Vc 100
40514 Valvieja SG 84 Wd 100
46160 Vanacloig V 123 Zb 110
02161 Vandelaras de Abajo AB 139 Xe 115
02161 Vandelaras de Arriba AB 139 Xe 115
43891 Vandellós T 91 Ae 102
43891 Vandellós i l'Hospitalet de l'Infant T 91 Ae 102
24396 Vanidodes LE 42 Tf 93
34846 Vañes P 45 Vd 91
25598 Vaquèira = Baqueira L 53 Af 92
16709 Vara de Rey CU 139 Xe 112
18613 Varadero, El GR 184 Wc 128
15809 Varelas C 39 Rf 91
39679 Vargas CB 33 Wa 89
18708 Vargas, Los GR 185 We 127
04769 Vázquez, Los AL 185 Xa 128
36682 Vea PO 39 Rc 92
42174 Vea SO 67 Xe 96
30193 Véchar MC 172 Yd 120
25271 Veciana B 73 Bc 99
24840 Vecilla de Curueño, La LE 43 Ud 91
49693 Vecilla de la Polvorosa ZA 62 Ub 96
49623 Vecilla de Trasmonte ZA 61 Ub 97
35110 Vecindario GC 200 Kd 181
37440 Vecino, El SA 98 Ua 103
37450 Vecinos SA 98 Ua 104
15885 Vedra C 39 Rc 92
39630 Vega CB 34 Wa 89
04211 Vega, La AL 186 Xe 126
33317 Vega, La AS 31 Ud 88
33638 Vega, La AS 31 Ub 89
33836 Vega, La AS 30 Te 89
33160 Vega, La AS 31 Ua 89
39723 Vega, La CB 34 Wb 89
39577 Vega, La CB 32 Vc 90
41100 Vega, La SE 179 Tf 125
42172 Vega, La SO 67 Xe 96
44550 Vega, La TE 89 Zd 103
38430 Vega, La TF 196 Ib 178
46620 Vega, La V 141 Yf 114
33518 Vega (Sariego), La AS 31 Uc 88
24836 Vegacervera LE 43 Uc 91
24888 Vega de Almanza, La LE 44 Uf 92
24281 Vega de Antoñán LE 42 Ua 93
33892 Vega de Anzo AS 30 Tf 88
24852 Vega de Boñar, La LE 43 Ue 91
34485 Vega de Bur P 45 Vd 92
34115 Vega de Doña Olimpa P 44 Vc 93
24430 Vega de Espinareda LE 41 Tc 92
33814 Vega de Hórreo AS 29 Tb 90
24346 Vega de Infanzones LE 43 Uc 94
23487 Vega de la Higuera J 169 Wf 122
09640 Vega de Lara BU 65 Wd 96
38293 Vega de las Mercedes TF 197 Ie 177
49341 Vega del Castillo ZA 61 Td 96
16150 Vega del Codorno, La CU 105 Ya 106
14240 Vega del Fresno CO 151 Ue 119
24219 Vega de los Árboles LE 43 Ue 93
10317 Vega de Mesillas CC 115 Ub 108
24940 Vega de Monasterio LE 44 Ue 92
49524 Vega de Nuez ZA 60 Td 98
33770 Vegadeo AS 29 Sf 88
37451 Vega de Olleros SA 98 Ua 104
39685 Vega de Pas CB 34 Wb 90
33519 Vega de Pola AS 31 Uc 88
47151 Vega de Porras, La VA 82 Vb 99
33637 Vega de Rey AS 31 Ub 90
33875 Vega de Rey AS 30 Tc 89
34878 Vega de Riacos P 44 Vb 92
35637 Vega de Río Palmas GC 199 Lf 178
47609 Vega de Ruiponce VA 63 Uf 95
35320 Vega de San Mateo GC 200 Kc 180
05292 Vega de Santa María AV 100 Vc 103
49331 Vega de Tera ZA 61 Tf 97
37170 Vega de Tirados SA 80 Ua 102
24520 Vega de Valcarce LE 41 Ta 93
47133 Vega de Valdetronco VA 63 Uf 99
49133 Vega de Villalobos ZA 62 Ud 97
40220 Vegafría SG 83 Vf 100
47290 Vegalatorre VA 63 Vc 98
49542 Vegalatrave ZA 61 Tf 98
02448 Vegallera AB 155 Xe 117
39686 Vegaloscorrales CB 34 Wb 90
39686 Vegalosvados CB 34 Wb 90
29510 Vega Malilla MA 182 Vb 128
40395 Veganzones SG 83 Wa 101
24152 Vegaquemada LE 43 Ud 92
29500 Vega Redonda MA 182 Vb 127
24132 Vegarienza LE 42 Tf 92
33554 Vegas, Las AS 32 Vb 89
14900 Vegas, Las CO 167 Vd 120
38594 Vegas, Las TF 196 Ic 180
06731 Vegas Altas BA 134 Uc 114
13412 Vega San Ildefonso CR 151 Va 116
23630 Vega San Miguel J 168 Wb 121
29569 Vega Santa María MA 182 Vb 128
23440 Vega Santa María, La J 169 Wd 121
41470 Vegas de Almenara SE 166 Ud 122
10623 Vegas de Coria CC 98 Te 106
37510 Vegas de Domingo Rey SA 98 Td 106
24153 Vegas del Condado LE 43 Ud 92
18101* Vegas del Genil GR 184 Wb 125
40423 Vegas de Matute SG 101 Ve 104
35571 Vegas de Tegoyo GC 198 Mb 175
23747 Vegas de Triana J 168 Vf 120
24386 Vegas de Yeres LE 41 Tb 94
47359 Vega Sicilia VA 64 Vd 99
45691 Vegas y San Antonio, Las TO 117 Vb 109
10848 Vegaviana CC 113 Tb 108
45250 Vega Vieja TO 118 Wb 109
09344 Veguecilla BU 64 Wa 96
24397 Veguellina, La LE 42 Tf 93
24323 Veguellina, La LE 43 Ue 95
24359 Veguellina de Fondo LE 43 Ua 94
24350 Veguellina de Órbigo LE 43 Ua 94
35016 Vegueta GC 200 Kd 180
35560 Vegueta, La GC 198 Mc 174
39538 Veguilla CB 33 Vf 88
39808 Veguilla CB 34 Wc 89
19238 Veguillas GU 85 Wf 103
37454 Veguillas, Las SA 99 Ub 104
44134 Veguillas de la Sierra TE 122 Yd 108
27517 Veiga LU 40 Sb 93
32817 Veiga, A OR 58 Sa 96
32360 Veiga, A OR 60 Sf 95
27671 Veiga de Brañas LU 41 Sf 93
32311 Veiga de Cascallá, A OR 41 Ta 94
27112 Veiga de Logares, A LU 29 Sf 89
32626 Veiga de Nostre OR 59 Se 96
27614 Veiga de Sarria LU 40 Sd 92
15169 Veigue C 27 Re 88
11150 Vejer de la Frontera CA 188 Ua 131
39577 Vejo CB 32 Vb 90
39689 Vejorís CB 34 Wa 89
14850 Vela CO 167 Ve 123
45612 Velada TO 116 Uf 109
40134 Velagómez SG 82 Vd 103
42210 Velamazán SO 85 Xb 100
47463 Velascálvaro VA 82 Va 101
42193 Velasco SO 66 Xa 99
05292 Velayos AV 100 Vc 103
24715 Veldedo LE 42 Te 93
04212 Velefique AL 186 Xd 125
04830 Vélez Blanco AL 171 Xf 122
18670 Vélez de Benaudalla GR 184 Wc 127
29700 Vélez-Málaga MA 183 Vf 128
04820 Vélez Rubio AL 171 Xf 123
26133 Velilla RI 67 Xd 95
37882 Velilla SA 99 Ud 104
45270 Velilla TO 118 Wa 109
47114 Velilla VA 82 Uf 99
24127 Velilla, La LE 42 Ua 92
40173 Velilla, La SG 83 Wb 102
22528 Velilla de Cinca HS 71 Ab 99
50760 Velilla de Ebro Z 89 Zd 100
34869 Velilla de la Peña P 44 Vc 92
24392 Velilla de la Reina LE 43 Ub 93
42189 Velilla de la Sierra SO 67 Xd 98
42225 Velilla de los Ajos SO 86 Xe 100
24224 Velilla de los Oteros LE 43 Ud 94
34886 Velilla del Río Carrión P 44 Va 92
42257 Velilla de Medinaceli SO 86 Xd 102
28891 Velilla de San Antonio MD 102 Wd 106
24327 Velilla de Valderaduey LE 44 Va 93
22122 Velillas HS 70 Ze 96
34114 Velillas del Duque P 44 Vb 94
18612 Velilla-Taramay GR 184 Wc 128
32960 Velle OR 40 Sa 94
37427 Vellés, La SA 81 Uc 102
42320 Vellilla de San Esteban SO 65 We 99
16510 Vellisca CU 120 Xb 108
47131 Velliza VA 63 Va 99
28722 Vellón, El MD 102 Wc 104
40312 Vellosillo SG 84 Wb 101
42172 Vellosillo SO 67 Xd 96
32860 Venceáns OR 58 Rf 97
22535 Vencillón HS 71 Ab 98
32611 Vendas da Barreira OR 59 Se 97
39572 Vendejo CB 33 Vc 90
43700 Vendrell, El T 92 Bd 101
05100 Venero Claro AV 100 Vc 106
33929 Veneros AS 31 Ub 89
24858 Veneros LE 43 Ue 91
49153 Venialbo ZA 81 Uc 100
25220 Vensilló L 72 Ae 99
39518 Venta CB 33 Ve 90
21760 Venta H 179 Td 128
23250 Venta J 154 We 119
41730 Venta SE 179 Ua 127
09491 Venta, La BU 65 Wc 99
14813 Venta, La CO 168 Vf 124
13250 Venta, La CR 137 Wc 114
18800 Venta, La GR 185 Xa 124
50792 Venta, La Z 89 Ze 101
50130 Venta Alta, La Z 88 Zb 100
29713 Venta Baja MA 183 Vf 127
04117 Venta Balsaseca AL 187 Xe 127
23280 Venta Cabrera J 154 Xa 119
30195 Venta Casa Blanca MC 171 Xf 120
30850 Venta Chicharra MC 172 Yc 122
23689 Venta de Agramaderos J 183 Wa 124
41410 Venta de Alcaudete SE 165 Ub 124
02696 Venta de Alhama AB 140 Yc 115
41210 Venta de Ana Vázquez SE 164 Tf 123
18567 Venta de Andar GR 168 Wc 124
22210 Venta de Ballerías HS 70 Zf 97
34200 Venta de Baños P 63 Vd 97
23280 Venta de Beas J 154 Xa 119
12185 Venta de Blanco CS 108 Aa 106
13250 Venta de Borondo CR 137 Wc 115
18698 Venta de Cabramontés GR 184 Wb 127
46192 Venta de Cabrera V 142 Zc 112
29150 Venta de Cadenas MA 183 Vd 127
29150 Venta de Cadenas o Barrio de la Hornilla MA 183 Vc 127
44709 Venta de Cadurro TE 107 Zb 103
10550 Venta de Calleja CC 132 Tc 113
18820 Venta de Campillejos GR 170 Xd 121
29679 Venta de Candelas MA 190 Uf 129
41659 Venta de Cañete SE 182 Uf 125
04550 Venta de Cañicas AL 186 Xd 126
13760 Venta de Cárdenas CR 153 Wd 118
31312 Venta de Chiquito NC 49 Yd 94
19326 Venta de Conejo GU 105 Yc 104
41880 Venta de Curro Fal SE 164 Te 122
45820 Venta de Don Quijote TO 119 Xa 111
45820 Venta de Don Quijote TO 119 Xa 111
44610 Venta de Ejerique TE 90 Aa 102
21609 Venta de Eligio H 177 Tb 123

45470 Venta de Enmedio TO 137 Wb 112
44370 Venta de Follante TE 106 Ye 106
46199 Venta de Gaeta V 141 Za 113
02600 Venta de Gómez AB 139 Xb 113
50660 Venta de Íñigo Z 69 Ye 96
11510 Venta de la Catalana CA 188 Tf 129
18615 Venta de la Cebeda GR 184 Wc 127
23592 Venta de la Chata J 169 Wd 121
24275 Venta de la Cruz LE 43 Ub 92
43785 Venta de la Fam T 90 Ac 102
13459 Venta de la Inés CR 152 Vd 117
23268 Venta del Aire J 154 Xa 118
44477 Venta del Aire TE 123 Zb 108
14440 Venta de la Jara CO 151 Vb 119
04531 Venta del Almirez AL 186 Xc 126
09339 Venta del Alto BU 65 Wb 96
18127 Venta de la Mañana GR 184 Wa 127
50750 Venta de la María Z 89 Zd 99
04729 Venta de La Menea AL 186 Xc 127
18540 Venta del Amparo GR 169 We 124
18567 Venta de la Nava GR 184 Wc 124
05110 Venta de la Palomera AV 100 Vb 105
43559 Venta de la Punta T 109 Ab 105
50290 Venta de la Romera Z 87 Ye 99
28925 Venta de la Rubia MD 102 Wb 106
30890 Venta de las Cegarras MC 171 Ya 123
11540 Venta de la Serrana CA 179 Te 128
02600 Venta de las Madres AB 139 Xc 113
18614 Venta de las Monjas GR 184 Wd 128
30334 Venta de las Palas MC 173 Ye 122
33314 Venta de las Ranas AS 31 Uc 87
30410 Venta de las Revueltas MC 171 Ya 121
18511 Venta de la Trinidad GR 185 Wf 125
46630 Venta de la Vicenta V 142 Za 115
19223 Venta de la Vieja GU 84 Wd 102
30155 Venta de la Virgen MC 173 Yf 121
50530 Venta de la Virgen Z 68 Yd 97
44195 Venta del Barranco Hondo TE 106 Ye 106
44477 Venta del Barro TE 123 Zb 108
44193 Venta del Bobo TE 106 Yf 106
18891 Venta del Camacho GR 170 Xc 123
04271 Venta del Campico AL 187 Xf 125
14446 Venta del Cerezo CO 152 Ve 119
14446 Venta del Charco CO 152 Ve 119
41420 Venta del Cobre SE 166 Ud 124
11370 Venta del Cojo CA 189 Uc 131
50120 Venta del Coscón Z 69 Za 97
41130 Venta del Cruce SE 180 Tf 125
44490 Venta del Cuerno TE 87 Ye 102
06260 Venta del Culebrín BA 164 Te 120
18840 Venta del Cura GR 170 Xc 122
30178 Venta de Ledesma MC 172 Yc 121
04628 Venta del Empalme AL 187 Ya 125
30800 Venta del Estrecho MC 171 Yb 122
43593 Venta del Fangar T 90 Ac 103
50238 Venta del Feo Z 87 Ya 101
18640 Venta del Fraile GR 184 Wb 127
18891 Venta del Grullo GR 170 Xc 123
05141 Venta del Hambre AV 100 Va 104
06260 Venta del Helechoso BA 164 Te 121
45005 Venta del Hoyo, La TO 118 Vf 109
44549 Venta del Junco TE 88 Zb 102
44162 Venta del Lino TE 106 Yf 106
18820 Venta del Manco GR 170 Xd 121
26513 Venta del Monte, La RI 48 Xf 94
46310 Venta del Moro V 122 Yd 112
05123 Venta del Obispo AV 100 Uf 106
44313 Venta del Ojo de Mierla TE 106 Yd 104
18120 Venta de López GR 184 Wa 127
41450 Venta de los Ángeles SE 165 Ub 121
29391 Venta de los Arrieros MA 190 Ud 129
44600 Venta de los Caños TE 89 Zd 102
13210 Venta de los Poblillas CR 137 Wd 113
23265 Venta de los Santos J 154 Wf 118
18891 Venta del Peral GR 170 Xc 123
18820 Venta del Perdido GR 170 Xc 121
30439 Venta del Pino MC 172 Yb 120
04114 Venta del Pobre AL 187 Xf 127
43559 Venta del Polit T 109 Ac 105
43786 Venta del Pollo T 90 Ab 102
46649 Venta del Potro V 142 Zb 115
23410 Venta del Puente J 154 We 120
44192 Venta del Puente TE 106 Yf 107
02499 Venta del Puerto AB 157 Yc 118
18820 Venta del Puerto GR 170 Xd 120
18540 Venta del Puntal GR 185 We 124
44370 Venta del Ratón TE 106 Yd 106
50144 Venta del Relenco Z 88 Zb 102
22520 Venta del Rey HS 90 Aa 99
34491 Venta del Rojo P 45 Vd 94
30559 Venta del Tollo MC 157 Ye 119
02312 Venta del Vecino AB 155 Xc 116
18127 Venta del Vicario GR 184 Wa 127
50680 Venta del Zapato Z 50 Ye 94
41450 Venta de Majalimar SE 165 Uc 122
44368 Venta de Mal Abrigo TE 106 Yd 105
18659 Venta de Marina GR 184 Wb 127
02610 Venta de Marta AB 139 Xc 115
18120 Venta de Martín GR 183 Wa 127
18811 Venta de Mateo GR 170 Xa 123
18858 Venta de Micena GR 171 Xd 122
30528 Venta de Montesinos MC 157 Yd 117
19350 Venta de Montesoro GU 105 Yb 103
05540 Venta de Muñana AV 100 Uf 105
30535 Venta de Oliva MC 157 Yd 119
10590 Venta de Paco CC 114 Tf 109
18120 Venta de Palma GR 183 Wa 127
18810 Venta de Pepearo GR 170 Xb 123
02340 Venta de Pepés o Colonia AB 139 Xd 116
29160 Venta de Pinoda MA 183 Vd 127
05111 Venta de Pocapena AV 100 Vb 105
47116 Venta de Pollos VA 81 Ue 100
30528 Venta de Primitivo MC 157 Yd 116
05132 Venta de Raquilla AV 100 Uf 106
04131 Venta de Retamar AL 186 Xe 127
11160 Venta de Retín CA 189 Ub 131
43595 Venta de Roc T 90 Ac 103
02499 Venta de Rodrigo AB 157 Yc 117
43512 Venta de Roixa T 90 Ac 103
30559 Venta de Román MC 157 Yd 119
18840 Venta de Rosa GR 170 Xc 122
26509 Venta de Rufino RI 48 Xe 94
23250 Venta de San Andrés J 154 We 119
41730 Venta de San Antonio SE 179 Ua 127
29150 Venta de San Antonío o de la Leche MA 183 Vc 127
02161 Venta de San Miguel AB 139 Xd 115
31370 Venta de San Miguel NC 49 Yb 94
44548 Venta de San Pedro TE 88 Zc 102
12400 Venta de Santa Lucía CS 123 Zd 110
41740 Venta de Santa Lucía SE 179 Tf 127
50750 Venta de Santa Lucía Z 89 Zd 100
05289 Venta de San Vicente AV 101 Vc 104
02161 Venta de Segovia AB 139 Xe 115
30628 Venta de Soldado MC 157 Yf 120
05279 Venta de Tablada AV 101 Vd 106
34812 Venta de Valdemudo P 63 Vc 96
31312 Venta de Vicentico NC 49 Yd 94
31177 Venta de Zumbel NC 48 Xf 92
04619 Venta el Perejil AL 187 Ya 125
22559 Ventafarinas HS 71 Ac 98
10291 Venta la Barquilla CC 115 Ua 111
04117 Venta La Cepa AL 187 Xe 128
03560 Venta Lanuza A 159 Ze 118
11159 Venta La Rambla CA 188 Ua 131
11692 Venta Leches CA 182 Ue 127
17473 Ventalló GI 75 Da 96
50140 Venta María Z 88 Za 101
21610 Ventanas H 178 Ta 125
30610 Ventanas, Las MC 157 Yd 119
34844 Ventanilla P 45 Vc 91
33811 Ventanueva AS 29 Tc 90
13343 Venta Nueva CR 154 Wf 118
18360 Venta Nueva GR 184 Vf 125
23213 Venta Nueva J 153 Wc 119
11580 Venta Nueva de Galiz CA 189 Uc 129
30612 Venta Puñales MC 157 Ye 120
10665 Venta Quemada CC 114 Tf 108
18800 Venta Quemada GR 170 Xa 124
18859 Venta Quemada GR 170 Xd 123
31796 Venta Quemada NC 37 Yc 90
46392 Venta Quemada V 142 Za 112
04500 Venta Ratonera AL 185 Xa 125
03409 Ventas, Las A 157 Za 117
33112 Ventas, Las AS 30 Tf 89
09620 Ventas, Las BU 46 Wb 95
18312 Venta Santa Bárbara GR 183 Ve 125
26131 Ventas Blancas RI 48 Xe 94
45127 Ventas con Peña Aguilera, Las TO 117 Ve 111
16612 Ventas de Alcolea CU 139 Xd 113
31797 Ventas de Arraiz NC 37 Yc 90
21668 Ventas de Arriba H 163 Tc 122
23615 Ventas de Doña María J 167 Vf 122
37607 Ventas de Garriel SA 98 Tf 105
47131 Ventas de Geria VA 82 Va 99
50150 Ventas de Herrera Z 88 Za 101
18131 Ventas de Huelma GR 184 Wb 126
31440 Ventas de Judas, Las NC 49 Yd 93
23693 Ventas del Carrizal J 168 Wa 123
14913 Ventas del Río Anzur CO 183 Vd 125
44780 Ventas de Muniesa TE 88 Zb 102
45710 Ventas de Pando TO 118 Wc 111
45183 Ventas de Retamosa, Las TO 101 Vf 108
45568 Ventas de San Julián, Las TO 116 Ue 108
26330 Ventas de Valpierre RI 47 Xb 94
18125 Ventas de Zafarraya GR 183 Vf 127
30179 Venta Seca MC 172 Yd 120
23689 Venta Valero CO 184 Vf 124
44780 Ventavieja TE 88 Zb 102
14112 Ventilla, La CO 166 Uf 122
13130 Ventillas CR 152 Ve 118
11130 Ventorillo del Álamo CA 188 Tf 130
41560 Ventorillo del Portichuelo SE 182 Va 125
39491 Ventorrillo CB 33 Vf 90
23130 Ventorrillo J 168 Wc 123
28491 Ventorrillo MD 102 Vf 104
02640 Ventorrillo, El AB 141 Yf 115
44500 Ventorrillo de Andorra TE 89 Zd 102
30420 Ventorrillo de Hondonera MC 156 Yc 119
11170 Ventorrillo de Rufino CA 188 Ua 130
29391 Ventorrillo Las Canillas MA 189 Uc 129
18120 Ventorrillo Nuevo GR 184 Vf 126
30849 Ventorrillos, Los MC 172 Yd 121
16340 Ventorro, El CU 121 Ya 108
19314 Ventorro del Chato GU 105 Ya 104
19141 Ventorro del Cojo GU 103 Wf 106
41899 Ventorro del Negro SE 164 Te 122
05132 Ventorro del Quinto AV 100 Uf 106
18312 Ventorros de Balerma GR 183 Ve 125
18312 Ventorros de la Laguna GR 183 Ve 125
18312 Ventorros San José GR 183 Vf 125
33829 Ventosa AS 30 Tf 88
19392 Ventosa GU 105 Ya 104
36529 Ventosa PO 39 Sa 92
26371 Ventosa RI 47 Xc 94
37410 Ventosa, La SA 81 Ud 102
42291 Ventosa de Fuentepinilla SO 66 Xb 99
47239 Ventosa de la Cuesta VA 82 Vb 100
42161 Ventosa de la Sierra SO 67 Xd 97
42230 Ventosa del Ducado, La SO 85 Xc 102
37329 Ventosa del Río Alnar SA 81 Ud 103
34405 Ventosa de Pisuerga P 45 Ve 93
42174 Ventosa de San Pedro SO 67 Xe 96
25528 Ventosa i Calvell L 53 Af 93
32415 Ventosela OR 39 Rf 95
09443 Ventosilla BU 65 Wb 98
24687 Ventosilla LE 31 Ub 91
40165 Ventosilla SG 84 Wb 101
40389 Ventosilla, La SG 83 Wb 101
45161 Ventosilla, La TO 117 Ve 110
42189 Ventosilla de San Juan SO 67 Xd 98
23006 Ventosillas J 168 Wb 121
33776 Ventoso AS 29 Sf 89
26329 Ventrosa RI 66 Xa 96
28729 Venturada MD 102 Wc 104
27349 Ver LU 40 Sd 93
04620 Vera AL 187 Ya 125
23313 Veracruz J 169 We 120
38720 Verada, La TF 197 Hb 176
38729 Verada de las Lomadas TF 197 Hb 176
38685 Vera de Erque TF 196 Ib 179
50580 Vera de Moncayo Z 68 Yb 98
41660 Verbena, La SE 182 Ue 126
34828 Verbios P 45 Vd 91
32161 Verdefondo OR 40 Sb 94
35458 Verdejo GC 200 Kc 180
19324 Verdel, El GU 105 Yc 104
16146 Verdelpino de Cueva CU 121 Xf 108
16540 Verdelpino de Huete CU 120 Xc 108
34846 Verdeña P 33 Vd 91
24960 Verdiago LE 44 Uf 91
29011 Verdiales MA 183 Vd 128
33448 Verdicio AS 31 Ua 87
25340 Verdú L 72 Ba 99
32813 Verea OR 58 Sa 96
19223 Vereda, La GU 84 Wd 102
13459 Veredas CR 152 Vd 117
21342 Veredas H 163 Tb 121
16317 Veredilla, La CU 105 Yb 107
14729 Veredón CO 166 Va 121
31254 Vergalijo NC 49 Yb 94
12550 Verge de Gràcia, La CS 124 Zf 109
03770 Vergel A 143 Aa 115
07190 Verger, Es IB 126 Cd 111
17142 Verges GI 75 Da 96
25200 Vergós de Cervera L 72 Bb 99
25214 Vergós Garrejat L 73 Bc 98
42173 Verguizas SO 67 Xd 96
22470 Veri HS 52 Ad 94
27579 Verín LU 40 Sa 92
32600 Verín OR 59 Sd 97
43775 Verinxel T 91 Ae 102
15313 Verís C 27 Rf 89
25737 Vernet L 72 Ba 97
34219 Vertavillo P 64 Ve 98
08189 Verti B 74 Cb 98
18859 Vertientes, Las GR 170 Xd 123
18530 Vertientes Altas GR 169 We 123
50592 Veruela Z 68 Yb 98
09249 Vesgas, Las BU 46 Wd 93
31473 Vesolla NC 49 Yd 92
43763 Vespella T 92 Bc 101
41730 Vetaherrado SE 180 Ua 126
33558 Veyos AS 32 Uf 89
49840 Vezdemarbán ZA 62 Ud 99
33585 Viabaño AS 32 Ue 88
22585 Viacamp HS 71 Ad 96
22585 Viacamp y Litera HS 71 Ad 96
24688 Viadangos de Arbás LE 31 Ub 91
39525 Viallán CB 33 Vf 88
27286 Vián LU 28 Sd 89
31230 Viana NC 48 Xd 93
47150 Viana de Cega VA 82 Vb 99
42218 Viana de Duero SO 85 Xd 99
19295 Viana de Jadraque GU 85 Xb 102
19492 Viana de Mondéjar GU 104 Xc 105
32550 Viana do Bolo OR 59 Sf 95
10492 Viandar de la Vera CC 115 Uc 108
15687 Viano Pequeno C 27 Rc 90
02315 Vianos AB 155 Xd 117
39511 Viaña CB 33 Ve 89
15687 Viaño Pequeno C 27 Rc 90
41319 Viar, El SE 165 Ua 123
24517 Viariz LE 41 Ta 93
04240 Viator AL 186 Xd 127
33746 Viavélez AS 29 Ta 87
33557 Viboli Alto AS 32 Uf 89
45700 Viborera, La TO 137 Wc 112
08500 Vic B 74 Cb 97
28052 Vicálvaro MD 102 Wc 106
04738 Vícar AL 186 Xc 128
06445 Vicaría, La BA 149 Ua 118
06292 Vicaría, La BA 164 Td 120
03318 Vicentes, Los A 157 Za 119
04149 Vicentes, Los AL 187 Ya 126
30333 Vicentes, Los MC 172 Ye 122
15839 Viceso C 38 Rb 91
25211 Vicfred L 73 Bc 98
22190 Vicién HS 70 Zd 96
27157 Vicinte LU 28 Sb 90
05194 Vicolozano AV 100 Vc 104
02439 Vicorto AB 156 Xf 118
07009 Victoria IB 126 Ce 111
11130 Victoria, La CA 188 Tf 130
14140 Victoria, La CO 166 Va 122
38380 Victoria de Acentejo, La TF 196 Id 178
21320 Victoriana, La H 163 Ta 122
01207 Vicuña VI 48 Xd 91
09471 Vid, La BU 65 Wd 99
24670 Vid, La LE 43 Uc 91
27765 Vidal LU 29 Se 88
17401 Vidal, El GI 74 Cc 98
32790 Vidalén OR 40 Sc 95
30330 Vidales, Los MC 173 Yf 122
30730 Vidales, Los MC 173 Za 122
30593 Vidales, Los MC 173 Za 122
24950 Vidanes LE 44 Uf 92
31413 Vidángoz = Bidankoze NC 50 Yf 92
31176 Vidaurre NC 49 Ya 92
49135 Vidayanes ZA 62 Uc 97
09249 Vid de Bureba, La BU 46 We 93
32701 Vide OR 59 Sc 95
36446 Vide PO 58 Rd 96
27418 Vide, A LU 40 Sc 93
49541 Vide de Alba ZA 61 Tf 98
32613 Videferre OR 59 Sc 97
49164 Videmala ZA 61 Tf 99
33597 Vidiago AS 32 Vc 88
37214 Vídola, La SA 79 Td 102
33558 Vidosa = Veyos AS 32 Uf 89
17515 Vidrà GI 74 Cb 96
17411 Vidreres GI 75 Ce 98
34887 Vidrieros P 32 Vc 91
33792 Vidural AS 29 Tc 87
33558 Viego AS 32 Uf 89
24856 Viego LE 32 Ue 91
27116 Vieiro LU 29 Sf 90
27869 Vieiro LU 26 Sc 87
21239 Viejos, Los H 163 Ta 121
25530 Vielha L 53 Ae 92
25530 Vielha e Mijaran L 53 Ae 92
24916 Vierdes LE 32 Uf 90
09588 Viérgol BU 35 We 90
50513 Vierlas Z 68 Yb 97
39315 Viérnoles CB 33 Vf 89
33411 Viescas AS 30 Ua 87
24722 Viforcos LE 42 Te 93
33827 Vigaña AS 30 Te 89
33790 Vigo AS 29 Tc 87
15314 Vigo C 27 Rf 89
36211 Vigo PO 57 Rb 95
49361 Vigo ZA 60 Tb 96
26121 Viguera RI 48 Xc 95
31291 Viguría NC 49 Ya 92
19223 Vihuela, La GU 84 Wd 102
AD200 Vila □ AND 54 Bd 93
25537 Vila L 53 Ae 92
32648 Vilá OR 58 Sa 97
32311 Vila OR 41 Ta 94
32858 Vila, A OR 58 Rf 97
15684 Vilabade C 27 Rc 90
43886 Vilabella T 92 Bb 101
17760 Vilabertran GI 56 Cf 95
17180 Vilablareix GI 75 Ce 97
27721 Vilaboa LU 29 Se 89
32368 Vilaboa OR 41 Sf 95
36141 Vilaboa PO 38 Rc 94
27114 Vilabol de Suarna LU 29 Sf 90
27865 Vilabuín LU 28 Sc 87
25537 Vilac L 53 Ae 92
27546 Vilacaiz LU 40 Sc 92
27778 Vilacampa LU 28 Sc 87
27663 Vilachá LU 41 Sf 91

27190 Vilachá LU 28 Sd 91
27877 Vilachá LU 26 Sc 86
27413 Vilachá LU 40 Sd 94
27231 Vilachá de Mera LU 28 Sc 91
36750 Vilachán PO 57 Rb 97
25716 Vilaclreres L 73 Bd 95
15318 Vilacoba C 27 Re 89
15212 Vilacoba = Vilacova C 38 Rb 92
17474 Vilacolum GI 75 Da 95
15212 Vilacova C 38 Rb 92
08613 Vilada B 73 Bf 96
15530 Vila da Igrexa C 27 Sa 87
17137 Viladamat GI 75 Da 96
17833 Viladamí GI 75 Ce 96
17464 Viladasens GI 75 Cf 96
15819 Viladavil C 27 Rf 91
15592 Vila de Area C 27 Re 87
08275 Viladecaballs de Calders B 74 Bf 98
24550 Viladecanes LE 41 Tb 93
08840 Viladecans B 93 Ca 101
08232 Viladecavalls B 93 Bf 99
36590 Vila de Cruces PO 39 Re 92
17746 Vilademires GI 75 Ce 95
17468 Vilademuls GI 75 Cf 96
24565 Viladepalos LE 41 Tb 93
32334 Viladequinta OR 41 Ta 94
32696 Viladerrei OR 59 Sc 96
08680 Viladomiu Nou B 73 Bf 96
17513 Viladonja GI 74 Ca 96
17406 Viladrau GI 74 Cc 97
27466 Vilaescura LU 40 Sc 94
27889 Vilaestrofe LU 26 Sd 87
12192 Vilafamés CS 124 Zf 108
17740 Vilafant GI 75 Cf 95
27766 Vilafernando LU 29 Sf 88
38615 Vilaflor TF 196 Ic 180
27767 Vilaformán LU 29 Se 88
43850 Vilafortuny T 91 Ba 102
27797 Vilaframil LU 29 Sf 89
07250 Vilafranca de Bonany IB 127 Da 111
08720 Vilafranca del Penedès B 92 Be 100
03009 Vilafranquesa A 158 Zd 118
17468 Vilafreser GI 75 Cf 96
36539 Vilafrío PO 40 Sa 92
36611 Vilagarcía = Vilagarcía de Arousa PO 38 Rb 93
36611 Vilagarcia de Arousa = Vilagarcía PO 38 Rb 93
27375 Vila Grande LU 28 Sc 90
25330 Vilagrassa L 72 Ba 99
25217 Vilagrasseta L 72 Bb 99
17476 Vilajoan GI 75 Cf 95
03570 Vila Joiosa, La = Villajoyosa A 159 Ze 117
03570 Vila Joiosa = Villajoyosa, La A 159 Ze 117
17493 Vilajuïga GI 56 Da 95
27800 Vilalba LU 28 Sb 89
43782 Vilalba dels Arcs T 90 Ac 102
43782 Vilalba la Vella T 90 Ac 101
08455 Vilalba Sasserra B 74 Cc 99
27367 Vilaleo LU 40 Sd 91
27124 Vilalle LU 28 Se 90
08504 Vilalleons B 74 Cb 97
25552 Vilaller L 52 Ae 94
17529 Vilallobent GI 54 Bf 94
43141 Vilallonga del Camp T 91 Bb 101
17869 Vilallonga de Ter GI 55 Cb 95
09001 Vilallonquejar BU 46 Wb 94
25748 Vilalta L 72 Bb 97
27299 Vilalvite LU 28 Sb 90
17474 Vilamacolum GI 75 Da 95
15637 Vilamaior C 27 Rf 88
15847 Vilamaior C 26 Rb 90
27613 Vilamaior LU 40 Sc 92
27111 Vilamaior LU 29 Sf 89
32633 Vilamaior da Boullosa OR 58 Sb 97
27233 Vilamaior de Negral LU 28 Sb 91
32627 Vilamaior do Val OR 59 Sd 97
25692 Vilamajor L 72 Ae 97
25749 Vilamajor d''Agramunt L 72 Bb 98
17469 Vilamalla GI 75 Cf 95
27663 Vilamane LU 41 Sf 91
17781 Vilamaniscle GI 56 Da 94
17534 Vilamanya GI 55 Ca 94
27798 Vilamar LU 29 Se 88
27415 Vilamarín LU 40 Sd 94
32101 Vilamarín OR 40 Sa 94
32340 Vilamartín de Valdeorras OR 41 Sf 94
46191 Vilamarxant V 123 Zc 111
15638 Vilamateo C 27 Rf 89
32870 Vilameá OR 58 Rf 97
27450 Vilamelle LU 40 Sc 94
25654 Vilamitjana L 72 Af 96
25632 Vilamolat de Mur L 72 Af 96
27325 Vilamor LU 40 Se 93
25551 Vilamòs L 52 Ae 92
17743 Vilanant GI 56 Cf 95
17162 Vilanna GI 75 Ce 97
27666 Vilanova LU 41 Sf 92
27611 Vilanova LU 40 Sc 92
27569 Vilanova LU 40 Sb 92
32366 Vilanova OR 41 Ta 95
32816 Vilanova OR 58 Sa 95
36945 Vilanova PO 38 Ra 95
27760 Vilanova (Lourenzá) LU 29 Se 88
12183 Vilanova d''Alcolea CS 108 Aa 107
36620 Vilanova de Arousa PO 38 Rb 93
25718 Vilanova de Banat L 54 Bd 94
25264 Vilanova de Bellpuig L 72 Af 99
25749 Vilanova de la Aguda = Vilanova de l'Aguda L 72 Bb 97
25690 Vilanova de la Barca L 72 Ae 98
25749 Vilanova de l'Aguda L 72 Bb 97
17492 Vilanova de la Muga GI 56 Da 95
25612 Vilanova de la Sal L 72 Ae 97
08788 Vilanova del Camí B 92 Bd 99
25612 Vilanova de les Avellanes L 72 Ae 97
08410 Vilanova del Vallès B 93 Cb 99
25736 Vilanova de Meià L 72 Ba 97
43439 Vilanova de Prades T 91 Af 100
08519 Vilanova de Sau B 74 Cc 97
43311 Vilanova d'Escornalbou T 91 Af 102
25133 Vilanova de Segrià L 71 Ad 98
08789 Vilanova d'Espoia B 92 Bd 99
32317 Vilanova de Valdeorras OR 41 Ta 94
08800 Vilanova i la Geltrú B 92 Be 101
36616 Vilanoviña PO 38 Rb 93
15819 Vilantime C 39 Rf 91
46312 Vilanueva V 122 Yf 110
27712 Vilaosende LU 29 Sf 88
27614 Vilapedre LU 40 Sd 92
27816 Vilapedre LU 28 Sc 88
43380 Vilaplana T 91 Ba 101
27655 Vilaquinte LU 41 Ta 91
27531 Vilaquinte LU 40 Sb 94
15293 Vilar C 38 Qf 91
15822 Vilar C 39 Rd 92
27632 Vilar LU 41 Se 92
32646 Vilar OR 58 Sa 97
32768 Vilar OR 59 Sd 95
32626 Vilar OR 59 Sd 96
36436 Vilar PO 58 Rd 96
36647 Vilar PO 38 Rb 92
36555 Vilar PO 39 Re 93
07470 Vilar, Es IB 127 Da 109
27328 Vilarbacú LU 41 Sf 93
27112 Vilarchao LU 29 Sf 89
32950 Vilarchao OR 40 Sa 94
32702 Vilar de Barrio OR 59 Sc 96
12162 Vilar de Canes CS 108 Zf 106
32706 Vilardecás OR 59 Sc 95
32899 Vilar de Cas OR 58 Sa 97
15845 Vilar de Céltigos C 26 Ra 90
Vilar de Cervos OR 59 Sd 97
15109 Vilar de Cima C 27 Rc 90
27216 Vilar de Donas LU 40 Sb 91
27668 Vilar de Frades LU 41 Sf 91
32695 Vilar de Lebres OR 59 Sc 97
36750 Vilardematos PO 57 Rb 97
32555 Vilardemilo OR 59 Sf 96
27329 Vilar de Mondelo LU 41 Se 94
15613 Vilar de Mouros C 27 Rf 88
27240 Vilar de Mouros LU 29 Se 89
27413 Vilar de Mouros LU 40 Sd 94
32650 Vilar de Santos OR 58 Sb 96
15839 Vilar de Suso C 26 Rb 91
32616 Vilardevós OR 59 Se 97
27112 Vilardíaz LU 29 Sf 89
43812 Vilardida T 92 Bc 101
27116 Vilardongo LU 29 Sf 90
27130 Vilar dos Ardos LU 29 Se 90
17538 Vilar d'Urtx, El GI 54 Bf 94
12540 Vila-Real = Villarreal CS 124 Zf 109
27546 Vilarello LU 40 Sc 93
36516 Vilarello PO 39 Rf 93
32708 Vilarellos OR 40 Sc 95
27723 Vilargondurfe LU 29 Se 89
17741 Vilarig GI 56 Ce 95
15807 Vilariño C 27 Rf 90
15991 Vilariño C 38 Ra 93
27317 Vilariño LU 40 Se 94
27307 Vilariño LU 28 Sa 89
27120 Vilariño LU 28 Sd 90
36514 Vilariño PO 39 Rf 92
32611 Vilariño das Touzas OR 59 Se 97
32557 Vilariño de Conso OR 59 Se 96
32790 Vilariño Frío OR 40 Sc 95
27113 Vilarmean LU 29 Sf 89
15823 Vilarmeao C 39 Re 91
32557 Vilarmeao OR 59 Se 95
27329 Vilarmel LU 41 Sf 94
27724 Vilarmide LU 29 Se 89
27363 Vilarmosteiro LU 40 Sd 91
17762 Vilarnadal GI 56 Cf 94
43814 Vila-rodona T 92 Bc 101
27788 Vilaronte LU 29 Se 87
43365 Vila Rosita T 91 Af 101
15688 Vilarromariz C 27 Rd 91
15554 Vilarrube C 26 Rf 87
32150 Vilarrubín OR 40 Sb 94
15128 Vilarseco C 26 Qf 90
25795 Vila-rubla L 53 Bb 94
27722 Vilarxuane LU 29 Sf 89
27112 Vilarxubín LU 29 Sf 89
36686 Vilas PO 39 Rd 92
17485 Vila-sacra GI 56 Da 95
15807 Vilasantar C 27 Rf 90
22451 Vilas de Turbón HS 52 Ad 94
25286 Vila-seca L 73 Bd 96
43480 Vila-seca T 91 Ba 102
32141 Vilaseco OR 39 Sa 94
32555 Vilaseco OR 60 Sf 96
36879 Vilasobroso PO 57 Rd 95
27345 Vilasouto LU 40 Sd 93
08339 Vilassar de Dalt B 93 Cc 99
08340 Vilassar de Mar B 93 Cc 99
32151 Vilasusa OR 40 Sb 94
08515 Vilatammar B 74 Ca 96
27840 Vilate LU 28 Sb 89
17484 Vilatenim GI 56 Cf 95
27787 Vilatuxe LU 28 Se 87
32164 Vilatuxe OR 40 Sc 94
36519 Vilatuxe PO 39 Re 93
17483 Vilaür GI 75 Cf 96
17494 Vilaüt GI 56 Da 95
27515 Vilaúxe LU 40 Sb 93
33769 Vilavedelle AS 29 Sf 88
32549 Vilavella OR 60 Sf 96
17833 Vilavenut GI 75 Ce 96
43490 Vilaverd = Vilavert T 91 Ba 100
15147 Vilaverde C 26 Rb 89
43490 Vilavert T 91 Ba 100
27180 Vilavite LU 28 Sc 91
36629 Vilaxoán PO 38 Rb 93
27240 Vilaxuso LU 29 Se 89
27177 Vilaxuste LU 40 Sb 91
32618 Vilaza OR 59 Sd 97
23220 Vilches J 153 Wc 119
42311 Vildé SO 85 Wf 100
48142 Vildosolo BI 35 Xb 90
27363 Vileiriz LU 40 Sc 92
27711 Vilela LU 29 Sf 87
27626 Vilela LU 41 Se 92
27596 Vilela LU 40 Sb 92
08699 Vilella B 73 Be 95
25555 Vilella L 53 Af 94
43375 Vilella Alta, La T 91 Ae 101
43374 Vilella Baja = Vilella Baixa, La T 91 Ae 101
09249 Vileña BU 46 We 93
17462 Vilers GI 75 Cf 97
17832 Vilert GI 75 Ce 95
25343 Vilet, El L 91 Ba 99
22482 Vileta, La HS 52 Ad 95
25635 Vileta, La L 72 Ae 96
24219 Viligüer LE 43 Ud 93
33412 Villa AS 31 Ua 87
33537 Villa, La AS 31 Ud 89
46250 Villa Amparín V 142 Zc 113
49192 Villa Antonia ZA 80 Ub 99
09511 Villaba de Losa BU 35 Wf 91
33535 Villabajo AS 31 Ud 88
24191 Villabalter LE 43 Uc 93
24136 Villabandín LE 42 Tf 91
24393 Villabante LE 43 Ua 94
39660 Villabáñez CB 33 Wa 89
47329 Villabáñez VA 63 Vc 99
47815 Villabaruz de Campos VA 63 Va 96
09568 Villabáscones BU 34 Wb 90
09572 Villabáscones de Bezana BU 34 Wb 91
09510 Villabasil BU 34 We 90
34475 Villabasta P 44 Vc 93
34406 Villabermudo P 45 Vd 93
37450 Villa Bernardo SA 98 Ua 103
21590 Villablanca H 177 Sd 125
24100 Villablino LE 30 Te 91
33480 Villabona AS 31 Ub 88
20150 Villabona SS 36 Xf 89
47820 Villabrágima VA 63 Uf 98
24206 Villabraz LE 62 Ud 95
49770 Villabrázaro ZA 62 Ub 96
33826 Villabre AS 30 Tf 89
24548 Villabuena LE 41 Tb 93
42290 Villabuena SO 66 Xc 98
01307 Villabuena de Álava = Eskuernaga VI 47 Xb 93
49820 Villabuena del Puente ZA 81 Ud 100
24163 Villabúrbula LE 43 Ud 93
19274 Villacadima GU 84 We 101
24172 Villacalabuey LE 44 Uf 94
24234 Villacalbiel LE 43 Uc 94
22623 Villacampa HS 51 Ze 94
23569 Villacampo del Moral J 169 Wd 123
39210 Villacantid CB 33 Ve 90
45860 Villacañas TO 119 Wd 111
22483 Villacarlí HS 52 Ad 94
47609 Villacarralón VA 63 Uf 95
39640 Villacarriedo CB 34 Wb 89
23300 Villacarrillo J 154 Wf 120
40150 Villacastín SG 101 Vd 104
24234 Villacé LE 43 Uc 94
24391 Villacedré LE 43 Uc 93
24225 Villacelama LE 43 Ud 94
24344 Villacerán LE 44 Uf 93
24227 Villacete LE 43 Ud 93
09511 Villacián BU 35 Wf 91
34492 Villacibio P 45 Ve 92
34349 Villacidaler P 63 Va 95
24161 Villacidayo LE 44 Ue 93
47607 Villacid de Campos VA 62 Uf 96
09195 Villacienzo BU 46 Wb 95
42192 Villaciervitos SO 66 Xc 98
42192 Villaciervos SO 66 Xc 98
24228 Villacil LE 43 Ud 93
24344 Villacintor LE 44 Uf 94
47181 Villaco VA 64 Ve 98
34247 Villaconancio P 64 Ve 97
28360 Villaconejos MD 119 Wd 108
16860 Villaconejos de Trabaque CU 104 Xe 106
24219 Villacontilde LE 43 Ud 93
24882 Villacorta LE 44 Va 92
40512 Villacorta SG 84 Wd 101
19269 Villacorza GU 85 Xb 102
47609 Villacreces VA 44 Uf 95
34129 Villacuende P 44 Vb 94
34340 Villada P 63 Va 95
24392 Villadangos del Páramo LE 43 Ub 93
38589 Villa de Arico TF 196 Id 179
24530 Villadecanes LE 41 Tb 93
45850 Villa de Don Fadrique, La TO 119 We 111
10814 Villa del Campo CC 114 Td 108
28630 Villa del Prado MD 101 Ve 107
10960 Villa del Rey CC 113 Tb 111
14640 Villa del Río CO 167 Ve 121
38739 Villa de Mazo = El Pueblo TF 197 Hb 177
24237 Villademor de la Vega LE 43 Uc 95
49250 Villadepera ZA 80 Tf 99
36309 Villadesuso PO 57 Ra 96
28051 Villa de Vallecas MD 102 Wc 106
09120 Villadiego BU 45 Vf 93
24327 Villadiego de Cea LE 44 Va 93
34469 Villadiezma P 45 Vd 94
50490 Villadoz Z 87 Ye 102
33794 Villadún AS 29 Sf 87
34475 Villaeles de Valdavia P 45 Vc 93
09127 Villaescobedo BU 45 Vf 92
39213 Villaescusa CB 33 Vf 91
49430 Villaescusa ZA 81 Ud 101
39232 Villaescusa de Ebro CB 46 Wa 92
34486 Villaescusa de Ecla P 45 Vd 92
16647 Villaescusa de Haro CU 120 Xb 111
09559 Villaescusa del Butrón BU 46 Wc 92
19493 Villaescusa de Palositos GU 104 Xc 105
09314 Villaescusa de Roa BU 64 Vf 98
09292 Villaescusa la Solana BU 46 Wd 94
09292 Villaescusa la Sombría BU 46 Wd 94
09650 Villaespasa BU 65 Wd 96
47811 Villaesper VA 62 Uf 97
30815 Villaespesa MC 172 Yc 122
44190 Villaespesa TE 106 Yf 107
47112 Villaesteres, Los VA 81 Ue 99
33615 Villaestremerí AS 31 Ua 89
24791 Villaestrigo LE 62 Ub 95
49136 Villafáfila ZA 62 Uc 97
24219 Villafalé LE 43 Ud 93
24162 Villafañé LE 43 Ud 93
50391 Villafeliche Z 87 Yc 101
24145 Villafeliz de Babia LE 30 Ua 91
24195 Villafeliz de la Sobarriba LE 43 Ud 93
24236 Villafer LE 62 Uc 96
49695 Villaferrueña ZA 61 Ua 96
05357 Villaflor AV 100 Va 104
49165 Villaflor ZA 61 Ua 99
19139 Villaflores GU 103 Wf 105
37406 Villaflores SA 81 Ue 102
34131 Villafolfo P 63 Vc 95
47606 Villafrades de Campos VA 63 Va 96
31330 Villafranca NC 49 Yb 95
40318 Villafranca SG 84 Wb 101
14420 Villafranca de Córdoba CO 167 Vc 121
47529 Villafranca de Duero VA 81 Ue 100
50174 Villafranca de Ebro Z 69 Zc 99
05571 Villafranca de la Sierra AV 100 Ue 106
24500 Villafranca del Bierzo LE 41 Tb 93
44394 Villafranca del Campo TE 106 Yd 104
28692 Villafranca del Castillo MD 102 Wa 106
29570 Villafranca del Guadalhorce MA 191 Vb 128
06220 Villafranca de los Barros BA 149 Td 117
45730 Villafranca de los Caballeros TO 138 Wd 112
09257 Villafranca-Montes de Oca BU 46 We 94
12150 Villafrancia del Cid CS 108 Ze 106
06195 Villafranco del Guadiana BA 132 Tb 115
24913 Villafrea de la Reina LE 32 Va 91
47810 Villafrechos VA 62 Ue 97
33129 Villafría AS 30 Tf 87
09192 Villafría BU 46 Wc 94
01118 Villafría VI 48 Xc 93
34869 Villafría de la Peña P 44 Vb 92
01427 Villafría de San Zadornil BU 47 We 92
09344 Villafruela BU 64 Wa 97
34310 Villafruela P 63 Vc 95
47180 Villafuerte VA 64 Ve 98
09339 Villafuertes BU 65 Wb 95
39638 Villafufre CB 34 Wa 89
09268 Villagalijo BU 47 We 94
24250 Villagallegos LE 43 Uc 94
47840 Villagarcía de Campos VA 62 Ue 98
06950 Villagarcía de la Torre BA 149 Tf 119
16236 Villagarcía del Llano CU 140 Ya 113
24368 Villagatón LE 42 Tf 93
33116 Villagime AS 30 Ua 90
47608 Villagómez la Nueva VA 62 Uf 96
06473 Villagonzalo BA 133 Te 115
09001 Villagonzalo-Arenas BU 46 Wb 94
40496 Villagonzalo de Coca SG 82 Vc 101
37893 Villagonzalo de Tormes SA 81 Ud 103
09195 Villagonzalo-Pedernales BU 46 Wb 95
23630 Villagordo = Villatorres J 168 Wb 121
09230 Villagutiérrez BU 46 Wa 95
34257 Villahán P 64 Vf 96
14210 Villaharta CO 151 Va 120
26223 Villa Herminia RI 47 Xb 94
13332 Villahermosa CR 154 Xa 116
44494 Villahermosa del Campo TE 87 Ye 102
12124 Villahermosa del Río CS 107 Zd 107
09125 Villahernando BU 45 Wa 93
34469 Villaherreros P 45 Vd 94
24930 Villahibiera LE 44 Ue 93
09339 Villahizán BU 64 Wa 96
09128 Villahizán de Treviño BU 45 Vf 94
09343 Villahoz BU 64 Wa 96
33719 Villainclán AS 29 Tc 87
34115 Villaires P 44 Vb 93
34419 Villajimena P 64 Vd 96
03570 Villajoyosa = La Vila Joiosa A 159 Ze 117
02249 Villa Juana AB 141 Yd 114
34261 Villalaco P 64 Ve 96
09514 Villalacre BU 34 Wd 90
34115 Villalafuente P 44 Vb 93
09554 Villalaín BU 46 Wc 91
09511 Villalambrús BU 35 We 91
47675 Villalan de Campos VA 62 Ue 96
22822 Villalangua HS 50 Zb 94
47111 Villalar de los Comuneros VA 81 Uf 99
49158 Villalazán ZA 81 Uc 100
09569 Villalázara BU 34 Wd 90
10894 Villalba CC 113 Tb 108
42223 Villalba SO 85 Xd 100
44161 Villalba Alta TE 106 Za 105
44162 Villalba Baja TE 106 Yf 106
47237 Villalba de Adaja VA 82 Vb 100
13739 Villalba de Calatrava CR 153 Wc 117
09443 Villalba de Duero BU 65 Wb 98
34889 Villalba de Guardo P 44 Vb 92

49126 Villalba de la Lampreana ZA 62 Uc 98
21860 Villalba del Alcor H 178 Td 124
47689 Villalba de la Loma VA 62 Ue 95
16140 Villalba de la Sierra CU 105 Xf 107
47639 Villalba de los Alcores VA 63 Va 97
43782 Villalba de los Arcos = Vilalba dels Arcs T 90 Ac 102
06208 Villalba de los Barros BA 148 Tc 117
37451 Villalba de los Llanos SA 98 Ua 104
44359 Villalba de los Morales TE 106 Yd 103
16535 Villalba del Rey CU 104 Xc 106
50333 Villalba de Perejil Z 87 Yc 101
26292 Villalba de Rioja RI 47 Xa 93
47113 Villalbarba VA 62 Ue 99
34869 Villalbeto de la Peña P 44 Vb 92
16840 Villalbilla CU 104 Xe 107
28810 Villalbilla MD 103 We 106
09197 Villalbilla de Burgos BU 46 Wb 94
09453 Villalbilla de Gumiel BU 65 Wc 98
09125 Villalbilla de Villadiego BU 45 Wa 93
09141 Villalbilla-Sobresierra BU 46 Wc 93
09258 Villalbos BU 46 We 94
09199 Villalbura BU 46 Wd 95
49166 Villalcampo ZA 80 Tf 99
49128 Villalcázar de Sirga P 45 Vc 95
34347 Villalcón P 44 Va 95
34310 Villaldavín P 63 Vc 96
09227 Villaldemiro BU 45 Wa 95
24356 Villalebrín LE 44 Va 94
33410 Villalegre AS 31 Ua 87
50216 Villalengua Z 87 Ya 100
24836 Villalfeide LE 43 Uc 91
02636 Villalgordo del Júcar AB 140 Xf 113
16646 Villalgordo del Marquesado CU 120 Xc 110
09129 Villalibado BU 45 Wa 93
24766 Villalís LE 42 Tf 95
33695 Villallana AS 31 Ub 89
34815 Villallano P 45 Ve 92
24326 Villalmán LE 44 Uf 94
09390 Villalmanzo BU 65 Wb 96
09258 Villalmóndar BU 46 Wd 94
24233 Villalobar LE 43 Uc 94
26256 Villalobar de Rioja RI 47 Xa 94
34419 Villalobón P 64 Vc 96
23688 Villalobos J 168 Wa 124
49134 Villalobos ZA 62 Ud 97
02328 Villa Lola AB 140 Xf 114
12550 Villa Lola CS 124 Zf 109
09258 Villalómez BU 46 We 94
14129 Villalón CO 166 Uf 122
29560 Villalón MA 182 Vb 128
47600 Villalón de Campos VA 63 Uf 96
29430 Villalones MA 181 Ue 127
46720 Villalonga V 143 Ze 115
49860 Villalonso ZA 62 Ue 99
49630 Villalpando ZA 62 Ud 97
16611 Villalpardillo CU 139 Xe 113
16270 Villalpardo CU 121 Yc 112
24218 Villalquite LE 43 Ue 93
09559 Villalta BU 46 Wc 92
49539 Villalube ZA 62 Uc 99
47511 Villa Lucía VA 81 Ue 100
09512 Villaluenga BU 35 We 91
45520 Villaluenga de la Sagra TO 118 Wa 108
34111 Villaluenga de la Vega P 44 Vb 93
11611 Villaluenga del Rosario CA 189 Ud 128
34307 Villalumbroso P 63 Vb 95
47810 Villalumbrós o Villa Eulalia VA 62 Ue 97
09192 Villalval BU 46 Wc 94
42351 Villálvaro SO 65 We 99
49343 Villalverde ZA 61 Te 96
40542 Villalvilla de Montejo SG 84 Wb 100
01423 Villamaderne VI 47 Wf 92
02270 Villamalea AB 140 Yc 112
12224 Villamalur CS 124 Zd 109
24238 Villamandos LE 62 Uc 95
24687 Villamanín LE 31 Uc 91
24690 Villamanín de la Tercia LE 31 Ub 91
13343 Villamanrique CR 154 Xa 117
41850 Villamanrique de la Condesa SE 180 Te 125
28598 Villamanrique de Tajo MD 119 We 108
28610 Villamanta MD 101 Vf 107
28609 Villamantilla MD 101 Vf 106
24234 Villamañán LE 43 Uc 95
47132 Villamarciel VA 82 Va 99
24345 Villamarco LE 43 Ue 94
01427 Villamardones VI 47 We 91
49835 Villa María Luisa ZA 81 Ud 99
11650 Villamartín CA 181 Uc 127
34170 Villamartín de Campos P 63 Vc 96
24344 Villamartín de Don Sancho LE 44 Uf 93
24469 Villamartín de Sil LE 42 Tc 92
09568 Villamartín de Sotoscueva BU 34 Wb 90
09124 Villamartín de Villadiego BU 45 Vf 93
21400 Villa Matías H 177 Sd 125
33583 Villamayor AS 31 Ue 88
05301 Villamayor AV 82 Uf 103
37185 Villamayor SA 80 Ub 102
50162 Villamayor Z 69 Zb 98
13595 Villamayor de Calatrava CR 136 Vf 116
49131 Villamayor de Campos ZA 62 Ud 97
24155 Villamayor del Condado LE 43 Ud 93
09339 Villamayor de los Montes BU 65 Wb 96
09259 Villamayor del Río BU 47 Wf 94
31242 Villamayor de Monjardín NC 48 Xf 93
16415 Villamayor de Santiago CU 119 Xa 110
09128 Villamayor de Treviño BU 45 Vf 94
09258 Villambístia BU 46 We 94
34347 Villambrán de Cea P 44 Va 94
01423 Villambrosa VI 47 Wf 92
34113 Villambroz P 44 Vb 94
24397 Villameca LE 42 Tf 93
34239 Villamediana P 64 Vd 96
26142 Villamediana de Iregua RI 48 Xd 94
39232 Villamediana de Lomas BU 46 Wa 91
34260 Villamedianilla BU 64 Vf 96
24711 Villamejil LE 42 Tf 93
33114 Villamejín AS 30 Tf 89
28311 Villamejor MD 118 Wb 109
34475 Villamelendro P 45 Vc 93
18659 Villamena GR 184 Wc 127
34408 Villameriel P 45 Vd 93
10263 Villamesías CC 133 Ua 113
10893 Villamiel CC 113 Tb 107
09649 Villamiel de la Sierra BU 65 Wd 95
09239 Villamiel de Muñó BU 46 Wb 95
45594 Villamiel de Toledo TO 118 Vf 109
45440 Villaminaya TO 118 Wa 110
24344 Villamizar LE 44 Uf 93
24175 Villamol LE 44 Uf 94
24930 Villamondrín de Rueda LE 43 Ue 93
24765 Villamontán de la Valduerna LE 42 Ua 95
45400 Villamontiel TO 118 Wb 111
39250 Villamoñico CB 45 Vf 92
09512 Villamor BU 34 Wd 91
24339 Villamoratiel de las Matas LE 43 Ue 94
34127 Villamorco P 44 Vc 94
49211 Villamor de Cadozos ZA 80 Tf 101
24234 Villamor de Laguna o Villamorico LE 62 Ub 95
49215 Villamor de la Ladre ZA 80 Tf 100
49719 Villamor de los Escuderos ZA 81 Uc 101
24393 Villamor de Órbigo LE 43 Ua 94
09199 Villamorico BU 46 Wd 94
24888 Villamorisca LE 44 Va 92
09128 Villamorón BU 45 Vf 94
34126 Villamoronta P 44 Vb 94
24217 Villamoros de Mansilla LE 43 Ud 93
09269 Villamudria BU 46 We 95
45749 Villamuelas TO 118 Wb 110
34309 Villamuera de la Cueza P 44 Vb 95
24344 Villamuñío LE 44 Ue 94
47814 Villamuriel de Campos VA 62 Ue 97
34190 Villamuriel de Cerrato P 63 Vc 97
01426 Villanañe VI 47 Wf 91
47491 Villa Narcisa VA 82 Va 100
09258 Villanasur-Río de Oca BU 46 We 94
49697 Villanazar ZA 61 Ub 97
47131 Villán de Tordesillas VA 63 Va 99
09123 Villandiego BU 45 Vf 94
33610 Villandio AS 31 Ub 89
34407 Villaneceriel P 45 Vd 93
09339 Villangómez BU 65 Wb 95
24161 Villanófar LE 44 Ue 93
09128 Villanoño BU 45 Vf 94
22467 Villanova HS 52 Ac 93
22710 Villanovilla HS 51 Zd 93
34114 Villantodrigo P 44 Vc 94
22870 Villanúa HS 51 Zc 92
47620 Villanubla VA 63 Va 98
33725 Villanueva AS 29 Tb 88
33111 Villanueva AS 30 Tf 90
33590 Villanueva AS 33 Vc 88
33115 Villanueva AS 30 Tf 89
33591 Villanueva AS 32 Va 88
33776 Villanueva AS 29 Sf 89
39690 Villanueva CB 34 Wa 88
31438 Villanueva NC 36 Yd 91
31177 Villanueva NC 48 Ya 92
09572 Villanueva-Carrales BU 46 Wb 91
34878 Villanueva de Abajo P 44 Vb 92
31671 Villanueva de Aezkoa, Hiriberri/NC 36 Ye 91
45810 Villanueva de Alcardete TO 119 Wf 110
19460 Villanueva de Alcorón GU 104 Xe 104
29310 Villanueva de Algaidas MA 183 Vd 125
09652 Villanueva de Argaño BU 45 Wa 94
19246 Villanueva de Argecilla GU 85 Xa 103
34879 Villanueva de Arriba P 44 Vb 92
05114 Villanueva de Avila AV 100 Vb 106
49699 Villanueva de Azoague ZA 62 Uc 97
45410 Villanueva de Bogas TO 118 Wc 110
26123 Villanueva de Cameros RI 66 Xc 96
49708 Villanueva de Campeán ZA 80 Ub 100
09611 Villanueva de Carazo BU 65 We 97
24270 Villanueva de Carrizo LE 43 Ub 93
46270 Villanueva de Castellón V 142 Zc 114
14440 Villanueva de Córdoba CO 151 Vc 119
47239 Villanueva de Duero VA 82 Va 99
50830 Villanueva de Gállego Z 69 Zb 98
05164 Villanueva de Gómez AV 100 Vb 103
42311 Villanueva de Gormaz SO 85 Wf 100
16531 Villanueva de Guadamajud CU 104 Xc 107
09450 Villanueva de Gumiel BU 65 Wc 98
34811 Villanueva de Henares P 45 Vf 91
50153 Villanueva de Huerva Z 88 Yf 100
50247 Villanueva de Jalón Z 87 Yc 100
24762 Villanueva de Jamuz LE 61 Ua 95
50370 Villanueva de Jiloca Z 87 Yd 102
28691 Villanueva de la Cañada MD 102 Vf 106
05212 Villanueva del Aceral AV 82 Va 102
29230 Villanueva de la Concepción MA 183 Vc 127
47608 Villanueva de la Condesa VA 63 Uf 96
13330 Villanueva de la Fuente CR 155 Xb 116
16230 Villanueva de la Jara CU 140 Ya 112
39250 Villanueva de la Nía CB 45 Vf 92
09294 Villanueva de la Oca BU 47 Xb 92
39509 Villanueva de la Peña CB 33 Ve 89
34859 Villanueva de la Peña P 44 Vc 92
24193 Villanueva del Árbol LE 43 Uc 93
23730 Villanueva de la Reina J 168 Wa 120
41808 Villanueva del Ariscal SE 179 Tf 124
23330 Villanueva del Arzobispo J 154 Wf 119
09226 Villanueva de las Carretas BU 64 Wa 95
21592 Villanueva de las Cruces H 163 Sf 123
06700 Villanueva de la Serena BA 134 Ub 115
10812 Villanueva de la Sierra CC 98 Td 107
49580 Villanueva de la Sierra ZA 60 Sf 96
24225 Villanueva de las Manzanas LE 43 Ud 94
49333 Villanueva de las Peras ZA 61 Ua 97
18539 Villanueva de las Torres GR 169 Wf 123
19310 Villanueva de las Tres Fuentes GU 105 Yb 106
19209 Villanueva de la Torre GU 103 We 105
34828 Villanueva de la Torre P 45 Vd 91
10470 Villanueva de la Vera CC 115 Ud 108
05591 Villanueva del Campillo AV 100 Ue 105
49100 Villanueva del Campo ZA 62 Ud 97
24391 Villanueva del Carnero LE 43 Uc 93
29230 Villanueva del Cauche MA 183 Vd 127
24154 Villanueva del Condado LE 43 Ud 93
37658 Villanueva del Conde SA 98 Tf 105
14250 Villanueva del Duque CO 151 Va 118
06110 Villanueva del Fresno BA 147 Sf 118
34115 Villanueva del Monte P 44 Vc 93
31481 Villanueva de Lónguida NC 49 Yd 92
47850 Villanueva de los Caballeros VA 62 Ue 98
21540 Villanueva de los Castillejos H 177 Se 123
49165 Villanueva de los Corchos ZA 61 Ua 99
16194 Villanueva de los Escuderos CU 120 Xe 108
13320 Villanueva de los Infantes CR 154 Wf 116
47174 Villanueva de los Infantes VA 63 Vd 98
09593 Villanueva de los Montes BU 46 Wd 92
34129 Villanueva de los Nabos P 44 Vc 94
37428 Villanueva de los Pavones SA 81 Ud 102
28229 Villanueva del Pardillo MD 101 Wa 106
34309 Villanueva del Rebollar P 63 Vb 95
44223 Villanueva del Rebollar de la Sierra TE 88 Yf 103
14230 Villanueva del Rey CO 151 Uf 119
41409 Villanueva del Rey SE 166 Uf 123
34131 Villanueva del Río P 44 Vc 95
30613 Villanueva del Río Segura MC 157 Ye 120
09197 Villanueva del Río Ubierna BU 46 Wb 94
41350 Villanueva del Río y Mina SE 165 Ub 123
41359 Villanueva del Río y Minas SE 165 Ub 123
29312 Villanueva del Rosario MA 183 Vd 127
29313 Villanueva del Trabuco MA 183 Vd 126
18369 Villanueva de Mesía GR 184 Vf 125
09128 Villanueva de Odra BU 45 Vf 93
24135 Villanueva de Omaña LE 42 Tf 92
33777 Villanueva de Oscos AS 29 Ta 89
28609 Villanueva de Perales MD 101 Vf 106
09125 Villanueva de Puerta BU 45 Wa 93
13379 Villanueva de San Carlos CR 153 Wa 117
41660 Villanueva de San Juan SE 182 Ue 126
47813 Villanueva de San Mancio VA 63 Uf 97
22231 Villanueva de Sigena HS 70 Zf 98
29315 Villanueva de Tapia MA 183 Vd 125
09219 Villanueva de Teba BU 47 Wf 93
09215 Villanueva de Tobera BU 47 Xb 92
01427 Villanueva de Valdegovía VI 47 Wf 91
24415 Villanueva de Valdueza LE 42 Tc 94
49337 Villanueva de Valrojo ZA 61 Te 97
12428 Villanueva de Viver CS 123 Zc 108
42128 Villanueva de Zamajón SO 67 Xe 99
09555 Villanueva la Blanca BU 34 Wc 91
09239 Villanueva-Matamala BU 65 Wb 95
44479 Villanuevas, Los TE 123 Zc 108
09214 Villanueva-Soportilla BU 47 Wf 92
34477 Villanuño de Valdavia P 45 Vc 93
09511 Villaño BU 35 Wf 91
49618 Villaobispo ZA 61 Ua 96
24007 Villaobispo de las Regueras LE 43 Uc 93
24719 Villaobispo de Otero LE 42 Tf 93
34879 Villaoliva de la Peña P 44 Vb 92
24222 Villaornate LE 62 Uc 95
39292 Villapaderne CB 33 Vf 90
24940 Villapadierna LE 44 Uf 92
02350 Villapalacios AB 155 Xc 117
09515 Villapanillo BU 46 Wd 91
23440 Villapardillo J 169 Wd 121
24175 Villapeceñil LE 44 Uf 94
33194 Villapérez AS 31 Ua 88
24124 Villapodambre LE 43 Ua 92
34491 Villaprovedo P 45 Vd 93
34128 Villaproviano P 44 Vc 94
34112 Villapún P 44 Vb 93
24235 Villaquejida LE 62 Uc 96
24008 Villaquilambre LE 43 Uc 93
09119 Villaquirán de la Puebla BU 45 Vf 95
09118 Villaquirán de los Infantes BU 64 Vf 95
33548 Villar AS 32 Ue 88
39210 Villar CB 33 Ve 90
39808 Villar CB 34 Wc 89
14115 Villar CO 166 Uf 123
40165 Villar SG 84 Wb 102
47140 Villar VA 63 Vb 99
02459 Villar, El AB 140 Ya 114
04813 Villar, El AL 171 Xe 123
13597 Villar, El CR 153 Vf 117
21649 Villar, El H 163 Tb 122
26586 Villar, El RI 67 Xe 96
49159 Villaralbo ZA 80 Ub 100
14490 Villaralto CO 151 Va 118
44509 Villa Ramón TE 89 Zc 103
09515 Villarán BU 46 Wd 91
41800 Villarán SE 164 Te 124
11500 Villarana CA 188 Te 129
12170 Villa Raquel CS 108 Aa 106
09556 Villarcayo BU 34 Wc 91
33584 Villarcazo AS 32 Ue 89
24511 Villar de Acero LE 41 Tb 92
37497 Villar de Argañán SA 97 Tb 104
26511 Villar de Arnedo, El RI 48 Xf 95
16709 Villar de Cantos CU 120 Xd 112
16433 Villar de Cañas CU 120 Xc 110
02695 Villar de Chinchilla AB 140 Yc 115
37488 Villar de Ciervo SA 97 Tb 104
24722 Villar de Ciervos LE 42 Te 94
49562 Villardeciervos ZA 61 Te 97
19444 Villar de Cobeta GU 104 Xe 104
05516 Villar de Corneja AV 99 Ud 106
23006 Villar de Cuevas J 168 Wb 121
16840 Villar de Domingo García CU 104 Xe 107
49132 Villardefallaves ZA 62 Ud 97
49330 Villar de Farfón ZA 61 Tf 97
37524 Villar de Flores SA 97 Tb 106
47860 Villardefrades VA 62 Ue 98
33615 Villar de Gallegos AS 31 Ub 89
37320 Villar de Gallimazo SA 81 Ue 103
24721 Villar de Golfer LE 42 Te 94
33584 Villar de Huergo AS 32 Ue 88
16648 Villar de la Encina CU 120 Xc 111
16161 Villar del Águila CU 120 Xc 109
42165 Villar del Ala SO 66 Xc 97
46170 Villar del Arzobispo V 123 Zb 110
24458 Villar de las Traviesas LE 42 Td 92
16542 Villar de la Ventosa CU 120 Xd 108
37488 Villar de la Yegua SA 97 Tb 104
49240 Villar del Buey ZA 80 Te 101
42112 Villar del Campo SO 67 Xf 98
44114 Villar del Cobo TE 105 Yb 106

37766 Villar de Leche SA 99 Ub 105
16162 Villar del Horno CU 120 Xd 108
16370 Villar del Humo CU 121 Yc 109
16813 Villar del Infantado CU 104 Xd 106
16542 Villar del Maestre CU 120 Xd 108
24738 Villar del Monte LE 61 Te 95
28512 Villar del Olmo MD 103 We 106
37460 Villar de los Álamos SA 98 Tf 103
24414 Villar de Los Barrios LE 42 Tc 93
50156 Villar de los Navarros Z 88 Yf 102
10330 Villar del Pedroso CC 116 Ue 110
13431 Villar del Pozo CR 137 Wa 115
24836 Villar del Puerto LE 43 Uc 91
06192 Villar del Rey BA 132 Ta 114
42173 Villar del Río SO 67 Xd 96
44311 Villar del Salz TE 105 Yd 104
16123 Villar del Saz de Arcas CU 121 Xf 109
16190 Villar del Saz de Navalón CU 120 Xd 108
24249 Villar del Yermo LE 43 Ub 94
05220 Villar de Matacabras AV 82 Uf 102
24392 Villar de Mazarife LE 43 Ub 94
16196 Villar de Olalla CU 121 Xe 108
46351 Villar de Olmos V 122 Yf 111
37147 Villar de Peralonso SA 80 Te 102
10720 Villar de Plasencia CC 115 Tf 108
37609 Villar de Profeta SA 98 Tf 104
06716 Villar de Rena BA 133 Ub 114
37217 Villar de Samaniego SA 79 Td 102
33728 Villar de San Pedro AS 29 Ta 88
24138 Villar de Santiago, El LE 42 Te 91
40317 Villar de Sobrepeña SG 83 Wb 101
46351 Villar de Tejas V 122 Yf 111
26325 Villar de Torre RI 47 Xa 94
02213 Villar de Ves AB 141 Ye 113
33480 Villardeveyo AS 31 Ua 88
33842 Villar de Vildas AS 30 Td 90
49250 Villardiegua de la Ribera ZA 80 Te 99
49211 Villardiegua del Nalso ZA 80 Tf 101
49178 Villardiegua del Sierro ZA 80 Ub 101
49129 Villárdiga ZA 62 Ud 98
23659 Villardompardo J 168 Vf 121
49871 Villardondiego ZA 62 Ud 99
02139 Villarejo AB 156 Xf 117
05120 Villarejo AV 100 Vb 106
26325 Villarejo RI 47 Xa 94
37591 Villarejo SA 97 Td 106
37172 Villarejo SA 80 Te 101
40590 Villarejo SG 84 Wc 101
44120 Villarejo, El TE 106 Yc 107
16432 Villarejo de Fuentes CU 120 Xb 110
16541 Villarejo de la Peñuela CU 120 Xd 108
49342 Villarejo de la Sierra ZA 60 Td 96
16843 Villarejo del Espartal CU 104 Xd 107
44357 Villarejo de los Olmos, El TE 106 Ye 103
05413 Villarejo del Valle AV 100 Va 107
19445 Villarejo de Medina GU 86 Xd 103
45179 Villarejo de Montalbán TO 117 Vc 110
24358 Villarejo de Órbigo LE 43 Ua 94
28590 Villarejo de Salvanés MD 119 We 107
16771 Villarejo-Periesteban CU 120 Xd 109
16195 Villarejo Seco CU 120 Xd 109
16195 Villarejo-Sobrehuerta CU 120 Xd 108
02439 Villares AB 156 Xf 118
14811 Villares, Los CO 183 Ve 124
14800 Villares, Los CO 183 Ve 124
18181 Villares, Los GR 185 We 124
23160 Villares, Los J 168 Wb 122
23747 Villares, Los J 168 Wa 120
23650 Villares, Los J 168 Vf 122
44421 Villares, Los TE 123 Yf 108
19244 Villares de Jadraque GU 85 Wf 102
37184 Villares de la Reina SA 81 Uc 102
16442 Villares del Saz CU 120 Xc 109
24288 Villares de Órbigo LE 43 Ua 94
37267 Villares de Yeltes SA 98 Td 103
37217 Villargordo SA 79 Te 102
41898 Villargordo SE 164 Td 123
46317 Villargordo del Cabriel V 122 Yd 111
24144 Villargusán LE 30 Ua 91
09513 Villarías BU 46 Wc 91
04616 Villaricos AL 187 Yb 125
09195 Villariezo BU 46 Wb 95
42174 Villarijo SO 67 Xf 96
33778 Villarín AS 29 Ta 88
24127 Villarín de Riello LE 42 Ua 92
24741 Villarino LE 42 Tc 95
37160 Villarino SA 79 Td 101
24498 Villarino del Sil LE 42 Td 91
49521 Villarino de Manzanas ZA 60 Td 97
49358 Villarino de Sanabria ZA 60 Tc 96
49518 Villarino Tras la Sierra ZA 60 Td 98
49523 Villariño de Cebal ZA 61 Te 98
44559 Villarluengo TE 107 Zc 105
37130 Villarmayor SA 80 Ua 102
09131 Villarmentero BU 46 Wb 94
34447 Villarmentero de Campos P 45 Vd 95
47172 Villarmentero de Esgueva VA 63 Vc 98
24397 Villarmeriel LE 42 Tf 92
09197 Villarmero BU 46 Wb 94
34114 Villarmienzo P 44 Vb 93
37217 Villarmuerto SA 79 Td 102
24164 Villarmún LE 43 Ud 93
34813 Villarn de Valdivia P 45 Ve 92
24795 Villarnera LE 42 Ua 94
45311 Villa Román TO 119 Wc 109
37639 Villa Rosa SA 98 Te 105
44380 Villarquemado TE 106 Ye 105
34113 Villarrabé P 44 Vb 94
24238 Villarrabines LE 62 Uc 95
34350 Villarramiel P 63 Va 96
21850 Villarrasa H 178 Tc 124
42181 Villarraso SO 67 Xe 97
24165 Villarratel LE 43 Ud 93
06107 Villarreal BA 147 Se 116
30813 Villarreal MC 172 Yc 123
12540 Villarreal = Vila-Real CS 124 Zf 109
50490 Villarreal de Huerva Z 87 Ye 101
22771 Villarreal de la Canal HS 50 Za 93
10695 Villarreal de San Carlos CC 115 Tf 109
26313 Villarrica RI 47 Xb 94
49137 Villarrín de Campos ZA 62 Uc 98
24252 Villarrín del Páramo LE 43 Ub 94
24226 Villarroañe LE 43 Uc 94
34112 Villarrobejo P 44 Vb 94
02600 Villarrobledo AB 139 Xc 113
23393 Villarrodrigo J 155 Xc 118
24197 Villarrodrigo de las Regueras LE 43 Uc 93
34113 Villarrodrigo de la Vega P 44 Vb 94
24276 Villarrodrigo de Ordás LE 43 Ub 92
24273 Villarroquel LE 43 Ub 92
26587 Villarroya RI 67 Xf 96
50310 Villarroya de la Sierra Z 87 Yb 100
50368 Villarroya del Campo Z 87 Ye 102
44144 Villarroya de los Pinares TE 107 Zb 105
14711 Villarrubia CO 166 Va 121
13670 Villarrubia de los Ojos CR 137 Wc 113
45360 Villarrubia de Santiago TO 119 Wd 109
24566 Villarrubin LE 41 Sf 93
16420 Villarrubio CU 120 Xa 109
22471 Villarrué HS 52 Ad 94
16280 Villarta CU 140 Yc 112
45910 Villarta de Escalona TO 117 Vd 108
06678 Villarta de los Montes BA 135 Vb 113
13210 Villarta de San Juan CR 137 Wd 113
26259 Villarta-quintana RI 47 Wf 94
33718 Villartorey AS 29 Tb 88
42173 Villartoso SO 67 Xd 96
28370 Villas MD 119 Wd 107
24219 Villasabanego LE 43 Ud 93
34127 Villasabariego de Ucieza P 44 Vc 94
09580 Villasana de Mena BU 35 We 90
09109 Villasandino BU 45 Vf 94
09569 Villasante BU 34 Wd 90
34132 Villasarracino P 45 Vd 94
42214 Villasayas SO 85 Xc 100
37256 Villasbuenas SA 79 Tc 102
10858 Villasbuenas de Gata CC 114 Tc 107
37468 Villasdardo SA 80 Tf 102
16843 Villas de la Ventosa CU 104 Xd 107
16144 Villaseca CU 104 Xe 107
26212 Villaseca RI 47 Xa 93
40317 Villaseca SG 83 Wb 101
42173 Villaseca Bajera SO 67 Xd 96
42132 Villaseca de Arciel SO 86 Xd 102
42132 Villaseca de Arciel SO 67 Xf 99
19294 Villaseca de Henares GU 85 Xb 103
24140 Villaseca de Laciana LE 30 Te 91
45260 Villaseca de la Sagra TO 118 Wa 109
24228 Villaseca de la Sobarriba LE 43 Ud 93
19184 Villaseca de Uceda GU 103 Wd 104
42174 Villaseca Somera SO 67 Xd 96
49181 Villaseco ZA 80 Ua 100
37114 Villaseco de los Gamitos SA 80 Tf 102
37150 Villaseco de los Reyes SA 80 Te 102
24344 Villaselán LE 44 Uf 93
37129 Villaselva SA 80 Ub 102
45740 Villasequilla de Yepes TO 118 Wb 109
39698 Villasevil CB 34 Wa 89
47134 Villasexmir VA 63 Uf 99
09123 Villasidro BU 45 Vf 94
34475 Villasila de Valdavia P 45 Vc 93
09109 Villasilos BU 45 Vf 95
24670 Villasimpliz LE 43 Uc 91
24193 Villasinta de Torío LE 43 Uc 93
33611 Villasola AS 31 Ub 89
41410 Villasparra SE 165 Uc 123
37522 Villasrubias SA 97 Tc 106
44130 Villastar TE 106 Yf 107
34115 Villasur P 44 Vb 93
09199 Villasur de Herreros BU 46 Wd 95
39451 Villasuso CB 33 Vf 89
39407 Villasuso CB 33 Vf 89
09589 Villasuso de Mena BU 34 We 90
16441 Villas-Viejas CU 120 Xb 109
09512 Villate BU 34 Wd 91
33817 Villategil AS 30 Tc 90
46389 Villa Teresa V 142 Zb 112
34349 Villátima P 44 Va 95
45310 Villatobas TO 119 We 109
09512 Villatomil BU 34 Wd 91
34307 Villatoquite P 63 Vb 95
05560 Villatoro AV 100 Uf 105
09006 Villatoro BU 46 Wb 94
23630 Villatorres = Villagordo J 168 Wb 121
02215 Villatoya AB 141 Yd 113
21720 Villa Trene H 178 Tc 125
33879 Villatresmil AS 30 Td 88
09310 Villatuelda BU 64 Wa 98
31132 Villatuerta NC 48 Ya 93
34129 Villaturde P 44 Vb 94
24226 Villaturiel LE 43 Ud 93
34192 Villaumbrales P 63 Vc 96
43460 Villa Urrutia T 91 Ba 101
09125 Villaute BU 45 Wa 93
31195 Villava NC 49 Yc 91
33128 Villavaler AS 30 Te 88
02154 Villavaliente AB 141 Yd 114
47329 Villavaquerín VA 63 Vd 99
33889 Villavaser AS 30 Tc 89
09515 Villavedeo BU 46 Wd 91
09124 Villavedón BU 45 Vf 93
34478 Villavega P 45 Vd 94
34810 Villavega de Aguilar P 45 Ve 91
34485 Villavega de Ojeda P 45 Vd 92
24327 Villavelasco de Valderaduey LE 44 Va 93
26329 Villavelayo RI 66 Xa 96
47883 Villavellid VA 62 Ue 98
49870 Villavendimio ZA 62 Ud 99
24195 Villavente LE 43 Uc 93
09514 Villaventín BU 34 Wd 90
02340 Villaverde AB 139 Xd 116
33314 Villaverde AS 31 Uc 87
33557 Villaverde AS 32 Uf 89
05140 Villaverde AV 100 Va 104
35640 Villaverde GC 199 Ma 177
28598 Villaverde MD 119 We 108
28021 Villaverde MD 102 Wb 106
01118 Villaverde VI 48 Xc 93
24890 Villaverde de Abajo LE 43 Uc 92
24171 Villaverde de Arcayos LE 44 Uf 93
24890 Villaverde de Arriba LE 43 Uc 92
02460 Villaverde de Guadalimar AB 155 Xc 118
37428 Villaverde de Guareña SA 81 Uc 102
40219 Villaverde de Íscar SG 82 Vc 101
24390 Villaverde de la Abadia LE 41 Tb 93
24844 Villaverde de la Cuerna LE 31 Ud 90
19261 Villaverde del Ducado GU 85 Xd 102
09339 Villaverde del Monte BU 65 Wb 96
42145 Villaverde del Monte SO 66 Xb 98
41318 Villaverde del Río SE 165 Ua 123
47465 Villaverde de Medina VA 82 Uf 101
40542 Villaverde de Montejo SG 84 Wc 99
39793 Villaverde de Pontones CB 34 Wb 88
26321 Villaverde de Rioja RI 47 Xb 95
24217 Villaverde de Sandoval LE 43 Ud 93
39880 Villaverde de Trucios CB 35 We 89
34309 Villaverde de Volpejera P 63 Vc 95
24930 Villaverde la Chiquita LE 44 Ue 93
09226 Villaverde-Mogina BU 64 Vf 96
09591 Villaverde-Peñahorada BU 46 Wb 94
16111 Villaverde y Pasaconsol CU 121 Xe 110
09109 Villaveta BU 45 Vf 94
31481 Villaveta NC 49 Yd 92
49760 Villaveza del Agua ZA 62 Ub 97
49697 Villaveza de Valverde ZA 61 Ua 97
39776 Villaviad CB 34 Wd 88
47676 Villavicencio de los Caballeros VA 62 Ue 96
33300 Villaviciosa AS 31 Ud 88
05130 Villaviciosa AV 100 Va 105
14300 Villaviciosa de Córdoba CO 166 Uf 120
24271 Villaviciosa de la Ribera LE 43 Ua 93
28670 Villaviciosa de Odón MD 102 Wa 106
19413 Villaviciosa de Tajuña GU 103 Xa 104
24225 Villavidel LE 43 Uc 94
12526 Villavieja CS 124 Ze 109
47113 Villavieja del Cerro VA 82 Uf 99
28739 Villavieja del Lozoya MD 84 Wb 102
09239 Villavieja de Muñó BU 46 Wa 95
37260 Villavieja de Yeltes SA 97 Td 103
34249 Villaviudas P 64 Vd 97
24989 Villayandre LE 44 Uf 91
09191 Villayerno Morquillas BU 46 Wc 94
33717 Villayón AS 29 Tb 88
39407 Villayuso CB 33 Vf 89
24126 Villayuste LE 43 Ua 92
24328 Villazanzo de Valderaduey LE 44 Va 93
33868 Villazón AS 30 Te 88
09226 Villazopeque BU 64 Vf 95
25725 Villec L 54 Be 95
09128 Villegas BU 45 Vf 94
40496 Villeguillo SG 82 Vc 101
44131 Villel TE 106 Ye 107
34492 Villela BU 45 Ve 92
19332 Villel de Mesa GU 86 Ya 102
34349 Villelga P 44 Va 95
34349 Villemar P 44 Va 95
03400 Villena A 158 Za 117
42173 Viller de Maya SO 67 Xd 96
34305 Villerías de Campos P 63 Va 97
24324 Villeza LE 44 Ue 95
24250 Villibañe LE 43 Uc 94
09007 Villimar BU 46 Wc 94
24163 Villimer LE 43 Ud 93
22622 Villobas HS 51 Ze 94
34466 Villodre P 64 Ve 95
34257 Villodrigo BU 64 Vf 96
34131 Villoldo P 63 Vc 95
24218 Villomar LE 43 Ud 93
16371 Villora CU 122 Yc 110
09133 Villorejo BU 45 Wa 94
12311 Villores CS 108 Ze 104
33986 Villoria AS 31 Uc 89
37339 Villoria SA 81 Ud 103
37281 Villoria de Buenamadre SA 98 Te 103
24358 Villoria de Órbigo LE 43 Ua 94
09199 Villorobe BU 46 We 95
34409 Villorquite de Herrera P 45 Vd 94
34117 Villorquite del Páramo P 44 Vb 93
09640 Villoruedo BU 65 Wd 95
37338 Villoruela SA 81 Ud 102
34111 Villosilla de la Vega P 44 Vb 93
37148 Villosino SA 80 Tf 102
40449 Villoslada SG 82 Vd 103
26125 Villoslada de Cameros RI 66 Xb 96
34118 Villota del Duque P 44 Vc 94
34112 Villota del Páramo P 44 Va 93
34129 Villotilla P 44 Vb 94
09310 Villovela de Esgueva BU 64 Wa 98
40393 Villovela de Pirón SG 83 Vf 102
09348 Villoviado BU 65 Wb 97
34449 Villovieco P 45 Vd 95
09124 Villusto BU 45 Vf 93
17184 Vilobí d'Onyar GI 75 Ce 97
17466 Vilopriu GI 75 Cf 96
31283 Viloria NC 48 Xe 92
47166 Viloria VA 83 Vd 100
01420 Viloria VI 47 Xa 92
09259 Viloria de Rioja BU 47 Wf 94
17462 Vilosa, La GI 75 Cf 96
25457 Vilosell, El L 91 Af 100
15687 Vilouchada C 27 Rc 91
15806 Vilouriz C 28 Sa 91
32160 Vilouriz OR 40 Sb 94
27694 Vilouta LU 41 Se 91
08735 Viloví = Vilobí del Penedès B 92 Be 100
50219 Vilueña, La Z 87 Yb 101
37258 Vilvestre SA 79 Tb 102
42153 Vilviestre de los Nabos SO 66 Xc 97
09690 Vilviestre del Pinar BU 66 Wf 97
09230 Vilviestre de Muñó BU 45 Wa 95
43430 Vimbodí T 91 Ba 100
15129 Vimianzo C 26 Qf 90
44591 Vinaceite TE 89 Zc 101
05216 Vinaderos AV 82 Vb 102
25440 Vinaixa L 91 Af 100
46114 Vinalesa V 124 Zd 111
43517 Vinallop T 109 Ad 104
12500 Vinaròs CS 109 Ac 106
36389 Vincios PO 57 Rb 96
16812 Vindel CU 104 Xd 105
43792 Vinebre T 90 Ad 101
43750 Vingalis T 90 Ad 101
26329 Viniegra de Abajo RI 66 Xa 96
26329 Viniegra de Arriba RI 66 Xb 96
15819 Vinos C 39 Re 91
07440 Vin Roma IB 127 Da 110
36687 Vinseiro PO 39 Rd 92
42150 Vinuesa SO 66 Xb 97
08509 Vinyoles d'Orís B 74 Cb 96
43391 Vinyols i Arcs T 91 Ba 102
15313 Viña C 27 Rf 89
11400 Viña de Dios CA 179 Tf 128
30879 Viña de Raja MC 172 Ye 123
05410 Viñaesquinade AV 100 Uf 107
32537 Viñao OR 39 Rf 94
49517 Viñas ZA 60 Td 98
18870 Viñas, Las GR 170 Wf 124
01308 Viñaspre VI 48 Xd 93
05147 Viñegra AV 100 Uf 104
05309 Viñegra de Moraña AV 100 Va 103
33310 Viñón AS 31 Ud 88
39584 Viñón CB 32 Vc 89
13460 Viñuela CR 152 Ve 116
29712 Viñuela MA 183 Vf 127
14430 Viñuela, La CO 152 Vc 120
23590 Viñuela, La J 169 We 122
49177 Viñuela de Sayago ZA 80 Ua 101
19184 Viñuelas GU 103 Wd 104
46199 Viñuelas V 141 Yf 113
10691 Viñuelas de Enmedio CC 114 Te 109
22375 Vío HS 51 Aa 93
39479 Vioño CB 33 Wa 88
30876 Viquejos MC 172 Yc 123
01129 Virgala Mayor VI 48 Xd 92
01129 Virgala Menor VI 48 Xd 92
23748 Virgen de la Cabeza J 152 Vf 119
50730 Virgen de la Columna Z 88 Zb 99
23711 Virgen de la Encina J 153 Wb 119
44432 Virgen de la Vega TE 107 Zb 106
24198 Virgen del Camino, La LE 43 Uc 93
41410 Virgen del Rocío SE 165 Ub 124
43762 Virgili T 92 Bc 102
27373 Viris LU 28 Sb 90
03409 Virtudes, Las A 158 Za 117
09213 Virués BU 46 Wd 92
33559 Vis AS 32 Uf 89
22484 Visalibons HS 52 Ad 94

15808 Visantoña C 39 Rf 91
15689 Visantoña C 27 Re 90
31695 Viscarret NC 37 Yd 91
15124 Viseo C 26 Qe 90
44164 Visiedo TE 106 Yf 104
36691 Viso PO 39 Rc 95
02155 Viso, El AB 140 Yb 114
02214 Viso, El AB 141 Ye 113
02510 Viso, El AB 140 Yb 116
14470 Viso, El CO 151 Va 118
41520 Viso del Alcor, El SE 181 Ub 124
13770 Viso del Marqués CR 153 Wc 117
45215 Viso de San Juan, El TO 118 Wa 108
21660 Vista Alegre H 163 Tc 122
07839 Vista Alegre IB 125 Bb 115
23214 Vista Alegre J 153 Wc 119
03319 Vistabella A 173 Zb 120
43154 Vistabella T 91 Bb 101
50482 Vistabella Z 88 Yf 101
12135 Vistabella del Maestrazgo CS 107 Ze 107
03559 Vista Hermosa A 158 Zd 118
11500 Vistahermosa CA 188 Te 129
37008 Vistahermosa SA 80 Ub 103
37479 Vista-Hermosa SA 97 Td 104
02155 Vistalegre AB 140 Ya 114
05146 Vita AV 100 Uf 104
33549 Vita, La AS 32 Ue 88
30610 Vite MC 157 Yd 120
23296 Vites J 155 Xd 120
37210 Vitigudino SA 79 Td 102
01059 Vitoria-Gasteiz VI 47 Xb 91
01130 Vitoriano VI 35 Xb 91
22450 Viu HS 52 Ac 94
22378 Viu HS 51 Zf 93
04240 Viudas, Las AL 186 Xd 127
25556 Viu de Llevata L 53 Ae 94
09587 Vivanco de Mena BU 34 Wd 90
30335 Vivancos, Los MC 172 Ye 123
40236 Vivar de Fuentidueña SG 83 Vf 100
06412 Vivares BA 133 Ua 114
39314 Viveda CB 33 Vf 88
27850 Viveiro LU 26 Sc 87
32816 Viveiro OR 58 Sa 95
44740 Vivel del Río Martín TE 106 Za 103
15389 Vivente C 27 Re 89
32411 Vivenzo OR 39 Re 95
12460 Viver CS 123 Zc 109
50249 Viver de la Sierra Z 87 Yc 100
25216 Viver de Segarra L 73 Bc 98
50332 Viver de Vicort Z 87 Yd 100
08673 Viver el Castellot B 73 Be 97
02310 Viveros AB 139 Xc 116
28830 Viveros, Los MD 102 Wc 106
41240 Viveros, Los SE 164 Ua 122
49514 Vivinera ZA 61 Te 98
15967 Vixán C 38 Qf 93
04600 Vizcaíno AL 171 Yb 124
09613 Vizcaínos BU 65 We 96
46178 Vizcota V 122 Yf 109
34260 Vizmalo BU 64 Vf 96
42173 Vizmanos SO 67 Xd 96
18179 Víznar GR 184 Wc 125
15318 Vizoño C 27 Re 89
24444 Voces LE 41 Tb 94
23380 Voladores, Los J 155 Xd 119
25794 Voloriu L 73 Bc 95
24859 Vozmediano LE 44 Ue 91
42107 Vozmediano SO 68 Ya 97
24859 Voznuevo LE 43 Ue 91
39688 Vozpornoche CB 34 Wa 90
05134 Vueltas, Las AV 100 Va 106
17111 Vullpellac GI 75 Da 97

W

47190 Wamba VA 63 Va 98

X

32373 Xaba OR 41 Sf 95
07640 Xabarlinar, Es IB 127 Da 112
03730 Xàbia = Jávea A 143 Ab 116
43512 Xalamera T 90 Ac 103
15838 Xallas C 38 Ra 91
03727 Xaló = Jalón A 159 Zf 116
15685 Xanceda C 27 Re 90
03709 Xara, La A 143 Aa 116
32365 Xares OR 60 Ta 95
13250 Xarrié CR 137 Wb 114
46800 Xàtiva V 142 Zc 115
15687 Xavestre C 27 Rc 91
15122 Xaviña C 26 Qf 90
46770 Xeraco V 143 Ze 114
43791 Xercuns T 90 Ad 101
46790 Xeresa V 143 Ze 114
27833 Xermade LU 28 Sb 88
27377 Xermar LU 28 Sc 89
32898 Xermeade OR 58 Sa 97
12360 Xert, Chert/ CS 108 Aa 105
43592 Xerta T 90 Ac 103
36836 Xesta PO 39 Rd 94
36515 Xesta PO 39 Rf 93
15315 Xestal C 27 Rf 89
15186 Xesteda C 27 Rc 90
36859 Xesteira, A PO 39 Rc 94
27250 Xesto LU 28 Sd 89
32930 Xestosa OR 39 Sa 95
27306 Xestoselo LU 28 Sb 89
27329 Xestoso LU 40 Se 93
36548 Xestoso PO 39 Rd 93
15315 Xestoso (Santa María) C 28 Sa 88
36151 Xeve PO 38 Rc 94
27227 Xiá LU 28 Sa 90
27557 Xián LU 40 Sb 92
36968 Xil PO 38 Rb 94
07872 Xindri, La IB 125 Bd 116
03640 Xinorla A 158 Za 118
03649 Xinorlet A 157 Za 118
15258 Xinzo C 38 Qf 91
36678 Xinzo PO 39 Rc 93
32706 Xinzo da Costa OR 59 Sc 95
32630 Xinzo de Limia OR 58 Sb 96
30890 Xiquena MC 171 Ya 122
32520 Xirazga OR 39 Re 94
46950 Xirivella = Chirivella V 123 Zd 112
03520 Xirles A 159 Zf 117
32688 Xironda OR 59 Sc 97
12160 Xisquerol CS 108 Ze 106
12314 Xiva de Morella CS 108 Zf 105
33206 Xixón = Gijón AS 31 Uc 87
03100 Xixona = Jijona A 158 Zc 117
32701 Xocín OR 59 Sc 95
12134 Xodos CS 107 Zc 107
15110 Xornes C 26 Rb 89
27870 Xove LU 26 Sc 86
15805 Xubial C 27 Rf 91
32459 Xubín OR 39 Rf 95
27723 Xudán LU 29 Se 89
15996 Xufres C 38 Ra 93
15520 Xuncedo C 27 Re 88
32671 Xunqueira de Ambía OR 58 Sb 95
32730 Xunqueira de Espadanedo OR 40 Sc 95
15995 Xuño = Santa Mariña de Xuño C 38 Qf 93
27692 Xusaos LU 40 Se 92
36827 Xustáns PO 39 Rc 94
27377 Xustás LU 28 Sd 89
27547 Xuvencos LU 40 Sc 93

Y

35570 Yaiza GC 198 Mb 175
31790 Yanci NC 37 Yb 89
42172 Yanguas SO 67 Xd 96
40493 Yanguas de Eresma SG 83 Ve 102
33557 Yano AS 32 Ue 89
31470 Yárnoz NC 49 Yc 92
22141 Yaso HS 70 Zf 95
18448 Yátor GR 185 Wf 127
46367 Yátova V 142 Zb 112
35541 Ye GC 198 Md 173
22375 Yeba HS 51 Aa 93
45470 Yébenes, Los TO 118 Wa 111
19141 Yebes GU 103 Wf 105
19111 Yebra GU 103 Xa 106
24388 Yebra LE 41 Tb 94
22610 Yebra de Basa HS 51 Ze 94
30850 Yéchar MC 172 Yc 122
30510 Yecla MC 157 Yf 117
37219 Yecla de Yeltes SA 79 Td 103
01322 Yécora VI 48 Xd 93
04271 Yedra, La AL 187 Xf 125
35333 Yedra, La GC 200 Kc 180
23160 Yedra, La J 168 Wa 123
18460 Yegen GR 185 Wf 127
04813 Yegua Alta, La AL 171 Xe 123
02448 Yeguarizas, Las AB 155 Xe 117
23770 Yegüerizas J 167 Ve 120
19413 Yela GU 103 Xb 104
19143 Yélamos de Abajo GU 103 Xa 105
19143 Yélamos de Arriba GU 103 Xa 105
06411 Yelbes BA 133 Tf 115
45220 Yeles TO 118 Wb 108
42230 Yelo SO 86 Xc 101
31485 Yelz NC 49 Yc 92
16373 Yémeda CU 121 Yb 110
45313 Yepes TO 118 Wc 109
22193 Yéqueda HS 70 Zd 95
39685 Yera CB 34 Wb 90
33826 Yermes y Tameza AS 30 Tf 89
39460 Yermo CB 33 Vf 89
33826 Yernes AS 30 Tf 89
31410 Yesa NC 50 Ye 93
46178 Yesa, La V 123 Za 109
26527 Yesal, El RI 67 Ya 96
02155 Yesares, Los AB 140 Yb 114
04200 Yesos, Los AL 186 Xe 126
18713 Yesos, Los GR 185 We 128
22622 Yéspola HS 51 Zd 94
02480 Yeste AB 155 Xe 118
22820 Yeste HS 50 Zb 94
02536 Yetas de Abajo AB 155 Xd 119
22370 Yosa HS 51 Zf 93
42248 Yuba SO 86 Xd 101
09123 Yudego BU 45 Vf 94
11630 Yugo, El CA 179 Ua 128
24879 Yugueros LE 44 Ue 92
45529 Yuncler TO 118 Wa 108
45591 Yunclillos TO 118 Wa 108
45210 Yuncos TO 118 Wa 108
29410 Yunquera MA 190 Va 128
02161 Yunquera, La AB 139 Xe 115
19210 Yunquera de Henares GU 103 Wf 104
19361 Yunta, La GU 87 Yb 103

Z

31292 Zábal NC 48 Xf 92
48383 Zabala-Belendiz BI 35 Xc 89
31422 Zabalceta NC 49 Yc 92
31699 Zabaldika NC 49 Yc 91
31470 Zabalegui NC 49 Yc 92
09511 Zaballa BU 35 Wf 91
48180 Zabaloetxe BI 35 Xa 89
31174 Zabalza NC 49 Yb 92
31472 Zabalza NC 49 Yd 92
31448 Zabalza NC 50 Ye 92
24396 Zacos LE 42 Tf 93
46176 Zaé V 122 Yf 110
09339 Zael BU 65 Wb 96
30441 Zaén de Abajo MC 156 Xf 119
30441 Zaén de Arriba MC 156 Xf 119
49214 Zafara ZA 80 Te 100
18128 Zafarraya GR 183 Vf 127
03640 Zafra A 158 Za 118
06300 Zafra BA 149 Td 118
03108 Zafra, La A 158 Za 116
10182 Zafra, La CC 133 Te 113
16771 Zafra de Záncara CU 120 Xc 109
16317 Zafrilla CU 105 Yc 107
37130 Zafrón SA 80 Tf 102
37116 Zafroncino SA 80 Tf 102
18311 Zagra GR 183 Ve 125
23790 Zahán, El J 168 Ve 121
11688 Zahara CA 181 Ud 127
11393 Zahara de los Atunes CA 189 Ua 132
41410 Zahariche SE 165 Ud 124
06380 Zahínos BA 148 Ta 119
11159 Zahora CA 188 Tf 131
18329 Zahora, La GR 184 Wa 126
50784 Zaida, La Z 89 Zd 101
22530 Zaidín HS 71 Ab 99
01138 Zaitegui VI 35 Xb 91
31789 Zalain NC 37 Yb 89
06430 Zalamea de la Serena BA 150 Uc 117
21640 Zalamea la Real H 163 Tc 122
24207 Zalamillas LE 62 Ud 95
31484 Zalba NC 49 Yd 91
48250 Zaldibar BI 36 Xc 89
20247 Zaldibia SS 36 Xf 90
26289 Zaldierna RI 47 Wf 95
20247 Zaldivia = Zaldibia SS 36 Xf 90
09199 Zalduendo BU 46 Wd 94
01208 Zalduondo VI 48 Xd 91
29569 Zalea MA 182 Vb 128
47810 Zalengas VA 62 Ue 97
48860 Zalla BI 35 Wf 89
47009 Zamadueñas VA 63 Vb 98
42128 Zamajón SO 67 Xd 99
36310 Zamáns PO 57 Rb 96
37591 Zamarra SA 97 Td 105
41780 Zamarra SE 181 Ud 127
40196 Zamarramala SG 83 Vf 103
37110 Zamayón SA 80 Ub 102
14950 Zambra CO 183 Vd 124
01212 Zambrana VI 47 Xa 93
24249 Zambroncinos LE 43 Ub 95
37110 Zamocino SA 80 Ua 101
23569 Zamora J 169 Wd 123
49001* Zamora ZA 80 Ub 99
14814 Zamoranos CO 167 Vf 123
48170 Zamudio BI 35 Xa 89
30840 Zancarrones, Los MC 172 Yd 121
31799 Zandio NC 49 Yc 91
10815 Zangajito CC 114 Td 108
09211 Zangandez BU 46 We 92
31400 Zangoza = Sangüesa NC 49 Ye 93
04887 Zanjas, Las AL 186 Xc 124
11370 Zanona CA 189 Ub 131
33490 Zanzabornín AS 31 Ub 87
19495 Zaorejas GU 104 Xe 104
05154 Zapardiel de la Cañada AV 99 Ud 105
05631 Zapardiel de la Ribera AV 99 Ue 106
05514 Zapata AV 99 Ue 106
06475 Zapatera, La BA 133 Te 116
02315 Zapateros AB 155 Xe 117
21840 Zapillo, El H 163 Tb 124
41429 Zapillo, El SE 165 Ud 123
42127 Zárabes SO 86 Xe 99
50001* Zaragoza Z 69 Za 99
50709 Zaragozeta Z 89 Zf 102
48820 Zaramillo BI 35 Wf 89
37170 Zarapicos SA 80 Ua 102
48480 Zaratamo BI 35 Xa 89
37170 Zaratán SA 80 Ub 102
47610 Zaratán VA 63 Vb 99
20800 Zarautz SS 36 Xe 89
30810 Zarcilla de Ramos MC 171 Ya 121
03409 Zaricejo, El A 158 Za 117
20530 Zarimutz SS 36 Xc 90
31190 Zariquiegui NC 49 Yb 92
31481 Zariquieta NC 49 Ye 92
46621 Zarra V 141 Yf 114
32839 Zarracós OR 58 Sa 95
26291 Zarratón RI 47 Xa 93
31869 Zarrautz NC 37 Yb 91
02327 Zarza, La AB 140 Xf 116
05621 Zarza, La AV 99 Uc 107
06830 Zarza, La BA 133 Te 116
14550 Zarza, La CO 167 Vb 123
30529 Zarza, La MC 157 Yf 119
30179 Zarza, La MC 172 Yd 121
37290 Zarza, La SA 98 Te 104
38579 Zarza, La TF 196 Id 179
47452 Zarza, La VA 82 Vb 101
06611 Zarza-Capilla BA 135 Ue 116
37173 Zarza de Don Beltrán SA 79 Td 101
10710 Zarza de Granadilla CC 98 Tf 107
10189 Zarza de Montánchez CC 133 Tf 113
37253 Zarza de Pumareda, La SA 79 Tc 102
16470 Zarza de Tajo CU 119 Wf 108
30814 Zarzadilla de Totana MC 172 Yb 121
23610 Zarzaíca J 168 Wa 123
10880 Zarza la Mayor CC 113 Ta 109
28293 Zarzalejo MD 101 Ve 105
04213 Zarzales AL 186 Xe 125
29197 Zarzo MA 191 Ve 128
26586 Zarzosa RI 67 Xd 95
09108 Zarzosa de Riopisuerga BU 45 Ve 93
37621 Zarzosilla SA 98 Tf 105
10670 Zarzoso CC 114 Te 108
37621 Zarzoso SA 98 Tf 105
16146 Zarzuela CU 105 Xf 107
11393 Zarzuela, La CA 189 Ub 132
19238 Zarzuela de Galve GU 84 We 102
19237 Zarzuela de Jadraque GU 85 Wf 102
40152 Zarzuela del Monte SG 101 Vd 104
40293 Zarzuela del Pinar SG 83 Ve 101
15850 Zas C 26 Ra 90
15805 Zas de Rei C 27 Rf 91
01139 Zátrate VI 35 Xb 91
42351 Zayas de Báscones SO 65 We 98
42329 Zayas de Torre SO 65 We 98
42351 Zayuelas SO 65 We 98
31438 Zazpe NC 49 Yd 92
09490 Zazuar BU 65 Wc 98
48144 Zeanuri BI 35 Xb 90
48499 Zeberio BI 35 Xa 90
20215 Zegama SS 36 Xe 91
48278 Zeinka BI 36 Xc 89
48140 Zelaia BI 35 Xb 90
48289 Zelaia = Celaya o San Pedro de Mendeja BI 36 Xd 88
48314 Zelaieta (Gautegiz Arteaga) BI 35 Xc 88
30588 Zeneta MC 173 Za 120
26131 Zenzano RI 48 Xd 95
20214 Zerain SS 36 Xe 90
01192 Zerio = Cerio VI 47 Xc 91
20740 Zestoa SS 36 Xe 89
31639 Zibelti NC 37 Yd 91
48500 Zierbena BI 35 Wf 88
31796 Zigaurre NC 37 Yc 90
01138 Zigoitia VI 35 Xb 91
31809 Ziordia NC 48 Xe 91
48278 Ziortza BI 36 Xc 89
20159 Zizurkil SS 36 Xf 89
23749 Zocueca J 153 Wa 120
04890 Zoilas, Los AL 186 Xc 124
31192 Zolina NC 49 Yc 92
48499 Zollo BI 35 Xa 89
44707 Zoma, La TE 107 Zc 104
16193 Zomas, Las CU 121 Xf 109
27730 Zoñán LU 28 Sd 89
10130 Zorita CC 134 Ub 113
37116 Zorita SA 80 Ub 102
37116 Zorita SA 80 Tf 102
37408 Zorita de la Frontera SA 81 Ue 102
47609 Zorita de la Loma VA 63 Uf 95
12311 Zorita del Maestrazgo CS 108 Ze 104
19119 Zorita de los Canes GU 103 Xa 106
05163 Zorita de los Molinos AV 100 Vb 104
34407 Zorita del Páramo P 45 Vd 93
50020 Zorongo, El Z 69 Za 98
26288 Zorraquín RI 47 Wf 95
28292 Zorreras, Las MD 101 Vf 105
29718 Zorrillas, Las MA 183 Vf 128
24791 Zotes del Páramo LE 43 Ub 95
18858 Zoya, La GR 171 Xd 123
02270 Zua, La AB 141 Yd 112
24249 Zuares del Páramo LE 43 Ub 95
01477 Zuaza VI 35 Wf 90
01208 Zuazo VI 48 Xd 91
01430 Zuazo de Cuartango VI 47 Xa 91
31421 Zuazu NC 49 Yd 92
48380 Zubero BI 36 Xc 89
18140 Zubia, La GR 184 Wc 126
48499 Zubialde BI 35 Xa 90
48130 Zubiaur BI 35 Xb 88
31241 Zubielqui NC 48 Xf 92
48192 Zubieta BI 35 Wf 89
31746 Zubieta NC 37 Yb 90
31630 Zubiri NC 49 Yc 91
12125 Zucaina CS 123 Zd 108
31272 Zudaire NC 48 Xf 92
01409 Zudibiarte Ugalde VI 35 Xa 89
50800 Zuera Z 69 Zb 97
31241 Zufía NC 48 Xf 92
21210 Zufre H 164 Td 122
31710 Zugarramurdi NC 37 Yc 89
01195 Zuhatzu = Zuazo de Vitoria VI 47 Xb 91
14870 Zuheros CO 167 Ve 123
18291 Zujaira GR 184 Wa 125
18811 Zújar GR 170 Xa 123
02214 Zulema AB 141 Yd 113
28810 Zulema MD 102 Wd 106
31470 Zulueta NC 49 Yc 92
20750 Zumaia SS 36 Xe 89
29566 Zumaque MA 182 Vb 128
20700 Zumarraga SS 36 Xe 90
09150 Zumel BU 46 Wb 94
01211 Zumento VI 47 Xb 93
31484 Zunzarren NC 49 Yd 91
09245 Zuñeda BU 47 We 93
31284 Zúñiga NC 48 Xe 92
30814 Zúñiga y La Juncosa MC 172 Yb 122
01520 Zurbao = Zurbano VI 47 Xc 91
06720 Zurbarán BA 134 Ub 114
09294 Zurbitu BU 47 Xb 92
33629 Zureda AS 31 Ua 90
04650 Zurgena AL 187 Xf 124
31699 Zuriáin NC 49 Yc 91
39479 Zurita CB 33 Wa 88
22569 Zurita HS 71 Ac 97
22728 Zuriza HS 50 Zb 91
30889 Zurraderas, Las MC 172 Yc 124
31292 Zurucuáin NC 48 Xf 92

Distrito · Districte · Barruti · Distrito · Distrito
Distrikt · District · Distretto · District · District
Dystrykt · Distrito · Okres · Okres · Kotar

AC Açores
AV Aveiro
BE Beja
BN Bragança
BR Braga
C Coimbra
CB Castelo Branco
E Évora
FA Faro
GD Guarda
L Lisboa
LE Leiria
MA Madeira
P Porto
PT Portalegre
SA Santarém
SE Setúbal
VC Viana de Castelo
VR Vila Real
VS Viseu

A

5000-014 Abaças VR 77 Sb 101
4750-009 Abade de Neiva BR 76 Rc 99
4860-011 Abadim BR 77 Sa 99
5370-010 Abambres BN 78 Se 99
4950 Abedim VC 57 Rc 97
7240-201 Abegoaria E 147 Se 118
2985 Abegoaria SE 145 Rc 116
7000 Abegoaria E 146 Sa 116
7540-011 Abela SE 160 Rc 120
7540 Abela, Estação Ferroviária de SE 160 Rc 121
2530-059 Abelheira L 128 Qe 113
8100 Abelheira FA 175 Re 125
6320-591 Abitureira GD 96 Sf 106
2005-129 Abitureiras SA 129 Rb 113
3100-012 Abiúl LE 111 Rc 109
4600-500 Aboadela P 77 Sa 101
5400 Abobeleira VR 59 Sd 98
2785 Abóboda L 144 Qe 116
6120-111 Aboboreira SA 111 Rf 111
4820-001 Aboim BR 77 Rf 99
4600-510 Aboim P 77 Rf 101
4730-010 Aboim da Nóbrega BR 57 Rd 98
4970 Aboim das Chocas VC 57 Rd 97
4750-020 Aborim BR 57 Rc 99
2025-011 Abrã SA 129 Rb 112
4560-015 Abragão P 76 Re 102
2200 Abrantes SA 130 Re 112
2200 Abrantes, Estação Ferroviária de SA 130 Re 112
3515 Abravesses VS 95 Sa 104
5370-021 Abreiro BN 78 Se 100
2580-001 Abrigada L 128 Qf 114
6005-250 Abrunhal CB 112 Sd 109
3140-011 Abrunheira C 110 Rb 108
3530-011 Abrunhosa-a-Velha VS 95 Sc 105
3530-050 Abrunhosa do Mato VS 95 Sb 105
8550 Abutareira FA 174 Rb 125
9630 Achada AC 193 Ze 121
9240 Achada da Madeira MA 194 If 152
9230 Achada do Cedro Gordo MA 194 Ka 152
7750-401 Achada do Gamo BE 162 Sc 123
9630 Achadinha AC 193 Ze 121
9225 Achadinha MA 194 Kb 152
2000-321 Achete SA 129 Rb 113
5160-011 Açoreira BN 78 Sf 102
6360 Açores GD 96 Se 105
2605 A-da-Beja L 128 Qe 116
4755 Adães BR 76 Rc 99
2510-011 A-da-Gorda LE 128 Qf 112
2550 Adão L 128 Qf 113
6300 Adão GD 96 Sf 106
4710 Adaúfe BR 57 Rd 99
6355-010 Ade GD 97 Ta 105
3640-160 A-de-Barros VS 78 Sc 103
5160-002 Adeganha BN 78 Sf 101
7750 A-de-Lede BE 161 Sb 123
2135-001 Adema SA 145 Ra 115
3025 Adémia de Cima C 94 Rd 107
6185-402 Adigraldo CB 112 Sb 108
2590 A-do-Baço L 128 Qe 115
6420-501 A-do-Cavaio GD 96 Se 103
7830-011 A-do-Pinto BE 162 Sd 121
5120-011 Adorigo VS 77 Sc 102
2405 A-dos-Barbas LE 110 Ra 110
3630 A-dos-Bispo VS 78 Sd 103
7670 A-dos-Calças BE 161 Re 122
2560-005 A-dos-Cunhados L 128 Qe 114
6420-351 A-dos-Ferreiros GD 96 Se 104
3750-801 A-dos-Ferreiros AV 94 Rd 105
2500-001 A-dos-Francos LE 128 Qf 113
7700 A-dos-Grandes BE 175 Sa 124
2510-321 A-dos-Negros LE 128 Qf 112
5000 Adoufe VR 77 Sb 100
2680 Adrião L 128 Qf 116
2000-322 Advagar SA 129 Rb 112
4900-011 Afife VC 57 Ra 98
2525 Afonguia da Baleia LE 128 Qe 112
5450-100 Afonsim VR 77 Sb 99
8970-011 Afonso Vicente FA 162 Sc 124
3750 Agadão AV 94 Re 105
4615 Agilde BR 77 Rf 100
2420-169 Agodim LE 110 Rb 110
2100-011 Agolada SA 145 Rc 114
8100 Agostas FA 175 Re 126
4850 Agra BR 58 Rf 99
5400 Agreia VR 59 Sd 98
4825 Agrela P 76 Rd 101
4820 Agrela BR 77 Re 99
3360-051 Agrelo C 94 Rd 107
5460 Agrelos VR 58 Sb 99
5070 Agrelos VR 78 Sc 101
5350 Agrobom BN 79 Ta 100
5335-011 Agrochão BN 60 Sf 98
2305 Água Boa SA 145 Rc 115
7630 Água Branca BE 160 Rd 122
3750-031 Aguada de Baixo AV 94 Rd 105
3750-041 Aguada de Cima AV 94 Rd 105
4840 Água da Pala BR 58 Rf 98
3600 Água de Alte VS 95 Sa 104
2445-011 Água de Madeiros LE 110 Qf 110
9560 Água de Pau AC 193 Zc 122
7920 Água de Peixe BE 146 Sa 119
9200 Água de Pena MA 194 Kb 152
7570 Água de Porco SE 160 Rb 119
7570-101 Água Derramada SE 160 Rd 119
9680 Água do Alto AC 193 Zd 122
7090 Água Doce E 146 Re 118
8800 Água dos Fusos FA 176 Sb 125
4825-063 Água Longa P 76 Rd 101
4940-011 Agualonga VC 57 Rc 97
9760 Agualva AC 192 Xe 116
9650 Água Retorta AC 193 Zf 122
5430 Água Revés VR 78 Sd 99
6090-011 Águas CB 113 Se 108
7750-011 Água Salgada BE 161 Sb 122
6320-011 Águas Belas GD 96 Sf 106
2240 Águas Belas SA 111 Re 110
2100-301 Águas Belinhas SA 145 Rd 115
3560-010 Águas Boas VS 96 Sc 103
2965-520 Águas de Moura SE 145 Rb 117
2965 Águas de Moura, Estação Ferroviária de SE 145 Rb 117
8800 Águas de Tábuas FA 175 Sb 125
5400-601 Águas Frias VR 59 Sd 98
9100 Águas Mansas MA 194 Kb 152
4425 Águas Santas P 76 Rc 101
5000-732 Águas Santas VR 77 Sc 100
4830 Aguas Santas BR 58 Rd 99
5225 Aguas Vivas BN 79 Td 100
2205-161 Água Travessa SA 130 Re 113
4490 Aguçadoura P 76 Rb 100
3260-021 Aguda LE 111 Re 109
3750-101 Águeda AV 94 Rd 105
4970-051 Aguiã VC 57 Rd 97
4750 Aguiar BR 57 Rc 99
7090 Aguiar E 146 Sa 118
3570-010 Aguiar da Beira GD 96 Sc 104
4585-009 Aguiar de Sousa P 76 Rd 102
3750 Aguieira AV 94 Rd 105
3525-501 Aguieira VS 95 Sa 105
3780-621 Aguim AV 94 Rd 106
4870 Aguinchos VR 77 Sa 100
2970 Aiana de Baixo SE 144 Qf 117
4650-011 Aião P 77 Re 101
4650 Airães P 77 Re 101
4805 Airão (Santa Maria) BR 76 Rd 100
4805 Airão (São João Batista) BR 76 Rd 100
7780-010 Aivados BE 161 Re 122
8365 Aivados e Fontes FA 175 Rd 125
7080 Ajuda Velha E 145 Rd 117
4830 Ajude BR 58 Re 99
5340-011 Ala BN 60 Sf 99
6320-051 Alagoas GD 96 Sf 107
7300 Alagoinha PT 131 Sd 113
7600 Alamo BE 161 Re 121
7750 Álamo BE 162 Se 120
7750 Alamo BE 162 Sb 123
7000 Álamo E 146 Rf 118
7250-101 Alandroal E 147 Sd 116
5400-646 Alanhosa VR 59 Sd 98
4810 Albaçao (São Tomé) BR 76 Re 100
6300-015 Albardo GD 96 Sf 105
2635 Albarraque L 144 Qd 116
2005-113 Albergaria SA 129 Ra 113
3850-501 Albergaria-a-Nova AV 94 Rd 104
3850-001 Albergaria-a-Velha AV 94 Rd 104
3850-001 Albergaria-a-Velha e Valmaior AV 94 Rd 104
4540 Albergaria das Cabras AV 95 Re 103
3100-081 Albergaria dos Doze LE 110 Rc 110
7940 Albergaria dos Fusos BE 161 Sa 119
7580-302 Alberge SE 145 Rc 118
7800-601 Albernoa BE 161 Sa 121
6110 Albrunheiro Grande CB 111 Re 110
8200 Albufeira FA 175 Re 126
2490-001 Alburitel SA 111 Rc 111
2645 Alcabideche L 144 Qd 116
7580 Alcácer do Sal SE 145 Rc 118
7090-010 Alcáçovas E 146 Rf 118
3530 Alcafache VS 95 Sa 105
6060-011 Alcafozes CB 113 Sf 109
6230 Alcaide CB 112 Sd 108
2640 Alcainão Grande L 128 Qe 115
6005-001 Alcains CB 112 Sd 109
8500 Alcalá FA 174 Rc 125
7050 Alcalva E 146 Rf 117
2025-030 Alcanede SA 129 Rb 112
2380-011 Alcanena SA 129 Rb 112
2000 Alcanhões SA 129 Rc 113
8365-009 Alcantarilha FA 175 Rd 126
2230 Alcaravela SA 111 Rf 111
8800 Alcaria FA 176 Sb 125
2480-011 Alcaria LE 110 Rb 111
8970 Alcaria FA 176 Sc 124
7700 Alcaria BE 175 Re 124
8950 Alcaria FA 176 Sd 125
8100 Alcaria FA 175 Rf 125
6230-022 Alcaria CB 96 Sc 107
8970 Alcaria Alta FA 162 Sb 124
8800 Alcaria Alta FA 175 Sb 125
7960-111 Alcaria da Serra BE 161 Sb 119
7780-501 Alcaria do Coelho BE 161 Sa 123
7750 Alcaria Longa BE 176 Sa 123
8970-322 Alcaria Queimada FA 176 Sc 124
7750-013 Alcaria Ruiva BE 161 Sb 122
8950 Alcarias FA 176 Sc 125
7670-011 Alcarias BE 161 Re 122
8970 Alcarias FA 176 Sb 125
7750 Alcarias de Javazes BE 176 Sc 123
6430 Alcarva GD 78 Sd 102
2460-001 Alcobaça LE 110 Ra 111
2040-011 Alcobertas SA 129 Ra 112
2890-001 Alcochete SE 144 Ra 116
Alcofra VS 95 Re 105
2645 Alcoitão L 144 Qd 116
6230-040 Alcongosta CB 112 Sd 108
3450-012 Alcordal VS 95 Re 106
8800 Alcornicosa FA 175 Sb 125
7480 Alcorrego PT 130 Sa 114
8800 Alcorvel FA 176 Sb 125
8970-051 Alcoutim FA 162 Sd 124
6300 Aldaia Viçosa GD 96 Se 105
4755 Aldeia BR 76 Rc 100
3660 Aldeia VS 95 Rf 103
4640 Aldeia P 77 Sa 101
4950 Aldeia VC 57 Rc 96
3320-152 Aldeia Cimeira C 111 Sa 108
7200 Aldeia da Barrada E 147 Sd 118
7630 Aldeia da Bemposta BE 174 Rc 123
6320-211 Aldeia da Dona GD 97 Ta 106
2025 Aldeia d' Além SA 129 Rb 112
Aldeia da Mata PT 130 Sb 113
6230 Aldeia da Mata da Rainha CB 112 Se 108
7150 Aldeia da Nora E 131 Sc 116
6320-031 Aldeia da Ponte GD 97 Ta 106
6320-041 Aldeia da Ribeira GD 97 Ta 106
6100-602 Aldeia da Ribeira CB 111 Rf 110
7630-513 Aldeia das Amoreiras BE 160 Rd 122
3400-201 Aldeia das Dez C 95 Sa 107
7040 Aldeia da Serra E 130 Sa 116
7200-012 Aldeia das Pias E 147 Sd 117
7200-011 Aldeia da Venda E 147 Sd 117
Aldeia de Ana de Avis LE 111 Re 109
6120-151 Aldeia de Eiras SA 111 Rf 111
7250 Aldeia de Faleiros E 147 Sd 117
7250 Aldeia de Ferreira E 147 Sd 117
6230-045 Aldeia de Joanes CB 112 Sc 108
6090-151 Aldeia de João Pires CB 113 Sf 108
7100-041 Aldeia de Mourinhos E 131 Sc 116
3620-010 Aldeia de Nacomba VS 77 Sc 103
2840 Aldeia de Paio Pires SE 144 Qf 117
7900-113 Aldeia de Ruins BE 161 Re 120
6300-255 Aldeia de Santa Madalena GD 96 Se 106
6060-021 Aldeia de Santa Margarida CB 113 Se 108
6320-050 Aldeia de Santo António GD 96 Sf 106
6355 Aldeia de São Sebastião GD 97 Ta 105
8100-381 Aldeia de Tor FA 175 Rf 125
7460 Aldeia de Vale de Maceiras PT 131 Sc 114
6300 Aldeia do Bispo GD 96 Se 106
6320 Aldeia do Bispo GD 97 Ta 107
6090-071 Aldeia do Bispo CB 113 Sf 108
7555-012 Aldeia do Cano BE 160 Rc 122
6200 Aldeia do Carvalho CB 96 Sd 107
7570 Aldeia do Futuro SE 160 Rc 119
2200-601 Aldeia do Mato SA 111 Re 111
2970-051 Aldeia do Meco SE 144 Qe 118
7200 Aldeia do Outeiro E 147 Sd 118
3100-013 Aldeia do Rio LE 111 Rc 109
7600-301 Aldeia dos Elvas BE 161 Re 122
7700-301 Aldeia dos Fernandes BE 175 Re 123
7670 Aldeia dos Grandaços BE 161 Re 123
8200 Aldeia dos Matos FA 175 Re 125
7700 Aldeia dos Neves BE 175 Rf 123
7200 Aldeia dos Orvalhos E 147 Sd 117
6200-501 Aldeia do Souto CB 96 Sd 106
7670-202 Aldeia dos Palheiros BE 175 Re 123
2925 Aldeia dos Pinheiros SE 144 Qf 117
3405-391 Aldeia Formosa C 95 Sa 106
2580-081 Aldeia Galega da Merceana L 128 Qf 114
2580-101 Aldeia Gavinha L 128 Qf 114
5210 Aldeia Nova BN 80 Te 99
6350 Aldeia Nova GD 97 Ta 104
6420 Aldeia Nova GD 96 Sd 104
3560 Aldeia Nova VS 95 Sc 104

5470 Aldeia Nova de Montalegre VR 58 Sb 97
7830 Aldeia Nova de São Bento BE 162 Sd 121
5470-062 Aldeia Nova do Barroso VR 58 Sb 98
6230-050 Aldeia Nova do Cabo CB 112 Sc 108
6360-011 Aldeia Rica GD 96 Se 105
6290-012 Aldeias GD 96 Sc 106
7960 Aldeias BE 147 Sb 120
5110 Aldeias VS 77 Sb 102
7200 Aldeias do Montoito E 147 Sc 117
7480 Aldeia Velha PT 130 Rf 114
6320 Aldeia Velha GD 97 Ta 106
2100-300 Aldeia Velha SA 129 Re 115
7200 Aldeios dos Marmelos E 147 Sd 117
4905 Aldreu BR 57 Rb 99
7830 Alecrinais BE 162 Sd 121
7300 Alegrete PT 131 Se 113
Alegria-Estação BN 78 Sd 101
3230-201 Além de Água C 111 Rd 108
4900 Além do Rio VC 57 Ra 98
3130 Alençarce de Cima C 110 Rc 108
2580-012 Alenquer L 128 Qf 114
7350 Alentisca PT 131 Se 115
5300-401 Alfaião BN 60 Tb 98
6320-081 Alfaiates GD 97 Ta 106
1170 Alfama L 144 Qf 116
5350 Alfândega da Fe BN 78 Ta 100
8400-550 Alfanzina FA 174 Rd 126
5450-120 Alfarela de Jales VR 78 Sc 100
3130 Alfarelos C 110 Rc 108
2970-004 Alfarim SE 144 Qf 118
7800 Alfarrobeira de Baixo BE 161 Sa 121
7800 Alfarrobeira de Cima BE 161 Sa 121
8375 Alfarrobeiras FA 175 Re 125
7580 Alfebre do Mato SE 145 Rd 118
7580 Alfebrinho SE 145 Rd 118
8100 Alfeição FA 175 Rf 126
2460-101 Alfeizerão LE 110 Qf 112
4445-001 Alfena P 76 Rc 101
8550-011 Alferce FA 174 Rd 124
2200-454 Alferrarede SA 111 Re 112
8100-062 Alfontes FA 175 Rf 126
2005 Alforgemel SA 129 Ra 113
2040 Alfovês SA 129 Rb 113
6030 Alfrivida CB 112 Sc 110
7900-011 Alfundão BE 146 Rf 120
7750 Algcdor BE 161 Sb 122
2950-051 Algeruz SE 145 Rb 117
7300 Algoa PT 131 Sc 112
7630-013 Algoceira BE 174 Rb 123
6440 Algodres GD 78 Sf 103
6370 Algodres GD 96 Sc 105
5200-351 Algosinho BN 79 Tc 101
5230 Algóso BN 79 Tc 100
8365-055 Algoz FA 175 Re 126
2550-012 Alguber L 128 Qf 113
2725-003 Algueirão L 128 Qd 116
3090 Alhadas C 110 Rb 107
3650-010 Alhais VS 96 Sb 103
3650 Alhais de Cima VS 96 Sb 103
2600-401 Alhandra L 144 Qf 115
4750-057 Alheira BR 57 Rc 99
Alheiro Negro SA 129 Rd 114
4690 Alhões VS 77 Rf 103
2860-004 Alhos Vedros SE 144 Qf 117
5070 Alijo VR 78 Sd 101
5300 Alimonte BN 60 Ta 98
3780 Aljaraz AV 94 Rd 106
8670 Aljezur FA 174 Rb 125
2460-601 Aljubarrota LE 110 Ra 111
7600 Aljustrel BE 161 Rf 121
2065 Alkoentre L 128 Ra 113
3450 Almaça VS 95 Re 106
6000-001 Almaceda CB 112 Sc 108
2800-001 Almada SE 144 Qf 116
8950-012 Almada de Ouro FA 176 Sd 125
8600 Almadena FA 174 Rb 126
9580 Almagreira AC 193 Zf 127
Almagreira LE 110 Rc 109
3040 Almalaguês C 111 Rd 108
8135 Almancil FA 175 Rf 126
3515 Almargem VS 95 Sa 104
2715-210 Almargem do Bispo L 144 Qe 115
8800 Almarginho FA 176 Sa 125
8300-010 Almarjão FA 174 Rd 125
6350 Almeida GD 97 Ta 104
6300-210 Almeidinha GD 96 Sf 105
7780-101 Almeirim BE 161 Rf 122
2080 Almeirim SA 129 Rc 113
2380 Almeirim SA 129 Rb 112
5150-011 Almendra GD 78 Sf 103
Almendra-Estación BN 78 Ta 102
7000 Almendres E 146 Rf 117
7700 Almodôvar BE 175 Rf 123
7700 Almodôvar-a-Velha BE 175 Rf 123
2500-331 Almofala LE 128 Qf 112
6440 Almofala GD 97 Ta 103
3600 Almofala VS 77 Sb 103
4640-101 Almofrela P 77 Rf 101
7630-017 Almograve BE 160 Rb 123
2970-001 Almoinha SE 144 Qf 118
2715-244 Almornos L 128 Qe 116
3250-021 Almoster LE 111 Rd 109
2005-111 Almoster SA 129 Rb 113
7750 Almuinha Velha BE 176 Sc 123
6050-011 Alpalhão PT 131 Sc 112
6230-056 Alpedrinha CB 112 Sd 108
2460-231 Alpedriz LE 110 Ra 111
4575 Alpendurada P 76 Re 102
2090 Alpiarça SA 129 Rc 113
8150-014 Alportel FA 176 Sa 125
8200-552 Alpouvar FA 175 Re 126
3090 Alqueidão C 110 Rb 108
2350 Alqueidão SA 110 Rc 111
2300 Alqueidão SA 111 Re 111
2460 Alqueidão LE 110 Ra 111
2480-013 Alqueidão da Serra LE 110 Rb 111
2480 Alqueidão de Arrimal LE 110 Ra 111
2025-140 Alqueidão do Mato SA 129 Rb 112
3850-301 Alquerubim AV 94 Rc 105
7220 Alqueva E 147 Sc 119
9700 Altares AC 192 Xe 116
8100-012 Alte FA 175 Re 125
7440 Alter do Chão PT 131 Sc 113
8600 Alto da Cerca FA 174 Rb 126
2040-063 Alto da Serra SA 128 Ra 112
8100 Alto do Serra FA 175 Rf 126
8100-154 Alto Fica FA 175 Rf 125
8950-414 Altura FA 176 Sc 125
5460-010 Alturas do Barroso VR 58 Sb 98
3600-394 Alva VS 95 Sa 103
5030 Alvacões do Corgo VR 77 Sb 101
5050 Alvações do Tanha VR 77 Sb 101
4870-011 Alvadia VR 77 Sb 100
2480-032 Alvados LE 110 Rb 111
6030-151 Alvaiade CB 112 Sb 110
3250-100 Alvaiázere LE 111 Rd 110
2495 Alvaijar SA 110 Rc 111
7565-011 Alvalade SE 160 Rd 121
7830 Alvarão BE 147 Sc 120
4960 Alvaredo VC 58 Re 96
5320-010 Alvaredos BN 60 Sf 98
5430 Alvarelhos VR 59 Sd 98
4745 Alvarelhos P 76 Rc 101
4540 Alvarenga AV 77 Rf 103
7750-501 Álvares BE 161 Sb 123
3330 Álvares C 111 Rf 108
3750-361 Alvarim AV 94 Rd 105
6160 Álvaro CB 111 Sa 109
4905-300 Alvas VC 57 Rb 99
2205-101 Alvega SA 111 Rf 112
Alveite Grande C 95 Re 107
4755 Alvelos BR 76 Rc 99
6300-010 Alvendre GD 96 Se 105
3350-202 Alve Peq C 95 Re 107
6400-101 Alverca da Beira GD 96 Se 104
2615-001 Alverca do Ribatejo L 144 Qf 115
7750-402 Alves BE 162 Sc 123
4540-293 Alviada AV 76 Rd 103
2305-061 Alviobeira SA 111 Rd 110
4860 Alvite BR 77 Rf 100
3620-021 Alvite VS 77 Sb 103
4870 Alvite VR 77 Sb 100
5370-030 Alvites BN 78 Sf 99
4750 Alvito BR 57 Rc 99
7920 Alvito BE 161 Sa 119
7920 Alvito, Estação Ferroviária de BE 146 Rf 119
6150-011 Alvito da Beira CB 112 Sb 110
6270-012 Alvoco da Serra GD 96 Sb 107
3400-301 Alvoco das Várzeas C 95 Sa 107
3420-161 Alvoeira C 95 Rf 107
8500-002 Alvor FA 174 Rc 126
4970 Alvora VC 57 Rd 97
2350-011 Alvorão SA 111 Rc 111
3240-402 Alvorge C 111 Rd 109
2500-330 Alvorninha LE 128 Qf 112
4585 Alvre P 76 Rd 102
4900 Amada VC 57 Ra 98
2700 Amadora L 144 Qe 116
4600-001 Amarante P 77 Rf 101
8100 Amarela FA 175 Rf 125
7885-011 Amareleja BE 147 Se 119
4640-102 Amarelhe P 77 Rf 102
4720 Amares BR 58 Rd 99
8800 Amaro FA 176 Sb 126
4935 Amarosa VC 57 Ra 99
3045 Ameal C 111 Rc 107
5140 Amedo BN 78 Se 101
4960 Ameijoeira VC 58 Re 97
7570-104 Ameiras de Baixo SE 160 Rc 119
8100-050 Ameixial FA 175 Sa 124
6120 Amêndoa SA 111 Rf 111
8365-231 Amendoais FA 175 Re 125
8800 Amendoeira FA 176 Sb 125
5340-021 Amendoeira BN 78 Ta 99
7750 Amendoeira BE 161 Sa 122
7750 Amendoeira BE 162 Sb 122
8100 Amendoeira FA 175 Sa 125
2025 Amiães de Cima SA 129 Rb 112
2025-300 Amiais de Baixo SA 129 Rb 112
5470-402 Amiar VR 58 Sa 98
2965 Amieira SE 145 Rb 116
7425 Amieira PT 130 Re 114
7220 Amieira E 147 Sc 119
2430 Amieira LE 110 Ra 110
Amieira, Estação Ferroviária de C 110 Rb 108
3090 Amieira Calvete C 110 Rb 108
6040 Amieira Cova PT 130 Sa 112
6050-103 Amieira do Tejo PT 112 Sb 111
6160 Amieira-Oleiros CB 112 Sa 109
3140-021 Amieiro C 94 Rc 107
5070 Amieiro VR 78 Sd 101
3330 Amioso C 111 Rf 108
6100-609 Amioso CB 111 Rf 109
4925 Amonde VC 57 Rb 98
2400-759 Amor LE 110 Ra 110
2845-125 Amora SE 144 Qf 117
7630 Amorciras-Odemira, Estação Ferroviária de BE 160 Rd 122
2510 Amoreira LE 128 Qe 112
2620 Amoreira L 128 Qe 116
2200-752 Amoreira SA 111 Re 112
8800 Amoreira FA 176 Sb 124
8200 Amoreira FA 175 Re 126
6355 Amoreira GD 97 Sf 105
3780-011 Amoreira da Gândara AV 94 Rc 106
7630 Amoreiras BE 160 Rd 122
4495-101 Amorim P 76 Rb 100
4495 Amorim de Cima P 76 Rb 100
3780-200 Anadia AV 94 Rd 106
3040 Anaguéis C 111 Rd 108
4990 Anais VC 57 Rc 98
6090 Anascer CB 96 Se 107
3060-070 Ança C 94 Rc 107
3780-051 Ancas AV 94 Rc 106
4640-003 Ancede P 77 Rf 102
3305-010 Anceriz C 95 Sa 107
2480-072 Andam LE 110 Ra 111
3025-329 Andorinha C 94 Rc 107
Andrães VR 77 Sb 101
2230-101 Andreus SA 111 Rf 111
7960 Andreza BE 146 Sb 120
5425-011 Anelhe VR 59 Sc 98
4455 Angeiras P 76 Rb 101
3850-401 Angeja AV 94 Rc 104
9701* Angra do Heroísmo AC 192 Xe 117
5230-020 Angueira BN 61 Td 99
4935 Anha VC 57 Rb 99
4850 Anissó BR 58 Rf 99
4850 Anjos BR 58 Rf 99
9580 Anjos AC 193 Zf 126
3150-012 Anobra C 111 Rc 108
Anreade VS 77 Sa 102
3240-101 Ansião C 111 Rd 109
6350 Ansul GD 97 Ta 105
4500 Anta AV 76 Rc 102
3040-557 Antanhol C 111 Rd 107
2500 Antas LE 128 Qf 112
3630 Antas VS 77 Sa 102
3550 Antas VS 96 Sc 105
7425 Antas PT 130 Re 114
3630 Antas VS 78 Sd 103
4940 Antas VC 57 Rc 97
4740-011 Antas BR 57 Rb 99
5060-421 Antas VR 77 Sc 101
3680-171 Antelas VS 95 Re 104
5470 Antigo VR 58 Sa 98
5470 Antigo de Arcos VR 59 Sc 98
4820-005 Antime BR 77 Rf 100
7300 Antiqueira PT 131 Sd 112
3105 Antões LE 110 Rb 109
3025 Antuzede C 94 Rd 107
7700 Apariça BE 146 Sa 120
Apaúlinha SE 160 Rc 119
2970-145 Apostiça SE 144 Qf 117
8100 Apra FA 175 Sa 126
4740-030 Apúlia BR 76 Rb 100
8100 Águas Frias FA 175 Re 125
3885-002 Arada AV 76 Rc 103
3830 Aradas AV 94 Rc 105
6090-211 Aranhas CB 113 Sf 108
2205 Aranhas SA 130 Re 113
4930-001 Arão VC 57 Rc 96
8500 Arão FA 174 Rc 125
3140-022 Arazede C 94 Rc 107
4990 Arca VC 57 Rc 98
5060 Arça VR 77 Sc 101
3475 Arca VS 95 Re 105
3630 Arcas VS 78 Sd 102
5340 Arcas BN 60 Sf 99
Arcas VS 77 Sb 102
2640 Archada L 144 Qd 115
9270 Archadas de Cruz MA 194 Ie 151
2460 Arcipreste LE 110 Qf 111
5360 Arco BN 78 Sf 101
9370 Arco da Calheta MA 194 If 152
4860 Arco de Baúlhe BR 77 Sa 100
9230 Arco de São Jorge MA 194 Ka 152
5470 Arcos VR 59 Sb 98
5120 Arcos VS 78 Sc 102
4480-011 Arcos P 76 Rc 100
7100 Arcos E 131 Sc 115
4990 Arcos VC 57 Rc 98
7100 Arcos, Estação Ferroviária de E 131 Sc 116
4970 Arcos de Valdevez VC 57 Rd 97
5425-021 Arcossó VR 59 Sc 99
4730 Arcozelo BR 57 Rc 99
6290 Arcozelo GD 96 Sc 105
4410 Arcozelo P 76 Rc 102
4990 Arcozelo VC 57 Rc 98
4750 Arcozelo BR 76 Rc 99
3680 Arcozelo das Maias VS 95 Re 104
3620 Arcozelos VS 77 Sc 103
5460-100 Ardãos VR 59 Sc 98
4990-535 Ardegão VC 57 Rc 99
4820-007 Ardegão BR 77 Rf 100
2460-817 Ardido LE 110 Ra 112
8100 Areeiro FA 175 Rf 126
8200 Areeiro FA 175 Re 125
3260-070 Arega LE 111 Re 109
6040 Areia PT 111 Sa 111
2560 Areia L 128 Qd 114
4485 Areia P 76 Rb 101
2530-065 Areia Branca L 128 Qe 113
3860 Areia de Gonde AV 94 Rc 104
2240 Areias SA 111 Rd 110
4750 Areias BR 76 Rc 99
5140 Areias BN 78 Se 101
8700 Areias FA 176 Sb 126
9950 Areie Larga AC 192 Wc 117
2510-191 Arelho LE 128 Qe 112
2440 Arengões LE 110 Rb 111
4705-472 Arentim BR 76 Rc 100
6050-201 Arez PT 112 Sb 112
4910-035 Arga de Baixo VC 57 Rb 97
4910-040 Arga de Cima VC 57 Rb 97
4910 Arga de São João VC 57 Rb 97
5340-171 Argana BN 59 Sf 98
6120-211 Arganil SA 111 Sa 110
3300-011 Arganil C 95 Rf 107
2350 Argea SA 111 Rd 111
4910 Argela VC 57 Rb 97
5400 Argenil VR 59 Se 97
5445 Argeriz VR 59 Sd 99
6400-601 Argomil GD 96 Se 105
4505-001 Argoncilhe AV 76 Rc 102
5230-025 Argozelo BN 60 Tc 99
3610-101 Argudeira VS 77 Sb 102
7700 Arharrua BE 175 Rf 124
5110 Arícera VS 77 Sc 102
3620-080 Ariz VS 77 Sc 103
8365 Armação de Pera FA 175 Rd 126
3320-101 Armadouro C 112 Sa 108
5110 Armamar VS 77 Sb 102
4820-010 Armil BR 77 Re 100
5140 Arnal BN 78 Sd 101
3640-011 Arnas VS 96 Sd 103
7520 Arneiro SE 160 Rb 121
2755 Arneiro L 144 Qd 116
2000 Arneiro das Milharicas SA 129 Rb 112
2120 Arneiros SA 145 Rb 114
2565 Arneirós L 128 Qe 114
4890-051 Arnoia BR 77 Rf 100
4820 Arnosela BR 77 Rf 100
4775 Arnoso BR 76 Rc 100
4770 Arnoso BR 76 Rd 100
8950 Aroeira FA 176 Sc 125
2130 Aroeira SA 145 Rb 115
3100-017 Aroeiras LE 111 Rc 109
4820 Arões BR 77 Re 100
3730 Arões AV 95 Re 104
4860 Arosa BR 77 Sa 99
4800 Arosa BR 76 Re 99
4540-098 Arouca AV 76 Re 103
7580 Arouca SE 160 Rd 119
2420-001 Arrabal LE 110 Rb 110
2950 Arraiados SE 145 Rb 117
6060 Arraial da Poupa CB 113 Sf 110
7040 Arraiolos E 146 Sa 116
3750 Arrancada AV 94 Rd 105
3105 Arrancada LE 110 Rc 109
2630-011 Arranhó L 128 Qf 115
7425 Arrão de Baixo PT 129 Re 114
4595 Arreigada P 76 Rd 101
2840-142 Arrentela SE 144 Qf 117
6300 Arrifana GD 96 Se 105
3150 Arrifana C 111 Rc 108
2065-311 Arrifana L 129 Ra 113
6320 Arrifana GD 97 Ta 105
5340 Arrifana BN 78 Ta 99
3700 Arrifana AV 76 Rc 103
Arrifana de Cima C 95 Re 107
9500 Arrifes AC 193 Zb 122
9930 Arrife Terras AC 193 We 118
2480-043 Arrimal LE 110 Ra 112
8970 Arrisada FA 175 Sb 124
8300 Arrochela FA 174 Rd 125
8800 Arroios FA 176 Sb 126
5000 Arroios VR 77 Sb 101
7340 Arronches PT 131 Se 114
7340 Arronches, Estação Ferroviária de PT 131 Sd 114
Arroteia LE 110 Rc 109
2040-031 Arrouquelas SA 129 Ra 113
2040 Arruda dos Pisões SA 129 Ra 113
2630-110 Arruda dos Vinhos L 144 Qf 115
4480-046 Árvore P 76 Rb 100
7670 Arzil BE 160 Rd 122
3045-319 Arzila C 111 Rc 107
4905 Aslvarães VC 57 Rb 99
Asnela BR 77 Sa 99
3040-657 Assafarge C 94 Rd 108
2705-435 Assafora L 144 Qd 115
5360-011 Assares BN 78 Sf 100
7600 Asseiceira BE 161 Re 121
7630 Asseiceira BE 174 Rb 124
2040 Asseiceira SA 128 Ra 113
2305 Asseiceira SA 111 Rd 111
2040 Assentiz SA 129 Ra 113
2350 Assentiz SA 111 Rc 111
8100 Assumadas FA 175 Rf 126
8200 Assumadas FA 175 Re 126
7450-011 Assumar PT 131 Sd 114
7350 Assunção, Ajuda, Salvador e Santo Ildefonso PT 131 Se 115
4970 Assureira VC 58 Re 97
4960 Assureira VC 58 Re 96
5400 Assureiras de Baixo VR 59 Sd 98
4585-790 Astromil P 76 Rd 101
4730 Atães BR 57 Rd 98
4800 Atães BR 76 Re 100
7750 Atafona BE 161 Sa 122
9900 Atafoneiro AC 192 Wc 117
4605 Ataíde P 77 Re 101
2460 Ataija de Baixo LE 110 Ra 111
2460 Ataija de Cima LE 110 Ra 111
2580 Atalaia L 128 Qf 114
6150 Atalaia CB 112 Sa 110
2005 Atalaia SA 129 Rb 113
2870 Atalaia SE 144 Ra 116

6400 Atalaia GD 97 Sf 105
2260 Atalaia SA 111 Rd 112
6030 Atalaia CB 112 Sc 110
2530 Atalaia L 128 Qe 113
2025 Atalaia SA 129 Rb 112
6040 Atalaia PT 130 Sa 112
3270-013 Atalaia Cimeira LE 111 Re 109
6230-130 Atalaia do Campo CB 112 Sd 108
7750 Ataliças BE 162 Sc 123
4880 Atei VR 77 Sa 100
5225-011 Atenor BN 79 Td 100
4730 Atiães BR 57 Rd 99
5460 Atilhó VR 58 Sb 98
Atlas MA 194 Ka 153
7400 Atoleirinhos PT 130 Sa 113
3360 Atouguia C 95 Rf 107
2490 Atouguia SA 110 Rc 111
3860-001 Avanca AV 94 Rc 104
5370-040 Avantos BN 78 Sf 99
2240 Ave Casta SA 111 Rd 110
3300 Aveira C 95 Rf 107
2050-011 Aveiras de Baixo L 129 Ra 114
2050-061 Aveiras de Cima L 129 Ra 114
3800-000* Aveiro AV 94 Rc 105
3560-020 Avelal VS 96 Sb 104
5230-080 Avelanoso BN 60 Td 99
3720-554 Avelão AV 94 Rd 104
3400 Avelar C 95 Sa 107
6300-040 Avelãs de Ambom GD 96 Se 105
3780-351 Avelãs de Caminho AV 94 Rd 106
3780-401 Avelãs de Cima AV 94 Rd 106
4705-025 Aveleda BR 76 Rd 99
5300 Aveleda BN 60 Tb 97
4620 Aveleda P 76 Re 101
4485 Aveleda P 76 Rb 101
5000 Aveledas VR 59 Sd 98
4970 Aveleiras VC 57 Rd 97
3360 Aveleita C 94 Rd 107
3660-615 Aveloso VS 95 Rf 104
6430-011 Aveloso GD 78 Se 103
4690 Aveloso VS 77 Rf 103
2550 Avenal L 128 Qf 113
4490 A-Ver-o-Mar P 76 Rb 100
4795 Aves P 76 Rd 100
4630 Avessadas P 77 Re 102
5370-052 Avidagos BN 78 Se 100
4770-777 Avidos BR 76 Rd 100
5230-151 Avinhó BN 79 Tc 99
4430-285 Avintes P 76 Rc 102
7480 Avis PT 130 Sa 114
4475 Aviso P 76 Rc 101
3400 Avô C 95 Sa 107
5100 Avões VS 77 Sb 102
2050-001 Azambuja L 129 Ra 114
7050 Azambujeira E 145 Rd 117
2040-052 Azambujeira SA 129 Rb 113
2540-549 Azambujeira dos Carros LE 128 Qe 113
7005-100 Azaruja E 146 Sb 116
7005 Azaruja, Estação Ferroviária de E 146 Sa 116
7450 Azeiteiros PT 131 Sd 114
8670 Azenha FA 174 Rb 124
7300 Azenha Nova PT 131 Se 113
2640 Azenhas L 128 Qd 114
2705-081 Azenhas do Mar L 128 Qd 115
2560 Azenhas Velhas L 128 Qd 114
3420 Ázere C 95 Rf 106
4970 Ázere VC 57 Rd 97
2100 Azervadinha SA 129 Rd 115
4485 Azevedo P 76 Rc 100
4910 Azevedo VC 57 Rb 97
6400-141 Azevo GD 96 Sf 103
8670-411 Azia FA 174 Rb 124
4980 Azias VC 58 Rd 98
2150-001 Azinhaga SA 129 Rc 112
8100 Azinhal FA 175 Sa 124
7300 Azinhal PT 131 Sd 113
8970 Azinhal FA 175 Sb 124
8100 Azinhal FA 175 Rf 125
6350-031 Azinhal GD 97 Ta 104
7750 Azinhal BE 161 Sb 122
2100 Azinhal SA 130 Re 116
8950 Azinhal FA 176 Sd 125
7700 Azinhal BE 175 Rf 124
8005-414 Azinhal e Amendoeira FA 176 Sa 126
2040 Azinheira SA 128 Ra 113
6100-421 Azinheira CB 111 Rf 110
7665 Azinheira BE 174 Rd 123
7570-003 Azinheira dos Barros SE 160 Rd 120
8005-415 Azinheiro FA 176 Sa 126
8800-023 Azinhosa FA 176 Sb 125
5200-010 Azinhoso BN 79 Tb 100
4730 Azões BR 57 Rc 98
2705 Azoia L 128 Qd 116
2400-823 Azoia LE 110 Rb 110
2005 Azóia de Baixo SA 129 Rb 113
2025 Azóia de Cima SA 129 Rb 112
2665-004 Azueira L 144 Qe 114
4480-120 Azurara P 76 Rb 100

B

5300-421 Babe BN 60 Tc 98
5300-432 Baçal BN 60 Tb 97
6320-091 Badamalos GD 97 Ta 106
6060 Badanais CB 113 Ta 108
4930-086 Bade VC 57 Rc 97
4950 Badim VC 58 Rd 96
4920-072 Bagoada VC 57 Rb 97
5340-040 Bagueixe BN 79 Tb 99
4480 Bagunte P 76 Rc 100
8500 Baião FA 175 Rd 124
4640 Baião P 77 Rf 102
8365 Baias FA 175 Re 126
3660 Baiões VS 95 Rf 104
7630-565 Baiona BE 174 Rb 124
2510 Bairo LE 128 Qe 112
2500-532 Bairradas LE 128 Ra 113
2580-064 Bairro L 128 Qf 114
2490 Bairro SA 110 Rc 111
4765 Bairro BR 76 Rd 100
2910 Bairro da Sapec SE 145 Ra 117
7005-210 Bairro do Degebe E 146 Sa 117
7000 Bairro do Louredo E 146 Sa 117
7005 Bairro dos Canaviais E 146 Sa 117
7005 Bairro dos Terrádos E 147 Sc 117
4550 Bairros AV 76 Re 102
6200 Baiúca CB 96 Sd 107
2835-001 Baixa da Banheira SE 144 Qf 117
4840 Balança BR 58 Re 98
2205-162 Balancho SA 130 Rf 113
7005 Balancho, Estação Ferroviária de E 147 Sb 117
4570-010 Balazar P 76 Rc 100
4805-001 Balazar BR 76 Rd 99
7340 Baldio PT 131 Se 114
7300 Baldio PT 131 Sc 113
3620-085 Baldos VS 78 Sc 103
2520-001 Baleal LE 128 Qd 112
7800-611 Baleizão BE 162 Sb 120
4440 Balsa P 76 Rd 101
5070 Balsa VR 77 Sc 100
2140 Balsas SA 129 Rd 113
3060-312 Balsas C 94 Rc 106
4585-011 Baltar P 76 Rd 101
4905 Balugães BR 57 Rc 99
8970-013 Balurco de Baixo FA 176 Sc 124
9950 Bandeiras AC 192 Wd 117
4635 Banho P 77 Rf 101
4635 Banho e Carvalhosa P 77 Rf 101
6320 Baraçal GD 96 Sf 106
6360 Baraçal GD 96 Se 104
8600-013 Barão de São João FA 174 Rb 126
8650-001 Barão de São Miguel FA 174 Rb 126
7350-431 Barbacena PT 131 Se 115
5450 Barbadães VR 78 Sc 99
6000 Barbaído CB 112 Sc 109
4950 Barbeita VC 57 Rd 96
4970 Barbeitos VC 57 Rd 97
7050 Barbosa E 146 Re 118
4730-064 Barbudo BR 57 Rd 99
6440-071 Barca de Alva GD 79 Ta 102
2730 Barcarena L 144 Qe 116
5370-060 Barcel BN 78 Se 100
4750 Barcelos BR 76 Rc 99
6215 Barco CB 112 Sc 107
4805 Barco BR 76 Re 100
5120-062 Barcos VS 77 Sc 102
3050-072 Barcouço AV 94 Rd 107
2400-013 Barosa LE 110 Ra 110
3250 Barqueiro LE 111 Rd 109
4740-670 Barqueiros BR 76 Rb 100
3830 Barra AV 94 Rb 105
8550 Barracão FA 174 Rc 125
3060 Barracão C 94 Rc 106
Barracão GD 96 Se 105
3100 Barraco LE 110 Rb 109
2205-401 Barrada SA 130 Rf 112
8970 Barrada FA 175 Sb 124
3070 Barra de Mira C 94 Rb 106
8650 Barrancão FA 174 Rb 126
8670-116 Barranco da Vaca FA 174 Rb 125
7665 Barranco de Vale de São Mouros BE 174 Rc 124
8550 Barranco do Barracão FA 174 Rc 125
7630-278 Barranco do Bebedouro BE 160 Rc 122
7630 Barranco do Cailogo BE 160 Rd 122
8500 Barranco do Carriçal FA 174 Rc 125
8300 Barranco do Resgalho FA 175 Rd 125
8365-089 Barranco Longo FA 175 Rd 125
7250 Barrancos E 147 Sd 117
7230 Barrancos BE 148 Ta 120
2100 Barrancosas SA 145 Rd 114
8100 Barranco Velho FA 175 Sa 125
7630 Barranquinha BE 160 Rc 122
7630 Barranquinho BE 160 Rc 122
3420 Barras C 95 Sa 106
2410-023 Barreira LE 110 Rb 110
6430 Barreira GD 78 Se 103
2435 Barreira SA 111 Re 111
2640-416 Barreiralva L 144 Qe 115
7400 Barreiras PT 130 Rf 113
9850 Barreiras AC 193 Xa 117
7425 Barreiras Novas PT 130 Re 113
2240 Barreirinha SA 129 Rb 112
2830 Barreiro SE 144 Qf 117
4880 Barreiro VR 77 Sb 100
3465-018 Barreiro de Besteiros VS 95 Re 105
5430 Barreiros VR 59 Se 98
3505-138 Barreiros VS 95 Sb 104
2400 Barreiros LE 110 Ra 110
Barreiros BR 57 Rd 99
5450 Barrela VR 77 Sc 100
6285 Barreosa GD 95 Sb 107
7330-011 Barretos PT 131 Sd 112
2640-202 Barril L 128 Qd 114
3305-020 Barril de Alva C 95 Sa 107
8100 Barrinões FA 175 Sa 125
3060-582 Barrins C 94 Rb 106
4990 Bárrio VC 57 Rc 98
2460 Bárrio LE 110 Qf 111
3750 Barrô AV 94 Rd 105
4660 Barrô VS 77 Sa 102
3050 Barrô AV 94 Rd 106
6230 Barroca CB 112 Sb 108
6225 Barroca Grande CB 95 Sb 108
7200 Barrocal E 147 Sd 118
7000 Barrocal E 146 Sa 117
8375 Barrocal FA 175 Re 125
2540-158 Barrocalvo LE 128 Qf 113
4950 Barrocas e Taias VC 57 Rc 96
2100 Barrões SA 145 Rd 115
4730 Barrões BR 57 Rd 98
2130-162 Barrosa SA 129 Rb 115
4650 Barrosas P 76 Re 101
4620 Barrosas BR 76 Re 100
4905 Barroselas VC 57 Rb 99
7580-514 Barrosinha SE 145 Rd 118
8970 Barroso FA 175 Sb 124
7340 Barulho PT 131 Se 113
4890 Basto BR 77 Rf 100
4860 Basto BR 77 Sa 100
4890 Basto BR 77 Rf 100
4755 Bastuço BR 76 Rc 99
7580 Batalha SE 145 Rc 118
2440-055 Batalha LE 110 Rb 111
6320 Batocas GD 97 Ta 106
7500 Bebeda SE 160 Rb 120
3140-026 Bebedouro C 94 Rb 107
3630 Bebezes VS 78 Sd 102
5460-120 Beça VR 59 Sb 98
3750 Beco AV 94 Rd 105
2240-204 Beco SA 111 Re 110
3860 Beduido AV 94 Rc 104
3430 Beijos VS 95 Sa 105
9800 Beira AC 193 We 116
7330-012 Beirã PT 131 Sd 112
5140-021 Beira Grande BN 78 Se 101
4990-545 Beiral do Lima VC 57 Rd 98
3620-161 Beira Valente VS 77 Sc 102
4580-283 Beire P 76 Re 101
4520-606 Beire AV 76 Rc 103
7800 Beja BE 161 Sa 120
7500 Bejinhos SE 160 Rb 120
4950 Bela VC 57 Rd 96
2605-001 Belas L 128 Qe 116
2240 Bela Vista SA 111 Re 110
3750 Belazaima do Chão AV 94 Rd 105
1400 Belem L 144 Qe 116
8800 Beliche FA 176 Sd 125
8800 Beliche do Cerro FA 176 Sc 125
3150 Belide C 111 Rc 108
8650 Belixe FA 174 Ra 126
7830 Belmeque BE 162 Sd 120
8800 Belmonte FA 176 Sb 126
8700 Belmonte FA 176 Sa 126
6250-020 Belmonte CB 96 Sd 106
6250 Belmonte-Manteigas, Estação Ferroviária de CB 96 Sd 107
7750 Belo BE 176 Sb 123
8700-065 Belo Romão FA 176 Sb 126
5140 Belver BN 78 Se 101
6040-024 Belver PT 111 Sa 112
2205 Bemposta SA 130 Rf 112
5200 Bemposta BN 79 Tc 101
2670 Bemposta L 128 Qf 115
3720 Bemposta AV 94 Rd 104
6090 Bemposta CB 113 Se 108
8100 Benafim FA 175 Rf 125
2130-010 Benavente SA 129 Rb 115
7480-201 Benavila PT 130 Sa 114
7160-050 Bencatel E 147 Sd 116
6250-181 Bendada GD 96 Se 106
6300-050 Benespera GD 96 Se 106
8005 Benetrite FA 175 Sa 126
3305-031 Benfeita C 95 Sa 107
1549-019 Benfica L 144 Qe 116
2080 Benfica do Ribatejo SA 129 Rb 114
5360-021 Benlhevai BN 78 Sf 100
6090 Benquerença CB 96 Se 107
6000-020 Benquerenças CB 112 Sc 110
6000 Benquerenças de Baixo CB 112 Sc 110
7750-403 Bens BE 162 Sc 123
8600-069 Bensafrim FA 174 Rb 126
8970-327 Bentos FA 176 Sb 124
6420-521 Benvende GD 96 Sd 104
7800-800 Beringel BE 161 Sa 120
7780-402 Beringelinho BE 161 Rf 123
7580-703 Berlonguinho SE 145 Rd 118
6100-353 Bernardia CB 111 Rf 110
3505-139 Bertelhe VS 95 Sb 104
3630-040 Beselga VS 78 Sd 103
2240 Besteiras SA 111 Re 110
8550 Besteiro FA 174 Rb 124
2080 Besteiros E 130 Rf 116
4720 Besteiros BR 58 Rd 99
8100 Besteiros FA 175 Rf 125
7750 Besteiros BE 162 Sb 123
8100 Besteiros FA 175 Sa 125
4580 Besteiros P 76 Rd 101
7300-320 Besteiros de Cima PT 131 Se 113
3870-194 Bestida AV 94 Rb 104
8700-067 Bias do Sul FA 176 Sb 126
3080 Bica C 94 Rb 107
2450 Bica LE 110 Qf 111
7750 Bicada BE 162 Sb 123
7750 Bicada BE 176 Sa 124
7670 Bicada BE 161 Re 123
3130 Bicanho C 110 Rb 108
2205 Bicas SA 130 Re 112
7580 Bicas SE 160 Rc 119
2645 Bicesse L 144 Qd 116
4960 Bico VC 57 Rc 97
7630-711 Bicos BE 160 Rd 122
3140 Bifurcaçao de Lares C 110 Rb 108
5100-330 Bigorne VS 77 Sa 102
4880-072 Bilhó VR 77 Sa 100
3105-202 Biqueiras LE 110 Rb 109
7300 Biquinha PT 130 Re 114
2750 Birre L 144 Qd 116
9850 Bisboitos AC 193 Wf 117
7430 Biscaia PT 130 Sb 112
Biscainho SA 145 Rc 115
9760 Biscoitos AC 192 Xe 116
6320-111 Bismula GD 97 Ta 106
7780 Bispos BE 161 Rf 122
4580-291 Bitarães P 76 Re 101
3510-291 Boa Aldeia VS 95 Rf 105
6110 Boa Farinha CB 111 Rf 110
4990 Boalhosa VC 57 Rd 98
9240 Boa Ventura MA 194 Ka 152
3105 Boavista LE 110 Rc 109
2460 Boavista LE 110 Ra 111
2100-300 Boavista SA 129 Rd 115
7555 Boavista SE 160 Rb 122
2500 Boavista LE 110 Qe 112
7300 Boavista PT 131 Sc 113
2420 Boa Vista LE 110 Rb 110
7630-033 Boavista dos Pinheiros BE 174 Rb 123
5460 Bobadela VR 59 Sc 98
2695-001 Bobadela L 128 Qf 116
5400 Bobadela VR 59 Se 98
3420 Bobadela C 95 Sa 106
4880-081 Bobal VR 77 Sb 100
5400 Bóbeda VR 59 Sc 98
3515 Bodiosa VS 95 Sa 104
4575-085 Boelhe P 76 Re 102
3250-143 Bofinho LE 111 Rd 110
6400 Bogalhal GD 96 Sf 104
6185-011 Bogas de Baixo CB 112 Sb 108
6230-140 Bogas de Cima CB 112 Sb 108
7700 Boi BE 175 Sa 124
3740 Boialvo AV 94 Rd 105
2040 Boiças SA 129 Ra 113
2100-371 Boicilhos SA 145 Rd 114
6200 Boidobra CB 96 Sd 107
4620-031 Boim P 76 Re 101
4970 Boirno VC 57 Re 97
7750-811 Boisões BE 176 Sb 123
4980 Boivães VC 57 Rd 98
4930 Boivão VC 57 Rc 96
2495-310 Boleiros SA 110 Rc 111
2705-533 Bolembre L 128 Qd 115
3750-307 Bolfiar AV 94 Rd 105
3060-081 Bolho C 94 Rc 106
8100-070 Boliqueime FA 175 Rf 126
2540-002 Bombarral LE 128 Qf 113
7080 Bomel, Estação Ferroviária de E 145 Rc 116
3080 Bom Sucesso C 94 Rb 107
3150-217 Bom Velho de Cima C 111 Rd 108
7150 Borba E 131 Sd 116
4890 Borba BR 77 Rf 100
4890 Borba da Mortanha BR 77 Rf 100
4615 Borba de Godim P 77 Rf 101
5000-063 Borbela VR 77 Sb 101
7565 Borbolega SE 160 Rd 121
7480 Bordalos PT 130 Sa 114
3330 Bordeira C 111 Rf 107
8005 Bordeira FA 175 Sa 126
8670 Bordeira FA 174 Ra 125
5340-051 Bornes BN 78 Sf 100
5450-130 Bornes de Aguiar VR 77 Sc 99
8800 Borracheira FA 176 Sb 125
3750-032 Borralha AV 94 Rd 105
5470 Borralha VR 58 Sa 99
3465-013 Borralhal VS 95 Rf 106
4640-381 Boscras P 77 Rf 101
5460-492 Bostofrio VR 58 Sb 99
3850 Bostorenga AV 94 Rd 104
7350 Botafogo PT 131 Sf 115
3020 Botao C 94 Rd 107
8950 Botelhas FA 176 Sc 125
4850 Botica BR 58 Rf 98
5460 Boticas VR 59 Sb 98
2670 Botica Sete L 144 Qe 115
7570 Botinas SE 160 Rb 120
3460-208 Botulho VS 95 Rf 105
6215 Bouça CB 96 Sc 107
5385 Bouça BN 59 Se 99
6400-171 Bouça Cova GD 96 Se 104
4970 Bouças Donas VC 57 Re 97
2480-021 Bouceiros LE 110 Rb 111
8550-223 Boucinhos FA 174 Rc 124
5430-042 Bouçoães VR 59 Se 98
3740 Bouçós AV 76 Rc 102
4785 Bougado (Santiago) P 76 Rc 100
4785 Bougado (São Martinho) P 76 Rc 101
4720 Bouro BR 58 Re 99
Bouro, Estação Ferroviária de LE 110 Qe 112
6230-140 Boxinos CB 112 Sb 108
7330 Braçais PT 131 Se 112
3260 Braçais LE 111 Re 110
8005-424 Braciais FA 175 Sa 126
4710 Braga BR 76 Rd 99
5300-782 Bragada BN 60 Ta 99
4870 Bragada VR 58 Sb 99
4870-251 Bragadas VR 77 Sb 99
5450-180 Bragado VR 59 Sc 99
5300 Bragança BN 60 Tb 98
3850-511 Branca AV 94 Rd 104
8700 Brancanes FA 175 Sb 126
7700 Brancanes BE 175 Rf 123
2580 Brancos L 128 Qf 114
4970 Branda de São Bento do Cande VC 58 Re 97
4990 Brandara VC 57 Rc 98
5470-522 Brandim VR 58 Sa 98
8200 Branqueira FA 175 Re 126

4515 Branzelo P 76 Rd 102
3020-532 Brasfemes C 94 Rd 107
4980 Bravaes VC 57 Rd 98
8150 Bravas FA 176 Sa 125
7630-569 Brejão BE 174 Rb 124
2950 Brejo SE 145 Ra 117
2910 Brejo de Canes SE 145 Rb 117
3320-103 Brejo de Cima C 112 Sa 108
2950 Brejos Correteiros SE 144 Ra 117
2925 Brejos de Azeitão SE 144 Qf 117
7570 Brejos do Fetal SE 160 Rc 119
3080 Brenha C 94 Rb 107
7500-014 Brescos SE 160 Rb 120
2230 Brescovo SA 111 Rf 111
9545 Bretanha AC 192 Zb 121
7830-111 Brinches BE 162 Sc 120
5340 Brinço BN 60 Sf 99
4850 Brinhós BR 58 Rf 99
4805 Briteiros BR 76 Rd 99
4805 Briteiros BR 76 Re 99
4980 Britel VC 58 Re 97
4890 Britelo BR 77 Sa 100
7750-303 Brites Gomes BE 162 Sb 123
5100 Britiande VS 77 Sb 102
4805-019 Brito BR 76 Rd 100
5320 Brito BN 59 Se 97
5320 Brito BN 60 Sf 98
2350-052 Brogueira SA 129 Rc 112
5370-551 Bronceda BN 78 Se 100
7490 Brotas E 130 Rf 115
5200-090 Brucó BN 79 Tb 101
4840 Brufe BR 58 Re 98
4880 Brumela VR 77 Sa 100
4830 Brunhais BR 77 Re 99
5140-203 Brunheda BN 78 Sd 101
Brunheira BE 175 Rf 124
7645-023 Brunheiras BE 160 Rb 122
2205-201 Brunheirinho SA 130 Rf 113
3870 Brunheiro AV 94 Rc 104
3130 Brunhos C 110 Rb 108
5200-110 Brunhosinho BN 79 Tc 100
5200-100 Brunhoso BN 79 Tb 100
3080-214 Buarcos C 110 Ra 108
2670-628 Bucelas L 128 Qf 115
4860-122 Bucos BR 58 Rf 99
8650-050 Budens FA 174 Rb 126
2525-089 Bufarda LE 128 Qe 113
5470 Bugalhão VR 58 Sa 99
2380-220 Bugalhos SA 129 Rc 112
6000-642 Bugios CB 112 Sb 110
7350 Buinhas PT 131 Se 115
5000 Bujões VR 77 Sb 101
2140 Bunheira SA 129 Rd 114
8670 Bunheira FA 174 Ra 124
3140-028 Bunhosa C 94 Rb 107
5340-060 Burga BN 78 Sf 100
4780 Burgães P 76 Rd 100
8650-100 Burgau FA 174 Rb 126
4540 Burgo AV 76 Re 103
2445-015 Burinhosa LE 110 Ra 110
4600 Bustelo P 77 Sa 101
4560 Bustelo P 76 Re 101
4540 Bustelo AV 77 Rf 103
4690 Bustelo VS 77 Rf 102
4585 Bustelo P 76 Rd 102
5400 Bustelo VR 59 Sd 98
5470 Bustelo VR 58 Sa 98
3750 Bustelo AV 94 Rd 105
3600 Bustelo VS 77 Sb 103
3720-173 Bustelo do Caima AV 94 Rd 104
3770-018 Bustos AV 94 Rc 106

C

8100 Cabaça FA 175 Rf 125
3620-090 Cabaços VS 78 Sc 102
8970 Cabaços FA 176 Sc 125
3250-254 Cabaços LE 111 Rd 110
4990 Cabaços VC 57 Rc 98
4970 Cabana Maior VC 58 Rd 97
4825 Cabanas P 76 Rd 101
8150 Cabanas FA 175 Sb 125
2950-531 Cabanas SE 144 Ra 117
5160-031 Cabanas de Baixo BN 78 Sf 101
5160-032 Cabanas de Cima BN 78 Sf 101
2580-121 Cabanas de Torres L 128 Qf 114
3430-600 Cabanas de Viriato VS 95 Sa 106
5370 Cabanelas BN 59 Se 99
4455 Cabanelas P 76 Rb 101
4730 Cabanelas BR 57 Rd 99
5450 Cabanes VR 77 Sc 99
Cabano da Quinta MA 194 Ka 151
2580 Cabans do Chão L 128 Qf 114
6270 Cabeça GD 95 Sb 107
5160-033 Cabeça Boa BN 78 Sf 101
8300 Cabeça Branca FA 174 Rd 125
5320-191 Cabeça da Igreja BN 59 Sf 97
7670-205 Cabeça da Serra BE 161 Rf 123
2230-102 Cabeça das Mós SA 111 Rf 111
2480 Cabeça das Pombas LE 110 Rb 112
7200-014 Cabeça de Carneiro E 147 Sd 117
8100 Cabeça de Veca FA 175 Sa 125
7800 Cabeça Gorda BE 161 Sb 121
8800 Cabeça Gorda FA 176 Sb 125
2565 Cabeça Gorda L 128 Qe 113
7490-051 Cabeção E 130 Rf 115
3260-890 Cabeças LE 111 Re 109
6230 Cabeças CB 112 Sd 108
7780 Cabeças BE 161 Rf 123
4575 Cabeça Santa P 76 Re 102
2480-203 Cabeça Veada LE 110 Ra 112
4860-355 Cabeceiras de Basto BR 77 Sa 99
3840 Cabecinhas AV 94 Rb 106
3070 Cabeço C 94 Rb 106
7500 Cabeço SE 160 Rb 120
8950 Cabeço FA 176 Sd 125
9950 Cabeço Chão AC 192 Wd 117
7630 Cabeço de Arvéloa BE 174 Rb 124
2665-302 Cabeço de Montachique L 144 Qe 115
7460-001 Cabeço de Vide PT 131 Sc 114
6000-683 Cabeço do Infante CB 112 Sc 109
Cabeço Monteiro CB 113 Se 109
6100-015 Cabeçudo CB 111 Rf 110
7170 Cabida E 147 Sc 117
7040 Cabido Grande E 146 Sa 116
4950 Cabo VC 57 Rd 96
3220 Cabo C 111 Re 108
9385 Cabo MA 194 Ie 151
9760 Cabo da Praia AC 192 Xf 116
3080 Cabo Mondego C 110 Ra 107
2040 Cabos SA 129 Ra 112
9560 Cabouco AC 193 Zc 122
Cabouco C 111 Rd 107
4990 Cabração VC 57 Rc 97
3330 Cabreira C 111 Rf 108
6355 Cabreira GD 97 Sf 105
4970 Cabreiro VC 57 Rd 97
4540 Cabreiros AV 95 Re 103
4705 Cabreiros BR 76 Rd 99
7050 Cabrela E 145 Rd 117
7050 Cabrela, Estação Ferroviária de E 145 Rd 117
5470 Cabril VR 58 Rf 98
3320 Cabril C 112 Sa 108
3600 Cabril VS 77 Rf 103
4870 Cabriz VR 77 Sb 100
4575-200 Cabroelo P 76 Rd 102
3730-002 Cabrum AV 95 Re 104
7900 Caçapeira BE 146 Rf 120
5230-090 Caçarelhos BN 79 Td 99
4890 Caçarilhe BR 77 Rf 100
8900 Cacela Velha FA 176 Sc 126
2635 Cacém L 128 Qe 116
3360-282 Cácemes C 94 Rd 106
2600-581 Cachoeiras L 144 Qf 115
2910 Cachofarra SE 145 Ra 117
8800 Cachopo FA 175 Sb 124
7750 Cachopos BE 162 Sb 122
Cachorro AC 192 Wd 117
3800-533 Cacia AV 94 Rc 105
2580-019 Cadafais L 144 Qf 114
6040 Cadafás PT 111 Sa 112
6360 Cadafaz GD 96 Sd 105
3330 Cadafáz C 111 Rf 108
2550-005 Cadaval L 128 Qf 113
3060-094 Cadima C 94 Rc 107
4630-630 Cadimes P 77 Rf 101
7040 Caeira E 130 Sa 115
7580 Caeirinha SE 145 Rd 118
7630 Caeiros BE 160 Rc 122
7630 Caeiros BE 160 Rc 122
4930 Cães VC 57 Rc 96
6000-030 Cafede CB 112 Sc 109
3440-005 Cagido VS 95 Rf 106
7700 Caiada BE 175 Sa 123
7350 Caia e São Pedro PT 131 Sf 115
7300 Caia Santiago PT 131 Sd 113
4620 Caíde de Rei P 76 Re 101
4720 Caires BR 58 Rd 99
Cais do Pico AC 193 We 117
2970-005 Caixas SE 144 Qf 118
7350 Calçdinha PT 131 Se 115
3570-110 Caldas da Cavaca GD 96 Sc 104
3525 Caldas da Felqueira VS 95 Sa 106
2500-067 Caldas da Rainha LE 128 Qf 112
8550-232 Caldas de Monchique FA 174 Rc 125
4815 Caldas de Vizela BR 76 Re 100
4845-067 Caldas do Gerês BR 58 Rf 98
3515-725 Calde VS 95 Sa 104
5070-311 Cal de Bois VR 78 Sd 100
7090 Caldeira E 146 Re 118
7630 Caldeira BE 160 Rb 122
7490 Caldeira E 130 Re 115
9600 Caldeiras AC 193 Zd 122
6000 Caldeirinhas CB 113 Se 110
2420-051 Caldelas LE 110 Rb 110
4720 Caldelas BR 58 Rd 98
4760-174 Calendário BR 76 Rc 100
2615-623 Calhandriz L 144 Qf 115
2970 Calhariz SE 144 Qf 118
9930 Calhau AC 193 Wf 118
4990 Calheiros VC 57 Rc 98
9850 Calheta AC 193 Wf 117
9370 Calheta MA 194 Ie 152
9930 Calheta de Nesquim AC 193 Wf 118
9600 Calhetas AC 193 Zc 122
3850-362 Calvães AV 94 Rc 105
3840 Calvão AV 94 Rb 106
5400-608 Calvão VR 59 Sc 98
2480-055 Calvaria de Cima LE 110 Ra 111
5300 Calvelhe BN 60 Tb 99
4485 Calvelhe P 76 Rb 101
4990 Calvelo VC 57 Rc 98
2305-308 Calvinos SA 111 Rd 110
4830 Calvos BR 58 Re 99
6000 Calvos CB 112 Sc 110
8375 Calvos FA 175 Re 125
9135 Camacha MA 194 Ka 152
9400 Camacha MA 195 Kd 150
7630-572 Camachos BE 174 Rc 123
9300 Câmara de Lobos MA 194 Ka 153
2670 Camarate L 128 Qf 116
3080 Camarção C 94 Rb 107
2580 Camarnal L 128 Ra 114
3060 Camarneira C 94 Rc 106
2715 Camarões L 128 Qe 116
3320-072 Camba C 112 Sa 107
3670-055 Cambarinho VS 95 Re 104
6185 Cambas CB 112 Sa 108
5400-811 Cambedo VR 59 Sd 97
2560-192 Cambelas L 128 Qd 114
4950 Cambeses VC 57 Rd 96
4860 Cambeses BR 76 Rc 100
5470-041 Cambeses do Rio VR 58 Sa 98
3670-037 Cambra VS 95 Rf 104
5100-387 Cambres VS 77 Sb 102
3280-200 Camelo LE 111 Rf 108
2630 Camondos L 128 Qf 115
3730 Campa de Arca AV 94 Re 104
8800 Campana FA 176 Sc 125
9350 Campanário MA 194 If 152
4300 Campanhã P 76 Rc 102
3860 Camp de Santiães AV 94 Rc 104
5000 Campeã VR 77 Sa 101
8950 Campeiros FA 176 Sc 125
3260 Campelo LE 111 Re 109
2565-007 Campelos L 128 Qe 113
5140 Campelos BN 78 Sd 101
3670-056 Campia VS 95 Re 104
8800 Campina FA 176 Sb 126
7200 Campinho E 147 Sd 118
3150-253 Campizes C 111 Rc 108
4440 Campo P 76 Rd 101
5450 Campo VR 77 Sc 100
4795 Campo P 76 Rd 100
7200 Campo E 147 Sc 118
4750 Campo BR 57 Rc 99
2500-303 Campo LE 128 Qf 112
3660 Campo VS 95 Sa 104
3600-371 Campo Benfeito VS 77 Sa 103
3465-023 Campo de Besteiros VS 95 Rf 105
5230-100 Campo de Víboras BN 79 Tc 99
4840 Campo do Gerês BR 58 Re 98
1050 Campo Grande L 144 Qf 116
7370 Campo Maior PT 132 Sf 114
9950 Campo Raso AC 192 Wd 118
7630-282 Campo Redondo BE 160 Rc 122
4850 Campos BR 58 Rf 98
5460 Campos VR 58 Sb 99
4920 Campos VC 57 Rb 97
Campo-Serra, Estação Ferroviária de LE 128 Qf 112
6430 Canada GD 78 Se 103
2580 Canãdas L 128 Qf 114
4600 Canadelo P 77 Sa 101
3600-422 Canado VS 95 Sa 103
7080 Canafecheira E 145 Rd 116
8670 Canal FA 174 Ra 125
2025-013 Canal SA 129 Rb 112
7780 Canal BE 161 Rf 122
7100 Canal E 147 Sc 116
Canal Caveira SE 160 Rd 120
Canal Caveira, Estação Ferroviária de SE 160 Rd 120
3460-012 Canas de Santa Maria VS 95 Rf 105
3525-001 Canas de Senhorim VS 95 Sa 105
5430 Canaveses VR 78 Sd 99
3440-452 Cancela VS 95 Rf 106
6430 Cancelos GD 78 Se 103
7240 Cancere E 147 Se 119
4870-040 Canda VR 77 Sa 100
3660-042 Candal VS 95 Re 103
3250 Candal LE 111 Rd 110
3200-067 Candal C 111 Re 108
5335-032 Candedo BN 59 Sf 97
3780-403 Candeeira AV 94 Rd 106
2475-015 Candeeiros LE 128 Ra 112
9555 Candelária AC 192 Zb 122
9950 Candelária AC 192 Wc 118
5090 Candelo VR 78 Sd 100
4920 Candemil VC 57 Rb 97
4600 Candemil P 77 Sa 101
5400-010 Cando VR 59 Sc 98
Candós P 77 Rf 102
3420 Candosa C 95 Sa 106
3330 Candosa C 111 Rf 108
5360-031 Candoso BN 78 Se 101
1685-001 Caneças L 128 Qe 116
4525 Canedo AV 76 Rd 102
4870-022 Canedo VR 58 Sb 99
2100 Caneira SA 129 Rc 114
2140 Caneira SA 129 Rc 113
7900-342 Caneiras Grandes BE 146 Re 120
2490 Caneiro SA 111 Rc 111
4540 Canelas AV 77 Re 103
4410 Canelas P 76 Rc 102
7090 Canelas E 145 Re 118
3865 Canelas AV 94 Rc 104
5050 Canelas VR 77 Sb 102
4575 Canelas P 76 Re 102
2985-001 Canha SE 145 Rc 116
2985 Canha, Estação Ferroviária de SE 145 Rc 116
9360 Canhas MA 194 If 152
7900-491 Canhestros BE 161 Re 120
9200 Caniçal MA 194 Kb 152
2040 Caniceira SA 129 Rc 113
9125 Caniço MA 194 Ka 153
4485 Canidelo P 76 Rc 101
4400 Canidelo P 76 Rc 102
7470 Cano PT 130 Sb 115
7400 Cansado PT 130 Rf 113
7700-260 Cansados BE 175 Rf 124
3060-121 Cantanhede C 94 Rc 106
Cantarinhas SA 129 Rd 114
2140 Cântaro SA 129 Rd 113
4850 Cantelães BR 58 Rf 99
2415 Canto LE 110 Rb 109
9940 Canto AC 192 Wd 117
9900 Canto AC 192 Wb 117
2825-026 Caparica SE 144 Qe 117
3465 Caparrosa VS 95 Rf 105
7050 Capela E 146 Re 117
6120 Capela SA 111 Sa 111
4575 Capela P 76 Rd 102
9400 Capela da Graca MA 195 Ke 150
9545 Capelas AC 193 Zb 122
7250 Capelins E 147 Sd 117
9900 Capelo AC 192 Wb 117
3730 Capelos AV 94 Rd 103
5450 Capeludos VR 59 Sc 99
6230-145 Capinha CB 96 Sd 107
7830 Capitão BE 162 Sd 120
2825-005 Capuchos SE 144 Qe 117
4615-380 Caramos P 77 Re 100
Caramulo VS 95 Re 105
2420 Caranguejeira LE 110 Rb 110
Carapacho AC 192 Xa 114
4750 Carapeços BR 57 Rc 99
7540 Carapeleiro SE 160 Rc 120
7480 Carapeta PT 130 Sa 114
7565 Carapetal SE 160 Rd 121
7630 Carapetos BE 160 Rb 122
3420 Carapinha C 95 Rf 107
3140 Carapinheira C 94 Rc 107
3620-431 Carapito VS 77 Sc 103
3570 Carapito GD 96 Sd 104
3300-202 Caratão C 111 Rf 107
6120-702 Caratão SA 111 Sa 111
5370-075 Caravelas BN 78 Sf 100
4820 Carbonegas BR 77 Rf 100
5470 Carcalhais VR 58 Sb 98
5230-121 Carção BN 60 Tc 99
2775 Carcavelos L 144 Qe 116
3670 Carcosa VS 95 Re 104
5160-041 Cardanha BN 78 Sf 101
6320 Cardeal GD 97 Sf 106
6120-214 Cardigos SA 111 Rf 110
2630 Cardosas L 144 Qf 115
6030-011 Carepa CB 112 Sb 111
3620-100 Caria VS 77 Sc 103
6250-111 Caria CB 96 Sd 107
7040 Carias E 146 Rf 116
7200 Caridade E 147 Sc 118
5070-201 Carlão VR 78 Sd 101
2565 Carmões L 128 Qf 114
2790-005 Carnaxide L 144 Qe 116
2715 Carne Assada L 144 Qd 115
8800 Carne Cerva FA 176 Sb 125
Carneiro P 77 Sa 101
8800-152 Carneiros FA 176 Sb 125
6420-321 Carnicães GD 96 Se 104
3060 Carniceira C 94 Rb 106
7630-518 Carniceiro BE 160 Rd 123
3105 Carnide LE 110 Rb 109
Carnide L 144 Qe 116
2580 Carnota L 144 Qf 114
5320 Caroceiras BN 59 Sf 97
3050 Carquejo AV 94 Rd 107
4660 Cárquere VS 77 Sa 102
5300 Carragoosa BN 60 Tb 97
6270 Carragozela GD 95 Sb 106
4970 Carralcova VC 58 Rd 97
Carrapatal SE 145 Rb 116
5340-070 Carrapatas BN 78 Ta 99
8800 Carrapateira FA 176 Sc 125
Carrapateira FA 174 Ra 125
6360-040 Carrapichana GD 96 Sd 105
7665 Carrascal BE 174 Rc 123
7090 Carrascal E 146 Rf 118
7040 Carrascal E 130 Sa 116
Carrascal, Estação Ferroviária de SA 111 Rd 111
8670-417 Carrascalinho FA 174 Rb 124
3105 Carrascos LE 110 Rb 108
3330 Carrasqueira C 111 Rf 108
8375 Carrasqueira FA 175 Re 125
8100 Carrasqueiro FA 175 Sa 125
8200 Carrasqueiro FA 175 Re 125
5140 Carrazeda de Ansiaes BN 78 Se 101
4860 Carrazedo BR 58 Rf 99
5300 Carrazedo BN 60 Ta 98
5120 Carrazedo VS 77 Sc 102
Carrazedo BR 57 Rd 99
5450-181 Carrazedo da Cabugueira VR 59 Sc 99
5445-151 Carrazedo de Montenegro VR 78 Sd 99
5450-262 Carrazedo do Alvão VR 77 Sb 100
4900 Carreço VC 57 Ra 98
2580-463 Carregado L 144 Ra 114
2600 Carregado, Estação Ferroviária de L 128 Ra 115
6150 Carregais CB 112 Sb 110
2100 Carregais SA 145 Re 115
6000 Carregal CB 112 Sd 110
3640 Carregal VS 78 Sc 103
2205 Carregal Cimeiro SA 130 Sa 112
3430-001 Carregal do Sal VS 95 Rf 106
2100 Carregoiceira SA 129 Rd 115
3720 Carregosa AV 94 Rd 103

A B C D E F G H I J K L M N O P Q R S T U V W X Y Z
P

3840 Carregosa AV 94 Rc 105
6120 Carregueira SA 111 Rf 111
2140 Carregueira SA 129 Rd 112
2135 Carregueira SA 145 Ra 115
7600 Carregueiro BE 161 Rf 122
2305-204 Carregueiros SA 111 Rd 111
4765 Carreira BR 76 Rd 100
2425-251 Carreira LE 110 Ra 109
4775 Carreira BR 76 Rc 100
4825 Carreira P 76 Rd 101
7300 Carreiras PT 131 Sd 112
3105 Carriço LE 110 Rb 109
2300 Carril SA 111 Rd 111
2460-480 Carris LE 110 Ra 112
3070 Carromeu C 94 Rb 106
7750-805 Carros BE 176 Sb 123
3100 Cartaria LE 111 Rc 110
2070-003 Cartaxo SA 129 Rb 114
3105-310 Caruncho LE 110 Rc 109
5090-031 Carva VR 78 Sc 100
6100 Carvahal CB 111 Rf 109
6100 Carvaihos CB 111 Re 109
3650 Carvalha VS 77 Sb 103
5370 Carvalhais BN 78 Sf 99
3090 Carvalhais C 110 Rb 108
3660 Carvalhais VS 95 Rf 104
3515 Carvalhal VS 95 Sa 104
7330-307 Carvalhal PT 131 Sd 112
6430 Carvalhal GD 96 Se 103
2460 Carvalhal LE 110 Ra 112
6250 Carvalhal CB 96 Se 107
3460 Carvalhal VS 95 Rf 105
5160 Carvalhal BN 78 Ta 101
7300-562 Carvalhal PT 131 Sd 113
2230-862 Carvalhal SA 111 Re 111
2540-327 Carvalhal LE 128 Qf 113
8800 Carvalhal FA 176 Sb 125
6400 Carvalhal GD 96 Se 105
7570 Carvalhal SE 160 Rb 119
3560 Carvalhal VS 96 Sb 104
6320 Carvalhal GD 97 Ta 106
6100 Carvalhal CB 111 Sa 109
7300 Carvalhal PT 131 Se 113
6400 Carvalhal GD 97 Sf 104
4755 Carvalhal BR 76 Rc 99
8100 Carvalhal FA 175 Sa 125
3600-394 Carvalhal VS 95 Sa 103
2500-404 Carvalhal Benfeito LE 128 Qf 112
2350-693 Carvalhal da Aroeira SA 111 Rc 111
6270 Carvalhal da Loiça GD 95 Sb 106
7300 Carvalhal das Vinhas PT 131 Sd 113
3130 Carvalhal de Azóia C 110 Rb 108
3670 Carvalhal de Vermilhas VS 95 Rf 105
6300-055 Carvalhal Meão GD 96 Sf 106
4540-369 Carvalhal Redondo AV 76 Rd 103
3525-401 Carvalhal Redondo VS 95 Sa 105
5300 Carvalhas BN 60 Tc 98
4840 Carvalheira BR 58 Re 98
7900 Carvalheira BE 161 Rf 120
3885 Carvalheira AV 76 Rc 103
5460-130 Carvalhelhos VR 58 Sb 98
8950 Carvalhinhos FA 176 Sc 125
3360 Carvalho C 94 Rd 107
5070 Carvalho VR 78 Sd 100
5460 Carvalho VR 58 Sb 98
3320 Carvalho C 111 Sa 108
4890 Carvalho BR 77 Rf 100
8550 Carvalho FA 174 Rc 124
3880 Carvalho AV 94 Rc 103
5360-050 Carvalho de Egas BN 78 Se 101
4600-570 Carvalho do Rei P 77 Rf 101
4415-130 Carvalhos P 76 Rc 102
4755 Carvalhos BR 76 Rc 100
4590 Carvalhosa P 76 Rd 101
3600 Carvalhosa VS 77 Sa 103
Carvalhos de Figueiredo, Estação Ferroviária de SA 111 Rd 111
5090 Carvas VR 78 Sd 100
5160-069 Carviçais BN 79 Ta 101
2425-334 Carvide LE 110 Ra 109
2655 Carvoeira L 144 Qd 115
2565 Carvoeira L 128 Qf 114
8400 Carvoeiro FA 174 Rd 126
3320-302 Carvoeiro C 111 Sa 108
6120 Carvoeiro SA 112 Sa 111
4905 Carvoeiro VC 57 Rb 99
7595 Casa Branca SE 160 Rd 119
7050-520 Casa Branca E 146 Rf 117
7470 Casa Branca PT 130 Sb 115
2005 Casa da Charneca SA 129 Rb 113
2500 Casa da Marina LE 128 Ra 112
9760 Casa da Ribeira AC 192 Xf 116
4820-573 Casadela BR 77 Rf 100
2970 Casa do Infantado SE 144 Qe 117
2305 Casais SA 111 Rd 111
4620 Casais P 76 Re 101
5470 Casais VR 58 Sa 99
2435-033 Casais da Abadia SA 111 Rc 110
2460 Casais da Charneca LE 110 Ra 112
7885 Casais da Freixeira BE 147 Se 119
3240 Casais da Granja C 111 Rd 109
2500-535 Casais da Serra LE 128 Ra 113
2050 Casais de Monte Godelo L 128 Ra 114
2200-458 Casais de Revelhos SA 111 Re 111
2460-715 Casais de Santa Teresa LE 110 Ra 111
3130 Casais de São Jorge C 111 Rc 109
2640-206 Casais de São Lourenço L 144 Qd 114
3025-341 Casais de Vera Cruz C 94 Rc 107
2480 Casais do Chão da Mendiga LE 110 Ra 111
3600-454 Casais do Monte VS 95 Sa 104
3140 Casais dos Faiscas C 94 Rb 107
2070-367 Casais dos Penedos SA 129 Ra 114
7885 Casais dos Trincalhos BE 147 Sd 119
2350-223 Casais Martanes SA 110 Rc 111
2040-015 Casais Monizes SA 129 Ra 112
2380-562 Casais Robustos SA 110 Rb 111
4660 Casal VS 77 Sa 102
3060 Casal C 94 Rc 107
2200 Casalão SA 130 Re 112
3050-151 Casal Comba AV 94 Rd 106
6100-017 Casal Cutelo CB 111 Rf 109
6300 Casal da Cinza GD 96 Sf 105
3220-406 Casal da Senhora C 94 Re 108
3200 Casal de Ermio C 111 Re 108
5085-010 Casal de Loivos VR 78 Sc 101
3300-129 Casal de São José C 95 Rf 107
3070-041 Casal de São Tomé C 94 Rb 106
3300 Casal do Frade C 95 Rf 107
6060 Casal do Meio CB 113 Se 109
3130-002 Casal do Redinho C 110 Rc 108
2200-631 Casal do Rei SA 111 Re 111
2435-522 Casal do Ribeiro SA 111 Rc 110
3130 Casal dos Barcelos C 110 Rb 108
2435-001 Casal dos Bernardos SA 111 Rc 110
3090 Casal dos Cunhas C 94 Rb 107
3060 Casal dos Netos C 94 Rb 106
2090 Casalinho SA 129 Rc 113
2560 Casalinho de Alfaiate L 128 Qd 114
2495-353 Casalinho Farto SA 110 Rc 111
2400-763 Casalito LE 110 Ra 110
6110 Casal Nova CB 111 Rf 111
3720 Casal Nova AV 94 Rc 103
2530 Casal Nova L 128 Qe 113
3330 Casal Novo C 111 Rf 108
2425 Casal Novo LE 110 Rb 109
6370-021 Casal Vasco GD 96 Sc 105
2230-002 Casal Velho SA 111 Rf 111
2460-199 Casal Velho LE 110 Qf 112
3090-433 Casal Verde C 110 Rb 108
3080 Casa Nova C 94 Rb 107
6120 Casa Nova de São Bento SA 111 Rf 110
8550 Casa Queimada FA 175 Rd 125
4860 Casares BR 77 Rf 99
2705 Casas L 128 Qd 116
8800 Casas Atlas FA 176 Sb 125
8800-016 Casas Baixas FA 176 Sb 124
6120-218 Casas da Ribeira SA 111 Rf 110
8500 Casas da Senhora do Verde FA 174 Rc 125
6185-401 Casas da Zebreira CB 112 Sb 108
5400 Casas de Monforte VR 59 Sd 98
6420 Casas de Moreira GD 96 Se 104
7555-025 Casas Grandes SE 160 Rb 122
7555 Casas Novas SE 160 Rc 122
3240 Casas Novas C 111 Rd 108
7340 Casas Novas PT 131 Sd 114
7050 Casas Novas E 129 Rd 116
7200 Casas Novas dos Mares E 147 Sd 117
7670 Casas Velhas BE 160 Re 123
2495 Casa Velha SA 110 Rc 111
7750 Casa Velha BE 176 Sa 123
7700 Casa Velha da Botelha BE 175 Sa 123
2750 Cascais L 144 Qd 116
9900 Cascalho AC 192 Wb 117
4585-685 Casconha P 76 Rd 102
7580 Casebres SE 145 Rd 117
6225-101 Casegas CB 112 Sb 107
8550 Caseis FA 174 Rc 125
2000-460 Casével SA 129 Rc 112
7780 Casével BE 161 Re 122
3150-255 Casével C 111 Rc 108
7780 Casével BE 161 Re 122
3560 Casfreiras VS 96 Sb 104
3150-272 Casmilo C 111 Rd 108
3630-070 Castainço VS 78 Sd 103
5200 Castanheira BN 79 Tc 100
6300 Castanheira GD 96 Sf 105
2240-332 Castanheira SA 111 Re 110
5470 Castanheira VR 58 Sb 98
6420 Castanheira GD 96 Sd 103
3320 Castanheira C 112 Sa 107
4940 Castanheira VC 57 Rc 97
6150 Castanheira CB 112 Sa 110
6200 Castanheira de Cima CB 96 Sd 107
3280 Castanheira de Pêra LE 111 Re 108
2600-600 Castanheira do Ribatejo L 144 Ra 115
3750-373 Castanheira do Vouga AV 94 Rd 105
3750 Castanheira do Vouga AV 94 Rd 105
7520 Castanheiro SE 160 Rb 121
5130-021 Castanheiro do Sul VS 78 Sc 102
7750-602 Castanhos BE 176 Sa 123
5070 Castedo VR 78 Sd 101
5160-071 Castedo BN 78 Se 101
6430-041 Casteição GD 96 Se 103
7670 Castelão BE 161 Re 123
8800 Castelão FA 176 Sa 125
5400-609 Castelãos VR 59 Sc 98
5340-082 Castelãos BN 79 Ta 99
6320-121 Casteleiro GD 96 Se 107
7750 Casteleja BE 176 Sa 124
3440 Castelejo VS 95 Rf 106
7670 Castelejo BE 161 Re 123
6230-152 Castelejo CB 112 Sc 108
3105-159 Castelhanas LE 110 Rb 109
8970 Castelhanos FA 176 Sb 124
8950 Castelhanos FA 176 Sd 125
3620 Castelo VS 77 Sc 102
3660 Castelo VS 95 Rf 104
6100 Castelo CB 111 Re 109
6120 Castelo SA 111 Sa 111
5090 Castelo VR 78 Sd 100
5350 Castelo BN 79 Ta 100
3475 Castelo VS 95 Re 105
4890 Castelo BR 77 Rf 100
6355-042 Castelo Bom GD 97 Ta 105
5200-130 Castelo Branco BN 79 Tb 101
6000 Castelo Branco CB 112 Sd 110
9900 Castelo Branco AC 192 Wb 117
4475 Castêlo da Maia P 76 Rc 101
4550 Castelo de Paiva AV 76 Re 102
3550 Castelo de Penalva VS 95 Sc 105
7320-101 Castelo de Vide PT 131 Sd 112
7320 Castelo de Vide, Estação Ferroviária de PT 131 Sc 112
4935 Castelo do Neiva VC 57 Rb 99
3730 Castelões AV 94 Rd 104
3465 Castelões VS 95 Rf 105
5150-101 Castelo Melhor GD 78 Sf 102
6355-051 Castelo Mendo GD 97 Ta 105
2300-226 Castelo Novo SA 111 Re 111
6230-160 Castelo Novo CB 112 Sd 108
Castelo-Novo, Estação Ferroviária de CB 112 Sd 108
6440-031 Castelo Rodrigo GD 97 Ta 103
7000 Castelos E 146 Rf 117
7630 Castelo Velho BE 160 Rd 121
3040-713 Castelo Viegas C 94 Rd 108
4630-158 Castilho P 77 Rf 102
5300-471 Castrelos BN 60 Ta 97
5430 Castro VR 78 Se 99
3600-069 Castro Daire VS 77 Sa 103
5300 Castro de Avelãs BN 60 Tb 98
4960 Castro Laboreiro VC 58 Rf 96
8950-121 Castro Marim FA 176 Sd 125
5340-520 Castro Roupal BN 79 Tb 99
7780-090 Castro Verde BE 161 Rf 122
5350-201 Castro Vicente BN 79 Ta 100
3140-032 Catarruchos C 94 Rb 107
7555-030 Catifarras SE 160 Rc 122
6290-061 Cativelos GD 96 Sb 105
3740-034 Catives AV 94 Re 104
6150-116 Catraia Cimeira CB 112 Sb 110
2705-569 Catribana L 144 Qd 115
8550 Causino FA 174 Rd 124
3060 Cavadas C 94 Rb 106
6300 Cavadoude GD 96 Se 105
7160 Cavaleira E 147 Sd 116
7630 Cavaleiro BE 174 Rb 123
3050 Cavaleiros AV 94 Rd 107
2100-650 Cavaleiros SA 145 Rc 115
3350 Cavalho C 94 Re 107
3140 Cavalinha C 110 Rb 107
8100 Cavalos FA 175 Sa 125
7780 Cavandela BE 161 Rf 122
7570 Caveira SE 160 Rb 120
9970 Caveira AC 192 Tf 112
4950-200 Cavenca VC 58 Re 96
3505-111 Cavernães VS 95 Sb 104
4860 Cavez BR 77 Sa 99
2420 Cawieira LE 110 Rb 110
2435-019 Caxarias SA 111 Rc 110
2760 Caxias L 144 Qe 116
4480 Caxinas P 76 Rb 100
6030-114 Cebolais de Baixo CB 112 Sc 110
6000-500 Cebolais de Cima CB 112 Sc 110
5370-101 Cedães BN 78 Sf 100
5370 Cedainhos BN 78 Sf 100
5155-006 Cedovim GD 78 Se 102
3740-014 Cedrim AV 94 Rd 104
9970 Cedro AC 192 Tf 112
9900 Cedros AC 192 Wb 117
6060 Cegonhas Novas CB 113 Se 110
3030-848 Ceira C 111 Rd 107
3320-078 Ceiroquinho C 111 Sa 108
4950 Ceivães VC 58 Rd 96
5400 Cela VR 59 Sd 98
4960 Cela VC 58 Re 96
2460 Cela LE 110 Qf 111
5320-021 Celas BN 60 Ta 98
3300-204 Celavisa C 111 Rf 107
5060 Celeiros VR 78 Sc 101
5430 Celeiros VR 59 Sd 99
4705 Celeirós BR 76 Rd 99
6360 Celorico da Beira GD 96 Sd 105
4890-209 Celorico de Basto BR 77 Rf 100
2305-417 Cem Soldos SA 111 Rd 111
8200-465 Centieira FA 175 Re 126
4820 Cepães BR 77 Re 100
5470 Cepeda VR 59 Sb 98
4600-591 Cepelos P 77 Rf 101
4990 Cepões VC 57 Rc 98
5100-344 Cepões VS 77 Sb 102
3505 Cepões VS 95 Sb 104
3300-222 Cepos C 95 Sa 108
7800 Cerca BE 161 Sa 122
6110 Cercadas CB 111 Re 111
8670 Cerca dos Pomares FA 174 Rb 125
7555 Cercal SE 160 Rb 122
2490-101 Cercal SA 110 Rc 110
2550-210 Cercal L 128 Ra 113
3130 Cercal C 110 Rc 108
7520-038 Cerca Velha SE 160 Rb 121
8200 Cerca Velha FA 175 Re 126
5210-041 Cércio BN 79 Te 100
3450 Cercosa VS 95 Rd 106
5460 Cerdedo VR 58 Sa 99
5450 Cerdeira VR 77 Sc 100
3330 Cerdeira C 111 Rf 108
3305 Cerdeira C 95 Sa 107
3650 Cerdeira VS 77 Sb 103
3450 Cerdeira VS 94 Re 106
6320 Cerdeora GD 97 Sf 105
5350-220 Cerejais BN 79 Ta 101
3040-757 Cernache C 111 Rd 108
6100 Cernache do Bomjardim CB 111 Re 110
8800 Ceróis FA 176 Sb 125
3360-019 Cerquedo C 94 Rd 106
6150 Cerrejeita CB 112 Sb 110
8100 Cerro FA 175 Re 125
8800 Cerro FA 176 Sb 125
Cerro FA 175 Rf 125
7665 Cerro das Pedras BE 174 Rd 123
8125 Cerro da Vila FA 175 Rf 126
8970 Cerro da Vinha FA 162 Sc 124
8100 Cerro de Alganduro FA 175 Rf 125
8950 Cerro do Anho FA 176 Sc 125
8200-468 Cerro do Ouro FA 175 Re 126
7200 Cerros E 147 Sc 118
4870-042 Cerva VR 77 Sa 100
4730 Cervães BR 57 Rc 99
5470-057 Cervos VR 59 Sb 98
3700 Cesar AV 76 Rd 103
4580-309 Cete P 76 Rd 101
2435 Chã SA 110 Rc 111
5470 Chã VR 58 Sb 98
5070 Chã VR 78 Sd 101
8670 Chabouco FA 174 Rb 125
8550-248 Chã da Casinha FA 174 Rc 124
4935 Chafé VC 57 Rb 99
3230 Chainça C 111 Rd 108
2480 Chainça LE 110 Rb 111
5335 Chairos Carrica BN 59 Se 98
7630 Chaissa Madriz BE 160 Rd 123
7630 Chalé BE 160 Rd 122
3440-007 Chamadouro VS 95 Rf 106
7350 Chaminé PT 131 Se 115
2205 Chaminé E 130 Rf 115
7630 Chaminé BE 162 Se 120
2205 Chamiré SA 130 Rf 113
4840 Chamoim BR 58 Re 98
2140-051 Chamusca SA 129 Rd 112
3405-251 Chamusca C 95 Sb 106
7440-201 Chança PT 130 Sb 113
7440 Chancelaria PT 130 Sb 113
2350-073 Chancelaria SA 111 Rc 111
7800 Chancuda BE 161 Sa 121
2500 Chão da Parada LE 110 Qf 112
8500 Chão das Donas FA 174 Rc 126
6030-153 Chão das Servas CB 112 Sb 110
Chão da Vã CB 112 Sc 109
6050-472 Chão da Velha PT 112 Sb 111
6120-114 Chão de Codes SA 111 Rf 111
3240-462 Chão de Couce C 111 Rd 109
6150 Chão de Galego CB 112 Sb 110
6120 Chão de Lopes Grande SA 111 Rf 111
4910-188 Chão do Porto VC 57 Rb 97
9900 Chão Frio AC 192 Wc 117
3450 Chão Miudo VS 95 Re 106
2480 Chão Padro LE 110 Ra 111
6300 Chãos GD 96 Se 105
2240 Chãos SA 111 Rd 110
7540 Chãos SE 160 Rb 121
4640 Chãos P 77 Rf 102
6430 Chãos GD 78 Se 103
2565 Chãos L 128 Qd 114
3260-305 Chãos LE 111 Re 109
3400-260 Chão Sobral C 95 Sb 107
4600 Chapa Fridão P 77 Rf 101
7555 Chaparral SE 160 Rb 121
7830 Charneca BE 162 Sd 121
7050 Charneca E 145 Rc 117
2000 Charneca SA 129 Rb 112

2620 Charneca L 128 Qf 116
3100 Charneca LE 110 Rc 109
3105 Charneca LE 110 Rc 109
2829-503 Charneca da Caparica L 144 Qe 117
8375 Charneca da Velha FA 175 Re 125
7630 Charnequinha BE 161 Re 121
7555 Charnequinha Silveiras SE 160 Rc 122
5150 Chãs GD 78 Se 103
2415 Chãs LE 110 Rb 110
6285-012 Chãs de Égua C 95 Sb 107
3530 Chãs de Tavares VS 96 Sc 105
5120 Chavães VS 78 Sc 102
4640-383 Chavães P 77 Rf 101
4540-264 Chave AV 76 Rd 103
6120-219 Chaveira SA 111 Sa 110
6350 Chavelhas GD 97 Ta 105
5400 Chaves VR 59 Sd 98
4960 Chaviães VC 58 Re 96
4940-104 Chavião VC 57 Rc 97
6400 Cheiras GD 96 Sf 105
5070-342 Cheires VR 78 Sc 101
2640-112 Cheleiros L 128 Qe 115
3360-103 Chelo C 95 Re 107
5470 Chelo VR 58 Rf 98
8550-249 Chilrão FA 174 Rc 125
2460 Chiqueda de Cima LE 110 Ra 111
8950 Choça FA 176 Sc 125
3840 Choca do Mar AV 94 Rb 106
4840 Chorense BR 58 Re 98
4755 Chorente BR 76 Rc 100
9350 Choro MA 194 If 152
3640-042 Chosendo VS 78 Sd 103
7920 Chouriço BE 161 Sa 119
2140-211 Chouto SA 129 Rd 113
4840 Cibões BR 58 Re 98
7050-611 Ciborro E 130 Re 116
5210-020 Cicouro BN 61 Te 99
2500-717 Cidade LE 110 Qe 112
5450 Cidadelhe VR 77 Sc 99
6400-191 Cidadelhe GD 78 Sf 103
5040 Cidadelhe VR 77 Sa 101
5450 Cidadelhe de Jales VR 78 Sc 100
4785-098 Cidai P 76 Rc 101
6060 Cidral CB 113 Sf 108
3025 Cidreira C 94 Rd 107
7160 Ciladas E 131 Se 116
5160 Cilhade BN 78 Ta 101
7570 Cilha do Centeio SE 160 Rd 119
7570 Cilha do Pascoal SE 160 Rd 119
7160 Cilidas E 131 Se 116
2200 Cima da Igreja SA 111 Rf 111
6150 Cimadas-Cimeiras CB 111 Sa 110
6150 Cimadas Fundeiras CB 111 Rf 110
4600 Cima de Vila P 77 Sa 101
Cima do Freixo SA 110 Rc 111
8550-251 Cimalhas FA 174 Rc 124
2205 Cima Ventoso SA 130 Rf 112
5110-167 Cimbres VS 77 Sb 102
6100 Cimo da Ribeira CB 111 Rf 109
3880 Cimo de Vila AV 94 Rc 103
5400 Cimo de Vila da Castanheira VR 59 Se 98
6440-051 Cinco Vilas GD 97 Ta 104
4690-022 Cinfães VS 77 Rf 102
8800 Cintados FA 176 Sc 125
5320-131 Cisterna BN 59 Se 97
8100 Clarianes FA 175 Sa 125
8970 Clarines FA 162 Sc 124
7040 Claros Montes E 130 Sa 115
5370-110 Cobro BN 78 Se 100
3060-587 Cochadas C 94 Rb 106
2125-012 Cocharro SA 129 Rc 114
3100 Codaval VR 78 Sd 100
5140 Codeçais BN 78 Se 101
3600-312 Codeçais VS 77 Sa 103
4730 Codeceda BR 57 Rd 98
4890 Codeçoso BR 77 Rf 100
5470 Codeçoso VR 58 Sa 98
6300-085 Codesseiro GD 96 Se 105
5460 Codessoso VR 59 Sb 99
5470 Codessoso VR 58 Sb 98
7800 Coelheira BE 161 Sa 121
3660-043 Coelheira VS 95 Rf 104
7555 Coelheiras SE 160 Rc 122
2100 Coelhos SA 145 Rb 115
5300 Coelhoso BN 60 Tc 99
3280 Coentral LE 111 Re 108
6420-341 Cogula GD 96 Se 104
3330 Coiços C 111 Rf 108
3000 Coimbra C 94 Rd 107
Coimbra „B", Estação Ferroviária de C 94 Rd 107
2425-452 Coimbrão LE 110 Ra 109
5460 Coimbró VR 58 Sa 98
2830 Coina SE 144 Qf 117
8970 Coito FA 162 Sc 124
3305-090 Coja C 95 Sa 107
3570 Coja GD 96 Sc 104
2705-140 Colares L 128 Qd 116
2565-297 Colaria L 144 Qe 114
3600 Cole de Pito VS 77 Sa 103
8600 Colégio FA 174 Rb 126
5140-231 Coleja BN 78 Se 102
7750-209 Colgadeiros BE 176 Sc 123
7250 Colmeal E 147 Se 117
6440 Colmeal GD 97 Sf 103
3330 Colmeal C 111 Rf 108
6250 Colmeal CB 96 Se 106
2420 Colmeias LE 110 Rb 110
5350-432 Colmeias BN 78 Sf 100
6320 Cólonia Agricola de Martim Rei GD 96 Sf 107
7570 Colónia Penal SE 160 Rb 119
7630 Colos BE 160 Rd 122
7580 Colos SE 145 Rd 118
8800 Colos FA 176 Sc 125
2000 Comenda SA 129 Rc 113
6040 Comenda PT 130 Sb 112
7040 Comenda Grande E 146 Sa 116
9930 Companhia de Ca. AC 192 Wd 118
7580 Comporta SE 145 Rb 118
5340 Comunhas BN 60 Ta 99
7490 Conçala E 130 Rf 115
8800 Conceição FA 176 Sc 126
7670-021 Conceição BE 161 Rf 122
8005 Conceição FA 175 Sa 126
3150 Condeixa-a-Nova C 111 Rd 108
3150-220 Condeixa-a-Velha C 111 Rd 108
7490 Condes E 130 Sa 115
4935 Conehada VC 57 Rb 98
5180 Congira BN 79 Tb 102
5300-473 Conlelas BN 60 Ta 98
6150 Conqueiros CB 112 Sa 110
2525 Consolação LE 128 Qd 113
Constance P 77 Rf 101
2250 Constância SA 111 Re 112
5000-081 Constantim VR 77 Sb 101
5210 Constantim BN 61 Te 99
3360-284 Contenças C 94 Rd 107
3530-344 Contenças de Baixo VS 96 Sb 105
5470 Contim VR 58 Sa 98
5320-151 Contim BN 59 Sf 97
5110-575 Contim VS 77 Sc 102
2140 Conventa SA 129 Rd 112
7425 Corças PT 129 Re 114
7750-604 Corcha BE 176 Sa 124
8100-129 Corcitos FA 175 Sa 125
7050 Cordiçadas do Lavre E 129 Rd 116
3060-232 Cordinhã C 94 Rc 106
4760 Corga BR 76 Rc 100
6270 Corga GD 95 Sb 106
4505 Corga AV 76 Rd 103
6150 Corgas CB 112 Sa 110
8150 Corgas FA 175 Sa 125
4890 Corgo BR 77 Sa 100
6430-051 Coriscada GD 96 Se 103
4920 Cornes VC 57 Rb 97
4745 Coronado P 76 Rc 101
8150-029 Corotelo FA 175 Sa 126
7750 Corredoura BE 176 Sa 123
2040-172 Correias SA 129 Rb 112
2855 Corroios SE 144 Qf 117
2970 Corroios SE 144 Qe 118
8550-118 Corsino FA 174 Rb 125
3330 Corte C 111 Rf 109
8800 Corte António Martins FA 176 Sc 125
7750-101 Corte Azinha BE 162 Sd 122
Corte Cobres BE 161 Sa 122
7800 Corte Condessa BE 162 Sb 121
8970-019 Corte das Donas FA 176 Sd 124
8970-018 Corte da Seda FA 176 Sd 124
8800 Corte de Besteiros FA 176 Sc 125
8100 Corte de Ouro FA 175 Sa 124
8950 Corte de São Tomé FA 176 Sc 124
7700 Corte do Cabo BE 175 Rf 124
8950 Corte do Gago FA 176 Sc 125
7750-102 Corte do Pinto BE 162 Sd 122
7700-260 Corte Fidalgo BE 175 Rf 125
7700 Corte Fugueira BE 175 Rf 124
3450 Cortegaça VS 95 Re 106
3885 Cortegaça AV 76 Rc 103
3610-070 Cortegada VS 77 Sb 102
7750-308 Corte Gafo de Cima BE 162 Sb 122
7750 Corte Garfo de Baixo BE 162 Sb 122
8100 Corte João Marques FA 176 Sa 124
8950 Cortelha FA 176 Sc 125
8800 Cortelha FA 175 Sb 125
8100 Cortelha FA 175 Sa 125
2500 Cortém LE 128 Qf 112
7630-521 Corte Malhão BE 175 Rd 123
7800 Corte Negra BE 161 Sa 120
8950-322 Corte Nova FA 176 Sc 124
7750-502 Corte Pão e Água BE 161 Sb 123
8375 Corte Paral FA 175 Re 124
7750 Corte Pequena BE 162 Sc 122
7750 Corte Pequena BE 161 Sa 122
7700 Corte Pinheiro BE 175 Rf 124
7800 Corte Piorno BE 162 Sb 121
7830 Corte Poço BE 162 Sc 120
7670 Corte Preta BE 160 Rd 122
3330 Corterredor C 111 Rf 108
7800 Cortes BE 161 Sa 120
8375 Cortes FA 175 Re 125
2410-501 Cortes LE 110 Rb 110
4950 Cortes VC 57 Rd 96
7960 Cortes de Baixo BE 146 Sb 120
7960 Cortes de Cima BE 146 Sb 120
6215 Cortes de Meio CB 96 Sc 107
8970 Corte Serranos FA 175 Sb 124
7595 Cortes Grandes SE 161 Re 119
7750-311 Corte Sines BE 162 Sc 122
8970 Cortes Pereiras FA 162 Sc 124
7665-859 Cortes Pereiras BE 175 Rd 123
8970 Corte Tabelião FA 162 Sc 124
7750 Corte Velha BE 161 Sb 122
7600-161 Corte Vicente Anes BE 161 Rf 121
7700-204 Corte Zorrinho BE 175 Rf 123
3465 Cortiçada VS 95 Rf 105
3570 Cortiçada GD 96 Sc 104
6230-788 Cortiçada CB 112 Sd 108
7000 Cortiçadas E 146 Rf 117
8100-171 Cortiçadas FA 175 Sa 125
2025-014 Cortiçal SA 110 Rb 112
3070-631 Corticeiro de Baixo C 94 Rb 106
3060-752 Corticeiro de Cima C 94 Rb 106
5470-053 Cortiço VR 59 Sb 98
7400 Cortiço PT 130 Rf 113
7480 Cortiço PT 130 Sa 113
6370 Corticô GD 96 Sd 105
6360 Corticô da Serra GD 96 Sd 105
2080 Cortiçóis SA 129 Rb 114
5340-102 Cortiços BN 78 Sf 99
5090 Cortinhas VR 78 Sc 100
7630 Cortinhas BE 160 Rb 122
5370 Cortins BN 78 Se 99
2100-057 Coruche SA 129 Rc 115
3570-120 Coruche GD 96 Sc 104
2425 Corucho LE 110 Ra 109
5340-110 Corujas BN 60 Ta 99
3560 Corujeira VS 96 Sb 104
6300 Corujeira GD 96 Sd 105
3070 Corujeiras C 94 Rb 106
8950 Corujos FA 176 Sc 125
5470 Corva VR 58 Sa 99
7200 Corval E 147 Sd 118
3465-014 Corveira VS 95 Rf 105
3420 Corvelo C 95 Rf 107
4600 Corvelo do Monte P 77 Sa 101
7750 Corvos BE 175 Sa 124
8150 Corxo FA 175 Sb 125
4940-132 Cossourado VC 57 Rc 97
4750-842 Cossourado BR 57 Rc 99
4925 Costa VC 57 Rb 98
4880 Costa VR 77 Sa 100
7750 Costa BE 162 Sc 123
4810 Costa BR 76 Re 100
7500 Costa SE 160 Rb 120
4920 Costa VC 57 Rb 97
4595 Costa P 76 Rd 101
2825-283 Costa da Caparica SE 144 Qe 117
7570 Costa da Galé SE 145 Ra 118
3090-458 Costa de Lavos C 110 Ra 108
3600 Costilhão VS 77 Sa 103
3505 Cota VS 95 Sb 104
5070-252 Cotas VR 78 Sd 101
3600-373 Cotelo VS 77 Sa 102
8600-077 Cotifo FA 174 Rb 126
6420-351 Cótimos GD 96 Se 104
2500-432 Coto LE 128 Qf 112
8800 Cotovio FA 176 Sc 125
8200 Cotovio FA 175 Re 126
4730 Coucieiro BR 57 Rd 98
2400-768 Coucinheira LE 110 Ra 110
2100-305 Couço SA 129 Re 115
4940 Coura VC 57 Rc 97
5110 Coura VS 77 Sc 102
3600 Coura VS 95 Sa 104
4755 Courel BR 76 Rc 100
7555 Courela SE 160 Rc 121
7800 Courelas BE 161 Sa 121
6420-586 Courelas GD 96 Sd 104
7005-127 Courelas da Azaruja E 146 Sb 116
7005-753 Courelas da Toura E 146 Sb 117
7170 Courujeira E 147 Sc 117
4960 Cousso VC 58 Re 96
6215 Coutada CB 112 Sc 107
8900 Coutada FA 176 Sc 125
2140 Coutadas SA 129 Rd 112
6060 Couto CB 113 Sa 110
4780 Couto P 76 Rd 101
4750 Couto BR 57 Rc 99
4970 Couto VC 57 Rd 97
3510-582 Couto de Baixo VS 95 Rf 105
3510-602 Couto de Cima VS 95 Rf 104
3740 Couto de Esteves AV 94 Re 104
6060 Couto do Cabeludo CB 113 Se 109
7460 Coutos (Paragem) PT 131 Sc 114
6060 Couto Velho CB 112 Sd 109
7050 Couvela de São Mateus E 146 Re 117
6100 Couxaria CB 111 Rf 109
4850 Cova BR 58 Rf 98
3090-706 Cova C 110 Ra 108
5300 Cova da Lua BN 60 Tb 97
2565-839 Cova da Moura L 128 Qd 114
8150-030 Cova da Muda FA 176 Sa 125
7630-442 Cova da Zorra BE 160 Rc 122
3670 Cova de Lobishomen VS 95 Rf 104
2825 Cova de Vapor SE 144 Qe 117
7540 Cova do Gato SE 160 Rc 120
7470 Covães PT 130 Sa 115
3300 Covais C 95 Rf 107
3440 Coval VS 95 Rf 105
3100-285 Covão da Silva LE 110 Rc 109
Covão do Coelho SA 110 Rb 111
2380 Covão do Feto SA 110 Rb 112
3840-126 Covão do Lobo AV 94 Rc 106
3420 Covas C 95 Sa 106
4920 Covas VC 57 Rb 97
5450 Covas VR 78 Sc 100
4620 Covas P 76 Re 101
3670 Covas VS 95 Rf 104
2715-260 Covas de Ferro L 144 Qe 115
5085-203 Covas do Douro VR 77 Sc 101
3660-094 Covas do Rio VS 77 Rf 103
5470-091 Covelães VR 58 Sa 98
5350 Covelas BN 78 Ta 100
4640 Covelas P 77 Sa 102
4540 Covelas AV 76 Rd 103
4830 Covelas BR 58 Rd 99
5050 Covelinhas VR 77 Sb 102
3475 Covelo VS 95 Re 105
4515 Covelo P 76 Rd 102
Covelo VS 95 Re 104
3560 Covelo de Cima VS 96 Sb 103
3600-457 Covelo de Paiva VS 95 Sb 103
4540-281 Covelo de Paivó AV 95 Rf 103
Covelo do VR 58 Sa 98
4840-080 Covide BR 58 Re 98
6200 Covilhã CB 96 Sc 107
9500 Covoada AC 193 Zb 122
2715 Covões L 128 Qd 115
6100 Covões CB 111 Rf 109
3060 Covões C 94 Rc 106
6030-154 Coxerro CB 112 Sc 110
2460-396 Coz LE 110 Ra 111
2500 Crastos LE 128 Qf 112
7430 Crato PT 131 Sc 113
7665 Craveiras BE 174 Rd 124
4930 Credal VC 57 Rc 97
4710 Crespos BR 58 Rd 99
4415 Crestuma P 76 Rc 102
9950 Criação Velha AC 192 Wc 117
6300 Criado GD 96 Sf 105
5070 Crimandre VR 77 Sc 100
4580-352 Cristelo P 76 Rd 101
4755 Cristelo BR 76 Rb 100
4910 Cristelo VC 57 Ra 97
4940 Cristelo VC 57 Rc 97
4930-151 Cristelo Covo VC 57 Rc 96
4620 Cristelos P 76 Re 101
4960 Cristoval VC 58 Re 96
4560 Croca P 76 Re 101
2205-612 Crucifixo SA 130 Re 112
4770 Cruz BR 76 Rd 100
7540 Cruz de João Mendes SE 160 Rc 120
2070-702 Cruz do Campo SA 129 Rb 114
3040-586 Cruz dos Morouços C 111 Rd 107
2500-411 Cruzes LE 128 Qf 112
2140 Cruzetos SA 129 Rd 114
7940-001 Cuba BE 146 Sa 120
7940 Cuba, Estação Ferroviária de BE 146 Sa 119
4960 Cubalhão VC 58 Re 96
7670 Cubeiras BE 161 Re 122
4980 Cuide de Vila Verde VC 57 Rd 98
3600-300 Cujó VS 77 Sa 103
7200 Cumeada E 147 Sc 118
6100 Cumeada CB 111 Rf 110
8100 Cumeada FA 175 Sa 125
5030 Cumeeira VR 77 Sb 101
2500 Cumeira LE 110 Qf 112
2480 Cumeira de Cima LE 110 Ra 111
7050 Cuncos E 145 Re 117
4940 Cunha VC 57 Rc 97
3640-050 Cunha VS 96 Sd 103
4705 Cunha BR 76 Rc 100
3530-040 Cunha Alta VS 96 Sb 105
3530-051 Cunha Baixa VS 95 Sb 105
4860 Cunhas BR 77 Sa 99
7440-251 Cunheira PT 130 Sb 113
7430 Cunheira, Estação Ferroviária de PT 130 Sb 112
5335-051 Curopos BN 59 Sf 98
5470 Currais VR 58 Sa 98
8800 Currais FA 175 Sb 125
8100 Curral FA 175 Rf 125
9030 Curral das Freiras MA 194 Ka 152
3430 Currelos VS 95 Rf 106
5460 Curros VR 59 Sb 99
5445 Curros VR 78 Sd 99
2305 Curvaceira Pequena SA 111 Rd 111
7700 Curvato BE 175 Rf 124
4740-181 Curvos BR 76 Rb 99
5155-100 Custóias GD 78 Se 102
4460-052 Custoias P 76 Rc 101

D

2550 Dagorda L 128 Qf 113
4870 Daivões VR 77 Sa 99
3610 Dálvares VS 77 Sb 102
4980-282 Danaia VC 57 Rd 98
3460-055 Dardavaz VS 95 Rf 106
7565 Daroeira SE 160 Rd 121
7630 Daroeiras BE 174 Rb 123
4935 Darque VC 57 Rb 98
4905 Deão VC 57 Rb 98
3560-030 Decermilo VS 95 Sc 104
Defesa E 131 Sc 116

7090 Defesa Grande E 146 Re 118
6120 Degolados SA 111 Sa 111
6040 Degrácia Cimeira PT 130 Sa 112
3130-022 Degracias C 111 Rc 108
5300-501 Deilão BN 60 Tc 97
7500 Deixa-o-Resto SE 160 Rb 120
4765-094 Delães BR 76 Rd 100
7630-578 Delfeira BE 174 Rb 124
2540-613 Delgada LE 128 Qf 113
5060 Delgada VR 77 Sc 101
7800 Demangas BE 161 Sb 122
4905 Deocriste VC 57 Rb 98
8800 Desbarate FA 175 Sb 126
8150-031 Desbarato FA 176 Sa 126
5120-143 Desejosa VS 78 Sc 102
6440 Devesa GD 78 Sf 103
3030 Dianteiro C 94 Rd 107
5320-051 Dine BN 60 Ta 97
8970-207 Diogo Dias FA 175 Sb 124
7750-606 Diogo Martins BE 176 Sb 123
6320 Dirão da Rua GD 96 Se 106
7700-250 Dogueno BE 175 Sa 124
2565-175 Dois Portos L 144 Qe 114
7400-118 Domingão PT 130 Rf 113
6040-025 Domingos da Vinha PT 111 Sa 111
3650 Domingueiros VS 77 Sb 103
6200 Dominguizo CB 96 Sc 107
5300-512 Donai BN 60 Tb 98
2715-247 Dona Maria L 128 Qe 116
6230-172 Donas CB 112 Sd 108
5085 Donelo VR 77 Sc 101
6300 Donfins GD 96 Sf 105
5470 Donões VR 58 Sb 97
5425 Dorna VR 59 Sd 99
5100 Dornas VS 77 Sa 102
5460 Dornelas VR 58 Sa 99
4720 Dornelas BR 58 Re 99
3740 Dornelas AV 94 Rd 104
Dornelas GD 96 Sc 104
3320 Dornelas do Zêzere C 112 Sb 108
2240-611 Dornes SA 111 Re 110
4730 Dossãos BR 57 Rd 98
7700 Do Testa BE 175 Rf 123
9700 Doze Ribeiras AC 192 Xd 116
3305-033 Dreia C 95 Sa 107
3510 Drgéns VS 95 Sa 105
3560-048 Duas Igrejas VS 96 Sb 104
4730 Duas Igrejas BR 57 Rd 98
5210 Duas Igrejas BN 79 Td 100
4560 Duas Igrejas P 76 Re 101
4700 Dume BR 76 Rd 99
4905 Durrães BR 57 Rb 99

E

5320 Edral BN 59 Sf 97
5320-041 Edrosa BN 60 Ta 98
5340 Edroso BN 60 Ta 99
5320 Edroso BN 59 Sf 97
3150-256 Ega C 111 Rc 108
9135 Eira da Cruz MA 194 Ka 152
8800 Eira da Palma FA 176 Sc 125
4740 Eira de Ana BR 76 Rb 99
3570-140 Eirado GD 96 Sd 104
2300-231 Eira do Chão SA 111 Re 111
5400 Eiras VR 59 Sd 98
3020 Eiras C 94 Rd 107
4960 Eiras VC 58 Re 97
4970 Eiras VC 57 Rd 97
9230 Eiras MA 194 Ka 152
8800-166 Eiras Altas FA 176 Sb 125
5320-112 Eiras Maiores BN 60 Ta 98
4850 Eira Vedra BR 58 Rf 99
6110 Eira Velha CB 111 Rf 110
3450 Eirigo VS 95 Re 106
7860 Eirinhas BE 147 Sd 119
5450 Eiriz VR 78 Sc 99
4595 Eiriz P 76 Rd 101
3800-681 Eirol AV 94 Rc 105
5370-641 Eivados BN 78 Se 100
5370 Eixes BN 78 Se 99
3800-762 Eixo e Eirol AV 94 Rc 105
3800-762 Eixo AV 94 Rc 105
4575-217 Eja P 76 Re 102
7350 Elvas PT 131 Sf 115
7350 Elvas, Estação Ferroviária de PT 131 Sf 115
8500 Embarradoiro FA 174 Rc 125
2640-201 Encarnação L 144 Qd 114
4750-793 Enchate BR 76 Rb 99
4755-172 Encourados BR 76 Rc 99
2100 Engal SA 130 Re 115
7780-321 Entradas BE 161 Rf 122
4980 Entre Ambos-os-Rios VC 58 Re 98
4575 Entre os-Rios Torrão P 76 Re 102
Entrepontes BR 57 Rd 99
2330 Entroncamento SA 111 Rd 112
6120-017 Envendos SA 112 Sa 111
6230-153 Enxabarda CB 112 Sc 108
6230-820 Enxames CB 112 Sd 108
2665-048 Enxara do Bispo L 128 Qe 115
8300-025 Enxerim FA 174 Rd 125
3060-373 Enxofães C 94 Rd 106
6215-201 Erada CB 95 Sc 107
2070-302 Ereira SA 129 Ra 113
3105-282 Ereiras LE 111 Rc 109
4970 Ermelo VC 58 Re 97
4880 Ermelo VR 77 Sa 100
4445-274 Ermesinde P 76 Rc 101
6100 Ermida CB 111 Sa 110
4845 Ermida BR 58 Rf 98
3070-121 Ermida C 94 Rb 106
5050 Ermida VR 77 Sa 101
5320 Ermida BN 60 Sf 98
5000 Ermida VR 77 Sb 101
4980 Ermida VC 58 Re 98
3600 Ermida VS 77 Sa 103
7565 Ermidas SE 160 Rd 120
7565 Ermidas-Sado SE 160 Rd 120
2565 Ermigeira L 128 Qe 114
2100-623 Erra SA 129 Rd 115
6400-192 Ervas Tenras GD 96 Se 104
3405 Ervedal C 95 Sa 106
7480 Ervedal PT 130 Sb 114
3080 Ervedal C 94 Rb 107
5400 Ervededo VR 59 Sc 98
2425 Ervedeira LE 110 Ra 109
6400 Ervedosa GD 96 Se 103
5335-071 Ervedosa BN 59 Sf 98
5130-061 Ervedosa do Douro VS 78 Sd 101
3730-008 Ervedoso AV 95 Re 104
2140 Ervideira SA 130 Re 113
7570 Ervideira SE 160 Rb 119
7400-119 Ervideira PT 130 Rf 113
3350 Ervideira C 95 Re 107
7600-202 Ervidel BE 161 Rf 121
4690 Ervilhasi VS 77 Rf 102
4640-384 Ervins P 77 Rf 101
5430 Ervões VR 59 Sd 99
6320-043 Escabralhado GD 97 Ta 106
Escalhão GD 79 Ta 103
6005-150 Escalos de Baixo CB 112 Sd 109
6005-170 Escalos de Cima CB 112 Sd 109
3270-065 Escalos do Meio LE 111 Re 109
3060-531 Escapães C 94 Rc 106
4870-119 Escarei VR 77 Sb 99
6440 Escarigo GD 97 Tb 103
6230-165 Escarigo CB 96 Se 107
4540 Escariz AV 76 Rd 103
Escariz BR 57 Rc 99
2120 Escaropim SA 129 Rb 114
7050 Escoural, Estação Ferroviária de E 146 Re 117
4705 Escudeiros BR 76 Rd 100
3640-060 Escurquela VS 78 Sc 102
7330 Escusa PT 131 Sd 112
7400 Escuza PT 130 Sa 113
3800 Esgueira AV 94 Rc 105
3550-071 Esmolfe VS 96 Sb 104
3885 Esmoriz AV 76 Rc 103
3420-012 Espadanal C 95 Rf 106
4690-106 Espadanedo VS 77 Re 102
5340-132 Espadanedo BN 60 Ta 99
Espanca BE 175 Sa 123
8100-358 Espargal FA 175 Rf 125
7750 Espargosa BE 161 Sa 123
3420-105 Espariz C 95 Rf 107
5210-080 Especiosa BN 61 Td 99
6400-211 Espedrada GD 96 Se 104
7340 Esperança PT 131 Se 114
4830 Esperança BR 58 Rf 99
7940 Esperança BE 146 Sa 120
3090-413 Esperança C 94 Rb 107
3220 Esphino C 111 Re 108
8600-109 Espiche FA 174 Rb 126
4850-333 Espindo BR 58 Rf 98
8670-120 Espinhaço de de Cão FA 174 Rb 125
6320 Espinhal GD 96 Sf 106
3230-070 Espinhal C 111 Rd 108
7100 Espinheiro E 131 Sc 115
3060 Espinheiro C 94 Rc 106
2380 Espinheiro SA 129 Rb 112
3750-403 Espinhel AV 94 Rd 105
4715 Espinho BR 76 Rd 99
3530 Espinho VS 95 Sb 105
3450 Espinho VS 94 Re 106
4500 Espinho AV 76 Rc 102
5130 Espinhosa VS 78 Sd 102
5130 Espinhosa VS 78 Sd 102
5300-523 Espinhosela BN 60 Ta 97
5335-033 Espinhoso BN 59 Sf 98
Espira-de Baixo SE 145 Rc 117
Espira-de Cima SE 145 Rc 117
7750-213 Espírito Santo BE 176 Sc 123
2435-152 Espite SA 110 Rc 110
4540-344 Espiunca AV 77 Re 103
3330 Esporão C 95 Sa 106
6420 Esporões GD 96 Se 103
4705 Esporoões BR 76 Rd 99
4740-233 Esposende BR 76 Rb 99
7090 Estação Alcáçovas E 146 Rf 118
7440 Estação de Fomento Pecuário PT 130 Sb 113
5300 Estacão Fermentãos BN 60 Tb 99
7400 Estação Torre das Vargens PT 130 Sa 113
7580 Estalagem SE 145 Rc 118
3864-001 Estarreja AV 94 Rc 104
4715 Este BR 58 Rd 99
8800 Esteiramantens FA 176 Sb 126
3320 Esteiro C 112 Sb 108
4570-195 Estela P 76 Rb 100
3600-322 Ester VS 77 Rf 103
5160 Estevais BN 78 Sf 101
5200 Estevais BN 79 Tb 101
8365 Estevais FA 175 Rd 126
8135-017 Esteval FA 175 Sa 126
8100-023 Esteval dos Mouros FA 175 Rf 125
2205-403 Esteveira SA 130 Rf 112
8100 Esteveira FA 175 Rf 125
6150 Esteves CB 112 Sb 110
8005 Estoi FA 176 Sa 126
8400-013 Estombar FA 174 Rd 126
4990 Estorãos VC 57 Rc 98
2765-005 Estoril L 144 Qd 116
8800-071 Estorninhos FA 176 Sc 125
8950 Estrada FA 176 Sc 125
2300 Estrada dos Montes SA 111 Re 111
8970 Estradas FA 176 Sa 124
2525 Estrade LE 128 Qd 113
9370 Estreito da Calheta MA 194 Ie 152
9325 Estreito de Câmara de Lobos MA 194 Ka 152
6160-115 Estreito-Vilar Barroco CB 112 Sb 109
7885 Estrela BE 147 Sd 119
7100 Estremoz E 131 Sc 115
5445-067 Esturãos VR 59 Sd 99
5350 Eucísia BN 78 Sf 101
7000 Évora E 146 Sa 117
2460-492 Évora de Alcobaça LE 110 Ra 111
7100 Évoramonte E 146 Sb 116
7040 Évora Monte, Estação Ferroviária de E 130 Sb 116
4970 Extremo VC 57 Rd 97

F

4990-600 Facha VC 57 Rc 98
4560 Facho P 76 Rb 101
2460-354 Facho LE 110 Qf 111
7830 Facho BE 162 Sd 121
5470-017 Fafião VR 58 Rf 98
3620-800 Faia VS 78 Sc 103
6300 Faia GD 96 Se 105
7100 Faia E 147 Sb 116
7005 Faia E 146 Sb 117
9230 Faiac MA 194 Ka 152
9230 Faial MA 194 Ka 152
9650 Faial da Terra AC 193 Ze 122
7900 Faias BE 161 Rf 119
3510-621 Fail VS 95 Sa 105
5300 Failde BN 60 Tb 98
5400 Faiões VR 59 Sd 98
Fajã da Caldeira AC 193 Xa 117
9370 Fajã da Ovelha MA 194 Ie 152
Fajã das Contreiras MA 194 If 151
9500 Fajã de Baixo AC 193 Zc 122
9500 Fajã de Cima AC 193 Zc 122
9800 Fajã de Santo Amaro AC 193 Wf 117
Fajã de São João AC 193 Xa 117
Fajã do João Dias AC 193 We 116
Fajã do Ouvidor AC 193 Wf 116
Fajã dos Cubres AC 193 Xa 117
Fajã dos Vimes AC 193 Xa 117
9850 Fajã Entre Ribeiras AC 193 Xa 117
3700 Fajães AV 76 Rd 103
9850 Fajã Grande AC 193 Wf 117
9960 Fajã Grande AC 192 Te 112
3320-080 Fajão-Vidual C 112 Sa 108
2100 Fajarda SA 145 Rc 115
9960 Fajãzinha AC 192 Te 112
4485-022 Fajozes P 76 Rb 101
9240 Falca de Cima MA 194 Ka 152
7490 Falçao E 130 Rf 115
7200-052 Falcoeiras E 147 Sc 118
6050 Falgueira PT 112 Sb 111
2450 Famalicão LE 110 Qf 111
6300 Famalicão GD 96 Sd 106
2500-064 Fanadia LE 128 Qf 112
7580 Fangarrifam SE 145 Rc 117
2450-051 Fanhais LE 110 Ra 111
2670 Fanhões L 128 Qf 115
2440-396 Fanqueira LE 110 Rb 110
4510 Fânzeres P 76 Rc 102
4740-320 Fão BR 76 Rb 99
4820-400 Fareja BR 76 Re 100
8970 Farelos FA 162 Sc 124
4755 Faria BR 76 Rb 100
7425-014 Farinha Branca PT 130 Re 114
4940 Farmariz VC 57 Rc 97
3510-643 Farminhão VS 95 Rf 105
8000 Faro FA 175 Sa 126
7565 Faros da Barradinha Nova BE 160 Rd 121
2435 Fárrio SA 111 Rc 110
3230-541 Fartosa C 111 Rd 108
7630-580 Fataca BE 174 Rb 123
3670-095 Fataunços VS 95 Rf 104
6230-180 Fatela CB 96 Sd 108
Fatela-Penamacor, Estação Ferroviária de CB 112 Sd 108
2496 Fátima SA 110 Rc 111
Fátima, Estação Ferroviária de SA 111 Rd 111
5070-261 Favaios VR 78 Sd 101
4870 Favais VR 77 Sb 100
2205 Favaqueira SA 130 Rf 112
7670 Favela BE 175 Re 123
4625 Favões P 76 Re 102
7400 Fazenda PT 130 Sa 113
7425 Fazenda PT 130 Re 114
9960 Fazenda das Lajes AC 192 Tf 112
9970 Fazenda de S. Cruz AC 192 Te 112
2100 Fazendas das Figueiras SA 145 Rc 115
2080-500 Fazendas de Almeirim SA 129 Rc 113
8800 Faz Fato FA 176 Sc 125
3060-318 Febres C 94 Rc 106
4925 Feira VC 57 Rb 98
4660-070 Feirão VS 77 Sa 102
5000 Feitais VR 77 Sb 101
6420 Feital GD 96 Se 104
8800 Feiteira FA 176 Sa 125
4750 Feitos BR 57 Rb 99
4990 Feitosa VC 57 Rc 98
6050 Feja PT 112 Sc 111
5160 Felgar BN 78 Ta 101
3360 Felgar C 95 Re 107
3730 Felgueira AV 95 Re 103
3450-336 Felgueira VS 95 Re 106
3405 Felgueira C 95 Sa 106
5335 Felgueiras BN 60 Sf 98
4960 Felgueiras VC 58 Re 96
4660 Felgueiras VS 77 Sa 102
5160 Felgueiras BN 78 Sf 102
4820 Felgueiras BR 77 Rf 99
4610 Felgueiras P 77 Re 100
5350 Felgueiras BN 79 Ta 100
2565-182 Feliteira L 144 Qe 114
7700-262 Felizes BE 175 Rf 124
9625 Fenais da Ajuda AC 193 Ze 121
9545 Fenais da Luz AC 193 Zc 122
3600 Ferejinhas VS 77 Sa 103
4540-361 Fermedo AV 76 Rd 103
3865 Fermelo AV 94 Rc 104
3750-420 Fermentelos AV 94 Rc 105
3660 Fermontelos VS 95 Sa 104
7750 Fernandes BE 162 Sc 123
5400 Fernandinho VR 59 Sd 99
2565-841 Fernandinho L 128 Qe 114
2965-545 Fernando Pó SE 145 Rb 117
7670 Fernão BE 175 Re 123
2865-001 Fernão Ferro SE 144 Qf 117
6300 Ferñao Joanes GD 96 Sd 106
5385 Ferradosa BN 59 Se 99
5350 Ferradosa BN 78 Ta 101
5130 Ferradosa VS 78 Sd 102
7830 Ferradura BE 162 Se 121
8400 Ferragudo FA 174 Rc 126
5470 Ferral VR 58 Sa 98
6050 Ferraria PT 130 Sb 112
7630 Ferraria BE 160 Rc 122
2445-075 Ferraria LE 110 Ra 110
6040 Ferraria PT 130 Sa 112
3230 Ferraria de São João C 111 Re 109
8365 Ferrarias FA 175 Re 125
8970 Ferrarias FA 176 Sb 124
7240 Ferrarias E 147 Se 118
6000 Ferrarias Cimeiras CB 112 Sb 110
4590-750 Ferreira P 76 Rd 101
4940 Ferreira VC 57 Rc 97
5340 Ferreira BN 60 Ta 99
3090-446 Ferreira a-Nova C 94 Rb 107
3560-062 Ferreira de Aves VS 95 Sc 104
7900 Ferreira do Alentejo BE 161 Rf 120
2240-336 Ferreira do Zêzere SA 111 Re 110
8200-553 Ferreiras FA 175 Re 126
3640 Ferreirim VS 78 Sd 103
5100 Ferreirim VS 77 Sb 102
4480 Ferreiró P 76 Rc 100
4720 Ferreiros BR 58 Rd 99
4970 Ferreiros VC 57 Rd 97
5430 Ferreiros VR 59 Se 98
4830 Ferreiros BR 58 Re 99
5320 Ferreiros BN 59 Se 97
5100 Ferreiros de Avões VS 77 Sb 102
4690 Ferreiros de Tendais VS 77 Rf 102
3460-101 Ferreirós do Dão VS 95 Rf 106
8600 Ferrel FA 174 Rb 126
2520-061 Ferrel LE 128 Qe 112
7630 Ferrenho BE 160 Rc 122
6200-570 Ferro CB 96 Sd 107
3630-205 Ferronha VS 78 Sd 103
4890 Fervença BR 77 Rf 100
4880 Fervença VR 77 Sa 100
5470-141 Fervidelas VR 58 Sa 98
9930 Fetais AC 193 Wf 118
3105 Feteira LE 110 Rb 109
9700 Feteira AC 192 Xf 117
9900 Feteira AC 192 Wb 117
9580 Feteiras AC 193 Zf 126
Feteiras AC 192 Zb 122
3230 Fetias C 111 Re 108
6000 Fiadeira CB 112 Sd 110
4960 Fiães VC 58 Re 96
4505-220 Fiães AV 76 Rc 103
5430 Fiães VR 59 Se 98
Fiães GD 96 Sd 104
5470-151 Fiães do Rio VR 58 Sa 98
5460 Fiães do Tâmega VR 59 Sb 99
3405-029 Fiais da Beira C 95 Sa 106
3430-022 Fiais da Telha VS 95 Sa 106
3460-454 Fial VS 95 Rf 105
7750 Fialho BE 176 Sa 124
8650 Figueira FA 174 Ra 126
7220 Figueira E 147 Sc 118
3360 Figueira C 94 Re 107
5100 Figueira VS 77 Sb 102
5200 Figueira BN 79 Tb 101
4575 Figueira P 76 Rd 102
3270 Figueira LE 111 Re 109
Figueira PT 131 Se 114
3080-011 Figueira da Foz C 110 Ra 108
6440 Figueira de Castelo Ro GD 78 Ta 103
7900-214 Figueira dos Cavaleiros BE 161 Re 120
7480-351 Figueira e Barros PT 130 Sb 114
7750 Figueiras BE 161 Sa 122
2565 Figueiras L 128 Qe 114
2430 Figueiras LE 110 Rb 110
Figueiras AC 193 We 116
4720 Figueiredo BR 58 Rd 99

4705 Figueiredo BR 76 Rd 100
6100 Figueiredo CB 111 Rf 109
4805 Figueiredo BR 76 Rd 100
Figueiredo das Donas VS 95 Rf 104
3660 Figueiredo de Alva VS 95 Sa 103
7780 Figueirinha BE 161 Sa 123
5200 Figueirinha BN 79 Tc 100
8300 Figueirinha FA 175 Rd 125
8100 Figueirinha FA 176 Sa 125
Figueirinha, Estação Ferroviária de BE 161 Rf 121
4590 Figueiró P 76 Rd 101
4615 Figueiró P 77 Rf 101
3510-733 Figueiró VS 95 Sa 105
6370-041 Figueiró da Granja GD 96 Sd 105
6290 Figueiró da Serra GD 96 Sd 105
3130-040 Figueiró do Campo C 110 Rc 108
3260 Figueiró dos Vinhos LE 111 Re 109
2550 Figueiros L 128 Qf 113
Figueirosa VS 95 Rf 104
5090-052 Fiolhoso VR 78 Sc 100
5470 Firvidas VR 58 Sb 98
4720 Fiscal BR 57 Rd 99
9900 Flamengos AC 192 Wc 117
7430-211 Flor da Rosa PT 131 Sc 113
2845 Fogueteiro SE 144 Qf 117
6320 Foios GD 97 Ta 107
4990 Fojo Lobal VC 57 Rc 98
5360 Folgares BN 78 Se 101
2565 Folgarosa L 128 Qf 114
4425 Folgosa P 76 Rc 101
5110 Folgosa VS 77 Sb 102
6270-211 Folgosa do Salvador GD 95 Sb 106
4540-612 Folgosinho AV 76 Re 103
6290 Folgosinho GD 96 Sc 105
3600 Folgoso VS 77 Sa 103
4635 Folhada P 77 Rf 101
3520-021 Folhadal VS 95 Sa 105
5000-103 Folhadela VR 77 Sb 101
6270-041 Folhadosa GD 95 Sb 106
3300-261 Folques C 95 Rf 107
3560 Fontainhas VS 96 Sb 104
7570 Fontaínhas SE 160 Rb 119
7350 Fontalva PT 131 Se 115
2705-415 Fontanelas L 144 Qd 115
4990 Fontão VC 57 Rc 98
6270 Fontão GD 96 Sb 107
Fonte, Estação Ferroviária de SE 145 Rb 117
4560 Fonte Arcada P 76 Rd 102
3640 Fonte Arcada VS 78 Sc 103
3570-072 Fonte Arcadinha GD 96 Sc 104
7900 Fonte Boa BE 146 Rf 120
4740-416 Fonte Boa BR 76 Rb 100
2655 Fonte Boa da Brincosa L 144 Qd 115
2655-405 Fonte Boa dos Nabos L 128 Qd 115
7600 Fonte Coberta BE 161 Re 121
8365 Fonte da Matosa FA 175 Rd 126
8150 Fonte da Murta FA 175 Sa 126
2000-343 Fonte da Pedra SA 129 Rb 112
2825-486 Fonte da Telha SE 144 Qe 117
5210 Fonte de Aldeia BN 79 Td 100
3840 Fonte de Angeão AV 94 Rb 106
8800 Fonte de Corcho FA 176 Sa 125
3060-672 Fonte de Martel C 94 Rb 107
5140 Fonte de Seixas BN 78 Sd 101
9760 Fonte do Bastardo AC 192 Xf 116
8800 Fonte do Bisbo FA 176 Sb 125
9880 Fonte do Mato AC 192 Xa 114
8150-037 Fonte do Touro FA 176 Sa 126
8670 Fonte Ferrenha FA 174 Rb 124
7200 Fonte Furada E 147 Sc 118
5225 Fonte Gatão BN 79 Td 100
2560 Fonte Grada L 128 Qe 114
5000-034 Fonteita VR 77 Sc 101
3090-641 Fontela C 110 Rb 108
4850 Fontelas BR 58 Rf 99
5050 Fontelas VR 77 Sb 102
3330-137 Fonte Limpa C 111 Rf 108
5110 Fontelo VS 77 Sb 102
5140 Fonte Longa BN 78 Sc 101
6000 Fonte Longa CB 112 Sb 110
6430 Fonte Longa GD 78 Se 102
5430-008 Fonte Mercê VR 78 Se 99
5300 Fontes BN 60 Ta 98
8400 Fontes FA 174 Rd 125
5030 Fontes VR 77 Sb 101
2410-850 Fontes LE 110 Rb 110
9880 Fontes AC 192 Wf 114
8800 Fonte Salgada FA 176 Sc 126
7555 Fonte Santa SE 160 Rb 122
2230 Fontes Ferraria SA 111 Re 111
7160 Fonte Soeiro E 147 Sd 116
8970 Fonte Zambujo FA 176 Sc 124
8970 Fonte Zambujo Baixo FA 176 Sc 124
3060-319 Fontinha C 94 Rc 106
9760 Fontinhas AC 192 Xf 116
4930-246 Fontoura VC 57 Rc 97
3640 Forca VS 78 Sc 103
6320-151 Forcalhos GD 97 Tb 106
4740 Forjães BR 57 Rb 99
3560-070 Forles VS 95 Sc 103
7220 Formiga E 146 Sb 118
2435-208 Formigais SA 111 Rd 110
5300-572 Formil BN 60 Ta 98
3610-043 Formilo VS 77 Sb 102
7750 Formoa BE 176 Sc 123
2100 Formosa SA 145 Rd 115
7425 Formosa Velha PT 129 Re 114
3140-349 Formoselha C 110 Rc 107
8100 Fornalha FA 175 Sa 125
8800 Fornalha FA 176 Sb 125
8550 Fornalha FA 174 Rc 125
7700-221 Fornalha BE 175 Sa 124
7630 Fornalhas BE 160 Rd 121
7630-692 Fornalhas Velhas BE 160 Rd 121
4485 Fornelo P 76 Rc 101
3680-016 Fornelo VS 95 Re 104
3670-131 Fornelo do Monte VS 95 Rf 105
4820 Fornelos BR 77 Re 100
4690 Fornelos VS 77 Re 102
5030 Fornelos VR 77 Sb 101
4755 Fornelos BR 76 Rb 99
4990 Fornelos VC 57 Rc 98
3570 Fornihos GD 96 Sc 104
2965-217 Forninho SE 145 Rb 117
5180 Fornos BN 79 Tb 101
4520 Fornos AV 76 Rc 103
Fornos P 77 Rf 101
6370-101 Fornos de Algodres GD 96 Sc 105
5340-172 Fornos de Ledra BN 59 Sf 98
3530 Fornos de Maceira Dão VS 95 Sb 105
5430-100 Fornos do Pinhal VR 59 Se 99
6360 Forno Telheiro GD 96 Sd 104
7250 Foro E 147 Sd 116
2100 Foros da Biscaia SA 129 Rc 114
2100-600 Foros da Branca SA 145 Rc 115
7630-718 Foros da Caiada BE 160 Rc 121
2100 Foros da Fonte de Pau SA 129 Rd 115
7170-102 Foros da Fonte Seca E 147 Sc 117
7500-020 Foros da Quinta SE 160 Rb 120
2100 Foros da Salgueirinha SA 129 Rc 115
7050 Foros de Aduá E 146 Re 117
7580 Foros de Albergaria SE 160 Rc 119
2080 Foros de Almeirim SA 129 Rc 114
Foros de Amendonça SE 145 Rd 118
2100 Foros de Azerveira SA 129 Rc 114
7540-400 Foros de Cadouços SE 160 Rc 121
2120-181 Foros de Salvaterra SA 145 Rb 114
7555-221 Foros de Vale Coelho SE 160 Rb 122
7050 Foros de Vale de Figueira E 145 Re 116
7555 Foros do Arncirinho SE 160 Rc 121
7425 Foros do Arrão PT 130 Re 114
7555 Foros do Campo SE 160 Rc 121
Foros do Freixo E 147 Sc 116
7540-401 Foros do Malhão SE 160 Rc 121
7555 Foros do Monte Novo SE 160 Rc 121
7645 Foros do Pereira BE 160 Rb 122
7050 Foros do Pinheiro E 145 Re 118
7170 Foros do Queimado E 146 Sb 117
2100-040 Foros do Rebocho SA 145 Rd 115
2100 Foros dos Carapucões SA 129 Rd 116
7540 Foros do Sobralinho SE 160 Rc 121
2985 Foros do Trapo SE 145 Rb 116
2130 Foroso do Almada SA 129 Rb 115
7600 Forros de Vale de Água BE 160 Rd 121
9200 Fortaleza MA 194 Kb 152
7350 Forte da Graça PT 131 Se 115
7160 Forte de Ferragudo E 147 Se 116
7330 Forte do Santo PT 131 Sd 112
8950 Fortes FA 176 Sc 124
7300-651 Fortios PT 131 Sd 113
Foupana FA 176 Sb 126
2205-210 Foz SA 130 Re 113
6285-015 Foz da Égua C 95 Sb 107
3200 Foz de Arouce C 95 Re 108
2500-450 Foz do Arelho LE 128 Qe 112
8550-131 Foz do Arroio FA 174 Rb 124
8550-133 Foz do Besteiro FA 174 Rb 124
8550-026 Foz do Carvalhoso FA 174 Rc 124
6030-155 Foz do Cobrão CB 112 Sb 110
8550-286 Foz do Farelo FA 174 Rc 124
6185 Foz do Giraldo CB 112 Sb 108
4515 Foz do Sousa P 76 Rd 102
4760 Fradelos BR 76 Rc 100
3850 Fradelos AV 94 Rd 104
7595 Frades SE 160 Rd 119
4830 Frades BR 58 Re 99
5470 Frades VR 58 Sa 98
7800 Frades BE 162 Sb 120
5385-041 Fradizela BN 59 Se 99
3505 Fragosela VS 95 Sa 105
4905 Fragoso BR 57 Rb 99
2040-153 Fráguas SA 129 Ra 112
3650 Fráguas VS 95 Sb 103
3460-302 Fráguas VS 95 Rf 105
5300-541 França BN 60 Tb 97
5400 Franca VR 59 Sd 99
4920 France VC 57 Rb 97
5070-573 Francelos VR 78 Sc 100
5370 Franco BN 78 Sd 100
4830 Frande BR 58 Re 99
5070-204 Franzilhal VR 78 Sd 101
6030-012 Fratel CB 112 Sb 111
Fratel, Estação Ferroviária de CB 112 Sb 111
4595 Frazão P 76 Rd 101
2100-620 Frazão SA 145 Rd 114
6160 Frazumeira CB 111 Sa 109
4590-287 Freamunde P 76 Rd 101
5370-135 Frechas BN 78 Sf 100
6420 Freches GD 96 Sd 104
4600-593 Fregim P 77 Rf 101
Freguises E 146 Rf 117
5450 Freia de Bornes VR 78 Sc 99
4660-095 Freigil VS 77 Rf 102
6120-318 Frei João SA 111 Sa 111
3475 Freimoninho AV 95 Re 105
Freinada, Estação Ferroviária de GD 97 Ta 105
6355-060 Freineda GD 97 Ta 105
7160 Freire E 147 Sd 116
2565 Freiria L 144 Qe 114
2590 Freiria L 144 Qf 114
4730 Freiriz BR 57 Rc 99
4820 Freitas BR 77 Re 99
5370 Freixeda BN 78 Sf 100
5450 Freixeda VR 59 Sc 99
6440-201 Freixeda do Torrão GD 78 Sf 103
Freixedas GD 96 Sf 104
7000 Freixial E 146 Rf 117
6230 Freixial CB 112 Sc 108
2240 Freixial LE 110 Rb 110
7580 Freixial SE 145 Rd 118
6420 Freixial GD 96 Se 104
6000-521 Freixial do Campo CB 112 Sc 109
2435-271 Freixianda SA 111 Rd 110
5360-062 Freixiel BN 78 Se 101
3640-120 Freixinho VS 78 Sc 103
3530-080 Freixiosa VS 96 Sb 105
5210-333 Freixiosa BN 79 Te 100
4630 Freixo P 77 Rf 102
2305 Freixo SA 129 Rd 114
6355 Freixo GD 97 Sf 105
5070 Freixo VR 78 Sc 100
4990 Freixo VC 57 Rc 99
Freixo VS 95 Re 106
Freixo PT 131 Sf 115
Freixo, Estação Ferroviária de BN 79 Ta 101
6290-082 Freixo da Serra GD 96 Sc 105
4600 Freixo de Baixo P 77 Rf 101
4615 Freixo de Cima P 77 Rf 101
5180 Freixo de Espada a Cinta BN 79 Tb 102
5155-201 Freixo de Numão GD 78 Se 102
5155 Freixo de Numão, Estação GD 78 Se 102
6120 Freixoeiro SA 111 Sa 110
2565-773 Freixofeira L 144 Qe 114
8100-179 Freixo Seco FA 175 Rf 125
4640-223 Frende P 77 Sa 102
7570 Fresta SE 160 Rd 119
5320-052 Fresulfe BN 60 Ta 97
3200 Frexio C 111 Re 108
5470 Friães VR 58 Sa 98
4990-630 Friastelas VC 57 Rc 98
5300 Frieiras BN 79 Tb 99
2660-001 Frielas L 128 Qf 116
4930 Friestas VC 57 Rc 96
5430 Friões VR 59 Sd 98
3360 Friumes C 95 Re 107
7460 Fronteira PT 131 Sc 114
3850-610 Frossos AV 94 Rc 105
4700 Frossos BR 76 Rd 99
5300 Frreixidelo BN 60 Tb 98
5445-041 Frutuoso VR 59 Sc 99
6370-311 Fuinhas GD 96 Sd 104
3660-617 Fujaco VS 95 Rf 103
3730 Função AV 94 Re 103
9050 Funchal MA 194 Ka 153
7670-112 Funcheira BE 160 Rd 122
8375 Funcho FA 175 Rd 125
8950 Funchosa FA 176 Sc 125
6110 Fundada CB 111 Rf 110
6230 Fundão CB 112 Sd 108
5070 Fundões VR 77 Sc 100
2350-024 Fungalvaz SA 111 Rd 111
Furacasas P 77 Sa 101
7340 Furadas PT 131 Se 114
3150 Furadouro C 111 Rd 108
2305 Furadouro E 130 Re 115
Furadouro AV 94 Rb 103
9675 Furnas AC 193 Ze 122
8950-331 Furnazinhas FA 176 Sc 124
6040 Furtado PT 111 Sa 111
8700-011 Fuseta FA 176 Sb 126
4540 Fuste AV 77 Re 103
7005 Fuzeira E 146 Sb 117

G

5000-131 Gache VR 77 Sc 101
3840 Gafanha da Boa Hora AV 94 Rb 105
3830-469 Gafanha da Encarnação AV 94 Rb 105
3830-551 Gafanha da Nazaré AV 94 Rb 105
3840-253 Gafanha da Vagueira AV 94 Rb 105
3830-013 Gafanha de Aquém AV 94 Rb 105
3840 Gafanha do Areão AV 94 Rb 105
3830-401 Gafanha do Carmo AV 94 Rb 105
3600-345 Gafanhão VS 77 Rf 103
7430 Gafete PT 130 Sb 112
6300 Gagos GD 96 Sf 105
4890 Gagos BR 77 Rf 100
7700 Gagos BE 175 Rf 124
6250 Gaia GD 96 Se 106
4640 Gaia P 77 Rf 102
3220-414 Gaiate C 111 Re 108
2510 Gaieiras LE 128 Qf 112
4990-635 Gaifar VC 57 Rc 99
2460-771 Gaio LE 110 Qf 112
2860 Gaio SE 144 Qf 116
8970-334 Galachos FA 176 Sc 124
5050 Galafura VR 77 Sb 101
5000 Galçada VR 77 Sb 101
7240 Galeana E 147 Sf 119
8670 Galé de Baixo FA 174 Rb 124
8670 Galé de Cima FA 174 Rb 124
8970 Galego FA 176 Sb 125
4560 Galegos P 76 Re 102
7330-063 Galegos PT 131 Se 112
4830 Galegos BR 76 Re 99
4750 Galegos BR 76 Rc 99
7780 Galequinha Grande BE 161 Sa 122
7630 Galharda BE 160 Rd 122
3515 Galifonge VS 95 Sa 104
6000 Galisteu CB 112 Se 111
5100-453 Galvã VS 77 Sb 102
7400-001 Galveias PT 130 Sa 114
2100 Gamas SA 129 Rc 115
2910 Gambia SE 145 Rb 117
6400 Gamelas GD 97 Sf 104
4880 Gampahó VR 77 Sa 101
2025-601 Gançaria SA 129 Ra 112
4930 Gândara VC 57 Rc 96
3840 Gândara AV 94 Rb 106
2415 Gândara dos Olivais LE 110 Rb 110
4835 Gandarela BR 76 Rd 100
4890 Gandarela BR 77 Rf 100
3360 Gandelim C 95 Re 107
4990 Gandra VC 57 Rc 98
4740 Gandra BR 76 Rb 99
4585 Gandra P 76 Rd 101
4950 Gandrachão VC 57 Rc 97
4930-355 Ganfei VC 57 Rc 96
4970 Garcão VC 58 Rd 98
5300 Garcãosinho BN 60 Tb 99
2430-014 Garcia LE 110 Ra 110
8800 Garcia FA 176 Sb 124
6030-013 Gardete CB 112 Sb 111
4830 Garfe BR 76 Re 99
5060-422 Garganta VR 77 Sc 101
9230 Garnal MA 194 Ka 152
6030 Garreta CB 112 Sc 110
8800-025 Garrobo FA 176 Sb 125
7885 Garrochais BE 147 Se 120
7670-121 Garvão BE 160 Rd 122
7900 Gasparões BE 161 Re 121
6300-070 Gata GD 96 Se 105
4600 Gatão P 77 Rf 101
6430 Gateira GD 78 Se 103
7050 Gato E 146 Re 117
7750 Gato BE 175 Sb 123
3140 Gatões C 94 Rb 107
9100 Gaula MA 194 Kb 152
4960 Gave VC 58 Re 96
4920 Gavea VC 57 Rb 97
2140 Gaviao SA 129 Re 113
6030 Gavião CB 112 Sb 110
7600 Gavião BE 161 Rf 122
6040 Gavião PT 111 Sa 112
4760 Gavião BR 76 Rc 100
2140 Gavião SA 129 Rd 113
8375-040 Gavião de Baixo FA 175 Re 125
8375-155 Gavião de Cima FA 175 Re 125
6000 Gaviãosinho CB 112 Sb 110
4970 Gavieira VC 58 Re 97
3400 Gavinhos de Baixo C 95 Sa 106
5350-250 Gebelim BN 79 Ta 100
4900 Gelfa VC 57 Ra 98
4730 Geme BR 57 Rd 99
4890 Gémeos BR 77 Rf 100
4740 Gemezes BR 76 Rb 99
8100-389 Gemica FA 175 Rf 125
4475 Gemunde P 76 Rc 101
5210-090 Genísio BN 79 Td 99
4820 Gens BR 77 Rf 100
4515 Gens P 76 Rd 102
2525-511 Geraldes LE 128 Qe 113
4830 Geraz do Minho BR 58 Re 99
5470 Gerês VR 58 Sa 98
3550-093 Germil VS 95 Sb 105
4980 Germill VC 58 Re 98
4640 Gestaçô P 77 Sa 101
3130 Gesteira C 110 Rc 108
3060 Gesteira C 94 Rb 107
5320 Gestosa BN 59 Sf 97
3440-128 Gestosa VS 95 Rf 106
3660-139 Gestoso VS 95 Re 103
3730-061 Gestoso AV 94 Rd 104
8700 Gião FA 176 Sb 126
4485-171 Gião P 76 Rb 101
4525 Gião AV 76 Rd 103
4970 Giela VC 57 Rd 97
7000 Giesteira E 146 Rf 117

2495 Giesteira SA 110 Rb 111
3750 Giesteira AV 94 Rd 105
6150-721 Giesteiras Cimeiras CB 112 Sb 110
8550-289 Gil Bordalo FA 174 Rc 125
4755 Gilmonde BR 76 Rc 99
8100 Gilvrazino FA 175 Rf 126
5300-553 Gimonde BN 60 Tb 98
9555 Ginetes AC 192 Za 121
9240 Ginjas MA 194 If 152
8970 Giões FA 162 Sb 124
6270-051 Girabolhos GD 95 Sb 105
7800 Giralda BE 161 Sb 121
2140 Giraldo SA 129 Rd 113
8550-135 Giraldo FA 174 Rb 124
7780 Giraldos BE 161 Rf 122
7100 Glória E 131 Sc 116
2125-021 Glória do Ribatejo SA 129 Rc 114
4720 Goães BR 58 Re 99
4730 Goães BR 57 Rc 98
2705-784 Godigana L 144 Qd 115
5050-059 Godim VR 77 Sb 101
4730 Godinhaços BR 57 Rd 98
7100 Godinheira E 130 Sb 115
3220-112 Godinhela C 111 Rd 108
4755 Góios BR 76 Rc 100
7750 Góis BE 175 Sb 123
3330-209 Góis C 111 Rf 108
4740 Góis BR 76 Rb 99
4820 Golães BR 77 Re 100
2150 Golegã SA 129 Rd 112
6420-504 Golfar GD 96 Sd 104
5370-553 Golfeiras BN 78 Se 100
7700-222 Gomes Aires BE 175 Re 123
4730 Gomide BR 58 Rd 98
4800-190 Gonça BR 76 Re 99
6300-115 Gonçalo GD 96 Sd 106
6300-120 Gonçalo Bocas GD 96 Se 105
8700 Gonçalves FA 176 Sb 126
8100 Goncinha FA 175 Rf 126
4580-402 Gondalães P 76 Re 101
4920 Gondar VC 57 Rb 97
4910 Gondar VC 57 Rb 98
4600 Gondar P 77 Rf 101
4835-537 Gondar BR 76 Rd 100
4920 Gondarém VC 57 Rb 97
4860-137 Gondarém BR 77 Rf 99
2490-135 Gondemaria SA 110 Rc 110
5300-561 Gondesende BN 60 Ta 97
4860 Gondiães BR 58 Sa 99
4930 Gondim VC 57 Rc 97
4475 Gondim P 76 Rc 101
4420 Gondomar P 76 Rc 102
4800 Gondomar BR 76 Re 99
3610 Gondomar VS 77 Sb 102
4730 Gondomar BR 58 Rd 98
4930 Gondomil VC 57 Rc 96
4970 Gondoriz VC 57 Rd 97
4840 Gondoriz BR 58 Re 98
4990 Gondufe VC 57 Rc 98
Gondufe VC 57 Rc 98
6285-068 Gondufo GD 95 Sb 107
4820-485 Gontim BR 77 Rf 99
7700 Gorazes BE 175 Rf 123
5430-230 Gorgoço VR 59 Se 98
7580 Gorgolim SE 145 Rd 117
2140 Gorjão SA 130 Re 113
4640 Gosende P 77 Rf 102
3600-374 Gosende VS 77 Sa 102
5300-574 Gostei BN 60 Tb 98
5110-373 Goujoim VS 77 Sc 102
5450-210 Gouvães da Serra VR 77 Sb 100
5085-242 Gouvães do Douro VR 78 Sc 101
2705-409 Gouveia L 128 Qd 115
5350-262 Gouveia BN 78 Ta 101
6290 Gouveia GD 96 Sc 106
4600 Gouveia P 77 Rf 101
3610-033 Gouviães VS 77 Sb 102
5060-052 Gouvinhas VR 77 Sc 101
4640-264 Gove P 77 Rf 102
3270-022 Graça LE 111 Re 109
2510 Gracieira LE 128 Qf 113
3100 Gracieira LE 110 Rc 110
3780 Grada AV 94 Rd 106
4970 Grade VC 58 Rd 97
2665-101 Gradil L 128 Qe 115
3570-160 Gradiz GD 96 Sc 103
5450 Graheira VR 77 Sb 100
8800-027 Grainho FA 176 Sb 125
5470-160 Gralhas VR 59 Sb 97
Gralheira VS 77 Sa 102
5340 Gralhós BN 79 Tb 99
8550 Gralhos FA 174 Rc 125
3400-263 Gramaça C 95 Sa 107
7350 Gramicha PT 131 Sf 115
5300-482 Grandais BN 60 Tb 98
7900 Grandão BE 146 Rf 120
7570 Grândola SE 160 Rc 119
Granho SA 129 Rc 114
2125 Granho Novo de Magos SA 145 Rb 114
3630 Granja VS 78 Sd 102
3130 Granja C 94 Rc 108
5200 Granja BN 79 Tc 100
5225 Granja BN 79 Td 99
7100 Granja E 131 Sc 115
3360 Granja C 94 Rd 107
5160 Granja BN 78 Ta 102
3600 Granja VS 77 Sa 103
7240 Granja E 147 Se 119
4410 Granja P 76 Rc 102
5070 Granja VR 78 Sd 101
6300 Granja GD 96 Sf 105
4950 Granja VC 58 Rd 96
5460 Granja VR 59 Sc 98
7340 Granja PT 131 Se 114
5450 Granja VR 78 Sc 100
6420 Granja GD 96 Se 104
3100 Granja LE 110 Rc 109
9900 Granja AC 192 Wc 117
3060 Granja de Ança C 94 Rd 107
3810-818 Granja de Baixo AV 94 Rc 105
3810-811 Granja de Cima AV 94 Rc 105
5120-161 Granja do Tedo VS 77 Sc 102
3640 Granjal VS 78 Sc 103
3610-042 Granja Nova VS 77 Sb 102
Granja Nova VR 77 Sb 99
5120 Granjinha VS 78 Sc 102
3570 Gravaca GD 96 Sc 104
3610 Gravaz VS 77 Sb 102
5000-027 Gravelos VR 77 Sb 100
8300 Gregórios FA 175 Rd 125
5200-382 Gregos BN 79 Tc 100
4415 Grijó P 76 Rc 102
5300-582 Grijó de Parada BN 60 Tb 98
5340-152 Grijó de Vale Benfeito BN 78 Ta 100
4640 Grilo P 77 Rf 102
4775 Grimancelos BR 76 Rc 100
3230-020 Grocinas C 111 Rd 109
2425 Grou LE 110 Ra 109
4925 Grovas VC 57 Rb 98
4980 Grovelas VC 57 Rd 98
2040 Gruta de Alcobertas SA 128 Ra 112
8500 Grutas de Ibne Ammar FA 174 Rc 126
5225 Grutas de Santo Adrião BN 79 Td 99
9880 Guadalupe AC 192 Wf 114
5300-822 Guadramil BN 60 Tc 97
4710 Gualtar BR 76 Rd 99
4505 Gualtar AV 76 Rc 103
6300 Guarda GD 96 Se 105
3240-671 Guarda C 111 Rd 109
3105 Guarda do Norte LE 110 Ra 109
6300 Guarda-Gare GD 96 Se 105
3475 Guardão VS 95 Rf 105
4765-401 Guardizela BR 76 Rd 100
7700 Guedelhas BE 175 Sa 124
7700 Guedelhinhas BE 175 Rf 123
5120-350 Guedieiros VS 78 Sc 102
8550-137 Guena FA 174 Rb 125
4755-251 Gueral BR 76 Rc 100
7780 Guerreiro BE 161 Sa 122
8200 Guia FA 175 Re 126
Guia BN 110 Rb 109
Guia, Estação Ferroviária de LE 110 Rb 109
5000-111 Guiães VR 77 Sc 101
4745 Guidões P 76 Rc 101
4485-001 Guilhabreu P 76 Rc 101
4970 Guilhadeses VC 57 Rd 98
5450-080 Guilhado VR 77 Sc 100
6300 Guilhafonso GD 96 Se 105
3640-700 Guilheiro GD 78 Sd 103
4850-188 Guilhofrei BR 58 Rf 99
4560-144 Guilhufe P 76 Re 101
4810 Guimarães BR 76 Re 100
4825 Guimarei P 76 Rd 101
4950-207 Guimil VC 57 Rd 96
4705 Guisande BR 76 Rd 100
4525-310 Guisande AV 76 Rd 103
4405 Gulpilhares P 76 Rc 102
3515-789 Gumiei VS 95 Rf 104

H

6150 Herdade CB 112 Sb 109
7000 Herdade da Mitra (Escola Agrícola) E 146 Rf 117
7875-101 Herdade da Negrita BE 162 Se 120
7750 Herdade de Santa Maria BE 175 Sb 123
7200 Herdadinha E 147 Sc 118
3360-249 Hombres C 95 Re 107
5155 Horta GD 78 Se 102
9900 Horta AC 192 Wc 117
7220 Horta da Quinta E 146 Sa 118
5160-101 Horta da Vilariça BN 78 Sf 101
7340-111 Hortas de Baixo PT 131 Se 114
7340-113 Hortas de Cima PT 131 Se 113
8650-281 Hortas do Tabual FA 174 Ra 126
7250-069 Hortinhas E 147 Sd 117

I

6060 Idanha-a-Nova CB 113 Se 109
6060-041 Idanha-a-Velha CB 113 Sf 109
5210-101 Ifanes BN 61 Te 99
3670-172 Igarei VS 95 Rf 104
4750 Igreja Nova BR 57 Rc 99
2640-300 Igreja Nova L 128 Qe 115
2240 Igreja Nova do Sobral SA 111 Re 110
7040 Igrejinha E 146 Sa 116
9230 Ilha MA 194 Ka 152
3830 Ílhavo AV 94 Rb 105
2135 Infantado SA 145 Rb 115
4810 Infantas BR 76 Re 100
4890 Infesta BR 77 Rf 100
4940 Infesta VC 57 Rc 97
4815 Infias BR 76 Re 100
4640-175 Ingilde P 77 Rf 102
6250-162 Inguias CB 96 Se 107
4940 Insalde VC 57 Rc 97
6230 Ínsuas da Ponte CB 112 Sd 107
3740 Irijó AV 94 Re 104
4560 Irvio P 76 Re 101
5300-591 Izeda BN 79 Tb 99

J

2240-300 Jamprestes SA 111 Rd 110
8950 Janaqueira FA 176 Sd 125
4540-402 Janarde AV 77 Rf 103
3730 Janardo AV 94 Rd 104
2415 Janardo LE 110 Rb 110
2710-007 Janas L 128 Qd 116
3320-105 Janeiro de Baixo C 112 Sb 108
6185-102 Janeiro de Cima CB 112 Sb 108
9350 Jardim da Serra MA 194 If 152
9370 Jardim do Mar MA 194 Ie 152
6355-151 Jardo GD 97 Ta 105
8970-336 Jardos FA 176 Sb 125
8150-040 Javali FA 176 Sa 125
4600 Jazente P 77 Rf 101
2665 Jerumelo, Estação Ferroviária de L 144 Qe 115
4770-160 Jesufrei BR 76 Rc 100
4770 Joane BR 76 Rd 100
8100 João Andrés FA 175 Re 125
6300-066 João Antão GD 96 Se 106
7480-057 João Galego PT 130 Rf 114
7750-032 João Serra BE 161 Sa 122
8375-210 Joios FA 175 Rd 124
4970 Jolda VC 57 Rc 98
4970 Jolda (São Paio) VC 57 Rd 98
2490 Jorja SA 110 Rc 110
5070 Jorjais VR 78 Sc 100
5000 Jorjais VR 77 Sb 101
5090-076 Jou VR 78 Sd 100
4510-001 Jovim P 76 Rc 102
3475 Juens VS 95 Re 105
4610 Jugueiros P 76 Re 100
4860-426 Juguelhe BR 77 Sa 99
6400-145 Juizo GD 96 Sf 103
6350-072 Junça GD 97 Ta 104
6370-332 Juncais GD 96 Sc 105
2100-627 Juncal SA 145 Rd 114
2480-065 Juncal LE 110 Ra 111
6000-541 Juncal do Campo CB 112 Sc 109
2300-024 Junceira SA 111 Rd 111
7100 Junceira E 131 Sb 116
2140 Junco SA 129 Rd 113
3730 Junqueira AV 94 Rc 104
4480 Junqueira P 76 Rb 100
5230 Junqueira BN 79 Tc 100
5160 Junqueira BN 78 Sf 101
5445 Junqueiro VR 59 Sd 99
7600 Junqueiros BE 161 Re 121
7250-242 Juromenha E 147 Se 116
3720 Jusã AV 94 Rc 103
5000-121 Justes VR 77 Sc 100

L

5300-422 Labiados BN 60 Tc 97
8970-208 Laborato FA 176 Sb 124
7670 Laborela BE 160 Rd 122
3360 Laborino C 95 Re 107
4485-293 Labruge P 76 Rb 101
2580 Labrugeira L 128 Qf 114
4990-655 Labruja VC 57 Rc 97
2150 Labruja SA 129 Rd 112
4990-660 Labrujó VC 57 Rc 97
3430-690 Laceiras VS 95 Sa 106
4970 Laceiras VC 57 Rd 97
5000 Ladares VR 77 Sc 101
8550 Ladeira FA 174 Rc 125
7630 Ladeira BE 175 Rd 123
6030 Ladeira CB 112 Sb 110
6120 Ladeira SA 112 Sa 111
8550-299 Ladeira de Cima FA 174 Rc 124
6060-201 Ladoeiro CB 113 Se 109
Ladrugães VR 58 Sa 98
5320-242 Lagarelhos BN 60 Sf 97
5400 Lagarelhos VR 59 Sd 98
4610 Lagares P 76 Re 100
4560 Lagares P 76 Rd 102
3405 Lagares C 95 Sa 106
6290-091 Lagarinhos GD 96 Sb 106
3240 Lagarteira C 111 Rd 109
7630 Lagarteira BE 160 Rc 122
6050 Lage da Prata PT 130 Sb 112
4720 Lago BR 57 Rd 99
7800 Lagoa BE 161 Rf 121
3070 Lagoa C 94 Rb 106
4820 Lagoa BR 77 Rf 99
2640 Lagoa L 144 Qd 114
5340 Lagoa BN 79 Tb 100
8400 Lagoa FA 174 Rd 126
6110 Lagoa CB 111 Rf 110
8950 Lagoa FA 176 Sd 125
9560 Lagoa AC 193 Zc 122
5180-201 Lagoaça BN 79 Tb 101
2965 Lagoa da Palha, Estação Ferroviária de SE 145 Ra 117
2970 Lagoa de Albufeira SE 144 Qe 117
7570 Lagoa de Melides SE 160 Rb 120
2460-613 Lagoa do Cão LE 110 Ra 111
7700 Lagoa do Soeiro de Cima BE 175 Rf 123
2495-024 Lagoa Ruiva LE 110 Rb 111
3060 Lagoas C 94 Rc 106
5430-406 Lagõas VR 59 Se 99
5450-134 Lago Bom VR 77 Sc 99
5300-514 Lagomar BN 60 Tb 98
8005 Lagos FA 176 Sa 126
8600 Lagos FA 174 Rb 126
3405-254 Lagos da Beira C 95 Sb 106
2965 Lagou do Calvo SE 145 Rb 116
4730 Laje BR 57 Rd 99
9960 Lajedo AC 192 Te 112
6320 Lajeosa GD 97 Tb 106
3460-153 Lajeosa VS 95 Sa 105
3405-301 Lajeosa C 95 Sa 106
6360-492 Lajeosa do Mondego GD 96 Sd 105
7670 Lajes BE 175 Re 123
8150 Lajes FA 175 Sb 125
6270 Lajes GD 96 Sb 106
7005 Lajes E 146 Sb 117
9760 Lajes AC 192 Xf 116
9960 Lajes das Flores AC 192 Te 112
9930 Lajes do Pico AC 193 We 118
7555 Lajinha SE 160 Rc 122
5100-550 Lalim VS 77 Sb 102
4750 Lama BR 76 Rc 99
4780 Lama P 76 Rd 100
9270 Lamaceiros MA 194 Ie 151
9225 Lamaceiros MA 194 Ka 152
2240 Lamaceiros SA 111 Re 110
Lama Chã VR 58 Sb 98
5400-636 Lama de Arcos VR 59 Sd 98
5340 Lamalonga BN 59 Sf 98
5000-132 Lamares VR 77 Sc 101
3025-385 Lamarosa C 94 Rc 107
Lamarosa, Estação Ferroviária de SA 111 Rc 111
3220 Lamas C 111 Rd 108
2550-366 Lamas L 128 Qf 113
5470 Lamas VR 58 Sa 98
3600 Lamas VS 95 Sa 104
4870 Lamas VR 77 Sb 100
3560 Lamas de Ferreira VS 96 Sb 104
4960-170 Lamas de Mouro VC 58 Re 96
5000-142 Lamas de Olo VR 77 Sb 100
5370-152 Lamas de Orelhão BN 78 Se 100
5340 Lamas de Podence BN 60 Ta 99
3750-551 Lamas do Vouga AV 94 Rd 105
6200 Lamçais CB 96 Sd 107
Lamedo BR 58 Rf 99
6400-232 Lamegal GD 96 Sf 105
5100 Lamego VS 77 Sb 102
4820 Lameira BR 77 Rf 100
3420 Lameiras C 95 Sa 106
2420 Lameiras LE 110 Rb 109
6400 Lameiras GD 96 Sf 104
6320 Lameiras GD 96 Se 106
9240 Lameiros MA 194 If 152
4825 Lamelas P 76 Rd 101
3640-140 Lamosa VS 77 Sc 103
5200 Lamoso BN 79 Tc 101
4590 Lamoso P 76 Rd 101
5430 Lampaca VR 59 Se 98
2205-135 Lampreia SA 130 Rf 112
2870 Lancada SE 144 Ra 116
5300-902 Lanção BN 60 Ta 98
2500-530 Landal LE 128 Qf 113
5320-084 Landedo BN 60 Sf 97
3660-248 Landeira VS 95 Rf 104
2965-401 Landeira E 145 Rc 117
4770-300 Landim BR 76 Rd 100
4730 Lanhas BR 57 Rd 98
4910-202 Lanhelas VC 57 Rb 97
4925 Lanheses VC 57 Rb 98
4830 Lanhoso BR 58 Re 99
6270 Lapa GD 95 Sb 106
2070-352 Lapa SA 129 Ra 114
3640 Lapa VS 96 Sc 103
3060 Lapa C 94 Rc 106
4950 Lapa VC 57 Rd 96
3525-601 Lapa do Lobo VS 95 Sa 106
6270-651 Lapa dos Dinheiros GD 96 Sb 106
2350-085 Lapas SA 111 Rc 112
Lapeiras MA 195 Kd 150
4950 Lapela VC 57 Rc 96
4860-140 Lapela BR 77 Rf 99
5470-019 Lapela VR 58 Sa 98
4950 Lara VC 57 Rc 96
4520 Laranjeira AV 76 Rc 103
8950 Laranjeiras FA 176 Sd 124
8700 Laranjeiro FA 175 Sb 126
3020-522 Larçã C 94 Rd 107
6005-193 Lardosa CB 112 Sd 109
3090-648 Lares C 110 Rb 108
5160-001 Larinho BN 78 Sf 101
2100 Latadas SE 129 Rc 116
2950-065 Lau SE 145 Rb 117
4570 Laundos P 76 Rb 100
6230-500 Lavacolhos CB 112 Sc 108
4415 Lavadores P 76 Rc 102
5140 Lavandeira BN 78 Se 101
3770 Lavandeira AV 94 Rd 105
5460 Lavaradas VR 58 Sb 98
2425-614 Lavegadas LE 110 Rb 109
3350 Lavegadas C 95 Re 107
3090 Lavos C 110 Rb 108
4455-001 Lavra P 76 Rb 101
4980 Lavradas VC 57 Rd 98
2835 Lavradio SE 144 Qf 116
7050-467 Lavre E 145 Rd 116
5100-582 Lazarim VS 77 Sa 102
4540-580 Lázaro AV 76 Rd 103
7830 Lebre BE 162 Sd 122
5430-149 Lebução VR 59 Se 98
4450 Leça da Palmeira P 76 Rb 101
4465 Leca do Bailio P 76 Rc 101
4635-605 Légua P 77 Rf 101
2740-004 Leião L 144 Qe 116
Leiradas BR 77 Sa 99
2400 Leiria LE 110 Rb 110
5000 Leirós VR 77 Sc 100
3090 Leirosa C 110 Ra 108
6090 Leitoa CB 113 Se 107
3070 Leitões C 94 Rb 106
3060-211 Lemede C 94 Rc 107
4775-400 Lemenhe BR 76 Rc 100
3050-181 Lendiosa AV 94 Rd 106
4480 Lente P 76 Rb 100
8200-483 Lentiscais FA 175 Re 125
6000 Lentiscais CB 112 Sd 110
3070-231 Lentisqueira C 94 Rb 106

6350-081 Leomil GD 97 Ta 105
3620 Leomil VS 77 Sc 103
4415-402 Lever P 76 Rd 102
3780-174 Levira AV 94 Rc 106
3140-146 Liceia C 94 Rb 107
5180 Ligares BN 78 Ta 102
4750 Lijó BR 76 Rc 99
5430-201 Lilela VR 78 Se 99
5400 Limãos VR 59 Sd 98
5340-400 Limãos BN 79 Ta 99
4870 Limões VR 77 Sb 100
1495 Linda-a-Velha L 144 Qe 116
4980 Lindoso VC 58 Re 97
6360 Linhares GD 96 Sd 105
5140 Linhares BN 78 Sd 101
4940 Linhares VC 57 Rc 97
5000 Linhares VR 77 Sc 100
7800 Linhares BE 161 Sa 121
2710-001 Linhó L 144 Qd 116
1000* Lisboa L 144 Qf 116
6000 Lisga CB 112 Sa 109
2350-487 Liteiros SA 110 Rc 112
2480 Livramento LE 110 Rb 111
9500 Livramento AC 193 Zc 122
4615 Lixa P 77 Rf 101
5450 Lixa de Alvão VR 77 Sb 99
4505-422 Lobão AV 76 Rd 103
3460 Lobão da Beira VS 95 Rf 105
7830 Lobata BE 162 Sc 121
3320-168 Lobatos C 111 Sa 108
3530-090 Lobelhe do Mato VS 95 Sb 105
2530 Lobos L 128 Qe 113
5030 Lobrigos VR 77 Sb 101
4620-210 Lodares P 76 Re 101
5360 Lodões BN 78 Sf 101
4920-070 Loivo VC 57 Rb 97
5470 Loivos VR 58 Sa 98
5425 Loivos VR 59 Sc 99
4640 Loivos P 77 Sa 101
4640 Loivos da Ribeira P 77 Sa 102
4705 Lomar BR 76 Rd 99
4515 Lomba P 76 Rd 102
3840 Lomba AV 94 Rb 105
6320 Lomba GD 96 Sf 106
4600 Lomba P 77 Rf 101
3730 Lomba AV 95 Re 104
9960 Lomba AC 192 Tf 112
6000 Lomba Chão CB 112 Sc 110
9360 Lombada MA 194 If 152
9240 Lombada MA 194 If 152
Lombada dos Marinheiros MA 194 Ie 152
9630 Lomba da Fazenda AC 193 Zf 121
9625 Lomba da Maia AC 193 Zd 122
9630 Lomba da Pedraira AC 193 Zf 122
9600 Lombadas AC 193 Zd 122
9385 Lombada Velha MA 194 Ie 152
7780-403 Lombador BE 175 Sa 123
7750-314 Lombardos BE 162 Sc 123
9900 Lombega AC 192 Wb 117
5340-190 Lombo BN 79 Ta 100
Lombo C 111 Re 108
9360 Lombo de S. João MA 194 If 152
9230 Lombo Galego MA 194 Ka 152
3840 Lombomeão AV 94 Rb 105
8400 Lombos FA 174 Rd 126
3020 Lomeiro C 94 Rd 107
5120-221 Longa VS 77 Sc 102
7400-454 Longomel PT 130 Sa 112
4805-192 Longos BR 76 Rd 99
4950 Longos Vales VC 57 Rd 96
6160 Longra CB 111 Sa 109
6430-071 Longroiva GD 78 Se 103
4815 Lordelo BR 76 Rd 100
4950 Lordelo VC 57 Rd 96
4580 Lordelo P 76 Rd 101
5000 Lordelo VR 77 Sb 101
4930 Lordelo VC 57 Rc 96
3515 Lordosa VS 95 Sa 104
9370 Loreto MA 194 If 152
6270-072 Loriga GD 96 Sb 107
3360-106 Lorvão C 94 Re 107
8970-209 Lotão FA 162 Sb 124
8100 Loulé FA 175 Rf 126
5030 Louredo VR 77 Sb 101
4850 Louredo BR 58 Rf 98
4580 Louredo P 76 Rd 101
4600 Louredo P 77 Rf 101
3050 Louredo AV 76 Rd 103
4830 Louredo BR 76 Re 99
3250 Loureira LE 111 Rd 110
2495 Loureira LE 110 Rb 111
4730 Loureira BR 57 Rd 99
3720 Loureiro AV 94 Rc 104
5050 Loureiro VR 77 Sb 101
3040 Loureiro C 111 Rd 108
3500 Loureiro de Silgueiros VS 95 Sa 105
2710-009 Lourel L 128 Qd 116
4970 Lourenda VC 57 Rd 97
2670 Loures L 128 Qe 116
3105-165 Louriçal LE 110 Rb 108
Louriçal, Estação Ferroviária de LE 110 Ra 108
6005-210 Louriçal do Campo CB 112 Sc 108
3270 Louriceira LE 111 Rf 109
6120 Louriceira SA 111 Rf 111
2380 Louriceira SA 129 Rc 112
4980 Lourido VC 58 Re 98
2530-126 Lourinhã L 128 Qe 113
3360-021 Lourinhal C 94 Re 106
4760-530 Louro BR 76 Rc 100
3400-404 Lourosa C 95 Sa 107
4535 Lourosa AV 76 Rc 103
4540-649 Lourosa de Matos AV 76 Re 103
2670-742 Lousa L 128 Qe 115
6110 Lousa CB 111 Rf 111
Lousa BN 78 Se 101
6005-232 Lousa CB 112 Sd 109
3200 Lousã C 111 Re 108
4620-009 Lousada P 76 Re 101
4760 Lousado BR 76 Rc 100
7780 Louseira BE 161 Sa 122
7595 Louseira SE 160 Rd 119
8600 Louzeira FA 174 Rb 126
4920-075 Lovelhe VC 57 Rb 97
8135-021 Ludo FA 175 Rf 126
4600 Lufrei P 77 Rf 101
4900 Lugar do Meio VC 57 Ra 98
5110-617 Lumiares VS 77 Sb 102
3550-182 Lusinde VS 95 Sb 104
3050-221 Luso AV 94 Rd 106
4620 Lustosa P 76 Re 100
3515 Lustosa VS 95 Sa 104
8600 Luz FA 174 Rb 126
7240 Luz E 147 Sd 118
8800 Luz FA 176 Sb 126
9880 Luz AC 192 Xa 114
7665-891 Luzianes BE 174 Rd 123
4560 Luzim P 76 Re 102

M

6250 Macainhas CB 96 Se 106
6300 Macainhas de Baixo GD 96 Se 105
6420-792 Maçal da Ribeira GD 96 Se 104
6360-090 Maçal do Chão GD 96 Se 104
6120-720 Mação SA 111 Sa 111
2460 Macarea LE 110 Qf 111
8550-302 Maçarotal FA 174 Rc 125
5300 Maçãs BN 60 Ta 97
3250 Maças de Caminho LE 111 Rd 109
3250 Maçãs de Dona Maria LE 111 Re 109
3885-701 Maceda AV 76 Rc 103
5360-201 Macedinho BN 78 Sf 100
5340-193 Macedo de Cavaleiros BN 78 Ta 99
5300-663 Macedo do Mato BN 60 Tb 99
5200-401 Macedo do Peso BN 79 Tc 100
5335 Maceira BN 59 Sf 98
7580 Maceira SE 145 Rd 119
6370 Maceira GD 96 Sd 104
2405-018 Maceira LE 110 Ra 110
2715 Maceira L 128 Qe 115
2405-026 Maceirinha LE 110 Ra 110
7860 Machados BE 147 Sd 120
8150 Machados FA 176 Sa 126
7005 Machede E 146 Sb 117
8100 Macheira BE 174 Rf 124
9200 Machico MA 194 Kb 152
3320 Machio, Portela do Fojo- C 111 Rf 108
2140 Machuqueira do Grou SA 129 Rd 114
3640 Macieira VS 78 Sd 103
4870 Macieira VR 77 Sb 100
6100 Macieira CB 111 Rf 109
4485 Macieira da Maia P 76 Rb 100
3750-561 Macieira de Alcoba AV 95 Re 105
3730-220 Macieira de Cambra AV 94 Rd 103
4755-260 Macieira de Rates BR 76 Rc 100
3720 Macinhata de Seixa AV 94 Rd 104
3750 Maçinhata do Vouga AV 94 Rd 105
5160-141 Maçores BN 78 Sf 102
5400-651 Maços VR 59 Sd 98
2065-601 Maçussa L 129 Ra 113
3720 Madail AV 94 Rc 103
4600 Madalena P 77 Rf 101
6400 Madalena GD 96 Sf 103
4970 Madalena VC 57 Rd 98
2305-425 Madalena SA 111 Rd 111
4580 Madalena P 76 Re 101
4405 Madalena P 76 Rc 102
9950 Madalena AC 192 Wc 117
9360 Madalena do Mar MA 194 If 152
Madeirã CB 111 Rf 109
8970-337 Madeiras FA 176 Sb 124
4925 Madorra VC 57 Rb 98
2640 Mafra L 128 Qe 115
8970 Mafrade FA 176 Sb 124
5000-013 Magalhã VR 77 Sc 101
4785-520 Maganha P 76 Rc 100
8950-332 Magoito FA 176 Sc 125
3320 Mahada de Serra C 111 Rf 108
4470 Maia P 76 Rc 101
Maia AC 193 Zf 127
9625 Maia AC 193 Zd 122
6320 Maimão CB 96 Sf 107
3090-476 Maiorca C 110 Rb 107
2460-531 Maiorga LE 110 Ra 111
5400-640 Mairos VR 59 Se 98
3050-182 Mala AV 94 Rd 106
2040-535 Malaqueijo SA 129 Rb 113
7490-406 Malarranha E 130 Sa 115
7630 Malavado BE 174 Rb 123
9580 Malbusca AC 193 Zf 127
6320-181 Malcata GD 96 Sf 107
3600-429 Malhada VS 95 Sa 103
2125 Malhada SA 129 Rb 114
3330 Malhada C 111 Sa 108
7750 Malhada BE 161 Sb 122
8800 Malhada de Santa Maria FA 176 Sb 125
8800 Malhada de Santa Maria FA 176 Sc 125
6000-694 Malhada do Cervo CB 112 Sc 109
8800-166 Malhada do Judeu FA 175 Sb 125
8800 Malhada do Peres FA 176 Sc 125
3320-363 Malhada do Rei C 112 Sa 108
8800 Malhada do Rico FA 176 Sb 125
6150-342 Malhadal CB 111 Sa 110
5210 Malhadas BN 79 Te 99
6355-080 Malhada Sorda GD 97 Ta 105
7645 Malhadinha BE 160 Rb 122
8550 Malhão FA 174 Rb 125
7630-382 Malhão BE 160 Rc 122
8365 Malhão FA 175 Rd 125
8800 Malhão FA 176 Sb 126
3475 Malhapão VS 95 Re 105
6270 Malho Pão GD 96 Sb 106
3100-348 Malhos LE 110 Rb 109
2380-502 Malhou SA 129 Rb 112
6100-873 Maljoga CB 111 Sa 110
6350 Malpartida GD 97 Ta 104
6000-560 Malpica do Tejo CB 112 Sd 110
9370 Malseira MA 194 Ie 152
4485-431 Malta P 76 Rc 101
5340-371 Malta BN 79 Ta 100
6400 Malta GD 96 Sf 104
2665-185 Malveira L 128 Qe 115
2755 Malveira de Serra L 144 Qd 116
3770-033 Mamarrosa AV 94 Rc 106
3810-731 Mamodeiro AV 94 Rc 105
3600 Mamouros VS 95 Sa 103
9800 Manadas AC 193 Wf 117
4605 Mancelos P 77 Rf 101
6400-272 Mangide GD 97 Ta 104
3530-092 Mangualde VS 95 Sb 105
6290-111 Mangualde da Serra GD 96 Sc 106
Manhenhas AC 193 Wf 118
4750 Manhente BR 76 Rc 99
2955 Manhoso SE 144 Ra 117
3660-144 Manhouce VS 95 Re 104
Manhufe P 77 Rf 101
4630-168 Manhuncelos P 77 Rf 102
6400-251 Manigoto GD 96 Sf 104
2710-036 Manique de Cima L 144 Qd 116
2065-315 Manique do Intendente L 129 Ra 113
4540 Mansores AV 76 Rd 103
6260-014 Manteigas GD 96 Sc 106
7750-614 Manuel Galo BE 175 Sb 123
5100 Maqueija VS 77 Sa 102
4740 Mar BR 57 Rb 99
8700-078 Maragota FA 176 Sb 126
7480-373 Maranhão PT 130 Sa 114
2965 Marateca SE 145 Rb 117
8600 Marateca FA 174 Rc 126
7630 Maravilha BE 160 Rd 123
3810 Marco AV 94 Rc 105
8800 Marco FA 176 Sb 126
4630 Marco de Canaveses P 77 Rf 101
3550 Mareco VS 96 Sc 105
4560 Marecos P 76 Re 101
2640 Marfa, Estação Ferroviária de L 128 Qe 115
7830 Margaleas BE 162 Sc 120
7480 Margem PT 130 Rf 114
6040 Margem PT 130 Sa 112
6430-081 Marialva GD 78 Se 103
2300-178 Marianaia SA 111 Rd 111
8670-430 Maria Vinagre FA 174 Rb 124
8970-105 Marim FA 162 Sc 124
8200 Marina de Vilamoura FA 175 Rf 126
3880 Marinha AV 94 Rc 103
2425 Marinha da Carpalhosa LE 110 Rb 109
3090-001 Marinha das Ondas C 110 Rb 108
2430-034 Marinha Grande LE 110 Ra 110
2125-101 Marinhais SA 129 Rb 114
4820-537 Marinhão BR 77 Rf 100
4740 Marinhas BR 76 Rb 99
4750 Mariz BR 76 Rb 99
6030-016 Marmelal CB 112 Sb 110
7960-011 Marmelar BE 147 Sc 119
3450-095 Marmeleira VS 95 Re 106
2040 Marmeleira SA 129 Ra 113
6100-427 Marmeleiro CB 111 Rf 110
8970 Marmeleiro FA 162 Sd 124
8550-145 Marmelete FA 174 Rb 125
5370-160 Marmelos BN 78 Se 100
6300 Marmoleiro GD 96 Sf 106
7630-088 Marofanha BE 174 Rb 123
3250 Marques LE 110 Qf 111
4730 Marrancos BR 57 Rc 99
2415 Marrazes LE 110 Rb 110
8950 Marroquil FA 176 Sc 125
3885 Marteira AV 76 Rc 103
2530-338 Marteleira L 128 Qe 113
6230-511 Martianas CB 112 Se 108
2100 Martianes SA 130 Re 116
5090 Martim VR 78 Sd 100
4755 Martim BR 76 Rc 99
3240 Martim C 111 Rd 109
7570 Martim Afonso SE 160 Rb 119
6000-003 Martim Branco CB 112 Sc 109
6320-521 Martim da Pega GD 96 Sf 106
8970 Martim Longo FA 176 Sb 124
7340 Martim Tavares PT 131 Se 114
2200-638 Martinchel SA 111 Re 111
2420 Martinela LE 110 Rb 110
2445-701 Martingança LE 110 Ra 110
7750-506 Martinhanes BE 161 Sa 123
7330 Marvão PT 131 Sd 112
3060 Marvão C 94 Rc 106
7330 Marvao-Beira, Estação Ferroviária de PT 131 Sd 112
3260 Marvila LE 111 Re 109
2140 Marvila SA 129 Re 113
5140 Marzagão BN 78 Se 101
7555 Mascarenhas SE 160 Rd 120
5370-173 Mascarenhas BN 78 Sf 99
4835 Mascotelos BR 76 Re 100
6005 Mata CB 112 Sd 109
2580 Mata L 144 Qf 115
3240 Mata C 111 Re 109
7300 Mata PT 131 Sd 112
7040 Mata E 130 Rf 116
2350 Mata SA 111 Rc 111
2435 Mata SA 111 Rc 110
Mata, Estação Ferroviária de PT 130 Sb 113
2565-352 Matacães L 128 Qe 114
3320 Mata Cartomil C 111 Sa 107
6440-211 Mata de Lobos GD 79 Ta 103
2025-157 Mata do Rei SA 129 Ra 112
3800 Mataduços AV 94 Rc 105
2140 Mata Forme SA 129 Rd 113
3105 Mata Mourisca LE 110 Rb 108
3105 Mata Mourisca LE 110 Rb 109
6370-353 Matança GD 96 Sc 104
2530 Matas L 128 Qe 113
2490 Matas SA 110 Rc 111
3550 Matela VS 96 Sc 104
5230-153 Matela BN 79 Tc 99
5000-268 Mateus VR 77 Sb 101
4990 Mato VC 57 Rc 99
2150-062 Mato de Miranda SA 129 Rc 112
8800 Mato do Santo Espírito FA 176 Sc 126
3090 Matos C 110 Ra 108
2260 Matos SA 111 Rd 111
2240 Matos SA 111 Rd 110
4454-510 Matosinhos P 76 Rb 101
2500 Matueira LE 128 Qf 112
3850 Mauquim AV 94 Rd 104
4630 Maureles P 77 Re 101
6215 Ma Velha CB 96 Sb 107
6150 Maxiais CB 112 Sb 110
6000 Maxiais CB 112 Sc 110
6185 Maxial CB 112 Sb 108
6100 Maxial CB 111 Rf 109
6000 Maxial CB 112 Sb 109
2565 Maxial L 128 Qe 114
2230-837 Maxial SA 111 Re 111
3320-106 Maxialinho C 112 Sb 108
6120 Maxieira SA 111 Sa 111
4935 Mazarefes VC 57 Rb 98
4950-275 Mazedo VC 57 Rd 96
5100-583 Mazes VS 77 Sa 102
5180-320 Mazouco BN 79 Tb 102
3600 Meã VS 77 Rf 103
7320 Meada PT 112 Sd 111
7240 Meada E 147 Se 119
4900 Meadela VC 57 Rb 98
8800 Mealha FA 176 Sa 124
3050-382 Mealhada AV 94 Rd 106
3320 Meãs C 112 Sb 108
3140 Meãs do Campo C 94 Rc 107
2580 Meca L 128 Qf 114
7750 Meceares BE 161 Sb 122
7800 Mechão BE 162 Sb 121
3140-037 Meco C 94 Rc 107
6430 Meda GD 78 Se 103
3420-121 Meda de Mouros C 95 Rf 107
4515-344 Medas P 76 Rd 102
7830 Medeiros BE 162 Sc 121
5470 Medeiros VR 58 Sb 98
8300 Medeiros FA 175 Rd 125
6060 Medelim CB 113 Se 108
4820 Medelo BR 77 Rf 100
3465 Medorno VS 95 Rf 105
2200-601 Medroa SA 111 Re 111
5030 Medrões VR 77 Sb 101
6060 Medronheira CB 113 Sf 110
8800 Medronheira FA 175 Sa 124
3330-141 Mega Cimeira C 111 Rf 108
3330 Mega Fundeira C 111 Rf 109
4970 Mei VC 57 Rd 97
8600 Meia Praia FA 174 Rb 126
2350-625 Meia Via SA 111 Rd 112
8550-307 Meia Viana FA 174 Rc 125
5100-630 Meijinhos VS 77 Sa 102
6090-381 Meimoa CB 96 Se 107
4620 Meinedo P 76 Re 101
6300-135 Meios GD 96 Sd 106
3105 Meirinhas LE 110 Rb 109
5200-160 Meirinhos BN 79 Tb 101
5300-673 Meixedo BN 60 Tb 97
5470 Meixedo VR 58 Sb 97
3610-071 Meixedo VS 77 Sb 102
4925 Meixedo VC 57 Rb 98
5470-180 Meixide VR 59 Sc 98
4595 Meixomil P 76 Rd 101
5100 Melcões VS 77 Sb 102
2605 Meleças L 128 Qe 116
5340-014 Meles BN 60 Sf 99
4960-578 Melgaço VC 58 Re 96
4870-214 Melhe VR 77 Sb 99
5320 Mêlhe BN 60 Ta 98
7570-600 Melides SE 160 Rb 120
6290-121 Melo GD 96 Sc 105
4515-461 Melres P 76 Rd 102
6110 Melrica CB 111 Rf 110
3240-689 Melrica C 111 Rc 109
6160 Melrico CB 112 Sa 109
2725-001 Mem Martins L 128 Qd 116
2420-227 Memória LE 110 Rc 110
7200-053 Mencoca E 147 Sc 117
6000-696 Mendares CB 112 Sc 109
3100-563 Mendes LE 110 Rb 109

2480-215 Mendiga LE 110 Ra 112
6420-641 Mendo Gordo GD 96 Sd 103
6300-160 Menoita GD 96 Se 105
4920 Mentrestido VC 57 Rb 97
8800 Mercador FA 176 Sb 125
2580-087 Merceana L 128 Qf 114
2635 Merces L 128 Qe 116
7230 Mercês BE 148 Sf 120
4700 Merelim BR 57 Rd 99
7750 Mértola BE 162 Sc 123
4950 Merufe VC 58 Rd 96
3405-350 Meruge C 95 Sb 106
5040 Mesão Frio VR 77 Sa 102
4810 Mesão Frio BR 76 Re 100
4640-360 Mesquinhata P 77 Rf 102
8365 Mesquita FA 175 Rd 125
7750 Mesquita BE 176 Sc 123
8970 Mesquita FA 162 Sb 124
6360 Mesquitela GD 96 Sd 105
6355 Mesquitela GD 97 Ta 105
3530 Mesquitela VS 95 Sb 105
7830 Messangil BE 162 Sd 121
4950 Messegães VC 58 Rd 96
7600-310 Messejana BE 161 Re 122
8375-046 Messines de Baixo FA 175 Re 125
8970 Mestras FA 176 Sa 124
3330 Mestras C 111 Rf 108
2525 Mestre Mendo LE 128 Qe 112
8500-132 Mexilhoeira Grande FA 174 Rc 126
3600 Mezio VS 77 Sa 103
6355-100 Mido GD 97 Ta 105
5445 Midões VR 78 Sd 99
4755 Midões BR 76 Rc 99
3360 Midões C 94 Rd 107
3420 Midões C 95 Sa 106
2415-020 Milagres LE 110 Rb 110
4950-104 Milagres VC 57 Rd 96
5370-023 Milhais BN 78 Se 100
5300-682 Milhão BN 60 Tc 98
8670 Milharada FA 174 Ra 125
2665-307 Milharado L 128 Qe 115
4755 Milhazes BR 76 Rc 100
6440-062 Milheiro GD 97 Sf 104
2240 Milheiros SA 111 Rd 110
3700 Milheirós de Poiares AV 76 Rd 103
7750 Milhoro BE 161 Sb 123
Milhundos P 76 Re 101
6110 Milreu CB 111 Rf 111
7570 Mina da Caveira SE 160 Rc 120
7800-731 Mina da Juliana BE 161 Rf 121
7230 Mina de Apariz BE 147 Sf 120
7780 Mina de Ferragudo BE 161 Rf 123
7580 Mina de Jungeis SE 145 Rd 118
7750-120 Mina de São Domingos BE 162 Sd 122
7250-053 Mina do Bugalho E 147 Se 116
7570 Mina do Lousal SE 160 Rd 120
5300-494 Minas da Ribeira BN 60 Tc 98
4870 Minas de Adoria VR 77 Sa 100
4870-031 Minas de São João VR 77 Sa 100
5070 Minas de Vinheiros VR 78 Sc 101
7670 Minas do Montinho BE 160 Re 122
5470 Minas dos Carris VR 58 Rf 98
2395 Minde SA 110 Rb 111
4485-469 Mindelo P 76 Rb 101
6360-110 Minhocal GD 96 Sd 104
4775 Minhotães BR 76 Rc 100
3560-085 Mioma VS 96 Sb 104
3070-301 Mira C 94 Rb 106
2485 Mira d'Aire LE 110 Rb 111
5370-660 Miradeses BN 78 Se 99
6400 Miragaia GD 96 Sf 105
2530-403 Miragaia L 128 Qe 113
4970 Miranda VC 57 Rc 97
3220-116 Miranda do Corvo C 111 Re 108
5210-190 Miranda do Douro BN 79 Te 99
5370 Mirandela BN 78 Se 100
3360-073 Miro C 95 Re 107
6355-110 Miuzela GD 97 Sf 105
6300 Mizarela GD 96 Sd 105
2005-095 Moçarria SA 129 Rb 113
2910 Mocho SE 145 Ra 117
7250 Mocissos E 147 Se 117
4590 Modelas P 76 Rd 101
4485-572 Modivas P 76 Rb 101
3600 Mões VS 95 Sa 103
5320-060 Mofreita BN 60 Ta 97
5200 Mogadouro BN 79 Tb 100
5140-171 Mogo de Malta BN 78 Se 101
3780-453 Mogofores AV 94 Rd 106
5340 Mogrão BN 60 Sf 99
3600 Moimenta VS 77 Rf 103
4690 Moimenta VS 77 Re 102
5320 Moimenta BN 60 Ta 97
3620-300 Moimenta da Beira VS 77 Sc 103
6290-141 Moimenta da Serra GD 96 Sc 106
3530-310 Moimenta de Maceira Dão VS 95 Sb 105
6420-491 Moimentinha GD 96 Se 104
7700-260 Moimentos BE 175 Rf 124
8500-140 Moinho da Rocha FA 174 Rc 125
3140 Moinho de Almoxarife C 110 Rb 108
7750 Moinho de Vento BE 162 Sb 123
7700 Moinho de Vento BE 175 Rf 123
8670 Moinho do Sogro FA 174 Rb 124
2965 Moinhola E 145 Rc 117
2425 Moinhos LE 110 Ra 109
3090 Moinhos da Gândara C 94 Rb 107
2445 Moita LE 110 Ra 110
2860 Moita SE 144 Ra 117
3280 Moita LE 111 Re 109
2495 Moita SA 110 Rb 111
6320 Moita GD 96 Se 107
3780 Moita AV 94 Rd 106
3600 Moita VS 95 Sa 103
2425-508 Moita da Roda LE 110 Rb 110
3420-034 Moita da Serra C 95 Rf 107
2495-028 Moita do Martinho LE 110 Rb 111
2530 Moita dos Ferreiros L 128 Qe 113
6150 Moitas CB 112 Sa 110
2380-563 Moitas Venda SA 110 Rc 112
7580-709 Moitinha SE 145 Rb 118
7665-803 Moitinhas BE 174 Rc 124
4890 Molares BR 77 Sa 100
4540 Moldes AV 76 Re 103
4910 Moledo VC 57 Ra 97
3600-460 Moledo VS 95 Sa 104
2530-514 Moledo L 128 Qe 113
3460-009 Molelos VS 95 Rf 105
7800-641 Mombeja BE 161 Rf 120
4950 Monção VC 57 Rd 96
8700-081 Moncarapacho FA 176 Sb 126
8970 Monchique FA 176 Sb 124
8550 Monchique FA 174 Rc 125
3610-049 Mondim da Beira VS 77 Sb 102
4880-231 Mondim de Basto VR 77 Sa 100
5000 Mondrões VR 77 Sb 101
5090-013 Monfebres VR 78 Sd 100
7450 Monforte PT 131 Sd 114
Monforte VR 59 Sd 98
6000-580 Monforte da Beira CB 113 Se 110
6060-071 Monfortinho CB 113 Ta 108
3320-170 Moninho C 111 Sa 108
3260-042 Moninhos Fundeiros LE 111 Re 109
6060-085 Monsanto CB 113 Sf 108
2380-575 Monsanto SA 129 Rb 112
7200-175 Monsaraz E 147 Sd 118
3780-563 Monsarros AV 94 Rd 106
7090 Monsarves E 146 Re 118
4830 Monsul BR 58 Re 99
7040 Monta dos Abelhões E 130 Sb 115
5470 Montalegre VR 58 Sb 98
6050-431 Montalvão PT 112 Sc 111
7860 Montalvo BE 147 Sd 120
7750 Montalvo BE 162 Sc 122
2250-220 Montalvo SA 111 Re 112
7425 Montargil PT 130 Re 114
4925 Montaria VC 57 Rb 98
6005 Mont de São Luís CB 112 Sd 109
4840 Monte BR 58 Re 98
4820 Monte BR 77 Rf 99
9950 Monte AC 192 Wc 118
9050 Monte MA 194 Ka 152
Monte AV 94 Rc 104
8800 Monte Agudo FA 176 Sb 126
7670 Monte Alto BE 161 Re 122
7750 Monte Alto BE 162 Sc 123
7750 Monte Alto BE 162 Sc 123
8375 Monte Alto FA 175 Re 125
7670 Monte Arriba BE 175 Re 123
2640-066 Monte Bom L 128 Qd 115
7250 Monte Branco E 147 Se 116
7830 Monte Branco BE 162 Sd 120
8375 Monte Branco FA 175 Rd 125
7040 Monte Branco E 130 Sb 116
Monte Branco BE 176 Sa 124
7670 Monte Branco da Serra BE 162 Se 120
6000 Monte Brito CB 112 Sd 109
8100 Monte Brito FA 175 Re 125
6050-474 Monte Claro PT 112 Sb 111
4825 Monte Córdova P 76 Rd 101
7630-355 Montecos BE 160 Rc 122
7200 Monte da Azinheira E 147 Sc 118
7170 Monte da Capitoa E 147 Sc 117
8100 Monte da Charneca FA 175 Re 125
7050 Monte da Estrada E 130 Sb 115
7630 Monte da Estrada BE 160 Rc 122
7750-039 Monte da Légua BE 161 Sa 122
7320 Monte da Meada PT 112 Sd 112
7480 Monte da Ordem PT 130 Rf 115
7900 Monte da Panasqueira BE 146 Sa 120
7580 Monte da Pedra SE 145 Rc 118
7430 Monte da Pedra PT 130 Sb 112
7780 Monte da Perdigova BE 161 Rf 122
2100-500 Monte das Figueiras SA 129 Rc 116
Monte das Flores E 146 Sa 117
6000 Monte das Lameiras CB 112 Sd 109
6040 Monte das Lameiras PT 130 Sb 112
7700-205 Monte das Mestras BE 175 Rf 124
7800 Monte das Pereiras BE 161 Rf 121
7080 Monte das Piçarras E 145 Rc 117
7780 Monte das Sorraias BE 161 Sa 123
6060 Monte da Toula CB 113 Sf 109
6355-020 Monte da Velha GD 97 Ta 105
7430 Monte da Velha PT 131 Sc 113
7480 Monte da Vinha PT 130 Rf 114
7700 Monte da Vinha BE 175 Sa 123
7580 Monte da Volta SE 145 Rc 118
7320 Monte de Adelina PT 112 Sc 111
7595-022 Monte de Algalé SE 160 Re 119
8970 Monte de Argil FA 176 Sb 124
8950 Monte de Baixo Grande FA 176 Sc 125
6000 Monte de Goula CB 112 Sb 109
7600 Monte de São João BE 161 Re 121
7220-201 Monte de Trigo E 146 Sb 118
7750 Monte de Viegas BE 161 Sa 122
6000 Monte do Barata CB 112 Se 110
6250 Monte do Bispo CB 96 Se 107
7005 Monte do Bussalfão E 146 Sb 117
7900 Monte do Corvo BE 175 Sa 123
7430 Monte do Gamito PT 131 Sc 113
6040 Monte do Pereiros PT 130 Sa 112
6050 Monte do Pombo PT 112 Sc 111
4900-279 Montedor VC 57 Ra 98
2130 Monte dos Condes SA 145 Rb 115
7700 Monte dos Corvos BE 162 Sc 123
7050-640 Monte dos Frades E 129 Rc 116
7450-100 Monte dos Francos PT 131 Sd 114
7220 Monte dos Hospitais E 146 Sb 118
7425 Monte dos Leões PT 130 Re 114
6050-475 Monte dos Matos PT 112 Sb 111
7700 Monte dos Mestres BE 175 Sa 123
7220 Monte dos Pernes E 147 Sc 119
7600-171 Monte dos Poços BE 161 Rf 122
6030-052 Monte Fidalgo CB 112 Sc 110
6005 Monte Fidalgo CB 112 Sd 109
8950-201 Monte Francisco FA 176 Sd 125
8900 Monte Gordo FA 176 Sd 125
6000 Monte Gordo CB 112 Sb 110
6000 Monte Grande CB 112 Sd 110
8300 Monte Grandes FA 175 Rd 126
3600-474 Monteiras VS 77 Sa 103
6300 Monteiros GD 96 Sf 105
5450-183 Monteiros VR 59 Sb 99
7700 Monte João Dias BE 175 Sa 124
8600 Monte Judeu FA 174 Rb 126
2715-615 Montelavar L 128 Qe 115
6300-145 Monte Margarida GD 97 Sf 106
Montemor, Estação Ferroviária de C 94 Rb 108
7050 Montemor-O-Novo E 146 Re 117
3140-249 Montemor-o-Velho C 110 Rb 107
2665-410 Montemuro L 144 Qe 115
5450-264 Montenegrelo VR 77 Sc 100
8005 Monte Negro FA 175 Sa 126
7670 Montenegro, Estação Ferroviária de BE 160 Rd 122
7780-305 Monte Nobre BE 161 Sa 122
7830 Monte Nova de Ferradura BE 162 Sd 121
7700 Monte Novo BE 175 Sa 124
8670 Monte Novo FA 174 Rb 125
8670 Monte Novo FA 174 Rb 124
6320 Monte Novo GD 96 Se 106
8670 Monte Novo FA 174 Ra 125
Monte Novo SE 145 Rc 118
7780 Monte Novo das Janelas BE 161 Rf 122
7630 Monte Novo de Troviscais BE 160 Rb 123
Monte Novo-Palma, Estação Ferroviária de SE 145 Rc 118
6355 Monte Perebolso GD 97 Ta 105
2425 Monte Real LE 110 Ra 109
7300 Monterecos PT 131 Se 113
2425-617 Monte Redondo LE 110 Rb 109
2565-518 Monte Redondo L 128 Qe 114
3360 Monte Redondo C 94 Rd 107
4970 Monte Redondo VC 57 Rd 98
8670 Monte Ruivo FA 174 Rb 125
6300 Montes GD 96 Sf 105
6150-128 Montes da Senhora CB 112 Sb 110
8500-059 Montes de Alvor FA 174 Rc 126
8500 Montes de Cima FA 174 Rc 125
7250 Montes Juntos E 147 Sd 117
8100 Montes-Novos FA 176 Sa 125
7430 Montes Novos PT 131 Sc 113
8970 Monte Vascão FA 176 Sc 123
6300-155 Monte Vasco GD 96 Se 106
7830 Monte Velho BE 162 Sd 120
7630 Monte Velho BE 160 Rd 122
6060 Monte Velho CB 113 Sf 109
7750 Monte Velho BE 176 Sa 123
7580-321 Montevil SE 145 Rc 118
7170 Monte Virgem E 147 Sc 116
2460 Montez LE 110 Ra 111
5300 Montezinho BN 60 Tb 97
2870 Montijo SE 144 Ra 116
4820-580 Montim BR 77 Rf 100
2100 Montinho SA 145 Rd 115
3060-502 Montinho C 94 Rc 106
7665 Montinho BE 160 Rc 123
7700 Montinho BE 175 Rf 124
7300 Montinho PT 131 Se 113
7480 Montinho PT 130 Sa 114
2910 Montinho SE 145 Ra 117
8950 Montinho FA 176 Sc 125
7750 Montinho ale de Camelos BE 161 Sa 122
7780 Montinhos BE 161 Rf 122
8600-119 Montinhos da Luz FA 174 Rb 126
7200 Montoito E 147 Sc 117
3060-292 Montouro C 94 Rc 106
5320-085 Montouto BN 60 Ta 97
5230-231 Mora BN 79 Tc 100
7490 Mora E 130 Rf 115
5340-351 Morais BN 79 Tb 100
7750-409 Moreanes BE 162 Sc 123
5300-844 Moredo BN 60 Tb 99
4470 Moreira P 76 Rc 101
3520 Moreira VS 95 Sa 105
4950 Moreira VC 57 Rd 96
5450 Moreira VR 78 Sc 100
4815-253 Moreira de Cónegos BR 76 Re 100
4905 Moreira de Geraz do Lima VC 57 Rb 98
6420 Moreira de Rei GD 96 Se 104
4890 Moreira do Castelo BR 77 Rf 100
4990-670 Moreira do Lima VC 57 Rc 98
4820 Moreira do Rei BR 77 Rf 100
5400-643 Moreiras VR 59 Sd 99
2350 Moreiras Grandes SA 111 Rc 111
6420-507 Moreirinhas GD 96 Se 103
4485 Moreiró P 76 Rb 101
7340 Moreiros PT 131 Sf 114
2715-011 Morelena L 128 Qe 115
2710-007 Morelinho L 128 Qd 116
7750-379 Morena BE 161 Sb 123
6060 Morena CB 113 Sf 110
8800 Morenos FA 176 Sb 125
5470 Morgade VR 58 Sb 98
2070 Morgado SA 129 Rb 114
4860 Morgado BR 77 Sa 100
3140 Morraça C 94 Rc 107
4705-481 Morreira BR 76 Rd 100
3450-120 Mortágua VS 95 Re 106
7300 Mortais PT 131 Sc 113
3450-338 Mortazel VS 95 Re 106
5155 Mós GD 78 Se 102
4905 Mós VC 57 Rb 98
Mós BR 57 Rd 98
1885-001 Moscavide L 128 Qf 116
4860-430 Moscoso BR 58 Sa 99
5300 Mós de Rebordãos BN 60 Tb 98
8200-562 Mosqueira FA 175 Re 126
7570 Mosqueirão SE 160 Rc 120
3475-060 Mosteirinho VS 95 Re 105
3600 Mosteirô VS 95 Sa 103
7750 Mosteiro BE 162 Sb 122
5385 Mosteiro BN 59 Sf 99
4520 Mosteiro AV 76 Rc 103
3640 Mosteiro VS 78 Sc 103
4850 Mosteiro BR 58 Rf 99
3270-077 Mosteiro LE 111 Re 109
6100 Mosteiro CB 111 Rf 110
6160 Mosteiro CB 111 Sa 109
Mosteiro AC 192 Te 112
5430-125 Mosteiró de Cima VR 59 Sd 98
3460 Mosteiro de Fráguas VS 95 Rf 105
2440 Mosteiro de Santa Maria da Vitória LE 110 Rb 111
4485 Mosteirós P 76 Rb 101
7340 Mosteiros PT 131 Se 113
2025-158 Mosteiros SA 129 Ra 112
9555 Mosteiros AC 192 Zb 121
7200-177 Motrinos E 147 Sd 118
5000 Mouçós VR 77 Sb 101
6100-670 Mougueira CB 111 Rf 110
6160 Mougueiras de Cima CB 112 Sb 109
2560 Mougueles L 128 Qd 114
4660-145 Moumis VS 77 Sa 102
7860 Moura BE 147 Sd 120

3305-224 Moura da Serra C 95 Sa 107
3600-480 Moura Morta VS 77 Sa 103
5050 Moura Morta VR 77 Sb 101
7780 Mourão BE 161 Rf 122
5360 Mourão BN 78 Se 101
7240 Mourão E 147 Sd 118
3460-330 Mouraz VS 95 Rf 106
4830 Moure BR 57 Re 99
4730 Moure BR 57 Rd 99
4755 Moure BR 76 Rc 99
6005 Mourela CB 112 Sc 108
5470 Mourilhe VR 58 Sa 97
4970 Mourisca VC 57 Rd 97
3105 Mourisca de Baixo LE 110 Rb 109
3750-776 Mourisca do Vouga AV 94 Rd 105
2200-683 Mouriscas SA 111 Rf 111
Mouriscas, Estação Ferroviária de SA 111 Rf 112
Mourisca-Sado, Estação Ferroviária de SE 145 Rb 117
3305-225 Mourisia C 95 Sa 107
4580-590 Mouriz P 76 Rd 101
3420 Mouronho C 95 Rf 107
3750-825 Moutedo AV 94 Rd 105
5320 Moz de Celas BN 60 Ta 98
3515 Mozelos VS 95 Sa 104
3465 Múceres VS 95 Rf 105
7540-068 Muda SE 160 Rb 121
2125-312 Muge SA 129 Rb 114
2125 Muge, Estação Ferroviária de SA 129 Rb 114
3465-154 Muna VS 95 Rf 105
3505-352 Mundão VS 95 Sa 104
7300 Muralha PT 131 Sd 113
5155 Murça GD 78 Se 102
5090 Murça VR 78 Sd 100
2755-002 Murches L 144 Qd 116
5340 Murços BN 60 Ta 98
3300 Murganheira C 95 Rf 107
2640 Murgueira L 128 Qe 115
5385 Múrias BN 59 Sf 99
6090 Muro CB 113 Se 108
4745 Muro P 76 Rc 101
7580 Murta SE 145 Rb 118
3060 Murtede C 94 Rc 106
2550 Murteira L 128 Qf 113
2670 Murteira L 144 Qe 115
7750 Murteira BE 176 Sa 123
6150-616 Murteirinha CB 112 Sb 110
3870-103 Murtosa AV 94 Rc 104
6370 Muxagata GD 96 Sd 105
5150 Muxagata GD 78 Sf 102

N

2000-344 Nabais SA 129 Rb 112
6290 Nabais GD 96 Sc 105
5360-101 Nabo BN 78 Sf 101
2500-542 Nadadouro LE 128 Qe 112
2530 Nadrupe L 128 Qe 113
3620-400 Nagosa VS 77 Sc 102
3440-631 Nagosela VS 95 Rf 106
5130-221 Nagoselo do Douro VS 78 Sd 101
7780 Namorados BE 161 Rf 123
7750 Namorados BE 161 Sb 123
3460-355 Nandufe VS 95 Rf 105
5400-581 Nantes VR 59 Sd 98
3810-559 Nariz AV 94 Rc 105
7630 Nascedios BE 174 Rc 123
7630 Nascedios BE 160 Rb 122
4495-073 Navais P 76 Rb 100
5370-601 Navalho BN 78 Se 100
6440 Nava Redona GD 97 Ta 103
4710 Navarra BR 58 Rd 99
7750-046 Navarro BE 161 Sb 122
8550 Nave FA 174 Rc 125
6320 Nave GD 97 Ta 106
6355 Nave de Haver GD 97 Tb 105
8100-188 Nave do Barão FA 175 Rf 125
7340-115 Nave Fria PT 131 Se 113
7665 Nave Redonda BE 174 Rd 124
6150 Naves CB 112 Sb 111
6350 Naves GD 97 Ta 105
4990-675 Navió VC 57 Rc 98
2450 Nazaré LE 110 Qf 111
7750 Negas BE 176 Sa 124
2715-313 Negrais L 128 Qe 115
5320-023 Negreda BN 60 Ta 98
4775-190 Negreiros BR 76 Rc 100
5470 Negrões VR 58 Sb 98
7780 Negrões BE 161 Rf 123
4935 Neiva VC 57 Rb 99
3520 Nelas VS 95 Sa 105
3505 Nelas VS 95 Sa 104
6100-459 Nesperal CB 111 Rf 110
6290 Nespereira GD 96 Sc 105
4620 Nespereira P 76 Re 101
4835-468 Nespereira BR 76 Re 100
4690 Nespereira VS 77 Rf 102
3105 Netos LE 110 Rc 108
3090-448 Netos C 94 Rb 107
7750-047 Neves BE 162 Sb 123
4620 Nevogilde P 76 Re 101
4730 Nevogilde BR 57 Rd 99
2965 Nicolau E 145 Rc 117
7540 Nicolau SE 160 Rc 120
4775-440 Nine BR 76 Rc 100
6000-590 Ninho do Açor CB 112 Sc 109
6050 Nisa PT 112 Sc 111
3300 Nogueira C 95 Rf 107
5300 Nogueira BN 60 Tb 98
3505-234 Nogueira VS 95 Sb 104
5000 Nogueira VR 77 Sb 101
6090 Nogueira CB 113 Sf 107
4925 Nogueira VC 57 Rb 98
4980 Nogueira VC 57 Rd 98
4920 Nogueira VC 57 Rb 97
5460 Nogueira VR 59 Sc 98
5400-652 Nogueira da Montanha VR 59 Sd 99
4500-691 Nogueira da Regedoura AV 76 Rc 102
3700 Nogueira do Cravo AV 94 Rd 103
3400-427 Nogueira do Cravo C 95 Sa 106
7050 Nogueirinha E 146 Rf 117
4540-039 Noninha AV 77 Rf 103
8800 Nora FA 176 Sc 125
8375 Nora FA 175 Rd 125
8900 Nora FA 176 Sc 125
9630 Nordeste AC 193 Zf 122
9630 Nordestinho AC 193 Ze 121
8300-036 Norinha FA 175 Rd 125
9800 Norte Grande AC 193 Wf 116
Norte Pequeno AC 192 Wb 117
9850 Norte Pequeno AC 193 Xa 117
7000-013 Nossa Senhora da Boa Fé E 146 Rf 117
7320 Nossa Senhora da Graça de Póvoa e Meadas PT 112 Sc 111
7000 Nossa Senhora da Graça do Divor E 146 Sa 117
7370 Nossa Senhora da Graça dos Degolados PT 131 Sf 114
7800-651 Nossa Senhora das Neves BE 161 Sb 120
7005-672 Nossa Senhora de Machede E 146 Sb 117
9700 Nossa Senhora do Pilar AC 192 Xe 116
7450 Nossa Senhora dos Prazeres PT 131 Sd 115
9650 Nossa Senhora dos Remedios AC 193 Ze 122
7230 Noudar BE 148 Sf 119
5090-200 Noura VR 78 Sd 100
8670 Nova FA 174 Rb 125
5400 Nova de Veiga VR 59 Sd 98
4765 Novais BR 76 Rd 100
5400 Noval VR 59 Sc 98
7630 Nova Reguengo Pequeno BE 160 Rc 122
2705 Novas L 128 Qd 116
4560-262 Novelas P 76 Re 101
5445-082 Nozedo VR 59 Sd 99
5430-180 Nozelos VR 59 Se 98
5340 Nozelos BN 60 Sf 99
5160 Nozelos BN 78 Sf 101
5155-610 Numão GD 78 Se 102
5320 Nunes BN 60 Ta 98
5320 Nuzedo BN 59 Sf 97

O

2510 Óbidos LE 128 Qe 112
8670-320 Odeceixe FA 174 Rb 124
8950-351 Odeleite FA 176 Sd 124
8300-037 Odelouca FA 174 Rd 125
7630 Odemira BE 174 Rc 123
8600 Odiáxere FA 174 Rc 126
7900-360 Odivelas BE 161 Rf 119
2675 Odivelas L 128 Qe 116
2780 Oeiras L 144 Qd 116
3680 Oestriz VS 95 Re 105
4740-405 Ofir BR 76 Rb 99
3770-059 Oiã AV 94 Rc 105
3750 Óis da Ribeira AV 94 Rc 105
3780-502 Óis do Bairro AV 94 Rd 106
2350 Olais SA 111 Rd 111
2300-088 Olalhas SA 111 Re 111
5130 Olas VS 78 Se 102
4575 Oldrões P 76 Re 102
6060-621 Oledo CB 113 Se 109
5300-674 Oleirinhos BN 60 Tb 97
7040 Oleirita E 146 Sa 116
5300 Oleiros BN 60 Ta 97
4805 Oleiros BR 76 Rd 100
4730 Oleiros BR 57 Rd 99
6160 Oleiros, Amieira- CB 112 Sa 109
2580-191 Olhalvo L 128 Qf 114
8700 Olhão FA 175 Sb 126
7900 Olhas BE 161 Re 120
6000 Olheirão CB 112 Sc 109
7050 Olheiro E 146 Re 117
2510-511 Olho Marinho LE 128 Qe 113
3060 Olhos da Fervença C 94 Rb 106
8200 Olhos d'Água FA 175 Re 126
2950-554 Olhos de Água SE 144 Ra 117
2495 Olivais LE 110 Rb 110
1990 Olivais L 144 Qf 116
2435 Olival SA 110 Rc 110
4415 Olival P 76 Rc 102
4750 Oliveira BR 57 Rc 99
4605 Oliveira P 77 Re 101
5040 Oliveira VR 77 Sb 101
4830 Oliveira BR 58 Re 99
4770 Oliveira BR 76 Rd 100
3720-001 Oliveira de Azeméis AV 94 Rd 103
3500-892 Oliveira de Barreiros VS 95 Sa 105
3680 Oliveira de Frades VS 95 Re 104
3770 Oliveira do Bairro AV 94 Rd 105
3430-341 Oliveira do Conde VS 95 Sa 106
4430 Oliveira do Douro P 76 Rc 102
4690-420 Oliveira do Douro VS 77 Rf 102
3400-056 Oliveira do Hospital C 95 Sa 106
Oliveira do Mondego C 95 Re 107
7040 Oliveiras E 146 Rf 116
3810 Oliveirinha AV 94 Rc 105
3430-151 Oliveirinha VS 95 Sa 106
5340-372 Olmos BN 79 Ta 100
4600 Olo P 77 Rf 101
2420-122 Opeia LE 110 Rb 110
7150-308 Orada E 131 Sd 115
7830 Orada BE 147 Sc 120
4910 Orbacém VC 57 Rb 98
6230-512 Orca CB 112 Sd 108
5040 Ordem P 77 Sa 101
4620 Ordem P 76 Re 101
7960 Ordem BE 146 Sb 120
4560-192 Ordins P 76 Rd 102
5060 Ordonho VR 77 Sc 101
5150-145 Orgal GD 78 Sf 102
7220-301 Oriola E 146 Sa 119
5400 Orjais VR 59 Se 98
6200-580 Orjais CB 96 Sd 106
5470-382 Ormeche VR 58 Sa 98
6120 Ortiga SA 111 Rf 112
7540 Ortiga SE 160 Rb 121
2425-664 Ortigosa LE 110 Ra 110
3450 Ortigosa VS 95 Re 106
6185-269 Orvalho CB 112 Sb 108
3720 Ossela AV 94 Rd 104
3105 Osso da Baleia LE 110 Ra 108
2580-243 Ota L 128 Ra 114
3840-302 Ouca AV 94 Rc 105
5400-658 Oucidres VR 59 Sd 98
7370-200 Ouguela PT 132 Sf 114
5425-201 Oura VR 59 Sc 99
8200 Oura FA 175 Re 126
2490-201 Ourém SA 110 Rc 111
3060 Ourenta C 94 Rc 106
4890 Ourilhe BR 77 Rf 100
7670 Ourique BE 161 Re 123
7780 Ourique BE 161 Re 122
6230-900 Ourondo CB 112 Sb 108
3630-135 Ourozinho VS 78 Sd 103
5320 Ousilhão BN 60 Ta 98
2900 Outão SE 144 Ra 118
4850 Outeira BR 77 Rf 99
4760 Outeirinho BR 76 Rc 100
5300 Outeiro BN 60 Tc 98
4740 Outeiro BR 57 Rb 99
5450 Outeiro VR 77 Sc 99
3720 Outeiro AV 94 Rc 104
3420 Outeiro C 95 Rf 107
4925 Outeiro VC 57 Rb 98
5450 Outeiro VR 77 Sb 100
2835 Outeiro SE 144 Qf 117
5470 Outeiro VR 58 Sa 98
4860 Outeiro BR 77 Rf 99
7490 Outeiro E 130 Rf 115
3090 Outeiro C 110 Rb 108
3240 Outeiro C 111 Rd 109
4740 Outeiro BR 76 Rb 99
4920 Outeiro VC 57 Rb 97
6040 Outeiro Cimeiro PT 112 Sa 112
2565-590 Outeiro da Cabeça L 128 Qe 113
2040-174 Outeiro da Cortiçada SA 129 Rb 113
6430-312 Outeiro de Gatos GD 78 Se 103
7300 Outeiro do Alho PT 131 Sd 113
2300-241 Outeiro do Forno SA 111 Re 111
5400 Outeiro Seco VR 59 Sd 98
3060-491 Outil C 94 Rc 107
4760-692 Outiz BR 76 Rc 100
7580 Ouvidor SE 145 Rc 118
4660 Ovadas VS 77 Sa 102
3880-001 Ovar AV 94 Rc 103
2100-407 Ovelhas SA 129 Rc 114
3440 Óvoa VS 95 Rf 106

P

8550-150 Pacil FA 174 Rb 125
5120 Paço VS 78 Sc 102
2530 Paco L 128 Qe 113
5320 Paço BN 60 Ta 97
4900 Paço VC 57 Ra 98
8100 Paço FA 175 Rf 125
3720 Paço AV 94 Rc 103
7900 Paço BE 161 Rf 120
4970 Paço VC 57 Rd 98
2350 Paço SA 111 Rc 111
5300 Paçó BN 60 Tc 98
5200 Paçó BN 79 Tc 101
Paço VS 95 Sa 104
8100 Paço da Amoreira FA 175 Rf 126
2770 Paço de Arcos L 144 Qe 116
5300 Paço de Sórtes BN 60 Tb 98
4560-378 Paço de Sousa P 76 Rd 102
3730 Paço do Mato AV 94 Re 103
3670 Paços VS 95 Rf 104
4930 Paços VC 57 Rc 97
4960 Paços VC 58 Re 96
7005 Paço Saraiva, Estação Ferroviária de E 146 Sa 117
6290-241 Paços da Serra GD 95 Sc 106
4535-264 Paços de Brandão AV 76 Rc 103
4590-165 Paços de Ferreira P 76 Rd 101
4625 Paços de Gaiolo P 77 Rf 102
3670 Paços de Vilharigues VS 95 Rf 104
Paços Novos SA 129 Rc 114
2080 Paços Velhos SA 129 Rc 114
4980 Paço Vedro de Magalhães VC 57 Rd 98
4960 Paderne VC 58 Re 96
8200-466 Paderne FA 175 Re 125
4700-011 Padim da Graça BR 76 Rd 99
4940 Padornelo VC 57 Rc 97
5470-341 Padornelos VR 58 Sb 97
6000 Padrão CB 112 Sc 109
6150 Padrão CB 112 Sb 111
7170 Padrão E 147 Sc 117
7400 Padrão PT 130 Rf 113
4970 Padreiro VC 57 Rd 98
4970 Padreiro (Santa Cristina) VC 57 Rd 98
5445 Padrela e Tazem VR 78 Sd 99
5470 Padrões VR 58 Sa 98
7665-891 Padrona BE 174 Rd 123
4970 Padroso VC 57 Rd 97
5470-350 Padroso VR 58 Sb 97
5385-017 Pádua Freixo BN 59 Se 98
6000-005 Paiágua CB 112 Sb 109
2305-515 Paialvo SA 111 Rd 111
Paialvo, Estação Ferroviária de SA 111 Rd 111
3090-495 Paião C 110 Rb 108
7050 Paião E 146 Re 117
2550 Painho L 128 Qf 113
4860-245 Painzela BR 77 Rf 99
7520-071 Paiol SE 160 Rb 121
2240-514 Paio Mendes SA 111 Re 110
3450-309 Pala VS 95 Re 106
6400 Pala GD 96 Sf 104
5300-873 Palácios BN 60 Tc 98
5225-032 Palaçoulo BN 79 Td 100
3130-539 Paleão C 110 Rc 108
3810 Palhaça AV 94 Re 105
6420 Palhais GD 96 Sd 104
6100 Palhais CB 111 Re 110
2820 Palhais SE 144 Qe 117
2830 Palhais SE 144 Qf 117
2140 Palhas SA 129 Rd 113
8800-210 Palheirinhos FA 176 Sb 125
5090 Palheiros VR 78 Sd 100
3060 Palheiros da Tocha C 94 Ra 107
3080 Palheiros de Quiaios C 94 Ra 107
2955 Palhota SE 145 Ra 117
7570-685 Palhotas SE 160 Rb 119
7580 Palma SE 145 Rc 118
4700 Palmaira BR 57 Rd 99
3720-423 Palmaz AV 94 Rd 104
4905 Palme BR 57 Rb 99
8970 Palmeira FA 176 Sc 124
4750 Palmeira de Faro BR 76 Rb 99
2420-085 Palmeiria LE 110 Rb 110
8670 Palmeirinha FA 174 Ra 125
8100 Palmeiros FA 175 Rf 125
2950 Palmela SE 145 Ra 117
6430 Pal Panela GD 78 Se 103
6000 Palvarino CB 112 Sc 109
6000 Pamar CB 112 Sb 109
7700 Pampilhais de Baixo BE 175 Rf 124
6100-297 Pampilhal CB 111 Re 110
3050 Pampilhosa AV 94 Rd 106
3320-200 Pampilhosa da Serra C 111 Sa 108
6160 Panasqueira CB 112 Sb 107
7900 Panasqueira BE 146 Re 120
7940 Panasqueira BE 146 Sa 119
2135-012 Pancas SA 128 Ra 116
Panchorra VS 77 Sa 102
4700-760 Panoias BR 57 Rd 99
7670 Panoias BE 161 Re 122
7670 Panoias, Estação Ferroviária de BE 160 Re 122
6300 Panóis de Cima GD 96 Se 106
4750 Panque BR 57 Rc 99
8970-342 Pão Duro FA 176 Sb 124
3430-701 Papízios VS 95 Rf 106
3430-721 Parada VS 95 Rf 106
4950 Parada VC 57 Rd 96
5400 Parada VR 59 Se 98
4880 Parada VR 77 Sa 100
5350 Parada BN 79 Ta 101
4970 Parada VC 57 Rd 97
6355 Parada GD 97 Sf 105
4980 Parada VC 58 Re 97
4940 Parada VC 57 Rc 97
3740 Parada AV 95 Re 104
5300 Parada BN 60 Tb 98
4480-250 Parada P 76 Rc 100
4850 Parada de Bouro BR 58 Re 99
5000-471 Parada de Cunhos VR 77 Sb 101
3600-508 Parada de Ester VS 77 Rf 103
4730 Parada de Gatim BR 57 Rc 99
3460-373 Parada de Gonta VS 95 Sa 105
5450-220 Parada de Monteiros VR 77 Sb 99
5060-101 Parada de Pinhão VR 77 Sc 100
4585 Parada de Todeia P 76 Rd 101
5100-650 Parada do Bispo VS 77 Sb 102
5450 Parada do Corgo VR 77 Sc 100
4960 Parada do Monte VC 58 Re 96
4980 Paradamente VC 58 Re 97
6005-263 Paradanta CB 112 Sc 108
4970 Paradela VC 58 Re 97
5445 Paradela VR 59 Sd 99
5200 Paradela BN 79 Tb 100
4755 Paradela BR 76 Rb 100
3740 Paradela AV 94 Rd 104
5210 Paradela BN 61 Te 99
5470 Paradela VR 58 Sa 98
5120 Paradela VS 78 Sc 102
3360-107 Paradela C 95 Re 107
5370 Paradela BN 78 Sf 99
5400 Paradela VR 59 Sd 98
4690 Paradela VS 77 Rf 103
5060-161 Paradela de Guiães VR 77 Sc 101

5030-261 Paradela do Monte VR 77 Sa 101
3620-410 Paradinha VS 77 Sc 102
5340 Paradinha de Besteiros BN 79 Ta 100
5300-731 Paradinha Nova BN 60 Tc 99
5300-732 Paradinha Velha BN 60 Tb 99
3515-744 Paraduça VS 95 Sa 104
3620 Paraduça VS 77 Sb 103
5070 Parafita VR 78 Sc 100
5470 Parafita VR 58 Sa 98
7350 Paragem, Estação Ferroviária de PT 131 Se 114
6355-052 Paraisal GD 97 Ta 105
4550 Paraíso AV 76 Re 102
8700 Paraíso FA 176 Sa 126
5140-182 Parambos BN 78 Sd 101
5300 Parâmio BN 60 Ta 97
4500 Paramos AV 76 Rc 103
5300 Parandina BN 60 Tc 98
5430 Paranhos VR 59 Sd 98
4720 Paranhos BR 58 Rd 98
6270 Paranhos GD 95 Sb 106
2400 Parceiros LE 110 Ra 110
2350 Parceiros da Igreja SA 129 Rc 112
7160-363 Pardais E 147 Sd 116
3780 Pardeeiro AV 94 Rd 105
4880 Pardelhas VR 77 Sa 100
Pardelhas AV 94 Rc 104
3430-561 Pardieiros VS 95 Sa 105
3860-421 Pardilhó AV 94 Rc 104
6050 Pardo PT 112 Sb 111
2460 Pardo LE 110 Qf 111
2775-003 Parede L 144 Qd 116
3450 Paredes VS 95 Re 106
5470 Paredes VR 58 Sa 98
3740 Paredes AV 94 Re 104
5000 Paredes VR 77 Sb 100
5300 Paredes BN 60 Tb 98
4580 Paredes P 76 Rd 101
5060 Paredes VR 77 Sc 101
4740 Paredes BR 76 Rb 100
5130-272 Paredes da Beira VS 78 Sd 102
4940-520 Paredes de Coura VC 57 Rc 97
4630 Paredes de Viadores P 77 Rf 102
4575 Paredes de Viadores P 76 Re 102
3680 Paredes do Gravo VS 95 Re 104
4720 Paredes Secas BR 58 Re 99
8150-051 Parises FA 176 Sa 125
7340-117 Parra PT 131 Se 113
7040 Parracha E 146 Sa 116
6005-264 Partida CB 112 Sc 108
3515 Pascoal VS 95 Sa 104
8800-024 Passa Frio FA 176 Sb 124
2430-607 Passagem LE 110 Ra 109
4730 Passó BR 58 Rd 98
3620 Passô VS 77 Sb 102
3505 Passos VS 95 Sa 105
4700 Passos BR 76 Rd 99
5060 Passos VR 77 Sc 101
5320 Passos BN 59 Sf 97
5370 Passos BN 78 Se 100
4820 Passos BR 77 Re 100
4860 Passos BR 77 Rf 100
9900 Pasteleiro AC 192 Wc 117
5400-728 Pastoria VR 59 Sc 98
8100 Patã FA 175 Re 126
8005-511 Patacão FA 175 Sa 126
2445-121 Pataias LE 110 Ra 110
2445 Pataias-Gare LE 110 Ra 111
7005 Pau E 146 Sb 117
6215 Paul CB 96 Sc 107
2200 Paul SA 111 Re 112
2560 Paúl L 128 Qe 114
Paul, Estação Ferroviária de LE 128 Qe 113
9370 Paul do Mar MA 194 Ie 152
4660 Paus VS 77 Sa 102
6300 Pausade GD 96 Sf 105
3045 Paveiro C 94 Rc 107
7490-420 Pavia E 130 Rf 115
8700-171 Pechão FA 176 Sa 126
3750 Pedaçães AV 94 Rc 105
Pé da Ladeira BE 175 Rf 124
2040-141 Pé da Serra SA 128 Ra 112
6000 Pé da Serra CB 112 Sb 109
8100 Pé da Serra FA 175 Rf 125
2350-177 Pé de Cão SA 111 Rd 111
2435 Pedernaira SA 110 Rc 110
7630-587 Pederneiras BE 174 Rb 124
6160 Pedintal CB 112 Sa 110
8550 Pé do Frio FA 174 Rc 125
4765 Pedome BR 76 Rd 100
4550-501 Pedorido AV 76 Rd 102
4935 Pedra Alta VC 57 Rb 99
4860 Pedraça BR 77 Sa 100
4755 Pedra Furada BR 76 Rc 100
4820-555 Pedraído BR 77 Rf 99
3440 Pedraizes VS 95 Rf 106
4715 Pedralva BR 76 Re 99
8650 Pedralva FA 174 Ra 126
5470 Pedrario VR 59 Sc 98
7600 Pedras Brancas BE 161 Rf 121
8800-536 Pedras d'El Rei FA 176 Sb 126
8550-330 Pedras Juntas FA 174 Rc 124
9400 Pedras Pretas MA 195 Kd 150
4730 Pedregais BR 57 Rd 98
3220 Pedreia C 111 Re 108
4495 Pedreia P 76 Rb 100
2970 Pedreias SE 144 Qf 118
3770 Pedreira AV 94 Rc 105
2305-554 Pedreira SA 111 Rd 111
4650 Pedreira P 77 Re 101
8375 Pedreiras FA 175 Re 125
2480-109 Pedreiras LE 110 Ra 111
2425 Pedrógão LE 110 Ra 109
6090 Pedrógão CB 113 Se 108
2350-225 Pedrógão SA 110 Rc 111
3130 Pedrógão C 110 Rb 108
7960 Pedrogão BE 147 Sc 120
7050 Pedrógão E 145 Rd 116
3270-067 Pedrógão Grande LE 111 Rf 109
6100-550 Pedrogão Pequeno CB 111 Rf 109
9900 Pedro Miguel AC 192 Wc 117
3080 Pedros do Poço Frio C 94 Rb 107
4415-088 Pedroso P 76 Rc 102
3050 Pedrulha AV 94 Rd 106
4925 Pedrulhos VC 57 Rb 98
6300 Pega GD 96 Sf 106
2415 Pêga LE 110 Rb 109
5070-303 Pegarinhos VR 78 Sd 100
2205-308 Pego SA 130 Rf 112
3050 Pego AV 94 Rd 106
7580-712 Pego do Altar SE 145 Rd 118
7630 Pego do Seixo BE 160 Rd 122
Pegões, Estação Ferroviária de SE 145 Rc 116
6060 Peireial CB 113 Sf 110
5470 Peireses VR 58 Sb 98
3105-291 Pelariga LE 110 Rc 109
5320-194 Peleias BN 60 Sf 97
3250-330 Pelmá LE 111 Rd 110
3060-521 Pena C 94 Rc 107
5000 Pena VR 77 Sb 101
4860 Pena BR 77 Sa 99
5210 Pena BN 80 Te 99
8100 Pena FA 175 Rf 125
5090-079 Penabeice VR 78 Sd 100
5210-172 Pena Branca BN 80 Te 99
3360-191 Penacova C 95 Re 107
6150 Pena Falcão CB 112 Sb 110
4560 Penafiel P 76 Re 101
5100 Penajóia VS 77 Sa 102
6320-221 Pena Lobo GD 96 Se 106
4870-023 Penalonga VR 58 Sb 99
2835 Penalva SE 144 Qf 117
3400-544 Penalva de Alva C 95 Sb 106
3550-101 Penalva do Castelo VS 96 Sb 104
6090 Penamacor CB 113 Se 107
4595-283 Penamaior P 76 Rd 101
5200 Pena Róia BN 79 Tc 100
4730 Penascais BR 57 Rd 98
3570-170 Pena Verde GD 96 Sd 104
4800 Pencelo BR 76 Re 100
3650-032 Pendilhe VS 77 Sa 103
4990 Pendufe VC 57 Rc 97
6300-130 Penedo da Sé GD 96 Sf 106
7800 Penedo Gordo BE 161 Sa 121
5470-069 Penedones VR 58 Sb 98
3630-225 Penedono VS 78 Sd 103
7750 Penedos BE 175 Sb 124
5470 Penedos VR 58 Sa 99
2580-408 Penedos de Alenquer L 128 Qf 114
3230-249 Penela C 111 Rd 108
3630-260 Penela da Beira VS 78 Sd 102
6440-221 Penha de Águia GD 97 Sf 103
6400-233 Penhaforte GD 96 Sf 105
6060-301 Penha Garcia CB 113 Sf 108
4625 Penha Longa P 77 Rf 102
6120-621 Penhascoso SA 111 Rf 111
6215 Penhas da Saúde CB 96 Sc 107
5320-113 Penhas Juntas BN 60 Sf 98
2520 Peniche LE 128 Qd 112
7750-510 Penilhos BE 161 Sa 123
4940-234 Penim VC 57 Rc 97
8100 Penina FA 175 Rf 125
5450 Pensalvos VR 77 Sc 99
4960 Penso VC 58 Re 96
3640 Penso VS 78 Sc 103
5320 Penso BN 59 Sf 97
4705-628 Penso BR 76 Rd 100
2860-295 Penteado SE 144 Ra 117
8970 Penteareiros FA 162 Sb 124
5100-718 Penude VS 77 Sa 102
5000 Pepe VR 77 Sa 101
3600 Pepim VS 77 Sa 103
2500 Pequena LE 128 Qf 112
8365 Pêra FA 175 Rd 126
6200-590 Peraboa CB 96 Sd 107
6300 Pêra do Moço GD 96 Se 105
4455-263 Perafita P 76 Rb 101
6030-053 Perais CB 112 Sc 110
8150 Peral FA 176 Sa 126
6150 Peral CB 112 Sb 110
2550-450 Peral L 128 Qf 113
7040 Peral do Meio E 130 Rf 116
3280 Peras LE 111 Re 108
3620-432 Pêra Velha VS 77 Sc 103
6030 Perdigão CB 112 Sb 110
5340-380 Peredo BN 79 Ta 100
5200-352 Peredo da Bemposta BN 79 Tc 101
5160-161 Peredo dos Castelhanos BN 78 Sf 102
4755 Pereira BR 76 Rc 100
3560 Pereira VS 95 Sc 104
8500 Pereira FA 174 Rc 125
3140 Pereira C 110 Rc 107
5470 Pereira VR 58 Sa 98
5370 Pereira BN 78 Se 100
3420 Pereira C 95 Rf 107
5000 Pereira VR 77 Sa 101
7665 Pereiras BE 174 Rd 124
7750 Pereiras BE 175 Sb 123
8135 Pereiras FA 175 Rf 126
3780 Pereiro AV 94 Rd 106
6270 Pereiro GD 95 Sb 106
2240 Pereiro SA 111 Rd 110
5445 Pereiro VR 59 Sd 99
7900 Pereiro BE 161 Rf 120
6120 Pereiro SA 111 Rf 111
8700 Pereiro FA 175 Sb 126
7330 Pereiro PT 112 Sd 112
6400 Pereiro GD 97 Sf 104
8970 Pereiro FA 162 Sc 124
3250 Pereiro LE 111 Rd 109
5120 Pereiro VS 78 Sd 102
6120 Pereiro SA 111 Sa 111
6000 Pereiro de Baixo CB 112 Sb 110
2580 Pereiro de Palhacana L 128 Qf 114
6005 Pereiros CB 112 Sc 108
5120 Pereiros VS 77 Sc 102
5140 Pereiros BN 78 Se 101
5130 Pereirosl VS 78 Sd 102
4750 Perelhal BR 76 Rb 99
6150 Pergulho Cimeiro CB 112 Sa 110
7340-116 Perna Chã PT 131 Se 113
2140 Pernancha SA 129 Rd 113
8375 Perna Seca FA 175 Re 124
2000-493 Pernes SA 129 Rc 112
8970-216 Pêro Dias FA 176 Sb 124
6320 Pêro Ficós GD 97 Sf 106
2005 Pêro Filho SA 129 Rb 113
7900-018 Peroguarda BE 161 Rf 120
7200-450 Perolivas E 147 Sc 118
2550 Pero Moniz L 128 Qf 113
8670 Pêro Negro FA 174 Rb 124
2430 Pêro Neto LE 110 Ra 110
2715 Pero Pinheiro L 144 Qe 115
8100 Pêro Ponto FA 175 Sa 125
8650 Pêro Queimado FA 174 Ra 126
6300-165 Pêro Soares GD 96 Se 105
7480 Pero Viegas PT 130 Sa 114
6230-521 Pêro Viseu CB 96 Sd 107
4560 Perozelo P 76 Re 102
4415 Perozinho P 76 Rc 102
3770 Perrães AV 94 Rc 105
4925-580 Perre VC 57 Rb 98
4890 Perreira BR 77 Rf 100
2435-310 Perucha SA 111 Rd 110
3320 Pescanseco C 112 Sa 108
6230-026 Pesinho CB 112 Sc 107
2500-767 Peso LE 110 Qf 112
5200 Peso BN 79 Tc 100
7960 Peso BE 147 Sb 120
2100-300 Peso SA 130 Re 115
6200 Peso CB 96 Sc 107
4600 Peso P 77 Sa 101
5050-208 Peso da Régua VR 77 Sb 102
3660-643 Pesos VS 95 Rf 103
3320 Pessegueiro C 111 Rf 108
3740 Pessegueiro AV 94 Rd 104
2240 Pessegueiro SA 130 Rf 112
8970 Pessegueiro FA 176 Sa 124
6300-070 Pessolta GD 96 Se 105
4860-024 Petimão BR 77 Rf 100
5300-502 Petisqueira BN 60 Tc 97
6350-331 Peva GD 97 Ta 105
3620-441 Peva VS 96 Sb 103
2480-140 Pia Carneira LE 110 Rb 112
3330-205 Piães C 111 Rf 107
Pia Furada C 111 Rc 109
2240-566 Pias SA 111 Re 110
7750 Pias BE 162 Sc 122
7830 Pias BE 162 Sd 120
4950 Pias VC 57 Rc 96
7800 Pica Milho BE 162 Sb 121
3600-540 Picão VS 77 Sa 103
7780 Piçarras BE 161 Rf 123
4730 Pico BR 57 Rd 98
8100 Pico Alto FA 175 Re 125
9600 Pico da Pedra AC 193 Zc 122
4730 Pico de Regalados BR 57 Rd 98
5350 Picões BN 78 Ta 101
7750-410 Picoitos BE 162 Sc 123
5225-072 Picote BN 79 Td 100
4505 Picoto AV 76 Rc 102
3750-406 Piedade AV 94 Rd 105
9930 Piedade AC 193 Wf 118
4505 Pigeiros AV 76 Rd 103
2430-321 Pilado LE 110 Ra 110
4690 Pimeiro VS 77 Rf 102
5470 Pinçães VR 58 Rf 98
2100-300 Pinçais SA 145 Re 115
2100-300 Pinçalinhos SA 145 Re 115
2640 Pincanceira L 144 Qd 114
3090-421 Pincho C 94 Rb 107
8600 Pincho FA 174 Rb 125
3500-543 Pindelo VS 95 Sa 105
3720 Pindelo AV 94 Rd 103
3660-170 Pindelo dos Milagres VS 95 Sa 104
5300-751 Pinela BN 60 Tb 98
5230-181 Pinelo BN 60 Tc 99
8100 Pinhal FA 175 Re 126
5140-270 Pinhal do Douro BN 78 Se 101
5140-205 Pinhal do Norte BN 78 Sd 101
2955-001 Pinhal Novo SE 144 Ra 117
6270-141 Pinhanços GD 96 Sb 106
5085 Pinhão VR 78 Sc 101
5060 Pinhão Cel VR 77 Sc 100
3600 Pinheiro VS 77 Sa 103
7600 Pinheiro BE 161 Re 121
3850 Pinheiro AV 94 Rc 105
4575 Pinheiro P 76 Re 102
3430 Pinheiro VS 95 Rf 106
7630 Pinheiro BE 160 Rb 122
3680 Pinheiro VS 95 Re 104
3570 Pinheiro GD 96 Sc 104
7580 Pinheiro SE 145 Rb 118
4850 Pinheiro BR 58 Rf 99
8800 Pinheiro FA 176 Sb 126
9350 Pinheiro MA 194 If 152
Pinheiro, Estação Ferroviária de SE 145 Rb 118
3720 Pinheiro da Bemposta AV 94 Rd 104
3440 Pinheiro de Ázere VS 95 Rf 106
3420-192 Pinheiro de Coja C 95 Sa 107
2140-307 Pinheiro Grande SA 129 Rd 112
5320-121 Pinheiro Novo BN 59 Sf 97
4950 Pinheiros VC 57 Rc 96
2440 Pinheiros LE 110 Rb 110
5320 Pinheiro Velho BN 59 Sf 97
6400 Pinhel GD 97 Sf 104
5460 Pinho VR 59 Sc 99
3660 Pinho VS 95 Rf 104
2530 Pinhôa L 128 Qe 113
Pinhovelo BN 78 Ta 99
6400-069 Pínzio GD 97 Sf 105
6285 Piódão C 95 Sb 107
4880-084 Pioledo VR 77 Sa 100
8500 Pirra FA 174 Rc 126
7480 Pisão PT 130 Sa 114
3050 Pisão AV 94 Rd 107
3305 Pisão C 95 Sa 107
7430 Pisão PT 131 Sc 113
5470 Pisões VR 58 Sa 98
2445 Pisões LE 110 Ra 111
6100 Pisões CB 111 Rf 110
7860 Pisões BE 147 Sd 120
7800 Pisões BE 162 Sb 121
7050 Pitamariça de Baixo E 145 Rd 116
5470 Pitões das Júnias VR 58 Sa 97
6185-141 Pizoria CB 112 Sa 109
Pó LE 128 Qe 113
3060 Pocariça C 94 Rc 106
2200 Pocariça SA 111 Re 111
2200-721 Poçarrão SA 111 Rf 112
2965-214 Poceirão SE 145 Rb 117
5150 Pocinho GD 78 Sf 102
7170 Pocinho E 147 Sc 117
8900 Pocinho FA 176 Sc 125
3070 Poço da Cruz C 94 Rb 106
1950 Poço do Bispo L 144 Qf 116
6430-335 Poço do Canto GD 78 Se 103
3240 Poço dos Cães C 111 Rc 109
8300-044 Poço Fundo FA 174 Rd 126
2300 Poço Redono SA 111 Re 111
7670 Poço Seco BE 175 Rf 123
6355-131 Poço Velho GD 97 Tb 105
4950-670 Podame VC 58 Rd 96
5340-392 Podence BN 60 Ta 99
3230-521 Podentes C 111 Rd 108
5180-340 Poiares BN 79 Ta 102
4990 Poiares VC 57 Rc 99
5050 Poiares VR 77 Sb 101
8500-149 Poio FA 174 Rc 125
4835-445 Polvoeira BR 76 Re 100
6040 Polvorão PT 130 Sa 112
6040 Polvorosas PT 130 Sa 112
8900 Pomar FA 176 Sc 125
7750-411 Pomarão BE 176 Sc 123
3305 Pomares C 95 Sa 107
7540 Pomar Grande SE 160 Rb 120
7000 Pomarinho E 146 Sa 117
8550-035 Pomba FA 174 Rc 124
5350 Pombal BN 78 Sf 100
7340 Pombal PT 131 Se 113
5140 Pombal BN 78 Sd 101
3100 Pombal LE 110 Rc 109
2150 Pombalinho SA 129 Rc 112
3130-096 Pombalinho C 111 Rd 108
5300-761 Pombares BN 60 Ta 99
2140 Pombas SA 130 Re 113
6100-682 Pombas CB 111 Rf 110
2240-372 Pombeira SA 111 Re 110
3300-318 Pombeiro da Beira C 95 Rf 107
4610 Pombeiro de Riba Vizela P 76 Re 100
7800 Pombeiros BE 161 Sa 121
5460 Pomer da Rainha VR 58 Sa 99
5470-384 Pondras VR 58 Sa 98
9970 Ponta AC 192 Te 112
9400 Ponta MA 195 Kd 150
9970 Ponta Delgada AC 192 Te 111
9240 Ponta Delgada MA 194 Ka 152
9504 Ponta Delgada AC 193 Zb 122
8200 Ponta do Castelo FA 175 Re 126
9385 Ponta do Pargo MA 194 Ie 152
9360 Ponta do Sol MA 194 If 152
9680 Ponta Garça AC 193 Zd 122
4910 Ponte VC 57 Ra 98
4730 Ponte BR 57 Rd 98
4730 Ponte BR 76 Rd 100
4980-610 Ponte da Barca VC 57 Rd 98
3350 Ponte da Mucela C 95 Re 107
Ponte de Assamassa LE 110 Rc 109
4990-011 Ponte de Lima VC 57 Rc 98
4880 Ponte de Olo VR 77 Sa 100
7400-201 Ponte de Sor PT 130 Sa 113
3840 Ponte de Vagos AV 94 Rb 106
3640-202 Ponte do Abade VS 96 Sd 103
2560-106 Ponte do Rol L 128 Qe 114
5470-363 Ponteira VR 58 Sa 98
Pontes VS 95 Re 104
Pontével SA 129 Ra 114
3200-037 Ponte Velha C 111 Re 107
7330 Ponte Velha PT 131 Sd 112
5450 Pontido VR 77 Sb 100
Pontinha L 144 Qe 116
5070-313 Pópulo VR 78 Sc 100
2420 Porcejal LE 110 Rb 110
8400-455 Porches FA 175 Rd 126

7580 Porches SE 160 Rd 119
5090-014 Porrais VR 78 Sd 100
5350-202 Porrais BN 79 Tb 100
4940 Porreiras VC 57 Rc 97
4970 Porta Cova VC 58 Rd 97
7300-002 Portalegre PT 131 Sd 113
7300 Portalegre, Estação Ferroviária de PT 131 Sd 113
2600 Portas do Capitão Mór L 128 Ra 115
2600 Portas do Mar de Caes L 144 Qf 115
2600 Portas do Mouchão da Cabra L 128 Qf 115
7700-212 Porteirinhos BE 175 Rf 123
7220 Portel E 161 Sb 119
4770 Portela BR 76 Rd 100
4970 Portela VC 57 Rd 97
5300 Portela BN 60 Ta 97
8375 Portela FA 175 Re 125
8800 Portela FA 176 Sb 125
6100 Portela CB 111 Rf 110
8550 Portela FA 174 Rc 125
3510 Portela VS 95 Rf 104
4575 Portela P 76 Re 102
5000 Portela VR 77 Sb 101
2250 Portela SA 129 Re 112
8100 Portela FA 175 Sa 124
4950 Portela VC 57 Rd 97
6110 Portela CB 111 Rf 110
9900 Portela AC 192 Wb 117
3140 Portela C 94 Rc 107
4730 Portela das Cabras BR 57 Rc 98
4870-129 Portela de Santa Eulália VR 77 Sb 99
3320 Portela do Fojo-Machio C 111 Rf 109
6120 Portela dos Colos SA 111 Rf 110
8600 Portelas FA 174 Rb 126
4905 Portela Susã VC 57 Rb 98
7555 Portelinha SE 160 Rc 122
4960 Portelinha VC 58 Re 96
5300 Portêlo BN 60 Tb 97
8500 Portimão FA 174 Rc 126
Portinho da Arrábida SE 144 Ra 118
4000-008* Porto P 76 Rb 101
2135-015 Porto Alto SA 145 Ra 115
2825 Porto Brandão SE 144 Qe 116
2405 Porto Carro LE 110 Ra 111
8800 Porto Carvalhoso FA 175 Sa 125
4525 Porto Carvoeiro AV 76 Rd 102
7520 Porto Covo da Bandeira SE 160 Rb 121
6300-170 Porto da Carne GD 96 Se 105
9225 Porto da Cruz MA 194 Kb 152
7330 Porto da Espada PT 131 Sd 112
7630 Porto das Barcas BE 174 Ra 123
6000 Porto da Vila CB 112 Sc 109
8500 Porto de Lagos FA 174 Rc 125
2480-006 Porto de Mós LE 110 Rb 111
8600 Porto de Mós FA 174 Rb 126
6355 Porto de Ovelha GD 97 Ta 105
7520 Porto de Sines SE 160 Ra 121
6230-753 Porto dos Asnos CB 112 Sc 108
Porto dos Boscoitos AC 192 Xe 116
9625 Porto Formosa AC 193 Zd 122
9700 Porto Judeu AC 192 Xf 117
9760 Porto Martins AC 192 Xf 116
9270 Porto Moniz MA 194 Ie 151
7900 Porto Mouro BE 160 Rd 120
3730-301 Porto Novo AV 94 Rd 103
2560-100 Porto Novo L 128 Qe 113
2740 Porto Salvo L 144 Qe 116
9700 Porto Santo AC 192 Xe 116
3060 Portunhos C 94 Rc 107
4925 Portuzelo VC 57 Rb 98
5430-191 Possacos VR 59 Se 99
7830 Posto Fiscal de Penalva BE 162 Sd 121
7830 Posto Fiscal de Sopos BE 162 Sd 121
7830 Posto Fiscal de Val Covo BE 162 Sd 122
7350 Posto Fiscal do Caia PT 132 Sf 115
7370 Posto Fiscal do Retiro PT 132 Sf 115
3130-541 Pouca Pena C 110 Rc 108
4755-411 Pousa BR 76 Rc 99
4710 Pousada BR 58 Rd 99
5000 Pousada VR 77 Sa 101
4640 Pousada P 77 Rf 102
3405 Pousada de Santa Barbara C 95 Sb 106
4770-400 Pousada de Saramagos BR 76 Rd 100
3105 Pousadas Vedras LE 111 Rc 109
3420-172 Pousadouros C 95 Rf 107
3240-610 Pousaflores C 111 Rd 109
6320-233 Pousafoles do Bispo GD 96 Se 106
4960 Pousios VC 58 Re 97
2410 Pousos LE 110 Rb 110
3780-594 Poutena AV 94 Rc 106
5470 Póvoa VR 58 Sa 99
5160 Póvoa BN 78 Sf 101
5070 Póvoa VR 78 Sc 101
5100 Póvoa VS 77 Sa 102
3320 Póvoa C 111 Sa 108
4415 Póvoa P 76 Rc 102
5210 Póvoa BN 79 Te 99
5430 Póvoa VR 78 Se 99
3650 Póvoa VS 77 Sb 103
2460 Povoa LE 110 Ra 111
2565 Póvoa L 128 Qf 113
2000 Póvoa SA 129 Rc 112
9650 Povoação AC 193 Ze 122
2665-300 Póvoa da Galega L 128 Qe 115
2005 Povoa da Isenta SA 129 Rb 113
3060-213 Póvoa da Lomba C 94 Rc 107
3780-525 Póvoa da Palmeira AV 94 Rd 106
3430-565 Póvoa da Pegada VS 95 Sa 106
6290 Póvoa da Rainha GD 96 Sb 105
5425 Póvoa de Agrações VR 59 Sc 99
6230-600 Póvoa de Atalaia CB 112 Sd 108
3770 Póvoa de Carrerco AV 94 Rc 106
3530-320 Póvoa de Cervães VS 96 Sb 105
4830-191 Póvoa de Lanhoso BR 58 Re 99
6400 Póvoa d'El-Rei GD 96 Se 104
3420 Póvoa de Midões C 95 Sa 106
3440 Póvoa de Mosqueiros VS 95 Rf 106
2560-046 Póvoa de Penafirme L 128 Qd 114
3630-350 Póvoa de Penela VS 78 Sd 102
3780 Póvoa de Pereira AV 94 Rd 106
6000-610 Póvoa de Rio de Moinhos CB 112 Sc 109
2625-002 Póvoa de Santa Iria L 144 Qf 115
2000-531 Póvoa de Santarém SA 129 Rb 113
2620 Povoa de Santo L 128 Qf 116
3430-771 Póvoa de Santo Amaro VS 95 Rf 106
3405-115 Póvoa de São Cosme C 95 Sa 106
7885 Póvoa de São Miguel BE 147 Se 119
3060-471 Póvoa do Bispo C 94 Rc 106
6420-531 Póvoa do Concelho GD 96 Se 104
3800-550 Póvoa do Paço AV 94 Rc 104
3810-756 Póvoa do Valado AV 94 Rc 105
3750 Póvoa do Vale do Trigo AV 94 Rd 105
7320 Póvoa e Meadas PT 112 Sc 111
6270-221 Póvoa Nova GD 95 Sc 106
2040-154 Póvoas SA 129 Ra 112
Povoinha CB 112 Sb 109
3505-247 Povolide VS 95 Sb 104
2910 Praça do Quebedo, Estação Ferroviária de SE 145 Ra 117
5320-221 Prada BN 60 Ta 97
3570 Prado GD 96 Se 105
4960 Prado VC 58 Re 96
4730 Prado BR 57 Rd 99
4730 Prado BR 57 Rd 98
3620 Prado de Baixo VS 78 Sc 103
5225-041 Prado Gatão BN 79 Td 100
6400 Prados GD 96 Se 104
6360 Prados GD 96 Sd 105
2550-371 Pragança L 128 Qf 113
2430 Praia LE 110 Ra 109
9880 Praia AC 192 Xa 114
4410 Praia da Aguda P 76 Rc 102
2530-209 Praia da Areia Branca L 128 Qe 113
2705-061 Praia das Maçãs L 128 Qd 116
Praia da Vitoria AC 192 Xf 116
4910 Praia de Âncora VC 57 Ra 98
3885 Praia de Cortegaça AV 76 Rc 103
3885 Praia de Esmoriz AV 76 Rc 103
3070 Praia de Mira C 94 Rb 106
8670 Praia de Odeceixe FA 174 Rb 124
2525 Praia de São Bernardino LE 128 Qd 113
3870 Praia de Torreira AV 94 Rb 104
Praia do Almoxarife AC 192 Wc 117
9900 Praia do Norte AC 192 Wb 117
2260 Praia do Ribatejo SA 111 Rd 112
2910 Praia do Sado SE 145 Rb 117
9580 Praia Formosa AC 193 Zf 127
9940 Prainha AC 193 We 118
2910 Praixa-Sado, Estação Ferroviária de SE 145 Rb 117
9370 Prazeres MA 194 Ie 152
4800 Prazins BR 76 Re 100
4800 Prazins BR 76 Re 100
8970 Preguiça FA 176 Sc 125
8970 Preguiças FA 176 Sc 124
Preguinho VS 95 Re 104
3150 Presa C 111 Rc 108
3070 Presa C 94 Rb 106
2230-010 Presa SA 111 Rf 111
3750-679 Préstimo AV 94 Rd 105
5100-740 Pretarouca VS 77 Sa 102
5070 Prezandães VR 78 Sd 101
4705-555 Priscos BR 76 Rd 100
6150 Proenca-a-Nova CB 112 Sa 110
6060 Proença-a-Velha CB 113 Se 108
6430-341 Prova GD 78 Sd 103
7520 Provença SE 160 Rb 121
5060 Provensende VR 78 Sc 101
4540-486 Provezende AV 76 Re 103
4970 Prozelo VC 57 Rd 97
Prozelo BR 58 Rd 99
3250-389 Pussos LE 111 Rd 110

Q

3840 Qinta AV 94 Rb 105
5320-195 Quadra BN 60 Sf 97
6320-242 Quadrazais GD 97 Ta 107
6320 Quarta-Feira GD 96 Se 106
8125 Quarteira FA 175 Rf 126
2550 Quartel L 128 Qf 113
8700 Quatrim FA 176 Sb 126
8700-128 Quatrim do Sul FA 176 Sb 126
3130-083 Quatro Lagoas C 111 Rd 108
9760 Quatro Ribeiras AC 192 Xe 116
2065-110 Quebradas L 128 Ra 113
4990-685 Queijada VC 57 Rc 98
5110 Queimada VS 77 Sb 102
8950 Queimada FA 176 Sc 125
9800 Queimada AC 193 We 116
5110 Queimadela VS 77 Sb 102
4820-560 Queimadela BR 77 Rf 99
7665 Queimado BE 174 Rc 123
3670-174 Queirã VS 95 Rf 104
3515-500 Queirela VS 95 Sa 104
3650-051 Queiriga VS 95 Sb 104
6370 Queiriz GD 96 Sd 104
8700 Quelfes FA 175 Sb 126
6090 Quelhinhas CB 96 Sf 108
2735 Queluz L 144 Qe 116
4785-064 Quereledo P 76 Rc 101
8100 Querença FA 175 Sa 125
3080-516 Quiaios C 94 Ra 107
5450 Quinta VR 77 Sc 100
4640 Quinta P 77 Sa 102
5000 Quintã VR 77 Sa 101
7750 Quintã BE 162 Sc 123
7750 Quintã BE 176 Sa 124
8100 Quintã FA 175 Sa 125
5130 Quinta da Cascalheira VS 78 Sc 101
7540-021 Quinta da Corona SE 160 Rd 121
3560 Quinta da Deguedinha VS 96 Sc 104
3570-074 Quinta da Estrada GD 96 Sc 103
8100 Quinta da Quarteira FA 175 Rf 126
5200 Quinta das Quebradas BN 79 Tb 101
5160 Quinta de Martin Tifado BN 79 Tb 102
3640 Quinta de Paulo Lopes VS 96 Sd 103
6440 Quintã de Pêro Martins GD 96 Sf 103
6320-125 Quinta de Santo Amaro GD 96 Se 107
2825 Quinta de Santo António SE 144 Qe 117
2000 Quinta de São João SA 129 Rc 113
5230 Quinta de Vale de Peña BN 60 Tc 98
2950-532 Quinta do Anjo SE 144 Ra 117
2925 Quinta do Conde SE 144 Qf 117
7090 Quinta do Duque E 161 Rf 119
7800 Quinta do Estácio BE 161 Sb 121
3810 Quinta do Gato AV 94 Rc 105
8135 Quinta do Lago FA 175 Rf 126
6090 Quinta do Major CB 96 Sf 107
6230 Quinta do Monte Leal CB 112 Sd 108
6320 Quinta do Passarinho GD 97 Ta 107
2350 Quinta do Paul SA 129 Rc 112
6270 Quinta do Rio GD 96 Sb 106
6400 Quinta dos Bernardos GD 97 Sf 104
7000 Quinta do Sousa E 145 Rc 117
3870 Quinta dos Ricos AV 94 Rb 104
2100-056 Quinta Grande SA 145 Rc 115
9300 Quinta Grande MA 194 If 153
5180 Quintana da Ribeira BN 79 Ta 102
5160 Quintana das Centieras BN 78 Ta 102
Quintana de Alva BN 79 Ta 102
5300-772 Quintanilha BN 60 Tc 98
2140 Quinta Nova SA 129 Rc 113
6230 Quintas CB 96 Se 107
3050 Quintas AV 94 Rd 107
2665 Quintas L 144 Qe 115
2040 Quintas SA 129 Ra 113
3830 Quintãs AV 94 Rc 105
6230 Quintas da Feijoeira CB 112 Se 108
6320-251 Quintas de São Bartolomeu GD 96 Sf 106
3870 Quintas do Norte AV 94 Rb 104
3640 Quintela VS 96 Sc 103
5430 Quintela VR 59 Sd 98
3670 Quintela VS 95 Rf 104
5320 Quintela BN 60 Ta 97
3530-334 Quintela de Azurara VS 96 Sb 105
5300 Quintela de Lampacas BN 60 Ta 99
4750 Quintiães BR 57 Rc 99
7800-661 Quintos BE 162 Sb 121
5320 Quirás BN 59 Sf 97

R

6300-075 Rabaça GD 97 Sf 105
7300-467 Rabaça PT 131 Se 113
3230-544 Rabaçal C 111 Rd 108
6430 Rabaçal GD 96 Sd 103
7050 Rabaçal E 146 Re 116
2500 Rabaceiro LE 128 Qf 112
6150-127 Rabacinas CB 112 Sb 110
5300-791 Rabal BN 60 Tb 97
7040 Rabasqueira E 146 Rf 116
7555 Rabo do Lobo SE 160 Rb 122
7080 Rádio Marconi E 145 Rd 116
4590 Raimonda P 76 Rd 101
4550-247 Raiva AV 76 Rd 102
3360 Raiva C 95 Re 107
5450-344 Raiz do Monte VR 77 Sc 100
5040 Ramadas VR 77 Sa 101
7960 Ramado BE 147 Sc 120
Ramalhais de Cima LE 111 Rc 109
2565-646 Ramalhal L 128 Qe 114
3250-422 Ramalhal LE 111 Rd 110
2305 Ramalheira SA 111 Rd 110
2500-377 Ramalhosa LE 128 Qf 112
9700 Raminho AC 192 Xe 116
4690 Ramires VS 77 Rf 102
8375 Ramos FA 175 Rd 124
2580 Rancas L 128 Qf 114
4650 Rande P 76 Re 101
7330 Ranginha PT 131 Sd 112
3100-362 Ranha de Baixo LE 110 Rb 109
3105 Ranha de São João LE 110 Rb 109
3660 Ranhados VS 95 Sa 105
6430 Ranhados GD 78 Se 103
6360-130 Rapa GD 96 Sd 105
2080-701 Raposa SA 129 Rc 114
8650 Raposeira FA 174 Ra 126
2420-218 Raposeira LE 110 Rb 110
2100-650 Raposeira SA 145 Rc 115
9370 Raposeiro do Logarinho MA 194 Ie 152
6300 Rapoula GD 96 Se 105
6000 Rapoula CB 112 Sb 109
6320-261 Rapoula do Côa GD 97 Sf 106
3560 Rãs VS 95 Sc 104
4560 Rãs P 76 Re 101
7330 Rasa PT 131 Sd 112
4570-410 Rates P 76 Rb 100
8900 Rato FA 176 Sc 126
6360-140 Ratoeira GD 96 Sd 105
2350 Reais SA 129 Rc 112
4550-250 Real AV 76 Re 102
3550 Real VS 96 Sb 105
4605 Real P 77 Re 101
6100 Rebaixia CB 111 Rf 110
2460-362 Rebelos LE 110 Qf 111
6420-541 Reboleiro GD 96 Sd 104
3150-258 Rebolia C 111 Rc 108
6320-271 Rebolosa GD 97 Ta 106
5300 Rebordainhos BN 60 Ta 98
5300-811 Rebordãos BN 60 Tb 98
4600 Rebordelo P 77 Sa 100
5470 Rebordelo VR 59 Sb 98
5335 Rebordelo BN 59 Sf 98
4525 Rebordelo AV 76 Rd 103
3670 Rebordinho VS 95 Re 105
4990 Rebordões VC 57 Rc 98
4795 Rebordões P 76 Rd 100
4585-305 Rebordosa P 76 Rd 101
3360 Rebordosa C 95 Re 107
4920 Reboreda VC 57 Rb 97
5450 Reboredo VR 78 Sc 100
3750-726 Recardães AV 94 Rd 105
4585-594 Recarei P 76 Rd 102
4560 Recezinhos P 77 Re 101
5400 Redial VR 59 Sc 98
3105-321 Redinha LE 110 Rc 108
6150 Redonda CB 112 Sa 111
Redonda FA 176 Sa 124
5400 Redondelo VR 59 Sc 98
7170 Redondo E 147 Sc 117
3100 Redondos LE 110 Rc 109
5425 Redordondo VR 59 Sc 98
4825-286 Redundo P 76 Rd 101
5300 Refêga BN 60 Tc 98
4990 Refóios do Lima VC 57 Rc 98
4860 Refojos de Basto BR 77 Sa 99
4825-292 Refojos de Riba de Ave P 76 Rd 101
4610 Refontoura P 77 Re 101
4820 Regadas BR 77 Rf 100
4815 Regilde P 76 Re 100
4820 Rego BR 77 Rf 100
3250 Rego da Murta LE 111 Rd 110
5385 Regodeiro BN 59 Sf 99
5370-110 Rego de Vide BN 78 Se 100
2415 Regueira de Pontes LE 110 Rb 110
4825-360 Reguenga P 76 Rd 101
7300 Reguengo PT 131 Sd 113
7490 Reguengo E 130 Rf 115
7780 Reguengo BE 161 Rf 122

7600 Reguengo BE 161 Re 121
7340 Reguengo PT 131 Se 114
2070 Reguengo, Estação Ferroviária de SA 129 Rb 114
2440-208 Reguengo do Fetal LE 110 Rb 111
2530-564 Reguengo Grande L 128 Qe 113
7630 Reguengo Pequeno BE 160 Rc 123
7200-200 Reguengos de Monsaraz E 147 Sc 118
2500 Reguenho LE 128 Qe 112
6440 Reigada GD 97 Ta 104
6400 Reigadinho GD 96 Se 104
5470 Reigoso VR 58 Sa 98
3680-192 Reigoso VS 95 Re 104
3250 Reivas LE 111 Rd 109
8550 Relém FA 174 Rc 125
7630-392 Relíquias BE 160 Rd 122
9360 Relogio do Poiso MA 194 If 152
3600-475 Relva VS 77 Sa 103
6060 Relva CB 113 Sf 108
7330 Relva PT 131 Se 112
6110 Relva CB 111 Rf 110
9500 Relva AC 193 Zb 122
6150-501 Relva da Louça CB 111 Sa 110
3300 Relvas C 111 Sa 107
2500-796 Relvas LE 128 Qf 112
6230 Relvas CB 96 Sb 108
7540-240 Relvas Verdes SE 160 Rb 121
3305-227 Relva Velha C 95 Sa 107
3020 Relvinha C 94 Rd 107
7540 Relvinhas SE 160 Rc 120
2520 Remédios LE 128 Qd 112
9545 Remédios AC 193 Zb 121
4755-010 Remelhe BR 76 Rc 100
4960 Remoães VC 58 Re 96
5200-370 Remondes BN 79 Tb 100
3420-415 Remouco C 95 Rf 106
6320 Rendo GD 97 Sf 106
4800 Rendufe BR 76 Re 100
Rendufe VR 78 Sd 99
4830 Rendufinho BR 58 Re 99
4720 Rendute BR 57 Rd 99
6000-620 Represa CB 112 Sc 110
7050 Represa E 146 Rf 116
3800-861 Requeixo AV 94 Rc 105
4770 Requião BR 76 Rd 100
4660-211 Resende VS 77 Sa 102
3140 Resgatados C 94 Rb 107
6000-621 Retaxo CB 112 Sc 110
4480-350 Retorta P 76 Rb 100
7050 Retorta E 145 Rc 117
7830 Retorta BE 162 Sc 121
5450-294 Revel VR 78 Sc 100
7330-336 Reveladas PT 131 Sd 112
3140 Reveles C 110 Rb 108
4820-630 Revelhe BR 77 Rf 100
7340 Revelhos PT 131 Se 114
8100 Reveses FA 175 Sa 124
4650 Revinhade P 76 Re 100
2350-290 Riachos SA 129 Rc 112
2350 Riachos, Estação Ferroviária de SA 129 Rc 112
5100-330 Ribabelide VS 77 Sa 102
4910 Riba de Âncora VC 57 Rb 98
2425 Riba de Aves LE 110 Rb 110
4950 Riba de Mouro VC 57 Re 96
4640 Ribadoura P 77 Rf 102
3515 Ribafeita VS 95 Sa 104
2475 Ribafria LE 128 Ra 112
2525 Ribafria LE 128 Qe 113
2565-173 Ribaldeira L 128 Qe 114
5140-224 Ribalonga BN 78 Sd 101
5070-322 Ribalonga VR 78 Sc 100
2640 Ribamar L 144 Qd 114
2530 Ribamar L 128 Qe 113
6290-251 Ribamondego GD 96 Sc 105
3090 Ribas C 94 Rb 107
3220 Ribas C 111 Re 107
4890 Ribas BR 77 Rf 100
3880 Ribeira AV 94 Rc 103
4990 Ribeira VC 57 Rc 98
3200 Ribeira C 111 Re 108
4840 Ribeira BR 58 Re 98
2240 Ribeira SA 111 Re 110
8365 Ribeira Alta FA 175 Re 125
2350-396 Ribeira Branca SA 110 Rc 112
9350 Ribeira Brava MA 194 If 152
Ribeira Cha AC 193 Zd 122
9800 Ribeira da Areia AC 193 Wf 117
8900-055 Ribeira da Gafa FA 176 Sc 125
9270 Ribeira da Janela MA 194 If 151
8550-366 Ribeira das Canas FA 174 Rc 125
9680 Ribeira dasTainhas AC 193 Zd 122
8200-501 Ribeira de Alte FA 175 Re 125
3045 Ribeira de Frades C 94 Rd 107
3850 Ribeira de Fráguas AV 94 Rd 104
7300 Ribeira de Nisa PT 131 Sd 113
7700 Ribeira de Odelouca BE 175 Re 124
4870-150 Ribeira de Pena VR 77 Sb 99
2040-511 Ribeira de São João SA 129 Ra 113
3505 Ribeira de Sátão VS 95 Sb 104
Ribeira de Seiça, Estação Ferroviária de C 110 Rb 108
6230 Ribeira de Ximassa CB 112 Sc 108
3680 Ribeiradio VS 95 Re 104
9900 Ribeira do Cabo AC 192 Wb 117
2205-291 Ribeira do Fernando SA 130 Rf 112
9930 Ribeira do Meio AC 193 We 118
9800 Ribeira do Nabo AC 193 Wf 117
7630-394 Ribeira do Salto BE 160 Rc 122
6300-185 Ribeira dos Carinhos GD 96 Sf 105
7630-357 Ribeira do Seissal BE 160 Rc 122
9700 Ribeira do Testo AC 192 Xf 117
9900 Ribeira Funda AC 192 Wb 117
9600* Ribeira Grande AC 193 Zc 122
4760-266 Ribeirão BR 76 Rc 100
9675 Ribeira Quente AC 193 Ze 122
9930 Ribeiras AC 193 We 118
9600 Ribeira Seca AC 193 Zc 122
9700 Ribeira Seca AC 192 Xf 116
9850 Ribeira Seca AC 193 Xa 117
5450 Ribeirinha VR 78 Sc 100
8800 Ribeirinha FA 176 Sb 125
7330 Ribeirinha PT 131 Sd 112
9600 Ribeirinha AC 193 Zd 122
9700 Ribeirinha AC 192 Xe 117
9930 Ribeirinha AC 193 Wf 118
9900 Ribeirinha AC 192 Wc 117
9880 Ribeirinha AC 192 Wf 114
4940 Ribeirinho VC 57 Rc 97
8950 Ribeiro FA 176 Sc 125
8375 Ribeiro de Arade FA 175 Re 125
4960 Ribeiro de Cima VC 58 Re 97
7430 Ribeiro de Freixo, Estação Ferroviária de PT 131 Sc 113
3320 Ribeiro do Soutelinho C 111 Rf 109
9230 Ribeiro Frio MA 194 Ka 152
4820 Ribeiros BR 77 Rf 100
3600 Ribolhinhos VS 95 Sa 103
3600-623 Ribolhos VS 95 Sa 103
6230 Rio CB 112 Sb 108
5445 Rio Bom VR 59 Sd 99
4950 Rio Bom VC 57 Rd 97
4970 Rio Cabrão VC 57 Rd 98
4845 Rio Caldo BR 58 Re 98
3050 Rio Coro AV 94 Rd 107
4755 Rio Covo BR 76 Rc 100
5130-287 Riodades VS 78 Sd 102
2435-530 Rio de Couros SA 111 Rd 110
5320-279 Rio de Forn BN 60 Sf 97
4540-243 Rio de Frades AV 95 Re 103
3040-488 Rio de Galinhas C 111 Rd 108
4630 Rio de Galinhas P 77 Rf 101
3660-191 Rio de Mel VS 95 Sa 104
6420 Rio de Mel GD 96 Sd 104
3560 Rio de Moinhos VS 96 Sb 104
7595 Rio de Moinhos SE 160 Re 119
4970 Rio de Moinhos VC 57 Rd 97
4575 Rio de Moinhos P 76 Re 102
7150-361 Rio de Moinhos E 131 Sc 116
2200 Rio de Moinhos SA 111 Re 112
7600 Rio de Moinhos BE 161 Re 121
2635 Rio de Mouro L 144 Qe 116
5300 Rio de Onor BN 60 Tc 97
4860 Rio Douro BR 77 Sa 99
5300-831 Rio Frio BN 60 Tb 98
2955 Rio Frio SE 145 Ra 116
4970 Rio Frio VC 57 Rd 97
2040-092 Rio Maior SA 128 Ra 112
4730 Rio Mau BR 57 Rc 98
4575 Rio Mau P 76 Rd 102
4520-467 Rio Meão AV 76 Rc 103
3450-341 Rio Milheiro VS 95 Rf 106
6420 Rio Moinhos GD 96 Sd 104
8950 Rio Saco FA 176 Sd 125
8005 Rio Seco FA 176 Sa 126
7920 Rio Seco BE 146 Rf 119
7900 Rio Seco da Estrada BE 161 Re 119
3840-303 Rio Tinto AV 94 Rc 106
4435 Rio Tinto P 76 Rc 101
4740 Rio Tinto BR 76 Rb 100
6290 Rio Torto GD 95 Sc 105
5430 Rio Torto VR 78 Se 99
3220 Rio Vide C 111 Re 108
5060-423 Roalde VR 77 Sc 101
6120-167 Robalo SA 111 Rf 111
6300-190 Rocamondo GD 96 Se 105
3740-182 Rocas do Vouga AV 94 Rd 104
8100 Rocha FA 175 Rf 125
4925 Rocha VC 57 Rb 98
8400 Rocha Bravo FA 174 Rd 126
2550 Rocha Forte L 128 Qf 113
6000-007 Rochas de Baixo CB 112 Sc 109
6000-008 Rochas de Cima CB 112 Sc 108
6300-195 Rochoso GD 96 Sf 105
3530 Roda VS 95 Rf 104
6120 Roda SA 111 Rf 110
4850 Roda BR 77 Rf 99
3330-108 Roda Cimeira C 111 Rf 108
3330-109 Roda Fundeira C 111 Rf 108
2305-121 Roda Grande SA 111 Rd 112
6030-115 Rodeios CB 112 Sc 110
4960 Rodeiro VC 58 Rf 96
3730 Roge AV 94 Rd 103
8670-440 Rogil FA 174 Rb 124
5360 Róios BN 78 Sf 101
3440 Rojão Grande VS 95 Rf 106
6100 Rola CB 111 Rf 110
7780-408 Rolão BE 161 Sa 122
8500 Rolhão FA 174 Rc 125
Roliça LE 128 Qe 113
9100 Roma MA 194 Kb 152
4940 Romarigães VC 57 Rc 97
3700-808 Romariz AV 76 Rd 103
3560 Romãs VS 95 Sc 104
7700 Romba BE 175 Sa 124
2005-076 Romeira SA 129 Rb 113
7750 Romeiras BE 175 Sb 123
8550 Romeiras FA 174 Rb 125
5370 Romeu BN 78 Sf 99
7750 Roncão BE 176 Sc 123
7540 Roncão SE 160 Rc 120
7750 Roncão BE 175 Sb 124
7200 Roncão E 147 Sd 119
4805-354 Ronfe BR 76 Rd 100
6400 Roque GD 96 Sf 104
6160 Roqueiro CB 112 Sa 109
4750 Roriz BR 57 Rc 99
5400 Roriz VR 59 Se 98
4795 Roriz P 76 Rd 100
3550-252 Roriz VS 95 Sb 104
9800 Rosais AC 193 We 116
7830 Rosal BE 162 Sc 120
7250-203 Rosário E 147 Sd 117
2860-626 Rosário SE 144 Qf 116
7700 Rosário BE 175 Rf 123
9240 Rosário MA 194 If 152
4625 Rosem P 77 Re 102
6120 Rosmaninhal SA 111 Sa 111
7400 Rosmaninhal PT 130 Sa 113
2140 Rosmaninhal SA 129 Re 113
6060-185 Rosmaninhal CB 113 Sf 110
3600-377 Rossão VS 77 Sa 103
4540 Rossas AV 76 Re 103
4660 Rossas VS 77 Sa 102
4850 Rossas BR 58 Rf 99
2205-062 Rossio ao Sul do Tejo SA 130 Re 112
4970 Roucas VC 58 Re 97
4960 Roussas VC 58 Re 96
3510-816 Routar VS 95 Rf 105
3360-109 Roxo C 94 Rd 107
3620 Rua VS 78 Sc 103
7600 Ruas BE 161 Rf 121
4940 Rubiães VC 57 Rc 97
3100 Ruge Água LE 110 Rc 110
4705 Ruilhe BR 76 Rd 100
7670 Ruínas Romanas BE 175 Re 123
4820 Ruivães BR 77 Rf 100
4765 Ruivães BR 76 Rd 100
6320 Ruivina GD 97 Sf 106
8600 Ruivo FA 174 Rb 125
4980 Ruivos VC 57 Rd 98
6320 Ruivos GD 97 Ta 106
2565-710 Runa L 128 Qe 114

S

4970 Sá VC 57 Rd 97
3660-074 Sá VS 95 Rf 104
4950 Sá VC 58 Rd 96
5430 Sá VR 59 Sd 98
4990 Sá VC 57 Rc 98
2305-622 Sabacheira SA 111 Rd 110
4970 Sabadim VC 57 Rd 97
4730 Sabariz BR 57 Rd 99
7665-819 Sabóia BE 174 Rd 124
5060 Sabrados VR 77 Sc 101
5060 Sabrosa VR 78 Sc 101
5000 Sabroso VR 77 Sb 101
5450 Sabroso VR 59 Sc 99
6320 Sabugal GD 96 Sf 106
2715-006 Sabugo L 128 Qe 116
3460 Sabugosa VS 95 Rf 105
3130-098 Sabugueiro C 111 Rc 109
6270 Sabugueiro GD 95 Sc 106
7040 Sabugueiro E 146 Rf 116
5470 Sabuzedo VR 58 Sa 97
2685 Sacavém L 128 Qf 116
5300-433 Sacoias BN 60 Tb 97
5470-125 Sacoselo VR 58 Sa 98
7875-051 Safara BE 147 Se 120
7050 Safira E 145 Rd 117
Safres VR 78 Sd 101
6400-621 Safurdão GD 97 Sf 105
6090 Safurdão CB 113 Sf 108
4950 Sago VC 57 Rd 96
8650-317 Sagres FA 174 Ra 126
8670 Saiceira FA 174 Rb 124
3780 Saide AV 94 Re 106
3300-365 Sail C 95 Rf 107
5350 Saladonha BN 79 Ta 100
4850 Salamonde BR 58 Rf 98
9900 Salão AC 192 Wc 117
9100 Salão MA 194 Kb 152
Salavessa PT 112 Sc 111
5200-383 Saldanha BN 79 Tc 100
8650 Salema FA 174 Rb 126
9630 Salga AC 193 Ze 121
7555-260 Salgadinho SE 160 Rc 122
6360 Salgueirais GD 96 Sd 105
6030 Salgueiral CB 112 Sc 111
6400 Salgueiral GD 96 Sf 105
3510 Salgueiral VS 95 Rf 105
3050-265 Salgueiral AV 94 Rd 106
2540 Salgueiro LE 128 Qf 113
5200 Salgueiro BN 79 Tb 100
7425 Salgueiro PT 130 Rf 114
6230 Salgueiro CB 96 Se 107
3840 Salgueiro AV 94 Rc 105
6000-631 Salgueiro do Campo CB 112 Sc 109
5320 Salgueiros BN 60 Sf 97
7750 Salgueiros BE 162 Sc 123
2100 Salguirinha (Paragem) SA 129 Rc 115
8400-422 Salicos FA 174 Rd 126
8100-202 Salir FA 175 Rf 125
2500-637 Salir de Matos LE 128 Qf 112
2500-651 Salir do Porto LE 110 Qf 112
3865-176 Salreu AV 94 Rc 104
5300-845 Salsas BN 60 Tb 99
5340-400 Salselas BN 79 Ta 99
7780 Salto BE 161 Sa 122
5470-430 Salto VR 58 Sa 99
7800 Salvada BE 161 Sb 121
2140 Salvador SA 129 Rd 113
7450 Salvador PT 131 Sd 114
6090 Salvador CB 113 Sf 108
4600 Salvador do Monte P 77 Rf 101
2205-536 Salvadorinho SA 130 Re 112
2120-051 Salvaterra de Magos SA 145 Rb 114
6060 Salvaterra do Extremo CB 113 Ta 109
3610-073 Salzedas VS 77 Sb 102
5200 Samaio BN 79 Tb 100
4860-221 Samão BR 77 Sa 99
5000 Samardã VR 77 Sb 100
5350-312 Sambade BN 78 Ta 100
6270 Sameice GD 95 Sb 106
6260 Sameiro GD 96 Sd 106
3780-596 Samel AV 94 Rc 106
5300 Samil BN 60 Tb 98
5100-758 Samodães VS 77 Sb 102
5360 Samões BN 78 Se 101
5400-580 Samoiões VR 59 Sd 98
2135 Samora Correira SA 129 Ra 115
5140 Samorinha BN 78 Se 101
2890-201 Samouco SE 144 Qf 116
8670-152 Samouqueira FA 174 Ra 124
5360 Sampaio BN 78 Sf 101
2970 Sampaio SE 144 Qf 118
3130-126 Samuel C 110 Rb 108
4600 Sanche P 77 Rf 101
2510 Sancheira LE 128 Qf 112
2510 Sancheira-Grande-Pequena LE 128 Qf 112
5100 Sande VS 77 Sb 102
4805 Sande BR 76 Rd 100
4805 Sande BR 76 Rd 99
4805 Sande BR 76 Rd 100
4730 Sande Oriz BR 57 Rd 98
4990 Sandiães VC 57 Rc 99
5320 Sandim BN 59 Se 97
4415-405 Sandim P 76 Rc 102
2435-531 Sandoeira SA 111 Rd 110
6270-174 Sandomil GD 95 Sb 106
5430 Sanfins VR 59 Sd 99
5400 Sanfins VR 59 Se 98
4595 Sanfins de Ferreira P 76 Rd 101
5070-351 Sanfins do Douro VR 78 Sc 101
4520 Sanfis AV 76 Rc 103
3780-111 Sangalhos AV 94 Rd 106
4505-578 Sanguedo AV 76 Rc 102
3505 Sanguinhedo VS 95 Sa 104
3300 Sanguinhedo C 95 Rf 107
5000 Sanguinhedo VR 77 Sc 100
3060-353 Sanguinheira C 94 Rc 106
7425 Sanguinheira PT 130 Rf 114
6120 Sanguinheira SA 112 Sa 111
3060 Sanguinheira C 94 Rb 107
2100 Sanguinheira Velha SA 129 Re 114
5200-384 Sanhoane BN 79 Tc 100
5030 Sanhoane VR 77 Sb 101
5400-578 Sanjurge VR 59 Sc 98
3600 San Martinho das Moitas VS 77 Rf 103
3660-075 Santa VS 95 Rf 104
9270 Santa MA 194 Ie 151
3420 Santa Amara C 95 Sa 106
3610 Santa Bárbara VS 95 Sb 104
2530 Santa Bárbara L 128 Qe 113
9580 Santa Bárbara AC 193 Zf 127
9600 Santa Bárbara AC 193 Zc 122
9700 Santa Bárbara AC 192 Xd 116
9930 Santa Bárbara AC 193 We 118
8005 Santa Bárbara de Nexe FA 175 Sa 126
7780 Santa Barbara de Padrões BE 161 Sa 123
2910 Santa Catarina SE 145 Rb 118
2500-768 Santa Catarina LE 128 Qf 112
3840 Santa Catarina AV 94 Rc 106
7580 Santa Catarina SE 145 Rd 118
9900 Santa Catarina AC 192 Wb 117
2495-186 Santa Catarina da Serra LE 110 Rb 110
2305-123 Santa Cita SA 111 Rd 111
Santa Cita, Estação Ferroviária de SA 111 Rd 111
2230-011 Santa Clara SA 111 Rf 111
3040 Santa Clara C 94 Rd 107
7700 Santa Clara-a-Nova BE 175 Rf 124
7665-880 Santa Clara-a-Velha BE 174 Rd 123
7800 Santa Clara de Louredo BE 161 Sa 121
6270 Santa Comba GD 96 Sb 106
5150 Santa Comba GD 78 Sf 103
4585 Santa Comba P 76 Rd 102
4990 Santa Comba VC 57 Rc 98
3440 Santa Comba Dão VS 95 Rf 106
5360-170 Santa Comba da Vilariça BN 78 Sf 100
5300 Santa Comba de Roça BN 60 Tb 99
5340-410 Santa Combinha BN 60 Ta 99
3450-062 Santa Cristina VS 95 Re 106
5320 Santa Cruz BN 60 Ta 97
7700 Santa Cruz BE 175 Sa 124
7540 Santa Cruz SE 160 Rb 120

2560 Santa Cruz L 128 Qd 114
9100 Santa Cruz MA 194 Kb 152
9880 Santa Cruz da Graciosa AC 192 Wf 114
9970 Santa Cruz das Flores AC 192 Tf 112
3660-252 Santa Cruz da Trapa VS 95 Rf 104
5110 Santa Cruz de Lumiares VS 77 Sb 102
4640 Santa Cruz do Douro P 77 Rf 102
4990 Santa Cruz do Lima VC 57 Rd 98
2420-354 Santa Eufémia LE 110 Rb 110
6400 Santa Eufémia GD 96 Se 104
5070 Santa Eugénia VR 78 Sd 100
6270 Santa Eulália GD 95 Sb 106
4540 Santa Eulália AV 76 Re 103
2625 Santa Eulália L 144 Qe 115
7350 Santa Eulália PT 131 Se 114
7830 Santa Íria BE 162 Sc 121
2690-143 Santa Iria de Azóia L 144 Qf 115
2100-376 Santa Justa SA 145 Re 114
5350-232 Santa Justa BN 78 Sf 101
8970 Santa Justa FA 162 Sb 124
5400 Santa Leocádia VR 59 Sd 99
4905 Santa Leocádia VC 57 Rc 98
5120 Santa Leocádia VS 77 Sc 102
5320-153 Santalha BN 59 Sf 97
4710 Santa Lucrécia de Algeriz BR 58 Rd 99
4900 Santa Luzia VC 57 Ra 98
8800 Santa Luzia FA 176 Sc 126
7670 Santa Luzia BE 160 Rd 122
9940 Santa Luzia AC 192 Wd 117
2305 Santa Margarida SA 129 Re 112
8800 Santa Margarida FA 176 Sb 126
8100 Santa Margarida FA 175 Re 125
2250-350 Santa Margarida da Coutada SA 129 Re 112
7570-777 Santa Margarida da Serra SE 160 Rc 120
7900 Santa Margarida do Sado BE 160 Rd 120
4990 Santa Maria VC 57 Rc 98
4905 Santa Maria VC 57 Rb 98
4520 Santa Maria da Feira AV 76 Rc 103
6440 Santa Maria de Aguiar GD 97 Ta 103
4805 Santa Maria de Airão BR 76 Rd 100
4720 Santa Maria de Bouro BR 58 Re 98
5445-052 Santa Maria de Emeres VR 78 Sd 99
4535-340 Santa Maria de Lamas AV 76 Rc 103
4550 Santa María de Sardoura AV 76 Re 102
4950 Santa Marinha VC 58 Rd 96
6270 Santa Marinha GD 95 Sc 106
Santa Marinha BR 58 Rd 98
Santa Marinha VR 77 Sb 99
4640 Santa Marinha do Zêzere P 77 Sa 102
8970 Santa Marta FA 162 Sc 124
5450-240 Santa Marta da Montanha VR 77 Sb 99
4720 Santa Marta de Bouro BR 58 Re 99
5030-381 Santa Marta de Penaguiao VR 77 Sb 101
7830 Santana BE 162 Sc 121
3090 Santana C 94 Rb 107
2970-002 Santana SE 144 Qf 118
6050 Santana PT 112 Sb 111
7040 Santana E 130 Sa 116
7220 Santana E 146 Sb 119
9630 Santana AC 193 Ze 121
9940 Santana AC 192 Wd 117
9230 Santana MA 194 Ka 152
2070 Santana Cartaxo, Estação Ferroviária de SA 129 Rb 114
6300 Santana da Azinha GD 96 Se 106
7670-613 Santana da Serra BE 175 Re 123
7750-413 Santana de Cambas BE 162 Sc 123
7040-130 Santana do Campo E 146 Rf 116
3400-591 Santa Ovaia C 95 Sa 107
7670 Santa Pequena BE 175 Re 124
3520-121 Santar VS 95 Sa 105
2005 Santarém SA 129 Rb 113
7050-349 Santa Sofia E 146 Rf 117
7580-713 Santa Susana SE 145 Rd 118
7700 Santa Susana BE 175 Re 124
7005 Santa Susana, Estação Ferroviária de E 146 Sb 117
5430-232 Santa Valha VR 59 Se 98
7100 Santa Victória do Amixial E 131 Sb 115
7800 Santa Vitoria BE 161 Rf 121
Santa Vitória-Ervidel, Estação Ferroviária de BE 161 Sa 121
4515 Sante P 76 Rd 102
8800 Sant Estêvão FA 176 Sb 126
5200 Santiago BN 79 Tc 100
6270 Santiago GD 95 Sb 106
5400 Santiago VR 59 Sd 98
5110 Santiago VS 77 Sb 102
Santiago da Guarda C 111 Rd 109
3465-157 Santiago de Besteiros VS 95 Rf 105
4785 Santiago de Bougado = Bougado (Santiago) P 76 Rc 100
3530 Santiago de Caçurraes VS 96 Sb 105
3100-682 Santiago de Litém LE 110 Rc 109
2230-062 Santiago de Montalegre SA 111 Rf 111
4690-439 Santiago de Piães VS 77 Rf 102
3720 Santiago de Riba-Ul AV 94 Rd 103
5445 Santiago de Ribeira de Alhariz VR 59 Sd 99
7540 Santiago do Cacém SE 160 Rb 120
7050 Santiago do Escoural E 146 Rf 117
2630-501 Santiago dos Velhos L 128 Qf 115
7200 Santiago Maior E 147 Sd 117
3100-683 Santiais LE 111 Rc 110
6100 Santinha CB 111 Sa 110
7450 Santo Aleixo PT 131 Sd 115
7875-150 Santo Aleixo da Restauração BE 162 Sf 120
4870 Santo Aleixo de Além VR 77 Sb 99
7875-250 Santo Amador BE 147 Se 120
5155 Santo Amaro GD 78 Sf 102
3770 Santo Amaro AV 94 Rc 105
7470 Santo Amaro PT 131 Sc 115
Santo Amaro AC 193 We 118
9800 Santo Amaro AC 193 We 116
3090 Santo Amaro de Bouça C 110 Rb 107
Santo Amaro-Veiros, Estação Ferroviária de PT 131 Sc 114
2830 Santo André SE 144 Qf 117
5200 Santo André BN 79 Ta 101
7425 Santo André PT 130 Re 114
5470 Santo André VR 59 Sc 97
4950 Santo André VC 57 Rd 96
6000-656 Santo André das Tojeiras CB 112 Sb 110
7500 Santo André SE 160 Rb 120
6355 Santo Antão GD 97 Ta 105
9875 Santo Antão AC 193 Xb 117
2660-099 Santo Antão do Tojal L 144 Qf 115
8650 Santo António FA 174 Ra 126
9545 Santo António AC 193 Zb 121
9940 Santo António AC 192 Wd 117
9800 Santo Antonio AC 193 Wf 116
9325 Santo António MA 194 Ka 152
7330 Santo António das Areias PT 131 Sd 112
9100 Santo António da Serra MA 194 Kb 152
7450 Santo António das Paredes PT 131 Sc 114
2835 Santo António de Charneca SE 144 Qf 117
5400 Santo António de Monforte VR 59 Sd 98
7200 Santo António do Baldío E 147 Sd 118
7830 Santo António Velho BE 162 Sc 121
4455 Santo Cruz do Bispo P 76 Rb 101
4830 Santo Emilião BR 76 Re 99
2130 Santo Estêvão SA 145 Rb 115
6320-511 Santo Estêvão GD 96 Sf 107
5400 Santo Estêvão VR 59 Sd 98
2665 Santo Estêvão das Galés L 144 Qe 115
Santo Evos VS 95 Sb 105
7350 Santo Ildefonso PT 131 Sf 116
4635-248 Santo Isidoro P 77 Rf 101
2640-039 Santo Isidoro L 128 Qd 115
3130-064 Santo Isidro C 110 Rb 108
2985 Santo Isidro de Pegões SE 145 Rc 116
2590-265 Santo Quintino L 144 Qf 114
9760 Santo Rita AC 192 Xf 116
2025 Santos SA 129 Rb 112
6120 Santos SA 111 Sa 111
4780 Santo Tirso P 76 Rd 100
3140-401 Santo Varão C 110 Rc 107
5230-200 Santulhão BN 79 Tc 99
4905 San Vicente BR 57 Rb 99
7700-263 São Barnabé BE 175 Rf 124
7340 Sao Bartalomeu PT 131 Se 114
8950 São Bartolomeu FA 176 Sd 125
São Bartolomeu PT 130 Sa 112
7540-321 São Bartolomeu da Serra SE 160 Rc 120
9700 São Bartolomeu de Regatos AC 192 Xe 116
7750 São Bartolomeu de Vio Glória BE 162 Sb 123
7220-521 São Bartolomeu do Outeiro E 146 Sa 118
2530 São Bartolomeu dos Galegos L 128 Qe 113
7005 São Benta do Mato E 146 Sb 116
7595 São Bento SE 160 Rd 119
2480 São Bento LE 110 Rb 111
9700 São Bento AC 192 Xe 117
4940 São Bento da Porta Aberta VC 57 Rc 97
7100 São Bento de Ana Loura E 131 Sc 115
7100-610 São Bento do Ameixial E 131 Sc 115
7100-630 São Bento do Cortiço E 131 Sc 115
7830 São Brás BE 162 Sc 121
7670 São Brás BE 175 Re 123
9760 São Bras AC 192 Xf 116
7000 São Brás da Regedoura E 146 Rf 118
8150-101 São Brás de Alportel FA 176 Sa 126
7800 São Brissos BE 161 Sa 120
7920 São Brissos BE 161 Rf 119
5400 São Caetano VR 59 Sc 98
3060-739 São Caetano C 94 Rb 106
9950 São Caetano AC 192 Wd 118
5320-024 São Cibrão BN 60 Ta 98
5000-039 São Cibrão VR 77 Sc 101
3510 São Cipriano VS 95 Sa 105
4660 São Cipriano VS 77 Sa 102
5300 São Ciriaco BN 60 Tb 99
5110 São Cosmado VS 77 Sc 102
4970 São Cosme e São Damião VC 57 Rd 97
7050 São Cristóvão E 145 Re 118
3660 São Cristóvão de Lafões VS 95 Re 104
4690 São Cristóvão de Nogueira VS 77 Rf 102
5085 São Cristóvão do Douro VR 78 Sc 101
7540 São Domingos SE 160 Rc 121
6000 São Domingos CB 112 Sc 109
2230-063 São Domingos SA 111 Re 111
7005 São Domingos da Ordem E 147 Sb 117
7100 Sáo Domingos de Ana Loura E 131 Sc 115
2785-289 São Domingos de Rana L 144 Qd 116
2205 São Facundo SA 130 Rf 112
3660 São Félix VS 95 Rf 104
4410-005 São Félix da Marinha P 76 Rc 102
6005 São Fiel CB 112 Sc 108
2890 São Francisco SE 144 Ra 116
7540-555 São Francisco da Serra SE 160 Rc 120
3030-884 São Frutuoso C 111 Rd 107
3460-158 São Gemil VS 95 Sa 105
7050 São Geraldo E 146 Re 116
3400-571 São Gião C 95 Sb 106
9060 São Gonçalo MA 194 Ka 153
7040 São Gregório E 130 Sa 116
2500 São Gregório LE 128 Qf 112
3800 São Jacinto AV 94 Rb 105
5230-251 São Joanico BN 60 Td 99
3600 São Joaninho VS 77 Sa 103
3440 São Joaninho VS 95 Rf 106
9930 São João AC 192 Wd 118
3780-140 São João da Azenha AV 94 Rd 106
3420-227 São João da Boa Vista C 95 Rf 106
5445-084 São João da Corveira VR 59 Sd 99
6370 São João da Fresta VS 96 Sc 105
3700 São João da Madeira AV 76 Rd 103
5130-321 São João da Pesqueira VS 78 Sd 102
2040-460 São João da Ribeira SA 129 Ra 113
São João das Craveiras, Estação Ferroviária de E 145 Rc 116
3680-264 São João da Serra VS 95 Re 104
2705-411 São João das Lampas L 128 Qd 115
2695-081 São João da Talha L 128 Qf 116
8135 São João da Venda FA 175 Sa 126
3440-465 São João de Areias VS 95 Rf 106
4660-343 São João de Fontoura VS 77 Sa 102
3850-771 São João de Loure e Frossos AV 94 Rc 105
3850-771 São João de Loure AV 94 Rc 105
3500-618 São João de Lourosa VS 95 Sa 105
7600 São João de Negrilhos BE 161 Re 121
4830 São João de Rei BR 58 Re 99
3610-082 São João de Tarouca VS 77 Sb 103
4520 São João de Ver AV 76 Rc 103
3025-415 São João do Campo C 94 Rc 107
3475-072 São João do Monte VS 95 Re 105
6110-055 São João do Peso CB 111 Rf 110
7750-513 São João dos Caldeiros BE 175 Sb 123
2600-767 São João dos Montes L 144 Qf 115
5320-160 São Jomil BN 59 Se 98
7005 São Jordão E 146 Sb 118
4970 São Jorge VC 58 Rd 98
2480-062 São Jorge LE 110 Ra 111
4505 São Jorge AV 76 Rc 103
9230 São Jorge MA 194 Ka 152
6225-251 São Jorge da Beira CB 112 Sb 107
6120-069 São José das Matas SA 112 Sa 111
2100 São José de Lamarosa SA 129 Rd 114
5300 São Julião BN 60 Tc 98
4575 São Julião P 76 Rd 102
4930 São Julião VC 57 Rc 97
7300 São Julião PT 131 Se 113
5400-754 São Julião de Montenegro VR 59 Sd 98
5300 São Julião de Palácios BN 60 Tc 98
2660-355 São Julião do Tojal L 128 Qf 115
5400 São Lourenço VR 59 Sd 98
7100 São Lourenço de Mamporção E 131 Sc 115
5060-405 São Lourenço de Ribapinhão VR 78 Sc 101
3780-179 São Lourenço do Bairro AV 94 Rd 106
7630 São Luís BE 160 Rc 122
7800 São Luís BE 146 Sb 120
2510 São Mamede LE 128 Qf 113
5130 São Mamede VS 78 Sd 101
2495 São Mamede LE 110 Rb 111
4730-500 São Mamede de Escariz BR 57 Rc 99
4465 São Mamede de Infesta P 76 Rc 101
4795 São Mamede de Negrelos P 76 Rd 100
5070-471 São Mamede de Ribatua VR 78 Sd 101
7570 São Mamede do Sádão SE 160 Rd 120
7005-720 São Manços E 146 Sb 118
8800 São Marcos FA 176 Sc 126
7830 São Marcos BE 162 Sd 122
São Marcos da Ataboeira BE 161 Sa 122
8375-250 São Marcos da Serra FA 175 Rd 124
6230 São Martinho CB 112 Sb 108
6420 São Martinho GD 96 Se 104
3750 São Martinho AV 94 Rd 105
7480 São Martinho PT 130 Rf 114
3620 São Martinho VS 77 Sb 103
6270 São Martinho GD 96 Sb 106
9020 São Martinho MA 194 Ka 153
3300-367 São Martinho da Cortiça C 95 Rf 107
3720 São Martinho da Gândara AV 94 Rc 103
7630-536 São Martinho das Amoreiras BE 160 Rd 123
5110 São Martinho das Chãs VS 77 Sc 102
5210 São Martinho de Angueira BN 61 Td 99
5060-425 São Martinho de Antas VR 77 Sc 101
4785 São Martinho de Bougado = Bougado (São Martinho) P 76 Rc 101
4660 São Martinho de Mouros VS 77 Sa 102
4550-233 São Martinho de Sardoura AV 76 Re 102
3020 São Martinho do Bispo C 94 Rd 107
5200-403 São Martinho do Peso BN 79 Tc 100
2460-083 São Martinho do Porto LE 110 Qf 111
9700 São Mateus AC 192 Xe 117
9950 São Mateus AC 192 Wd 118
7800 São Matias BE 146 Sa 120
6050 São Matias PT 112 Sb 111
2425-516 São Miguel LE 110 Rb 109
7630 São Miguel BE 174 Rb 124
6060-511 São Miguel de Acha CB 112 Se 108
7005-760 São Miguel de Machede E 146 Sb 117
3560 São Miguel de Vila Boa VS 95 Sb 104
4540 São Miguel do Mato AV 76 Rd 103
3515 São Miguel do Mato VS 95 Sa 104
3460-451 São Miguel do Outeiro VS 95 Rf 105
7750 São Miguel do Pinheiro BE 176 Sa 123
2205 São Miguel do Rio Torto SA 130 Re 112
3280 São Nicolau LE 111 Re 109
6290 São Paio GD 96 Sc 105
4960 São Paio VC 58 Re 96
3360 São Paio de Farinha Podre C 95 Rf 107
3400-003 São Paio de Gramaços C 95 Sa 106
4970 São Paio de Jolda VC 57 Rd 98
4535 São Paio de Oleiros AV 76 Rc 103
3360 São Paulo C 94 Re 107
3020 São Paulo de Frades C 94 Rd 107
3090-662 São Pedro C 110 Ra 108
5470 São Pedro VR 58 Sa 98
6050 São Pedro PT 112 Sb 111

7800 São Pedro BE 161 Sb 120
4850 São Pedro BR 58 Rf 99
9580 São Pedro AC 193 Zf 127
4400 São Pedro da Afurada P 76 Rc 102
2560-180 São Pedro da Cadeira L 128 Qd 114
4510-164 São Pedro da Cova P 76 Rc 102
7040 São Pedro da Gafanhoeira E 146 Rf 116
4930-515 São Pedro da Torre VC 57 Rc 97
5400 São Pedro de Agostém VR 59 Sd 98
3360-258 São Pedro de Alva C 95 Rf 107
3505 São Pedro de France VS 95 Sb 104
2430-476 São Pedro de Muel LE 110 Qf 110
6355 São Pedro de Rio Seco GD 97 Ta 105
5300 São Pedro de Serracenos BN 60 Tb 98
7750 São Pedro de Solis BE 176 Sa 124
2300 São Pedro de Tomar SA 111 Re 111
5370-160 São Pedro de Vale do Conde BN 78 Se 100
5430 São Pedro de Veiga de Lila VR 78 Se 100
6150 São Pedro do Esteval CB 112 Sa 111
3660-426 São Pedro do Sul VS 95 Rf 104
4425 São Pedro Fins P 76 Rc 101
5385-057 São Pedro Velho BN 59 Sf 98
7050 São Romão E 145 Rd 117
5110 São Romão VS 77 Sb 102
6270 São Romão GD 96 Sb 106
4660 São Romão de Aregos VS 77 Sa 102
7670 São Romão de Panoias BE 160 Rd 122
7595 São Romão do Sadão SE 160 Rd 119
9500 São Roque AC 193 Zc 122
9225 São Roque MA 194 Ka 152
9020 São Roque MA 194 Ka 152
9940 São Roque do Pico AC 193 We 117
5370 São Salvador BN 78 Sf 100
2065 São Salvador L 128 Ra 113
4970 São Salvador VC 57 Rd 98
7330 São Salvador da Aramenha PT 131 Sd 112
7630 São Salvador e Santa Maria BE 160 Rc 123
3510 São Salvator VS 95 Sa 105
3230 São Sebastião C 111 Rd 108
9700 São Sebastião AC 192 Xf 116
3400 São Sebastião da Feira C 95 Sa 107
7750-811 São Sebastião dos Carros BE 176 Sb 123
3025-539 São Silvestre C 94 Rc 107
3870 São Simão AV 94 Rc 104
2305 São Simão SA 111 Rd 111
São Simão PT 112 Sc 111
4600 São Simão de Gouveia P 77 Rf 101
3100-724 São Simão de Litém LE 110 Rc 110
7595 São Soeiro SE 161 Re 118
7630 São Teotónio BE 174 Rb 123
9875 São Tomé AC 193 Xa 117
4810 São Tomé de Abaçao = Albaçao (São Tomé) BR 76 Re 100
5000-731 São Tomé do Castelo VR 77 Sb 100
4800-294 São Torcato BR 76 Re 100
São Torcato CB 112 Sb 109
2100 São Torcato, Estação Ferroviária de SA 145 Rd 115
7900 São Vicente BE 161 Rf 120
8650 São Vicente FA 174 Ra 126
5400 São Vicente VR 59 Se 97
9240 São Vicente MA 194 If 152
6005-270 São Vicente da Beira CB 112 Sc 108
3680 São Vicente de Lafões VS 95 Rf 104
2000 São Vicente de Paúl SA 129 Rc 112
3880 São Vicente de Pereira AV 94 Rc 103
7350 São Vicente e Ventosa PT 131 Se 115
9545 São Vicente Ferreira AC 193 Zc 122
4920 Sapardos VC 57 Rc 97
2590-401 Sapataria L 144 Qe 115
8375-222 Sapeira FA 175 Rd 124
5460-501 Sapelos VR 59 Sc 98
5460-502 Sapiãos VR 59 Sc 98
7750 Sapos BE 162 Sb 123
7750 Sapos BE 162 Sc 123
2230 Saramaga SA 111 Rf 111
4550 Saravigões AV 76 Re 103
6160 Sardeiras de Baixo CB 112 Sa 109
6160 Sardeiras de Cima CB 112 Sa 109
2230-121 Sardoal SA 111 Rf 111
8600 Sargaçal FA 174 Rb 126
3020 Sargento Mór C 94 Rd 107
2870 Sarilhos Grande SE 144 Qf 116
2860-641 Sarilhos Pequenos SE 144 Qf 116
6100 Sarnadas CB 111 Rf 110
8100 Sarnadas FA 175 Rf 125
6160 Sarnadas de Baixo CB 111 Sa 109
6030 Sarnadas de Rodão CB 112 Sc 110
6160 Sarnadas de São Simão CB 112 Sb 109
3300-325 Sarnadela C 95 Rf 107
6030 Sarnadinha CB 112 Sb 110
8100 Sarnadinha FA 175 Rf 125
8375 Sarnim FA 175 Re 125
5470-465 Sarraquinhos VR 59 Sc 98
3800-592 Sarrazola AV 94 Rc 104
3640-180 Sarzeda VS 78 Sd 103
5300 Sarzeda BN 60 Tb 98
6000-708 Sarzedas CB 112 Sb 109
6150-504 Sarzedinha CB 111 Sa 110
5130-141 Sarzedinho VS 78 Sc 102
6200 Sarzedo CB 96 Sd 106
3620-480 Sarzedo VS 77 Sc 102
3300-401 Sarzedo C 95 Rf 107
3280-100 Sarz São LE 111 Re 109
3560-150 Sátão VS 95 Sb 104
6270-351 Sazes da Beira GD 95 Sb 106
3360 Sazes do Lorvão C 94 Rd 107
6110 Seada CB 111 Re 110
4990 Seara VC 57 Rc 98
4845 Seara BR 58 Re 98
4960 Seara VC 58 Rf 96
5400-780 Seara Velha VR 59 Sc 98
5155-701 Sebadelhe GD 78 Se 102
6420-612 Sebadelhe da Serra GD 96 Sd 103
3150 Sebal Grande C 111 Rc 108
6060 Sebes Rotas CB 113 Sf 108
4575-541 Sebolido P 76 Rd 102
5460 Sebradelo VR 59 Sc 99
3300-450 Secarias C 95 Rf 107
5460-370 Secerigo VR 58 Sb 99
7440-225 Seda PT 130 Sb 113
7750-226 Sedas BE 176 Sc 123
5040 Sedielos VR 77 Sa 101
3750 Segadães AV 94 Rd 105
3560 Segoes VS 96 Sb 103
4950 Segude VC 58 Rd 96
6060-521 Segura CB 113 Ta 110
6270-374 Seia GD 96 Sb 106
2435-545 Seiça SA 111 Rc 110
7330 Seiçal PT 131 Sd 112
Seiça-Ourém, Estação Ferroviária de SA 111 Rc 110
8375 Seiceira FA 175 Rd 125
8375 Seiceiro FA 175 Rd 124
4770 Seide BR 76 Rd 100
4820 Seidões BR 77 Rf 100
4870-024 Seirós VR 58 Sb 99
2840 Seixal SE 144 Qf 117
2530 Seixal L 128 Qe 113
2705 Seixal L 128 Qd 115
9270 Seixal MA 194 If 152
5155 Seixas GD 78 Se 102
5320 Seixas BN 59 Sf 97
4910 Seixas VC 57 Rb 97
3405-396 Seixas C 95 Sa 106
4415-403 Seixezelo P 76 Rc 102
5425 Seixo VR 59 Sc 99
5385 Seixo BN 59 Sf 99
7005 Seixo E 146 Sb 117
7200 Seixo E 147 Sd 117
3070 Seixo C 94 Rb 106
7780 Seixo BE 161 Sa 122
6100 Seixo CB 111 Re 109
3640 Seixo VS 78 Sd 103
Seixo LE 110 Rb 109
4415-735 Seixo Alvo P 76 Rc 102
6300-215 Seixo Amarelo GD 96 Sd 106
3405-388 Seixo da Beira C 95 Sa 106
7090 Seixo da Oliveira E 146 Rf 118
5140-233 Seixo de Ansiães BN 78 Se 101
3140 Seixo de Gatões C 94 Rb 107
5360-181 Seixo de Manhoses BN 78 Se 101
6320-523 Seixo do Côa GD 97 Sf 106
3420-418 Seixos Alvos C 95 Sa 106
8400 Seixosas FA 175 Rd 126
3680 Sejães VS 95 Re 104
7670 Seladinha BE 175 Re 124
7665 Seladinhas BE 175 Rd 123
5425-272 Selhariz VR 59 Sc 99
4835 Selho BR 76 Rd 100
4800 Selho BR 76 Re 100
4970 Selim VC 57 Rd 97
7960-151 Selmes BE 146 Sb 120
5140 Selores BN 78 Se 101
7700-272 Semblana BE 175 Sa 123
3220-423 Semide C 94 Rd 108
2140-360 Semideiro SA 129 Re 113
3620-201 Semitela VS 77 Sc 103
5300-882 Sendas BN 60 Ta 99
5225 Sendim BN 79 Td 100
5470 Sendim VR 58 Sb 97
5120 Sendim VS 78 Sc 102
4610 Sendim P 77 Re 100
5350-352 Sendim da Ribeira BN 79 Ta 101
5350-353 Sendim da Serra BN 78 Ta 101
6060 Senhora da Azenha CB 113 Sf 108
5425 Senhora da Conceição VR 59 Sc 99
5130-555 Senhora da Estrada VS 78 Sd 102
6060-191 Senhora da Graça CB 113 Se 109
4960 Senhora da Guia VC 58 Re 96
4460 Senhora da Hora P 76 Rc 101
4970 Senhora da Peneda VC 58 Re 97
5460 Senhora das Neves VR 59 Sc 98
3400 Senhora das Preces C 95 Sa 107
Senhora de Graça de Padrões BE 175 Sa 123
6060 Senhora do Almurtão CB 113 Se 109
6440 Senhora do Pranto GD 97 Ta 104
3520 Senhorim VS 95 Sb 105
6355-170 Senouras GD 97 Ta 105
2200-495 Sentieiras SA 111 Re 111
8950 Sentinela FA 176 Sd 125
3060-533 Sepins C 94 Rd 106
4755 Sequeade BR 76 Rc 99
4705-629 Sequeira BR 76 Rd 99
6300 Sequeira GD 96 Se 105
4780 Sequeiró P 76 Rd 100
3570 Sequeiros GD 96 Sc 103
4720 Sequeiros BR 58 Rd 98
5160 Sequeiros BN 78 Sf 102
5090-220 Serapicos VR 78 Sd 100
5300 Serapicos BN 60 Tb 99
5230 Serapicos BN 60 Td 99
5445 Serapicos VR 59 Sd 99
4990-760 Serdedelo VC 57 Rc 98
3750 Serém AV 94 Rd 105
3770-303 Serena AV 94 Rc 106
4415-097 Sermonde P 76 Rc 102
3750-684 Sernada AV 94 Rd 104
4585 Sernada P 76 Rd 102
3050 Sernadelo AV 94 Rd 106
4950-331 Sernades VC 57 Rd 96
3660-149 Sernadinha VS 95 Re 104
3640 Sernancelhe VS 78 Sd 103
5320 Sernanda BN 59 Sf 97
4595-326 Seroa P 76 Rd 101
8670 Serominheiro FA 174 Rb 124
7830 Serpa BE 162 Sc 121
7830 Serpa Brinches BE 162 Sc 121
3200 Serpins C 95 Re 108
6120 Serra SA 111 Rf 111
2300 Serra SA 111 Re 111
2970 Serra SE 144 Qf 118
7350 Serra da Ajuda PT 131 Se 116
3080-348 Serra da Boa Viagem C 110 Ra 107
2450-024 Serra da Pescaria LE 110 Qf 111
2565 Serra da Vila L 128 Qe 114
9350 Serra de Água MA 194 If 152
7450 Serra de Aires PT 131 Sd 115
9400 Serra de Dentro MA 195 Ke 150
9400 Serra de Fora MA 195 Ke 150
3150-333 Serra de Janeanes C 111 Rd 108
4550 Serradelo AV 76 Re 102
2525 Serra d'El-Rei LE 128 Qe 113
2380-608 Serra de Santo António SA 110 Rb 111
6100-700 Serra de São Domingos CB 111 Rf 109
2565-133 Serra de São Julião L 128 Qe 114
9385 Serrado MA 194 Ie 152
2500 Serra do Bouro LE 128 Qe 112
3240-501 Serra do Mouro C 111 Rd 109
2425 Serra do Porto de Urso LE 110 Ra 110
2460-697 Serra dos Mangues LE 110 Qf 111
7400 Serra dos Prazeres PT 130 Sa 113
7750-414 Serralhas BE 176 Sc 123
7750-629 Serranos BE 176 Sa 123
2125 Serrão SA 129 Rc 114
Serrasqueira CB 112 Sc 110
3660-606 Serrazes VS 95 Rf 104
4925 Serreleis VC 57 Rb 98
Serreta AC 192 Xd 116
7670 Serrinho BE 175 Rd 123
2480-217 Serro Ventoso LE 110 Rb 111
6100 Sertã CB 111 Rf 110
4830 Serzedelo BR 58 Re 99
4410-002 Serzedo P 76 Rc 102
2970 Sesimbra SE 144 Qf 118
7050 Sesmaria Nova E 129 Rc 116
2100-056 Sesmaria Nova SA 145 Rc 115
7900 Sesmarias BE 146 Rf 120
8400 Sesmarias FA 174 Rd 126
7580 Sesmarias das Correias SE 145 Rd 118
7570 Sesmarias das Moças SE 160 Rd 120
7580 Sesmarias dos Pretos SE 145 Rd 118
7300 Sete PT 131 Sd 113
Sete BE 161 Sa 123
7200-014 Sete Casinhas E 147 Sd 117
9555 Sete Cidades AC 192 Zb 121
9950 Sete Cidades AC 192 Wc 117
2070 Setil, Estação Ferroviária de SA 129 Rb 114
2900 Setúbal SE 145 Ra 117
5030 Sever VR 77 Sb 101
3620-504 Sever VS 77 Sb 102
3740-230 Sever do Vouga AV 94 Rd 104
3420-419 Sevilha C 95 Rf 106
5470-471 Sezelhe VR 58 Sa 98
5340 Sezulfe BN 60 Sf 99
4770-690 Sezures BR 76 Rd 100
3550 Sezures VS 96 Sc 104
5470-127 Sidrós VR 58 Rf 98
3515-622 Silgueiros VS 95 Rf 104
3050 Silva AV 94 Rd 106
5445 Silva VR 78 Sd 99
4750 Silva BR 76 Rc 99
4930 Silva VC 57 Rc 97
Silva BN 79 Td 99
4500 Silvade AV 76 Rc 103
3560-217 Silvã de Cima VS 96 Sb 104
3740-338 Silva Escura AV 94 Rd 104
4475 Silva Escura P 76 Rc 101
4820 Silvares BR 77 Rf 100
3465 Silvares VS 95 Rf 105
6230 Silvares CB 112 Sb 108
4620 Silvares P 76 Re 101
2560 Silveira L 128 Qd 114
3770 Silveira AV 94 Rc 105
3230 Silveira C 111 Re 109
9930 Silveira AC 193 We 118
Silveira SA 129 Rd 114
7050 Silveiras E 145 Rd 117
3105 Silveirinha LE 110 Rb 108
3360-259 Silveirinho C 95 Re 107
7100 Silveirona E 131 Sc 115
4775 Silveiros BR 76 Rc 100
8300-100 Silves FA 174 Rd 125
3330-113 Simantorta C 111 Rf 108
7750 Simões BE 176 Sb 123
3130 Simões C 110 Rc 108
8800-511 Sinagoga FA 176 Sb 126
3420 Sinde C 95 Rf 107
7520 Sines SE 160 Ra 121
3260 Singral Cimeiro LE 111 Re 108
2710 Sintra L 128 Qd 116
6100-392 Sipote CB 111 Sa 110
2425-625 Sismaria LE 110 Ra 109
4970 Sistelo VC 58 Rd 97
8100 Sítio das Éguas FA 175 Rf 125
5470 Sivozelo VR 58 Sa 98
4970 Soajo VC 58 Re 97
4630 Soalhães P 77 Rf 102
7630 Soalheira BE 160 Rc 122
6060 Soalheira CB 113 Se 110
6005 Soalheira CB 112 Sd 108
8100 Soalheira FA 175 Rf 125
8950 Soalheiras FA 176 Sc 125
4830 Sobradelo da Goma BR 77 Re 99
4440 Sobrado P 76 Rd 101
6000-713 Sobrainho da Ribeira CB 112 Sb 110
2240 Sobral SA 129 Rc 112
3450 Sobral VS 95 Re 106
6160 Sobral CB 111 Rf 109
3660 Sobral VS 95 Sa 104
3090 Sobral C 110 Rb 108
2590 Sobral L 144 Qf 114
3360 Sobral C 95 Rf 107
3880 Sobral AV 94 Rc 103
2640-606 Sobral da Abelheira L 128 Qe 115
7875-350 Sobral da Adiça BE 162 Se 120
2510-651 Sobral da Lagoa LE 128 Qe 112
6300-220 Sobral da Serra GD 96 Se 105
7005 Sobral das Minas E 146 Sa 118
3130 Sobral de Baixo C 110 Rc 108
6225 Sobral de Casegas CB 95 Sb 107
3430-781 Sobral de Papízios VS 95 Rf 106
6000-730 Sobral do Campo CB 112 Sc 109
6150 Sobral Fernando CB 112 Sb 110
3305 Sobral-Gordo C 95 Sa 107
2615-661 Sobralinho L 128 Qf 115
3305 Sobral-Magro C 95 Sa 107
6370-382 Sobral Pichorro GD 96 Sd 104
3320-181 Sobral Valado C 112 Sa 108
3405-449 Sobreda C 95 Sb 106
2815-621 Sobreda SE 144 Qe 117
5340 Sobrêda BN 79 Tb 100
5090 Sobredo VR 78 Sd 100
5090 Sobreira VR 78 Sd 100
4585 Sobreira P 76 Rd 102
2665 Sobreira L 128 Qe 115
6320 Sobreira GD 96 Se 106
6150-737 Sobreira Formosa CB 112 Sa 110
7750 Sobreira Formosa BE 162 Sc 122
8100 Sobreira Formosa FA 175 Rf 125
2240 Sobreiras SA 129 Rd 114
2640 Sobreiro L 128 Qd 115
5320-163 Sobreiro de Boixo BN 60 Sf 97
5320-164 Sobreiro de Cima BN 60 Sf 97
2550-458 Sobrena L 128 Qf 113
4715-534 Sobreposta BR 58 Rd 99
4635 Sobretâmega P 77 Rf 101
4580 Sobrosa P 76 Rd 101
5350-360 Soeima BN 78 Ta 100
5320-170 Soeira BN 60 Ta 97
3320-182 Soeirinho C 111 Sa 108
4850-383 Soengas BR 58 Re 99
3740 Soixo AV 94 Rd 105
7555 Solposta SE 160 Rc 121
5470-480 Solveira VR 59 Sb 97
7555-267 Sonega SE 160 Rb 121
5430-271 Sonim VR 59 Se 98
4920 Sopo VC 57 Rb 97
5300-903 Sortes BN 60 Tb 98
6400-641 Sorval GD 96 Se 104
8970 Soudes FA 176 Sc 124

2305 Soudos-Vila Nova, Estação Ferroviária de SA 111 Rd 111
Sourão LE 110 Rc 109
3130-199 Soure C 110 Rc 108
6400-651 Souro Pires GD 96 Sf 104
4650 Sousa P 76 Re 100
7470 Sousel PT 131 Sb 115
4620 Sousela P 76 Re 101
3020-833 Souselas C 94 Rd 107
4690-673 Souselo VS 76 Re 102
2435 Soutaria SA 110 Rc 110
5450 Soutelinho VR 57 Sb 100
5450 Soutelinho VR 59 Sc 99
5070 Soutelinho VR 78 Sc 101
5400-785 Soutelinho da Raia VR 59 Sc 98
3600-432 Soutelo VS 95 Sa 103
5030 Soutelo VR 77 Sa 101
3850 Soutelo AV 94 Rc 104
5200 Soutelo BN 79 Tb 100
5400 Soutelo VR 59 Sc 98
5300 Soutelo BN 60 Tb 97
4730 Soutelo BR 57 Rd 99
4850 Soutelo BR 58 Re 99
5450-265 Soutelo de Aguiar VR 77 Sc 100
5130-406 Soutelo do Douro VS 78 Sd 101
5340-432 Soutelo Mourisco BN 60 Ta 98
5335 Soutilha BN 59 Sf 98
5385 Soutilha BN 59 Se 98
3680 Soutinho VS 95 Re 104
6320 Souto GD 97 Ta 106
4520 Souto AV 76 Rc 103
5060 Souto VR 78 Sc 101
3600 Souto VS 95 Sa 103
3630 Souto VS 78 Sd 102
4990 Souto VC 57 Rc 98
4800 Souto BR 76 Re 100
3100-370 Souto LE 111 Rc 109
4970 Souto VC 57 Rd 98
2230-807 Souto SA 111 Re 111
4840 Souto BR 58 Rd 98
4990 Souto VC 57 Rc 98
4970 Souto VC 58 Rd 97
3465-105 Souto Bom VS 95 Rf 105
2420-027 Soutocico LE 110 Rb 110
2425-521 Souto da Carpalhosa LE 110 Rb 109
6230-685 Souto da Casa CB 112 Sc 108
5160-171 Souto da Velha BN 79 Ta 101
3570-200 Souto de Aguiar da Beira GD 96 Sc 104
3680 Souto de Lafões VS 95 Rf 104
6420 Souto Maior GD 96 Se 104
Souto Mau AV 95 Re 104
3620-443 Soutosa VS 77 Sc 103
3840 Soza AV 94 Rc 105
9940 Sra da Piedade AC 193 We 118
4935 Subportela VC 57 Rb 98
5370 Sucções BN 78 Se 100
3660-645 Sul VS 95 Rf 103
7430 Sume PT 130 Sa 112

T

4970 Tabaçó VC 57 Rd 98
5445 Taberna VR 59 Sd 99
6000 Taberna Seca CB 112 Sc 109
3060-114 Taboeira C 94 Rb 106
3800 Taboeira AV 94 Rc 105
7000 Taboleiros de Baixo E 146 Rf 118
3640 Tabosa VS 96 Sd 103
3640 Tabosa VS 77 Sc 103
3420-301 Tábua C 95 Rf 106
9350 Tabua MA 194 If 152
4850 Tabuaças BR 58 Re 99
5120-380 Tabuaço VS 78 Sc 102
5470-441 Tabuadela VR 58 Sa 99
4835 Tabuadelo BR 76 Re 100
4635 Tabuado P 77 Rf 101
3220-240 Tábuas C 111 Re 108
7750 Tacão BE 162 Sb 122
7750 Tacões BE 161 Sa 123
8970 Tacões FA 162 Sc 124
4705-671 Tadim BR 76 Rd 99
8800-213 Tafe FA 176 Sb 125
7630 Tagariças BE 174 Rb 123
2065-201 Tagarro L 128 Ra 113
4815 Tagilde BR 76 Re 100
4930-555 Taião VC 57 Rc 97
4830 Taíde BR 76 Re 99
Taipadas SE 145 Rc 116
4805 Taipas (Caldelas) BR 76 Rd 100
8800 Taleiros FA 176 Sb 125
3740 Talhadas AV 94 Re 105
5340-440 Talhas BN 79 Tb 100
4635 Talheira P 77 Rf 101
5340-452 Talhinhas BN 79 Tb 99
6215 Taliscas CB 96 Sc 107
8375 Talurdo FA 175 Rd 125
6420-623 Tamanhos GD 96 Se 104
4870 Tâmega VR 77 Sb 99
7750-388 Tamejoso BE 162 Sc 123
4750 Tamel BR 76 Rc 99
3780 Tamengos AV 94 Rd 106
2140 Tancos SA 129 Rd 112
7570 Tanganhal SE 160 Rc 120
7555-269 Tanganheira SE 160 Rb 121
9400 Tanque MA 195 Kd 150
7340 Tapada PT 131 Se 114
4600 Tapada P 77 Sa 101
6000 Tapada das Valsas CB 113 Se 110
3130-387 Tapeus C 111 Rc 108
4520-719 Tarei AV 76 Rc 103
3610 Tarouca VS 77 Sb 102
4690 Tarouquela VS 77 Re 102
3530 Tavanca de Tavares VS 96 Sc 105
3080 Tavarede C 110 Ra 107
6030-160 Tavila CB 112 Sb 110
8800 Tavira FA 176 Sc 126
5120-447 Távora VS 78 Sc 102
5445 Tazem VR 78 Sd 99
4705-630 Tebosa BR 76 Rd 100
6060 Tegueiro CB 113 Sf 110
2040-024 Teira SA 128 Ra 112
3500-883 Teivas VS 95 Sa 105
3300-466 Teixeira C 111 Sa 107
6285 Teixeira GD 95 Sb 107
5225 Teixeira BN 79 Tc 100
5040 Teixeiró P 77 Sa 101
3610-165 Teixelo VS 77 Sb 103
3475-070 Teixo VS 95 Re 105
6200-589 Teixoso CB 96 Sd 107
4820-713 Telha BR 77 Rf 100
3090 Telhada C 110 Rb 108
3320 Telhada C 111 Rf 108
3330 Telhada C 95 Rf 107
7700 Telhada BE 175 Sa 124
3850 Telhadela AV 94 Rd 104
3040-793 Telhadela C 111 Rd 108
6230 Telhado CB 96 Sc 108
4770 Telhado BR 76 Rd 100
5470 Telhado VR 58 Sa 98
3360-062 Telhado C 94 Rd 107
2480 Telha dos Grandes LE 110 Rb 111
2135 Telhal SA 145 Ra 115
8100 Telheiro FA 175 Rf 126
7200 Telheiro E 147 Sd 118
2405-032 Telheiro LE 110 Ra 110
7300 Telheiros PT 131 Sd 113
5450 Telões VR 77 Sb 100
4600 Telões P 77 Rf 101
4690 Tendais VS 77 Rf 102
9125 Tendeira MA 194 Kb 152
8950 Tenência FA 176 Sd 124
3140 Tentugal C 94 Rc 107
2730 Tercena L 144 Qe 116
7250-065 Terena E 147 Sd 117
6200 Terlamonte CB 96 Sd 107
7005 Termas da Ganhofeira E 146 Sa 118
3780 Termas de Curia AV 94 Rd 106
6120-778 Termas Fadagosa SA 111 Sa 111
2460 Termo de Évora LE 110 Ra 111
9700 Terra Chã AC 192 Xe 116
9950 Terra do Pão AC 192 Wd 118
2000-451 Terra Fria SA 129 Rc 112
4840 Terras do Bouro BR 58 Re 98
7630 Terrazina BE 160 Rd 121
6320-202 Terreiro das Bruxas GD 96 Se 107
9800 Terreiros AC 193 Wf 117
6420-631 Terrenho GD 96 Sd 103
5300 Terroso BN 60 Ta 97
4495-447 Terroso P 76 Rb 100
7350 Terrugem PT 131 Sd 115
2705 Terrugem L 128 Qd 115
2630-098 Tesoureira L 144 Qf 115
8970-310 Tesouro FA 162 Sc 124
5040 Texeira P 77 Sa 101
2100 Texugueira SA 145 Rd 114
4950 Thangil VC 58 Rd 96
3530-027 Tibaldinho VS 95 Sa 105
4970-150 Tibo VC 58 Re 97
6000-740 Tinalhas CB 112 Sc 109
5430-293 Tinhela VR 59 Se 98
5450-167 Tinhela de Cima VR 78 Sc 99
7370 Tinoca PT 131 Sf 114
2785-051 Tires L 144 Qd 116
7630-360 Tisnada BE 160 Rd 122
5200-422 Tó BN 79 Tc 101
3060-702 Tocha C 94 Rb 107
5110 Toês VS 77 Sb 102
6300-185 Toito GD 96 Sf 105
7090 Tojais Novos E 146 Rf 118
7000 Tojal E 146 Rf 118
8550 Tojeira FA 174 Rb 125
3140 Tojero C 94 Rb 107
9800 Toledo AC 193 Wf 116
9950 Toledos AC 192 Wc 117
Tolões P 77 Sa 101
6050-501 Tolosa PT 130 Sb 112
5150 Tomadias GD 78 Sf 103
2300 Tomar SA 111 Rd 111
7875 Tomina BE 163 Sf 120
3460 Tonda VS 95 Rf 106
3460 Tondela VS 95 Rf 105
9875 Topo AC 193 Xb 117
5000-747 Torgueda VR 77 Sb 101
2500-315 Tornada LE 128 Qf 112
8970 Torneiro FA 176 Sd 124
4860 Torneiro BR 58 Sb 99
5460 Torneiros VR 59 Sb 98
4620 Torno P 77 Re 101
4650 Torrados P 76 Re 100
8500 Torralta FA 174 Rc 126
7595 Torrão SE 161 Re 119
3880 Torrão Lameiro AV 94 Rc 104
2440-210 Torre LE 110 Rb 111
3420 Torre C 95 Rf 106
2750 Torre L 144 Qd 116
2100 Torre SA 145 Rc 115
6060 Torre CB 113 Ta 109
4925 Torre VC 57 Rb 98
2305 Torre SA 111 Rd 111
6320 Torre GD 97 Sf 106
4720 Torre BR 58 Rd 99
7580 Torre SE 145 Rb 118
8600 Torre FA 174 Rc 126
7800 Torre da Cardeira BE 162 Sb 121
7050-601 Torre da Gadanha E 145 Rd 117
8800 Torre de Ares FA 176 Sb 126
7005-776 Torre de Coelheiros E 146 Sa 118
5385 Torre de Dona Chama BN 59 Sf 99
7450 Torre de Frade PT 131 Sd 115
3510-843 Torredeita VS 95 Rf 105
5160 Torre de Moncorvo BN 78 Sf 101
8005 Torre de Natal FA 176 Sa 126
Torre de Todos C 111 Rd 109
3240 Torre de Vale de Todos C 111 Rd 109
Torre do Bispo SA 129 Rc 112
5060-565 Torre do Pinhão VR 77 Sc 100
7800 Torre do Pinto BE 146 Sa 120
6420 Torre do Terrenho GD 78 Sd 103
4720 Torre Portela BR 58 Rd 99
6420 Torres GD 96 Se 104
3030 Torres de Montego C 94 Rd 107
2350 Torres Novas SA 111 Rc 112
2560 Torres Vedras L 128 Qa 114
7670-407 Torre Vã BE 160 Rd 122
4860-015 Torrinheiras BR 58 Sa 99
7580 Torroal SE 160 Rb 119
3300-123 Torrozelas C 95 Sa 107
6270-555 Torrozelo GD 95 Sb 106
6200-254 Tortosendo CB 96 Sc 107
6030-162 Tostão CB 112 Sb 110
7665 Totenique BE 174 Rc 123
5090-081 Toubres VR 78 Sd 100
5155 Touça GD 78 Se 102
6230-123 Touca CB 112 Sd 108
2490 Toucinhos SA 111 Rc 111
4480-480 Tougues P 76 Rb 100
6060 Toulões CB 113 Sf 109
6270-586 Tourais GD 95 Sb 106
7040 Tourega E 130 Sa 115
5470-490 Tourém VR 58 Sa 97
5450-287 Tourencinho VR 77 Sb 100
3465-195 Tourigo VS 95 Re 106
7630 Touril BE 174 Rb 123
7875 Touril BE 162 Se 120
8100 Touris FA 175 Rf 125
3650-081 Touro VS 77 Sb 103
4635-518 Toutosa P 77 Rf 101
2825 Trafaria SE 144 Qe 116
2785-007 Trajouce L 144 Qd 116
5140 Tralhariz BN 78 Sd 101
7400-604 Tramaga PT 130 Rf 113
2205-387 Tramagal SA 130 Re 112
7490 Tramagueira E 130 Rf 115
6420 Trancoso GD 96 Sd 104
3550 Trancozelos VS 96 Sb 105
4705-631 Trandeiras BR 76 Rd 100
5450-103 Trandeiras VR 77 Sb 99
4925 Trás Âncora VC 57 Rb 98
2510 Tras do Outeiro LE 128 Qe 112
3720 Travanca AV 94 Rd 104
4605 Travanca P 77 Re 101
5200 Travanca BN 79 Tc 100
4520 Travanca AV 76 Rc 103
4690 Travanca VS 76 Re 102
5340 Travanca BN 78 Ta 99
3405-478 Travanca de Lagos C 95 Sa 106
Travanca do Mondego C 95 Re 107
4640 Travanca do Monte P 77 Rf 101
5400-798 Travancas VR 59 Se 98
6270-601 Travancinha GD 95 Sb 106
5320 Travanco BN 60 Ta 97
4860 Travasso BR 77 Sa 99
3750 Travasso AV 94 Rc 105
3050-402 Travassô AV 94 Rd 106
3100 Travasso LE 110 Rc 109
5470 Travassos VR 58 Sa 98
4820 Travassos BR 77 Re 100
4880 Travassos VR 77 Sa 100
4820 Travassós BR 57 Rd 99
4830 Travassos BR 77 Re 99
5470 Travassos VR 58 Sb 98
3505-562 Travassós de Cima VS 95 Sa 105
3150 Traveira C 111 Rd 108
5110 Travenca VS 77 Sb 102
4905 Tregosa BR 57 Rb 99
3440-510 Treixedo VS 95 Rf 106
6060 Tremal CB 113 Sf 110
8970 Tremelgo FA 176 Sa 124
2025 Tremês SA 129 Rb 112
2480-113 Tremoceira LE 110 Ra 111
8550-160 Três Figos FA 174 Rb 125
5450-296 Tresminas VR 78 Sc 100
Tresouras P 77 Sa 102
6230 Três Povos CB 96 Se 107
5130 Trevões VS 78 Sd 102
3450-386 Trezoi VS 94 Rd 106
7800-771 Trigaches BE 161 Sa 120
6250 Trigais CB 96 Se 106
5360-202 Trindade BN 78 Sf 100
7800 Trindade BE 161 Sa 121
3320-338 Trinhão C 111 Rf 109
6300-225 Trinta GD 96 Sd 105
6005-271 Tripeiro CB 112 Sc 109
6100 Trisio CB 111 Re 110
4785 Trofa P 76 Rc 100
3750-791 Trofa AV 94 Rd 105
4990 Trogal VC 57 Rb 98
7570-789 Tróia SE 145 Ra 118
7940 Trolho BE 146 Sa 119
5400-800 Tronco VR 59 Se 98
4540-604 Tropeço AV 76 Re 103
4950 Troporiz VC 57 Rc 96
6110 Trotas CB 111 Re 110
3025 Trouxemil C 94 Rd 107
7630 Troviscais BE 160 Rb 123
3770 Troviscal AV 94 Rc 106
6100 Troviscal CB 111 Rf 109
4900-281 Troviscoso VC 57 Ra 98
2430 Trutas LE 110 Ra 110
4950 Trute VC 57 Rd 96
5130 Tua VS 78 Sd 101
2205 Tubaral SA 130 Rf 112
4630 Tuias P 77 Rf 101
5320 Tuizelo BN 60 Sf 97
3330-115 Tulhas C 111 Rf 108
8365 Tunes Gare FA 175 Re 126
2565-791 Turcifal L 128 Qe 114
4730 Turiz BR 57 Rd 99
2460-806 Turquel LE 128 Ra 112

U

3610 Ucanha VS 77 Sb 102
4750-761 Ucha BR 57 Rc 99
4950 Ucha Anhões VC 57 Rd 97
2140-364 Ulme SA 129 Rd 113
7800 Ulmo BE 161 Rf 121
8800 Umbria FA 176 Sb 125
8800 Umbrias de Camacho FA 176 Sc 125
6215-513 Unhais da Serra CB 96 Sc 107
3320-368 Unhais-o-Velho C 112 Sb 108
4650 Unhão P 76 Re 101
2680-374 Unhos L 128 Qf 116
4810 Urgeses BR 76 Re 100
3300-370 Urgueira C 95 Rf 107
2435-681 Urqueira SA 110 Rc 110
7300-565 Urra PT 131 Sd 113
4560 Urrô P 76 Re 101
4540 Urrô AV 76 Re 103
5200-461 Urrós BN 79 Td 100
5160-401 Urros BN 78 Sf 102
9800 Urzelina AC 193 Wf 117
5230-232 Uva BN 79 Tc 100
4860-482 Uz BR 58 Sa 99

V

5110-662 Vacalar VS 77 Sb 102
4890 Vacaria BR 77 Rf 100
4905 Vacaria VC 57 Rb 98
3050-511 Vacariça AV 94 Rd 106
4980 Vade VC 57 Rd 98
3840-001 Vagos AV 94 Rb 105
7450-260 Vaiamonte PT 131 Sc 114
4485-051 Vairão P 76 Rb 101
7340 Valada PT 131 Se 114
2070-506 Valada SA 129 Rb 114
2965 Vala da Asseiceira SE 145 Rb 117
3660-673 Valadares VS 95 Re 104
4950 Valadares VC 58 Rd 96
4925 Valadares VC 57 Rb 98
4405 Valadares P 76 Rc 102
4640 Valadares P 77 Sa 102
6110 Valadas CB 111 Re 111
7425 Vala da Vaca PT 130 Rf 114
2460 Valado de Santa Quitéria LE 110 Qf 112
2450-301 Valado dos Frades LE 110 Qf 111
7630 Valas BE 174 Rb 123
6400 Valbom GD 96 Sf 104
6000 Valbom CB 112 Sc 109
4730 Valbom BR 58 Rd 98
4420 Valbom P 76 Rc 102
5200-404 Valcerto BN 79 Tc 100
5460-473 Valdegas VR 59 Sc 98
2965 Valdera, Estação Ferroviária de SE 145 Rb 117
5100-837 Valdigem VS 77 Sb 102
4845 Valdozende BR 58 Re 99
4730 Valdreu BR 58 Re 98
5340-400 Valdrez BN 79 Ta 99
6420-662 Valdujo GD 96 Se 103
8375 Vale FA 175 Re 125
5450 Vale VR 78 Sc 100
4525 Vale AV 76 Rd 103
4970 Vale VC 58 Rd 97
3465 Vale VS 95 Re 106
Vale LE 111 Rc 109
4770 Vale (São Cosme) BR 76 Rd 100
4770 Vale (São Martinho) BR 76 Rd 100
3600-405 Vale Abrigoso VS 77 Sa 103
Vale Alto SA 110 Rc 111
8950 Vale Andreu FA 176 Sc 125
7630 Vale Bacias BE 160 Rc 122
5340 Vale Benfeito BN 78 Ta 100
7595-191 Vale Bom SE 161 Re 119
6000-715 Vale Bonito CB 112 Sc 109
3140 Vale Canosa C 94 Rc 107
7200 Vale Carneiro E 147 Sd 118
6000-660 Vale Chiqueiro CB 112 Sb 110
2540 Vale Covo LE 128 Qe 113
Vale Covo FA 175 Rf 126
7630 Vale da Beja BE 160 Rb 122
6040 Vale da Feiteira PT 130 Sb 112
2240 Vale da Figueira SA 129 Rc 113
6120-030 Vale da Gama SA 112 Sa 111
8550 Vale da Horta FA 174 Rb 125
2205-410 Vale da Horta SA 130 Rf 113
6100-889 Vale da Junça CB 111 Rf 110
2140 Vale da Lama SA 129 Rc 113
5200-500 Vale da Madre BN 79 Tb 100
3780 Vale da Mó AV 94 Rd 106
8700 Vale da Mó FA 176 Sa 126
8100 Vale da Moita FA 175 Sa 124
7005 Vale da Moura E 146 Sa 117
6150 Vale da Mua CB 112 Sb 110
6350-235 Vale da Mula GD 97 Tb 104

6120 Vale da Mura SA 111 Sa 111
8670 Vale da Nora das Arvores FA 174 Rb 125
8200 Vale da Parra FA 175 Re 126
2070-704 Vale da Pedra SA 129 Rb 114
6000 Vale da Pereira CB 112 Sb 110
7040 Vale da Pinta E 130 Sa 115
2070-554 Vale da Pinta SA 129 Rb 113
5340-470 Vale da Porca BN 79 Ta 99
7520 Vale da Roca SE 160 Rb 121
8100 Vale da Rosa FA 175 Sa 125
8970 Vale da Rosa FA 176 Sb 125
6320-551 Vale das Éguas GD 97 Sf 106
6060 Vale das Eiras CB 113 Ta 109
6090 Vale da Senhora da Póvoa CB 96 Se 107
5335-134 Vale das Fontes BN 59 Sf 98
2230-014 Vale das Onegas SA 111 Rf 111
3100-059 Vale das Velhas LE 111 Rc 109
6005-196 Vale da Torre CB 112 Sd 108
2025-171 Vale da Trave SA 129 Rb 112
6150 Vale da Ursa CB 112 Sa 110
8200-426 Vale da Ursa FA 175 Re 126
8800 Vale da Vaca FA 176 Sb 125
8135-032 Vale da Venda FA 175 Sa 126
5130 Vale da Vila VS 78 Sd 102
8300 Vale da Vila FA 175 Rd 125
2205-409 Vale de Açor SA 130 Rf 112
7400 Vale de Açor PT 130 Sa 113
7750 Vale de Açor BE 161 Sa 122
7630 Vale de Agrilhão BE 160 Rb 122
2205 Vale de Água SA 130 Rf 112
8550 Vale de Água FA 174 Rb 125
7555 Vale de Água SE 160 Rc 121
5210-173 Vale de Águia BN 80 Te 99
6440-251 Vale de Alfonsinho GD 78 Sf 103
5230 Vale de Algóso BN 79 Tc 100
5335 Vale de Almeiro BN 59 Sf 98
7050 Vale de Ancho E 145 Rc 117
5400-360 Vale de Anta VR 59 Sc 98
7400 Vale de Arco PT 130 Sa 112
7050 Vale de Asna E 145 Rd 117
5370-652 Vale de Asnes BN 78 Sf 100
3780-481 Vale de Avim AV 94 Rd 106
6360 Vale de Azares GD 96 Sd 105
2425 Vale de Bajouca LE 110 Rb 109
4890 Vale de Bouro BR 77 Rf 100
7860 Vale de Calvão BE 147 Sd 120
2305 Vale de Calvo SA 111 Rd 111
3730-200 Vale de Cambra AV 94 Rd 104
3450 Vale de Carneiro VS 94 Re 106
5430 Vale de Casas VR 59 Se 99
7630 Vale de Casca BE 160 Rc 122
2140-405 Vale de Cavalos SA 129 Rc 113
6350-351 Vale de Coelha GD 97 Tb 104
3220-442 Vale de Colmeias C 111 Rd 107
6160 Vale de Cuba CB 112 Sa 109
5070 Vale de Cunho VR 78 Sd 100
8800 Vale de Ebros FA 176 Sc 125
Vale de Égua VR 78 Sd 99
7000 Vale de El-Rei de Baixo E 146 Rf 117
6320 Vale de Espinho GD 97 Ta 107
7700-207 Vale de Estacas BE 175 Rf 124
6300-230 Vale de Estrela GD 96 Se 105
7750-389 Vale de Évora BE 161 Sb 122
7630 Vale de Ferro BE 160 Rc 122
7630 Vale de Figueira BE 174 Rb 123
6050 Vale de Figueira PT 112 Sc 111
5120 Vale de Figueira VS 77 Sc 102
6050 Vale de Figueira PT 112 Sd 111
7630 Vale de Figueiras BE 160 Rc 123
2140 Vale de Flor SA 129 Rd 113
5230-253 Vale de Frades BN 60 Td 99
6090 Vale de Freixo CB 112 Se 107
5385-133 Vale de Gouvinhas BN 59 Se 99
6120 Vale de Grou SA 111 Sa 111
7875 Vale de Grou BE 162 Se 121
7580 Vale de Guiso, Estação Ferroviária de SE 160 Rc 119
7580 Vale de Guizo SE 160 Rd 119
7700 Vale de Hortas BE 175 Re 124
3830-270 Vale de Ílhavo AV 94 Rc 105
2080 Vale de Inferno SA 129 Rc 114
5335-136 Vale de Janeiro BN 59 Sf 98
8100 Vale de Juden FA 175 Rf 126
2715 Vale de Labos L 128 Qe 116
5370 Vale de Lagôa BN 60 Sf 99
5300 Vale de Lamas BN 60 Tb 98
5370-102 Vale de Lobo BN 78 Sf 99
2460 Vale de Maceira LE 110 Qf 112
6040 Vale de Madeira PT 130 Sa 112
6400-671 Vale de Madeira GD 97 Sf 104
3525-350 Vale de Madeiros VS 95 Sa 106
6150 Vale de Matos CB 112 Sb 111
5085-100 Vale de Mendiz VR 78 Sc 101
5070-304 Vale de Mir VR 78 Sd 100
5210-060 Vale de Mira BN 79 Te 100
7630 Vale de Moinhos BE 174 Rc 123
7050 Vale de Mós E 146 Re 117
2205 Vale de Mós SA 130 Rf 112
5000 Vale de Negueiras VR 77 Sb 101
5300 Vale de Nogeira BN 60 Ta 99
2040 Vale de Óbidos SA 128 Ra 113
8800 Vale de Odre FA 175 Sb 124
2445 Vale de Paredes LE 110 Qf 110
8950 Vale de Pinheiro FA 176 Sc 124
5200-510 Vale de Porco BN 79 Tb 101
6430 Vale de Porco GD 78 Se 102
6030 Vale de Pousadas CB 112 Sc 110
5340 Vale de Pradinhos BN 60 Sf 99
5385 Vale de Prados BN 59 Sf 99
5340 Vale de Prados BN 79 Ta 99
6230 Vale de Prazeres CB 112 Sd 108
3450 Vale de Rémígio VS 95 Re 106
7800 Vale de Rocins BE 161 Sb 121
5370 Vale de Salgueiros BN 59 Se 99
5370-137 Vale de Sancha BN 78 Sf 100
2005-029 Vale de Santarém SA 129 Rb 113
6120-782 Vale de São Domingos SA 111 Sa 111
6040 Vale de São Jaão PT 130 Sa 112
6420 Vale de Seixo GD 96 Se 104
2240 Vale de Serrão SA 111 Re 110
6060 Vale de Sobral CB 113 Sf 110
6160 Vale de Souto CB 111 Sa 109
5385-140 Vale de Telhas BN 59 Se 99
Vale de Todos C 111 Rd 109
3305 Vale de Torno C 95 Sa 107
5360 Vale de Torno BN 78 Se 101
6230-740 Vale de Urso CB 112 Sc 108
7830-469 Vale de Vargo BE 162 Sd 121
2460 Vale de Ventos LE 110 Ra 112
7800 Vale de Vinagre BE 162 Sb 120
2205 Vale de Zebrinho SA 130 Rf 112
4440 Vale Direito P 76 Rd 101
5130 Vale do Figueira VS 78 Sd 102
2400 Vale do Horto LE 110 Ra 110
8135 Vale do Lobo FA 175 Rf 126
2050 Vale do Paradíso L 129 Ra 114
7040 Vale do Pereiro E 146 Sb 116
6100 Vale do Pereiro CB 111 Rf 110
7430-351 Vale do Peso PT 131 Sc 112
7430 Vale do Peso, Estação A PT 131 Sb 112
7430 Vale do Peso, Estação Ferroviária de PT 131 Sc 112
3260 Vale do Rio LE 111 Re 109
8005 Valedos FA 175 Sa 126
7800 Valefanado BE 161 Sa 122
6060 Vale Feitoso CB 113 Ta 108
8375 Vale Figueira FA 175 Re 125
6430-371 Vale Flor GD 78 Se 103
2810 Vale Flor SE 144 Qe 117
2300 Vale Florido SA 111 Rd 111
3240 Vale Florido C 111 Rd 109
2025 Vale Florido LE 110 Rb 112
8375 Vale Fontes FA 175 Re 124
6200 Vale Formosa CB 96 Sd 106
8100 Vale Formoso FA 175 Rf 126
5360-220 Vale Frechoso BN 78 Sf 100
2445 Vale Furado LE 110 Qf 110
8375-082 Vale Fuzeiros FA 175 Rd 125
3880-463 Válega AV 94 Rc 103
7780 Vale Gonçalo BE 161 Rf 122
3320 Vale Grande C 112 Sa 108
3750 Vale Grande AV 94 Rd 105
8375 Vale Grou FA 175 Rd 124
7000 Valeira E 146 Rf 117
7100 Valeja E 131 Sc 115
7630 Vale Juncalinho BE 174 Rb 124
7630 Vale Longo BE 160 Rd 122
6320 Vale Longo GD 97 Sf 106
7800 Vale Loução de Baixo BE 161 Sb 121
7555 Vale Manhãs SE 160 Rb 121
7000 Vale Maria E 146 Rf 117
7540 Vale Miguel SE 160 Rb 121
6320-014 Vale Mourisco GD 96 Sf 106
2100 Vale Mouro SA 129 Rd 115
4930-587 Valença VC 57 Rc 96
5120-500 Valença do Douro VS 78 Sc 102
5335 Valepaço BN 59 Sf 98
9050 Vale Paraíso MA 194 Ka 152
7540 Vale Pereiro SE 160 Rc 121
5370 Vale Pereiro BN 78 Sf 99
5350 Vale Pereiro BN 79 Ta 100
2120 Vale Queimado SA 129 Rd 114
7630 Vales BE 160 Rc 122
5350 Vales BN 78 Ta 100
5460 Vales VR 78 Sd 100
6200 Vales CB 96 Sc 107
8800 Vales FA 176 Sa 125
6440 Vales GD 78 Ta 103
8670 Vales FA 174 Ra 125
2405-035 Vale Salgueiro LE 110 Ra 110
7565 Vale Santiago SE 160 Rd 121
7630 Vale Santiago BE 160 Rd 122
6120 Vales de Cardigos SA 111 Sa 110
6230-584 Vales de Pêro Viseu CB 96 Sd 107
7300 Vale Serrão PT 131 Sc 112
7830 Vales Mortos BE 162 Sd 122
7750 Vale Travessos BE 162 Sc 122
6350 Vale Verde GD 97 Ta 104
5370 Vale Verde BN 78 Se 100
5200 Valeverde BN 79 Tb 101
2125-202 Vale Zebro SA 145 Rb 114
6270-621 Valezim GD 96 Sb 106
2230-180 Valhascos SA 111 Rf 111
6300-235 Valhelhas GD 96 Sd 106
4920 Valinho VC 57 Rb 97
3850-835 Valmaior AV 94 Rd 104
4730 Valões BR 57 Rd 98
8800 Valongo FA 176 Sc 126
7480 Valongo PT 130 Sa 113
3040 Valongo C 111 Rd 107
5430 Valongo VR 59 Sd 99
2420 Valongo LE 110 Rb 110
4440 Valongo P 76 Rd 101
5370-070 Valongo das Meadas BN 78 Se 99
5090-220 Valongo de Milhais VR 78 Sd 100
5130 Valongo dos Azeites VS 78 Sd 102
3750-836 Valongo do Vouga AV 94 Rd 105
5450-300 Valoura VR 78 Sc 99
5430-407 Valpaços VR 59 Se 99
4575-588 Valpedre P 76 Re 102
2025 Valverde SA 110 Ra 112
5300 Valverde BN 60 Tb 98
5430 Valverde VR 59 Se 99
6230 Valverde CB 112 Sd 108
3570 Valverde GD 96 Sc 104
2655 Valverde L 144 Qd 115
5350 Valverde BN 78 Ta 101
9950 Valverde AC 192 Wc 117
4585-761 Vandoma P 76 Rd 101
8970-351 Vaqueiros FA 176 Sb 124
2000-791 Vaqueiros SA 129 Rc 112
6060 Vaquilha CB 113 Ta 108
6100-368 Vaquinhas CB 111 Rf 110
Varadoura AC 192 Wb 117
7350-422 Varche PT 131 Se 115
5300-412 Varge BN 60 Tb 97
5130 Vargelas VS 78 Se 102
7750-812 Vargens BE 176 Sb 123
5090-210 Varges VR 78 Sd 100
5200-312 Variz BN 79 Tc 100
4600 Várzea P 77 Sa 101
3420 Várzea C 95 Sa 106
8970 Várzea FA 176 Sc 125
3510 Várzea VS 95 Rf 105
2005-001 Várzea SA 129 Rb 113
3660 Várzea VS 95 Rf 104
3515 Várzea VS 95 Sa 104
4970 Várzea VC 58 Re 97
4755 Várzea BR 76 Rc 99
4610 Várzea P 77 Re 100
4540 Várzea AV 76 Rc 103
4820-820 Várzea Cova BR 77 Rf 99
8800-025 Várzea da Azinheira FA 176 Sb 125
3610-187 Várzea da Serra VS 77 Sb 103
5100-879 Várzea de Abrunhais VS 77 Sb 102
6270-631 Várzea de Meruge GD 95 Sb 106
6100-327 Várzea de Pedro Mouro CB 111 Re 110
3530 Várzea de Tavares VS 96 Sc 105
5130 Várzea de Trevões VS 78 Sd 102
6100-894 Várzea dos Cavaleiros CB 111 Rf 110
2120 Varzea Fresca SA 145 Rb 115
7540-025 Várzea Nova SE 160 Rc 120
7050 Várzeas E 129 Re 116
2425 Várzeas LE 110 Ra 109
4650 Varziela P 77 Re 100
3060-215 Varziela C 94 Rc 106
Varzielas VS 95 Re 105
4940 Vascões VC 57 Rc 97
6270-015 Vasco Esteves de Baixo GD 96 Sb 107
6270-014 Vasco Esteves de Cima GD 96 Sb 107
3670 Vasconha VS 95 Rf 104
7750-517 Vasco Rodrigues BE 176 Sb 123
6400-681 Vascoveiro GD 96 Sf 104
5430-603 Vassal VR 59 Sd 99
2510-665 Vau LE 128 Qe 112
7800 Vau de Cima BE 162 Sb 121
5430-620 Veiga de Lila VR 78 Se 99
5300 Veigas BN 60 Tc 98
3860-274 Veiros AV 94 Rc 104
7100 Veiros E 131 Sc 115
6300 Vela GD 96 Se 106
Velas AC 193 We 116
8970-106 Velhas FA 162 Sc 124
6360-190 Velosa GD 96 Se 105
4940 Venade VC 57 Rc 97
4910 Venade VC 57 Rb 97
6150 Venda CB 112 Sb 110
7750 Venda BE 161 Sb 122
7340 Venda PT 131 Sd 113
4850 Venda BR 58 Rf 98
6400-242 Vendada GD 96 Sf 104
2500-386 Venda da Costa LE 128 Ra 112
3105-296 Venda da Cruz LE 110 Rc 109
3420-069 Venda da Esperança C 95 Sa 107
2100-407 Venda da Lamarosa SA 129 Rc 114
2475-043 Venda das Raparigas LE 128 Ra 112
3400-434 Venda de Galizes C 95 Sa 107
6420-579 Venda do Cepo GD 96 Sd 104
7040 Venda do Dugue E 130 Sb 116
2665-498 Venda do Pinheiro L 144 Qe 115
6120 Venda Nova SA 112 Sa 111
3130 Venda Nova C 111 Rc 108
8300 Venda Nova FA 174 Rd 125
3060 Venda Nova C 94 Rc 106
5470 Venda Nova VR 58 Sa 98
2605 Venda Seca L 128 Qe 116
7080-011 Vendas Novas E 145 Rd 116
7200 Vendinha E 147 Sc 118
2550 Ventosa L 128 Qf 113
2530 Ventosa L 128 Qe 113
3670-223 Ventosa VS 95 Rf 104
2565 Ventosa L 128 Qe 114
2580 Ventosa L 128 Qf 114
4850 Ventosa BR 58 Re 99
3050-554 Ventosa do Bairro AV 94 Rd 106
5400 Ventoselos VR 59 Sc 98
5200 Ventozelo BN 79 Tc 101
7220 Vera Cruz de Marmelar E 147 Sb 119
3810-596 Verba AV 94 Rc 105
6200 Verdelhos CB 96 Sd 106
4930 Verdoejo VC 57 Rc 96
2100 Verdugos SA 145 Rd 115
6150 Vergão CB 111 Rf 110
3840-555 Vergas AV 94 Rb 105
8700 Vergílios FA 176 Sa 126
Verigo LE 110 Rc 109
4830 Verim BR 58 Re 99
2550-504 Vermelha L 128 Qf 113
8100 Vermelhos FA 175 Rf 124
4805-546 Vermil BR 76 Rd 100
6440 Vermiosa GD 97 Ta 104
Vermoil LE 110 Rc 109
4770 Vermoim BR 76 Rd 100
4470 Vermoim P 76 Rc 101
6030-024 Vermum CB 112 Sb 111
3140-601 Verride C 110 Rb 108
2435-804 Vesparia SA 110 Rb 110
2460-743 Vestiaria LE 110 Ra 111
Vesúvio, Estação BN 78 Se 102
4890 Viade BR 77 Sa 100
5470-528 Viade de Baixo VR 58 Sa 98
6040 Viale da Vinha PT 130 Sa 112
2625 Vialonga L 128 Qf 115
2300-108 Vialonga SA 111 Re 111
7090 Viana do Alentejo E 161 Rf 118
4900 Viana do Castelo VC 57 Rb 98
4640 Viariz P 77 Sa 101
4775-250 Viatodos BR 76 Rc 100
7750 Vicentes BE 176 Sc 123
8970 Vicentes FA 162 Sc 124
8100 Vicentes FA 175 Rf 125
2100-407 Vicentinhos SA 129 Rc 114
Viçosa E 146 Sb 118
8970 Viçoso FA 162 Sb 124
5425-301 Vidago VR 59 Sc 99
2500-749 Vidais LE 128 Qf 112
6285 Vide GD 95 Sb 107
6360-200 Vide entre Vinhas GD 96 Sd 105
3070 Videira C 94 Rb 106
6300-245 Videmonte GD 96 Sd 105
7050 Vidigal E 146 Re 116
2410 Vidigal LE 110 Rb 110
7960 Vidigueira BE 146 Sb 119
3220 Vidual C 111 Re 108
3320 Vidual, Fajão- C 112 Sa 108
5200-010 Viduedo BN 79 Tb 100
2025-251 Viegas SA 129 Ra 112
2430-592 Vieira de Leiria LE 110 Ra 109
4850-506 Vieira do Minho BR 58 Rf 99
3105-069 Vieirinhos LE 110 Rb 108
6400 Vieiro GD 96 Sd 104
5360 Vieiro BN 78 Se 100
4860 Viela BR 77 Sa 99
5445 Viela VR 59 Sd 99
7940 Vila Alva BE 161 Sa 119
7800 Vila Azeda BE 161 Sb 120
9400 Vila Baleira MA 195 Ke 150
3560 Vila Boa VS 95 Sc 104
5300 Vila Boa BN 60 Tb 99
6320 Vila Boa GD 97 Sf 106
4750 Vila Boa BR 76 Rc 99
4970 Vila Boa VC 58 Rd 97
4860 Vila Boa BR 58 Rf 99
5370 Vila Boa BN 78 Sd 100
3450 Vila Boa VS 95 Re 106
3600 Vila Boa VS 95 Sa 103
5320-210 Vila Boa de Ousilhão BN 60 Ta 98
4635 Vila Boa de Quires P 77 Re 101

4625-640 Vila Boa do Bispo P 77 Re 102
6360-210 Vila Boa do Mondego GD 96 Sd 105
7350-501 Vila Boim PT 131 Se 115
5470 Vilaça VR 58 Sa 98
4705-651 Vilaça BR 76 Rd 99
3100 Vila Cã LE 111 Rc 109
4600 Vila Caiz P 77 Rf 101
4740 Vila Chã BR 57 Rb 99
4485 Vila Chã P 76 Rb 101
2835-462 Vila Chã SE 144 Qf 117
3730 Vila Chã AV 94 Rd 103
3350 Vila Chã C 95 Re 107
5070 Vila Chã VR 78 Sd 101
4540 Vila Chã AV 76 Rd 103
6370 Vila Chã GD 96 Sd 105
4980 Vila Chã (Santiago) VC 58 Re 98
4980 Vila Chã (São João Baptista) VC 58 Re 98
3610-210 Vila Chã da Beira VS 77 Sb 102
5230 Vila Chã da Ribeira BN 79 Tc 99
5210-335 Vila Chã de Braciosa BN 79 Td 100
2070-611 Vila Chã de Ourique SA 129 Rb 113
3510 Vila Chã de Sá VS 95 Sa 105
3720 Vila Chã de São Roque AV 94 Rd 103
3610 Vila Chã do Monte VS 77 Sb 103
3510 Vila Chã do Monte VS 95 Rf 105
4990 Vila Chão VC 57 Rd 98
4600 Vila Chão do Marão P 77 Rf 101
6290 Vila Cortês da Serra GD 96 Sc 105
6300-250 Vila Cortês do Mondego GD 96 Se 105
4820 Vila Cova BR 77 Re 99
4560 Vila Cova P 76 Re 101
5000 Vila Cova VR 77 Sa 101
Vila Cova BR 76 Rb 99
3650 Vila Cova a Coelheira VS 95 Sb 103
6270 Vila Cova a Coelheira GD 95 Sb 106
3305-285 Vila Cova de Alva C 95 Sa 107
3730 Vila Cova de Perinho AV 76 Rd 103
3550 Vila Cova do Covelo VS 96 Sc 105
3640-307 Vila da Ponte VS 78 Sc 103
3130 Vila da Rainha C 110 Rb 108
5200-544 Vila de Ala BN 79 Tc 101
3440-138 Vila de Barba VS 95 Rf 106
3720 Vila de Cucujães AV 94 Rd 103
5400 Vila de Frade VR 59 Sd 98
7960-421 Vila de Frades BE 146 Sb 119
4905-641 Vila de Punhe VC 57 Rb 99
6110 Vila de Rei CB 111 Rf 110
2140 Vila de Rei SA 129 Rd 113
3505-238 Vila de Um Santo VS 95 Sb 104
8650-405 Vila do Bispo FA 174 Ra 126
4480 Vila do Conde P 76 Rb 100
5450 Vila do Conde VR 59 Sc 99
3420-149 Vila do Mato C 95 Sa 106
9580 Vila do Porto AC 193 Zf 127
5200-571 Vila dos Sinos BN 79 Tc 101
6320-592 Vila do Touro GD 96 Sf 106
3270 Vila Facaia LE 111 Re 109
2565-642 Vila Facaia L 128 Qe 114
7350-511 Vila Fernando PT 131 Se 115
Vila Fernando GD 96 Sf 106
5360-301 Vila Flor BN 78 Sf 101
4970 Vila Fonche VC 57 Rd 97
7440 Vila Formosa PT 130 Sb 113
3405 Vila Franca C 95 Sa 106
4905 Vila Franca VC 57 Rb 98
5300 Vila Franca BN 60 Ta 99
3600-435 Vila Franca VS 95 Sa 103
6290-622 Vila Franca da Serra GD 96 Sc 105
6420-692 Vila Franca das Naves GD 96 Se 104
2600-002 Vila Franca de Xira L 144 Ra 115
9680* Vila Franca do Campo AC 193 Zd 122
6300-260 Vila Franca do Deão GD 96 Se 105
2665-418 Vila Franca do Rosário L 144 Qe 115
2925 Vila Fresca do Azeitão SE 144 Ra 117
4750-833 Vila Frescainha BR 76 Rc 99
4610-864 Vila Fria P 76 Re 100
4935 Vila Fria VC 57 Rb 99
4600 Vila Garcia P 77 Rf 101
6420 Vila Garcia GD 96 Se 104
6300 Vila Garcia GD 96 Se 105
3560-220 Vila Longa VS 96 Sc 104
4525-480 Vila Maior AV 76 Rd 102
3660 Vila Maior VS 95 Rf 104
3060-761 Vilamar C 94 Rc 106
5040 Vila Marim VR 77 Sa 101
5000 Vila Marim VR 77 Sb 101
5300 Vila Meã BN 60 Tc 97
5450 Vila Meã VR 77 Sc 99
3450 Vila Meã VS 95 Re 106
4920 Vila Meã VC 57 Rb 97
6300 Vila Mendo GD 96 Se 106
3530 Vila Mendo de Tavares VS 96 Sc 105
4640 Vila Monim P 77 Rf 102
2380-634 Vila Moreira SA 110 Rb 112
4925 Vila Mou VC 57 Rb 98
8125 Vilamoura FA 175 Rf 126
2925-007 Vila Nogueira de Azeitão SE 144 Qf 117
3450 Vila Nova VS 95 Re 106
5350 Vila Nova BN 78 Ta 100
5300 Vila Nova BN 60 Tb 98
3060 Vila Nova C 94 Rc 107
5340 Vila Nova BN 59 Sf 98
5370 Vila Nova BN 78 Se 99
3220 Vila Nova C 111 Re 108
5445 Vila Nova VR 59 Sd 99
9760 Vila Nova AC 192 Xf 116
3140-651 Vila Nova da Barca C 110 Rb 108
7920 Vila Nova da Baronia BE 146 Rf 119
2260-368 Vila Nova da Barquinha SA 111 Rd 112
3460-712 Vila Nova da Rainha VS 95 Rf 106
2050-501 Vila Nova da Rainha L 144 Ra 114
3130-400 Vila Nova de Anços C 110 Rc 108
8900-067 Vila Nova de Cacela FA 176 Sc 125
4920-201 Vila Nova de Cerveira VC 57 Rb 97
9980-024 Vila Nova de Corvo AC 192 Tf 110
4760 Vila Nova de Famalicão BR 76 Rc 100
4400 Vila Nova de Gaia P 76 Rc 102
7645-211 Vila Nova de Milfontes BE 160 Rb 122
4980 Vila Nova de Muía VC 58 Rd 98
3420 Vila Nova de Oliveirinha C 95 Sa 106
2490 Vila Nova de Ourém SA 110 Rc 111
3650 Vila Nova de Paiva VS 96 Sb 103
3350-151 Vila Nova de Poiares C 95 Re 107
7500 Vila Nova de Santo André SE 160 Rb 120
6290 Vila Nova de Tazém GD 96 Sb 105
3330-407 Vila Nova do Ceira C 111 Rf 107
2005 Vila Nova do Couto SA 129 Rb 113
2065 Vila Nova do São Pedro L 129 Ra 113
4485 Vila Nova Telha P 76 Rb 101
6420-553 Vila Novinha GD 96 Sd 104
5460-418 Vila Pequena VR 58 Sa 99
3610 Vila Pouca VS 77 Sb 102
3045 Vila Pouca C 94 Rc 107
4820 Vila Pouca BR 77 Rf 100
3440 Vila Pouca VS 95 Rf 106
3400-755 Vila Pouca da Beira C 95 Sa 107
5450-001 Vila Pouca de Aguiar VR 77 Sc 99
4910-384 Vila Praia de Âncora VC 57 Ra 98
3600 Vilar VS 77 Sa 103
4840 Vilar BR 58 Re 98
2550-069 Vilar L 128 Qf 113
3620 Vilar VS 78 Sc 103
3280 Vilar LE 111 Re 108
5460 Vilar VR 58 Sb 98
5430 Vilaranda Boa VR 59 Sd 99
5430-630 Vilarandelo VR 59 Se 99
6185-460 Vilar Barroco, Estreito- CB 112 Sb 109
5350-402 Vilar Chão BN 79 Ta 100
4690 Vilar da Arca VS 77 Re 102
6120-036 Vilar da Lapa SA 112 Sa 111
5320 Vilar da Lomba BN 59 Se 98
4990-790 Vilar das Almas VC 57 Rc 99
4845 Vilar da Veiga BR 58 Rf 98
6440-271 Vilar de Amargo GD 78 Sf 103
4430 Vilar de Andorinho P 76 Rc 102
3465 Vilar de Besteiros VS 95 Rf 105
4860-483 Vilar de Cunhas BR 77 Sa 99
4880 Vilar de Ferreiros VR 77 Sa 100
4755 Vilar de Figos BR 76 Rc 100
5370-088 Vilar de Ledra BN 78 Sf 99
4425 Vilar de Luz P 76 Rc 101
5070-576 Vilar de Maçada VR 78 Sc 101
4910 Vilar de Mouros VC 57 Rb 97
4925 Vilar de Murteda VC 57 Rb 98
5400 Vilar de Nantes VR 59 Sd 98
5320-243 Vilar de Ossos BN 60 Sf 97
5385 Vilar de Ouro BN 59 Sf 98
5470-461 Vilar de Perdizes VR 59 Sc 97
5470-480* Vilar de Perdizes e Meixide VR 59 Sb 97
5320 Vilar de Peregrinos BN 60 Sf 98
4970 Vilar de Suento VC 58 Re 97
6030-025 Vilar do Boi CB 112 Sb 111
4850 Vilar do Chão BR 58 Rf 99
3515-771 Vilar do Monte VS 95 Sa 104
5340-490 Vilar do Monte BN 78 Ta 99
4750 Vilar do Monte BR 76 Rc 99
4990 Vilar do Monte VC 57 Rc 97
4405 Vilar do Paraíso P 76 Rc 102
5200 Vilar do Rei BN 79 Tb 101
6110-023 Vilar do Ruivo CB 111 Re 110
2490 Vilar dos Prazeres SA 111 Rc 111
4620 Vilar do Torno e Alentém P 77 Re 101
5000 Vila Real VR 77 Sb 101
8900-201 Vila Real de Santo António FA 176 Sd 125
5450 Vilarelho VR 78 Sc 99
5400-813 Vilarelho da Raia VR 59 Sd 97
5350-420 Vilarelhos BN 78 Sf 100
5385 Vilares BN 59 Sf 99
6420 Vilares GD 96 Se 104
5090 Vilares VR 78 Sc 100
Vilares de Baixo CB 112 Sc 109
5350 Vilares de Vilariça BN 78 Sf 100
6355 Vilar Formoso GD 97 Tb 105
5200-313 Vilariça BN 79 Tc 100
8670-238 Vilarinha FA 174 Ra 126
7800 Vilarinho BE 161 Sa 120
3020 Vilarinho C 111 Re 108
4880 Vilarinho VR 77 Sa 100
5300 Vilarinho BN 60 Ta 97
4730 Vilarinho BR 57 Rd 98
3700 Vilarinho AV 76 Rd 103
5320 Vilarinho BN 59 Sf 97
3610 Vilarinho VS 77 Sb 103
4910 Vilarinho VC 57 Ra 98
4485 Vilarinho P 76 Rb 100
3800 Vilarinho AV 94 Rc 104
32698 Vilarinho VR 59 Sd 98
4920 Vilarinho VC 57 Rb 97
3660 Vilarinho VS 95 Re 104
4795 Vilarinho P 76 Rd 100
Vilarinho VS 95 Re 104
5140-275 Vilarinho da Castanheira BN 78 Se 101
5460-165 Vilarinho da Mó VR 58 Sb 98
5360-470 Vilarinho das Azenhas BN 78 Se 100
4760-739 Vilarinho das Cambas BR 76 Rc 100
5425-401 Vilarinho das Paranheiras VR 59 Sc 99
5340-500 Vilarinho de Agrochão BN 60 Sf 98
5085-120 Vilarinho de Cotas VR 78 Sc 101
5000-781 Vilarinho de Samardã VR 77 Sb 100
5450-204 Vilarinho de São Bento VR 59 Sc 99
3720 Vilarinho de São Luís AV 94 Rd 104
5060-630 Vilarinho de São Romão VR 78 Sc 101
3780-599 Vilarinho do Bairro AV 94 Rc 106
5340-510 Vilarinho do Monte BN 59 Sf 99
5050 Vilarinho dos Freires VR 77 Sb 101
5200 Vilarinho dos Galegos BN 79 Tc 101
4970-140 Vilarinho do Souto VC 58 Re 97
5460-030 Vilarinho Seco VR 58 Sb 98
6320-601 Vilar Maior GD 97 Ta 106
8005 Vila Romana FA 176 Sa 126
8500 Vila Romana FA 174 Rc 126
5130-557 Vilarouco VS 78 Sd 102
5230 Vilar Seco BN 79 Td 99
5350 Vilar Seco BN 79 Ta 100
3520-225 Vilar Seco VS 95 Sa 105
5320-263 Vilar Seco de Lomba BN 59 Se 97
6440 Vilar Torpim GD 97 Ta 104
6370-401 Vila Ruiva GD 96 Sc 105
3520-224 Vila Ruiva VS 95 Sb 105
Vila Ruiva BE 146 Sa 119
5425-502 Vilas Boas VR 59 Sc 99
5360-493 Vilas Boas BN 78 Se 100
3260-224 Vilas de Pedro LE 111 Re 109
5110 Vila Seca VS 77 Sc 102
3150-318 Vila Seca C 111 Rd 108
4755 Vila Seca BR 76 Rb 99
5050 Vila Seca VR 77 Sb 101
6300-270 Vila Soeiro GD 96 Sd 105
6030 Vilas Ruivas CB 112 Sb 111
6030 Vila Velha de Ródão CB 112 Sb 111
2715 Vila Verde L 144 Qd 115
5370 Vila Verde BN 78 Sf 100
5320 Vila Verde BN 60 Ta 97
4650 Vila Verde P 77 Re 101
6270 Vila Verde GD 95 Sb 106
3025 Vila Verde C 94 Rc 107
5070 Vila Verde VR 78 Sc 100
2500 Vila Verde LE 128 Qf 113
5425 Vila Verde VR 59 Sc 99
3090 Vila Verde C 110 Rb 108
4910 Vila Verde VC 57 Rb 98
4730 Vila Verde BR 57 Rd 99
5400-805 Vila Verde da Raia VR 59 Sd 98
2580-442 Vila Verde dos Francos L 128 Qf 114
7160 Vila Viçosa E 131 Sd 116
3025-622 Vil de Matos C 94 Rd 107
3510 Vil de Souto VS 95 Sa 104
4910 Vile VC 57 Ra 98
4970 Vilela VC 57 Rd 97
4830 Vilela BR 76 Re 99
4820 Vilela BR 77 Rf 100
4580 Vilela P 76 Rd 101
5450 Vilela VR 59 Sc 99
4720 Vilela BR 58 Rd 98
4970 Vilela VC 58 Rd 97
5400 Vilela do Tâmega VR 59 Sc 98
5400 Vilela Seca VR 59 Sd 98
4970 Vilela Seca VC 57 Rd 97
2530 Vimeiro L 128 Qe 113
2460-781 Vimeiro LE 110 Qf 112
3050-187 Vimieira AV 94 Rd 106
2200-733 Vimieiro SA 111 Rf 111
7040 Vimieiro E 130 Sa 116
7040 Vimiero, Estação Ferroviária de E 130 Sb 116
5230 Vimioso BN 60 Tc 99
5320-326 Vinhais BN 60 Sf 97
3460-161 Vinhal VS 95 Sa 105
5340 Vinhas BN 79 Tb 99
4630-776 Vinheiros P 77 Rf 101
3305 Vinho C 95 Sa 107
6290 Vinhó GD 96 Sc 106
5050 Vinhos VR 77 Sa 101
4820 Vinhos BR 77 Re 100
6005-273 Violeiro CB 112 Sc 108
4960-120 Virtelo VC 58 Re 96
2050-040 Virtudes L 129 Rb 114
3500 Viseu VS 95 Sa 105
7780-491 Viseus BE 161 Sa 123
4910 Viso VC 57 Ra 98
3830-292 Vista Alegre AV 94 Rb 105
9880 Vitória AC 192 Wf 114
4990-800 Vitorino das Donas VC 57 Rc 98
4990-810 Vitorino dos Piães VC 57 Rc 98
7700 Viúvas BE 175 Sa 123
5460-495 Viveiro VR 58 Sb 98
4815 Vizela BR 76 Re 100
3670-231 Vouzela VS 95 Rf 104
5450-345 Vreia de Jales VR 77 Sc 100

X

7595 Xarraminha SE 160 Re 119
5470-025 Xertelo VR 58 Rf 98
8100-053 Ximeno FA 175 Sa 124
4905 Xisto VC 57 Rb 99

Z

8100 Zambujal FA 175 Rf 125
7750 Zambujal BE 176 Sc 123
8970 Zambujal FA 162 Sb 124
3150 Zambujal C 111 Rd 108
3060 Zambujal C 94 Rc 107
2500 Zambujal LE 128 Qf 112
3250 Zambujal LE 111 Rd 110
2660 Zambujal L 144 Qf 115
2965 Zambujal SE 145 Rb 117
2710 Zambujal L 144 Qd 116
2970-140 Zambujal de Baixo SE 144 Qf 118
7005 Zambujal do Conde E 146 Sa 118
7630 Zambujeira BE 160 Rb 122
7630 Zambujeira BE 160 Rd 123
7630-761 Zambujeira do Mar BE 174 Rb 123
7630 Zambujeiras BE 160 Rc 122
3140 Zambujeiro C 94 Rc 107
8670 Zambujeiro FA 174 Rb 124
7170 Zambujeiro E 147 Sc 117
7220 Zambujeiro E 161 Sb 118
5200-286 Zava BN 79 Tb 101
8650 Zavial FA 174 Ra 126
5470-466 Zebral VR 59 Sb 98
6230-513 Zebras CB 112 Sd 108
5430-302 Zebras VR 78 Sd 100
6060-186 Zebreira CB 113 Sf 109
2100-407 Zebrinho SA 129 Rc 114
8550 Zebro FA 174 Rb 125
5140-300 Zedes BN 78 Se 101
5300-742 Zeive BN 60 Ta 97
7400 Zêzere PT 130 Rf 113
2350-826 Zibreira SA 110 Rc 112
2590 Zibreira L 144 Qe 114
5320-244 Zido BN 60 Sf 97
5450-283 Zimão VR 77 Sc 100
8800 Zimbral FA 176 Sb 125
6120-037 Zimbreira SA 112 Sb 111
5300-911 Zoio BN 60 Ta 98

Printed in China
EVERBEST PRINTING INVESTMENT LTD.
10/F, Block C, Seaview Estate, 2-8 Watson Road, North Point, Hong Kong

→ 2028

Kartographie: © KOMPASS-Karten GmbH, Karl-Kapferer-Straße 5, A-6020 Innsbruck
unter Verwendung von Kartendaten: © MAIRDUMONT, D-73751 Ostfildern

Photo Credit:

Cover Photo: A view of a Praia da Rocha in Portimao, Algarve region, Portugal (Marcin Krzyzak – stock.adobe.com)

MARCO POLO Highlights:

- ★ Guggenheim Museum, Bilbao (mauritius images/Jose Fuste Raga)
- ★ Horses in the Ordesa National Park, Monte Perdido (mauritius images/Westend61/David Santiago Garcia)
- ★ Canicada lake, Parque Nacional de Peneda-Gerês (mauritius images/Michael Howard)
- ★ Parc Güell, Barcelona (huber-images/Luigi Vaccarel)
- ★ Cais da Ribeira, Porto (mauritius images/Alamy/Fabrizio Troiani)
- ★ Paeolithic engravings, Vale do Coa (mauritius images/Alamy/Martin Beddall)
- ★ View of the CentroCentro cultural centre, Cibeles Palace, Madrid (mauritiusimages/Travel Collection/Lukas Spörl)
- ★ Praca do Comercio, Rua Augusta Arch and the statue of King Joseph I. (mauritius images/P. Kaczynski)
- ★ Fuentes del Algar, Alicante (mauritius images/imageBROKER/Barbara Boensch)
- ★ Praia da Marinha, Lagoa, Algarve (mauritius images/P. Kaczynski)

Printed on certified paper · gedruckt auf zertifiziertem Papier 01-30-131000-014